Schriften zum Europäischen und Internationalen Privat-, Bank- und Wirtschaftsrecht

EIW Band 25

W DE G RECHT

De Gruyter Recht · Berlin

Kati Beckmann

Die Internationalisierung der Rechnungslegung und ihre Implikationen für das Europäische Bilanzrecht

W DE G RECHT

De Gruyter Recht · Berlin

Dr. iur. *Kati Beckmann*, LL.M. oec., Rechtsanwältin, London.

∞ Gedruckt auf säurefreiem Papier,
das die US-ANSI-Norm über Haltbarkeit erfüllt.

ISBN 978-3-89949-538-6

Bibliografische Information der Deutschen Nationalbibliothek

Die Deutsche Nationalbibliothek verzeichnet diese Publikation in der Deutschen Nationalbibliografie; detaillierte bibliografische Daten sind im Internet über http://dnb.d-nb.de abrufbar.

Printed in Germany
Umschlaggestaltung: Christopher Schneider, Berlin
Datenkonvertierung/Satz: jürgen ullrich typosatz, Nördlingen
Druck und Bindung: Hubert & Co., Göttingen

Vorwort

Die vorliegende Arbeit entstand im Rahmen des Graduiertenkollegs „Europäisches Privat- und Wirtschaftsrecht“ an der Humboldt-Universität zu Berlin, gefördert durch ein Stipendium der Deutschen Forschungsgemeinschaft. Sie wurde im Wintersemester 2007/2008 von der Rechtswissenschaftlichen Fakultät der Humboldt-Universität als Dissertation angenommen. Literatur und Rechtsprechung konnten bis Frühjahr 2008, in Ausnahmefällen bis August 2008 berücksichtigt werden.

Mein Dank gilt meinem Doktorvater, Herrn Prof. Dr. Dr. Stefan Grundmann, der mich nicht nur während meiner Promotionszeit, sondern meiner gesamten juristischen Ausbildung umfassend gefördert und geprägt hat. Das Zweitgutachten erstellte Prof. Dr. Dr. Christian Kirchner.

Ich danke meinem geliebten Ehemann, Dr. Martin Beckmann, für seine Unterstützung und Geduld während meines Promotionsverfahrens und seine hilfreiche, kritische Durchsicht der Arbeit.

Besonderer Dank gebührt meinen Eltern und Großeltern, die mich mit ihrer Liebe, Unterstützung und Kritik immer begleiten. Ihnen widme ich diese Arbeit.

London, August 2008

Kati Beckmann

Gliederungsübersicht

Inhaltsverzeichnis

Abkürzungsverzeichnis

a.a.O.	am angegebenen Ort
Abs.	Absatz
AG	Die Aktiengesellschaft
AICPA	American Institute of Certified Public Accountants
AIMR	Association for Investment Management and Research
AktG	Aktiengesetz
ARC	Accounting Regulatory Committee
Art.	Artikel
ASB	Accounting Standards Board
BB	Betriebs-Berater
BC	Bilanzbuchhalter und Controller
Bd.	Band
BFH	Bundesfinanzhof
BFuP	Betriebswirtschaftliche Forschung und Praxis
BGB	Bürgerliches Gesetzbuch
BGBl.	Bundesgesetzblatt
BGH	Bundesgerichtshof
BGHZ	Amtliche Sammlung der Entscheidungen des BGH in Zivilsachen
BilMoG	Bilanzrechtsmodernisierungsgesetz
BilReG	Bilanzrechtsreformgesetz
BuW	Betrieb und Wirtschaft
BVerfG	Bundesverfassungsgericht
CESR	Committee of European Securities Regulators
DB	Der Betrieb
DBW	Die Betriebswirtschaft
Diss.	Dissertation
DRSC	Deutsches Rechnungslegungs Standards Committee
DSR	Deutscher Standardisierungsrat
DStR	Deutsches Steuerrecht
DSWR	Datenverarbeitung Steuer Wirtschaft Recht
E-	Entwurf
ED	Exposure Draft
ed.	Editor
EFRAG	European Financial Reporting Advisory Group
EG	Europäische Gemeinschaft/Vertrag zur Gründung der Europäischen Gemeinschaft
EGAOB	European Group of Auditors' Oversight Bodies
EU	Europäische Union
EuGH	Europäischer Gerichtshof
EuZW	Europäische Zeitschrift für Wirtschaftsrecht
EWS	Europäisches Wirtschafts- und Steuerrecht
FASB	Financial Accounting Standards Board
FESCO	Forum of European Securities Commissions
FG	Finanzgericht

Abkürzungsverzeichnis

Fn.	Fußnote
FRS	Financial Reporting Standards
FS	Festschrift
GAAP	General Accepted Accounting Principles
GG	Grundgesetz der Bundesrepublik Deutschland
GmbH	Gesellschaft mit beschränkter Haftung
GmbHG	Gesetz betreffend der Gesellschaft mit beschränkter Haftung
GmbHR	GmbH-Rundschau
GuV	Gewinn- und Verlustrechnung
Habil.-Schr.	Habilitationsschrift
HGB	Handelsgesetzbuch
Hrsg.	Herausgeber
IAASB	International Auditing and Assurance Standards Board
IAS	International Accounting Standard
IASB	International Accounting Standard Board
IASC	International Accounting Standards Committee
IASCF	International Accounting Standards Committee Foundation
IFAC	International Federation of Accountants
IFRIC	International Financial Reporting Interpretations Committee
IFRS	International Financial Reporting Standards
IFRS-VO	IFRS-Anwendungsverordnung
IOSCO	International Organization of Securities Commissions
IRZ	Zeitschrift für Internationale Rechnungslegung
ISA	International Standards of Auditing
Iss.	Issue
JAbRL	Jahresabschlussrichtlinie
Jg.	Jahrgang
JuS	Juristische Schulung
JZ	Juristische Zeitschrift
KAbRL	Konzernabschlussrichtlinie
KapRL	Kapitalrichtlinie
KoR	Zeitschrift für internationale und kapitalmarktorientierte Rechnungslegung
m.w.N.	mit weiteren Nachweisen
NJW	Neue Juristische Wochenschrift
NZG	Neue Zeitschrift für Gesellschaftsrechts
PBfRL	Prüferbefähigungsrichtlinie
PCAOB	Public Company Accounting Oversight Board
PrRL	Prüferrichtlinie
PubRL	Publizitätsrichtlinie
RabelsZ	Rabels Zeitschrift für ausländisches und internationales Privatrecht
RIW	Recht der internationalen Wirtschaft
Rn.	Randnummer
S.	Seite
SAC	Standards Advisory Concil
SEC	Securities Exchange Commission
SFAS	Statements of Financial Accounting Standards
SIC	Standing Interpretations Committee
Sp.	Spiegelstrich/ Spalte
TEG	Technical Expert Group
TransRL	Transparenzrichtlinie
Univ.	Universität

Unterabs.	Unterabsatz
Urt.	Urteil
US-GAAP	US-Generally Accepted Accounting Principles
Vol.	Volume
WiSt	Wirtschaftswissenschaftliches Studium
WM	Wertpapier-Mitteilungen
WPg	Die Wirtschaftsprüfung
WPK-Mitt.	Mitteilungen der Wirtschaftsprüferkammer
ZEuS	Zeitschrift für Europarechtliche Studien
ZfB	Die Zeitschrift für Betriebswirtschaft
ZfbF	Zeitschrift für betriebswirtschaftliche Forschung
ZfhF	Zeitschrift für handelswissenschaftliche Forschung
ZfK	Zeitschrift für das gesamte Kreditwesen
ZGR	Zeitschrift für Unternehmens- und Gesellschaftsrecht
ZHR	Zeitschrift für das gesamte Handelsrechts
ZIP	Zeitschrift für Wirtschaftsrecht

§ 1. Einleitung

Durch den zunehmenden internationalen Wettbewerb um Kapital hat die Forderung nach international vergleichbaren Rechnungslegungsnormen eine neue Dynamik bekommen. Wurde bisher auf europäischer und nationaler Ebene mit der Vierten[1], der Siebenten[2] und der Achten gesellschaftsrechtlichen Richtlinie[3] eine europaweite allmähliche Annäherung der nationalen Rechnungslegungssysteme angestrebt, zielen die neueren Bestrebungen des europäischen Gesetzgebers auf eine Standardisierung des Europäischen Bilanzrechts auf der Grundlage der vom International Accounting Standards Board (IASB) verabschiedeten International Financial Reporting Standards (IFRS).[4]

I. Eine neue Ära der Rechnungslegung

Die Verordnung der Europäischen Gemeinschaft betreffend die Anwendung internationaler Rechnungslegungsstandards vom 19. Juni 2002 (im Folgenden: IFRS-Anwendungsverordnung, IFRS-VO) verpflichtet Kapitalgesellschaften, die dem Recht eines Mitgliedstaates unterliegen und deren Wertpapiere zum Handel an einem geregelten Markt zugelassen sind, ihren konsolidierten Abschluss nach den inkorporierten IFRS zu erstellen (Art. 4 IFRS-VO).[5] Über die Normierung dieser Rechnungslegungspflicht hinaus eröffnet die Verordnung den Mitgliedstaaten die Option, den Anwendungsbereich der inkorporierten Rechnungslegungsstan-

---

1 Vierte Richtlinie 78/660/EWG des Rates vom 25. Juli 1978 aufgrund Art. 54 Abs. 3 lit. g des Vertrages über den Jahresabschluss von Gesellschaften bestimmter Rechtsformen, ABl. 1978 L 222/11.

2 Siebente Richtlinie 83/349 des Rates vom 13. Juni 1983 aufgrund von Art. 54 Abs. 3 lit. g des Vertrages über den konsolidierten Abschluss, ABl. 1983 L 193/1.

3 Achte Richtlinie 84/253/EWG des Rates vom 10. April 1984 aufgrund von Art. 54 Abs. 3 lit. g des Vertrages über die Zulassung der mit der Pflichtprüfung der Rechnungslegungsunterlagen beauftragten Personen, ABl. 1984 L 126/20. Diese Achte Richtlinie wurde durch die Richtlinie des europäischen Parlaments und des Rates vom 17. Mai 2006 über Abschlussprüfungen von Jahresabschlüssen und konsolidierten Abschlüssen, zur Änderung der Richtlinien 78/660/EWG und 83/349/EWG des Rates und zur Aufhebung der Richtlinie 84/253/EWG des Rates, ABl. 2006 L 157/87 aufgehoben. Vgl. im Einzelnen § 3.II.4), S. 79 ff.

4 Die IFRS sind die vom IASB verabschiedeten Standards und Interpretationen. Sie bestehen nach IAS 1.11 aus den bis zur Umstrukturierung des Standardsetzers im Jahre 2001 erlassenen International Accounting Standards (IAS) und den neuen IFRS im engeren Sinne einschließlich der dazu gehörenden Interpretationen (SIC/IFRIC-Interpretationen).

5 Verordnung (EG) Nr. 1606/2002 des Europäischen Parlaments und des Rates vom 19. Juli 2002 betreffend die Anwendung internationaler Rechnungslegungsstandards, ABl. 2002 L 243/1, zuletzt geändert durch Verordnung (EG) Nr. 297/2008 des Europäischen Parlaments und des Rates vom 11. März 2008, ABl. 2008 L 97/62. Sie gilt für Geschäftsjahre, die am oder nach dem 1. Januar 2005 beginnen.

dards auch auf den Einzelabschlusses[6] kapitalmarktorientierten Gesellschaften und/oder auf den konsolidierten Abschlüsse und/oder Einzelabschlüsse anderen Gesellschaften zu erstrecken (Art. 5 IFRS-VO).

Die IFRS-Anwendungsverordnung markiert sowohl im Hinblick auf die Harmonisierungsstrategie als auch hinsichtlich des Harmonisierungsinstrumentariums eine neue Ära der Rechnungslegung.[7] Das Ziel der Rechnungslegungsrichtlinien, die Herstellung der Gleichwertigkeit der Jahres- und Konzernabschlüsse in den Mitgliedstaaten der Europäischen Gemeinschaft, hat sich für den konsolidierten Abschluss kapitalmarktorientierter Unternehmen in das Streben nach Standardisierung der Rechnungslegung gewandelt. Die allgemeinen, gesellschaftsrechtlichen Anforderungen der Rechnungslegungsrichtlinie werden um kapitalmarktbezogene, standardisierte Sonderregelungen der Rechnungslegung erweitert. Diese kapitalmarktorientierten Anforderungen an die Inhalte der externen Unternehmensberichterstattung werden zudem durch die Mindestanforderungen an die Rechnungslegungspublizität der Transparenzrichtlinie ergänzt.

Zeitnah mit der Verabschiedung dieser kapitalmarktbezogenen Rechtsakte erfolgte eine umfassende Modernisierung der Rechnungslegungsrichtlinien, um „einen Rechnungslegungsrahmen zu schaffen, der sowohl der modernen Praxis entspricht, als auch flexibel genug ist, um künftigen Entwicklungen der IAS Rechnung zu tragen"[8]. Diese Überarbeitung der bestehenden Anforderungen der Rechnungslegungsrichtlinien an die externe Rechnungslegung und die Integration zusätzlicher kapitalmarktbezogener Rechnungslegungsbestimmungen haben das Europäische Bilanzrecht grundlegend verändert.

Die mit der IFRS-Anwendungsverordnung und der IFRS-orientierten Modernisierung der Rechnungslegungsrichtlinien eingeleitete Hinwendung des Europäischen Bilanzrechts zu internationalen, standardisierten Rechnungslegungsregelungen wird, neben dem Streben nach konvergenten Rechnungslegungsanforderungen in Europa, durch den Gedanken getragen, dass die IFRS einen hohen Qualitätsstandard aufweisen und mehr Vergleichbarkeit sowie Transparenz der Rechnungslegungsinformationen gewährleisten.[9]

Diese Euphorie des Gemeinschaftsgesetzgebers wird nicht unbedingt uneingeschränkt geteilt. Insbesondere die Skandale um die bilanzpolitische Gestaltung in den Fällen Enron, Worldcom, Xerox, Commerzbank und das Geschehen um das Unternehmen Flow Tex haben erhebliche Zweifel an der Zuverlässigkeit interna-

---

6 Synonym zum Begriff „Einzelabschluss" wird im Rahmen dieser Arbeit der Terminus „Jahresabschluss" verwendet.
7 Vgl. *Knorr*, Der Konzern 2003, 79.
8 Vorschlag für eine Richtlinie zur Änderung der Richtlinie 78/660/EWG, 83/349/EWG und 91/674/EWG über den Jahresabschluss und den konsolidierten Abschluss von Gesellschaften bestimmter Rechtsformen sowie Versicherungsunternehmen (Modernisierungsrichtlinie) vom 28. Mai 2002, KOM (2002) 259, S. 4.
9 Vgl. etwa den 2. Erwägungsgrund der IFRS-Anwendungsverordnung, Verordnung (EG) Nr. 1606/2002, ABl. 2002 L 243/1 (Fn. 5).

tionaler Rechnungslegungsnormen aufkommen lassen.[10] Die im August 2007 ausgelöste Krise an den Finanzmärkten schürt zudem die Bedenken gegenüber einer Ausweitung der mark-to-market Bewertung unter den internationalen Rechnungslegungsstandards.[11]

II. Fragestellung

Wird Rechtsentwicklung auf dem Gebiet des Bilanzrechts vor allem durch die Bedürfnisse der Märkte vorangetrieben, so ist es Aufgabe der Rechtswissenschaft, die sich daraus ergebenden ökonomischen und juristischen Aspekte angemessen aufeinander abzustimmen.

Lässt sich die neue Rechnungslegungsstrategie der Europäischen Gemeinschaft demnach vor allem mit der zunehmenden Bedeutung der Kapitalmärkte und den daraus fließenden besonderen Anforderungen an die externe Rechnungslegung als externes Informationsmedium begründen, so bedürfen die vollzogenen institutionellen Änderungen des Europäischen Bilanzrechts einer näheren positiven und normativen Betrachtung.

Die durch die IFRS-Anwendungsverordnung und die modernisierten Rechnungslegungsrichtlinien und die Transparenzrichtlinie eingeleiteten Neuausrichtungen des Europäischen Bilanzrechts haben das Gefüge des Europäischen Bilanzrechts grundlegend geändert. Die sich daraus ergebende „Neue Systematik des Europäischen Bilanzrecht" ist im Folgenden näher zu untersuchen. Dabei ist, ausgehend von der Darstellung des Regelungsgehalts der einzelnen Rechtsakte, vor allem auf das Zusammenwirken der gesellschaftsrechtlichen und der kapitalmarktrechtlichen Rechnungslegungsbestimmungen einzugehen.

Die IFRS-Anwendungsverordnung und die IFRS-orientierte Überarbeitung der Rechnungslegungsrichtlinien verdeutlichen die zukunftsgerichtete Bedeutung, die der Gemeinschaftsgesetzgeber diesen Rechnungslegungsstandards beimisst. Den internationalen Standards kommt bereits zum heutigen Zeitpunkt durch ihre Integration in das normative Gerüst des Europäischen Bilanzrechts eine im Verlauf der Arbeit noch näher zu erläuternde, wichtige Auslegungsfunktion zu, die über die Vierte gesellschaftsrechtliche Richtlinie zum Jahresabschluss auch die Jahresabschlussbilanzierung beeinflusst.

Die sich daraus ergebende herausragende Bedeutung der IFRS gebietet eine Analyse der auf der Grundlage der IFRS-Anwendungsverordnung in das Europäische Bilanzrechts inkorporierten Standards. Die inkorporierten bzw. endorsed IFRS sollen nicht im Rahmen einer positiven Analyse (Wirkungsanalyse) mit anderen Rechnungslegungssystemen, wie etwa dem deutschen Bilanzrecht, verglichen

---

10 Zu den Bilanzskandalen der letzten Jahre vgl. u.a. *Adolphsen*, RabelsZ 68 (2004), 154, 155; *Hennrichs*, FS Volker Röhricht (2005), 881, 881 f.

11 Vgl. Frankfurter Allgemeine Zeitung v. 19. März 2008, S. 19.

werden. Zum einen findet sich eine solche positive Analyse in der deutschen Literatur bereits,[12] zum anderen lassen sich Schlussfolgerungen für eine zukunftsgerichtete, funktionsgerechte Weiterentwicklung des Europäischen Bilanzrechts nur auf der Grundlage einer normativen Analyse, die nicht den Ist-Zustand, sondern die Frage nach den wünschenswerten institutionellen Regelungen in den Vordergrund stellt, herleiten.[13]

III. Vorgehensweise

Vor diesem Hintergrund setzt sich die vorliegende Arbeit zum Ziel, die Anforderungen des Europäischen Bilanzrechts an die externe Rechnungslegung zu analysieren.

Dies erfordert zunächst eine Systematisierung des Normbestandes des Europäischen Bilanzrechts unter besonderer Berücksichtigung der IFRS-Anwendungsverordnung und der in das europäische Recht inkorporierten IFRS. Hierzu wird im Ersten Teil der Arbeit der Normbestand des Europäischen Bilanzrechts dargestellt und das Zusammenwirken der einzelnen gesellschafts- und kapitalmarktrechtlichen Rechnungslegungsbestimmungen analysiert.

Im Zweiten Teil erfolgt eine normative Analyse der Rechnungslegungsbestimmungen der inkorporierten IFRS. Eine normative Analyse, die sich nicht in der Kritik spezifischer Einzelpunkte verlieren möchte, bedarf eines normativen Maßstabes. Der Herleitung des erforderlichen normativen Sollkonzepts einer interessen- und funktionsgerechten externen Rechnungslegung ist das Erste Kapitel des Zweiten Teils dieser Arbeit gewidmet. Hierzu ist zunächst die rechnungslegungstheoretische Basis für das Konzept zu erarbeiten. Daran anschließend werden Überlegungen zu den grundlegenden Anforderungen an eine interessengerechte Rechnungslegung und den daraus folgenden Implikationen in Form eines groben normativen Gerüsts entwickelt. Die Ausführungen werden zeigen, dass eine funktionsgerechte Rechnungslegung, entgegen vereinzelten Auffassungen in der Literatur, den primären, oft als konträr bezeichneten Rechnungslegungsfunktionen Informationsvermittlung und Ausschüttungsbemessung genügen kann.

Der Vorschlag eines normativen Anforderungsmodells soll jedoch nicht losgelöst von bestehenden Regelsystemen erfolgen. Die rechnungslegungstheoretischen Überlegungen sind vielmehr in den Kontext des Europäischen Bilanzrechts, spe-

---

12 Eine positive Analyse der IFRS im Hinblick auf Einzelfragen der IFRS-Bilanzierung vor dem Hintergrund des deutschen Bilanzrechts findet sich u.a. bei *Grau*, Gewinnrealisierung nach International Accounting Standards (2002); *Merschmeyer*, Die Kapitalschutzfunktion des Jahresabschlusses und Übernahme der IAS/IFRS für die Einzelbilanz (2005). Ebenso nehmen etwa *Wagenhofer*, Internationale Rechnungslegungsstandards IAS/IFRS[5] (2005) und *Pellens/Fülbier/Gassen/Sellhorn*, Internationale Rechnungslegung[7] (2008) in ihrer Darstellung der IFRS das deutsche Bilanzrecht in Bezug.

13 Zu Abgrenzung der normativen und der positiven Analyse vgl. *Kirchner*, FS Heinrich Beisse (1997), 267, 269–274.

ziell der endorsed IFRS zu stellen. Die Rechnungslegungsziele und -grundsätze sowie ausgewählte grundlegende Einzelstandards der endorsed IFRS werden im Zweiten Kapitel des Zweiten Teils auf ihre Kompatibilität mit den Anforderungen des normativen Sollkonzepts hin untersucht. Auf der Grundlage der erlangten Erkenntnisse lassen sich dann grundlegende Konsequenzen für eine funktionsgerechte Weiterentwicklung des Europäischen Bilanzrechts aufzeigen.

1. Teil
Die neue Systematik des Europäischen Bilanzrechts

§ 2. Begriffbestimmung, Gegenstand und Darstellung

I. Regelungsgegenstand des Europäischen Bilanzrechts

Gegenstand der folgenden Darstellung und Analyse ist das Europäische Bilanzrecht. Das Europäische Bilanzrecht behandelt als Recht der Rechnungslegung der Unternehmen inhaltlich die periodischen Rechnungslegungspflichten des Unternehmens gegenüber den unternehmensinternen und -externen Abschlussadressaten unter Einschluss des (größen- und kapitalmarktabhängigen) Publizitätsgebots.

Als *Europäisches* Bilanzrecht wird im Rahmen dieser Arbeit das auf der europäischen Regelungsebene gesetzte Recht der Rechnungslegung bezeichnet. Rechtssystematisch ist das Europäische Bilanzrecht im Gefüge des Europäischen Privatrechts dem Europäischen Gesellschafts- und Kapitalmarktrecht zuzuordnen.[14]

Die Differenzierung dieser Rechtsgebiete des Europäischen Privatrechts gestaltet sich schwierig, lässt sich aber organisationsökonomisch begründen. Die Theorie der Neuen Organisationsökonomik unterscheidet zwei grundlegende Hauptorganisationsformen: das Unternehmen in seinem Bestand („firm“) und das Handeln am Markt („market“).[15] Das Europäische Gesellschaftsrecht bezeichnet demnach den (europäischen) Regelbestand, der die Gesellschaft in ihrem Sein zum Gegenstand hat.[16] Dieser funktionale Begriff des Gesellschaftsrechts umfasst nicht nur das Gesellschaftsorganisationsrecht, sondern auch die Regeln der Kapitalausstattung und der Unternehmenskommunikation. Das Europäische Kapitalmarktrecht umfasst als Marktverfassungsrecht hingegen Regelungen der Marktorganisation, des Marktverhaltens und des Marktaufsichtsrechts auf der europäischen Regelungsebene.[17]

---

14 Vgl. *Schön*, ZGR 2000, 706, 708.

15 Grundlegend *Jensen/Meckling*, Journal of Financial Economics Vol. 3 (1976), 305–360 und *Coase*, The firm, the market and the law (1998). Vgl. auch *Richter/Furubotn*, Neue Institutionenökonomik[3] (2003), 10 f.

16 Vgl. *Grundmann, Stefan*, Europäisches Gesellschaftsrecht (2004), Rn. 15, der den Begriff des Europäischen Gesellschaftsrechts im Gegensatz zum vorliegenden Begriffsverständnis weiter fasst und auch das autonom durch den nationalen Gesetzgeber gesetzte Gesellschaftsrecht zum Europäischen Gesellschaftsrecht zählt.

17 Vgl. *Mülbert*, WM 2001, 2085, 2087.

Auf der Grundlage dieser Differenzierung ist das Europäische Bilanzrecht als integraler Bestandteil des Kooperationsverhältnisses der Anteilseigner und der Finanzierungsbeziehungen der Unternehmung dem Europäischen Gesellschaftsrecht zuzurechnen. Die normierten Rechnungslegungspflichten sind als Marktverhaltensrecht und in ihrer institutionsschützenden Funktion zugleich auch ein wichtiges Element des Marktverfassungsrechts des Kapitalmarktes und damit funktionaler Bestandteil des Europäischen Kapitalmarktrechts.

Das Europäische Bilanzrecht verdeutlicht damit in seiner individual- und zugleich institutionsschützenden Funktion das funktionale Zusammenwirken dieser beiden Rechtsgebiete des Europäischen Privatrechts.[18]

II. Die institutionellen Grundlagen des Europäischen Bilanzrechts im Überblick

Seit den sechziger Jahren des 20. Jahrhunderts steht die Entwicklung der Rechnungslegungspublizität als Teil der allgemeinen Unternehmenspublizität im Zeichen der Harmonisierungsbemühungen der Europäischen Gemeinschaft.[19] Die Angleichung auf dem Gebiet des Bilanzrechts dürfte als das zentrale Element der allgemeinen Bestrebungen zur Harmonisierung des Gesellschaftsrechts anzusehen sein. Von Anfang an verfolgten diese Harmonisierungsbemühungen als primäres Ziel die Angleichung des Informationsrechts.[20]

Die Erste Richtlinie des Rates vom 9. März 1968[21] trägt nicht von ungefähr den Titel Publizitätsrichtlinie. Sie gibt dem allgemeinen Bemühen der Europäischen Gemeinschaft Ausdruck, den Schutz Dritter durch eine Angleichung der Informationsregeln zu gewährleisten. Die sanktionsbewehrte Offenlegung von Mindestinformationen über die Firma und den Sitz der Gesellschaft, die Höhe des Kapitals, die Person der organschaftlichen Vertreter sowie die Art ihrer Vertretungsmacht in einem öffentlich zugänglichen Register soll es Dritten ermöglichen, sich über die wesentlichen Belange und Risiken des Unternehmens Kenntnis zu verschaffen und ihr Handeln entsprechend dem Informationsstand auszurichten.[22]

---

18 Zum funktionalen Zusammenwirken der beiden Rechtsmaterien vgl. auch *Grundmann, Stefan*, Europäisches Gesellschaftsrecht (2004), Rn. 6.

19 *Merkt*, Unternehmenspublizität (2001), 108.

20 *Grundmann, Stefan*, FS Marcus Lutter (2000), 61, 62–70; *ders.*, ZIP 2004, 2401, 2406; *ders.*, Europäisches Gesellschaftsrecht (2004), Rn. 231–235. Zum Informationsmodell im Europäischen Gesellschaftsrechts vgl. auch *Grohmann*, EWS 2007, 540–549.

21 Erste Richtlinie 68/151/EWG des Rates vom 9. März 1968 zur Koordinierung der Schutzbestimmung, die in den Mitgliedstaaten den Gesellschaften im Sinne des Art. 58 Abs. 2 des Vertrages im Interesse der Gesellschafter sowie Dritten vorgeschrieben sind, um diese Bestimmungen gleichwertig zu gestalten, ABl. 1968 L 65/8, bis 2003 Änderungen (nur) in Beitrittsverträgen. Letzte Änderung durch ABl. 2003 L 221/13.

22 Vgl. 2. und 4. Erwägungsgrund der Publizitätsrichtlinie, Erste Richtlinie 68/151/EWG vom 9. März 1968, ABl. 1968 L 65/8 (Fn. 21); vgl. auch *van Hulle*, Das Europäische Bilanzrecht (1993), 3 f.; *Merkt*, Unternehmenspublizität (2001), 109.

Bereits diese frühe Richtlinie folgt damit dem Grundsatz des Vorrangs der Informationsregeln. Die Grundlagen für dieses gemeinschaftsrechtliche Informationsmodell wurden in der folgenreichen Entscheidung des EuGH in Sachen *Cassis de Dijon* gelegt.[23] Die Grundfreiheiten und der Verhältnismäßigkeitsgrundsatz begründen danach einen grundsätzlichen Vorrang der Informationsregeln. Kann ein Anliegen des nationalen Gesetzgebers befriedigt werden, indem die zu schützende Person informiert wird, ist das bloße Informationsgebot einer zwingenden Inhaltsnorm vorzuziehen.[24] Notwendig ist es somit, die Partei durch die Bereitstellung von Informationen in den Stand zu versetzen, selbst rational nutzenmaximierend zu entscheiden, mithin den Marktmechanismus zu erhalten.[25]

Informationsregeln selbst sind in verschiedenen Formen anzutreffen: als Pflicht zur Aufdeckung von Informationen und als Regeln zu Informationsinhalten. In einem Informationsmodell finden sich aber auch flankierende Regeln zur Gewährleistung der Verlässlichkeit der Informationsbereitstellung und des Informationsinhalts.[26] Es liegt nahe, insoweit von Informationsprimär- und Informationssekundärpflichten zu sprechen.[27]

Die Harmonisierung auf dem Gebiet des Bilanzrechts nahm bereits mit der genannten Ersten Richtlinie des Rates, der Publizitätsrichtlinie, ihren Ausgang.[28] Die Publizitätsrichtlinie regelt nicht nur die Offenlegung bestimmter gesellschaftsrechtlicher Verhältnisse sowie die Mittel und die Wirkungen dieser Publizität, sondern verpflichtet die Mitgliedstaaten zugleich, von allen Kapitalgesellschaften die Offenlegung ihrer Jahres- und konsolidierten Abschlüsse zu verlangen. Sie normiert mithin die grundsätzliche Pflicht zur Aufdeckung von entscheidungsrelevanten Informationen. Die Inhalte und die Präsentation der Rechnungslegungsinformationen wurden jedoch weiterhin durch das jeweilige Recht der Mitgliedstaaten geprägt. Ihr Informationsgehalt ließ sich angesichts unterschiedlicher nationaler Rechnungslegungsregeln nur mit erheblichen Informations- und damit Transaktionskosten erschließen.

Zur Sicherung der informationellen Voraussetzungen rationaler Entscheidungen bedurfte es weiterer inhaltlicher Vorgaben für die bereitzustellenden Informationen. Die *Informationspflicht* musste um grundlegende *Informationsinhaltsnormen* ergänzt werden.

---

23 EuGH, Urt. v. 20. 2. 1979 – Rs. 120/78 (*Cassis de Dijon*), Slg. 1979, 649, 664 Rn. 13. Seit 1999 präferiert der EuGH auch für die Niederlassungsfreiheit ein solches Informationsmodell, vgl. EuGH, Urt. v. 9. 3. 1999 – Rs. C-212/97 (*Centros*), Slg. 1999, I-1459, 1495 Rn. 36. Siehe auch *Grundmann, Stefan*, FS Marcus Lutter (2000), 61, 62 f., 64; *ders.*, ZIP 2004, 2401, 2406.

24 Vgl. EuGH, Urt. v. 20. 2. 1979 – Rs. 120/78 (*Cassis de Dijon*), Slg. 1979, 649, 664 Rn. 13; für die Niederlassungsfreiheit EuGH, Urt. v. 9. 3. 1999 – Rs. C-212/97 (*Centros*), Slg. 1999, I-1459, 1495 Rn. 36.

25 *Grundmann, Stefan*, FS Marcus Lutter (2000), 61, 63.

26 *Grundmann, Stefan*, ZIP 2004, 2401, 2406.

27 *Grundmann, Stefan*, FS Marcus Lutter (2000), 61, 67.

28 *van Hulle*, Das Europäische Bilanzrecht (1993), 3.

Zum Zeitpunkt der Verabschiedung der Publizitätsrichtlinie bestand bereits Einigkeit darüber, dass die grundlegende Offenlegungspflicht zur Sicherung des Informationsflusses zwischen der Unternehmung und interessierten Dritten der Ergänzung durch weitere Richtlinien bedarf, die eine Angleichung des materiellen Gehalts des Abschlusses in den Mitgliedstaaten sicherstellen.[29] Zugleich bedurfte es adäquater Sekundärpflichten zur Gewährleistung der Verlässlichkeit der Informationsbereitstellung und des Informationsinhalts. Diese Lücke galt es durch die Errichtung eines gemeinschaftsweit gleichwertigen und vergleichbaren Systems von Rechnungslegungsinformationen auf der Grundlage der Rechnungslegungsrichtlinien zu schließen.[30]

Im Zentrum der Harmonisierung des Bilanzrechts stand und steht daher die Angleichung des Mindestinhalts der externen Rechnungslegung in Form des Jahresabschlusses und des konsolidierten Abschlusses.

Die Vierte Richtlinie[31], die so genannte Jahresabschlussrichtlinie, normiert dementsprechend bestimmte allgemeine Rechnungslegungspflichten.[32] Sie koordiniert die nationalen Vorschriften der Kapitalgesellschaften und Kapitalgesellschaften & Co.[33] bezüglich des Inhaltes und der Gliederung des Jahresabschlusses, der zugrunde zu legenden Bewertungsmethoden sowie der Offenlegung des Abschlusses.[34] Die inhaltliche Richtigkeit der Abschlüsse wird zugleich durch Mindestvorgaben für die Prüfung der Abschlüsse durch einen sachverständigen Dritten gewährleistet. Die Siebente Richtlinie[35], die so genannte Konzernabschlussrichtlinie,

---

29 *Habersack*, Europäisches Gesellschaftsrecht[3] (2006), § 8 Rn. 1.

30 Vgl. zu diesem Aspekt insbesondere den 1. und 3. Erwägungsgrund der Jahresabschlussrichtlinie, Vierte Richtlinie 78/660/EWG des Rates vom 25. Juli 1978 aufgrund Art. 54 Abs. 3 lit. g des Vertrages über den Jahresabschluss von Gesellschaften bestimmter Rechtsformen, ABl. 1978 L 222/11.

31 Vierte Richtlinie 78/660/EWG des Rates vom 25. Juli 1978 aufgrund Art. 54 Abs. 3 lit. g des Vertrages über den Jahresabschluss von Gesellschaften bestimmter Rechtsformen, ABl. 1978 L 222/11, geändert durch folgende Richtlinien: ABl. 1983 L 193/1 (7. Richtlinie); ABl. 1984 L 314/28 (Ecu); ABl. 1989 L 395/36 (11. Richtlinie); ABl. 1990 L 317/57 (Mittelstands-Richtlinie); ABl. 1990 L 317/60 (Kap.Ges.&Co-Richtlinie); ABl. 1994 L 82/33; ABl. 1999 L 162/65 (Euroumstellung Schwellenwerte – nicht mehr in Kraft); ABl. 2001 L 283/28 (Fair Value-Richtlinie); ABl. 2003 L 120/22 (Schwellenwerterichtlinie) und ABl. 2003 L 178/16 (Modernisierungsrichtlinie); ABl. 2006 L 224/1 (Änderungsrichtlinie); sowie Beitrittsverträge ABl. 1979 L 291/17; ABl. 1985 L 302/9 und ABl. 1994 C 241/21.

32 Neben den benannten Rechnungslegungspflichten enthält die Jahresabschlussrichtlinie in Artt. 48, 49 bestimmte formelle Anforderungen für die Nutzung des Jahresabschlusses (Veröffentlichung, z.B. gegenüber Banken, Gesellschaftern und anderen Unternehmen oder zu Werbezwecken). Der Schwerpunkt der Richtlinie liegt dabei eindeutig bei den Rechnungslegungspflichten.

33 Die Erstreckung des persönlichen Anwendungsbereichs der Richtlinie auf die Kapitalgesellschaften & Co. erfolgte durch die sog. Kapitalgesellschaften & Co.-Richtlinie, Richtlinie 90/605/EWG des Rates vom 8. November 1990 zur Änderung der Richtlinien 78/660/EWG und 83/349/EWG über den Jahresabschluss und konsolidierten Abschluss hinsichtlich des Anwendungsbereichs, ABl. 1990 L 317/60.

34 *Schmitz*, in: *Albach/Klein* (Hrsg.), Harmonisierung der Rechnungslegung in Europa (1988), 1.

35 Siebente Richtlinie 83/349 des Rates vom 13. Juni 1983 aufgrund von Art. 54 Abs. 3 lit. g des Vertrages über den konsolidierten Abschluss, ABl. 1983 L 193/1, geändert durch folgende Richtlinien: ABl. 1989 L 395/36 (11. Richtlinie); ABl. 1990 L 317/57 (Mittelstands-Richtlinie); ABl. 1990 L 317/60 (Kap.Ges.&Co-Richtlinie), ABl. 2001 L 283/28 (Fair Value-Richtlinie); ABl. 2003 L 178/16 ergänzt die Informationsregeln der Jahresabschlussrichtlinie durch zusätzliche Rechnungslegungspflichten für den konsolidierten Abschluss der Muttergesellschaft eines Konzerns.

Die durch die beiden Richtlinien vorgeschriebene Prüfung der Rechenwerke wurde in ihrer qualitätssichernden Funktion bisher durch die Achte Richtlinie[36] von 1984, die so genannte Prüferbefähigungsrichtlinie, vervollständigt, deren Regelungen einen gemeinschaftsweiten Mindeststandard hinsichtlich der Professionalität, Zuverlässigkeit und Unabhängigkeit des Prüfers sicherstellen sollten.

Diese allgemeinen Rechnungslegungsrichtlinien werden durch – hier auszuklammernde – branchenspezifische Rechnungslegungsbestimmungen für Banken[37] und Versicherungen[38] ergänzt.

Die Harmonisierung des Bilanzrechts in Europa erstreckt sich entsprechend den thematischen Schwerpunkten der aufgezeigten Richtlinien sowohl auf den materiellen Gehalt der Jahres- und Konzernabschlüsse als auch auf Regeln zur Abschlussprüfung und zur Prüferbefähigung. Der Grad der Harmonisierungsdichte im Bereich des Bilanzrechts verdeutlicht nicht nur die besondere Bedeutung der externen Rechnungslegung als Informationsinstrument der Unternehmung. Die Regelungsdichte ist zugleich Ausdruck des grundlegenden, die europäische Harmonisierung prägenden Verständnisses der Information als Funktionselement des Marktmechanismus. Die Angleichung der Informationsregeln und die damit einhergehende Sicherung des Informationsflusses bilden zusammen mit der Privatautonomie der Akteure eine Grundvoraussetzung für die Verwirklichung der Grundfreiheiten und damit für die Integration eines europäischen Binnenmarktes.

Mit der zunehmenden Bedeutung des Kapitalmarktes wandelten sich auch die Anforderungen an die externe Rechnungslegung. Rechnungslegung und Kapitalmarkt stellen interdependente Institutionen dar. Die Effizienz des Kapitalmarktes ist in einem hohen Maße von der Bereitstellung entscheidungsrelevanter, verlässlicher und vergleichbarer Informationen abhängig.[39] Der periodischen Rechnungslegung in Form des Jahres- und Konzernabschlusses kommt neben den kapitalmarktspezifischen unterperiodischen Publizitätsinstrumenten (Börsenprospekt,

---

(Modernisierungsrichtlinie), ABl. 2006 L 224/1 (Änderungsrichtlinie); sowie Beitrittsverträge ABl. 1985 L 302/9 und ABl. 1994 C 241/21.

36 Achte Richtlinie 84/253/EWG des Rates vom 10. April 1984 aufgrund von Art. 54 Abs. 3 lit. g des Vertrages über die Zulassung der mit der Pflichtprüfung der Rechnungslegungsunterlagen beauftragten Personen, ABl. 1984 L 126/20. Diese Achte Richtlinie wurde durch die Richtlinie des europäischen Parlaments und des Rates über Abschlussprüfungen von Jahresabschlüssen und konsolidierten Abschlüssen, zur Änderung der Richtlinien 78/660/EWG und 83/349/EWG des Rates und zur Aufhebung der Richtlinie 84/253/EWG des Rates vom 17. Mai 2006, ABl. 2006 L 157/87, aufgehoben. Vgl. im Einzelnen § 3.II.4), S. 79 ff.

37 Richtlinie 86/635/EWG des Rates vom 8. Dezember 1986 über den Jahresabschluss und den konsolidierten Abschluss von Banken und anderen Finanzinstituten, ABl. 1986 L 372/1.

38 Richtlinie 91/674/EWG des Rates vom 19. Dezember 1991 über den Jahresabschluss und den konsolidierten Abschluss von Versicherungsunternehmen, ABl. 1991 L 374/7.

39 Vgl. stellvertretend *Hartmann-Wendels*, Rechnungslegung der Unternehmung und Kapitalmarkt aus informationsökonomischer Sicht (1991), 29.

Ad-hoc-Mitteilung) eine wichtige Informations-, Disziplinierungs- und Qualitätssicherungsfunktion zu.[40]

Die Eigenheiten des Kapitalmarktes stellen zugleich aber auch besondere Anforderungen an die Rechnungslegung als Informationsinstrument. Die Dynamik des Kapitalmarktes erfordert ein hohes Maß an Entscheidungsrelevanz, Transparenz, Vergleichbarkeit und Verlässlichkeit der Unternehmensinformationen; anders ausgedrückt, nimmt die Leistungsfähigkeit der Kapitalmärkte tendenziell mit geringerer Vergleichbarkeit der Hauptinformationsquellen ab.[41] Zugleich erfordert die Schnelllebigkeit der Finanzmärkte ein flexibleres Rechtsetzungsverfahren für die Normierung der Rechnungslegungsstandards.

Die Festlegung *gleichwertiger* Mindestanforderungen an die externe Rechnungslegung auf der Grundlage der Rechnungslegungsrichtlinien vermochte dieses Maß an Vergleichbarkeit und Transparenz der Abschlüsse der Publikumsgesellschaften und die erforderliche Flexibilität der Rechtsetzung nicht zu gewährleisten.[42]

Mit der Zielsetzung der Integration eines europäischen Kapitalmarktes[43] ging daher eine neue Ausrichtung der europäischen Rechnungslegungsstrategie[44] einher. Diese „Neue Rechnungslegungsstrategie" der Kommission konkretisiert sich in der IFRS-Anwendungsverordnung vom 19. Juli 2002[45].

Die Verordnung und die ihr zugrunde liegende Hinwendung zu den internationalen Rechnungslegungsstandards verkörpert nicht nur einen neuen Regulierungsansatz in Form der Standardisierung, sondern auch eine aus kontinentaleuropäischer Sicht neue Rechnungslegungsphilosophie und Normsetzungsmethode. Die damit vollzogene Neuausrichtung der Rechnungslegungsstrategie des Europäischen Bilanzrechts hat, wie im Verlauf der weiteren Arbeit aufgezeigt wird, die gemein-

---

40 Hinsichtlich der Interaktion der Rechnungslegungsinformationen mit anderen Informationsinstrumenten vgl. § 8.I.2)a)cc)(2)(a), S. 233 ff.

41 *Grundmann, Stefan*, Europäisches Gesellschaftsrecht (2004), Rn. 587.

42 Vgl. den von der Kommission vorgelegten Vorschlag für eine Verordnung des Europäischen Parlaments und des Rates betreffend die Anwendung internationaler Rechnungslegungsgrundsätze vom 13. Februar 2001, KOM(2001) 80 endg., S. 3.

43 Vgl. Schlussfolgerung des Europäischen Rates von Lissabon 23. und 24. März 2000, abrufbar unter http:/europa.eu.int/european_council/conclusions/index_de.htm; Finanzdienstleistungen – Abstecken eines Aktionsrahmens, abrufbar unter http://ec.europa.eu/internal_market/top_layer/index_24_de.htm.

44 Die Neuausrichtung der Rechnungslegungsstrategie nahm dabei ihren Ausgangspunkt mit der 1995 veröffentlichten Mitteilung der Kommission „Harmonisierung auf dem Gebiet der Rechnungslegung: eine neue Strategie im Hinblick auf die internationale Harmonisierung", KOM(95) 508 DE vom November 1995. Konkretisiert wurden die damals noch allgemein gehaltene Zielsetzung nach der Tagung des Europäischen Rates im März 2000 in Lissabon durch die Mitteilung der Kommission an den Rat und das Europäische Parlament: Rechnungslegungsstrategie der EU: Künftiges Vorgehen, KOM (2000) 359 v. 13. Juni 2000. Zur Entwicklung der Rechnungslegungsstrategie vgl. § 4.I, S. 103 ff. und *Haller*, European Accounting Review Vol. 11 (2002), 153, 164–166; *van Hulle*, in: *Baetge* (Hrsg.), Übergang der Rechnungslegung vom HGB zu den IFRS (2004), 131–143.

45 Verordnung (EG) Nr. 1606/2002, ABl. 2002 L 243/1 (Fn. 5).

schaftsrechtlichen Rechnungslegungsvorschriften in ihrem Gesamtgefüge verändert.

Die IFRS-Anwendungsverordnung ist aber nur ein – wenn auch wichtiger – Teil einer Reihe von Maßnahmen, welche langfristig die Rechnungslegung von Publikumsgesellschaften und auch von Nicht-Publikumsgesellschaften in Europa prägen.

Die Rechnungslegungsrichtlinien waren seit ihrer Verabschiedung über Jahrzehnte weitgehend unverändert geblieben. Theorie und anerkannte Praxis der Rechnungslegung haben sich inzwischen erheblich weiterentwickelt, und dieser Trend setzt sich fort. Zudem erforderte die Hinwendung zu den IFRS eine Eliminierung bestehender Widersprüche. Sollten die Rechnungslegungsrichtlinien auch weiterhin die gemeinsame Grundlage der Rechnungslegung für Kapitalgesellschaften in Europa bilden, bedurfte es einer Aufhebung bestehender Widersprüche zu den Regeln der IFRS.

Mit der im Jahr 2001 verabschiedeten Fair Value-Richtlinie[46] wurde der erste Schritt zur erforderlichen Modernisierung der Rechnungslegungsrichtlinien vollzogen. Die Fair Value-Richtlinie bezeichnet schon mit ihrem Titel ihren wesentlichen Regelungsgehalt, die Einführung der fair value-Bewertung als Wertansatz.[47] Sie spiegelt dabei durch die Einführung der fair value-Bewertung für bestimmte Finanzinstrumente die international geänderte Bilanzierungspraxis von Finanzinstrumenten und deren zunehmende Bedeutung in der Bilanzierungspraxis wider.[48] Die Bewertung zum fair value ist nicht als verbindlicher Bewertungsansatz, sondern als Mitgliedstaatenwahlrecht in die Jahresabschlussrichtlinie integriert worden. Es obliegt somit den Mitgliedstaaten zu entscheiden, inwieweit sie sich von der bisherigen Bilanztradition der historischen Wertansätze lösen und sich der Bewertung zu Zeitwerten und damit auch den IFRS annähern. Der dadurch in Kauf genommene begrenzte Harmonisierungseffekt wird durch verpflichtende Umsetzungsvorgaben zu Angaben im Anhang und Lagebericht kompensiert. Nach der Richtlinie müssen sämtliche Unternehmen Informationen über derivative Finanzinstrumente offen legen, die neben der Art und dem Umfang der Finanzinstrumente auch ihren fair value umfassen müssen. Ausnahmen können kleinen Gesellschaften eingeräumt werden.

Die damit angesprochenen Schwellenwerte für kleine und mittlere Unternehmen (Artt. 11, 27 JAbRL) wurde ebenfalls an die wirtschaftlichen Gegebenheiten ange-

---

46 Richtlinie 2001/65/EG des Europäischen Parlamentes und des Rates vom 27. September 2001 zur Änderung der Richtlinien 78/660/EWG, 83/349/EWG und 86/635/EWG des Rates im Hinblick auf die im Jahresabschluss bzw. konsolidierten Abschluss von Gesellschaften bestimmter Rechtsformen und von Banken und anderen Finanzinstituten zulässigen Wertansätzen, ABl. 2001 L 283/28. Dazu *Helmschrott*, DStR 2000, 941–948; *Hommel/Berndt*, BB 2000, 1184–1190; *Busse von Colbe*, BB 2002, 1530–1536; *Huthmann/Hofele*, KoR 2005, 181–188; *Kirsch*, in: *Baetge/Kirsch* (Hrsg.), Die Anpassung des deutschen Bilanzrechts an internationale Standards (2005), 11, 14–21.

47 *Großfeld/Luttermann*, Bilanzrecht^4 (2005), Rn. 12.

48 Vgl. *Hommel/Berndt*, BB 2000, 1184, 1185.

passt. Im Rahmen der Schwellenwertrichtlinie[49] aus dem Jahr 2003 konnten die Schwellwerte für Bilanzsumme und Umsatzerlöse in den Mitgliedstaaten um bis zu 17% angehoben werden.

Die so genannte Modernisierungs- oder Anpassungsrichtlinie[50] aus dem Jahr 2003 markiert den bisherigen Höhepunkt der Überarbeitung der Rechnungslegungsrichtlinien. Durch die erfolgten Änderungen wurden bestehende Diskrepanzen zwischen der Jahresabschluss- und Konzernabschlussrichtlinie einerseits und den IFRS andererseits beseitigt und die Möglichkeit der Bewertung zum Zeitwert ausgeweitet. Darüber hinaus wurden die Anforderungen an den (Konzern-)Lagebericht und den Bestätigungsvermerk präzisiert und verschärft.[51] Insbesondere die Regelungen zum Prüfungsbericht, zur Bilanzierung, zum Ansatz und zur Bewertung von Rückstellungen sowie zum Konsolidierungskreis und zur Konsolidierungspflicht sind modernisiert und erweitert worden.[52]

Die Modernisierung der Richtlinienbestimmungen zur Erstellung der Abschlüsse wurde durch die Richtlinie zur Änderung der Rechnungslegungsrichtlinien vom 14. Juni 2006[53] weitergeführt. Mit dieser Richtlinie verfolgt die Europäische Kommission das Ziel, das Vertrauen in die Abschlüsse und die Lageberichte zu vergrößern. Hierzu wird der Anhang um Angaben über Art und Zweck nicht-bilanzieller

---

49 Richtlinie 2003/39/EG des Rates vom 13. Mai 2003, zur Änderung der Richtlinie 78/660/EWG über den Jahresabschluss von Gesellschaften bestimmter Rechtsformen hinsichtlich der in Euro ausgedrückten Beträge ABl. 2003 L. 120/22.

50 Richtlinie 2003/51/EG des Europäischen Parlamentes und des Rates vom 18. Juni 2003 zur Änderung der Richtlinien 78/660/EWG, 86/349/EWG 86/635/EWG und 91/674/EWG über den Jahresabschluss und den konsolidierten Abschluss von Gesellschaften bestimmter Rechtsformen, von Banken und anderen Finanzinstituten sowie Versicherungsunternehmen, ABl. 2003 L 178/16. Dazu *Busse von Colbe*, BB 2002, 1530–1536; *Niehus*, DB 2002, 1385–1390; *Böcking/Herold/Wiedenhold*, Der Konzern 2003, 394–409; *Böcking*, in: *Baetge* (Hrsg.), Übergang der Rechnungslegung vom HGB zu den IFRS (2004), 103–129.

51 Vgl. *Böcking/Herold/Wiedenhold*, Der Konzern 2003, 394, 403–405. Zur Präzisierung der Lageberichterstattung siehe auch *Kirsch/Scheele*, WPg. 2004, 1, 4–12.

52 Die genannten europäischen Reformen der Jahresabschluss- und Konzernbilanzrichtlinie durch die Fair Value-, Schwellenwert- und Modernisierungsrichtlinie wurden vom deutschen Gesetzgeber bisher nur selektiv umgesetzt. Angesichts zahlreicher Wahlrechte setzte er zunächst die zwingenden Vorgaben der Fair Value-Richtlinie und der Modernisierungsrichtlinie und die Anpassung der Schwellenwerte um. Diese Umsetzung hat das Bilanzrechtsreformgesetz (BilReG) vom 4. Dezember 2004 (BGBl. I S. 3166) zum 1. Januar 2005 vollzogen. Vgl. zum BilReG u.a. *Großfeld*, NZG 2004, 393–396; *Hoffmann/Lüdenbach*, GmbHR 2004, 145, 146 f.; *Meyer*, DStR 2005, 41, 41–43. Zur Umsetzung der Fair Value-Richtlinie im deutschen Recht vgl. auch *Böcking*, Der Konzern 2004, 177, 181 f.
Die Mitgliedstaatenwahlrechte der benannten Richtlinien sind der weiteren Gesetzgebung vorbehalten. Im November 2007 wurde der Referentenentwurf eines Bilanzrechtsmodernisierungsgesetzes vorgelegt, im Mai 2008 der Entwurf der Bundesregierung (BR-Drs. 344/08). Vgl. auch *Ernst/Seidler*, Der Konzern 2007, 822–831; *Meyer*, DStR 2007, 2227–2231.

53 Richtlinie des Europäischen Parlaments und des Rates zur Änderung der Richtlinien des Rates 78/660/EWG über den Jahresabschluss von Gesellschaften bestimmter Rechtsformen, 83/349/EWG über den konsolidierten Abschluss, 86/635/EWG über den Jahresabschluss und den konsolidierten Abschluss von Banken und anderen Finanzinstituten und 91/674/EWG über den Jahresabschluss und den konsolidierten Abschluss von Versicherungsunternehmen, ABl. 2006 L 224/1. Zum Richtlinienvorschlag vgl. auch *Lanfermann*, BB 2004, 2–5; *Pooten*, KoR 2005, 58–62; *Niemeier*, WPg 2006, 173–18; zur Richtlinie vgl. *Lanfermann/Maul*, BB 2006, 2011–2015.

Geschäfte erweitert und die Transaktionen der Unternehmen mit ihren Managern, deren Familienangehörigen oder anderen nahe stehenden Personen einer größeren Transparenz zugeführt. Darüber hinaus sind kapitalmarktorientierte Unternehmen zu verpflichten, jährlich den Lagebericht um eine umfangreiche Erklärung zur Unternehmensführung (Corporate Governance Erklärung) zu ergänzen.[54] Es wird zudem erstmals eine EU-Mindestregelung zur Verantwortung des Managements für die Finanzberichterstattung formuliert. Im Gegenzug erfolgt eine punktuelle Anhebung der für die Definition von kleinen und mittleren Aktiengesellschaften dienenden Schwellenwerte in Bezug auf Bilanzsumme und Nettoumsatz um 20 %.[55]

Neben der Harmonisierung der Rechnungslegungsinhalte haben gerade die Unternehmenszusammenbrüche und Bilanzskandale der letzten Jahre die Bedeutung der Verlässlichkeit der offen gelegten Unternehmensinformationen verdeutlicht. Das Vertrauen in die Richtigkeit der Finanzinformationen ist neben der Transparenz und Vergleichbarkeit eine wichtige Determinante eines funktionierenden Marktes für Finanzinformationen und damit für die Funktionsfähigkeit des europäischen Binnenmarktes. Die Zuverlässigkeit der bereitgestellten Informationen ist durch Sanktionsnormen und durch die bereits in der Jahresabschluss- und Konzernabschlussrichtlinie vorgeschriebene Prüfung der Abschlüsse zu gewährleisten. Die durch die beiden Richtlinien vorgeschriebene Prüfung der Rechenwerke wurde in ihrer qualitätssichernden Funktion bisher durch die Prüferbefähigungsrichtlinie[56] ergänzt.

Dieser bisherige europäische Rechtsrahmen ist vor dem Hintergrund der jüngsten Entwicklungen in der Rechnungslegung und der Bilanzskandale der letzten Jahre zu Recht als unzureichend erachtet worden.[57] Eingebettet in den Aktionsplan für Finanzdienstleitungen[58] mit dem Ziel einer transparenten Rechnungslegung, soll durch die neue Richtlinie über Abschlussprüfungen von Jahresabschlüssen und konsolidierten Abschlüssen vom 17. Mai 2006[59] ein geschlossener prinzipien-

---

54 Vergleichbar kennt das deutsche Aktienrecht bereits die Erklärung zum Corporate Governance Kodex nach § 161 AktG.

55 Die Änderungen an den Rechnungslegungsrichtlinien ermöglichen es außerdem den Mitgliedstaaten, Abweichungen zwischen dem überarbeiteten internationalen Rechnungslegungsstandard über den beizulegenden Zeitwert (IAS 39) und den Rechnungslegungsrichtlinien zu beseitigen. Dies steht mit der Verordnung der Kommission Nr. 1864/2005 vom 15. November 2005 über börsennotierte Gesellschaften (IP/05/1423) in Einklang. Vgl. Art. 42 a Abs. 5 a JAbRL.

56 Vgl. Fn. 36.

57 Mitteilung der Kommission betreffend die Abschlussprüfung in der Europäischen Union: künftiges Vorgehen 98/C 143/03, ABl. 1998 C 143/12.

58 Finanzdienstleistungen – Abstecken eines Aktionsrahmens, abrufbar unter http://ec.europa.eu/internal_market/top_layer/index_24_de.htm.

59 Richtlinie des europäischen Parlaments und des Rates über Abschlussprüfungen von Jahresabschlüssen und konsolidierten Abschlüssen, zur Änderung der Richtlinien 78/660/EWG und 83/349/EWG des Rates und zur Aufhebung der Richtlinie 84/253/EWG des Rates vom 17. Mai 2006, ABl. 2006 L 157/87.

Vgl. zum ursprünglichen Richtlinienentwurf, Vorschlag für eine Richtlinie des europäischen Parlaments und des Rates über die Prüfung des Jahresabschlusses und des konsolidierten Abschlusses und zur Änderung der Richtlinien 78/660/EWG v und 83/349/EWG des Rates vom 16. März 2004, orientierter Rahmen für die gesetzliche Abschlussprüfung in Europa geschaffen werden. Die neue Richtlinie enthält neben den Grundanforderungen an die allgemeine und berufliche Bildung und Zulassung des Abschlussprüfers nunmehr vor allem Regelungen zur Durchführung des Prüfungsverfahrens, der externen Qualitätssicherung, der grenzüberschreitenden Beaufsichtigung der Prüfer und zur internationalen Zusammenarbeit der Berufsaufsichtsstellen.

Durch die so genannte Transparenzrichtlinie vom 15. Dezember 2004[60] wurde auch die Form der Offenlegung der Jahresfinanzberichte der börsennotierten Unternehmen auf eine neue Harmonisierungsebene gestellt. Primäre Zielsetzung der Transparenzrichtlinie ist die Förderung der Markttransparenz und des Anlegerschutzes durch eine Erneuerung und Ergänzung der Standards für die periodische und laufende Publizität kapitalmarktorientierter Unternehmen.[61] Im Hinblick auf die Rechnungslegungspublizität werden die Offenlegungspflichten der Jahresabschlussrichtlinie durch kapitalmarktbezogene Regelungen hinsichtlich der Veröffentlichungsfristen und -arten ergänzt.

Die vorausgehenden Ausführungen verdeutlichen den Wandel, dem das Europäische Bilanzrecht seit einigen Jahren unterliegt. Die Modernisierung und Neufassung der Rechnungslegungsrichtlinien und ihre Ergänzung um Sonderregelungen für kapitalmarktorientierte Unternehmen in Form der IFRS-Anwendungsverordnung und der Transparenzrichtlinie machen eine nähere Betrachtung der sich daraus ergebenden neuen Systematik des Europäischen Bilanzrechts erforderlich.

Die Analyse des Europäischen Bilanzrechts in seinem Gesamtgefüge muss ihren Ausgang in einer Einzelanalyse der Regelungsinhalte der verschiedenen Rechtsakte nehmen. In der Darstellung wird zwischen der gesellschaftsrechtlichen und der kapitalmarktorientierten Rechnungslegungspublizität differenziert. Erst auf der Grundlage einer Einzelanalyse der verschiedenen Rechtsakte lassen sich dann über die Erörterung ihres Zusammenspiels Aussagen über die Systematik, Auslegung und Rechnungslegungsphilosophie des Europäischen Bilanzrechts treffen.

KOM(2004) 177. Siehe auch *Fédération des Experts Comptables Européens*, European Accountants welcome revised EU Audit Directive, Press Release 16. March 2004, abrufbar unter http://www.fee.be unter Press Releases; *Institut der Wirtschaftsprüfer*, IDW zum Entwurf der 8. EU-Richtlinie (Abschlussprüferrichtlinie), Presseinformation 2/2004 v. 16. März 2004, 1 f., abrufbar unter: http://www.idw.de; *Wirtschaftsprüferkammer*, Mehr Transparenz bei Abschlussprüfern, Pressemitteilung 16. März 2004, abrufbar unter: http://www.wpk.de/aktuell/presseinformationen.asp und *Klein/Tielmann*, WPg. 2004, 501–510; *Lanfermann*, DB 2004, 609–613; *Schildbach*, BFuP 2004, 252–267. Vgl. im Einzelnen auch § 3.II.4), S. 79 ff.

60 Richtlinie 2004/109/EG des Europäischen Parlaments und des Rates vom 15. Dezember 2004 zur Harmonisierung der Transparenzanforderungen in Bezug auf Informationen über Emittenten deren Wertpapiere zum Handel auf einem geregelten Markt zugelassen sind, und zur Änderung der Richtlinie 2001/34/EG, ABl. 2004 L 390/38.

61 *Buchheim/Ulbrich*, KoR 2004, 273, 275.

§ 3. Gesellschaftsrechtliche Rechnungslegungspublizität

Die Harmonisierung auf dem Gebiet der Rechnungslegung begann mit der Ersten Richtlinie (Publizitätsrichtlinie) vom 9. März 1968[62], die vor allem eine einheitliche Regelung für die Offenlegung der Jahresabschlüsse eingeführt hat. Mit dem Ziel der Angleichung des materiellen Gehalts der Abschlüsse bilden die Rechnungslegungsrichtlinien, namentlich die Jahresabschluss-, Konzernabschluss- und die (neugefasste) Richtlinie zur Abschlussprüfung bisher und auch weiterhin das Herzstück bzw. die Basis des Europäischen Bilanzrechts.[63]

I. Harmonisierungsstrategie der Rechnungslegungsrichtlinien

Die Publizitäts- und die Rechnungslegungsrichtlinien beruhen auf der Rechtsgrundlage des Art. 44 Abs. 1, Abs. 2 lit. g EG. Sie dienen mithin der Verwirklichung der Niederlassungs- und der Kapitalverkehrsfreiheit der Gesellschaften im europäischen Binnenmarkt (Art. 43 i.V.m. Art. 48 EG).[64] Die Entfaltung dieser grundlegenden Unternehmensfreiheiten soll durch die Koordinierung der bestehenden, national divergierenden Schutzbestimmungen für Gesellschafter sowie Dritte gefördert werden. Bereits die Wahl dieser Rechtsgrundlage verdeutlicht die Harmonisierungsstrategie und die Zielsetzung der Rechnungslegungsrichtlinien.

Ziel der Rechnungslegungsrichtlinien war und ist demnach die *Koordinierung* und damit die Herstellung der *Gleichwertigkeit* und *Vergleichbarkeit*, nicht der Einheitlichkeit der nationalen Regelungen.[65] Eine solche Angleichung mitgliedstaatlicher Regelungen unter Wahrung der nationalen Besonderheiten[66] entspricht der bisherigen allgemeinen Harmonisierungsstrategie in Europa. Im Rahmen der Koordinierung der nationalen Regelungen wird primär auf bereits bestehende mitgliedstaatliche und zunehmend auch auf internationale Problemlösungen und

---

62 Richtlinie 68/151/EWG des Rates vom 9. März 1968 (Fn. 21), S. 8.
63 Vgl. *Großfeld/Luttermann*, Bilanzrecht[4] (2005), Rn. 10.
64 Obwohl sich Art. 44 Abs. 2 lit. g EG seinem Wortlaut und seiner systematischen Stellung nach auf Regelungen der Niederlassungsfreiheit beschränkt, entspricht es mittlerweile der herrschenden Meinung, dass sich seine Geltung über den Regelungsbereich der Niederlassungsfreiheit hinaus auf das gesamte Gesellschaftsrecht erstreckt. Zu dieser Problematik vgl. u.a. *Lutter*, Europäisches Unternehmensrecht[4] (1996), 10; *Schön*, in: *Zentrum für Europäisches Wirtschaftsrecht* (Hrsg.), 7. Bonner Europa-Symposium, Mindestharmonierung im Binnenmarkt, Teil 4: Mindestharmonisierung im Europäischen Gesellschaftsrecht (1997), 1, 10–14; *von der Groeben/Schwarze (-Troberg/Tietje)*, Kommentar zur EU-Vertrag und EG-Vertrag[6] (2004), Art. 44 Rn. 22.
65 Vgl. *van Hulle*, Das Europäische Bilanzrecht (1993), 5; *Kloos*, Die Transformation der 4. EG-Richtlinie (Bilanzrichtlinie) in den Mitgliedstaaten der Europäischen Gemeinschaft (1993), 53; Mitteilung der Kommission: Harmonisierung auf dem Gebiet der Rechnungslegung: Eine neue Strategie im Hinblick auf die internationale Harmonisierung, KOM 95 (508), S. 3; *van Hulle*, in: *Schurff* (Hrsg.), Bilanzrecht unter dem Einfluss internationaler Reformzwänge (1996), 7, 9.
66 *Wagenhofer*, Internationale Rechnungslegungsstandards IAS/IFRS[5] (2005), 15; vgl. auch *van Hulle*, Das Europäische Bilanzrecht (1993), 2; Mitteilung der Kommission: Harmonisierung auf dem Gebiet der Rechnungslegung: Eine neue Strategie im Hinblick auf die internationale Harmonisierung, KOM 95 (508), S. 4.

Grundsätze zurückgegriffen. Auf die Entwicklung grundlegend neuer Konzepte wird verzichtet.[67] Eine solche Strategie der Harmonisierung fördert nicht nur die allgemeine Akzeptanz der europäischen Regelungen, sondern achtet zugleich bestehende Pfadabhängigkeiten in den nationalen Rechtsordnungen.

Die Koordinierung bzw. Angleichung der mitgliedstaatlichen Regelungen nach Art. 44 Abs. 1, Abs. 2 lit. g EG dient einer doppelten Zielsetzung, nämlich zum einen der Koordinierung der bestehenden nationalen gesellschaftsrechtlichen Schutzbestimmungen und zum anderen der Herstellung gleichwertiger Wettbewerbsbedingungen für die Unternehmen (level playing field). Durch das Zusammenwirken dieser beiden Zielsetzungen soll schließlich der europäische Binnenmarkt vollendet werden.[68]

Eines der grundsätzlichen Ziele der Harmonisierung des Gesellschaftsrechts ist die Aufhebung der nationalen Barrieren zur Verwirklichung der Grundfreiheiten, namentlich der Niederlassungs- und der Kapitalverkehrsfreiheit, und damit die Vollendung und Aufrechterhaltung eines europäischen Binnenmarktes. Unterschiedliche nationale gesellschaftsrechtliche Schutzbestimmungen sind ein Hemmnis für grenzüberschreitende Aktivitäten der Akteure.

Unterschiedliche Rechnungslegungsvorschriften sind ein erheblicher Kostenfaktor grenzüberschreitender Aktivitäten. Divergierende Regelungen der Rechnungslegung verursachen Informationskosten, die wiederum die Kosten von Transaktionen empfindlich erhöhen.[69] Rechnungslegungsvorschriften sind zudem ein wichtiger Standortfaktor eines Mitgliedstaates. Unterschiedliche Anforderungen an die externe Rechnungslegung können eine Wettbewerbsbeeinträchtigung hervorrufen, die eine Verschmelzung der nationalen Märkte erheblich erschwert.[70] Direkte Standortvorteile bzw. -nachteile entstehen durch Kostenunterschiede, die durch uneinheitliche restriktive nationale Rechnungslegungsbestimmungen verursacht werden.[71] Indirekte Verzerrungen werden zudem dadurch hervorgerufen, dass unterschiedliche nationale Rechnungslegungsnormen auch einen unterschiedlichen Gewinnausweis und eine abweichende Eigenkapitalquote bedingen.[72] Divergierende Gewinngrößen können externe Rechnungslegungsadressaten zu unterschiedlichen Forderungen (insbesondere nach Dividenden, Löhnen, Konditionen, Steuern) veranlassen, verschiedene Eigenkapitalquoten bedingen und sich damit

---

67 Die zunehmende Orientierung an internationalen Praktiken und Standards zeigt sich nicht nur in der IFRS-Anwendungsverordnung, sondern auch in der neuen Richtlinie zur Abschlussprüfung, vgl. hierzu § 3.II.4), S. 79 ff.

68 Vgl. *Haller*, The European Accounting Review Vol. 11. (2002), 153, 155; *Flower*, European Financial Reporting (2004), 98; aber auch *Coleman*, in: *Gray/Coenenberg* (ed.), EEC Accounting Harmonisation: Implementation and Impact of the Fourth Directive (1984), 3, 4.

69 Vgl. auch *Kirchner*, FS Adolf Moxter (1994), 601, 608.

70 *Kloos*, Die Transformation der 4. EG-Richtlinie (Bilanzrichtlinie) in den Mitgliedstaaten der Europäischen Gemeinschaft (1993), 50.

71 Vgl. *Gimpel-Kloos*, Die Ausübung nationaler Wahlrechte im Hinblick auf die Zielsetzungen der 4. EG-Richtlinie (1990), 104.

72 *Kloos*, Die Transformation der 4. EG-Richtlinie (Bilanzrichtlinie) in den Mitgliedstaaten der Europäischen Gemeinschaft (1993), 51.

in einer unterschiedlichen Stellung des Unternehmens am Kredit- und Kapitalmarkt niederschlagen.[73]

Die Gewährleistung der Gleichwertigkeit und Vergleichbarkeit der nationalen Rechnungslegungsbestimmungen verringert die bestehenden Informationsprobleme im Umgang mit ausländischen Gesellschaftsformen. Die Absicherung eines Schutzstandards führt so zur Reduzierung der Informations- und Transaktionskosten im Allgemeinen und setzt damit eine Grundvoraussetzung für einen freien Wettbewerb der Gesellschaften und anderer Akteure (z. B. Investoren) im europäischen Binnenmarkt.[74]

Bereits die Beschränkung auf eine Koordinierung der Schutzbestimmungen zur Sicherung ihrer Gleichwertigkeit im europäischen Markt impliziert unter Achtung des Subsidiaritätsgebots (Art. 5 Abs. 2 EG) nur eine Mindestharmonisierung[75] und keine, wie vereinzelt vertreten wird, weitgehende Rechtsvereinheitlichung[76].

Die Angleichung der Rechnungslegungsvorschriften dient neben der Koordinierung der Schutzbestimmungen zugleich der Herstellung gleichwertiger Wettbewerbsbedingungen für die Unternehmen.[77] Die rechtliche Chancengleichheit bezieht sich nicht auf die Gleichstellung aller im Wettbewerb stehenden Unternehmen auf einem Markt, sondern auf Gesellschaften, die in ihrer rechtlichen Ausgestaltung bzw. Rechtsform vergleichbar sind.[78] Einheitliche Mindeststandards in Europa sollen hier die bestehenden Barrieren der Unternehmensfreiheiten beseitigen und zugleich in Form eines europäischen Mindeststandards einem Wettbewerb nach unten, dem so genannten Delaware-Effekt[79], entgegenwirken.[80]

Die Rechtsgrundlage des Art. 44 Abs. 1, Abs. 2 lit. g EG verdeutlicht nicht nur die benannten Zielsetzungen der Richtlinien. Die Anknüpfung des Art. 44 Abs. 1, Abs. 2 lit. g EG an die Niederlassungs- und Kapitalverkehrsfreiheit impliziert zu-

---

73 Vgl. *Gimpel Kloos*, Die Ausübung nationaler Wahlrechte im Hinblick auf die Zielsetzungen der 4. EG-Richtlinie (1990), 105–108; *Kloos*, Die Transformation der 4. EG-Richtlinie (Bilanzrichtlinie) in den Mitgliedstaaten der Europäischen Gemeinschaft (1993), 51.

74 Vgl. zu diesem Aspekt der Harmonisierung *Coleman*, in: *Gray/Coenenberg* (ed.), EEC Accounting Harmonisation: Implementation of the Fourth Directive (1984), 3, 4.

75 Vgl. *Grundmann, Stefan*, JZ 1996, 274, 277; *Timmermans*, RabelsZ 48 (1984), 1, 14; *Grundmann, Stefan*, Europäisches Gesellschaftsrecht (2004), Rn. 100, 1135.

76 So aber *Steindorff*, EuZW 1990, 251, 253 f.; wohl auch *Hennrichs*, ZGR 1997, 66, 73.

77 Vgl. hierzu den 3. Erwägungsgrund der Jahresabschlussrichtlinie, Vierte Richtlinie 78/660/EWG vom 25. Juli 1978, ABl. 1978 L 222/11 (Fn. 31). Diese Zielsetzung der Harmonisierung des Bilanzrechts ergibt sich daneben als grundlegende Funktionsdeterminante des Marktmechanismus aus dem Ziel eines Europäischen Binnenmarktes (Art. 14 Abs. 1 EG). Vgl. hierzu auch *Gimpel-Kloos*, Die Ausübung nationaler Wahlrechte im Hinblick auf die Zielsetzungen der 4. EG-Richtlinie (1990), 71 f.

78 *Kloos*, Die Transformation der 4. EG-Richtlinie (Bilanzrichtlinie) in den Mitgliedstaaten der Europäischen Gemeinschaft (1993), 50.

79 Zur Bedeutung des Delaware-Arguments im europäischen Gesellschaftsrechts vgl. etwa *Merkt*, RabelsZ 59 (1995), 545–568.

80 Vgl. *Kirchner*, FS Adolf Moxter (1994), 601, 609. Siehe auch *Coleman*, in: *Gray/Coenenberg* (ed.), EEC Accounting Harmonisation: Implementation of the Fourth Directive (1984), 3, 5 f.; *Timmermans*, RabelsZ 48 (1984), 1, 14.

gleich eine gesellschaftsform- und binnenmarktbezogene Abgrenzung des Regulierungsbedarfs. Tragende Akteure der Verwirklichung dieser Freiheiten im europäischen Binnenmarkt sind grenzüberschreitend agierende Unternehmen, die zumeist in der Rechtsform einer Kapitalgesellschaft organisiert sind. Diese Gesellschaftsform bietet Dritten allein durch ihr Gesellschaftsvermögen Sicherheit. Die Haftungsbegrenzung als charakteristisches Merkmal dieser Gesellschaftsform betont das Erfordernis einer regelmäßigen Informationsbereitstellung seitens der Gesellschaft. Die Offenlegung der wirtschaftlichen Verhältnisse des Unternehmens dient neben den gläubigerschützenden Rechtsinstrumenten zu Unterbindung eines gläubigerschädigenden Kapitaltransfers als Korrelat zur Haftungsprivilegierung.[81] Der fehlende Schutz durch inhaltliche Gestaltungsnormen in Form von Haftungsregelungen wird sozusagen durch entsprechende Informationspflichten kompensiert. Die begrenzte Haftung und die grenzüberschreitende wirtschaftliche Relevanz der Kapitalgesellschaften lässt dem Erfordernis der Koordinierung der inhaltlichen Publizitätserfordernisse für diese Gesellschaftsform eine besondere Bedeutung zukommen. Die Angleichung der nationalen Rechnungslegungsbestimmungen beschränkt sich dementsprechend auf die Abschlüsse der Kapitalgesellschaften und der atypischen, von der Interessenlage den Kapitalgesellschaften gleichzusetzenden Personengesellschaften.

Dem damit formulierten Ziel der Koordinierung der externen periodischen Rechnungslegung grenzüberschreitend agierender Unternehmen dienen die im Folgenden näher zu erläuternden Publizitäts-, Jahresabschluss- und Konzernabschlussrichtlinien sowie die neue Richtlinie zur Abschlussprüfung.

II. Rechtsakte und ihr Hauptregelungsgehalt

1) Publizitätsrichtlinie

Die Publizitätsrichtlinie[82] (im Folgenden: PubRL) bildet den ersten Eckstein des Europäischen Bilanzrechtes und des ihm zugrunde liegenden Informationsmodells. Sie statuiert nicht nur Informationspflichten, sondern auch grundlegende Anforderungen an das Publizitätsmittel und an ein adäquates Sanktionssystem.

Die Richtlinie fand zu Beginn nur auf Aktiengesellschaften Anwendung, wurde dann jedoch auf alle Kapitalgesellschaften und Kapitalgesellschaften & Co. erweitert.

---

81 Vgl. *Bolin*, Analyse der Transformationskonzeptionen der 4. EG-Richtlinie in der Bundesrepublik Deutschland, Frankreich und Großbritannien (1991), 24; *van Hulle*, Das Europäische Bilanzrecht (1993), 4; *Merkt*, Unternehmenspublizität (2001), 112; *Grundman, Stefan*, ZIP 2004, 2401, 2407.
82 Erste Richtlinie 68/151/EWG des Rates v. 9. März1968, ABl. 1968 L 65/8 (Fn. 21).

Bezogen auf die Rechnungslegungsinformation fordert Art. 2 Abs. 1 lit. f. PubRL seit der Novelle 2003[83] eine Veröffentlichung der Rechnungslegungsunterlagen, die nach der Jahresabschlussrichtlinie, der Konzernabschlussrichtlinie, der Richtlinie über den Abschluss von Banken und anderen Finanzinstituten und der Richtlinie über den Abschluss von Versicherungsunternehmen von der Offenlegungspflicht erfasst sind.

Die Publizitätsgegenstände bestimmen sich folglich nach den genannten Richtlinien. Aber auch hinsichtlich der Offenlegungspflicht sind Art. 47–50a der Jahresabschlussrichtlinie und Art. 38 der Konzernabschlussrichtlinie weiterhin als leges specialis anzusehen.[84] Dies ist vor allem im Hinblick auf die Erleichterungen für kleine und mittlere Unternehmen entscheidend.[85]

Grundlegendes Publizitätsmittel ist nach Art. 3 PubRL das Register. Die Rechnungslegungsunterlagen nach Art. 2 Abs. 1 lit. f PubRL müssen entweder in voller Länge im Register oder in einer bei dem Register für das Unternehmen angelegten Akte eingetragen werden (Art. 3 Abs. 2 PubRL). Seit dem 1. Januar 2007 ist das Register (auch) in elektronischer Form vorzuhalten (Art. 3 Abs. 2, Unterabs. 2 und 3 PubRL).[86]

Das Register als Informationsquelle wird in der Richtlinie durch die Gewährleistung spezifischer Kommunikationswege ergänzt. Die Publizitätsrichtlinie regelt grundlegende Anforderungen an den Registerauszug (Art. 3 Abs. 3 PubRL), die Bekanntmachung (Art. 3 Abs. 4 PubRL) und an die Verwendung der Angaben in der geschäftlicher Kommunikation (Art. 4 PubRL).[87] Es ist wichtig zu unterstreichen, dass aufgrund der Publizitätsrichtlinie die Rechnungslegungsunterlagen für jeden Interessenten zur Verfügung stehen müssen, ohne dass dieser ein berechtigtes Interesse darzulegen hat.[88]

---

83 Richtlinie 2003/58/EG des Europäisches Parlaments und des Rates vom 15. Juli 2003 zur Änderung der Richtlinie 68/151/EWG des Rates in Bezug auf die Offenlegungspflichten von Gesellschaften bestimmter Rechtsformen, ABl. 2003 L 221/13.

84 *Grundmann, Stefan*, Europäisches Gesellschaftsrecht (2004), Rn. 253.

85 Vgl. hierzu § 3.II.2)b), S. 49 f. und § 3.II.2)c)cc), S. 67 ff.

86 Zum 1. Januar 2007 wurde die Zugänglichkeit zu den Rechnungslegungsinformationen dadurch verbessert, dass die jeweiligen Inhalte der nationalen Register zusätzlich in ein gemeinsames EDV-gestütztes, europaweit abrufbares Register eingestellt werden und zudem in Mehrsprachigkeit zuzulassen sind (Artt. 3, 3a PubRL). Die Idee eines Zentralregisters war bereits bei der Erarbeitung der Publizitätsrichtlinie diskutiert, aber verworfen worden. Die Verwirklichung der Idee geht auf die Simpler Legislation for the Internal Market (SLIM) Initative (vgl. Bericht der Kommission, Ergebnisse der vierten Phase der SLIM-Initiative, KOM (2000) 56 endg.) zurück. Vgl. dazu auch *Drygala*, AG 2001, 291, 292; *Sander*, Moderne Kommunikationsformen im deutschen und europäischen Gesellschaftsrecht (2003), 193–195.

87 Vgl. hierzu im Einzelnen *Grundmann, Stefan*, Europäisches Gesellschaftsrecht (2004), Rn. 264–270.

88 *van Hulle*, in: *Kommission der EG* (Hrsg.), Die Zukunft der Angleichung der Vorschriften der Rechnungslegung in den Europäischen Gemeinschaften (1990), 2, 3 f. Aus der Entscheidung des EuGH in Sachen *Daihatsu* ergibt sich des Weiteren, dass jeder Dritte den Antrag stellen können muss, unabhängig davon, ob er bereits in einer Rechtsbeziehung zur Gesellschaft steht. Eine solche qualifizierte Anforderung widerspreche der Publizitätsrichtlinie (EuGH, Urt. v. 4. 12. 1997 – Rs.

Die in der Richtlinie normierten Regeln der Informationsvermittlung (Informationspflicht, Publizitätsmittel) werden zudem durch spezifische Sanktionsregeln zur Gewährleistung der Verlässlichkeit der Informationsbereitstellung und des Informationsinhalts komplementiert.

Art. 6 Sp. 1 PubRL verpflichtet deshalb die Mitgliedstaaten seinem Wortlaut nach, geeignete Maßregeln für den Fall anzudrohen, dass die in Art. 2 Abs. 1 lit. f PubRL vorgeschriebene Offenlegung unterbleibt.

Sinn und Zweck dieser Vorschrift und ihr Regelungszusammenhang gebieten nach der jüngsten Rechtsprechung des EuGH nicht nur adäquate Sanktionen bei unterbliebener Offenlegung, sondern erst recht auch bei der Offenlegung inhaltlich falscher Abschlüsse.[89] Demnach müssen die Mitgliedstaaten unter Bezugnahme auf Art. 5 EG bei der Ausgestaltung darauf achten, dass Verstöße gegen die inhaltlichen Anforderungen der Jahres- und Konzernabschlussrichtlinie und der formellen Publizitätspflicht nach ähnlichen sachlichen und verfahrensrechtlichen Regeln geahndet werden wie nach Art und Schwere vergleichbare Verstöße gegen nationales Recht. Die Sanktionen müssen jedenfalls wirksam, verhältnismäßig und abschreckend sein.[90] Diese Anforderungen wurden durch den EuGH in seiner Entscheidung in Sachen *Daihatsu* weiter konkretisiert.[91] Es bedarf danach eines repressiv wirksamen Sanktionssystems.

Statuieren Informationsregeln vor allem die Pflicht, Informationen weiterzugeben, so sichert die Publizitätsrichtlinie zusammenfassend formuliert die Informationsweitergabe an eine Vielzahl von Personen. Die Publizitätsrichtlinie normiert die Verpflichtung zur Veröffentlichung der externen Rechnungslegung in einem öffentlich zugänglichen Register und formuliert Mindestanforderungen für die Kommunikation dieser Registerangaben. Diese Primärpflichten werden durch Mindeststandards für ein entsprechendes Sanktionssystem, mithin Sekundärpflichten, ergänzt. Mit der in ihr enthaltenen Informationspflicht und den flankierenden Sekundärpflichten legt die Publizitätsrichtlinie die grundlegenden Eckpfeiler eines adäquaten Informations- und Rechnungslegungssystems.

Informationsregeln zur Weiterleitung der Informationen und zur Sanktionierung unterlassener oder fehlerhafter Informationen vermögen allein jedoch noch keinen Informationsfluss zwischen den Akteuren des Marktes zu sichern. Es bedarf

---

C-97/96 (*Daihatsu*), Slg. 1997, I-6843, 6864 f. Rn. 18 f., I-6865 Rn. 22); vgl. dazu auch *Leible*, ZHR 162 (1998), 594, 599–602.

89 EuGH, Urt. v. 3. 5. 2005 – C-387/02, C-391/02, C-403/02 (*Berlusconi*), Slg. 2005, I-3565, I-3650 Rn. 56, vgl. auch die Schlussanträge Generalanwältin *Kokott* in der Rs. C-387/02, C-391/02, C-403/02 v. 14. 10. 2004 (*Berlusconi*), Slg. 2005, I-3565, insbes. I-3594 Rn. 76.

90 Vgl. u. a. EuGH, Urt. v. 10. 7. 1990 – Rs. C-326/88 (*Hansen*), Slg. 1990, I-2911, 2935 Rn. 17; Urt. v. 30. 9. 2003 – Rs. C-167/01 (*Inspire Art*), Slg. 2003, I-10155, I-10215 Rn. 62; Urt. v. 15. 1. 2004 – Rs. C-230/01 (*Penycoed*), Slg. 2004, I-937, I-976 Rn. 36 und die dort zitierte Rechtsprechung. Vgl. auch *Grundmann, Stefan*, Europäisches Gesellschaftsrecht (2004), Rn. 282.

91 EuGH, Urt. v. 4. 12. 1997 – Rs. C-97/96 (*Daihatsu*), Slg. 1997, I-6843, 6865 Rn. 23; vgl. im Einzelnen *Leible*, ZHR 162 (1998), 594, 596–602; *Grundmann, Stefan*, Europäisches Gesellschaftsrecht (2004), Rn. 283.

vielmehr spezifischer, an den Informationsinteressen der Akteure ausgerichteter Anforderungen an den materiellen Gehalt der Informationen. Die formellen Anforderungen der Publizitätsrichtlinie müssen um materielle Mindeststandards ergänzt werden. Die Publizitätsrichtlinie selbst nimmt hier die Rechnungslegungsrichtlinien in Bezug. Zudem ist das repressive Kontrollinstrument der Sanktionierung um eine präventive Kontrolle in Form der Prüfung der Abschlüsse durch einen sachverständigen Dritten zu ergänzen.

2) Jahresabschlussrichtlinie

Der Charakter der Jahresabschlussrichtlinie (im Folgenden JAbRL) ist stark durch ihre Entstehungsgeschichte und das erläuterte Harmonisierungskonzept[92] geprägt.

Im Jahr 1971 legte die Kommission einen Entwurf für diese Richtlinie vor, dessen Vorarbeiten in einem hohen Maße von der kontinentaleuropäischen Bilanztradition beeinflusst waren.[93] Der Vorschlag geriet dementsprechend mit dem Beitritt von Großbritannien erheblich in die Diskussion und wurde in einigen Punkten grundlegend modifiziert.[94] Neu aufgenommen wurden vor allem das Gebot des true and fair view, die Möglichkeit einer inflationsbereinigten Rechnungslegung und die Aktivierungsmöglichkeit selbst erstellter immaterieller Vermögensgegenstände nebst Forschungs- und Entwicklungskosten. Die im Rahmen dieser Überarbeitung eingeflossene angelsächsische Bilanztradition prägt die Zweigleisigkeit der Bilanzphilosophie im Europäischen Bilanzrecht und den Charakter der Jahresabschlussrichtlinie bis heute. Verabschiedet wurde die Richtlinie schließlich 1978.[95]

Die Jahresabschlussrichtlinie stellt demnach den Versuch dar, die verschiedenen Rechnungslegungstraditionen in Europa in das Europäische Bilanzrecht zu integrieren.[96] Ausdruck dieses Harmonisierungsziels, einer Angleichung unter Wahrung nationaler Besonderheiten, ist der erhebliche Gestaltungsspielraum der Mitgliedstaaten. Dieser schlägt sich vor allem in den zahlreichen Wahlrechten der Richtlinie nieder. Die Wahlrechte lassen sich als nicht übertragbare Mitgliedstaa-

---

92 Vgl. § 3.I, S. 17ff.

93 Vorschlag vom 16. November 1971, ABl. 1972 C 7/11, KOM (71) 1232. Die Vorarbeiten zu diesem Vorschlag reichen bis in das Jahr 1965 zurück und beruhen auf Entwürfen der Groupe d'Etudes Droit des Sociétés des Experts Comptables de la C.E.E; vgl. auch *Elmendorff*, Harmonisierung der Rechnungslegungsvorschriften in der Europäischen Wirtschaftsgemeinschaft, WPg 1967, 621, 621f.; *Grünwald*, Europäisches Gesellschaftsrecht (1999), 24; *Grundmann, Stefan*, Europäisches Gesellschaftsrecht (2004), Rn. 498.

94 Der ursprüngliche Vorschlag wurde nach den Stellungnahmen des Europäischen Parlaments (ABl. 1972 C 129/38) und des Wirtschafts- und Sozialausschusses (ABl. 1973 C 39/31) grundlegend überarbeitet. Aufgrund neuer Beratungen wurde auch dieser überarbeitete Vorschlag aus dem Jahre 1974 revidiert und im November 1977 ein neuer Vorschlag vorgelegt, dem schließlich im Juli des Folgejahres die Richtlinie in ihrer endgültigen Form folgte. Zu einer ausführlichen, vergleichenden Darstellung der einzelnen Entwürfe siehe *Schruff*, Entwicklungen der 4. EG-Richtlinie (1986).

95 Vierte Richtlinie 78/660/EWG des Rates vom 25. Juli 1978, ABl. 1978 L 222/11 (Fn. 31).

96 Vgl. *Flower*, European Financial Reporting (2004), 104.

tenwahlrechte[97], übertragbare Mitgliedstaatenwahlrechte[98], weitergeleitete Mitgliedstaatenwahlrechte[99] oder originäre Unternehmenswahlrechte[100] klassifizieren.[101] Die Anzahl der Wahlrechte wurde durch die Fair Value-Richtlinie[102] und die Modernisierungsrichtlinie[103] nochmals erhöht.

a) Rechnungslegungsziele und -grundsätze

Die der Jahresabschlussrichtlinie zugrunde liegenden Rechnungslegungsziele können dem Richtlinientext nicht direkt entnommen werden. Sie lassen sich aber indirekt aus der Rechtsgrundlage und damit aus den Zielsetzungen der Richtlinien im Wege einer Mittel-Zweck-Beziehung herleiten. Nur eine solche Auslegung bietet Gewähr für eine europarechtliche Deutung der Rechnungslegungsziele und -grundsätze.

Zunächst ist festzuhalten, dass die Auslegung von Rechnungslegungsbestimmungen allgemein in keiner Weise einer mathematischen Übung entspricht.[104] Anders als bei technischen Normen besteht hier zwangsläufig ein gewisser Beurteilungsspielraum. Differenzen in der Auslegung gehen zumeist auf den Umsetzungs- und Anwendungsprozess zurück. Bedingt durch Unterschiede in der Bilanzkultur, Geschichte, Tradition und Sprache können dieselben Sätze von Land zu Land unter-

---

97 Die nicht übertragbaren Mitgliedstaatenwahlrechte sind Wahlrechte, die nur durch den einzelnen Mitgliedstaat ausgeübt werden können. Die Unternehmen sind dann an die Entscheidung des Mitgliedstaates gebunden. Als Beispiel kann hier auf das Wahlrecht nach Art. 5 Abs. 1 JAbRL (Sondergliederung für Investment- und Beteiligungsgesellschaften) verwiesen werden. Vgl. *Schmitz*, in: *Albach/Klein* (Hrsg.), Harmonisierung der Rechnungslegung in Europa (1988), 1, 5.

98 Bei den übertragbaren Mitgliedstaatenwahlrechten steht es den Mitgliedstaaten frei, das Wahlrecht selbst durch eine verbindliche Regelung auszuüben oder das Wahlrecht an die Unternehmen zu übertragen. Als Beispiel kann hier auf das Wahlrecht nach Art. 2 Abs. 6 JAbRL (weitere Angaben im Jahresabschluss) verwiesen werden. Sprachlich ist dieses Wahlrecht durch die Formulierung „Die Mitgliedstaaten können gestatten oder vorschreiben […]“ gekennzeichnet. Vgl. *Schmitz*, in: *Albach/Klein* (Hrsg.), Harmonisierung der Rechnungslegung in Europa (1988), 1, 5.

99 Die weitergeleiteten Mitgliedstaatenwahlrechte räumen den Mitgliedstaaten allein die Option ein, den Unternehmen ein entsprechendes Unternehmenswahlrecht einzuräumen oder davon abzusehen. Das Wahlrecht in Art. 11 JAbRL (verkürzte Bilanz bei kleinen Unternehmen) ist als ein solches weitergeleitetes Mitgliedstaatenwahlrecht zu qualifizieren. Sprachlich wird dieses Wahlrecht durch die Formulierung „Die Mitgliedstaaten können zulassen […]“ verdeutlicht. Vgl. *Schmitz*, in: *Albach/Klein* (Hrsg.), Harmonisierung der Rechnungslegung in Europa (1988), 1, 5.

100 Originäre Unternehmenswahlrechte richten sich direkt an die Unternehmen und räumen diesen ein entsprechendes Wahlrecht ein. Als originäres Unternehmenswahlrecht ist etwa das Wahlrecht nach Art. 35 Abs. 4 JAbRL (Einbeziehung von Fremdkapitalzinsen in die Herstellungskosten) zu kennzeichnen. Vgl. *Schmitz*, in: *Albach/Klein* (Hrsg.), Harmonisierung der Rechnungslegung in Europa (1988), 1, 5.

101 Zu dieser Kategorisierung der Wahlrechte der Jahresabschlussrichtlinie vgl. *Schmitz*, in: *Albach/Klein* (Hrsg.), Harmonisierung der Rechnungslegung in Europa (1988), 1, 5. Eine abweichende Systematisierung findet sich etwa bei *Kloos*, Die Transformation der 4. EG-Richtlinie (Bilanzrichtlinie) in den Mitgliedstaaten der Europäischen Gemeinschaft (1993), 90–99.

102 Richtlinie 2001/65/EG des Europäischen Parlamentes und des Rates vom 27. September 2001, ABl. 2001 L 283/28 (Fn. 46).

103 Richtlinie 2003/51/EG des Europäischen Parlamentes und des Rates vom 18. Juni 2003, ABl. 2003 L 178/16 (Fn. 50).

104 *Beratendes Form zur Rechnungslegung*, Vorsicht und Matching (1997), 8, abrufbar unter: http://ec.europa.eu/internal_market/accounting/otherdocs_de.htm.

schiedlich interpretiert und demzufolge auch unterschiedlich angewendet werden.[105]

Vor allem die verschiedenen national geprägten Funktionen der Rechnungslegung sind hierbei ein wichtiger Grund für eine abweichende Auslegung der gemeinschaftsrechtlichen Rechnungslegungsbestimmungen. In einigen Mitgliedstaaten werden die Finanzinformationen hauptsächlich dazu benutzt, Aktionäre und andere interessierte Kreise, z.B. Gläubiger, über die Fähigkeit des Unternehmens zu informieren, ausschüttungsfähige Gewinne zu erzielen, seinen Verpflichtungen nachzukommen und seinen Fortbestand als operatives Unternehmen sichern zu können.[106] In anderen Mitgliedstaaten dienen die Rechnungslegungsinformationen hingegen vorwiegend als Grundlage für wirtschaftliche Entscheidungen von Investoren.[107] Die Darstellung von vorsichtigen Informationen wird im erstgenannten Fall als kein grundlegendes Ziel betrachtet, während sie für die Erreichung des letztgenannten Zwecks bei einem strengen Vorsichtsgedanken irreführend sein kann.[108]

Gemeinschaftsrechtliche Rechnungslegungsbestimmungen erfordern eine europarechtliche Auslegung. Abschlüsse sollten folglich entsprechend dem 4. Erwägungsgrund der Jahresabschlussrichtlinie danach ausgerichtet werden, dass sie die Geschäftsvorfälle einschließlich ihrer wahrscheinlichen künftigen Auswirkungen so erfassen, wie sie sich wirklich dargestellt haben, und nicht etwa so, dass sie einen vorher durch das nationale Recht festgelegten Effekt herbeiführen.

Es ist folglich eine strenge Ausrichtung an den Zielen der Richtlinie und den sich daraus ergebenden Rechnungslegungsfunktionen geboten, um eine unterschiedliche, national geprägte Auslegung der Rechnungslegungsziele und -grundsätze zu vermeiden.

---

105 Vgl. *Haller*, European Accounting Review, Vol. 11 (2002), 153, 157; vgl. auch *Beratendes Form zur Rechnungslegung*, Vorsicht und Matching (1997), 8 (Fn. 104).

106 *Beratendes Form zur Rechnungslegung*, Vorsicht und Matching (1997), 9 (Fn. 104). So werden in Deutschland traditionell die Dokumentation, die Rechenschaft, die Ermittlung des ausschüttungsfähigen und des steuerlichen Gewinns sowie der Gläubigerschutz als Rechnungslegungszwecke benannt. Vgl. u.a. *Moxter*, FS Reinhard Goerdeler (1987), 361; *Kühne, E.*, WPk-Mitt. Sonderheft Juni 1997, 37, 38; *Großfeld/Luttermann*, Bilanzrecht[4] (2005), Rn. 185; *Baetge/Kirsch/Thiele*, Bilanzen[9] (2007), 96–104.

107 Die Informationsfunktion der Rechnungslegung wird etwa in der englischen Rechnungslegung betont. In dem vom englischen Accounting Standards Board (ASB; seit 1990 Nachfolger des Accounting Standards Committee, ASC) neben den Financial Reporting Standards im Jahr 1999 herausgegebenen Statement of Principles for Financial Reporting (abrufbar unter http://www.frc.org.uk/asb/) heißt es in Chapter 1 „The objective of financial statements“: „The objective of financial statements is to provide information about the reporting entity’s financial performance and financial position that is useful to a wide range of users for assessing the stewardship of the entity’s management and for making economic decisions.“

108 Vgl. *Beratendes Form zur Rechnungslegung*, Vorsicht und Matching (1997), 9 (Fn. 104).

aa) Die Zielkonzeption der Jahresabschlussrichtlinie

Die Verbesserung der Funktionsfähigkeit des Binnenmarktes und die Integration europäischer Märkte sind die tragenden Zielsetzungen der Harmonisierung der Rechnungslegungsvorschriften in Europa.[109] Die Angleichung der Rechnungslegungsvorschriften dient ausweislich der Erwägungsgründe der Jahresabschlussrichtlinie dementsprechend der Herstellung gleichwertiger Wettbewerbsbedingungen und dem Schutz der Rechnungslegungsadressaten durch eine vergleichbare und gleichwertige Jahresabschlusspublizität.[110] Diese Zielsetzungen sollen durch die Vorgabe gleichwertiger Mindestbedingungen für den Umfang der zu erstellenden und zu veröffentlichenden finanziellen Angaben, durch die Sicherung der Vergleichbarkeit und Gleichwertigkeit des materiellen Inhalts der Abschlüsse und eines Einblickes in die tatsächlichen wirtschaftlichen Verhältnisse des Unternehmens verwirklicht werden.

Die Festlegung eines Mindestumfangs der zu erstellenden und zu veröffentlichenden finanziellen Angaben verhindert die Benachteilungen von Unternehmen und Unternehmensbeteiligten durch unterschiedlich strenge Anforderungen an das Ausmaß der Publizität.[111] Die Koordinierung des Publizitätsumfangs als Zielsetzung der Richtlinie verdeutlicht zugleich die Bedeutung der Rechnungslegungsinformationen und damit die Informationsfunktion der externen Rechnungslegung.

Die Angleichung durch die Jahresabschlussrichtlinie beschränkt sich aber nicht nur auf den formellen Umfang der Rechnungslegungspublizität. Die angestrebte Vergleichbarkeit und Gleichwertigkeit der Jahresabschlüsse macht auch eine Koordinierung des materiellen Gehalts der Jahresabschlüsse erforderlich. Die Notwendigkeit hierfür ergibt sich bereits aus der weltweiten Integration wirtschaftlicher Betätigung und der Zunahme grenzüberschreitender Investitionen.[112] Der Widerspruch zwischen den national begrenzten gesetzlichen Bestimmungen und der Grenzenlosigkeit des wirtschaftlichen Aktionsrahmens erhebt die Vergleichbarkeit und Gleichwertigkeit der Unternehmensinformationen sowohl aus Instituts- als auch aus Individualschutzgesichtspunkten zu einer, wenn nicht sogar der wichtigsten, Voraussetzung für die Integration internationaler Märkte. Die Forderung nach Vergleichbarkeit und Gleichwertigkeit der Jahresabschlüsse steht damit in einem engen Zusammenhang mit dem Streben nach einem europäischen Kapitalmarkt.

---

109 Vgl. hierzu § 3.I, S. 17 ff.

110 Vgl. zu diesem Aspekt insbesondere den 3. und 5. Erwägungsgrund der Jahresabschlussrichtlinie, Vierte Richtlinie 78/660/EWG vom 25. Juli 1978, ABl. 1978 L 222/11 (Fn. 31) und den die allgemeine Begründung der Kommission zum Vorschlag der 4. Richtlinie vom 16. November 1971, abgedruckt bei *Schruff*, Entwicklung der 4. EG-Richtlinie (1986), S. 10–15, Sp. 2.

111 Vgl. den 3. Erwägungsgrund der Jahresabschlussrichtlinie, Vierte Richtlinie 78/660/EWG vom 25. Juli 1978, ABl. 1978 L 222/11 (Fn. 31), vgl. auch *Gimpel-Kloos*, Die Ausübung nationaler Wahlrechte im Hinblick auf die Zielsetzungen der 4. EG-Richtlinie (1990), 75–77.

112 *Gimpel-Kloos*, Die Ausübung nationaler Wahlrechte im Hinblick auf die Zielsetzungen der 4. EG-Richtlinie (1990), 78.

Neben der Koordinierung des Umfangs der Informationen sowie der Vergleichbarkeit und Gleichwertigkeit der bereitgestellten Abschlüsse hat sich die inhaltliche Ausgestaltung der Rechnungslegungsinstrumente an dem Ziel auszurichten, ein zutreffendes Bild der Vermögens-, Finanz- und Ertragslage der rechnungslegenden Gesellschaft zu vermitteln. Nur eine bilanzwahre Rechnungslegung kann als Ausweis für eine seriöse und zukunftsträchtige Unternehmensführung dienen.[113] Der Grundsatz der Bilanzwahrheit darf aber nicht im Sinne einer absoluten Wahrheit missverstanden werden. Gefordert wird wohl vielmehr ein Grad an Gewissheit, der den Zweifeln Schweigen gebietet, ohne sie völlig auszuschließen.[114] Dafür steht die Forderung nach einer *getreuen* Darstellung der Unternehmenslage.

Die Koordinierung des Umfangs der Rechnungslegungspublizität, die Sicherung der Vergleichbarkeit und Gleichwertigkeit der Abschlüsse und die Gewährung eines wirklichkeitsnahen Einblicks in die wirtschaftliche Lage der Unternehmung sind die Ziele der Angleichungsmaßnahmen der Jahresabschlussrichtlinie. Diese Ziele benennen aber zugleich auch die Mittel zur Realisierung der benannten allgemeinen Zielsetzungen der Harmonisierung (Herstellung gleichwertiger Wettbewerbsbedingungen und Schutz der Rechnungslegungsadressaten). Die Einzelbestimmungen (Rechnungslegungsgrundsätze und Einzelvorschriften) der Richtlinie können als Weg angesehen werden, der nach dem Willen des europäischen Gesetzgebers die Verwirklichung der benannten Ziele und Subziele sicherstellt. Aus dem Gesagten ergibt sich dann die nachfolgend dargestellte Zielhierarchie.

Diese Zielhierarchie gibt zugleich die Perspektive vor, aus denen die Unterziele, die durch die Richtlinie zugeordneten Funktionen der Rechnungslegung und die in ihr normierten Rechnungslegungsgrundsätze und Einzelvorschriften zu beurteilen sind.[115]

---

113 Vgl. *Großfeld/Luttermann*, Bilanzrecht[4] (2005), Rn. 87.

114 Das Ziel einer getreuen Darstellung der Unternehmenslage kann nicht als mathematische Exaktheit verstanden werden. Die für die Bewertung erforderlichen Schätzungen und Prognosen bedingen naturgemäß einen gewissen Grad an Subjektivität. Es kann demnach bei der Bilanzwahrheit wie bei der prozessualen Wahrheitsfindung (§§ 286, 138 ZPO) nur um einen für das praktische Leben brauchbaren Grad an Gewissheit, mithin um eine getreue Erfassung der Lebensverhältnisse gehen.

115 Vgl. *Gimpel-Kloos*, Die Ausübung nationaler Wahlrechte im Hinblick auf die Zielsetzungen der 4. EG-Richtlinie (1990), 84.

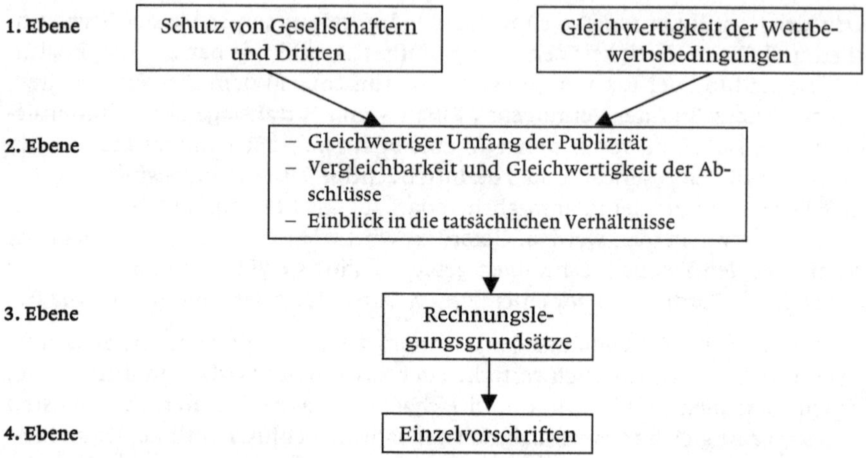

Abbildung 1. Zielhierarchie der Jahresabschlussrichtlinie[116]

(1) *Informationsschutzzweck der Richtlinie*

In den benannten Rechnungslegungszielen der Jahresabschlussrichtlinie verdeutlicht sich die primäre Funktion der Richtlinie: die Konkretisierung von Informationsansprüchen.

Die Bereitstellung vergleichbarer, gleichwertiger, entscheidungsnützlicher Unternehmensinformationen dient nach dem Verständnis der Richtlinie sowohl der Sicherung der Funktionsfähigkeit eines gemeinsamen europäischen (Kapital-)-Marktes (Institutionsschutzfunktion) als auch als Schutzinstrument der Rechnungslegungsadressaten (Individualschutzfunktion). Mit Rekurs auf die primärrechtlichen Implikationen[117] und angesichts der zahlreichen Wahlrechte der Richtlinie gewährt die Jahresabschlussrichtlinie jedoch nur einen *Mindestinformationsanspruch.*[118]

Die Bereitstellung entscheidungsnützlicher Unternehmensinformationen dient nicht nur der Entscheidungsfindung der Rechnungslegungsadressaten. Die Informationsfunktion der Rechnungslegung findet vielmehr neben der Entscheidungsfunktion auch in der Kontroll- und der Rechenschaftsfunktion der Rechnungslegung ihren Ausdruck.[119]

Die Rechnungslegungsinformationen richten sich ausweislich des 1. Erwägungsgrundes der Jahresabschlussrichtlinie an die Gesellschafter und jeden interessier-

---

116 Die Zielhierarchie geht zurück auf *Gimpel-Kloos,* Die Ausübung nationaler Wahlrechte im Hinblick auf die Zielsetzungen der 4. EG-Richtlinie (1990), 84.
117 Vgl. § 3.I, S. 17 ff.
118 Vgl. *Timmermans,* RabelsZ 48 (1984), 1, 24; *Fresl,* Die Europäisierung des deutschen Bilanzrechts (2000), 126–137.
119 Vgl. im Einzelnen insbesondere § 10.II.1), S. 352 ff.

ten Dritten. Dementsprechend liegt der Jahresabschlussrichtlinie ein weites Verständnis der Rechnungslegungsadressaten zugrunde, das sowohl die aktuellen und potentiellen Anteilseigner als auch die Gläubiger, Arbeitnehmer, das Management und die allgemeine Öffentlichkeit umfasst.[120] Eine Grundausrichtung auf eine spezielle Zielgruppe der Rechnungslegung ist der Jahresabschlussrichtlinie nicht zu entnehmen.[121] Grundsätzlich ist allen Personengruppen am besten durch relevante und verlässliche Informationen gedient, die eine tatsächliche Abbildung der wirtschaftlichen Lage des Unternehmens und Extrapolationen in die Zukunft ermöglichen.[122]

(2) *Ausschüttungsbemessungszweck der Richtlinie*

Für die Aktiengesellschaft und nach dem nationalen Bilanzrecht werden dem Jahresabschluss neben der Informationsfunktion weitere Funktionen zugeordnet, indem Positionen der Rechnungslegung als Referenzwerte dienen.[123]

Die Rechnungslegungsrichtlinien werden durch die Zweite gesellschaftsrechtliche Richtlinie,[124] die so genannte Kapitalrichtlinie (im Folgenden: KapRL), in das europäische Kapitalschutzsystem eingebunden. Das Harmonisierungsziel der Kapitalrichtlinie besteht namentlich darin, „beim Schutz der Aktionäre einerseits und der Gläubiger der Gesellschaft andererseits ein Mindestmaß an Gleichwertigkeit sicherzustellen“[125]. Dies erfolgt durch die Etablierung spezifischer Kapitalerhaltungsvorschriften.

Die Notwendigkeit der Etablierung gläubigerschützender Regelungen erklärt sich aus dem mit dem Prinzip der beschränkten Haftung einhergehenden besonderen Risiko gläubigerschädigender Vermögensverschiebungen. Die allgemeine Gefahr opportunistischen Verhaltens auf der Grundlage von Informationsasymmetrien, Transaktionskosten und daraus fließenden verhaltens- und umweltbedingten Un-

---

120 Auch der EuGH zieht den Adressatenkreis der Jahresabschlussrichtlinie denkbar weit, wenn er in dem Urteil in der Rechtssache *Daihatsu* ausführt, dass die nach der Jahresabschlussrichtlinie erstellten „Informationen jeder interessierten Person zugänglich zu machen“ seien, folglich „jedermann“ Dritter im Kontext der Richtlinie sei (EuGH, Urt. v. 4. 12. 1997 – Rs. C-97/96 (*Daihatsu*), Slg. 1997, I-6843, 6864 f. Rn. 22).

121 Vgl. *Leinhos*, Die Transformation der 4. EG-Richtlinie in deutsches Recht aus der Sicht der GmbH & Co. KG unter besonderer Berücksichtigung der Publizität (1987), 39–41; *van Hulle*, FS Wolfgang Dieter Budde (1995), 313, 319; *Kapps*, Die materiellrechtlichen und verfahrensrechtlichen Voraussetzungen der Bildung von Aufwandrückstellungen nach § 249 Abs. 2 HGB (1998), 26; *Niehues*, WPg 2001, 1209, 1211 f. So wohl auch *Bolin*, Analyse der Transformationskonzeptionen der 4. EG-Richtlinie in der Bundesrepublik Deutschland, Frankreich und Großbritannien (1991), 27 f.

122 Zutreffend *Hennrichs*, ZGR 2000, 627, 630; *Merschmeyer*, Die Kapitalschutzfunktion des Jahresabschlusses und Übernahme der IAS/IFRS für die Einzelbilanz (2005), 275.

123 Vgl. *Grundmann, Stefan*, Europäisches Gesellschaftsrecht (2004), Rn. 495.

124 Zweite Richtlinie 77/91/EWG des Rates vom 13. Dezember 1976 zur Koordinierung der Schutzbestimmungen, die in den Mitgliedstaaten den Gesellschaften im Sinne des Artikels 58 Abs. 2 des Vertrages im Interesse der Gesellschafter sowie Dritter für die Gründung der Aktiengesellschaft sowie für die Erhaltung und Änderung ihres Kapitals vorgeschrieben sind, um diese Bestimmungen gleichwertig zu gestalten, ABl. 1977 L 26/1.

125 2. Erwägungsgrund der Kapitalrichtlinie, Zweite Richtlinie 77/91/EWG des Rates vom 13. Dezember 1976, ABl. 1977 L 26/1 (Fn. 124).

sicherheiten wird durch die den Kapitalgesellschaften immanente Haftungsbeschränkung der Anteilseigner noch verstärkt.[126] Die haftungsrechtliche Struktur ermöglicht durch die asymmetrische Risikoverteilung eine Externalisierung des Ausfallrisikos.[127] Sie setzt bei den Anteilseignern mithin nicht unerhebliche Anreize, durch chancen- und risikoreiche Unternehmensführung gewissermaßen auf Kosten der Gläubiger zur spekulieren.[128] Dieser Risikotransfer[129] begründet das Bedürfnis nach kompensierenden gesetzgeberischen Maßnahmen zur Gewährleistung einer tragfähigen Risikoallokation zwischen Gesellschaftern und externen Gläubigern.[130]

Neben der Bereitstellung von Informationen bilden Ausschüttungsbegrenzungen ein institutionelles Korrelat für die bestehende Gefahr nachteiliger Eingriffe in die Vermögensordnung seitens der Anteilseigner. Diese können ganz unterschiedlich ausgestaltet werden. Da sich Ausschüttungen grundsätzlich aus einer Bemessungsgrundlage und einem Ausschüttungsparameter zusammensetzen, kann die Höhe des ausschüttungsfähigen Betrages sowohl über die Ermittlung der Bemessungsgrundlage als auch über den Ausschüttungsparameter begrenzt werden.[131] Anders formuliert lassen sich bilanzielle (gewinnermittlungsbasierende) und gewinnverwendungsbezogene Ausschüttungsschranken[132] unterscheiden.

Die Kapitalrichtlinie etabliert bisher für Aktiengesellschaften gesellschaftsrechtliche Ausschüttungsbeschränkungen in Form von Vorschriften zum Erhalt eines festen Mindestkapitals (Kapitalerhaltungsregeln), mithin gewinnverwendungsbezogene Ausschüttungsschranken. Konkret darf die Haftungssubstanz im Verhältnis der Gesellschaft zu ihren Anteilseignern lediglich durch geschuldete Zuwendungen beeinträchtigt werden.[133] Das Schuldobjekt der damit angesprochenen mitgliedschaftlichen Beteiligungsrechte wird in der Kapitalrichtlinie durch das normierte Mindestkapital (Art. 6 KapRL) und die zu dessen Bestandsicherung etablierte doppelte Ausschüttungshürde des Art. 15 Abs. 1 KapRL konkretisiert.[134]

---

126 Vgl. *Wagenhofer*, FS Otmar Koren (1993), 239, 239, 248.

127 Zu den verschiedenen aus dem Trennungsprinzip fließenden Gläubigerrisiken vgl. § 8.II.2)c), S. 301 ff.

128 Vgl. *Adams*, in: *Ott/Schäfer* (Hrsg.), Ökonomische Probleme des Zivilrechts (1991), 193, 198 f.; *Kahle*, WPg 2003, 262, 267; *Rammert*, BFuP 2004, 578, 581; *Merschmeyer*, Die Kapitalschutzfunktion des Jahresabschlusses und Übernahme der IAS/IFRS für die Einzelbilanz (2005), 72.

129 *Merschmeyer*, Die Kapitalschutzfunktion des Jahresabschlusses und Übernahme der IAS/IFRS für die Einzelbilanz (2005), 72.

130 Vgl. *Merschmeyer*, Die Kapitalschutzfunktion des Jahresabschlusses und Übernahme der IAS/IFRS für die Einzelbilanz (2005), 72 f.; *Jungmann*, ZGR 2006, 638, 643 ff.

131 *Leuz*, Rechnungslegung und Kreditfinanzierung (1996), 102.

132 Der Begriff der gewinnverwendungsbezogenen Ausschüttungsschranken wird hier allein zur Abgrenzung von Ausschüttungsbeschränkungen, die bereits über Bilanzierungs- und Gewinnermittlungsregeln wirken, verwendet. Zur Systematisierung der Ausschüttungsrestriktionen siehe näher § 8.II.3)c)bb)(2), S. 316 ff.

133 Vgl. den 4. Erwägungsgrund der Kapitalrichtlinien, Zweite Richtlinie 77/91/EWG des Rates vom 13. Dezember 1976, ABl. 1977 L 26/1 (Fn. 124); *Merschmeyer*, Die Kapitalschutzfunktion des Jahresabschlusses und Übernahme der IAS/IFRS für die Einzelbilanz (2005), 52 f.

134 Vgl. zum Kapitalerhaltungssystem der Kapitalrichtlinie u. a. *Niehues*, WPg 2001, 1209, 1212 f.; *Grundmann, Stefan*, Europäisches Gesellschaftsrecht (2004), Rn. 342; *Merschmeyer*, Die Kapitalschutz-

Demnach werden Zuwendungen an Aktionäre – in Gestalt von Ausschüttungen – einerseits davon abhängig gemacht, dass durch die Ausschüttung das gezeichnete Kapital zuzüglich der Rücklagen, die das nationale Recht und die Satzung vorschreiben, nicht angegriffen wird, mithin das Vermögen der Aktiengesellschaft ihre Schulden in bestimmter Höhe übersteigt (Art. 15 Abs. 1 lit. a KapRL). Kumulativ hierzu dürfen Ausschüttungen grundsätzlich nur aus den Gewinnen erfolgen (Art. 15 Abs. 1 lit. c KapRL).

Dieses System des Kapitalschutzes ist in den letzten Jahren in den Fokus der akademischen Kritik[135] und mittlerweile auch ins Visier des nationalen und europäischen Gesetzgebers geraten. Auf nationaler Ebene sind – durch die europarechtlichen Vorgaben beschränkt auf die der GmbH vergleichbaren Gesellschaften – in einigen Mitgliedstaaten bereits Reformen in Kraft getreten, die eine Abkehr vom Kapitalerhaltungssystem verdeutlichen.[136] Die Kommission hat in Folge der deutlichen Zweifel der *Hochrangigen Gruppe von Experten auf dem Gebiet des Gesellschaftsrechts* an der Funktionsfähigkeit des tradierten Kapitalschutzkonzepts[137] im Aktionsplan „Modernisierung des Gesellschaftsrechts und Verbesserung der Corporate Governance in der Europäischen Union“[138] angekündigt zu untersuchen, ob das in der Kapitalrichtlinie für Aktiengesellschaften etablierte Nennkapitalsystem durch ein anderes

---

funktion des Jahresabschlusses und Übernahme der IAS/IFRS für die Einzelbilanz (2005), 52–55; *Kuhner*, ZGR 2005, 753, 758 f.; *Veil*, in: *Lutter* (Hrsg.), Das Kapital der Aktiengesellschaft in Europa (2006), 91, 93–95.

135 Ein Überblick zur aktuellen Diskussion und den Entwicklungstendenzen findet sich u. a. bei *Bayer*, BB 2004, 1, 8 f.; *Merkt*, ZGR 2004, 305–323; *Kuhner*, ZGR 2005, 753–787; *Engert*, ZHR 170 (2006), 296–335.
Zur Kritik am geltenden Kapitalschutzsystem vgl. stellv. auch *Bauer*, Gläubigerschutz durch eine formelle Nennkapitalziffer (1995), 331–340; *Kübler*, FS Dieter Budde (1995), 361–375; *ders.*, ZHR 159 (1995), 550–566.

136 Frankreich hat die Reform des Gesellschaftsrechts weitgehend auf die faktische Abschaffung des Mindestkapitals für die SARL beschränkt (Loi No. 2003-721 vom 1. August 2003, Loi pour l'initiative économique).
Das deutsche Gesellschaftsrecht hält bisher noch am Nennkapitalsystem fest. Das Gesetz zur Modernisierung des GmbH-Rechts und zur Bekämpfung von Missbräuchen (MoMiG v. 23. Oktober 2008, BGBl. I S. 2026) führt zwar als neue Einstiegsvariante der GmbH die haftungsbeschränkte Unternehmergesellschaft ein, die ohne ein bestimmtes Mindeststammkapital gegründet werden kann (§ 5 a GmbHG n. F.). Diese GmbH darf ihre Gewinne aber nicht voll ausschütten, um auf diese Weise das Mindeststammkapital der normalen GmbH nach und nach anzusparen.
In Großbritannien wurde kürzlich mit dem Companies Act 2006 das bislang umfangreichste Gesetzeswerk im englischen Gesellschaftsrecht verabschiedet. Die beachtlichen Reformen betreffen unter anderem die Finanzverfassung der private limited company. Im Zentrum der diesbezüglichen Neuerungen stehen ein Abrücken vom Kapitalschutzsystem und die Zunahme der Bedeutung der Solvenzbescheinigung der Geschäftsleitung als Voraussetung für Kapitalmaßnahmen. Zum Reformprozess und den Änderungen vgl. *Jänig*, RIW 2006, 270–277; *Jungmann*, ZGR 2006, 638, 653 ff.; *Torwegge*, GmbHR 2006, 919–923.

137 Vgl. *Hochrangige Gruppe von Experten auf dem Gebiet des Gesellschaftsrechts,* Moderne Gesellschaftsrechtliche Rahmenbedingungen in Europa vom 4. November 2002, Kapital IV „Kapitalbildung und -erhaltung“, S. 94–97, abrufbar unter http://www.ec.europa.eu/internal_market/company/docs/modern/report_de.pdf).

138 Mitteilung der Kommission an den Rat und das Europäische Parlament „Modernisierung des Gesellschaftsrechts und Verbesserung der Corporate Governance in der Europäischen Union – Aktionsplan“ vom 21. Mai 2003, KOM(2003) 384 endg.

Schutzkonzept, wie etwa das breit diskutierte Solvenztestsystem[139], ersetzt werden soll und kann.[140] Eine durch die Kommission in Auftrag gegeben Durchführbarkeitsstudie über Alternativen zum System der Kapitalerhaltung, sowie zur Analyse der Auswirkungen des neuen Bilanzierungssystems der EU auf die Gewinnausschüttung liegt seit dem Februar 2008 vor.[141]

Bereits das geltende Kapitalschutzsystem der Kapitalrichtlinie hat Rückwirkungen auf die Rechnungslegungsziele und -grundsätze der Jahresabschlussrichtlinie, die sich aber wohl aufgrund ihrer Allgemeinheit auf alternative gewinnverwendungsbezogene Gläubigerschutzsysteme übertragen ließen.

Der ausschüttungsgesperrte Bestand wird in Art. 15 KapRL mit Bilanzposition des Jahresabschlusses (lit. a) und mit dem Bestand umschrieben, wie er sich in der Gewinn- und Verlustrechnung darstellt (lit. c). Positionen des Jahresabschlusses werden somit zu Referenzwerten des europäischen Kapitalschutzsystems erhoben. Bei der Jahresabschluss- und Kapitalrichtlinie handelt es sich somit um „Regelungen in pari materia"[142]. Mit Bedacht auf das damit etablierte europäische Gläubigerschutzsystem und zur Wahrung der Einheit der europäischen Rechtsordnung müssen die bilanziellen Rechtsakte auf dem Gebiet des Jahresabschlusses demnach den Anforderungen eines kapitalrichtlinienadäquaten Bilanzrechts genügen.[143]

Aus den normierten gesellschaftsrechtlichen Ausschüttungsbeschränkungen lassen sich für ein europäisches Rechnungslegungsrecht drei wesentliche, allgemeine Vorgaben ableiten:[144] Die Gewinnermittlung muss zur Gewährleistung ihrer Referenzfunktion nach Art. 15 Abs. 1 lit. a, lit. c KapRL notwendigerweise dem Prinzip der periodischen Vermögensermittlung folgen. Zugleich setzt das Ziel der Unter-

---

139 Zum Solvenztest vgl. *Niehues*, WPg 2001, 1209, 1217 f.; *Merkt*, ZGR 2004, 305, 314 f.; *Rammert*, BFuP 2004, 578, 590 f.; *Pellens/Jödicke*, DB 2005, 1393, 1395–1401; *Kuhner/Sabiwalsky*, Der Konzern 2006, 504, 505; *Pellens/Sellhorn*, in: *Lutter* (Hrsg.), Das Kapital der Aktiengesellschaft in Europa (2006), 451, 471–482; *Arnold*, Der Konzern 2007, 118–125; *Böcking/Dutzi*, Der Konzern 2007, 435–441; *Pellens/Jödicke/Schmidt*, Der Konzern 2007, 427–435. Zu den mit einem Solvenztest verbundenen rechtspraktischen Problemen ausführlich *Jungmann*, ZGR 2006, 638–682.

140 Die Richtlinie 2006/68/EG des Europäischen Parlamentes und des Rates vom 6. September 2006 zur Änderung der Richtlinie 77/91/EWG des Rates in Bezug auf die Gründung von Aktiengesellschaften und die Erhaltung und Änderung ihres Kapitals, ABl. 2006, L 264/32 markiert einen ersten Schritt in diese Richtung: Hier wird den Mitgliedstaaten die Möglichkeit eingeräumt, den Gesellschaften zu erlauben, Erwerber eigener Anteile unter bestimmten Voraussetzungen finanzielle Unterstützung zu leisten. Die Gewährung der finanziellen Unterstützung ist dabei ausdrücklich u. a. von der Vorlage eines Berichtes über die die mit dem Geschäft verbundenen Risiken für die Liquidität und *Solvenz* des Unternehmens abhängig. Vgl. hierzu *Kuhner/Sabiwalsky*, Der Konzern 2006, 504, 505; *Oechsler*, ZHR 170 (2006), 72–89.

141 Die Studie ist abrufbar unter: http:/europa.eu.int/comm/internal_market/accounting/otherdocs_de.htm.

142 *Grundmann, Stephan*, Die Auslegung des Gemeinschaftsrechts durch den Europäischen Gerichtshof (1997), 328.

143 So auch *Fresl*, Europäisierung des deutschen Bilanzrechts (2000), 161; *Merschmeyer*, Die Kapitalschutzfunktion des Jahresabschlusses und Übernahme der IAS/IFRS für die Einzelbilanz (2005), 62, 66.

144 *Merschmeyer*, Die Kapitalschutzfunktion des Jahresabschlusses und Übernahme der IAS/IFRS für die Einzelbilanz (2005), 67.

bindung nicht geschuldeter, unternehmensschädigender Ausschüttungen voraus, dass nur objektiv unterlegte, tatsächlich realisierte Wertzuwächse zugrunde gelegt werden. Zur Wahrung der benannten Anforderungen muss die in Bezug genommene Rechnungslegungsordnung zudem über die notwendige Konsistenz verfügen, mithin Ermessensspielräume und Wahlrecht auf das notwendige Minimum reduzieren.

Die kapitalerhaltenden Ausschüttungsrestriktionen implizieren jedoch keinen bilanziellen Gläubigerschutz unter Achtung eines strengen Vorsichtsprinzips nach dem Vorbild des deutschen Bilanzrechts.[145]

Zum einen ist ein umfassendes Gläubigerschutzsystem bereits angesichts der gemeinschaftsrechtlich zulässigen Umgehungsmöglichkeiten in der Kapitalrichtlinie nicht erzwingbar. Die Kapitalrichtlinie selbst postuliert für die Jahresabschlussrichtlinie insofern lediglich ein *Mindestmaß an Vorsicht* bei der Gewinnermittlung für Zwecke der Ausschüttungsbemessung in Form eines Objektivierungsgebots.[146]

Aus der Existenz der kapitalerhaltenden Ausschüttungsrestriktionen und der ihnen zugrunde liegenden Ausschüttungsbemessungsfunktion die Wertung zu ziehen, der Jahresabschluss ziele nicht auf die Ermittlung des *erzielten*, sondern des vorsichtig ermittelten, *entziehbaren* Periodengewinns[147], hieße zum anderen, den Unterschied zwischen den gesellschaftsrechtlichen, gewinnverwendungsbasierten und den bilanziellen Ausschüttungsbeschränkungen zu negieren.[148] Kapitalerhaltende Restriktionen auf der Ebene der Gewinnverwendung dienen der Vermeidung existenzgefährdender Kapitalentnahmen. Sie zielen nicht auf eine vorsätzliche Unterbewertung, die das deutsche Gläubigerschutzsystem kennzeichnet.

Der Richtliniengeber bringt mit der Jahresabschlussrichtlinie vielmehr zum Ausdruck, dass eine den tatsächlichen Verhältnissen entsprechende Ermittlung der Vermögens- und Ertragslage des Unternehmens nach der Jahresabschlussrichtlinie grundsätzlich eine adäquate Grundlage für kapitalerhaltende Ausschüttungsrestriktionen darstellt.

---

145 So auch *Fresl*, Europäisierung des deutschen Bilanzrechts (2000), 169–172; *Merschmeyer*, Die Kapitalschutzfunktion des Jahresabschlusses und Übernahme der IAS/IFRS für die Einzelbilanz (2005), 67. Vgl. zum Vorsichtsprinzip nach deutscher Prägung auch *Kübler*, FS Wolfgang Dieter Budde (1995), 361, 363 f.

146 Vgl. *Fresl*, Europäisierung des deutschen Bilanzrechts (2000), 169.

147 So etwa *Schön*, ZGR 2000, 706, 728 f.; *ders.*, ZHR 166 (2002), 1, 3.

148 Das deutsche Kapitalschutzsystem weist im Gegensatz zu den europäischen Kapitalerhaltungsgrundsätzen drei Elemente auf (vgl. *Schön*, Der Konzern 2004, 162, 164): Die gesetzlichen Regeln über die Höhe des Mindestkapitals und die gesellschaftsrechtlichen Ausschüttungsschranken; die Satzungsbestimmungen über das gezeichnete Kapital und die bilanziellen Kapitalerhaltungsregeln als Ausschüttungssperren. Während die Mindestkapitalerhaltungsvorschriften und die gesellschaftsrechtlichen Ausschüttungsschranken ihren Widerklang in der Kapitalrichtlinie finden, werden bilanzielle Ausschüttungsschranken in Form ausdrücklicher Ausschüttungssperren und einer Strapazierung des Vorsichtsgedanken bei Ansatz und Bewertung nicht durch die benannten europäischen Richtlinien impliziert. In Folge dieser Differenzierung sollten die gesellschaftsrechtlichen, gewinnverwendungsbasierenden und die bilanziellen, gewinnermittlungsbasierenden Ausschüttungsbeschränkungen streng unterschieden werden.

Diese Auslegung wird auch durch die in der Jahresabschlussrichtlinie normierten Ausschüttungssperren gestützt. Die gesellschaftsrechtlichen Ausschüttungsbeschränkungen der Kapitalrichtlinie werden in der Jahresabschlussrichtlinie durch spezifische gewinnverwendungsbasierende Ausschüttungsschranken ergänzt. Die Ausschüttungsbeschränkungen betreffen ausschließlich Mitgliedstaatenwahlrechte, bei deren Ausübung es zum Ausweis unrealisierter Erträge und Aufwendungen kommen würde. Im Einzelnen verhindern sie, dass nicht realisierte Gewinne aus der fair value-Bewertung bestimmter bzw. aller Bilanzpositionen (Artt. 33 Abs. 2 lit. c, Art. 42c Abs. 1 JAbRL),[149] aktivierte Aufwendungen für die Errichtung des Unternehmen (Art. 34 Abs. 1 lit. b JAbRL) und aktivierte Forschungs- und Entwicklungskosten (Art. 37 JAbRL) sowie bei der Bilanzierung von Beteiligungen „at equity" die übersteigenden Beträge, die noch nicht als Dividenden eingegangen sind oder auf deren Zahlung noch kein Anspruch besteht (Art. 59 Abs. 6 JAbRL), an die Anteilseigner ausgeschüttet werden.[150] Vereinfacht ausgedrückt unterbindet die Jahresabschlussrichtlinie in einem bestimmten Maße die Ausschüttung unrealisierter Gewinne.

Die Ausschüttungssperren führen nicht zu einer Änderung des ermittelten Gewinns, sondern belegen nur einzelne Erfolgswirkungen mit Ausschüttungsrestriktionen. Mit der Normierung dieser Ausschüttungssperren unterstreicht die Jahresabschlussrichtlinie die Tauglichkeit des entsprechend dem true and fair view-Gebot ermittelten Periodenerfolgs für die Ausschüttungsbemessung.

Die Jahresabschlussrichtlinie impliziert zunächst einen informationellen Gläubigerschutz, der im Rahmen der Kapitalrichtlinie und durch die Ausschüttungssperren der Jahresabschlussrichtlinie durch weitere institutionelle Regeln zur Ausschüttungsbegrenzung auf der Ebene der Gewinnverwendung ergänzt wird. Die Ausschüttungsbemessungsfunktion des Jahresabschlusses impliziert auf der Ebene der Gewinnermittlung vor allem das Erfordernis einer intersubjektiv nachprüfbaren Gewinnermittlung, nicht aber ein strenges Vorsichtsprinzip.

Den gesellschaftsrechtlichen Ausschüttungsrestriktionen der Kapitalrichtlinie ist nicht nur das Bekenntnis zu einem institutionellen Gläubigerschutz zu entnehmen. Sie schützen sozusagen reflexartig zugleich die Gesellschafterminderheit vor verdeckten Vermögensverlagerungen zugunsten eines Mehrheitsgesellschafters oder eines herrschenden Unternehmens[151] und fördern die Gleichbehandlung der Aktionäre[152].

---

149 Die Beschränkung der Pflicht zu Einstellung der Wertänderungen in Neubewertungsrücklagen auf bestimmte Arten von Finanzinstrumenten nach Art. 42c Abs. 1 JAbRL und die Möglichkeit der erfolgswirksamen fair value-Bewertung anderer Vermögenswerte nach Art. 42f. JAbRL verdeutlichen jedoch, dass die Jahresabschlussrichtlinie die Ausschüttung unrealisierter Gewinne nicht vollständig unterbindet.

150 Vgl. *Niehues*, WPg 2001, 1209, 1213.

151 Vgl. Kölner Kommentar AktG(-*Lutter*), Bd 1^2 (1998), § 57 Rn. 2; *Group of German Experts on Corporate Law*, ZIP 2002, 1310, 1317; *Merschmeyer*, Die Kapitalschutzfunktion des Jahresabschlusses und Übernahme der IAS/IFRS für die Einzelbilanz (2005), 53.

152 Zum Gleichbehandlungsgebot vgl. Kölner Kommentar AktG(-*Lutter/Zöllner*), Bd. 1^2 (1998), § 53a Rn. 1–30; *Hüffer*, AktG[7] (2006), § 53a Rn. 3–12.

(3) *Weitere Referenzfunktion der Richtlinie*

Der Jahresabschluss ist in vielen Mitgliedstaaten – wie in Deutschland – zugleich Grundlage für die Besteuerung (sog. Maßgeblichkeitsgrundsatz).[153] Der gläubigerschützende Effekt gesellschaftsrechtlicher Ausschüttungsrestriktionen wird zudem in einigen Mitgliedstaaten – so vor allem in Deutschland – durch spezifische bilanzielle Ausschüttungsbeschränkungen verstärkt, die über das in der Jahresabschluss- und Kapitalrichtlinie postulierte Mindestvorsichtsprinzip hinausgehen[154]. Die Normierung zahlreicher Wahlrechte hinsichtlich der Aktivierung/Passivierung und der Bewertung ermöglicht den Mitgliedstaaten die Integration dieser national geprägten Rechnungslegungsfunktionen in die Jahresabschlussrichtlinie.

bb) Rechnungslegungsgrundsätze

Die Rechnungslegungsziele der Jahresabschlussrichtlinie und die primäre Informationsfunktion des Jahresabschlusses finden ihren Widerhall in verschiedenen normierten Rechnungslegungsgrundsätzen.

Auch insoweit gilt, dass sich die Auslegung dieser Grundsätze an den Zielen der Richtlinie und den daraus im Wege einer Mittel-Zweck-Beziehung hergeleiteten Rechnungslegungszielen und -funktionen, nicht aber an den nationalen Bilanztraditionen bzw. Bilanzfunktionen ausrichten sollte.

Entsprechend der Informationsfunktion hat der Jahresabschluss nach dem Grundsatz des true and fair view ein den tatsächlichen Verhältnissen entsprechendes Bild der Vermögens-, Finanz- und Ertragslage der Gesellschaft zu vermitteln (4. Erwägungsgrund, Art. 2 Abs. 3 JAbRL). Durch diese zweifache Erwähnung erhält das Gebot des true and fair view einen doppelten Charakter als Ziel- und als Generalnorm. Als Zielnorm präzisiert sie die Schutzvorstellung des europäischen Gesetzgebers,[155] während sie als Generalnorm die Aufgabe hat, interpretationsbedürftige Einzelvorschriften zu konkretisieren.[156] In Art. 2 Abs. 4 JAbRL heißt es: „Reicht die Anwendung dieser Richtlinien nicht aus, um ein den tatsächlichen Verhältnissen entsprechendes Bild im Sinn des Absatz 3 zu vermitteln, so sind zusätzliche Angaben zu machen“. Für Ausnahmefälle verleiht dies der Zielvorschrift des Absatzes 2 gegenüber den Einzelbestimmungen der Richtlinie eine derogative Kraft. Sollte sich die Anwendung einer Vorschrift als unvereinbar mit der Jahresabschlussaufgabe, ein den tatsächlichen Verhältnissen entsprechendes Bild widerzuspiegeln, erweisen, so muss von der widerstreitenden Vorschrift abgewichen werden. Die Abweichung ist im Anhang zu begründen.

---

153 Vgl. *Schmitz*, in: *Albach/Klein* (Hrsg.), Harmonisierung der Rechnungslegung in Europa (1988), 1, 10f. Eine Übersicht über die Maßgeblichkeit der Handelsbilanz für die Steuerbilanz in den Mitgliedstaaten aus dem Jahre 1991 findet sich bei *Gail/Greth/Schumann*, DB 2001, 1389–1399.

154 *Fresl*, Europäisierung des deutschen Bilanzrechts (2000), 169–174.

155 Vgl. hierzu § 3.II.2)a)aa), S. 26ff.

156 Vgl. *Ballwieser*, BB 1985, 1034, 1035.

(1) *Bedeutung der Generalklausel*

Die Bedeutung, die der Generalklausel des true and fair view beizumessen ist, ist bis heute durch eine rege Diskussion geprägt. Vor allem in den Ländern mit einer civil law Tradition werden diese Norm und die damit verbundene Regelungstechnik mit Unbehagen betrachtet. Die divergierenden Auffassungen über die Bedeutung des true and fair view in der deutschen Fachliteratur reichen etwa von einer Anerkennung der Generalnorm als hervorgehobene Ziel- und Auslegungsnorm[157] bis hin zu einer minimalistischen Interpretation als allgemeiner Erläuterungsgrundsatz[158].

Die Unschärfen beschränken sich aber nicht nur auf die Bedeutung der Generalnorm. Auch über den Sinngehalt dieses Begriffpaares herrscht bis heute Uneinigkeit.[159] Selbst im englischen Recht, wo das Gebot des true and fair view bereits seit 1947 im Companies Act als zentrale Vorschrift der britischen Rechnungslegung verankert ist, fehlt es an einer klar umrissenen inhaltlichen Struktur.[160]

Die unterschiedlichen Standpunkte über die Bedeutung und den Sinngehalt der Generalklausel sind ein Paradebeispiel für die Grundproblematik einer national geprägten Auslegung europarechtlicher Normen. Auch wenn der Text der Norm seiner Entstehungsgeschichte nach den Kompromiss unterschiedlicher Bilanztraditionen widerspiegelt,[161] hat seine Auslegung losgelöst von den nationalen Traditionen und Auslegungsmethoden europarechtlich zu erfolgen.[162]

---

157 Vgl. *Budde*, in: *Treuhand-Vereinigung* (Hrsg.), Wirtschaftsprüfung und Wirtschaftsrecht (1980), 109–135; *Claussen*, FS Reinhard Goerdeler (1987), 79, 84; *Budde/Förschle*, in: *Mellwig/Moxter/Ordelheide* (Hrsg.), Beiträge zum neuen Bilanzrecht, Bd. 1: Einzelabschluss und Konzernabschluss (1988), 27–45. Vgl. auch *Beine*, WPg 1995, 467–475; *Budde/Steuber*, AG 1996, 542, 544; *Heinrichs*, Wahlrechte im Bilanzrecht der Kapitalgesellschaften unter besonderer Berücksichtigung der EG-Bilanz-Richtlinie (1999), 344; *Schellhorn*, BFuP 2003, 306, 320.

158 Vgl. *Beisse*, in: *Mellwig/Moxter/Ordelheide* (Hrsg.), Beiträge zum neuen Bilanzrecht, Bd. 2: Handels- und Steuerbilanz (1989), 15, 22–23; *Beisse*, FS Karl Beusch (1993), 77, 90; *ders.*, FS Wolfgang Dieter Budde (1995), 419–429; *Beisse*, FS Hermann Clemm (1996), 27, 35; *Berndt*, ZfbF 2001, 366–390, insbes. 368.

159 Vgl. *Niehus*, DB 1979, 221, 222; *Schildbach*, WPg 1979, 277, 280; *Budde/Förschle*, in: *Mellwig/Moxter/Ordelheide* (Hrsg.), Beiträge zum neuen Bilanzrecht, Bd. 1: Einzelabschluss und Konzernabschluss (1988), 27–45.

160 Zur historischen Entwicklung und der Bedeutung des true and fair view im englischen Recht vgl *Niehus*, DB 1979, 221, 222; *Flint*, in: *Gray/Coenenberg* (ed.), EEC Accounting Harmonisation Implementation and Impact of the Fourth Directive (1984), 99, 101 f.; *Flower*, European Financial Reporting (2004), 111–114. Das true and fair view-Konzept im englischen Recht wird, wie in der Richtlinie, durch zahlreiche detaillierte, vom ASB herausgegebene Bilanzierungsregeln konkretisiert (vgl. Fn. 107).

161 So hat die britische Vorschrift des true and fair view den endgültigen Wortlaut von Art. 2 Abs. 3 JAbRL in besonderem Maße beeinflusst. Vgl. Begründung der Kommission zum geänderten Vorschlag einer 4. Richtlinie vom 26. Februar 1973, abgedruckt bei *Söffing*, 4. EG-Richtlinie, mögliche steuerrechtliche Auswirkungen (1979), 179–184. Zur Historie des true and fair view während des Rechtsetzungsverfahrens der Jahresabschlussrichtlinie vgl. auch *Nobes*, The true and fair view: Impact on and of the fourth directive (1993), 4–7.

162 Vgl. *van Hulle*, Das Europäische Bilanzrecht (1993), 8; *ders.*, FS Wolfgang Dieter Budde (1995), 313–326, 322; *ders.*, in: *Nobes* (ed.), Developments in the International Harmonisation of Accounting (2004), 264, 269; *ders.*, in: *Baetge* (Hrsg.), Übergang der Rechnungslegung vom HGB zu den IFRS

In dem Gebot des true and fair view konkretisiert sich die aus dem Schutzgebot hergeleitete allgemeine Informationsfunktion der externen Rechnungslegung. Die Darstellung eines den tatsächlichen Verhältnissen entsprechenden Bildes der Vermögens-, Finanz- und Ertragslage des Unternehmens soll es den Anteilseignern und Dritten ermöglichen, sich über die wesentlichen Belange und Risiken des Unternehmens Kenntnis zu verschaffen und ihr Handeln an diesem Informationsstand auszurichten.

Nicht nur die explizite Erhebung zur Zielnorm in den Erwägungsgründen der Jahresabschlussrichtlinie, sondern auch die systematische Anordnung zeugt von der herausragenden Bedeutung des true and fair view-Gebots.[163]

Die Kodifizierung in Art. 2 JAbRL integriert diesen Grundsatz in die erste materielle Bilanzierungsnorm der Jahresabschlussrichtlinie, die zudem die einzige Vorschrift des Ersten Abschnitts „Allgemeine Vorschriften" ist.[164] Die Deutung der Generalklausel als „Hauptzielsetzung"[165] der Richtlinie wird durch den Wortlaut des Art. 2 Abs. 3–Abs. 5, Art. 4 Abs. 3 lit. a, Art. 43 Abs. 1 Nr. 2 und Art. 46 Abs. 1 lit. a JAbRL bestätigt. Im Zuge der nach Art. 43 Abs. 1 Nr. 2 JAbRL zu leistenden Angaben ist hier etwa im Zusammenhang mit Art. 2 Abs. 3 JAbRL von der „Zielsetzung" der Jahresabschlussrichtlinie die Rede (vgl. Art. 43 Abs. 1 Nr. 2 S. 2 JAbRL).

Dieser Auslegung der Generalklausel folgt auch der EuGH, wenn er judiziert, dass der Grundsatz der Einzelbewertung nach Art. 31 Abs. 1 lit. e JAbRL „im Lichte des

---

(2004), 131, 141. So auch, wenn auch im Ergebnis abweichend, *Vogel*, Die Rechnungslegungsvorschriften des HGB für Kapitalgesellschaften und die 4. EG-Richtlinie (1993), 22f.; *Heusinger*, Europäisierung des deutschen Bilanzsteuerrechts (2001), 53.

163 So auch *Budde*, in: *Treuhand-Vereinigung* (Hrsg.), Wirtschaftsprüfung und Wirtschaftsrecht (1980), 109, 113–115; *Claussen*, FS Reinhard Goerdeler (1987), 79, 84; *Kloos*, Die Transformation der 4. EG-Richtlinie (Bilanzrichtlinie) in den Mitgliedstaaten der Europäischen Gemeinschaft (1993), 134; *van Hulle*, FS Wolfgang Dieter Budde (1995) 313, 322; *Heinrichs*, Wahlrechte im Bilanzrecht der Kapitalgesellschaften (1999), 137f.; *Schellhorn*, BFuP 2003, 306, 320; *van Hulle*, in: *Nobes* (ed.), Developments in the International Harmonization of Accounting (2004), 264, 266.
Aus dem Konkretisierungserfordernis wird aber in Teilen der Literatur gerade die Schlussforderung gezogen, dass es sich bei dem true and fair view Gebot nicht um ein „overriding principle" handele (vgl. *Heusinger*, Europäisierung des deutschen Bilanzsteuerrecht (2001), 35). Diese Schlussfolgerung verkennt den grundsätzlichen Zusammenhang zwischen einer Generalklausel und ihren Konkretisierungen. Erfüllen die konkreten Einzelnormen bzw. Auslegungen die Generalnorm mit Inhalt, fungieren die Zielparameter der Generalklausel zugleich als normative Grenze der Konkretisierung. Das einer Generalklausel immanente Konkretisierungserfordernis ändert aber nichts an dem Zielnormcharakter der Generalklausel.
Auch nach den IFRS muss der Jahresabschluss ein den tatsächlichen Verhältnissen entsprechendes Bild der Vermögens-, Finanz- und Ertragslage vermitteln (IAS 1.13, IFRS-Framework, F.46). Wie auch in der Jahresabschlussrichtlinie ist dieser Grundsatz als overriding principle ausgestaltet (IAS 1.17) und auch hier gehen die IFRS davon aus, dass mit der Befolgung der einzelnen Standards im Allgemeinen ein den tatsächlichen Verhältnissen entsprechendes Bild des Unternehmens gegeben wird (IAS 1.15). Trotz des sich darin widerspiegelnden, interdependenten Verhältnisses zwischen den Gebot des true and fair view und den Einzelstandards werden bei den IFRS keine Zweifel an dem Zielnorm- bzw. „overriding"-Charakter der Generalnorm laut.

164 Vgl. *Fresl*, Die Europäisierung des deutschen Bilanzrechts (2000), 107.

165 EuGH, Urt. v. 27. 6. 1996 – Rs. C-234/94 (*Tomberger*), Slg. 1996, I-3133, I-3153 Rn. 17; vgl. auch *Hennrichs*, Wahlrechts im Bilanzrecht der Kapitalgesellschaften (1999), 133.

mit der Richtlinie verfolgten Zweckes auszulegen" ist, „wonach die Jahresabschlüsse der erfassten Gesellschaften [...] ein den tatsächlichen Verhältnissen entsprechendes Bild der Vermögens-, Finanz- und Ertragslage der Gesellschaften zu vermitteln haben"[166].

Die Akzeptanz des Zielnormcharakters des true and fair view lässt sich aber auch entscheidungstheoretisch begründen. Kodifizierte Regelungen können bereits aufgrund des beschränkten Wissensstandes der rechtsetzenden Institutionen nur lückenhafte und teilweise unfunktionelle Problemlösungen zur Verfügung stellen. Durch die Einführung des true and fair view in eine Rechtsordnung wird diese Unvollkommenheit der gesetzlichen Regelungen akzeptiert[167] und durch eine allgemeine Ziel- und Auslegungsnorm für die Lückenschließung und korrigierende Auslegung ergänzt.

(2) *Inhalt des true and fair view-Gebots*

Das Gebot des true and fair view präzisiert das Informationsziel der Rechnungslegung durch die Vorgabe grundsätzlicher *Mindestinhalte*. Dementsprechend haben der Jahresabschluss und der Lagebericht (Art. 2 Abs. 3, Art. 46 Abs. 1 lit. a JAbRL) die tatsächlichen Verhältnisse der Vermögens-, Finanz- und Ertragslage des Unternehmens wiederzugeben. Mit der Vermögenslage wird an erste Stelle auf die Bilanz Bezug genommen, aber auch die Rechte und Verpflichtungen unter dem Strich gehören zur allgemeinen Vermögensdarstellung.[168] Die Erfassung der Finanzlage des bilanzierenden Unternehmens setzt Angaben über die Solvabilität und Liquidität voraus, die sich vor allem aus der Gliederung der Bilanz, den Anhangangaben, Angaben im Lagebericht und zusätzlichen Berichtselementen wie etwa einer allgemeinen Kapitalflussrechnung entnehmen lassen.[169] Die Darstellung der Ertragslage erfolgt daneben durch die allgemeine Gewinn- und Verlustrechnung.

Als grundsätzliche Inhaltsnorm in Form einer Generalklausel bedarf das Gebot des true and fair view einer funktionellen Konkretisierung.[170] Die Richtlinie führt dementsprechend spezifische Formerfordernisse und materielle Anforderungen auf, von denen der Richtliniengeber annimmt, dass sie den allgemeinen Mindeststandards für die erforderliche Inhaltsqualität und Gleichwertigkeit der Schutzvorschriften entsprechen. Eine weitere Konkretisierung erfährt die Generalnorm

---

166 EuGH v. 14. 9. 1999 Rs. C-275/97 (*DE+ES Bauunternehmung*), Slg. 1999, I-5331, 5359 Rn. 31.
167 Vgl. hierzu *van Hulle*, in: *Nobes* (ed), Developments in the International Harmonisation of Accounting (2004), 264, 272.
168 Vgl. *van Hulle*, FS Wolfgang Dieter Budde (1995), 313, 319.
169 Die Jahresabschlussrichtlinie beschränkt sich bei der Darstellung der Finanzlage auf die Gliederung der Bilanz, die Anhangangaben und Angaben im Lagebericht. Es steht den Mitgliedstaaten aber frei, den Jahresabschluss und den Lagebericht um weitere Berichtselemente, zu denen gerade im Hinblick auf die IFRS auch die Kapitalflussrechnung zu zählen ist, zu erweitern (Art. 2 Abs. 6 JAbRL).
170 So auch *Moxter*, FS Reinhard Goerdeler (1987), 361, 372 f.; *Heinrichs*, Wahlrecht im Bilanzrecht der Kapitalgesellschaften (1999), 143; *Heusinger*, Europäisierung des deutschen Bilanzsteuerrechts (2001), 35.

durch die in Umsetzung der allgemeinen Grundsätze der Richtlinie erlassenen nationalen Regelungen.

Zwischen der Generalklausel und ihren Konkretisierungen durch die Richtlinienbestimmungen einerseits und den nationalen Regelungen andererseits besteht daher ein interdependentes Verhältnis oder auch Komplementärverhältnis.[171] Bedarf der normative Gehalt des true and fair view einer Konkretisierung durch Einzelvorgaben für die Gliederung, den Ansatz, den Ausweis und die Bewertung von Einzelposten, so sind die Einzelnormen wiederum im Lichte der Generalnorm auszulegen und zur Anwendung zu bringen.[172] Die inhaltliche Ausgestaltung eines den tatsächlichen Verhältnissen entsprechenden Bildes der wirtschaftlichen Lage des rechnungslegenden Unternehmens muss damit ihre Grenzen in den durch die Generalnorm vorgebenden Zielparametern finden. Die Einzelvorschriften und die Generalnorm stehen mithin in einem wechselseitigen Wertungs- und Auslegungszusammenhang.[173]

Auf der Grundlage dieses interdependenten Verhältnisses bietet die Befolgung der konkretisierenden Einzelnormen der Richtlinien und der nationalen Regelungen grundsätzlich die Gewähr für ein den tatsächlichen Verhältnissen entsprechenden Bildes des Unternehmens.[174] Die Ausfüllung der Ermessenspielräume und Wahlrechte in den Einzelvorschriften sind zugleich im Lichte des true and fair view-Gebots auszufüllen. Die Einzelbestimmungen der Richtlinie und die Konkretisierungen durch nationale Regelungen unterliegen folglich einer *zielsetzungskonformen Auslegung.*[175]

Lediglich soweit die konkretisierenden Einzelbestimmungen nicht ausreichen, um einen dem true and fair view-Gebot genügenden Abschluss sicherzustellen, oder die Einzelbestimmungen widersprüchlich sind, greift die Erläuterungspflicht und gegebenenfalls das Abweichungsgebot des Art. 2 Abs. 4 und Abs. 5 JAbRL.

Zur Vermeidung einer missbräuchlichen Verwendung der Derogationserlaubnis des Art. 2 Abs. 5 JAbRL sind in der Richtlinie selbst spezifische Einschränkungen

---

171 Vgl. *Heinrichs*, Wahlrechte im Bilanzrecht der Kapitalgesellschaften (1999), 143; *Großfeld/Luttermann*, Bilanzrecht[4] (2005), Rn. 234.

172 Vgl. auch *Ballwieser*, BB 1985, 1034, 1035; *Beine*, WPg 1995, 470f.; *Heinrichs*, Wahlrechte im Bilanzrecht der Kapitalgesellschaften (1999), 134, 143.

173 Vgl. *Großfeld/Reemann*, FS Reinhard Goerdeler (1987), 149, 159; *Großfeld/Luttermann*, Bilanzrecht[4] (2005), Rn. 234.

174 Die darin zum Ausdruck kommende Interdependenz und eingeschränkte derogative Wirkung der Generalklausel spiegelt sich in der bei der Verabschiedung der Jahresabschlussrichtlinie zu Protokoll gegebene Ratserklärung wider. Es heißt dort: „Der Rat und die Kommission stellen fest, dass es normalerweise ausreicht, die Richtlinie anzuwenden, damit das gewünschte, den tatsächlichen Verhältnissen entsprechende, Bild entsteht." (Rat der EG, Ratsprotokoll zur 4. Richtlinie, Erklärung Nr. 2 zu Art. 2 Abs. 2, zitiert nach *van Hulle*, FS Wolfgang Dieter Budde (1995), 313, 316 und *Kloos*, Die Transformation der 4. EG-Richtlinie (Bilanzrichtlinie) in den Mitgliedstaaten der Europäischen Gemeinschaft (1993), 130. Zustimmend auch *Moxter*, AG 1979, 141, 142f.

175 Siehe auch *Budde*, in: *Treuhand-Vereinigung* (Hrsg.), Wirtschaftsprüfung und Wirtschaftsrecht (1980), 109, 115. Zur Bedeutung einer Generalklausel als konstitutives Element einer zielkonformen Auslegung der Einzelnormen vgl. auch *Kirchner*, FS Adolf Moxter (1994), 601, 604.

normiert. Eine Abweichung von den Einzelbestimmungen der Richtlinie ist bereits nach dem Wortlaut nur von den „betreffenden Vorschriften" und nur in „Ausnahmefällen" möglich.[176] Darüber hinaus ist die Abweichung und ihr Einfluss auf die Darstellung der Vermögens-, Finanz- und Ertragslage im Anhang anzugeben und hinreichend zu begründen (Art. 2 Abs. 5 S. 2 JAbRL). Eine weitere Restriktion enthält Art. 2 Abs. 5 S. 3 JAbRL. Demnach können die Mitgliedstaaten zur weiteren Einschränkung des Derogationsgebots die Ausnahmefälle spezifizieren. Aufgrund der Unschärfe dieses Satzes hat die Kommission in einer Mitteilung zu Auslegungsfragen der Vierten und Siebenten Richtlinie klargestellt, dass die Mitgliedstaaten diesen letzten Satz von Art. 2 Abs. 5 JAbRL im Interesse der Harmonisierung nicht heranziehen dürfen, „um eine Rechnungslegungsvorschrift allgemeiner Art einzuführen, die den Richtlinienbestimmungen zuwiderläuft; überdies dürfen sie auf diesen Satz nicht zurückgreifen, um zusätzliche Optionen zu schaffen, die buchhalterische Behandlungen gestatten, die mit der Richtlinie nicht vereinbar sind."[177]

Dem true and fair view-Gebot kommt hiernach keine von den Einzelnormen vollkommen losgelöste Korrektiv- oder Interpretationsfunktion zu. Nicht nur würde das Ziel einer Rechtsangleichung unter Umständen verfehlt, wenn allzu sehr von den Einzelvorschriften bzw. ihrem Sinn und Zweck abgewichen werden könnte. Eine solche, die juristische Methodenlehre überschreitende Interpretation der Generalklausel wäre zudem mit erheblichen Rechtsunsicherheiten für die Rechnungslegungsadressaten verbunden und nur schwer justiziabel.[178]

Das Korrektivgebot des true and fair view-Grundsatzes ist folglich im Sinne des teleologischen Interpretationssatzes zu werten: Demnach sind Abweichungen von anderen Auslegungsaspekten geboten, wenn die Zweckadäquanz sonst nicht herstellbar wäre.

(3) *Konkretisierung der Generalklausel*

Das true and fair view-Gebot ist, wie bereits ausgeführt wurde, als abstrakte Ziel- und Auslegungsnorm konkretisierungsbedürftig. Die den tatsächlichen Verhältnissen entsprechende Darstellung der Vermögens-, Finanz- und Ertragslage als Schutzinstrument der Anteilseigner und der unternehmensexternen Akteure wird in der Richtlinie durch normierte Rechnungslegungsgrundsätze und Einzelvorschriften spezifiziert.

---

176 Vgl. hierzu auch die Mitteilung der Kommission zu Auslegungsfragen im Hinblick auf bestimmte Artikel der Vierten und der Siebenten Richtlinie des Rates auf dem Gebiet der Rechnungslegung (98/C 16/04), ABl. 1998 C 16/5 f.

177 Mitteilung der Kommission zu Auslegungsfragen im Hinblick auf bestimmte Artikel der Vierten und der Siebenten Richtlinie des Rates auf dem Gebiet der Rechnungslegung (98/C 16/04), ABl. 1998 C 16/5 f. Vgl. auch *van Hulle*, in: *Nobes* (ed.), Developments in the International Harmonisation of Accounting (2004), 264, 267.

178 Vgl. *Fresl*, Die Europäisierung des deutschen Bilanzrechts (2000), 115–117.

(a) Konkretisierung durch weitere Rechnungslegungsgrundsätze

Das aus der Informationsfunktion abzuleitende Postulat der Bereitstellung entscheidungsnützlicher Informationen über die wirtschaftliche Lage der Gesellschaft hat sich grundsätzlich an den Informationsinteressen der Rechnungslegungsadressaten auszurichten. Sie bedingen eine möglichst weit reichende und zugleich verlässliche Darstellung der relevanten Transaktionen und Ereignisse. Der fundamentale Grundsatz des true and fair view findet mithin seine Ausprägung in dem Grundsatz der *Relevanz* und dem *Objektivierungsgebot* (bzw. der Verlässlichkeit),[179] wobei eine an dem Grundsatz der Entscheidungsrelevanz orientierte Rechnungslegung ihre Grenzen in dem Grundsatz der Wirtschaftlichkeit und der *Wesentlichkeit* finden muss.

Dementsprechend verweist der EuGH darauf, der true and fair view gebiete, dass „die Abschlüsse der Gesellschaften die Tätigkeiten und Vorgänge wiedergeben, *die sie beschreiben sollen*, und zum anderen, dass die Angaben so gemacht werden, dass sie möglichst *verlässlich* und in möglichst *geeigneter Weise* das Informationsbedürfnis Dritter befriedigen, ohne die Interessen der Gesellschaften zu beeinträchtigen".[180]

Erst das Zusammenspiel der Bilanzwahrheit und der Relevanz der Rechnungslegungsinformationen kann Gewähr für ein möglichst zutreffendes Bild der wirtschaftlichen Lage des Unternehmens bieten.[181] Dabei muss der Grundsatz der Relevanz der Rechnungslegungsinformationen zur Entfaltung der immanenten Entscheidungsnützlichkeit vor allem durch den Grundsatz der Wesentlichkeit ergänzt werden.[182]

Neben die Relevanz und die Verlässlichkeit der Informationen tritt das Erfordernis der *Verständlichkeit* der bereitgestellten Informationen. Die entscheidungsnützlichen Informationen müssen den Rechnungslegungsadressaten verständlich aufbereitet werden, um ihrer Informations- und der darin enthaltenen Entscheidungsfunktion gerecht zu werden.

Die Informationsfunktion erfordert gerade vor dem Hintergrund der Integration der europäischen Finanzmärkte aber nicht nur eine möglichst zutreffende, verständliche Erfassung der wirtschaftlichen Lage des Unternehmens, sondern auch

---

179 So auch *Heusinger*, Europäisierung des deutschen Bilanzsteuerrechts (2001), 30, die aber verkennt, dass es nicht eines objektivierten true and fair view bedarf (S. 36), sondern dass das Objektivierungserfordernis selbst ein Wesenselement des true and fair view ist.

180 EuGH, Urt. v. 14. 9. 1999 – Rs. C-275/97 (*DE+ES Bauunternehmung*), Slg. 1999, I-5331, 5358 Rn. 27 (Hervorhebung hinzugefügt); vgl. auch EuGH, Urt. v. 7. 1. 2003 – Rs. C-206/99 (*BIOA*), Slg. 2003, I-1, 59 Rn. 72.

181 Zwischen der Relevanz und der Verlässlichkeit der Informationen besteht eine Interdepenz. Beide Eigenschaften sind kumulative Voraussetzung der erforderlichen Entscheidungsnützlichkeit der bereitgestellten Unternehmensdaten. Vgl. hierzu § 8.I.2)a)cc)(2)(a), S. 233 ff.

182 Der Grundsatz der Wesentlichkeit als Ausdruck des Verständlichkeitserfordernisses dient vor allem der Vermeidung der Gefahr eines information overloads. Vgl. hierzu § 8.I.2)a)cc)(2)(c), S. 238 f.

die *Vergleichbarkeit* der Jahresabschlussinformationen[183] und eine möglichst *zeitnahe Berichterstattung*. Der Grundsatz der Vergleichbarkeit sollte sowohl in zeitlicher als auch in interkorporativer Hinsicht gewährleistet werden.[184]

Die genannten, im Wege einer zielorientierten Auslegung der Informationsfunktion hergeleiteten, Rechnungslegungsgrundsätze finden sich in der Jahresabschlussrichtlinie wieder. Der Grundsatz der Relevanz findet sein Pendant in den umfassenden Aktivierungs- und Passivierungsgeboten der Art. 9 und Art. 10 JAbRL, dem Gebot der Vollständigkeit (Art. 7 JAbRL) und den Vorschriften zum Anhang und zum Lagebericht. Der Grundsatz der Wesentlichkeit kann aus Vorschriften des Art. 4 Abs. 3 und Abs. 4 JAbRL abgeleitet werden.[185] Das Objektivierungsgebot impliziert daneben ein gewisses Maß an Vorsicht hinsichtlich des Ansatzes und der Bewertung der Vermögensposten (Art. 31 Abs. 1 lit. c JAbRL). Der Vorsichtsgrundsatz konkretisiert sich wiederum insbesondere in dem Realisations- und dem Imparitätsprinzip (Art. 31 Abs. 1 lit. c JAbRL).

Neben den genannten enthält die Jahresabschlussrichtlinie weitere formelle Einzelgrundsätze, die der Zwecksetzung der tragenden Rechnungslegungssätze dienen. Art. 2 Abs. 2 JAbRL verlangt etwa eine klare und übersichtliche Aufstellung des Jahresabschlusses, Art. 3 JAbRL die Wahrung der formellen und Art. 31 Abs. 1 lit. b JAbRL die Wahrung der materiellen Stetigkeit, Art. 31 Abs. 1 lit. e JAbRL eine Einzelbewertung der Bilanzposten; Art. 31 Abs. 1 lit. a JAbRL normiert das going concern-Prinzip. Während der Grundsatz der Klarheit und Übersichtlichkeit, der Grundsatz der Stetigkeit und der Grundsatz der Einzelbewertung sowohl die Vergleichbarkeit der Rechnungslegungsinformationen als auch deren Objektivität und Verständlichkeit sicherstellen, resultiert das Konzept der Bilanzierung zur Fortführungswerten aus der Zwecksetzung einer periodengerechten Rechnungslegung.[186] Mit dem Erfordernis einer periodengerechten Rechnungslegung untrennbar verbunden ist auch das in Art. 31 Abs. 1 lit. d JAbRL normierte matching principle.

(b) *True and fair view-Gebot und das Vorsichtsprinzip*

Gegenstand heftiger, traditionsbedingter Diskussionen ist die Einordnung des Vorsichtsprinzips in die Rechnungslegungsgrundsätze der Richtlinie. Gerade im deutschen Schrifttum herrscht, bedingt durch ein unterschiedliches Verständnis der Bedeutung des true and fair view-Gebots des Art. 2 Abs. 3 JAbRL, Uneinigkeit

---

183 Der Grundsatz der Vergleichbarkeit wird bereits im 5. Erwägungsgrund der Jahresabschlussrichtlinie hervorgehoben, Vierte Richtlinie 78/660/EWG vom 25. Juli 1978, ABl. 1978 L 222/11 (Fn. 31).

184 Vgl. *Leinhos*, Die Transformation der 4. EG-Richtlinie in deutsches Recht aus der Sicht der GmbH & Co. KG unter besonderer Berücksichtigung der Publizität (1987), 53; *Kloos*, Die Transformation der 4. EG-Richtinie (Bilanzrichtlinie) in den Mitgliedstaaten der Europäischen Gemeinschaft (1993), 41.

185 *Kloos*, Die Transformation der 4. EG-Richtlinie (Bilanzrichtlinie) in den Mitgliedstaaten der Europäischen Gemeinschaft (1992), 126.

186 Vgl. zum letzten Aspekt *Baetge/Kirsch/Thiele*, Bilanzen[9] (2007), 124.

über das Verhältnis des normierten Vorsichtsprinzips und der benannten Generalklausel. Die Auslegung dieser Rechnungslegungsgrundsätze und des ihnen zugrunde liegenden etwaigen Grundkonfliktes ist wiederum stark durch ein traditionell nationales Verständnis des Vorsichtsprinzips geprägt.

Eine zwischen der Vorsicht und dem Risiko bzw. der Risikowahrnehmung bestehende Verknüpfung ist allseits anerkannt, doch gehen die Ansichten über die Bedeutung dieses Zusammenhangs auseinander. Teilweise wird das Vorsichtsprinzip als ein Prinzip unter mehreren qualitativen Merkmalen angesehen, durch die die Angaben in den Abschlüssen für Interessenten verwertbar werden (IFRS-Framework, Paragraph 24, IAS 1.15 lit. b; Statement of Principles for Financial Reporting des englischen ASB[187], Chapter 3). Nach anderer Auffassung ist das Vorsichtsprinzip als elementares Prinzip der Rechnungslegung ausgestaltet, dem Vorrang vor allen anderen Grundsätzen gebührt.[188]

Das Vorsichtsprinzip im Sinne der Richtlinie wird in Art. 31 Abs. 1 lit. c JAbRL wie folgt definiert:

> „Der Grundsatz der Vorsicht muss in jedem Fall beachtet werden. Das bedeutet insbesondere:
>
> aa) Nur die am Bilanzstichtag realisierten Gewinne werden ausgewiesen.
>
> bb) Es müssen alle voraussehbaren Risiken und zu vermutenden Verluste berücksichtigt werden, die in dem Geschäftsjahr oder einem früheren Geschäftsjahr entstanden sind, selbst wenn diese Risiken oder Verluste erst zwischen dem Bilanzstichtag und dem Tag der Aufstellung der Bilanz bekannt geworden sind.
>
> cc) Wertminderungen sind unabhängig davon zu berücksichtigen, ob das Geschäftsjahr mit einem Gewinn oder Verlust abschließt.“

Diese Definition des Vorsichtsprinzips nennt nur einige ausgewählte praktische Konsequenzen des Prinzips. Auf der Grundlage dieser Subprinzipien und weiterer Bestimmungen der Richtlinie lässt sich festhalten, dass das Vorsichtsprinzip vor allem den Ausweis und die Bewertung der Aktiva und Passiva der Bilanz (Aktivierungswahlrecht für Forschungs- und Entwicklungskosten Artt. 9, 10 JAbRL, Aktivierungsverbot für den selbst geschaffenen Geschäftswert, grundsätzliche Bewertung zu Anschaffungskosten Art. 35 Abs. 1 lit. a; Art. 39 Abs. 1 lit. a JAbRL[189]), die Bewertung in besonders riskanten Situationen (Art. 31 Abs. 1 lit. c bb; Art. 43 Abs. 1 Nr. 7 JAbRL) und die Gewinnermittlung (Realisationstest) prägt.[190]

---

187 Siehe Fn. 107.

188 Zum Primat des Objektivierungserfordernis vgl. *Beisse*, FS Karl Beusch (1993), 77, 83–85; *Beine*, WPg 1995, 467, 473; *Euler*, FS Heinrich Beisse (1997), 171–188. So im Ergebnis auch *Heusinger*, Europäisierung des deutschen Bilanzsteuerrechts (2001), 36, 73f.

189 Auch wenn die Bewertung zu den historischen Anschaffungskosten noch den Ausgangspunkt der Bewertung bildet, sind die Möglichkeiten für eine Neubewertung zum Zeitwert durch die Erstreckung der Neubewertung nach Art. 33 Abs. 1 lit. c JAbRL auf das gesamte Anlagevermögen, die Einführung weiterer Neubewertungsmöglichkeiten in Art. 42a JAbRL für Finanzinstrumente und Art. 42e JAbRL für sonstige Vermögensgegenstände im Zuge der Modernisierungs- und Fair-Value-Richtlinie inzwischen praktisch unbeschränkt.

190 Vgl. hierzu ausführlich *Beratendes Form für Rechnungslegung*, Vorsicht und Matching (1997), 11–19 (Fn. 104) und *Heusinger*, Europäisierung des deutschen Bilanzsteuerrecht (2001), 54f.

Bereits dem Wortlaut nach wird dem Vorsichtsprinzip in den Rechnungslegungsgrundsätzen des Art. 31 JAbRL eine übergeordnete Stellung zugeschrieben, wird doch eine Beachtung des Grundsatzes der Vorsicht „in jedem Fall" gefordert.[191] Die hervorgehobene Stellung des Vorsichtsprinzips in den Rechnungslegungsgrundsätzen wird zudem durch seine Betonung in Einzelregeln der Richtlinie unterstrichen. Dennoch sind einer vorsichtigen Bilanzierung und Bewertung durch die Richtlinie selbst Grenzen gesetzt. Bereits nach der Systematik der Richtlinie untersteht das Vorsichtsprinzip der Zielnorm des Art. 2 Abs. 3 JAbRL. Die möglichst zutreffende Darstellung der wirtschaftlichen Lage, der true and fair view, als oberste Zielsetzung gebietet demnach Vorsicht im Sinne einer Objektivität und nicht im Sinne einer effektbezogenen, informationsverzerrenden, vorsätzlichen Unterbewertung.[192] Das Vorsichtsprinzip wird daher zutreffend durch die IFRS im Rahmenkonzept der IFRS, Paragraph 37 wie folgt beschrieben:

> „Vorsicht bedeutet, dass ein gewisses Maß an Sorgfalt bei der Ermessensausübung, die für die erforderliche Schätzung unter ungewissen Umständen erforderlich ist, einbezogen wird, sodass Vermögenswerte oder Erträge nicht zu hoch und Schulden und Aufwendungen nicht zu niedrig angesetzt werden. Allerdings gestattet eine vorsichtige Vorgehensweise beispielsweise nicht, stille Reserven zu legen oder Rückstellungen überzubewerten, den bewusst zu niedrigen Ansatz von Vermögenswerten oder Erträgen oder den bewusst zu hohen Ansatz von Schulden oder Aufwendungen, da der Abschluss dann nicht mehr neutral wäre und deshalb das Kriterium der Zuverlässigkeit nicht erfüllen würde."

Eine abweichende Wertung des Vorsichtsprinzips ergibt sich auch nicht aus der durch die Kapitalrichtlinie implizierten Ausschüttungsbegrenzungsfunktion des Jahresabschlusses. Das dadurch integrierte Mindestgläubigerschutzsystem impliziert lediglich eine *Mindestvorsichtsprinzip*,[193] das über ein Objektivierungs- und Verlässlichkeitsgebot nicht hinausgeht. Ein strengeres Vorsichtsprinzip im Sinne eines weitergehenden bilanziellen Gläubigerschutzes ist nicht durch die Jahresabschlussrichtlinie *geboten*, wenn es auch durch die Richtlinie unter Achtung des true and fair view-Gebots *zulässig* ist.

Der Wortlaut und die Systematik des Art. 31 Abs. 1 lit. c JAbRL weisen demnach dem Grundsatz der Vorsicht als Ausdruck des Objektivitätserfordernisses eine tragende Funktion in der Gewährleistung eines true and fair view zu. Als Konkretisierung der Zielnorm unterliegt das Gebot der Vorsicht aber einer zielkonformen

---

191 Erstaunlicherweise findet sich diese besondere Betonung der Vorsicht nur in der englischen Sprachfassung nicht wieder. Art. 31 Abs. 1 lit. c JAbRL lautet dort: „valuation must be made on a prudent basis". Zu dieser sprachlichen Diskrepanz und ihrem Ursprung vgl. *Evans/Nobes*, in: *Nobes* (ed.), Developments in the International Harmonization of Accounting (2004), 251, 252, 255–257. Demnach spiegelt die englische Sprachfassung die zunehmende Rücknahme des Vorsichtsgebots in der internationalen Rechnungslegung wider.

192 Versteht man das Vorsichtsprinzip der Richtlinie richtigerweise als Objektivitätserfordernis, so sind dieses Rechnungslegungsprinzip und das Gebot des true and fair view nicht auf unterschiedliche Bilanztraditionen zurückzuführen (so aber etwa *Habersack*, Europäisches Gesellschaftsrecht[3] (2006), § 8 Rn. 29), sondern sind vielmehr als Ausdruck von Verlässlichkeit und Relevanz Funktionsdeterminanten entscheidungsnützlicher Rechnungslegungsinformationen. Vgl. hierzu § 8.I.2)a)cc)(2)(a), S. 233 ff.

193 Vgl. § 3.II.2)a)aa)(2), S. 29 ff.

Auslegung, die eine vorsätzliche Unterbewertung nach deutschem Vorbild ohne ausgleichende zusätzliche Informationen nicht zulässt.

Diese Auslegung des gemeinschaftsrechtlichen Vorsichtsprinzips als tragendes, aber nicht vorrangiges Rechnungslegungsprinzip wird zudem durch die Historie der Richtliniennorm bestätigt. Angesicht der besonderen Bedeutung des Vorsichtsprinzips in der deutschen Rechnungslegung erstaunt es, dass der Grundsatz der Vorsicht in der Jahresabschlussrichtlinie keinen deutschen Ursprung aufweist. Der stark durch die kontinentaleuropäische Rechnungslegungstradition geprägte erste Entwurf nennt das Vorsichtsprinzip nicht ausdrücklich. Erst im zweiten Entwurf, nach dem Beitritt Großbritanniens, Irlands und Dänemarks, wird das Gebot der Vorsicht explizit als Rechnungslegungsgrundsatz aufgeführt. Nun ließe sich dies dadurch erklären, dass eine ausdrückliche Nennung des Vorsichtsprinzips erst mit der Einführung des true and fair view-Gebots erforderlich erschien. Dennoch belegen historische Inbezugnahmen der Stellungnahmen der Groupe D'Etudes[194] und ein Interviews mit dem britischen Repräsentanten John Grenside[195] den britischen Ursprung der Norm. Die Historie des Vorsichtsprinzips vermag demnach nicht das deutsche Verständnis des Vorsichtsprinzips zu stützen.

Die Auslegung des Vorsichtsprinzips als Objektivierungsgebot der Richtlinie wird zudem durch die Rechtsprechung des EuGH unterstützt. Der EuGH betont in Sachen *BIOA* die grundlegende Bedeutung des Vorsichtsprinzips für die Gewährleistung eines den tatsächlichen Verhältnissen entsprechenden Bildes der wirtschaftlichen Lage des Unternehmens, wenn er ausführt, dass „bei der Bewertung der Posten der Grundsatz der Vorsicht in jedem Fall" beachtet werden muss.[196] Dennoch lässt er keine Zweifel an der Zielsetzungsfunktion des Grundsatzes des true and fair view.[197] Die Ausführungen des EuGH geben somit die angesprochene Interdependenz zwischen der Generalklausel und den konkretisierenden Rechnungslegungsgrundsätzen wieder, ohne aber die Zielsetzungs- und Auslegungsfunktion des true and fair view-Grundsatzes in Frage zu stellen.

In der Zusammenschau lässt sich festhalten, dass das Vorsichtsprinzip nicht, wie besonders im deutschen Schrifttum oft behauptet,[198] als gleichrangiges oder gar

---

194 Vgl. hierzu *Evans/Nobes*, in: *Nobes* (ed.), Developments in the International Harmonization of Accounting (2004), 251, 254f.

195 *Lafferty*, Accountancy July Vol. 85 (1974), 30.

196 EuGH, Urt. v. 7. 1. 2003 – Rs. C-206/99 (*BIOA*), Slg. 2003, I-1, 60, Rn. 75; vgl. auch EuGH, Urt. v. 27. 6. 1996 – Rs. C-234/94 (*Tomberger*), Slg. 1996, I-3145, bes. 3153 Rn. 18 „Die Anwendung des Grundsatz der Bilanzwahrheit hat sich *möglichst* weitgehend an den in Art. 31 der Vierten Richtlinie enthaltenen allgemeinen Grundsätzen zu orientieren." Der Begriff der Bilanzwahrheit ist nach Auffassung des EuGH als Synonym für das true and fair view-Gebot zu verstehen (vgl. *Fresl*, Die Europäisierung des deutschen Bilanzrechts (2000), 113–114).

197 EuGH, Urt. v. 7. 1. 2003 – Rs. C-206/99 (*BIOA*), Slg. 2003, I-1, 59 Rn. 72. Vgl. auch EuGH v. 27. 6. 1996 – Rs. C-234/94 (*Tomberger*), Slg. 1996, I-3145, bes. 3153 Rn. 17: „Zur Koordinierung des Inhalts der Jahresabschlüsse sieht diese Richtlinie den Grundsatz der Bilanzwahrheit vor, dessen Beachtung ihre Hauptzielsetzung darstellt".

198 So aber *Heusinger*, Europäisierung des deutschen Bilanzsteuerrechts (2001), 36; wohl auch *Grundmann, Stefan*, Europäisches Gesellschaftsrecht (2004), Rn. 511. Zum Primat des Objektivievorrangiges Prinzip neben den normierten Grundsatz des true and fair view tritt. Vielmehr sprechen die der Richtlinie zugrunde liegenden Rechnungslegungsziele, die Systematik der Richtlinie und die Entstehungsgeschichte der Norm für die Ansicht, die das Vorsichtsprinzip im Sinne eines Objektivierungserfordernisses als zwar tragenden, aber nicht vorrangigen Rechnungslegungsgrundsatz versteht.[199] Das Vorsichtsprinzip ist ein grundlegendes Rechnungslegungsprinzip, aber nur eines neben vielen, und ist als solches im Lichte des true and fair view-Gebots auszulegen.[200]

(c) *Konkretisierung durch Einzelbestimmungen der Richtlinie*

Der true and fair view-Grundsatz als Zielnorm einer informationsorientierten Rechnungslegung wird nicht nur durch die benannten Rechnungslegungsgrundsätze konkretisiert. Vielmehr erfüllt die Gesamtheit der Rechnungslegungsbestimmungen, zu denen die Einzelvorschriften zur Aktivierung und Passivierung, die Bewertungsbestimmungen und die Gliederungsanforderungen gehören, den Grundsatz des true and fair view erst mit Inhalt. Geht man von der inhaltlichen Konvergenz der Richtlinienbestimmungen aus, so bietet die Befolgung der konkretisierenden Einzelnormen der Richtlinie und der darauf beruhenden nationalen Regelungen grundsätzlich Gewähr für ein den tatsächlichen Verhältnissen entsprechendes Bild der Unternehmung.[201]

Diese Feststellung mag auf den ersten Blick überraschen. Denn beispielsweise laufen die Regelungen zur Aktivierung immaterieller Vermögenswerte und zur Bewertung der Vermögensgegenstände, die aufgrund ihres Wahlrechtscharakters und der zahlreichen Ermessensspielräume den Zugang unterschiedlicher Bilanzrechtstraditionen ermöglichen, dem Ziel der Informationsvermittlung zuwider.

Zwischen dem true and fair view-Gebot und dem Gestaltungsspielraum auf der Ebene der konkretisierenden Einzelvorschriften besteht aber kein Widerspruch, soweit die Vorgaben des Art. 2 Abs. 4, Abs. 5 JAbRL beachtet werden und die Einzelbestimmungen zielkonform ausgelegt werden. Dies sei kurz an den Wahlrechten für die Bewertung der Vermögensgegenstände erläutert:

---

rungserfordernisses vgl. *Beisse*, FS Karl Beusch (1993), 77, 83–85; *Beine*, WPg 1995, 467, 473; *Euler*, FS Heinrich Beisse (1997), 171–188.

199 Eine entgegengesetzte Deutung des Vorsichtsprinzips würde die bestehenden Richtlinien auch in einen eklatanten Widerspruch zu den Rechnungslegungsgrundsätzen der IFRS stellen. Dass eine solche Diskrepanz nicht besteht, wurde durch die Modernisierungsrichtlinie implizit zum Ausdruck gebracht.

200 Dieser Auffassung von der hervorgehobenen Bedeutung des true and fair view Gebots folgen auch *Habersack*, Europäisches Gesellschaftsrecht[3] (2006), § 8 Rn. 29–31; *van Hulle*, FS Wolfgang Dieter Budde (1995), 313–326; *ders.*, in: *Nobes* (ed.), Developments in the International Harmonization of Accounting (2004), 264–273.

201 Vgl. Ratsprotokoll zur 4. Richtlinie, Erklärung Nr. 2 zu Art. 2 Abs. 2, zitiert nach *van Hulle*, FS Wolfgang Dieter Budde (1995), 313, 316 und *Kloos*, Die Transformation der 4. EG-Richtlinie (Bilanzrichtlinie) in den Mitgliedstaaten der Europäischen Gemeinschaft (1993), 130. Dort heißt es: „Der Rat und die Kommission stellen fest, dass es normalerweise ausreicht, die Richtlinie anzuwenden, damit das gewünschte den tatsächlichen Verhältnisses entsprechendes Bild entsteht.“ Zustimmend auch *Moxter*, AG 1979, 141, 142f.

Eine strenge Bewertung zu fortgeführten Anschaffungs- und Herstellungskosten als grundsätzlicher Bewertungsansatz (Art. 32 JAbRL) erscheint eher an einem strengen Vorsichtsprinzip deutschen Verständnisses orientiert als an einer den tatsächlichen Verhältnissen entsprechenden Darstellung der Unternehmenslage. Vorsicht im Sinne von Objektivität und Verlässlichkeit lässt eine Bewertung nach den objektiven Anschaffungs- bzw. Herstellungskosten im Ausgangspunkt als vernünftig erscheinen. Kann einem solchen Vermögensgegenstand aber aufgrund eines höheren, zuverlässig ermittelbaren Marktwertes ein höherer objektivierter Wert[202] zugeordnet werden, stellt sich eine Bewertung zu den Anschaffungs- und Herstellungskosten in Widerspruch zum Gebot einer wirklichkeitsnahen Darstellung der Vermögens-, Finanz- und Ertragslage des Unternehmens. Dieser Widerspruch ist nach Art. 2 Abs. 4 JAbRL durch zusätzliche Angaben im Anhang auszugleichen, um die Informationsfunktion und die Vergleichbarkeit des Abschlusses zu gewährleisten. Ebenso müssen Verzerrungen der Rechnungslegungsinformationen durch Abweichungen vom gemeinschaftsrechtlichen Mindestvorsichtsprinzip unter Heranziehung streng vorsichtsbetonter Gewinnermittlungsregeln durch zusätzliche Erläuterungspflichten ausgeglichen werden.[203]

Durch eine solche zielkonforme Auslegung[204] der Einzelbestimmungen und die Normierung vielfältiger Wahlrechte vermag die Richtlinie die Angleichung der nationalen Rechnungslegungsbestimmung durch die Konkretisierung eines *Mindestinformationsanspruchs* zu gewährleisten, ohne einen grundlegenden Bruch mit den bestehenden nationalen Rechnungslegungsfunktionen zu bedingen. Die europäisch verankerte Informationsfunktion der Rechnungslegung kann auf diesem Wege mit national geprägten weiteren Funktionen der externen Rechnungslegung verbunden werden. Konvergenz im Sinne von Vergleichbarkeit und Gleichwertigkeit wird so trotz der Wahrung nationaler Besonderheiten im Grundsatz gewährleistet.

cc) Zusammenfassung

Als Ergebnis lässt sich festhalten: Die Rechtsangleichung durch die Jahresabschlussrichtlinie dient dem Schutz von Gesellschaftern und Dritten durch die Bereitstellung entscheidungsnützlicher Informationen. Der Jahresabschluss wird zugleich durch die Kapitalrichtlinie in das europäische Mindestgläubigerschutzsystem integriert. Ferner konkretisiert die Richtlinie einen Mindestinformationsanspruch zum Zweck der Schaffung gleichwertiger Wettbewerbsbedingungen für Kapitalgesellschaften im Gemeinsamen Markt.

---

202 Marktwert und objektiver Wert stehen nicht in einem Widerspruch, solange sich der Marktwert verlässlich ermitteln lässt. Vgl. hierzu auch § 8.I.3)a)aa)(2)(a), S. 254 ff.

203 Vgl. *Fresl*, Die Europäisierung des deutschen Bilanzrechts (2000), 192; *van Hulle*, in: *Nobes* (ed.), Developments in the International Harmonization of Accounting (2004), 264, 268.

204 *Budde*, in: *Treuhand-Vereinigung* (Hrsg.), Wirtschaftsprüfung und Wirtschaftsrecht (1980), 109, 115. Zur Bedeutung einer Generalklausel als konstitutives Element einer zielkonformen Auslegung der Einzelnormen vgl. auch *Kirchner*, FS Adolf Moxter (1994), 601, 604.

Zur Realisierung dieser Zielsetzungen konstituiert die Richtlinie zum einen den Mindestumfang der zu erstellenden und zu veröffentlichenden finanziellen Angaben. Neben der Angleichung des Publizitätsumfangs erfordern die Schutzinteressen der Rechnungslegungsadressaten und die Sicherung der Funktionsfähigkeit bzw. Integration eines europäischen Marktes zum anderen eine Vergleichbarkeit und Gleichwertigkeit der bereitgestellten Unternehmensinformationen. Die erforderliche materielle Angleichung der Abschlüsse muss zur Sicherung der Entscheidungsnützlichkeit der Informationen inhaltlich einen Einblick in die tatsächlichen wirtschaftlichen Verhältnisse des Unternehmens gewährleisten. Die Einzelbestimmungen, mithin die normierten Rechnungslegungsgrundsätze und die konkretisierenden Einzelvorschriften der Richtlinie, zeigen den Weg auf, der nach dem Willen des europäischen Gesetzgebers die Verwirklichung der benannten Ziele und Subziele sicherstellt.

Unter den Rechnungslegungsgrundsätzen kommt dem true and fair view gemäß Art. 2 Abs. 3 JAbRL eine hervorgehobene Bedeutung zu. In dieser Generalklausel präzisiert sich nicht nur die individual- und institutionsschützende Informationsfunktion der Rechnungslegung. Sie fungiert als grundsätzliche Inhaltsnorm zugleich als Grundlage für eine zielkonforme Auslegung der konkretisierenden weiteren Rechnungslegungsgrundsätze, der Einzelvorschriften der Richtlinie und der nationalen Regelungen. Nicht nur die Einzelvorschriften der Richtlinie sind als Ausprägung des true and fair view-Gebots zu verstehen und in dessen Lichte auszulegen. Auch umgekehrt wirken die Einzelbestimmungen auf die Generalnorm zurück und fungieren als inhaltliche Konkretisierungen. Die Einzelvorschriften und die Generalnorm stehen mithin in einem wechselseitigen Wertungs- und Auslegungszusammenhang,[205] der die Grundlage für eine Angleichung unter gleichzeitiger Berücksichtigung nationaler Besonderheiten bildet.

Aus diesem interdependenten Verhältnis ergibt sich damit für die Jahresabschlusserstellung folgende Vorgehensweise: Solange die Einzelnormen der Richtlinie eindeutig definiert sind, ist davon auszugehen, dass deren Anwendung Gewähr für ein den tatsächlichen Verhältnissen entsprechendes Bild der wirtschaftlichen Lage der Unternehmung bietet. Bei fehlender Eindeutigkeit können die im Lichte der Zielnorm des true and fair view auszulegenden allgemeinen Rechnungslegungsgrundsätze eine objektivierende Funktion übernehmen.[206] Ausgangspunkt der Jahresabschlusserstellung sind somit die in Umsetzung der Einzelnormen der Richtlinie erlassenen nationalen Bestimmungen, die bei Bedarf durch die Rechnungslegungsgrundsätze ergänzt und konkretisiert werden müssen.[207]

Entsprechend dieser Systematik sind im Folgenden nach Darstellung des persönlichen Anwendungsbereiches der Jahresabschlussrichtlinie die einzelnen Anforderungen an einen richtlinienkonformen Jahresabschluss, mithin die normierten Rechnungslegungspflichten der Richtlinie, näher zu erläutern.

---

205 *Heinrichs*, Die Wahlrechte im Bilanzrecht der Kapitalgesellschaften (1999), 143.
206 *Heusinger*, Europäisierung des deutschen Bilanzsteuerrechts (2001), 56.
207 Vgl. *Heusinger*, Europäisierung des deutschen Bilanzsteuerrechts (2001), 56.

b) Persönlicher Anwendungsbereich und Abstufungskriterien

Der persönliche Anwendungsbereich der Jahresabschlussrichtlinie (JAbRL) ist nach Art. 1 JAbRL auf bestimmte Rechtssubjekte beschränkt. Danach sind im Wesentlichen alle beschränkt haftenden Kapitalgesellschaften von den Harmonisierungsvorschriften erfasst. Aufgrund der Vergleichbarkeit der Interessenlage ist der Anwendungsbereich der Jahresabschlussrichtlinie durch die Richtlinie 90/605/EWG vom 8. Oktober 1990[208] auf Personengesellschaften erstreckt worden, bei denen alle unbeschränkt haftenden Gesellschafter die Rechtsform einer Kapitalgesellschaft haben (sog. Kapitalgesellschaften & Co.).

Die Jahresabschlussrichtlinie enthält neben dieser rechtsformspezifischen Abgrenzung des Anwendungsbereiches größenabhängige Erleichterungen für kleine und mittlere Gesellschaften.[209] Als Größenkriterien fungieren nach Art. 11 bzw. Art. 27 JAbRL die Bilanzsumme (€ 4,4 bzw. € 17,5 Millionen), der Nettoumsatzerlös (€ 8,8 oder € 35 Millionen) und die durchschnittliche Beschäftigungszahl im Geschäftsjahr (50 bzw. 250 Beschäftigte). Die Qualifizierung als kleine bzw. mittlere Gesellschaft ist nach Art. 12 Abs. 1 JAbRL erst dann nicht mehr gerechtfertigt, wenn die genannten Größenkriterien in zwei aufeinander folgenden Geschäftsjahren überschritten werden.[210]

Die Erleichterungen für die kleinen und mittleren Gesellschaften betreffen die Tiefe der Gliederung der Gewinn- und Verlustrechnung (Art. 27 JAbRL), den Umfang der Anhangangaben (Art. 44 und Art. 45 JAbRL) und die Reichweite der allgemeinen Offenlegungspflicht (Art. 47 Abs. 2 und Abs. 3 JAbRL). Kleinen Gesellschaften kann darüber hinaus auch die Erstellung einer verkürzten Bilanz gestattet werden (Art. 11 JAbRL). Von der Pflicht zur Erstellung eines Lageberichtes und zur Prüfung des Jahresabschlusses und des Lageberichtes können kleine Gesellschaften sogar ganz befreit werden (Art. 46 Abs. 3; Art. 51 Abs. 2 JAbRL).[211]

---

208 Richtlinie 90/605/EWG des Rates vom 8. November 1990 zur Änderung der Richtlinien 78/660/EWG und 83/349/EWG über den Jahresabschluss und konsolidierte Abschluss hinsichtlich ihres Anwendungsbereichs, ABl. 1990 L 317/60; dazu bzw. zum Kapitalgesellschaften und Co-Richtlinien-Gesetz u. a. *Eisolt/Verdenhalven*, NZG 2000, 130–134; *Luttermann*, ZIP 2000, 517–525.

209 Diese Abstufung der Publizitätsanforderungen entsprechend der Unternehmensgröße spiegelt die unterschiedliche Bedeutung der Unternehmung für die nationale Volkswirtschaft und dem europäischen Binnenmarkt wider.

210 Gemäß Art. 12 Abs. 2 JAbRL steht es den Mitgliedstaaten frei, von den in Euro angegebenen Schwellenwerten um maximal 10% abzuweichen. An dieser Regelung wurde auch nach der Umstellung auf den Euro festgehalten, da bekanntlich nicht alle Mitgliedstaaten der Währungsunion beigetreten sind und folglich weiterhin Währungsschwankungen eine Rolle spielen. In Abs. 3 wird daneben vorgeschrieben, welche Positionen zur Ermittlung der für die Erfüllung der Größenkriterien relevanten Bilanzsumme zu addieren sind. Diese Klarstellung ist erforderlich, weil einerseits aus der Bilanz in Staffelform eine Bilanzsumme nicht eindeutig ersichtlich ist, andererseits bei der Kontoform, wo dieses Problem nicht besteht, die Bilanzsumme noch um einen evtl. aktivisch ausgewiesenen Fehlbetrag gekürzt werden muss; vgl. *Kloss*, Die Transformation der 4. EG-Richtlinie (Bilanzrichtlinie) in den Mitgliedstaaten der Europäischen Gemeinschaft (1992), 309.

211 Hinsichtlich der Erstellung eines Lageberichts ist es den Mitgliedstaaten nach Art. 46 Abs. 4 JAbRL freigestellt, bei mittelgroßen Unternehmen die Verpflichtung hinsichtlich der Erstreckung

Die rechtsform- und größenabhängige Abgrenzung des Anwendungsbereiches wird des Weiteren durch einen kapitalmarktrechtlichen Bezug ergänzt. Die dargestellten Erleichterungen und Ausnahmen für kleine und mittlere Gesellschaften kommen nach Art. 53 a JAbRL dann nicht zum Tragen, wenn die Gesellschaft einen Kapitalmarktbezug aufweist. Entscheidend hierfür ist, dass Wertpapiere der fraglichen Gesellschaft zum Handel an einem geregelten Markt im Sinn des Art. 1 Nr. 13 der Wertpapierdienstleistungsrichtlinie 93/22/EWG[212] zugelassen sind.[213]

c) Rechnungslegungspflichten

Die Jahresabschlussrichtlinie begründet für die ihr unterliegenden Unternehmen prinzipiell zwei Pflichten. Sie schreibt zum einen vor, jährlich einen Jahresabschluss und weitere Rechnungslegungsinstrumente aufzustellen, prüfen zu lassen und offen zu legen (Rechnungslegungspflichten). Zum anderen unterliegen die Unternehmen nach Artt. 48, 49 JAbRL bei Benutzung dieses Jahresabschlusses (durch Veröffentlichung z.B. gegenüber Banken, Gesellschaftern und anderen Unternehmen oder zu Werbezwecken) bestimmten formellen Anforderungen.[214] Der Schwerpunkt der Richtlinie liegt eindeutig bei den Rechnungslegungspflichten.

Zur Ausfüllung dieser Rechnungslegungspflichten soll die Jahresabschlussrichtlinie nach ihrer ersten Begründungserwägung die einzelstaatlichen Rechnungslegungsvorschriften insbesondere über die Gliederung und den Inhalt des Jahresabschlusses und des Lageberichts sowie über die Bewertungsmethoden und die Offenlegung und Prüfung dieser Unterlagen koordinieren.[215] Zu diesem Zweck sieht die Richtlinie für die Aufstellung der Bilanz und der Gewinn- und Verlustrechnung Gliederungsschemata, Mindestinhalte des Anhangs sowie des Lageberichts und anzuwendende Bewertungsmethoden vor.

Die Zuverlässigkeit und Transparenz dieser Unternehmensinformationen ist durch grundlegende Anforderungen an die Offenlegung und die Prüfung des Jahresabschlusses und des Lageberichts zu gewährleisten. Zudem verpflichtet bereits Art. 6 der PubRL die Mitgliedstaaten, einer Missachtung der Pflicht zur Offenlegung der Bilanz und der Gewinn- und Verlustrechnung durch angemessene Sanktionen

---

der Analyse auf die finanziellen und nichtfinanziellen Leistungsindikatoren nach Art. 46 Abs. 1 lit. b JAbRL auf die finanziellen Informationen zu beschränken.

212 Richtlinie 93/22/EWG vom 10. Mai 1993 über Wertpapierdienstleistungen, ABl. 1993 L 141/27.

213 Die erörterten größenabhängigen Erleichterungen und Ausnahmen werden durch verschiedene, in Art. 57, 57a und Art. 58 JAbRL normierte Befreiungstatbestände für die bilanzierungspflichtigen Rechtssubjekte ergänzt.

214 Die Veröffentlichung ist dabei von der Offenlegung zu unterscheiden. Offenlegung meint die Publizierung des Jahresabschlusses und der sonstigen Unterlagen in einem für jedermann zugänglichen öffentlichen Register oder deren Bereithalten am Sitz des Unternehmens zur Einsichtnahme für jedermann. Demgegenüber meint Veröffentlichung jede andere Publizierung des Jahresabschlusses und der sonstigen Bestandteile auf Betreiben des bilanzierungspflichtigen Unternehmens. Vor allem die öffentliche Werbung mit diesen Unterlagen und deren Verwendung gegenüber Dritten (z.B. Kreditinstituten zwecks Kreditaufnahme) erfüllen die Merkmale der Veröffentlichung.

215 *Schmitz*, in: *Albach/Klein* (Hrsg.), Harmonisierung der Rechnungslegung in Europa (1988), 1.

entgegenzuwirken. Nach der Jahresabschluss- und der Konzernabschlussrichtlinie in ihrer geänderten Fassung vom 14. Juni 2006[216] werden die Mitgliedstaaten zusätzlich verpflichtet, die Richtlinienkonformität des Abschlusses und des Lageberichts durch eine angemessene kollektive Verantwortung und zivilrechtliche Haftung der Mitglieder der Verwaltungs-, Leitungs- und Aufsichtsorgane des Unternehmens sicherzustellen (Art. 50c JAbRL, Art. 36 KAbRL).

Auf der Grundlage der erläuterten Rechnungslegungspflichten gliedert sich die weitere Darstellung der Jahresabschlussrichtlinie in die Erläuterung der Anforderungen an die Aufstellung des Jahresabschlusses, die Erstellung des Lageberichts und die Darstellung der normierten Offenlegungs- und Prüfungspflichten sowie Sanktionen.

aa) Aufstellung des Jahresabschlusses

Der Regelungsschwerpunkt der Richtlinie besteht in der Koordinierung der einzelstaatlichen Rechtsvorschriften der Mitgliedstaaten über die Gliederung und den Inhalt des Jahresabschlusses und die Methoden der Bewertung der einzelnen Posten.

Der Jahresabschuss umfasst nach Art. 2 Abs. 1 JAbRL die Bilanz, die Gewinn- und Verlustrechnung und den Anhang. Die Richtlinie weist ausdrücklich daraufhin, dass diese Unterlagen eine Einheit bilden. Dadurch wird die Bedeutung des Anhangs als notwendige Ergänzung für das richtige Verständnis der Bilanz sowie der Gewinn- und Verlustrechnung hervorgehoben.[217] Nach der Änderung der Richtlinie durch die Modernisierungsrichtlinie[218] gewährt die Jahresabschlussrichtlinie in Art. 2 Abs. 1 Unterabs. 1 den Mitgliedstaaten zudem ein übertragbares Wahlrecht dahingehend, weitere, über diesen Mindestinhalt hinausgehende Bestandteile in den Jahresabschluss aufzunehmen. Den Mitgliedstaaten soll dadurch insbesondere die Integration der in der internationalen Rechnungslegungspraxis üblichen Kapitalflussrechnung, Segmentberichterstattung und Eigenkapitalveränderungsrechnung ermöglicht werden.[219]

---

216 Vgl. Art. 1 Abs. 6 der Richtlinie des Europäischen Parlaments und des Rates zur Abänderung der Richtlinie 78/660/EWG, 83/349/EWG, 86/635/EWG und 91/674/EWG vom 14. Juni 2006, ABl. 2006 L 224/1 (Fn. 53). Vgl hierzu auch *Lanfermann*, BB 2004, 2; *Lanfermann/Maul*, BB 2006, 2011, 2014.
217 *Schruff*, Entwicklung der 4. EG-Richtlinie (1986), 28/29.
218 Richtlinie 2003/51/EG des Europäischen Parlamentes und des Rates vom 18. Juni 2003, ABl. 2003 L 178/16 (Fn. 50).
219 Vgl. den Vorschlag für eine Richtlinie zur Änderung der Richtlinie 78/660/EWG, 83/349/EWG und 91/674/EWG über den Jahresabschluss und den konsolidierten Abschluss von Gesellschaften bestimmter Rechtsformen sowie Versicherungsunternehmen (Modernisierungsrichtlinie) vom 28. Mai 2002, KOM (2002) 259, S. 4; *Niehus*, DB 2002, 1385, 1386; *Böcking*, in: *Baetge* (Hrsg.), Übergang der Rechnungslegung vom HGB zu den IFRS (2004), 103, 111.

(1) *Bilanz*

Die Bilanz als Abschlusselement lässt sich allgemein als eine Gegenüberstellung des Vermögens (Aktiva) und der Verbindlichkeiten (Passiva) des bilanzierenden Unternehmens definieren. Die Passivseite der Bilanz gibt grundsätzlich Auskunft über die Herkunft der eingesetzten Finanzmittel; sie führt deshalb das Fremd- und Eigenkapital auf. Die Aktivseite dagegen ermöglicht Rückschlüsse auf die Verwendung der eingesetzten Mittel; ihr lassen sich folglich die einzelnen Vermögensgegenstände der Gesellschaft entnehmen.[220]

Die Vermittlung eines den tatsächlichen Verhältnissen entsprechenden Bildes der Vermögens-, Finanz- und Ertragslage der Gesellschaft als Zielsetzung der Rechnungslegung erfordert sowohl Regeln bezüglich des Inhalts der Bilanz, also des Ansatzes der einzelnen Posten, als auch hinsichtlich der Art und Weise des Ausweises der Posten in der Bilanz. Diese Regelungen werden durch die Vorgabe formeller Ordnungsprinzipien in Form von Gliederungsschemata in Artt. 9–10a JAbRL abgerundet. Neben diesen Ansatz- und Ausweisvorschriften erfordert das true and fair view-Gebot auch Regelungen über die Bewertung der einzelnen Bilanzposten.

(a) *Gliederung der Bilanz*

Die Richtlinie hat vor allem die Gliederungsvorschriften für die Bilanz und die Gewinn- und Verlustrechnung harmonisiert. Die Gliederungsvorschriften dienen der Informationsvermittlung und der Sicherung der Vergleichbarkeit der Abschlüsse. Sie sind zugleich die Grundlage für die Harmonisierung des Umfangs der Rechnungslegungsinformationen. Durch die übersichtliche, nach bestimmten Prinzipien geordnete Darstellung der in der Bilanz enthaltenen Informationen werden den Adressaten der Bilanz der Zugang zu den Unternehmensdaten und ihr Vergleich mit anderen Daten erleichtert. Wichtige Gliederungskriterien sind in diesem Zusammenhang das Liquidationsgliederungsprinzip, die Gliederung nach Rechtsverhältnissen und das Ablaufgliederungsprinzip.[221] Die wahlweise Gliederung der Bilanz nach Art. 9 JAbRL (Kontoform) und Art. 10 JAbRL (Staffelform) ist nicht streng nach einem der aufgeführten Prinzipien aufgebaut.[222] Es wird viel-

---

220 Vgl. *Habersack*, Europäisches Gesellschaftsrecht[3] (2006), § 8 Rn. 21; *Baetge/Kirsch/Thiele*, Bilanzen[9] (2007), 3. Die Richtlinie lässt abweichend von der Kontoform (Aktiva/Passiva) eine Gliederung entsprechend der Staffelform zu, vgl. Art. 10 JAbRL.

221 *Coenenberg*, Jahresabschluss und Jahresabschlussanalyse[20] (2005), 129.

222 Die Unterschiede zwischen einer Bilanzgliederung entsprechend der Kontoform (Art. 9 JAbRL) und der Staffelform (Art. 10 JAbRL) sind minimal. Der tragende Unterschied besteht in der äußeren Darstellung der Erträge und Aufwendungen. Die Kontoform nach Art. 9 JAbRL ist entsprechend ihres Namens eine Darstellung der Aktiva und Passiva in Form eines Kontos. Die Gliederung der Bilanzierungsposten erfolgt also im Gegensatz zu Staffelform horizontal. Die Aktiv- und Passivposten werden einander gegenübergestellt. Das Jahresergebnis wird je nachdem, ob es negativ oder positiv ausfällt, unter den Aktiva (Jahresfehlbetrag) oder unter dem Eigenkapital auf der Passiva (Jahresüberschuss) ausgewiesen.
Bei der Gliederung entsprechend der Staffelform des Art. 10 JAbRL erfolgte die Darstellung der Aktiva und Passiva hingegen nicht in der Form eines Kontos, sondern fortlaufend. Die Aktiv- und Passivposten werden ohne Gegenüberstellung aneinandergereiht. Das Gesamtergebnis des Geschäftsjahres findet sich folglich als Summe am Ende der Bilanzgliederung und wird neutral als

mehr eine Anlehnung an alle drei Kriterien sichtbar, wobei der Schwerpunkt aber beim dem Liquidationsgliederungsprinzip liegt.

Entsprechend dem Liquidationsgliederungsprinzip werden die Aktivposten der Bilanz nach dem Grad der Liquidierbarkeit, die Posten der Passivseite der Bilanz nach ihrer Fälligkeit gegliedert. Dem Bilanzleser wird so, wenn auch in einem beschränkten Maße, ersichtlich, in welcher zeitlichen Abfolge die Aktivposten durch Umsatzprozesse wieder zu Geld werden und in welcher zeitlichen Folge das Kapital dem Unternehmen wieder entzogen wird. Ausdruck des Liquidationsgliederungsprinzips ist auch das Erfordernis des gesonderten Ausweises der Forderungen mit einer Restlaufzeit von mehr als einem Jahr bzw. der Verbindlichkeiten mit einer Restlaufzeit bis zu einem Jahr und einer Restlaufzeit von mehr als einem Jahr (Art. 9 D.II. der Aktiva, C der Passiva JAbRL; Art. 10 D.II., F.I. JAbRL).

Die Gliederung nach den zugrunde liegenden Rechtsverhältnissen zeigt sich etwa im Erfordernis des gesonderten Ausweises der Anteile und Forderungen an verbundenen Unternehmen und an Unternehmen, mit denen ein Beteiligungsverhältnis besteht (Art. 9 JAbRL und Art. 10 C.III. JAbRL).

Das Ablaufgliederungsprinzip ist vor allem für den Ausweis der Vermögenspositionen von Bedeutung. Die Gliederung erfolgt hier entsprechend dem innerbetrieblichen Leistungsprozess. So unterscheidet man Anlage- und Umlaufvermögen. Das Umlaufvermögen wird in Roh-, Hilfs- und Betriebsstoffe, unfertige Erzeugnisse, fertige Erzeugnisse und Waren und geleistete Anzahlungen untergliedert.

Die Gliederungsschemata der Artt. 9 und 10 JAbRL stellen prinzipiell zwingende Mindestgliederungsschemata dar, von denen nur nach Maßgabe der Richtlinienbestimmungen abgewichen werden darf. Die einzelnen Gliederungsposten sind grundsätzlich gesondert und in der vorgesehenen Reihenfolge auszuweisen (Art. 4 Abs. 1 S. 1 JAbRL) und zu jedem Posten sind die jeweiligen Vorjahreszahlen anzugeben (Art. 4 Abs. 4 JAbRL). Fällt ein Vermögenswert thematisch unter mehrere Posten der Bilanz, so hat bei dem jeweiligen Posten, unter dem der Gegenstand ausgewiesen wird, oder im Anhang ein entsprechender Hinweis auf die Mitzugehörigkeit zu erfolgen (Art. 13 JAbRL). Unter Umständen werden die Gliederungsschemata der Artt. 9 JAbRL und 10 JAbRL durch einen so genannten Unter-dem-Strich-Vermerk nach Art. 14 JAbRL ergänzt.

Der durch die Modernisierungsrichtlinie[223] eingefügte Art. 10a JAbRL räumt den Mitgliedstaaten zudem ein übertragbares Wahlrecht dahingehend ein, abweichend

Jahresergebnis umschrieben. Diese Darstellungsform liefert zwei zusätzliche Angaben, die für die Kenntnis der Finanzlage der Gesellschaft wichtig sind. Es handelt sich um die Posten G „Umlaufvermögen, das die Verbindlichkeiten mit einer Restlaufzeit von bis zu einem Jahr übersteigt" und H „Gesamtbetrag des Vermögens nach Abzug der Verbindlichkeiten mit einer Restlaufzeit von bis zu einem Jahr". Die übrigen Posten stimmen mit der Gliederung nach Art. 9 JAbRL überein. Die Abfolge der Posten ist dabei in beiden Darstellungsformen weitgehend die Gleiche.

223 Richtlinie 2003/51/EG des Europäischen Parlamentes und des Rates vom 18. Juni 2003, ABl. 2003 L 178/16 (Fn. 50).

von den Gliederungsschemata der Artt. 9 und 10 JAbRL allen Gesellschaften oder nur bestimmten Arten von Gesellschaften eine Gliederung nach kurz- und langfristigen Posten zu ermöglichen, sofern der vermittelte Informationsgehalt mit dem der anderen Bilanzgliederungen identisch ist. Hierdurch wird den Mitgliedstaaten ermöglicht, eine mit den IFRS übereinstimmende Vorgehensweise zu wählen.[224]

(b) Ansatz und Ausweis

Neben dem formalen Gliederungsaufbau regelt die Richtlinie auch mittelbar und unmittelbar den Ansatz und den Ausweis der einzelnen Vermögensgegenstände und Verbindlichkeiten in der Bilanz. Eine Definition der Vermögenswerte oder der Verbindlichkeiten ist der Richtlinie nicht zu entnehmen. Die Begriffe werden in der Richtlinie zwar verwendet (z.B. Art. 15 Abs. 2, Art. 13 Abs. 1 JAbRL), aber nicht definiert. Nur vereinzelt definiert die Richtlinie einzelne Bilanzposten.[225] Zumeist bleibt es den Mitgliedstaaten überlassen, die Bilanzpositionen im Wege einer zielkonformen Auslegung zu definieren. Inwieweit man im Rahmen dieser zielkonformen Auslegung der Begriffe auf die Definitionen der inkorporierten IFRS zurückgreifen kann, ist im weiteren Verlauf dieser Arbeit noch zu klären.

Rückschlüsse auf grundlegende Bilanzierungskriterien für die aufgezählten Bilanzposten können bereits den Gliederungsvorschriften entnommen werden.[226] Die Unterteilung der Aktiva in Anlage- und Umlauf*vermögen* und die Bezeichnung verschiedener Aktiv- und Passivposten als „Vermögensgegenstand" oder „Vermögenswert" (Art. 15 Abs. 1 JAbRL) verdeutlichen zunächst den grundlegenden Vermögensbezug des Bilanzinhaltes als Einnahme- und Ausgabenpotential im Sinne einer bestimmten Werthaltigkeit.[227] Ein solcher Vermögensbezug kann für Aktivposten nichts anderes bedeuten, als dass es sich um Ausgaben handeln muss, die einen bestimmten künftigen Nutzenbeitrag zum Effektivvermögen zu leisten vermögen.[228] Spiegelbildlich hierzu müssen die Passiva einen entsprechenden Negativbeitrag zum Unternehmensvermögen bewirken, um in der Bilanz angesetzt zu werden.[229]

Ein solches Werthaltigkeitskriterium ermöglicht alleine noch keine Abgrenzung des Bilanzinhaltes, die sowohl dem Erfordernis der Vergleichbarkeit als auch dem inhaltlichen Anspruch einer entscheidungsnützlichen Darstellung der wirtschaft-

---

224 Vgl. den Vorschlag für eine Richtlinie zur Änderung der Richtlinie 78/660/EWG, 83/349/EWG und 91/674/EWG vom 28 Mai 2002 (Fn. 219), S. 5; *Böcking*, in: *Baetge* (Hrsg.), Übergang der Rechnungslegung vom HGB zu den IFRS (2004), 103, 113. Zu der Gliederung der Bilanz nach den endorsed IFRS vgl. im Einzelnen § 11.II.3), 413 ff.

225 So werden die etwa die Rückstellungen in Art. 20 JAbRL als passiven Rechnungsabgrenzungsposten in Art. 21 JAbRL definiert.

226 Vgl. *Heusinger*, Europäisierung des deutschen Bilanzsteuerrechts (2001), 48.

227 *Heusinger*, Europäisierung des deutschen Bilanzsteuerrechts (2001), 48.

228 Vgl. *Heusinger*, Europäisierung des deutschen Bilanzsteuerrechts (2001), 48. Nur auf der Grundlage einer solchen Auslegung des „Vermögenswertes" als abstraktes Aktivierungskriterium lässt sich nachvollziehen, dass die Jahresabschlussrichtlinien die Bilanzierung immaterieller Anlagegüter z.B. Forschungs- und Entwicklungskosten grundsätzlich gestattet.

229 *Heusinger*, Europäisierung des deutschen Bilanzsteuerrechts (2001), 48.

lichen Lage des Unternehmens Rechnung trägt. Das an dem Kriterium des Nutzenpotentials ausgerichtete, weite Aktivierungs- und Passivierungspotential bedarf vielmehr einer zusätzlichen, intersubjektiv nachprüfbaren Grundlage. Solche objektivierenden Kriterien sind in der Jahresabschlussrichtlinie nur vereinzelt und überdies nur unpräzise kodifiziert.[230] Die Aktivierung eines derivativen Geschäfts- und Firmenwertes setzt beispielsweise nach Art. 9 C.I.3. (Art. 10 C.I.3.) JAbRL einen entgeltlichen Erwerb voraus, definiert dieses qualifizierende Merkmal jedoch nicht. Dies zeigt, dass die Jahresabschlussrichtlinie einerseits die Objektivierung zur Sicherung der Vergleichbarkeit und eines true and fair view für erforderlich hält, andererseits aber die grundlegenden Objektivierungskriterien, hier den entgeltlichen Erwerb, selbst nicht definiert.[231]

Diese Regelungsunschärfen eröffnen dem nationalen Gesetzgeber bzw. den Bilanzierenden erhebliche Ermessenspielräume. Darüber hinaus enthält die Jahresabschlussrichtlinie explizite Wahlrechte, etwa im Hinblick auf die Aktivierung immaterieller Vermögensgegenstände (Art. 9 Aktiva C.I.1., Art. 10 C.I.1. JAbRL), die ein unterschiedliches Aktivierungspotential in den Mitgliedstaaten bedingen.

Es greift zu kurz, die Regelungsunschärfen, Wahlrechte und die bestehenden unterschiedlichen nationalen Aktivierungskriterien als Ausdruck einer fehlenden materiellen Harmonisierung der Aktivierungskriterien zu werten.[232] Eine solche Beurteilung des Harmonisierungseffektes der Jahresabschlussrichtlinie verkennt die Auslegungsfunktion der allgemeinen Rechnungslegungsgrundsätze und des true and fair view-Gebots. Die Ausfüllung der Ermessensspielräume und der Wahlrechte durch die Mitgliedstaaten muss ihre Grenze in dem Gebot des true and fair view und den konkretisierenden Rechnungslegungsgrundsätzen finden. Die darin zum Ausdruck kommende Notwendigkeit einer richtlinienkonformen Auslegung und Umsetzung scheint nicht immer die nötige Beachtung durch die Mitgliedstaaten zu finden. Dies sei kurz an dem Wahlrecht zur Aktivierung der selbst erstellten immateriellen Vermögensgüter (Art. 9 C.I.1., Art. 10 C.I.1. JAbRL) erläutert:

Im deutschen Bilanzrecht wurde das benannte Wahlrecht zugunsten eines umfassenden konkreten Aktivierungsverbotes (§ 248 Abs. 2 HGB) ausgefüllt. Das nationale gesetzliche Verbot der Aktivierung und das daraus fließende beschränkte Aktivierungspotential sind durch die Richtlinienbestimmungen gedeckt. Die fehlende Aktivierung dieser immateriellen Vermögensgüter führt dennoch zu einer verzerrten Darstellung des wirtschaftlichen Nutzenpotentials bzw. Vermögensstandes des bilanzierenden Unternehmens, die sich nicht alleine mit dem erforderlichen Maß an Objektivität und Verlässlichkeit rechtfertigen lässt.[233] Trotz der

---

230 *Heusinger*, Europäisierung des deutschen Bilanzsteuerrechts (2001), 48.
231 Zur Unbestimmtheit des Begriffs „entgeltlich erworben" vgl. *Moxter*, FS Anton Egger (1997), 3, 6.
232 So aber etwa *Heusinger*, Europäisierung des deutschen Bilanzsteuerrechts (2001), 48.
233 Es sind vielmehr andere bilanzielle Modelle denkbar, die sowohl dem besonderem Risiko der immateriellen Werte als auch dem Objektivierungserfordernis Rechnung tragen können. Zu nen-

Richtlinienkonformität des nationalen Aktivierungsverbots steht die daraus fließende Darstellung der Vermögenslage folglich in einem Widerspruch zum Gebot des true and fair view. Mit anderen Worten, die Befolgung der konkretisierenden Einzelbestimmungen der Richtlinien vermag es hier nicht, einen dem true and fair view-Gebot genügenden Abschluss sicherzustellen. Es greift demnach die Erläuterungspflicht des Art. 2 Abs. 4 JAbRL. Der Informationsverlust durch die fehlende Aktivierung der selbst erstellten immateriellen Vermögensgüter ist durch entsprechende zusätzliche Angaben über das in diesen Vermögensgütern verkörperte wirtschaftliche Nutzenpotential auszugleichen.[234] Durch eine solche zielkonforme Auslegung der Einzelbestimmungen der Richtlinie bzw. Ausfüllung der Wahlrechte kann die europäisch verankerte Informationsfunktion der Rechnungslegung mit dem national geprägten Modell des bilanziellen Gläubigerschutzes des deutschen Rechts verbunden werden. Konvergenz im Sinne von Vergleichbarkeit und Gleichwertigkeit wird so trotz der Wahrung nationaler Besonderheiten gewährleistet.

(c) Bewertungsgrundsätze

Die Regelungen zum Ansatz und Ausweis der Bilanzposten werden durch ausführliche Vorgaben für die Bewertung der einzelnen Bilanzposten ergänzt. Unter der Bewertung im Allgemeinen versteht man die Zuordnung einer Geldgröße zu einem Gegenstand.[235] Bewertungsfragen regelt die Richtlinie in Art. 32–Art. 42, Art. 42a–Art. 42d und Art. 15 Abs. 3, Abs. 4 JAbRL. Zudem führt Art. 31 JAbRL verschiedene Bewertungsgrundsätze an, die bei dem Wertansatz der einzelnen Posten zu berücksichtigen sind. Bei der Bewertung der Posten ist nach Art. 31 Abs. 1 lit. a JAbRL vom Fortbestehen des Unternehmens auszugehen (going concern) und der Grundsatz der Stetigkeit der Bewertungsmethoden zu beachten (Art. 31 Abs. 1 lit. b. JAbRL). Ferner hat die Bewertung der einzelnen Posten unter Beachtung des Grundsatzes der Vorsicht und hierbei insbesondere unter Heranziehung des Imparitäts- und Realisationsprinzips zu erfolgen.

Der Bewertung entsprechend der Richtlinie liegt eine Systematik in Form eines Regel-Ausnahme-Prinzips zugrunde. Demnach sind die Posten des Jahresabschlusses nach Art. 32 JAbRL grundsätzlich nach dem Anschaffungswertprinzip zu bewerten. Art. 35–Art. 37 JAbRL (Anlagevermögen) und Art. 39 JAbRL (Umlaufvermögen) regeln Einzelheiten zu den Herstellungs- und Anschaffungskosten sowie den erforderlichen Wertberichtigungen nach unten, denen durch entsprechende Abschreibungen Rechnung getragen wird. Art. 38 und Art. 40 JAbRL sehen aus Vereinfachungsgründen ausnahmsweise bei Geringfügigkeit sogar einen Verzicht auf die Fortschreibung des Wertes für bestimmte Vermögensgegenstände vor.

---

nen ist hier etwa das Modell der erfolgswirksamen Nachaktivierung selbst erschaffener immaterieller Vermögenselemente. Zu diesem Modell vgl. im Einzelnen § 8.I.3)a)aa)(1)(b), S. 247 ff.

234 Hierin zeigt sich das bereits angesprochene Zusammenspiel zwischen den Wahlrechten und dem Gebot des true and fair view Gebots. Vgl. hierzu § 3.II.2)a)bb)(3), S. 40 ff.

235 *Riese*, in: *Albach/Klein* (Hrsg.), Harmonisierung der Rechnungslegung in Europa (1988), 37, 39.

Von dieser Grundregel der Bewertung können die Mitgliedstaaten nach der Maßgabe des Art. 33 JAbRL abweichen. Die abweichenden Wertansätze sind zur Sicherung der Vergleichbarkeit der Abschlüsse in der Bilanz aufzudecken und zu erläutern (Art. 33 Abs. 1 Unterabs. 2, 3 JAbRL) und im Anhang durch die Angabe der historischen Werte nach Art. 32 JAbRL oder den Differenzbetrag zu unterlegen (Art. 33 Abs. 4 JAbRL). Demnach können die Mitgliedstaaten den Unternehmen gestatten oder vorschreiben, in Abweichung zum Anschaffungswertprinzip folgende alternative Bewertungsmethoden nach dem Zeitwertprinzip heranzuziehen:

- Bewertung zu Wiederbeschaffungswerten (Art. 33 Abs. 1 lit. a JAbRL), wobei der Anwendungsbereich dieser alternativen Bewertungsmethode auf das Sachanlagevermögen mit einer begrenzten Nutzungsdauer und auf die Vorräte beschränkt ist;
- andere Bewertungsmethoden, die der Inflation Rechnung tragen (Art. 33 Abs. 1 lit. b JAbRL);
- die Neubewertung (Art. 33 Abs. 1 lit. c JAbRL), wobei diese Bewertungsmöglichkeit im Zuge der Änderungen durch die Modernisierungsrichtlinie[236] auf alle Gegenstände des Anlagevermögens erweitert wurde.

Dieses grundlegende Regel-Ausnahme-Verhältnis zwischen der Bewertung zu fortgeführten historischen Werten und der Zeitwertbewertung wurde durch die Änderungen im Zuge der Fair-Value-Richtlinie[237] und der Modernisierungsrichtlinie[238] erheblich zu Gunsten der Zeitwertbewertung verschoben.

Die durch die Fair Value-Richtlinie aufgenommene Zeitwertbewertung von Finanzinstrumenten orientiert sich sowohl hinsichtlich der Kategorisierung der Finanzinstrumente als auch im Hinblick auf die Vorschriften zur Ermittlung des fair value an IAS 39 „Finanzinstrument: Ansatz und Bewertung". Im Gegensatz zu diesem Standard wird der zentrale Begriff der Finanzinstrumente in der Richtlinie jedoch nicht definiert. Dieses Vorgehen begründet die Kommission damit, dass die Rechnungslegungsrichtlinien als Rahmenvorschriften keine allgemeinen Defi nitionen enthalten und die Dynamik der Kapital- und Finanzmärkte eine solche Definition schnell veraltet erscheinen lassen würde.[239] Auch hier wäre im Rahmen einer zielkonformen Auslegung der Rückgriff auf die Begriffsdefinition der inkorporierten IFRS denkbar.

Art. 42a Abs. 1 JAbRL verpflichtet die Mitgliedstaaten, den Unternehmen für bestimmte durch Art. 42a JAbRL näher spezifizierte Finanzinstrumente die Bewer-

236 Richtlinie 2003/51/EG des Europäischen Parlamentes und des Rates vom 18. Juni 2003, ABl. 2003 L 178/16 (Fn. 50).

237 Richtlinie 2001/65/EG des Europäischen Parlamentes und des Rates vom 27. September 2001, ABl. 2001 L 283/28 (Fn. 46).

238 Richtlinie 2003/51/EG des Europäischen Parlamentes und des Rates vom 18. Juni 2003, ABl. 2003 L 178/16 (Fn. 50).

239 Vgl. den Vorschlag für eine Richtlinie zur Änderung der Richtlinie 78/660/EWG und 83/349/EWG im Hinblick auf die im Jahresabschluss bzw. im konsolidierten Abschluss von Gesellschaften bestimmter Rechtsformen zulässigen Wertansätze vom 24. Februar 2000, KOM(2000) 80 endg., S. 8.

tung zum beizulegenden Zeitwert (fair value) zu gestatten oder vorzuschreiben. Eine Einschränkung auf den Konzernabschluss und/oder auf bestimmte Gruppen von Gesellschaften ist zulässig. Die fair value-Bewertung der Verbindlichkeiten wird auf Derivate und Handelsbestände beschränkt (Art. 42a Abs. 3 JAbRL). Auf der Aktivseite sind die zur Endfälligkeit gehaltenen Finanzinstrumente sowie ausgegebene Darlehen und Forderungen, die nicht zu Handelszwecken gehalten werden, ebenfalls von der fair value-Bewertung ausgeschlossen (Art. 42a Abs. 2 JAbRL). Weiterhin sind Beteiligungen an Tochterunternehmen, Joint Ventures und assoziierte Unternehmen sowie selbstemittierte Eigenkapitalinstrumente nicht von der fair value-Bewertung betroffen. Die genannten Finanzinstrumente müssen auch weiterhin nach Maßgabe der Artt. 32ff. JAbRL bewertet werden.

Die Bestimmung des fair value von Finanzinstrumenten erfolgt nach Art. 42b Abs. 1 JAbRL vorzugsweise unter Heranziehung des Marktwertes. Für Finanzinstrumente, für die sich ein verlässlicher Markt nicht ohne weiteres ermitteln lässt, ist, unter angemessener Annäherung an den Marktwert, eine allgemein anerkannte, verlässliche Bewertungsmethode zugrunde zu legen. Lässt sich der beizulegende Zeitwert mit keiner der beschriebenen Methoden verlässlich ermitteln, sind die Finanzinstrument nach den allgemeinen Grundsätzen (Art. 34–Art. 42 JAbRL) zu bewerten. Art. 42c Abs. 1 JAbRL statuiert in Abweichung zur Neubewertung nach Art. 31 Abs. 1 lit. c JAbRL im Grundsatz eine erfolgswirksame Erfassung der Wertänderungen.[240]

Werden die erfassten Finanzinstrumente zum fair value bewertet, sind die in Art. 42d JAbRL genannten Anhangangaben zu tätigen. Soweit eine Bewertung der Finanzinstrumente zum fair value nicht erfolgt, greift die Anhangerläuterungspflicht des Art. 43 Abs. 1 Nr. 14 JAbRL. Daneben sind nach Art. 46 Abs. 2 JAbRL ergänzende Angaben in Bezug auf die Verwendung von Finanzinstrumenten im Lagebericht zu tätigen.

Die Bewertung zum Zeitwert (fair value) kann nach dem durch die Modernisierungsrichtlinie eingeführten Art. 42e JAbRL von den Mitgliedstaaten über die Finanzinstrumente, für welche die Artt. 42aff. JAbRL Sonderregelungen enthalten, hinaus auf andere Vermögensgegenstände erstreckt werden. Diese Regelung dient ebenfalls der Vermeidung von Konflikten zwischen der richtlinienkonformen Bilanzierung und einer Bilanzierung unter Anwendung der IFRS. Nach IAS 40 „Als Finanzinvestitionen gehaltene Immobilien" und IAS 41 „Landwirtschaft" sind

240 Veränderungen des fair value von Posten, die als Hedging-Instrumente ausgewiesen werden, sind hingegen nach Art. 42c Abs. 1 S. 2 lit. a JAbRL erfolgsneutral in eine Zeitwertrücklage unter dem Eigenkapital zu buchen. Eine Erfassung der Wertänderungen in einer Zeitwertrücklage hat ebenfalls zu erfolgen, wenn die Wertänderungen auf Wechselkursdifferenzen zurückzuführen sind und sie einen Geldvermögenswert betreffen, der Teil einer Nettobeteiligung an einer wirtschaftlich selbstständigen ausländischen Teileinheit ist (Art. 42c Abs. 1 S. 2 lit. b JAbRL). Die Mitgliedstaaten können abweichend von Art. 42c Abs. 1 S. 1 JAbRL vorschreiben, dass die erfolgsneutrale Erfassung der Wertänderungen in einer Zeitwertrücklage auch auf die nicht derivativen zur Veräußerung gehaltenen Finanzinstrumente erstreckt wird (Art. 42c Abs. 2 JAbRL). Die durch die erfolgsneutrale Erfassung der Wertänderung entstandene Eigenkapitalposition ist aufzulösen, sobald das entsprechende Finanzinstrument ausgebucht wird (Art. 42c Abs. 3 JAbRL).

nämlich dort genau definierte Arten von Vermögenswerten mit dem beizulegenden Zeitwert anzusetzen oder es wird dies gestattet. Art. 42e JAbRL ermöglicht dies nun auch im Rahmen der Jahresabschlussrichtlinie. Die Kommission fügt zu Recht hinzu, dass die Gestattung einer Bewertung zum Zeitwert „unerlässlich ist, wenn die Änderung künftigen Entwicklungen Stand halten soll"[241].

Den Mitgliedstaaten steht es somit nach Art. 42e JAbRL frei, allen Gesellschaften oder bestimmten Gesellschaftstypen die fair value-Bewertung vorzuschreiben oder zu gestatten und/oder die Zeitwertbewertung auf den Konzernabschluss zu beschränken. Die durch diese Bewertung entstandenen Wertänderungen können nach Art. 42f JAbRL entgegen dem Vorsichtprinzip erfolgswirksam über die Gewinn- und Verlustrechnung gebucht werden. Auch diesbezüglich sieht die Richtlinie ein übertragbares Mitgliedstaatenwahlrecht vor. Die konkrete Ausgestaltung dieser Bewertungsmethode im Einzelnen obliegt den Mitgliedstaaten.

Durch die Erstreckung der Neubewertung nach Art. 33 Abs. 1 lit. c JAbRL auf das gesamte Anlagevermögen und die Einführung weiterer Neubewertungsmöglichkeiten in Art. 42a JAbRL für Finanzinstrumente und Art. 42e JAbRL für sonstige Vermögensgegenstände sind die Möglichkeiten für eine Neubewertung zum Zeitwert unter der Richtlinie inzwischen praktisch unbeschränkt. Die ursprünglichen Ausnahmen können folglich zur Regel erhoben werden.

Stellt sich die nationale Wahl der Bewertungsmethode in Widerspruch zum Gebot einer wirklichkeitsnahen Darstellung der Vermögens- und Ertragslage des Unternehmens, ist diese Disparität nach Art. 2 Abs. 4 JAbRL durch zusätzliche Angaben im Anhang auszugleichen, um die Informationsfunktion und die Vergleichbarkeit des Abschlusses zu gewährleisten. Die sich darin widerspiegelnde Korrekturfunktion konkretisiert sich zudem in der Anhangpflicht nach Art. 43 Abs. 1 Nr. 14 JAbRL.

(2) Gewinn- und Verlustrechnung

Neben der Bilanz hat jedes rechnungspflichtige Unternehmen zum Ende des Geschäftsjahres eine Gegenüberstellung der Aufwendungen und Erträge des Geschäftsjahres, mithin eine Gewinn- und Verlustrechnung, aufzustellen. Die Gewinn- und Verlustrechnung stellt nicht etwa eine Hilfsrechnung der Bilanz dar, sondern ist ein voll- und gleichwertiges Element des Jahresabschlusses.

Im Gegensatz zur bilanziellen Erfolgsermittlung wird mit der Gewinn- und Verlustrechnung zum einen der Gewinn oder Verlust als absolute Größe ermittelt und zum anderen auch die Ertragslage des Unternehmens dargestellt und damit eine Analyse der Erfolgskomponenten ermöglicht. Auf diese Weise trägt die Gewinn- und Verlustrechnung vor allem dazu bei, dass der Jahresabschluss seine Informations- und seine Rechenschaftsfunktion erfüllt.

---

241 Vorschlag für eine Richtlinie zur Änderung der Richtlinie 78/660/EWG, 83/349/EWG und 91/674/EWG vom 28. Mai 2002 (Fn. 219), S. 6.

Damit die Gewinn- und Verlustrechnung dem Bilanzleser die für die Darstellung der Ertragslage nötigen Informationen in vergleichbarer Weise aufbereitet, spielt der Aufbau der Gewinn- und Verlustrechnung eine entscheidende Rolle. Demzufolge hat sich die Richtlinie in den Artt. 22ff. JAbRL vor allem auf Regelungen hinsichtlich der Gliederung der Gewinn- und Verlustrechnung beschränkt. Allein der Nettoumsatzerlös[242], die außerordentlichen Erträge und die außerordentliche Aufwendungen[243] werden in Art. 28 und Art. 29 JAbRL inhaltlich umschrieben.

Die Richtlinie sieht in den Artt. 22ff. JAbRL verschiedene Gliederungsmöglichkeiten der Gewinn- und Verlustrechnung vor. Sie werden durch die Regelungen zum Ausweis der Gliederungsposten in Art. 4, Art. 6 und Art. 27 JAbRL ergänzt.[244]

Den Mitgliedstaaten werden in Art. 23/Art. 24 und Art. 25/Art. 26 JAbRL zwei gleichwertige Gliederungsschemata jeweils in der Konto- und Staffelform für die Aufstellung der Gewinn- und Verlustrechnung offeriert. Insgesamt stehen somit vier Gliederungsmöglichkeiten zur Verfügung.[245] Die Gliederungen der Artt. 23–26 JAbRL unterscheiden sich zum einen hinsichtlich der Art der Erfassung und Gliederung von Aufwendungen und Erträgen (Gesamtkosten- oder Umsatzkostenverfahren) und zum anderen in der äußeren Form (Konto- oder Staffelform). Die Mitgliedstaaten haben hinsichtlich der Gliederungsschemata gemäß Art. 22 Abs. 1 JAbRL ein Wahlrecht. Somit können die mitgliedstaatlichen Rechtsordnungen zum einen ein bestimmtes Gliederungsschemata durch Festlegung sowohl des zugrunde liegenden Verfahrens als auch der Form verbindlich vorschreiben. Zum anderen besteht die Möglichkeit, nur ein bestimmtes Verfahren oder eine bestimmte Form der Gliederung vorzuschreiben und hinsichtlich des anderen Parameters den Unternehmen ein Wahlrecht einzuräumen. Darüber hinaus ermöglicht die Richtlinie auch die vollständige Weiterleitung des Wahlrechts an die Unternehmen.[246]

---

242 Nettoumsatzerlöse umfassen alle Erlöse aus dem Verkauf von für die normale Geschäftstätigkeit der Gesellschaft typischen Erzeugnissen und der Erbringung von für die Tätigkeit der Gesellschaft typischen Dienstleistungen nach Abzug von Erlösschmälerungen, der Mehrwertsteuer und anderer unmittelbar auf den Umsatz bezogenen Steuern (Art. 28 JAbRL).

243 Unter dem Posten „Außerordentliche Aufwendungen“ und „Außerordentliche Erträge“ sind nach Art. 29 Abs. 1 JAbRL Erträge und Aufwendungen zu erfassen, die außerhalb der normalen Geschäftstätigkeit der Gesellschaft anfallen. Sind diese Erträge bzw. Aufwendungen für die Beurteilung der Ertragslage des Unternehmens nicht von untergeordneter Bedeutung, so sind sie nach Art. 29 Abs. 2 JAbRL hinsichtlich ihres Betrages und ihrer Art im Anhang zu erläutern.

244 Der Ausweis der Steuern in der Gewinn- und Verlustrechnung wird ebenfalls von der Richtlinie in Art. 30 JAbRL geregelt. Danach können die Mitgliedstaaten zulassen, dass die Steuern auf das Ergebnis der normalen Geschäftstätigkeit und die Steuern auf das außerordentliche Ergebnis zusammengefasst und in der Gewinn- und Verlustrechnung unter einem Posten vor dem Posten „Sonstige Steuern“ ausgewiesen werden. In diesem Fall wird der Posten „Ergebnis der normalen Geschäftstätigkeit nach Abzug der Steuern“ in der Gliederung gestrichen. Art. 30 Abs. 2 JAbRL sieht zusätzlich eine entsprechende Anhangerläuterungspflicht vor.

245 Zur Verbreitung der unterschiedlichen Gliederungsschemata in der europäischen Praxis vgl. *Flower*, European Financial Reporting World (2004), 105f.

246 Inhaltlich folgen die Gliederungsschemata mit ihrer primären Unterteilung in das „Ergebnis der normalen Geschäftstätigkeit“ einerseits und den „außerordentlichen Erträgen“ bzw. „außerordentlichen Aufwendungen“ andererseits einer Erfolgsspaltung nach dem Kriterium der Regel-

Als Konsequenz des Grundsatzes der formellen Stetigkeit (Art. 3 JAbRL) hat ein Unternehmen das erstmalig angewandte Schema auch bei den folgenden Jahresabschlüssen stetig zur Anwendung zu bringen.

Neben den Gliederungsschemata der Art. 23–Art. 26 JAbRL räumt die Richtlinie seit ihrer Änderung durch die Modernisierungsrichtlinie[247] den Mitgliedstaaten in Art. 22 Abs. 2 JAbRL wahlweise die Möglichkeit ein, die GuV durch eine umfassende Ergebnisrechnung („statement of performance") zu ersetzen oder das entsprechende Wahlrecht an die Unternehmen weiterzuleiten (übertragbares Mitgliedstaatenwahlrecht). Die Gewinn- und Verlustrechnung i.S.d. Art. 22 Abs. 1 JAbRL war bis zur Überarbeitung des IAS 1 „Darstellung des Abschlusses" im Zuge des Improvement Project[248] mit den IFRS-Vorgaben durchaus vereinbar. Im neuen IAS 1 (rev. 2003) findet die Spaltung in ordentliche und außerordentliche Erträge und Aufwendungen hingegen keine Entsprechung. Sämtliche Erträge und Aufwendungen, die in der Gewinn- und Verlustrechnung erfasst sind, werden in Abweichung von der Gliederung nach Art. 22 Abs. 1 JAbRL als nachhaltig angesehen. Diesen Änderungen und den im Zuge der internationalen Diskussion zu erwartenden Entwicklungen soll durch das Wahlrecht des Art. 22 Abs. 2 JAbRL Rechnung getragen werden.[249]

(3) Anhang

Das Zahlenwerk des Abschlusses kann allein kein ausreichendes Bild der wirtschaftlichen Lage des Unternehmens vermitteln und ist daher durch einen Wortbericht zu ergänzen.[250] Die Richtlinie verlangt deshalb nach Art. 43 Abs. 1 JAbRL in einem Anhang Zusatzinformationen. Der Anhang bildet somit das dritte Element des Jahresabschlusses. Als deskriptives Element dient der Anhang primär der Vermittlung von Informationen zur Entscheidungsfindung, zur Kontrolle und zur Rechenschaftslegung.[251]

Entsprechend seiner grundlegenden Informationsvermittlungsfunktion kommt dem Anhang die Aufgabe zu, die durch die anderen Jahresabschlusselemente vermittelten Informationen näher zu erläutern, zu ergänzen, zu korrigieren und zu

---

mäßigkeit der zugrunde liegenden Erfolgskomponenten. Vgl. zu den Kriterien der Erfolgsspaltung § 8.I.3)a)aa)(3)(a), S. 266 ff.

247 Richtlinie 2003/51/EG des Europäischen Parlamentes und des Rates vom 18. Juni 2003, ABl. 2003 L 178/16 (Fn. 50).

248 Zur Überarbeitung des IAS 1 „Darstellung des Abschlusses" im Zuge des Improvement Project vgl. auch Fn. 1772.

249 Vorschlag für eine Richtlinie zur Änderung der Richtlinie 78/660/EWG, 83/349/EWG und 91/674/EWG vom 28. Mai 2002 (Fn. 219), S. 6; vgl. auch *van Hulle*, in: *Baetge* (Hrsg.), Übergang der Rechnungslegung vom HGB zu den IFRS (2004), 131, 141.

250 *Leinhos*, Die Transformation der 4. EG-Richtlinie in deutsches Recht aus der Sicht der GmbH & Co. KG unter besonderer Berücksichtigung der Publizität (1987), 55.

251 Die Informationen, die das bilanzierende Unternehmen im Anhang anzugeben hat, lassen sich in zwei Kategorien unterteilen: Angaben, die das Unternehmen gemäß Art. 43 JAbRL vorzunehmen hat, und Angaben, die die Richtlinie in verschiedenen Einzelbestimmungen fordert. Vgl. *Kloss*, Transformation der 4. EG-Richtlinie in deutsches Recht aus der Sicht der GmbH & Co. KG unter besonderer Berücksichtigung der Publizität (1987), 55.

konkretisieren bzw. die Bilanz oder die Gewinn- und Verlustrechnung von bestimmten Angaben zu entlasten.[252] Die einzelnen Anhangangaben können nicht immer streng einer der aufgeführten Funktionen zugeordnet werden.

Erläuternden Charakter haben jene Informationen des Anhangs, die die Posten der Bilanz oder Gewinn- und Verlustrechnung kommentieren bzw. interpretieren. Demnach bedürfen unter anderem die auf die verschiedenen Posten angewandten Bewertungsmethoden, Methoden der Wertberichtigungen und Währungsumrechnungen einer entsprechenden Erläuterung im Anhang (vgl. Art. 43 Abs. 1 Nr. 1 sowie Nr. 10, Nr. 11 JAbRL zu weiteren Bewertungs- und Periodenzuordnungsfragen). Darüber hinaus sind die (gestatteten) Abweichungen von den normierten Grundsätzen zur Wahrung des true and fair view (Art. 2 Abs. 5 S. 2 JAbRL) und mögliche Abweichungen vom Grundsatz der Stetigkeit und der Pflicht zur Angabe der Vorjahreszahlen durch entsprechende Erläuterung im Anhang zu ergänzen (Art. 3 S. 2 und Art. 4 Abs. 4 S. 3 JAbRL).

In den zusätzlichen Informationen des Anhangs, die keinen unmittelbaren Bezug zur Bilanz oder zur Gewinn- und Verlustrechnung aufweisen, kommt die *Ergänzungsfunktion* des Anhangs zum Ausdruck. So sind die Angaben der Bilanz und der Gewinn- und Verlustrechnung nach Art. 43 Abs. 1 JAbRL um Angaben zu wichtigen Beteiligungen (Nr. 2 JAbRL), zur Zusammensetzung des Kapitals (Nr. 3–Nr. 5), zum langfristigen und außerbilanziellen Schuldenstand und den zur Sicherheit gegebenen Vermögensgegenständen (Nr. 6, Nr. 7), zum durchschnittlichen Personalbestand (Nr. 9) und um eine kleine Segmentberichterstattung (Nr. 8) zu ergänzen. Darüber hinaus sind die Bezüge der Mitglieder der Verwaltungs-, Geschäftsführungs- oder Aufsichtsorgane, entstandene oder eingegangene Pensionsverpflichtungen gegenüber aktuellen und ehemaligen Mitgliedern dieser Organe und an sie oder zu ihren Gunsten gewährte Kredite, Vorschüsse und Garantieerklärungen im Anhang aufzudecken (Art. 43 Abs. 1 Nr. 12, beachte auch Art. 43 Abs. 3 und Art. 43 Abs. 1 Nr. 13 JAbRL).

Ergänzende Funktion hat auch die nunmehr in Art. 43 Abs. 1 Nr. 7b JAbRL vorgesehene, an IAS 24 „Nahe stehende Unternehmen“ orientierte,[253] transparente Darstellung der Geschäfte der Unternehmen mit nahe stehenden Personen und Unternehmen. Für die Auslegung des Begriffes der „nahe stehenden Personen und Unternehmen“ wird ausdrücklich auf den IAS 24 in seiner inkorporierten Fassung verwiesen.[254] Diese Transaktionen werden häufig nicht zu marktüblichen Bedingungen durchgeführt und stellen deshalb eine potentielle Gefährdung der fair

---

252 *Baetge/Kirsch/Thiele*, Bilanzen[9] (2007), 751 f.
253 Zur Problematik der Related Party Disclosure vgl. *Niehus*, WPg 2003, 521, 521–525.
254 Vgl. den 7. Erwägungsgrund der Richtlinie des Europäischen Parlaments und des Rates zur Abänderung der Richtlinie 78/660/EWG und 83/349/EWG hinsichtlich der Jahresabschlüsse bestimmter Arten von Unternehmen und konsolidierter Abschlüsse vom 14. Juni 2006, ABl. 2006 L 224/1.

presentation dar.[255] Für kapitalmarktorientierte Unternehmen besteht bereits mit Blick auf IAS 24 eine zufrieden stellende Regelung zur Offenlegung. Die Jahresabschlussrichtlinie erstreckt diese Offenlegungspflicht nunmehr auf die Abschlüsse der nicht-kapitalmarktorientierten Unternehmen. Die Berichtspflicht für die nicht-kapitalmarktorientierten Unternehmen beschränkt sich aber abweichend von IAS 24 auf wesentliche, nicht unter regulären geschäftlichen Bedingungen durchgeführte Transaktionen, die für die Beurteilung der Finanzlage wesentlich sind (Art. 43 Abs. 1 Nr. 7b JAbRL).[256] Zudem greifen die Erleichterungen für kleine Unternehmen nach Art. 44 Abs. 1 JAbRL, die auf mittelgroße Unternehmen erstreckt werden können (vgl. Art. 43 Abs. 1 Nr. 7b JAbRL).[257] Insgesamt sind so im Vergleich zu IAS 24 die Berichtspflichten sachlich angemessen eingegrenzt oder durch den nationalen Gesetzgeber beschränkbar.[258]

Dem Anhang kommt daneben auch eine *Korrekturfunktion* gegenüber der Darstellung der Unternehmenswerte in der Bilanz und Gewinn- und Verlustrechnung zu. Die Korrekturfunktion spiegelt sich unter anderem in den in Art. 43 Abs. 1 Nr. 14 normierten Angabepflichten zum Ausgleich einer nicht gemäß Artt. 42aff. JAbRL erfolgten Zeitwertbewertung der Finanzinstrumente wider. Der Korrektur des durch die Bilanz und die Gewinn- und Verlustrechnung vermittelten Bildes der wirtschaftlichen Lage dienen daneben auch die nach Art. 2 Abs. 4 und Abs. 5 JAbRL erforderlichen zusätzlichen bzw. ausgleichenden Angaben.

Das Ziel eines getreuen Einblicks in die wirtschaftliche Lage eines Unternehmens wird zunehmend auch durch bestimmte Transaktionen beeinflusst, deren Auswirkungen sich nicht immer in der Bilanz niederschlagen. Zu nennen sind hier etwa die special purpose entities, denen etwa bei dem Zusammenbruch des US-amerikanischen Energiekonzern Enron eine wichtige Rolle zukam.[259] Durch das „outsourcing" von Schulden in nicht konsolidierte spezielle Zweckgesellschaften, special purpose entities (SPE), wurde der Ausweis der Verbindlichkeiten der Unternehmensgruppe im Konzernabschluss verzerrt. Die Auslagerung von Schulden und ggf. auch von Vermögenswerten in diese Zweck- bzw. Objektgesellschaften führt bei fehlender Einbeziehung dieser Gesellschaften in den Konzernabschluss

---

255 Vgl. *Pooten*, KoR 2005, 58, 59 und den Vorschlag für eine Richtlinie des Europäischen Parlaments und des Rates zur Abänderung der Richtlinie 78/660/EWG und 83/349/EWG vom 28. Oktober 2004 (Fn. 53), S. 2, 5, sowie den Wortlaut des IAS 24.6f.

256 Vgl. *Lanfermann*, BB 2004, 2, 3 und *Pooten*, KoR 2005, 58, 59.

257 Die Jahresabschlussrichtlinie sieht in ihrer geänderten Fassung in Art. 43 Abs. 1 Nr. 7a JAbRL vor, dass die Mitgliedstaaten auch mittelgroße Unternehmen i. S. des Art. 27 JAbRL vollständig von den Berichtspflichten befreien können. Diese Befreiungsmöglichkeit ist allein für mittelgroße Unternehmen in der Rechtsform einer Aktiengesellschaft beschränkt. Mittelgroße Aktiengesellschaften sind auch dann, wenn sie nicht börsennotiert sind, verpflichtet, mindestens diejenigen Transaktionen offen zu legen, die direkt oder indirekt zwischen ihnen und ihren „Hauptgesellschaftern" sowie zwischen ihnen und den Mitgliedern ihrer Organe geschlossen werden. Der auslegungsbedürftige Begriff der „Hauptgesellschafter" wird dabei in der Richtlinie nicht näher definiert

258 *Niemeier*, WPg 2006, 173, 177.

259 Zum Zusammenbruch von Enron vgl. *Lüdenbach/Hoffmann*, DB 2002, 1169, 1171–1174; *Benston/Bromwich/Litan/Wagenhofer*, Following the Money (2003), 23–30; *Flower*, European Financial Reporting (2004), 194–200; *Hennrichs*, FS Volker Röhricht (2005), 881.

zu erheblichen Verzerrungen der Vermögensdarstellung in der Bilanz. Special purpose entities (genannt oft auch special purpose vehicles, SPV) sind bereits nach der jetzigen Rechtslage dann in die Bilanz mit einzubeziehen, wenn sie als eine Tochtergesellschaft oder als eine Beteiligung zu qualifizieren sind. Neue Ausgestaltungen dieser speziellen Gesellschaften können diese Einbeziehung vermeiden. Dieser Umgehung der bilanziellen Regelungen kann nicht durch eine immer komplexer werdende Definition einer bilanziell zu berücksichtigenden SPE begegnet werden. Vielmehr sollte nach der Auffassung der Kommission die Transparenz durch spezifische Angaben (Art und Geschäftszweck) zu diesen nicht-bilanzierten Transaktionen einschließlich ihrer finanziellen Auswirkungen gewährleistet werden. Dementsprechend normiert die Jahresabschlussrichtlinie in ihrer geänderten Fassung vom 14. Juni 2006[260] eine Pflicht zur Offenlegung spezifischer Informationen zu nicht-bilanzierten Geschäften im Anhang des Jahresabschlusses (Art. 43 Abs. 1 Nr. 7a JAbRL).[261]

Eine *Entlastungsfunktion* bezüglich der Bilanz und Gewinn- und Verlustrechnung übernimmt der Anhang, wenn Informationen anstatt in der Bilanz oder der Gewinn- und Verlustrechnung zur Entlastung im Anhang erbracht werden. Zu diesen so genannten Wahlpflichtangaben[262] zählen beispielsweise die Angaben der Mitzugehörigkeit eines Posten zu anderen Posten (Art. 13 Abs. 1 JAbRL) und die Erstellung des so genannten Anlagespiegels (Art. 15 Abs. 3 lit. a JAbRL).

bb) Erstellung des Lageberichts

Der Jahresabschluss mit seinen bereits erörterten Elementen Bilanz, Gewinn- und Verlustrechnung und Anhang ist nach Art. 46 JAbRL um einen Lagebericht zu ergänzen. Der Lagebericht ist ein selbstständiges Rechnungslegungsinstrument und nicht Bestandteil des Jahresabschlusses. Die Aufgabe des Lageberichts besteht zum einen in der verbalisierten Verdichtung der Jahresabschlussinformationen und zum anderen in der sachlichen und zeitlichen Ergänzung des Jahresabschlusses.[263] Seine Ergänzungsaufgabe wird in zeitlicher Hinsicht durch die Einbeziehung des Prognoseaspekts deutlich.[264] Sachlich erstreckt sich die Berichterstattung über die Erfassung einzelner Wertentwicklungsaspekte hinaus auf die gesamte Lage des Unternehmens in Form einer wirtschaftlichen Gesamtbeurteilung.

Entsprechend der ihm zukommenden Aufgabe hat der Lagebericht nach Art. 46 Abs. 1 JAbRL ebenfalls ein den tatsächlichen Verhältnissen entsprechendes Bild des

---

260 Vgl. Richtlinie des Europäischen Parlaments und des Rates zur Abänderung der Richtlinie 78/660/EWG, 83/349/EWG, 86/635/EWG und 91/674/EWG vom 14. Juni 2006, ABl. 2006 L 224/1 (Fn. 53).

261 Auch hier stellt die Richtlinien es den Mitgliedstaaten nunmehr frei die Berichtspflichten über Art. 44 JAbRL hinaus auch für die mittelgroßen Unternehmen i.S.d. Art. 27 JAbRL zu beschränken.

262 Vgl. zu dieser Bezeichnung *Baetge/Kirsch/Thiele*, Bilanzen[9] (2007), 752.

263 *Baetge/Kirsch/Thiele*, Bilanzen[9] (2007), 785; vgl. auch *Krawitz/Hartmann*, FS Wolfgang Lück (2003), 287, 290.

264 *Baetge/Kirsch/Thiele*, Bilanzen[9] (2007), 786.

Geschäftsverlaufes und der Lage der Gesellschaft zu vermitteln. Hierfür sieht Art. 46 Abs. 1 JAbRL bestimmte Pflichtbestandteile des Lageberichts vor. Diese Angaben sollen durch die in Art. 46 Abs. 2 JAbRL benannten Aspekte (Soll-Angaben) ergänzt werden. Der Inhalt des Lageberichts wurde durch die Fair Value-Richtlinie[265] und die Modernisierungsrichtlinie[266] erheblich erweitert, präzisiert und zu einem umfassenden qualitativen Informationsinstrument ausgebaut.[267]

Entsprechend Art. 46 Abs. 1 JAbRL hat der Lagebericht den Geschäftsverlauf, das Geschäftsergebnis und die Lage der Gesellschaft einschließlich der wesentlichen Risiken und Ungewissheiten wiederzugeben. Die Darstellung dieser Komponenten ist durch eine ausgewogene und umfassende, dem Umfang und der Komplexität der Geschäftstätigkeit angemessenen Analyse des Geschäftsergebnisses, des Geschäftsverlaufs und der Lage des bilanzierenden Unternehmen zu ergänzen. Explizit aufzuführen sind die finanziellen und – soweit der Mitgliedstaat nicht dagegen optiert – nichtfinanziellen, vor allem ökologischen und personellen Leistungsindikatoren. Ebenfalls im Rahmen der Analyse in Bezug zu nehmen sind entsprechende im Jahresabschluss ausgewiesene Werte und Erläuterungen.

Neben diesen Pflichtangaben sollte der Lagebericht nach Art. 46 Abs. 2 JAbRL explizit Vorgänge von besonderer Bedeutung hervorheben, die erst nach Schluss des Geschäftsjahres eingetreten sind (lit. a) und eine Prognose über die voraussichtliche Entwicklung der Gesellschaft bereitstellen (lit. b). Hinzu kommen sollten Ausführungen zu besonders wichtigen Einzelfragen: Forschung und Entwicklung (lit. c), Erwerb eigener Aktien (lit. d), Struktur, d.h. bestehende Zweigniederlassungen (lit. e) und Risikomanagement sowie hierfür eingesetzte Finanzinstrumente (lit. f).

Zudem obliegt es börsennotierten Unternehmen nach der Jahresabschlussrichtlinie in ihrer geänderten Fassung vom 14. Juni 2006[268] nunmehr, ihren Lagebericht um eine Corporate Governance-Erklärung zu ergänzen (Art. 46a JAbRL). Die unterschiedlichen Corporate Governance Kodexe in der Europäischen Gemeinschaft sollen nicht etwa durch einen einheitlichen europäischen Kodex ersetzt, sondern

---

265 Richtlinie 2001/65/EG des Europäischen Parlamentes und des Rates vom 27. September 2001, ABl. 2001 L 283/28 (Fn. 46).

266 Richtlinie 2003/51/EG des Europäischen Parlamentes und des Rates vom 18. Juni 2003, ABl. 2003 L 178/16 (Fn. 50).

267 Vgl. *Böcking/Herold/Wiederhold*, Der Konzern 2003, 394, 403 f.; *Krawitz/Hartmann*, FS Wolfgang Lück (2003), 287, 292–296; *Kajüter*, BB 2004, 427, 428 f.; *Kirsch/Scheele*, WPg 2004, 1, 4. Bereits am 30. Mai 2001 hatte die Kommission eine (unverbindliche) Empfehlung zur Berücksichtigung von Umweltaspekten im Jahresabschluss und Lagebericht herausgegeben (Empfehlung der Kommission vom 30. Mai 2001 zur Berücksichtigung von Umweltaspekten im Jahresabschluss und Lagebericht von Unternehmen: Ausweis, Bewertung und Offenlegung, ABl. 2001 L 156/33; vgl. auch *Krawitz*, FS Wolfgang Lück (2003), 287, 292 f.). Diese Anforderungen wurden durch die Modernisierungsrichtlinie verdichtet (vgl. nunmehr Art. 46 Abs. 1 lit. b JAbRL).

268 Richtlinie des Europäischen Parlaments und des Rates zur Abänderung der Richtlinie 78/660/EWG, 83/349/EWG, 86/635/EWG und 91/674/EWG vom 14. Juni 2006, ABl. 2006 L 224/1 (Fn. 53).

vielmehr in einer entsprechenden Erklärung in einem eindeutig identifizierbaren Abschnitt des Lageberichts transparent gemacht werden.

Diese Erklärung soll insbesondere die folgenden Aspekte aufgreifen:

- Die Angabe, welchem Kodex das Unternehmen unterliegt und/oder den es freiwillig anwendet, mit Hinweisen, ob und inwiefern das Unternehmen diesem Kodex entspricht; ggf. bestehende Abweichungen sind zu erläutern und zu begründen;
- Beschreibungen der wichtigen Merkmale des internen Risikomanagement- und Kontrollsystems;
- spezifische Informationen zu den Gesellschaftsstrukturen und -mechanismen, die eine Übernahme oder eine Ausübung der Kontrolle durch einen Bieter verhindern könnten (Art. 10 Abs. 1 lit. c, lit. d, lit. f, lit. h und lit. i der Übernahmerichtlinie[269]);
- Funktionsweise und wesentliche Befugnisse der Hauptversammlung sowie Beschreibung des Inhalts und der Möglichkeit zur Ausübung von Aktionärsrechten und
- Zusammensetzung und Funktionsweise der Organe und ihrer Ausschüsse.

Durch die inhaltliche Erweiterung der Lageberichterstattung wird der Lagebericht zu einem umfassenden, wert- und zukunftsorientierten, integrativen Berichts- und Informationselement weiterentwickelt.[270] Die finanzielle Berichterstattung des Jahresabschlusses wird demnach durch die Einfassung in die verbale Berichterstattung des Lageberichts in ein umfassendes business reporting[271] eingebunden, das sowohl die vergangenen finanziellen Erfolge des Unternehmens, seine Erfolgspotentiale und Risiken und seine nicht-finanziellen Ressourcen adäquat darzustellen vermag.

Durch die inhaltliche Präzisierung macht der Gemeinschaftsgesetzgeber zugleich deutlich, dass er dem Instrument Lagebericht trotz des Fehlens eines vergleichbaren Elements in der IFRS-Bilanzierung[272] weiterhin eine große bzw. zunehmende

---

269 Richtlinie 2004/25/EG des Europäischen Parlaments und des Rates vom 21. April 2004 betreffend Übernahmeangebote, ABl. 2004 L 142/12.

270 Vgl. auch *Kirsch/Scheele*, WPg 2004, 1, 7 mit Verweis auf den E-DRS 20; *Kaiser*, WPg 2005, 405, 418.

271 Das *business reporting* als Bezeichnung eines im Vergleich zum financial reporting erweiterten Berichtsmodells geht auf das Modell des AICPA im so genannten Jenkins-Bericht zurück (*American Institute of Certified Public Accountants (Hrsg.)*, Improving Business Reporting – A Customer Focus (1994), abrufbar unter http://www.aicpa.org/members). Ausgehend davon hat sich der Ausdruck mittlerweile als Oberbegriff für erweiterte Berichtskonzeptionen integriert; vgl. *Böcking*, in: *Ballwieser/Schildbach* (Hrsg.), Rechnungslegung und Steuern international, ZfbF-Sonderheft 40 (1998), 17, 44; *ders.*, in: *Küting/Weber* (Hrsg.), Vom Financial Accounting zum Business Reporting (2002), 423, 435 f.; *Berndt*, Der Konzern 2003, 823; *Dawo*, Immaterielle Güter in der Rechnungslegung nach HGB, IAS/IFRS und US-GAAP (2003), 330, Fn. 1213; *Heyd/Lutz-Ingold*, Immaterielle Vermögenswerte und Goodwill nach IFRS (2005), 187–188.

272 Innerhalb der IFRS gibt es bisher keine dem Lagebericht entsprechende Normierung. IAS 1.9. und 1.10. beinhalten unter den Bestandteilen des Abschlusses lediglich Empfehlungen worauf sich ein solcher Bericht über die Unternehmenslage, Umweltbericht und eine solche Wertschöpfungsrechnung beziehen könnte. Es besteht jedoch keine Verpflichtung zur Anfertigung dieser Berichte.

Bedeutung beimisst.[273] Die Europäische Gemeinschaft unterstreicht damit ihren Anspruch, auf dem Gebiet der Rechnungslegung trotz der Internationalisierungstendenzen eigene Akzente zu setzen.

cc) Prüfung, Offenlegung und Sanktionen

Der Jahresabschluss und der Lagebericht sind nach Art. 51 Abs. 1 JAbRL durch einen unabhängigen Dritten, einen Abschlussprüfer, auf ihre Kompatibilität mit den Rechnungslegungsgrundsätzen und den gesetzlichen Vorschriften hin zu untersuchen.

Zweck der Prüfung ist es, die Richtigkeit des Jahresabschlusses und des Lageberichts zu verbürgen. Den Adressaten der Rechnungslegungsinstrumente wird somit ein Qualitätsurteil darüber ausgestellt, ob und inwieweit das dargestellte Bild der Vermögens-, Finanz- und Ertragslage objektiv zutrifft. Dies garantiert eine gewisse Objektivierung der dargestellten Unternehmensdaten und sichert folglich die Ordnungsmäßigkeit und Funktionsfähigkeit der Rechnungslegung als Informations- und Kontrollinstrument.[274] Zugleich wird die repressive Kontrolle um ein präventives Element ergänzt.[275]

Ergebnis der Prüfung ist der Bestätigungsvermerk. Seit der Modernisierungsrichtlinie[276] ist der Inhalt des Bestätigungsvermerks nicht mehr nur angedeutet, sondern explizit geregelt (Art. 51a Abs. 1JAbRL). Wichtigster Bestandteil des Bestätigungsvermerks ist das Prüfungsurteil (Art. 51a Abs. 1 lit. c JAbRL), das zweifelsfrei Auskunft darüber liefern muss, ob und inwieweit der Jahresabschluss nach Auffassung des gesetzlichen Abschlussprüfers im Einklang mit den maßgeblichen Rechnungslegungsgrundsätzen steht und den gesetzlichen Vorschriften entspricht.

Das Prüfungsurteil kann in vierfacher Weise ausfallen. Das Prüfungsurteil wird entweder als uneingeschränkter oder als eingeschränkter Bestätigungsvermerk erteilt. Steht der Jahresabschluss nicht mit den Rechnungslegungsgrundsätzen und den maßgeblichen gesetzlichen Vorschriften im Einklang, hat der Abschlussprüfer ein negatives Prüfungsurteil abzugeben. Ist es dem Abschlussprüfer nicht möglich, ein Prüfungsurteil abzugeben, so hat er dieses zu verweigern. Nach dem Ver-

---

Die Berichte und Angaben befinden sich außerhalb des Anwendungsbereichs der IFRS (IAS 1.10). Seit 2001 unterhält das IASB ein Research Project „Management's Commentary", in dessen Rahmen im November 2005 ein Diskussionspapier veröffentlicht wurde; vgl. im Einzelnen § 11.II.5)b), S. 438ff.

273 *Kirsch/Scheele*, WPg 2004, 1.

274 Neben den größenabhängigen Erleichterungen des Art. 51 Abs. 2 JAbRL sieht die Richtlinie in Art. 58 JAbRL eine besondere Befreiungsmöglichkeit hinsichtlich der Prüfung der Gewinn- und Verlustrechnung vor. Demnach brauchen die Mitgliedstaaten die Richtlinienbestimmungen zur Prüfung der Gewinn- und Verlustrechnung nicht auf Mutterunternehmen, die ihrem Recht unterliegen, anzuwenden, wenn die benannten Voraussetzungen des Art. 58 lit. a–lit. d JAbRL vorliegen.

275 Vgl. hierzu § 3.II.1), S. 20ff.

276 Richtlinie 2003/51/EG des Europäischen Parlamentes und des Rates vom 18. Juni 2003, ABl. 2003 L 178/16 (Fn. 50).

ständnis der Richtlinie liegt auch bei einem negativen Prüfungsurteil oder bei der Verweigerung des Prüfungsurteils ein ordnungsgemäßes Prüfungsurteil vor.

Der Inhalt des Bestätigungsvermerks wurde durch den mit der Modernisierungsrichtlinie neu eingeführten Art. 51a JAbRL weiter präzisiert.[277] Neben dem Gegenstand der gesetzlichen Abschlussprüfung und den dabei angewendeten Prüfungsgrundsätzen soll das Prüfungsurteil gemäß Art. 51a Abs. 1 lit. c JAbRL zweifelsfrei darüber Auskunft geben, ob der Jahresabschluss ein den tatsächlichen Verhältnissen entsprechendes Bild unter Beachtung des einschlägigen Rechnungslegungskonzeptes und gegebenenfalls der gesetzlichen Vorschriften vermittelt und ob der Bestätigungsvermerk eingeschränkt, uneingeschränkt oder gar negativ erteilt bzw. verweigert wurde. Zudem ist nach Art. 51 Abs. 1 lit. e JAbRL ein Urteil darüber abzugeben, ob der Lagebericht mit dem Jahresabschluss im Einklang steht. Diese Angleichung des Inhalts des Bestätigungsvermerks auf der Grundlage der Jahresabschlussrichtlinie kann durch die Kommission parallel zur Standardisierung der Rechnungslegungsinhalte auf der Grundlage der IFRS-Anwendungsverordnung zu einem Standardbestätigungsvermerk verdichtet werden.[278] Art. 28 der neuen Richtlinie zur Abschlussprüfung[279] ermächtigt die Kommission dementsprechend, für Jahres- oder konsolidierte Abschlüsse, die nach den inkorporierten IFRS erstellt werden, einen standardisierten Bestätigungsvermerk vorzusehen.[280] Dies gilt aber nur, sofern die Kommission keinen entsprechenden International Standards of Auditing (ISA) im Zusammenhang mit der Anerkennung der ISA in das Gemeinschaftsrecht inkorporiert hat.[281]

Die erläuterten Regelungen zur Prüfung des Jahresabschlusses werden durch Vorgaben für die Offenlegung ergänzt. Die Vorschriften zur Offenlegung der Rechnungslegung gewährleisten die tatsächliche Einsichtnahmemöglichkeit in die Rechnungslegungsinstrumente der unternehmensexternen Rechnungslegungsadressaten.

Bereits die Publizitätsrichtlinie[282] normiert die Pflicht, die nach Maßgabe der Jahres- und Konzernabschlussrichtlinie offen zu legenden Unterlagen der Register-

---

277 Vgl. hierzu *Busse von Colbe*, BB 2002, 1530, 1534f.; *Böcking*, in: *Baetge* (Hrsg.), Übergang der Rechnungslegung vom HGB zu den IFRS (2004), 103, 120f.

278 Bereits diese Präzision des Bestätigungsvermerks wird vor dem Hintergrund möglicher Abweichungen zu ISA 700 vom Berufsstand der Abschlussprüfer kritisiert, vgl. *IDW*, WPg. 2002, 983, 989.

279 Richtlinie 2006/43/EG des europäischen Parlaments und des Rates vom 17. Mai 2006 über Abschlussprüfungen von Jahresabschlüssen und konsolidierten Abschlüssen, zur Änderung der Richtlinien 78/660/EWG und 83/349/EWG des Rates und zur Aufhebung der Richtlinie 84/253/EWG des Rates, ABl. 2006 L 157/87. Vgl. im Einzelnen § 3.II.4), S. 79ff.

280 Die Institutionalisierung eines europäischen Bestätigungsvermerks für IFRS-Abschlüsse wird parallel zum Endorsement der IFRS als europäischer Sonderweg kritisiert. So etwa *Klein/Tielmann*, WPg 2004, 501, 507. Diese Kritik verkennt das demokratische Legitimationserfordernis und die Vorteile einer solchen Inkorporation internationaler Anforderungen und etwaiger europäischer Abweichungen von den internationalen Praktiken.

281 Zur Förderung der internationalen Konvergenz der anzuwendenden Prüfungsstandards durch die Inkorporation der ISA vgl. § 3.II.4)b), S. 89ff.

282 Richtlinie 68/151/EWG des Rates vom 9. März 1968, ABl. 1968 L 65/8 (Fn. 21).

publizität zuzuführen (Art. 2 Abs. 1 lit.f., Art. 3 PubRL). Die Publizitätsrichtlinie normiert nicht nur die Pflicht zur Informationsbereitstellung, sondern auch Mindestanforderungen an die Instrumente der Publizität.[283] Diese Anforderungen werden durch die Artt. 47–50a JAbRL sowohl im Hinblick auf den Gegenstand der Offenlegung als auch hinsichtlich des Publizitätsinstrumentes präzisiert.

Nach Art. 47 Abs. 1 S. 1 JAbRL i.V.m. Art. 3 PubRL sind die Rechnungslegungsinstrumente sowie der Bericht des Abschlussprüfers grundsätzlich in einem in jedem Mitgliedstaat anzulegenden zentralen Register oder Handels- oder Gesellschaftsregister offen zu legen und in einem von den Mitgliedstaaten zu bestimmenden Amtsblatt bekannt zu geben. Ebenfalls in die Offenlegung einzubeziehen sind der Vorschlag zur Ergebnisverwendung und die Verwendung des Ergebnisses (Art. 50 JAbRL).

Die Mitgliedstaaten können aber nach Art. 47 Abs. 1 S. 2 JAbRL die Offenlegung hinsichtlich des Lageberichts auf die Hauspublizität beschränken (gemischte Register- und Hauspublizität). Darüber hinaus steht es den Mitgliedstaaten frei, die Kapitalgesellschaften & Co. nach Art. 47 Abs. 1a JAbRL unter bestimmten Voraussetzungen ganz von der Registerpublizität zu befreien und stattdessen die Offenlegung im Rahmen einer reinen Hauspublizität zu ermöglichen. Entsprechend der Hauspublizität sind die Rechnungslegungsinstrumente am Sitz der Gesellschaft zur Einsichtnahme für jedermann bereitzuhalten.[284] Eine vollständige oder teilweise Ausfertigung der Unterlagen muss auf Antrag erhältlich sein.[285]

Die Richtigkeit des Jahresabschlusses und des Lageberichts und damit die Verlässlichkeit kann aber nicht allein durch die Prüfung und Offenlegung der Unternehmensinformationen gewährleistet werden. Das Prüfungserfordernis als präventives Kontrollinstrument ist vielmehr um eine repressive Kontrolle zu ergänzen. Bereits nach Art. 6 PubRL sind die Mitgliedstaaten folglich verpflichtet, für den Fall der unterbliebenen Offenlegung von Jahresabschlüssen sowie für die Offenlegung inhaltlich falscher Jahresabschlüsse geeignete Maßregeln anzudrohen. Die dabei unter Bezugnahme auf Art. 5 EG erfolgte Präzisierung durch die Rechtsprechung des EuGH[286] wird nunmehr gesetzlich fixiert. Den Mitgliedstaaten wird nach der Jahres- und der Konzernabschlussrichtlinie in ihrer geänderten Fassung ausdrücklich die Pflicht auferlegt, angemessene, effektive und warnende Sanktionen und Rege-

---

283 Siehe zur Publizitätsrichtlinie näher § 3.II.1), S. 20ff.

284 Ergänzt werden diese Regelungen durch die in Art. 47 Abs. 2 und Abs. 3 JAbRL vorgesehenen größenabhängigen Erleichterungen hinsichtlich des Umfangs der Offenlegung der Bestandteile des Jahresabschluss und der zusätzlichen Rechnungslegungsinstrumente und den in Art. 58 JAbRL explizit genannten besondere Befreiungsmöglichkeit hinsichtlich der Offenlegung der Gewinn- und Verlustrechnung.

285 Das dafür berechnete Entgelt darf dabei die für die Bereitstellung entstandenen Verwaltungskosten nicht übersteigen; vgl. Art. 3 Abs. 2 Publizitätsrichtlinie, Richtlinie 68/151/EWG des Rates vom 9. März 1968, ABl. 1968 L 65/8 (Fn. 21).

286 Vgl. u.a. EuGH, Urt. v. 10.7. 1990 – Rs. C-326/88 (*Hansen*), Slg. 1990, I-2911, 2935 Rn. 17; Urt. v. 30.9. 2003 – Rs. C-167/01 (*Inspire Art*), Slg. 2003, I-10155, I-10215 Rn. 62; Urt. v. 15.1. 2004 – Rs. C-230/01 (*Penycoed*), Slg. 2004, I-937, I-976 Rn. 36 und die dort zitierte Rechtsprechung. Vgl. auch *Grundmann, Stefan*, Europäisches Gesellschaftsrecht (2004), Rn. 282.

lungen zur zivilrechtlichen Haftung für die Nichtbeachtung der Rechnungslegungsregeln einzuführen (Art. 60a JAbRL). Die Sanktionierung bezieht sich demnach nicht nur auf die Offenlegungspflicht, sondern auch auf die Wahrung der anzuwendenden Rechnungslegungsbestimmungen. Darüber hinaus werden die Mitgliedstaaten verpflichtet, die Richtlinienkonformität bzw. IFRS-Konformität des Abschlusses und des Lageberichts durch eine angemessene kollektive Verantwortung der Mitglieder der Verwaltungs-, Leitungs- und Aufsichtsorgane des Unternehmens sicherzustellen (Art. 50b JAbRL). Diese kollektive Verantwortung muss zumindest gegenüber dem Unternehmen bestehen. Dies hindert die Mitgliedstaaten nicht daran, die Verantwortlichkeit der Organmitglieder direkt auf Aktionäre und andere interessierte Kreise auszudehnen.[287] Zudem müssen die Mitgliedstaaten über Art. 6 PubRL hinaus[288] diese Sanktionsregeln und jede folgende Änderung der Kommission gegenüber anzeigen.

3) Konzernabschlussrichtlinie

Die Jahresabschlussrichtlinie wird durch die am 13. Juni 1983 verabschiedete Konzernabschlussrichtlinie[289] (KAbRL) ergänzt. Die Konzernabschlussrichtlinie trägt ausweislich ihres ersten Erwägungsgrundes dem Umstand Rechnung, dass eine bedeutende Anzahl der Kapitalgesellschaften in Europa in Konzernstrukturen eingebunden sind.

Die Bewertung des so genannten Mutterunternehmens solcher Konzerne hängt maßgeblich von der Bewertung des Konzerns ab.[290] Zugleich sind die finanziellen Verhältnisse des Konzerns bereits aufgrund ihrer wirtschaftlichen Stärke typischerweise von allgemeinem öffentlichem Interesse und von besonderem Interesse für die Anleger und Gläubiger.[291] Demzufolge bedarf es der Bereitstellung von vergleichbaren und gleichwertigen Informationen[292] über die wirtschaftliche Lage des Konzerns.

Diesem Informationsbedürfnis kann nicht durch eine bloße additive Zusammenfassung der Einzelabschlüsse der im Konzern verbundenen Unternehmen genügt werden. Die mit einer solchen mechanischen Addition einhergehende Missachtung verbundsinterner Rechtsverhältnisse würde eine nicht tragbare Informationsver-

---

287 Vorschlag für eine Richtlinie des Europäischen Parlaments und des Rates zur Abänderung der Richtlinie 78/660/EWG und 83/349/EWG vom 28. Oktober 2004 (Fn. 53), S. 4.

288 Vgl. Vorschlag für eine Richtlinie des Europäischen Parlaments und des Rates zur Abänderung der Richtlinie 78/660/EWG und 83/349/EWG vom 28. Oktober 2004 (Fn. 53), S. 4 und *Pooten*, KoR 2005, 58, 59; *Lanfermann*, BB 2004, 2, 2f.

289 Siebente Richtlinie 83/349 des Rates vom 13. Juni 1983, ABl. 1983 L 193/1 (Fn. 35).

290 Vgl. auch *Forum Europeum Konzernrecht*, ZGR 1998, 672, 675; *Claussen*, ZGR 2000, 604; *Grundmann, Stefan*, Europäisches Gesellschaftsrecht (2004), Rn. 559; zur herausragenden Informationsfunktion des Konzernabschlusses vgl. auch *Kirchner*, FS Adolf Moxter (1994), 601, 607.

291 Vgl. den 1. Erwägungsgrund der Siebente Richtlinie 83/349 des Rates vom 13. Juni 1983, ABl. 1983 L 193/1 (Fn. 35).

292 Vgl. den 1. Erwägungsgrund der Siebente Richtlinie 83/349 des Rates vom 13. Juni 1983, ABl. 1983 L 193/1 (Fn. 35).

zerrung bedingen. Dementsprechend bedarf es seitens des Mutterunternehmens der Erstellung, Offenlegung und Prüfung eines konsolidierten Abschlusses, der sich als Finanzbericht über die Vermögens-, Finanz- und Ertragslage aller in den konsolidierten Abschluss einzubeziehender Unternehmen versteht.

Dieser konsolidierte Abschluss tritt als zusätzliches Informationsinstrument neben die Einzelabschlüsse der einzelnen Konzerngesellschaften.

a) Anwendungsbereich und Abstufungskriterien

Der Anwendungsbereich der Konzernabschlussrichtlinie wird durch zwei Kriterien umrissen: die erfassten Rechtsformen und – vor allem – die Regeln zum Konsolidierungskreis.[293]

Regelungssubjekt der Konzernabschlussrichtlinie sind nach Art. 1 KAbRL allein die Mutterunternehmen. Dem Mutterunternehmen, nicht aber den in die Konsolidierung einbezogenen Unternehmen (Tochterunternehmen) obliegt nach der Richtlinie die Pflicht, einen entsprechend der Vorgaben der Konzernabschlussrichtlinie konsolidierten Abschluss zu erstellen.

Der Konsolidierungskreis und damit die Eigenschaft als Mutterunternehmen knüpft an das Vorliegen einer bestimmten rechtlichen oder faktischen Beziehung zwischen dem (potentiellen) Mutterunternehmen und einem oder mehreren (potentiellen) Tochterunternehmen an. Die Grundlage dieser Beziehung ist unerheblich; sie kann rechtlich oder rein faktisch begründet sein. Maßgebend ist allein, dass das Mutterunternehmen in bestimmter Weise über das Tochterunternehmen Kontrolle ausüben kann.[294] Einer tatsächlichen Einwirkung bedarf es hingegen nicht. Die Möglichkeit der Kontrolle genügt.

Die Konzernabschlussrichtlinie erkennt jedoch nicht alle Einwirkungsmöglichkeiten als gleichwertig an. Vielmehr besteht nach der Richtlinie eine Pflicht zur Konsolidierung nur, wenn die Möglichkeit der Kontrolle des potentiellen Mutterunternehmens über ein oder mehrere potentielle Tochterunternehmen im Einzelnen auf eine aus der Aktionärs- bzw. Gesellschafterstellung fließende Stimmenmehr-

---

293 *Grundmann, Stefan*, Europäisches Gesellschaftsrecht (2004), Rn. 562, der neben der Rechtsform und den Regeln zum Konsolidierungskreis auch die Größenkriterien zur Bestimmung des Anwendungsbereiches heranzieht. Die größenabhängigen Abstufungskriterien sind aber wohl eher als Erleichterungs- und Befreiungskriterien und nicht als Kriterien für die Bestimmung der von der Richtlinie in Bezug genommenen Rechtssubjekte anzusehen.

294 Art. 1 Abs. 1 KAbRL liegt damit das vor allem im britischen Recht vorherrschende so genannten Kontrollkonzept zugrunde. Nach dem Kontrollkonzept genügt, in Abgrenzung zu dem vor allem im deutschen Recht vorherrschenden Beherrschungskonzept, bereits allein die Möglichkeit, Kontrolle über ein anderes Unternehmen ausüben zu können. Auf ein tatsächliches Ausüben der Beherrschungsmöglichkeit kommt es im Gegensatz zum Beherrschungsmodell nicht an. Vgl. *Grundmann, Stefan*, Europäisches Gesellschaftsrecht (2004), 565. Zum Kontrollkonzept und seiner Verbreitung vgl. auch *Forum Europaeum Konzernrecht*, ZGR 1998, 672, 694; Großkommentar AktG (-*Windbichler*), Bd 1.: Einleitung, §§ 1–53[4] (2004), vor § 15 Rn. 60, 62–68; zum Beherrschungsmodell vgl. *Forum Europaeum Konzernrecht*, ZGR 1998, 672, 694 f.; Großkommentar AktG(-*Windbichler*), Bd 1: Einleitung, §§ 1–53[4] (2004), § 17 Rn. 19 f.

heit (Art. 1 Abs. 1 lit. a KAbRL) oder anteilsvermittelnde Berechtigung zur Bestellung bzw. Abberufung der Mehrheit der Organwalter des Tochterunternehmens (Art. 1 Abs. 1 lit. b KAbRL) zurückzuführen ist. Alternativ genügt auch, dass das potentielle Mutterunternehmen rein tatsächlich die Mehrheit des derzeit amtierenden Leitungsorgans bestellt hat (Art. 1 Abs. 1 lit. d aa KAbRL) oder aufgrund von Vereinbarungen mit anderen Gesellschaftern, vor allem Stimmbindungsverträgen, über die Mehrheit der Stimmrechte verfügt (Art. 1 Abs. 1 lit. d bb KAbRL). Diese Kriterien werden durch die in Art. 2 KAbRL enthaltenen Berechnungsregeln konkretisiert. Eine weitere Möglichkeit der Kontrolle besteht bei nicht notwendig anteilsvermittelnden, durch Vertrags- oder Satzungsbestimmungen eingeräumten Beherrschungsinstrumenten (Art. 1 Abs. 1 lit. c KAbRL).

Über die enumerativen verpflichtenden Tatbestände des Art. 1 Abs. 1 KAbRL hinaus ist es den Mitgliedstaaten nach Art. 1 Abs. 2 KAbRL gestattet, das Mutterunternehmen zur Erstellung eines konsolidierten Abschlusses zu verpflichten, wenn dieses einen jenseits von Vertrag oder Satzung beherrschenden Einfluss auf ein oder mehrere Tochterunternehmen ausüben kann oder tatsächlich ausübt (lit. a) oder Mutter- und Tochterunternehmen unter einheitlicher Leitung des Mutterunternehmens stehen (lit. b). Mit diesen im Zuge der Modernisierungsrichtlinie[295] aufgenommenen Regelungen wurde die Richtlinie an die Anforderungen der IFRS angepasst. Nach dem bisherigen Regelungsstand muss für die Vermittlung des beherrschenden Einflusses nach Art. 1 Abs. 1 KAbRL jedenfalls eine Beteiligung an dem beherrschenden Unternehmen bestehen. Nach den IFRS, speziell IAS 27 „Konzern- und separate Einzelabschlüsse", gilt hingegen ein Unternehmen bereits dann als Tochterunternehmen, wenn es von einem Mutterunternehmen kontrolliert wird; eine Beteiligung am Kapital ist nicht erforderlich.

Zusätzlich zu Art. 1 KAbRL steht es den Mitgliedstaaten frei, die Konsolidierungspflicht nach Art. 12 KAbRL auf den faktischen Gleichordnungskonzern zu erstrecken.

Indes ist nicht jedes Mutterunternehmen, das die aufgeführten Kontroll- oder Beherrschungskriterien oder den Tatbestand eines Gleichordnungskonzerns erfüllt, konsolidierungspflichtig. Der Kreis der konsolidierungspflichtigen Unternehmen wird vielmehr nach Art. 4 KAbRL auf bestimmte Rechtsformen beschränkt. Nach Art. 4 Abs. 1 KAbRL besteht eine Konsolidierungspflicht nur, wenn entweder die konsolidierungspflichtige Muttergesellschaft oder zumindest eine der Tochtergesellschaften die Rechtsform einer Kapitalgesellschaft (Unterabs. 1) oder Kapitalgesellschaft & Co. (Unterabs. 2) innehat. Darüber hinaus eröffnet Art. 4 Abs. 2 KAbRL den Mitgliedstaaten ein Wahlrecht, die Konsolidierungspflicht auszuschließen, wenn das Mutterunternehmen nicht die Rechtsform einer Kapitalgesellschaft oder Kapitalgesellschaft & Co. hat. Ob ein Tochterunternehmen Kapitalgesellschaft oder Kapitalgesellschaft & Co. ist, ist unerheblich. Im Gegensatz zu

295 Richtlinie 2003/51/EG des Europäischen Parlamentes und des Rates vom 18. Juni 2003, ABl. 2003 L 178/16 (Fn. 50).

Art. 4 Abs. 1 KAbRL kommt es hier allein auf die Rechtsform des Mutterunternehmens an.

Neben der Einschränkung des Anwendungsbereichs anhand der Rechtsform kennt die Richtlinie, wie auch die Jahresabschlussrichtlinie, größenabhängige Abstufungskriterien. Art. 6 Abs. 1 KAbRL gestattet den Mitgliedstaaten, mittelgroße und damit auch kleine Unternehmensverbände im Sinne des Art. 27 JAbRL von der Konsolidierungspflicht zu befreien. Zur Bestimmung der Unternehmensgröße ist freilich der Konzern als Einheit zu betrachten, ansonsten gilt das hinsichtlich der Größenkriterien im Zusammenhang mit der Jahresabschlussrichtlinie Gesagte entsprechend.[296] Auch hier sind die größenabhängigen Erleichterungen bzw. Befreiungen a limine bei einer Kapitalmarktorientierung des Konzerns ausgeschlossen (Art. 6 Abs. 4 KAbRL).

Neben den größenabhängigen Abstufungskriterien kennt die Konzernabschlussrichtlinie verschiedene Befreiungstatbestände, die sich in drei Gruppen unterteilen lassen und zum Teil als bloße Befreiungsmöglichkeit, teils als Befreiungspflichten ausgestaltet sind.[297] Die erste Ausnahme betrifft die Investmentgesellschaften (Art. 5 KAbRL). Die zweite Gruppe von Ausnahmen umfasst Muttergesellschaften, die selbst Tochtergesellschaften sind (Artt. 7–11 KAbRL). Die letzte Gruppe der Befreiungstatbestände beruht auf der Annahme, dass das Geschäft des Tochterunternehmens verhältnismäßig unerheblich ist, dass die Kontrollausübung oder Informationsbeschaffung auf größere rechtliche Hindernisse stößt bzw. seitens des Mutterunternehmens nicht Kontrolle, sondern Weiterveräußerung intendiert ist, oder dass das Mutterunternehmen nicht gewerblich tätig ist (Art. 13 und Art. 15 KAbRL).[298]

b) Sonderregeln für die Rechnungslegung

aa) Rechnungslegungsbestandteile, -ziele und -grundsätze

Die Konzernabschlussrichtlinie begründet wie auch die Jahresabschlussrichtlinie zwei Pflichten: zum einen die Pflicht, jährlich einen konsolidierten Abschluss zu erstellen, prüfen zu lassen und offen zu legen; zum anderen die Pflicht, bei Benutzung dieses konsolidierten Abschlusses (durch Veröffentlichung, z.B. gegenüber Banken, Gesellschaftern und anderen Unternehmen oder zu Werbezwecken) bestimmte formelle Anforderungen zu erfüllen. Der Schwerpunkt der Richtlinie liegt ebenfalls bei den Rechnungslegungspflichten.

Der Konzernabschluss ist aufgrund seines akzessorischen und ergänzenden Charakters nach dem Verständnis der Richtlinie und auch nach dem Recht sämtlicher Mitgliedstaaten ausschließlich als Informationsinstrument ausgestaltet. Ihm kommt im Gegensatz zum Jahresabschluss auch nach dem nationalen Verständnis

---

296 Vgl. § 3.II.2)b), S. 49f.
297 Zur Unterteilung vgl. *Grundmann, Stefan*, Europäisches Gesellschaftsrecht (2004), Rn. 568.
298 Vgl. ausführlicher *Grundmann, Stefan*, Europäisches Gesellschaftsrecht (2004), Rn. 568.

keine Referenzfunktion zu.[299] Dementsprechend dient die Angleichung der Rechnungslegungsvorschriften zu Konzernabschlüssen ausweislich der Erwägungsgründe der Bereitstellung vergleichbarer und gleichwertiger Informationen über die wirtschaftliche Lage des Konzerns.

Entsprechend dem Gleichlauf der Rechnungslegungsziele referiert Art. 16 KAbRL die in Art. 2 Abs. 2 bis Abs. 6 JAbRL aufgestellten Rechnungslegungsgrundsätze. Demnach ist der Grundsatz des true and fair view auch im Rahmen der Konzernabschlussrichtlinie maßgeblich für die Ausgestaltung der Rechnungslegung. Darüber hinaus sind die Einzelgrundsätze der Klarheit (Art. 16 Abs. 2 KAbRL), Wesentlichkeit (Art. 17 Abs. 1 KAbRL i.V.m. Art. 4 Abs. 3, Abs. 4 JAbRL), Stetigkeit (Art. 25 KAbRL), das Gebot der Vollständigkeit (Art. 18, Art 22 KAbRL) und die Bewertungsgrundsätze des Art. 31 JAbRL (Art. 29 Abs. 1 KAbRL) normiert.

Die erforderliche Vergleichbarkeit zwischen verschiedenen Abschlüssen der konsolidierten Gesellschaften wird nicht nur durch den Grundsatz der Stetigkeit der Konsolidierungsmethode, sondern auch durch die normierte Konzerntradition der Bilanzstichtage (Art. 27 KAbRL) verbürgt.

Neben den Rechnungslegungsgrundsätzen entsprechen auch die Rechnungslegungsbestandteile weitestgehend denen des Einzelabschlusses nach der Jahresabschlussrichtlinie.[300] Demnach besteht der konsolidierte Abschluss aus einer konsolidierten Bilanz, der konsolidierten Gewinn- und Verlustrechnung sowie dem Anhang (Art. 16 Abs. 1 KAbRL). Der konsolidierte Abschluss ist zudem um einen konsolidierten Lagebericht zu ergänzen (Art. 36 KabRL). Auch im Rahmen des Konzernabschlusses steht es den Mitgliedstaaten frei, den konsolidierten Abschluss um weitere Bestandteile anzureichern bzw. ein entsprechendes Unternehmenswahlrecht einzuräumen (Art. 16 Abs. 2 KAbRL, entspricht Art. 2 Abs. 1 Unterabs. 2 JAbRL).

bb) Erstellung der konsolidierten Bilanz und Gewinn- und Verlustrechnung

Hinsichtlich der Gliederung der Bilanz sowie der Gewinn- und Verlustrechnung verweist die Konzernabschlussrichtlinie umfassend auf die Jahresabschlussrichtlinie (Art. 17 Abs. 1 KAbRL). Allein die Erleichterungen für kleine und mittelgroße Unternehmen werden nicht in Bezug genommen, da die Konzernabschlussrichtlinie in Parallelfällen eine gänzliche Ausnahme von der Konsolidierungspflicht vorsieht (Art. 6 KAbRL). Zusätzlich sieht die Konzernabschlussrichtlinie eine Möglichkeit des verkürzten Ausweises der Vorräte vor (Art. 17 Abs. 2 KAbRL) und reichert die Gliederung der Bilanz und Gewinn- und Verlustrechnung um weitere Posten an (Artt. 21, 23, 30f., 33 Abs. 1 KAbRL).

Die inhaltliche Ausgestaltung des konsolidierten Abschlusses umfasst grundsätzlich die Fertigung eines Finanzberichts über die Vermögens-, Finanz- und Ertragslage aller in den konsolidierten Abschluss einzubeziehender Unternehmen. Im

---

299 Näher und weiterführend *Kropff*, FS Carsten Peter Claussen (1997), 662–664.
300 Vgl. *Grundmann, Stefan*, Europäisches Gesellschaftsrecht (2004), Rn. 569.

Gegensatz zum Jahresabschluss wird der konsolidierte Abschluss nicht originär aus den relevanten Finanzdaten des Geschäftsjahres, sondern derivativ aus der Summe der vorliegenden Jahresabschlüsse der zu konsolidierenden Unternehmen hergeleitet (Art. 26 Abs. 1 S. 1 KAbRL – Grundsatz der Vollkonsolidierung). Gleichwohl kommt der Erstellung des Konzernabschlusses eine bilanzpolitische Bedeutung zu. Nach Art. 29 Abs. 1, Abs. 2 lit. a KAbRL besteht nämlich keine zwingende Bindung an die Rechnungslegung in den einzelnen Jahresabschlüssen. Vielmehr können im konsolidierten Abschluss Ansatz und Bewertung der auszuweisenden Posten autonom vorgenommen werden.

Dementsprechend erfolgt die Erstellung des Konzernabschlusses in drei Schritten: Zunächst werden die Jahresabschlüsse der zu konsolidierenden Unternehmen gemäß Art. 29 KAbRL vereinheitlicht, d.h. denselben Gliederungs-, Ansatz- und Bewertungsvorschriften unterzogen.[301] In der Regel ist auch eine einheitliche Ausübung der Wahlrechte der Konzernabschlussrichtlinie geboten. Nach dieser Vorbereitung der Einzelabschlüsse erfolgt in einem zweiten Schritt die eigentliche Aggregation in Form einer additiven Zusammenfassung der einzelnen Posten. Die Vermögensgegenstände und Schulden der Tochterunternehmen werden somit voll in die Verrechnung eingestellt. Es verbleibt jedoch nicht bei einer mechanischen Addition, vielmehr erfolgt in einem dritten Schritt die eigentliche Konsolidierung, d.h. die Eliminierung solcher Bilanzausweise, die aus der Beziehung der zu konsolidierenden Unternehmen untereinander herrühren und die nicht ausgewiesen würden, wären diese Unternehmen ein einheitliches Unternehmen (Art. 26 Abs. 1 KAbRL).[302]

Die Bereinigung der einbezogenen Einzelabschlüsse um konzerninterne Vorgänge betrifft in der konsolidierten Bilanz drei Felder: Davon betroffen ist zunächst der Ausweis der Beteiligung des Mutterunternehmens an den einbezogenen Unternehmen (Kapitalkonsolidierung).[303] Daneben ist die Konsolidierung auf die zwischen den einbezogenen Unternehmen bestehenden Forderungen und Verbindlichkeiten (Schuldenkonsolidierung)[304] und die ausgewiesenen Gewinne und Verluste aus Lieferungen und Leistungen zwischen den einbezogenen Unternehmen (Zwischenerfolgseliminierung)[305] zu erstrecken. Schließlich sind in der Gewinn- und Verlustrechnung innerkonzernliche Aufwendungen und Erträge sowie Umsätze zu eliminieren.[306]

---

301 Vgl. *Coenenberg*, Jahresabschluss und Jahresabschlussanalyse[20] (2005), 577.

302 Vgl. zu den letztgenannten Schritten *Coenenberg*, Jahresabschluss und Jahresabschlussanalyse[20] (2005), 615.

303 Vgl. *Grundmann, Stefan*, Europäisches Gesellschaftsrecht (2004), Rn. 571; *Coenenberg*, Jahresabschluss und Jahresabschlussanalyse[20] (2005), 615, 616–679; *Habersack*, Europäisches Gesellschaftsrecht[3] (2006), § 8 Rn. 51.

304 Vgl. *Grundmann, Stefan*, Europäisches Gesellschaftsrecht (2004), Rn. 574; *Coenenberg*, Jahresabschluss und Jahresabschlussanalyse[20] (2005), 615, 680–686; *Habersack*, Europäisches Gesellschaftsrecht[3] (2006), § 8 Rn. 52.

305 Vgl. *Coenenberg*, Jahresabschluss und Jahresabschlussanalyse[20] (2005), 615, 686–709; *Habersack*, Europäisches Gesellschaftsrecht[3] (2006), § 8 Rn. 52.

306 Vgl. *Coenenberg*, Jahresabschluss und Jahresabschlussanalyse[20] (2005), 583, 709–721.

Zunächst sind zur Vermeidung einer etwaigen Doppelerfassung die Beteiligungen am Kapital zu konsolidieren (Art. 19 KAbRL). Dabei werden zum Stichtag der Einbeziehung des Tochterunternehmens die Buchwerte der gehaltenen Anteile des Mutterunternehmens, dessen Ansatz und Bewertung den allgemeinen Prinzipien folgt, und alle unter dem Eigenkapital gebuchten Posten beim Tochterunternehmen in Höhe der gehaltenen Quote verrechnet.[307] Die Berechnung und Bewertung der auf die Anteile der Muttergesellschaft entfallenden Teile des Eigenkapitals können nach Art. 19 Abs. 1 KAbRL ebenfalls zum Buchwert erfolgen (lit. a; Buchwertmethode[308]), die Mitgliedstaaten können jedoch auch eine Neubewertung zum Zeitwert gestatten bzw. vorschreiben (lit. b; Neubewertungsmethode[309]).[310]

Neben der Vollkonsolidierung nach Art. 19 Abs. 1 KAbRL können die Mitgliedstaaten Unternehmen, welche die in Art. 20 KAbRL benannten Voraussetzungen erfüllen, die Konsolidierung entsprechend der dort normierten Pooling-of-Interests-Methode gestatten bzw. vorschreiben. Von der Vollkonsolidierung nach Art. 19 Abs. 1 KAbRL unterscheidet sich die Pooling-of-Interests-Methode vornehmlich dadurch, dass der Beteiligungsbuchwert des Mutterunternehmens nicht gegen das gesamte Eigenkapital des Tochterunternehmens, sondern nur gegen dessen (gezeichnetes) Kapital verrechnet wird.[311] Daneben erfolgt die Konsolidierung entsprechend der Pooling-of-Interests-Methode im Gegensatz zur Konsolidierung nach Art. 19 Abs. 1 KAbRL erfolgsneutral, da der sich aus der Konsolidierung ergebende Unterschiedsbetrag stets gegen die Rücklagen im konsolidierten Abschluss verrechnet wird.[312]

Über die Kapitalkonsolidierung hinaus sind nach Art. 26 Abs. 1 lit. a KAbRL aufgrund des Zusammenfallens der Gläubiger- und Schuldnerstellung alle zwischen der Muttergesellschaft und den Tochtergesellschaften bestehenden Forderungen und Verbindlichkeiten aus der Summe der Ansätze herauszurechnen. Der konsolidierte Abschluss weist folglich nur noch Forderungen und Schulden gegenüber nicht einbezogenen Unternehmen aus.[313]

Entsprechendes gilt nach Art. 26 Abs. 1 lit. c KAbRL für Gewinne und Verluste aus verbundenen Geschäften. Gewinne und Verluste aus Geschäften zwischen den

---

307 Vgl. *Grundmann, Stefan*, Europäisches Gesellschaftsrecht (2004), Rn. 571.

308 Zur Buchwertmethode vgl. *Coenenberg*, Jahresabschluss und Jahresabschlussanalyse[20] (2005), 622, 623–628.

309 Zur Neubewertungsmethode vgl. *Coenenberg*, Jahresabschluss und Jahresabschlussanalyse[20] (2005), 622, 628–632.

310 Die Verrechnung des Beteiligungsbuchwertes des Mutterunternehmens mit dem anteiligen Eigenkapital des Tochterunternehmens führt in aller Regel zu einem Unterschiedsbetrag, nämlich dann, wenn sich beide Posten betragsmäßig nicht entsprechen. Die Behandlung des Unterschiedsbetrages ist in Art. 19 Abs. 1 lit. c, Art. 30 f. KAbRL geregelt. Die Ausweispflicht des Art. 19 Abs. 1 lit. c KAbRL wird durch einen weitere ergänzt. Nach Art. 21 KAbRL sind Beteiligungen außenstehender Gesellschafter der konsolidierten Tochtergesellschaften in der konsolidierten Bilanz unter einem gesonderten Posten auszuweisen.

311 Vgl. *Coenenberg*, Jahresabschluss und Jahresabschlussanalyse[20] (2003), 639 f.

312 Vgl. *Coenenberg*, Jahresabschluss und Jahresabschlussanalyse[20] (2005), 640 f.

313 *Habersack*, Europäisches Gesellschaftsrecht[3] (2006), § 8 Rn. 52; vgl. auch *Coenenberg*, Jahresabschluss und Jahresabschlussanalyse[20] (2005), 680.

konsolidierten Unternehmen sind, soweit sie in den Buchwert der Aktiva des Einheitsunternehmens miteingehen, nach Art. 26 Abs. 1 lit. c KAbRL ebenfalls zu eliminieren.[314] Gedanklich ist die Bewertung demnach so vorzunehmen, als wäre die gewinn- oder verlustbegründende Lieferung oder Leistung unterblieben. In diesem Fall wäre der Vermögenswert im Jahresabschluss des liefernden oder leistenden Unternehmens mit einem nach den allgemeinen Bewertungsmethoden zu berechnenden Wert anzusetzen, der nicht die durch die Lieferung oder Leistung erzielten Gewinne oder Verluste beinhaltet.[315]

Auf die Zwischenerfolgseliminierung nach Art. 26 Abs. 1 lit. c KAbRL kann allerdings unter den Voraussetzungen des Art. 26 Abs. 2 KAbRL verzichtet werden, wenn eine an sich erfasste Lieferung oder Leistung zu Marktpreisen erfolgt ist, die Ergebniseliminierung mit einem unverhältnismäßigem Aufwand verbunden wäre und zudem der Mitgliedstaat einen derartigen Verzicht zulässt.[316]

Neben den Konsolidierungsregeln für die Erstellung einer konsolidierten Bilanz normiert Art. 26 Abs. 1 lit. b KAbRL Konsolidierungsmaßnahmen in der Konzern-Gewinn- und Verlustrechnung. Gemäß Art. 26 Abs. 1 KAbRL sind Aufwendungen und Erträge aus Lieferung und Leistung zwischen den einbezogenen Unternehmen bei der Erstellung der konsolidierten Gewinn- und Verlustrechnung zu eliminieren. Grund für diese Erfolgskonsolidierung ist der Umstand, dass in einem rechtlich einheitlichen Unternehmen keine Erfolge aus einem unternehmensinternen Lieferungs- oder Leistungsprozess realisiert werden können.[317]

Von der erörterten Schulden-, Zwischenergebnis- und Erfolgskonsolidierung nach Art. 26 Abs. 1 lit. a–c KAbRL kann nach Art. 26 Abs. 3 KAbRL immer dann abgesehen werden, wenn sie für das getreue Bild der Vermögens-, Finanz- und Ertragslage von untergeordneter Bedeutung sind. Dies wird vor allem bei eher niedrigen Beträgen bzw. einer untergeordneten Bedeutung der beteiligten Unternehmen der Fall sein.

Die Konsolidierungspflicht, die sich nach Art. 1 KAbRL grundsätzlich nur auf Tochterunternehmen erstreckt, wird nach Art. 32 und Art. 33 KAbRL, wenn auch nicht in Form der Vollkonsolidierung, in zwei Fällen auf nicht in den Konsolidierungskreis einbezogene Gesellschaften erstreckt.[318]

Gemäß Art. 32 KAbRL können die Mitgliedstaaten gestatten bzw. vorschreiben, dass bei einer gemeinsamen Leitung eines in die Konsolidierung einbezogenen Tochterunternehmens mit einem nicht einbezogenen Unternehmen das Tochterunternehmen anteilsmäßig erfasst wird. Von dieser Quotenkonsolidierung sind die so genannten Gemeinschaftsunternehmen betroffen. Die anteilige Konsolidie-

314 Vgl. auch *Coenenberg*, Jahresabschluss und Jahresabschlussanalyse[20] (2005), 686.
315 Vgl. hierzu *Coenenberg*, Jahresabschluss und Jahresabschlussanalyse[20] (2005), 687.
316 Art. 26 Abs. 2 S. 2 KAbRL normiert eine flankierende Anhangangabe- und -erläuterungspflicht.
317 Vgl. *Coenenberg*, Jahresabschluss und Jahresabschlussanalyse[20] (2005), 709.
318 Vgl. hierzu *Grundmann, Stefan*, Europäisches Gesellschaftsrecht (2004), 575; *Habersack*, Europäisches Gesellschaftsrecht[3] (2006), § 8 Rn. 53, 54.

rung unterscheidet sich von der Vollkonsolidierung dadurch, dass Vermögenswerte und Verbindlichkeiten, Aufwendungen und Erträge nur in Höhe des Anteils des Mutterunternehmens übernommen werden. Der Grundsatz des „einzigen Unternehmens" (Art. 26 Abs. 1 S. 1 KAbRL) findet folglich nur sinngemäß Anwendung.[319]

Die Quotenkonsolidierung ist subsidiär zur Vollkonsolidierung. Ist das Gemeinschaftsunternehmen als Ganzes als Tochterunternehmen zu kennzeichnen, ist folglich eine Vollkonsolidierung vorzunehmen. Andererseits steht die Quotenkonsolidierung nach Art. 32 Abs. 1 KAbRL unter dem Vorbehalt ihrer Anerkennung durch den Mitgliedstaat des Mutterunternehmens. Fehlt es daran, hat entweder die Einbeziehung als assoziiertes Unternehmen (Art. 33 KAbRL) oder die Erfassung des Beteiligungsbesitzes im Einzelabschluss des Mutterunternehmens zu erfolgen.[320]

Muttergesellschaften der in die Konsolidierung einbezogenen Unternehmen üben häufig einen „maßgeblichen Einfluss" auf die Geschäfts- und Firmenpolitik eines weiteren Unternehmen aus, ohne dass dadurch aber die Voraussetzungen des Art. 1 Abs. 1, Abs. 2 KAbRL erfüllt und mithin eine Vollkonsolidierung nach Art. 26 Abs. 1 KAbRL in Betracht kommt. Vorbehaltlich einer anteilsmäßigen Konsolidierung nach Art. 32 KAbRL bei Vorliegen eines anerkannten Gemeinschaftsunternehmens verbleibt es in diesem Fall an sich bei dem Ausweis des Beteiligungsbesitzes in der Bilanz des Mutter- bzw. Tochterunternehmens.[321] Bei Bestehen eines „maßgeblichen Einflusses" auf das Beteiligungsunternehmens gebietet sich aber eine abweichende, nicht durch das Anschaffungswertprinzip begrenzte Bewertung der Beteiligungen, um dem Gebot des true and fair view zu genügen. Dementsprechend wird die Beteiligung am assoziierten Unternehmen nicht nach den allgemeinen Bewertungsvorschriften bewertet, sondern es erfolgt ausgehend von den Anschaffungskosten eine an der Entwicklung des anteiligen Eigenkapitals des assoziierten Unternehmen orientierte Fortschreibung der Wertansätze (Equity-Methode).[322]

cc) Anhang, Lagebericht, Prüfung, Offenlegung und Sanktionen

Die Regeln für die Erstellung des Anhangs und des Lageberichts sowie die Regelungen zur Prüfung und zur Offenlegung des konsolidierten Abschlusses laufen streng parallel zu den entsprechenden Regeln beim Einzelabschluss.[323] Teils wer-

---

319 *Habersack*, Europäisches Gesellschaftsrecht[3] (2006), § 8 Rn. 53; vgl. auch *Coenenberg*, Jahresabschluss und Jahresabschlussanalyse[20] (2005), 633 f.

320 Vgl. *Habersack*, Europäisches Gesellschaftsrecht[3] (2006), § 8 Rn. 53.

321 *Habersack*, Europäisches Gesellschaftsrecht[3] (2006), § 8 Rn. 53.

322 Ist die Beteiligung am assoziierten Unternehmen von untergeordneter Bedeutung, steht die Anwendung der Equity-Methode nach Art. 33 Abs. 9 KAbRL im Ermessen des konsolidierungspflichtigen Unternehmens.

323 *Grundmann, Stefan*, Europäisches Gesellschaftsrecht (2004), Rn. 576. Die Änderungen des Vorschlags zur Änderungen der Jahresabschluss- und Konzernabschlussrichtlinie vom 28. Oktober 2004 erfassen demzufolge auch den Konzernabschluss. Vgl. den Vorschlag für eine Richtlinie des den die Regelungen der Jahresabschlussrichtlinie sogar explizit in Bezug genommen (Art. 38 Abs. 5 KAbRL), im Übrigen sind sie parallel formuliert. Die Inhalte des Anhangs des konsolidierten Abschlusses divergieren allein dahingehend, dass im Konzernabschluss zusätzliche Angaben zur Identität der verbundenen Unternehmen erfolgen müssen (Art. 34 Nr. 1–Nr. 4 KAbRL). Umgekehrt müssen keine Angaben über die Gattungen des Kapitals und der Finanzinstrumente (Art. 43 Nr. 3–Nr. 5, Nr. 14 JAbRL) gemacht werden.[324]

Art. 38 Abs. 6 KAbRL verpflichtet die Mitgliedstaaten, geeignete Sanktionen für den Fall vorzusehen, dass eine Offenlegung nach den Vorgaben des Art. 38 KAbRL nicht erfolgt. Die Aufnahme dieser Sanktionsnorm in die Konzernabschlussrichtlinie erklärt sich aus dem Umstand, dass sich die Anforderungen der Publizitätsrichtlinie[325] bis zu ihrer Änderung durch die Richtlinie 2003/58/EG[326] nur auf den Jahresabschluss bezogen. Es bedurfte somit einer eigenständigen Regelung für den konsolidierten Abschluss. Das Sanktionssystem der Mitgliedstaaten ist auch hier entsprechend der EuGH-Rechtsprechung in der Sache *Berlusconi* nicht nur auf das Unterlassen der Offenlegung des Abschlusses, sondern auch auf Verstöße gegen die inhaltlichen Anforderungen der Rechnungslegungsbestimmungen zu erstrecken.[327]

4) Prüfungsrichtlinie

Die größere Transparenz und Vergleichbarkeit der Unternehmensinformationen wirkt gegenüber potentiellen und aktuellen Anteilseignern und Geschäftspartnern vertrauensbildend und unterstützt damit letztlich ein grenzüberschreitendes Tätigwerden auf dem Binnenmarkt. Das Vertrauen in die Richtigkeit der bereitgestellten Finanzinformationen wird durch die Prüfung der Abschlüsse und eine entsprechende Sanktionierung von Verstößen gegen die Rechnungslegungspflicht geschützt.

Die Prüfung des Jahres- bzw. Konzernabschlusses ist daher zur Entfaltung ihrer qualitätssichernden Funktion wiederum durch ein qualitativ hochwertiges Prüfungsverfahrens zu unterlegen. Es bedarf mithin gemeinschaftsrechtlicher Vorgaben für die Professionalität des Prüfers und des Prüfungsverfahrens.

Der europäische Rechtsrahmen für die Abschlussprüfung wurde bisher durch die Achte gesellschaftsrechtliche Richtlinie vom 10. April 1984, die so genannte Prü-

---

Europäischen Parlaments und des Rates zur Abänderung der Richtlinie 78/660/EWG und 83/349/EWG vom 28. Oktober 2004 (Fn. 53).

324 *Grundmann, Stefan*, Europäisches Gesellschaftsrecht (2004), Rn. 576.

325 Vgl. § 3.II.1), S. 20.

326 Richtlinie 2003/58/EG des Europäischen Parlaments und des Rates vom 15. Juli 2003 zur Änderung der Richtlinie 68/151/EWG des Rates in Bezug auf die Offenlegungspflichten von Gesellschaften bestimmter Rechtsformen, ABl. 2003 L 221/13.

327 EuGH, Urt. v. 3. 5. 2005 – Rs. C-387/02, C-391/02, C-403/02 (*Berlusconi*), Slg. 2005, I-3565, I-3651 Rn. 59.

ferbefähigungsrichtlinie (PBfRL)[328], geprägt. Die Prüferbefähigungsrichtlinie hat in erster Linie die Zulassung und Ausbildung der Abschlussprüfer in den Mitgliedstaaten europäischen Mindeststandards zugeführt (Artt. 2–22 PBfRL). Diese Kernregelungen der Richtlinie wurden um einige, zurückhaltende Anforderungen in Bezug auf die Eintragung in das Berufsregister (Art. 28 PBfRL) und die zu gewährleistende berufliche Sorgfalt und Unabhängigkeit des Prüfers ergänzt. Gemeinschaftlich vorgegeben war bisher allein der Grundsatz, dass die Prüfung durch einen unabhängigen Prüfer unter Beachtung professioneller Sorgfalt durchgeführt werden muss (Artt. 23–27 PBfRL). Die Ausgestaltung dieser grundlegenden materiellen Anforderungen an die Abschlussprüfung oblag den Mitgliedstaaten. Ebenso oblag es den Mitgliedstaaten, die Einhaltung und Durchsetzung dieser grundlegenden Pflichten durch ein adäquates Durchsetzungs- und Sanktionssystem sicherzustellen.

Dieser bisherige europäische Rechtsrahmen für eine verlässliche Abschlussprüfung wurde vor dem Hintergrund der jüngsten Entwicklungen in der Rechnungslegung und der Bilanzskandale der letzten Jahre zu Recht als unzureichend erachtet.

Die zunehmende Harmonisierung der Mindestinhalte des Jahres- und Konzernabschlusses und das Ziel der Integration eines europäischen Finanzmarktes haben die Kommission bereits 1996 zu Überlegungen über eine weitere Harmonisierung auf dem Gebiet der Abschlussprüfung veranlasst. Auf der Grundlage des Grünbuches über die „Rolle, Stellung und Haftung des Abschlussprüfers in der Europäischen Union“[329] und der Mitteilung der Kommission zum Thema „Abschlussprüfung in der Europäischen Union: künftiges Vorgehen“[330] hat die Kommission im November 2000 und im Mai 2002 Empfehlungen zu den „Mindestanforderungen an Qualitätssicherungssysteme für die Abschlussprüfung in der EU“[331] und zur „Unabhängigkeit des Abschlussprüfers in der EU“[332] verabschiedet.[333]

Die voranschreitende Integration des Finanzmarktes, die fortschreitende Verflechtung der Kapitalmärkte und der Vertrauensschaden durch die Bilanzskandale veranlasste die Kommission nun zu verbindlicheren Maßnahmen. Eingebettet in den

---

328 Achte Richtlinie 84/253/EWG des Rates vom 10. April 1984, ABl. 1984 L 126/20 (Fn. 36).
329 Grünbuch: Rolle, Stellung und Haftung des Abschlussprüfers in der Europäischen Union, ABl. 1996 C 321/1.
330 Mitteilung der Kommission betreffend die Abschlussprüfung in der Europäischen Union: künftiges Vorgehen 98/C 143/03, ABl. 1998 C 143/12.
331 Empfehlung vom 15. November 2000: Mindestanforderungen an Qualitätssicherungssysteme für die Abschlussprüfung in der EU (2001/256/EG), ABl. 2001 L 91/91.
332 Empfehlung vom 16. Mai 2002: Unabhängigkeit des Abschlussprüfers in der EU, Grundprinzipien (2002/590/EG), ABl. 2002 L 191/22.
333 Eine Zusammenfassung der nach der Auffassung der Kommission erforderlichen Maßnahmen auf dem Gebiet der Abschlussprüfung findet sich in ihrer Mitteilung an den Rat und das Europäische Parlament: Stärkung der Abschlussprüfung in der EU (2003/C 236/02), ABl. 2003 C 236/2.

Aktionsplan für Finanzdienstleistungen[334] und des damit verfolgten Zieles einer transparenten Rechnungslegung soll durch die neue Richtlinie über Abschlussprüfungen von Jahresabschlüssen und konsolidierten Abschlüssen vom 17. Mai 2006 (im Folgenden: Prüfungsrichtlinie oder PrRL) ein geschlossener prinzipienorientierter Rahmen für die gesetzliche Abschlussprüfung in Europa geschaffen werden.[335] Die neue Prüfungsrichtlinie ersetzt mit ihrem Inkrafttreten die bisherige Achte gesellschaftsrechtliche Richtlinie aus dem Jahre 1984.

Die neue Prüfungsrichtlinie übernimmt die Grundanforderungen an die allgemeine und berufliche Bildung des Abschlussprüfers aus der ehemaligen Prüferbefähigungsrichtlinie. Diese Voraussetzungen für die Zulassung von Abschlussprüfern und Prüfungsgesellschaften werden erstmals um Regelungen zur Durchführung des Prüfungsverfahrens, zur externen Qualitätssicherung und zur grenzüberschreitenden Beaufsichtigung der Prüfer erweitert. Daneben enthält die neue Richtlinie auch Regelungen zu prüfungsrelevanten Corporate Governance Aspekten und zur Zusammenarbeit der Berufsaufsichtsstellen sowohl innerhalb der Europäischen Gemeinschaft als auch mit Berufaufsichtsstellen in Drittstaaten, wie z.B. dem US-amerikanischen Public Company Accounting Oversight Board (PCAOB).

Der Dynamik der Finanzmärkte wird durch ein prinzipienorientiertes Rechtsetzungssystem Rechnung getragen. Bereits der Bericht des Ausschusses der Weisen von 2001, der so genannte Lamfalussy-Report[336], unterbreitet, in Konkretisierung des Aktionsplans für Finanzdienstleistungen, einen Vorschlag zur Änderung des formellen Rechtsetzungsverfahrens. Demnach sollte sich die Rechtsetzung auf europäischer Ebene im Bereich der Finanzdienstleistungen an einem flexiblen und dynamischen, vierstufigen Rechtsetzungsverfahren ausrichten:[337] Die erste Stufe umfasst eine Rahmengesetzgebung durch den Rat der Europäischen Union und das Europäische Parlament (Verordnung oder Richtlinie). Dieses „Rahmengesetz“ sollte die Art und den Umfang der auf der zweiten Stufe zu beschließenden Durchführungsmaßnahmen in Form von Grundsätzen und Prinzipien bereits festlegen. Nach Verabschiedung des Rahmenrechtsakts obliegt es der Kommission, im Wege

---

334 Finanzdienstleistungen – Abstecken eines Aktionsrahmens, abrufbar unter http:/europa.eu.int/comm/internal_market/finances/docs/actionplan/index/fsde.pdf.

335 Richtlinie 2006/43/EG des europäischen Parlaments und des Rates vom 17. Mai 2006 über Abschlussprüfungen von Jahresabschlüssen und konsolidierten Abschlüssen, zur Änderung der Richtlinien 78/660/EWG und 83/349/EWG des Rates und zur Aufhebung der Richtlinie 84/253/EWG des Rates, ABl. 2006 L 157/87.

336 Der Lamfalussy-Report ist der Schlussbericht eines durch die Wirtschafts- und Finanzminister der EU (Ecofin) eingesetzten Expertengremiums (Ausschuss der Weisen) unter der Leitung des ehemaligen Präsidenten des Europäischen Währungsinstituts, *Alexandre Lamfalussy;* der Schlussbericht vom 15. Februar 2001 kann abgerufen werden unter: http://europa.eu.int/comm/internal_market/securities/lamfalussy/index_en.htm. Vgl. *Lamfalussy*, The World Economy, Vol. 24 (2001), 1287–1294; *Claßen/Heegemann*, ZfK 2003, 1200–1203; *Schmolke*, NZG 2005, 912, 913f.

337 Vgl. *Lamfalussy*, The World Economy, Vol. 24 (2001), 1287, 1291–1294; *Claßen/Heegemann*, ZfK 2003, 1200, 1200f.; *Buchheim/Gröner/Kühne*, BB 2004, 1783; *Schmolke*, NZG 2005, 912, 913f.

des Komitologieverfahrens[338] konkretisierende Durchführungsbestimmungen zu erlassen. Dieses zweistufige Rechtsetzungsverfahren wird auf Stufe drei durch Regelungen zur die Gewährleistung einer kohärenten Umsetzung und intensiven Zusammenarbeit der Regulierungs- und Aufsichtsbehörden und auf Stufe vier durch ein adäquates Durchsetzungssystem des Gemeinschaftsrechts abgerundet.

Entsprechend diesem Modell normiert die neue Prüfungsrichtlinie allgemeine Anforderungen für die zu beachtenden Berufs- und Prüfungsgrundsätze, für das Qualitätssicherungssystem und die Sicherungsmaßnahmen zur Unabhängigkeit, die durch entsprechende Durchführungsmaßnahmen der Kommission an die Anforderungen des Marktes flexibel angepasst werden können.[339] Durch das Zusammenspiel zwischen der prinzipienorientierten Rahmenrichtlinie und den konkretisierenden Durchführungsmaßnahmen kann ein hohes Maß an Harmonisierung gewährleistet werden. Der mit einer Harmonisierung einhergehende lock-in-Effekt wird zugleich durch die flexible Ausgestaltung des Rechtsetzungssystems gemindert.[340]

Diese neuen europäischen Anforderungen auf der Grundlage der neuen Prüfungsrichtlinie sollen im Folgenden näher erläutert werden. Die besonderen Regelungen für die Prüfung von Unternehmen des öffentlichen Interesses[341], die in der Prüfungsrichtlinie in einem gesonderten Kapital (Kapitel X) zusammengefasst sind, werden vorliegend jeweils thematisch im Rahmen der für alle Abschlussprüfungen geltenden Regelungen dargestellt.

---

338 Gemäß Art. 202, Sp. 3. EG überträgt der Rat der Kommission in den von ihm angenommenen Rechtsakten die Befugnisse zur Durchführung der Vorschriften, die er erlässt. Der Rat hat dabei prinzipienorientiert bestimmte Modalitäten für die Ausübung dieser Befugnisse festzuhalten. Diese Modalitäten müssen den Grundsätzen und Regeln entsprechen, die der Rat auf Vorschlag der Kommission nach Stellungsnahme des Europäischen Parlaments vorher einstimmig in dem so genannten Komitologiebeschluss 1999/468/EG vom 28. Juni 1999 (ABl. 1999 L 184/23) geändert durch den Beschluss 2006/512/EG vom 17. Juli 2006 (ABl. 2006 L 200/11) festgelegt hat. Der Komitologiebeschluss sieht dabei vier unterschiedliche Verfahrenstypen (Beratungs-, Verwaltungs-, Regelungsverfahren sowie Verfahren bei Schutzmaßnahmen) vor, dessen Anwendung in dem jeweiligen Basisrechtsakt festgelegt wird. Vgl. zum Komitologieverfahren *Streinz*, Europarecht[7] (2005), Rn. 526–531.

339 Vgl. etwa Art. 8 Abs. 3, Art. 21 Abs. 2, 22 Abs. 2, Art. 26 Abs. 2, Art. 29 Abs. 2 i. V. m. Art. 48 Abs. 2 PrRL, Art. 5 und Art. 7 Beschluss 1999/468/EG (Regelungsverfahren).

340 Kritisch zu diesem prinzipienorientierten Regulierungsansatz *Klein/Tielmann*, WPg 2004, 501, 510; *Schildbach*, BFuP 2004, 252, 255 f.

341 „Unternehmen von öffentlichem Interesse“ werden dabei in Art. 2 Nr. 13 PrRL näher umschrieben. Unternehmen, deren Wertpapiere an einem geregelten Markt eines Mitgliedstaates zugelassen sind, Kreditinstitute und Versicherungsunternehmen sind nach Art. 2 Nr. 13 zwingend Unternehmen von öffentlichem Interesse. Daneben können die Mitgliedstaaten auch andere Unternehmen, an denen aufgrund der Art ihrer Tätigkeit, ihrer Größe oder der Zahl der Beschäftigten volkswirtschaftlich und auch allgemein ein besonderes öffentliches Interesse besteht, als Unternehmen von öffentlichem Interesse im Sinne der Richtlinie qualifizieren. Es besteht demnach ein nicht zu missachtender Ermessensspielraum der Mitgliedstaaten dahingehend, zu bestimmen, welche Unternehmen als Unternehmen von öffentlichem Interesse zu qualifizieren sind und demnach den besonderen Transparenz- und Kontrollpflichten des Kapitel X der PrRL unterfallen. Dieses Mitgliedstaatenwahlrecht zum personellen Anwendungsbereich schränkt den Harmonisierungseffekt der Richtlinie erheblich ein.

Der Anwendungsbereich der Prüfungsrichtlinie (Art. 1 PrRL) leitet sich entsprechend ihrer Akzessorität aus anderen Gemeinschaftsrechtsakten ab, die eine Pflicht zur Prüfung eines Jahres- und Konzernabschlusses vorsehen.[342] Auffällig und nicht nachvollziehbar ist hier, dass sich die Prüfungsrichtlinie im Gegensatz zur alten Prüferbefähigungsrichtlinie auf den Jahres- und Konzernabschluss beschränkt, folglich die Prüfung des (konsolidierten) Lageberichts nicht in den sachlichen Anwendungsbereich mit einbezieht. Dies stellt einen Rückschritt gegenüber der bisherigen Rechtslage dar, der sich nicht nur in Widerspruch zu dem anvisierten Ziel der Schaffung einer einheitlichen europäischen Basis für sämtliche gesetzliche Abschlussprüfungen setzt[343], sondern auch die Bedeutung des Lageberichts im Rahmen eines umfassenden business reporting[344] missachtet.

a) Fachliche und persönliche Mindestanforderung an den Prüfer

aa) Zulassungsregelungen

Den Kernbereich der alten Prüferbefähigungsrichtlinie bildeten die Anforderungen an die Zulassung und Ausbildung der Abschlussprüfer (Artt. 2–22 PBfRL). Diese Anforderungen finden sich in einer etwas konkreteren Form auch in der neuen Prüfungsrichtlinie, speziell in Kapitel II (Artt. 3–14 PrRL), wieder.

Wie bereits die Prüferbefähigungsrichtlinie differenziert nunmehr auch die neue Prüfungsrichtlinie bei den Anforderungen zwischen der natürlichen Person des Abschlussprüfers und den Prüfungsgesellschaften. Soweit die Regelungen sowohl für Abschlussprüfer als auch für Prüfungsgesellschaften gelten, wird nachfolgend der Einfachheit halber auf den „Prüfer" Bezug genommen.

Für die Zulassung einer Prüfungsgesellschaft zur Abschlussprüfung war es bereits nach der bisherigen Rechtslage erforderlich, dass die konkret prüfende Person und zudem die Personen, die über die Mehrheit der Stimmrechte und die Mehrheit in den Verwaltungs- und Leitungsorganen der Prüfungsgesellschaft verfügen, die an den Einzelprüfer gestellten Voraussetzungen erfüllen (Art. 2 Abs. 1 PBfRL, so auch Art. 3 Abs. 4 PrRL). Dieses Erfordernis wird in der neuen Prüfungsrichtlinie nochmals verschärft. Demnach ist es nicht ausreichend, dass die prüfende Person und die benannten Mehrheiten die erforderlichen Zulassungsvoraussetzungen *theoretisch* erfüllen, sondern es ist vielmehr erforderlich, dass sie *tatsächlich* in einem Mitgliedstaat der Europäischen Gemeinschaft *zugelassen* sind (Art. 3 Abs. 4 lit. a, lit. b, lit. c PrRL).

Hingegen ist es den Mitgliedstaaten nach der Prüfungsrichtlinie künftig nicht mehr gestattet, bei der Zulassung von Prüfungsgesellschaften zu verlangen, dass die Mehrheit der Stimmrechte und die Mehrheit in den Leitungs- und Verwal-

342 Den Genossenschaften wird dabei innerhalb der Prüfungsrichtlinie eine Sonderstellung eingeräumt. Vgl. 11. Erwägungsgrund der Prüfungsrichtlinie.

343 Vgl. die Mitteilung der Kommission an den Rat und das Europäische Parlament: Stärkung der Abschlussprüfung in der EU (2003/C 236/02), ABl. 2003 C 236/2f.

344 Vgl. zum Begriff des business reporting Fn. 271.

tungsorganen von Abschlussprüfern bzw. Prüfungsgesellschaften gestellt werden, die in dem betreffenden Mitgliedstaat zugelassen sind (so bisher Art. 2 lit. bii, iii PBfRL – local approval). In dieser bisherigen Beschränkung der Beteiligungs- und Leitungsstruktur wird zu Recht ein Widerspruch zu dem Binnenmarktmodell und eine Beschränkung der Herausbildung internationaler Prüfungsgesellschaften gesehen.[345] Künftig soll es demnach ausreichen, dass die jeweilige Mehrheit in irgendeinem der Mitgliedstaaten zugelassen ist (Art. 3 Abs. 4 lit. b, lit. c PrRL – european approval).[346]

Die Freizügigkeit der Prüfer in Europa wird neben der Beseitigung der Beschränkungen in der Beteilungs- und Leitungsstruktur zusätzlich durch die Einführung einheitlicher Vorgaben für die Zulassung von Prüfern aus anderen Mitgliedstaaten gefördert. Im Rahmen des Zulassungsverfahrens darf dem in einem anderen Mitgliedstaat zugelassenen Abschlussprüfer demnach künftig höchstens ein Eignungstest auferlegt werden, der sich auf den Nachweis von Kenntnissen der für die Abschlussprüfung relevanten Rechts- und Verwaltungsvorschriften, vor allem des Gesellschafts-, des Steuer- und des Sozialversicherungsrechts beschränkt (Art. 14 PrRL).[347]

Die Zulassung des einzelnen Abschlussprüfers ist nach der Prüfungsrichtlinie an das Vorliegen konkreter Zulassungsvoraussetzungen zu knüpfen. Eine Zulassung kann entsprechend Art. 4 PrRL nur natürlichen oder juristischen Personen verliehen werden, die einen „guten Leumund" aufweisen können. Damit wird vor allem der Ruf des Abschlussprüfers als Zulassungskriterium hervorgehoben.[348]

---

345 Vgl den Vorschlag für eine Richtlinie des europäischen Parlaments und des Rates über die Prüfung des Jahresabschlusses und des konsolidierten Abschlusses und zur Änderung der Richtlinien 78/660/EWG und 83/349/EWG des Rates vom 16. März 2004, KOM (2004) 177, S. 5.

346 Vgl. auch *Klein/Tielmann*, WPg 2004, 501, 502.

347 Die Prüferbefähigungsrichtlinie erlaubte den Mitgliedstaaten nach Art. 11 PBfRL bisher, Personen als Abschlussprüfer zuzulassen, die ihre Befähigung ganz oder teilweise im Ausland erworben haben, wenn ihre Befähigung als gleichwertig angesehen und sie die notwendigen Rechtskenntnisse nachweisen konnten. Die Verpflichtung zur Anerkennung ausländischer Qualifikationen und Abschlüsse ergab und ergibt sich auch weiterhin aus der Richtlinie 89/48/EWG des Rates über eine allgemeine Anerkennung der Hochschuldiplome, ABl. 1989 L 19/16. Basierend auf dem Grundsatz des gegenseitigen Vertrauens kann der Aufnahmestaat demnach einem Angehörigen eines anderen Mitgliedstaates den Zugang zu einem reglementierten Beruf nicht verweigern, wenn dieser die erforderlichen Voraussetzungen zur Ausübung dieses Berufes in einem anderen Mitgliedstaat erfüllt. Wesentlichen Unterschieden in der Ausbildung und etwaigen spezifischen erforderlichen Kenntnissen über das innerstaatliche Recht kann der Aufnahmestaat durch einen Anpassungslehrgang oder eine Eignungsprüfung Rechnung tragen. Diese Anforderungen werden durch die neue Prüfungsrichtlinie konkretisiert.

Entsprechend diesen Richtlinienvorgaben verlangten schon bisher alle Mitgliedstaaten für die Anerkennung eines Wirtschaftsprüfers aus einem anderen Mitgliedstaat eine Eignungsprüfung. Der Inhalt dieser Prüfung war bisher nicht einheitlich geregelt (vgl. *van Hulle*, Das Europäische Bilanzrecht (1993), 16–18). Der Inhalt dieses Eignungstest wird nunmehr in Art. 14 PrRL harmonisiert.

348 Diese Neufassung ist vor allem in Zusammenhang mit dem neu aufgenommen Entzugsgrund der „ernsthaften Rufschädigung" in Art. 5 Abs. 1 PrRL zu sehen. Siehe auch *Schildbach*, BFuP 2004, 252, 254, der zu Recht die fehlende Konkretheit dieses Zulassungs- und Entzugskriteriums kritisiert. Es ist aber anzumerken, dass das allgemeine Kriterium eines guten Leumunds bzw. Rufes

Diese Generalklausel wird durch konkrete Vorgaben für die professionelle Ausbildung der Abschlussprüfer ergänzt. Die reguläre Ausbildung untersteht dem Ziel der Vermittlung der notwendigen theoretischen wirtschafts- und rechtswissenschaftlichen Kenntnisse sowie der Fähigkeit, diese in die Praxis umzusetzen (Art. 6 PrRL). Dementsprechend setzt sich die Ausbildung aus einer theoretischen und einer praktischen Komponente zusammen. Die zu vermittelnden Inhalte werden durch einen Fächerkanon als Mindeststandards harmonisiert (Art. 8 PrRL). Die darin aufgeführten Sachgebiete wurden an die aktuellen Entwicklungen angepasst und folglich vor allem um Kenntnisse internationaler Rechnungslegungsstandards und Prüfungsgrundsätze und IT- und Computerkenntnisse ergänzt. Eine weitere Anpassung bzw. Spezifizierung dieses Fächerkanons kann durch die Kommission im Wege entsprechender Durchführungsmaßnahmen erfolgen (Art. 8 Abs. 3 i.V.m. Art. 48 Abs. 2 PrRL).

Die fachliche Ausbildung findet ihren Abschluss in einer staatlichen oder staatlich anerkannten Eignungsprüfung auf Hochschulniveau oder eines entsprechenden Niveaus (Artt. 6, 7 PrRL). Diese theoretische Prüfung der Fähigkeiten muss zu Erlangung der Zulassung zusätzlich durch eine mindestens dreijährige praktische Zeit unter der Aufsicht einer geeigneten Person ergänzt werden (Art. 10 Abs. 1 PrRL). Diese praktische Zeit ist zumindest zu zwei Dritteln bei einem in einem Mitgliedstaat zugelassenen Abschlussprüfer oder einer zugelassenen Prüfungsgesellschaft zu absolvieren. Neben diesen Mindestanforderungen an eine professionelle Ausbildung des Abschlussprüfers tritt nach der neuen Prüfungsrichtlinie nunmehr das Erfordernis einer „kontinuierlichen Fortbildung" (Art. 13 PrRL).[349]

Trotz der konkreten Mindestanforderungen an die Aus- und Fortbildung werden die Mindestvorgaben der Prüfungsrichtlinie zum Teil als unzureichend angesehen.[350] Die Vorgaben würden zusammen mit der oben benannten Liberalisierung der Berufsausübung in Europa einen „Wettbewerb um die mildesten Anforderungen für den Berufszugang von Abschlussprüfern in Europa" bedingen.[351] Diese Argumentation greift zu kurz und verkennt die Funktion eines Mindeststandards. Alleine aus dem Umstand, dass die europäischen Mindestanforderungen hinter nationalen, insbesondere den deutschen Zulassungsvoraussetzungen zurückbleiben, kann nicht auf die Unzulänglichkeit des europäischen Standards geschlossen werden. Ebenso ist nicht erkennbar, dass das normierte Mindestniveau aus spezifischen Vorgaben für die theoretische und praktische Ausbildung, ergänzt um beschränkte, eindeutig umschriebene Erleichterungen, der erforderlichen Bestimmt-

---

durch die Anforderungen an die fachliche Kompetenz, Unabhängigkeit und die Berufs- und Prüfungsgrundsätze eine gewisse Konkretisierung erfährt.

349 Diese allgemeinen Anforderungen an die Aus- und Fortbildung der Abschlussprüfer werden durch bestimmte Erleichterungen (Art. 9 PrRL) und Sonderregelungen hinsichtlich der professionellen Ausbildung im zweiten Bildungsweg (Art. 11 f. PrRL) ergänzt. Die nach der Prüferbefähigungsrichtlinie bislang bestehende Möglichkeit der Mitgliedstaaten, für die Pflichtprüfung kleiner und mittlerer Unternehmen oder Konzerne weitere Erleichterungen vorzusehen (Artt. 20–22 PBfRL), ist nach der Prüfungsrichtlinie künftig nicht mehr gegeben.

350 So etwa *Schildbach*, BFuP 2004, 252, 254 f.

351 *Schildbach*, BFuP 2004, 252, 255.

heit und Klarheit entbehrt.[352] Die Mindestvorgaben für die Zulassung der Prüfer fungieren vielmehr zusammen mit der vorgesehenen Möglichkeit nationaler Eignungsprüfungen als Begrenzung eines ruinösen Wettbewerbs, eines *race to the bottom,* ohne dabei das national unterschiedliche Streben nach Qualitätsstandards für die Ausbildung der Prüfer als wichtiger Standortfaktor zu beschränken (Systemwettbewerb nach oben).

bb) Registrierung und Transparenzbericht

Mindestanforderungen an die Ausbildung und Zulassung der Prüfer alleine können keine Gewähr für das Vertrauen in die Professionalität des Prüfers bieten. Die Zulassung als Abschlussprüfer als Qualitätssignal muss zusätzlich transparent gemacht werden. Es bedarf mithin eines öffentlichen Registers, dem sich unmittelbar entnehmen lässt, ob ein Abschlussprüfer bzw. eine Prüfungsgesellschaft zugelassen ist, wo sie ihren Sitz hat und ggf. welche Organisationsstruktur sie aufweist. Bereits nach der alten Rechtslage oblag es den Mitgliedstaaten deshalb, Name und Anschrift der zugelassenen Prüfer und Prüfergesellschaften, der Gesellschafter und Mitglieder der Prüfungsgesellschaften, der dort beschäftigten Prüfer und der Mitglieder des Verwaltungs- und Leitungsorgans der Öffentlichkeit zugänglich zu machen (Art. 28 PBfRL). Diese allgemeine Pflicht der Veröffentlichung wird nunmehr zu einer Pflicht zur Veröffentlichung in einem öffentlich zugänglichen elektronischen Register konkretisiert (Art. 15–Art. 20 PrRL). Dieses öffentliche Register ist inhaltlich zudem insoweit zu erweitern, als nunmehr bei Gesellschaften auch die Rechtsform, die Unternehmensgröße, die Anschriften der Büros, die Ansprechpartner sowie die Mitgliedschaft in einem Netzwerk anzugeben sind. Dem laufend zu aktualisierenden Register müssen sich daneben auch die Anschriften der Stellen entnehmen lassen, die für die Zulassung, Aufsicht, Qualitätssicherung, Untersuchung und Sanktionen zuständig sind.

Darüber hinaus verlangt Art. 40 PrRL als Bestandteil der besonderen Regelungen von Prüfungsgesellschaften, die Unternehmen von öffentlichem Interesse prüfen, die jährliche Veröffentlichung eines so genannten Transparenzberichts. In diesem auf der Website der Prüfungsgesellschaft zu veröffentlichenden Bericht haben die Prüfungsgesellschaften nicht nur einen Einblick in die Struktur der Gesellschaft und ihres Netzwerkverbundes zu gewähren, sondern auch bestimmte Angaben über die interne Qualitätssicherung und -kontrolle und zu verschiedenen Aspekten der Unabhängigkeit zu machen.[353]

cc) Berufsgrundsätze, Berufsgeheimnis und das Gebot der Unabhängigkeit

Die erörterten Mindestanforderungen an die fachliche Kompetenz des Prüfers und die Registerpublizität werden durch grundlegende Verhaltenspflichten, nämlich

---

352 So aber *Schildbach,* BFuP 2004, 252, 255.
353 Vgl. *Lanfermann,* DB 2005, 2645, 2648.

Berufsgrundsätze, das Berufsgeheimnis und das Gebot der Unabhängigkeit, ergänzt.

Ausführlicher als die bisherige Prüferbefähigungsrichtlinie, aber immer noch auf die Vorgabe von Grundprinzipien beschränkt, behandelt die Prüfungsrichtlinie die Berufsgrundsätze.[354] Die in Art. 21 Abs. 1 PrRL normierten allgemeinen Grundsätze der Integrität, Unparteilichkeit, fachlichen Kompetenz, der Sorgfalt und der allgemeinen Verantwortung gegenüber der Öffentlichkeit gehen auf den vom Ethik-Ausschuss der International Federation of Accountants (IFAC) aufgestellten Kodex zurück.[355] Diese prinzipienorientierten Rahmengrundsätze können durch weitere von der Kommission in Form von Durchführungsmaßnahmen erlassene Berufsgrundsätze ergänzt werden (Art. 21 Abs. 2 i.V.m. Art. 48 Abs. 2 PrRL).

Des Weiteren sind die Prüfer durch einzelstaatliche Regelungen einer angemessenen Verschwiegenheitspflicht und einem angemessenen Berufsgeheimnis zu unterstellen (Art. 23 Abs. 1 PrRL). Die Verschwiegenheitspflicht und das Berufsgeheimnis dürfen hingegen die Durchsetzung der Bestimmungen der Prüfungsrichtlinie nicht erschweren oder der Möglichkeit der Ersetzung des Prüfers[356] entgegenstehen (Art. 23 Abs. 2, Abs. 3 PrRL). Die Schweigepflicht endet nicht mit dem Ende des Mandatsverhältnisses (Art. 23 Abs. 4 PrRL).

Diese allgemeine Verschwiegenheitspflicht und die Berufsgrundsätze werden durch den Grundsatz der Unabhängigkeit des Abschlussprüfers ergänzt. Das bereits in Art. 24 PBfRL verankerte und nunmehr in Art. 22 PrRL konkretisierte Prinzip der Unabhängigkeit verbietet eine Prüfung, wenn Umstände, insbesondere geschäftliche, finanzielle oder persönliche Beziehungen zu dem geprüften Unternehmen, vorliegen, die die Besorgnis der Befangenheit begründen und sich diese Risiken nicht durch Schutzmaßnahmen im ausreichenden Maße mindern lassen. Zu beachten ist, dass die Unabhängigkeitsanforderungen an den Prüfer sich auch auf ein bestehendes Netzwerk beziehen, zu dem der betreffende Prüfer gehört. Diese Ausweitung der Unabhängigkeitsanforderungen auf die Organisationsstruktur der Netzwerke ist für viele Mitgliedstaaten einschließlich Deutschlands neu.[357]

Bedeutsame Risiken, die die Unabhängigkeit gefährden könnten, und die ergriffenen Schutzmaßnahmen sind in den Arbeitspapieren zu dokumentieren (Art. 22 Abs. 2 PrRL). Die benannten Risiken für die Unabhängigkeit, insbesondere das Maß für eine Gefährdung der Unabhängigkeit des Prüfers und die erforderlichen Schutzmaßnahmen können zudem nach Art. 22 Abs. 4 lit. a i.V.m. Art. 48 Abs. 2

354 *Schildbach*, BFuP 2004, 252, 255.
355 Vgl. den Vorschlag für eine Richtlinie des europäischen Parlaments und des Rates über die Prüfung des Jahresabschlusses und des konsolidierten Abschlusses und zur Änderung der Richtlinien 78/660/EWG v und 83/349/EWG des Rates vom 16. März 2004, KOM(2004) 177, S. 6.
356 Dem neu bestellten Prüfer ist dabei nach Art. 23 Abs. 3 PrRL Zugang zu sämtlichen prüfungsrelevanten Informationen zu gewähren. Insbesondere für den Fall der Neubestellung eines anderen Abschlussprüfers für das nachfolgende Geschäftsjahr dürfte diese Vorschrift in besonderem Maße praxisrelevant sein. Für die deutsche Berufspraxis stellte diese Verpflichtung eine entscheidende Neuerung dar. Vgl. *Lanfermann*, DB 2005, 2645, 2646.
357 Vgl. *Lanfermann*, DB 2005, 2645, 2646.

PrRL durch grundsatzorientierte Durchführungsmaßnahmen seitens der Kommission spezifiziert werden. Damit ist die Kommission grundsätzlich in der Lage, im Nachgang zu den Grundsätzen der Richtlinie in Zusammenarbeit mit den Mitgliedstaaten auch bestimmte Nicht-Prüfungsleistungen explizit zu untersagen.

Zur Vermeidung einer besonderen geschäftlichen oder persönlichen Beziehung des Prüfers zum geprüften Unternehmen bzw. einer unsachgemäßen Beeinflussung des Prüfers durch den Ersteller der Abschlüsse normiert die Prüfungsrichtlinie bestimmte Mindestvorgaben für das Verfahren der Bestellung und der Abberufung des Prüfers (Art. 37f. PrRL).[358] Der besonderen strukturellen Beeinflussung des Prüfers durch die Einbindung in eine Prüfungsgesellschaft trägt die Prüfungsrichtlinie zudem dadurch Rechnung, dass sie die Mitgliedstaaten verpflichtet sicherzustellen, dass die Unabhängigkeit und Unparteilichkeit des einzelnen Prüfers in einer Prüfungsgesellschaft nicht durch das Einwirken der Eigner oder der Organmitglieder der Gesellschaft oder eines verbundenen Unternehmens gefährdet werden kann (Art. 24 PrRL).

Diese allgemeinen Anforderungen zur Sicherung einer unparteiischen Prüfung der Abschlüsse soll nach der Richtlinie durch die Wahrung der finanziellen Unabhängigkeit des Prüfers unterlegt werden (Art. 25 PrRL). Den Mitgliedstaaten obliegt es demnach, ein angemessenes Vergütungssystem zu etablieren, das verhindert, dass Prüfungen etwa über Mischkalkulationen von Beratungsaufträgen abhängig werden oder die Honorierung an sonstige Bedingungen geknüpft wird. Zugleich sollen die Honorare, die dem Prüfer in dem Geschäftsjahr für seine Prüfungsleistung und andere Leistungen gezahlt wurden, im Anhang der Abschlüsse und im Transparenzbericht nach Art. 40 PrRL zur Verdeutlichung der finanziellen und vertraglichen Beziehungen offen gelegt werden (Art. 40 Abs. 1 lit. i, Art. 49 Abs. 1 lit. a PrRL).

Auch wenn die Formulierungen der Unabhängigkeitsanforderungen an der einen oder anderen Stelle noch klarer gefasst werden könnten, wird der prinzipienorientierte Ansatz der Kommission und ihr Absehen von einzelfallorientierten Regelungen nach dem Vorbild des Sarbanes-Oxley Act ausdrücklich begrüßt.[359] Die Kommission beabsichtigt allerdings, das Erfordernis weitgehender Maßnahmen auf der Grundlage etwaiger Auftragsstudien zu prüfen. Ein generelles Verbot prüfungsfremder Leistungen wird durch die Kommission ausdrücklich nicht ausgeschlossen.[360] Für die Prüfung der Unternehmen von öffentlichem Interesse sieht

---

358 Eine wirksame Kommunikation zwischen dem geprüften Unternehmen und dem Abschlussprüfer/Prüfungsgesellschaften setzt daneben die Grundvoraussetzung für eine schnelle und adäquate Umsetzung der Prüfungsergebnisse seitens des Unternehmens. Vgl. den Vorschlag für eine Richtlinie des europäischen Parlaments und des Rates über die Prüfung des Jahresabschlusses und des konsolidierten Abschlusses und zur Änderung der Richtlinien 78/660/EWG v und 83/349/EWG des Rates vom 16. März 2004, KOM (2004) 177, S. 8.

359 So etwa *Klein/Tielmann*, WPg 2004, 501, 504.

360 Vgl. den Vorschlag für eine Richtlinie des europäischen Parlaments und des Rates über die Prüfung des Jahresabschlusses und des konsolidierten Abschlusses und zur Änderung der Richtlinien 78/660/EWG v und 83/349/EWG des Rates vom 16. März 2004, KOM (2004) 177, S. 6.

die Prüfungsrichtlinie in Art. 42 PrRL bereits heute ergänzende Unabhängigkeitsregelungen vor.[361]

b) Mindestanforderung an das Prüfungsverfahren

Ein Schlüsselelement für die Unterstützung einer einheitlich hohen Qualität der Abschlussprüfung im europäischen Rechtsraum ist die Verwendung gemeinsamer Prüfungsstandards.[362] Bereits ein im Jahre 1999 vom Europäischen Ausschuss für Fragen der Abschlussprüfung durchgeführter Benchmark-Vergleich kam zu dem Ergebnis, dass in den Mitgliedstaaten der Europäischen Gemeinschaft eine hohe Konvergenz mit den International Standards of Auditing (ISA) besteht.[363] Die ISA werden derzeit vom privat organisierten International Auditing and Assurance Standards Board (IAASB), einem Fachausschuss der International Federation of Accountants (IFAC), entwickelt. Diese internationalen Standards sollen nunmehr nach dem Willen der Kommission die künftige Basis für europäische Prüfungsgrundsätze bilden.[364] Die Ausrichtung an internationalen Prüfungsstandards ist ein wichtiger Faktor für die internationale Akzeptanz der in der Europäischen Gemeinschaft geprüften Abschlüsse. Sie ist zugleich eine logische Weiterführung

---

361 Gegenstand heftiger Kontroversen ist dabei das nunmehr übernommene Modell der Rotation. Nach dem ursprünglichen Richtlinienvorschlag sollten die Mitgliedstaaten bei Unternehmen von öffentlichem Interesse wahlweise eine interne Rotation alle fünf Jahre oder eine externe Rotation alle sieben Jahre vorsehen. Damit sollte das im internationalen Vergleich verbreitete interne Rotationsverfahren (Sarbanes-Oxley Act, vgl. *Emmerich/Schaum*, WPg 2003, 677, 689 f.; zu den Neuerungen des Sarbanes Oxley Act siehe auch *Henssler*, Der Konzern 2003, 255–259 und *Atkins*, Der Konzern 2003, 260–264) im europäischen Rechtsraum durch das Modell der externen Prüfungsrotation ergänzt werden. Die Vor- und Nachteile der externen Prüfungsrotation sind dabei heftig umstritten. Einen Überblick über die Diskussion vermittelt *Ballwieser*, in: *Lutter* (Hrsg.), Der Wirtschaftsprüfer als Element der Corporate Governance (2001), 99, 110 f.; kritisch zur externen Rotation *Institut der Wirtschaftsprüfer*, IDW zum Entwurf der 8. EU-Richtlinie (Abschlussprüferrichtlinie), Presseinformation 2/2004 v. 16. März 2004, 1 f., abrufbar unter: http://www.idw.de, S. 4; *Wirtschaftsprüferkammer*, Mehr Transparenz bei Abschlussprüfern, Pressemitteilung 16. März 2004, S. 2, abrufbar unter: http://www.wpk.de; *Klein/Tielmann*, WPg 2004, 501–510; *Schildbach*, BFuP 2004, 252. Eine externe Rotation wird hingegen durch *Weber* ausdrücklich befürwortet (vgl. *ders.*, AG 2005, 877, 878–881).
Das Europäische Parlament lehnte das vorgeschlagene Wahlrecht zwischen den Rotationsverfahren angesichts der Kritik ab. Die externe Rotation für die Abschlussprüfer wird den Mitgliedstaaten nach der Prüfungsrichtlinie nunmehr freigestellt. Die Richtlinie sieht lediglich eine Pflicht zur internen Rotation nach sieben Jahren, bei Wahrung einer Sperrfrist von mindestens zwei Jahren vor (Art. 42 Abs. 2 PrRL). Kritisch hierzu *Weber*, AG 2005, 877, 878–881.
Ein weiterer interessanter Gesichtspunkt ist die Einführung einer „cooling-off-Periode“ in Art. 42 Abs. 3 PrRL; vgl. *Ernst*, in: *Baetge/Kirsch* (Hrsg.), Anpassung des deutschen Bilanzrechts an internationale Standards (2005), 135, 144 f.

362 Mitteilung der Kommission an den Rat und das Europäische Parlament: Stärkung der Abschlussprüfung in der EU (2003/C 236/02), ABl. 2003 C 236/2, 4.

363 Vgl. die Mitteilung der Kommission an den Rat und das Europäische Parlament: Stärkung der Abschlussprüfung in der EU (2003/C 236/02), ABl. 2003 C 236/2, 4.

364 Vgl. die Mitteilung der Kommission an den Rat und das Europäische Parlament: Stärkung der Abschlussprüfung in der EU (2003/C 236/02), ABl. 2003 C 236/2, 4; vgl. auch den Vorschlag für eine Richtlinie des europäischen Parlaments und des Rates über die Prüfung des Jahresabschlusses und des konsolidierten Abschlusses und zur Änderung der Richtlinien 78/660/EWG und 83/349/EWG des Rates vom 16. März 2004, KOM(2004) 177, S. 6 f.

der bereits im Bereich der Rechnungslegungspflichten vollzogenen Internationalisierung.

Die Kommission hat sich ausweislich der Begründung der Prüfungsrichtlinie trotz der bestehenden Konvergenz noch kein abschließendes Urteil darüber gebildet, ob und inwieweit die einzelnen ISA in ihrer jetzigen Fassung in das europäische Recht übernommen werden.[365] Der Grund für dieses Zögern besteht vor allem in der bisherigen unzureichenden Governancestruktur des standardsetzenden Gremiums, des IAASB.[366] Zwar wurde die Transparenz des Standardsetzungsprozesses verbessert und dem öffentlichen Interesse durch die Einbeziehung einer begrenzten Zahl von Nicht-Berufsangehörigen (Nicht-Prüfern) stärker Rechnung getragen. Dennoch legt die Unterordnung des IAASB unter die Führungsstruktur des IFAC eine Kontrolle durch den internationalen Abschlussprüferberuf und damit eine einseitige Ausrichtung der Standards nahe.[367] Eine Verbesserung der Governancestruktur des Standardsetzers durch die Trennung der Standardsetzungsaktivitäten des IAASB von denen des IFAC und einer Führungsstruktur, die die verschiedenen internationalen Interessengruppen widerspiegelt, wäre aus Sicht des öffentlichen Interesses glaubwürdiger und könnte somit auch vom Gemeinschaftsgesetzgeber eher anerkannt werden.[368] Zudem besteht auch hinsichtlich einzelner Standards ein nicht zu missachtender Verbesserungsbedarf, um den europäischen Anspruch qualitativ hochwertiger Standards gerecht zu werden.[369]

Erfolgt die Entscheidung der Kommission zugunsten der ISA, dann würden diese internationalen Standards in Anlehnung an das noch näher zu erläuternde Endorsementverfahren[370] bezüglich der IFRS in das sekundäre Gemeinschaftsrecht überführt. Die Inkorporation dieser privaten Standards ist nach Art. 26 Abs. 2 PrRL in Parallelität zu Art. 3 IFRS-Anwendungsverordnung an bestimmte Kriterien gebunden, die sowohl die Integration der Standards in die Systematik des Europäischen Bilanzrechts sicherstellen sollen als auch als rechtsstaatliches Filter- und Gestaltungsinstrument des Gemeinschaftsgesetzgebers fungieren.

---

365 Vorschlag für eine Richtlinie des europäischen Parlaments und des Rates über die Prüfung des Jahresabschlusses und des konsolidierten Abschlusses und zur Änderung der Richtlinien 78/660/EWG v und 83/349/EWG des Rates vom 16. März.2004, KOM(2004) 177, S. 7.

366 Vgl. die Mitteilung der Kommission an den Rat und das Europäische Parlament: Stärkung der Abschlussprüfung in der EU, ABl. 2003 C 236/2, 5 und den Vorschlag für eine Richtlinie des europäischen Parlaments und des Rates über die Prüfung des Jahresabschlusses und des konsolidierten Abschlusses und zur Änderung der Richtlinien 78/660/EWG v und 83/349/EWG des Rates vom 16. März 2004, KOM(2004) 177, S. 7. Siehe auch *Tiedje*, WPg 2006, 593, 598.

367 So auch die Ausführungen in der Mitteilung der Kommission an den Rat und das Europäische Parlament: Stärkung der Abschlussprüfung in der EU, ABl. 2003 C 236/2, 5.

368 Vgl. die Mitteilung der Kommission an den Rat und das Europäische Parlament: Stärkung der Abschlussprüfung in der EU, ABl. 2003 C 236/2, 5.

369 Siehe hierzu Mitteilung der Kommission an den Rat und das Europäische Parlament: Stärkung der Abschlussprüfung in der EU, ABl. 2003 C 236/2, 4.

370 Vgl. auch den 14. Erwägungsgrund der Prüfungsrichtlinie.

Die sich aus einer solchen Inkorporation für die privaten Standards hinsichtlich ihres Rechtscharakters und ihrer Auslegung ergebenden Folgen wären weit reichend und würden den Folgen und Problemen, die sich bereits bei dem IFRS-Endorsement auf der Grundlage der IFRS-Anwendungsverordnung zeigen, ähneln.[371] Art. 26 PrRL weicht aber in der Regelungssystematik insoweit von der IFRS-Anwendungsverordnung ab, als dass die Mitgliedstaaten nach Absatz 3 zur Berücksichtigung des gesetzlichen Umfangs der Abschlussprüfung zusätzliche Prüfungsanforderungen stellen dürfen. Ebenso sollen die Mitgliedstaaten zu diesem Zweck in außergewöhnlichen Fällen bestimmte Teile der inkorporierten ISA von der Anwendung ausschließen können („carve-out“). Die inkorporierten IFRS dürfen im Anwendungsbereich der IFRS-Anwendungsverordnung hingegen nicht durch zusätzliche bzw. abweichende nationale Bestimmungen in ihrem Regelungsgehalt erweitert, eingeschränkt oder modifiziert werden.[372] Eine einheitliche Anwendung der internationalen Prüfungsstandards im europäischen Rechtsraum wird durch diese nationalen Spielräume erheblich in Frage gestellt.

Über die mögliche Inkorporation der ISA hinaus normiert die Prüfungsrichtlinie eine Pflicht der Mitgliedstaaten, durch die nationalen Regelungen eine generelle Verantwortung des Konzernabschlussprüfers für den Konzernabschluss festzulegen. Diese Regelung spricht eine direkte Schwachstelle im Skandal um die italienische Unternehmensgruppe Parmalat an.[373] Die Prüfungsrichtlinie sieht insoweit spezifische Aufbewahrungspflichten des Konzernprüfers vor, der sein Prüfungsurteil auf Ergebnisse eines in einem anderen Mitgliedstaat zugelassenen Prüfers oder eines Prüfers ohne Zulassung in einem der Mitgliedstaaten stützen muss (Art. 27 PrRL).[374]

---

371 Aufgrund der Parallelität zu dem Endorsement der IFRS auf der Grundlage der IFRS-Anwendungsverordnung wird auch gegen ein mögliches Endorsement der ISA der Vorwurf erhoben, die so geschaffenen „europäischen ISA“ stünden im Widerspruch zu dem Ziel weltweit transparenter Kapitalmärkte und führten zu Nachteilen für die Wettbewerbsfähigkeit des europäischen Kapitalmarktes. So etwa *Schildbach*, BFuP 2004, 252, 257; vgl. auch *IDW*, IDW zum Entwurf der 8. EU-Richtlinie (Abschlussprüferrichtlinie), Presseinformation 2/2004 v. 16. März 2004, 1 f., abrufbar unter: http://www.idw.de; *Klein/Tielmann*, WPg 2004, 501, 505 f.

372 Vgl. den Kommentare der Kommission zu bestimmten Artikeln der Verordnung (EG) Nr. 1606/2002 und zur Vierten Richtlinie 78/660/EWG und Siebenten Richtlinie 83/349/EWG über Rechnungslegung, vom November 2003, 3.1., abrufbar unter: http://www.europa.eu.int/comm/internal_market/accounting/docs/ias/200311–comments/ias-200311–comments_de.pdf.

373 *Lanfermann*, DB 2004, 609, 610.

374 Nicht geregelt wird zu Recht die auch im Fall *Parmalat* zugrunde liegende Konstellation unterschiedlicher in einem Mitgliedstaat zugelassener Prüfer des Mutterunternehmens und der Tochtergesellschaften. Diese Konstellation fällt aufgrund des fehlenden zwischenstaatlichen Sachverhaltsbezugs in den Regelungebereich des nationalen Gesetzgebers. Dies verkennt *Schildbach*, BFuP 2004, 252, 258, bei seiner Kritik des Richtlinienentwurfs. Ebenfalls fehl geht im Übrigen dessen Kritik an der fehlenden Normierung der Nachprüfungspflicht der Prüfungsergebnisse der anderen Prüfer durch den Konzernprüfer. Zum einen wird das Recht einer solchen Nachprüfung bereits durch den Richtlinientext selbst impliziert. Zum anderen ergibt sich ein solches Prüfungsrecht im Umkehrschluss aus der vollen und alleinigen Verantwortung des Konzernprüfers für den Bestätigungsvermerk des Konzernabschlusses.

c) Mindeststandards eines adäquaten Überwachungs- und Kontrollsystems

Eine qualitativ hochwertige Abschlussprüfung lässt sich nicht nur durch eine hohe fachliche Kompetenz der Prüfer und Regelungen zum Prüfungsverfahren sichern. Es bedarf ferner auch einer adäquaten externen Qualitätskontrolle. Der europäische Rahmen für ein solches Enforcement setzt sich aus Grundsätzen für die Qualitätssicherung, Sonderuntersuchungen, angemessene Sanktionen und aus Mindestvorgaben für ein öffentliches Aufsichtssystem zusammen.

Für die Gewährleistung einer guten Qualität der Abschlussprüfung und damit für die Förderung der Glaubwürdigkeit der offen gelegten Finanzinformationen ist ein Qualitätssicherungssystem grundlegend. Die externe Qualitätssicherung tritt als Selbstkontrollinstrument des Berufsstandes der Abschlussprüfer und der freien Wirtschaft neben die hoheitliche Aufsicht. Sie ist damit ein wichtiges Instrument, um die Einhaltung der allgemeinen Prüfungsstandards und Berufsgrundsätze zu sichern, und zugleich eine Quelle für die Weiterentwicklung der Prüfungsstandards.[375] Ein derartiges Qualitätssicherungssystem ist mittlerweile in allen Mitgliedstaaten etabliert worden oder wird gerade eingeführt.[376] Diese nationalen Kontrollsysteme werden nach der Prüfungsrichtlinie durch allgemeine einheitliche Mindeststandards unterlegt.

Dieser gemeinschaftsrechtliche einheitliche Maßstab für das Qualitätssicherungssystem (Art. 29 PrRL) normiert nicht nur eine Pflicht zur Qualitätssicherung, sondern auch Mindeststandards zur Sicherung der Unabhängigkeit, fachlichen Kompetenz und Objektivität der Qualitätskontrollprüfer, zum Verfahren und Umfang der Qualitätskontrolle und zur finanziellen Ausstattung des Sicherungssystems. Zugleich wird durch die Prüfungsrichtlinie ein Kontrollzyklus von sechs Jahren (Art. 29 Abs. 1 lit. h PrRL), bei börsennotierten Unternehmen von drei Jahren (Art. 43 PrRL), als Mindestnorm festgeschrieben. Die Mindestanforderungen an die Qualitätssicherung können nach Art. 29 Abs. 2 PrRL durch die Kommission im Wege weiterer Durchführungsmaßnahmen erweitert bzw. geändert werden.

Die Qualitätskontrolle selbst mündet nach Art. 29 Abs. 1 lit. j PrRL in eine Empfehlung an die Prüfer, die von diesen in einer angemessenen Frist umgesetzt werden muss. Diese Pflicht ist seitens der Mitgliedstaaten durch angemessene und wirksame Sanktionen und Disziplinarmaßnahmen zu sichern[377] und durch wirksame

---

375 Vgl. die Empfehlung der Kommission vom 15. November 2000: Mindestanforderungen an Qualitätssicherungssysteme für die Abschlussprüfung in der EU (2001/256/EG), ABl. 2001 L 91/91.

376 In Deutschland obliegt die Aufsicht über die wirtschaftsprüfenden Berufsstände der Wirtschaftsprüferkammer und der berufsfremden Abschlussprüferaufsichtskommisson (APAK). Die Kompetenzen der APAK wurden mit dem Berufsaufsichtsreformgesetz (BARefG/7. WPO-Novelle), vor allem durch die Einführung eines anlassunabhängigen Sonderuntersuchungsrechts, gestärkt. Vgl. hierzu *Martens/Paulitschek*, FS Baetge (2007), 1033, 1045–1050.

377 Zu diesen Sanktionen der Abschlussprüfer und Prüfungsgesellschaften sollte auch der Entzug der Zulassung zählen (Art. 30 Abs. 3 PrRL). Auf der Grundlage von Art. 31 PrRL legte die Kommission am 4. Oktober 2006 eine Studie zu den wirtschaftlichen Auswirkungen der geltenden

Sonderuntersuchungen der Prüfungsleistungen zu ergänzen (Art. 30 Abs. 1 PrRL). Die Veröffentlichung der Ergebnisse der Qualitätssicherung und der erlassenen Maßnahmen und Sanktionen ist daneben ein weiteres Instrument, um das Vertrauen der Öffentlichkeit in das Kontrollsystem und seine qualitätssichernden Funktion zu erhöhen (Art. 29 Abs. 1 lit. i; Art. 30 Abs. 3 PrRL).

Das Qualitätssicherungssystem muss seinerseits um eine wirksame öffentliche Aufsicht über den Prüferberuf und das Prüfungsverfahren ergänzt werden (Art. 32 PrRL). Die Prüfungsrichtlinie enthält kein detailliertes Modell für die Gestaltung der Aufsichtsbehörde und des Aufsichtsverfahrens. Die Richtlinie beschränkt sich vielmehr auf spezifische Mindestvorgaben. Die öffentliche Aufsicht über alle Abschlussprüfer und Prüfungsgesellschaften hat sich in letzter Instanz mindestens auf die Zulassung und Registrierung der Prüfer, deren Fortbildung, die Einhaltung von Standards der internen Qualitätskontrolle und von Berufs- und Prüfungsgrundsätzen sowie das Qualitätssicherungs-, Sonderuntersuchungs- und Disziplinarsystem zu erstrecken. Daneben sieht die Prüfungsrichtlinie spezifische Grundsätze bezüglich der fachlichen Kompetenz, der Unabhängigkeit des Kontrolleurs vom Berufsstand der Prüfer, der Transparenz und der Objektivität des Aufsichtsverfahrens, der Befugnisse der Aufsichtsbehörden und der finanziellen Ausstattung des Systems vor.

Der entstehende Europäische Kapitalmarkt verlangt aber nicht nur einheitliche Mindeststandards, sondern eine EG-weite Koordinierung der nationalen Systeme zu einem kohärenten und effizienten gesamteuropäischen Enforcement. Die Prüfungsrichtlinie selbst regelt nicht den Koordinationsmechanismus als solchen, sondern legt nur die Voraussetzungen hierfür fest.[378] Demnach haben im Bedarfsfall die Aufsichtsbehörden der Mitgliedstaaten sich gegenseitig Amtshilfe zu leisten, im Rahmen der Sonderuntersuchungen zusammenzuarbeiten und Informationen auszutauschen (Art. 36 PrRL). Dabei obliegt es den Mitgliedstaaten, die Rahmenbedingungen für eine solche wirksame Koordination der Aufsichtsbehörden zu schaffen (Art. 35 PrRL). Zugleich ist es der Kommission weiterhin möglich,

---

nationalstaatlichen Haftungsregelungen vor. Die Studie arbeitet insbesondere heraus, dass derzeit an den internationalen Versicherungsmärkten keine ausreichenden Versicherungsmöglichkeiten gegeben sind. Auch könne der Ausfall eines der vier großen internationalen Prüfungsnetzwerke nicht durch ein nachrückendes kleineres Netzwerk kompensiert werden und daher die betroffenen Unternehmen und die Kapitalmärkte beeinträchtigen. Schließlich werden im Rahmen der Studie, gestützt auf einen Vergleich der unterschiedlichen nationalen Regelungen, Ansatzmöglichkeiten zur Beschränkung der Haftung entwickelt. Nach Durchführung einer öffentlichen Konsultation zum Thema Abschlussprüferhaftung erging eine entsprechende Empfehlung der Kommission vom 5. Juni 2008 zur Beschränkung der zivilrechtlichen Haftung von Abschlussprüfern und Prüfungsgesellschaften (2008/473/EG), ABl. 2008 L 162/39. In der begleitenden Pressemitteilung IP/08/897 erläuterte die Kommission: „Die Empfehlung lässt den Mitgliedstaaten die Wahl, auf welche Weise sie die Haftung beschränken wollen, und führt verschiedene Grundsätze ein, die sicherstellen sollen, dass die Haftungsbeschränkung den Abschlussprüfern ebenso gerecht wird wie den geprüften Unternehmen, Anlegern und sonstigen Betroffenen." Studie, Empfehlung und weitere Materialien hierzu sind abrufbar unter: http://ec.europa.eu/internal_market/auditing/liability/index_de.htm.

378 Vgl. *Lanfermann*, DB 2004, 609, 613.

eine förmliche Koordinierung auf europäischer Ebene mittels eines anderen, seiner Art nach flexibleren Rechtsinstruments zu schaffen.[379] Die Kommission hat bereits im Dezember 2005 die „European Group of Auditors' Oversight Bodies – EGAOB" eingesetzt. Diese Gruppe soll eine wirksame Koordination der neuen öffentlichen Aufsichtssysteme für Abschlussprüfer und Prüfungsgesellschaften in der EU gewährleisten. Außerdem soll sie fachlich zur Vorbereitung etwaiger Maßnahmen der Kommission zur Durchführung der Prüfungsrichtlinie beitragen, etwa bei der Übernahme der Internationalen Prüfungsgrundsätze oder der Bewertung der Aufsichtssysteme von Drittländern.

Im Kontext der angestrebten europäischen Zusammenarbeit fixiert die Prüfungsrichtlinie das Herkunftslandprinzip (Art. 34 PrRL). Bei grenzüberschreitenden Aktivitäten kommen demnach die Vorschriften und Aufsichtsregeln desjenigen Mitgliedstaates zur Anwendung, in dem der Abschussprüfer bzw. die Prüfungsgesellschaft zugelassen ist und in dem das zu prüfende Unternehmen seinen Sitz hat. An die Prüfung ausländischer Teileinheiten im Rahmen der Konzernabschlussprüfung und an die Börsennotierung des geprüften Unternehmens in anderen Mitgliedstaaten dürfen folglich keine über die Vorschriften des Herkunfts- bzw. Heimatmitgliedstaates hinausreichenden Anforderungen gestellt werden.[380]

d) Weitere Corporate Governance-Aspekte und internationale Bezüge

Als Bestandteil der besonderen Bestimmungen für Unternehmen von öffentlichem Interesse schreibt Art. 41 Abs. 1 PrRL diesen Unternehmen die Einrichtung eines so genannten Prüfungsausschusses (audit committee) grundsätzlich vor. Ziel ist es, die bereits erörterten externen Aufsichts- und Kontrollsysteme durch eine besondere unternehmensinterne Kontrolle zu ergänzen. Von dieser Pflicht zur Einrichtung eines Prüfungsausschusses eröffnet die Prüferrichtlinie den Mitgliedstaaten jedoch umfassende Befreiungsmöglichkeiten, die im Ergebnis die grundsätzliche Verpflichtung zur Errichtung eines Prüfungsausschusses fast vollständig derogieren. Den Mitgliedstaaten bleibt es demnach überlassen, kleinen und mittleren Unternehmen zu erlauben, die Aufgaben des Prüfungsausschusses durch den Aufsichtsrat bzw. Verwaltungsrat wahrnehmen zu lassen (Art. 41 Abs. 1 S. 4 PrRL). In gleicher Weise können sie zulassen oder beschließen, dass Unternehmen, die über ein der Funktion nach vergleichbares Organ verfügen, von der Pflicht zur Einrichtung eines audit committee befreit sind (Art. 41 Abs. 5 PrRL). Weiterhin können die Mitgliedstaaten eine Reihe von Unternehmen von der Pflicht zur Errichtung eines Prüfungsausschusses ausnehmen (Art. 41 Abs. 6 PrRL). Hierzu zählen unter

---

379 Vgl. *Lanfermann*, DB 2004, 609, 613. Erste Vorschläge zur Ausgestaltung eines europäischen Enforcement enthält das Diskussionspapier der *Fédération des Experts Comptables Européens*, „European Co-ordination of Public Oversight" vom September 2003, abrufbar unter: http://www.fee.be. Vgl. hierzu auch *Klein/Schaum/Tielmann*, WPg. 2003, 1100, 1103 f.

380 Vgl. den Vorschlag für eine Richtlinie des europäischen Parlaments und des Rates über die Prüfung des Jahresabschlusses und des konsolidierten Abschlusses und zur Änderung der Richtlinien 78/660/EWG v und 83/349/EWG des Rates vom 16. März 2004, KOM (2004) 177, S. 8.

anderen Tochterunternehmen eines Konzerns, so dass ein audit committee nur bei dem Mutterunternehmen erforderlich ist.

Der durch diese Mitgliedstaatenwahlrechte eröffnete Spielraum setzt sich auf der Ebene der personellen Struktur des Prüfungsausschusses fort. Nach Art. 41 Abs. 1 S. 1 PrRL obliegt es den Mitgliedstaaten festzulegen, ob das audit committee sich aus Mitgliedern des Verwaltungs- und/oder des Aufsichtsorgans und/oder aus Mitgliedern zusammensetzt, die durch eine Mehrheitsentscheidung der Gesellschafterversammlung bestellt werden. Verbindlich vorgegeben ist hingegen, dass mindestens ein sachverständiges Mitglied dem Prüfungsausschuss anzugehören hat.[381]

Sachlich obliegen dem Prüfungsausschuss, neben der internen Überwachung der Qualität der Rechnungslegung, der Abschlussprüfung und der internen Qualitätssicherung, zumindest auch die Sicherung der Unabhängigkeit des Prüfers (Art 41 Abs. 2 PrRL) und das Vorschlagsrecht für die Bestellung des Prüfers (Art. 41 Abs. 3 PrRL). Da die interne Kontrolle für die Qualität und Verlässlichkeit der Rechnungslegung von grundlegender Bedeutung ist, wird vor allem der Zusammenarbeit des Ausschusses mit dem Prüfer und den entsprechenden Informationspflichten gegenüber dem Prüfungsausschuss in der Richtlinie besonderes Gewicht eingeräumt (Art. 41 Abs. 4, Art. 42 PrRL).

Die mit der Prüfungsrichtlinie vorgeschlagenen Maßnahmen dienen im Grundsatz der Stärkung der Qualität der Abschlussprüfung in der Europäischen Gemeinschaft und des Vertrauens in den Europäischen Kapitalmarkt. Dieses Vertrauen darf nicht durch eine unter Umständen schlechtere Prüfungsqualität von Prüfern aus Drittstaaten untergraben werden. Um eine einheitliche Prüfungsqualität auch in Bezug auf die Arbeit von Prüfern zu gewährleisten, die Bestätigungsvermerke für in der Europäischen Gemeinschaft notierte Unternehmen aus Drittstaaten erteilen, sind diese Drittstaatenprüfer der Registrierungspflicht und dem Qualitätssicherungs-, Aufsichts-, Untersuchungs- und dem Sanktionssystem der Mitgliedstaaten zu unterwerfen (Art. 45 PrRL). Voraussetzung für eine Registrierung in einem EG-Mitgliedstaat ist es, dass der Drittstaatenprüfer Qualitätsstandards erfüllt, die denen der Richtlinienanforderungen gleichwertig sind (Art. 45 Abs. 5 PrRL).[382]

Zur Vermeidung daraus resultierender internationaler Mehrfachregulierungen können Prüfungsgesellschaften aus Drittländern nach Art. 46 PrRL von der Registrierung und anderen Anforderungen auf der Grundlage des Prinzips der Gegen-

---

381 Das Erfordernis, dass zumindest ein unabhängiges Mitglied des Ausschusses über die erforderliche Sachkunde in Rechnungslegung und/oder Abschlussprüfung verfügen soll, wird zu Recht als unzureichend angesehen; *Schildbach*, BFuP 2004, 252, 261 f. Diese minimalen Anforderungen an die Sachkunde dieses Gremiums stellen sich in Widerspruch zu den komplexen und weit reichenden Aufgaben, die dem Prüfungsausschuss nach der Richtlinie zugewiesen werden.

382 Vgl. auch den Vorschlag für eine Richtlinie des europäischen Parlaments und des Rates über die Prüfung des Jahresabschlusses und des konsolidierten Abschlusses und zur Änderung der Richtlinien 78/660/EWG v und 83/349/EWG des Rates vom 16. März 2004, KOM(2004) 177, S. 10.

seitigkeit freigestellt werden. Diese Freistellung ist aber nur möglich, wenn das Aufsichtssystem des betreffenden Drittstaates den Anforderungen der Prüfungsrichtlinie entspricht bzw. gleichwertig ist. Um in diesen Fällen eine EG-weite einheitliche Bewertung und Behandlung von Drittprüfern zu gewährleisten, behält sich die Kommission vor, diese Bewertung in Zusammenarbeit mit den Mitgliedstaaten durchzuführen.

Die internationale Verflechtung der Kapitalmärkte und die sich daraus ergebenden, marktübergreifenden Vertrauensschäden durch entsprechende Bilanzskandale verdeutlichen das Erfordernis einer vertrauensvollen Zusammenarbeit der Regulierungs- und Aufsichtsgremien. Zur Förderung des internationalen Informationsaustausches zwischen den Aufsichtsbehörden enthält die Richtlinie nunmehr Mindestanforderungen für den möglichen Zugriff bzw. die Bereitstellung von Arbeitspapieren und anderen Dokumenten an die zuständigen Stellen von Drittländern (Art. 47 JAbRL). Eine wichtige Anforderung an einen solchen Informationsaustausch ist auch hier der Grundsatz der Gegenseitigkeit.[383]

e) Zusammenfassung

Mit der Prüfungsrichtlinie steht im Grundsatz, von den aufgeführten Kritikpunkten abgesehen, nunmehr ein einheitlicher Mindest-Rechtsrahmen für die Abschlussprüfung in Europa zur Verfügung. Dieser Rechtsrahmen spezifiziert nicht nur die Anforderungen an die fachliche Kompetenz und Professionalität der Abschlussprüfer, sondern enthält zugleich grundlegende Qualitätsvorgaben für das Prüfungsverfahren sowie die interne und externe Qualitätskontrolle und Aufsicht über den Berufsstand. Durch das Zusammenspiel von grundlegenden Prinzipien und Durchführungsrechtsakten ist die Abschlussprüfung als qualitätssichernder Garant damit in ein grenzüberschreitend zusammenwirkendes System der Kontroll- und Aufsichtsinstanzen eingebettet und die Grundlage für ein europäisches Enforcement gelegt.[384]

Die Prüfungsrichtlinie vollzieht nicht nur die lang ersehnte Ausweitung der Harmonisierung auf dem Gebiet der Abschlussprüfung. Sie folgt zugleich unter Anlehnung an das Lamfalussy-Verfahren einem neuen, dynamischeren und flexibleren Regulierungsansatz. Das Zusammenwirken von prinzipienorientierten Vorgaben in der Richtlinie und konkretisierenden Durchführungsrechtsakten vermag eine flexiblere Abstimmung der Rechtsetzung an die Marktbedürfnisse und -gegebenheiten zu gewährleisten und zugleich auch die Konvergenz der mitgliedstaatlichen Regelungen zu erhöhen. Zudem spiegelt die Richtlinie die allgemeine Tendenz der Internationalisierung des europäischen Rechts wider. Analog zur Rechnungslegung wird auch die Abschlussprüfung an international anerkannten Standards und Praktiken ausgerichtet. Diese Internationalisierung fördert die Akzeptanz der in der Europäischen Gemeinschaft geprüften Abschlüsse

---

383 Siehe auch näher *Klein/Tielmann*, WPg 2004, 501, 509f.
384 Auch wenn dieses europäische Enforcement mangels eines europäischen Koordinationsmechanismus weiterhin noch auf den nationalen Enforcement-Systemen beruhen wird.

und stärkt damit den europäischen Finanz- und Kapitalmarkt im globalen Wettbewerb.

III. Beurteilung der Harmonisierung durch die Rechnungslegungsrichtlinien

Die Verabschiedung der Rechnungslegungsrichtlinien war von großer Bedeutung für die Entwicklung des Bilanzrechts in den Mitgliedstaaten.[385] Dies zeigt sich bereits an der zeitlichen Verzögerung der Umsetzung der Richtlinien in den einzelnen Mitgliedstaaten.[386]

Die Implementierung der Anforderungen der Rechnungslegungsrichtlinien hat in den Mitgliedstaaten mit unterschiedlicher Signifikanz Änderungen in den rechtlichen Anforderungen an die externe Rechnungslegung herbeigeführt.[387] In Großbritannien wurden zum Beispiel erstmals verbindliche Gliederungsvorschriften gesetzlich fixiert. Das gleiche gilt für Italien und Spanien, in deren Rechtsordnungen bis zur Implementierung der Richtlinienanforderungen nur sehr generell gefasste, unspezifische gesetzliche Anforderungen an die Form und den Inhalt der Rechnungslegung zu finden waren.[388]

Ebenso hat sich die Zielsetzung der externen Rechnungslegung in vielen Mitgliedstaaten gewandelt. Neben die traditionelle Zwecksetzung der Jahresabschlüsse als Ausschüttungsbemessungs- und Besteuerungsgrundlage trat das Ziel der Bereitstellung entscheidungsnützlicher Informationen für die Rechnungslegungsadressaten.[389] In diesem Zusammenhang wurde auch dem bisher in vielen Mitgliedstaaten vernachlässigten[390] konsolidierten Abschluss als Informations-

---

385 Vgl. *van Hulle*, Das Europäische Bilanzrecht (1993), 25; *Haller*, The European Accounting Review Vol. 11. (2002), 153, 159.

386 Dänemark hat die Jahresabschlussrichtlinie aus dem Jahre 1978 als erster Mitgliedstaat bereits verspätet im Jahre 1981 umgesetzt. Italien folgte als letztes der bei der Verabschiedung der Richtlinie vorhandenen Mitglieder der EG im Jahre 1991. Auch die Umsetzung der siebenten Richtlinie aus dem Jahre 1983 erfolgte nur mit zeitlicher Verzögerung. Frankreich und Deutschland haben hier im Jahre 1985 den Umsetzungsprozess als erste Mitgliedstaaten beendet. Erst im Jahre 1992 wurde der Umsetzungsprozess der Richtlinie durch Irland als letzten Mitgliedstaat beendet. Vgl. *Haller*, The European Accounting Review Vol. 11. (2002), 153, 155f.

387 Vgl. *Haller*, The European Accounting Review Vol. 11. (2002), 153, 155. Zum Einfluss der Jahresabschlussrichtlinie auf die nationalen Bilanzrechte vgl. auch die Länderberichte in *Gray/Coenenberg* (ed.), EEC Accounting Harmonisation: Implementation and Impact of the Fourth Directive (1993), Part II.

388 Vgl. *Haller*, The European Accounting Review Vol. 11. (2002), 153, 155.

389 Die Änderung bzw. Erweiterung der Zwecksetzungen der Rechnungslegung vollzog sich insbesondere in Spanien, Belgien, Österreich und Deutschland; vgl. *Haller*, The European Accounting Review Vol. 11. (2002), 153, 156.

390 Allein in Großbritannien und Irland fanden sich bereits vor Inkrafttreten der Konzernabschlussrichtlinie detaillierte gesetzliche Bestimmungen für den konsolidierten Abschluss, während in vielen Mitgliedstaaten der Konzernabschluss nur stiefmütterliche Beachtung fand. Zu nennen sind hier vor allem Österreich, Belgien, Italien, Griechenland und Spanien; vgl. *Haller*, The European Accounting Review Vol. 11. (2002), 153, 155, 156.

instrument und Basis für Investmententscheidungen eine größere Beachtung zugewandt.

Trotz dieses regulativen Einflusses der Rechnungslegungsrichtlinien auf den nationalen Normbestand des Bilanzrechts wird der Erfolg der Harmonisierung des Bilanzrechts auf der Grundlage der Rechnungslegungsrichtlinien in der Literatur eher kritisch beurteilt. Die Vielzahl von Wahlrechten in den Richtlinien stellt auf den ersten Blick den Erfolg des Harmonisierungsprozesses in Frage. In Teilen der Literatur wird gar bezweifelt, dass das Bilanzrecht überhaupt harmonisiert wurde und das Scheitern der Harmonisierungsstrategie des Europäischen Gesetzgebers postuliert.[391]

Versteht man Harmonisierung richtigerweise nicht als Vereinheitlichung, sondern als Angleichung im Sinne der Herstellung einer Gleichwertigkeit und Vergleichbarkeit und betrachtet man die Zielsetzungen der Rechnungslegungsrichtlinien, ist der Harmonisierungswirkung der Richtlinien nicht zu missachten. Es wird sich zeigen, dass bei der Beurteilung des Harmonisierungserfolges der Rechnungslegungsrichtlinien vielmehr zwischen dem theoretischen Harmonisierungseffekt der Richtlinien und der praktischen Umsetzung der Richtlinie zu unterscheiden ist.

Die Angleichung der Rechnungslegungsvorschriften durch die Jahresabschluss-, Konzernabschluss- und Prüfungsrichtlinie dient ausweislich der Rechtsgrundlage (Art. 44 Abs. 1, Abs. 2 lit. g EG) der Herstellung gleichwertiger Wettbewerbsbedingungen und dem Schutz der Rechnungslegungsadressaten durch eine vergleichbare und gleichwertige Rechnungslegungspublizität.[392] Die Gleichwertigkeit der Schutzmaßnahmen wird als Voraussetzung für die Öffnung der Märkte und damit zusammen mit der Gewährleistung gleicher Wettbewerbsbedingungen als Voraussetzung für die Schaffung eines einheitlichen Binnenmarktes angesehen. Einheitliche Rechnungslegungsvorschriften sind für das Funktionieren eines einheitlichen Binnenmarktes hingegen nicht notwendig. Wohl ist es aber wichtig, dass die Unternehmensinformationen in gleichwertiger und vergleichbarer Weise zur Verfügung stehen.[393]

Diese Zielsetzungen sollen durch die Vorgabe von Mindestbedingungen für den Umfang der zu erstellenden und der zu veröffentlichenden finanziellen Angaben, durch die Sicherung der Vergleichbarkeit und Gleichwertigkeit des materiellen Inhalts der Abschlüsse und durch einen Einblick in die tatsächlichen wirtschaftli-

---

391 Vgl. *Hopt*, ZGR 2000, 779, 792f.; *Schwarz*, Europäisches Gesellschaftsrecht (2000), Rn. 407; *Habersack*, Europäisches Gesellschaftsrecht[3] (2006), § 8 Rn. 9; *Baumbach/Hopt(-Merkt)*, HGB[33] (2008), Einl v § 238 Rn. 19; *Mock*, Finanzverfassung der Kapitalgesellschaften und internationale Rechnungslegung (2008), 74. Sehr kritisch auch *Kloos*, Die Transformation der 4. EG-Richtlinie (Bilanzrichtlinie) in den Mitgliedstaaten der Europäischen Gemeinschaft (1993), 473–476; *Schön*, ZGR 2000, 706, 716–719.

392 Vgl. zu diesem Aspekt insbesondere auch den 3. und 5. Erwägungsgrund der Jahresabschlussrichtlinie, Vierte Richtlinie 78/660/EWG vom 25. Juni 1978, ABl. 1978 L 222/11 (Fn. 31).

393 Vgl. *van Hulle*, in: *Schruff* (Hrsg.), Bilanzrecht unter dem Einfluss internationaler Reformzwänge (1996), 7, 10.

chen Verhältnisse des Unternehmens und in die bestehenden Konzernstrukturen (Informationsprimärpflichten) verwirklicht werden. Die sich in diesen formellen und materiellen Erfordernissen widerspiegelnde Transparenz der Unternehmensinformationen ist zudem durch Regelungen zur Offenlegung (weitere Informationsprimärpflicht) und durch ein funktionsfähiges Prüfungs-, Qualitätssicherungs- und Sanktionssystem als Garant für die Richtigkeit der bereitgestellten Informationen (Informationssekundärpflichten) zu ergänzen. Durch das Zusammenwirken dieser Informationsprimär- und -sekundärpflichten lässt sich grundsätzlich ein adäquates Informationsmodell sicherstellen.[394]

1) Harmonisierung der Informationssekundärpflichten

Die Harmonisierung der Offenlegung und Prüfung der Abschlüsse auf der Grundlage der Publizitätsrichtlinie und der Rechnungslegungsrichtlinien ist angesichts der geringen Gestaltungs- und Ermessensspielräume der Mitgliedstaaten grundsätzlich positiv zu werten. Durch die Jahres- und die Konzernabschlussrichtlinie werden die Vorgaben der Publizitätsrichtlinie für ein adäquates Sanktionssystem weiter präzisiert und eine kollektive Verantwortung der Organmitglieder gegenüber dem Unternehmen als Mindeststandard statuiert.[395]

Diese positive Einschätzung der Harmonisierung der qualitätssichernden Regelungen der Richtlinien wird durch die Prüfungsrichtlinie abgerundet. Die Prüfungsrichtlinie koordiniert nicht nur die Anforderungen an die fachliche Kompetenz und Professionalität der Abschlussprüfer, sondern führt auch die Qualitätsvorgaben für das Prüfungsverfahren und die interne und externe Qualitätskontrolle und Aufsicht europäischen Grundregeln und Mindeststandards zu.[396]

Die Vorgaben der Publizitäts-, Jahres- und der Konzernabschlussrichtlinie und der Prüfungsrichtlinie bilden damit zusammen einen harmonisierten europäischen Rechtsrahmen für die Offenlegung und Prüfung der erstellten Jahres- und Konzernabschlüsse und die Sanktionierung von Verstößen gegen die Rechnungslegungspflichten.

2) Harmonisierung der Informationsprimärpflichten

Während die Harmonisierung der formellen Regelungen zur Qualitätssicherung der zu erstellenden Abschlüsse somit grundsätzlich positiv bewertet werden kann, ist die Angleichung des materiellen Gehalts der Abschlüsse in Europa differenzierter zu sehen.

---

394 Vgl. hierzu § 2.II, S. 8 ff. und *Grundmann, Stefan*, FS Marcus Lutter (2000), 61, 67.
395 Vgl. hierzu im Einzelnen § 3.II.2)c)cc), S. 67 ff.
396 Zur Auseinandersetzung mit kritischen Stimmen vgl. § 3.II.4), S. 79 ff.

a) Harmonisierung der formellen Anforderungen

Der Umfang der Rechnungslegungspublizität ist durch die Rechnungslegungsrichtlinien sowohl für den Einzel- als auch für den Konzernabschluss harmonisiert.[397] Nicht nur die formellen Mindestbestandteile des Einzelabschlusses und des Konzernabschlusses, mithin die Bilanz, die Gewinn- und Verlustrechnung, der Anhang und der Lagebericht, werden durch die Richtlinien zwingend vorgegeben. Die Unterschiede in der Gliederung dieser Rechnungslegungsinstrumente sind bei den zugelassenen Alternativen ebenfalls nur peripherer Natur.[398] Bilanz, Gewinn- und Verlustrechnung, Anhang und der Lagebericht haben aufgrund der Regeln zum Mindestinhalt in allen Mitgliedstaaten formell den gleichen Inhalt.

Neben der Koordinierung des Publizitätsumfangs ist auch die angestrebte Vergleichbarkeit und Gleichwertigkeit der Jahres- und Konzernsabschlüsse in der Theorie grundsätzlich positiv zu bewerten.

b) Harmonisierung des materiellen Gehalts

Die Vergleichbarkeit und Gleichwertigkeit der Rechnungslegungsinformationen setzt neben einem formellen analogen Aufbau der Rechnungslegungsinstrumente auch die materielle Gleichwertigkeit und Vergleichbarkeit der Informationen voraus. Während die formelle Vergleichbarkeit durch die Gliederungsvorschriften und Mindestinhalte gewährleistet wird, ist die Vergleichbarkeit des materiellen Gehalts aufgrund der Vielzahl von Wahlrechten und Ermessensspielräumen in der Jahres- und Konzernabschlussrichtlinie eher fraglich.

Vor allem die Jahresabschlussrichtlinie eröffnet den Mitgliedstaaten durch zahlreiche Aktivierungs-, Passivierungs-, Ausweis- und Bewertungswahlrechten auf den ersten Blick einen erheblichen Gestaltungsspielraum, der durch die Ermessensspielräume, bedingt durch unpräzise Begriffsverwendungen und fehlende Ausdefinierung der Bilanzposten, weiter verstärkt wird. In den Wahlrechten und den Ermessensspielräumen verdeutlichen sich die zugrunde liegende Harmonisierungsstrategie und der Kompromisscharakter der Rechnungslegungsrichtlinien. Ziel der Rechnungslegungsrichtlinien ist die *Koordinierung* der bestehenden nationalen Schutzbestimmungen für die Gesellschafter und die externen Akteure. Die Angleichung der nationalen Rechnungslegungsbestimmungen erfolgt, darin be-

---

397 So auch *Niehus,* WPg 1987, 248, 249; *Haller,* The European Accounting Review Vol. 11 (2002), 153, 159.

398 So auch *Niehus,* WPg 1987, 248, 249; *Grundmann, Stefan,* Europäisches Gesellschaftsrecht (2004), 494; *Flower,* European Financial Reporting (2004), 104. Eine Untersuchung der *Fédération des Experts Comptables Européens* zum Harmonisierungseffekt der Jahresabschlussrichtlinie kommt ebenfalls zu dem Ergebnis, dass durch die Richtlinien ein „hohes Maß an Koordinierung hinsichtlich des Inhaltes und der Gliederung erreicht wurde"; vgl. *Regoort,* in: *Kommission der EG* (Hrsg.), Die Zukunft der Angleichung der Vorschriften der Rechnungslegung in den Europäischen Gemeinschaften (1990), 20.

steht der primäre Kompromiss, *unter Wahrung der nationalen Besonderheiten* in den Mitgliedstaaten.[399]

Die Informationsfunktion der Rechnungslegung als primäre Zielsetzung der Richtlinien soll durch die Wahlrechte und die Ermessensspielräume mit den national geprägten Bilanztraditionen und -funktionen in Einklang gebracht werden. Die Wahlrechte entsprechen demnach zumeist juristischen und sozio-ökonomischen Unterschieden in den Mitgliedstaaten.

Etwaige Widersprüche zwischen den unterschiedlichen Bilanzfunktionen sind nach dem Verständnis der Richtlinien durch eine zielkonforme Auslegung der Einzelnormen und entsprechende zusätzliche Angaben im Anhang (z.B. Art. 33 Abs. 4, Art. 43 Abs. 1 Nr. 14 und Art. 2 Abs. 4 JAbRL), gegebenenfalls auch unter Abweichung von den Einzelnormen (Art. 2 Abs. 5 JAbRL), aufzulösen.[400] Konvergenz im Sinne von Vergleichbarkeit und Gleichwertigkeit lässt sich so trotz der Achtung nationaler Besonderheiten wahren. Dies lässt sich mit den Worten von *Niehus* wie folgt zusammenfassen: „Die Voraussetzungen der Harmonisierung sind da. Es hängt davon ab, was die Menschen aus ihr machen.“[401]

Trotz der theoretischen Möglichkeit der Konvergenz sind in der Praxis erhebliche Abweichungen der Einzel- und Konzernabschlüsse in den einzelnen Mitgliedstaaten zu beobachten, die einer Vergleichbarkeit und Gleichwertigkeit der Abschlüsse und damit der praktischen Harmonisierung der externen Rechnungslegung entgegen stehen.

Die eingeschränkte Vergleichbarkeit der Abschlüsse in der Praxis lässt sich nicht primär auf den Kompromisscharakter der Richtlinie zurückführen. Eine solche Schlussfolgerung würde zugleich den Harmonisierungserfolg von Richtlinien im Allgemeinen in Frage stellen. Die wirkliche Ursache für die bestehenden Abweichungen liegt wohl eher in der unterschiedlichen, national geprägten Auslegung der Rechnungslegungsgrundsätze und der Einzelnormen der Richtlinien.[402]

Die Grundsätze der Rechnungslegung als normativer Rahmen wurden durch die Richtlinien vereinheitlicht. Sie stehen nach der hier vertretenen Auffassung zudem in einem strengen systematischen und normativen Hierarchieverhältnis, das zugleich die Grundlage für die Auslegung der Einzelvorschriften der Richtlinien bildet.[403] Diese Grundsätze für die Ausgestaltung der Rechnungslegung werden trotz ihrer einheitlichen europäischen Verfasstheit, bedingt durch ein unterschiedliches sprachliches Verständnis und national geprägte Rechnungslegungsfunktio-

---

399 Zur Herleitung dieses Harmonisierungsansatz vgl. § 3.I, S. 17.
400 Vgl. zu dieser Angleichungstechnik auch *Niehus,* WPg 1987, 248, 249; *van Hulle*, in: *Kommission der EG* (Hrsg.), Die Zukunft der Angleichung der Vorschriften der Rechnungslegung in den Europäischen Gemeinschaften (1990), 2, 4; *ders.*, Das Europäische Bilanzrecht (1993), 5; *Krumnow*, FS Jörg Baetge (1997), 681, 688.
401 *Niehus,* WPg 1987, 248, 252.
402 So auch *Haller*, European Accounting Review Vol. 11. (2002), 153, 157.
403 Zum Hierarchieverhältnis zwischen den Rechnungslegungsgrundsätzen vgl. § 3.II.2)a)bb)(3), S. 40ff.

nen, unterschiedlich ausgelegt. Dies gilt, wie erläutert wurde, vor allem für die Ziel- und Generalnorm des true and fair view.[404] Dieses unterschiedliche, national geprägte Verständnis der Grundsätze der Rechnungslegung, mithin des normativen Rahmens der Richtlinien, beeinträchtigt über eine differenzierte Auslegung und Umsetzung der Einzelnormen die Vergleichbarkeit und Gleichwertigkeit der Rechnungslegungsinformationen und damit den Harmonisierungserfolg der Richtlinien.

Der Generalklausel des true and fair view kommt in der Systematik der Richtlinien eine herausragende Bedeutung zu. In ihr präzisiert sich nicht nur die individual- und institutionsschützende Informationsfunktion der Rechnungslegung. Sie fungiert als grundsätzliche Inhaltsnorm zugleich als Grundlage für eine zielkonforme Auslegung der konkretisierenden weiteren Rechnungslegungsgrundsätze, der Einzelvorschriften der Richtlinie und der nationalen Regelungen. Eine solche zielkonforme Auslegung auf der Grundlage des Art. 2 Abs. 3 bis Abs. 5 JAbRL würde, wie am Beispiel der Aktivierung selbst erstellter immaterieller Vermögensgüter erläutert wurde,[405] die Bereitstellung entscheidungsnützlicher Informationen im Grundsatz sicherstellen, ohne dadurch einen Bruch mit anderen Bilanzfunktionen herbeizuführen.

Die national geprägte Auslegung des true and fair view-Gebots beeinträchtigt jedoch den in den Richtlinien angelegten Harmonisierungseffekt. Das Erfordernis einer europäischen Auslegung der Rechnungslegungsziele und -grundsätze kann angesichts dieser unterschiedlichen Auslegung nicht genügend angemahnt werden.

Dieses Urteil ändert sich auch nicht angesichts der erfolgten Änderungen der Richtlinien im Zuge der Fair Value- und der Modernisierungsrichtlinie. Mit diesen Änderungsrichtlinien wurde der bisherige Stand an Wahlrechten in der Jahres- und Konzernabschlussrichtlinie zur Gewährleistung der Konformität zwischen der IFRS-Bilanzierung und den Richtlinienbestimmungen weiter ausgebaut. Hieraus wird nun zum Teil die Bedeutungslosigkeit der Rechnungslegungsrichtlinien geschlussfolgert. Eine solche Wertung der Wahlrechte verkennt aber den sich aus dem spezifischen Zusammenwirken der Richtlinien und der inkorporierten IFRS ergebenden, im Folgenden noch näher zu erläuternden[406] Harmonisierungseffekt.

---

404 Vgl. § 3.II.2)a)bb), S. 35ff. Siehe auch *Haller*, European Accounting Review Vol. 11. (2002), 153, 157f.
405 Vgl. § 3.II.2)c)aa)(1), S. 52ff.
406 Vgl. hierzu § 5, S. 166ff.

§ 4. Kapitalmarktrechtliche Rechnungslegungspublizität

I. Von der Harmonisierung zur Standardisierung

Mit der zunehmenden Bedeutung der Kapitalmärkte wuchs der Druck auf die Rechnungslegung. Der enorme Anstieg internationaler Verflechtungen und die Dynamik der Kapitalmärkte erhöhten den Bedarf an finanziellen und nichtfinanziellen Informationen, die in einem hohen Maße *direkt* vergleichbar und transparent sind. Eine Rechnungslegung, die nur den Mindestanforderungen der Rechnungslegungsrichtlinien genügt, entsprach nicht mehr den Anforderungen des internationalen Kapitalmarktes oder den Erwartungen international agierender Investoren.[407] Die in der Harmonisierungsstrategie der Rechnungslegungsrichtlinien angelegten Gestaltungsspielräume und vor allem die unterschiedliche Auslegung der Rechnungslegungsgrundsätze führten zu erheblichen Unterschieden zwischen den nationalen Bilanzrechten.[408] Die europäische Rechnungslegung war in der Praxis trotz des harmonisierten normativen Rahmens ein Stückwerk[409], das dem Bedürfnis nach (direkter) Vergleichbarkeit und Transparenz nicht gerecht wurde.

Die betroffenen Unternehmen waren demnach gezwungen, ihren richtlinienkonformen Abschluss durch einen weiteren Abschluss zu ergänzen, der den Anforderungen der internationalen Kapitalmärkte Rechnung trägt.[410] Dieser arbeitsintensive und kostenaufwendige Vorgang führte zu einem deutlichen Wettbewerbsnachteil der Unternehmen.

In Folge dessen versuchte die Kommission unter Mithilfe einiger Mitgliedstaaten Ende der 80er Jahre, eine Anerkennung der Rechnungslegung der Mitgliedstaaten durch die US-amerikanische Börsenaufsichtsbehörde, die Securities and Exchange Commission (SEC), zu erreichen. Dies war jedoch nicht von Erfolg gekrönt. Die Strategie des Gemeinschaftsgesetzgebers, die auf der Drohung fußte, dass sich die meisten europäischen Konzerne einem Listing an der New York Stock Exchange verweigerten, wurde durch die Börsennotierung von Daimler Benz im Jahre 1993 unterlaufen.[411]

---

407 *van Hulle*, ZGR 2000, 537, 538. Vgl. auch den von der Kommission vorgelegten Vorschlag für eine Verordnung des Europäischen Parlaments und des Rates betreffend die Anwendung internationaler Rechnungslegungsgrundsätze vom 13. Februar 2001, KOM (2001) 80 endg., S. 3.

408 Zum letzten Aspekt vgl. auch die Mitteilung der Kommission: Harmonisierung auf dem Gebiet der Rechnungslegung: Eine neue Strategie im Hinblick auf die internationale Harmonisierung, KOM (95) 508, S. 5.

409 So ausdrücklich Mitteilung der Kommission an den Rat und das Europäische Parlament: Rechnungslegungsstrategie der EU: Künftiges Vorgehen, vom 13. Juni 2000, KOM (2000) 349 endg., S. 3.

410 Mitteilung der Kommission: Harmonisierung auf dem Gebiet der Rechnungslegung: Eine neue Strategie im Hinblick auf die internationale Harmonisierung, KOM (95) 508, S. 2, 5.

411 Vgl. *Wagenhofer*, Internationale Rechnungslegungsstandards IAS/IFRS[5] (2005), 29.

Mit dem Beschluss einer revolutionär *neuen Strategie* der Europäischen Gemeinschaft[412] Ende 1994 rückte der Standardsetzungsprozess des damaligen IASC in den Vordergrund der europäischen Interessen. Die Kommission würdigte in diesem Strategiepapier nicht nur den Fortschritt des IASC im internationalen Harmonisierungsprozess, sondern forderte auch eine stärkere Involvierung der Europäischen Gemeinschaft im Standardsetzungsprozess.[413] Die Strategie der gegenseitigen Anerkennung wich der neuen Strategie europäischer, kapitalmarktorientierter, international anerkannter Rechnungslegungsstandards. Der bereits bei der Verabschiedung der Jahresabschlussrichtlinie ins Leben gerufene Kontaktausschuss für Richtlinien der Rechnungslegung wurde in Folge dessen mit einer Untersuchung der Konformität der damaligen IAS mit den Richtlinien beauftragt. Zugleich wurde den Mitgliedstaaten empfohlen, den „global players" eine Rechnungslegung nach internationalen Rechnungslegungsstandards zu ermöglichen.[414]

Basierend auf der Prämisse einer grundsätzlichen Konformität zwischen den damaligen IAS und den Anforderungen der Rechnungslegungsrichtlinien und der Empfehlung der Standards durch die International Organization of Securities Commissions (IOSCO) sprach sich die Kommission im Folgenden in einer neuen Initiative[415] im Jahre 2000 endgültig für eine Standardisierung der Rechnungslegung, speziell des konsolidierten Abschlusses kapitalmarktorientierter Unternehmen, aus. Der kapitalmarktorientierten Rechnungslegung sollte zur Sicherung eines höheren Grades an Vergleichbarkeit der Abschlüsse innerhalb des Binnenmarktes eine einheitliche Sprache zugrunde gelegt werden.[416] Eine Standardisie-

---

412 Vgl. die Mitteilung der Kommission: Harmonisierung auf dem Gebiet der Rechnungslegung: Eine neue Strategie im Hinblick auf die internationale Harmonisierung, KOM (95) 508.

413 Mitteilung der Kommission: Harmonisierung auf dem Gebiet der Rechnungslegung: Eine neue Strategie im Hinblick auf die internationale Harmonisierung, KOM (95) 508, S. 2, 7f.

414 Mitteilung der Kommission: Harmonisierung auf dem Gebiet der Rechnungslegung: Eine neue Strategie im Hinblick auf die internationale Harmonisierung, KOM (95) 508; *van Hulle*, in: *Baetge* (Hrsg.), Übergang der Rechnungslegung vom HGB zu den IFRS (2004), 131, 133. Im Zuge dessen wurde in Deutschland durch das Kapitalaufnahmeerleichterungsgesetz vom 20. April 1998 (BGBl. I S. 707) der § 292a HGB a.F. eingeführt, der aber mittlerweile durch Art. 1 des Bilanzrechtsreformgesetz vom 4. Dezember 2004 (BGBl. I S. 3166) aufgehoben wurde. Vgl. zur bisherigen Rechtslage u.a. *Busse von Colbe*, FS Claus-Peter Werber (1999), 463, 479.
Der in der Mitteilung der Kommission vorgeschlagene Ansatz zur Stärkung der Europäischen Gemeinschaft im internationalen Harmonisierungsprozess konkretisierte sich im Folgenden in der Mitteilung „Finanzdienstleistungen: Abstecken eines Aktionsrahmens" aus dem Jahre 1998 (Mitteilung der Kommission, Finanzdienstleistungen: Abstecken eines Aktionsrahmens und dem nachfolgenden „Financial Services Action Plan" (Mitteilung der Kommission: Finanzdienstleistungen: Umsetzung des Finanzmarktrahmens: Aktionsplan, abrufbar unter: http://ec.europa.eu/internal_market/finances/actionplan/index_de.htm). Die Rechnungslegung wird darin als Schutz- und Funktionselement eines funktionierenden Kapitalmarktes dem Ziel der Integration eines europäischen Finanzmarktes unterstellt.

415 Mitteilung der Kommission an den Rat und das Europäische Parlament: Rechnungslegungsstrategie der EU: Künftiges Vorgehen, KOM (2000) 359 v. 13. Juni 2000.

416 *Ernst*, in: *Baetge* (Hrsg.), Übergang der Rechnungslegung vom HGB zu den IFRS (2004), 25, 28, Vgl. auch die Mitteilung der Kommission an den Rat und das Europäische Parlament: Rechnungslegungsstrategie der EU: Künftiges Vorgehen, KOM (2000) 359 v. 13. Juni 2000, S. 4f. und den von der Kommission vorgelegten Vorschlag für eine Verordnung des Europäischen Parlaments und des rung der Rechnungslegung würde nach Auffassung der Kommission nicht nur den Wettbewerb und den freien Kapitalverkehr als wichtige Bausteine für die Integration des europäischen Kapitalmarktes erleichtern, sondern zugleich die internationale Wettbewerbsfähigkeit der europäischen Kapitalmärkte und den Anlegerschutz stärken.[417]

Das Ziel der Integration und Wettbewerbsfähigkeit der europäischen Finanzmärkte lässt sich nach Auffassung der Kommission nur durch international anerkannte Rechnungslegungsstandards sicherstellen.[418] Die Schaffung eines eigenständigen europäischen Standardwerks wurde abgelehnt. Ein solches, regional geprägtes Regelwerk würde den Trend zur Globalisierung der Finanzmärkte verfehlen und es den europäischen Unternehmen erschweren, Kapital auf Drittmärkten aufzunehmen.[419]

In der Praxis boten sich als internationale Rechnungslegungsstandards nur die IFRS und die US-GAAP (US-Generally Accepted Accounting Principles) als Alternativen an. Die Wahl der IFRS als einheitliches Bilanzierungsregelwerk der kapitalmarktorientierten Unternehmen ist vor allem mit dem fehlenden internationalen Ansatz der US-GAAP zu begründen.[420] Die US-GAAP sind primär nationale amerikanische Rechtsvorschriften, welche auf die rechtlichen, ökonomischen und auch kulturellen Rahmenbedingungen in den USA abgestimmt sind. Diese nationalen Standards haben allein aufgrund der wirtschaftlichen Bedeutung des amerikanischen Kapitalmarktes und der restriktiven Politik der SEC eine weltweite Verbreitung erlangt. Die Wahl der IFRS sichert dagegen nicht nur eine internationale Ausrichtung der kapitalmarktrechtlichen Rechnungslegung, sondern bietet über das IASB auch das nötige Forum einer europäischen Einflussnahme auf den Standardsetzungsprozess.[421] Die Stärkung der IFRS erhöht zugleich den Innovationsdruck auf die US-amerikanischen Rechnungslegungsstandards und bietet damit Gewähr für einen globalen Wettbewerb der Standardsetzer um effiziente und interessengerechte Problemlösungen.

Rates betreffend die Anwendung internationaler Rechnungslegungsgrundsätze vom 13. Februar 2001, KOM (2001) 80 endg., S. 3.

417 Vgl. die Mitteilung der Kommission an den Rat und das Europäische Parlament: Rechnungslegungsstrategie der EU: Künftiges Vorgehen, KOM (2000) 359 v. 13. Juni 2000, S. 5 und den von der Kommission vorgelegten Vorschlag für eine Verordnung des Europäischen Parlaments und des Rates betreffend die Anwendung internationaler Rechnungslegungsgrundsätze vom 13. Februar 2001, KOM (2001) 80 endg., S. 3.

418 Vgl. Vorschlag für eine Verordnung des Europäischen Parlaments und des Rates betreffend die Anwendung internationaler Rechnungslegungsgrundsätze vom 13. Februar 2001, KOM (2001) 80 endg., S. 3.

419 Vgl. Vorschlag für eine Verordnung des Europäischen Parlaments und des Rates betreffend die Anwendung internationaler Rechnungslegungsgrundsätze vom 13. Februar 2001, KOM (2001) 80 endg., S. 3.

420 Vgl. *Hahn*, DStR 2001, 1267, 1268.

421 Zur Wahl der IFRS vgl. auch die Mitteilung der Kommission an den Rat und das Europäische Parlament: Rechnungslegungsstrategie der EU: Künftiges Vorgehen, KOM (2000) 359 v. 13. Juni 2000, S. 7.

Die Forderung des Lamfalussy-Reports[422] nach einem dynamischen Rechtsrahmen und die angestrebte standardisierte Anwendung der IFRS im konsolidierten Abschluss der kapitalmarktorientierte Unternehmen konkretisieren sich in der Verordnung (EG) Nr. 1606/2002 betreffend die Anwendung internationaler Rechnungslegungsstandards vom 19. Juli 2002,[423] der so genannten IFRS-Anwendungsverordnung (IFRS-VO). Den Bedürfnissen eines einheitlichen Kapitalmarktes nach einem hohen Maß an Transparenz der Unternehmensinformationen soll zudem durch die spezifischen kapitalmarktorientierten Offenlegungsanforderungen auf der Grundlage der Transparenzrichtlinie vom 15. Dezember 2004[424] genügt werden. Beide Rechtsakte und die sich daraus ergebenden Rechnungslegungspflichten werden im Folgenden näher betrachtet.

II. IFRS-Anwendungsverordnung und die endorsed IFRS

Das der IFRS-Anwendungsverordnung zugrunde liegende Ziel der Standardisierung der Rechnungslegung zur Verwirklichung eines einheitlichen europäischen Finanzmarktes findet nicht nur in der Wahl der Rechtsgrundlage (Art. 95 Abs. 1 EG), sondern auch in dem gewählten Rechtsinstitut der Verordnung Ausdruck.

Während mit dem Instrument der Richtlinien und der Gewährung umfassender Wahlrechte allenfalls eine Gleichwertigkeit der Abschlüsse gewährleistet werden kann, lässt sich allein mit dem Rechtsinstitut der Verordnung eine Standardisierung der Rechnungslegung erreichen. Das Rechtsinstrument der Verordnung bietet die Gewähr für eine einheitliche und durchgängige Anwendung der inkorporierten IFRS durch alle in der Europäischen Gemeinschaft börsennotierten Unternehmen.[425]

Entsprechend dem zugrunde liegenden prinzipienorientierten Rechtsetzungsverfahren nach den Empfehlungen des Lamfalussy-Reports beschränkt sich die IFRS-Anwendungsverordnung auf Regelungen zum persönlichen und sachlichen Anwendungsbereich und zum Anerkennungs- bzw. Endorsementverfahren der IFRS. Die Inkorporation der privaten Standards in das Gemeinschaftsrecht wirkt sich dabei nicht nur auf die Rechtsnatur und Bedeutung der IFRS, sondern auch auf die Auslegung und Anwendung dieser „europäisierten" Standards aus.

---

422 Zum Lamfalussy-Report siehe Fn. 336 und § 3.II.4), S. 79 ff.
423 Verordnung (EG) Nr. 1606/2002, ABl. 2002 L 243/1 (Fn. 5).
424 Richtlinie 2004/109/EG des Europäischen Parlaments und des Rates vom 15. Dezember 2004 zur Harmonisierung der Transparenzanforderungen in Bezug auf Informationen über Emittenten, deren Wertpapiere zum Handel auf einem geregelten Markt zugelassen sind, und zur Änderung der Richtlinie 2001/34/EG, ABl. 2004 L 390/38.
425 Zur Begründung des Rechtsinstituts der Verordnung vgl. auch den von der Kommission vorgelegten Vorschlag für eine Verordnung des Europäischen Parlaments und des Rates betreffend die Anwendung internationaler Rechnungslegungsgrundsätze vom 13. Februar 2001, KOM (2001) 80 endg., S. 4.

1) Persönlicher und sachlicher Anwendungsbereich

Der persönliche Anwendungsbereich der IFRS-Anwendungsverordnung erstreckt sich gemäß Art. 4 IFRS-VO auf alle EG-Gesellschaften. Gesellschaften im europäischen Kontext umfassen nach Art. 48 EG alle Unternehmen, die nach dem Zivil- oder Handelsrecht eines Mitgliedstaates gegründet wurden, einschließlich Genossenschaften, und andere juristische Personen, die unter das öffentliche Recht oder unter das nationale Privatrecht fallen, solange sie einen Erwerbscharakter aufweisen.

Im Hinblick auf die normierten Rechnungslegungspflichten sind – ausgehend von diesem weiten persönlichen Anwendungsbereich – drei verschiedene Gesellschaftsformen zu unterscheiden.[426]

a) Kapitalmarktorientierte Konzerne

Zu nennen sind zunächst die *kapitalmarktorientierten Konzerne*, d.h. die Konzerne, in denen zumindest ein verbundenes Unternehmen mit Wertpapieren in einem beliebigen Mitgliedstaat zum Handel an einem geregelten Markt im Sinne des Art. 1 Nr. 13 Wertpapierdienstleistungsrichtlinie[427] zugelassen ist. Art. 4 IFRS-Anwendungsverordnung normiert für diese Gesellschaften die Pflicht, ab dem 1. Januar 2005 den zu erstellenden Konzernabschluss nach den entsprechend dem Anerkennungsverfahren inkorporierten internationalen Rechnungslegungsstandards aufzustellen.[428] Da jeweils auch die Vorjahreszahlen anzugeben sind (IAS 1.36, IFRS 1.36), musste eine Eröffnungsbilanz jedoch bereits für das Vorjahr unter Achtung der inkorporierten IFRS erstellt werden.

Die Pflicht zur Rechnungslegung nach internationalen Rechnungslegungsstandards wird in Art. 9 IFRS-VO durch verschiedene Übergangsbestimmungen flankiert. Die Mitgliedstaaten können demnach bestimmte verbundene Unternehmen von der Verpflichtung nach Art. 4 IFRS-VO für alle Geschäftsjahre, die vor dem 1. Januar 2007 beginnen, freistellen. Diese Freistellung kann nach Art. 9 IFRS-VO nur verbundenen Gesellschaften gewährt werden, die für ein Geschäftsjahr, das vor dem 11. September 2002[429] begann, bereits international anerkannte Rechnungslegungsregeln eines Drittstaates angewandt haben (vor allem US-GAAP), da ihre Papiere dort zum öffentlichen Handel zugelassen sind. Der Aufschub kann daneben auch auf Unternehmen erstreckt werden, die nicht mit Aktien, sondern

426 Vgl. *Grundmann, Stefan*, Europäisches Gesellschaftsrecht (2004), Rn. 589.
427 Richtlinie 93/22/EWG vom 10. Mai 1993 über Wertpapierdienstleistungen, ABl. 1993 L 141/27.
428 Davon sind nach Angaben der Kommission rund 7.000 Unternehmen auf den geregelten Märkten der EU direkt betroffen, wobei bereits 275 die IFRS zugrunde legen (Vorschlag für eine Verordnung des Europäischen Parlaments und des Rates betreffend die Anwendung internationaler Rechnungslegungsgrundsätze vom 13. Februar 2001, KOM (2001) 80 endg., S. 23).
429 An diesem Tag wurde die IFRS-Anwendungsverordnung im Amtsblatt der Europäischen Union veröffentlicht.

lediglich mit sonstigen Wertpapieren wie Schuldverschreibungen oder Genussscheinen zum Handel an einen geregelten Kapitalmarkt zugelassen sind.

Die Verordnung (EG) Nr. 1569/2007[430] vom 21. Dezember 2007 legt die Voraussetzungen fest, unter denen ab 2009 nach einem bestimmten Mechanismus (Art. 2, Art. 3 der Verordnung) die Gleichwertigkeit von Drittland-GAAP (General Accepted Accounting Principles) mit den IFRS festgestellt werden kann. Neben einer Anwendbarkeit von Drittstaaten-GAAP aufgrund der Gleichwertigkeit wird die Kommission zudem befugt, Drittstaatemittenten zu gestatten, ihre GAAP in der EU während eines spätestens 2011 endenden Übergangszeitraums zu verwenden, sofern diese Länder auf die IFRS hinarbeiten bzw. das jeweilige Drittland die Übernahme der IFRS beabsichtigt (Art. 4 der Verordnung).

b) Kapitalgesellschaften und Kapitalgesellschaften & Co.

Die zweite hervorzuhebende Gesellschaftsform bilden die *Kapitalgesellschaften und Kapitalgesellschaften & Co.*, die den Rechnungslegungsrichtlinien unterfallen. Die IFRS-Anwendungsverordnung eröffnet den Mitgliedstaaten in Art. 5 IFRS-VO für diese Gesellschaften die Möglichkeit, den Unternehmen – unter Dispensation von der Anwendung der Rechnungslegungsrichtlinien – die Anwendung der internationalen Standards für den Konzernabschluss und/oder sogar für den Jahresabschluss vorzuschreiben oder zu gestatten.[431]

c) Sonstige Gesellschaftsformen

Die Option des Art. 5 IFRS-VO erstreckt sich aber nicht nur auf die Kapitalgesellschaften und Kapitalgesellschaften & Co. Sie offeriert den Mitgliedstaaten vielmehr drittens die Möglichkeit, den Anwendungsbereich der inkorporierten inter-

---

430 Verordnung (EG) Nr. 1569/2007 vom 21. Dezember 2007, ABl. 2007 L 340/66.

431 Die Option der Mitgliedstaaten, die endorsed IFRS über den Pflichtanwendungsbereich der IFRS-Anwendungsverordnung hinaus auch auf den Jahresabschluss und/oder Konzernabschluss der nicht kapitalmarktorientierten Unternehmen zu erstrecken, ist dogmatisch im Abgrenzung zu den Fakultativklauseln als Wahlrecht zu qualifizieren.
Versteht man Fakultativklauseln als Optionen, die den Mitgliedstaaten die Entscheidung über das „Ob" einer Regelung überlassen, und Wahlrecht als Option der Wahlmöglichkeit zwischen mehreren vorgegebenen Regelungsalternativen, so ist die Option des Art. 5 IFRS-VO bezogen auf die Kapitalgesellschaften und Kapitalgesellschaften & Co. als Wahlrecht zu kennzeichnen. Den Mitgliedstaaten wird bezogen auf diese Gesellschaftsformen, die zugleich dem Anwendungsbereich der Rechnungslegungsrichtlinien unterliegen, indirekt ein Wahlrecht zwischen den endorsed IFRS und den Richtlinienbestimmungen als maßgebliches Rechnungslegungsrecht eingeräumt. Nehmen die Mitgliedstaaten die Option des Art. 5 IFRS-VO wahr und erstrecken sie den Anwendungsbereich der endorsed IFRS auch auf die Kapitalgesellschaften und Kapitalgesellschaften & Co., so dispensieren sie diese Unternehmen bezogen auf den Regelungsgehalt der endorsed IFRS zugleich von der Pflicht der Einhaltung der Rechnungslegungsbestimmungen. Sehen die Mitgliedstaaten hingegen von einer Wahrnehmung der Option ab, so verbleibt es bei der Maßgeblichkeit der Rechnungslegungsrichtlinien.
Vgl. zur Differenzierung zwischen Fakultativklauseln und Wahlrechten *Lutter*, FS Ulrich Everling (1995), 765, 769, der die Fakultativklauseln abweichend von den vorliegend verwendeten Begrifflichkeiten als „Optionsmodell" bezeichnet und für die Wahlrechte dahingegen den Begriff „Alternativmodell" verwendet.

nationalen Rechnungslegungsstandards auch auf den Abschluss der *sonstigen Gesellschaftsformen* zu erstrecken.[432] Die Frage, ob ein Unternehmen dieser dritten Gesellschaftsform der Pflicht zur Rechnungslegung und damit zur Erstellung eines Jahresabschluss unterliegt, richtet sich hierbei nicht nach dem national umgesetzten Richtlinienrecht, sondern nach dem autonomen Bilanzrecht der Mitgliedstaaten.

Die Ausübung der Optionen des Art. 5 IFRS-VO durch einen Mitgliedstaat ist in allen Fällen der Kommission mitzuteilen (Art. 8 IFRS-VO).[433]

Die Darstellung des persönlichen und sachlichen Anwendungsbereichs der IFRS-Anwendungsverordnung verdeutlicht bereits das Bestehen erheblicher Interdependenzen zwischen den Rechnungslegungsrichtlinien und den Regelungen der Verordnung. Die IFRS-Anwendungsverordnung entfaltet entsprechend der oben vorgenommenen Differenzierung nur in dem Bereich einen gemeinschaftsrechtlichen Regelungsgehalt, in dem sie die Anwendung der inkorporierten internationalen Standards verbindlich vorschreibt oder aber – durch die Offerierung eines Mitgliedstaatenwahlrechts[434] – die Möglichkeit einer Dispensation von der Einhaltung der Rechnungslegungsrichtlinien schafft.[435] Gestattet die Verordnung den Mitgliedstaaten nunmehr die Anwendung der inkorporierten IFRS für Gesellschaften, für die die Mitgliedstaaten die Rechnungslegungsrichtlinien nicht umzusetzen haben, so ist die Ausübung dieses Wahlrechts eine autonome Entscheidung des nationalen Gesetzgebers. Das daraus fließende nationale Recht ist autonom gesetztes Recht des jeweiligen Mitgliedstaates. Es ist folglich nicht Teil des Europäischen Bilanzrechts und damit auch nicht Untersuchungsgegenstand der vorliegenden Arbeit.[436]

---

432 Die Option des Art. 5 IFRS-VO ist bezogen auf die sonstigen Gesellschaftsformen, namentlich die Personengesellschaften, als Fakultativklausel zu werten. Vgl. zur Definition der Fakultativklauseln und ihrer Abgrenzung zum Mitgliedstaatenwahlrecht Fn. 431.

433 Eine Übersicht der geplanten Implementation der IFRS-Anwendungsverordnung in den Mitgliedstaaten findet sich unter http://www.europa.eu.int/comm/internal_market/accounting/docs/ias/ias-use-of-options_en.pdf.
Der deutsche Gesetzgeber hat von dem Wahlrecht (vgl. Fn. 431) des Art. 5 IFRS-VO im Rahmen des Bilanzrechtsreformgesetzes (BilReG) vom 4. Dezember 2004 (BGBl. I, S. 3166) nur restriktiv Gebrauch gemacht, und zwar für nicht kapitalmarktorientierte Kapitalgesellschaften und Kapitalgesellschaften & Co wie folgt: Über den Pflichtanwendungsbereich der IFRS-Anwendungsverordnung hinaus besteht für Unternehmen, die den Antrag auf Zulassung zum geregelten Markt gestellt haben, beginnend mit dem 1. Januar 2007 eine Pflicht zur Anwendung der endorsed IFRS im Konzernabschluss (§ 315a Abs. 2 HGB). Den übrigen (nicht-kapitalmarktorientierten) Unternehmen steht es frei, ihren Konzernabschluss nach den endorsed IFRS aufzustellen (§ 315a Abs. 1 HGB). Daneben offeriert der deutsche Gesetzgeber den großen Kapitalgesellschaften die Möglichkeit, der verpflichtenden Bundesanzeigerpublizität durch einen Einzelabschluss nach den endorsed IFRS zu genügen (§§ 324a, 325 Abs. 2a HGB).

434 Zur Qualifizierung der Option des Art. 5 IFRS-VO bezogen auf die Kapitalgesellschaften und Kapitalgesellschaften & Co. als Wahlrecht vgl. Fn. 431.

435 *Grundmann, Stefan*, Europäisches Gesellschaftsrecht (2004), Rn. 589.

436 Zur Begriffsbestimmung des Europäischen Bilanzrechts vgl. § 2, S. 7. Die Abgrenzung zwischen dem gemeinschaftsrechtlichen Regelungsgehalt der Verordnung und dem autonomen Recht der Mitgliedstaaten, die Anwendung der endorsed IFRS auf sonstige Gesellschaften zu erstrecken, hat Rückwirkungen auf die Auslegung der so zur Anwendung kommenden endorsed IFRS.

2) Endorsement-Verfahren

Die Verordnung normiert für die erfassten Unternehmen eine Pflicht zur Rechnungslegung unter Anwendung der inkorporierten internationalen Rechnungslegungsstandards (Artt. 4, 5 IFRS-VO). Anerkannte internationale Rechnungslegungsstandards sind nach der IFRS-Anwendungsverordnung nur solche Standards, die vom International Accounting Standard Board (IASB) herausgegeben oder angenommen (Art. 2 IFRS-VO) und im Wege eines in der Verordnung konkretisierten Anerkennungsmechanismus (Endorsement) in das Gemeinschaftsrecht aufgenommen worden sind.

a) Anerkennungsobjekt – IFRS

Die internationalen Rechnungslegungsstandards i.S.d. Verordnung werden in Art. 2 IFRS-VO definiert. Demnach umfassen die internationalen Standards die vom IASB erstellten International Financial Reporting Standards im engeren Sinne, sowie die bis zur Umstrukturierung des Standardsetzers im Jahre 2001[437] erlassenen International Accounting Standards (IAS), einschließlich der dazu gehörenden Auslegungen (SIC/IFRIC-Interpretationen). Zur Erfassung künftiger Entwicklungen wird der Begriff der internationalen Rechnungslegungsstandards auch auf spätere Änderungen dieser Standards und Interpretationen sowie auf künftige vom IASB erstellte Standards und Interpretationen erstreckt. Diese Definition der Internationalen Rechnungslegungsstandards entspricht der Definition im IAS 1.11.

Die International Financial Reporting Standards (IFRS) als Oberbegriff für die Standards einschließlich der IAS und der Interpretationen des früheren Standing Interpretations Committee (SIC) und des nunmehrigen International Financial Reporting Interpretations Committee (IFRIC) werden vom IASB[438] beschlossen und veröffentlicht. Das IASB und seine Dachorganisation, die International Ac-

---

437 Zu Geschichte des IASB und den Hintergründen der Neuorganisation des Standardsetzers vgl. *Heyd/Lutz-Ingold*, Immaterielle Vermögenswerte und Goodwill nach IFRS (2005), 8 f.; *Wagenhofer*, Internationale Rechnungslegungsstandards IAS/IFRS[5] (2005), 54–57; *Baumbach/Hopt(-Merkt)*, HGB[33] (2008), Einl v § 238 Rn. 97–100.

438 Das IASB setzt sich aus vierzehn Mitgliedern zusammen, von denen zwölf hauptberuflich und zwei nebenberuflich tätig sind. Die Mitglieder des Boards werden von den Treuhändern (Trustees) ernannt. Die Treuhänder müssen nach der nunmehr überarbeiteten Satzung der Foundation (vgl. hierzu die nachstehende Fußnote) die Mitglieder des Boards so auswählen, „that it will comprise a group of people representing, within that group, the best available combination of technical expertise and diversity of international business and market experience in order to contribute to the development of high quality, global accounting standards" (IASC Foundation Satzung Rn. 19). Ebenso heißt es: „The Trustees shall select IASB members so that the IASB as a group provides an appropriate mix of recent practical experience among auditors, preparers, users and academics" (IASC Foundation Satzung Rn. 21). Eine bestimmte geografische Zugehörigkeit ist hingegen bisher kein Auswahlkriterium (vgl. IASC Foundation Satzung Rn. 20). Nach den derzeit diskutierten Reformplänen des IASCF wird das IASB von derzeit 14 auf 16 Mitglieder erweitert und zur Einschränkung der angelsächsischen Dominanz ist zudem die Implementierung geographischer Auswahlkriterien vorgesehen.

counting Standards Committee Foundation (IASCF)[439], sind privatrechtlich organisiert.[440] Die vom IASB im Rahmen des regelgeleiteten Verfahrens (due process)[441] erlassenen Standards sind demnach Empfehlungen einer privatrechtlich organisierten, internationalen Organisation. Sie sind im Hinblick auf ihre Rechtsverbindlichkeit und Durchsetzungsfähigkeit auf die Akzeptanz durch die Börsen und die nationalen Regelgeber angewiesen.[442]

Das Regelwerk des IASB lässt sich in drei Elemente einteilen: die Einzelstandards, die Interpretationen und das Framework.

aa) Stil und Struktur der Standards und der Interpretationen

Die einzelnen Standards – IAS bzw. IFRS im engeren Sinne – enthalten kasuistische Regeln zum Ansatz, zur Bewertung und zum Ausweis sowie Erläuterungen

---

439 Die IASCF ist rechtlich eine gemeinnützig anerkannte, steuerbefreite Gesellschaft (nonprofit corporation) nach dem Recht des US-Bundesstaates Delaware. Die Satzung der IASCF wurde im Rahmen der im Juni 2005 abgeschlossenen Constitutional Review überarbeitet. Weitere Änderungen wurden 2007 vorgenommen. Die aktuelle Fassung der Foundation Constitution ist abrufbar unter http://www.iasb.org. Bislang wurde das IASB durch Spenden privater Unternehmen sowie durch freiwillige Beiträge von Zentralbanken finanziert. Diese Finanzierungsstruktur wurde 2008 geändert, um eine stetige, von Individualinteressen unabhängige finanzielle Grundlage sicherzustellen. Vgl. hierzu und zur rechtlichen Beurteilung einer Finanzierung durch Sonderabgaben nach dem EG-Recht *Ohler*, EuZW 2006, 679–683. Eine Übersicht über das aktuelle Funding findet sich auf http://www.iasb.org. Zudem plant die die IASCF die Einrichtung eines u.a. von SEC, EU und IOSCO unterstützten Gremiums zur Ernennung der Treuhänder und zur Überwachung der Finanzierung des IASB (Monitoring Group); vgl. WPg 2008, 422–423.

440 Zu den Organen des IASCF gehören neben dem IASB die Treuhänder, das IFRIC und das Standards Advisory Concil (SAC). Den nach der überarbeiteten Satzung nunmehr einundzwanzig Treuhändern, vorwiegend einflussreiche Persönlichkeiten aus Wirtschaft und Verwaltung, obliegt eine allgemeine Aufsichts- und Beratungsfunktion. Zudem obliegt ihnen die Ernennung der Mitglieder des IASB, des IFRIC und des SAC. Das IASB als eigentliches Standardsetzungsorgan wird in seiner Arbeit u.a. durch das IFRIC und das SAC unterstützt. Dem IFRIC obliegt es, eine strenge und einheitliche Anwendung der IFRS durch Erarbeitung entsprechender Interpretationen zu sichern. Die neunundvierzig Mitglieder des SAC, vor allem Vertreter nationaler Standardsetzer, Organisationen der Rechnungslegungsersteller, Banken, Börsen usw., beraten das IASB in allen Aspekten seiner fachlichen Arbeit und sichern damit weiteren Interessengruppen die Einflussnahme auf das IASB. Zu den Organen des Standardsetzers vgl. auch *Großfeld/Luttermann*, Bilanzrecht[4] (2005), Rn. 114; *Wagenhofer*, Internationale Rechnungslegungsstandards IAS/IFRS[5] (2005), 56–61; *Zülch*, Die Gewinn- und Verlustrechnung nach IFRS (2005), 8; *Heuser/Theile*, IAS/IFRS-Handbuch[3] (2007), Rn. 20–27; *Pellens/Fülbier/Gassen/Sellhorn*, Internationale Rechnungslegung[7] (2008), 89–92.

441 Der Standardsetzungsprozess beginnt im IASB intern oder mit Initiativeingabe aus interessierten Kreisen. Vom Standards Advisory Council (SAC) sondierte Vorschläge für eine Standardsetzung werden auf die Agenda des IASB gesetzt oder je nach Diskussionsbedarf einer beratenden Advisory Group übergeben und zuvor als Diskussionspapier veröffentlicht. Fortgeschritten erscheint ein Entwurf (exposure draft), zu dem die Öffentlichkeit innerhalb einer bestimmten Frist Stellung nehmen kann; fakultativ findet eine öffentliche Anhörung statt. Auf dieser Basis kann das IASB mit mindestens acht von vierzehn Stimmen einen Standard beschließen. Der Standard, die Minderheitsvoten und die zugrunde liegenden Motive und der Verfahrensgang (basis of conclusion) sind zu veröffentlichen. Zum Prozess der Standardsetzung vgl. u.a. *Großfeld/Luttermann*, Bilanzrecht[4] (2005), Rn. 122–124; *Wagenhofer*, Internationale Rechnungslegungsstandards IAS/IFRS[5] (2005), 62–65; *Heuser/Theile*, IAS/IFRS-Handbuch[3] (2007), Rn. 40–45.

442 Zum Rechtscharakter der IFRS vgl. *Zeitler*, DB 2003, 1529; *Großfeld/Luttermann*, Bilanzrecht[4] (2005), Rn. 125; *Wagenhofer*, Internationale Rechnungslegungsstandards IAS/IFRS[5] (2005), 66.

der Posten der Rechnungslegung.[443] Die Standards weichen in ihrem Charakter als case law weitgehend von den Normen kontinental-europäischer Tradition, in denen in abstrakter Form Tatbestand und Rechtsfolge benannt werden, ab. Durch die Beschreibung der Zielsetzungen, Definitionen und das Nennen von Beispielen sowie darauf aufbauender Regeln sollen diverse konkrete Fallkonstellationen erfasst werden.[444] Die IFRS setzen demnach im Sinne eines Präjudizienrechts traditionell beim Einzelfall (case law) an.[445] Grundlegende Prinzipien und Grundsätze haben neben diesen Einzelregelungen eine eher untergeordnete Bedeutung. Diese Einzelfallregelungen in den Standards werden in vielen Detailfragen durch die Interpretationen – SIC und IFRIC – ergänzt.

Den IAS, IFRS im engeren Sinne und den Interpretationen liegt keine sachliche Ordnung nach Themenbereichen zugrunde, wie man sie aus kodifizierten Rechnungslegungssystemen kennt.[446] Die Standards und die Interpretationen sind vielmehr nach dem Zeitpunkt ihrer erstmaligen Verabschiedung mit eins beginnend durchnummeriert.[447] Der sachliche Bezug des Standards und der Interpretation wird allein durch den jeweils beigefügten Kurztitel hergestellt.

Im Grundsatz führt jeder Standard ein bestimmtes Rechnungslegungsproblem einer in sich abgeschlossenen Regelung zu. Der einzelne Standard behandelt in der Regel umfassend die Bilanzierung, Bewertung und Darstellung der Geschäftsvorfälle und Ereignisse sowie zusätzliche Angabepflichten. Einige Standards sind entweder aufgrund ihrer Thematik oder aufgrund der Komplexität des Rechnungslegungsproblems von ihrem Regelungsbereich her eingeschränkter, indem sie nur die Bilanzierung und Bewertung oder nur die Darstellung und zusätzliche Angabepflichten regeln. Eine Aufteilung der Materie auf mehrere Standards erfolgt nun dann, wenn die Regelungen sehr umfangreich oder umstritten sind, so das zunächst nur Teilbereiche einer Regelung zugeführt werden (z.B. IAS 32 „Finanzinstrumente: Angaben und Darstellung“ und IAS 39 „Finanzinstrumente: Ansatz und Bewertung“).[448]

Die IAS und IFRS im engeren Sinne weisen eine spezifische formale Gliederung auf, wobei zwischen den beiden Gliederungen deutliche Unterschiede bestehen.[449]

---

443 Haufe IFRS-Kommentar(-*Lüdenbach/Hoffmann*)[5] (2007), § 1 Rn. 1.

444 Vgl. *Buck, Petra*, JZ 2004, 883, 887; *Schulze-Osterloh*, Der Konzern 2004, 174, 175; *Heyd/Lutz-Ingold*, Immaterielle Vermögenswerte und Goodwill nach IFRS (2005), 16.

445 *Großfeld/Luttermann*, Bilanzrecht[4] (2005), Rn. 127.

446 Vgl. *Wagenhofer*, Internationale Rechnungslegungsstandards IAS/IFRS[5] (2003), 106; *Heyd/Lutz-Ingold*, Immaterielle Vermögenswerte und Goodwill nach IFRS (2005), 15; *Zülch*, Die Gewinn- und Verlustrechnung nach IFRS (2005), 12.

447 Wird ein Standard wesentlich überarbeitet, tritt der neue Standard an die Stelle des alten Standards, wenn sich ihre Inhalte decken. Andernfalls wird der verfasste Standard wie ein neuer Standard behandelt und der alte wird ungültig mit der Folge, dass die Nummerierung nicht mehr vollständig ist. Vgl. *Wagenhofer*, Internationale Rechnungslegungsstandards IAS/IFRS[5] (2005), 106.

448 Vgl. *Wagenhofer*, Internationale Rechnungslegungsstandards IAS/IFRS[5] (2005), 107.

449 Vgl. im Detail *Leoff/Rengel-Frank/Mielert*, IFRS/IAS: Internationale Rechnungslegung (2005), 19 f.; *Wagenhofer*, Internationale Rechnungslegungsstandards IAS/IFRS[5] (2005), 112–115; *Heuser/Theile*, IAS/IFRS-Handbuch[3] (2007), Rn. 34.

Sowohl bei den IAS als auch bei den neuen IFRS ist der eigentliche Standard in eine feste Gliederung gebunden, die neben einer Einleitung die Zielsetzungen, den Anwendungsbereich, den eigentlichen Standard, mit seinen grundlegenden fettgedruckten Prinzipien und Detailregelungen, ggf. Angabe- und Darstellungspflichten, Regelungen zum In-Kraft-Treten und etwaige Übergangsvorschriften enthält.[450] Im Gegensatz zur Gliederung der IAS sind die Definitionen der verwendeten Begriffe bei den neuen IFRS Bestandteil eines integralen Anhangs. Neben den Begriffsbestimmungen werden zudem ggf. spezifische Anwendungsleitlinien und Änderungen weiterer IFRS integraler Bestandteil der IFRS im engeren Sinne.[451] Dennoch gibt es sowohl bei den IAS als auch bei den IFRS im engeren Sinne bestimmte Verlautbarungen zu den einzelnen Standards, die nicht integraler Bestandteil des Standards sind, dementsprechend auch nicht unter die Definition des Art. 2 IFRS-VO fallen und folglich nicht inkorporiert werden.

Die Anhänge der IAS, die z. B. erläuternde Beispiele, erläuternde Angaben und Illustrationen enthalten,[452] sind im Gegensatz zu den Anhängen der IFRS im engeren Sinne nicht Bestandteil des Standards.[453] Sie wurden dementsprechend auch nicht in das Gemeinschaftsrecht überführt. Bei den neuen Standards sind zwar die beigefügten Anhänge Bestandteil des jeweiligen Standards. Die daneben herausgegebenen erläuternden Beispiele und Illustrationen, Implementierungsleitlinien und die Grundlage der Beschlussfassung werden jedoch gesondert veröffentlicht.[454] Sie sind ebenfalls kein integrales Element des jeweiligen Standards, aber eine hilfreiche Quelle zur Auslegung desselben (vgl. IAS 8.7).[455] Als Beispiel kann hier etwa auf die gesonderte Veröffentlichung der Basis of Conclusion zu IFRS 3 „Unternehmenszusammenschlüsse" verwiesen werden.[456]

---

450 Vgl. *Wagenhofer*, Internationale Rechnungslegungsstandards IAS/IFRS[5] (2005), 112–115; *Heuser/Theile*, IAS/IFRS-Handbuch[3] (2007), Rn. 34; *Baumbach/Hopt (-Merkt)*, HGB[33] (2008), Einl v § 238 Rn. 113.

451 Dies zeigt sich beispielhaft an IFRS 2, der die in seinen Anhängen aufgeführten Definitionen (Anhang A.) und Anwendungsleitlinien (Anhang B.) ausdrücklich zu Bestandteilen des IFRS erklärt.
In dem Sinne sind die Ausführungen von *Heuser/Theile*, IAS/IFRS-Handbuch[3] (2007), Rn. 36, wonach die Anwendungsleitlinien keinen Standardrang haben, aber im Rahmen der Anwendung der Standards nach IAS 8.7. zu berücksichtigen sind, unzutreffend. Die Aussagen der Autoren treffen vielmehr für die Implementierungsleitlinien oder auch Umsetzungsleitlinien (vgl. IAS 8.7.) zu, die aber strikt von den Anwendungsleitlinien zu unterscheiden sind.

452 Beispielhaft ist dies an IAS 19 zu sehen, der in seinem Anhang erläuternde Beispiele (Anhang A.) und Angaben (Anhang B., C.) und auch die abweichenden Meinungen (Anhang E.) enthält.

453 So wird zu Beginn des Anhangs in IAS 19 ausgeführt: „Der Anhang gehört zu IAS 19, ist jedoch nicht Teil des Standards." Demgegenüber wird etwa im Anhang A. und B. des IFRS 2 ausdrücklich darauf verwiesen, dieser „Anhang ist Bestandteil des IFRS".

454 *Wagenhofer*, Internationale Rechnungslegungsstandards IAS/IFRS[5] (2005), 114; vgl. zu den Implementierungsleitlinien auch Haufe IFRS-Kommentar(-*Lüdenbach/Hoffmann*)[5] (2007), § 1 Rn. 59.

455 In dem Sinne erwähnt IAS 8.7. die Implementierungs- oder auch Umsetzungsleitlinien zwar nicht unter den *anzuwendenden*, aber unter den zu *berücksichtigenden* Regelungen.

456 *IASB*, Basis of Conclusion on Exposure Draft, Proposed Amendments to IFRS 3 Business Combinations (2005).

Die Interpretationen des SIC und des IFRIC folgen ebenfalls einer festen Gliederung. Die Interpretationen waren in der Vergangenheit eher kurz gehalten, tendieren jedoch dazu, länger zu werden (vgl. IFRIC 4, Feststellung, ob eine Vereinbarung ein Leasinggeschäft beinhaltet).[457] Die Interpretationen beginnen mit einer Fragestellung, in welcher der zu interpretierende Sachverhalt dargestellt wird. Es folgen der Beschluss, in dem die Problemlösung aufgezeigt wird, sowie die Grundlage für die Schlussfolgerungen, die sich auf die angesprochenen IFRS und auch das Rahmenkonzept beziehen, und schließlich der Zeitpunkt des In-Kraft-Tretens der Interpretationen.[458]

bb) Das Rahmenkonzept und weitere Grundlagenbestimmungen

Den Einzelstandards steht das „Rahmenkonzept für die Aufstellung und Darstellung von Abschlüssen", im Folgenden kurz als Framework bezeichnet, zur Seite.[459]

Die übergreifenden Überlegungen des Framework sollen gemäß Abs. 1 (im Folgenden mit F für Framework und dem Paragrafen bezeichnet, hier damit F.1.) dem Regelgeber bei der deduktiven Ableitung neuer Standards, dem Bilanzersteller und Abschlussprüfer bei der Anwendung der Einzelstandards und bei der Lösung ungeregelter Fragen sowie dem Abschlussadressaten bei der Interpretation von Abschlüssen als Leitlinien dienen.[460]

Im Rahmen dieser Zielsetzungen behandelt das Framework zwei große Regelungsbereiche:[461] Es benennt zum einen die konzeptionelle Basis der Rechnungslegung, das heißt die zugrunde liegenden Rechnungslegungsziele, Grundannahmen und qualitativen Anforderungen (F.9–46; F.102–110). Zudem enthält es allgemeine Definitionen, Ansatz- und Bewertungskriterien der Abschlussposten (F.47–101).[462]

Das Framework bildet in der Zusammenschau mithin die normative Grundlage der IFRS. Es legt die Prinzipien und grundlegenden Maximen fest, die durch die Einzelregelungen weiter konkretisiert und zum Teil auch unter Abweichungen[463]

---

457 Vgl. *Wagenhofer*, Internationale Rechnungslegungsstandards IAS/IFRS[5] (2005), 115.

458 Vgl. *Wagenhofer*, Internationale Rechnungslegungsstandards IAS/IFRS[5] (2005), 115.

459 Das IASB und das FASB führen derzeit gemeinsam ein auf mehrere Jahre angelegtes Projekt mit dem Ziel der Schaffung eines einheitlichen Rahmenkonzeptes durch. Erste Ergebnisse des Projektes wurden am 6. Juli 2006 in einem Diskussionspapier der Öffentlichkeit unterbreitet. Die Fertigstellung ist nicht vor 2010 zu erwarten. Vgl. zum Diskussionsstand *Kampmann/Schwedler*, KoR 2006, 521–530.

460 Vgl. auch *Zülch*, Die Gewinn- und Verlustrechnung nach IFRS (2005), 12; Haufe IFRS-Kommentar(*-Lüdenbach/Hoffmann*)[5] (2007), § 1 Rn. 2; *Baumbach/Hopt (-Merkt)*, HGB[33] (2008), Einl v § 238 Rn. 121.

461 Haufe IFRS-Kommentar(*-Lüdenbach/Hoffmann*)[5] (2007), § 1 Rn. 3.

462 Zu beiden Regelungsbereichen vgl. im Einzelnen auch *Wagenhofer*, Internationale Rechnungslegungsstandards IAS/IFRS[5] (2005), 115–128; *Baumbach/Hopt (-Merkt)*, HGB[33] (2008), Einl v § 238 Rn. 122–136.

463 Das Framework ist in Teilen nicht mehr ganz zeitgemäß und von der Entwicklung der Standards überholt. Das IASB präferiert etwa in den Einzelstandards zunehmend eine fair value-Bewertung, mithin einen Wertansatz, der im Framework gar nicht benannt wird. Siehe auch *Wagenhofer*, Internationale Rechnungslegungsstandards IAS/IFRS[5] (2005), 116.

weiter entwickelt werden.[464] Bereits auf der Grundlage dieses Spezialitätsverhältnisses gehen die Einzelstandards dem Framework als speziellere Regeln vor (vgl. F.2.). Diese subsidiäre Stellung des Frameworks wird zudem noch durch seine fehlende Qualifizierung als IFRS verstärkt. Das Framework selbst stellt in F.2 klar, dass das Rahmenkonzept keinen Standardcharakter hat, mithin kein IFRS im Sinne des IAS 1.11. ist.

Grundlegende Aussagen zum Anwendungsbereich, Verpflichtungsgrad und dem Entstehungsprozess der IFRS finden sich neben dem Framework auch in der Satzung der IASCF und in dem Vorwort zu den IFRS. Auch diese Verlautbarungen haben keinen Standardcharakter.

In der Zusammenschau lässt sich folglich festhalten, dass sowohl das Framework als auch die benannten Verlautbarungen des IASCF zusammen mit den nicht integralen Bestandteilen der Standards, wie etwa die Grundlage der Beschlussfassung (Basis of Conclusion) oder die Implementierungsleitlinien (Implementation Guidances), aufgrund ihres fehlenden Standardcharakters nicht von der Definition der internationalen Rechnungslegungsstandards in Art. 2 IFRS-VO erfasst werden. Das Framework und die den Standard begleitenden Ausführungen werden folglich nicht in das europäische Recht inkorporiert.[465] Aus dieser „beschränkten“ Inkorporation der Verlautbarungen ergeben sich erhebliche Folgen für die normative Eingliederung und folglich auch für die Auslegung der inkorporierten IFRS, die in einem der nachfolgenden Gliederungspunkten noch näher betrachtet werden.[466]

b) Anerkennungsmechanismus

Die in Art. 2 IFRS-VO definierten unverbindlichen privaten Rechnungslegungsstandards unterliegen dem Anwendungsvorbehalt des Art. 3 IFRS-VO: Nur jene Standards und Interpretationen, die von der Kommission anerkannt und als Kommissionsverordnung in allen Amtssprachen im Amtsblatt der Europäischen Union veröffentlicht worden sind, sind für die betroffenen Unternehmen verbindlich.[467]

Die unverbindlichen Rechnungslegungsstandards werden somit in verbindliches Gemeinschaftsrecht überführt.[468] Mit anderen Worten: Die Fachnormen IFRS werden durch den Endorsement-Mechanismus in verbindliche Rechtsnormen, sozusagen in europaspezifische IFRS bzw. endorsed IFRS, gewandelt.[469]

---

464 Zum Verhältnis des Framework zu den Einzelstandards vgl. auch Haufe IFRS-Kommentar(-*Lüdenbach/Hoffmann*)[5] (2007), § 1 Rn. 3.
465 Das Framework der IFRS ist damit kein verbindliches EU-Recht. So aber irrtümlich *Schöllhorn/Müller*, DStR 2004, 1623, 1624.
466 Vgl. hierzu § 4.II.4), S. 135 ff.
467 Vgl. *Heintzen*, BB 2001, 825, 826; *Heuser/Theile*, IAS/IFRS-Handbuch[3] (2007), Rn. 55.
468 Vgl. Münchener Kommentar AktG(-*Luttermann*), Bd 5/1[2] (2003), Einf BilanR Rn. 251; *Hauck/Prinz*, Der Konzern 2005, 635, 636 f.
469 Zur Abgrenzung der Rechtsnormen von Fachnormen vgl. *Wüstemann*, Generally Accepted Accounting Principles (1999), 95.

Diese Inkorporation kann zur Wahrung ihrer Legitimation nicht auf der Grundlage eines dynamischen Verweises auf die Standards des IASB erfolgen. Zur Gewährleistung der erforderlichen Legitimation und Rechtssicherheit müssen die internationalen Standards vielmehr einzelfallweise in den europäischen Rechtsrahmen für die Rechnungslegung eingebunden werden.[470] Es bedarf eines besonderen Anerkennungsverfahrens, um den nötigen rechtsgestalterischen Einfluss und die öffentliche Aufsicht durch die Organe der Europäischen Gemeinschaft zu gewährleisten.

Die wesentliche Aufgabe des Anerkennungsverfahrens besteht nach den Ausführungen der Kommission darin zu bestätigen, dass die IFRS mit dem Gesamtkonzept der europäischen Rechtsordnung vollständig übereinstimmen, genauer, dass sie mit den Rechnungslegungsrichtlinien konform gehen und dass sie eine geeignete Grundlage für den konsolidierten Abschluss börsennotierter Unternehmen darstellen.[471] Aufgabe des Verfahrens ist es demnach nicht, die IFRS neu zu formulieren oder zu ersetzen, sondern die Inkorporation neuer bzw. geänderter Standards und Interpretationen zu überwachen.[472]

In dem Anerkennungsverfahren, dem Endorsement, konkretisieren sich zugleich die im Lamfalussy-Report aufgestellten Anforderungen an das Rechtsetzungsverfahren.[473] Die IFRS-Anwendungsverordnung normiert als Rahmenrechtsakt die Pflicht zur Anwendung der entsprechend dem Endorsement inkorporierten IFRS und bestimmt sowohl das Verfahren als auch die wesentlichen Kriterien der Inkorporation. Auf der Grundlage dieses „Rahmengesetzes“ werden die internationalen Rechnungslegungsstandards im Wege des nach Art. 6 IFRS-VO anzuwendenden Komitologieverfahrens in sekundäres Gemeinschaftsrecht überführt.[474]

Das Anerkennungsverfahren weist eine zweigliedrige Struktur auf, die eine Regelungs- und eine Sachverständigenebene umfasst.[475]

---

470 Mitteilung der Kommission an den Rat und das Europäische Parlament: Rechnungslegungsstrategie der EU: Künftiges Vorgehen, KOM (2000) 359 v. 13. Juni 2000, S. 8.
471 Mitteilung der Kommission an den Rat und das Europäische Parlament: Rechnungslegungsstrategie der EU: Künftiges Vorgehen, KOM (2000) 359 v. 13. Juni 2000, S. 9. Diese Aufgabe des Anerkennungsverfahrens spiegelt sich auch in den Kriterien für die Inkorporation (Art. 3 Abs. 2 IFRS-VO) wider.
472 Vgl. den von der Kommission vorgelegten Vorschlag für eine Verordnung des Europäischen Parlaments und des Rates betreffend die Anwendung internationaler Rechnungslegungsgrundsätze vom 13. Februar 2001, KOM (2001) 80 endg., S. 5.
473 Vgl. zum Lamfalussy-Report Fn. 336 und § 3.II.4), S. 79 ff.
474 Zum Komitologieverfahren siehe Fn. 338.
475 Vgl. den von der Kommission vorgelegten Vorschlag für eine Verordnung des Europäischen Parlaments und des Rates betreffend die Anwendung internationaler Rechnungslegungsgrundsätze vom 13. Februar 2001, KOM (2001) 80 endg., S. 5.

aa) Regelungsebene des Anerkennungsmechanismus

Auf der Regelungsebene wird darüber befunden, ob ein IFRS-Rechnungslegungsstandard in das Gemeinschaftsrecht überführt wird, und ggf. der Zeitpunkt seiner Erstanwendung im europäischen Rechtsraum bestimmt.[476]

Über die Anwendbarkeit der internationalen Rechnungslegungsstandards befindet die Kommission im so genannten „Regelungsverfahren mit Kontrolle" gemäß Art. 5a, Art. 7 und Art. 8 des durch den Beschluss des Rats vom 17. Juli 2006 (2006/512/EG)[477] geänderten Komitologiebeschlusses[478]. In diesem Verfahren wird die Kommission durch verschiedene Rechtsetzungsgremien und private Gremien unterstützt. Gemäß Art. 6 IFRS-VO ist ein „Regelungsausschuss für Rechnungslegung" (Accounting Regulatory Committee – ARC; im Folgenden Regelungsausschuss oder ARC genannt) zu bilden. Der Ausschuss setzt sich unter dem Vorsitz der Kommission aus Repräsentanten der europäischen Mitgliedstaaten zusammen (Art. 6 Abs. 2 IFRS-VO i. V. m. Art. 5 a Abs. 1 Ratsbeschluss 2006/512/EG[479]).

Fachlich wird die Kommission durch eine privatrechtlich organisierte Expertengruppe, die European Financial Reporting Advisory Group (EFRAG), und die Prüfgruppe für Standardsübernahmeempfehlungen („Standards Advice Review Group") unterstützt.[480]

Die EFRAG wurde in Abstimmung mit der Kommission zur Unterstützung des Endorsement-Prozesses von den Organisationen der Rechnungsleger in Europa als privatrechtliche Organisation[481] geschaffen. Organisatorisch hat die EFRAG zwei Ebenen, nämlich einen Aufsichtsrat, in dem die europäischen Organisationen der Rechnungslegung vertreten sind, und eine Technical Expert Group (TEG). Die TEG setzt sich aus elf unabhängigen Rechnungslegungsfachleuten zusammen, die vom Aufsichtsrat berufen werden. Dieser Expertengruppe obliegt die eigentliche inhaltliche Arbeit im Rahmen des Endorsement-Prozesses. Seit März 2006 regelt

---

476 Vgl. Vorschlag für eine Verordnung des Europäischen Parlaments und des Rates betreffend die Anwendung internationaler Rechnungslegungsgrundsätze vom 13. Februar 2001, KOM (2001) 80 endg., S. 5.

477 Beschluss des Rates vom 17. Juli 2006 zur Änderung des Beschlusses 1999/468/EG zur Festlegung der Modalitäten für die Ausübung der der Kommission übertragenden Durchführungsbefugnisse, ABl. 2006 L 200/11.

478 Beschluss des Rates zur Festlegung der Modalitäten für die Ausübung der der Kommission übertragenden Durchführungsbefugnisse 1999/468 vom 28. Juni 1999, ABl. 1999 L 184/23. Vgl. hierzu auch die Fn. 338.

479 Beschluss des Rates vom 17. Juli 2006 (Fn. 477).

480 Vgl. dazu den 10. und 14. Erwägungsgrund der IFRS-Anwendungsverordnung, Verordnung (EG) Nr. 1606/2002, ABl. 2002 L 243/1 (Fn. 5).

481 UNICE (Union des Confédérations de l'Industrie et des Employeurs d'Europe), FEE (Fédéderation des Experts Comptables Européens), EBF (European Banking Federation), ESBG (European Savings Banks Group), GEBC (European Association of Corporate Banks), CEA (Comité Européen des Assurance), EFFAS (European Federation of Financial Analysts Societies), FESE (Federation of European Securities Exchanges), UEAPME (European Association of Craft, Small and Medium-sized Enterprises) and EFAA (European Federation of Accountants and Auditors for SME's).

ein Working Agreement die Zusammenarbeit zwischen EFRAG und der Kommission.[482]

Zur Sicherung der hohen Qualität, Transparenz und Glaubwürdigkeit des Übernahmeverfahrens hat die Europäische Kommission mit ihrer Entscheidung vom 14. Juli 2006 die Einsetzung der Standards Advice Review Group beschlossen.[483] Diese soll die Kommission als institutionelles Gremium der Gemeinschaft hinsichtlich der Objektivität und Neutralität der von der EFRAG abgegebenen Stellungsnahme beraten.[484] Die Prüfungsgruppe setzt sich aus höchstens sieben, durch die Kommission zunächst für eine Amtszeit von drei Jahre ernannten Sachverständigen zusammen, die von der EFRAG unabhängig sein müssen.[485]

Neben den privaten Gremien kommt dem Rat der Europäischen Union und dem Europäischen Parlament in dem Ausschussverfahren eine Aufsichts- und nunmehr nach dem neuen Regelungsverfahren mit Kontrolle auch eine wichtige Kontrollfunktion zu.[486]

(1) *Verfahren der Einbeziehung nach Artt. 3, 6 IFRS-VO*

Im Vorfeld des Rechtsetzungsverfahrens erarbeitet die Europäische Kommission den Entwurf eines Vorschlages zur Einbeziehungsentscheidung. Hierzu unterbreitet die EFRAG der Kommission innerhalb von zwei Monaten nach der Genehmigung eines neuen bzw. überarbeiteten IFRS durch das IASB eine Entscheidungsempfehlung auf der Grundlage von Stellungnahmen interessierter Kreise (EFRAG, Statement of Due Process, 3.1.[487]). Für die Ablehnung eines Standards bedarf es einer Zweidrittelmehrheit in der EFRAG, die Annahme eines Standards setzt hingegen nur eine einfache Mehrheit voraus (EFRAG, Statement of Due Process, 3.7.[488]).[489] Entscheidungsgrundlage des positiven oder negativen endorsement advice sind die Endorsement-Kriterien und das IASB-Framework (EFRAG, Statement of Due Process, 3.9.[490]). Seit 2007 veröffentlicht die EFRAG eine aus-

---

482 Abrufbar unter http://www.efrag.org/images/Efrag/EFRAG-EC Working Arrangement.pdf.

483 Entscheidung der Kommission vom 14. Juli 2006 zur Einsetzung einer Prüfgruppe für Standardübernahmeempfehlungen zur Beratung der Kommission hinsichtlich der Objektivität und Neutralität der von der Europäischen Beratergruppe für Rechnungslegung (EFRAG) abgegebenen Stellungnahmen (2006/505/EG), ABl. 2006, L 199/33.

484 Vgl. den 3. und 5. Erwägungsgrund der Entscheidung der Kommission vom 14. Juli 2006, ABl. 2006 L 199/33 (Fn. 483), *Vater*, KoR 2006, 695, 696.

485 Vgl. zu den Einzelheiten der Ernennung und Auswahl der Mitglieder Art. 3 der Entscheidung der Kommission vom 14. Juli 2006, ABl. 2006 L 199/33 (Fn. 483); *Inwinkl/Schüle*, RIW 2006, 807, 810 f.; *Vater*, KoR 2006, 695, 697.

486 Vgl. *Oversberg*, DB 2007, 1597.

487 EFRAG, Due Process – Explanatory Memorandum, ursprünglich abrufbar unter http://www.efrag.org, zur Zeit (August 2008) nur unter http://serviciosweb.minhae.es/apps/icac/nic/efragpro.pdf.

488 EFRAG, Due Process – Explanatory Memorandum (vgl. Fn. 487).

489 Enthaltungen werden als übernahmeunterstützend gewertet. Vgl. auch *Scheffler*, FS Jürgen Krumnow (2004), 55, 68; *Oversberg*, DB 2007, 1597, 1598.

490 EFRAG, Due Process – Explanatory Memorandum (vgl. Fn. 487).

führliche basis of conclusions, welche die von der Gruppe getätigten Überlegungen und Feststellungen enthält.

Die Empfehlung der EFRAG wird zunächst durch die Standards Advice Review Group auf ihrer Objektivität und Neutralität hin geprüft. Der Prüfgruppe obliegt die Verpflichtung, kurzfristig, innerhalb von höchstens drei Wochen nach Eingang der EFRAG-Stellungnahme,[491] diese dahingehend zu prüfen, ob sie den Grundsätzen der Objektivität, Neutralität und Ausgewogenheit entspricht. Bestehen in einem konkreten Fall Bedenken, hat der Vorsitzende der Prüfgruppe zunächst das Gespräch mit der EFRAG zu suchen, bevor eine endgültige Stellungnahme an die Kommission ergeht. Für die endgültig abgegebene Stellungnahme seitens der Prüfgruppe besteht eine Veröffentlichungspflicht auf den Internetseiten der Kommission.[492]

Auf der Grundlage der durch die Standards Advice Review Group geprüften Empfehlung der EFRAG und nach Übersetzung des Standards in die Landessprachen der Mitgliedstaaten leitet die Kommission das Rechtsetzungsverfahren durch die Vorlage eines Entwurfs für die Übernahme eines internationalen Rechnungslegungsstandards an das ARC ein.[493]

Der Regelungsausschuss hat zu dem Anerkennungsvorhaben der Kommission innerhalb einer Frist, die der Vorsitzende unter Berücksichtigung der Dringlichkeit festzusetzen hat, Stellung zu nehmen. Beschlüsse des ARC bedürfen einer qualifizierten Mehrheit (Art. 5a Abs. 2 Ratsbeschluss 2006/512/EG[494], Art. 5 Abs. 1 Rules of Procedure ARC[495] i. V. m. Art. 205 Abs. 2 und Abs. 4 EG).

Stimmt der ARC dem Vorschlag zu, so wird der Entscheidungsvorschlag zur Einleitung der dreimonatigen Kontrollphase[496] unverzüglich dem Europäischen Parlament und dem Rat der Europäischen Union zugeleitet.

Das Europäische Parlament mit der Mehrheit seiner Mitglieder und der Rat der Europäischen Union können unabhängig voneinander den Kommissionsvorschlag ablehnen. Die Ablehnung kann nach Art. 5a Abs. 2 lit. b Ratsbeschluss 2006/512/EG[497] nur mit einer Überschreitung der Durchsetzungsbefugnisse, der Unvereinbarkeit des Entscheidungsvorschlages mit Zielen und Inhalt der IFRS-Anwen-

---

491 In komplizierten Fälle ist nach Art. 4 Abs. 4 der Entscheidung der Kommission vom 14. Juli 2006, ABl. 2006 L 199/33 (Fn. 483) eine Fristverlängerung auf vier Wochen vorgesehen.

492 Vgl. Art. 4 Abs. 5 der Entscheidung der Kommission vom 14. Juli 2006, ABl. 2006 L 199/33 (Fn. 483).

493 Vgl. *Scheffler*, FS Jürgen Krumnow (2004), 55, 58; *Inwinkl/Schüle*, RIW 2006, 807, 810.

494 Beschluss des Rates vom 17. Juli 2006 zur Änderung des Beschlusses 1999/468/EG zur Festlegung der Modalitäten für die Ausübung der der Kommission übertragenden Durchführungsbefugnisse, ABl. 2006 L 200/11.

495 *ARC*, Rules of Procedure for The Accounting Regulatory Committee, abrufbar unter: http://europa.eu.int/comm/internal_market/accounting/docs/arc/arc-rules_en.pdf.

496 Der Basisrechtsakt kann vorsehen, dass sich die Frist um einen Monat verlängert, falls die Komplexität dies erfordert, bzw. die Frist verkürzen, wenn dies aus Gründen der Effizienz erforderlich ist. Zudem kann gemäß Art. 5a Abs. 6 Ratsbeschluss 2006/512/EG ein sogenanntes Fast-Track-Verfahren eingerichtet werden.

497 Beschluss des Rates vom 17. Juli 2006 (Fn. 494).

dungsverordnung oder mit einem Verstoß gegen die Grundsätze der Subsidiarität oder Verhältnismäßigkeit begründet werden. Im Falle der Ablehnung der Übernahmeempfehlung der Kommission durch das Europäische Parlament bzw. den Rat kann das Endorsement nicht erfolgen. Der Kommission steht es frei, einen geänderten Vorschlag vorzulegen.

Hat sich nach Ablauf der dreimonatigen Kontrollphase weder das Europäische Parlament noch der Rat der Europäischen Union gegen den Entscheidungsvorschlag der Kommission ausgesprochen, gibt die Kommission den Standard frei. Die Freigabe bzw. Inkorporation eines Standards in das Gemeinschaftsrecht erfolgt durch die Veröffentlichung einer Durchführungsverordnung in allen Amtssprachen der Gemeinschaft im Amtsblatt der Europäischen Union (Art. 3 Abs. 4 IFRS-VO). Mit der Veröffentlichung wird der inkorporierte IFRS zum festgelegten Zeitpunkt für die betroffenen Unternehmen verbindlich.

Lehnt das ARC den Vorschlag der Kommission jedoch ab oder liegt keine Stellungnahme des ARC nach Ablauf der durch den Vorsitzenden festgelegten Frist vor, hat die Kommission den Rat der Europäischen Union und das Europäische Parlament in den Abstimmungsprozess mit einzubeziehen. Die Kommission legt dem Rat unverzüglich den Vorschlag zur Entscheidung vor und unterrichtet das Europäische Parlament (Art. 6 Abs. 2 IFRS-VO i. V. m Art. 5a Abs. 4 lit. a Ratsbeschluss 2006/512/EG[498]). Der Rat hat innerhalb von zwei Monaten[499] über den Vorschlag zu befinden (Art. 6 Abs. 2 IFRS-VO i. V. m Art. 5a Abs. 4 lit. b Ratsbeschluss 2006/512/EG[500]).

Spricht sich der Rat innerhalb der Frist mit der erforderlichen qualifizierten Mehrheit gegen den Vorschlag der Kommission aus, kann der Standard nicht freigeben werden. Der Kommission steht es dann frei, ihren Vorschlag zu ändern oder denselben Vorschlag erneut vorzulegen (Art. 6 Abs. 2 IFRS-VO i. V. m. Art. 5a Abs. 4 lit. c Ratsbeschluss 2006/512/EG[501]).

Beabsichtigt der Rat, dem Vorschlag der Kommission zuzustimmen oder trifft er innerhalb der zweimonatigen Frist keine Entscheidung, so ist der Entscheidungsvorschlag im ersten Fall durch den Rat, im letzteren Fall durch die Kommission dem Europäischen Parlament zuzuleiten (Art. 6 Abs. 2 IFRS-VO i. V. m. Art. 5a Abs. 4 lit. d Ratsbeschluss 2006/512/EG[502]). Das Europäische Parlament kann sich innerhalb einer Überlegungsfrist von vier Monaten[503] mit der Mehrheit seiner

---

498 Beschluss des Rates vom 17. Juli 2006 (Fn. 494).
499 Der Basisrechtsakt kann vorsehen, dass sich die Frist um einen Monat verlängert, falls die Komplexität dies erfordert, bzw. die Frist verkürzen, wenn dies aus Gründen der Effizienz erforderlich ist. Zudem kann gemäß Art. 5a Abs. 6 Ratsbeschluss 2006/512/EG ein so genanntes Fast-Track-Verfahren eingerichtet werden.
500 Beschluss des Rates vom 17. Juli 2006 (Fn. 494).
501 Beschluss des Rates vom 17. Juli 2006 (Fn. 494).
502 Beschluss des Rates vom 17. Juli 2006 (Fn. 494).
503 Der Basisrechtsakt kann vorsehen, dass sich die Frist um einen Monat verlängert, falls die Komplexität dies erfordert, bzw. die Frist verkürzen, wenn dies aus Gründen der Effizienz erfor-

Mitglieder unter Heranziehung der bereits erläuterten Begründungserwägungen gegen den Entscheidungsvorschlag der Kommission aussprechen. In diesem Fall kann kein Endorsement erfolgen und die Kommission erhält die Möglichkeit, den Vorschlag zu ändern und erneut in das Ausschussverfahren einzubringen. Widerspricht das Europäische Parlament innerhalb der gewährten Frist dem Entscheidungsvorschlag der Kommissionsempfehlung nicht, kann die Kommission den Standard freigeben.

Das „normale“ Anerkennungsverfahren beansprucht unter Berücksichtigung der Übersetzungsarbeiten und der genannten Fristen bisher acht bis neun Monate nach Veröffentlichung des vom IASB verabschiedeten IFRS. Es wird sich voraussichtlich durch die Einbeziehung der Standards Advice Review Group künftig noch weiter verzögern.[504]

In Durchführung dieses Anerkennungsverfahrens ist im September 2003 mit der Verordnung (EG) Nr. 1725/2003[505] erstmals ein Konvolut internationaler Rechnungslegungsstandards in das Gemeinschaftsrecht inkorporiert worden. Zwischenzeitlich sind eine Reihe weiterer Standards von der Kommission durch Verordnungen ganz oder teilweise übernommen und bereits ins Gemeinschaftsrecht überführte Standards schon wieder geändert worden.[506]

(2) Anerkennungskriterien

Mit der Anerkennung eines IFRS in Gestalt der Durchführungsverordnung erhält dieser Standard den Charakter bindenden europäischen Sekundärrechts. Die Inkorporation verleiht den IFRS somit Legitimität und Normcharakter.

Das Anerkennungsverfahren dient aber nicht nur der Legitimierung der privaten Standards, sondern fungiert ebenso als rechtsstaatlicher Filter. Es sichert den nötigen rechtsgestalterischen Einfluss des europäischen Gesetzgebers auf die Normsetzung. Dies wahrt die europäischen Interessen im Standardsetzungsprozess sowie die Kompatibilität der inkorporierten Standards mit dem bereits bestehenden Normgefüge des Europäischen Bilanzrechts.

Das IASB als Standardsetzer wird in einem nicht zu missachtenden Maße durch die US-amerikanische SEC und die US-amerikanische Rechnungslegung beeinflusst. Die im September 2002 im Rahmen des so genannten Norwalk-Agreement[507] vereinbarte enge Zusammenarbeit und die im Februar 2006 durch das US-amerika-

---

derlich ist. Zudem kann gemäß Art. 5 a Abs. 6 Ratsbeschluss 2006/512/EG ein sogenanntes Fast-Track-Verfahren eingerichtet werden.

504 Vgl. *Inwinkl/Schüle*, RIW 2006, 807, 811.

505 Verordnung (EG) Nr. 1725/2003 der Kommission vom 29. September 2003 betreffend die Übernahme bestimmter internationaler Rechnungslegungsstandards in Übereinstimmung mit der Verordnung (EG) Nr. 1606/2002 des Europäischen Parlaments und des Rates, ABl. 2003 L 261/1.

506 Eine Übersicht über den aktuellen Stand der übernommenen IFRS findet ist unter http://www.europa.eu.int/comm/internal_market/accounting/ias_de.htm abrufbar. Ein Endorsement Statusreport findet sich auch auf der Seite EFRAG unter http://www.efrag.org.

507 Zum Norwalk-Agreement und dem Konvergenzprozess vgl. *Berndt/Hommel*, BFuP 2005, 407, 408–411; *Hayn*, BFuP 2005, 424, 424–426; *Erchinger/Melcher*, KoR 2007, 245, 247–249.

nische Financial Accounting Standards Board (FASB) und das IASB vorgelegte Absichtserklärung zur Abgleichung der US-GAAP und der IFRS[508] verdeutlichen den Einfluss der US-amerikanischen Rechnungslegung auf den Standardsetzungsprozess des IASB. Demgegenüber stärkt das Endorcementverfahren mit seiner immanenten Filterfunktion die europäische Position und schützt, wenn auch begrenzt, vor einer indirekten Einflussnahme der amerikanischen Rechnungslegung.

Der rechtsstaatliche Filter des Anerkennungsverfahrens soll darüber hinaus als Garant für die Kompatibilität der inkorporierten Standards mit dem bereits bestehenden Normgefüge des Europäischen Bilanzrechts dienen. Eine Inkorporation der Standards ist nach Art. 3 Abs. 2 IFRS-VO dementsprechend nur dann möglich, wenn die Standards

- dem in Art. 2 Abs. 3 JABRL und Art. 16 Abs. 3 KAbRL normierten true and fair view-Prinzip nicht zuwiderlaufen,
- dem europäischen öffentlichen Interesse entsprechen und
- den Kriterien der Verständlichkeit, Erheblichkeit, Verlässlichkeit und Vergleichbarkeit genügen, die Finanzinformationen erfüllen müssen, um wirtschaftliche Entscheidungen und die Bewertung der Leistung einer Unternehmensleitung zu ermöglichen.

Die Achtung des true and fair view-Prinzips der Rechnungslegungsrichtlinien gebietet keine strenge Einhaltung der einzelnen Bestimmungen der genannten Richtlinien,[509] sondern allein die Kompatibilität des Standards mit der in dem Gebot des true and fair view verankerten Ziel- und Auslegungsnorm des Europäischen Bilanzrechts. Das bekräftigt nochmals die Dominanz der Generalklausel in dem grundlegenden Komplementärverhältnis zwischen der Generalklausel und den Einzelnormen.[510]

Der sich in dem true and fair view-Gebot konkretisierenden Informationsfunktion der Rechnungslegung ist durch die Bereitstellung entscheidungsnützlicher In-

---

508 Vgl. *IASB/FASB*, A Roadmap for Convergence between IFRSs and US GAAP 2006–2008 – Memorandum of Understanding between the FASB and the IASB 27 February 2006, abrufbar unter http://www.iasb.org/Current+Projects/intro.htm. Am 21. Dezember 2007 veröffentlichte die US-amerikanische SEC eine Verlautbarung zur Abschaffung der IFRS-Überleitungsrechnung auf die US-GAAP für ausländische Emmittenten (Final Rule, Release No. 33–8879, abrufbar unter http://www.sec.gov/rules/final/2007/33–8879.pdf). Die neue Regelung trat am 4. März 2008 in Kraft. Die von der SEC in Aussicht gestellten Eleminierung der Überleitungsrechnung hat jedoch zur Voraussetzung, dass es sich bei den Rechnungslegungsnormen, die dem IFRS-Abschlüssen zugrunde liegen, um die IFRS-Rechnungslegungsvorschriften handelt, die mit den originären vom IASB herausgearbeiteten Vorschriften in Einklang stehen. Für eine Rechnungslegung unter Heranziehung der inkorporierten IFRS verbleibt es demnach bei dem Erfordernis einer Überleitungsrechnung.

509 Vgl. etwa den 9. Erwägungsgrund der IFRS-Anwendungsverordnung, Verordnung (EG) Nr. 1606/2002, ABl. 2002 L 243/1 (Fn. 5); *van Hulle*, in: *Baetge* (Hrsg.), Übergang der Rechnungslegung vom HGB zu den IFRS (2004), 131, 136f.

510 Zum Komplementärverhältnis vgl. § 3.II.2)a)bb)(1), S. 36ff. Vgl. auch *Großfeld/Luttermann*, Bilanzrecht[4] (2005), Rn. 149.

formationen zu genügen.[511] Entscheidungsnützlichkeit der Rechnungslegungsinformationen setzt nach der IFRS-Anwendungsverordnung voraus, dass die bereitgestellten Informationen verständlich, erheblich, verlässlich und vergleichbar sind.[512]

Neben der Gewährleistung eines true and fair view und der Einhaltung der qualitativen Kriterien müssen die Standards dem europäischen öffentlichen Interesse entsprechen. Der Tatbestand des öffentlichen Interesses soll in sachlicher Hinsicht bereits im Prozess der Inkorporation der IFRS die Wahrnehmung der Interessen der Mitgliedstaaten und der Organe der Europäischen Gemeinschaft gewährleisten.[513] Das europäische öffentliche Interesse wird inhaltlich durch die Ziele der IFRS-Anwendungsverordnung konkretisiert.[514] Es fungiert als Vorbehalt des ordre public als Schutzinstrument gegen einen übermäßigen Einfluss der Rechtsordnung von Drittstaaten auf die europäische Rechtsordnung[515] und gegen übermäßige Benachteiligungen bzw. Belastungen einzelner Wirtschaftssubjekte[516].

Die benannten materiellen Anforderungen an die Standards sind nicht nur bei der Inkorporation eines Standards zu prüfen, sondern konsequent auch bei der späteren Auslegung der endorsed IFRS heranzuziehen.[517] Sie bilden mithin den verbindlichen normativen Rahmen für eine prinzipienorientierte und systematische Standardanwendung. Durch den Verweis auf die Rechnungslegungsgrundsätze der Rechnungslegungsrichtlinien fungieren die Anerkennungskriterien zugleich als Bindeglied zwischen den endorsed IFRS und dem bereits bestehenden normativen Gerüst des Europäischen Bilanzrechts.

Trotz dieser hervorgehobenen Bedeutung dieser normativen Anforderungen als Inkorporations- und Auslegungskriterien ist allein mit der Vorgabe des true and fair view und den daraus fließenden materiellen Anforderungen der Verständlichkeit, Erheblichkeit, Verlässlichkeit und Vergleichbarkeit und der Wahrung des europäischen öffentlichen Interesses noch kein aussagekräftiger normativer Maßstab gewählt. Die qualitativen Anforderungen an die Rechnungslegung bedürfen aufgrund ihrer Abstraktheit und zum Teil konträren Zielsetzungen selbst einer Auslegung und Konkretisierung. Diese erfahren sie zum einen durch die bereits bestehenden Interpretationen und Konkretisierungen im Rahmen der Richtlinien.[518] Die Einordnung der endorsed IFRS in dieses normative Gerüst und die damit verbundene Konkretisierung der Rechnungslegungsgrundsätze durch die Einzelbe-

---

511 Zur Auslegung des true and fair view Gebots im Rahmen der Rechnungslegungsrichtlinien vgl. § 3.II.2)a)bb)(1), S. 36 ff.
512 Vgl. dazu auch die zielkonforme Auslegung des true and fair view Gebots im § 3.II.2)a)bb)(3), S. 40 f.
513 Münchener Kommentar AktG (*-Luttermann*), Bd 5/1² (2003), Einf BilanzR Rn. 157.
514 Vgl. *Scheffler*, FS Jürgen Krumnow (2004), 55, 61.
515 Vgl. *Scheffler*, FS Jürgen Krumnow (2004), 55, 61; *Großfeld/Luttermann*, Bilanzrecht⁴ (2005), Rn. 151.
516 Vgl. zu diesem Aspekt *Hennrichs/Schubert*, ZIP 2007, 563, 565.
517 Vgl. *Grundmann, Stefan*, Europäisches Gesellschaftsrecht (2004), 593; *Schön*, BB 2004, 763, 767.
518 Vgl. unter anderem § 3.II.2)a)bb), S. 35.

stimmungen der Standards[519] kann aber auch hier einen Bedeutungswandel herbeiführen. Dieser Gedanke soll zu einem späteren Zeitpunkt im Rahmen der Ausführungen zur Auslegung und Lückenschließung der endorsed IFRS nochmals aufgegriffen und weiterentwickelt werden.

(3) Mögliche Ergebnisse des Endorsement

Die Inkorporation der IFRS mündet aufgrund ihrer rechtsgestalterischen Filterfunktion nicht zwingend in der Anerkennung des privaten Standards. Je nach Stand bzw. Ergebnis des Komitologieverfahrens lassen sich folgende mögliche Ergebnisse des Endorsement unterscheiden:[520]

- der IFRS wird von der Kommission im Wege einer Durchführungsverordnung freigegeben, mithin „endorsed";
- der IFRS ist vom IASB bereits aufgestellt, aber noch nicht von der Kommission freigeben bzw. abgelehnt; oder
- der IFRS wird von der Kommission vollständig oder partiell abgelehnt.

Die Ergebnisse des Verfahrens unterscheiden sich nicht nur im Hinblick auf die Bindungswirkung der endorsed IFRS, sondern haben auch Rückwirkungen auf die Auslegung der Standards.

Wird ein Standard von der Kommission durch eine Durchführungsverordnung freigegeben, ist er als unmittelbar anwendbares Sekundärrecht von den Unternehmen anzuwenden, die ihre Abschlüsse nach Art. 4 IFRS-VO oder nach Art. 5 IFRS-VO i.V.m. mit dem nationalen Recht nach internationalen Rechnungslegungsstandards zu erstellen haben.

Hat die Kommission noch nicht abschließend über die Anerkennung bzw. Ablehnung eines neuen bzw. überarbeiteten Standards entschieden, sind die betroffenen Unternehmen nicht gehalten und in bestimmten Fällen auch nicht autorisiert, diesen Standard ihrer Rechnungslegung zugrunde zu legen.[521] Die Rechnungslegungspflicht nach der IFRS-Anwendungsverordnung beschränkt sich auf die endorsed IFRS.

Der neue, noch nicht anerkannte IFRS kann aber in beschränktem Maße zur Auslegung bereits inkorporierter IFRS herangezogen werden, soweit sich der neue Standard in dem jeweiligen Sachverhalt nicht in Widerspruch zu einem bereits anerkannten IFRS stellt. Dieser Gedanke soll im Rahmen der Auslegung der endorsed IFRS wieder aufgegriffen werden.

---

519 Zur Verbindung zwischen den Rechnungslegungsgrundsätzen und den Einzelvorschriften vgl. § 3.II.2)a)aa), S. 26ff.
520 Vgl. *Buchheim/Gröner/Kühne*, BB 2004, 1783, 1785.
521 Vgl. die Kommentare der Kommission zu bestimmten Artikeln der Verordnung (EG) Nr. 1606/2002 und zur Vierten Richtlinie 78/660/EWG und Siebenten Richtlinie 83/349/EWG, 2.2.2 (Fn. 372). Vgl. auch *Buchheim/Gröner/Kühne*, BB 2004, 1783, 1785f.; *Scheffler*, FS Jürgen Krumnow (2004), 55, 65.

Die Kommission hat deutlich gemacht, dass sie das Endorsement der Standards nicht nur als reine Formalie betrachtet. Sie hat bereits mehrfach die Inkorporation eines vom IASB veröffentlichten Standards vollständig oder partiell abgelehnt. Der Weg einer partiellen Ablehnung wurde etwa bei der Inkorporation des IAS 32 „Finanzinstrumente: Angaben und Darstellung" und IAS 39 „Finanzinstrumente: Ansatz und Bewertung" in ihrer ursprünglichen Fassung beschritten.[522]

Das Vorgehen der Kommission im Zusammenhang mit der Inkorporation des IAS 39 und das Endorsement des IFRS 2 „Aktienbasierte Vergütung"[523] nur unter Vorbehalt belegen den rechtsgestalterischen Einfluss und die Möglichkeiten der Einflussnahme der Kommission auf den Standardsetzungsprozess des IASB.[524]

Bei einer vollumfänglichen oder partiellen Ablehnung eines Standards und während des schwebenden Anerkennungsverfahrens besteht eine Diskrepanz zwischen den durch das IASB veröffentlichen IFRS und den endorsed IFRS. Die Existenz dieser Abweichungen folgt aus der Natur des Anerkennungsverfahrens.

Die Herausbildung eines europaspezifischen Normbestandes steht nicht im Widerspruch zu IAS 1.14.[525] Nach IAS 1.14. darf ein Abschluss nur dann als IFRS-konform bezeichnet werden, solange er sämtliche auf den Sachverhalt zutreffende IFRS anwendet. Wird einem vom IASB veröffentlichten Standard die Aufnahme in den Kanon des Europäischen Bilanzrechts verwehrt oder steht die Entscheidung über die Inkorporation noch aus, sind die Unternehmen nicht verpflichtet und bei bestehenden Widersprüchen sogar nicht befugt, den neuen Standard zur Anwendung zu bringen. Ein IFRS-konformer Abschluss ist somit nicht gewährleistet, obwohl der Abschluss den endorsed IFRS und damit den Anforderungen der IFRS-Anwendungsverordnung genügt. Den bestehenden Abweichungen soll nach dem Willen der Kommission durch eine dem Abschluss beizufügende Erklärung Rechnung getragen werden, in der darauf verwiesen wird, dass der Abschluss gemäß

---

522 Vgl. Verordnung (EG) Nr. 2086/2004 der Kommission vom 19. November 2004 zur Änderung der Verordnung (EG) Nr. 1725/2003 betreffend die Übernahme bestimmter internationaler Rechnungslegungsstandards in Übereinstimmung mit der Verordnung (EG) Nr. 1606/2002 des Europäischen Parlaments und des Rates und im Hinblick auf die Einführung von IAS 39, ABl. 2004 L 363/1; *Becker*, GmbHR 2003, R 505–507.

523 Vgl. Verordnung (EG) Nr. 211/2005 der Kommission vom 4. Februar 2005 zur Änderung der Verordnung (EG) Nr. 1725/2003 betreffend die Übernahme bestimmter internationaler Rechnungslegungsstandards in Übereinstimmung mit der Verordnung (EG) Nr. 1606/2002 des Europäischen Parlaments und des Rates im Hinblick auf den International Financial Reporting Standard (IFRS) Nr. 1 und 2 und die International Accounting Standards (IAS) Nr. 12, 16, 19, 32, 33, 38 und 39, ABl. 2005 L 41/1; *Bohl/Riese/Schlüter (-Bohl)*, Beck'sches IFRS-Handbuch[2] (2006), § 1 Rn. 19.

524 Vgl. *Böcking*, Der Konzern 2004, 177, 179; *Bohl/Riese/Schlüter (-Bohl)*, Beck'sches IFRS-Handbuch[2] (2006), § 1 Rn. 19. Im Hinblick auf die Auslegung der endorsed IFRS kann der abgelehnte Standard bzw. die nicht freigegebene Teilregelung ebenfalls als Auslegungsquelle fungieren.

525 So aber *Schulze-Osterloh*, der aus der Bestimmung des IAS 1.14. den Schluss zieht, dass die darin aufgestellte Anforderung der Konformität die Entscheidungsfreiheit der Kommission und des Regelungsausschuss für Rechnungslegung hinsichtlich der Inkorporation praktisch ausschließt (*Schulze-Osterloh*, Der Konzern 2004, 173, 174). Auch *Mock*, Finanzverfassung der Kapitalgesellschaften und internationale Rechnungslegung (2008), 81, geht hier wohl vom Bestehen eines Widerspruchs aus, lehnt jedoch die Herleitung eines faktischen Zwangs zur Anwendung und Inkorporation der Standards aus IAS 1.14 richtigerweise ab.

„sämtlicher International Financial Reporting Standards" erstellt wurde, die „zwecks Anwendung in der Europäischen Union angenommen wurden".[526] Diese Erklärung steht nicht im Widerspruch zu IAS 1.14, da allein die Konformität mit den endorsed IFRS und nicht eine IFRS-Konformität behauptet wird.[527]

Führt die Anwendung der inkorporierten IFRS zu einem Abschluss, der mit sämtlichen IFRS kohärent ist, da kein Standard abgelehnt und alle veröffentlichten IFRS freigegeben sind, dann kann der oben genannte einschränkende Zusatz entfallen.[528] Die Erklärung, dass der Abschluss in „Übereinstimmung mit sämtlichen International Financial Reporting Standards" erstellt wurde, ist dann ausreichend. In diesem Falle entspricht die Konformität mit den endorsed IFRS zugleich der IFRS-Konformität nach IAS 1.14.

bb) Sachverständigenebene des Anerkennungsmechanismus

Die Regelungsebene – mithin die eigentliche Inkorporation der Standards – wird durch eine vorgelagerte Sachverständigenebene ergänzt.

Da die inkorporierten IFRS unmittelbar geltendes Europäisches Bilanzrecht werden und grundsätzlich eine internationale Anerkennung und damit Konvergenz der endorsed IFRS mit den IFRS angestrebt wird, ist es notwendig und verständlich, dass die europäischen Gremien sich nicht nur auf eine formale Anerkennung bzw. Ablehnung der Standards beschränken, sondern auch auf politischer Ebene größtmöglichen Einfluss auf die Standardsetzung des IASB nehmen wollen. Zur Vermeidung von Widersprüchen zwischen den einzelnen Standards und den Anerkennungskriterien und damit zur Sicherung einer möglichst konsistenten Anwendung der endorsed IFRS ist eine proaktive Intervention im Rahmen des Standardsetzungsprozesses erforderlich. Durch eine frühzeitige Einflussnahme im Sinne der europäischen Interessen kann eine an den Prinzipien des Europäischen Bilanzrechts orientierte Standardsetzung und -entwicklung gewährleistet werden. Die technische Ebene der Inkorporation wird daher durch eine vorgelagerte, mehr politisch geprägte Sachverständigenebene ergänzt.

Ein einheitliches europäisches Vorgehen im Bereich der Standardsetzung soll durch die EFRAG, speziell die ihr unterstehende TEG, gesichert werden. Dieser technische Ausschuss bildet ein Forum der Sachverständigen. Ihm obliegt es folglich, die Expertise der nationalen Standardsetzer, der mit der Rechnungslegung befassten Berufsstände sowie der Nutzer und Aufsteller der Abschlüsse zu verei-

---

526 Kommentare der Kommission zu bestimmten Artikeln der Verordnung (EG) Nr. 1606/2002 und zur Richtlinie 78/660/EWG und Richtlinie 83/349/EWG, 2.1.4 (Fn. 372).
527 Vgl. *Heuser/Theile*, IAS/IFRS-Handbuch[3] (2007), Rn. 65.
528 Kommentare der Kommission zu bestimmten Artikeln der Verordnung (EG) Nr. 1606/2002 und zur Richtlinie 78/660/EWG und Richtlinie 83/349/EWG, 2.1.4 (Fn. 372).

nen.[529] Zugleich bildet er die organisatorische Grundlage einer engen Zusammenarbeit mit den Kontroll- und Aufsichtsbehörden.[530]

Die TEG dient somit als europäische Know-how-Basis[531] im Bereich der Rechnungslegung. Bereits im Standardsetzungsverfahren des IASB soll das TEG als europäisches Sprachrohr fungieren und durch koordinierte Stellungnahmen proaktiven Einfluss auf den Standardsetzungsprozess nehmen.[532]

Darüber hinaus bildet die fachliche Expertise des TEG die Grundlage für die Endorsement-Empfehlung des EFRAG. Nur durch ein koordiniertes und effizientes Vorgehen der Interessengruppen kann ein zeitgerechtes und dennoch qualitativ hochwertiges Anerkennungsverfahren gesichert werden. Eine frühzeitige Bündelung des Sachverstandes der unterschiedlichen nationalen und gruppenspezifischen Interessen fördert zugleich die Akzeptanz und die fachliche Expertise im Umgang mit den endorsed IFRS.

c) Verfassungsrechtliche Zulässigkeit des Endorsement

Gegenüber der erläuterten Inkorporation der IFRS werden trotz der Anwendung eines formellen Rechtsetzungsverfahrens in der Literatur verschiedene verfassungsrechtliche Bedenken erhoben.[533] Die deshalb erforderliche nähere Prüfung der verfassungsrechtlichen Zulässigkeit des Anerkennungsverfahrens setzt zunächst eine gesetzestechnische Qualifikation des Anerkennungsmechanismus und eine Festlegung des anzuwendenden Prüfungsmaßstabes voraus.

aa) Gesetzestechnische Qualifikation des Anerkennungsmechanismus

Die IFRS-Anwendungsverordnung sieht, anders als etwa der bisherige § 292a HGB a.F., ein Anerkennungsverfahren für die privaten Standards vor. Die Standards werden im Wege eines ex-ante wirkenden Annahmemechanismusses einzelfallweise in das Gemeinschaftsrecht inkorporiert. Spätere Änderungen und neue Standards werden nicht automatisch Teil der europäischen Rechtsordnung, sondern bedürfen jeweils einer gesonderten Anerkennung nach dem Komitologiever-

---

529 Vgl. den von der Kommission vorgelegten Vorschlag für eine Verordnung des Europäischen Parlaments und des Rates betreffend die Anwendung internationaler Rechnungslegungsgrundsätze vom 13. Februar 2001, KOM (2001) 80 endg., S. 6.

530 Vgl. Vorschlag für eine Verordnung des Europäischen Parlaments und des Rates betreffend die Anwendung internationaler Rechnungslegungsgrundsätze vom 13. Februar 2001, KOM (2001) 80 endg., S. 6; *Göthel*, DB 2001, 2057, 2060.

531 *van Hulle*, in: *Baetge* (Hrsg.), Übergang der Rechnungslegung vom HGB zu den IFRS (2004), 131, 135.

532 Vorschlag für eine Verordnung des Europäischen Parlaments und des Rates betreffend die Anwendung internationaler Rechnungslegungsgrundsätze vom 13. Februar 2001, KOM (2001) 80 endg., S. 5 f. Vgl. hierzu detailliert *Scheffler*, FS Jürgen Krumnow (2004), 55, 68–70 und *Haller*, The European Accounting Review Vol. 11. (2002), 153, 167 f.

533 Vgl. *Kleindiek*, in: Gesellschaftsrechtliche Vereinigung (Hrsg.), Gesellschaftsrecht in der Diskussion 2002 (2003), 115, 127 f.; *Zeitler*, DB 2003, 1529, 1533 f.; *Schulze-Osterloh*, Der Konzern. 2004, 173 f.

fahren. Damit liegt gesetzestechnisch eine aus Demokratie-Gesichtspunkten grundsätzlich unbedenkliche statische Verweisung auf die IFRS vor.[534]

bb) Maßstab für die Zulässigkeitsprüfung

Fraglich ist, welcher rechtsstaatliche Maßstab der Prüfung der Zulässigkeit des Endorsementverfahrens zugrunde zu legen ist. Nach der gefestigten Rechtsprechung des BVerfG ist abgeleitetes Gemeinschaftsrecht nicht mehr am Maßstab des Grundgesetzes zu prüfen, solange die europäische Gemeinschaft, insbesondere die Rechtsprechung des EuGH, einen wirksamen Grundrechtsschutz gewährleistet.[535] Da das BVerfG über seine ihm durch das Grundgesetz übertragene Gerichtsbarkeit nicht disponieren darf, kann dies verfassungskonform nur als Modifikation der Prüfungskompetenz im Sinne einer negativen Evidenzkontrolle gedeutet werden.[536] In diesem Sinne judizierte das BVerfG in Sachen Bananenmarktverordnung, dass Verfassungsbeschwerden und Vorlagen von Gerichten, die eine Verletzung von Grundrechten durch sekundäres Gemeinschaftsrecht geltend machen, von vornherein unzulässig sind, wenn ihre Begründung nicht darlegt, dass die europäische Rechtsentwicklung einschließlich der Rechtsprechung des EuGH einen unabdingbar gebotenen Schutz der Grundrechte *generell* nicht mehr zu gewährleisten vermag.[537] Eine Überprüfung der Verordnung und der auf ihrer Grundlage erlassenen Durchführungsverordnungen am Maßstab der Grundrechte und der demokratischen und rechtsstaatlichen Prinzipien des Grundgesetzes ist aufgrund der generellen Gewährleistung des Grundrechtsschutzes durch die Rechtsprechung des EuGH demnach ausgeschlossen.

Inhaltlicher Prüfungsmaßstab der IFRS-Anwendungsverordnung als Basisrechtsakt ist sodann das EG-Primärrecht. Die jeweiligen Durchführungsverordnungen zur Annahme der IFRS sind daneben als Durchführungsbestimmungen im Sinne der Art. 202 Sp. 3 und Art. 211 Sp. 4 EG an der IFRS-Anwendungsverordnung als höherrangigem Recht sowie anhand des EG-Primärrechts zu prüfen.

Der sich in dieser Beschränkung der Prüfungskompetenz der nationalen Gerichtsbarkeit widerspiegelnde Anwendungsvorrang der europäischen Rechtsordnung ist jedoch nicht unbegrenzt. Er beschränkt sich auf den durch die Kompetenznormen des EG-Vertrages und den darauf beruhenden Rechtsakten bestimmten Anwendungsbereich der europarechtlichen Regelungen.

Dementsprechend ist bei der IFRS-Anwendungsverordnung zu differenzieren: Die Verordnung entfaltet nur in dem Bereich einen gemeinschaftsrechtlichen Regelungsgehalt, in dem die Anwendung der inkorporierten internationalen Standards verbindlich vorschrieben (Art. 4 IFRS-VO) oder aber – unter Wahrnehmung des

---

534 *Göthel*, DB 2001, 2057, 2059; *Heintzen*, BB 2001, 825, 827; *Adolphsen*, RabelsZ 68 (2004), 154, 185; *Ohler*, EuzW 2006, 679, 680.
535 Grundlegend BVerfG, Urt. v. 22. 10. 1986, BVerfGE 73, 339, 387; Urt. v. 12.10.1993, BVerfGE 89, 155, 182 f.
536 *Streinz*, Europarecht[7] (2005), Rn. 247.
537 BVerfG, Urt. v. 7. 6. 2000, BVerfGE 102, 147, LS 2; hierzu auch *Mayer*, EuZW 2000, 685, 688.

Mitgliedstaatenwahlrechts[538] (Art. 5 IFRS-VO) – von der Einhaltung der Rechnungslegungsrichtlinien dispensiert wird.[539] Darüber hinaus gestattet die Verordnung den Mitgliedstaaten, die Anwendung der endorsed IFRS auch auf Gesellschaftsformen zu erstrecken, die bisher nicht den gemeinschaftsrechtlichen Regelungen der Rechnungslegungsrichtlinien unterliegen (Art. 5 IFRS-VO). Die Ausübung dieser Fakultativklausel[540] ist eine autonome Entscheidung des nationalen Gesetzgebers. Das daraus fließende nationale Recht ist autonom gesetztes Recht des jeweiligen Mitgliedstaates und unterliegt damit auch den nationalen verfassungsrechtlichen Anforderungen.[541]

Im Pflichtanwendungsbereich der Verordnung verbleibt es folglich beim Anwendungsvorrang und damit auch beim europäischen Prüfungsmaßstab. Bei der Ausfüllung der Mitgliedstaatenoption des Art. 5 IFRS-VO ist zu unterscheiden:

Erstreckt der nationale Gesetzgebers die Anwendung der endorsed IFRS über die Kapitalgesellschaften und Kapitalgesellschaften & Co., für die bereits die Anforderungen der Rechnungslegungsrichtlinien gelten, hinaus auch auf sonstige Gesellschaftsformen, mithin Personengesellschaften, unterliegt diese autonome nationale Entscheidung im Sinne einer „überschießenden Anwendung" europäischen Rechts der Bindung an das nationale Verfassungsrecht.

Für die Kapitalgesellschaften und Kapitalgesellschaften & Co. ist hingegen bereits der Anwendungsbereich der Rechnungslegungsrichtlinien eröffnet. Die IFRS-Anwendungsverordnung offeriert den Mitgliedstaaten hier die Möglichkeit, die nicht notierten Gesellschaften im Regelungsgehalt der endorsed IFRS von der Anwendung der Rechnungslegungsrichtlinien zu dispensieren. Die endorsed IFRS werden, wie auch im Pflichtanwendungsbereich der Verordnung, in die bereits bestehenden Regelungen des Europäischen Bilanzrechts eingegliedert. Den Mitgliedstaaten wird lediglich die Wahl zwischen der Anwendung der Rechnungslegungsrichtlinien oder der endorsed IFRS, mithin die Wahl zwischen zwei europarechtlichen Regelungen überlassen. Die Entscheidung des nationalen Gesetzgebers über die Anwendung der endorsed IFRS für nicht notierte Kapitalgesellschaften und Kapitalgesellschaften & Co. ist somit keine autonome Entscheidung des nationalen Gesetzgebers über eine „überschießende Anwendung" europäischen Rechts. Diese gesetzgeberische Entscheidung ist vielmehr, wie die materiellen Wahlrechte der Rechnungslegungsrichtlinien, als Wahlrecht zwischen verschiedenen europa-

---

538 Zur Qualifizierung der Option des Art. 5 IFRS-VO bezogen auf die Kapitalgesellschaften und Kapitalgesellschaften & Co. als Wahlrecht vgl. Fn. 431.

539 *Grundmann, Stefan*, Europäisches Gesellschaftsrecht (2004), Rn. 589.

540 Die Option des Art. 5 IFRS-VO ist bezogen auf die sonstigen Gesellschaftsformen, namentlich die Personengesellschaften, als Fakultativklausel zu werten. Vgl. zur Definition der Fakultativklauseln und ihrer Abgrenzung zum Mitgliedstaatenwahlrecht Fn. 431.

541 Die Abgrenzung zwischen dem gemeinschaftsrechtlichen Regelungsgehalt der Verordnung und dem autonomen Recht der Mitgliedstaaten, die Anwendung der endorsed IFRS auf sonstige Gesellschaften zu erstrecken, hat Rückwirkungen auf die Auslegung der so zur Anwendung kommenden endorsed IFRS.

rechtlichen Rechnungslegungsoptionen dem Gemeinschaftsrecht zuzurechnen und damit einer Prüfung am nationalen Verfassungsrecht entzogen.

cc) Unionsverfassungsrechtliche Zulässigkeit

Die Setzung von Rechtsakten in der Europäischen Gemeinschaft ist grundsätzlich ausreichend legitimiert. Bedenken gegen das normierte Endorsementverfahren werden im Hinblick auf die zugrunde liegende Delegation der Rechtsetzungsbefugnisse an die Kommission als Exekutive und hinsichtlich eines etwaigen faktischen Anerkennungszwangs Bedenken erhoben.

(1) Grenzen der Delegierung von Rechtsetzungsmacht an die Exekutive

Die Entscheidung über die Inkorporation eines Standards in die europäische Rechtsordnung obliegt nach Art. 6 IFRS-VO primär der Kommission. Das Verfahren richtet sich nach dem so genannten Komitologieverfahren. Fraglich ist, ob diese Delegation von Rechtsetzungsmacht auf einen exekutiven Rechtsetzer unionsverfassungsrechtlich zulässig ist.

Rechtsgrundlage der Einsetzung der Kommission zur Annahme der Standards sind die Art. 202 Sp. 3, Art. 211 Sp. 4 EG. Danach kann der Rat der Kommission die Befugnis zur *Durchführung* der Vorschriften übertragen, die er erlässt.

Der EG-Vertrag enthält keinen dem Art. 80 GG entsprechenden Grundsatz, dass die Legislative für einen Regelungsbereich die wesentlichen Regelungen selbst zu treffen hat und eine Delegation nur erfolgen kann, wenn diese nach Inhalt, Zweck und Ausmaß genügend bestimmt ist. Dennoch setzt auch das Gemeinschaftsrecht der Delegation von Rechtsetzungsmacht an die Exekutive zur Wahrung des institutionellen Gleichgewichts zwischen den Organen Grenzen.

Die Grenzen für die Übertragung ergeben sich aus dem Begriff *Durchführungsbefugnis*, der, wie auch der EuGH ausführt,[542] eine Festlegung wesentlicher Grundzüge der zu regelnden Materie durch den Rat voraussetzt. Den Begriff der wesentlichen Grundzüge legt der EuGH dabei eng,[543] den der Durchführung demzufolge weit aus.

Hinsichtlich des Umfangs der Delegation kann die Kommission danach alle für die Durchführung erforderlichen Maßnahmen ergreifen, wenn sich diese in das in der Grundverordnung vorgesehene System einfügen, dessen wesentliche Grundzüge nicht antasten und ihren Anwendungsbereich nicht ändern.[544]

Im Hinblick auf die erforderliche Bestimmtheit der Übertragung ist nach Ansicht des EuGH keine inhaltliche Präzisierung im Sinne einer Festlegung der Hauptbe-

542 EuGH, Urt. v. 17. 12. 1979 – Rs. 25/70 (*Einfuhr- und Vorratsstelle Getreide./. Köster*), Slg. 1970, 1161, 1172 Rn. 6; vgl. auch EuGH, Urt. v. 6. 12. 2005 – C-66/04 (*Vereinigtes Königreich./. Parlament und Rat*), Slg. 2005, I-10553 Rn. 48.

543 Vgl. u. a. *Schwarze (-Hix)*, EU-Kommentar (2000), Art. 202 Rn. 12.

544 Vgl. *Calliess/Ruffert (-Wichard)*, EUV/EGV^3 (2007), Art. 202 EGV Rn. 8 m. w. N. aus der Rechtsprechung.

standteile der delegierten Rechtsetzungsbefugnisse erforderlich. Eine allgemein formulierte Ermächtigung und eine Festsetzung der Grenzen der übertragbaren Befugnisse sind ausreichend.[545]

Nach diesen Kriterien sind die IFRS-Anwendungsverordnung und die darin normierte Delegation der Rechtsetzungsmacht an die Kommission unionsverfassungsrechtlich nicht zu beanstanden. Die Basisverordnung ist selbst so detailliert, dass die Anforderungen an die Bestimmtheit gewahrt sind.[546] Die zugrunde liegende Rechnungslegungsstrategie der Europäischen Union und die Ziele der Rechtsetzungsbefugnis sind in der Verordnung in Art. 1 und den Erwägungsgründen selbst festgelegt. Zugleich wird das Ziel der Rechnungslegung durch materielle Rechtsgrundsätze ergänzt, die zusammen als qualitativer Filter für die Inkorporation der Standards dienen. Die Rückkoppelung der Rechnungslegungsgrundsätze an die Grundsätze der Rechnungslegungsrichtlinie bietet zudem Gewähr für einen einheitlichen normativen Rahmen der Rechnungslegungsbestimmungen in Europa.

Der Umfang der Ermächtigung wird in der Verordnung zudem hinsichtlich des persönlichen und sachlichen Anwendungsbereiches und des Anerkennungsobjektes eingegrenzt. Die dennoch nicht unbeachtliche Weite der Delegation wird zudem durch das Komitologieverfahren und die darin normierte Rückkoppelung an den Willen des Rates und des Europäischen Parlaments kompensiert.[547]

(2) *Kein faktischer Zwang zur Inkorporation*

Trotz der grundsätzlichen Legitimität des Endorsementverfahrens wird in der Literatur auf das Bestehen eines faktischen Zwangs zur Inkorporation als Verstoß gegen das Demokratieprinzip verwiesen. Zweifelhaft sei, ob den beteiligten Gremien aufgrund der Ziele der IFRS-Anwendungsverordnung und IAS 1.14. überhaupt die erforderliche Entscheidungsfreiheit verbleibe.[548]

Die IFRS-Anwendungsverordnung ist nicht nur auf die Schaffung qualitativ hochwertiger, den Interessen des europäischen Kapitalmarktes genügender Rechnungslegungsstandards gerichtet. Die Verordnung hat zugleich das Ziel, europäische Unternehmen und den europäischen Kapitalmarkt im internationalen Wettbewerb

---

545 EuGH, Urt. v. 27. 10. 1992 – Rs. C-240/90 (*Bundesrepublik Deutschland ./. Kommission*), Slg. 1992, I-5383 Rn. 11f.; Urt. v. 16. 12. 1998 – Rs. C-374/96 (*Vorderbrueggen ./. Hauptzollamt Bielefeld*), Slg. 1998, I-8385, Rn. 36; *Calliess/Ruffert (-Wichard)*, EUV/EGV[3] (2007), Art. 202 EGV Rn. 7; *von der Groeben/Schwarze (-Jacqué)*, Kommentar zur EU-Vertrag und EG-Vertrag[6] (2004), Art. 202 Rn. 16. Der Komitologiebeschluss sieht zwar vor, dass der Rat die Hauptbestandteile der auf die EG-Kommission übertragenen Befugnisse genau festlegen muss. Als Maßnahme abgeleiteten Rechts kann dieser Beschluss aber keine über die Bestimmungen des Vertrages hinausgehende Verpflichtung begründen; *Falke*, in: *Joerges/Falke* (Hrsg.), Das Ausschusswesen der Europäischen Union (2000), 43, 54; *Calliess/Ruffert (-Wichard)*, a. a. O.; *Adolphsen*, RabelsZ 68 (2004), 154, 187 Fn. 166.

546 So auch *Heintzen*, BB 2001, 825, 828; *Adolphsen*, RabelsZ 68 (2004), 154, 187f.

547 Vgl. *Heintzen*, BB 2001, 825, 828; *Adolphsen*, RabelsZ 68 (2004), 154, 188.

548 So etwa *Schildbach*, Der Schweizer Treuhänder 2004, 159, 165; *Schulze-Osterloh*, Der Konzern 2004, 173, 173f.

konkurrenzfähig zu machen. Dies setzt eine internationale Akzeptanz der europäischen Standards und damit möglichst einen Gleichlauf zwischen den IFRS und den endorsed IFRS voraus. Die internationale Akzeptanz der Standards steht dabei in einem Spannungsverhältnis zur notwendigen Schaffung qualitativ hochwertiger Rechnungslegungsnormen, die den Erfordernissen im wirtschaftlichen und rechtlichen Umfeld des europäischen Rechtsraums genügen. Dieses im Anerkennungskriterium der Wahrung der europäischen Interessen (Art. 3 Abs. 2 Sp. 1 IFRS-VO) verankerte Spannungsverhältnis gilt es bei der Entscheidung über die Inkorporation eines Standards und auch bei der Auslegung der endorsed IFRS aufzulösen. Aus diesem Spannungsverhältnis kann jedoch nicht auf eine Beschränkung der Entscheidungsmacht der beteiligten europäischen Gremien geschlossen werden. Dies verdeutlicht die zunächst nur partiell vollzogene Inkorporation des IAS 39 „Finanzinstrumente: Ansatz und Bewertung".[549]

Ein faktischer Zwang zur Inkorporation lässt sich entgegen vereinzelt vertretener Auffassung auch nicht aus IAS 1.14. herleiten.[550] Die darin normierte grundsätzliche Pflicht zur Einhaltung der IFRS steht nicht im Widerspruch zu bestehenden Abweichungen im Normenbestand der endorsed IFRS.[551] Den bestehenden Abweichungen im Normenbestand soll nach dem Willen der Kommission durch eine dem Abschluss beizufügende Erklärung Rechnung getragen werden, in der darauf verwiesen wird, dass der Abschluss gemäß „sämtlicher International Financial Reporting Standards" erstellt wurde, die „zwecks Anwendung in der Europäischen Union angenommen wurden".[552] Diese Erklärung setzt sich nicht zu IAS 1.14 in Widerspruch, da allein die Konformität mit den endorsed IFRS und nicht eine IFRS-Konformität behauptet wird.

Zusammenfassend lässt sich keine Beschränkung der Entscheidungsfreiheit der beteiligten rechtsetzenden Gremien erkennen, die einen Verstoß gegen das Demokratieprinzip darstellen würde.

Unionsverfassungsrechtliche Bedenken stehen dem Endorsementverfahren der IFRS-Anwendungsverordnung nicht entgegen.

3) Rechtsnatur und Bedeutung der endorsed IFRS

Die vorangestellten Ausführungen haben verdeutlicht, dass die internationalen Rechnungslegungsstandards durch die Inkorporation sowohl einen Wandel in ihrer Rechtsnatur als auch in ihrem Normbestand erfahren.

Die ursprünglich von einem privaten Standardsetzer entwickelten Rechnungslegungsstandards erhalten nach erfolgreichem Durchlaufen des förmlichen Recht-

549 Siehe oben § 4.II.2)b)aa)(3), S. 124ff.
550 So aber *Schulze-Osterloh*, Der Konzern 2004, 173, 174; vgl. auch *ders.*, ZIP 2003, 93, 99.
551 Vgl. hierzu § 4.II.2)b)aa)(3), S. 124ff.
552 Kommentare der Kommission zu bestimmten Artikeln der Verordnung (EG) Nr. 1606/2002 und zur Richtlinie 78/660/EWG und Richtlinie 83/349/EWG, 2.1.4 (Fn. 372).

setzungsverfahrens Rechtsqualität im Rang von Gemeinschaftsrecht.[553] Die IFRS verlieren mit dem Endorsement ihren Charakter als Verlautbarungen eines privaten Standardsetzers und werden mit dem übernommenen Text und ausschließlich mit diesem als endorsed IFRS sekundäres Gemeinschaftsrecht.[554]

Diese bereits dem Normcharakter nach bestehende Diskrepanz zu den privaten Standards wird durch den Verlauf des Anerkennungsverfahrens weiter verschärft. Eine vollumfängliche oder partielle Ablehnung eines Standards und der Schwebezustand während des Anerkennungsverfahrens führen zu einem EG-spezifischen IFRS-Normbestand.

Zudem sind die endorsed IFRS trotz des definitionsgemäßen Gleichlaufs der IFRS im Sinne der Verordnung (Art. 2 IFRS-VO) und der IFRS nach IAS 1.1 ihrem normativen Gehalt nach von den privaten Standards des IASB zu unterscheiden. Der Wandel in der Rechtsnatur wird durch eine Änderung der normativen Ausrichtung der IFRS ergänzt. Die Standards, mithin die IFRS im engeren Sinne, die IAS und die IFRIC, werden durch die Inkorporation ihrem Regelungsumfeld entzogen und durch Art. 3 IFRS-VO in die Systematik des Europäischen Bilanzrechts integriert. Das Framework als interpretativer Rahmen der IFRS und andere Verlautbarungen und Erläuterungen des IASB werden in ihrer Gesamtheit nicht in das europäische Recht überführt. Dagegen werden die inkorporierten IFRS in den Kontext der Rechnungslegungsziele und -grundsätze des Europäischen Bilanzrechts gesetzt.

Die Rechtsqualität der endorsed IFRS als sekundäres Gemeinschaftsrecht zieht eine Reihe konkreter Folgen für die Rechtsanwendung nach sich.

Die endorsed IFRS sind demokratisch legitimierte Rechtsnormen, die von den Anwendern der Rechnungslegung mit ihren Tatbeständen und Rechtsfolgen zu beachten sind. Als sekundäres Gemeinschaftsrecht besteht im Pflichtanwendungsbereich der IFRS-Anwendungsverordnung und bei entsprechender Ausübung des Mitgliedstaatenwahlrechts[555] Anwendungsvorrang der endorsed IFRS gegenüber dem nationalen Recht.

Als geltendes Bilanzrecht werden die endorsed IFRS neben dem nationalen Recht zum Element der Unternehmensführung im nationalen Gesellschaftsrecht.[556] Bi-

---

553 Allgemeine Ansicht, vgl. *Schulze-Osterloh*, Der Konzern 2004, 173, 176; *Schön*, BB 2004, 763; *Hauck/Prinz*, Der Konzern 2005, 635, 636; *Heuser/Theile*, IAS/IFRS-Handbuch³ (2007), Rn. 55.

554 *Küting/Ranker*, BB 2004, 2510, 2511.

555 Der Anwendungsvorrang des europäischen Rechts bindet bei Ausübung der Mitgliedstaatenoptionen des Art. 5 IFRS-VO nur insoweit, wie der Anwendungsbereich des Europäischen Bilanzrechts reicht. Vgl. hierzu § 4.II.1)b), S. 108.

556 Bezogen auf das deutsche Gesellschaftsrecht bedeutet dies, dass die Gesellschaft verpflichtet ist, einen ordnungsgemäßen Abschluss zu erstellen (§ 245 HGB). Bei einer börsennotierten Kapitalgesellschaft trägt primär der Vorstand die Verantwortung für die Rechnungslegung (nach IFRS endorsed oder nach deutschem Bilanzrecht; §§ 76ff., 91 AktG). Die formale und inhaltliche Verantwortung wird durch Unterzeichnung des ordnungsgemäßen Abschlusses dokumentiert (§ 245 HGB); sie ist sanktionsbewährt (§§ 93, 400 AktG). Die Aufstellung von Konzernabschlüssen oder Jahresabschlüssen, Quartalberichten usw. durch den Vorstand einer AG und deren öffentliche Belanzrecht als Kern des Unternehmensrechts, Gesellschafts- und Kapitalmarktrechts ist Inbegriff der Unternehmensführung.[557] Es geht um Informationen für die Rechnungslegungsadressaten, mithin um die Rechenschaftspflicht der Unternehmensleitung. Eine Gesellschaft hat regelmäßig Bücher zu führen und Rechnung zu legen. Die Verantwortung für die Achtung dieser Rechenschafts- und Informationspflicht trägt die Unternehmensleitung. Dieses Pflichtenmuster gilt im Grunde international. Die endorsed IFRS werden im Anwendungsbereich der IFRS-Anwendungsverordnung aber nicht nur in das nationale System der Unternehmensführung integriert. Die Standards werden als nationales Bilanzrecht zugleich zum Element der Unternehmenskontrolle durch die Organe der Gesellschaft, die Abschlussprüfer und weitere Prüfungsinstanzen.[558]

Als demokratisch legitimierte Rechtsnormen unterliegen die endorsed IFRS zugleich der vollen autonomen Kontrolle durch die zuständigen Gerichte. Die endorsed IFRS werden folglich justiziabel.[559] Die Anwendung und Auslegung der endorsed IFRS als unmittelbar geltendes europäisches Recht obliegt zunächst den nationalen Gerichten (Art. 234 EG). Stellt sich heraus, dass eine Vorschrift im Zusammenhang mit den endorsed IFRS ein Interpretationsproblem aufwirft, so ist ein unterinstanzliches Gericht berechtigt und ein letztinstanzliches Gericht sogar verpflichtet, Rechtsfragen im Zusammenhang mit den endorsed IFRS dem EuGH vorzulegen (Art. 234 Abs. 3 EG). Die endorsed IFRS können zugleich als Sekundärgemeinschaftsrecht im Rahmen einer Nichtigkeitsklage (Art. 230 EG) einer vollständigen Überprüfung durch den EuGH unterzogen werden.[560] Dem EuGH ob-

---

kanntmachung (etwa durch Ad-hoc-Mitteilungen mit bilanzrechtsrelevanten Angaben) hat weit reichende Folgen für den Gesellschafter-, Gläubiger- und Anlegerschutz. Die Veröffentlichung fehlerhafter Bilanzinformationen ist daher auch sanktionsbewehrt (§ 400 AktG). Der BGH hat in den Informatec-Entscheidungen (BGH, Urt. v. 19. 7. 2004 – II ZR 217/03, NJW 2004, 2668; Urt. v. 19. 7. 2004 – II ZR 218/03, NJW 2004, 2664; Urt. v. 19. 7. 2004 – II ZR 402/02, DB 2004, 1931) und seinem EM.TV-Urteil (BGH, Urt. v. 9. 5. 2005 – II ZR 287/02, DStR 2005, 1326) zudem eine deliktische Haftung von Gesellschaft und Organen bei fehlerhaften Kapitalmarktinformationen, die auf vorsätzlich falschen Bilanzangaben beruhen, nach § 826 BGB bejaht. Vgl. zum Ganzen u. a. *Kowalewski/Hellgardt*, DB 2005, 1839–1842.

557 Siehe *Großfeld/Luttermann*, Bilanzrecht[4] (2005), Rn. 86 f.

558 Zunächst muss der Abschlussprüfer im Zusammenhang mit der Abfassung seines Prüfungsberichts und der Erteilung seines Bestätigungsvermerks prüfen, ob der erstellte Abschluss den maßgeblichen Rechnungslegungsanforderungen der endorsed IFRS bzw. des nationalen Bilanzrechts entspricht und damit ordnungsgemäß ist. Durch die Unterzeichnung des Bestätigungsvermerks übernimmt der Abschlussprüfer die sanktionsbewährte Verantwortung dafür. Zum anderen hat im deutschen Gesellschaftsrecht der Aufsichtsrat den unter Achtung des geltenden Bilanzrechts erstellten Abschluss zu prüfen und im Ergebnis zu billigen (§ 171 AktG). Neben diese Prüfungsinstanzen treten im deutschen Recht bei kapitalmarktorientierten Unternehmen im Rahmen des neuen Enforcement nunmehr die neu geschaffene private Prüfstelle für Rechnungslegung und die Bundesanstalt für Finanzdienstleistungsaufsicht (BaFin). Zum neuen zweistufigen Enforcement-Verfahren vgl. u. a. *Hommelhoff*, in: *Baetge/Kirsch* (Hrsg.), Anpassung des deutschen Bilanzrechts an internationale Standards (2005), 57–86; *Kämpfer*, BB 2005, 13–16; *Scheffler*, Der Konzern 2007, 589–597.

559 Vgl. *Hauck/Prinz*, Der Konzern 2005, 635, 637; *Mock*, Finanzverfassung der Kapitalgesellschaften und internationale Rechnungslegung (2008), 85–87.

560 Die Zulässigkeit einer Nichtigkeitsklage gegen die Durchführungsverordnung zur Übernahme eines IFRS setzt aber voraus, dass der Kläger individuell und unmittelbar durch den Rechtsliegt demnach das Letztentscheidungsrecht über die Auslegung der endorsed IFRS.[561] Nur so lässt sich die Einheitlichkeit der europäischen Rechtsordnung sicherstellen.

Die Bedeutung der endorsed IFRS für die Rechnungslegung, Unternehmensführung und -kontrolle erfordert von den befassten Verantwortungsträgern eine sachgerechte Anwendung der Standards. Eine richtige Anwendung setzt aber zunächst eine sachgerechte Auslegung der endorsed IFRS, ihrer Tatbestände, Rechtsfolgen und Wahlrechte voraus. Darauf ist nachfolgend einzugehen.

4) Auslegung und Lückenschließung der endorsed IFRS

Die endorsed IFRS bedürfen aufgrund ihrer Einzelfallorientierung im besonderen Maße einer Auslegung und Lückenschließung.[562] Als europäisches sekundäres Gemeinschaftsrecht unterliegen sie den Besonderheiten der Auslegung und Lückenschließung dieser Rechtsordnung. Die induktive Norminterpretation der IFRS[563] wird somit als Folge der Inkorporation in das europäische Recht zugunsten des europarechtlichen Auslegungskanones abgelöst.[564]

Der EuGH folgt bei der Auslegung und Rechtsfortbildung grundsätzlich den allgemein anerkannten interpretativen Methoden (grammatische, systematische, teleologische und historische Auslegung).[565] Trotz dieses methodisch vergleichbaren Ansatzes werden die Auslegungssätze im Vergleich zur nationalen Auslegung anders gewichtet. Neben den gemeinschaftsrechtlichen Besonderheiten der Rechtsauslegung wird die Auslegung der inkorporierten IFRS im Besonderen durch die ursprüngliche privatrechtliche Verfasstheit der Standards und die Tatsache geprägt, dass nur bestimmte Verlautbarungen des IASB in das Gemeinschaftsrecht überführt worden sind.

Die sich daraus ergebenden Problemstellungen bei der Auslegung der endorsed IFRS sollen im Folgenden näher betrachtet werden. Dies macht zunächst eine Auseinandersetzung mit den Besonderheiten der Auslegung im Gemeinschaftsrecht

---

akt betroffen ist. Nach ständiger Rechtsprechung des EuGH ist ein natürliche oder juristische Person aber nur dann individuell betroffen, wenn die Verordnung sie aufgrund besonderer persönlicher Eigenschaften oder besonderer, sie aus dem Kredit aller übrigen Personen heraushebender Umstände berührt und sie daher in ähnlicher Weise wie ein Adressat eines Rechtsaktes individualisiert wird; vgl. EuGH, Urt. v. 15. 7. 1963 – Rs. 25/62 (*Plaumann*), Slg. 1963, 213, 238; EuGH, Urt. v. 10. 4. 2003 – Rs. 142/00 (*Nederlandse Antillen*), Slg. 2003, I-3483 Rn. 65.

561 Auch die Kommission hat sich zur Entscheidungskompetenz des EuGH bekannt, vgl. *Kommission der EG,* Kommentare zu bestimmten Artikeln der Verordnung (EG) Nr. 1606/2002 und zur Richtlinie 78/660/EWG und Richtlinie 83/349/EWG, Einl. Par. 4 (Fn. 521). Vgl. auch *Schön*, BB. 2004, 763, 765; *Schulze-Osterloh*, Der Konzern 2004, 173, 176; *Hauck/Prinz*, Der Konzern. 2005, 635, 637; *Pöschke*, KoR 2008, 325–333.

562 Vgl. *Hauck/Prinz*, Der Konzern 2005, 635, 638.

563 Vgl. *Wüstemann/Kierzek*, BB 2005, 427, 428.

564 So auch *Küting/Ranker*, BB 2004, 2510, 2511; *Wüstemann/Kierzek*, BB 2005, 427, 428.

565 *Grabitz/Hilf (-Pernice/Mayer)*, EUV/EGV Bd. II, Art. 220, Rn. 42 (August 2002); *Streinz*, ZEuS 2004, 387, 401.

und eine Systematisierung der verschiedenen Rechtsquellen im Zusammenhang mit der Auslegung der endorsed IFRS erforderlich. Auf der Grundlage der so erlangten Erkenntnisse lassen sich dann konkrete Schlussfolgerungen für die Auslegung und Lückenschließung der inkorporierten Standards formulieren.

a) Interpretationssätze des Gemeinschaftsrechts

Die Besonderheit der europäischen Rechtsordnung als nicht bereits in Organisation und rechtlicher Einbindung gefestigtes, sondern noch im Verwirklichungsprozess befindliches Gemeinwesen, spiegelt sich in einer besonderen Ausgestaltung und Gewichtung der bekannten Auslegungssätze wider.[566]

aa) Grammatische Auslegung

Die Sprache als Grundlage für die Ableitung juristischer Entscheidungen markiert den Ausgangspunkt und die Grenze der Auslegung.[567] Die grammatische Auslegung wird im Gemeinschaftsrecht durch den Grundsatz der Vielsprachigkeit (vgl. Art. 314 EG) geprägt. Die Verbindlichkeit zwanzig gleichrangiger Sprachfassungen für das Sekundärrecht verbietet im Rahmen der Wortlautauslegung grundsätzlich eine Verweisung auf innerstaatliche Sinngehalte.[568] Die Problematik der Mehrsprachigkeit ist vielmehr, wie der EuGH in der Rechtssache Velvet & Steel[569] nochmals betont, durch eine autonome gemeinschaftsrechtliche Begriffsbildung unter Wahrung einer größtmöglichen Gleichbehandlung der Amtssprachen aufzulösen.[570]

In der Literatur wird aus dem Prinzip der einheitlichen Auslegung des Gemeinschaftsrechts und dem Gebot der Vielsprachigkeit oftmals auf eine fehlende oder qualitativ geringwertige Bedeutung der grammatischen Konkretisierung geschlossen.[571] Dieser Rückschluss ist abzulehnen. Er fußt auf der Fehleinschätzung, dass die grammatische Interpretation bereits auf die Erschließung des „richtigen" Bedeutungssinns einer Norm ziele.[572] Ob eine Sinndeutung „richtig" ist, bedarf aber einer normativen Wertung.[573] Der Wortlaut einer Norm erschließt vielmehr

---

566 Vgl. *Schwarze (-Schwarze)*, EU-Kommentar (2000), Art. 220 Rn. 27; *Grabitz/Hilf (-Pernice/Mayer)*, EUV/EGV Bd. II, Art. 220, Rn. 42 (August 2002).

567 Dies wird durch die EuGH-Rechtsprechung bestätigt; vgl. *Grundmann, Stephan*, Die Auslegung des Gemeinschaftsrechts durch den Europäischen Gerichtshof (1997), 213 m. w. N.

568 Vgl. EuGH, Urt. v. 10. 1. 1980 – Rs. 69/79 (*Jordens-Vosters ./. Bedrijfsvereniging voor de Leder – en Lederwerkende Industrie*), Slg. 1980, 75, 84 Rn. 6; EuGH, Urt. v. 2. 4. 1998 – Rs. C-296/95 (*EMU Tabac*), Slg. 1998, I-1605, I-1643 Rn. 30. Siehe auch *Grabitz/Hilf(-Pernice/Mayer)*, EUV/EGV Bd. II, Art. 220, Rn. 42 (August 2002).

569 Vgl. EuGH, Urt. v. 19. 4. 2007 – Rs. 455/05 (*Velvet & Steel Immobilien und Handels GmbH ./. Finanzamt Hamburg-Eimsbüttel*), DStRE 2007, 1519, 1520 Rn. 15 f.

570 Vgl. *Schübler-Pfister*, Sprache und Gemeinschaftsrecht (2004), 231 f.

571 Vgl. *Anweiler*, Die Auslegungsmethoden des Gerichtshofes der Europäischen Gemeinschaft (1997), 169; *Calliess/Ruffert (-Wegener)*, EUV/EGV^3 (2007), Art. 220 EGV Rn. 12.

572 Vgl. *Müller/Christensen*, Juristische Methodik, Bd. II: Europarecht (2003), 32.

573 Eine Untersuchung der EuGH-Rechtsprechung des Jahrgangs 1999 von *Dederichs* betont ebenfalls die Bedeutung der grammatischen Auslegung. *Dederichs* weist nach, dass die grammatische Auslegung in den untersuchten Urteilen die häufigste Argumentationsform unter den klassimit Hilfe normtextbezogener Auslegungselemente das Bedeutungsspektrum einer Norm. Dieses Spektrum wird durch die Vielsprachigkeit des Gemeinschaftsrechts um die Formulierungen in den anerkannten Amtssprachen erweitert. Auf einer zweiten Stufe wird aus dem unter Umständen uneinheitlichem Bedeutungsspektrum im Wege einer autonomen gemeinschaftsrechtlichen Auslegung eine gemeinschaftsrechtliche Bedeutung abgeleitet. Diesen gemeinschaftsrechtlichen Sinngehalt gilt es dann auf der dritten Stufe durch die weiteren Konkretisierungselemente der Auslegung zu rechtfertigen.[574] Die verschiedenen Sprachfassungen der Norm bilden somit den „praktischen Plausibilitätsraum“[575] der Auslegung durch den EuGH.

In diesem Zusammenhang stellt sich die Frage, wie der EuGH künftig bei der Auslegung der endorsed IFRS verfahren wird. Die IFRS werden zwar als Verlautbarungen eines internationalen Standardsetzers in englischer Sprache entwickelt. Gesetzeskraft als sekundäres Gemeinschaftsrecht erlangen die inkorporierten Standards aber erst durch die Veröffentlichung im Amtsblatt der Europäischen Union in allen Amtssprachen.[576] Dennoch weist die Sprache der Standards im Ursprung eine deutlich angelsächsische Prägung auf.

Durch die zahlreichen Amtssprachen in der Gemeinschaft wird die angelsächsische Prägung und Auslegung der IFRS deutlich zurückgedrängt.[577] Die Auslegung hat im Lichte aller Amtssprachen zu erfolgen. Nur durch eine solche europäische grammatische Auslegung lässt sich die einheitliche Auslegung der endorsed IFRS in allen Mitgliedstaaten sicherstellen. Bleibt der EuGH dem Gebot der Mehrsprachigkeit und der autonomen Interpretation treu, führt dies möglicherweise zu einer souveränen europäischen Auslegung der endorsed IFRS.[578]

Das Ergebnis der grammatischen Auslegung der endorsed IFRS und das durch sie erlangte Bedeutungsspektrum der einzelnen Norm sind anhand weiterer Interpretationskriterien zu prüfen.

---

schen Auslegungscanones ist. *Dederichs* kommt daher ebenfalls zu dem Schluss, dass die Bedeutung der grammatischen Auslegung für die Methodik des EuGH in der Literatur deutlich unterschätzt wird (vgl. *ders.*, Die Methodik des EuGH (2004), 79 f.).

574 Vgl. zu diesem dreistufigen Verfahren des EuGH *Müller/Christensen*, Juristische Methodik, Bd. II: Europarecht (2003), 39–41.

575 *Müller/Christensen*, Juristische Methodik, Bd. II: Europarecht (2003), 42.

576 Die auch heute noch mitunter vertretene These, dass ausschließlich die IFRS in englischer Sprache für die Auslegung maßgeblich sein sollen, ist demnach ausdrücklich abzulehnen; so aber noch *Bohl/Riese/Schlüter(-Bohl)*, Beck'sches IFRS-Handbuch (2004), § 1 Rn. 117. Zwar ist zutreffend, dass das IASB die englische Sprache als Arbeitssprache festgelegt hat (Vorwort IFRS, Par. 23). Mit der Übernahme der IFRS in das europäische Recht ist diese Regelung des Vorwortes aber bedeutungslos geworden; so im Ergebnis auch *Küting/Ranker*, BB 2004, 2510, 2511.

577 Vgl. *Küting/Ranker*, BB 2004, 2510, 2511; *Hauck/Prinz*, Der Konzern 2005, 635, 639; *Hauck*, BB 2007, 2434.

578 So auch *Küting/Ranker*, BB 2004, 2510, 2511.

bb) Historische und genetische Auslegung

Den historischen und genetischen Elementen kommt bei der Auslegung des Gemeinschaftsrechts im Verhältnis zu den anderen Auslegungssätzen eine eher untergeordnete Bedeutung zu.[579] Die historische und die genetische Konkretisierung sind klar voneinander zu trennen. Die historische Konkretisierung leitet hin zu Vorläufernormen, die genetische Konkretisierung in die Materialien.[580] Während die historische Auslegung unter Heranziehung von Vorläufernormen im jungen Gemeinschaftsrecht bisher naturgemäß noch eine geringe Rolle spielt, ist die genetische Konkretisierung vor allem im Sekundärrecht[581] ein häufiges, wenn auch eher untergeordnetes Auslegungsinstrument des EuGH. Die wichtigsten Anknüpfungspunkte für eine genetische Analyse des Sekundärrechts sind die Erwägungsgründe des Rechtsaktes und die Vorschläge der Rechtsetzungsorgane.[582] Zur Entstehungsgeschichte der Norm gehören aber auch die einseitig zu Protokoll gegebenen Erklärungen von Regierungen der Mitgliedstaaten und andere Erklärungen von Rat und Kommission, die neben den Erwägungsgründen in sonstiger Weise veröffentlicht werden. Ein Beispiel für eine solche Erklärung der gesetzgebenden Organe ist der Kommentar der Kommission zur IFRS-Anwendungsverordnung.[583]

Die einseitigen Protokollerklärungen von Regierungen der Mitgliedstaaten können nach ständiger Rechtsprechung des EuGH „nicht für die Auslegung eines Rechtsaktes der Gemeinschaft herangezogen werden, da die allgemeine Geltung der von den Gemeinschaftsorganen erlassenen Normen nicht durch Vorbehalte oder Einwendungen der Mitgliedstaaten bei ihrer Ausarbeitung relativiert werden kann“[584]. Die rechtsstaatlich verankerte Ablehnung dieser Argumentationsquelle greift bei Erklärungen des Rates und der Kommission als Gesetzgebungsorgane nicht. Dennoch wird in der Literatur häufig behauptet, der EuGH habe die Heran-

---

579 Vgl. *Müller/Christensen*, Juristische Methodik, Bd. II: Europarecht (2003), 57; *Schroeder*, JuS 2004, 180, 183.

580 *Müller/Christensen*, Juristische Methodik, Bd. II: Europarecht (2003), 57.

581 Bei der Bedeutung der genetischen Interpretation ist zwischen dem Primär- und Sekundärrecht zu unterscheiden. Im Primärrecht können die Vorarbeiten zu den Verträgen, soweit überhaupt vorhanden, aufgrund der fehlenden Veröffentlichung aus rechtsstaatlichen Gesichtspunkten nicht verwertet werden (vgl. *Müller/Christensen*, Juristische Methodik, Bd. II: Europarecht (2003), 63). Demgegenüber stehen im Sekundärrecht aufgrund der Begründungspflicht (Art. 253 EG) Materialien zur Ermittlung des subjektiven Willens des Normgebers zur Verfügung.

582 Vgl. stellvertretend für viele EuGH, Urt. v. 28.4.1999 – Rs. C-31/98 (*Luksch*), Slg. 1999, I-2423, I-2443 Rn. 15; EuGH, Urt. v. 29. 6. 1999 – Rs. C-60/98 (*Butterfly Music*), Slg. 1999, I-3939, I-3965 Rn. 19.

583 Kommentare der Kommission zu bestimmten Artikeln der Verordnung (EG) Nr. 1606/2002 und zur Richtlinie 78/660/EWG und Richtlinie 83/349/EWG (Fn. 372).

584 EuGH, Urt. v. 30. 1. 1985 – Rs. 143/83 (*Kommission/Dänemark*), Slg. 1985, 427, 436 Rn. 13; so auch EuGH, Urt. v. 18. 2. 1970 – Rs. 38/69 (*Kommission/Italien*), Slg. 1970, 47, 57 Rn. 12/13; Urt. v. 23. 2. 1988 – Rs. C-429/85 (*Gefahrenstoffe*), Slg. 1988, 843, 852 Rn. 9; vgl. auch *Grabitz/Hilf(-Pernice/Mayer)*, EUV/EGV Bd. II, Art. 220, Rn. 54 (August 2002).

ziehung dieser Texte der Gesetzgebungsorgane abgelehnt.[585] Tatsächlich hat sich der EuGH nur dafür ausgesprochen, dass diese Erklärungen keine Handlungen mit Gesetzeskraft sind und den Inhalt des Gesetzes nicht fixieren können.[586] Diese zutreffende rechtsquellentheoretische Qualifizierung besagt demnach nur, dass systematischen und teleologischen Elementen im Konfliktfall Vorrang gegenüber diesen sekundären Materialien des Gesetzgebungsprozesses zu gewähren ist. Der EuGH zieht demgemäß diese Materialien immer nur dann mit heran, wenn Wortlaut, Systematik und Telos der Norm dies zulassen.[587]

Im Zusammenhang mit der genetischen Interpretation der endorsed IFRS stellt sich zudem die Frage, wie mit den verschiedenen Verlautbarungen des IASB im due process[588] oder der im Anhang der IAS veröffentlichten und den neuen IFRS beigefügten Grundlage der Beschlussfassung (basis for conclusions) zu verfahren ist.[589] Hier werden der Entwicklungsprozess eines Standards erklärt und divergierende Meinungen veröffentlicht. Bereits nach dem Verständnis der IFRS haben die basis for conclusions und andere Verlautbarungen der IFRS eine erklärende Bedeutung für einen Standard. Sie sind keine integralen Bestandteile der Standards und werden folglich auch nicht in das Gemeinschaftsrecht inkorporiert. Trotz des sich daraus ergebenden unterschiedlichen quellentheoretischen Charakters ist die Bedeutung dieser unverbindlichen Verlautbarungen für die Erschließung des Sinngehalts der Normen nicht zu missachten. Eine Einordnung dieser Verlautbarungen in eine Quellensystematik erscheint demnach erforderlich.[590]

cc) Systematische Auslegung

Neben die historischen und genetischen Interpretationssätze treten systematische Elemente. Der Begriff der systematischen Auslegung lässt sich folgendermaßen umschreiben: Eine Norm ist „ausgehend vom gewöhnlichen Sinn der Begriffe in ihrem Kontext[591] auszulegen. Von der Stellung der Norm im Gesamtzusammenhang wird folglich auf ihren Sinngehalt geschlossen.

---

585 So *Anweiler*, Die Auslegungsmethoden des Gerichtshofs der Europäischen Gemeinschaften (1997), 258 f. unter Berufung auf EuGH, Urt. 26. 2. 1991 – Rs. C-292/89 (*Antonissen*), Slg. 1991, 745, 778 Rn. 17 f.

586 Vgl. dazu EuGH, Urt. 26. 2. 1991 – Rs. C-292/89 (*Antonissen*), Slg. 1991, 745, 778 Rn. 18 sowie Generalanwalt *Warner*, Schlussanträge in der Rs. 80, 81/77 vom 15. 3. 1978 (*Commissionnaires Réunis*), Slg. 1978, 927, 956 f.

587 Vgl. dazu EuGH, Urt. v. 23. 2. 1988 – Rs. C-429/85 (*Gefahrenstoffe*), Slg. 1988, 843, 852 Rn. 9; Urt. v. 21. 1. 1992 – Rs. C-310/90 (*Egle*), Slg. 1992, I-177, I-201 Rn. 11–13.

588 Die Vorüberlegungen der Board-Mitglieder im Entstehungsprozess eines Standards sind der Öffentlichkeit zu einem wesentlichen Teil zugänglich, weil die Entwürfe veröffentlicht werden und weil der Meinungsbildungsprozess durch die interessierte Öffentlichkeit ebenfalls zu einem großen Teil über die Fachliteratur zugänglich ist (*Bohl/Riese/Schlüter(-Bohl)*, Beck'sches IFRS-Handbuch (2004), § 1 Rn. 120)

589 Zur Einordnung dieser Verlautbarungen in die Struktur der Standards vgl. im Einzelnen § 4.II.2)a)aa), S. 111 ff.

590 Vgl. dazu § 4.II.4)b), S. 142 ff.

591 EuGH, Urt. 23. 3. 1982 – Rs. 53/81 (*Levin*), Slg. 1982, 1035, 1048 Rn. 9.

Die systematische Auslegung ist zusammen mit der Teleologie bei der Auslegung des Gemeinschaftsrechts durch den Gerichtshof von großer Bedeutung.[592] Grund für diese qualitative Hervorhebung ist die Zielsetzung einer einheitlichen und autonomen gemeinschaftsrechtlichen Auslegung. Allerdings ist hier wiederum zu betonen, dass Systematik und Teleologie dem Ziel der Schaffung einer gemeinschaftsrechtlichen Bedeutung dienen und insoweit dem Wortlaut untergeordnet sind. Der EuGH bemüht sich im Rahmen der systematischen Auslegung durch eine horizontale Vernetzung von Rechtstexten um eine Ausräumung von Normwidersprüchen und damit um eine inhaltliche Anpassung der Norm an das innere System der Gemeinschaftsrechtsregelungen.[593]

Eine solche Form der Vernetzung von Regelungen muss, bezogen auf die Auslegung der endorsed IFRS, bereits bei den einzelnen Standards beginnen. Die IAS und die IFRS im engeren Sinne weisen, wie bereits aufgeführt wurde,[594] eine spezifische formale Gliederung auf. Sowohl den IAS als auch den IFRS im engeren Sinne sind bestimmte Verlautbarungen zu den einzelnen Standards beigefügt, die nicht integraler Bestandteil des Standards sind und dementsprechend auch nicht inkorporiert werden. Die Anhänge der alten IAS, die z.B. erläuternde Beispiele, erläuternde Angaben, Illustrationen enthalten, sind im Gegensatz zu den Anhängen der IFRS im engeren Sinne nicht integraler Bestandteil des Standards.[595] Sie wurden dementsprechend auch nicht in das Gemeinschaftsrecht überführt. Bei den neuen Standards werden Beispiele und Illustrationen, Implementierungsleitlinien sowie die Grundlage der Beschlussfassung in gesonderten Heften veröffentlicht.[596] Sie sind ebenfalls nicht Bestandteil des jeweiligen Standards.

Dem einzelnen Standard wird somit bereits eine Mischung aus Hinweisen, Motivationen des Normsetzers und Empfehlungen zugeordnet, die teilweise verpflichtenden Charakter haben, teilweise aber auch einer unverbindlichen Gesetzesbegründung angenähert sind. Damit ist ein mehr oder minder geordnetes Sammelsurium an Meinungsäußerungen und Begründungsansätzen durch das Endorsement zum Teil als bindendes Recht und zum Teil als unverbindliche Auslegungsquelle zur

---

592 Nach einer Untersuchung von *Buck* beinhalten im Entscheidungszeitraum von 1988 bis 1992 nahezu 75% aller Urteile systematische Ausführungen (*Buck, Carsten*, Über die Auslegungsmethoden des Gerichtshofs der Europäischen Gemeinschaft (1998), 201). Dennoch zeigt die Untersuchung der Rechtsprechung des EuGH des Jahrgangs 1999 von *Dederichs*, dass die teleologische und die systematische Auslegung der grammatischen nachgeordnet ist (vgl. *Dederichs*, Die Methodik des EuGH (2004), 98, 111). Systematische Argumentationselemente treten wiederum hinter der teleologischen Auslegung in der Bedeutung zurück.

593 Vgl. *Müller/Christensen*, Juristische Methodik, Bd. II: Europarecht (2003), 51.

594 Vgl. hierzu im Einzelnen § 4.II.2)a)aa), S. 111f.

595 So wird zu Beginn des Anhangs in IAS 19 ausgeführt: „Der Anhang gehört zu IAS 19, ist jedoch nicht Teil des Standards." Demgegenüber wird etwa im Anhang A. und B. des IFRS 2 ausdrücklich darauf verwiesen: dieser „Anhang ist Bestandteil des IFRS".

596 *Wagenhofer*, Internationale Rechnungslegungsstandards IAS/IFRS[5] (2005), 114; vgl. zu den Implementierungsleitlinien auch Haufe IFRS-Kommentar(-*Lüdenbach/Hoffmann*)[5] (2007), § 1 Rn. 59.

Verfügung gestellt worden.[597] Diese innere Systematik der Standards ist bei der Auslegung zu berücksichtigen.

Der einzelne Standard wird aber nicht nur durch seine innere Systematik, sondern auch durch seine Vernetzung mit bzw. in Abgrenzung zu anderen Standards konkretisiert. Trotz des einzelfallbezogenen Charakters der Standards enthält etwa IAS 1 „Darstellung des Abschlusses" Grundlagen für die Darstellung eines Abschlusses und IAS 8 „Bilanzierungs- und Bewertungsmethoden" unter anderem allgemeine Regeln für die Auslegung und Lückenschließung der Standards (IAS 8.7–8.12), die zur systematischen Konkretisierung der anderen Standards herangezogen werden können.

Hinzu tritt die systematische Eingliederung der ursprünglichen privaten Standards in den normativen Rahmen des IFRS-Systems, bestehend aus dem Vorwort der IFRS und dem Framework der IFRS. Die Bedeutung dieses ursprünglichen normativen Rahmens der IFRS und der benannten nicht inkorporierten Anhänge und Verlautbarungen zu den einzelnen Standards für die Auslegung der endorsed IFRS steht außer Frage. Die rechtsquellentheoretische Rechtfertigung für eine Heranziehung dieser privaten Quellen ist jedoch diskussionsbedürftig (vgl. nächsten Abschnitt).

Eine weitere Form der Vernetzung von Rechtstexten ist die Konkretisierung von Durchführungsverordnungen mit der dazugehörigen Grundverordnung. Die inkorporierten Standards der Durchführungsverordnungen sind demnach systematisch in den Kontext der Anforderungen der IFRS-Anwendungsverordnung, insbesondere der Anforderungen der Anerkennungskriterien zu stellen.

dd) Teleologische Auslegung

Neben den systematischen Elementen kommt, wie bereits ausgeführt wurde, den teleologischen Argumenten in der Rechtsprechung des EuGH eine besondere Bedeutung zu.[598] Beide Interpretationssätze sind eng miteinander verbunden. Eine Norm kann im Hinblick auf ihre Stellung im Gesamtgefüge nur beurteilt werden, wenn zugleich die Ziele mitberücksichtigt werden, zu deren Verwirklichung die kodifizierte Regelung beitragen soll.[599] Die teleologische Auslegung bildet sozusagen das dynamische und das einheitsbildende Element in der Auslegung des Gemeinschaftsrechts.[600] Der EuGH leitet den Zweck des Gesetzes aus dem Wortlaut, den Materialien oder der Systematik ab. Er behandelt die Teleologie somit entsprechend dem dargestellten dreistufigen Verfahren als mehrgliedriges Argument.[601]

---

597 Vgl. *Küting/Ranker*, BB 2004, 2510, 2512; *Heuser/Theile*, IAS/IFRS-Handbuch³ (2007), Rn. 61.
598 Vgl. u. a. *Schroeder*, JuS 2004, 180, 183; *Streinz*, ZEuS 2004, 387, 404.
599 *Buck, Carsten*, Über die Auslegungsmethoden des Gerichtshofs der Europäischen Gemeinschaft (1998), 201.
600 Zum ersten, dem dynamischen Moment vgl. *Oppermann*, Europarecht³ (2005), § 8 Rn. 23.
601 Vgl. exemplarisch EuGH, Urt. 21. 11. 2002 – Rs. 356/00 (*Testa und Lazzeri*), Slg. 2002 I-10811, I-10825 Rn. 43; EuGH, Urt. v. 28. 11. 2002 – Rs. 417/00 (*Agrargenossenschaft Pretzsch*), Slg. 2002, I-11053 Rn. 49ff. Siehe auch *Müller/Christensen*, Juristische Methodik, Bd. II: Europarecht (2003), 73.

Folglich stützt sich die teleologische Auslegung der endorsed IFRS auf die bereits angesprochenen, sowohl gemeinschaftsrechtlichen als auch nicht gemeinschaftsrechtlichen Quellen.

Die Vielzahl und die unterschiedliche Rechtsnatur der aufgezeigten Quellen der genetischen, systematischen und teleologischen Auslegung lässt eine Systematisierung und rechtsquellenanalytische Untersuchung dieser verschiedenen Materialien und Verlautbarungen erforderlich erscheinen. Dieser Versuch soll im folgenden Abschnitt unternommen werden.

b) Systematisierung der Rechtsquellen

Die für eine genetische, systematische und teleologische Auslegung der endorsed IFRS in Betracht kommenden Quellen sind, wie aufgezeigt wurde, vielfältig. Sie unterscheiden sich nicht nur hinsichtlich ihrer Verbindlichkeit für den Rechtsanwender (endorsed IFRS als Rechtsnorm – unverbindliche Verlautbarungen der Kommission), sondern auch im Hinblick auf ihren gemeinschaftsrechtlichen Bezug (Äußerungen der Kommission – Verlautbarungen des privaten Standardsetzers). Der privatrechtliche Ursprung der Standards und ihr Normwandel durch die Inkorporation wirft vor allem die Frage auf, ob eine rechtsquellentheoretische Grundlage dafür besteht, die aufgeführten nicht inkorporierten Bestandteile des IFRS-Rechnungslegungssystems, wie etwa das Framework, bei der Auslegung der endorsed IFRS heran zu ziehen. Aber auch die Heranziehung der unverbindlichen Äußerungen der europäischen Organe bedarf einer rechtsquellentheoretischen Grundlage.

Eine rechtsquellenanalytische Auseinandersetzung mit diesen Verlautbarungen und ihre Einordnung in ein System der Rechtsquellen zur Auslegung der endorsed IFRS setzt zunächst eine begriffliche und theoretische Klärung der Rechtsquelle voraus.

aa) Rechtsgeltungs-, Rechtserkenntnis- und Rechtsgewinnungsquellen

Als Rechtsquellen werden im Allgemeinen die Formen und Erscheinungsweisen bezeichnet, in denen das objektive Recht für den Rechtsanwender erkennbar wird.[602] Die Lehre von den Rechtsquellen steht bereits ihrem Untersuchungsgegenstand nach in direkter Abhängigkeit zum Begriff des Rechts.[603] An dieser Stelle soll nicht der Versuch unternommen werden, die bisher bestehende Lücke eines einheitlichen, von der ganzen Rechtswissenschaft akzeptierten Rechtsbegriffs zu füllen. Für die hier verfolgten Zwecke ist es ausreichend festzuhalten, dass Recht als Summe der Verhaltensnormen einer Gesellschaft die Grenzen einer streng positivistischen Begriffsbildung sowohl aus empirischen als auch aus entscheidungstheoretischen Gründen überschreitet.

---

602 Vgl. *Rüthers/Birk*, Rechtstheorie^2 (2005), Rn. 217.
603 Vgl. *Rüthers/Birk*, Rechtstheorie^2 (2005), Rn. 217.

Die Forderung der École de L'Exégèse, der Richter müsse sich auf eine rein kognitive Tätigkeit, mithin auf die bloße Analyse der Entscheidungen des Gesetzgebers beschränken,[604] setzt sich in Widerspruch zur Praxis der Rechtsanwendung. Es gibt zahlreiche Fälle, in denen der Rechtsanwender seine Entscheidung nicht mehr nur auf das Gesetz stützt, sondern sich durch die Heranziehung grundlegender, ungeschriebener Prinzipien um eine rechtliche Begründung seiner Entscheidung bemüht.[605] Die Forderung nach einem strikten Gesetzespositivismus zur Rechtsfindung ist entscheidungstheoretisch nur dann erfüllbar, wenn das Entscheidungsprogramm des Gesetzes vollständig, d.h. jeder denkbare Rechtsfall bereits gesetzlich vorentschieden wäre.[606] Eine vollständige Erfassung der rechtlichen Fragestellungen durch den Gesetzgeber ist aufgrund der Unvollständigkeit des bereitstehenden Wissens eine unrealistische Annahme. Diese erkenntnistheoretische Einsicht muss rechtsquellentheoretisch zum Schluss führen, dass das Recht in seiner gesetzlich fixierten Form durch eine „außergesetzliche Rechtsordnung"[607] ergänzt wird.

Geht man von einer solchen, den engen Positivismus überschreitenden Position aus, so sind die verbindlichen Rechtsgeltungsquellen in Form des niedergeschriebenen Rechts und des Gewohnheitsrechts unter dem Aspekt der Rechtsgewinnung um Argumente und Begründungen zu erweitern, die zwar nicht gesetzlicher Herkunft, gleichwohl aber rechtlicher Natur sind. Diese Quellen können als Rechtsgewinnungsquellen bezeichnet werden.[608]

Die Rechtsgeltungsquellen binden den Rechtsanwender auf der Ebene des rechtlichen Sollens. Für sie gilt der Grundsatz „auctoritas non veritas facit legem". Die Rechtsgeltungsquellen als das verbindlich geltende Recht werden durch die Rechtserkenntnisquellen als Hilfsquellen ergänzt. Aus den Quellen der Rechtserkenntnis lässt sich entnehmen, was rein faktisch als Recht praktiziert wird. Als solche Rechtserkenntnisquellen dienen etwa rechtsvergleichende und empirische Elemente. Diese „klassischen" Rechtsquellen sind um den Vorgang der Rechtsgewinnung zu ergänzen.

Die dynamische Entwicklung des Rechts und die entscheidungstheoretische Begründung der Unvollständigkeit der gesetzlich fixierten und durch eine allgemeine Übung bestätigten Rechtsgeltungsquellen sprechen für eine Integration der Rechtsgewinnungsquellen in die Rechtsquellenlehre. Die Heranziehung dieser außergesetzlichen Quellen zur Rechtfindung fußt nicht auf der Verbindlichkeit

604 Nachweis bei *Fikentscher*, Methoden des Rechts in vergleichender Darstellung, Bd. I (1975), 433.

605 Dies wird zumeist als das Prinzipienargument gegen den engen Positivismus bezeichnet; vgl. *Canaris*, in: *Basedow* (Hrsg.), Europäische Vertragsrechtsvereinheitlichung und deutsches Recht (2000), 5, 10.

606 Siehe *Neumann*, in: *Dreier* (Hrsg.) Rechtspositivismus und Wertbezug des Rechts, ARSP Beiheft 37 (1990), 141, 143.

607 Vgl. *Neuner*, Die Rechtsfindung contra legem (1992), 69 ff.

608 *Canaris*, in: *Basedow* (Hrsg.), Europäische Vertragsrechtsvereinheitlichung und deutsches Recht (2000), 5–31.

der Rechtsquellen für den Rechtsanwender, sondern auf der ihnen innewohnenden Überzeugungskraft, mithin auf dem Gebot der praktischen Rechtsvernunft.[609] Rechtsquellentheoretisch haben Gesetz und Gewohnheitsrecht grundsätzlich, d.h. abgesehen von den Fällen gesetzlichen Unrechts, Vorrang vor der außergesetzlichen Rechtsordnung. Die Rechtsgewinnungsquellen unterliegen somit dem Gebot „veritas non auctoritas facit legem".[610]

bb) System der Rechtsquellen zur Auslegung der endorsed IFRS

Auf der Grundlage dieser begrifflichen und theoretischen Klärung lassen sich im Folgenden die genannten verschiedenen Quellen in ein System der Rechtsquellen zur Auslegung und Lückenschließung der endorsed IFRS integrieren.

Dieses System nimmt seinen Ausgangspunkt bei den inkorporierten Standards und den Regelungen der IFRS-Anwendungsverordnung als sachnächsten verbindlichen Rechtsgeltungsquellen. Aber auch das Primärrecht und die Rechnungslegungsrichtlinien sind als verbindliche Rechtsgeltungsquellen zur Auslegung und Lückenschließung der endorsed IFRS heranzuziehen.

Die unverbindlichen Erklärungen der Organe der Europäischen Gemeinschaft und die Verlautbarungen im Rahmen des Rechtsetzungsprozesses sind aufgrund ihres unverbindlichen Charakters nicht als Rechtsgeltungsquellen zu werten.[611] Ebenso wenig lassen sie sich als eine deskriptive Wiedergabe des geltenden Rechts und damit als Rechtserkenntnisquelle charakterisieren. Als Äußerung eines gesetzgebenden Organs sind diese Verlautbarungen aber durchaus als Quellen der Rechtsgewinnung zu werten. Innerhalb der Rechtsgewinnungsquellen kommt ihnen aufgrund der sachlichen Nähe und des gemeinschaftsrechtlichen Bezugs eine wichtige Bedeutung zu.

Die nicht inkorporierten Verlautbarungen des IASB (Implementierungsleitlinien, Basis of Conclusions) und der angegliederten Organe können ebenfalls nicht durch auctoritas, sondern nur durch veritas zur Auslegung und Lückenschließung herangezogen werden. Diesen Verlautbarungen kann auf den ersten Blick im Vergleich zu den Äußerungen der Organe der Europäischen Gemeinschaft nur eine untergeordnete Bedeutung zukommen. Der normative Wandel der endorsed IFRS gegenüber den privaten Standards durch die Inkorporation und die fehlende kompetenzrechtliche Legitimation der sich äußernden Institutionen setzen die Überzeugungskraft dieser Quellen für die Rechtsfindung herab. Ihre sachliche Nähe, der Verweis in den Einzelstandards (IAS 8.7, Präambel der einzelnen Stan-

609 *Canaris*, in: *Basedow* (Hrsg.), Europäische Vertragsrechtsvereinheitlichung und deutsches Recht (2000), 5, 12.
610 *Canaris*, in: *Basedow* (Hrsg.), Europäische Vertragsrechtsvereinheitlichung und deutsches Recht (2000), 5, 12.
611 Hervorzuheben sind hier die Erwägungsgründe der IFRS-Anwendungsverordnung, der Verordnungsvorschlag der Kommission, der Kommentar der Kommission zu bestimmten Artikeln der IFRS-Anwendungsverordnung und die verschiedenen Mitteilungen der Kommission über die Strategie der EU im Bereich der Rechnungslegung.

dards) und die zunehmende Komplexität und Bedeutung dieser erklärenden Ausführungen für die Standards (z.B. Implementierungsleitlinien zu IFRS 1) betonen aber zugleich die praktische Bedeutung dieser Verlautbarungen für die Auslegung und Lückenschließung der Standards.[612] Im Ergebnis ist damit der Kommission in ihrer Schlussfolgerung zu folgen, dass der Anwender der endorsed IFRS bei der Anwendung der Standards „etwaige Anhänge und Umsetzungsleitlinien bei der Bestimmung der angemessenen Anwendung der IAS entsprechend" berücksichtigen sollte.[613]

Eine Sonderstellung nimmt derzeit das Framework ein. Trotz dieser grundlegenden normativen Regelungen kommt dem Rahmenkonzept kein Standardcharakter (IFRS-Framework, F.2) zu. Die Inhalte des Frameworks sind auch nicht als overriding principle zu den IFRS zu verstehen.[614] Sollten bestimmte Inhalte des Frameworks mit den IFRS kollidieren, haben nach IFRS-Framework, F.3 die Regelungen der IFRS Vorrang vor denjenigen des Frameworks.[615] Bereits in der Systematik der IFRS ist das Framework für einen IFRS-konformen Abschluss demnach nur von subsidiärer Bedeutung.[616] Demzufolge bedurfte es einer zusätzlichen Formulierung allgemeiner Anforderungen und Rechnungslegungsgrundsätze in Standardform (IAS 1 und IAS 8). Diese Standards verweisen auf die Definitionen und Grundsätze des Framework (IAS 1.13, 1.21 und IAS 8.11). Darüber hinaus wird in einer (ins europäische Recht übernommenen) Präambel vor jedem Standard ausgeführt, dass die Aussagen jedes Standards vor dem Hintergrund des Rahmenkonzeptes sowie der Begründungserwägungen (basis of conclusion) zu würdigen sind.[617] Diese Verweise in den Standards betonen die Bedeutung des Frameworks für die Auslegung und Lückenschließung der formulierten Grundsätze der Rechnungslegung.

Das Framework ist gerade in Hinblick auf seine Stellung im System der IFRS nicht in das europäische Recht inkorporiert worden und somit auch kein verbindliches Recht.[618] Zudem sind die endorsed IFRS durch die Inkorporation einem verbindli-

---

612 Vgl. *Buchheim/Gröner/Kühne*, BB 2004, 1783, 1785; *Heuser/Theile*, IAS/IFRS-Handbuch[3] (2007), Rn. 61.

613 Kommentare der Kommission zu bestimmten Artikeln der Verordnung (EG) Nr. 1606/2002 und zur Richtlinie 78/660/EWG und Richtlinie 83/349/EWG, 2.1.5. (Fn. 372).

614 *Pellens/Fülbier/Gassen/Sellhorn*, Internationale Rechnungslegung[7] (2008), 109.

615 Dieser Regelung bedurfte es schon wegen der relativ späten Verabschiedung des Framework im Juli 1989. Zu diesem Zeitpunkt waren schon 31 IAS erarbeitet worden, denen eben nicht die normativen Aussagen des Framework zugrunde lagen.

616 *Wagenhofer*, Internationale Rechnungslegungsstandards IAS/IFRS[5] (2005), 116; vgl. auch *Schöllhorn/Müller*, DStR 2004, 1623, 1624.

617 Zu berücksichtigen sind ferner das – allerdings für die Praxis weniger relevante – IFRS-Vorwort sowie die in das Europäische Recht inkorporierten und deshalb aus rechtlicher Perspektive unproblematischen Zielsetzungen des jeweiligen Standards.

618 Vgl. Kommentare der Kommission zu bestimmten Artikeln der Verordnung (EG) Nr. 1606/2002 und zur Richtlinie 78/660/EWG und Richtlinie 83/349/EWG, 2.1.5 (Fn. 372). Bereits die EFRAG hatte sich in ihrem Empfehlungsschreiben vom 19. 6. 2002 für eine Klarstellung des Status des Framework und seine Bereitstellung ausgesprochen, entgegen *Schön* (*ders.*, BB 2004, 763, 766) aber nicht seine Inkorporation empfohlen (vgl. *EFRAG*, Übernahmeempfehlung vom 19. 6. 2002: Endorsement of existing International Accounting Standards and related interpretations, chen normativen Rahmen, bestehend aus den Anerkennungskriterien der IFRS-Anwendungsverordnung und den bereits bestehenden Grundsätzen des Europäischen Bilanzrechts, zugeführt worden. Dennoch muss das Framework bereits aufgrund der Verweise in den Standards und seiner normativen Funktion im IFRS-System zur Auslegung und Lückenschließung der Standards herangezogen werden.[619] Das Gemeinschaftsrecht – nämlich die übernommenen Standards – fordern damit die Berücksichtigung rechtlich nicht übernommener Verlautbarungen. Als Rechtsgewinnungsquelle darf das Framework aber nur insoweit zur Rechtsfindung beigezogen werden, wie sich die Inhalte nicht zu den kodifizierten Auslegungssätzen der IFRS-Anwendungsverordnung und den Grundsätzen des Europäischen Bilanzrechts in Widerspruch setzen.

c) Schlussfolgerung für die Auslegung und Lückenschließung der endorsed IFRS

Auf der Grundlage der erörterten Besonderheiten der Auslegung und Lückenschließung des Gemeinschaftsrechts und der benannten und systematisierten Rechtsquellen sollen im Folgenden nun konkrete Schlussfolgerungen für die Auslegung und Lückenschließung der endorsed Standards formuliert werden.

aa) Anwendung der kodifizierten Interpretationssätze

Ausgangspunkt der Auslegung sind der Wortlaut und die Systematik des auslegungsbedürftigen inkorporierten Einzelstandards.

Durch die Inkorporation der IFRS wird zum Ausdruck gebracht, dass eine Anwendung der Standards grundsätzlich Gewähr für eine Wahrung des true and fair view, der daraus fließenden materiellen Anforderungen der Verständlichkeit, Verlässlichkeit, Relevanz und Vergleichbarkeit und der Wahrung des europäischen öffentlichen Interesses bietet.

Dementsprechend ist bei der Auslegung der inkorporierten Standards zunächst das in den Einzelstandards, speziell in IAS 8.7, kodifizierte Auslegungsinstrumentarium anzuwenden.

(1) Auslegungsgrundsätze des IAS 8.7–8.12

Nach IAS 8.7 ist zur Ermittlung der anzuwendenden Bilanzierungs- und Bewertungsmethode für den entsprechenden Posten der konkrete Standard bzw. die konkrete Interpretation unter Berücksichtigung aller relevanten Umsetzungsleitlinien des IASB heranzuziehen. Dieser kodifizierte Auslegungsgrundsatz ist nach

---

S. 2, abrufbar unter: http://www.europa.eu.int/comm/internal_market/accounting/ias_de.htm#efrag-advice).
Die bloße Beifügung des Framework an den unverbindlichen Kommentar der Kommission erhebt das Framework entgegen *Schöllhorn/Müller*, DStR 2004, 1623, 1624 nicht zum verbindlichen Europäischen Recht.

619 Siehe *Heuser/Theile*, IAS/IFRS-Handbuch³ (2007), Rn. 61.

den heranzuziehenden Rechtsquellen definiert. Er lässt sich aber ohne weiteres in den klassischen Auslegungskanon integrieren: Der Regelungsgehalt eines Standards ist ausgehend vom *Wortlaut* der Norm über seine innere *Systematik* und den zugrunde liegenden *Telos* der Norm unter Bezugnahme *genetischer* Argumente zu erschließen.

Als Quellen der Auslegung werden die Standards im engeren Sinne, die Interpretationen und die jeweils relevanten Umsetzungsleitlinien benannt. Versteht man die Umsetzungsleitlinien in Abgrenzung zu den integralen Bestandteilen der Standards weit, so lassen sich darunter alle für den Sachverhalt relevanten Verlautbarungen des Standardsetzers, mithin die nicht integralen Anhänge, die Grundlage der Beschlussfassung, die Implementierungsleitlinien und die aufgeführten Beispiele und Erläuterungen der Standards fassen.[620]

Fehlt für einen zu beurteilenden Sachverhalt ein geeigneter Standard oder eine Interpretation, sind das Management und in letzter Konsequenz auch die Gerichte in die Pflicht genommen, diese Lücke durch geeignete abgeleitete Bilanzierungsregelungen zu schließen. Nach IAS 8.10 müssen sich das Management und damit auch die Gerichte bei der Auslegung davon leiten lassen, dass die Standards das Ziel verfolgen, Informationen bereitzustellen, die den Kriterien der Relevanz und der Verlässlichkeit entsprechen. Informationen sind relevant, wenn sie eine nützliche Grundlage für die wirtschaftlichen Entscheidungen der Adressaten darstellen (IAS 8.10 lit. a). Verlässlich sind die vermittelten Informationen, wenn sie die finanzielle Lage getreu wiedergeben, den wirtschaftlichen Gehalt des Sachverhalts erfassen und neutral, vorsichtig und vollständig abbilden (IAS 8.10 lit. b). Allein mit dieser Definition der Verlässlichkeit und Relevanz ist noch kein normatives Ziel der Lückenschließung formuliert. Die für eine Zielbestimmung erforderliche Konkretisierung und Abwägung dieser teilweise konträren Zielsetzungen gilt es aus weiteren Quellen herzuleiten.

Daher sind für die Lückenschließung – in absteigender Ordnung – andere Standards und Interpretationen, die sich mit vergleichbaren Bilanzierungsfragen beschäftigen, sowie die Definitionen, Erfassungskriterien und Bewertungskriterien des Frameworks in Bezug zu nehmen (IAS 8.11). Daneben dürfen andere geeignete Quellen, wie Verlautbarungen anderer Standardsetzer, Literaturmeinungen und Bilanzierungsübungen in der Praxis, herangezogen werden, soweit sie nicht mit den Standards, den Interpretationen und dem Framework kollidieren (IAS 8.12).

Die Auslegungsgrundsätze des IAS 8.7 stehen nicht im Widerspruch zu den erläuterten Auslegungsinstrumentarien des EuGH. Vielmehr sind weitgehende Übereinstimmungen in der Vorgehensweise festzustellen.[621] Es wird jeweils in erster Linie auf die innere Systematik der Standards abgestellt. Diese Auslegung durch systematische Verknüpfung hat im Lichte der normativen Ziele des europäischen

620 Zur Einordnung dieser Verlautbarungen in die Systematik der Standards vgl. § 4.II.2)a)aa), S. 111ff.
621 *Küting/Ranker*, BB 2004, 2510, 2512.

Gesetzgebers und der daraus abgeleiteten kodifizierten Rechnungslegungsziele und -grundsätze der Verordnung zu erfolgen.

Gegen die Heranziehung der Definitionen und Grundsätze des Frameworks als unverbindliche Rechtsgewinnungsquelle bestehen demnach grundsätzlich keine Einwände, soweit diese mit den verbindlichen normativen Zielen und Grundsätzen der IFRS-Anwendungsverordnung vereinbar sind. Auch die in IAS 8.7 benannten sonstigen Quellen können im Rahmen der Auslegung und Lückenschließung beachtet werden, soweit sie nicht den Regelungen der endorsed IFRS und den normativen Rahmengrundsätzen, in die diese eingebunden sind, widersprechen. Dementsprechend betont die Kommission in ihrem Kommentar zur IFRS-Anwendungsverordnung die Bedeutung des Frameworks, der Anhänge und der Umsetzungsleitlinien für die Auslegung.[622] Diese Rechtsquellen des IAS 8.7 sind um die Verlautbarungen der gesetzgebenden Organe im Zuge der Inkorporation (Kommentar der Kommission zur IFRS-Anwendungsverordnung[623], Erwägungsgründe der IFRS-Anwendungsverordnung, Vorschlag der IFRS-Anwendungsverordnung[624] usw.) und die Wertungen des europäischen Primärrechts und des Sekundärrechts zu ergänzen.

(2) Heranziehung nicht freigegebener IFRS zur Auslegung

Die Auslegungssätze des endorsed IAS 8 werden in ihrem Anwendungsbereich erweitert. Nach dem Kommentar der Kommission zur IFRS-Anwendungsverordnung[625] finden die Auslegungsgrundsätze des IAS 8 auch bei der Schließung der durch den Inkorporationsprozess bedingten Regelungslücken Anwendung. Demnach können im Rahmen des IAS 8.10–12 die noch nicht inkorporierten IFRS während des schwebenden Anerkennungsverfahrens und die teilweise abgelehnten Standards zur Auslegung und Lückenschließung der endorsed IFRS herangezogen werden. Die Bedeutung des neuen, noch nicht einbezogenen bzw. (teilweise) abgelehnten Standards als Auslegungsinstrument ist davon abhängig, ob der neue Standard in dem jeweiligen Sachverhalt im Widerspruch zu einem bereits anerkannten IFRS und den normativen Zielen und Grundsätzen steht.[626]

---

622 Vgl. Kommentare der Kommission zu bestimmten Artikeln der Verordnung (EG) Nr. 1606/2002 und zur Richtlinie 78/660/EWG und Richtlinie 83/349/EWG (Fn. 372)

623 Kommentare der Kommission zu bestimmten Artikeln der Verordnung (EG) Nr. 1606/2002 und zur Richtlinie 78/660/EWG und Richtlinie 83/349/EWG (Fn. 372).

624 Vorschlag für eine Verordnung des Europäischen Parlaments und des Rates betreffend die Anwendung internationaler Rechnungslegungsgrundsätze vom 13. Februar 2001, KOM (2001) 80 endg.

625 Kommentare der Kommission zu bestimmten Artikeln der Verordnung (EG) Nr. 1606/2002 und zur Richtlinie 78/660/EWG und Richtlinie 83/349/EWG (Fn. 372).

626 Eine Heranziehung vollständig abgelehnter Standards zur Lückenschließung verbietet sich hingegen bereits aufgrund der mit der Ablehnung verbundenen Wertung der Unvereinbarkeit des Standards mit den normativen Zielen und Grundsätzen der IFRS-Anwendungsverordnung.

Noch nicht freigegebener Standard

Ein neuer, noch nicht freigegebener Standard kann nach IAS 8.10–12 als anderweitige Rechnungslegungsverlautbarung bei der Anwendung des bereits inkorporierten Standards berücksichtigt werden, soweit er mit einem bereits anerkannten IFRS kohärent ist und den Bedingungen der Lückenschließung entspricht.[627] Kollidiert der neue, noch nicht anerkannte Standard hingegen mit einem bereits einbezogenen Standard, etwa weil er eine nunmehr abweichende Bilanzierungs- oder Bewertungsmethode normiert, verbietet sich eine Anwendung des nicht freigegebenen Standards.[628] Bei einer konzeptionellen Änderung eines inkorporierten Standards muss der alte Standard daher bis zur Inkorporation des geänderten Standards weiter Anwendung finden. Bestehende Regelungslücken sind dann unter Heranziehung der Auslegungsregel des IAS 8.10, mithin u.a. unter Beachtung der Grundsätze der Anerkennungskriterien und des Framework, zu schließen.

Ablehnung der Übernahme des neuen IFRS

Auch die Möglichkeit der Heranziehung eines teilweise bzw. vollständig abgelehnten Standards richtet sich vordergründig nach der Kohärenz des abgelehnten Standards mit den bereits inkorporierten Standards.

Mit der Ablehnung der Inkorporation eines Standards ist die Wertung verbunden, dass dieser Standard mit den normativen Zielen und Grundsätzen der IFRS-Anwendungsverordnung (Art. 3 Abs. 2 IFRS-VO) nicht vereinbar ist. Der Standard wird folglich nicht zum geltenden Sekundärrecht erhoben. Eine Verpflichtung zur Anwendung des abgelehnten Standards im Geltungsbereich der IFRS-Anwendungsverordnung besteht demnach nicht. Dennoch kann der Standard nach der Auffassung der Europäischen Kommission als anderweitige Verlautbarung nach IAS 8.12 im Rahmen der Lückenschließung nach IAS 8.10 herangezogen werden, soweit er nicht bereits inkorporierten IFRS widerspricht und den Auslegungsgrundsätzen des IAS 8.10 genügt.[629] Diese Voraussetzungen werden wohl aber nur in den seltensten Fällen vorliegen. Der Ablehnung eines Standards wird regelmäßig die Wertung zugrunde liegen, dass durch die Anwendung desselben die Rech-

627 Vgl. dazu die Kommentare der Kommission zu bestimmten Artikeln der Verordnung (EG) Nr. 1606/2002 und zur Richtlinie 78/660/EWG und Richtlinie 83/349/EWG, 2.1.3 (Fn. 372); *Buchheim/Gröner/Kühne*, BB 2004, 1783, 1786; *Scheffler*, FS Jürgen Krumnow (2004), 55, 65; *Heuser/Theile*, IAS/IFRS-Handbuch³ (2007), Rn. 79; *Pellens/Jödicke/Jödicke*, BB 2007, 2503, 2504–2506; *Mock*, Finanzverfassung der Kapitalgesellschaften und internationale Rechnungslegung (2008), 82.

628 Vgl. dazu die Kommentare der Kommission zu bestimmten Artikeln der Verordnung (EG) Nr. 1606/2002 und zur Richtlinie 78/660/EWG und Richtlinie 83/349/EWG, 2.1.3 (Fn. 372); *Buchheim/Gröner/Kühne*, BB 2004, 1783, 1786; *Scheffler*, FS Jürgen Krumnow (2004), 55, 65; *Heuser/Theile*, IAS/IFRS-Handbuch³ (2007), Rn. 67.

629 Vgl. die Kommentare der Kommission zu bestimmten Artikeln der Verordnung (EG) Nr. 1606/2002 und zur Richtlinie 78/660/EWG und Richtlinie 83/349/EWG, 2.1.3 (Fn. 372); *Heuser/Theile*, IAS/IFRS-Handbuch³ (2007), Rn. 64; *Pellens/Jödicke/Jödicke*, BB 2007, 2503, 2506–2507.

nungslegungsgrundsätze des IAS 8.10 und damit zumeist auch die Inkorporationsvoraussetzungen des Art. 3 Abs. 2 IFRS-VO nicht vorliegen.[630]

In jedem Fall obliegt die Letztentscheidung über die Heranziehung eines nicht freigegebenen oder abgelehnten Standards zur Auslegung des inkorporierten Standards dem EuGH.

Zusammenfassend lässt sich somit festhalten, dass es bei der Auslegung und Lückenschließung grundsätzlich bei den normierten Interpretationssätzen der endorsed IFRS verbleiben kann. Diese sind jedoch durch die Inkorporation in den Kontext der normativen Ziele und Grundsätze der IFRS-Anwendungsverordnung zu setzen und zugleich durch die europäischen Rechtsquellen zu ergänzen. Dem normativen Rahmen, mithin den Zielen und Rechnungslegungsgrundsätzen der IFRS-Anwendungsverordnung und der Rechnungslegungsrichtlinien, kommt somit nicht nur für die Inkorporation, sondern auch für die Auslegung und Lückenschließung eine Leitfunktion zu.

bb) Die Ziele und Rechnungslegungsgrundsätze der endorsed IFRS

In der bisherigen Darstellung der Auslegung und Lückenschließung der endorsed IFRS wurde der Versuch unternommen, ausgehend von den Auslegungsgrundsätzen des EuGH über eine Systematisierung der verschiedenen Rechtsquellen im Zusammenhang mit den endorsed IFRS konkrete Schlussfolgerungen für die Auslegung und Lückenschließung dieser inkorporierten Standards zu formulieren. Dabei wurde bereits die besondere Bedeutung der teleologischen Auslegung als dynamisches und zugleich einheitsbildendes Auslegungsinstrument betont, dem zugleich eine integrierende Funktion im Zusammenhang mit den endorsed IFRS zukommt. Die Ziele und die daraus abgeleiteten Grundsätze der endorsed IFRS fungieren als Integrationselement und zugleich als Legitimationsgrenze für die Heranziehung der verschiedenen Rechtsgewinnungsquellen.

Die Ziele und Grundsätze der endorsed IFRS lassen sich nicht allein aus den Standards herleiten.[631] Die Einzelvorschriften sind vielmehr in die Hierarchie der Zielsetzungen der Verordnung und der daraus abzuleitenden Rechnungslegungsgrundsätze einzuordnen.[632] Da die endorsed IFRS durch die Inkorporation auch mit den Grundsätzen der Rechnungslegungsrichtlinien kompatibel sein müssen, sind auch die Ziele der Rechnungslegungsrichtlinien zu würdigen.[633] Aus diesen Zusammenhängen erklärt sich der bisherige Verweis auf die normative Rahmenfunktion der Ziele und Grundsätze der IFRS-Anwendungsverordnung und der Rechnungslegungsrichtlinien.

---

630 So wohl auch *Heuser/Theile*, IAS/IFRS-Handbuch[3] (2007), Rn. 66.
631 So aber *Küting/Ranker*, BB 2004, 2510, 2513.
632 Zu den entsprechenden Zusammenhängen einer solchen Zielhierarchie vgl. § 3.II.2)a)aa), S. 26 ff. Siehe auch *Heuser/Theile*, IAS/IFRS-Handbuch[3] (2007), Rn. 71.
633 *Heuser/Theile*, IAS/IFRS-Handbuch[3] (2007), Rn. 71.

(1) *Zielkonzeption der endorsed IFRS*

Ziel der IFRS-Anwendungsverordnung ist gemäß Art. 1 die „Übernahme und Anwendung internationaler Rechnungslegungsstandards in der Gemeinschaft, mit dem Ziel, die von Gesellschaften im Sinne des Artikels 4 vorgelegten Finanzinformationen zu harmonisieren, um einen hohen Grad an Transparenz und Vergleichbarkeit der Abschlüsse und damit eine effiziente Funktionsweise des Kapitalmarkts in der Gemeinschaft und im Binnenmarkt sicherzustellen."[634] Die Ausrichtung auf die Vollendung des Binnenmarktes für Finanzdienstleistungen und der Schutz der Anleger durch die Sicherung von Transparenz und Vergleichbarkeit der Abschlüsse nehmen damit in Parallelität zu den Zielsetzungen der Rechnungslegungsrichtlinien[635] eine zentrale Bedeutung ein. Diese Zielsetzungen sind damit zugleich Ausdruck des normierten europäischen öffentlichen Interesses (Art. 3 Abs. 2 Sp. 1 IFRS-VO).

Die Wahrung des europäischen öffentlichen Interesses und das darin enthaltene Ziel eines international anerkannten Europäischen Kapitalmarktes gebietet daneben eine weitgehende Konvergenz zwischen den in Europa anzuwendenden Normen und international anerkannten Rechnungslegungsgrundsätzen.[636] Die internationale Akzeptanz der europäischen Rechnungslegungsgrundsätze muss jedoch hinter der Forderung nach qualitativ hochwertigen Standards und dem Ziel der Harmonisierung der Rechnungslegung in Europa, mithin hinter ureigenen europäischen Interessen, zurücktreten.[637] Zweifel hinsichtlich der Wahrung des europäischen öffentlichen Interesses sind somit bei Standards angebracht, die allein oder vorrangig auf die Konvergenz der IFRS mit den US-GAAP abstellen, ohne zu einer qualitativ besseren oder zumindest gleichwertigen Rechnungslegung zu führen.[638]

Die Achtung des europäischen öffentlichen Interesses erfordert aber nicht nur Transparenz und Vergleichbarkeit wahrende, einheitliche Rechnungslegungsstandards, sondern auch die Einbeziehung der Gesichtspunkte der Wirtschaftlichkeit, der Praktikabilität und der Wesentlichkeit.[639] Insbesondere die Auswirkungen sehr detaillierter und komplexer Standards oder umfänglicher Offenlegungspflichten sind mit deren Nutzen für die Adressaten der Rechnungslegung abzuwägen. Standards, die zwar sowohl ihrer Qualität als auch der Regelungstechnik nach hochwertig, aber etwa aufgrund des mit ihnen einhergehenden bürokratischen

634 Vgl. zu diesem Aspekt auch den 2. und 4. Erwägungsgrund der IFRS-Anwendungsverordnung, Verordnung (EG) Nr. 1606/2002, ABl. 2002 L 243/1 (Fn. 5).
635 Vgl. zur Zielkonzeption der Rechnungslegungsrichtlinien § 3.I, S. 17 ff. und § 3.II.2)a)aa), S. 26 ff.
636 *Scheffler*, FS Jürgen Krumnow (2004), 55, 61.
637 So auch *Scheffler*, FS Jürgen Krumnow (2004), 55, 62.
638 *Scheffler*, FS Jürgen Krumnow (2004), 55, 62.
639 Vgl. *van Hulle*, in: *Baetge* (Hrsg.), Übergang der Rechnungslegung vom HGB zu den IFRS (2004), 131, 137; *Scheffler*, FS Jürgen Krumnow (2004), 55, 62.

Aufwands unter wirtschaftlichen Gesichtspunkten untragbar sind, dürften nicht dem europäischen öffentlichen Interesse entsprechen.[640]

Schließlich müssen die Standards der Forderung nach Rechtssicherheit genügen.[641] Die Wahrung des europäischen öffentlichen Interesses erfordert eine widerspruchsfreie und konzeptionell einheitliche Standardsetzung und -auslegung.[642] Bereits die Achtung des europäischen öffentlichen Interesses gebietet damit ein *prinzipienorientiertes* Rechnungslegungsrecht und steht folglich bloßen einzelfallbezogenen Rechtsnormen entgegen. Das Gebot der Rechtssicherheit impliziert zugleich Klarheit und Eindeutigkeit der Rechnungslegungsnormen und ihre Übersetzung in die europäischen Landessprachen.[643]

(2) Rechnungslegungsfunktionen

In der benannten Zielsetzung transparenz- und vergleichbarkeitswahrender Rechnungslegungsstandards verdeutlicht sich die Informationsfunktion der externen Rechnungslegung. Die Bereitstellung von entscheidungsnützlichen, vergleichbaren Informationen ist sowohl Grundvoraussetzung eines funktionsfähigen Kapitalmarktes (Institutionsschutzfunktion) als auch als Instrument zum Schutz der Rechnungslegungsadressaten (Individualschutzfunktion).

Die Ausrichtung auf die Rechnungslegung als Informationsinstrument sichert damit einen Gleichlauf mit den Zielsetzungen der Rechnungslegungsrichtlinien.[644] Die Informationsfunktion der endorsed IFRS ist zudem in den Standards konkretisiert. So führt IAS 1.7 in Spezifizierung und Wiedergabe des Framework (IFRS-Framework, F.12) aus:

> „Die Zielsetzung eines allgemeinen Abschlusses ist es, Informationen über die Vermögens- und Finanzlage, die Ertragskraft und die Cashflow eines Unternehmens bereitzustellen, die für eine breite Palette von Adressaten nützlich sind, um wirtschaftliche Entscheidungen zu treffen."[645]

Die entscheidungsnützlichen Rechnungslegungsinformationen richten sich nach IAS 1.7 an eine „breite Palette" von Adressaten. Den endorsed IFRS ist demnach – wie auch den Rechnungslegungsrichtlinien – keine Grundausrichtung auf eine spezielle Zielgruppe der Rechnungslegung zu entnehmen. Die Möglichkeit, die IFRS-Bilanzierung auf den Einzelabschluss der Unternehmen zu erstrecken, macht diese breite Ausrichtung des Adressatenkreises erforderlich.

---

640 Siehe *van Hulle*, in: *Baetge* (Hrsg.), Übergang der Rechnungslegung vom HGB zu den IFRS (2004), 131, 137; *Hennrichs/Schubert*, ZIP 2007, 563, 565.
641 So auch *Scheffler*, FS Jürgen Krumnow (2004), 55, 62.
642 *Scheffler*, FS Jürgen Krumnow (2004), 55, 62.
643 *Scheffler*, FS Jürgen Krumnow (2004), 55, 62.
644 Vgl. § 3.II.2)a)aa), S. 26 ff.
645 Die darin angesprochene Entscheidungsfunktion der Rechnungslegung findet auch in der IFRS-Anwendungsverordnung in Art. 3 Abs. 2, 2. Sp. ihren Widerhall.

Aber auch das Framework enthält, entgegen einzelnen Äußerungen in der Literatur,[646] keine einseitige Fokussierung auf eine Zielgruppe der Rechnungslegung. Es betont vielmehr den grundsätzlichen Gleichlauf der Interessen der Rechnungslegungsadressaten an der Bereitstellung entscheidungsnützlicher Informationen, wenn es dort heißt (IFRS-Framework, F.10)[647]:

> „Obwohl die Abschlüsse nicht alle Informationsbedürfnisse dieser Adressaten erfüllen können, gibt es Bedürfnisse, die allen Adressaten gemein sind. Da Investoren dem Unternehmen Risikokapital zur Verfügung stellen, werden die Angaben aus den Abschlüssen, die ihrem Informationsbedarf entsprechen, auch den Informationsbedürfnissen der meisten anderen Adressaten entsprechen, die ein Abschluss erfüllen kann."

Neben der *Entscheidungsfunktion* der Rechnungslegungsinformationen kommt den bereitgestellten Informationen als weitere Ausprägung der Informationsfunktion nach der IFRS-Anwendungsverordnung (vgl. Art. 3 Abs. 2 Sp. 2) und den endorsed IFRS eine *Rechenschaftsfunktion* zu. Im IAS 1.7 heißt es unter Anlehnung an das Framework (IFRS-Framework, F.14) dazu:

> „Ein Abschluss zeigt ebenfalls die Ergebnisse der Verwaltung des dem Management anvertrauten Vermögens."

Daneben kann ein IFRS-Abschluss bei der Aktiengesellschaft, soweit die endorsed IFRS durch die Mitgliedstaaten auf der Grundlage der IFRS-Anwendungsverordnung auch für den Jahresabschluss dieser Gesellschaftsformen für anwendbar erklärt werden, als *Referenz* für die akzessorischen gesellschaftsrechtlichen Ausschüttungsbeschränkungen des Art. 15 KapRL dienen.[648] Dem IFRS-Abschluss kommt dann neben der Informations- eine Referenzfunktion für den Gläubiger- und für den Minderheitenschutz zu. Die Integration der endorsed IFRS in die europäischen Kapitalerhaltungsgrundsätze impliziert, wie bereits ausgeführt wurde,[649] vor allem ein Objektivierungs- und Konsistenzerfordernis an die Rechnungslegung, jedoch keinen bilanziellen Gläubigerschutz unter Achtung eines strengen Vorsichtsprinzips nach dem Vorbild des deutschen Bilanzrechts.[650]

Es lässt sich somit bereits festhalten, dass die endorsed IFRS, wie auch die Rechnungslegungsrichtlinien und die privaten Standards, vor allem durch den Gedanken der *decision usefulness* beherrscht werden. Daneben wird den endorsed IFRS bei einer Erstreckung auf den Einzelabschluss auch eine Referenzfunktion für den Gläubiger- und für den Minderheitenschutz zugesprochen.

---

646 Vgl. etwa *Ballwieser*, Der Konzern 2003, 337, 341.
647 Vgl. hierzu § 3.II.2)a)aa)(1), S. 28.
648 Zweite Richtlinie 77/91/EWG des Rates vom 13. Dezember 1976, ABl. 1977 L 26/1 (Fn. 124). Art. 15 KapRL nimmt nämlich nicht die Jahresabschlussrichtlinie, sondern entsprechende Größen des Jahresabschlusses in Bezug. Wird der Jahresabschluss unter der Dispensierung von der Jahresabschlussrichtlinie nach den endorsed IFRS aufgestellt, so werden die Größen des entsprechenden IFRS-Abschlusses als Referenz herangezogen.
649 Vgl. § 3.II.2)a)aa)(2), S. 29 ff.
650 So auch *Fresl*, Europäisierung des deutschen Bilanzrechts (2000), 169–172; *Merschmeyer*, Die Kapitalschutzfunktion des Jahresabschlusses und Übernahme der IAS/IFRS für die Einzelbilanz (2005), 67.

Die primäre Ausrichtung an der Informationsfunktion der Rechnungslegungsinformationen bedarf aufgrund ihrer Abstraktheit einer weiteren Konkretisierung. Sie findet ihren Widerhall in den Rechnungslegungsgrundsätzen der Verordnung.

(3) *Rechnungslegungsgrundsätze*

Nach Art. 3 IFRS-Anwendungsverordnung dürfen die endorsed IFRS nicht dem true and fair view-Grundsatz der Rechnungslegungsrichtlinien zuwiderlaufen. Die endorsed IFRS werden damit der Ziel- und Generalnorm der Rechnungslegungsrichtlinien unterstellt.[651]

Das Verständnis des true and fair view-Gebots als Ziel- und Auslegungsnorm der Rechnungslegung und overriding principle in den Rechnungslegungsrichtlinien findet sich auch in den endorsed IFRS wieder (IAS 1.13):

> „Abschlüsse haben die Vermögens-, Finanz- und Ertragslage sowie die Cashflows eines Unternehmens den tatsächlichen Verhältnissen entsprechend darzustellen."

Weiter heißt es dann in Parallelität zu Art. 2 Abs. 4 und Abs. 5 JAbRL.

> „Unter nahezu allen Umständen wird ein den tatsächlichen Verhältnissen entsprechendes Bild durch Übereinstimmung mit den anzuwendenden IFRS erreicht. Um ein den tatsächlichen Verhältnissen entsprechendes Bild zu vermitteln, hat ein Unternehmen außerdem Folgendes zu leisten: [...] c) Bereitstellung zusätzlicher Angaben, wenn die Anforderungen in den IFRS unzureichend sind, um es den Adressaten zu ermöglichen, die Auswirkungen von einzelnen Geschäftsvorfällen oder Ereignisses auf die Vermögens-, Finanz- und Ertragslage des Unternehmens zu verstehen." (IAS 1.15)

> „Im äußerst seltenen Fall, dass das Management zu dem Schluss kommt, dass die Einhaltung einer in einem Standard bzw. in einer Interpretation enthaltenen Bestimmung so irreführend wäre, dass es zu einem Konflikt mit dem in dem Rahmenkonzept geschilderten Zweck der Abschlüsse kommen würde, hat ein Unternehmen von der Anwendung einer solchen Bestimmung in Anlehnung an Paragraph 18 abzusehen, [...]." (IAS 1.17)

In den letztgenannten Fällen verlangen die endorsed IFRS ebenfalls eine Abweichung von den Standards. Zugleich normieren IAS 1.13, 1.17, 1.18, 1.19 umfassende, konkrete Angabe- und Sorgfaltspflichten.

Dieser Gleichlauf des true and fair view-Gebots und des override-principle in den Richtlinien und IAS 1 ist nicht zufällig. Der Aufnahme des override in den neugefassten IAS 1 „Darstellung der Abschlüsse" (1997, in Kraft getreten 1998, mittlerweile im Rahmen des Improvement Project[652] überarbeitet) waren heftige Diskussionen vorausgegangen. In dieser Auseinandersetzung setzte sich die Kommission

---

651 Zur Auslegung und Bedeutung des true and fair view-Gebots in den Rechnungslegungsrichtlinien vgl. § 3.II.2)a)bb)(1), S. 36 ff.

652 Am 18. Dezember 2003 wurde das Improvement Project des IASB abgeschlossen. Ziel dieses im Mai 2002 eingeleiteten Projektes war eine Einschränkung der Wahlrechte, die Einarbeitung eines großen Teils von Interpretationen in die betreffenden Standards, nähere Erläuterungen zu einzelnen Regelungsbereichen sowie die Angleichung der Formulierungen der Standards. Die Änderungen sind seit dem 1. Januar 2005 in Kraft. Vgl. *Wagenhofer*, Internationale Rechnungslegungsstandards[5] (2005), 103. Zu den wesentlichen Änderungen im Zuge des Improvement Projects siehe *Zülch*, KoR 2004, 153–167; *Hasenburg/Rahe*, Der Konzern 2005, 43–48.

stark für die Aufnahme des override ein. Die fehlende Anerkennung des override hätte nach der Kommission einen normativen Widerspruch zwischen den Standards und den Zielen und Grundsätzen der Rechnungslegungsrichtlinien hervorgerufen.[653] Das Ergebnis dieser Debatte weist, wie gezeigt wurde, deutliche Parallelen zum Konzept des true and fair view der Richtlinien auf.

Die Rechnungslegungsrichtlinien, die Verordnung und auch die endorsed IFRS selbst erheben das Gebot des true and fair view zur Ziel- und Auslegungsnorm der Rechnungslegung und zum overriding principle. Der Grundsatz der Bilanzwahrheit wird damit zur gemeinsamen Basis des Europäischen Bilanzrechts.[654] Das abstrakte Ziel einer wirklichkeitsnahen Darstellung der wirtschaftlichen Lage des Unternehmens als grundsätzliche Inhaltsnorm bedarf einer funktionellen Konkretisierung. Die Richtlinien wie auch die Verordnung führen dementsprechend weitere qualitative Anforderungen an die Abschlüsse und Einzelvorschriften der Bilanzierung und Bewertung auf, von denen der Richtlinien- bzw. Verordnungsgeber annimmt, dass sie einen Einblick in die tatsächliche Vermögens-, Finanz- und Ertragslage ermöglichen.

Das Ziel der Bereitstellung entscheidungsnützlicher Informationen wird in der IFRS-Anwendungsverordnung (Art. 3 Abs. 2 Sp. 2) durch das qualitative Erfordernis der Verständlichkeit, der Erheblichkeit, der Verlässlichkeit und der Vergleichbarkeit präzisiert. Diese qualitativen Anforderungen liegen auch den IFRS zugrunde (IAS 1 i. V. m. IFRS-Framework, F.24 ff.):

> „Um ein den tatsächlichen Verhältnissen entsprechendes Bild zu vermitteln, hat ein Unternehmen außerdem Folgendes zu leisten: [...] b) Darstellung von Informationen, einschließlich der Bilanzierungs- und Bewertungsmethoden, auf eine Weise, die zu relevanten, verlässlichen, vergleichbaren und verständlichen Informationen führt". (IAS 1.15)

> „Als qualitative Anforderungen gelten die Merkmale, durch welche die im Abschluss erteilten Informationen für die Adressaten nützlich werden. Die vier wichtigsten qualitativen Anforderungen sind Verständlichkeit, Relevanz, Verlässlichkeit und Vergleichbarkeit." (IFRS-Framework, F.24)

Sie finden ihr Pendant ebenso in den Grundsätzen und Einzelbestimmungen der Rechnungslegungsrichtlinien.[655]

Trotz der hervorgehobenen Bedeutung dieser qualitativen Anforderungen fehlt es in der Verordnung, den Richtlinien und den endorsed IFRS an einer Definition dieser Kriterien. Die endorsed IFRS, speziell IAS 1 und IAS 8.10, enthalten aber basierend auf dem Framework Konkretisierungen dieser Eigenschaften der Rechnungslegungsinformationen. Auf der Grundlage dieser Subprinzipien und der Definitionen im Framework (IFRS-Framework, F.24–F.42) lässt sich der Inhalt dieser qualitativen Anforderungen erschließen.

---

653 Siehe *van Hulle*, in: *Nobes* (ed.), Developments in the International Harmonization of Accounting (2004), 264, 271.
654 Vgl. *Großfeld/Luttermann*, Bilanzrecht^4 (2005), Rn. 110.
655 Zu den Rechnungslegungsgrundsätzen der Richtlinien näher § 3.II.2)a)bb)(3), S. 40 f.

Die bereitgestellten Informationen müssen zunächst in materieller Hinsicht für den Entscheidungsfindungsprozess relevant sein.[656] Informationen sind nach dem IFRS- Framework (F.26) dann als relevant anzusehen,

> „wenn sie die wirtschaftlichen Entscheidungen der Adressaten beeinflussen, indem sie ihnen bei der Beurteilung vergangener, derzeitiger oder zukünftiger Ereignisse helfen oder ihre Beurteilungen aus der Vergangenheit bestätigen oder korrigieren."

Die Relevanz der Informationen wird durch ihre Art und ihre Wesentlichkeit bedingt (IFRS-Framework, F.29, zur Wesentlichkeit vgl. auch IAS 1.11). Die Art der Informationen soll es ermöglichen, vergangene, gegenwärtige und zukünftige Ereignisse einschätzen zu können.[657] Anders ausgedrückt sind Informationen für den Empfänger dann relevant, wenn sie „predictive value" und „feedback value" besitzen.[658] In vielen Fällen reicht die Art der Informationen für die Bestimmung ihrer Relevanz nicht aus. Sie muss um den Aspekt der Wesentlichkeit (materiality) ergänzt werden. Informationen gelten nach IAS 1.11 unter Anlehnung an das IFRS-Framework (F.30) dann als wesentlich,

> „wenn ihr Weglassen oder ihre fehlerhafte Darstellung – einzeln oder insgesamt – die auf der Basis des Abschlusses getroffenen wirtschaftlichen Entscheidungen der Adressaten beeinflussen könnten. Wesentlichkeit hängt vom Umfang und der Art eines Postens ab [...]"

Diese Umschreibung der Entscheidungsrelevanz liegt als Grundelement der Informationsfunktion und Element des true and fair view[659] auch den Rechnungslegungsrichtlinien zugrunde. Es konkretisiert sich etwa in den umfassenden Aktivierungs- und Passivierungsgeboten der Art. 9 und Art. 10 JAbRL, dem Gebot der Wesentlichkeit (etwa in Art. 4 Abs. 3 lit. a JAbRL) und den Vorschriften zum Mindestinhalt des Anhangs und des Lageberichts.

Entscheidungsrelevante Informationen können aber nur dann ihre Entscheidungsnützlichkeit entfalten, wenn sie zugleich auf einer verlässlichen Grundlage beruhen.[660] Die Informationen müssen somit hinreichend objektiviert und nachprüfbar oder nachvollziehbar sein. Im IFRS-Framework (F.31) heißt es dazu:

> „Um nützlich zu sein, müssen Informationen auch verlässlich sein. Informationen sind dann verlässlich wenn sie keine wesentlichen Fehler enthalten und frei von verzerrenden Einflüssen sind und sich die Adressaten darauf verlassen können, dass sie glaubwürdig darstellen, was sie vorgeben darzustellen oder was vernünftigerweise inhaltlich von ihnen erwartet werden kann."

Das Kriterium der Verlässlichkeit wird in IAS 8.10 unter Anlehnung an die ausführlichen Definitionen im IFRS-Framework (F.31–F.38) durch folgende Sekun-

---

656 Zur Konkretisierung der Entscheidungsrelevanz der Rechnungslegungsinformationen aus der Sicht der unterschiedlichen Rechnungslegungsadressaten vgl. § 8, S. 211 ff.

657 Dies schließt explizit Prognosen nicht mit ein. Vgl. zum Zusammenhang zwischen der Relevanz und den prognostischen Elementen auch § 8.I.2)a)cc)(2)(a), S. 233 ff.

658 *Streim/Bieker/Leippe*, in: *Schmidt, H./Ketzel/Prigge* (Hrsg.), Wolfgang Stützel, Moderne Konzepte für Finanzmärkte, Beschäftigung und Wirtschaftsverfassung (2001), 177, 184; vgl. auch *Großfeld/Luttermann*, Bilanzrecht[4] (2005), Rn. 139, der von der Möglichkeit der Entscheidungsbeeinflussung spricht.

659 Vgl. § 3.II.2)a)bb)(3), S. 40.

660 Der Zusammenhang zwischen der Relevanz und der Verlässlichkeit der Informationen wird unter § 8.I.2)a)cc)(2)(a), S. 233 ff. näher dargestellt.

därmerkmale konkretisiert: den Grundsatz der glaubwürdigen Darstellung, der wirtschaftlichen Betrachtungsweise, das Erfordernis der Neutralität und einer angemessenen Vorsicht sowie den Grundsatz der Vollständigkeit.

Die Verlässlichkeit in Form eines Objektivierungsgebots kommt als wichtiges Element der Entscheidungsnützlichkeit auch in den Rechnungslegungsrichtlinien zum Ausdruck. Das Objektivierungsgebot konkretisiert sich in den Richtlinien in dem normierten Vorsichtsprinzip (Art. 31 Abs. 1 lit. c JAbRL) und den daraus abzuleitenden Subprinzipien und Aktivierungs- und Passivierungsverboten. Ebenso findet sich auch das Gebot der Vollständigkeit in der Jahresabschlussrichtlinie (Art. 7 JAbRL).

Die Relevanz der Informationen wird neben der Verlässlichkeit durch das Erfordernis der Verständlichkeit beschränkt. Die bereitgestellten Informationen müssen für einen verständigen Adressaten der Rechnungslegung unmittelbar verständlich sein.

> „Es ist für die Qualität der im Abschluss vermittelten Informationen wesentlich, dass diese für den Adressaten leicht verständlich sind. Zu diesem Zweck wird bei den Adressaten vorausgesetzt, dass sie eine angemessene Kenntnis geschäftlicher und wirtschaftlicher Tätigkeiten und der Rechnungslegung sowie die Bereitschaft besitzen, die Informationen mit entsprechender Sorgfalt zu lesen. Informationen zu komplexen Themen, die aufgrund der Relevanz für wirtschaftliche Entscheidungen der Adressaten im Abschluss enthalten sein müssen, dürfen nicht allein deshalb weggelassen werden, weil sie für bestimmte Adressaten zu schwer verständlich sein könnten." (IFRS-Framework, F.25)

Das Kriterium der Verständlichkeit fungiert somit als Schranke für eine an der Entscheidungsrelevanz ausgerichtete Rechnungslegung. Zugleich erfordert es als formales Kriterium eine für den sachverständigen Dritten leicht zugängliche Aufbereitung der entscheidungsnützlichen Informationen. Diese Eigenschaft der Rechnungslegungsinformationen spiegelt sich in den Rechnungslegungsrichtlinien in dem Erfordernis der Klarheit und Übersichtlichkeit (Art. 2 Abs. 2 JAbRL) und in den Gliederungsvorschriften der Jahresabschlussrichtlinie (Artt. 9, 10, 23–26 JAbRL) wider.

Die Informationsfunktion erfordert gerade vor dem Hintergrund der Integration der europäischen Finanzmärkte nicht nur eine möglichst zutreffende und objektive Erfassung der wirtschaftlichen Lage des Unternehmens, sondern auch die Vergleichbarkeit der Rechnungslegungsinformationen.

> „Es muss den Adressaten möglich sein, die Abschlüsse eines Unternehmens über die Zeit hinweg zu vergleichen [...]. Die Adressaten müssen ebenfalls die Abschlüsse verschiedener Unternehmen vergleichen können." (IFRS-Framework, F.39)

Eine solche Vergleichbarkeit setzt eine Stetigkeit der Gliederungs- und der anzuwendenden Bilanzierungs- und Bewertungsvorschriften und Angaben über etwaige Änderungen dieser Methoden und ihrer Auswirkungen voraus.[661] Der perio-

661 Vgl. hierzu IAS 8.28 ff., der Voraussetzungen einer Änderung der Bilanzierungs- und Bewertungsmethode und der dann erforderlichen Angaben und Anpassungen regelt. Vgl. auch IFRS-Framework, F.40 und Art. 3, Art. 31 Abs. 1 lit. a JAbRL.

denübergreifende Vergleich der Unternehmensdaten wird zudem durch eine Beifügung der Vorjahresangaben zu den einzelnen Posten erleichtert.[662]

Unter der Herrschaft des so definierten Ziels der Bereitstellung entscheidungsrelevanter, verlässlicher, verständlicher und vergleichbarer Informationen über die Vermögens-, Finanz- und Ertragslage des Unternehmens ist eine Abwägung zwischen der Relevanz und der Verlässlichkeit als tragende Elemente der Entscheidungsnützlichkeit unabdingbar. Die erforderliche Konkretisierung ist bereits in dem Ziel der Entscheidungsnützlichkeit angelegt.[663]

Es lässt sich folglich festhalten, dass die Rechnungslegungsrichtlinien, die Verordnung und die konkreten endorsed IFRS nicht nur übereinstimmend auf eine wahrheitsgetreue Darstellung der Vermögens-, Finanz- und Ertragslage gerichtet sind, sondern auch die konkretisierenden tragenden Rechnungslegungsgrundsätze eine beachtliche Parallelität aufweisen.

5) Zusammenfassung

Der Gemeinschaftsgesetzgeber hat mit der IFRS-Anwendungsverordnung auf die zunehmende Bedeutung der Kapitalmarktfinanzierung und die Bedürfnisse eines integrierten europäischen Kapital- und Finanzdienstleistungsmarktes reagiert.

Die Entwicklung eines integrierten Finanzmarktes stellt die Rechnungslegung als wichtiges Informationsinstrument vor neue Herausforderungen. Den Informationsbedürfnissen des einheitlichen Marktes kann nicht mehr mit einer bloßen indirekten Vergleichbarkeit und Gleichwertigkeit der Informationen genügt werden. Es bedarf vielmehr einheitlicher Rechnungslegungsstandards, um das erforderliche hohe Maß an direkter Vergleichbarkeit zu gewährleisten.

Überdies sind die am Kapitalmarkt agierenden Gesellschaften anspruchsvolleren Offenlegungsanforderungen von Seiten der Anleger ausgesetzt. Sie benötigen deshalb ein Rechnungslegungssystem, das einen wesentlich höheren Grad an Transparenz und Vergleichbarkeit der Leistungsfähigkeit des Unternehmens bietet.[664] Die bereitgestellten Unternehmensinformationen müssen zudem in ihrer Verlässlichkeit durch ein adäquates Aufsichts- und Durchsetzungssystem ergänzt werden.

Die derzeitigen Unterschiede in der Rechnungslegung stehen einer solchen wirksamen Beaufsichtigung der Publikumsgesellschaften sowie der effizienten Durchsetzung von Rechnungslegungsvorschriften auf dem europäischen Kapital- und

662 So auch IAS 1.36–41, IFRS-Framework, F.42 und Art. 4 Abs. 4 JAbRL.
663 Vgl. hierzu die ausführliche Darstellung im § 8.I.2)a)cc)(2)(a), S. 233 ff. Diese Interdependenzen zwischen der Relevanz und der Verlässlichkeit wird auch durch das IASB anerkannt; vgl. IFRS-Framework, F.31.
664 Vorschlag für eine Verordnung des Europäischen Parlaments und des Rates betreffend die Anwendung internationaler Rechnungslegungsgrundsätze vom 13. Februar 2001, KOM (2001) 80 endg., S. 3.

Finanzdienstleistungsmarkt entgegen. Den aufgezeigten Bedürfnissen des Marktes wird zur Senkung der Transaktionskosten nunmehr durch die Vorgabe einheitlicher verbindlicher Rechnungslegungsstandards für die Konzernabschlüsse der kapitalmarktorientierten Unternehmen begegnet.

Die zunehmende Globalisierung der Finanzmärkte erfordert zugleich eine internationale Kompatibilität der europäischen Rechnungslegungsstandards. International anerkannte Rechnungslegungsgrundsätze wie die IFRS erscheinen folglich als geeignete Basis für die Rechnungslegung innerhalb der Europäischen Gemeinschaft.

Der Gemeinschaftsgesetzgeber nimmt zur Wahrung der demokratischen Legitimation und zur Stärkung der europäischen Position im internationalen Wettbewerb nicht nur einen dynamischen Verweis auf die Standards des IASB vor. Die privaten Standards werden vielmehr in das einheitliche und prinzipienorientierte Europäische Bilanzrecht inkorporiert. Durch diese Inkorporation werden die unverbindlichen Standards zu unmittelbar anwendbaren Rechtsnormen erhoben.

Die Eingliederung in die bereits bestehenden Ziele und Grundsätze des Europäischen Bilanzrechts bewirkt zudem einen normativen Wandel der Standards, der sich, wie gezeigt wurde, auf ihre konkrete Anwendung und Auslegung auswirkt. Bildlich gesprochen wird das oft zitierte House of IFRS[665] durch die gemeinschaftsrechtliche Kodifizierung durch ein europäisches Fundament und – wenn sich der EuGH als starke einheitliche Auslegungsinstanz etabliert hat – einen neuen, tragenden Pfeiler ergänzt.[666]

Diese bereits ihrem Rechtscharakter und normativem Gehalt nach bestehenden Unterschiede zwischen den endorsed IFRS und den privaten Standards werden durch den Verlauf des Endorsement und die daraus fließenden Abweichungen im Normbestand weiter verschärft. Die endorsed IFRS sind folglich klar von den IFRS zu unterscheiden.

Die Herausbildung europaspezifischer IFRS trifft in der Literatur zum größten Teil auf harsche Kritik. Europäische IFRS würden eine Beeinträchtigung der internationalen Vergleichbarkeit der IFRS-Abschlüsse[667] und gar eine Verfehlung des eigentlichen Ziels, der Internationalisierung der Rechnungslegung, bedingen[668]. Die zunehmende Globalisierung der Wirtschaft, die hohe und wachsende Konvergenz der Kapitalmärkte, aber vor allem die Wirtschaftlichkeit der Vereinheitli-

---

665 *Leoff/Rengel-Frank/Mielert*, IFRS/IAS: Internationale Rechnungslegung (2005), 17; vgl. auch *Wagenhofer*, Internationale Rechnungslegungsstandards IAS/IFRS[5] (2005), 97.

666 Vgl. *Küting/Ranker*, BB 2004, 2510, 2512.

667 So etwa *Buchheim/Gröner/Kühne*, BB 2004, 1783, 1797. Dies entspricht auch der Position des Deutschen Standardisierungsrates, des Deutschen Instituts der Wirtschaftsprüfer sowie der Fédération des Experts Comptables Européen, vgl. Pressemitteilung 6/04 des IDW v. 7. Juni 2004, abrufbar unter http://www.idw.de.

668 So etwa *Haller*, European Accounting Review Vol. 11 (2002), 153, 180; *Buchheim/Gröner/Kühne*, BB 2004, 1783, 1788; *Deutsche Bank Research*, Aktuelle Entwicklungen in der europäischen und deutschen Rechnungslegung, EU Monitor 19/2004, http://www.dbresearch.de/PROD/DBR_INTERNET_DE-PROD/PROD0000000000178758.pdf, S. 6.

chung durch Herabsetzung der Informationskosten und der Transaktionskosten im Allgemeinen, mithin bestehende Netzwerkeffekte[669], sprächen für eine möglichst weit reichende weltweite Vereinheitlichung der Rechnungslegungsregeln.[670]

Eine solche auf die Herstellung von Einheitlichkeit gerichtete Argumentation verkennt jedoch die erheblichen Kosten, die eine solche Standardisierung mit sich bringt. Der Einsparung von Transaktionskosten durch die Minimierung der Unterschiedlichkeit der Regelungen stehen Kosten der Produktion von Einheitsrecht, seiner Administration und Überwachung und vor allem erhebliche Petrifizierungskosten gegenüber.[671]

Erkennt man an, dass Regelungen aufgrund des beschränkten Informationsstandes des Regelgebers nur unvollständige Problemlösungen bereithalten, lassen sich Regulierungsprozesse als Lernprozesse verstehen. In einem solchem dynamischen Lernprozess steht die Qualität der Lösungen in einem interdependenten Verhältnis zu den Quellen, aus denen dieser Prozess gespeist wird.[672] Versiegen infolge von Vereinheitlichungsprozessen einige dieser Innovationsquellen, so beeinträchtigt dies die Qualität des Prozesses. Ein Innovationsfluss aus dem Wettbewerb unterschiedlicher Problemlösungen findet nicht mehr statt. Zugleich bedingt eine Standardisierung eine Versteinerung (lock-in-Effekt), die die Chancen und Anreize einer Regelungsanpassung verschlechtert.[673]

Die Möglichkeit gemeinschaftsrechtsspezifischer Abweichungen im Normbestand und in der Auslegung der IFRS erhöht demnach nicht nur den Innovationsdruck auf das IASB, sondern stärkt den allgemeinen Wettbewerb zwischen den Kapitalmärkten und damit zwischen den verschiedenen Standardsetzern um interessen- und funktionsgerechte Rechnungslegungsbestimmungen.[674] Der so entfachte Wettbewerb der Regelgeber[675] hilft den Regelgebern, dem allgemeinen Postulat der „Legitimation durch Zweckmäßigkeit" zu entsprechen.[676]

III. Transparenzrichtlinie

Ein effizienter, transparenter und integrierter europäischer Markt für Finanzdienstleistungen bedarf nicht nur standardisierter, informationsorientierter Rechnungslegungsstandards. Die Funktionsfähigkeit des Marktes und das Vertrauen

669 Zu den Netzwerkeffekten vgl. *Ballwieser*, DBW 2001, 640, 645.
670 Vgl. *Maret/Wepler*, FS Claus-Peter Weber (1999), 37, 38–40 f.
671 Vgl. *Kirchner*, FS Adolf Moxter (1994), 601, 609 f.; *ders.*, Jahrbuch für neue politische Ökonomie, Bd. 18 Globalisierung und Rechtsordnung (1999), 100, 110, 116 f.
672 Vgl. *Kirchner*, in: Jahrbuch für neue politische Ökonomie, Bd. 18 Globalisierung und Rechtsordnung (1999), 100, 110.
673 Vgl. *Kirchner*, FS Adolf Moxter (1994), 601, 609 f.; *Kampmann*, Between Standardisation and Systems Competition (2003), 1, 6 f.
674 Vgl. auch *Schön*, BB 2004, 763, 768.
675 Zum Wettbewerb der Regelgeber grundlegend *Merkt*, RabelsZ 59 (1995), 545–568; *Streit*, FS Ernst-Joachim Mestmäcker (1996), 521–535; *Grundmann, Stefan*, ZGR 2001, 783–832.
676 *Merkt*, RabelsZ 59 (1995), 545, 547.

der Anleger in seine Effizienz sind zugleich in einem hohen Maße von der rechtzeitigen und regelmäßigen Bereitstellung der Unternehmensinformationen abhängig.

Nach der Jahres- und der Konzernabschlussrichtlinie unterliegen alle Kapitalgesellschaften und Kapitalgesellschaften & Co. grundsätzlich der Pflicht zur Offenlegung eines geprüften Jahres- und Konzernabschlusses und Lageberichts in einem durch die Mitgliedstaaten anzulegenden zentralen Register, Handels- oder Gesellschaftsregister (Art. 47 Abs. 1 S. 1 JAbRL). Darüber hinaus hat eine Bekanntmachung dieser Angaben in einem von den Mitgliedstaaten zu bestimmenden Amtsblatt zu erfolgen. Die konkrete Ausgestaltung der Rechnungslegungspublizität und vor allem die Festlegung spezifischer Fristen für die Veröffentlichung obliegt jedoch weiterhin den Mitgliedstaaten.

Diese allgemeinen Anforderungen an die Offenlegung wurden bis zur Verabschiedung der Transparenzrichtlinie[677] nur durch sehr vage kapitalmarktspezifische Anforderungen ergänzt. Nach der Richtlinie 2001/34/EG, der so genannten Kapitalmarktpublizitätsrichtlinie,[678] oblag es den Publikumsgesellschaften, ihren letzten Jahres- und Konzernabschluss und Lagebericht dem Publikum unverzüglich zur Verfügung zu stellen (Art. 67).[679] Die Unbestimmtheit dieser Fristvorgabe hat zu einer unterschiedlichen Praxis in den Mitgliedstaaten geführt. In einigen Mitgliedstaaten wurde den kapitalmarktorientierten Unternehmen eine feste Frist für die Veröffentlichung der Endergebnisse des Geschäftsjahres gesetzt, wohingegen in anderen die Unternehmen zur Veröffentlichung vorläufiger bzw. verkürzter Jahresergebnisse oder Zwischenberichte am Ende des Geschäftsjahres verpflichtet wurden.[680]

Insgesamt waren die bisherigen gemeinschaftsrechtlichen Regelungen zur Publizität der Finanzberichte nicht auf die Informationsbedürfnisse der Kapitalmärkte ausgerichtet.

Es überrascht daher nicht, dass die in Umsetzung des Financial Services Action Plan[681] formulierten Maßnahmen zur Realisierung eines integrierten europä-

677 Richtlinie 2004/109/EG des Europäischen Parlaments und des Rates vom 15. Dezember 2004 zur Harmonisierung der Transparenzanforderungen in Bezug auf Informationen über Emittenten, deren Wertpapiere zum Handel auf einem geregelten Markt zugelassen sind, und zur Änderung der Richtlinie 2001/34/EG, ABl. 2004 L 390/38.

678 Richtlinie 2001/34/EG des Europäischen Parlaments und des Rates vom 28. Mai 2001 über die Zulassung von Wertpapieren zur amtlichen Börsennotierung und über die hinsichtlich dieser Wertpapiere zu veröffentlichenden Informationen, ABl. 2001 L 184/1.

679 Diese Richtliniennorm wird nunmehr durch die Bestimmungen der Transparenzrichtlinie aufgehoben und ersetzt (Art. 32 Nr. 5 Transparenzrichtlinie).

680 Vorschlag für eine Richtlinie des Europäischen Parlaments und des Rates zur Harmonisierung der Transparenzanforderungen in Bezug auf Informationen über Emittenten, deren Wertpapiere zum Handel auf einem geregelten Markt zugelassen sind, und zur Änderung der Richtlinie 2001/34/EG vom 26. März 2003, KOM (2003) 138 endg., S. 14 mit verschiedenen Nachweisen zur bisherigen Veröffentlichungspraxis in den Mitgliedstaaten.

681 Vgl. Fn. 414.

ischen Kapitalmarkts auch eine weitere Angleichung der Publizitätspflichten der kapitalmarktorientierten Unternehmen umfassen.

Mit der am 15. Dezember 2004 verabschiedeten Transparenzrichtlinie[682] (im Folgenden TransRL) werden die europäischen Mindeststandards für die periodische und – soweit es sich nicht um Ad-hoc-Mitteilungen handelt – auch für die laufende Publizität kapitalmarktorientierter Unternehmen einer weitergehenden Harmonisierung zugeführt.[683] Neben der Verbesserung der periodischen Berichterstattung (Jahresfinanzbericht, Halbjahresbericht, Quartalsangaben) ist es Ziel der Richtlinie, die Meldepflichten von Änderungen bedeutender Beteiligungen und die Regelungen über die für Hauptversammlungen elektronisch zur Verfügung zu stellenden Informationen zu harmonisieren.

Die Transparenzrichtlinie stellt die Rechnungslegungspublizität durch die verbindliche Festlegung eines Mindestniveaus für die Veröffentlichungsfristen und -arten auf eine neue Harmonisierungsstufe.

Kapitalmarktorientierte Unternehmen sind nach der Richtlinie verpflichtet, spätestens vier Monate nach Ablauf des Geschäftsjahres einen geprüften Jahresfinanzbericht zu veröffentlichen und sicherzustellen, dass dieser für einen Zeitraum von mindestens fünf Jahren öffentlich verfügbar ist (Art. 4 Abs. 1 TransRL).

Der Jahresfinanzbericht umfasst im Fall eines konsolidierungspflichtigen Emittenten grundsätzlich einen geprüften Konzernabschluss auf der Grundlage der endorsed IFRS und einen im Einklang mit der Jahresabschlussrichtlinie erstellten und geprüften Einzelabschluss (Art. 4 Abs. 3 TransRL). Ist das Unternehmen nach der Konzernabschlussrichtlinie nicht konsolidierungspflichtig, genügt ein im Einklang mit dem (richtlinienkonformen) nationalen Recht erstellter und geprüfter Einzelabschluss.

Die Abschlüsse sind auf der Grundlage der Rechnungslegungsrichtlinien zu prüfen und in ihrer geprüften Form zusammen mit dem erteilten vollständigen Bestätigungsvermerk zu veröffentlichen (Art. 4 Abs. 4 TransRL). Neben den Abschlüssen ist zudem der (Konzern-)Lagebericht als zwingender Bestandteil der kapitalmarktrechtlichen Berichterstattung offen zu legen.

In Anlehnung an den US-amerikanischen Sarbanes-Oxley Act (SEC. 302) ist den Finanzinformationen eine Richtigkeitserklärung der für die Abschlusserstellung verantwortlichen Personen unter Angabe ihres Namens und ihrer Funktionen beizufügen. Die Betroffenen haben darin zu erklären, dass der Abschluss und der Lagebericht nach bestem Wissen in Übereinstimmung mit den anzuwendenden

---

682 Richtlinie 2004/109/EG vom 15. Dezember 2004, ABl. 2004 L 390/38 (Fn. 677). Die Transparenzrichtlinie ist im Januar 2005 in Kraft getreten und ist von den Mitgliedstaaten bis zum 20. 1. 2007 in nationales Recht umzusetzen (Art. 31 TransRL).

683 Vgl. zur Richtlinie *Knorr*, Der Konzern 2003, 311–312; *Buchheim/Ulbrich*, KoR 2004, 273–287, dessen Ausführungen sich aber noch auf den Vorschlag der Transparenzrichtlinie beziehen, *Schütte/Wagner*, Die Bank 8/2004, 26–29; *d'Arcy/Meyer*, Der Konzern 2005, 151–158; *Mujkanovic*, KoR 2005, 146–154; *Scheffler*, AG 2005, R 66– R 67; *Buchheim/Knorr*, WPg 2006, 413, 422 f.

Rechnungslegungsbestimmungen erstellt wurden und dem Gebot des true and fair view entsprechen (Art. 4 Abs. 1 lit. c TransRL).[684] Die Transparenzrichtlinie lässt im Gegensatz zum Sarbanes-Oxley Act offen, wer als verantwortliche Person anzusehen ist. Dies ist durch die Mitgliedstaaten weiter zu spezifizieren.

Zur Einhaltung der nach dieser Richtlinie festgelegten periodischen Berichtspflicht haben die Mitgliedstaaten sicher zu stellen, dass Verstöße gegen diese Anforderungen unverzüglich aufgedeckt und durch abschreckende, verhältnismäßige Strafmaßnahmen, einschließlich zivilrechtlicher Sanktionen, geahndet werden (Art. 28 Abs. 1 TransRL).[685] Die ergriffenen Maßnahmen und Sanktionen sind entsprechend bekannt zu geben (Art. 28 Abs. 2 TransRL). Die Verantwortung und Haftung für die vorgeschriebenen Zusammenhänge und Veröffentlichungen muss zumindest beim Emittenten liegen, kann aber auch auf dessen Organe erstreckt werden (Art. 7 TransRL). Die konkrete Ausgestaltung des Haftungssystems obliegt folglich weiterhin dem nationalen Gesetzgeber.[686]

Die Transparenzrichtlinie konkretisiert demnach – wie auch die Rechnungslegungsrichtlinien in ihrer geänderten Fassung vom 14. Juni 2006[687] – die Anforderungen der Publizitätsrichtlinie[688] an ein adäquates Sanktionssystem. Die Richtlinie geht über die Anforderungen der Rechnungslegungsrichtlinien insoweit hinaus, als dass sie zur Gewährleistung einer Abstrafung über den Markt zugleich eine Bekanntgabe der ergriffenen Maßnahmen verlangt. Gleichzeitig bleibt die Transparenzrichtlinie jedoch bei der Bestimmung der verantwortlichen Personen hinter den Anforderungen der Rechnungslegungsrichtlinien zurück, wonach die Mitgliedstaaten zumindest eine kollektive Verantwortung der Organmitglieder gegenüber dem Unternehmen sicherzustellen haben (Art. 50 b JAbRL).

Die Transparenzrichtlinie beschränkt sich nicht auf die Festsetzung der beschriebenen Parameter für die kapitalmarktorientierte Berichterstattung. Der Kommission wird vielmehr entsprechend dem Rechtsetzungsmodell des Lamfalussy-Reports[689] durch die Richtlinie die Kompetenz eingeräumt, diese Rahmenanforderungen im Wege des Komitologieverfahrens weiter zu spezifizieren (Art. 4 Abs. 6 TransRL).[690]

---

684 Der Herkunftsmitgliedstaat (Art. 2 Abs. 1 lit. i TransRL) kann reine Schuld-Emittenten von der Pflicht nach Art. 4 TransRL nach Maßgabe des Art. 30 Abs. 3 TransRL ausnehmen.
685 Vgl. auch 37. Erwägungsgrund der Richtlinie 2004/109/EG (Fn. 677).
686 Vgl. den Vorschlag für eine Richtlinie des Europäischen Parlaments und des Rates zur Harmonisierung der Transparenzanforderungen in Bezug auf Informationen über Emittenten, deren Wertpapiere zum Handel auf einem geregelten Markt zugelassen sind, und zur Änderung der Richtlinie 2001/34/EG vom 26. März 2003, KOM (2003) 138 endg., S. 26.
687 Vgl. Richtlinie des Europäischen Parlaments und des Rates zur Abänderung der Richtlinie 78/660/EWG, 83/349/EWG, 86/635/EWG und 91/674/EWG vom 14. Juni 2006, ABl. 2006 L 224/1 (Fn. 53).
688 Vgl. hierzu § 3.II.1), S. 20 f.
689 Vgl. Fn. 336.
690 Zum Komitologieverfahren vgl. Fn. 338.

Die Kommission wird hierbei durch das unabhängige Committee of European Securities Regulators (CESR) unterstützt.[691]

IV. Zusammenfassung

Zusammenfassend lassen sich die erläuterten kapitalmarktrechtlichen Rechtsakte wie folgt in die Anforderungen des Kapitalmarktes an die Rechnungslegungspublizität einordnen.

Der Kapitalmarkt beschreibt die Gesamtheit aller Institutionen, die der Zusammenführung von Angebot an und Nachfrage nach Kapital dienen. Die Funktionsfähigkeit dieses Marktes ist auf die Bereitstellung von Informationen und das Vertrauen der Akteure in diese Informationen angewiesen. Der periodischen Publizität in Form der Rechnungslegung kommt hierbei eine wichtige Funktion zu. Die externe Rechnungslegung stellt in Form der Einzel- und der Konzernabschlüsse wichtige Informationsträger über das Unternehmen als Nachfrager von Kapital bereit.

Rechnungslegungsinformationen müssen entsprechend ihrer Entscheidungs- und Kontrollfunktion entscheidungsrelevant, verlässlich, verständlich und zugleich vergleichbar sein. Die Funktionsfähigkeit eines einheitlichen Marktes setzt hierbei zur Senkung der Transaktionskosten und Vermeidung von Opportunismus ein hohes Maß an Vergleichbarkeit der Informationen voraus, dem am besten durch standardisierte und international anerkannte Informationsregeln genügt werden kann. Diesen materiellen Anforderungen müssen die Standards entsprechen, nach denen die Abschlüsse als Informationsträger erstellt werden.

Nach der Entscheidung des Gemeinschaftsgesetzgebers bieten die IFRS Gewähr für die Einhaltung dieser materiellen Anforderungen. Die IFRS-Anwendungsverordnung bringt diese gesetzgeberische Wertung zum Ausdruck.

Alleine die Sicherung entscheidungsnützlicher Informationen vermag noch nicht den Informationsbedürfnissen des Marktes zu genügen. Der Informationsfluss zwischen der Unternehmung und interessierten Dritten muss zugleich durch grundlegende Offenlegungspflichten gesichert werden. Standardisierte Fristen, inhaltliche Anforderungen und Veröffentlichungsinstrumente bieten Gewähr für eine zeitnahe und einheitliche Bereitstellung der Informationen. Sie fördern damit die Informationseffizienz des Markes und zugleich das Vertrauen der Akteure. Die erforderliche Standardisierung der Offenlegung der Informationen wird im euro-

---

691 Das CESR ist 1997 aus dem Forum of European Securities Commissions (FESCO) hervorgegangen. Es setzt sich aus den Kapitalmarkt-Aufsichtsbehörden der Mitgliedstaaten zusammen und fungiert als unabhängiger Berater der Kommission bei Fragen der Implementierung von Rechtsakten im Bereich Securites; weiter Informationen finden sich unter http://www.cesr-eu.org/. Vgl. zudem die formalen Mandate der Kommission an das CESR im Rahmen der Transparenzrichtlinie vom 25. Juni 2004, abrufbar unter http:/europa.eu.int/comm/internal_market/securities/transparency/index_de.htm.

päischen Kapitalmarkt durch die Mindestanforderungen der Transparenzrichtlinie gewährleistet. Zudem wird durch die verpflichtende fünfjährige Verfügbarkeit der Informationen ein umfassender Periodenvergleich mit Rückschlüssen z.B. auf die Ergebnisvolatibilität ermöglicht.[692]

Das Vertrauen der Akteure in die bereitgestellten Informationen als wichtige Voraussetzung eines funktionierenden Marktes wird durch verschiedene Aspekte geschützt. Zum einen kann der Vertragspartner selbst durch die Achtung des Objektivierungserfordernisses die Verlässlichkeit der Rechnungslegungsinformationen fördern. Das Vertrauen in die Richtigkeit der bereitgestellten Finanzinformationen wird zudem durch die Prüfung der Abschlüsse durch einen sachverständigen Dritten und eine entsprechende Sanktionierung von Verstößen gegen die Rechnungslegungspflicht gewahrt.

Die Prüfung des Jahres- bzw. Konzernabschlusses muss zur Entfaltung ihrer qualitätssichernden Funktion wiederum durch die Gewährleistung eines qualitativ hochwertigen Prüfungsverfahrens gesichert werden. Es bedarf mithin gemeinschaftsrechtlicher Vorgaben für die Professionalität des Prüfers und des Prüfungsverfahrens und die Sicherung eines adäquaten Aufsichtssystems. Auch im Bereich der Prüfung ist zur Stärkung des europäischen Marktes im internationalen Wettbewerb eine internationale Konvergenz der anzuwendenden Prüfungsstandards anzustreben.

Mit der neugefassten Achten Richtlinie, der Richtlinie zur Abschlussprüfung, wird nunmehr ein umfassender einheitlicher Rechtsrahmen für die Abschlussprüfung in Europa zur Verfügung gestellt, der aber zugleich die besonderen Anforderungen des Kapitalmarktes achtet. So können die bereits auf der Grundlage der Modernisierungsrichtlinie präzisierten Anforderungen an den Bestätigungsvermerk der Jahresabschlussrichtlinie durch die Kommission zu einem Standardbestätigungsvermerk verdichtet werden. Art. 28 der Prüfungsrichtlinie ermächtigt die Kommission dementsprechend, für Jahres- oder konsolidierte Abschlüsse, die nach den inkorporierten IFRS erstellt werden, einen standardisierten Bestätigungsvermerk vorzusehen. Dies gilt aber nur, sofern die Kommission keinen entsprechenden ISA im Zusammenhang mit der Anerkennung der ISA in das Gemeinschaftsrecht inkorporiert hat.[693]

Die IFRS-Anwendungsverordnung, die Transparenzrichtlinie und die kapitalmarktbezogenen Regelungen der Prüfungsrichtlinie bieten folglich – eingebettet in die Anforderungen der Rechnungslegungsrichtlinien – im Grundsatz Problemlösungen für alle Erfordernisse einer kapitalmarktorientierten Rechnungslegung. Inwieweit die bereitgestellten Regelungen auch interessen- und funktionsgerecht sind, ist eine andere Frage.

---

692 Vgl. *Buchheim/Ulbrich*, KoR 2004, 273, 281.
693 Zu Förderung der internationalen Konvergenz der anzuwendenden Prüfungsstandards durch die Inkorporation der ISA vgl. § 3.II.4)b), S. 89 ff.

Festgehalten werden kann, dass das Europäische Bilanzrecht mit den benannten Rechtsakten umfassende Sonderregelungen für die kapitalmarktorientierte Rechnungslegung umfasst, die sich sowohl hinsichtlich des Regelungsansatzes (Standardisierung statt Harmonisierung) als auch hinsichtlich des Rechtsetzungsverfahrens (Vier-Stufen-Konzept nach dem Lamfalussy-Report[694]) von der gesellschaftsrechtlichen Rechnungslegungspublizität unterscheiden[695] und zugleich durch ein Streben nach internationaler Konvergenz gekennzeichnet sind.

§ 5. Das Zusammenspiel kapitalmarkt- und gesellschaftsrechtlicher Rechnungslegungsbestimmungen

Bereits die bisherigen Ausführungen haben gezeigt, in welchem engen Verhältnis die kapitalmarktrechtliche Rechnungslegungspublizität und die Rechnungslegungsrichtlinien stehen. Dies und das Ziel dieses Abschnitts, die Erschließung der neuen Systematik des Europäischen Bilanzrechts, machen eine nähere Betrachtung des Zusammenspiels der gesellschaftsrechtlichen Rechnungslegungspublizität mit den Regelungen der IFRS-Anwendungsverordnung und der Transparenzrichtlinie erforderlich. Erst aus diesem Zusammenspiel ergibt sich die neue Systematik des Europäischen Bilanzrechts.

I. Rahmenfunktion der Rechnungslegungsrichtlinien

In dem neuen Gefüge des Europäischen Bilanzrechts kommt den Rechnungslegungsrichtlinien sowohl im Hinblick auf den persönlichen und sachlichen Anwendungsbereich als auch hinsichtlich der normierten Rechnungslegungspflichten und einer prinzipienorientierten Weiterentwicklung des Europäischen Bilanzrechts eine Rahmenfunktion zu.

1) Anwendungsbereich des Europäischen Bilanzrechts

Bereits die persönlichen und sachlichen Anwendungsbereiche der Rechnungslegungsrichtlinien einerseits und der IFRS-Anwendungsverordnung andererseits zeigen wesentliche Parallelen und Schnittstellen auf.

Die Rechnungslegungsrichtlinien erstrecken ihren persönlichen Anwendungsbereich auf Abschlüsse von Kapitalgesellschaften und atypischen Personengesellschaften. In sachlicher Hinsicht normieren die Richtlinien Rechnungslegungsgrundsätze für den Einzel- und den Konzernabschluss.

---

694 Zum Lamfalussy-Report siehe Fn. 336 und § 3.II.4), S. 79 ff.
695 Die dynamische Rechtsetzung nach dem Lamfalussy-Report hält mit der neuen Richtlinie zur Abschlussprüfung auch in die gesellschaftsrechtliche Rechnungslegungspublizität Einzug. Vgl. hierzu § 3.II.4), S. 79 ff.

Der IFRS-Anwendungsverordnung liegt ebenfalls im Grundsatz eine gesellschaftsformspezifische Abgrenzung des Anwendungsbereichs zugrunde. Im Hinblick auf die normierten Rechnungslegungspflichten der IFRS-Anwendungsverordnung sind hierbei aber drei verschiedene Gesellschaftsformen zu unterscheiden. Zu nennen sind hier die kapitalmarktorientierten Konzerne, die (nicht-notierten und notierten) Kapitalgesellschaften und Kapitalgesellschaften & Co. sowie die sonstigen Gesellschaftsformen, insbesondere die Personengesellschaften.

Für die kapitalmarktorientierten Konzerne normiert Art. 4 IFRS-VO die Pflicht, den zu erstellenden Konzernabschluss nach den endorsed IFRS aufzustellen. Ausgehend von dem weiten persönlichen Anwendungsbereich der Richtlinien dispensiert Art. 4 IFRS-VO die kapitalmarktorientierten Konzerne mithin von der Anwendung der Richtlinienbestimmungen. Damit gelten anstelle der Regeln zur Aufstellung des Konzernabschlusses der Konzernabschlussrichtlinien und, soweit durch Verweis anwendbar, der Jahresabschlussrichtlinien die Regeln der endorsed IFRS. Die Einzelbestimmungen können im Regelungsbereich der endorsed IFRS nicht einmal subsidiär zur Anwendung kommen.[696]

Bei der Erstellung der Abschlüsse der nicht notierten Kapitalgesellschaften und Kapitalgesellschaften & Co. und der Jahresabschlusserstellung der notierten Kapitalgesellschaften und Kapitalgesellschaften & Co. sind hingegen grundsätzlich weiterhin die in Umsetzung der Rechnungslegungsrichtlinien geltenden nationalen Regelungen zum Konzern- und zum Einzelabschluss zur Anwendung zu bringen. Die Dispenswirkung der endorsed IFRS gegenüber den Richtlinienbestimmungen kann durch die Mitgliedstaaten nach Art. 5 IFRS-VO auch auf die Regelungen zum Einzelabschluss der kapitalmarktorientierten Unternehmen und sogar auf den Einzel- und/oder Konzernabschluss der nicht notierten Kapitalgesellschaften und Kapitalgesellschaften & Co. erstreckt werden. Das Gemeinschaftsrecht eröffnet den Mitgliedstaaten somit die Möglichkeit, die dispensierende Anwendung der endorsed IFRS schrittweise oder sogar vollkommen auf den gesamten Anwendungsbereich der Rechnungslegungsrichtlinien auszuweiten.

Für die sonstigen Gesellschaften besteht über den gemeinschaftsrechtlichen Regelungsgehalt der IFRS-Anwendungsverordnung hinaus formal eine vergleichbare Option der Mitgliedstaaten. Die Ausübung dieses Optionsrechts ist als autonome Entscheidung des nationalen Gesetzgebers aber nicht dem Gemeinschaftsrecht zuzuordnen.

Als Zwischenfazit lässt sich bereits festhalten, dass die Rechnungslegungsrichtlinien und die Verordnung nicht nur Parallelen im persönlichen und sachlichen Anwendungsbereich aufweisen. Die Rechnungslegungsrichtlinien normieren vielmehr den grundlegenden Anwendungsbereich des Europäischen Bilanzrechts. In-

---

696 Dies gilt natürlich nicht für die Rechnungslegungsgrundsätze der Richtlinien. Diese sind über die Anerkennungskriterien des Art. 3 Abs. IFRS-VO auch für die endorsed IFRS verbindlich. Zur Dispenswirkung der endorsed IFRS und ihrer Reichweite vgl. im Einzelnen § 5.II., S. 170.

nerhalb dieses Anwendungsbereiches werden die Bestimmungen der Richtlinien durch die Verpflichtung der börsennotierten Unternehmen zur Anwendung der endorsed IFRS *ergänzt.*[697] Dieser verpflichtend angelegte Anwendungsbereich der inkorporierten Standards kann durch die Mitgliedstaaten wahlweise erweitert werden. Die Rechnungslegungsrichtlinien bilden aber weiterhin die Rechtsgrundlage für die Rechnungslegung der Kapitalgesellschaften und Kapitalgesellschaften &. Co., die ihren Jahresabschluss bzw. ihren konsolidierten Abschluss nach der Verordnung bzw. dem nationalen Recht auf der Grundlage der endorsed IFRS erstellen.

2) Rechnungslegungspflichten des Europäischen Bilanzrechts

Den Rechnungslegungsrichtlinien kommt aber nicht nur bei der Bestimmung des Anwendungsbereiches des Europäischen Bilanzrechts eine Rahmenfunktion zu. Die Richtlinien sind vielmehr auch für die normierten Rechnungslegungspflichten des Europäischen Bilanzrechts die grundlegenden Rechtsakte.

Die IFRS-Anwendungsverordnung beschränkt sich ihrem Regelungsgehalt nach auf die Aufstellung der Abschlüsse, mithin der Bilanz, der Gewinn- und Verlustrechnung und des Anhangs (vgl. Art. 4 und Art. 5). Die Verordnung selbst enthält keine Regelungen darüber, wann eine Pflicht zur Erstellung eines (konsolidierten) Abschlusses besteht. Ebenso wenig finden sich in den endorsed IFRS Regelungen für die Erstellung des Lageberichts, zur Offenlegung, Prüfung oder zur Sanktionierung.

Die IFRS-Anwendungsverordnung setzt ihrem Wortlaut nach das Bestehen einer Verpflichtung zur Rechnungslegung voraus.[698] Ob ein Mutterunternehmen einen Konzernabschluss aufzustellen hat bzw. die Pflicht zur Erstellung eines Einzelabschlusses besteht, bestimmt sich demnach nicht nach den endorsed IFRS, sondern nach dem im Zuge der Konzernabschlussrichtlinie bzw. Jahresabschlussrichtlinie erlassenen einzelstaatlichen Recht.[699] Ist somit der persönliche und sachliche Anwendungsbereich der Konzernabschlussrichtlinie bzw. der Jahresabschlussrichtlinie (bei Wahrnehmung der Mitgliedstaatenoption) ausschlaggebend für die Begründung der grundlegenden Rechnungslegungspflicht, so sind die inkorpo-

---

697 Vgl. Vorschlag für eine Verordnung des Europäischen Parlaments und des Rates betreffend die Anwendung internationaler Rechnungslegungsgrundsätze vom 13. Februar 2001, KOM (2001) 80 endg., S. 5; *Hennrichs*, NZG 2005, 783, 784.

698 Vgl. die Kommentare der Kommission zu bestimmten Artikeln der Verordnung (EG) Nr. 1606/2002 und zur Richtlinie 78/660/EWG und Richtlinie 83/349/EWG, 2.2.2 lit. a (Fn. 372); vgl. auch *Knorr/Buchheim/Schmidt*, BB 2005, 2399, 2400.

699 Kommentare der Kommission zu bestimmten Artikeln der Verordnung (EG) Nr. 1606/2002 und zur Richtlinie 78/660/EWG und Richtlinie 83/349/EWG, 2.2.2 lit. a (Fn. 372); vgl. auch *Buchheim/Gröner*, BB 2003, 953; *Knorr/Buchheim/Schmidt*, BB 2005, 2399, 2400. Dabei wird europarechtlich die Pflicht zur Aufstellung eines Konzernabschlusses nicht vom Konsolidierungskreis tangiert. Die Einbeziehungswahlrecht des Art. 13 KAbRL sind daher für die Verpflichtung zur Konzernrechnungslegung unbeachtlich; vgl. im Einzelnen *Knorr/Buchheim/Schmidt*, BB 2005, 2399, 2400 f.

rierten internationalen Standards verbindlich für die Bestimmung des Konsolidierungskreises[700] und für die inhaltliche Ausgestaltung des Konzern- bzw. des Einzelabschlusses.

Der so zu erstellende IFRS-Abschluss ist zudem im Hinblick auf weitere Rechnungslegungspflichten – die Pflicht zur Lageberichterstattung, Offenlegungs- und Prüfungspflichten – und Sanktionsbestimmungen der Rechnungslegungsrichtlinien zu einem „IFRS-Plus-Abschluss"[701] zu ergänzen. Auch die Transparenzrichtlinie als Standardisierung der Offenlegung der Informationen im europäischen Kapitalmarkt nimmt neben den Regelungen der IFRS-Anwendungsverordnung die Rechnungslegungsrichtlinien ausdrücklich in Bezug.

3) Prinzipienorientierte Weiterentwicklung des Europäischen Bilanzrechts

Die Rechnungslegungsrichtlinien fungieren zudem in ihrer modernisierten Form als Rahmen für eine einheitliche *prinzipienorientierte* Weiterentwicklung der Rechnungslegung in Europa.

Das zentrale Anliegen der Rechnungslegungsstrategie der Europäischen Union, die Einführung eines qualitativ hochwertigen marktbezogenen Rechnungslegungssystems, hat neben der IFRS-Anwendungsverordnung und der damit vollzogenen Standardisierung der kapitalmarktbezogenen Rechnungslegung auch zu einer Modernisierung der Rechnungslegungsrichtlinien geführt.

Die Überarbeitung der Richtlinien dient ausweislich der Begründung der Kommission nicht nur der Aufhebung etwaiger Diskrepanzen zwischen den IFRS und den Rechnungslegungsrichtlinien, sondern auch der Schaffung eines einheitlichen europäischen „Rechnungslegungsrahmens, der sowohl der modernen Praxis entspricht, als auch flexibel genug ist, den künftigen Entwicklungen der IFRS Rechnung zu tragen"[702].

Eine Modernisierung der Richtlinien in Richtung der IFRS bezweckt damit die Sicherung eines einheitlichen Rahmens der Rechnungslegung in Europa und gleichwertiger Wettbewerbsbedingungen zwischen den Unternehmen, die entweder auf der Grundlage der IFRS-Anwendungsverordnung zur Anwendung der inkorporierten IFRS verpflichtet sind oder aber in Ausfüllung der optionalen Erstre-

---

700 Nach Feststellung des Bestehens einer Pflicht zur Erstellung eines konsolidierten Abschlusses richtet sich die Bestimmung des Konsolidierungskreises, mithin der Unternehmen, die in den konsolidierten Abschluss einzubeziehen sind, nicht nach dem die Rechnungslegungsrichtlinien umsetzenden nationalen Recht, sondern nach den übernommenen IFRS. Vgl. die Kommentare der Kommission zu bestimmten Artikeln der Verordnung (EG) Nr. 1606/2002 und zur Richtlinie 78/660/EWG und Richtlinie 83/349/EWG, 2.2.2 lit. c (Fn. 372), vgl. auch *Knorr/Buchheim/Schmidt*, BB 2005, 2399, 2402.

701 Vgl. *Kirsch/Scheele*, WPg 2004, 1.

702 Vorschlag für eine Richtlinie des Europäischen Parlamentes und des Rates zur Änderung der Richtlinien 78/660/EWG, 83/349/EWG und 91/674/EWG über den Jahresabschluss und den konsolidierten Abschluss von Gesellschaften bestimmter Rechtsformen sowie Versicherungsunternehmen v. 28. Mai 2002, KOM (2002) 259.

ckung des Anwendungsbereiches nach den IFRS in ihrer korporierten Fassung bilanzieren, und den Unternehmen, für die weiterhin die Rechnungslegungsrichtlinien die Rechtsgrundlage der Rechnungslegung bilden.[703]

Auf der Grundlage der optionalen Regeln der IFRS-Anwendungsverordnung und der „modernisierten" Rechnungslegungsrichtlinien haben die Mitgliedstaaten folglich zwei Möglichkeiten einer Hinwendung bzw. Anpassung der nationalen Rechnungslegungsvorschriften an die IFRS:[704] Ihnen steht es zum einen frei, den Anwendungsbereich der IFRS-Anwendungsverordnung durch die Ausfüllung der Mitgliedstaatenoptionen (Art. 5 IFRS-VO) auszudehnen. Zum anderen ermöglichen ihnen die geänderten Rechnungslegungsrichtlinien eine richtlinienkonforme indirekte Anpassung des nationalen Rechts an die IFRS. Das sich so ergebende Zusammenspiel der Rechnungslegungsrichtlinien und der IFRS-Anwendungsverordnung offeriert den Mitgliedstaaten damit ein Instrument zur zeitlich und funktionell flexiblen Transformation der nationalen Rechnungslegung hin zu den IFRS.[705]

II. Dispenswirkung der kapitalmarktrechtlichen Regelungen und Ergänzungsfunktion der Richtlinien

Im Rahmen des verpflichtenden Regelungsgehalts der IFRS-Anwendungsverordnung verdrängen die inkorporierten IFRS als unmittelbar anwendbares Gemeinschaftsrecht das in Umsetzung der Rechnungslegungsrichtlinien geltende nationale Recht.[706] Diese Dispenswirkung der inkorporierten IFRS kann durch die Mitgliedstaaten auf den Konzernabschluss nichtkapitalmarktorientierter Gesellschaften und/oder sogar auf den Einzelabschlusses der notierten bzw. nicht notierten Kapitalgesellschaften und Kapitalgesellschaften & Co. erstreckt werden.

Diese Dispenswirkung der inkorporierten IFRS in ihrem Pflichtanwendungsbereich und auf der Grundlage des Mitgliedstaatenwahlrechts[707] reicht aber nur so weit wie der Regelungsgehalt der Standards. Da die unmittelbar anwendbaren in-

703 Richtlinie 2003/51/EG des Europäischen Parlamentes und des Rates vom 18. Juni 2003, ABl. 2003 L 178/16 (Fn. 50). Neben der Anpassung der Rechnungslegungs-Richtlinien an die IFRS-Bilanzierung verschärft die Modernisierungsrichtlinie die Anforderungen an den (Konzern-)Lagebericht und den Bestätigungsvermerk.

704 Vgl. *van Hulle*, in: *Baetge* (Hrsg.), Übergang der Rechnungslegung vom HGB zu den IFRS (2004), 131, 140.

705 Vgl. *Böcking*, in: *Baetge* (Hrsg.), Übergang der Rechnungslegung vom HGB zu den IFRS (2004), 103, 109.

706 Zwischen den Richtlinien und der Verordnung selbst gibt es keine direkten Interaktionen, da nur letztere unmittelbar auf die Gesellschaften anwendbar ist. Es handelt sich vielmehr um einen Interaktion zwischen dem nationalen Recht und der IFRS-Anwendungsverordnung, die nach dem Grundsatz des Vorrangs des Gemeinschaftsrechts aufzulösen ist. Vgl. auch die Kommentare der Kommission zu bestimmten Artikeln der Verordnung (EG) Nr. 1606/2002 und zur Richtlinie 78/660/EWG und Richtlinie 83/349/EWG, 3.1. (Fn. 372).

707 Zur Qualifizierung der Option des Art. 5 IFRS-VO im Hinblick auf die Kapitalgesellschaften und Kapitalgesellschaften & Co. als Mitgliedstaatenwahlrecht vgl. Fn. 431.

korporierten IFRS, wie bereits ausgeführt wurde, nur die „Aufstellung des Abschlusses" regeln (Bilanz, Gewinn- und Verlustrechnung und zusätzliche Angaben), gelten für die Erstellung des Lageberichts (Art. 46 JAbRL, Art. 36 KAbRL) und die Aspekte des Art. 48, Art. 49 JAbRL die in nationales Recht eingeflossenen Vorgaben der Rechnungslegungsrichtlinien.[708] Ebenfalls zur Anwendung kommen die in Art. 57 und Art. 58 JAbRL normierten Befreiungstatbestände für die bilanzierungspflichtigen Rechtssubjekte.

Aber auch der IFRS-Abschluss selbst ist in seinem Anhang um folgende Angaben zu ergänzen: Angaben zu wichtigen Beteiligungen (Art. 43 Nr. 2 JAbRL, Art. 34 Abs.2–Abs. 5 KAbRL), zum durchschnittlichen Personalbestand (Art. 43 Nr. 9), Angaben über die Bezüge der Mitglieder der Verwaltungs-, Geschäftsführungs- oder Aufsichtsorgane, entstandene oder eingegangenen Pensionsverpflichtungen gegenüber bestehenden und ehemaligen Mitgliedern dieser Organe und an sie oder zu ihren Gunsten gewährte Kredite, Vorschüsse und Garantieerklärungen (Art. 43 Abs. 1 Nr. 12, beachte auch Art. 43 Abs. 3 und Art. 43 Abs. 1 Nr. 13 JAbRL, Art. 34 Abs. 9, Abs. 12, Abs. 13 KAbRL) und Angaben über einen etwaigen ergänzenden Konzernabschluss (Art. 56 Abs. 2 JAbRL).[709]

Auf Unternehmen, die auf der Grundlage des Wahlrechts der Verordnung gehalten sind, ihren Jahresabschluss nach den inkorporierten IFRS zu erstellen, finden daneben auch die größenabhängigen Erleichterungen der Art. 11, Art. 12 und Art. 27 JAbRL Anwendung.[710]

Keine Interdependenz zwischen dem Regelungsgehalt der endorsed IFRS und den Rechnungslegungsrichtlinien besteht im Hinblick auf die Anforderung an die Prüfung der Abschlüsse. Der IFRS-(Konzern- bzw. Einzel-)Abschluss unterliegt grundsätzlich der Prüfungspflicht nach Maßgabe des Art. 38 KAbRL bzw. Art. 51, Art. 51a JAbRL. Die Ausgestaltung der Abschlussprüfung richtet sich nach den Anforderungen der neuen Prüfungsrichtlinie. Die allgemeinen Anforderungen der Rechnungslegungsrichtlinie an die Verfasstheit des Bestätigungsvermerks (Art. 51a JAbRL) können zudem nach der Prüfungsrichtlinie durch die Kommission durch einen Standardbestätigungsvermerk ersetzt werden (Art. 28 PrRL). Die allgemeinen Anforderungen der Rechnungslegungsrichtlinien an den Bestätigungsvermerk werden somit voraussichtlich für den verpflichtenden IFRS-Konzernabschluss der kapitalmarktorientierten Unternehmen um Sonderregelungen erweitert.

Dieses Zusammenspiel von allgemeinen Anforderungen der Rechnungslegungsrichtlinien und kapitalmarktrechtlichen Sonderbestimmungen findet sich auch bei den Publizitätsanforderungen und den Sanktionsbestimmungen.

---

708 Vgl. die Kommentare der Kommission zu bestimmten Artikeln der Verordnung (EG) Nr. 1606/2002 und zur Richtlinie 78/660/EWG und Richtlinie 83/349/EWG, 3.1.–3.3. (Fn. 372).
709 Vgl. im Einzelnen die Kommentare der Kommission zu bestimmten Artikeln der Verordnung (EG) Nr. 1606/2002 und Richtlinie 78/66/EWG und Richtlinie 83/349/EWG, 3.3. (Fn. 372).
710 Kommentare der Kommission zu bestimmten Artikeln der Verordnung (EG) Nr. 1606/2002 und zur Richtlinie 78/660/EWG und Richtlinie 83/349/EWG, 3.3. (Fn. 372).

Da die inkorporierten IFRS nur die „Aufstellung der Abschlüsse" regeln, gilt für die Offenlegung der Abschlüsse grundsätzlich das in Umsetzung der Rechnungslegungsrichtlinien geltende nationale Recht. Die Registerpublizität nach Art. 47 Abs. 1, Abs. 1a und Abs. 2 JAbRL, Art. 35 KAbRL wird jedoch für die kapitalmarktorientierten Unternehmen um die Publizitätsanforderungen der Transparenzrichtlinie[711] erweitert. Die Transparenzrichtlinie führt nicht nur die Fristen für die Veröffentlichung der Jahresfinanzberichte einer weiteren Harmonisierung zu (Art. 4 Abs. 1 TransRL). Sie erweitert zugleich den Inhalt der Veröffentlichung um eine Konvergenz-Erklärung der beim Emittenten für die Abschlusserstellung verantwortlichen Personen im Hinblick auf die Achtung der anzuwendenden Rechnungslegungsbestimmungen und des true and fair view-Gebots (Art. 4 Abs. 2 lit. c TransRL).

Die Anforderungen an die Sanktionierung von Verstößen gegen die Rechnungslegungspflichten der Publizitäts- und der Rechnungslegungsrichtlinien sind ebenfalls auf den IFRS-Abschluss anzuwenden. Die Sanktionsnorm der Publizitätsrichtlinie[712] und der Rechnungslegungsrichtlinien werden mit der Transparenzrichtlinie zudem um Regelungen zur Gewährleistung einer Abstrafung über den Markt in Form der Pflicht zur Bekanntgabe der ergriffenen Maßnahmen ergänzt.

In der Zusammenschau lässt sich festhalten, dass der IFRS-Abschluss über den Regelungsgehalt der endorsed IFRS hinaus durch die Rechnungslegungsrichtlinien und die Transparenzrichtlinie ergänzt wird. Das Fehlen IFRS-spezifischer Regelungen zur Lageberichterstattung, zu den Angaben im Anhang sowie zur Offenlegung, Prüfung und Sanktionierung wird so durch die Eingliederung in das System der Rechtsakte des Europäischen Bilanzrechts kompensiert.

In dem Bereich, wo sich die Regelungsgehalte der endorsed IFRS und der Rechnungslegungsrichtlinien entsprechen und mithin die Dispenswirkung der Verordnung als unmittelbar anwendbaren Gemeinschaftsrechts gegenüber dem richtlinienkonformen nationalen Recht greift, gestaltet sich das Zusammenspiel der Rechtsakte wie folgt.[713]

Die inkorporierten IFRS kommen für die Erstellung der Abschlüsse umfänglich zur Geltung. Eine Gesellschaft, die freigegebene IFRS anwendet, darf unabhängig von etwaigen den IFRS zuwiderlaufenden Bestimmungen des nationalen Rechts nicht an der umfänglichen Anwendung der inkorporierten IFRS und der Wahrnehmung der explizit enthaltenen Wahlmöglichkeiten gehindert werden. Nicht nur die bestehenden Wahlrechte, sondern auch die Urteilsfindung bei der Schließung bestehender Regelungslücken nach IAS 8.11, 12 kann nicht etwa durch die Festlegung besonderer Handlungsweisen im nationalen Recht eingeschränkt werden. Im Regelungsbereich der endorsed IFRS, mithin hinsichtlich der inhaltlichen

711 Richtlinie 2004/109/EG vom 15. Dezember 2004, ABl. 2004 L 390/38 (Fn. 677).
712 Vgl. hierzu § 3.II.1), S. 20 f.
713 Vgl. zu den folgenden Ausführungen im Einzelnen die Kommentare der Kommission zu bestimmten Artikeln der Verordnung (EG) Nr. 1606/2002 und zur Richtlinie 78/660/EWG und Richtlinie 83/349/EWG, 3.1. (Fn. 372).

Ausgestaltung des Konzern- und gegebenenfalls des Einzelabschlusses, ist es den Unternehmen folglich verwehrt, sich dem Regelungsgehalt durch Rückgriff auf das die Richtlinien umsetzende nationale Recht zu entziehen. Umgekehrt darf das nationale Recht aber auch in keiner Weise den Regelungsgehalt der endorsed IFRS einschränken bzw. abändern.

Zusammenfassend lässt sich somit festhalten, dass die kapitalmarktrechtliche Rechnungslegungspublizität durch ihre Einfassung in die gesellschaftsrechtlichen Rechnungslegungsregeln in ein umfassendes *business reporting*[714] eingegliedert wird. Die Anforderungen der Standards an die finanzielle Berichterstattung werden durch die zusätzlichen Anforderungen an den Anhang ergänzt und durch die direkten prognostischen Informationen im Lagebericht zu einem umfassenden Bericht über die wirtschaftliche Lage und die Entwicklungsmöglichkeiten des Unternehmens erweitert. Zudem bietet die Anwendung qualitativ hochwertiger Rechnungslegungsstandards allein keine Gewähr für eine interessen- und funktionsgerechte Rechnungslegung. Die Transparenz und die Zuverlässigkeit der bereitgestellten Unternehmensinformationen müssen vielmehr durch Regelungen zur Offenlegung, zur ordnungsgemäßen Prüfung der Abschlüsse und durch ein angemessenes Sanktionssystem gesichert werden. Dies wird durch die Eingliederung der internationalen Rechnungslegungsstandards in die Anforderungen der Rechnungslegungsrichtlinien, Publizitäts- und Transparenzrichtlinie gewährleistet.

III. Bilanzierungsgrundsätze der Rechnungslegungsrichtlinien als Endorsement- und Auslegungskriterien

Über die dargestellte Rahmen- und Ergänzungsfunktion hinaus fungieren die Richtlinien mit ihren Rechnungslegungszielen und -grundsätzen zugleich als Endorsement- und als Auslegungskriterien. Im Anerkennungsverfahren sind die zu übernehmenden Standards nach Art. 3 IFRS-VO den Richtlinien gegenüberzustellen, um sicherzustellen, dass sie ein den tatsächlichen Verhältnissen entsprechendes Bild der Vermögens-, Finanz- und Ertragslage vermitteln.[715] Nicht gefordert ist dabei eine strenge Einhaltung jeder einzelnen Vorschrift der Rechnungslegungsrichtlinien, sondern eine Konvergenz mit dem grundlegenden Grundsatz des true and fair view. Aber bereits die geforderte Konformität mit diesem fundamentalen Grundsatz der Rechnungslegungsrichtlinien hat neben den sich aus der Verordnung selbst ergebenden Zielsetzungen und Rechnungslegungsgrundsätzen einen erheblichen Einfluss auf die Ausrichtung der Rechnungslegungsziele der endorsed IFRS. Das true and fair view-Gebot bildet zusammen mit den sich aus der Verordnung ergebenden Zielsetzungen und Grundsätzen den normativen Rahmen für die Rechnungslegung nach den endorsed IFRS. Die en-

714 Zum Begriff des business reporting siehe Fn. 271.
715 *Böcking/Herold/Wiederhold*, Der Konzern 2003, 394, 395; *Böcking*, in: Baetge (Hrsg.), Übergang der Rechnungslegung vom HGB zu den IFRS (2004), 103, 109.

dorsed IFRS als ursprünglich *regelorientiertes* Normsystem werden so in ein *prinzipienorientiertes* Regelungssystem integriert.[716] Die einzelfallorientierten Standards werden durch verbindliche, normative Prinzipien, die als Auslegungs- und als Zielnormen dienen, unterlegt.

Damit wird nicht nur ein Gleichlauf in den Rechnungslegungszielen und -grundsätzen, sondern auch eine prinzipienorientierte Auslegung der endorsed IFRS und eine Einbindung der Standards in das Gesamtgefüge des Europäischen Bilanzrechts sichergestellt.

IV. Endorsed IFRS als Umsetzungs- und Auslegungskriterien der Rechnungslegungsrichtlinien

Die inkorporierten Standards fungieren umgekehrt als Umsetzungs- und Auslegungskriterium bei der Umsetzung der Richtlinien in das nationale Recht.

Bereits die EG-Rechnungslegungsstrategie lässt keinen Zweifel daran aufkommen, dass langfristig ebenso die nicht kapitalmarktorientierten Unternehmen an die IFRS herangeführt werden sollen. Auch wenn ein Festhalten an der bisherigen einzelstaatlichen Bilanzierungspraxis möglich und gegebenenfalls unter Beachtung national geprägter Rechnungslegungsfunktionen auch wünschenswert ist, wird der faktische Druck des Marktes eine zu weite Abkehr von der IFRS-Bilanzierung verhindern. Die überarbeiteten Rechnungslegungsrichtlinien ermöglichen demnach den Mitgliedstaaten eine zeitlich und funktionell dynamische Anpassung des nationalen Bilanzrechts an die IFRS-Bilanzierung. Dies trägt nicht nur den bestehenden Pfadabhängigkeiten in den Rechtsordnungen Rechnung, sondern ermöglicht auch einen dynamischen Innovationswettbewerb, der sich wiederum positiv auf die Qualität der IFRS auswirkt.

Aus dem bestehenden Gleichlauf der Zielnorm und der Rechnungslegungsgrundsätze in der Verordnung, den endorsed IFRS und den Richtlinien lassen sich zudem Rückschlüsse für die Auslegung des true and fair view der Richtlinien ziehen. Zum einen lassen sich die Präzisierungen und die Definition des true and fair view, des override und der Grundsätze in den endorsed IFRS und dem Framework zur Auslegung der gemeinsamen Zielnorm und der Grundsätze heranziehen. Darüber hinaus verstehen sich die endorsed Standards selbst als Konkretisierung einer den tatsächlichen Verhältnissen entsprechenden Darstellung der Vermögens-, Finanz- und Ertragslage. Die Bilanzierungs- und Bewertungsgrundsätze der endorsed IFRS treten somit neben die Regelungen der Richtlinie als eine weitere Ausprägung des true and fair view-Gebots. Die konkrete Verfasstheit sowohl des true and fair view als auch der daraus fließenden Grundsätze und die Konkretisierung durch die normierten Bilanzierungs- und Bewertungsgrundsätze der Standards

716 Vgl. *Hauck/Prinz*, Der Konzern 2005, 635, 639.

haben folglich Auswirkungen auf die Auslegung der Zielnorm und damit Rückwirkungen auf die Rechnungslegungsrichtlinien.[717]

Das den endorsed IFRS zugrunde liegende Verständnis vom Sinngehalt und der Bedeutung des true and fair view und der konkretisierenden Rechnungslegungsgrundsätze bestätigt den im Wege der Auslegung gewonnenen Sinngehalt des true and fair view der Richtlinie.[718] Dieser aufgezeigte Gleichlauf[719] in den Rechnungslegungszielen und -grundsätzen wird auch indirekt durch die Modernisierungsrichtlinie zum Ausdruck gebracht. Zielt die Modernisierungsrichtlinie auf die Kompensation bestehender Konfliktpotentiale zwischen den Richtlinien und den IFRS, so ist eine fehlende Änderung der Zielnorm und der Grundsätze der Richtlinie als eine Konvergenzerklärung zu werten.

Die endorsed IFRS fungieren aber nicht nur als Präzisions- und Auslegungsinstrument der Rechnungslegungsziele und -grundsätze, sondern auch als Auslegungshilfe der Einzelbestimmungen der Rechnungslegungsrichtlinien. In den Rechnungslegungsrichtlinien wurde niemals ein Definitionsansatz verfolgt,[720] d.h. die Richtlinien enthalten keine Definitionen für Aktiva, Passiva, Eigenkapital oder viele andere Begriffe. Die Begriffe bedürfen vielmehr einer zielkonformen Auslegung. Die endorsed IFRS und die ihr zugrunde liegenden Definitionen bieten sich hier aus zweifachem Grund als Auslegungsquelle an. Zum einen wird, wie bereits ausgeführt wurde, durch die Inkorporation der Standards zum Ausdruck gebracht, dass die Standards der Zielnorm und den Rechnungslegungsgrundsätzen der Rechnungslegungsrichtlinien entsprechen. Zum anderen lehnen sich Einzelbestimmungen der Richtlinie nach der Modernisierung der Richtlinien durch die Fair Value-[721] und Modernisierungsrichtlinie[722] ausdrücklich an spezifische

717 So auch *Schellhorn*, BFuP 2003, 306, 319f.; *Böcking/Herold/Müßig*, Der Konzern 2004, 664, 666. Anderer Auffassung ist hingegen *Hennrichs*, NZG 2005, 783, 784, 786, der eine Ausstrahlung der IFRS auf die Auslegung der Rechnungslegungsrichtlinien ausdrücklich ablehnt. Der Charakter der Rechnungslegungsrichtlinien spreche bereits gegen eine Heranziehung der detaillierten IFRS zur Auslegung der Richtlinien. Zu Recht verweist *Hennrichs* darauf, dass die Rechnungslegungsrichtlinien sich im Ganzen darauf beschränken, Grundsätze der Rechnungslegung zu regeln. Hieraus lässt sich aber nicht der Schluss ziehen, die Heranziehung der endorsed IFRS zur Auslegung bedinge eine Rechtsfortbildung contra legem (so aber *Hennrichs*). Die Auslegung der Rechnungslegungsrichtlinien muss selbstverständlich ihre Grenzen in deren Regelungszweck finden. Dennoch ermöglicht der bestehende Gleichlauf mit der Zielnorm und den Rechnungslegungsgrundsätzen der Rechnungslegungsrichtlinien die Heranziehung der detaillierten Regelungen der IFRS zur Auslegung der Rechnungslegungsgrundsätze und der Einzelregelungen der Rechnungslegungsrichtlinien. Dies ist keine Rechtsfortbildung contra legem, sondern eine Ausformung der teleologischen Auslegung.

718 Zur Auslegung des true and fair view im Sinne der Rechnungslegungsrichtlinien siehe § 3.II.2)a)bb)(1), S. 36ff.

719 Vgl. § 4.II.4)c)bb)(3), S. 154ff.

720 Vorschlag für eine Richtlinie zur Änderung der Richtlinie 78/660/EWG und 83/349/EWG im Hinblick auf die im Jahresabschluß bzw. im konsolidierten Abschluß von Gesellschaften bestimmter Rechtsformen zulässigen Wertansätze vom 24. Februar 2000, KOM (2000) 80 endg., S. 8.

721 Richtlinie 2001/65/EG des Europäischen Parlamentes und des Rates vom 27. September 2001, ABl. 2001 L 283/28 (Fn. 46).

722 Richtlinie 2003/51/EG des Europäischen Parlamentes und des Rates vom 18. Juni 2003, ABl. 2003 L 178/16 (Fn. 50).

IFRS an. Die durch die Fair Value-Richtlinie aufgenommene Zeitwertbewertung von Finanzinstrumenten (Art. 42 a ff. JAbRL) orientiert sich etwa sowohl hinsichtlich der Kategorisierung der Finanzinstrumente als auch im Hinblick auf die Vorschriften zur Ermittlung des fair value an IAS 39 „Finanzinstrumente: Ansatz und Bewertung".[723] Vor dem Hintergrund der Erwägungen der Fair Value-Richtlinie ist somit davon auszugehen, dass dem in der Richtlinie verwendeten Begriff der Finanzinstrumente die Begriffsbildung in den IFRS, speziell die Definition des IAS 32.11,[724] zugrunde gelegt werden kann.[725]

Die endorsed IFRS wirken damit über die Auslegung der Rechnungslegungsrichtlinien und ihrer Umsetzung in das nationale Recht ein.

Dies bestätigte der EuGH, indem er in seinem Urteil vom 7. Januar 2003 zum Vorlagebeschluss des FG Hamburg[726] in der Sache *BIOA* feststellte, „dass sich die Vierte Richtlinie darauf beschränkt, allgemeine Grundsätze aufzustellen, und nicht versucht, alle denkbaren Anwendungen dieser Grundsätze zu regeln. In Ermangelung solcher Detailregelungen ist diese Bewertung *gegebenenfalls unter Berücksichtigung internationaler Rechnungslegungsstandards* (IAS), [...], nach dem nationalen Recht vorzunehmen, wobei stets die in der Vierten Richtlinie aufgestellten allgemeinen Grundsätze [...] uneingeschränkt zu beachten sind."[727] Das FG Hamburg ging anschließend in seiner Folgeentscheidung vom 28. November 2003 noch einen Schritt weiter und meinte allgemein, „in Ermangelung von Detailregeln" seien „bei der Auslegung der Bilanzrichtlinien die IAS [...] ergänzend heranzuziehen", es sei denn dieser Vorgehensweise stünden bestimmte steuerrechtliche Gesichtspunkte entgegen.[728] Diese Auffassung hat der BFH in seiner Revisionsentscheidung vom 15. September 2004 lediglich für den zugrunde liegenden Sachverhalt aus dem Jahre 1989 abgelehnt.[729] Der BFH stellt darauf ab, dass die entsprechenden IAS „im Streitjahr 1989 noch nicht vom IAS-Board genehmigt" waren.[730]

Über die Einwirkung auf die Auslegung der Rechnungslegungsrichtlinien wirken die IFRS zugleich über die Rechnungslegung der kapitalmarktorientierten Unternehmen hinaus mittelbar auf die Rechnungslegung aller Kapitalgesellschaften ein.[731]

---

723 Vgl. insbesondere den 9. Erwägungsgrund der Richtlinie 2001/65/EG des Europäischen Parlamentes und des Rates vom 27. September 2001, ABl. 2001 L 283/28 (Fn. 46).
724 IAS 39.8. selbst nimmt die Definition des IAS 32.11 in Bezug.
725 So auch *Böcking*, BB 2005, 5, 8.
726 FG Hamburg v. 22. 4. 1999, II 23/97, DStRE 2000, 171–176.
727 EuGH, Urt. v. 7. 1. 2003 – Rs. C-306/99 (*BIOA*), Slg. 2003, I-1, 73 Rn. 118; vgl. hierzu auch *Böcking/Herold/Müßig*, Der Konzern 2004, 664, 666; *Kußmaul/Tcherveniachki*, DStR 2005, 616, 617.
728 FG Hamburg, Urt. v. 28.11.2003, III 1/01, DStRE 2004, 613, 616.
729 BFH, Urt. v. 15. 9. 2004 – I R 5/04, BB 2005, 483, 484 f. m. Anm. *Schulze-Osterloh*, BB 2005, 488.
730 BFH, Urt. v. 15. 9. 2004 – I R 5/04, BB 2005, 483, 484.
731 Bei einer überschießenden Umsetzung der Rechnungslegungsrichtlinien haben die IFRS damit auch Rückwirkungen auf die Rechnungslegung der Personengesellschaften und mittelbar sogar auf die Steuerbilanz, vgl. hierzu *Schellhorn*, BFuP 2003, 306, 319; *de Weerth*, RIW 2003, 460, 461 f.; *Böcking/Herold/Müßig*, Der Konzern 2004, 664, 666.

In der Zusammenschau lässt sich folglich festhalten, dass das Zusammenspiel der Rechnungslegungsrichtlinien und der IFRS-Anwendungsverordnung nicht zu einer „Spaltung der Rechnungslegung zum einen nach dem Einzel- und Konzernabschluss und zum anderen nach der Kapitalmarktorientierung“[732] führt. Das Nebeneinander von gesellschaftsrechtlicher Rechnungslegungspublizität und kapitalmarktrechtlichen Sonderregeln spiegelt vielmehr die unterschiedlichen Anforderungen verschiedener Marktsegmente wider. Das beschriebene Zusammenwirken der endorsed IFRS und der Rechnungslegungsrichtlinien treibt die Harmonisierung der Rechnungslegungssysteme der Mitgliedstaaten weiter voran.

Der faktische Druck des Marktes und die Rückwirkungen der endorsed IFRS auf die Auslegung der Richtlinien wirken einer Spaltung der Rechnungslegungsregeln entgegen. Sie bewirken im rechtlichen Rahmen der Rechnungslegungsrichtlinien eine zeitlich flexible Hinwendung zu den endorsed IFRS. Diese werden folglich zur *common basis* erhoben, an der sich die mitgliedstaatliche gesellschaftsrechtliche Rechnungslegungspublizität orientiert.

Durch dieses allmähliche Zusammenwachsen der Rechnungslegungssysteme erhöht sich der Rechtfertigungsdruck auf die bestehenden juristischen Besonderheiten und sozio-ökonomischen Unterschiede in den Mitgliedstaaten. In Deutschland zeigt sich dies etwa nun in dem von der Bundesregierung im Mai 2008 beschlossenen Entwurf des Bilanzrechtsmodernisierungsgesetzes[733], der die Aufgabe der umgekehrten Maßgeblichkeit und die Zurückdrängung steuerrechtlich motivierter Wahlrechte vorsieht.[734] Durch die Überprüfung der bestehenden nationalen Besonderheiten in der Rechnungslegung und der prägenden gesellschaftsrechtlichen und steuerrechtlichen Normen auf ihre institutionelle Legitimität wird der bisher noch im Bezug auf die gesellschaftsrechtliche Publizität im Einzelabschluss bestehende lock-in-Effekt überwunden und ein Innovationsprozess angestoßen. Der Abbau nicht zu rechtfertigender mitgliedstaatlicher Besonderheiten senkt zugleich das Bedürfnis für viele bisher bestehende Bilanzierungswahlrechte, womit die Harmonisierung voranschreitet.

Dies fördert eine Harmonisierung, die nicht zwingend in eine Standardisierung der gesellschaftsrechtlichen Rechnungslegungsregeln münden muss. Vielmehr können institutionell gerechtfertigte Besonderheiten in den Mitgliedstaaten, unabhängig von der Frage der Funktionstauglichkeit des IFRS-Rechnungslegungssystems, eine legitime Grundlage für national geprägte Rechnungslegungsregeln bilden, dessen Vergleichbarkeit und Gleichwertigkeit im europäischen Binnenmarkt durch die Rechnungslegungsrichtlinien, die Tendenz der Vereinheitlichung und die Rückwirkungen der endorsed IFRS auf die Richtlinien gewährleistet wird.

Die endorsed IFRS, die Transparenzrichtlinie und die Rechnungslegungsrichtlinien bilden damit einen rechtlichen Rahmen, der im europäischen Kontext die

---

732 So aber *Busse von Colbe*, BB 2002, 1530, 1531.
733 BR-Drs. 344/08; siehe bereits Fn. 52.
734 Vgl. zum Entwurf des Bilanzrechtsmodernisierungsgesetzes u.a. *Ernst/Seidler*, Der Konzern 2007, 822–831; *Meyer*, DStR 2007, 2227–2231.

Vorteile einer Standardisierung mit denen eines Systemwettbewerbs verbindet. Die für den Kapitalmarkt standardisierten Rechnungslegungsregeln fungieren für die gesellschaftsrechtliche Rechnungslegung als Referenzobjekt. Der dennoch aufgrund der Mitgliedstaatenoptionen des Art. 5 IFRS-VO ermöglichte Wettbewerb zwischen den nationalen gesellschaftsrechtlichen Rechnungslegungssystemen bildet die Quelle für Innovationen. Die endorsed IFRS als *common basis* werden in den Mitgliedstaaten im Einzelnen auf den Prüfstand gestellt und müssen sich den Anforderungen der gesellschaftsrechtlichen Rechnungslegung im Einzel- und Konzernabschluss stellen. Die daraus erlangten Erkenntnisse bilden die Basis für eine wirklich innovative Fortentwicklung der IFRS und des Europäischen Bilanzrechts im Ganzen.

§ 6. Problemstellung der weiteren Arbeit

Wie die bisherigen Ausführungen gezeigt haben, beinhaltet das Europäische Bilanzrecht sowohl Regelungen für den Inhalt der Finanzberichterstattung und die Informationsvermittlung als auch präventive und repressive Kontrollelemente zur Sicherung der Verlässlichkeit der bereitgestellten Rechnungslegungsinformationen. Es legt damit thematisch die Grundlage für die externe Rechnungslegung in Europa.

Eine umfassende normative Auseinandersetzung mit dem bestehenden Regelbestand des Europäischen Bilanzrechts müsste sowohl die Anforderungen an den Inhalt der Rechnungslegung als auch die Adäquatheit der Offenlegungs-, Prüfungs- und Sanktionierungsvorgaben einer normativen Analyse unterziehen. Die materiellen Inhalte der Unternehmensberichterstattung können nur dann die ihnen innewohnenden individual- und institutionsschützenden Funktionen entfalten, wenn zugleich ihre Vermittlung und ihre Verlässlichkeit durch entsprechende institutionelle Regeln gewährleistet werden kann. Ein vollständiges und konsistentes Konzept eines interessengerechten und zweckmäßigen Europäischen Bilanzrechts bedürfte zur Abrundung zudem einer normativen Analyse der Rechnungslegungsregulierung, mithin einer Untersuchung der Regulierungsinstanz, der Regulierungsform (Harmonisierung, Standardisierung oder kontrollierter Systemwettbewerb) und des Regulierungsprozesses.[735]

Eine solche umfassende normative Analyse vermag die vorliegende Arbeit bereits dem Umfang nach nicht zu leisten. Es bedarf einer Beschränkung des Untersuchungsgegenstandes. Die Arbeit widmet sich im weiteren Verlauf daher ausschließlich der normativen Analyse der Inhalte der Unternehmensberichterstattung.

---

735 Ansätze für eine normative Analyse der durch die IFRS-Anwendungsverordnung in das Europäische Bilanzrecht implizierten „hybriden Regelsetzung“ finden sich bei *Kirchner/Schmidt*, BFuP 2006, 387–407.

Das Europäische Bilanzrecht richtet sich ausweislich seines durch die Rechnungslegungsrichtlinien und die IFRS-Anwendungsverordnung geprägten normativen Rahmens primär an der Informationsfunktion (Entscheidungs-, Kontroll- und Rechenschaftsfunktion) der Rechnungslegung aus. Die Einordnung des Jahresabschlusses in das europäische Kapitalschutzsystem ordnet dem Einzelabschluss aber zugleich auch eine Referenzfunktion für die Ausschüttungs- und Anspruchsbemessung zu. Ausgehend von diesen Rechnungslegungszielen haben sich die Rechtsakte des Europäischen Bilanzrechts bisher vor allem darauf beschränkt, den normativen Rahmen der Rechnungslegung durch das Gebot des true and fair view und die Vorgabe grundlegender Rechnungslegungsgrundsätze zu vereinheitlichen.

Mit der IFRS-Anwendungsverordnung wird dieser normative Rahmen erstmals durch *standardisierte europäische Einzelregelungen* der Rechnungslegung ergänzt bzw. spezifiziert.

Nach der Entscheidung des europäischen Gesetzgebers bieten die IFRS in ihrer inkorporierten Form Gewähr für die Einhaltung der normativen Anforderungen des Europäischen Bilanzrechts. Die IFRS-Anwendungsverordnung bringt diese gesetzgeberische Wertung zum Ausdruck. Inwieweit die endorsed IFRS *tatsächlich* den qualitativen Voraussetzungen einer interessen- und funktionsgerechten Rechnungslegung entsprechen, die sich in den normativen Anforderungen des Europäischen Bilanzrechts widerspiegeln, ist hingegen eine andere Frage, die es im Rahmen einer normativen Analyse der endorsed IFRS zu untersuchen gilt.

Die Untersuchung der normierten Rechnungslegungsinhalte der endorsed IFRS soll sich dabei nicht anhand des Pflichtanwendungsbereichs der IFRS-Anwendungsverordnung auf den Konzernabschluss der kapitalmarktorientierten Unternehmen beschränken. Vielmehr wird der *Einzelabschluss einer Publikumsgesellschaft* zum Untersuchungsgegenstand erhoben. Diese Wahl des Untersuchungsgegenstandes erklärt sich aus der Interessen- und Funktionsvielfalt, die einem solchem Abschluss zugrunde liegt. In einer Publikumsgesellschaft ist eine Vielzahl unterschiedlicher Akteure vereinigt. Die Interessendivergenz und das daraus resultierende Konfliktpotential sind bei einer Publikumsgesellschaft am intensivsten ausgeprägt. Dieses Konfliktpotential kann sich im Einzelabschluss dieser Gesellschaften am stärksten entfalten. Dem Einzelabschluss kommt im Gegensatz zum Konzernabschluss bereits nach dem europäischen und vor allem nach dem nationalen Recht der Mitgliedstaaten traditionell nicht nur eine Informations-, sondern auch eine Ausschüttungsbemessungs-, Gewinnermittlungs- oder ggf. sogar eine Steuerbemessungsfunktion zu. Durch das Hinzutreten dieser Funktionen neben die nicht so konfliktträchtige Informationsfunktion werden die Unterschiede der Interessen der verschiedenen Akteure in einem Unternehmen besonders deutlich.

Durch die Einbindung der endorsed IFRS in das Europäische Bilanzrecht und die herausgearbeiteten Rückwirkungen der Standards auf die Auslegung und Umsetzung der Rechnungslegungsrichtlinien beschränken sich die endorsed IFRS bereits heute nicht mehr auf ihren traditionellen Anwendungsbereich. Vielmehr sind die endorsed IFRS zum Referenzobjekt der gesamten gesellschaftsrechtlichen Rechnungslegung erhoben worden. Eine Anwendung dieser traditionell auf die Informationsvermittlung ausgerichteten Rechnungslegungsstandards im Einzelabschluss bindet die IFRS zugleich in das gesellschaftsrechtliche Gläubigerschutzsystem ein.

Die kapitalmarkt- und informationsbezogenen endorsed IFRS müssen sich den daraus erwachsenden Anforderungen langfristig stellen und werden vor allem aus den hieraus abzuleitenden Implikationen neue Innovationsanregungen bekommen.

2. Teil
Normative Analyse der endorsed IFRS

Eine normative Auseinandersetzung mit einem Rechnungslegungssystem, die sich nicht in der Kritik spezifischer Einzelpunkte verlieren möchte, muss sich zunächst die Frage stellen, was die externe Rechnungslegung überhaupt zu leisten hat und welche Implikationen sich daraus für die Rechnungslegung ergeben. Es bedarf folglich eines normativen Maßstabes für die Analyse der endorsed IFRS (*1. Kapitel*). Erst auf der Grundlage dieses Sollkonzeptes können die endorsed IFRS auf ihre Kompatibilität mit den erarbeiteten normativen Anforderungen hin überprüft und gegebenenfalls entsprechende Ergänzungs- und Innovationsempfehlungen getätigt werden (*2. Kapitel*).

1. Kapitel: Normatives Sollkonzept

Das externe Rechnungswesen ist ein Instrument der qualitativen Abbildung von Unternehmensprozessen eines bestimmten Zeitraums und des sich daraus ergebenden Zustandes des Unternehmens zu einem bestimmten Zeitpunkt.[736] Einzelabschlüsse lassen sich somit als Modell des Unternehmensgeschehens verstehen.[737] Modelle sind verdichtete Abbilder der Realität, bezogen auf eine bestimmte Zeitspanne bzw. einen bestimmten Zeitpunkt, spezielle Subjekte und Zwecksetzungen.[738] Der Vorteil einer Modellbildung ist die vereinfachte Darstellung von Abläufen bzw. Wirkungszusammenhängen. Ihr Nachteil ist die daraus fließende Entzerrung der Realität.

Abstakte Zielsetzung sämtlicher formeller und informeller Regeln oder Institutionen ist es, die gesamtwirtschaftliche Wohlfahrt zu maximieren sowie das Zusammenleben der Menschen gerechter zu gestalten.[739] Die Wohlfahrt einer Volkswirtschaft ergibt sich entsprechend der traditionellen Wohlfahrtstheorie aus der Summe der Wohlfahrt der einzelnen Mitglieder.[740] Die Verbindung zwischen der Optimierung der individuellen Wohlfahrt und der gesamtgesellschaftlichen Wohl-

---

736 Vgl. u.a. *Coenenberg*, Rechnungswesen und Unternehmensrechnung, in: *Wittmann/Kern/Köhler/Küpper/Wysocki* (Hrsg.), Enzyklopädie der Betriebswirtschaftslehre, Bd. 3. Handwörterbuch der Betriebswirtschaft, Teilbd. 3 R-Z[5] (1993), Sp. 3677.

737 *Ernstberger*, Erfolgs- und Vermögensmessung nach Internationals Financial Reporting Standards (2004), 5.

738 Siehe *Stachowiak*, Modell, in: *Seiffert/Radnitzky* (Hrsg.), Handlexikon zur Wissenschaftstheorie (1989), 219 Sp 2.

739 Vgl. *Streim*, FS Dietrich Börner (1998), 323, 326.

740 *Külp/Knapp*, Wohlfahrtsökonomik I: Die Wohlfahrtskriterien[2] (1984), 3.

fahrt wird durch die Grundannahme gesichert, dass das von Eigennutzen geleitete Handeln der einzelnen Wirtschaftssubjekte auf einem offenen, durch dynamische Konkurrenz geprägten Markt in der Interaktion mit anderen eigennützigen Akteuren trotz der Orientierung am Eigeninteresse ungewollt eine allgemeine Steigerung der Wohlfahrt herbeiführt.[741]

Die Maximierung der individuellen Wohlfahrt als abgeleitetes abstraktes Ziel institutioneller Arrangements ist jedoch nicht operationabel.[742] Eine gesamtwirtschaftliche Zielfunktion der Rechnungslegung lässt sich demnach nicht ermitteln. Zudem ist nicht feststellbar, welche Auswirkungen alternative Rechnungslegungsregelungen auf jedes einzelne Individuum haben. Es bedarf im Hinblick auf die angestrebte funktionsanalytische Betrachtung der Rechnungslegung einer weiteren Konkretisierung. Es muss folglich zunächst eine auf die Rechnungslegung bezogene *Zielvorstellung* als Deduktionsrahmen individualisiert werden (Gliederungspunkt § 7. I.).

Diese Rechnungslegungsziele müssen dann in einem zweiten Schritt für die normative Analyse operationalisiert werden. Es bedarf folglich eines theoretischen Gerüsts, mit Hilfe dessen sich aus der Zielvorstellung *Funktionen* der Institution Rechnungslegung ableiten lassen und sich zugleich die *Funktionserfüllung* durch die institutionellen Instrumentarien nachweisen lässt (Gliederungspunkt § 7. II.). Die Funktionen einer institutionellen Regelung ergeben sich, indem ausgehend von ihren Zielvorstellungen Friktionen offen gelegt und geeignete Mittel zur Überwindung der Verwerfungen und zur Optimierung der Zielerreichung identifiziert werden.

§ 7. Theoretische Grundlagen der normativen Analyse

I. Deduktionsrahmen für die Ermittlung der Rechnungslegungsziele

Nach dem Gesagten bedarf es zunächst eines Deduktionsrahmensrahmens zur Individualisierung der maßgeblichen Zielsetzungen der Rechnungslegung. Als theoretische Ansätze für die Herleitung der Zielvorstellung der Rechnungslegung

---

741 Vgl. *Smith*, Wohlstand der Nationen, 16f.

742 Siehe *Schmidt, M.*, Das Konzept einer kapitalmarktorientierten Rechnungslegung (2000), 3, 41; *Ernstberger*, Erfolgs- und Vermögensmessung nach International Financial Reporting Standards (2004), 6f.
Schmidt (a.a.O.) sieht den Rückgriff auf das Ziel der Wohlfahrtssteigerung sogar als vollkommen unnötig an. Er verweist hierbei vor allem auf die Realitätsferne des lediglich im Annahmebereich der neo-klassischen Argumentation begründbarem Kriteriums der Allokationseffizienz. Dem ist zu entgegnen, dass auch die institutionsökonomischen Ansätze über die Offenlegung und Überwindung von Friktionen und die Sicherung des Marktmechanismus eine Förderung des individuellen und damit des allgemeinen Wohlstandes anstreben. Jedoch werden die Wirkungssätze der „unsichtbaren Hand" nach *Adam Smith* um die Analyse der Funktionsvoraussetzungen des Marktmechanismus und anderer Institutionen ergänzt. Vgl. zur Funktion der neo-klassischen Theorie und der institutionsökonomischen Ansätze in der normativen Analyse auch § 7.II.1), S. 188f. und § 7.II.2), S. 189ff.

bieten sich die klassischen Bilanztheorien und neuere, vor allem einzelwirtschaftliche Ansätze zur zieloptimalen Bilanzgestaltung an.

1) Die klassischen Bilanztheorien

Die Diskussion über den Zweck und die inhaltliche Ausgestaltung der Rechnungslegung hat in der Betriebswirtschaftslehre eine lange Tradition. Sie ist in der frühen deutschsprachigen bilanztheoretischen Literatur vor allem durch die klassischen Bilanztheorien, nämlich durch den Widerstreit der statischen, dynamischen und der organischen Bilanzinterpretation geprägt.

Die von dem Juristen *Hermann Veit Simon*[743] begründete statische Bilanzauffassung[744] sieht den Hauptzweck der Rechnungslegung in der periodischen Vermögensermittlung.[745] Die Ermittlung des Unternehmenserfolgs hat daneben – je nach Vertreter der statischen Bilanzauffassung – keine oder nur eine untergeordnete Bedeutung.[746] Die auf Eugen Schmalenbach[747] zurückgehende dynamische Bilanzauffassung rückt hingegen in Ablehnung der statischen Bilanztheorie die Ermittlung des „richtigen" Periodenerfolges in den Vordergrund.[748] Die organische Bilanztheorie stellt schließlich des Unternehmen als „Organismus der Gesamtwirtschaft"[749] und damit das Ziel der ökonomischen Substanzerhaltung in den Mittelpunkt der Betrachtung.[750] Der Bilanz wird formal die Aufgabe der richtigen Vermögens- und der richtigen Gewinnermittlung zugewiesen. Im Ergebnis hat die

---

743 *Simon*, Die Bilanzen der Aktiengesellschaft und der Kommanditgesellschaften auf Aktien[4] (1910; erste Auflage stammt aus dem Jahre 1886).

744 In der Folgezeit wurde dieser theoretische Ansatz etwa von *Osbahr*, Die Bilanz vom Standpunkt der Unternehmung[2] (1919), und *Nicklisch*, Die Betriebswirtschaft[7] (1932), 574ff., aufgegriffen und weiterentwickelt.

745 Vgl. *Moxter*, Bilanztheorien, statisch, in: HWR[2] (1981), Sp. 294; *Lange, Gloria*, Bilanzrecht und ökonomische Theorie des Rechts (1999), 45; *Baetge/Zülch*, BFUP 2001, 543, 547; *Pellens/Fülbier/Gassen/Sellhorn*, Internationale Rechnungslegung[7] (2008), 18.

746 *Lange, Gloria*, Bilanzrecht und ökonomische Theorie des Rechts (1999), 45.
Der Unternehmensbericht dient ausgehend von dem dargestellten Zweck der richtigen Vermögensmessung ausschließlich als Instrument der Rechenschaft gegenüber den Eigen- und Fremdkapitalgebern und als Informationsgrundlage für eine wirtschaftliche Führung des Unternehmens. Die Zielvorstellungen weiterer Akteure der Rechnungslegung werden in der statischen Bilanztheorie nicht in die Analyse integriert.

747 *Schmalenbach*, ZfhF 1911, 379–388; *ders.*, ZfhF 1919, 1–50, 65–101; *ders.*, Dynamische Bilanz[13] (1962).

748 *Schmalenbach*, Dynamische Bilanz[13] (1962), 44, 52f.; vgl. auch *Münstermann*, Bilanztheorien, dynamisch, in: HWR[2] (1981), Sp. 270, 272; *Pellens/Fülbier/Gassen/Sellhorn*, Internationale Rechnungslegung[7] (2008), 18f. *Schmalenbach* knüpft bei der Analyse der Bilanzfunktionen an den Gedankengang an, dass nur ein Kaufmann, der Kenntnis über den Erfolg seines Unternehmens erlangt, auf der Grundlage dieser Informationen eine geeignete Unternehmenspolitik zur Einschränkung des Liquiditätsrisikos und Steigerung der Unternehmenseffizienz verfolgen kann. Von einer an der Wirtschaftlichkeit orientierten Unternehmenssteuerung haben dann auch Dritte, insbesondere die Gläubiger des Unternehmens, die es zu schützen gilt, einen Nutzen.

749 *Schmidt, F.*, Die organische Tageswertbilanz[4] (1951), 47.

750 Vgl. zur organischen Bilanztheorie *Schmidt, F.*, Die organische Tageswertbilanz[4] (1951); vgl. auch *Schweitzer*, Bilanztheorie, organisch, in: HWR[2] (1981), Sp. 285, 288–290.

Bilanz aber auch nach der organischen Auffassung nur die Funktion, durch eine zeitnahe Bewertung das Unternehmen in seiner ökonomischen Substanz zu erhalten. Die Darstellung des Vermögens des Unternehmens steht damit wiederum im Vordergrund.[751]

Die frühere bilanztheoretische deutschsprachige Literatur konzentrierte sich in der Frage nach den Zielen der Rechnungslegung somit zunächst fast ausschließlich auf die kontroverse Frage, ob die Erfolgsermittlung oder die Vermögensermittlung im Vordergrund steht.

Die Aufgabenstellung einer „richtigen“ Erfolgs- oder Vermögensermittlung stellt aber für sich alleine keine gehaltvolle Zielvorstellung höherer Ordnung dar. Erfolgsermittlung heißt ökonomisch nichts anderes als die *Messung* des Grades der Zielerreichung, und ein Vermögensbestand hat nur insoweit einen Wert, wie er künftig zur Erfolgserzielung, d.h. zur Erreichung der gesetzten Ziele, beiträgt.[752] Erfolgs- und Vermögensermittlung sind folglich keine eigenständigen Zielsetzungen, sie setzen vielmehr ein bestimmtes übergeordnetes Ziel der Rechnungslegung voraus, für das sie ein ökonomisches Maß der Zielerreichung darstellen. Sie sind mithin nur als abgeleitete Ziele zu charakterisieren. Die klassischen Bilanztheorien sind demnach nicht zur Präzisierung der Zielsetzungen der Rechnungslegung geeignet.[753]

2) Neuere Bilanztheorien

In der neueren bilanztheoretischen Literatur werden neben dem juristischen und dem gesamtwirtschaftlichen Ansatz vor allem einzelwirtschaftliche Theorieansätze zur Herleitung von Rechnungslegungszielen vertreten.[754]

Während der juristische Ansatz bzw. die Theorie der Bilanz im Rechtssinne[755] die Ziele der Rechnungslegung im Wege der Deduktion aus dem zugrunde liegenden

751 Hervorzuheben und an späterer Stelle wieder aufzugreifen ist aber der Gedanke der Kompensation der durch eine zeitwertnahe Bewertung implizierten Verzerrungen der Erfolgsermittlung durch eine Separierung der Erfolgsgrößen entsprechend ihrer Verknüpfung zum Umsatz- bzw. Leistungsprozess. Zur Erfolgsspaltung der organischen Bilanztheorie vgl. *Schweitzer*, Bilanztheorie, organisch, in: HWR[2] (1981), Sp. 285, 289f.

752 *Coenenberg*, Jahresabschluss und Jahresabschlussanalyse[20] (2005), 1169. In Folge dessen bezeichnen *Pellens/Fülbier/Gassen/Sellhorn* die klassischen Bilanztheorien auch als messorientierte Konzepte (vgl. *dies.*, Internationale Rechnungslegung[7] (2008), 17ff.).

753 So auch *Lange, Gloria*, Bilanzrecht und Ökonomische Theorie des Rechts (1999), 47; 53f.; 55.

754 Unterscheidung nach *Coenenberg*, Jahresabschluss und Jahresabschlussanalyse[20] (2003), 1169.

755 Der Ansatz der Deduktion der Funktionen der Rechnungslegung aus dem zugrunde liegenden Bilanzrecht stammt ursprünglich von *Stützel* (*ders.*, ZfB 1966, 769–789) und wurde von *Moxter* (*ders.*, ZfbF 1993, Sonderheft 32, 61, 82f.) und *Baetge* (*Baetge/Kirsch/Thiele*, Bilanzen[9] (2007), 96–106) in Form unterschiedlicher Systematisierungen der Rechnungsziele weitergeführt.
Moxter, a.a.O., geht von einem dreistufigen Bilanzrechtssystem aus, bestehend aus den Bilanzprinzipien, der Konkretisierung durch die Rechtsprechung und Rechtsfortbildung auf der zweiten und den Detailregelungen auf der dritten Ebene.

Bilanzrecht ableitet, unternimmt der so genannte gesamtwirtschaftliche Ansatz[756] den Versuch, die Rechnungslegungsziele aus gesamtwirtschaftlichen Zielvorstellungen zu deduzieren.

Der grundsätzliche Versuch, die Funktionen der Rechnungslegung aus ihrer Eigenschaft als Rechtsfigur abzuleiten, ist unzweifelhaft für eine positive Analyse und die Auslegung des geltenden Bilanzrechts geeignet. Einen Beitrag zur normativen Herleitung der Rechnungslegungsziele vermögen die juristischen Ansätze dagegen nicht zu leisten.[757]

Die Rechnungslegung dem Ziel einer gesamtwirtschaftlichen optimalen Allokation des Kapitals zu unterstellen, ist im Grundsatz der richtige Ansatz. Angesichts der Schwierigkeiten der direkten Deduktion konkreter Zielsetzungen der Rechnungslegung aus der gesamtwirtschaftlichen Wohlfahrtsfunktion[758] bedarf es jedoch zusätzlicher *individualistischer* Zielvorstellungen als Deduktionsrahmen für funktionale Rechnungslegungsziele.

Geeignet erscheinen hier die so genannten einzelwirtschaftlichen Ansätze. Die Funktionen der Rechnungslegung sind unter dem einzelwirtschaftlichen Aspekt aus den Zielvorstellungen der am Unternehmensbericht interessierten Personen und Institutionen abzuleiten.[759]

Der Einzelabschluss ist demnach als Instrument der Rechnungslegung des Unternehmens gegenüber den Rechnungslegungsadressaten zu charakterisieren. Folglich sollten sich die Ziele der Rechnungslegung auch an den Zielvorstellungen der Rechnungslegungsadressaten orientieren.[760]

Durch diesen individuellen Ansatz wird das abstrakte Ziel der gesamtwirtschaftlich optimalen Allokation des Kapitals operationalisiert. Die gesamtwirtschaftliche

---

Baetge, a.a.O., betrachtet die §§ 238 Abs. 1 S. 1, 243 Abs. 1 und § 264 Abs. 2 S. 1 HGB als Generalnormen des Jahresabschlusses aus denen sich die Zwecke des Bilanzrechts im Wege der Deduktion ergeben.

756 Als Vertreter des gesamtwirtschaftlichen Ansatzes ist *Gordon*, The Accounting Review Vol. 35 (1960), 603–618 zu nennen.

757 So auch *Coenenberg*, Jahresabschluss und Jahresabschlussanalyse[20] (2005), 1171; *Lange, Gloria*, Bilanzrecht und Ökonomische Theorie des Rechts (1999), 68.

758 Eine konsequente Befolgung des gesamtwirtschaftlichen Ansatzes würde zunächst die operationale Beschreibung einer gesamtwirtschaftlichen Wohlfahrtsfunktion als Zielparameter voraussetzen. In einem nächsten Schritt müsste dann eine vergleichende Analyse der Verhaltensauswirkungen der verschiedener alternativen Rechnungslegungs- und Publizitätsmethoden auf die Adressaten des Unternehmensberichts und das bilanzierende Unternehmen erfolgen. Diese Verhaltensauswirkungen wären dann auf ihren Beitrag zur gesamtwirtschaftlichen Zielrealisation hin zu untersuchen und zu vergleichen. Vgl. *Coenenberg*, Jahresabschluss und Jahresabschlussanalyse[20] (2005), 1172.

759 *Coenenberg*, Jahresabschuss und Jahresabschlussanalyse[20] (2005), 1173.

760 Der Gedanke wurde von dem Special Committee on Financial Reporting des American Institute of Certified Public Accountants (AICPA) als „kundenorientierter" Ansatz umschrieben. Demnach sollten sich die Unternehmensberichterstattung wie auch das Angebot an Produkten und Dienstleistungen eines Unternehmens an den Wünschen der Kunden orientieren (vgl. *American Institute of Certified Public Accountants (Hrsg.)*, Improving Business Reporting – A Customer Focus (1994), Chapter 1 – Introduction, abrufbar unter http://www.aicpa.org/members.

Wohlfahrt lässt sich durch eine an den Interessen der Rechnungslegungsadressaten ausgerichtete funktionelle Rechnungslegung maximieren. Ausgangspunkt jeder zieloptimalen funktionsgerechten Rechnungslegung sollte folglich die Frage nach den zielbestimmenden Adressaten der Rechnungslegung sein.

Im älteren deutschsprachigen Schrifttum ist die Frage nach den Zielträgern der Rechnungslegung nur gelegentlich diskutiert worden. Das angloamerikanische Schrifttum hat sich hingegen intensiv mit der Frage nach dem „Point of View from which accounting procedures are carried out“[761] auseinandergesetzt. Die Entwicklung der Theorien zur Bestimmung der Zielträger findet ihre Parallele in der Entwicklung der Unternehmenstheorie.[762] Die Weiterentwicklung der Theorie der Unternehmung über die Personifizierung des Unternehmens in der Person der Eigner hin zu einem Verständnis des Unternehmens als Koalition hat zu einer Neuformierung der Auffassungen über die Zielträger der Rechnungslegung geführt.[763]

Die heute vorherrschende Stakeholder-Theorie[764] versteht die Unternehmung als eine Koalition aller direkt mit dem Unternehmen in Beziehung stehenden Personen und Personengruppen.[765] Das langfristige Bestehen des Unternehmens als Koalition der verschiedenen Interessenträger ist nach diesem Verständnis nur gesichert, wenn das Unternehmen sich als Instrument der Zielrealisation der Interessen der Stakeholder versteht.[766] Die Unternehmung und mit ihr die Rechnungslegung werden mithin zum Instrument der in der Koalition verbundenen Interessen der Akteure. Die Akteure lassen sich dabei als unternehmensinterne und unternehmensexterne Adressaten der externen Rechnungslegung qualifizieren, wobei die Grenze zwischen den beiden Gruppierungen zum Teil fließend ist. Die externen Koalitionsteilnehmer umfassen die aktuellen und potentiellen Anteilseigner, Banken, andere Kreditgeber, Geschäftspartner (Lieferanten und Kunden), Arbeitnehmer als Gläubiger, den Fiskus, Konkurrenten des bilanzierenden Unternehmens und die allgemeine Öffentlichkeit. Das Management und die Eigentümer, die in die Unternehmensführung involviert sind (Eigner-Manager), sind daneben als interne Adressaten der Rechnungslegung zu qualifizieren.

Die Stakeholder-Theorie vermag durch ihren Koalitions-Ansatz die unterschiedlichen Interessen in einem Unternehmen zu erfassen. Problematisch ist jedoch die Folgerung, dass die verschiedenen Interessen der Koalitionsteilnehmer im Rahmen der Unternehmensführung durch ein auf Kompromiss ausgerichtetes An-

---

761 Vgl. *Haller*, Grundlagen der externen Rechnungslegung in den USA[4] (1994), 106 und Fn. 2.
762 Vgl. *Coenenberg*, Jahresabschuss und Jahresabschlussanalyse[20] (2005), 1174.
763 Zu den verschiedenen Auffassungen über die Zielträger des Unternehmens und die sich daraus ergebenden Implikationen für die Rechnungslegungsziele siehe *Coenenberg*, Jahresabschuss und Jahresabschlussanalyse[20] (2005), 1173–1182.
764 Vgl. *Kubin*, FS Adolf G. Coenenberg (1998), 525, 528–530; *Wöhe/Döring*, Einführung in die allgemeine Betriebswirtschaftlehre[22] (2005), 66 f.
765 Vgl. *Coenenberg*, Jahresabschluss und Jahresabschlussanalyse[20] (2005), 1179.
766 Vgl. *Coenenberg*, Jahresabschluss und Jahresabschlussanalyse[20] (2005), 1179; *Wöhe/Döring*, Einführung in die allgemeine Betriebswirtschaftlehre[22] (2005), 67.

spruchsgruppenmanagement zu berücksichtigen sind. Diese Sichtweise verkennt die der Unternehmung zugrunde liegenden austauschvertraglichen und gesellschaftsrechtlichen Verknüpfungen der verschiedenen Interessen, die die Grundlage des Interessenausgleichs bilden. Es ist daher zweckmäßig, das Unternehmensverständnis der Stakeholder-Theorie zu präzisieren. Die Unternehmung ist demnach nicht als Koalition gleichberechtigter Akteure, sondern als Geflecht von Verträgen zu interpretieren.[767]

3) Zwischenergebnis: Koalitionsteilnehmer als Zielträger

Nach dem vorzugswürdigen individualistischen Verständnis des Unternehmens versteht sich der Einzelabschluss primär als Rechenschaftsbericht der Unternehmensleitung gegenüber den Koalitionsteilnehmern.[768] Die Zielvorstellungen und Interessen der Stakeholder, mithin der aktuellen und potentiellen Anteilseigner, der Gläubiger, der Unternehmensleitung, des Fiskus, der allgemeinen Öffentlichkeit samt der Konkurrenten des bilanzierenden Unternehmens und des Managements, bilden somit den Rahmen für die Deduktion der Zielsetzungen der Rechnungslegung.

II. Theoretische Konzepte zur Präzisierung der Rechnungslegungsfunktionen

Ausgehend von den Interessenlagen der individualisierten Zielträger der Rechnungslegung und dem Verständnis der Unternehmung als Vertragsgeflecht ist es Aufgabe des folgenden Abschnitts, die theoretische Grundlage für die Herleitung der Funktionen der Rechnungslegung zu legen.

Es muss folglich die Brücke von den Interessen der Akteure über die Offenlegung eines spezifischen Regelungsbedarfs zu bestimmten Funktionen der Rechnungslegung geschlagen werden. Der Bedarf an institutionellen Regelungen lässt sich am besten durch die Anknüpfung an bestimmte Friktionen in den entscheidenden Beziehungen der Akteure herleiten. Die individualisierten Friktionen in den einzelnen Beziehungen im Innen- und Außenverhältnis des Unternehmens, wie dem Gesellschafts- und Kreditvertrag, aber auch in den Beziehungen zwischen dem Unternehmen und den Akteuren am Kapitalmarkt bilden damit die Grundlage für die Formulierung der Rechnungslegungsfunktionen.

Ziel der folgenden Abschnitte ist es, einen theoretischen Rahmen zur Analyse der unterschiedlichen Beziehungen der Zielträger des Unternehmensberichts unter gleichzeitiger Berücksichtigung des Kapitalmarktes zu ermitteln, mit dessen Hilfe

---

767 Vgl. grundlegend *Jensen/Meckling*, Journal of Financial Economics Vol. 3 (1976), 305–360; *Schmidt, M.*, Das Konzept einer kapitalmarktorientierten Rechnungslegung (2000), 10; *Eidenmüller*, JZ 2001, 1041, 1043.

768 Vgl. *Küting/Reuter*, DSWR 2004, 230.

auftretende Friktionen identifiziert und geeignete Instrumente zu deren Überwindung als Funktionsdeterminanten hergeleitet und verglichen werden können.

Als theoretische Ansätze zur Präzisierung der Funktionen der Rechnungslegung bieten sich im Grundsatz die neo-klassischen und die neo-institutionalistischen Theorien an.[769]

1) Neo-klassische Theorien

Beruhend auf der klassischen Preistheorie von *Adam Smith*[770] erhebt die Neoklassik[771] das Marktgleichgewicht[772] als Grundlage der wirtschaftlichen Effizienz zum Ziel institutioneller Regelungen. Unter der Grundannahme[773] eines vollkommenen Wettbewerbs, der vollständigen Markttransparenz und eines rationalen, egoistischen Verhaltens der Akteure (REMM-Hypothese) wird wirtschaftliche Effizienz mit Hilfe der Pareto-Effizienz und des Kaldor-Hicks-Kriteriums umschrieben. Als Pareto-Effizienz wird ein sozialer Zustand bezeichnet, in dem die Wohlfahrt mindestens eines Individuums nicht steigen kann, ohne dass die Wohlfahrt mindestens eines Individuums sinkt.[774] Die im Jahre 1939 durch die Ökonomen *Kaldor* und *Hicks* aufgestellte Kollektiventscheidungsregel beschreibt hingegen nicht das Vorliegen eines Wohlfahrtoptimums, sondern definiert lediglich die Bedingungen für eine Wohlfahrtsteigerung.[775] Gemäß dem Kaldor-Hicks-Kriterium ist eine Maßnahme immer dann effizient, wenn die daraus resultierenden Vorteile des begünstigten Individuums so hoch sind, dass durch entsprechende Entschädigungs-

---

769 Zur Bedeutung der ökonomischen Theorien für die normative Analyse der Rechnungslegung vgl. *Ewert/Wagenhofer*, BFuP 2003, 603, 603–606.

770 *Smith*, Der Wohlstand der Nationen[10] (2003), 48–56; Vgl auch *Rosenberg*, Journal of Political Economy Vol. 68 (1960), 557, insbes. 569: „Smith *Wealth of Nations* provided the first systematic guide to the manner in which the price mechanism allocated resources in a free-market economy, and the book is just celebrated for this unique achievement."

771 Als Hauptvertreter der Neoklassik gelten *Samuelson/Nordhaus*, Economics – Volkswirtschaftslehre[15] (1998). Die Neoklassik gilt wiederum als eine Untergruppe des Neoliberalismus. Dem Neoliberalismus sind neben den neo-klassischen Theorien der Ordoliberalismus und die Theorien *Hayeks* zuzuordnen.

772 Das Marktgleichgewicht markiert dabei den Schnittpunkt der Angebots- und der Nachfragekurve. Sämtliche relativen Preise werden als allgemeines Gleichgewicht aus den Abhängigkeiten der Preise von der angebotenen Menge einer Sache oder eines Dienstes (Angebotsfunktion) und den Abhängigkeiten des Preises von der jeweils nachgefragten Menge (Nachfragefunktion) angesehen. Dieser Zusammenhang wird graphisch in den sich schneidenden Angebots- und Nachfragekurven dargestellt. Die Kurven geben an, welchen Preis Verbraucher bereit sind, für ein bestimmtes Angebot zu zahlen (Nachfragekurve), und welchen Preis ein Produzent verlangen müsste, um eine bestimmte Menge rentabel produzieren zu können (Angebotskurve). Vgl. *Drexl*, Die wirtschaftliche Selbstbestimmung des Verbrauchers (1998), 95; *Samuelson/Nordhaus*, Economics – Volkswirtschaftslehre[15] (1998), 48 ff.

773 Zu den grundlegenden Prämissen der neo-klassischen Theorien vgl. *Schneider*, Betriebswirtschaftslehre Bd. 1: Grundlagen[2] (1995), 250; *Drexl*, Die wirtschaftliche Selbstbestimmung des Verbrauchers (1998), 116; *Franken*, Gläubigerschutz durch Rechnungslegung und US-GAAP (2001), 8.

774 *Schäfer/Ott*, Lehrbuch der ökonomischen Analyse des Zivilrechts[4] (2005), 26.

775 *Franken*, Gläubigerschutz durch Rechnungslegung und US-GAAP (2001), 10.

zahlungen der Nutzenentgang der benachteiligten Individuen kompensiert werden könnte.

Die Realitätsferne der Grundannahmen[776] der neo-klassischen Theorie, die Annahme des vollkommenen Wettbewerbs, der vollständigen Markttransparenz und eines rationalen, egoistischen Verhaltens der Akteure und die sich darin widerspiegelnde Missachtung der institutionellen Nebenbedingungen, der Transaktionskosten als Funktionsdeterminanten eines funktionierenden Marktes, sind die Stärke und zugleich die Schwäche der neo-klassischen Theorien. Die Ignoranz realer Friktionen ermöglicht es den neo-klassischen Ansätzen zwar, einen mathematischen Zusammenhang zwischen dem Zweck (Allokationseffizienz) und den verschieden eingesetzten Instrumenten (unterschiedlichen institutionellen Rahmenbedingungen) herzustellen. Auf der Grundlage dieses mathematischen Modells ließen sich dann präzise Aussagen über die Vorteilhaftigkeit der untersuchten institutionellen Rahmenbedingungen tätigen. Die realitätsfernen Grundannahmen, die Ignoranz der Friktionen in der realen Welt und die daraus fließende Absage an das Erfordernis von Institutionen machen die Aussagen der neo-klassischen Theorien aber zugleich für eine normative Herleitung der Funktionen der Rechnungslegung unbrauchbar.[777] Mit Hilfe des neo-klassischen Modells lassen sich weder Friktionen offen legen, noch bietet es einen theoretischen Rahmen für die Herleitung und den Vergleich von institutionellen Arrangements zur Überwindungen dieser Verwerfungen.[778]

Die Auseinandersetzung mit den neo-klassischen Theorien ist aber für eine normative Analyse der Funktionen der Rechnungslegung nicht gänzlich nutzlos. Das Ergebnis der neo-klassischen Analyse lässt sich vielmehr als anzustrebender Nullpunkt interpretieren. Erst wenn der Nullpunkt unter Abwesenheit jeglicher Friktionen bekannt ist, kann analysiert werden, welche Abweichungen die realen Friktionen bewirken und wie Institutionen beschaffen sein müssen, die trotz der Verwerfungen einen Zustand gewährleisten, der dem Nullpunkt möglichst nahe kommt.[779]

2) Neo-institutionalistische Theorien

Die neo-klassischen Theorien setzten unter Zugrundelegung des statischen Modells des vollständigen Wettbewerbes einen funktionierenden Markt voraus, ohne sich Gedanken über die Funktionsbedingungen des Marktes zu machen. Dies wurde zu Recht als wirklichkeitsfremd kritisiert. Die neo-institutionalistischen

---

776 Vgl. *Schwintowski*, JZ 1998, 581, 584; *Drexl*, Die wirtschaftliche Selbstbestimmung des Verbrauchers (1998), 172.

777 So auch *Franken*, Gläubigerschutz durch Rechnungslegung (2001), 8f.

778 So gesehen ist die Mikroökonomie der Neoklassik institutionenneutral; vgl. *Richter/Furobotn*, Neue Institutionenökonomik^3 (2003), 1; *Richter*, FS Günter Wöhe (2004), 9, 12.

779 *Franken*, Gläubigerschutz durch Rechnungslegung (2001), 9.

Theorien bzw. die Neue Institutionenökonomik[780] erheben den Markt neben anderen Institutionen selbst zum Gegenstand der ökonomischen Betrachtung.[781]

Ausgangspunkt der Neuen Institutionenökonomik ist die Erkenntnis, dass die Verfolgung individueller Ziele durch die Kooperation mit anderen Individuen gefördert werden kann. Kooperation steht dabei für jede Form des gemeinsamen Handelns mehrerer Individuen.[782] Eine schwache Form der Kooperation besteht im Austausch von Gütern, eine stärkere gegenseitige Abhängigkeit wird hingegen zum Beispiel bei einer langfristigen Geschäftsbeziehung oder gar beim Zusammenschluss zu einem Unternehmen begründet. Im Wege der Kooperation durch kollektives Handeln kommt es zur Herausbildung bestimmter Institutionen. Institutionen umschreiben Einrichtungen, die gleichartige, sich wiederholende Handlungen von Individuen einer Gesellschaft formen. Danach lassen sich drei Arten von Institutionen unterscheiden: Verhaltensregeln (Normen, Traditionen, Gesetze), Entscheidungssysteme (Markt, Hierarchie, Verhandlungen) und Organisationen (Unternehmungen oder Staat).[783] Organisationen bezeichnen Institutionen einschließlich der daran beteiligten Personen.[784] Sie betonen mithin „die persönliche Seite der Institutionen“[785].

Institutionen können aus Sicht der einzelnen Akteure als Anreiz- und Sanktionssystem fungieren; sie ermöglichen bestimmte Aktivitäten (z.B. Gewährleistung des Eigentums, Art. 14 GG i.V.m. § 903 BGB, und der Vertragsfreiheit, Art. 2 Abs. 1 GG i.V.m. § 311 Abs. 1 BGB), begrenzen aber zugleich den Handlungsraum durch die Sanktionierung bestimmter Aktivitäten.[786]

Im Zentrum der Untersuchungen der Neuen Institutionenökonomik steht mithin die Frage, wie Institutionen entstehen, wie sich bestimmte Institutionen auswirken und wie institutionelle Rahmenbedingungen beschaffen sein müssen, damit freie Individuen ihre wirtschaftlichen Ziele verfolgen können und gleichzeitig das Wohl der Gemeinschaft fördern.[787] Die Institutionenökonomik lässt sich als spezifischer Denkansatz weiter ausdifferenzieren. Zu nennen sind hier etwa die Informationsökonomie und die Vertragstheorie. Die unterschiedlichen Zweige der Institutionenökonomik beruhen auf folgenden gemeinsamen Grundannahmen.

---

780 Der Begriff der Neuen Institutionenökonomik wurde geprägt durch *Williamson*, Markets and Hierarchies. Analysis and Antitrust Implications (1975), 1.

781 *Drexl*, Die wirtschaftliche Selbstbestimmung des Verbrauchers (1998), 186.

782 *Neus*, Einführung in die Betriebswirtschaft[5] (2007), 9. Kooperation versteht sich dabei aber nicht zwingend als die Verfolgung eines gemeinsamen Ziels, sondern als ein aufeinander bezogenes Handeln, mit dem jedes Individuum sein eigenes Ziel verfolgt. Das verbindende Element ist hier die Erkenntnis, dass die Kooperation mit anderen Individuen zusätzliche Wohlfahrtpotentiale schafft (Kooperationsvorteil).

783 *Feldmann*, Eine institutionalistische Revolution (1995), 9f.

784 Vgl. *Richter/Furubotn*, Neue Institutionenökonomik[3] (2003), 10.

785 *Schmoller*, Grundrisse der Allgemeinen Volkswirtschaftslehre (1978), 62.

786 *Kirchner*, FS Heinrich Beisse (1997), 267, 269.

787 Vgl. *Rosenberg*, Journal of Political Economy, Vol. 68 (1960), 557, 560.

a) Grundannahmen der Neuen Institutionenökonomik

aa) Positive Transaktionskosten und unvollkommene Informationen

Die Analyse der Neuen Institutionenökonomik beruht zunächst auf der Erkenntnis, dass die Schaffung von Institutionen und Organisationen und deren tägliche Benutzung den Einsatz von realen Ressourcen erfordern. Kurz: Es wird die Existenz von Transaktionskosten zur Kenntnis genommen.[788] Transaktionskosten lassen sich allgemein als die Kosten der Übertragung und Durchsetzung von Verfügungsrechten, mithin als Kosten der Information und Kommunikation zur Vorbereitung, Durchsetzung und Kontrolle der Transaktionen verstehen.[789] Die Annahme, dass Informationen nicht kostenlos erarbeitet und erlangt werden können, impliziert wiederum die Annahme der Unvollkommenheit der Informationen bzw. des Wissens.

bb) Methodologischer Individualismus

Im Mittelpunkt der Untersuchungen der Neuen Institutionenökonomik steht in Übereinstimmung mit dem als Deduktionsrahmen gewählten individualistischen Ansatz das Individuum mit seinen individuellen Präferenzen. Nach der Annahme der Nutzenmaximierung wird davon ausgegangen, dass jeder Mensch in erster Linie danach trachtet, seine individuellen Ziele zu verwirklichen.[790]

Der methodologische Individualismus betont, dass Menschen verschiedene vielfältige Präferenzen haben und ihre Angelegenheiten entsprechend ihren Präferenzen durch Verträge gestalten. Die Gesellschaft, der Staat, das Unternehmen können folglich nicht als verselbstständigte Gebilde verstanden werden. Vielmehr sind Institutionen auf das individuelle Handeln der unterschiedlichen Akteure zurückzuführen. Als Ausdruck kollektiven individuellen Handelns sind sie folglich auch veränderbar. Unternehmen lassen sich demnach als Netz von Verträgen interpretieren. Aber auch Märkte sind als institutionelle Gebilde auf Verträge zurückzuführen. Ihre Existenz, ihr Wesen und ihr Agieren wird durch das Zusammenspiel der beteiligten Individuen erklärt.[791] Der Gegensatz zwischen dem Markt und dem Unternehmen (Hierarchie) als institutionelle Gebilde wird durch dieses Verständnis überwunden.

Durch das Abstellen auf die einzelnen Akteure wird das Unternehmen nicht mehr als kleinste Handlungseinheit wie noch in der neo-klassischen Theorie betrachtet,

---

788 *Richter/Furubotn*, Neue Institutionenökonomik[3] (2003), 39.

789 *Picot*, Transaktionskostenansatz, in: *Wittmann* (Hrsg.), Handwörterbuch der Betriebswirtschaft, Teilbd. 3[5] (1993), 4194, 4195.

790 *Picot/Dietl*, in: *Ott/Schäfer* (Hrsg.), Ökonomische Analyse des Unternehmensrechts (1993), 306, 307.

791 *Ordelheide*, Institutionelle Theorie und Unternehmung, in: *Wittmann* (Hrsg.), Handwörterbuch der Betriebswirtschaftslehre, Teilbd. 2[5] (1993), Sp. 1838, 1840f.; *Feldmann*, Eine institutionalistisch Revolution (1995), 44; vgl. auch *Kirchner*, FS Heinrich Beisse (1997), 267, 269; *ders.*, Ökonomische Theorie des Rechts, 18f.; *Merkt*, Unternehmenspublizität (2001), 209; *Wüstemann*, Institutionenökonomie und internationale Rechnungslegung (2002), 29.

sondern die Entscheidungsträger können in einer typisierten Form den Untersuchungen zugrunde gelegt werden. Die Individuen können Verträge schließen und zur Verfolgung gemeinsamer Interessen Kooperationen eingehen. Die so geschaffenen Institutionen wirken sich wiederum auf das Verhalten der Individuen aus. Sie können die Handlungsspielräume des Einzelnen erweitern oder z.B. opportunistisches Verhalten einschränken. Institutionelle Arrangements können dabei helfen, Transaktionskosten zu sparen, in dem sie etwa den Transfer von Informationen gewährleisten und spezielle Verhandlungsverfahren zur Verfügung stellen. Institutionen fungieren mithin als Stütze vertraglicher Vereinbarungen.

cc) Begrenzte Rationalität

Die Existenz positiver Transaktionskosten, die damit verbundene Unvollständigkeit der Informationen und der methodologische Individualismus bedingen eine Abkehr vom unrealistischen Bild des rational handelnden Menschen hin zu der Erkenntnis der eingeschränkten Rationalität des Einzelnen (*bounded rationality*).

Ein rationales Verhalten des Individuums ist nur auf der Grundlage der ihm zur Verfügung stehenden Informationen und unter Beachtung seiner kognitiven Grenzen möglich. Mit dem Konzept der beschränkten Rationalität erkennt die Neue Institutionenökonomik zugleich an, dass das Handeln des Einzelnen von den gegebenen Institutionen – unter anderen von den vorhandenen rechtlichen Regelungen – abhängt.

Die Annahme vollkommener Information und uneingeschränkter Rationalität aufzuheben impliziert ferner, dass das Problem der Informationsgewinnung und -verarbeitung in das Zentrum der wirtschaftstheoretischen Untersuchungen rückt.[792] Die ökonomische Theorie öffnet sich mithin der Informations- und in Folge auch der Publizitätsproblematik.[793] Unterschiedliche Institutionen führen damit zu unterschiedlichem Verhalten der Wirtschaftssubjekte und damit zu unterschiedlichen gesamtwirtschaftlichen Ergebnissen.[794]

b) Die wichtigsten Teilgebiete der Neuen Institutionenökonomik

Innerhalb der neo-institutionalistischen Theorien unterscheidet man verschiedene theoretische Ansätze. Zu den wichtigsten Teilgebieten der Neuen Institutionenökonomik gehören die Transaktionskosten- und Informationenökonomie, der property rights-Ansatz und die Ökonomische Vertragstheorie.[795] Im Folgenden

---

792 *Kirchner*, FS Heinrich Beisse (1997), 267, 270.
793 *Merkt*, Unternehmenspublizität (2001), 209.
794 *Schwintowski*, JZ 1998, 581, 583.
795 Die Zugehörigkeit der property rights-Theorie zur Neuen Institutionenökonomik ist umstritten. Sie wird zum Teil als eigenständige Theorie angesehen (vgl. *Schumann*, Grundzüge der mikroökonomischen Theorie[6] (1992), 433 ff., 459 ff.) oder sie wird, wie in dieser Arbeit, den neo-institutionalistischen Theorien zugeordnet (vgl. u.a. *Franken*, Gläubigerschutz durch Rechnungslegung nach US-GAAP (2001), 17 ff.; *Richter/Furubotn*, Neue Institutionenökonomik[3] (2003), 90 ff.).

sollen diese Teilgebiete der Neuen Institutionenökonomik dargestellt und auf ihre Tauglichkeit für die vorliegende normative Analyse hin untersucht werden.

aa) Transaktionskostenökonomie

Im Mittelpunkt der durch *Ronald Coase*[796] begründeten Transaktionskostenökonomie steht entsprechend ihrer Bezeichnung die Transaktion im Sinne des technischen Vorgangs der Übertragung eines Gutes bzw. einer Leistung sowie des Übergangs von Verfügungsrechten.[797]

Handlungsrechte bzw. Bündel von Handlungsrechten (Güter[798]) werden von der Rechtsordnung durch gesetzliche Vorschriften und durch die Rechtsprechung originär zugeordnet. Die meisten von ihnen können aber durch Transaktionen von einer Person auf die andere übertragen und damit einem effizienteren Faktoreinsatz zugeführt werden.[799]

Hierbei führt der Marktmechanismus, entgegen den Modellannahmen der neoklassischen Theorien, aufgrund der in der realen Welt auftretenden Kosten der Transaktion und der Informationsdefizite der Marktakteure nicht zwingend zu einem effizienten Ergebnis. Vielmehr stellen die Transaktionskosten eine wichtige Nebenbedingung eines funktionierenden Marktes dar.

Folgt man der Ausgangsthese, dass die Inanspruchnahme des Preismechanismus des Marktes nicht kostenlos ist, so kommt es zu Verwerfungen etwa in der Gestalt von Informationsasymmetrien. Diese Friktionen stellen die Grundlage für die Existenz von Organisationen (Unternehmen) im Speziellen und Institutionen im Allgemeinen dar. In einer Modellwelt vollständiger Konkurrenz und vollständiger Markttransparenz bedarf es keiner institutionellen Arrangements wie etwa der Unternehmen. In einem solchem Konkurrenzgleichgewicht wäre es effizienter, sich für jede Investitionsgelegenheit und jeden Austausch von Gütern und Leistungen einen neuen Vertragspartner über den Markt zu suchen.[800] In der realen Welt können hingegen institutionelle Arrangements unter Achtung der mit ihrer Errichtung, Erhaltung und Veränderung verbundenen Organisationskosten helfen, die Kosten für die Inanspruchnahme des Marktes durch die Zentralisierung der vorzunehmenden Transaktionen zu senken.[801]

---

796 Vgl. *Coase*, Economica Vol. 4 (1937), 386–405; vgl. auch *ders.*, Journal of Law and Economics Vol. 3 (1960), 1–44.
797 *Richter/Furubotn*, Neue Institutionenökonomik[3] (2003), 592.
798 *Schäfer/Ott*, Lehrbuch der ökonomischen Analyse des Zivilrechts[4] (2005), 98.
799 Vgl. *Neus*, Einführung in die Betriebswirtschaftslehre[5] (2007), 110.
800 Vgl. *Coase*, Economica Vol. 4 (1937), 386, 388.
801 Mit zunehmender Komplexität des Unternehmens steigen die *Organisationskosten* unweigerlich an. In Folge dessen kommt es zur Ausgliederung von Bereichen und somit zur Spezialisierung und Arbeitsteilung. Die positive Akzeptanz der Organisationskosten führt somit sogleich zur Begründung der optimalen Größenverhältnisse eines Unternehmens. Ein Unternehmen wird demnach so lange wachsen, wie die Organisationskosten der Produktion einer weiteren Einheit den Transaktionskosten einer äquivalenten Produktion unter Heranziehung des Marktmechanismus entsprechen; vgl. *Coase*, Economica Vol. 4 (1937), 386, 395.

Transaktionskosten lassen sich demnach institutionsbezogen als Kosten der Errichtung oder Veränderung institutioneller Arrangements und der Unterhaltung der Institutionen definieren.[802] Sie sind auf die Gesamtwirtschaft bezogen folglich als die Betriebskosten eines Wirtschaftssystems, untergliedert in die fixen (versunkenen) Kosten der Errichtung bzw. Bereitstellung von Institutionen und die variablen Kosten der einzelnen Transaktionen, zu charakterisieren. Typische Beispiele für Transaktionskosten sind die Kosten der Inanspruchnahme des Marktes und die Kosten für die Errichtung, Erhaltung oder Änderung eines Unternehmens als Organisation. Im ersten Fall sprechen wir von den Markttransaktionskosten[803], im anderen von den Unternehmenstransaktionskosten[804]. Die Markt- und Unternehmenstransaktionskosten sind um die Kosten für die Benutzung und zweckgerichtete Veränderung des institutionellen Rahmens eines Gemeinwesens – die so genannten politischen Transaktionskosten – zu ergänzen.[805]

Die Existenz positiver Transaktionskosten implizierte, wie bereits ausgeführt wurde, zugleich eine Abkehr von der Prämisse der vollständigen Rationalität. Der Transaktionskostenansatz von *Coase* lässt sich folglich um die Annahme der eingeschränkten Rationalität erweitern. Dies verdeutlichte zugleich die bestehenden Interdependenzen zwischen der Annahme der beschränkten Rationalität des Individuums und der Existenz von Transaktionskosten, mithin zwischen Transaktionskosten und Informationsasymmetrien. Die Annahme der beschränkten Rationalität beruht auf der Erkenntnis, dass zum einen die Wirtschaftssubjekte nicht kostenlos über Informationen verfügen können und die Akteure zum anderen nur begrenzt fähig sind, vorhandene Informationen zu verarbeiten und entsprechende Pläne zu formulieren.[806] Die beschränkte Rationalität impliziert folglich das Vorhandensein einer ungleichen Verteilung des Wissens, mithin die Existenz von Informationsasymmetrien. Transaktionskosten stellen sowohl die Ursache als auch die Folge der ungleichen Informationsverteilung dar. Der Zugang zum Markt und zu den entscheidungsnotwendigen Informationen ist nicht kostenlos, sondern teilweise mit erheblichen Unkosten verbunden. Zugleich müssen sich die Wirtschaftssubjekte Transaktionskosten aussetzen, um die vorhandenen Informationsasymmetrien auszugleichen. Transaktionskosten bestehen als Folge der Informationsasymmetrien somit zu einem erheblichen Teil aus Informationskosten.

---

802 Zum Begriff der Transaktionskosten siehe auch die auf die Verfügungsrechte bezogene Definition unter § 7.II.2)a)aa); S. 191 ff.

803 Die Markttransaktionskosten setzen sich aus den Such- und Informationskosten, Verhandlungs- und Entscheidungskosten, den Kosten der Überwachung und Durchsetzung der vertraglichen Leistungspflichten und den Kosten der Anknüpfung und Pflege sozialer Beziehungen zusammen; vgl. *Richter/Furubotn*, Neue Institutionenökonomik[3] (2003), 58–61.

804 Zu den Unternehmenstransaktionskosten sind die angeführten Kosten der Errichtung, Erhaltung und Änderung der Organisation und die Kosten des Betriebes, untergliedert in die Kosten der Leitung und Informationsverarbeitung, der Kommunikation und Überwachung und die Kosten der physischen Übertragung der Güter und Dienstleistungen, zu zählen; vgl. *Richter/Furubotn*, Neue Institutionenökonomik[3] (2003), 61–63.

805 Vgl. *Richter/Furubotn*, Neue Institutionenökonomik[3] (2003), 58, 63–65.

806 Vgl. *Richter/Furubotn*, Neue Institutionenökonomik[3] (2003), 53.

Der Grad der Unsicherheit, verursacht durch Informationsasymmetrien, ist folglich eine wichtige Determinante der Transaktionskosten einer Leistungsbeziehung. Daneben wird die Höhe der Transaktionskosten noch durch die Spezifität und die Häufigkeit der Transaktionen beeinflusst. Spezifische Leistungsbeziehungen sind dadurch gekennzeichnet, dass ein Wechsel des Transaktionspartners infolge spezieller Investitionen entweder unmöglich oder mit sehr hohen Nachteilen, insbesondere Kosten verbunden ist.[807] Die Vertragspartner befinden sich in der Situation des Gefangenendilemmas (hold-up Problematik).[808]

Zusammenfassend lässt sich festhalten, dass die Transaktionskostenökonomie einen theoretischen Rahmen zur Untersuchung der Auswirkungen dieser Kosten auf die Gestaltung von Verträgen und Organisationsstrukturen und zur Erarbeitung entsprechender Gestaltungsempfehlungen bietet. Durch das Ansetzen an der Realität von Transaktionskosten kann die Ökonomie schlüssig Friktionen in Form von Markt- und Vertragsversagen offen legen und den Bedarf für institutionelle Arrangements erklären.

Die Transaktionskostenökonomie verdeutlicht zugleich, dass bei einer Analyse eines institutionellen Arrangements die Kosten der Informationsvermittlung und -verarbeitung zu beachten sind. Transaktionskosten können folglich als Maßstab für die Beurteilung der Vorteilhaftigkeit unterschiedlicher institutioneller Problemlösungen zur Überwindung der Verwerfungen fungieren.

Die Erkenntnisse der Transaktionskostenökonomie sind somit sowohl für eine normative als auch für eine positive Analyse der Rechnungslegung von großer Bedeutung.

bb) Informationsökonomie

Eine wichtige Gruppe von Transaktionskosten beruht, wie bereits gezeigt wurde, auf dem Prozess der Informationsverschaffung. Während die traditionelle Mikroökonomie von realitätsferner vollständiger Information ausgeht, versucht die Neue Institutionenökonomik durch ihren Zweig der Informationsökonomie Situationen unvollständiger Informationen und bestehender Informationsasymmetrie zu erfassen und in ihre ökonomische Theorie zu integrieren.

Ausgangspunkt ist die Erkenntnis, dass Informationen nicht kostenlos verfügbar sind und es in Folge dessen zu einer asymmetrischen Verteilung der Informationen kommt. In einer arbeitsteiligen Wirtschaft ist es sogar grundsätzlich gewünscht, dass eine Spezialisierung auch im Informationssektor stattfindet.[809]

Die Unvollständigkeit der Informationen, mithin die beschränkte Funktionsfähigkeit des Marktes für Informationen, hat vielseitige Gründe. Zum einen sind Informationen als öffentliche Güter durch eine Nichtrivalität im Konsum und eine

---

807 *Picot/Dietl*, in: *Ott/Schäfer* (Hrsg.), Ökonomische Analyse des Unternehmensrechts (1993), 306, 316.
808 Vgl. zur hold-up-Problematik § 7.II.2)b)dd)(2), S. 204 ff.
809 *Neus*, Einführung in die Betriebswirtschaftslehre[5] (2007), 94.

Nichtexklusivität (Problem des „free-riding") gekennzeichnet.[810] Zum anderen sind bestimmte Sachverhalte für einige Individuen unbeobachtbar und können folglich zu Fehlentscheidungen und damit zu Fehlallokationen durch den Marktmechanismus führen.

Das „free-riding-" oder Trittbrettfahrer-Problem beschreibt die Tatsache, dass die unter Aufwendung von Suchkosten erlangten Informationen von anderen Marktteilnehmern einfach kostenlos mitbenutzt werden können. Das hat zur Folge, dass es sich für den Einzelnen langfristig nicht lohnt, Informationen einzuholen, da er die Vorteile der Informationsbeschaffung nicht gewinnbringend etwa in Arbitragegewinne umsetzen kann. Folglich werden zu wenig – wenn überhaupt – Informationen nachgefragt. Es kommt zum Marktversagen. Dieses Problem lässt sich durch institutionelle Arrangements lösen.

Die Marktunvollkommenheit ist auch auf die Tatsache zurückzuführen, dass bestimmte Sachverhalte aufgrund von Informationsasymmetrien für einige Individuen unbeobachtbar, mithin nur unter Aufwendung spürbarer Informationskosten zugänglich sind.

Unbeobachtbares Handeln liegt zum einen vor, wenn ex-ante zwar die Leistung selbst beobachtbar ist, aber ihre Angemessenheit nicht beurteilt werden kann. So kann die Tätigkeit eines Arztes oder Rechtsanwaltes von dem Patienten oder Mandanten, soweit es sich bei ihm nicht selbst um einen Mediziner oder Juristen handelt, nur schwer auf ihre Qualität hin überprüft werden. Es kommt zu Verhaltensunsicherheiten (*hidden actions*) und deshalb zum Auftreten der *moral hazard*-Problematik.[811]

Daneben führt häufig die asymmetrische Verteilung des Wissens über entscheidungs- und erfolgsrelevante Qualitätsparameter bei Vertragsschluss zur Fehlallokationen. Wenn ein Nachfrager die Qualität eines Gutes oder einer Dienstleistung erst nach Vertragsschluss zutreffend einschätzen kann, dann existiert im Zeitpunkt des Vertragsschlusses gewissermaßen eine Art Sichtblende zwischen ihm und der Qualität eines bestimmten Angebotes.[812] Man spricht in diesem Fall von Qualitätsunsicherheiten, *hidden information* oder der Problematik der *adverse selection*.[813]

---

810 Zur Definition des öffentlichen Gutes vgl. *Hoffmann*, Das DRSC und die Regulierung der Rechnungslegung (2003), 10–13. Es ist dabei strittig, ob die Nichtrivalität im Konsum und die Nichtexklusivität notwendige oder hinreichende Bedingungen für das Vorliegen eines öffentlichen Gutes sind; vgl. *Hoffmann*, a. a. O., 10.

811 Vgl. *Spreemann*, ZfB 1990, 561; 566; *Picot/Dietl*, in: *Ott/Schäfer* (Hrsg.), Ökonomische Analyse des Unternehmensrechts (1993), 306, 322; *Fritsch/Wein/Ewers*, Marktversagen und Wirtschaftspolitik[7] (2007), 283, 290–292; *Neus*, Einführung in die Betriebswirtschaftslehre[5] (2007), 95.

812 *Fritsch/Wein/Ewers*, Marktversagen und Wirtschaftspolitik[7] (2007), 285 f.

813 Vgl. *Spreemann*, ZfB 1990, 561, 566, 567 f.; *Picot/Dietl*, in: *Ott/Schäfer* (Hrsg.), Ökonomische Analyse des Unternehmensrechts (1993), 306, 321; *Fritsch/Wein/Ewers*, Marktversagen und Wirtschaftspolitik[7] (2007), 284; *Neus*, Einführung in die Betriebswirtschaftslehre[5] (2007), 95.

Als dritte Form der Informationsasymmetrien werden bisweilen die so genannten *hidden intentions* angeführt.[814] Darunter versteht man die bestehenden Unsicherheiten hinsichtlich der Intentionen und der Vertragstreue des Vertragspartners (Problem der verborgenen Absichten[815]). Zum Problem werden hidden intentions nur in den Fällen, in denen ein Vertragspartner aufgrund irreversibler Investitionen quasi in dem Vertragsverhältnis gefangen ist (hold-up-Problematik[816]).

Unsicherheiten können aber nicht nur vor Vertragsschluss in Form von Qualitätsunsicherheiten oder Unsicherheiten über die Aktivitäten des Vertragspartners, sondern auch hinsichtlich des zu verteilenden Kooperationsergebnisses bestehen. In diesem Fall ist das Ergebnis der Tätigkeiten nur für einen der Partner ohne weiteres beobachtbar und kann folglich durch diesen zum Teil unterschlagen werden. Praktisch ist dieser Informationsvorsprung die Folge von Messproblemen. Dies erschwert nachhaltige Regelungen über die Ergebnisverteilung.[817] Es kommt zur Problematik eines *ex-post moral hazard.*

Selbstverständlich können die aufgezeigten Formen der Informationsasymmetrien auch gemeinsam auftreten, dies wird sogar der Regelfall sein.

Die Kenntnis über die ungleiche Verteilung der Informationen kann Rückwirkungen auf das Kooperationsverhalten des Einzelnen haben. Individuen werden die Möglichkeit eines Informationsvorsprungs in ihrer Entscheidung mit einbeziehen und in Folge dessen von bestimmten Transaktionen absehen (no-trade-Theorem). Es kann unter Umständen sogar zu einem Zusammenbruch eines ganzen Marktsegments kommen.[818]

Die Probleme des *moral hazard* und der *adverse selection* müssen aber nicht in sämtlichen Fällen derartig gravierend sein. Es gibt eine Reihe von Lösungen auf der Ebene des Marktes, die diesen Erscheinungen entgegenwirken. Informationsasymmetrien lassen sich dadurch abbauen, dass die schlecht informierte Seite versucht, zusätzliche Informationen zu erlangen (*screening*) und/oder die relativ gut informierte Seite sich bemüht, glaubwürdige Informationen über die von ihr gebotene

---

814 Vgl. *Spreemann*, ZfB 1990, 561, 566, 568–570.
815 *Picot/Dietl*, in: *Ott/Schäfer* (Hrsg.), Ökonomische Analyse des Unternehmensrechts (1993), 306, 323; *Fritsch/Wein/Ewers*, Marktversagen und Wirtschaftspolitik[7] (2007), 283, 292–294.
816 Vgl. zur hold-up-Problematik § 7.II.2)b)dd)(2), S. 204 ff.
817 *Neus*, Einführung in die Betriebswirtschaftslehre[5] (2007), 96.
818 Bei diesem Phänomen unterscheidet die Informationsökonomie drei verschiedene Arten von Gütern (vgl. *Schäfer/Ott*, Lehrbuch der ökonomischen Analyse des Zivilrechts[4] (2005), 503 f.): Suchgüter, bei denen die Qualität durch einfache Inspektion beim Kauf ermittelt werden kann (z.B. Kleidungsstücke), Erfahrungsgüter, bei denen ein Urteil über die Produktqualität erst nach dem Kauf möglich ist (z.B. Konserven), und Glaubens- und Vertrauensgüter, bei denen der Verbraucher gezwungen ist, auf die Qualität des nachgefragten Gutes zu vertrauen, weil sie auch nicht durch wiederholte Käufe ermittelbar ist (z.B. Leistung eines Chirurgen). Das Ausmaß der Informationsasymmetrien zu Lasten des Verkäufers und damit auch die Gefahr eines Zusammenbruchs des Marktes für höhere Qualität (Problematik des market of lemons, vgl. *Akerlof*, Quarterly Journal of Economics 84 (1970), 488, 489 f., der die Zusammenhänge plastisch am Beispiel des Automobilmarktes erläutert) nimmt dabei von Suchgütern hin zu den Vertrauensgütern zu. Vgl. *Fritsch/Wein/Ewers*, Marktversagen und Wirtschaftspolitik[7] (2007), 288–290.

gute Qualität zu verbreiten (*signaling*).[819] Hierdurch werden zusätzliche nutzenbringende Transaktionen zwischen den Marktseiten ermöglicht. Screening beinhaltet die Selbstinformation und Einschaltung Dritter (Sachverständiger, Rechtsberater). Methoden des signaling sind zum Beispiel der Aufbau von Reputationen (Goodwill), die Übernahme von Garantieleistungen und Informationspflichten sowie die Vereinbarungen von Selbstvorbehalten.[820]

Die Möglichkeiten des Screening sind aber durch das Bestehen von Nichtrivalität und die Nichtexklusivität und das damit verbundene Trittbrettfahrer-Problem begrenzt. Auch das signaling kann Informationsasymmetrien in manchen Fällen nicht neutralisieren. Versagen diese marktrechtlichen Regelungen, dann können etwa formelle Institutionen in Form von gesetzlichen Informations- und Publizitätspflichten, Garantiepflichten, Pflichtversicherungen eine geeignete Problemlösung darstellen.

Zusammenfassend lässt sich festhalten, dass die Informationsökonomie neben der Transaktionskostenökonomie vor allem der Offenlegung informationsbedingter Friktionen dient. Die Erkenntnisse der Informationskostenökonomie liefern daneben zugleich hilfreiche Impulse für eine effiziente Ausgestaltung von Kooperationen und institutionellen Arrangements.

Auf der Grundlage der Aussagen der Informationsökonomie lässt sich unter anderem die Grenze sinnvoller vertraglicher Absprachen ableiten. Vertragliche Vereinbarungen sollten sich darauf beschränken, Pflichten zu benennen, deren Erfüllung durch beide Kooperationspartner überprüft werden kann. Ist die Pflichterfüllung nicht nachvollziehbar, laufen etwaige Zusicherungen des Verpflichteten ins Leere, da ein Nachweis der Pflichterfüllung oder umgekehrt der Verletzung der Vertragspflichten nicht erbracht werden kann.[821]

cc) Property rights-Ansatz

Neben der Transaktionskosten- und Informationsökonomie ist der property rights-Ansatz als weiteres wichtiges Teilgebiet der Institutionenökonomik zu nennen.

Das System der Verfügungsrechte,[822] der property-rights, definiert in einem Wirtschaftssystem die Positionen der Wirtschaftssubjekte im Hinblick auf die Nutzung der knappen Ressourcen.[823] Die Verfügungsrechtsanalyse (property rights-Ansatz/

---

819 *Fritsch/Wein/Ewers*, Marktversagen und Wirtschaftspolitik[7] (2007), 300; vgl. auch *Hoffmann*, Das DRSC und die Regulierung der Rechnungslegung (2003), 29.
820 Vgl. *Fritsch/Wein/Ewers*, Marktversagen und Wirtschaftspolitik[7] (2007), 301–302.
821 Dies ist ein entscheidender Gesichtspunkt. Er findet seine Parallelen bei der Begründung des Erfordernisses der Zuverlässigkeit als Determinante der Entscheidungsnützlichkeit von Informationen. Vgl. hierzu § 8.I.2)a)cc)(2)(a), S. 233 ff.
822 Gewöhnlich werden vier Typen von Verfügungsrechten unterschieden: Recht zum Gebrauch, Recht zur Aneignung von Erträgen, Recht zur Veränderung und Recht zum Verkauf (*Neus*, Einführung in die Betriebswirtschaftslehre[5] (2007), 109).
823 *Richter/Furubotn*, Neue Institutionenökonomik[3] (2003), 41.

Analyse)[824] untersucht und erforscht demnach die Auswirkungen verschiedener Verfügungsrechtsarrangements auf die Wirtschaftsleistung. Im Gegensatz zur Transaktionskostenökonomie, welche die Anreizwirkungen der Transaktionskosten auf die faktischen Verteilung der Verfügungsrechte zum Gegenstand hat, bildet im Rahmen des property rights-Ansatzes die originäre Zuordnung der Handlungsrechte den Untersuchungsgegenstand.

Der property rights-Ansatz wird vornehmlich zur Analyse der Entstehung, des Bestands, des Wandels und der Auswirkungen von Institutionen, Organisationen sowie organisatorischen Einzelregelungen angewandt.[825] Das Unternehmen als Organisation lässt sich als ein Geflecht von Verträgen ansehen, wobei die einzelnen Verträge nicht isoliert nebeneinander stehen, sondern vielmehr in ein übergeordnetes Normengefüge wie die Eigentumsordnung integriert sind. Die Effizienzauswirkungen verschiedenartig ausgestalteter Unternehmensverfassungen und spezifischer Eigentumsordnungen lassen sich somit mit Hilfe des theoretischen Gerüsts des property rights-Ansatzes näher analysieren.

So gelangt man bei einer Analyse der Interdependenzen zwischen einer effizienten Unternehmensverfassung und der Eigentumsordnung im Rahmen des property rights-Ansatzes etwa zu dem Ergebnis, dass es grundsätzlich nicht erstrebenswert ist, alle Eigentümer an den Koordinations- und Kontrollrechten zu beteiligen. Eine solche Gleichsetzung von Eigentums- und Koordinations- und Kontrollrechten wäre mit einem exorbitanten Anstieg der Transaktionskosten verbunden. Die Delegation dieser Rechte spart nicht nur Kosten der Entscheidungsfindung, sie ermöglicht zugleich auch eine Spezialisierung und trägt damit zur schnelleren Anpassung wirtschaftlichen Verhaltens an tatsächliche oder künftige Veränderungen im System bei. Die Ablösung der Koordinations- und Kontrollrechte von den Eigentumsrechten (Gewinnaneignungs- und Verfügungsrechte) kann aber bestimmte negative Effekte im Rahmen des entstandenen Delegations- bzw. Auftragsverhältnisses (principal-agent-Beziehung) bedingen. Diese negativen Effekte durch entsprechende Gegenmaßnahmen – wie etwa eine erfolgsabhängige Managementvergütung oder Kontrollrechte – zu kompensieren, ist Gegenstand des agency-Ansatzes.

Ein weiteres Forschungsgebiet der Verfügungsrechtsanalyse ist daneben die Frage der Spezifikation der Verfügungsrechte. Als Folge positiver Transaktionskosten lassen sich Verfügungsrechte nicht vollständig aufteilen, vollkommen überwachen oder mit einem Preis versehen.[826] Die Spezifikation der Handlungsrechte sowie die erforderliche Überwachung und Durchsetzung von Verfügungsrechten sind mit erheblichen Kosten verbunden. Infolge der Spezifikationskosten können manche Verfügungsrechte – wie etwa die Rechte an der Atmosphäre – nicht restlos zuge-

---

824 Beiträge zu diesem Gebiet leisteten u.a. *Coase,* Journal of Law and Economics Vol. 3 (1960), 1–44 und *Demsetz,* Journal of Law and Economics Vol. 7 (1964), 11–26.

825 *Ordelheide,* Institutionelle Theorie und Unternehmung, in: *Wittmann* (Hrsg.), Handwörterbuch der Betriebswirtschaftslehre, Teilbd. 2[5] (1993), Sp. 1838, 1842.

826 *Richter/Furubotn,* Neue Institutionenökonomik[3] (2003), 89.

wiesen werden und es kommt zum Auftreten von externen Effekten. Externe Effekte liegen vor, wenn Handlungen eines Wirtschaftssubjekts Kosten (negative externe Effekte) oder Gewinne (positive externe Effekte) für einen anderen verursachen.[827] Diese externen Kosten oder Gewinne werden nicht in der jeweiligen Kosten-Ertragsrechnung des Handelnden berücksichtigt und führen demzufolge zu falschen Güterpreisen, die nicht die wirkliche Knappheit des Gutes widerspiegeln und in Folge dessen zu einem Wohlfahrtsverlust führen.[828] Im Allgemeinen gilt, dass im Falle positiver externer Effekte eine Unterinvestition in die Leistung erfolgt, welche die externen Effekte herbeiführt; dagegen kommt es bei negativen externen Effekten zu einer Überinvestition.[829] Beide Ergebnisse sind allokationsineffizient und wohlfahrtsmindernd. Das Problem der Spezifikation individueller Verfügungsrechte ist somit untrennbar mit dem Problem oder besser der Zielsetzung der Internalisierung von Externalitäten verbunden.

Es lässt sich somit festhalten, dass die Erkenntnisse des property rights-Ansatzes das Bewusstsein für die Anreizwirkungen von spezifischen Verfügungsrechtskonstellationen und die davon ausgehenden Wirkungen auf die Transaktionskosten und die Anreizstruktur der Wirtschaftssubjekte schärfen. Der property rights-Ansatz ist folglich ein wichtiges Element für die normative Analyse der Rechnungslegungsfunktionen.

dd) Ökonomische Vertragstheorie

Die Erkenntnis, dass durch Arbeitsteilung Produktivitäts- und Spezialisierungsgewinne und damit Wohlfahrtsgewinne erzielt werden können, führt unweigerlich zu einer herausragenden Bedeutung vertraglicher Beziehungen im Marktprozess. Die Spezialisierung zwingt zur Zusammenarbeit der Akteure im Wege etwaiger Tauschprozesse und Kooperationen. Verträge- und Vertragsverhandlungen spielen folglich in der modernen Institutionenökonomik eine tragende Rolle. Die Neue Institutionenökonomik versteht sich mithin als ökonomische Theorie der Vertragsverhältnisse.

Vertragliche Verpflichtungen können unter verschiedensten institutionellen Rahmenbedingungen eingegangen und erfüllt werden. Anreizwirkungen der Institu-

---

827 Vgl. *Schäfer/Ott*, Lehrbuch der ökonomischen Analyse des Zivilrechts[4] (2005), 109.
828 Umweltverschmutzungen sind ein typisches Beispiel für Externalitäten. Die Verschmutzung von Gewässern durch eine anliegende Fabrik hat etwa zur Folge, dass Anwohner Aufwendungen zur Reinigung des Nutzwassers aufbringen müssen. Die Kosten der Verschmutzung werden nicht in der Kosten-Leistungs-Rechnung des Fabrikinhabers berücksichtigt. Infolge dessen fallen die privaten Grenzkosten und die sozialen Grenzkosten, als Summe aller privaten Grenzkosten, auseinander. Der Ressourceneinsatz ist nicht mehr allokationseffizient; vgl. *Cooter/Ulen*, Law and Economics[4] (2004), 44 f.
Die durch die Haftungsbeschränkung der Kapitalgesellschaften implizierten Gläubigerrisiken sind ebenfalls ein Beispiel für externe Effekte. Vgl. hierzu § 8.II.2)c), S. 301 ff.
829 *Neus*, Einführung in die Betriebswirtschaftslehre[5] (2007), 106.

tionen machen vertragliche Vereinbarungen teils erst möglich. Sie dienen der „Stützung des Vertrages ex-post“[830].

Abweichend von dem Idealtypus des klassischen Vertrages legen die Ökonomischen Vertragstheorien ihren Analysen den unvollständigen Vertrag zugrunde. Die Vertragsparteien können – bedingt durch die asymmetrische Informationsverteilung, die Transaktionskosten und die daraus fließende beschränkte Rationalität – nicht alle Eventualitäten in einen Vertrag aufnehmen. Es kommt zu einem Vertragsversagen. Zur Bewältigung und Analyse der Anreiz- und Informationsprobleme entwickelten Ökonomen während der letzten Jahre verschiedene vertragstheoretische Konzepte. Zu den wichtigsten theoretischen Ansätzen der Ökonomischen Vertragstheorie gehören die principal-agent-Theorie (agency-Ansatz) und die Theorie der unvollständigen und relationalen Verträge.

(1) *Agency-Ansatz*

Die principal-agent-Theorie[831] befasst sich mit den durch Informationsasymmetrien und Opportunismus bedingten Friktionen in Vertragsbeziehungen und versucht, Lösungen zu deren Überwindung aufzuzeigen.

Eine principal-agent-Beziehung (principal-agent approach) kennzeichnet das Vertragsverhältnis zwischen dem Auftraggeber (principal) und dem Beauftragten (agent). Der Prinzipal ermächtigt den Agenten, bestimmte Handlungen für ihn zu tätigen, und stattet ihn mit den notwendigen Handlungsspielräumen aus.[832] In diesem Auftragsverhältnis ist der Agent entsprechend seiner Stellung über die durchzuführende Tätigkeit, die Handlungsalternativen und die zu erwartenden

---

830 *Williamson*, Die ökonomischen Institutionen des Kapitalismus: Unternehmen, Märkte, Kooperationen (1990), 33.

831 Der innerhalb der principal-agent-Theorie herangezogene theoretische Ansatz kann sich dabei entweder überwiegend einer verbalen Analyse oder eines formalen Modells bedienen.
Der formale agency-Ansatz basiert auf der neo-klassischen Mikroökonomie zur Analyse einer effizienten Risikoteilung. Im Kern geht es um die Maximierung der individuellen Nutzenfunktion des Auftraggebers unter Beachtung entsprechender Nebenbedingungen. Als Nebenbedingungen sind die aufgezeigten Interessenkonflikte und die asymmetrische Information zwischen den Vertragspartnern in die Nutzenfunktion mit einzubeziehen. Beiträge zur formalen Vertretungstheorie stammen u.a. von *Stiglitz* (*ders.*, Review of Economic Studies, Vol. 41 (1974), 219–255), *Holmstrom* (*ders.*, Bell Journal of Economics, Vol. 10 (1979), 74–91) und *Shavell* (*ders.*, Bell Journal of Economics, Vol. 10 (1979), 55–73). Diese formale Modellierung der Grundprobleme der principal-agent-Beziehung hat über die Arbeiten von *Ewert*, Rechnungslegung, Gläubigerschutz und Agency-Probleme (1986), und *Hartmann-Wendels*, Rechnungslegung der Unternehmen und Kapitalmarkt aus institutionalistischer Sicht (1991), auch das Bilanzrecht zum Forschungsobjekt erhoben.
Die verbale oder positive Analyse folgt hingegen einem stärker empirisch geprägten Ansatz zur Lösung der wissenschaftlichen Fragestellungen. Sie hat keine ausdrücklich mikroökonomische Fundierung. Sie richtet ihr Interesse auf die Beschreibung und Erklärung der institutionellen Gestaltungen der Auftragsbeziehungen. Beiträge zur verbalen Vertretungstheorie leisteten vor allem *Jensen/Meckling* (*dies.*, Journal of Financial Economics Vol. 3 (1976), 305–360) und *Alchian/Demsetz* (*dies.*, The American Economic Review Vol. 62 (1972), 777–795). Speziell mit Fragen der Rechnungslegung befasst sich *Franken*, Gläubigerschutz durch Rechnungslegung und US-GAAP (2001).

832 Vgl. *Jensen/Meckling*, Journal of Financial Economics Vol. 3 (1976), 305, 308.

Entscheidungsergebnisse grundsätzlich besser informiert als der Prinzipal.[833] Aus der Perspektive des Auftraggebers soll der Agent diesen Informationsvorsprung als Spezialisierungsvorteil gerade zum Vorteil des Auftraggebers nutzen.[834] Die bestehende asymmetrische Informationsverteilung und die hinzutretenden Interessendivergenzen zwischen dem eigennützig handelnden Agenten und dem Prinzipal können aber auch verschiedene Konfliktmöglichkeiten bei Anbahnung und während der Dauer der principal-agent-Beziehung bedingen. Das Konfliktpotential wird noch dadurch erhöht, dass nicht der Agent, sondern der Prinzipal die Konsequenzen der Entscheidung des Agenten trägt.

Informationsasymmetrien können sowohl nach als auch vor Vertragsschluss auftreten und implizieren folglich die bereits im Rahmen der Informationsökonomie besprochenen Probleme des *moral hazard,* bedingt durch *hidden actions,* der *adverse selection,* bedingt durch *hidden characteristics, hidden information,* und das Problem der *hidden intention.*[835] Die asymmetrische Informationsverteilung ist für sich allein nicht problematisch, so lange gewährleistet ist, dass der Agent die Informationsvorsprünge zum Vorteil des Auftraggebers nutzt. Erst das Hinzutreten der Interessendivergenz erhöht die Wahrscheinlichkeit eines absichtlichen Fehlverhaltens oder opportunistischen Verhaltens des Beauftragten. Die Überwindung der Informationsasymmetrie sowie die Sicherstellung der Interessengleichheit zwischen dem Agenten und seinen Prinzipal stellen mögliche Anknüpfungspunkte für Lösungen der principal-agent-Probleme dar.

Informationsasymmetrien lassen sich nach den Erkenntnissen der Informationsökonomie dadurch abbauen, dass die schlecht informierte Seite – hier der Prinzipal – versucht, zusätzliche Informationen zu erlangen (screening) und/oder die relativ gut informierte Seite – hier der Agent – sich bemüht, glaubwürdige Informationen über die von ihm gebotene gute Tätigkeit zu verbreiten (signaling).[836]

Der Möglichkeit opportunistischen Verhaltens des Agenten kann der Auftraggeber durch Integration und Ergänzung der aufgezeigten screening- und signaling-Ansätze im Rahmen einer effektiven Vertragsgestaltung entgegenwirken. Dem Auftraggeber stehen mithin zumindest folgende Handlungsmöglichkeiten offen:[837]

- vertragliche Einräumung etwaiger Kontrollrechte (*monitoring*).
- Verpflichtung des Beauftragten, Rechenschaft abzugeben (*bonding*). Rechenschaft heißt nachprüfbares Wissen über die Erfüllung von Aufgaben zu übermitteln.
- Einengung der Handlungsspielräume des Beauftragten mit Hilfe vertraglicher Regelungen, passive oder aktive Beschränkungen (z. B. Genehmigungspflicht für bestimmte Geschäfte) (*bonding*).

---

833 Siehe *Elschen*, ZfbF 1991, 1002, 1004.
834 *Elschen*, ZfbF 1991, 1002, 1004.
835 Vgl. *Wagenhofer,* FS Otmar Koren (1993), 239.
836 Vgl. § 7.II.2)b)bb), S. 195 ff.
837 *Schneider*, Betriebswirtschaftslehre Bd. 3: Theorie der Unternehmung (1997), 24 f.; vgl. auch *Hoffmann*, Das DRSC und die Regulierung der Rechnungslegung (2003), 29.

- Sicherung der Interessenkongruenz durch vertragliche Anreize.
- Vereinbarung entsprechender Sanktionen für das Fehlverhalten des Agenten.

Da die Informationsgewinnung, die Vereinbarung von Anreizsystemen und Beschränkungen oder Sanktionen auf Seiten des Prinzipals Aufwendungen (institutional costs) verursachen, aber zugleich Vorteile durch das Herabsetzen der Opportunitätskosten mit sich bringen, geht es bei der Optimierung der Vertragsgestaltung unter Anwendung des agency-Ansatzes um einen trade-off zwischen diesen Vor- und Nachteilen.[838]

Die institutional costs umfassen alle Kosten, die aufgewendet werden müssen, um die Informations- und Anreizprobleme zu überwinden.[839] Sie können mithin durch die aufgeführten Handlungsmöglichkeiten zur Sicherstellung der Interessengleichheit und der Überwindung der Informationsasymmetrien entstehen.

Entsprechend der bisherigen Ausführungen bietet sich für die Untersuchung unterschiedlicher institutioneller Systeme somit folgendes Vorgehen an: Es ist zunächst zu untersuchen, wie die einzelne Institution hilft, Informations- und Anreizprobleme zu überwinden. Zum anderen ist zu testen, zu welchen institutional costs das zu untersuchende institutionelle Arrangement führt. Dem Maßstab der Reduktion von Informations- und Anreizproblemen ist dabei Priorität einzuräumen.[840] Erweisen sich zwei institutionelle Arrangements auf der Basis dieses Maßstabes als gleichwertig, so ist dasjenige Arrangement vorzuziehen, welches zu den geringeren institutional costs führt.

Die obigen Ausführungen lassen erkennen, dass die principal-agent-Theorie für die Analyse von Vertragsbeziehungen von hoher Relevanz ist. Die zugrunde liegenden Prämissen erlauben eine Untersuchung der Störungen in den verschiedenen Vertragsbeziehungen und eine Analyse der Instrumente und Institutionen zur Kompensation dieser Friktionen. Die principal-agent-Theorie baut mithin sowohl auf den Erkenntnissen der Transaktionskosten- und Informationsökonomie als auch auf den Ergebnissen des property rights-Ansatzes auf.

Im Hinblick auf die Analyse der Rechnungslegungsfunktionen eignet sich der agency-Ansatz vor allem zur Untersuchung der Kreditverhältnisse im Innen- und Außenverhältnis des Unternehmens. Hervorzuheben sind hier die Arbeiten von *Ewert*[841], *Hermann-Wendels*[842] und *Leuz*[843], die sich intensiv mit der Ausschüttungsbemessungsfunktion der Bilanz im Rahmen der fremdfinanzierungsbedingten agency-Probleme auseinandersetzen.

---

838 *Elschen*, ZfbF 1991, 1002, 1004.
839 Vgl. *Franken*, Gläubigerschutz durch Rechnungslegung und US-GAAP (2001), 27.
840 *Franken*, Gläubigerschutz durch Rechnungslegung und US-GAAP (2001), 28.
841 *Ewert*, Rechnungslegung, Gläubigerschutz und Agency-Probleme (1986).
842 *Hartmann-Wendels*, Rechnungslegung der Unternehmen und Kapitalmarkt aus institutionalistischer Sicht (1991).
843 *Leuz*, Rechnungslegung und Kreditfinanzierung (1996).

Trotz des hohen Integrationspotentials dieses theoretischen Ansatzes ist gegen den agency-Ansatz, bedingt durch die Beschränkung auf die Probleme der Auftragsverhältnisse, der Vorwurf der Komplexitätsreduzierung zu erheben. Die principal-agent-Theorie wird dem angestrebten einheitlichen theoretischen Rahmen zur Analyse der unterschiedlichen Beziehungen der Zielträger der Rechnungslegung unter gleichzeitiger Berücksichtigung des Kapitalmarktes nicht gerecht. Diese Komplexitätsreduzierung der principal-agent-Theorie versucht die Theorie der unvollständigen und relationalen Verträge zu überwinden.

(2) Theorie der unvollständigen und der relationalen Verträge

Die Neue Institutionenökonomik befasst sich vor allem mit Verträgen, in denen Leistung und Gegenleistung zeitlich auseinander fallen oder mit Austauschbeziehungen, die eine bestimmte Abfolge der Leistung vorsehen und dabei zu einer Erfüllung Zeit brauchen. In diesen relationalen Verträgen[844] kann es im Gegensatz zu den klassischen, zeitpunktorientierten Verträgen aufgrund der zeitlichen Diskrepanz zwischen der Leistung und der Gegenleistung zu erheblichen Friktionen kommen.

Zu den wichtigsten ökonomischen Problemen, die sich aus der Existenz von Transaktionskosten und der darauf beruhenden asymmetrischen Verteilung der Informationen herleiten lassen, gehören:[845]

- *Mangelnde Voraussicht*: Die Vertragsparteien können aufgrund der Komplexität der Umwelt die Zukunft nicht vorhersehen und können folglich nicht alle Eventualitäten in die vertraglichen Verhandlungen einfließen lassen. Die Verträge sind somit naturgemäß *unvollständig* und müssen mithin so ausgestaltet werden, dass sich die Vertragsverpflichtungen an neue und unerwartete Situationen anpassen lassen. Mangelnde Voraussicht wäre unproblematisch, wenn nicht aufgrund der asymmetrischen Informationsverteilung und transaktionsspezifischen Investitionen die Möglichkeit und damit auch den Anreiz für opportunistisches Verhalten gegeben wäre.
- *Asymmetrische Information*: Die Informationen können zwischen den Vertragsparteien in dem Sinne asymmetrisch sein, dass eine Partei mehr als die andere über den Zustand der Welt im Allgemeinen oder über ihre eigene Position sowie die Eigenschaft des Vertragsgegenstandes hat. Die asymmetrische Verteilung führt dann zu den bereits im Rahmen der Darstellung der Informationsökonomie geschilderten Problemen der *adverse selection* und des *moral hazard* und ver-

844 Relationale Verträge sind im Gegensatz zu den klassischen, zeitpunktfixierten Austauschverträgen langfristige Vereinbarungen. Sie tragen der Tatsache der unvollständigen Voraussicht und Umweltkomplexität dadurch Rechnung, dass sie bewusst Lücken für künftige Kontingenzen lassen. Die Parteien einigen sich auf die Rahmenbedingen der vertraglichen Beziehung. Die Details werden dann im Einzelfall geregelt. Relationale Verträge sind entsprechend ihrer Lückenhaftigkeit in einem bestimmten Ausmaß implizit und informell. Vgl. *Richter/Furubotn*, Neue Institutionenökonomik[3] (2003), 589 f.
845 *Richter/Furubotn*, Neue Institutionenökonomik[3] (2003), 100.

hindert damit eine vertragliche Ausgestaltung einer geeigneten Überwachungs- und Durchsetzungsstruktur.

Verstärkt wird die Problematik der Lückenhaftigkeit des Vertrages aufgrund der aufgezeigten Unsicherheit und Unwissenheit durch den lock-in-Effekt der Parteien in dem vertraglichen Verhältnis, bedingt durch transaktionsspezifische Investitionen. Werden transaktionsspezifische Investitionen etwa zur Anpassung der Produktion an die spezifischen Eigenschaften eines Produktes vorgenommen, so besteht die Gefahr eines ex-post opportunistischen Verhaltens der stärkeren Vertragspartei in Form der so genannten *hold-up* Problematik. Je nach Höhe der spezifischen Investitionen oder versunkenen Kosten der einzelnen Parteien sind die Betroffenen nach Vertragsschluss in einem unterschiedlichen Maße in ihr Vertragsverhältnis „eingesperrt". Dieser Umstand ermöglicht der stärkeren Partei – deren vertragsspezifische Investitionen kleiner sind – ex-post einen größeren Anteil an der Quasi-Rendite der Vertragsbeziehung zu verlangen und durchzusetzen.[846]

Die Ungewissheit über die zukünftige Entwicklung, die asymmetrische Informationsverteilung, die dadurch bedingten Transaktionskosten zur Überwindung dieser Friktionen und der Spezifitätsgrad der erfolgten Investitionen führen, auf der Grundlage der beschränkten Rationalität, naturgemäß zu unvollständigen Verträgen. Die Existenz unvollständiger Verträge lässt sich somit aus der mangelnden Operationalisierung der relevanten Einflussgrößen in dem Vertragsverhältnis begründen.[847] Sie beruht auf der Erkenntnis, dass aufgrund der Umweltkomplexität ex-ante nicht alle Eventualitäten antizipiert werden können und Lücken im Vertrag sowohl aus Kosten- als auch aus Flexibilitätsgründen wünschenswert sind. Je langfristiger die Beziehungen zwischen den Akteuren sind und je komplexer das Entscheidungsumfeld ist, desto größer sind die Rationalitätsbeschränkungen und damit die Lücken in dem Vertragswerk.[848] Relationale Verträge müssen somit zwangsläufig unvollständig sein. Sie sind aufgrund ihrer langfristigen, relationalen Ausgestaltung häufig Bestandteil einer fortlaufenden persönlichen Beziehung[849] und folglich implizit durch stützende soziale, informelle Aspekte geprägt.

Die Lücken der vertraglichen Vereinbarungen können durch das Vertragsrecht selbst nicht geschlossen werden. Der unvollständige Vertrag muss vielmehr mit einer geeigneten Überwachungs- und Durchsetzungsstruktur, die durch die Tätigkeiten der kooperierenden Personen ausdrücklich oder stillschweigend geschaffen wird, unterlegt werden.[850] Es bedarf somit „Institutionen zur Stützung des Vertrages"[851]. Institutionelle Arrangements können entweder auf der Ebene der

846 *Richter/Furubotn*, Neue Institutionenökonomik[3] (2003), 194.
847 *Winkens*, Unternehmensfinanzierung und unvollständige Verträge (2002), 10.
848 *Lange, Gloria*, Bilanzrecht und Ökonomische Theorie des Rechts (1999), 17.
849 Vgl. *Hadfield*, Stanford Law Review Vol. 42 (1990), 927, 927 f.
850 *Richter/Furubotn*, Neue Institutionenökonomik[3] (2003), 311.
851 *Williamson*, Die ökonomischen Institutionen des Kapitalismus: Unternehmen, Märkte, Kooperationen (1990), 33.

Individualentscheidung oder der Ebene der Kollektiventscheidung geschaffen werden,[852] wobei das Kollektivhandeln privat (Markt, Unternehmen) oder öffentlich (Rechtsordnung) sein kann.

Die Vertragsparteien werden sich oft zu helfen wissen, indem sie sich ex-ante auf eine Überwachungs- und Durchsetzungsstruktur ihrer Vertragsbeziehungen einigen, die ex-post opportunistisches Verhalten minimiert und somit zur Allokationseffizienz beiträgt. Diese Einigung über das Verfahren und die Verfassung, nach dem die künftigen Probleme behandelt werden, ist eine Maßnahme auf der Ebene der individuellen Entscheidung. Wechselseitige transaktionsspezifische Investitionen können hier durch die Begründung eines *zweiseitigen* Abhängigkeitsverhältnisses als stabiles Netz für vertragliche Vereinbarungen fungieren.

Denkbar sind aber auch Institutionen auf der Ebene der Kollektiventscheidung, durch die Schaffung von Konventionen, Märkten, gesetzlichen Bestimmungen, Vereinigungen usw. Es kann dabei zu einem privaten oder öffentlichen Kollektivhandeln kommen.[853] Sowohl das institutionelle Umfeld – in Form der Sitten, Normen, gesetzlichen Bestimmungen, Rechtsprechung, Eigentum usw. – als auch die institutionellen Arrangements – als spezifisch operationelle Regeln der Transaktionstätigkeit – sind auf ausdrückliche oder stillschweigende relationale Verträge zurückzuführen.

Der einzelne unvollständige Vertrag ist mithin in ein Netzwerk von Rechten und Pflichten eingebettet, die sich aus frei vereinbarten Verträgen oder anderen institutionellen Bestimmungen, wie der Marktordnungen, der Unternehmensverfassungen oder rechtlichen Bestimmungen usw. ergeben. Märkte und Unternehmen sind Ausdruck privaten kollektiven Handelns, bei dem Individuen auf der Basis freiwilliger formeller und informeller Verträge, die durch die Rechtsordnung und andere elementare, konstitutionelle (Privateigentum, Handlungsfreiheit) und allgemein operationelle Regeln (Sprache, Zahlungssystem, Zeiteinheiten) abgesichert sind, handeln.[854] Es sind soziale Gebilde, in denen neben den Regelungen Investitionen in die zwischenmenschlichen Verhältnisse von hoher Bedeutung sind. Vertrauen und glaubhafte Selbstverpflichtungen spielen eine entscheidende Rolle. Sie stellen im Besonderen das Bindemittel der relationalen Verträge zwischen den Einzelpersonen dar und helfen, anderweitige kostspielige Absicherungen zu vermeiden.

Zur Nutzung der Vorteile der Spezialisierung und Arbeitsteilung kommt es folglich zur Herausbildung von Märkten als institutionelle Arrangements zur Absicherung der erforderlichen Tauschprozesse. Märkte wie etwa der Kapitalmarkt werden demnach als soziales Netzwerk der Beziehungen von Einzelpersonen verstanden, die in vertikalen oder horizontalen Geschäftsbeziehungen zueinander stehen können.[855] Ihnen kommt vor allem die Aufgabe zu, die Überwachungs- und Durchsetzungsstruktur der unvollständigen Verträge und mithin die Erzeugung

852 *Kirchner*, FS Heinrich Beisse (1997), 267, 271.
853 *Richter/Furubotn*, Neue Institutionenökonomik^3 (2003), 318.
854 Vgl. *Richter/Furubotn*, Neue Institutionenökonomik^3 (2003), 314–318.
855 *Richter/Furubotn*, Neue Institutionenökonomik^3 (2003), 323.

und Übertragung der Informationen zu bestimmen.[856] Die Organisation Markt ist vor allem in der vorvertraglichen Phase (Suche und Inspektion) und der Phase des Vertragsschlusses relevant, ihre Wirkung kann aber in vielen Fällen auch die Aktivitäten nach Vertragsschluss beeinflussen. Zu beachten ist, dass die impliziten und expliziten Verträge zwischen den tatsächlichen und potentiellen Marktteilnehmern, folglich die Marktordnung, ganz unterschiedlich ausgestaltet sein können. Das Netzwerk kann lose oder auf bestimmte Marktteilnehmer beschränkt sein. Die Marktordnung kann aber auch durch strenge Reglementierungen wie etwa im New Yorker Diamond Dealers Club oder an den Wertpapierbörsen gekennzeichnet sein.[857]

Die Vorteile der Arbeitsteilung und Spezialisierung können aber nicht nur durch den Tausch auf Märkten, sondern auch und zum Teil besser durch die arbeitsteilige Kooperation in hierarchischen Organisationen, mithin in Unternehmen realisiert werden.[858] Das Zusammenwirken in einem Unternehmen ist im Unterschied zur externen Arbeitsteilung über Märkte durch eine interne Arbeitsteilung gekennzeichnet.[859] Einem Unternehmen als hierarchischer Organisation kann nur auf unvollkommenen Märkten gegenüber dem Markt eine effizienzsteigernde Wirkung zukommen.[860] Informationsasymmetrien und Transaktionskosten erhöhen die Kosten der Koordination und der Entscheidungen und führen mitunter zu Fehlanreizen, die stets mit externen Effekten verbunden sind.[861] Für die Akteure ist demnach eine dezentrale Koordination mit erheblichen Kosten verbunden, so dass die mit einer hierarchischen Kooperation verbundenen Spezialisierungsvorteile und Skalenerträge Anreize dafür setzen, die Kontroll- und Koordinationsbefugnisse auf einen zentralen Kontrolleur zu übertragen.[862] Als Anreiz zur Optimierung der Kontroll- und Koordinationstätigkeit wird dem Kontrolleur zugleich das Residualrecht am Gesamtgewinn zugestanden.[863] Der zentrale Kontrolleur fungiert folglich als Aufseher und als Risikoträger.[864] Ihm obliegt die Aufgabe, mit allen anderen Teammitgliedern Verträge zu schließen. Das Unternehmen kann demnach auch als Netzwerk von Verträgen angesehen werden.[865]

---

856 Vgl. *Richter/Furubotn*, Neue Institutionenökonomik³ (2003), 323.
857 *Richter/Furubotn*, Neue Institutionenökonomik³ (2003), 323 f.
858 Die Koordination über den Markt erfolgt durch den Preis. Unternehmen beruhen demgegenüber eher auf einer Koordination auf der Grundlage des Weisungsprinzips.
859 *Lehmann*, Marktorientierte Betriebswirtschaftslehre (1998), 155.
860 Vgl. *Neus*, Einführung in die Betriebswirtschaftslehre⁵ (2007), 115.
861 Dieser Schluss lässt sich aus dem Coase-Theorem ziehen, vgl. § 7.II.2)b)aa), S. 193.
862 Vgl. *Watrin*, Internationale Rechnungslegung und Regulierungstheorie (2001), 19; *Neus*, Einführung in die Betriebswirtschaftslehre⁵ (2007), 117–124, der die theoretische Herleitung der Existenz der Unternehmung sehr anschaulich an dem Kontroll- und Koordinationsproblem zweier Arbeiter einer Spedition veranschaulicht.
863 *Watrin*, Internationale Rechnungslegung und Regulierungstheorie (2001), 19; *Neus*, Einführung in die Betriebswirtschaftslehre⁵ (2007), 121 f.
864 Die Eigentümer nehmen folglich grundsätzlich die Stellung des zentralen Kontrolleurs in einem Unternehmen ein, wobei sie natürlich wiederum Agenten/Manager mit der Koordinierungsaufgabe und Teilen der Kontrollrechte betrauen können. Nichtsdestotrotz fungieren die Eigentümer als Bindeglied in der hierarchischen Organisation Unternehmung.
865 Vgl. *Fama/Jensen*, Journal of Law and Economics Vol. 26 (1983), 301, 302.

Der Markt und das Unternehmen sind als Institutionen folglich Ausdruck unterschiedlicher Koordinationsmechanismen. Aufgabe der Neo-Institutionalisten ist es, auf der Grundlage der aufgezeigten Theorien festzustellen, unter welchen Bedingungen welches institutionelle Arrangement (Überwachungs- und Durchsetzungsstruktur) rational oder ökonomisch vorzuziehen ist.[866]

(3) *Integrationspotential der Theorie der unvollständigen und der relationalen Verträge*

Lässt man die unterschiedlichen neo-institutionalistischen Ansätze nochmals Revue passieren, so werden ihre Funktionen im Gesamtgefüge der Neuen Institutionenökonomik deutlich. Die Informationsökonomie und die Transaktionskostenökonomie schaffen das theoretische Gerüst für die Offenlegung, Kategorisierung und Analyse der unterschiedlichen Friktionen in Form des Markt- und Vertragsversagens. Die unterschiedlichen Beziehungen im Innen- und Außenverhältnis des Unternehmens (Gesellschafts- und Kreditvertrag), aber auch die Beziehungen zwischen dem Unternehmen und den Akteuren am Kapitalmarkt können mit Hilfe der Informations- und Transaktionskostenökonomie auf unterschiedliche Verwerfungen hin untersucht werden.

Aufbauend auf diesen Erkenntnissen untersucht der property rights-Ansatz die Anreizwirkungen unterschiedlicher Verfügungsrechtsstrukturen. Der agency-Ansatz verbindet daran anknüpfend die Erkenntnisse über die Vorteilhaftigkeit der Trennung zwischen Kontroll- und Überwachungsrechten einerseits und den Gewinnansprüchen andererseits mit der Analyse verschiedener Handlungsmöglichkeiten zur Überwindung der damit einhergehenden Gefahr asymmetrischer Informationsverteilung und Interessendivergenz als Ursachen opportunistischen Verhaltens. Durch das Ansetzen an den institutional costs als Maßstab der Vorteilhaftigkeit der untersuchten institutionellen Arrangements wird zugleich die Transaktionskostenökonomie integriert. Trotz des vorhandenen Integrationspotentials der principal-agent-Theorie vermag sie aufgrund ihrer Beschränkung auf die Analyse von Auftragsverhältnissen die unterschiedlichen Beziehungen zwischen den Zielträgern der Rechnungslegung unter Berücksichtigung des Kapitalmarktes in ihrer Komplexität nicht zu erfassen.

Die Unterschiede zwischen Beziehungen im Innen- und Außenverhältnis des Unternehmens und die damit verbundenen unterschiedlichen Erwartungen an die Rechnungslegung lassen sich aber mit Hilfe der Theorie der unvollständigen und relationalen Verträge überwinden. Zerlegt man die Beziehungen zwischen den Akteuren in Verträge, wie den Gesellschaftsvertrag, die Kreditverträge und versteht den Kapitalmarkt als kollektives Vertragsnetz, so wird zugleich deutlich, dass diesen Beziehungen die gleiche Problemstruktur zugrunde liegt: Es geht um Transaktionen, also um die Übertragung von Verfügungsrechten. Die Transaktionstätigkeit setzt zunächst die Beschaffung und Verarbeitung von Informationen voraus. Die Beschaffung und Verarbeitung der Informationen werden aufgrund

---

866 *Richter/Furubotn*, Neue Institutionenökonomik[3] (2003), 313.

der mangelnden Voraussicht und der erheblichen Transaktionskosten nicht vollständig gelingen. Dies bewirkt im Zusammenspiel mit den vorhandenen kognitiven Grenzen, dass Individuen nur beschränkt rational handeln können.[867] Die beschränkte Rationalität spiegelt sich in den Vertragsverhandlungen wider. Die Akteure sind sich ihres beschränkten Informationsstandes und der Ungewissheit über die zukünftige Entwicklung bewusst und bringen folglich ihrem Vertragspartner Misstrauen entgegen. Zur Überwindung dieses Misstrauens und der Schließung der Lücken des Vertrages können Institutionen dienen, deren Funktionsweise den Vertragspartnern bekannt ist und deren Restriktionswirkungen das nötige Vertrauen im Rahmen der vertraglichen Vereinbarungen gewährleisten.

Erst die Existenz dieser institutionellen Arrangements ermöglicht den Vertragsparteien, bewusst unvollständige Verträge abzuschließen und zugleich die Transaktionskosten für die Informationssuche und das Aushandeln möglichst detaillierter Verträge zu mindern. Die Unvollständigkeit der Verträge impliziert zugleich die Bedeutung der Allokation der Verfügungsrechte.

Die Theorie der unvollständigen Verträge bietet folglich durch die Integration der Erkenntnisse der Transaktionskosten- und Informationsökonomie, des property rights-Ansatzes und der principal-agent-Theorie den theoretischen Rahmen zur Offenlegung der Verwerfungen in den einzelnen Beziehungen der Akteure und zur normativen und positiven Analyse geeigneter Institutionen zur Überwindung dieser Verwerfungen.

3) Konsensprinzip als Integrations- und Legitimationskriterium

Allein die Offenlegung der Verwerfungen in den einzelnen Beziehungen der identifizierten Zielträger und die Ableitung von geeigneten Instrumenten zur Überwindung derselben vermag noch nicht die Herleitung eines funktionsgerechten institutionellen Arrangements Rechnungslegung zu gewährleisten. Es bedarf vielmehr eines weiteren integrativen Elements, mit dessen Hilfe die Ergebnisse der Analyse der einzelnen Beziehungen auf der Grundlage der ökonomischen Vertragstheorie in eine Institution Rechnungslegung einfließen können. Als ein solches integratives Element dient das Konsensprinzip. Geht man, wie vorliegend, davon aus, dass Individuen die handelnden Akteure sind (methodologischer Individualismus) und unterstellt man eigennutzenorientiertes und eingeschränkt rationales Verhalten, so kann unterstellt werden, dass Individuen die betreffende Wahl über die Schaffung und Veränderung der Institutionen aus freiem Willen treffen. Die vertragsschließenden Akteure werden folglich ihre Nutzen/Effizienz- und Distributionserwägungen in den Entscheidungsprozess einfließen lassen. Der gefundene Konsens wird dabei durch die Freiheit der Entscheidung legitimiert (Konsensprinzip oder Prinzip der Zustimmungsfähigkeit).[868] Die Legitimationsba-

867 *Lange, Gloria*, Bilanzrecht und Ökonomische Theorie des Rechts (1999), 112.
868 Vgl. *Kirchner*, FS Heinrich Beisse (1997), 267, 273; *ders.*, Ökonomische Theorie des Rechts (1997), 20 f. m. w. N.; *Homann/Kirchner*, J. f. N. P. Ö. 1995, 189, 203 m. w. N.

sis einer einzelvertraglichen Regelung ist folglich der Konsens der Vertragsparteien, das heißt die Freiheit der Entscheidung bei Aushandlung und Abschluss des Vertrages.[869]

Institutionen auf Basis von Kollektiventscheidungen, etwa in Form von kodifizierten Rechtsnormen, können nicht direkt auf einen Konsens im Sinne einer einstimmigen Entscheidung aller Betroffenen gestützt werden, wohl aber auf die grundsätzliche Zustimmungsfähigkeit einer Norm. Legitimationsbasis ist dann der hypothetische Konsens der betroffenen Akteure unter Annahme eines eigennützigen und begrenzt rationalen Handelns der Akteure.[870]

Der hypothetische Konsens der von einer Institution betroffenen Akteure als Legitimationsbasis der Regulierung kann nur angenommen werden, wenn sich alle Akteure Kooperationsvorteile erhoffen können.[871] Hat ein solches hypothetisch konsensgestütztes Ergebnis keine negativen externen Effekte für die anderen Akteure der Rechnungslegung, so lässt sich argumentieren, dass der hypothetische, auf dem Eigennutz der Akteure basierende Konsens der beteiligten Akteure in der betrachteten Vertragsbeziehung legitimationsstiftend für die gefundene Problemlösung wirkt.[872] Ergeben sich hingegen aus dem hergeleiteten Arrangement negative Effekte für andere Akteure, so scheitert eine solche hypothetische Legitimationswirkung. Es bedarf dann eines Konsenses aller Akteure, mithin einer Kollektiventscheidung, zur Legitimation der Problemlösung.[873]

Das Konsensprinzip in seiner direkten und hypothetischen Ausprägung und das in der Wohlfahrtsökonomie verwendete Legitimationskriterium der ökonomischen Wohlfahrts- oder Effizienzsteigerung bilden vor diesem Hintergrund keinen Gegensatz.[874] Der Konsens einer Entscheidung bedingt unter der Annahme eines eigennützigen, beschränkt rationalen Verhaltens vielmehr eine Steigerung der Wohlfahrt, denn die Nutzen- und Effizienzerwägungen des Einzelnen stellen, wie aufgezeigt, eine wichtige Entscheidungsdeterminante im Abstimmungsprozess dar. Legitimierend wirkt der Konsens, der aber zugleich auch einen wohlfahrtsökonomischen Vorteil bedingt.

III. Zwischenergebnis

Ausgangspunkt des theoretischen Gerüsts für eine normative Analyse der Rechnungslegung ist die Erkenntnis, dass sich das abstrakte Ziel jeder institutionellen Regelung, die Maximierung der allgemeinen Wohlfahrt, am besten durch eine Anlehnung an die Interessenlage der Zielträger der Institution sichern lässt. Demzu-

---

869 *Schmidt, M.*, Das Konzept einer kapitalmarktorientierten Rechnungslegung (2000), 38.
870 So auch *Kirchner*, FS Heinrich Beisse (1997), 267, 273 f.; ihm folgend *Schmidt, M.*, Das Konzept einer kapitalmarktorientierten Rechnungslegung (2000), 39.
871 Vgl. *Kirchner*, FS Heinrich Beisse (1997), 274.
872 *Kirchner*, FS Heinrich Beisse (1997), 267, 276.
873 *Kirchner*, FS Heinrich Beisse (1997), 267, 276.
874 So wohl aber *Kirchner*, FS Heinrich Beisse (1997), 267, 272–275.

folge bildet die individuelle Interessenlage der Adressaten der Rechnungslegung, mithin der aktuellen und potentiellen Anteilseigner, der Gläubiger, des Fiskus, der allgemeinen Öffentlichkeit samt der Konkurrenten des bilanzierenden Unternehmens und des Managements den Deduktionsrahmen für die Ableitung der Zielsetzungen der Rechnungslegung.

Die sich aus der Interessenlage der Akteure ergebenden abstrakten Rechnungslegungsziele müssen in einem zweiten Schritt für die normative Analyse operationalisiert, mithin in konkrete Funktionen umgewandelt werden. Die Institutionenökonomie dient hierbei als theoretisches Gerüst für die erforderliche Überleitung der Zielsetzung in operationale Funktionsbestimmungen.

Durch die Heranziehung der Ökonomischen Vertragstheorie können die verschiedenen Beziehungen der Akteure im Innen- und Außenverhältnis des Unternehmens in Verträge im weiteren Sinn aufgliedert werden. Mit Hilfe der Informationen- und der Transaktionskostenökonomie lassen sich in einem nächsten Schritt unterschiedliche Friktionen in den einzelnen Verträgen offen legen, kategorisieren und analysieren. Aufbauend auf den so erlangten Erkenntnissen sind dann mit Hilfe des property rights-Ansatzes und des agency-Ansatzes verschiedene Handlungsmöglichkeiten zur Überwindung der asymmetrischen Informationsverteilung und der Interessendivergenz als Ursachen opportunistischen Verhaltens aufzuzeigen. Die Identifizierung geeigneter Mittel zur Überwindung der Verwerfungen in den einzelnen vertraglichen Beziehungen, mithin die Schließung bestehender transaktionskosten- und informationsbedingter Vertragslücken, bildet die Grundlage für Ableitung der Funktionen einer interessengerechten Rechnungslegung.

Dienen die ökonomische Vertragstheorie und die anderen Teilbereiche der Neuen Institutionenökonomik zur Ableitung der Funktionen der Rechnungslegung in den einzelnen vertraglichen Beziehungen, so bedarf die Herleitung eines umfassenden normativen Modells einer funktionsgerechten Rechnungslegung eines weiteren Integrationsfaktors. Das konsenstheoretische Paradigma schlägt hierbei die Brücke von dem aufgezeigten Bedarf institutioneller Regeln in den einzelnen Beziehungen zu einem Gesamtmodell einer interessengerechten Rechnungslegung als Institution.

Der adressatenorientierte Individualschutz der Rechnungslegung ist daneben noch um den Institutions- bzw. Funktionsschutz zu ergänzen.

§ 8. Individualschutzfunktion der externen Rechnungslegung

Mit Hilfe des erarbeiteten theoretischen Gerüsts lassen sich im Folgenden nun die Funktionen der externen Rechnungslegung als Grundlage eines normativen Sollmodells einer interessengerechten Rechnungslegung herleiten.

Gehaltvolle Hypothesen bezüglich der Zweckdienlichkeit einer institutionellen Regelung lassen sich, wie bereits hervorgehoben, nur entwickeln, sofern man Annahmen zum Entscheidungskalkül der Akteure einfügt.[875] Die Interessenlage der beteiligten Akteure in einem Unternehmen bildet mithin die Grundlage für die Ableitung zweckdienlicher Rechnungslegungsstandards. Dementsprechend hat sich eine normative Herleitung der Funktionen der externen Rechnungslegung unter Verfeinerung des bereits erörterten erforderlichen Übergangs von der abstrakten Zielsetzung in konkrete Funktionen an den folgenden Gedankenschritten auszurichten:[876]

In einem ersten Schritt sind die Verhältnisse der Zielträger der Rechnungslegung in vertragliche Beziehungen i.S.d. ökonomischen Vertragstheorie zu zerlegen. Durch die Analyse der Interessenlage der einzelnen Akteure in dem jeweiligen Vertragsverhältnis lassen sich dann mit Hilfe des Instrumentariums der Neuen Institutionenökonomik Vertragslücken erschließen, die wiederum die Grundlage für die Ableitung der Funktionen der Rechnungslegung im Wege des Konsenses bilden.[877]

Die aus der Analyse der Interessenlage der Akteure entwickelten allgemeinen Funktionen der externen Rechnungslegung bilden den grundlegenden Beurteilungsmaßstab und den maßgeblichen Bezugspunkt für die Entwicklung allgemeiner Anforderungen an den Einzelabschluss in dem jeweiligen Grundverhältnis.[878]

Der hohe Abstraktionsgrad dieser allgemeinen Anforderungen verlangt eine weitere Konkretisierung.[879] Auf der Grundlage der allgemeinen Anforderungen lassen sich dann konkretere, unmittelbare Implikationen an die Ausgestaltung des Einzelabschlusses ermitteln. Diese konkreten, aber dennoch auf ein Grobraster beschränkten Anforderungen bilden einen Baustein für die Herleitung eines funktionsanalytischen normativen Maßstabes für die Beurteilung der endorsed IFRS.

In einem letzten Schritt ist dann zu prüfen, ob sich aus den abgeleiteten Gestaltungsimplikationen der externen Rechnungslegung der einzelnen Adressatengruppen negative externe Effekte für andere Akteure ergeben. Ist dies der Fall, scheitert die Legitimation auf der Grundlage des hypothetischen Konsenses, soweit die Nachteile nicht im Wege eines Konsenses aller Akteure – unter Einschluss der von den negativen Effekten Betroffenen – überwunden werden können.[880]

Die funktionsanalytische Betrachtung der externen Rechnungslegung geht von folgenden Prämissen aus:

- Von den vielseitigen Akteuren eines Unternehmens sollen aus Vereinfachungszwecken ausschließlich die Beziehungen der involvierten und potentiellen An-

---

875 *Kirchner*, FS Heinrich Beisse (1997), 267, 269.
876 Vgl. *Kirchner*, FS Heinrich Beisse (1997), 267, 276 und *Hollmann*, Reporting Performance (2003), 71 f.
877 Vgl. *Kirchner*, FS Heinrich Beisse (1997), 267, 276.
878 Vgl. *Hollmann*, Reporting Performance (2003), 71.
879 *Hollmann*, Reporting Performance (2003), 71 f.
880 *Kirchner*, FS Heinrich Beisse (1997), 267, 276.

teilseigner zum Unternehmen, das Kapitalüberlassungsverhältnis zwischen den Gläubigern und dem kapitalnachfragenden Unternehmen, das Verhältnis der Nichtvertragsgläubiger zur Unternehmung und die Beziehung der Anteilseigner zur Unternehmensführung in die Analyse miteinbezogen werden. Die Beziehungen des Fiskus, der allgemeinen Öffentlichkeit, der Arbeitnehmer und der Konkurrenten zum Unternehmen werden nicht im Einzelnen betrachtet. Ihre Interessen werden vielmehr in die Betrachtung der negativen externen Effekte der konsensfähigen Norm miteinbezogen.
- Aus Vereinfachungsgründen schließt die Zugehörigkeit zu einer relevanten Gruppe die Zugehörigkeit zu einer anderen Interessengruppe aus.

Die Systematisierung der Akteure kann entsprechend der Unterscheidung des Innen- und Außenverhältnisses des Unternehmens erfolgen. Im Innenverhältnis der Unternehmung wird die Beziehung der Unternehmenseigner untereinander durch den Gesellschaftsvertrag bestimmt. Das Verhältnis der Anteilseigner zur Unternehmensleitung ist hingegen ein vertragliches Auftragsverhältnis. Im Außenverhältnis des Unternehmens bestehen rechtlich verbindliche Beziehungen zu den Fremdkapitalgebern in Form eines Kapitalüberlassungsvertrages. Das Verhältnis der Nichtvertragsgläubiger zum Unternehmen ist ein rechtsverbindliches Anspruchsverhältnis. Rechtlich unverbindlich und nur ein relationaler Vertrag ist hingegen das Verhältnis zwischen dem Unternehmen und den potentiellen Anteilseignern.

Die externe Rechnungslegung ist folglich Bestandteil dreier unvollständiger Verträge (Gesellschaftsvertrag, Auftrag und Kapitalüberlassungsvertrag), eines Anspruchsverhältnisses und einer rechtlich unverbindlichen Beziehung.

Die nachfolgende Darstellung der unterschiedlichen Beziehungen der Akteure folgt aber aus systematischen Gründen nicht der Differenzierung nach dem Innen- und Außenverhältnis. Die Interessenlage der potentiellen Anteilseigner ist, auch wenn sie im Außenverhältnis zum Unternehmen stehen, aufgrund bestehender Interessenkongruenzen zusammen mit den Anteilseignern zu betrachten. Kongruenzgründe sprechen daneben auch für eine Erläuterung der Auftragsbeziehung zwischen den Eignern und der Unternehmensführung im Anschluss an die Analyse der Kapitalüberlassungsverträge und des Anspruchsverhältnisses der Nichtvertragsgläubiger.

I. Die Funktionen der externen Rechnungslegung aus Sicht der aktuellen und potentiellen Anteilseigner

1) Die Interessenslage der Anteilseigner und potentiellen Anteilseigner

a) Die Interessenlage der Anteilseigner

Das Verhältnis der Anteilseigner untereinander wird durch den Gesellschaftsvertrag geprägt. Der Gesellschaftsvertrag als multilateraler Vertrag zwischen den Beteiligten ruft die Unternehmung ins Leben und begrenzt zugleich die property rights der Anteilseigner an den eingebrachten Ressourcen. Er fungiert somit als Deduktionsrahmen für die Herleitung der Rechte und Pflichten der Anteilseigner.

Hinsichtlich der Rechtsstellung der Anteilseigner lassen sich das Recht auf Gewinnaneignung, das Veräußerungsrecht sowie Kontroll- und Koordinationsrechte unterscheiden.[881] In einer Publikumsgesellschaft sind häufig nur wenige Anteile in einer Hand vereinigt, so dass der einzelne Anteilseigner nur eine eingeschränkte Einflussmöglichkeit über sein Stimmrecht (control by choice) hat. Der eingeschränkten Einflussmöglichkeit stehen aber nicht unerhebliche Kosten im Zusammenhang mit den Kontrollaktivitäten (monitoring costs) gegenüber. Der einzelne Anteilseigner handelt folglich rational, wenn er seine Koordinations- und in beschränkten Maße auch seine Kontrollrechte[882] auf zuständige Organe der Unternehmung überträgt und selbst nur noch das Recht der Veräußerung in Form einer „control by exit" unmittelbar wahrnimmt.[883] Dem Anteilseigner verbleiben somit als unmittelbar auszuübende Rechte das Recht auf *Gewinnaneignung* und das *Veräußerungsrecht*.

Als komplexes langfristiges vertragliches Arrangement ist der Gesellschaftsvertrag angesichts der bestehenden Unsicherheiten, Informationsasymmetrien und Transaktionskosten denknotwendig unvollständig. Die Vereinbarungen bezüglich der Gewinnaneignungs- und Veräußerungsrechte der Eigner in dem Gesellschaftsvertrag weisen folglich Lücken auf, die durch geeignete Institutionen geschlossen werden müssen.

aa) Bereitstellung entscheidungsrelevanter Informationen (Entscheidungsfunktion)

Zur interessengerechten Ausübung des Veräußerungsrechtes bedarf der Anteilseigner entscheidungsrelevanter Informationen über die bestehende und künftige Werthaltigkeit seiner Beteiligung.

Informationen sind als Güter eigener Art zu kennzeichnen.[884] Sie werden im *Wittmann'schen* Sinne als zweckorientiertes Wissen verstanden, welches aus dem Sichbewusstmachen der Bedeutung von bereits vorhandenem allgemeinem (noch nicht zweckorientiertem) Wissen und im Zeitablauf zugehenden Signalen (oder Nachrichten) für ökonomische Entscheidungen resultiert.[885] Informationen entfalten im Gegensatz zu materiellen Gütern ihren Wert nicht dadurch, dass sie von einer Person unmittelbar konsumiert werden. Der Wert einer Information leitet sich vielmehr aus ihrer Eigenschaft ab, die Qualität der von einem Akteur zu treffenden

881 Siehe *Lange, Gloria*, Bilanzrecht und Ökonomische Theorie des Rechts (1999), 19.
882 In einer Aktiengesellschaft sind die Koordinationsrechte auf den Vorstand übertragen und auch die Kontrollrechte werden mittelbar über den Aufsichtsrat wahrgenommen.
883 *Wagner*, ZfbF 1982, 749, 752 f.; vgl. auch *Brandl*, Zur Begründbarkeit handelsrechtlicher Rechnungslegungsnormen (1987), 239; *Schmidt, M.*, Das Konzept einer kapitalmarktorientierten Rechnungslegung (2000), 19.
884 Vgl. *Zülch*, Die Gewinn- und Verlustrechnung nach IFRS (2005), 47.
885 *Wittmann*, Unternehmung und unvollkommene Information (1959), 14.

Entscheidung zu verbessern.[886] Informationen sind folglich nur von Nutzen, wenn sie Erwartungen ändern und die Wahl von Entscheidungsalternativen bewirken,[887] die ohne die entsprechenden Informationen nicht gewählt worden wären, deren Nutzen dem Entscheider folglich nicht zugeflossen wäre. Bezogen auf den Erwerb oder die Veräußerung von Beteiligungen sind Informationssysteme demnach entscheidungsrelevant, wenn sie zur Revision von bislang bestehenden Grenzpreis- und Risikoerwartungen bezüglich der Beteiligung beitragen.

(1) *Informationen über die absolute Ertrags-, Vermögens- und Finanzlage des Unternehmens*

Die Entscheidung über die Veräußerung der Beteiligung ist von der tatsächlichen und künftigen Werthaltigkeit der Beteiligung abhängig. Die Werthaltigkeit der Beteiligung wird wiederum durch den künftigen aus dem Unternehmen fließenden individuellen Nettozahlungsstrom des Anteilseigners determiniert. Das Interesse der Eigner an dem künftigen aus dem Unternehmen fließenden individuellen Nettozahlungsstrom konkretisiert bzw. spezifiziert somit das Informationsinteresse der Anteilseigner.[888]

Zielstromkomponenten des individuellen Nettozahlungsstroms sind der künftige Ausschüttungsstrom und die zu erwartende Wertentwicklung der Gesellschaftsanteile.[889] Die Ermittlung des darin verkörperten shareholder value setzt folglich Informationen über Höhe, zeitliche Struktur und Sicherheit der künftigen Ausschüttungen und über die zu erwartende künftige Wertentwicklung der Anteile voraus.[890]

---

886 Vgl. *Mujkanovic*, Fair Value im Financial Statement nach International Accounting Standards (2002), 26 f.; *Böcking/Wesner*, WPg-Sonderheft 2004, S. 98, S. 103; *Wagenhofer/Ewert*, Externe Unternehmensrechnung^2 (2007), 46.

887 Vgl. u. a. *Baetge/Zülch*, BFuP 2001, 543; 545; *Baetge/Matena/Zülch*, in: *Küting/Weber* (Hrsg.), Vom Financial Accounting zum Business Reporting (2002), 73, 76; *Zülch*, Die Gewinn- und Verlustrechnung nach IFRS (2005), 47.

888 Vgl. *Mandl/Rabel*, Unternehmensbewertung (1997), 88 f., 110–115; *Moxter*, FS Dietrich Börner (1998), 305, 311; *Streim*, BFuP 2000, 111, 120; *Baetge/Noelle*, KoR 2001, 174, 178; *Wüstemann*, Institutionenökonomie und internationale Rechnungslegungsordnungen (2002), 58. Vgl. hierzu auch IFRS-Framework, F.9 lit. a, S. 2.

889 Vgl. *Schreib*, in: *Baetge* (Hrsg.), Der Jahresabschluss im Widerstreit der Interessen, 315, 320, der zu Recht darauf verweist, dass für den Anteilseigner nicht allein die Gewinnverwendung, folglich die Dividenden, sondern auch die Gewinnerzielung der Gesellschaft, mithin Kurssteigerungen oder günstige Kapitalerhöhungen entscheidend sind.

890 *Streim*, BFuP 2000, 111, 120; *Streim/Bieker/Esser*, BFuP 2003, 457, 470; vgl. auch *Schildbach*, Jahresabschluss und Markt (1986), 7; vgl. auch *Ernstberger*, Erfolgs- und Vermögensmessung nach International Financial Reporting Standards (2004), 59; *Zülch*, Gewinn- und Verlustrechnung nach IFRS (2005), 43.

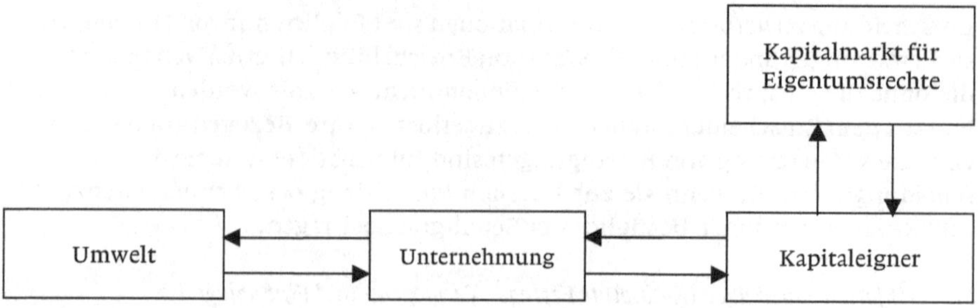

Abbildung 2. Informationsströme[891]

Aus der Abbildung 2. wird deutlich, dass der Eigner durch den Einzelabschluss keine unmittelbar zielrelevanten Informationen erhalten kann. Während ihn die Ausschüttungen (Strom: Unternehmen – Eigner) und die Wertentwicklung der Anteile (Eigner-Kapitalmarkt) interessieren, wird er durch die quantitativen Rechnungslegungsdaten primär über den Gewinn (Strom: Unternehmen – Umwelt) und das Vermögen, aber nicht über seine unmittelbaren Ziele unterrichtet.[892]

Die zukünftigen Ausschüttungen und die künftige Wertentwicklung der gehaltenen Gesellschaftsanteile werden durch den Ertragsstrom, insbesondere die Ertragsüberschüsse des Unternehmens determiniert.[893] Zur Beurteilung der eigentlich zentralen zukünftigen individuellen Nettozahlungsströme wird der Anteilseigner folglich auf Informationen über den zu erwartenden Nettoeinnahmestrom des Unternehmens als Transformationsgröße zurückgreifen.[894]

Der künftige Ertragsstrom des Unternehmens wird wiederum unmittelbar durch die gegenwärtige Vermögenslage bestimmt. Das in der bestehenden Vermögenslage verkörperte Ressourcenset fungiert quasi als Bindeglied zwischen den erfolgten Transaktionen und Ereignissen und dem künftigen Entscheidungs- und Aktionsraum und damit der künftigen Ertragslage des Unternehmens. Die Anteilseigner benötigen mithin Informationen über die bestehende *Vermögenslage* des Unternehmens.

---

891 *Wagner*, ZfbF 1982, 749, 752.
892 *Wagner*, ZfbF 1982, 749, 758.
893 Die Ertragslage eines Unternehmens in einer Berichtsperiode entspricht dem Unternehmenserfolg des Unternehmens in der jeweiligen Periode. Der Unternehmenserfolg wiederum ergibt sich aus der Gegenüberstellung der Erträge und Aufwendungen der Berichtsperiode. Erträge lassen sich dabei als Zuwächse von Vermögenswerten oder Abnahme von Schulden definieren, die das Eigenkapital erhöhen und nicht auf Kapitalzuführungen der Anteilseigner beruhen. Spiegelbildlich zu dieser bestandsgrößenorientierten Definition sind Aufwendungen als Abnahme der Vermögenswerte oder Zunahme der Schulden zu kennzeichnen, die das Eigenkapital mindern und nicht aus Kapitalgewährungen bzw. Ausschüttungen an die Anteilseigner resultieren. Vgl. etwa die Definitionen IFRS-Framework, F.70 lit. a und lit. b.
Vgl. zum Zusammenhang zwischen der Ertragslage bzw. Ertragskraft eines Unternehmens und den künftigen Zahlungsströmen des Unternehmens *Hollmann*, Reporting Performance (2003), 80 f.; 88.
894 *Wüstemann*, Institutionenökonomie und internationale Rechnungslegungsordnungen (2002), 58; vgl. auch *Lange, Christoph*, Jahresabschlussinformationen und Unternehmensbeurteilung (1989), 16.

Die Rechnungslegungsadressaten stützen sich bei der Abschätzung der zukünftigen Ertragslage und damit der zukünftigen individuellen Zahlungsströme zugleich in einem erheblichen Maße auf den Erfolgsausweis vergangener Berichtperioden. Die gegenwärtige *Ertragslage* hat folglich neben den Informationen über die Vermögenslage eine wichtige Indikatorfunktion hinsichtlich des künftigen Ertragsstroms des Unternehmens.[895]

Der individuelle Nettozahlungsstrom wird neben der Vermögens- und Ertragslage auch durch die Finanzierungsstruktur des Unternehmens beeinflusst. Die Investitions- und Finanzierungsstruktur eines Unternehmens (*Finanzlage*) hat zum einen entscheidende Rückwirkungen auf die Ertragslage. Je nachdem ob freie Mittel etwa als Bankguthaben gehalten werden oder investiert werden, lassen sich etwa Zinserträge erwirtschaften oder nicht. Zum anderen ist die Liquidität des Unternehmens entscheidend für die Beurteilung der Entwicklung der Zahlungsströme zwischen dem Unternehmen und den Anteilseignern.

Zusammengefasst benötigt der Anteilseigner folglich Informationen über die bestehende Ertrags-, Vermögens- und Finanzlage des Unternehmens. Auf der Grundlage dieser Informationen können dann Rückschlüsse auf die Entwicklung der Nettoeinnahmeströme der Unternehmung und damit *mittelbar*[896] auf die *individuellen* Zahlungsströme in Form von Dividenden und Wertzuwächsen getätigt werden.[897]

Über Informationen zur Entwicklung des Unternehmens in seiner Gesamtheit hinaus hat der Anteilseigner auch ein Interesse an Informationen über die Potentiale und Entwicklungen der einzelnen Geschäftsbereiche des Unternehmens. Durch eine Segmentierung der Informationen über die Vermögens-, Ertrags- und Finanzlage könnten somit zusätzliche entscheidungsrelevante Informationen bereitgestellt werden. Eine Segmentierung der Daten sollte sich an der Unternehmensstruktur, mithin den jeweiligen Geschäftsfeldern orientieren. Der Ausweis der Daten sollte auf der Grundlage der intern gebräuchlichen Tätigkeitsbereiche erfolgen, da diese Aufgliederung in den meisten Fällen den differenziertesten Einblick in die Chancen und Risiken des Unternehmens ermöglicht.[898]

Die externe Rechnungslegung könnte im Rahmen der aufgezeigten Informationsinteressen der Anteilseigner durch die Bereitstellung von Informationen über die

895 Vgl. *Johnson/Lennard*, Reporting Financial Performance (1998), 18, Par. 3.20.; *Gerbaulet*, Reporting Comprehensive Income (1999), 213 f.; *Hollmann*, Reporting Performance (2003), 9.
896 Zum Aspekt der mittelbaren Informationsvermittlung siehe auch § 8.I.2)a)cc), S. 231 sowie *Blaufus*, Fair Value Accounting (2005), Rn. 575–585.
897 Die Rechnungslegung stellt den Anteilseignern demnach nur Ausgangsdaten bereit, die notwendig erscheinen, damit die Investoren die künftigen, subjektiv geprägten Nettozahlungsströme ermitteln können. Darin spiegelt sich der Rechnungslegungsgrundsatz der Relevanz wider. Vgl. zur Einordnung dieses Grundsatzes in das normative Gerüst des Europäischen Bilanzrechts § 4.II.4)c)bb)(3), S. 154 ff.
898 *American Institute of Certified Public Accountants (Hrsg.)*, Improving Business Reporting – A Customer Focus (1994), Chapter 6 – Financial Statements and related disclosures, abrufbar unter http://www.aicpa.org/members.

Ertrags-, Vermögens- und Finanzlage des bilanzierenden Unternehmens in segmentierter und nicht segmentierter Form als Informationsquelle dienen.[899]

(2) Informationen über die relative Ertrags-, Vermögens- und Finanzlage (Vergleichbarkeit) und das Erfordernis der Periodisierung

Neben Informationen über die absolute Ertrags-, Vermögens- und Finanzlage des Unternehmens sind für den Anteilseigner die intertemporalen Veränderungen der Unternehmensdaten und die unternehmensübergreifende Vergleichbarkeit relevant.

Die interkooperative Vergleichbarkeit hat eine direkte Bedeutung für den Vorteilshaftigkeitsvergleich von Investitionsprojekten und damit auch für die Effizienz des Marktes.[900] Durch die intertemporale Vergleichbarkeit kann zusätzlich sichergestellt werden, dass die Veränderungen in der externen Rechnungslegung durch die Entwicklung der Geschäftstätigkeit begründet und nicht auf bloße Änderungen der Rechnungslegungsmethoden zurückzuführen sind.[901] Eine Analyse der Veränderungen der Unternehmensdaten im Zeitablauf und der Vergleich mit anderen (vergleichbaren) Unternehmen bilden folglich eine sinnvolle Grundlage für die Einschätzung der Unternehmensentwicklung und der Leistungen der Geschäftsführung. Auch hier würde eine zusätzliche Segmentierung der Informationen eine differenziertere intertemporale und unternehmensübergreifende Vergleichbarkeit ermöglichen.

Die Relevanz der Informationen kann sich weiterhin nur bei einer zeitnahen Informationsbereitstellung entfalten.[902] Der Anspruch auf Zeitnähe bezieht sich zum einen auf eine periodische,[903] relativ zeitnahe Informationsbereitstellung und zum anderen auf einen möglichst geringen zeitlichen Abstand zwischen dem Abschlussstichtag und der Veröffentlichung der Daten.[904]

---

899 Der darin zu Ausdruck kommende Gedanke des true and fair view prägt, wie im ersten Teil dieser Arbeit mehrmals betont wurde, sowohl die Rechnungslegungsrichtlinien als auch die endorsed IFRS. Vgl. § 3.II.2)a)bb)(1), S. 36 und § 4.II.4)c)bb)(3), S. 154 ff.

900 *Mujkanovic*, Fair Value im Financial Statement nach International Accounting Standards (2002), 100; zum Aspekt der Markteffizienz vgl. auch *Knutson/Napolitano*, Accounting Horizons June 1998, Vol. 12, Iss. 2, 170, 174.

901 *Mujkanovic*, Fair Value im Financial Statement nach International Accounting Standards (2002), 100. Der Grundsatz der Vergleichbarkeit prägt ebenso das Europäische Bilanzrecht. Vgl. hierzu § 4.II.4)c)bb)(3), S. 154 ff.

902 Vgl. hierzu auch IFRS-Framework, F.43 und § 4.II.4)c)bb)(3), S. 154 ff.

903 Zum Erfordernis der Periodisierung vgl. auch *Fladung*, Das Vorsichts- und Objektivierungsprinzip im deutschen Bilanzrecht (2000), 10 f.

904 Zum letztgenannten vgl. *Mujkanovic*, Fair Value im Financial Statement nach International Accounting Standards (2002), 100.
Das Prinzip der Zeitnähe fungiert zugleich als beschränkendes Element für die Entscheidungsnützlichkeit der Informationen. Der im weiteren Verlauf der Analyse noch näher zu erläuternde Aspekt der Verlässlichkeit der Informationen wird durch das Prinzip der Zeitnähe beeinträchtigt. Es bedarf folglich immer einer Abwägung zwischen der Schnelligkeit der Informationsbereitstellung und ihrer Genauigkeit. In dieser Hinsicht ist der Zeitaspekt ein wichtiges Abwägungselement innerhalb der Ausgewogenheit von Relevanz und Verlässlichkeit der Informationen. Zum Zusam-

(3) *Schlussfolgerung*

Zusammenfassend lässt sich festhalten, dass Anteilseigner zur interessengerechten Ausübung ihres vertraglich zugesicherten Veräußerungsrechts Informationen über die bestehende Vermögens-, Finanz- und Ertragslage des Unternehmens benötigen (Entscheidungs*relevanz*). Diese Informationen müssen zugleich *vergleichbar* und *periodisiert* aufbereitet sein. Eine Segmentierung der Informationen würde sowohl die Relevanz sowie die Vergleichbarkeit der bereitgestellten Informationen verbessern. Diese Merkmale determinieren zusammen die *materiellen Anforderungen* an die bereitzustellenden Informationen.

Die Anteilseigner werden folglich auf die Vereinbarung entsprechender Formen der Informationsgewinnung und -bereitstellung hinwirken. Die externe Rechnungslegung in Form des Einzelabschlusses könnte in diesem Zusammenhang ein Mittel darstellen, das die Notwendigkeit spezifischer transaktionskostenverursachender Aktivitäten für die Bereitstellung von Informationen als Basis für die Wahrnehmung der gesellschaftsvertraglichen Rechte einschränkt. Sie könnte folglich durch standardisierte Informationen als institutionelle Grundlage der Schließung informationsbedingten Lücken des Gesellschaftsvertrages dienen.

bb) Anspruchsbemessungsfunktion

Dem Anteilseigner steht nicht nur das Recht auf Veräußerung der Gesellschaftsanteile zu. Seiner Stellung als Eigner eines Unternehmensanteils ist vielmehr auch ein Gewinnbetätigungsrecht immanent. Neben das Informationsinteresse tritt ein grundlegendes Interesse an Ausschüttungszahlungen. Die Ausschüttungswünsche der Anteilseigner können entsprechend der individuellen Präferenzen sehr unterschiedlich gestaltet sein.[905] Es ist etwa denkbar, dass ein Anteilseigner aufgrund seiner individuellen Präferenzen zu einem bestimmten Zeitpunkt keine Ausschüttung wünscht, ein anderer Anteilseigner aber zum selben Zeitpunkt einen maximalen Zahlungsstrom aus dem Unternehmen anstrebt.

In der Literatur wird zum Teil die Auffassung vertreten, der Anteilseigner könne seinen Einnahmestrom aus dem Unternehmen optimieren, indem er Zwischenanlagen tätigt, Kredite aufnimmt oder einen Teil seiner Beteiligungstitel verkauft.[906] Wäre dies zutreffend, dann könnte der Anteilseigner eine von seinen subjektiven finanziellen Interessen abweichende Ausschüttungspraxis stets kompensieren und es würde folglich nicht zu einem Interessenkonflikt über den Zahlungsstrom zwischen den Anteilseignern kommen.

In der Realität lässt sich eine friktionsfreie Kompensation der gewünschten Ausschüttungspolitik mit Hilfe anderer Finanzierungsmittel nicht erreichen. Ist eine

---

menspiel der letztgenannten qualitativen Merkmale vgl. § 8.I.2)a)cc)(2)(a), S. 233 ff. Zum einschränkenden Charakter des Prinzips der Zeitnähe vgl. auch IFRS-Framework, F.43.

905 *Egner*, Bilanzen (1974), 67 f.; *Fladung*, Das Vorsichts- und Objektivierungsprinzip im deutschen Bilanzrecht (2000), 50.

906 *Egner*, Bilanzen (1974), 30 f. und 68 f.; *Wagner*, ZfbF 1982, 749, 750 f.

Kreditaufnahme notwendig, weil die Ausschüttung zu spät oder nicht in der gewünschten Höhe erfolgt, so können die von dem Anteilseigner zu zahlenden Zinsen höher sein als die im Unternehmen zu erzielende Rendite. Umgekehrt ist es denkbar, dass eine Zwischenanlage, die aufgrund einer verfrühten Ausschüttung erfolgt, nicht die gleiche Rendite bringt, wie sie beim Verbleib des Geldes im Unternehmen erzielt worden wäre.[907] Vor allem aber sind die zusätzlichen Finanztransaktionen mit zusätzlichen Transaktionskosten verbunden.

Aufgrund der Probleme bei der Optimierung des subjektiv gewünschten Einnahmestroms aus dem Unternehmen spielen die Ausschüttungserwartungen der Anteilseigner eine entscheidende Rolle und führen zu einem vorhersehbaren Interessenkonflikt zwischen den Anteilseignern. Der Konflikt ließe sich im Gesellschaftsvertrag durch eine ex-ante Vereinbarung über die Verteilungsregeln partiell lösen. Die heterogenen Erwartungen und Ziele der einzelnen Gesellschafter bezüglich der individuell präferierten Geldzuflüsse werden im Wege eines Kompromisses in Einklang gebracht. Jedem Gesellschafter wird ein quotaler Anspruch auf den Residualgewinn gewährt, der bei einem entsprechenden Ausschüttungsbeschluss der Gesellschafterversammlung zu quotalen Zahlungsströmen an die Gesellschafter führt.[908] Der einzelne Anteilseigner kann in der Gesellschafterversammlung durch die Stimmabgabe entsprechend seiner Anteilsquote über die Verwendung des (wie auch immer ermittelten) Gewinnes mitentscheiden und dadurch seine individuelle Einkommenspräferenz zur Geltung bringen.[909] Über entsprechende Regelungen[910] wird folglich die notwendige Verknüpfung zwischen dem Gewinnstrom und dem Ausschüttungsstrom hergestellt. Der Gewinn wird somit zum Indikator der Zahlungsströme an die Anteilseigner.

Neben Regeln über die Verteilung des Gewinns im Gesellschaftsvertrag oder im Gesellschaftsrecht bedarf es konkreter Regeln über die Art der Gewinnermittlung als notwendige Variable der Ausschüttungsbemessung. Die Regeln über die Gewinnermittlung bestimmen die maximale Höhe der Geldzuflüsse an die Anteilseigner und garantieren zugleich eine bestimmte Mindestverzinsung des eingesetzten Kapitals.[911]

Diese Lücke im Gesellschaftsvertrag lässt sich durch die Anknüpfung an die quantitativen Daten des Einzelabschlusses zur Erfolgsmessung schließen.[912]

Das grundsätzliche Bedürfnis nach regelmäßigen Zahlungsströmen würde des Weiteren eine Periodisierung der Erfolgsmessung voraussetzen.

---

907 *Lange, Gloria*, Bilanzrecht und ökonomische Theorie des Rechts (1999), 25.
908 Vgl. die Regelung des §§ 58 Abs. 4 i. V. m. 60 Abs. 1 AktG.
909 *Brandl*, Zur Begründbarkeit handelsrechtlicher Rechnungslegungsnormen (1987), 252.
910 Siehe im deutschen Recht etwa § 58 AktG.
911 *Lange, Gloria*, Bilanzrecht und ökonomische Theorie des Rechts (1999), 26.
912 So nehmen etwa die Ausschüttungsregeln des Aktienrechts ausdrücklich die handelsrechtlichen Rechnungslegungspflichten in Bezug (vgl. § 150 Abs. 1 AktG).

cc) Konfliktminderung und Informationen zur ex-post Kontrolle (Kontrollfunktion)

Das Bestehen von Informationsasymmetrien und die Annahme eigennützigen Verhaltens bedingen die Gefahr eines opportunistischen Verhaltens anderer Akteure im Unternehmen, etwa in Form einer einseitigen Bevorzugung einzelner Gesellschafter. Die Begünstigung einzelner Anteilseigner außerhalb der vereinbarten Gewinnverteilungsregeln verursacht dem Unternehmen Kosten und entwertet damit die Gewinnaneignungsrechte der übrigen Anteilseigner.[913] Das Interesse an der Werthaltigkeit der eigenen Beteiligung induziert damit ein Bedürfnis nach Kontrolle über Vermögensverschiebungen oder anderweitige Begünstigungen zugunsten einzelner Akteure. Die Vereinbarung verbindlicher Gewinnermittlungs- und Verteilungsregeln ex-ante fungiert bereits als präventiver Kontrollmaßstab. Darüber hinaus bedarf es verbindlicher Regeln der Informationsübermittlung ex-post, um im Wege einer Kontrollrechnung die Dispositionsmöglichkeiten der Insider oder Mehrheitsaktionäre auszuschalten und entsprechende Gewinnverlagerungen aufzudecken.[914] In diesem Zusammenhang kann der Einzelabschluss durch die Bereitstellung der erforderlichen Informationen als Kontrollrechnung dienen.

Auch für die Kontrollrechnung reicht eine Betrachtung der Totalperiode nicht aus.[915] Es bedarf vielmehr einer regelmäßigen periodischen Bereitstellung von Informationen, um Fehlentwicklungen frühzeitig entgegenwirken zu können. Durch eine Segmentierung der Informationen würde des Weiteren eine differenzierte Kontrolle ermöglicht.

dd) Zusammenfassung

Zusammenfassend lässt sich festhalten, dass der Gesellschaftsvertrag aufgrund seiner Komplexität denknotwendig unvollständig ist. Eine interessengerechte Wahrnehmung der vertraglich vereinbarten Veräußerungs- und Gewinnaneignungsrechte setzt zusätzliche institutionelle Arrangements voraus.

Bestehende Informationsasymmetrien machen die Bereitstellung von Informationen über die Vermögens-, Finanz- und Ertragslage des Unternehmens zur Grundvoraussetzung einer interessengerechten Wahrnehmung des vertraglich eingeräumten Veräußerungsrechts. Diese Informationen sollten zur vollen Entfaltung ihrer Entscheidungsrelevanz vergleichbar sein und zeitnah und periodisch bereitgestellt werden. Durch eine zusätzliche Segmentierung der Informationen könnte sowohl die Entscheidungsrelevanz als auch die Vergleichbarkeit weiter erhöht werden.

---

913 *Lange, Gloria*, Bilanzrecht und ökonomische Theorie des Rechts (1999), 20.
914 Vgl. *Lange, Gloria*, Bilanzrecht und ökonomische Theorie des Rechts (1999), 20.
915 *Neus*, Einführung in die Betriebswirtschaftslehre^5 (2007), 365.

Über eine Informationsbereitstellung hinaus erfordern die vertraglich vereinbarten Gewinnverteilungsregeln der Anteilseigner geeignete Regelungen der Gewinnermittlung.

Informations- und Gewinnermittlungsregeln haben nicht nur eine Lückenschließungsfunktion. Ihnen kommt vielmehr zugleich eine konfliktmindernde Wirkung im Verhältnis der Anteilseigner untereinander zu. Diese Konfliktprävention sollte durch die Bereitstellung von ex-post Informationen über die Vermögens-, Finanz- und Ertragslage und erfolgte Vermögenstransfers ergänzt werden. Informationen als Kontrollrechnung sind, wie auch die ex-ante Informationen zur Entscheidungsfindung, vergleichbar und periodisch aufzubereiten. Eine zusätzliche Segmentierung könnte hier ebenfalls das Präventionspotential der bereitgestellten Informationen erhöhen.

Eine der erarbeiteten Interessenlage entsprechende externe Rechnungslegung könnte als institutionelles Arrangement die vertraglichen Beziehungen zwischen den Anteilseignern unterlegen und durch die Bereitstellung entscheidungsrelevanter, vergleichbarer, periodisierter Informationen und einer quantitativen Erfolgsmessung die bestehenden Lücken in den vertraglichen Verhältnissen schließen.

b) Die Interessenlage der potentiellen Anteilseigner

Die Beziehung zwischen dem einzelnen potentiellen Anteilseigner und dem Unternehmen ist aus der Sicht der Ökonomischen Vertragstheorie nicht durch einen rechtsverbindlichen Vertrag, sondern durch einen so genannten relationalen Vertrag gekennzeichnet.[916] Es handelt sich mithin um eine langfristig angelegte Beziehung, jedoch nicht um einen rechtsverbindlichen Vertrag im juristischen Sinne.[917]

Der einzelne relationale Vertrag ist wiederum in die Institution Kapitalmarkt, mithin in ein Netzwerk relationaler Verträge zwischen den einzelnen börsennotierten Unternehmen und den Investoren, eingebettet. Der Kapitalmarkt fungiert hierbei als Überwachungs- und Durchsetzungssystem, auf das sich die Marktteilnehmer vertraglich geeinigt haben, um die Eigenkapitalaufnahme zu erleichtern bzw. sich vor Opportunismus zu schützen.[918]

Auch dieser relationale Vertrag ist aufgrund bestehender Informationsasymmetrien und positiver Transaktionskosten denknotwendig unvollständig.

---

916 *Lange, Gloria*, Bilanzrecht und ökonomische Theorie des Rechts (1999), 116.
917 Vgl. zum Begriff des relationalen Vertrags § 7.II.2)b)dd)(2), S. 204ff. und Fn. 844.
918 *Lange, Gloria*, Bilanzrecht und ökonomische Theorie des Rechts (1999), 116; zum Informationsinteresse des Investors vgl. auch *Mujkanovic*, Fair Value im Financial Statement nach International Accounting Standards (2002), 5.

aa) Bereitstellung entscheidungsrelevanter Informationen

Der potentielle Anteilseigner stellt einem Unternehmen Risikokapital zur Verfügung und erhält hierfür nur einen unsicheren Anspruch auf einen quotalen Anteil am Residualgewinn. Ein Anreiz der potentiellen Investoren für den Erwerb einer Beteiligung besteht demnach nur, wenn die in Aussicht gestellte Verzinsung des eingesetzten Kapitals angemessen ist. Die Verzinsung wird nur dann als angemessen angesehen werden, wenn sie über der üblichen Verzinsung für sichere vergleichbare Finanzanlagen abzüglich eines spezifischen Risikoabschlages liegt.

(1) Informationen über die absolute Vermögens-, Ertrags- und Finanzlage des Unternehmens und die Bemessung des Risikoabschlages

Zur Beurteilung der Angemessenheit der offerierten Verzinsung muss der potentielle Investor, wie auch der bereits im Unternehmen involvierte Anteilseigner, eine Beurteilung der zukünftigen individuellen Nettoeinnahmen, bestehend aus dem zu erwartenden Ausschüttungsstrom und der Wertsteigerung der Anteile, vornehmen.[919]

Der künftige individuelle Nettozahlungsstrom wird durch den zu erwartenden Einnahmestrom des Unternehmens und damit mittelbar durch die bestehende Vermögenslage und das darin verkörperte Potential und Ressourcenset der Unternehmung determiniert.[920] Ebenso kommt den ausgewiesenen Periodenerfolgen vergangener Berichtsperioden eine wesentliche Indikatorfunktion für die künftige Ertragslage des Unternehmens und damit mittelbar für die zu erwartenden individuellen Zahlungsströme zu. Die Fähigkeit des Unternehmens, aus eigener Kraft Zahlungsmittel zu generieren und damit Investitionen zu tätigen und Zahlungen an die Anteilseigner zu leisten, ist ebenfalls von entscheidender Bedeutung für die Abschätzung des zu erwartenden Nettozahlungsstroms des Eigners.

Der potentielle Anteilseigner benötigt mithin wie auch die Anteilseigner entscheidungsrelevante Informationen über die Vermögens-, Ertrags- und Finanzlage des Unternehmens. Der Investor wird daneben auch den voraussichtlichen Verkaufspreis der Beteilung in die Risikobeurteilung mit einbeziehen. Auch diesbezüglich bedarf der Investor prognosegeeigneter Informationen über die zukünftige Entwicklung des Unternehmens. Die Entscheidungsrelevanz der Informationen über die Vermögens-, Finanz- und Ertragslage könnte durch eine Segmentierung der Informationen, etwa nach den Geschäftsbereichen des Unternehmens, zusätzlich erhöht werden.

Das Management des Unternehmens und die bereits involvierten Anteilseigner sind in der Regel besser informiert als der außenstehende Investor. Sie haben Zugang zu Planungen, Prognosen und Informationen über die Markt- und Wettbewerbssituation des Unternehmens. Das sich daraus ergebende Informationsgefälle

---

919 Vgl. *Wagenhofer/Ewert*, Externe Unternehmensrechnung^2 (2007), 5.
920 Näher zu den Zusammenhängen zwischen dem künftigen individuellen Zahlungsstrom, der künftigen Ertragslage und der bestehenden Ertrags- und Vermögenslage siehe § 8.I.1)a)aa)(1), S. 215 ff.

zwischen dem Ersteller der Unternehmensrechnung und dem externen Adressaten und die damit, unter der Annahme eigennützigen Verhaltens, verbundene Gefahr opportunistischen Verhaltens ist dem potentiellen Anteilseigner wohl bekannt. Er wird daher, unter Abzug eines spezifischen Risikoabschlages,[921] nur bereit sein, einen unter dem eigentlichen Marktpreis liegenden subjektiven Grenzpreis[922] für die Beteiligung zu zahlen. Die Höhe des subjektiven Risikoabschlages hängt wiederum von dem Wert des Unternehmens, aber vor allem von der Zuverlässigkeit der bereitgestellten Unternehmensdaten, mithin von der Manipulationsfreiheit der Informationen ab.[923]

Die bestehende Informationsasymmetrie und das damit verbundene Opportunismusproblem kann schlimmstenfalls nach dem No-Trading-Theorem[924] dazu führen, dass die Investoren ganz von dem Beteiligungserwerb absehen. Um die Durchführung der Eigenkapitalfinanzierung zu gewährleisten, muss das Unternehmen folglich einen Weg zur Überwindung des bestehenden Misstrauens und damit zur Minimierung des Risikoabschlags finden.

Der externen Rechnungslegung können keine direkten Informationen über die künftigen Zahlungsströme entnommen werden. Enthaltene Daten über die Ertrags-, Finanz- und Vermögenslage des Unternehmens könnten aber als Signal der Entwicklung des Unternehmenswertes, der Qualität des Unternehmens und des Managements indirekt, über die Verknüpfung des Gewinnstromes (Strom Unternehmung - Umwelt) mit dem Ausschüttungsstrom, als Signal über den künftigen Zahlungsstrom fungieren.[925] Eine interessengerecht ausgestaltete externe Rechnungslegung könnte folglich als Ersatzindikator für die Entscheidung des Investors dienen, auf deren Grundlage sich gewisse Rückschlüsse auf die künftigen Dividenden und den künftigen Anteilspreis tätigen lassen.[926]

Auf Seiten der Unternehmensbeteiligten bestehen zugleich die nötigen Anreize zur Bereitstellung dieser entscheidungsnützlichen Signale. Für die bereits involvierten Anteilseigner resultiert das Bestreben zum Abbau des Misstrauens der potentiellen Investoren aus dem Eigeninteresse an einem individuell optimalen Einnahmestrom. Die Minimierung des Risikoabschlages ermöglicht eine günstigere

---

921 Vgl. *Merkt*, Unternehmenspublizität (2001), 212.

922 Der Grenzpreis kennzeichnet dabei den Preis, den der Investor maximal bereit ist für die Beteiligung zu zahlen. Vgl. zum Grenzpreisprinzip *Moxter*, Grundsätze ordnungsmäßiger Unternehmensbewertung[2] (1990), 9.

923 Zum Aspekt der Zuverlässigkeit vgl. § 8.I.2)a)cc)(2)(a) S. 233 ff.

924 Siehe § 7.II.2)b)bb), S. 195; vgl. auch *Ewert*, Anlegerschutz, in: *Busse von Colbe/Pellens* (Hrsg.), Lexikon des Rechnungswesens[4] (1998), 45 Sp. 1, 45 Sp. 2.

925 Ein taugliches Signal im Sinne des signaling-Ansatzes liegt aber nur dann vor, wenn das Signal eines ertragsstarken Unternehmens gegen entsprechende Nachahmungen durch ein in Wahrheit ertragsschwaches Unternehmen geschützt ist (*Lange, Gloria*, Bilanzrecht und ökonomische Theorie des Rechts (1999), 118). Dies ist vorliegend durch die Verbindung zwischen der Informationsfunktion und der Ausschüttungsbemessungsfunktion gewährleistet. Mit einem höheren Gewinnausweis ist über die Ausschüttungsbemessungsfunktion ein höherer, womöglich substanzgefährdender Abfluss liquider Mittel an die Anteilseigner verbunden, so dass für ein ertragsschwaches Unternehmen kein Anreiz für die Nachahmung des Signals besteht.

926 *Wagner*, ZfbF 1982, 749, 758.

Eigenkapitalfinanzierung und führt mithin über die Sicherung oder gar Steigerung des Unternehmenswertes wiederum zu einer Erhöhung der künftigen Dividenden. Auch das Management hat, abgesichert etwa durch eine erfolgsabhängige Vergütung oder einen funktionierenden Markt für Unternehmensübernahmen, ein grundsätzliches Interesse an einer günstigen Eigenkapitalfinanzierung und damit an der Minimierung des Risikoabschlages auf Seiten der potentiellen Investoren durch die Bereitstellung der entscheidungsnützlichen Informationen.

Gleichzeitig werden die potentiellen Anteilseigner angesichts der Gefahr, beim Erwerb der Beteiligung einen – an der Rendite gemessen – zu hohen Preis für die Anteile zu zahlen, verbunden mit der Chance, eine über dem üblichen Marktzins liegende Rendite zu erzielen, direkte Informationen über die künftige Entwicklung des Unternehmens anstreben.

Es ist daher sowohl auf Seiten der potentiellen Anteilseigner als auch auf Seiten der Unternehmensbeteiligten mit transaktionskostenerhöhenden Aktionen zur Informationsgewinnung und Informationsbereitstellung zu rechnen. Ausgehend von der Vorstellung eines relationalen Vertrages zwischen dem Unternehmen und den potentiellen Anteilseignern müsste das Unternehmen, gäbe es keine Institutionen für die Informationsbereitstellung, mit den einzelnen Anteilseignern in Verbindung treten, um diese von der Vorteilhaftigkeit der Investition zu überzeugen. Dabei würde es vermutlich zu Verhandlungen über die Informationsbereitstellung und damit zwingend auch über die Art der Informationserzeugung und -übertragung kommen.[927]

Ein derartiges Vorgehen würde sowohl für das Unternehmen als auch für den potentiellen Anteilseigner zu hohen Transaktionskosten führen.[928] Eine interessengerecht ausgestaltete externe Rechnungslegung könnte in diesem Zusammenhang ein Mittel darstellen, das die Notwendigkeit dieser transaktionskostenverursachenden Aktivitäten durch die Bereitstellung standardisierter Informationen einschränkt. Beide Seiten könnten so die Kosten der Transaktion reduzieren.

(2) Informationen über die relative Ertrags- und Vermögenslage (Vergleichbarkeit) und das Erfordernis der Periodisierung

Neben Informationen über die absolute Ertrags-, Finanz- und Vermögenslage des Unternehmens ist die intertemporale und unternehmensübergreifende Vergleichbarkeit der Unternehmensdaten für die Beurteilung des Unternehmens als Investitionsobjekt für die potentiellen Anteilseigner von hoher Relevanz. Daneben werden sie eine periodisierte Darstellung der Unternehmensentwicklung im Rahmen der Informationsbereitstellung präferieren.

927 Vgl. *Lange, Gloria*, Bilanzrecht und ökonomische Theorie des Rechts (1999), 118.
928 *Lange, Gloria*, Bilanzrecht und ökonomische Theorie des Rechts (1999), 118.

bb) Schlussfolgerung

Der relationale Vertrag zwischen den potentiellen Anteilseignern und dem Unternehmen ist aufgrund bestehender Informationsasymmetrien und Transaktionskosten lückenhaft.

Die potentiellen Anteilseigner benötigen für interessengerechte Investitionsentscheidungen Informationen über die bestehende Vermögens-, Ertrags- und Finanzlage des Unternehmens (Entscheidungsrelevanz), die zugleich vergleichbar, periodisiert und in segmentierter und nicht segmentierter Form aufbereitet sein sollten. Diese Merkmale determinieren die materiellen Anforderungen an ein interessengerechtes, institutionelles Arrangement zur Schließung der informationsbedingten Lücken in den bestehenden relationalen Vertragsverhältnissen.

2) Allgemeine Anforderungen an die externe Rechnungslegung

Aus der geschilderten Interessenlage der Anteilseigner und potentiellen Anteilseigner lassen sich im Folgenden allgemeine Anforderungen an eine interessengerechte Unternehmensberichterstattung herleiten. Diese allgemeinen Anforderungen werden dann im nächsten Abschnitt weiter konkretisiert, mithin in konkrete Implikationen für eine interessen- und funktionsgerechte externe Rechnungslegung aus der Sicht der Anteilseigner und potentiellen Anteilseigner überführt.

a) Das Bedürfnis nach entscheidungsnützlichen Informationen

Nachdem die grundlegenden Informationsinteressen der Anteilseigner, demnach die materiellen Anforderungen an die bereitgestellten Informationen bzw. Informationsinhalte,[929] herausgearbeitet wurden, ist im Folgenden das erforderliche Abbildungsinstrument für diese entscheidungsnützlichen Informationen näher zu betrachten. Aufgabe der folgenden Abschnitte ist es daher, allgemeine Anforderungen an einen adäquaten Informationsträger für die erarbeiteten entscheidungsrelevanten Informationen abzuleiten.

Einem solchen Informationssystem würden die Informationsadressaten nur dann einen Wert beimessen, wenn die Informationen ihnen nicht bereits anderweitig zur Verfügung gestellt werden. Dies lenkt den Blick auf die These von der halbstrengen Informationseffizienz der Kapitalmärkte.

Das Ziel, die Ableitung eines interessengerechten Informationssystems, erfordert zudem zuvor eine Auseinandersetzung mit dem zum Teil vertretenen Theorem der generellen Unmöglichkeit einer entscheidungsnützlichen Informationsvermittlung.

---

929 Vgl. *Mujkanovic*, Fair Value im Financial Statement nach International Accounting Standards (2002), 84. Mujkanovic differenziert zu Recht zwischen den materiellen Anforderungen an den Informationsinhalt und den formell geprägten Anforderungen an die Informationsqualität, mithin der Informationsaufbereitung.

aa) Informationswert der externen Rechnungslegung und die Informationseffizienz der Kapitalmärkte

Nach der These von der halbstrengen Informationseffizienz der Kapitalmärkte reflektiert die Höhe des Wertpapierkurses der Unternehmensanteile alle zum Betrachtungszeitpunkt öffentlich zugänglichen Informationen.[930] Bei Gültigkeit dieser These wäre es individuellen Anlegern nicht möglich, aus der Auswertung veröffentlichter Unternehmensberichte systematisch Gewinne zu erzielen.[931]

Zusätzliche Informationssysteme etwa in Form der externen Rechnungslegung hätten für die potentiellen Anteilseigner keinen Informationswert, da bereits im Marktpreis der Unternehmensbeteiligungen alle entscheidungsrelevanten Informationen zutreffend antizipiert wären.

Die Theorie von der Informationseffizienz der Kapitalmärkte in ihren unterschiedlichen Ausprägungen[932] verkennt aber, dass auch die Marktpreisbildung Finanzinformationen voraussetzt. Auf einem informationseffizienten Markt bringen Beschaffung und Auswertung neuer Informationen keine Überrendite. Ist die Informationsgewinnung folglich nicht mit einem zusätzlichen Nutzen, die Auswertung der Informationen aber mit Zeit, Kosten und Mühen verbunden, liegt es nahe, dass eine Informationsgewinnung und eine Auswertung der Informationen unterbleiben. Bestehen für die Marktteilnehmer keine Anreize zur Informationsbeschaffung und Auswertung derselben, fließen auch keine neuen Informationen in die Kursbildung ein. Der Markt kann demnach nicht mehr informationseffizient sein. Es kann somit denknotwendig keine Informationseffizienz des Marktes geben (Informationsparadoxon).[933]

Informationssysteme mit den aufgezeigten Informationsinhalten werden somit nicht durch den Informationsfluss auf dem Kapitalmarkt hinfällig, sondern stellen vielmehr eine Funktionsdeterminante dieser Märkte dar.[934]

---

930 Vgl. zu dieser These *Wagner*, ZfbF 1982, 749, 761; *Kirchner*, in: *Schildbach/Wagenhofer* (Hrsg.), Wettbewerb und Unternehmensrechnung, ZfbF-Sonderheft 45 (2000), 41, 43; *Schmidt, M.*, Das Konzept einer kapitalmarktorientierten Rechnungslegung (2000), 22; *Watrin*, Internationale Rechnungslegung und Regulierungstheorie (2001), 60.

931 Vgl. für viele *Wagner*, ZfbF 1982, 749, 761; *Kirchner*, in: *Schildbach/Wagenhofer* (Hrsg.), Wettbewerb und Unternehmensrechnung, ZfbF-Sonderheft 45 (2000), 41, 43.

932 In der strengen Form wird davon ausgegangen, dass sämtliche – auch nicht öffentlich zugängliche – Informationen ohne Zeitverzug ihren Niederschlag im Börsenkurs finden. Informationseffizienz in der schwachen Form liegt vor, wenn die im Kurs verarbeiteten Informationen nur auf den vergangenen Preisen beruhen; vgl. dazu *Schildbach*, Jahresabschluss und Markt (1986), 10–11.

933 Vgl. *Schildbach*, Jahresabschluss und Markt (1986), 26 ff.; *Kirchner*, in: *Schildbach/Wagenhofer* (Hrsg.), Wettbewerb und Unternehmensrechnung, ZfbF-Sonderheft 45 (2000), 41, 43; *Schmidt, M.*, Das Konzept einer kapitalmarktorientierten Rechnungslegung (2000), 23 f.; *Watrin*, Internationale Rechnungslegung und Regulierungstheorie (2001), 60 f.; *Ernstberger*, Erfolgs- und Vermögensmessung nach International Financial Reporting Standards (2004), 19.

934 Zur Institutionsschutzfunktion der Rechnungslegungsinformationen vgl. § 9, S. 348 ff.

bb) Das Theorem der Unmöglichkeit entscheidungsnützlicher Informationsvermittlung

(1) *Entscheidungstheoretische Grundlage*

Vor dem Hintergrund der Einbettung der Informationsvermittlung in den Entscheidungsprozess des Individuums wird jedoch die These vertreten, dass aufgrund der unterschiedlichen individuellen Präferenzen und Entscheidungskontexte eine systematische Informationsvermittlung schier unmöglich sei.[935]

Die Wahl einer bestimmten Aktion bzw. das Treffen einer spezifischen Entscheidung wird immer durch die Präferenzen des Entscheidenden hinsichtlich der damit verbundenen Ergebnisse geprägt.[936] Die durch die gefällte Entscheidung herbeigeführten Folgen werden aber wiederum durch die eintretenden Umweltzustände mitbestimmt. In den Entscheidungsprozess sind somit nicht nur die individuellen Präferenzen, sondern auch Informationen über die Wahrscheinlichkeiten hinsichtlich möglicher Umweltzustände mit einzubeziehen.[937]

Informationssysteme führen in der Folgezeit durch die Abgabe spezifischer Signale zu einer entscheidungsnützlichen Revision der ursprünglichen Wahrscheinlichkeiten der ereignisbestimmenden Umweltzustände. Die Entscheidung kann folglich revidiert und auf die noch verbleibenden wahrscheinlichen Umweltzustände ausgerichtet werden

Aus dem Gesagten lässt sich folgern, dass sich der Nutzen einer Information immer nur für einen spezifischen Entscheidungskontext bestimmen lässt, der allgemein durch die Präferenzen, das Entscheidungsumfeld und die Erwartungen der Anleger geprägt ist.[938] Hinsichtlich der Vorteilhaftigkeit eines Informationssystems lassen sich folglich nur ganz allgemeine Aussagen tätigen. Eine Verbesserung der Entscheidungsfunktion würde voraussetzen, dass sowohl die Präferenzen des Entscheiders als auch das Entscheidungsumfeld des Entscheiders bekannt sind. Erschwerend kommt noch hinzu, dass die Beziehung zwischen den Präferenzen, dem Entscheidungsumfeld und den individuellen Informationswerten selbst nicht monoton ist.[939]

Ohne Kenntnis der aufgezeigten Determinanten können demnach nur kostenlose Systeme miteinander verglichen werden, soweit sie nach ihrer Feinheit geordnet werden können[940] Dieses in der Literatur als Blackwells Theorem oder Feinheitstheorem bezeichnete Ergebnis besagt, dass ein Entscheidungsträger unabhängig von dem konkreten Entscheidungskontext stets das feinere System präferiert

---

935 Vgl. *Demski*, The Accounting Review 1973, 718–723.
936 Vgl. *Wagenhofer/Ewert*, Externe Unternehmensrechnung² (2007), 49.
937 *Wagenhofer/Ewert*, Externe Unternehmensrechnung² (2007), 47.
938 Vgl. *Ballwieser*, FS Waldemar Wittmann (1985), 21, 39.
939 *Ballwieser*, FS Waldemar Wittmann (1985), 21–40.
940 *Ballwieser*, FS Waldemar Wittmann (1985), 21–40; vgl. zum Feinheitstheorem auch *Wagenhofer/Ewert*, Externe Unternehmensrechnung² (2007), 61 ff.

bzw., trivial ausgedrückt, mehr Informationen wenigeren vorziehen wird, falls keine Informationskosten zu berücksichtigen sind.[941]

Informationssysteme lassen sich aber nur beschränkt nach ihrer Feinheit ordnen. Werden durch die Informationssysteme ganz unterschiedliche Informationen vermittelt, so fehlt es bereits an der Grundlage für den Vergleich nach dem Kriterium der Feinheit und damit für eine Ordnung der Systeme. Das Feinheitstheorem versagt schließlich völlig, wenn mit der Informationsproduktion Kosten verbunden sind.[942] Aufgrund des eingeschränkten Anwendungspotentials des Feinheitstheorems gibt es folglich keinen allgemeinen Qualitätsmaßstab für Informationssysteme, der unabhängig von den individuellen Entscheidungsparametern ist.[943] Können aber Informationssysteme selbst für einen einzelnen Adressaten anhand des Feinheitstheorems nicht in eine vollständige Ordnung gebracht werden, lässt sich unter den angegebenen Bedingungen eine Präferenzordnung über die Informationssysteme weder für die gesamte Adressatengruppe noch für alle Adressaten der Informationen finden.[944]

(2) *Schlussfolgerungen aus den entscheidungstheoretischen Erkenntnissen*

Aus dem Gesagten lässt sich zunächst einmal die banale Aussage schlussfolgern, dass die externe Rechnungslegung als Informationssystem selbst grundsätzlich kein prognosefähiges Wissen bereitstellt,[945] sondern, wie *Schneider* zu Recht bemerkt, allemal „bedingtes Tatsachenwissen“[946] liefert und zwar Tatsachenwissen über das Entscheidungsumfeld, welches bestimmte Ergebnisse der möglichen Aktionen bedingt.

Auf der Grundlage dieses Tatsachenwissens kann der einzelne Rechnungslegungsadressat (Entscheider) dann mit Hilfe theoretischer Ansätze prognostische Aussagen über die Ergebnisse der zur Wahl stehenden Aktionen ableiten und eine zweckgerichtete Auswahl derselben tätigen. Rechnungslegungsinformationen bilden mithin nicht „itself a prediction“, sondern sind nur die Ausgangsdaten, die in die Prognosemodelle einzugeben sind.[947]

Die obigen Ausführungen führen auf den ersten Blick zu der Schlussfolgerung, dass sich ein Informationssystem, das entscheidungsnützliche Informationen in Form von Ausgangsdaten für alle Adressaten der externen Unternehmensrechnung bereitstellt, nicht herleiten lässt. Die fehlende Kenntnis der komplexen Präferenzen und Entscheidungsumfelder der einzelnen Adressaten und die Unmöglichkeit der Ordnung der Informationssysteme unabhängig von deren Entscheidungsdetermi-

---

941 Vgl. *Wagenhofer/Ewert*, Externe Unternehmensrechnung^2 (2007), 63.
942 *Ballwieser*, ZfbF 1982, 772, 782.
943 Vgl. *Wagenhofer/Ewert*, Externe Unternehmensrechnung^2 (2007), 68 f.
944 Vgl. *Ballwieser*, ZfbF 1982, 772, 782; *Wagenhofer/Ewert*, Externe Unternehmensrechnung^2 (2007), 68 f.
945 Vgl. *Ballwieser*, FS Hermann Clemm (1996), 1, 18.
946 *Schneider*, Betriebswirtschaftslehre, Bd. 2: Rechnungswesen^2 (1997), 201.
947 Vgl. SFAC 1.50; vgl. auch *Salvary*, Global Business & Economics Review Vol. 5 (2003), 140, 151–153, 164; *Blaufus*, Fair Value Accounting (2005), insbes. Rn. 534, 585.

nanten ließen eine Ableitung allumfassend entscheidungsnützlicher Informationssysteme bereits vom Ansatz her unmöglich erscheinen.[948] Die Entscheidungsnützlichkeit als Zielfunktion würde demnach zu einem reinen „Papiertiger"[949] degradiert.[950]

Sieht man ein Rechnungslegungssystem nur dann als normativ legitimiert an, wenn es eine umfassende Informationsversorgung *aller* individuellen Adressaten gewährleistet, so mag das scharfe Urteil der Unmöglichkeit einer normativen Rechnungslegung zutreffend sein. Damit würde aber standardisierten Instrumentarien, denen ein gewisser Kompromisscharakter immanent ist, die normative Legitimation im Allgemeinen abgesprochen. Der legitimierende Charakter von durch hypothetische Abstimmungsprozesse geformten Kompromisslösungen würde demnach verkannt.

Sowohl die Annahme homogener Gruppenpräferenzen als auch die Zulassung beliebiger Individualpräferenzen[951] sind als extreme Grundannahmen realitätsfern. Führt man deshalb Ähnlichkeitsbedingungen durch die Annahme eines durch hypothetischen Konsens legitimierten Kompromisses ein, so lassen sich bestimmte Gruppenpräferenzen im Wege eines Abstimmungsprozesses ableiten. Bezogen auf die Anteilseigner ist folglich anzunehmen, dass sich diese im Wege eines Konsenses (Konsensprinzip) darauf einigen, dass die Bereitstellung von Informationen über die Vermögens-, Finanz- und Ertragslage, aus denen entsprechende Rückschlüsse auf die zukünftigen Zahlungsströme getätigt werden können, eine geeignete Informationsgrundlage für ihre Entscheidungen darstellt. Die Weiterführung des Gedankens der Legitimation durch Konsens könnte dann durchaus im Wege eines Abstimmungsprozesses zwischen den Adressaten des Unternehmensberichtes zu einer normativ legitimierten Rechnungslegung führen.

Aus dem Gesagten lässt sich eine weitere Schlussfolgerung ziehen: Eine standardisierte Rechnungslegung ist aufgrund des immanenten Kompromisscharakters und der Lückenhaftigkeit des zugrunde liegenden Wissens denknotwendig unvollkommen.[952] Die notwendige Bewertung bestehender Ungewissheiten und die daraus resultierenden Gestaltungsspielräume verstärken diese allgemeine Unvollkommenheit der Rechnungslegungsregeln weiter.[953] Diese zwangsläufigen Unge-

948 So etwa die Schlussfolgerung von *Demski*, The Accounting Review, Vol. 48 (1973), 718, 723; *Ballwieser*, ZfbF 1982, 772, 781 f.; *ders.*, FS Volker Röhricht (2005), 727, 733.

949 Vgl. *Ballwieser*, FS Volker Röhricht (2005), 727, 733, 737.

950 Aus den benannten Erkenntnissen wird teilweise sogar die Unmöglichkeit normativer Rechnungslegungsregeln hergeleitet. Vgl. *Demski*, The Accounting Review, Vol. 48 (1973), 718, 723.

951 Nach den so genannten Arrow-Bedingungen; vgl. hierzu *Ballwieser*, ZfbF 1982, 772, 787 m.w.N.

952 In dieser Hinsicht ist die Aussage von Ballwieser richtig, dass Regulierer nur Plausibilitätserwägungen vornehmen können (vgl. *ders.*, FS Volker Röhricht (2005), 727, 733). Dies ist jedoch eine immanente Eigenschaft jeder Regulierung.

953 Vgl. *Schulze-Osterloh*, ZIP 2004, 1128, 1130.

wissheiten sind unüberwindbare, aber zugleich naturgegebene Grenzen einer „wahren" Rechnungslegung.[954]

Das Bewusstsein für diese „unvermeidlichen Ungenauigkeiten"[955] verstärkt die Anforderungen an den Regulierer, die Wirkung dieser Spielräume nicht durch weitere explizite oder faktische Wahlrechte zu verstärken, sondern soweit wie möglich durch Angabe- und Erläuterungspflichten zu kompensieren.[956] Darin zeigt sich auch, dass das Ziel der Bereitstellung entscheidungsnützlicher Informationen nicht unter Verzicht auf verbale Erläuterungen des Zahlenwerks der Bilanz und Gewinn- und Verlustrechnung erreicht werden kann.[957]

cc) Die Suche nach dem geeigneten Informationsträger

Nachdem die Notwendigkeit und die Möglichkeit der Vermittlung entscheidungsnützlicher Informationen in Form von Ausgangsdaten mittels entsprechender Informationssysteme im Grundsatz bejaht wurden, ist nun der geeignete Informationsträger zu identifizieren.

(1) Gewinn als Informationsträger

Anknüpfend an die dynamische Bilanzauffassung[958] könnte der Gewinn, zumindest in seiner relativen Veränderung zu den Vorperioden, als zentraler Informationsträger angesehen werden. Die Eignung als primärer Informationsträger würde voraussetzen, dass zum einen der Gewinn zumindest die Veränderung der relativen Ertragslage des Unternehmens widerspiegeln würde; zum anderen müsste kumulativ dazu ein Gleichlauf zwischen dem Indikator und den individuellen Interessen bestehen.[959]

Bereits einer Gleichsetzung des Gewinns mit der Ertragslage des Unternehmens ist nicht möglich. Allein aus einem hohen Gewinn kann nicht ohne Einschränkung auf eine positive Unternehmenslage geschlossen werden. Daneben ist auch der Gleichlauf zwischen dem Gewinn als Indikator und den individuellen Interessen der Aktionäre nicht gewährleistet. Aktionäre interessieren sich in finanzieller Hinsicht zumeist nicht primär für die Entwicklung des Gewinns, sondern die Entwicklung der gesamten Vermögens-, Finanz- und Ertragslage des Unternehmens.

Aus der negativen Bewertung des Gewinns als zentraler Informationsträger kann aber nicht auf die fehlende Entscheidungsnützlichkeit des Gewinns an sich ge-

954 Vgl. hierzu *Kleindiek*, ZGR 1998, 466, 487; *Clemm*, FS Volker Röhricht (2005), 767, 771.
955 *Clemm*, FS Volker Röhricht (2005), 767, 771.
956 Aber auch dieser Kompensation durch zusätzliche Angabe- und Erläuterungspflichten sind Grenzen gesetzt. Kostenerwägungen und die Gefahr eines information overkill für den Adressaten erfordern eine Beschränkung der Erläuterungen auf ein vernünftiges Maß. So u.a. auch *Clemm*, FS Volker Röhricht (2005), 767, 785.
957 Vgl. *Kleindiek*, ZGR 1998, 466, 487.
958 Vgl. hierzu § 7.I.1), S. 183.
959 *Wüstemann*, Institutionenökonomie und internationale Rechnungslegungsordnungen (2002), 67.

schlossen werden. Vielmehr folgt daraus lediglich, dass der Gewinn nicht für sich genommen entscheidungsrelevante Informationen vermitteln kann.[960] Die Entscheidungsrelevanz des Gewinns im subsidiären Sinne, insbesondere im Hinblick auf die Beurteilung der Ertragslage, steht dennoch außer Frage.

(2) Primärer Informationsträger: vergangenheitsorientierte Informationen

In der Literatur wird zunehmend die Bereitstellung direkt prognostischer, zukunftsgerichteter Daten über die Vermögens-, Finanz- und Ertragslage zur Vermittlung der aufgezeigten entscheidungsrelevanten Informationen präferiert.[961] Informationen über die *künftige* absolute und relative Lage eines Unternehmens würden ein Informationssystem aus prognostischen Daten voraussetzen, um zielbezogene Aussagen zu ermöglichen. Ausgehend von diesen Gedanken wird der Rechnungslegung wegen ihrer Vergangenheitsorientierung und der darin zum Ausdruck kommenden Objektivierung die Eignung als entscheidungsnützliche Informationsquelle abgesprochen.[962] Da die Rechnungslegung niemals über die Zukunftserwartungen selbst informiert, gibt es nach *Schneider* „schon aus wissenschaftslogischen Gründen keine Informationsfunktion des Jahresabschlusses, wenn damit entscheidungsrelevantes, zukunftsbezogenes Wissen [...] gemeint ist“[963]. Die darüber hinaus auch empirisch[964] nicht nachweisbare Relevanz der Rechnungslegung für die Informationsversorgung spräche folglich für eine primäre Ausrichtung der Rechnungslegungsvorschriften an anderen Funktionen, wie etwa der Ausschüttungsbemessungsfunktion.[965]

---

960 *Wüstemann*, Institutionenökonomie und internationale Rechnungslegungsordnungen (2002), 69.

961 *Schneider*, in: *Baetge* (Hrsg.), Der Jahresabschluss im Widerspruch der Interessen (1983), 131, 144; *Kahle*, KoR 2002, 95, 101–104, *ders.*, WPg 2003, 262, 264–266.

962 *Schneider*, in: *Baetge* (Hrsg.), Der Jahresabschluss im Widerspruch der Interessen (1983), 131, 144; *Fladung*, Das Vorsichts- und Objektivierungsprinzip im deutschen Bilanzrecht (2000), 21; *Streim*, BFuP 2000, 111, 125.

963 *Schneider*, in: *Baetge* (Hrsg.), Der Jahresabschluss im Widerspruch der Interessen (1983), 131, 144; vgl. auch *ders.*, Betriebswirtschaftslehre, Bd. 2: Rechnungswesen[2] (1997), 201 f.

964 Verschiedene empirische Studien (u.a. von *Ball/Brown*, Journal of Accounting Research Vol. 6 (1968), 159–178; *Brandi*, Informationswirkungen der Jahresabschlußveröffentlichung auf Entscheidungen am Aktienmarkt, Diss. Augsburg 1977), die den Informationsgehalt von Jahresabschussinformationen anhand der Reaktionen der Aktienkurse um den Tag der Veröffentlichung untersuchten, kamen zu dem Ergebnis, dass die Rechnungslegung mehr oder weniger nur einen geringen zusätzlichen Informationsgehalt gegenüber den bereits am Markt bekannten und verarbeiteten Informationen aufweist. Vgl. auch *Coenenberg*, Jahresabschluss und Jahresabschlussanalyse[20] (2005), 1236.

965 *Moxter*, Bilanzlehre Bd. I: Einführung in die Bilanztheorie (1984), 156–159; *Fladung*, Das Vorsichts- und Objektivierungsprinzip im deutschen Bilanzrecht (2000), 21 f. Gegen die Informationsvermittlung als Zwecksetzung für die Ausgestaltung der materiellen Bilanzregeln wird angeführt, dass die Notwendigkeit der Drittinformation nur bei bestimmten Rechtsformen gegeben sei, die Bilanzregeln aber rechtsformübergreifend gelten (*Fladung*, a.a.O., 22). Diese Argumentation greift zu kurz. Auch wenn eine Trennung zwischen Eigentum und Verfügungsmacht nicht vorliegt, ist die Bereitstellung der Jahresabschlussinformation für Gläubiger, insbesondere die Kreditnehmer, und potentielle Anteilseigner entscheidungsrelevant.

Die Bevorzugung ausschließlich prognoseorientierter Informationen als Grundlage der individuellen Prognosen der Rechnungslegungsadressaten ist Ausdruck einer spezifischen Auffassung über das Verhältnis zwischen der Relevanz und dem Merkmal der Verlässlichkeit. Direkt prognostische Informationsträger zu befürworten, bedeutet zugleich, die intersubjektive Verifizierbarkeit der Informationen für entbehrlich zu halten. Das damit angesprochene Spannungsverhältnis zwischen der Relevanz und der Verlässlichkeit ist nicht nur kennzeichnend für die Rechnungslegungsinformationen, sondern „schlechthin für jedes Informationssystem“.[966]

(a) Entscheidungsnützlichkeit: Relevanz und Verlässlichkeit

Bereits die Anknüpfung der Gewinnverteilung sowie die geschilderte konfliktmindernde Funktion der Gewinnermittlungsregeln verleihen den Größen der externen Rechnungslegung Tatbestandscharakter und bedingen folglich eine gewisse Verlässlichkeit der bilanziellen Gewinnermittlung und Vermögensaufstellung.[967]

Versteht man das Merkmal der Zuverlässigkeit im weitesten Sinne als Eliminierung des Subjektiven und als Gewährleistung einer Kontrollier- und Nachvollziehbarkeit im formellen Sinne,[968] so können bestimmte Spannungen mit der grundsätzlich angestrebten entscheidungsrelevanten Informationsvermittlung auftreten. Das darin zum Ausdruck kommende Verhältnis zwischen der Relevanz (*relevance*) und Verlässlichkeit (*reliability*) von Informationen wird ganz unterschiedlich gedeutet und dementsprechend auch unterschiedlich aufgelöst.

In der Rechnungslegung wird allgemein ein potentieller trade-off zwischen diesen beiden materiellen Anforderungen anerkannt. Ein Primat des in dem Merkmal der Verlässlichkeit mitschwingenden Objektivierungserfordernisses wird aber in der angloamerikanischen Rechnungslegung und auch im Europäischen Bilanzrecht ausdrücklich verworfen.[969] Als tragende Komponenten der Entscheidungsnützlichkeit werden vielmehr die Relevanz und die Verlässlichkeit angesehen.[970] Während die Relevanz den Entscheidungszweck der Informationen determiniert, bezieht sich die Verlässlichkeit auf die Qualität des Mess- und Abbildungsverfah-

---

966 *Kuhner*, WPg 2004, 261, 270; vgl. hierzu auch *ders.*, BFuP 2001, 523, 532–539.

967 Die Zahlengrößen des Jahresabschlusses können, wie etwa im deutschen Steuerrecht, als grundsätzlicher Anknüpfungspunkt für das Bilanzsteuerrecht und damit auch für die Steuerbemessung dienen. Dies bedingt natürlich gerade vor dem Gesichtspunkt des Grundsatzes der Gesetzmäßigkeit der Besteuerung und dem Gleichheitsgrundsatz eine Objektivierung der Normen der bilanziellen Gewinnermittlung und der Vermögensaufstellung.

968 Vgl. *Albach*, in: *Thoma/Zacharias/Niemann* (Hrsg.), Steuerberater-Jahrbuch 1965/66 (1966), 307, 314: Wertvorstellungen sind demnach objektiv, „wenn sie überprüfbar sind und auch von einem Dritten bei entsprechender Informationen abgeleitet werden können“. Vgl. zur Objektivierung auch *Beisse*, FS Karl Beusch (1993), 77, 83 f.

969 Vgl. zu den Rechnungslegungsrichtlinie § 3.II.2)a)bb)(3), S. 40 ff. Ebenso wird eine Dominanz des Objektivierungsgebot durch die IFRS angelehnt, vgl. IFRS-Framework, F.31 f., F.45 und § 4.II.4)c)bb)(3), S. 154 ff.

970 Vgl. IFRS-Framework, F.22, F.24. Zu den Rechnungslegungsrichtlinien siehe auch § 3.II.2)a)bb)(3), S. 40 ff.

rens.[971] Bei auftretenden Konfliktfällen ist grundsätzlich eine angemessene Ausgewogenheit der einzelnen Merkmale anzustreben.[972] Trotz einer relativ starken Betonung des Merkmals der Relevanz wird ein Mindestmaß an Verlässlichkeit als unverzichtbare Bedingung für die Entscheidungsnützlichkeit der bereitgestellten Informationen herausgestellt.[973]

Das deutsche Bilanzrecht und mit ihm der breite Strom der deutschen bilanztheoretischen Literatur ist hingegen durch den Gedanken der Unvereinbarkeit der Zielsetzung einer entscheidungsnützlichen Informationsvermittlung mit dem Erfordernis objektiver Gewinnermittlungsregeln gekennzeichnet. Es wird das Primat der Objektivierung betont.[974]

> „Wer die Objektivierung und den betriebwirtschaftlich aussagefähigen Gewinn in einer (einzigen) Rechnung haben will, ähnelt den Kindern, die Sonne und Sternenpracht zugleich bestaunen möchten, und wer für Kompromisse zwischen Objektivierung und betriebswirtschaftlicher Aussagefähigkeit eintritt, der gleicht demjenigen, der eher die Dämmerung als Sonne und Sternenpracht schätzt."[975]

In der deutschen bilanzdogmatischen Literatur wird das Primat der Objektivierung neben dem Hinweis auf den gesetzlichen Tatbestandscharakter des Bilanzrechts für die Ausschüttungs- und Steuerbemessung vor allem mit dem Prinzip des Gläubigerschutzes begründet. Der Gläubigerschutz durch zwingendes Recht gilt als oberste rechtspolitische Maxime des deutschen Gesellschafts- und Bilanzrechts und bedingt ein besonderes Vorsichtserfordernis deutscher Prägung.[976] Dem Schutz der Festbetragsansprüche ist nicht nur der Vorzug gegenüber den Informationsinteressen der Anleger einzuräumen, sondern er induziert zugleich ein strenges Verständnis des Vorsichtsprinzips.

Die Begründung des polaren Verhältnisses zwischen Relevanz und Verlässlichkeit durch den Hinweis auf eine Unvereinbarkeit der Informationsinteressen der Eigner mit den Schutz- und Objektivierungsinteressen der Gläubiger vermag nicht zu überzeugen. So ist nicht ersichtlich, weshalb ein Investor auf die intersubjektive Verifizierbarkeit der ihm kommunizierten Informationen weniger Wert legen sollte als etwa ein Gläubiger auf die Manipulationsfreiheit der Ausschüttungsregeln. Relevante, entscheidungsnützliche Informationen dürften für den Empfänger vielmehr nur dann von Nutzen sein, wenn diese ein Mindestmaß an Zuverlässigkeit aufweisen.[977]

---

971 *Kuhner*, BFuP 2001, 523, 531.
972 Vgl. *Tweedie*, in: *Lapsely/Mitchell* (Hrsg.), Accounting and Performance Measurement (1996), 18, 22 und die entsprechende Regelung im IFRS-Framework, F.45.
973 Vgl. § 3.II.2)a)bb)(3), S. 40 ff. und IFRS-Framework, F.31.
974 *Beisse*, FS Karl Beusch (1993), 77, 83–85; *Beine*, WPg 1995, 467, 473; *Euler*, FS Heinrich Beisse (1997), 171–188.
975 *Moxter*, DB 1983, 133, 134.
976 Vgl. *Beisse*, FS Karl Beusch (1993), 77, 82–85; *Kleindiek*, ZGR 1998, 466, 468, 474; *Kahle*, ZfB 2002, 695, 696, 699.
977 Vgl. *Gentz*, in: *Coenenberg/Pohle* (Hrsg.), Internationale Rechnungslegung (2001), 3, 8 f.; *Kuhner*, BFuP 2001, 523, 530 ff.; *Wagenhofer/Ewert*, Externe Unternehmensrechnung^2 (2007), 6 f.

Sind die Informationen zwischen dem Unternehmen und den Anteilseignern (principal-agent-Verhältnis) asymmetrisch verteilt und bestehen Interessendivergenzen, so setzt die Entscheidungsnützlichkeit der bereitgestellten Informationen ein Mindestmaß an *Zuverlässigkeit* der Unternehmensrechnung voraus.[978] Finanzinformationen, die nicht die nötige Zuverlässigkeit aufweisen, sind für die Anteilseigner angesichts ihrer Kenntnis über das eigennützige Verhalten der anderen Akteure nicht von Wert und werden folglich von ihnen nicht beachtet.[979] In Folge dessen werden die bestehenden Informationsasymmetrien nicht aufgehoben und die Anteilseigner werden den Grenzpreis der Beteiligung um einen entsprechenden Risikoabschlag in ihrer subjektiven Wertung reduzieren. Dies kann nach dem No-Trade-Theorem der Informationsökonomie[980] dazu führen, dass die Anteilseigner sich von den Beteiligungen trennen und die potentiellen Anteilseigner von dem Erwerb der Anteile ganz absehen.

Die Zuverlässigkeit der bereitgestellten Informationen ist somit ein entscheidendes qualitatives Merkmal einer interessengerechten externen Rechnungslegung, dessen Verzicht unweigerlich eine Einschränkung des Entscheidungsnutzens der Informationen mit sich bringen würde. Relevanz und Verlässlichkeit sind mithin keine polaren Forderungen, sondern konstitutive Komponenten der *Entscheidungsnützlichkeit*. Relevante Informationen bedürfen zur Entfaltung ihrer Entscheidungsnützlichkeit einer verlässlichen Grundlage.[981]

Das Erfordernis der Zuverlässigkeit der Rechnungslegungsinformationen auf der Grundlage des No-Trading-Theorems wird durch die Interaktion der Unternehmensberichterstattung mit anderen Informationsquellen noch verstärkt. Die einzelnen Anteilseigner werden sich entsprechend ihrer Präferenzen und einer Kosten-Nutzen-Analyse weitere (mehr prognostische) Informationsquellen erschließen. Diese Informationen können im Gegensatz zur Rechnungslegung i. d. R. aktueller und rascher zur Verfügung gestellt werden und werden zumeist auch besser auf die individuellen Präferenzen zugeschnitten sein. Die externe Rechnungslegung in Form des Einzel- und des Konzernabschlusses hat gegenüber diesen Informationsquellen den entscheidenden komparativen Vorteil,[982] dass sie eine

---

978 Vgl. *Hommel*, ZfbF 1997, 344, 349f.; *Barth*, Accounting and Finance Vol. 40. (2000), 7, 17; *Baetge/Zülch*, BFuP 2001, 543, 545; *Mujkanovic*, Fair Value im Financial Statement nach International Accounting Standards (2002), 84f.; *Dawo*, Immaterielle Güter in der Rechnungslegung nach HGB, IAS/IFRS und US-GAAP (2003), 295; *Baetge/Hollmann*, FS Günter Wöhe (2004), 347, 350; *Schildbach*, Der Schweizer Treuhänder 2004, 159, 161; *Wagenhofer/Ewert*, Externe Unternehmensrechnung^2 (2007), 6f. So wohl auch *Streim/Bieker/Esser*, BFuP 2003, 457, 458, 469.

979 Vgl. *Hommel*, ZfbF 1997, 344, 350; *Küting/Ulrich*, DStR 2001, 953, 956.

980 Zum No-Trade-Theorem vgl. § 7.II.2)b)bb), S. 195.

981 Die Erhebung der Zuverlässigkeit bzw. Objektivierung zu einem übergeordneten Grundsatz im deutschen Bilanzrecht und der deutschen Bilanzlehre verkennt somit, dass es sich dabei um eine notwendige, aber keine hinreichende Bedingung der Entscheidungsnützlichkeit der Informationen handelt; *Mujkanovic*, Fair Value im Financial Statement nach International Accounting Standards (2002), 85.

982 *Wagenhofer/Ewert*, Externe Unternehmensrechnung^2 (2007), 15.

gewisse Zuverlässigkeit der Informationen gewährleisten kann.[983] Den Rechnungslegungsinformationen kommt damit eine Art Disziplinierungs- oder besser Qualitätssicherungsfunktion zu.[984] Durch die regelmäßige Veröffentlichung geprüfter, standardisierter Informationen erfolgt eine gewisse ex-post Kontrolle der vorab bekannt gemachten Informationen. Diese ex-post Kontrolle gewährleistet wiederum erst die Zuverlässigkeit der anderen Informationen und mithin deren Entscheidungsnützlichkeit.[985]

Der Grundannahme, dass allein durch direkt prognostische Daten, ohne eine intersubjektiv nachprüfbare Datengrundlage, entscheidungsrelevante Informationen vermittelt werden können, kann somit nicht gefolgt werden. Ein entscheidungsrelevanter Informationsträger muss die Zuverlässigkeit, d.h. die intersubjektive Verifizierbarkeit, der bereitgestellten relevanten Informationen gewährleisten. Fraglich ist, mit welchem Instrument sich die Verlässlichkeit der Informationen gewährleisten lässt.

(b) Vorkehrungen zum Schutz der Verlässlichkeit der Informationen

Zur Sicherung der Zuverlässigkeit der bereitgestellten Informationen sind mehrere Vorkehrungen denkbar. Der Rechnungslegung kann durch die Einordnung in einen weiteren institutionellen Rahmen[986] und hierbei insbesondere durch die Anordnung der Prüfung durch einen unabhängigen, qualifizierten Dritten (Abschlussprüfer) ein gewisses Qualitätssiegel verliehen werden.[987] Ein derartiges Gütesiegel kann aber die Verlässlichkeit der einzelnen zugrunde liegenden Daten nicht gewährleisten. Denkbar wäre auch eine Verlagerung der Aufgabe der Jahresabschlusserstellung oder einzelner Elemente der Jahresabschlussbilanzierung auf unabhängige Sachverständige, die dann als Informationsintermediäre fungieren könnten.[988] Aber auch hier lässt sich die Verlässlichkeit nur fördern, nicht sichern, da der externe Abschlussersteller letztendlich auf unternehmensinterne Informationen angewiesen ist.

---

983 Zu den Instrumenten der Sicherung der Verlässlichkeit der Rechnungslegungsinformationen vgl. die Ausführungen im nächsten Unterabschnitt.

984 Vgl. *Coenenberg*, Jahresabschluss und Jahresabschlussanalyse^{20} (2005), 1236, der insoweit von einer „Informationshygiene-Funktion" des Jahresabschlusses spricht.

985 *Wagenhofer/Ewert*, Externe Unternehmensrechnung^{2} (2007), 15. Dieses Zusammenspiel der verschiedenen Informationsquellen ist auch bei der Verwertung der empirischen Studien hinsichtlich des Informationsgehalts der Rechnungslegung zu beachten (vgl. Fn. 964). Die Schlussfolgerung, dass der geringe zusätzliche Informationsgehalt die Rechnungslegung als Informationsquelle obsolet erscheinen lässt, verkennt die bereits angeführte Qualitätssicherungsfunktion der externen Unternehmensrechnung.

986 Vgl. *Wagenhofer/Ewert*, Externe Unternehmensrechnung^{2} (2007), 16–23.

987 Vgl. *Kubin*, FS Adolf Coenenberg (1998), 525, 540; *Mujkanovic*, Fair Value im Financial Statement nach International Accounting Standards (2002), 97.

988 Vgl. *Blaufus*, Fair Value Accounting (2005), 161. Eine generelle Delegation der Abschlusserstellung wird wohl vor allem vor dem Gesichtspunkt der Wirtschaftlichkeit nicht durchführbar sein. Der Gedanke der Sicherung der Glaubwürdigkeit durch die Delegation auf sachverständige Dritte lässt sich aber vor allem im Rahmen der Bewertung, insbesondere der fair value-Bewertung, aufgreifen. Vgl. hierzu § 8.I.3)a)aa)(2)(a), S. 254ff.

Ein wichtiges Instrument zur Wahrung der Glaubwürdigkeit der Rechnungslegungsinformationen ist die Achtung der Intersubjektivität der Darstellung und ein adäquates, repressiv wirkendes Sanktionssystem.[989] Die Darstellung objektivierter, d.h. überprüfbarer Sachverhalte kann Manipulationen durch den Ersteller entgegenwirken. Dies ließe sich zumeist durch die Anknüpfung an vergangenheitsorientierte Sachverhalte, mithin an Transaktionen und Ereignisse der Vergangenheit, erreichen. Die objektivierende Wirkung dieser Darstellung ließe sich durch adäquate Sanktionsbestimmungen stützen.

Mit Recht wird darauf verwiesen, dass vergangenheitsorientierte und objektivierte Daten nur bei relativ stabilen Rahmenbedingungen eine Indikatorwirkung für die Zukunft entfalten können und damit adäquate Ausgangsdaten der individuellen Prognosen der Bilanzadressaten sind.[990] Es fehle bereits an Gesetzmäßigkeiten zwischen vergangenen und zukünftigen Zahlungen, die den Kapitalgebern eine Projektion der vergangenen Erfolge in die Zukunft ermöglichen würden.[991]

Von der Vergangenheitsorientierung der Informationen der Unternehmensberichterstattung auf die fehlende Entscheidungsnützlichkeit der Rechnungslegungsinformationen zu schließen, hieße aber zu verkennen, dass es schon logisch ausgeschlossen ist, Informationen der Zukunft zu entnehmen. Prognosen über die zukünftige Entwicklung der Nettozahlungsströme können nur auf der Grundlage vergangenheitsorientierter Informationen als Tatsachengrundlage erfolgen.[992] Es muss streng zwischen der Erfassung der vergangenen Geschäftsvorfälle als nominales Ergebnis der Unternehmensführung und der darauf beruhenden prognostischen Bewertung der zukünftigen Entwicklung des Unternehmens unterschieden werden.

> „Financial accounting portrays the past behavior of the organization, but it does not project/predict the future. Financial accounting information is the major input for evaluation of historical/actual performance within the framework of managerial accounting, and the evaluated data generated in managerial accounting provide the basis for prediction/projection for the investment decision."[993]

Die mangelnde Zukunftsorientierung kann demgemäß nicht auf die Vergangenheitsorientierung der Rechnungslegungsinformationen, sondern nur auf eine inadäquate Einbeziehung der vergangenen und aktuellen Entscheidungen und Sachverhalte, mithin auf einen inadäquaten Ausgleich der Relevanz und der Zuverlässigkeit der Informationen, gestützt werden.

---

989 Zum Zusammenwirken von Abschlussprüfung und eines Sanktionssystems vgl. auch § 3.II.1), S. 20 ff. und § 3.II.2)c)cc), S. 67 ff.

990 Vgl. *Schneider*, in: *Baetge* (Hrsg.), Der Jahresabschluss im Widerspruch der Interessen (1983), 131, 144; *Fladung*, Das Vorsichts- und Objektivierungsprinzip im deutschen Bilanzrecht (2000), 21; *Streim*, BFuP 2000, 111, 125.

991 *Kahle*, KoR 2002, 95, 102.

992 *Neus*, Einführung in die Betriebswirtschaftslehre[5] (2007), 362; vgl. auch *Berndt*, Der Konzern 2003, 823, 827, der zu Recht unter Bezugnahme auf ein Zitat der AICPA darauf verweist, dass „die zu prognostizierende Entwicklung eines Unternehmens ihre Wurzeln in der Vergangenheit hat". „Ohne sie fehlt [...] häufig der Maßstab für die Beurteilung von Prognosen."

993 *Salvary*, Global Business & Economics Review Vol. 5 (2003), 140, 151 f.

Eine übertriebene Objektivierung der Daten geht zwangsläufig zu Lasten der Entscheidungsnützlichkeit der bereitgestellten Informationen. Dennoch belegt das No-Trade-Theorem der Informationsökonomie, dass die Zuverlässigkeit bis zu einem bestimmten Grad Determinante der Entscheidungsnützlichkeit der Informationen ist. Ohne ein Mindestmaß an Zuverlässigkeit würden die entscheidungsnützlichen Informationen in den Entscheidungsprozess nicht integriert werden, das heißt für den Entscheider irrelevant sein.

Die Bereitstellung zukunftsorientierter Informationen erfordert demnach die Bestimmung des Objektivierungsgrads, der zur Sicherung der Entscheidungsnützlichkeit der relevanten Informationen erforderlich ist, um eine adäquate und entscheidungsnützliche Darstellung der aktuellen Ertrags-, Finanz- und Vermögenslage des Unternehmens als Grundlage für die Prognosen zu gewährleisten. Die Vergangenheitsorientierung der Rechnungslegungsdaten ist ein Mittel, um die Zuverlässigkeit und damit die Entscheidungsnützlichkeit der Informationen zu gewährleisten. Die Heranziehung externer Sachverständiger und ein adäquates Sanktionssystem können darüber hinaus zusätzlich objektivierend wirken.

(c) Erfordernis der Verständlichkeit, Wesentlichkeit und Wirtschaftlichkeit

Neben der Verlässlichkeit sind bei der Aufbereitung der entscheidungsrelevanten Informationen die Grundsätze der Verständlichkeit, der Wesentlichkeit und der Wirtschaftlichkeit als weitere formale Determinanten der Entscheidungsnützlichkeit zu beachten.

Die Entscheidungsrelevanz von Informationen aus Sicht des Informationsempfängers setzt denknotwendig voraus, dass das vermittelte Wissen für den Empfänger verständlich ist.[994] Dabei ist hinsichtlich des Empfängerhorizontes typisierend auf einen sachverständigen Dritten abzustellen. Es ist damit ein Empfänger zu unterstellen, der über die notwendigen Fähigkeiten und Kenntnisse verfügt, um die Informationen in einem Entscheidungsmodell zu verwenden.[995]

Die Verständlichkeit der Informationen setzt ferner eine klare und übersichtliche Wiedergabe der entscheidungsrelevanten Informationen und eine optimale Komplexität des bereitgestellten Wissens zur Vermeidung eines overkill oder information-overload voraus.[996] Mit dem letztgenannten Aspekt wird das Prinzip der Wesentlichkeit und der Wirtschaftlichkeit betont. Bei der Erstellung und der Präsentation der Informationen ist die Entscheidungsrelevanz zur Vermeidung eines information overkill und einer ungerechtfertigten Kostenlast des Rechnungslegungspflichtigen auf wesentliche Informationen zu beschränken. Die Wesentlich-

---

994 *Mujkanovic*, Fair Value im Financial Statement nach International Accounting Standards (2002), 98.

995 *Mujkanovic*, Fair Value im Financial Statement nach International Accounting Standards (2002), 98 f.

996 Vgl. *Mujkanovic*, Fair Value im Financial Statement nach International Accounting Standards (2002), 98; *Ernstberger*, Erfolgs- und Vermögensmessung nach International Financial Reporting Standards (2004), 70.

keit der Information ist entsprechend ihrer Entscheidungsrelevanz zu beurteilen.[997] Wesentlichkeit fungiert als wichtiges Prinzip zur Sicherung einer *balance between benefit and cost* (Prinzip der Wirtschaftlichkeit).[998]

(3) Schlussfolgerung

Zusammenfassend lässt sich festhalten, dass eine Präferenz losgelöster, direkt prognostischer Daten die Voraussetzungen der Prognoseeignung von Informationen verkennt. Entscheidungsrelevante Prognosen lassen sich entgegen der angeführten Literaturauffassung nicht auf durch subjektive Einschätzungen und Beurteilungen geprägte Prognosen stützen, sondern setzen vielmehr eine zuverlässige Erfassung entscheidungsrelevanter vergangener Entscheidungen und Sachverhalte voraus.[999] Die Darstellung der nominalen Ergebnisse der Unternehmensführung (historical financial reporting) bildet die erforderliche Basis für individuelle Prognosen und Vorhersagen der Rechnungslegungsadressaten hinsichtlich der Unternehmensentwicklung (prospective financial reporting).[1000] Die Konsequenzen der erfolgten Unternehmensaktivitäten sind dabei, um ihre Entscheidungsrelevanz zu unterstützen, entsprechend ihrer Bedeutung für die zukünftige Entwicklung der Unternehmung zu erfassen. Die Zukunftsrelevanz bzw. Prognoseeignung als Auswahl-, Aufbereitungs- und Darstellungsparameter[1001] ändert aber nicht die Vergangenheitsorientierung der erfassten Daten.

Zukunftsorientiert und verständlich aufbereitete und dennoch zuverlässige, vergangenheitsorientierte Daten über die Vermögens-, Finanz- und Ertragslage bilden somit den Ausgangspunkt der Vermittlung entscheidungsnützlicher Informationen. Sie fungieren als primärer Informationsträger.

---

997 Vgl. hierzu auch IFRS-Framework, F.30.

998 Vgl. *Wagenhofer*, Internationale Rechnungslegungsstandards IAS/IFRS[5] (2005), 122. Die genannten Rechnungslegungsgrundsätze prägen die Rechnungslegungsrichtlinien und die endorsed IFRS und damit das Europäische Bilanzrecht in seiner Gesamtheit, vgl. § 4.II.4)c)bb)(3), S. 154 ff.

999 In der agency-Theorie wird demgegenüber eine Ausweitung von Bilanzierungswahlrechten zur Verbesserung des Aussagegehalts der Bilanzinformationen erörtert; vgl. *Hartmann-Wendels*, Rechnungslegung der Unternehmen und Kapitalmarkt aus informationsökonomischer Sicht (1991), 144 ff. Dies gebe dem Agenten die Möglichkeit, seine überlegene Einschätzung der künftigen Ertragslage mitzuteilen. Zu Recht wird aber darauf verwiesen, dass der Prinzipal ohne Kenntnis der subjektiven Einschätzungsgrundlage des Agenten, Verzerrungen der Bilanzinformationen nicht durch eine entsprechende Interpretation des Bilanzinhalts korrigiert werden kann; *Hartmann-Wendels*, a. a. O., 346. Das Mehr an Bilanzinformationen durch den Spielraum der Bilanzwahlrechte verhallt folglich aufgrund der fehlenden Zuverlässigkeit. Bilanzwahlrechte und der mit ihnen verbundene subjektive Ermessensspielraum führen zu einer Negation der Zuverlässigkeit und folglich zu einer Herabsetzung der Entscheidungsnützlichkeit der Informationen des Jahresabschlusses. Zu den begrenzt positiven Aspekten siehe § 8.I.3)a)bb)(2), S. 278 ff.

1000 Vgl. *Salvary*, Global Business & Economics Review Vol. 5 (2003), 140, 151 f.; *Ernstberger*, Erfolgs- und Vermögensmessung nach International Financial Reporting Standards (2004), 27–28.

1001 Vgl. hierzu auch *Ernstberger*, Erfolgs- und Vermögensmessung nach International Financial Reporting Standards (2004), 27–28; *Zülch*, Gewinn- und Verlustrechnung nach IFRS (2005), 43, 45.

dd) Sekundäre Informationsträger: direkte prognostische Informationssätze und ergänzende Berichtselemente

Entscheidungsrelevante, verlässliche Informationen über die Vermögens-, Finanz- und Ertragslage des Unternehmens werden primär durch die quantitative Erfassung der wirtschaftlichen Lage des Unternehmens und der relativen Änderungen gegenüber vorausgehenden Berichtsperioden vermittelt. Die Auswahl und die Darstellung der quantitativen Daten der Vermögens-, Finanz- und Ertragslage hat sich an der Bedeutung der einzelnen Werte für die künftige Unternehmensentwicklung auszurichten. Die so zukunftsorientiert aufbereiteten historischen Daten ermöglichen als zuverlässige Basis entsprechende Rückschlüsse über die künftige Entwicklung des Unternehmens.

Neben diesen quantitativen historischen Unternehmensdaten haben die Aktionäre ein grundlegendes Interesse an der Bereitstellung direkter Prognosen und Projektionen über die Unternehmensentwicklung für ihre Investmententscheidungen.[1002] Zweckadäquate, das heißt an den aufgezeigten Informationsinteressen der Eigner ausgerichtete, prognostische Daten bzw. „soft disclosure"[1003] sollten sich auf Erwartungen der Geschäftsführung über den unternehmensbezogenen finanziellen Zielstrom, Auskünfte über beeinflussbare Determinanten der Wertentwicklung und die Wahrscheinlichkeiten der Umweltentwicklung beziehen.[1004]

Die informationsökonomische Bedeutung der Zuverlässigkeit entscheidungsnützlicher Daten erfordert eine Plausibilitätsprüfung dieser mit subjektiven Wahrscheinlichkeitskoeffizienten versehenen Informationen anhand der historischen, aufbereiteten Unternehmensdaten.[1005] Die direkt prognostischen Informationen müssen sich folglich auf entsprechende Daten des historical financial reports zurückführen lassen oder zumindest anhand der dort bereitgestellten Informationen überprüfbar sein.

Ebenfalls festzuhalten ist die Notwendigkeit der Trennung der historischen und direkt prognostischen Informationen.

> „The information sets should be clearly separated in the external financial reporting to avoid the possibility of confusion – what has been accomplished from what is expected"[1006].

Die Integration der zukunftsorientiert aufbereiteten Konsequenzen der erfolgten Dispositionen der Unternehmensführung und prognostischer Informationssätze in die externe Rechnungslegung macht diese zu einem wichtigen Informationsträger für den Entscheidungsprozess der Anteilseigner.

1002 *Salvary*, Global Business & Economics Review Vol. 5 (2003), 140, 152.
1003 Prognoseorientierte Informationssätze werden in den USA zumeist als „soft disclosure" bezeichnet, Vgl. *Wüstemann*, Institutionenökonomie und internationale Rechnungslegungsordnungen (2002), 79, Fn. 391 m.w.N. Typische Beispiele für soft information sind demnach etwa Schätzungen und Pläne der Geschäftsführung und Verhandlungen über mögliche Unternehmenszusammenschlüsse; *Wüstemann*, a.a.O., 81.
1004 *Wüstemann*, a.a.O., 85–88.
1005 Vgl. hierzu *Wüstemann*, a.a.O., 88, der diesen Gedanken jedenfalls für die Zielstromprognosen anführt.
1006 *Salvary*, Global Business & Economics Review Vol. 5 (2003), 140, 152.

Neben den direkt prognostischen Daten als sekundäre Informationsquelle ist auch die Bereitstellung weiterer Informationen über weniger verlässliche, aber wichtige Wertkomponenten des Unternehmens entscheidungsrelevant. Das Zuverlässigkeitskriterium als wichtige Determinante der Entscheidungsnützlichkeit der Informationen bedingt unweigerlich eine Beschränkung des Umfangs der bereitgestellten Informationen. Wichtige, vor allem immaterielle Wertkomponenten des Unternehmens werden mit dem Hinweis auf ihre fehlende intersubjektive Nachprüfbarkeit nur begrenzt in der Darstellung der Vermögens-, Finanz- und Ertragslage erfasst.[1007] Sie fließen somit zunächst nicht in die Entscheidungs- oder Kontrollgrundlage mit ein. Die Bereitstellung zusätzlicher, separater Informationen über diese eingeschränkt verlässlichen Vermögenselemente könnte die Entscheidungsfindung der Anteilseigner verbessern, soweit die Einschränkung der Verlässlichkeit dieser Informationen kenntlich gemacht wird.

Der Informationsgehalt der primären und sekundären Informationsträger ließe sich des Weiteren durch ergänzende Erläuterungen und Beurteilungen dieser primär quantitativen Daten, mithin durch deskriptive Berichtselemente, verbessern.

Festzuhalten ist folglich, dass eine Unternehmensberichterstattung, die sowohl die finanziellen Konsequenzen der erfolgten Dispositionen in Form eines *verlässlichen* historical financial reports darzustellen als auch die Aufbereitung daraus abzuleitender, prognostischer und deskriptiver Informationen zu gewährleisten vermag, eine interessengerechte Entscheidungsgrundlage und eine funktionsgerechte Kontrollrechnung darstellen würde.

b) Bedürfnis nach standardisierten Gewinnermittlungsregeln

Neben dem Interesse an entscheidungsnützlichen Informationen zur Entscheidungsfindung und zur ex-post Kontrolle haben die Anteilseigner ein grundlegendes Interesse an standardisierten, verlässlichen Gewinnermittlungsregeln sowohl zur Konfliktminimierung als auch zur Sicherung der vertraglich zugesicherten Gewinnverteilungsrechte.

c) Zusammenfassung

Ausgangspunkt für die Formulierung der allgemeinen Anforderungen an eine interessengerechte externe Rechnungslegung in diesem Abschnitt war die Erkenntnis, dass die aktuellen und potentiellen Anteilseigner vergleichbare, periodisierte, segmentierte und nicht segmentierte Informationen über die Ertrags-, Vermögens- und Finanzlage des Unternehmens zur interessengerechten Entscheidungsfindung und zur funktionsfähigen ex-post Kontrolle benötigen.

Neben den Informationsinteressen haben die aktuellen Anteilseigner ein grundlegendes Interessen an standardisierten Gewinnermittlungsregeln sowohl zur

---

1007 Zur Problematik der immateriellen Vermögenswerte vgl. im Einzelnen § 8.I.3)a)aa)(1)(b), S. 247ff.

Konfliktminimierung als auch zur Sicherung der vertraglich eingeräumten Gewinnaneignungsrechte.

Ausgehend von diesen groben materiellen Determinanten einer interessengerechten Unternehmensberichterstattung wurden im vorangestellten Abschnitt allgemeine Anforderungen erarbeitet, die der Sicherung dieser Interessen der aktuellen und potentiellen Anteilseigner dienen.

Entscheidend für die Informationsinteressen der Eigner war hierbei die Erkenntnis, dass die materielle Relevanz kein hinreichendes Kriterium für die Sicherung der Entscheidungsnützlichkeit der Informationen ist. Relevante Informationen bedürfen vielmehr zur Entfaltung ihrer Entscheidungsnützlichkeit einer verlässlichen und verständlichen Grundlage. Ein Verzicht auf die Zuverlässigkeit der bereitgestellten Informationen brächte unweigerlich eine Einschränkung des Entscheidungsnutzens der Informationen mit sich. Entscheidungsrelevante, verlässliche Informationen müssen des Weiteren verständlich aufbereitet werden, um ihre Entscheidungsnützlichkeit zu entfalten. Die Entscheidungsnützlichkeit der Informationen ist zudem durch den Aspekt der Wesentlichkeit und der Wirtschaftlichkeit zu ergänzen.[1008]

Relevanz, Verlässlichkeit, Vergleichbarkeit sowie der Grundsatz der Verständlichkeit, Wesentlichkeit und Wirtschaftlichkeit sind folglich in Parallelität zu den Grundsätzen des Europäischen Bilanzrechts die normativen Grundanforderungen an eine interessen- und funktionsgerechte externe Rechnungslegung in Gestalt des Jahresabschlusses.[1009]

Die Bereitstellung entscheidungsnützlicher Informationen sollte auf der Grundlage dieser Rechnungslegungsgrundsätze *primär* durch einen Informationsträger erfolgen, der eine zukunfts- bzw. prognoseorientierte Aufbereitung verlässlicher und verständlicher Informationen über die Vermögens-, Finanz- und Ertragslage eines Unternehmens gewährleisten kann. Die erforderliche Verlässlichkeit ließe sich ex-ante durch die Anknüpfung an objektive Sachverhalte der Vergangenheit sicherstellen. Ex-post würde die Verlässlichkeit zusätzlich mittels einer Prüfung der Informationen durch einen unabhängigen, fachkundigen Dritten gestützt. Die Prognoseeignung bzw. Zukunftsorientierung der Informationssätze wird grundsätzlich nicht als Aufbereitung direkt prognostischer Daten, sondern vielmehr als Auswahl-, Aufbereitungs- und Darstellungsparameter hinsichtlich der vergangenheitsorientierten Daten verstanden.

1008 Als weiteres einschränkendes Element fungiert das Prinzip der Zeitnähe. Das Ziel einer zeitnahen Informationsbereitstellung fließt als Funktionselement der Entscheidungsrelevanz in den erläuterten Abwägungs- und Funktionszusammenhang zwischen Relevanz und Verlässlichkeit ein. Vgl. hierzu Fn. 904.

1009 Die benannten qualitativen Anforderungen der Relevanz, Verlässlichkeit, Vergleichbarkeit sowie der Verständlichkeit, Wesentlichkeit und Wirtschaftlichkeit prägen, wie im Ersten Teil dieser Arbeit gezeigt wurde, auch die normativen Grundlagen des Europäischen Bilanzrechts im Allgemeinen und der hier zu untersuchenden endorsed IFRS im Besonderen. Vgl. hierzu insbesondere § 4.II.4)c)bb)(3), S. 154 ff.

Zusätzlich zu diesen *primären* verlässlichen, zumeist quantitativen Informationen sollten den Eignern *sekundär* direkt prognostische Daten in Form von Zielstrom-, Dispositions- und Umweltzustandsprognosen sowie weitere Informationen über weniger verlässliche, aber wichtige Wertkomponenten der Unternehmung und deskriptive Erläuterungen der Daten der primären und sekundären Berichtselemente zur Verfügung gestellt werden.

Das Interesse der aktuellen Anteileigner an geeigneten Gewinnermittlungsregeln erfordert, allgemein gefasst, zudem standardisierte, verlässliche Regelungen der Erfolgsmessung.

Diese allgemeinen Anforderungen bedürfen einer weiteren Konkretisierung und Spezifizierung, um Eingang in ein handhabbares normatives Modell einer interessengerechten externen Rechnungslegung in Gestalt des Einzelabschlusses finden zu können.

Bereits an dieser Stelle lässt sich aber festhalten, dass das Bedürfnis nach einem Mindestmaß an Objektivierung und Verständlichkeit der entscheidungsnützlichen Informationen zeigt, dass im Gegensatz zu der aufgezeigten herrschenden deutschen bilanzdogmatischen Auffassung[1010] grundsätzlich kein Widerspruch zwischen dem Objektivierungsbedürfnis der Gewinnermittlungsregeln im Rahmen der Ausschüttungsbemessungsfunktion einerseits und der Informationsfunktion andererseits besteht.

3) Implikationen für konkrete Rechnungslegungsbestimmungen

Aus den Erläuterungen der allgemeinen Anforderungen an den Einzelabschluss als Informationsträger und Kontroll- und Gewinnermittlungsinstrument lassen sich nun bestimmte konkrete Implikationen für die Ausgestaltung desselben in formaler und materieller Hinsicht ableiten. Dabei ist es aber nicht Ziel dieser Überlegungen, konkrete Bilanzierungsregeln zu formulieren. Die dafür erforderliche Detailliertheit würde den Rahmen dieser Arbeit überschreiten. Im folgenden Abschnitt sollen vielmehr zur Erarbeitung eines groben normativen Maßstabes für eine interessengerechte externe Rechnungslegung spezifische materielle und for-

---

1010 Vgl. *Beisse*, FS Adolf Moxter (1994), 3, 30; *Mujkanovic*, Fair Value im Financial Statement nach International Accounting Standards (2002), 18 f. Vgl. auch *Moxter*, in: *Baetge* (Hrsg.), Der Jahresabschluss im Widerstreit der Interessen (1993), 11, 17, der auf die Unvereinbarkeit des Erfordernis der Objektivierung und der Vermittlung wirtschaftlich interessanter Daten verweist.
Die ablehnende Haltung von *Mujkanovic*, a. a. O., hinsichtlich der Vereinbarkeit der Zahlungsbemessungs- und Informationsfunktion ist vor allem deshalb verwunderlich, weil der Autor in seinen weiteren Ausführungen die eindeutige Aussage trifft, dass sich die Entscheidungsrelevanz und das Erfordernis der Zuverlässigkeit gegenseitig bedingen und damit Grundvoraussetzungen einer entscheidungsnützlichen Informationsvermittlung sind. Ist das Objektivierungserfordernis Determinante der Informationsvermittlung, so liegt der Schluss der Unvereinbarkeit der vorsichtigen, mithin objektivierten Zahlungsbemessung- mit der Informationsfunktion nicht mehr nahe. Die Schlussfolgerung, dass „diese Zwecke und die sich aus ihnen ergebenden Auswirkungen" bzw. Anforderungen an die Abschlusselemente zu verschieden sind, um in einem Rechnungslegungsinstrument vereint zu werden, hätte demnach weiterer tragender Argumente bedurft.

melle Determinanten hinsichtlich des Aktivierungs- und Bewertungssystems, der Erfolgsermittlung und -darstellung und der zusätzlichen sekundären Berichtsinstrumente erörtert werden.

a) Implikationen der Informationsfunktion

Die Anteilseigner und potentiellen Anteilseigner benötigen – wie dargelegt – ex-ante und ex-post entscheidungsrelevante Informationen, um ihre Entscheidungen über die Aufnahme oder Aufrechterhaltung der Geschäftsbeziehungen zu treffen und entsprechend zu korrigieren. Relevant sind Informationen über die absolute wie auch über die relative Vermögens-, Finanz- und Ertragslage, die den Anteilseignern die Beurteilung künftiger individueller Nettoeinnahmen, bestehend aus dem zur erwartenden Ausschüttungsstrom und den Wertsteigerungen der gehaltenen Aktien, ermöglichen.

Die Vermögenslage des Unternehmens, d.h. das bestehende Ressourcenset, fungiert dabei als Bindeglied zwischen den Transaktionen und Ereignissen und der künftigen Ertragslage des Unternehmens. Die Anteilseigner benötigen folglich Informationen über die Konsequenzen der Transaktionen, Entscheidungen und eingetretenen Ereignisse des vergangenen Geschäftsjahres und damit über das bestehende Ressourcenset des agierenden Unternehmens. Die Ressourcen des Unternehmens bestehen wiederum aus monetären und nicht-monetären Gütern, die sowohl in gebundener als auch ungebundener Form auftreten können. Die Aktiva der Bilanz lassen sich in diesem Sinne als Speicher für erfolgte Ausgaben, denen eine spezifische künftige Ertragskraft innewohnt, verstehen.[1011] Demgegenüber werden auf der Passivseite der Bilanz Einnahmen gebunden, die aber zum Teil mit künftigen Zahlungsverpflichtungen, d.h. mit einem drohenden Abgang liquider Mittel, verbunden sind.

Aus den vorstehenden Überlegungen und den zu beachtenden Interdependenzen zwischen der Zuverlässigkeit und der Entscheidungsnützlichkeit der bereitgestellten Informationen lassen sich bestimmte inhaltliche Anforderungen an den Informationsträger ableiten. Die Entscheidungsrelevanz bedingt nach den obigen Ausführungen eine möglichst umfangreiche Darstellung des bestehenden Ressourcensets des Unternehmens. Das gleichzeitige Bedürfnis nach Zuverlässigkeit bzw. Objektivierung der Informationen bedingt, dass die erfassten Vermögensgüter sowohl ihrem Grunde als auch ihrer Höhe nach intersubjektiv überprüfbar sind. Zugleich kann sich die Relevanz der Informationen nur entfalten, wenn die Informationen in einer verständlichen Art und Weise aufbereitet werden. Erst die formellen und materiellen Anforderungen zusammen determinieren die Entscheidungsnützlichkeit der bereitgestellten Informationen.

Der Periodenerfolg hat daneben eine wichtige Indikatorfunktion für die künftige Ertragslage des Unternehmens. Die Periodenerfolge vergangener Berichtsperioden lassen nur beschränkt Rückschlüsse auf die künftige Ertragslage des Unterneh-

1011 *Fladung*, Das Vorsichts- und Objektivierungsprinzip im deutschen Bilanzrecht (2000), 135.

mens zu. Mit dieser Indikatorfunktion sind wiederum bestimmte Implikationen für die Erfolgsermittlung und -darstellung verbunden.

Neben der Vermögens- und Ertragslage kommt auch der Darstellung der Finanzlage eine wichtige Informationsfunktion zu. Aus der Statik der Unternehmensfinanzierung und der Darstellung der Änderung der Finanzierungsstruktur lassen sich entscheidungsnützliche Rückschlüsse auf die Liquidität des Unternehmens und damit für die Beurteilung des Ausfallrisikos ziehen.

Die quantitative Rechnungslegung über die Vermögens-, Finanz- und Ertragslage des Unternehmens sollte nach den erarbeiteten allgemeinen Anforderungen sekundär durch direkt prognostische Informationen, d.h. weniger verlässliche, aber wichtige Wertkomponenten der Unternehmung und deskriptive Erläuterungen der quantitativen Daten, ergänzt werden. Bezüglich dieser sekundären Informationselemente lassen sich ebenfalls bestimmte konkrete Implikationen ableiten.

Im Folgenden sind damit zunächst die materiellen und formellen Anforderungen der Informationsfunktion an den Vermögens-, Finanz- und Ertragsausweis zu erarbeiten. Anschließend ist auch auf die konkreten Implikationen der erforderlichen sekundären Berichtselemente einzugehen.

aa) Materielle Anforderungen der primären Berichterstattung

Die Darstellung der Vermögens-, Finanz- und Ertragslage einer Berichtsperiode als Informationsgrundlage wird in materieller Hinsicht vor allem durch die Ansatz- und Bewertungsregeln, die sowohl den Ausweis des Vermögens als auch der Finanz- und Ertragslage determinieren, beeinflusst. Diese vor allem für die Bilanz prägenden materiellen Determinanten müssen durch einen adäquaten Erfolgsausweis und gegebenenfalls durch weitere Instrumente zur Darstellung der Finanzlage ergänzt werden.

(1) Ansatzregeln

Das Erfordernis einer entscheidungsrelevanten, zuverlässigen Darstellung des bestehenden Ressourcensets bedingt im Grundsatz objektive und dennoch möglichst weit reichende Aktivierungsmerkmale, die zugleich der angesprochenen Bindegliedfunktion des Ressourcensets Ausdruck verleihen.

(a) Allgemeine Ansatzkriterien

Entsprechend der Indikatorfunktion sollte die Aktivierung der Vermögensgüter in Abhängigkeit zu einem *identifizierbaren, bewertbaren* und *individuell zuordenbaren* wirtschaftlichen Nutzenpotential stehen.[1012] Das sich daraus ergebende, weite Ak-

1012 Das Kriterium des Nutzenpotentials prägt, wie bereits gezeigt wurde, auch die Aktivierungskriterien der Rechnungslegungsrichtlinie. Vgl. hierzu § 3.II.2)c)aa)(1)(b), S. 54. Das Nutzenbeitragspotential ist auch nach den endorsed IFRS entscheidend für die Aktivierung als Vermögenswert (asset). Ein Vermögenswert ist demnach „eine in der Verfügungsmacht des Unternehmens stehende Ressource, die ein Ergebnis von Ereignissen der Vergangenheit darstellt, und von der ertivierungspotential bedarf aber, in Entsprechung zum Objektivierungserfordernis, einer intersubjektiv nachprüfbaren Grundlage. Die intersubjektive Konkretisierung kann durch die Anknüpfung an zugrunde liegende nachprüfbare Transaktionen, Ereignisse oder intersubjektive, nachprüfbare Marktprozesse erfolgen. Trotz dieser Anknüpfung an vergangene Transaktionen und Ereignisse ist jedoch festzuhalten, dass aufgrund des dem Kriterium des Nutzenbeitragspotentials immanenten Beurteilungs- und Schätzungsbedarfs *unvermeidbare* Unsicherheiten und Ermessenspielräume der Anwender verbleiben.

Die Orientierung an dem wirtschaftlichen, individualisierbaren und bewertbaren Nutzenbeitragspotential und die transaktions- und ereignisorientierte, intersubjektive Konkretisierung bilden die Eckpfeiler für die Grenzlinie der Aktivierungsfähigkeit.

Entsprechend diesen groben Determinanten kann die Grenzziehung zwischen den aktivierungsfähigen und nicht aktivierungsfähigen Wirtschaftsgütern nicht im Hinblick auf ihre Materialisierung erfolgen. Sowohl materielle als auch immaterielle Güter können einen wirtschaftlichen Vorteil aufweisen. Entscheidend für die Aktivierung des Vermögenswertes ist vielmehr das Merkmal der intersubjektiven Nachprüfbarkeit.

Spiegelbildlich zum Merkmal des wirtschaftlichen Nutzenbeitragspotentials ist für die Passivierung von Verbindlichkeiten der Abgang individualisierbarer, wirtschaftlicher Vorteile prägend.[1013] Objektivierungsgesichtpunkte erfordern auch hier spezifische transaktions- und ereignisbezogene Passivierungsregeln.

Das wirtschaftliche Nutzenbeitragspotential als entscheidendes Aktivierungs- und Passivierungskriterium sollte sich aber nicht nur in den bestehenden Ansatzkriterien, sondern auch in der Gliederung der Aktiva und Passiva niederschlagen. Eine Gliederung der Vermögenswerte und Schulden nach der Fristigkeit und nach ihrer Liquidierbarkeit würde die Aussagekraft der Bilanz hinsichtlich der Freisetzbarkeit der verkörperten wirtschaftlichen Vorteile und potentiellen Nachteile erhöhen. Die benannten Kriterien sollten sowohl für die Aktivseite als auch für die Passivseite der Bilanz gleichermaßen gelten.[1014] Empfehlenswert wäre es somit, die

---

wartet wird, dass dem Unternehmen aus ihr künftig ein wirtschaftlicher Nutzen zufließt" (IFRS-Framework, F.49, vgl. auch IAS 38.8).

1013 Analog zur asset-Definition werden Schuldposten nach den endorsed IFRS definiert als „eine gegenwärtige Verpflichtung des Unternehmens aus Ereignissen der Vergangenheit, von deren Erfüllung erwartet wird, dass aus dem Unternehmen Ressourcen abfließen, die wirtschaftlichen Nutzen verkörpern" (IFRS-Framework, F.49). Zu den Aktivierungs- und Passivierungskriterien der endorsed IFRS im Ganzen vgl. auch § 11.II.1)a), S. 377 ff.

1014 Dies ist bisher bei der Gliederung der Bilanz nach Art. 9 und Art. 10 JAbRL nicht der Fall. Die nach Art. 9 und Art. 10 JAbRL vorzunehmende grundsätzliche Gliederung der Vermögenswerte einerseits und der Schulden in Verbindlichkeiten und Schulden andererseits folgt keinem einheitlichen Gliederungsprinzip. Liegt auf der Aktivseite noch das Kriterium der Fristigkeit der Differenzierung zwischen dem Anlage- und dem Umlaufvermögen zugrunde, findet sich dieses Kriterium bei der Gliederung der Schulden nicht wieder. Die Schulden sind nicht nach der Fristigkeit, sondern entsprechend der Sicherheit der Inanspruchnahme in Verbindlichkeiten und Rückstellungen

Schuldposten und die Vermögenswerte primär nach ihrer Laufzeit bzw. ihrer geplanten Haltedauer und sekundär nach ihrer Liquidierbarkeit zu gliedern.

(b) Die Problematik der selbst erstellten immateriellen Vermögensgüter

Eine weit reichende Aufwandsverrechnung der Ausgaben für immaterielle Vermögenswerte lässt sich nach den genannten Ansatzkriterien nur durch ein unterschiedliches Objektivierungsmaß rechtfertigen.

Ganz allgemein werden immaterielle Vermögenswerte „als Güter (im Sinne von wirtschaftlichem Vorteil bzw. wirtschaftlichem Nutzen) definiert, die keine (wesentliche) gegenständliche Substanz, d.h. Körperlichkeit bzw. Greifbarkeit aufweisen und im Unterschied zu finanziellen Gütern (Forderungen, Verbindlichkeiten etc.) nicht monetär sind“.[1015]

Den immateriellen Vermögenswerten wird in der Zeit der Dienstleistungs- und Hochtechnologiegesellschaft allgemein eine wachsende Bedeutung als Werttreiber des Unternehmens zugesprochen.[1016] Trotz dieser wachsenden Bedeutung rangieren die immateriellen Werte aufgrund der mit ihnen verbundenen Objektivierungsrisiken als ewige „Sorgenkinder des Bilanzrechts“[1017]. Erfolge und Nutzen der immateriellen Vermögenswerte sind wegen der fehlenden physischen Substanz und Separierbarkeit der Ressourcen regelmäßig erst spät oder teils gar nicht verifizierbar und eröffnen den Anwendern damit einen weiten Gestaltungsspielraum.[1018]

Selbst wenn das immaterielle Gut identifiziert und damit ein Zugangsnachweis erbracht werden kann, ist die individuelle Wertzuweisung oft problematisch. Der nachprüfbaren Zuordnung eines wirtschaftlichen Nutzenbeitragspotentials ist im Bereich der immateriellen Elemente folglich besonderes Gewicht zuzusprechen. Eine Aktivierung der immateriellen Güter darf zur Wahrung der Entscheidungsnützlichkeit der Informationen mithin nur erfolgen, wenn ihnen ein spezifisches individuelles Nutzenpotential und individuelle Anschaffungs- bzw. Herstellungskosten zugeordnet werden können, mithin *Identifizierbarkeit* und *Bewertbarkeit* gesichert sind.[1019]

---

zu untergliedern. Erst in Form des Davon-Vermerks ist auszuweisen, welcher Anteil der Verbindlichkeiten und Rückstellungen eine Restlaufzeit von bis zu einem Jahr und darüber hat.

1015 *Haller*, FS Adolf G. Coenenberg (1998), 561, 564. Vgl. auch die Definitionen in DSR 12.7 und IAS 38.8.

1016 *Hornung*, in: *Küting/Weber* (Hrsg.), Vom Financial Accounting zum Business Reporting (2002), 13, 15; Haufe IFRS-Kommentar(-*Hoffmann*)[5] (2007), § 13 Rn. 1; vgl. auch *Maul/Menning*, DB 2000, 529, 532; *Fülbier/Honold/Klar*, RIW 2000, 833; *Pellens/Fülbier*, in: *Baetge* (Hrsg.), Zur Rechnungslegung nach International Accounting Standards (2000), 35, 41; *Küting/Ulrich*, DStR 2001, 953; *Schmidbauer*, DStR 2004, 1442, 1448; *Heyd/Lutz-Ingold*, Immaterielle Vermögenswerte und Goodwill nach IFRS (2005), 181 und § 8.I.3)a)cc), S. 279ff.

1017 *Moxter*, BB 1979, 1102.

1018 Siehe *Dawo*, Immaterielle Güter in der Rechnungslegung nach HGB, IAS/IFRS und US-GAAP (2003), 298; *Schmidtbauer*, DStR 2004, 1442.

1019 *Küting/Ulrich*, DStR 2001, 953, 955.

Bei erworbenen immateriellen Vermögenswerten wirkt der Transaktionsprozess objektivierend und ermöglicht eine nachprüfbare Zuordnung des Nutzenbeitragspotentials und dessen Bewertung.

Problematischer gestaltet sich der Ansatz selbst erstellter immaterieller Vermögenselemente. Der Nutzen des selbst geschaffenen immateriellen Gutes ist aufgrund seiner fehlenden physischen Fassbarkeit regelmäßig erst spät oder gar nicht verifizierbar.[1020] Auch fehlt es nicht selten an einem entsprechenden Sekundärmarkt, um die erwarteten künftigen Ertragsströme des immateriellen Gutes und damit seine individuelle Bewertbarkeit zu objektivieren.[1021] Unter Umständen werden durch Forschungs- und Entwicklungsanstrengungen sogar gar keine unmittelbar verwertbaren oder nur mittelbare Vermögenswerte erzielt.[1022]

Dass die sachliche Abgrenzung der Vermögenselemente nur zeitlich verzögert oder überhaupt nicht vorgenommen werden kann, muss sich in der Aktivierung der selbst erstellten immateriellen Vermögenswerte niederschlagen. Das Kernproblem der Aktivierung der erschaffenen immateriellen Vermögenselemente besteht – abgesehen von den Fällen, in denen Aufwendungen schon nicht eindeutig einem Produkt zugeordnet werden können – folglich primär darin, die Aktivierungskriterien in zeitlicher Hinsicht zu konkretisieren.[1023]

Untrennbar mit diesem Kernproblem ist die Frage verbunden, wie mit den bereits getätigten Ausgaben in den Vorperioden zu verfahren ist, insbesondere ob eine entsprechende Nachaktivierung zu erfolgen hat oder nicht und wie sich diese auf die Erfolgsermittlung auswirken soll.

Zur Konkretisierung des Ansatzzeitpunktes und zur Lösung des Mehrperiodenproblems bestehen verschiedene Reformansätze in Literatur, Wissenschaft und Praxis.[1024] Die Bestimmung des Zeitpunkts der Aktivierung und die Zuordnung der getätigten Aufwendungen könnten zum einen durch *produktionsbezogene Aktivierungskriterien* erfolgen. Denkbar wäre auch eine abstrakte Unterscheidung des Reifeprozesses in die *Forschungs- und die Entwicklungsphase*, wobei eine Aktivierung in zeitlicher Hinsicht erst für Entwicklungsausgaben in Betracht käme.

Der Reformvorschlag einer zeitlichen Konkretisierung des Aktivierungszeitpunktes unter Anwendung produktionsbezogener Aktivierungskriterien wurde im deutschen Rechtsraum zuletzt durch den Arbeitskreis „Immaterielle Werte im Rechnungswesen“ der Schmalenbach-Gesellschaft für Betriebswirtschaftslehre e.V.

1020 *Dawo*, Immaterielle Güter in der Rechnungslegung nach HGB, IAS/IFRS und US-GAAP (2003), 298; vgl. auch *Küting/Ulrich*, DStR 2001, 953, 954; *Küting/Dawo*, BFuP 2003, 397, 407; *Merschmeyer*, Die Kapitalschutzfunktion des Jahresabschlusses und Übernahme IAS/IFRS für die Einzelbilanz (2005), 176 f.

1021 *Küting/Ulrich*, DStR 2001, 953, 955; vgl. auch *Hennrichs*, ZGR 2000, 627, 639; Münchener Kommentar AktG (-*Hennrichs*), Bd 5/1² (2003), § 246 Rn. 69.

1022 Vgl. *Küting/Dawo*, BFuP 2003, 397, 407 f.

1023 *Dawo*, Immaterielle Güter in der Rechnungslegung nach HGB, IAS/IFRS und US-GAAP (2003), 298.

1024 Vgl. die ausführliche Darstellung der verschiedenen Ansätze bei *Dawo*, Immaterielle Güter in der Rechnungslegung nach HGB, IAS/IFRS und US-GAAP (2003), 298–314.

unterbreitet.[1025] Ausgehend von dem zumeist mehrperiodischen Prozess der Schaffung immaterieller Vermögenswerte soll sich die Aktivierung demnach an bestimmten Merkmalen des Projektablaufs ausrichten.[1026] Hierbei bietet sich die Orientierung an bestimmten Schlüsselaufgaben an, die weitgehend unabhängig von Größe und Gegenstand des Projektes auftreten und deren Erfüllung für den Erfolg des Projektes entscheidend ist. Die entsprechenden Aufgaben lassen sich in die Phasen Projektanstoß, Projektplanung, Projektdurchführung und Projektabschluss unterteilen.[1027]

Eine Aktivierung sollte demnach erfolgen, sobald bestimmte Tätigkeiten in der Phase des Projektanstoßes und der Projektplanung abgeschlossen sind, die eine erfolgreiche Projektdurchführung erwarten lassen.[1028] Dies ist nach Auffassung des Arbeitskreises dann der Fall, wenn die Ziele des Projekts klar definiert sind, die Ressourcen und die Schlüsselpersonen freigegeben bzw. freigestellt wurden, ein potentieller Nutzen des Projekts darstellbar und die aktive weitere Prozessdurchführung sichergestellt ist.[1029] Die zu aktivierenden Ausgaben umfassen *alle* projektbezogenen und abgrenzbaren Ausgaben, die für das jeweilige Projekt einen Nutzen entfalten. Im Falle einer Fehlmaßnahme ist der aktivierte Betrag im Laufe der Projektdurchführung durch eine außerplanmäßige Abschreibung entsprechend anzupassen. Bei einem erfolgreichen Abschluss des Projekts, mithin der Schaffung eines abgrenzbaren wirtschaftlichen Vermögenswertes, erfolgt eine Aussonderung bzw. Umbuchung dieses Gutes aus dem Sammelposten, der die aktivierten Projektaufwendungen zeigt, und eine Erfassung als Vermögenselement.

Die genannten projektbezogenen Aktivierungskriterien tragen der Besonderheit und dem Prozess der Schaffung immaterieller Werte Rechnung.[1030] Das Problem der späten Verifizierbarkeit des wirtschaftlichen Nutzens der Aufwendungen für selbst geschaffene, nicht körperliche Vermögensgüter soll durch produktionsabhängige Aktivierungskriterien kompensiert werden. Ob ein derartiges Vorgehen aber die Objektivierungsanforderungen in ausreichendem Maße achtet, erscheint zweifelhaft. Die Aktivierung von Projektausgaben im Stadium der Projektdurchführung, mithin im eigentlichen Schaffensprozess, bedingt bei Fehlmaßnahmen einen Ansatz von Ausgaben, die nicht einen bestimmten wirtschaftlichen Vorteil bedingen und folglich nicht den oben aufgezeigten Aktivierungskriterien genü-

---

1025 Vgl. *Arbeitskreis „Immaterielle Werte im Rechnungswesen" der Schmalenbach-Gesellschaft für Betriebswirtschaftslehre e. V.*, DB 2001, 989–995.

1026 *Arbeitskreis „Immaterielle Werte im Rechnungswesen" der Schmalenbach-Gesellschaft für Betriebswirtschaftslehre e. V.*, DB 2001, 989, 992.

1027 Vgl. auch die Darstellung bei *Dawo*, Immaterielle Güter in der Rechnungslegung nach HGB, IAS/IFRS und US-GAAP (2003), 301 f.

1028 Vgl. *Arbeitskreis „Immaterielle Werte im Rechnungswesen" der Schmalenbach-Gesellschaft für Betriebswirtschaftslehre e. V.*, DB 2001, 989, 992 f.

1029 *Arbeitskreis „Immaterielle Werte im Rechnungswesen" der Schmalenbach-Gesellschaft für Betriebswirtschaftslehre e. V.*, DB 2001, 989, 992 f.

1030 *Dawo*, Immaterielle Güter in der Rechnungslegung nach HGB, IAS/IFRS und US-GAAP (2003), 304.

gen.[1031] Zum anderen ist die Aktivierung der Aufwendungen in einem erheblichen Maße von der subjektiven Wertung des Bilanzierenden abhängig, ob und inwieweit das Projekt voraussichtlich zur Bildung eines abgrenzbaren Vermögenselementes führt. Ebenso ist die Abgrenzung und Zuordnung der einzelnen Aufwendungen zum künftigen Vermögenswert durch subjektive Einschätzungen des Bilanzierenden geprägt.[1032] Dieser erhebliche Einschätzungs- und Gestaltungsspielraum des Bilanzierenden genügt nicht den Objektivierungsanforderungen. Die projektbezogenen Aktivierungskriterien sind somit keine adäquaten Kriterien für die Aktivierung selbst erstellter immaterieller Vermögenswerte.[1033]

Eine zeitliche Konkretisierung der Aktivierungsfähigkeit von immateriellen Vermögenswerten könnte sich auch an der Differenzierung des Schaffensprozesses in eine Forschungs- und eine Entwicklungsphase orientieren. Nach diesem *prozessorientierten Ansatz* befürwortet das DRSC in Anlehnung an IAS 38 „Immaterielle Vermögenswerte" im Anhang zu DSR 12 „Empfehlungen de lege feranda" eine Aktivierung von Aufwendungen, die in der Phase der Entwicklung getätigt werden.[1034] Forschungsaufwendungen unterliegen hingegen einem strikten Aktivierungsverbot. Die theoretische Grundlage für diese Differenzierung liegt in der Annahme, dass in der Entwicklungsphase der immaterielle Wert bereits über einen höheren Reifegrad verfügt, so dass seiner Fertigstellung und Nutzung geringere Risiken entgegenstehen. Eine Aktivierung der Entwicklungskosten ist zudem vom Vorliegen spezifischer Kriterien zur Konkretisierung der Wahrscheinlichkeit der wirtschaftlichen Werthaltigkeit abhängig. Der bilanzielle Ansatz der Entwicklungsaufwendungen ist demnach nur dann vorzunehmen, wenn ein Nachweis darüber erbracht werden kann, dass

- die Fähigkeit und die Absicht besteht, das immaterielle Vermögenselement fertig zu stellen und anschließend zu nutzen bzw. zu veräußern;
- die Erzielung eines künftigen internen oder externen Nutzen sich entweder durch die Existenz eines Marktes für die erstellte Leistung bzw. das Vermögenselement oder durch die Dokumentation eines internen Nutzens nachweisen lässt;
- eine zuverlässige Zurechenbarkeit der angefallenen Aufwendungen möglich ist und
- die Mittel zur Fertigstellung der Entwicklung vorhanden sind.[1035]

1031 *Dawo*, Immaterielle Güter in der Rechnungslegung nach HGB, IAS/IFRS und US-GAAP (2003), 305.

1032 *Dawo*, Immaterielle Güter in der Rechnungslegung nach HGB, IAS/IFRS und US-GAAP (2003), 305 f.

1033 So auch *Dawo*, Immaterielle Güter in der Rechnungslegung nach HGB, IAS/IFRS und US-GAAP (2003), 306.

1034 Vgl. Anhang A.5 zum DRS 12. Vgl. hierzu auch *Euler*, BB 2001, 2631, 2532, 2635–2636; *Dawo*, Immaterielle Güter in der Rechnungslegung nach HGB, IAS/IFRS und US-GAAP (2003), 307.

1035 So etwa Anhang A.5 zum DRS 12 und auch IAS 38.57. Zum Letzteren vgl. § 11.II.1)b)aa)(3), S. 386 ff. Im Unterschied zu IAS 38.57 wird im Rahmen des DRS 12 eine Aktivierung auch ohne das Erreichen der technischen Realisierbarkeit befürwortet, mithin eine weitere Vorverlagerung des

Der prozessorientierte Ansatz liegt auch dem Entwurf des Bilanzrechtsmodernisierungsgesetzes zugrunde.[1036] Das bisherige Verbot der Aktivierung selbst geschaffener immaterieller Vermögensgegenstände des Anlagevermögens (§ 248 Abs. 2 HGB) soll aufgehoben und durch die Pflicht zur Aktivierung der auf die Entwicklungsphase entfallenden Herstellungskosten ersetzt werden. Zugleich ist die Einführung einer Ausschüttungssperre und einer Verpflichtung zur Angabe des Gesamtbetrages der Forschungs- und Entwicklungskosten sowie des davon auf die selbst erschaffenen immateriellen Vermögensgegenstände entfallenden Teils im Anhang vorgesehen (§ 268 Abs. 8, § 285 Nr. 22, § 314 Abs. 1 Nr. 14 HGB-E).

Die vom DRSC befürworteten Aktivierungskriterien sind auf die subjektive Beurteilung und Einschätzung des Bilanzierenden angewiesen. Sie gewährleisten keine entscheidungsnützliche Informationsvermittlung, sondern offerieren erhebliche Spielräume für informationsverzerrende Gestaltungen.[1037]

Bereits die benannten Phasen des Schaffensprozesses lassen sich oftmals nicht zweifelsfrei voneinander trennen. Die Qualifizierung von Ausgaben als aktivierungspflichtige Entwicklungsausgaben steht demnach häufig im freien Ermessen des Bilanzierenden. Der sich daraus ergebende rechnungspolitische Gestaltungsspielraum wird auch nicht durch die benannten zusätzlichen Aktivierungskriterien begrenzt. Es steht dem Bilanzierenden vielmehr frei, ob er durch die Erbringung des erforderlichen Nachweises die Aktivierung der Aufwendungen herbeiführt oder nicht.[1038] Zudem kann der Bilanzierende durch rechnungslegungspolitisch motivierte Sachverhaltsgestaltung auf die Erfüllung der benannten Aktivierungskriterien Einfluss nehmen.[1039] Die Inbezugnahme innerer Tatsachen, wie Absichten, begünstigt diese Freiräume.[1040]

Neben dieser Missachtung des Objektivierungserfordernisses führt der beschriebene prozessorientierte Ansatz auch zu einer informationsverzerrenden Aktivierung.

Die Differenzierung zwischen der Forschungs- und der Entwicklungsphase und die benannten zusätzlichen Aktivierungskriterien bedingen eine wertmäßige Beschränkung der aktivierungsfähigen Ausgaben. Sie führen somit zu einem nicht unerheblichen Informationsverlust.[1041] Entwicklungsausgaben sind erst ab dem Zeitpunkt aktivierungsfähig, zu dem erstmals die besonderen Aktivierungsvo-

Aktivierungszeitpunktes präferiert. Vgl. *Dawo*, Immaterielle Güter in der Rechnungslegung nach HGB, IAS/IFRS und US-GAAP (2003), 307.

1036 BR-Drs. 344/08. Vgl. dazu u. a. *Ernst/Seidler*, Der Konzern 2007, 822–831; *Meyer*, DStR 2007, 2227–2231.

1037 Vgl. *Hennrichs*, ZGR 2000, 627, 642; *Euler*, BB 2002, 875, 877 f.; *Dawo*, Immaterielle Güter in der Rechnungslegung nach HGB, IAS/IFRS und US-GAAP (2003), 307; *Baetge/Hollmann*, FS Günter Wöhe (2004), 347, 355, 356–357; *Esser/Hackenberger*, DStR 2005, 708, 710; *Hennrichs*, FS Volker Röhricht (2005), 881, 884; *Heuser/Theile*, IAS/IFRS-Handbuch^3 (2007), Rn. 1040.

1038 Vgl. u. a. *Dawo*, Immaterielle Güter in der Rechnungslegung nach HGB, IAS/IFRS und US-GAAP (2003), 307; *Baetge/Hollmann*, FS Günter Wöhe (2004), 347, 356 f.

1039 Vgl. *Euler*, BB 2002, 875, 877; *Baetge/Hollmann*, FS Günter Wöhe (2004), 347, 355.

1040 Vgl. *Euler*, BB 2001, 2631, 2636.

1041 Vgl. *Wagenhofer*, Internationale Rechnungslegungsstandards IAS/IFRS^5 (2005), 210.

raussetzungen erfüllt sind. Eine nachträgliche Aktivierung von zuvor als Aufwand verbuchter Entwicklungs- oder gar Forschungsausgaben ist nicht zulässig. Diese Regelung kann dazu führen, dass ein selbst erstellter immaterieller Vermögenswert nur mit einem geringen Teil seiner Herstellungskosten bilanziell erfasst wird.[1042]

In der Zusammenschau lässt sich folglich festhalten, dass eine *zuverlässige* ex-ante Beurteilung des wirtschaftlichen Nutzenbeitragspotentials eines selbst geschaffenen immateriellen Vermögenswertes in der Phase der Produktentwicklung nicht möglich ist. Zugleich ist die Aktivierung von Entwicklungskosten durch die angeführten Gestaltungsspielräume und die Beschränkung des Wertansatzes mit erheblichen Informationsverzerrungen und Informationsdefiziten verbunden, die die Entscheidungs*relevanz* der externen Rechnungslegung herabsetzen. Eine Vorverlagerung des Aktivierungszeitpunktes vor den Zeitpunkt der Fertigstellung des Vermögensgutes ist somit mit erheblichen Einbußen der Entscheidungsnützlichkeit der Rechnungslegungsinformationen verbunden und damit abzulehnen.

Die Nachteile der bisher erörterten Vorschläge ließen sich vermeiden, wenn die Entscheidung über die Aktivierung erst *ex-post* am Ende des Produktionsprozesses der immateriellen Vermögensgüter erfolgen würde.[1043] Aus diesem Grunde wird eine nachträgliche Aktivierung der auf ein bestimmtes Projekt entfallenden und bisher als Aufwand verrechneten Ausgaben im Zeitpunkt der Realisierung des Projektes vorgeschlagen.[1044]

In den Berichtszeiträumen vor der Fertigstellung des immateriellen Vermögenselementes werden durch die Aufwandsverrechnung der Forschungs- und Entwicklungsausgaben den Adressaten Informationen über die risikobehafteten Investitionen zur Schaffung eines immateriellen Gutes vermittelt. Die nachträgliche Aktivierung dieser projektbezogenen Aufwendungen im Zeitpunkt der Realisierung des Projektes verdeutlicht den Investoren die Reduktion des mit der Investi-

---

1042 Vgl. *Küting/Dawo*, BFuP 2003, 397, 410; *Dawo*, Immaterielle Güter in der Rechnungslegung nach HGB, IAS/IFRS und US-GAAP (2003), 266; *Wagenhofer*, Internationale Rechnungslegungsstandards IAS/IFRS^5 (2005), 210. Bei der Anwendung eines entsprechenden Neubewertungsmodells (z.B. IAS 38.75) kann dieses Defizit nach der erstmaligen Aktivierung durch die Bewertung zum beizulegenden Zeitwert revidiert werden. Dies ändert aber nichts daran, dass erhebliche Teile der Herstellungskosten des immateriellen Gutes als Aufwand ausgewiesen werden. Die Möglichkeit einer erfolgswirksamen Erfassung einer Neubewertung führt vielmehr zu einer weiteren Verzerrung des Informationsgehalts des Erfolgsausweises.

1043 *Dawo*, Immaterielle Güter in der Rechnungslegung nach HGB, IAS/IFRS und US-GAAP (2003), 308.

1044 Vgl. *Dawo*, Immaterielle Güter in der Rechnungslegung nach HGB, IAS/IFRS und US-GAAP (2003), 308–314. In diese Richtung geht auch die von *Baetge/Hollmann*, FS Günter Wöhe (2004), 357, 358f., präferierte Modifizierung der gegenwärtigen Aktivierungskonzeption des IAS 38, wenn sie sich für ein Aktivierungsverbot für Forschungs- und Entwicklungskosten und die Erstellung eines nach Geschäftsbereichen oder Projekten untergliederten Forschungs- und Entwicklungsspiegels aussprechen. Daneben spricht sich auch die International Organization of Securities Commissions (IOSCO) für eine sofortige erfolgswirksame Erfassung aller Forschungs- und Entwicklungsausgaben verbunden mit zusätzlichen Angaben aus (vgl. *IOSCO* (Hrsg.), IASC Standards – Assessment Report (2000), http://www.iosco.org/library/pubdocs/pdf/IOSCOPD109.pdf, 91).

tion verbundenen Risikos, mithin die Veränderung der Risikosituation und die Schaffung eines abgrenzbaren wirtschaftlichen Vorteils in Form eines immateriellen Vermögensgutes.[1045]

Fraglich ist aber, wie sich eine solche nachträgliche Aktivierung von Forschungs- und Entwicklungsaufwendungen auf die Erfolgsermittlung auswirken sollte. Hierbei kommt eine erfolgswirksame oder erfolgsneutrale Nachaktivierung in Betracht. In beiden Fällen werden die projektbezogenen Ausgaben bis zur Fertigstellung als Aufwand erfasst. Damit werden während dieser Zeit Aufwendungen ohne die dazu gehörigen Erträge ausgewiesen.[1046] Diese Bilanzierung spiegelt das besondere Risikopotential der selbst geschaffenen immateriellen Vermögensgüter wider. Sie verdeutlichen den Umstand, dass die Schaffung eines abgrenzbaren Vermögensgutes zu diesem Zeitpunkt noch risikobehaftet, mithin der verkörperte wirtschaftliche Vorteil noch nicht hinreichend verlässlich nachweisbar ist.

Dieses durch das besondere Risiko der selbst erstellten immateriellen Vermögensgüter bedingte Auseinanderfallen von Aufwand und Ertrag impliziert das Erfordernis einer erfolgswirksamen Nachaktivierung der projektbezogenen Ausgaben. Nur durch die erfolgswirksame Aktivierung der projektbezogenen Forschungs- und Entwicklungskosten können die Kongruenz zwischen der Summe der Periodenerfolge und dem Totalerfolg, die Indikatorwirkung und die intertemporale Vergleichbarkeit des Periodenerfolgs gewahrt bleiben.[1047] Nach der erfolgswirksamen Aktivierung des abgrenzbaren immateriellen Vermögenswertes setzt dann wiederum eine erfolgswirksame Abschreibung des Gutes ein.

Die Nachvollziehbarkeit der bilanziellen Abbildung der selbst erstellten immateriellen Vermögensgüter sollte zusätzlich durch eine *ergänzende außerbilanzielle Berichterstattung und Erläuterung* sichergestellt werden.[1048] Die Investitionsausgaben zur Schaffung eines entsprechenden Gutes sollten demnach im Zeitpunkt ihrer Aufwandsverrechnung näher erläutert werden. Hierbei sollten insbesondere das daraus resultierende Vermögenselement und der damit verbundenen Nutzen benannt und näher beschrieben werden.[1049] Eine solche Erläuterung der Aufwendun-

---

1045 Vgl. *Dawo*, Immaterielle Güter in der Rechnungslegung nach HGB, IAS/IFRS und US-GAAP (2003), 309.

1046 *Dawo*, Immaterielle Güter in der Rechnungslegung nach HGB, IAS/IFRS und US-GAAP (2003), 311.

1047 Vgl. *Dawo*, Immaterielle Güter in der Rechnungslegung nach HGB, IAS/IFRS und US-GAAP (2003), 311 f. *Dawo* verweist zu Recht darauf, dass das Realisationsprinzip durch die nachträgliche Aktivierung der Ausgaben nicht verletzt wird. Das Realisationsprinzip untersagt Vorgriffe auf noch nicht zugegangene Vermögensmehrungen. Diese liegen nicht vor. Vielmehr wird durch die Aktivierung ein abgrenzbares, hinreichend verlässliches Nutzenbeitragspotential aktiviert, das bereits durch hierfür geleistete Aufwendungen unterlegt ist.

1048 *Høegh-Krohn/Knivsflå*, The International Journal of Accounting Vol. 35 (2000), 243, 260 f.; *Dawo*, Immaterielle Güter in der Rechnungslegung nach HGB, IAS/IFRS und US-GAAP (2003), 313 f.; *Baetge/Hollmann*, FS Günter Wöhe (2004), 357, 359. Vgl. im Einzelnen § 8.I.3)a)cc), S. 279 ff.

1049 *Høegh-Krohn/Knivsflå*, The International Journal of Accounting Vol. 35 (2000), 243, 260 f.

gen stellt zugleich sicher, dass auch Investitionen, die nicht zu einem abgrenzbaren Vermögensgut heranreifen, als Fehlmaßnahmen dokumentiert werden.[1050]

Darüber hinaus sollte die nachträgliche Aktivierung aus Objektivierungsgründen nur solche Aufwendungen umfassen, die auf die selbst geschaffenen immateriellen Werte entfallen, welche bereits ursprünglich als potentielle Vermögensgüter genannt wurden.[1051]

Insgesamt ist die erfolgswirksame Nachaktivierung selbst erschaffener immaterieller Vermögenselemente eine adäquate Abbildungsalternative, die dem besonderen Risiko der immateriellen Werte Rechnung trägt.

(2) Bewertungssystem

Die Interdependenzen zwischen der Entscheidungsrelevanz und dem Objektivierungserfordernis dominieren nicht nur die Ansatzkriterien, sondern auch die Anforderungen an das Bewertungssystem. Die Bewertung der aktivierten Vermögensgegenstände bzw. passivierten Schuldenposten sollte ihr Nutzenbeitragspotential, d.h. den verkörperten wirtschaftlichen Vorteil bzw. potentiellen Nachteil, widerspiegeln. Die Glaubwürdigkeit der durch die Wertansätze vermittelten Informationen ist wiederum nur bei einer objektiven Nachprüfbarkeit der Bewertung mittels eines intersubjektiven Bewertungssystems gewährleistet.

(a) Historical cost accounting versus fair value-Bewertung

In der Bilanzierungspraxis werden grundsätzlich zwei Bewertungssysteme, das historical cost accounting und die fair value-Bewertung, unterschieden.

Das historical cost accounting ist entscheidend durch das Anschaffungskosten- und das Realisationsprinzip geprägt. Beide Grundprinzipien bilden eine Einheit.[1052] Nach dem Anschaffungskostenprinzip werden die aktivierten Vermögenswerte mit ihren Anschaffungs- bzw. Herstellungskosten erfasst und beibehalten.[1053] Das Realisationsprinzip fungiert als Determinante für Durchbrechungen dieses Bewertungsgrundsatzes. Es bindet einen Wertansatz oberhalb der Anschaffungskosten an die Vornahme verifizierbarer Transaktionen bzw. das Eintreten intersubjektiv nachweisbarer Ereignisse.

Die fair value-Bewertung (Zeitwertbilanzierung bzw. „mark-to-market-Bewertung") präferiert im Gegensatz zum historical cost accounting eine zeitnahe Be-

---

1050 *Dawo*, Immaterielle Güter in der Rechnungslegung nach HGB, IAS/IFRS und US-GAAP (2003), 313.

1051 *Dawo*, Immaterielle Güter in der Rechnungslegung nach HGB, IAS/IFRS und US-GAAP (2003), 313.

1052 *Leuz*, Rechnungslegung und Kreditfinanzierung (1996), 203; vgl. auch *Moxter*, Betriebswirtschaftliche Gewinnermittlung (1982), 158.

1053 Die Anschaffungs- bzw. Herstellungskosten als Wertmaßstab sind dabei durch ihre Anknüpfung an Markttransaktionen nicht nur intersubjektiv nachprüfbar, sondern fungieren auch als eine Art Mindesteinzahlungserwartung; *Ordelheide*, in: *Hax/Kern/Schröder* (Hrsg.), Zeitaspekte in betriebswirtschaftlicher Theorie und Praxis (1989), 21, 27.

wertung. Der fair value lässt sich als der Wert definieren, zu dem ein Vermögenswert oder eine Verbindlichkeit zwischen sachkundigen, vertragswilligen und voneinander unabhängigen Geschäftspartnern gehandelt wird.[1054] Dabei ist der fair value kein eigenständiger Wertansatz, sondern wird vielmehr durch spezifische Bewertungskonzeptionen konkretisiert.[1055] Im Wesentlichen kommen folgende Wertmaßstäbe zur Bestimmung des fair value in Betracht:[1056]

- *Marktpreis* (market value); der Betrag, der auf einem *aktiven Markt* für den Vermögenswert erzielbar wäre bzw. für die Abgabe der Schulden aufgewendet werden müsste.
- *Veräußerungs- bzw. Erfüllungswert* (realisable bzw. settlement value); der Betrag, der bei einer Veräußerung des Vermögenswertes am Bilanzstichtag realisiert werden könnte bzw. der bei Fälligkeit zur Begleichung der Verbindlichkeit voraussichtlich aufzuwenden wäre.
- *Wiederbeschaffungs- bzw. Abwicklungskosten* (current cost and replacement cost); der Betrag, der am Bilanzstichtag aufzuwenden ist, um einen gleichen oder ähnlichen Vermögenswert zu erwerben, bzw. zur Begleichung einer vergleichbaren Verbindlichkeit aufgewendet werden muss.
- *Barwert* (present value); der Betrag der erwarteten, diskontierten Einzahlungsüberschüsse aus der Nutzung oder dem Verkauf des Vermögenswertes bzw. der Betrag der erwarteten diskontierten Auszahlungsüberschüsse aus der Tilgung der Schuld.
- *Erzielbarer Betrag* (recoverable amount); definiert als der höchste Betrag von Nutzungswert (value in use) und Nettoveräußerungspreis (net selling price).

1054 Diese Definition entspricht dem Begriffverständnis der endorsed IFRS (vgl. etwa IAS 16.6; IAS 38.8, IAS 39.9 und IAS 40.5).
Im deutschen Bilanzrecht fungieren hingegen grundsätzlich die historischen Anschaffungs- und Herstellungskosten als Wertobergrenze für die Vermögensgegenstände und Schuldposten. Der beizulegende Wert wird nur zugrunde gelegt, wenn er gewinnmindernd von den fortgeführten historischen Werten abweicht. Vermögensgegenstände des Anlage- und des Umlaufvermögens können bzw. müssen gemäß § 253 HGB auf ihren niedrigeren beizulegenden Wert erfolgswirksam abgeschrieben werden (Niederstwertprinzip). Hingegen ist eine etwaige Wertaufholung nur bis zur Höhe der fortgeführten Anschaffungs- und Herstellungskosten möglich. Für die Bewertung der Schuldposten der Bilanz gilt das so genannte Höchstwertprinzip. Danach sind Verbindlichkeiten grundsätzlich mit dem höheren Bilanzstichtagswert anzusetzen, wenn der Zeitwert den bisher angesetzten Erfüllungsbetrag übersteigt. Dem deutsche Bilanzrecht liegt folglich bisher nur ein *imparitätisches fair value-Konzept* zugrunde, lediglich Schuldposten werden einseitig verlustantizipierend zum beizulegenden Wert bewertet (*Baetge/Zülch*, BFuP 2001, 543, 546, 550).
Im Zuge der Umsetzung der obligatorischen Regelungen der Fair Value-Richtlinie durch das Bilanzrechtsreformgesetz vom 4. Dezember 2004 (BGBl. I S. 3166) hat der fair value als Wertansatz aber immerhin Eingang in den Anhang gefunden. Demnach muss im Anhang des Einzel- und Konzernabschlusses der beizulegende Zeitwert der derivaten Finanzinstrumente unter den dort aufgeführten Voraussetzungen ausgewiesen werden (§§ 285 Nr. 18; 314 Abs. 1, Nr. 10, 11 HGB).

1055 Vgl. *Dawo*, Immaterielle Güter in der Rechnungslegung nach HGB, IAS/IFRS und US-GAAP (2003), 316; *Streim/Bieker/Esser*, BFuP 2003, 457, 460; *Ballwieser/Küting/Schildbach*, BFuP 2004, 529, 534.

1056 Vgl. hierzu *Mujkanovic*, Fair Value im Financial Statement nach International Accounting Standards (2002), 113–135; *Dawo*, Immaterielle Güter in der Rechnungslegung nach HGB, IAS/IFRS und US-GAAP (2003), 316. Die nachfolgenden Wertmaßstäbe finden sich alle in der IFRS-Rechnungslegung, speziell im IFRS-Framework, F.100, IAS 32.5, IAS 40.29, wieder.

Ausgehend von der oben genannten Definition handelt es sich bei dem fair value im Vergleich zu den Anschaffungs- bzw. Herstellungskosten lediglich um einen potentiell realisierbaren Wert. Es kommt folglich im Rahmen der fair value-Bewertung in Abweichung vom Realisationsprinzip nur auf die Realisierbarkeit des angesetzten Wertes an.[1057]

Da grundsätzlich davon auszugehen ist, dass der Preis als Variable für die Kauf- und Verkaufsentscheidungen den wirtschaftlichen Vorteil eines Gutes widerspiegelt und die Herstellungskosten den Mindestpreis einer Sache determinieren, sind die Anschaffungs- und Herstellungskosten nicht nur objektive, sondern auch relativ realitätsnahe Ausgangswerte. Eine Bewertung oberhalb bzw. unterhalb der Anschaffungskosten bedeutet im System des historical cost accounting einen Gewinn- bzw. Verlustbeitrag. Die Abwertung der angesetzten Werte hat sich am wirtschaftlichen Gesichtpunkt der Nutzenminimierung zu orientieren. Hingegen ist eine Neubewertung oberhalb der Anschaffungs- bzw. Herstellungskosten durch das Realisationsprinzip begrenzt. Das Realisationsprinzip gewährleistet in diesem Zusammenhang, dass Gewinnbeiträge nur bei realisierten und damit verifizierbaren Geschäftsvorfällen abgebildet werden.[1058] Das Anschaffungskosten- und das Realisationsprinzip bedingen durch das Abstellen auf verifizierbare, tatsächliche Transaktionen und Ereignisse eine grundsätzliche Verzögerung der Antizipation der in den Vermögensgütern verkörperten wirtschaftlichen Vorteile. Sie sind damit grundsätzlich Ausdruck des Objektivierungsgedankens.[1059]

Eine solche Verzögerung der Antizipation lässt sich aber nicht allein durch das Objektivierungserfordernis rechtfertigen. Das Anschaffungswert- und das Realisationsprinzip dienen unzweifelhaft einer intersubjektiv nachprüfbaren Bewertung. Sie sind aber in ihrer Stringenz aus Sicht der Informationsvermittlung nicht erforderlich. Den Anforderungen einer zuverlässigen und dennoch relativ realitäts-, d.h. marktwertnahen Bewertung würde auch eine Bewertung zu Zeitwerten gerecht werden, solange diese auf intersubjektive Transaktionen und Ereignisse bzw. andere intersubjektiv nachprüfbare Bewertungsgrundlagen gestützt werden könnte.

Die Bedeutung der Marktpreise für die Relevanz der Rechnungslegungsinformationen wird im Grundsatz einhellig nicht in Frage gestellt. Die Diskussion über die Verzugswürdigkeit des historical cost accounting oder der fair value-Bewertung betrifft vielmehr den Zeitpunkt, zu dem der zugrunde liegende Marktpreis berechnet wird.[1060]

Eine Bewertung nach dem Anschaffungskostenprinzip nimmt den Marktpreis zum Zeitpunkt der Anschaffung des Vermögenswertes bzw. dem Eingehen der Verbindlichkeit in Bezug. Die fair value-Bewertung basiert hingegen auf dem aktuell beizulegenden Marktpreis. Informationen auf der Basis der aktuell gegebe-

1057 Vgl. *Berndt*, Der Konzern 2003, 823, 828.
1058 Vgl *Leuz*, Rechnungslegung und Kreditfinanzierung (1996), 210.
1059 *Leuz*, Rechnungslegung und Kreditfinanzierung (1996), 209f., vgl. auch *Fladung*, Das Vorsichts- und Objektivierungsprinzip im deutschen Bilanzrecht (2000), 87.
1060 *Willis*, WPg 1998, 854, 855.

nen Marktbedingungen und damit der aktuellen Marktpreise scheinen für den Anteilseigner grundsätzlich eine höhere Entscheidungsrelevanz aufzuweisen als Informationen auf der Grundlage überholter Marktpreise.[1061] Eine Bewertung zum fair value entspräche damit eher dem Ziel einer prognostischen Aufbereitung vergangenheitsorientierter Geschäftsvorfälle.

Dieser Argumentation werden grundlegende Zweifel entgegengebracht, die sich vor allem auf das Erfordernis der Zuverlässigkeit der Informationen und die Auswirkungen der fair value-Bewertung auf die Ermittlung des Periodenerfolges stützen.[1062]

Eine Zeitwertbilanzierung würde zum einen die subjektive Komponente in der Rechnungslegung verstärken und ginge damit zu Lasten der Zuverlässigkeit, und würde damit die Entscheidungsnützlichkeit der Rechnungslegungsinformationen einschränken.[1063]

Eine Marktwertbilanzierung, egal ob sie die historischen Anschaffungskosten oder den aktuellen Marktpreis in Bezug nimmt, ist aber immer durch ein subjektives Element geprägt. Der Preis eines Gutes entspricht nicht unbedingt seinem objektiven Wert, sondern ist subjektiv durch die Nachfrage und das Angebot geprägt.[1064] Eine Bewertung zum aktuell beizulegenden Wert kann demnach nur dann dieses immanente subjektive Element erhöhen, wenn er nicht auf den Preismechanismus Bezug nimmt, sondern andere objektiv nicht verifizierbare Bewertungsmethoden bzw. -modelle zugrunde legt.

1061 Zu den wichtigsten und einflussreichsten Befürwortern einer Marktbewertung zählt die US-amerikanische Börsenaufsichtsbehörde SEC. Die SEC verweist vor allem darauf, dass eine marktwertorientierte Bewertung im Vergleich zum historical cost accounting eine frühzeitigere Erkennung finanzieller Schwierigkeiten der Unternehmung ermöglicht (vgl. *Wyatt*, Accounting Horizons Mar. 1991, Vol. 5, Iss. 1, 80). Nach Ansicht der SEC wäre mittels einer marktwertbezogenen Bewertung unter anderem das Ausmaß der so genannten „savings and loan" Krise in den USA wesentlich früher offensichtlich geworden (dazu *Wiedemann*, FS Hans Havermann (1995), 780, 784 m.w.N.).
Zum Aspekt der höheren Entscheidungsrelevanz der fair value-Bewertung vgl. auch *Siegel, St.*, WPK-Mitt. Sonderheft 1997, 81–90; *Shim/Larkin*, Journal of Applied Business Research Vol. 12 (1998), 33, 40; *Willis*, WPg 1998, 854, 855; *Streim/Bieker/Esser*, BFuP 2003, 457, 470–472; eher zurückhaltend *Jones/Stanwick*, The Journal of Corporate Accounting and Finance Vol. 11 (1999), 103–108, insbes. 106f.

1062 Zur grundlegenden Kritik an der fair value-Bewertung vgl. *Schildbach*, BFuP 1998, 580, 586–591; *King*, Financial Executive July/August 1999, 53–55; *Schildbach*, WPg 1999, 177–185; *Kley*, DB 2001, 2257–2262; *Kahle*, KoR 2002, 95–107; *Zeitler*, DB 2003, 1529, 1530; *Tanski/Zeretzke*, DStR 2006, 53–58.

1063 Vgl. *Kley*, DB 2001, 2257, 2261.

1064 Der auf den realen Märkten gebildete Preis entspricht aufgrund der Unvollkommenheit und Unvollständigkeit der Märkte nicht notwendig dem objektiven Wert des Gutes. Zudem werden selbst aktive Märkte in ihrer Preisbildung häufig durch zweckfremde Faktoren beeinflusst. Ihre Preise sind nicht selten überlagert von primär psychologischen Aspekten und unmittelbaren Einflüssen interessierter Parteien („market maker"), die sich etwa in der Bildung positiver und negativer „Blasen" niederschlagen können. Diese immanenten Gefahren bei der Inbezugnahme von Marktpreisen prägen sowohl das fair value accounting als auch das historical cost accounting und sind damit ein systemimmanente Unsicherheitsfaktor der Rechnungslegung. Vgl. zu auch *Ballwieser/Küting/Schildbach*, BFuP 2004, 529, 535.

Die Verlässlichkeit des fair value ist folglich nur dann gewährleistet, wenn der Wert in einer *nachprüfbaren* Art und Weise ermittelt werden kann.[1065] Es bedarf verlässlicher Methoden zur Ermittlung des fair value.

Die zuvor benannten unterschiedlichen Wertmaßstäbe zur Ermittlung des fair value sind durch heterogene Grundkonzeptionen geprägt. Sowohl im Hinblick auf den Grad der subjektiven Prägung der Wertermittlung, den jeweils relevanten Markt, den Gegenwarts- oder Zukunftsbezug der Wertermittlung als auch bei der Einbeziehung von cash-flows lassen sich deutliche Unterschiede identifizieren.[1066]

Bei der Bestimmung des fair value auf der Grundlage von beobachtbaren Marktpreisen auf einem aktiven Markt wird der Wertansatz durch den Funktionsmechanismus Markt objektiviert (*marktorientiertes* Verfahren[1067]). Als aktiver Markt wird dabei ein Markt qualifiziert, der kumulativ durch homogene Produkte geprägt wird, auf dem in der Regel jederzeit vertragswillige Käufer und Verkäufer gefunden werden können und dessen Preise der Öffentlichkeit zur Verfügung stehen.[1068] Entsprechend dieser Definition wird auf einem aktiven Markt eine große und am ehesten repräsentative Vielfalt von Wertschätzungen gebündelt und auf unparteiische Weise in einen Marktpreis umgeformt.[1069] Der Marktpreis auf einem aktiven Markt spiegelt daher die am Markt etablierten Konsens-Erwartungen wider.[1070] Ein solcher Preis des zu bilanzierenden Gegenstandes ist folglich durch Relevanz und Objektivität geprägt und zugleich gegenwarts- und objektbezogen.[1071]

Die *kostenorientierten* Wertansätze, wie der Veräußerungs- bzw. Erfüllungswert und der Wiederbeschaffungs- und Abwicklungswert, nehmen ebenfalls den Markt als Preismechanismus in Bezug. Jedoch ist nicht der aktive Markt des zu bewertenden Gegenstandes bzw. der zu bewertenden Verbindlichkeit, sondern der Absatz- bzw. der Beschaffungsmarkt relevant. Diese Märkte sind zumeist indes weniger aktiv. Ihre Preisbildung basiert folglich auf weniger objektiv geprägten Wertschätzungen. Zugleich bedürfen vor allem die Wiederbeschaffungs- und Abwicklungswerte zumeist einer wertmäßigen Anpassung an den gegenwärtigen Zustand des zu bewertenden Gegenstandes. Insgesamt sind diese kostenorientierten Werte folglich im Vergleich zum Marktpreis durch eine geringere Objektivität und Objektbezogenheit geprägt.

1065 *Hennrichs*, ZGR 2000, 627, 638; *Baetge/Matena/Zülch*, in: *Küting/Weber* (Hrsg.), Vom Financial Accounting zum Business Reporting (2002), 73, 76.

1066 *Ballwieser/Küting/Schildbach*, BFuP 2004, 529, 534.

1067 Vgl. zu dieser Begrifflichkeit *Wagenhofer*, Internationale Rechnungslegungsgrundsätze IAS/IFRS[5] (2005), 162.

1068 Vgl. die Definition des aktiven Marktes in IAS 36.6; IAS 38.8; IAS 41.8, inhaltlich äquivalent IAS 39.AG71.

1069 *Ballwieser/Küting/Schildbach*, BFuP 2004, 529, 535; vgl. auch *Hinz*, WPg 2005, 1013, 1022.

1070 Vgl. *Hinz*, WPg 2005, 1013, 1021 f.; *Zülch*, Die Gewinn- und Verlustrechnung nach IFRS (2005), 37.

1071 Vgl. *Merschmeyer*, Die Kapitalschutzfunktion des Jahresabschlusses und Übernahme der IAS/IFRS für den Einzelabschluss (2005), 208 f.

Der Objektivitätsgedanke wird bei den *ertragsorientierten* Werten wie der Barwertermittlung und dem zu erzielenden Betrag weiter herabgesetzt. Die Ermittlung des Barwertes und des erzielbaren Betrages auf der Grundlage des Nutzungswertes[1072] erfordert sowohl eine Schätzung der künftigen Zahlungsüberschüsse als auch eine Festlegung des Diskontierungszinssatzes.[1073] Beide Parameter eröffnen erhebliche Ermessensspielräume.[1074] Eine intersubjektive Nachprüfbarkeit dieser Werte ist aufgrund ihrer Zukunftsbezogenheit und der zu ihrer Ermittlung erforderlichen subjektiven Wertschätzungen sehr eingeschränkt.

Als Fazit lässt sich bereits festhalten, dass sich bei den benannten Verfahren zur Ermittlung des fair value, dem marktorientierten, dem kostenorientierten und dem ertragsorientierten Verfahren, eine Stufung in der Tauglichkeit zur objektiven Wertermittlung erkennen lässt. Je tiefer die Stufe im Bewertungskonzept, umso stärker ist die Wertermittlung durch subjektive Ermessens- und Prognosespielräume geprägt.

Auf der Grundlage dieses Stufenkonzeptes[1075] bietet vor allem der *Marktpreis* Gewähr für eine verlässliche Ermittlung des fair value.[1076] Lässt sich ein solcher Marktwert nicht ermitteln, weil etwa ein aktiver Markt für das Gut nicht existiert, so ist auch die Inbezugnahme des Marktwertes der zugrunde liegenden Komponenten oder eines objektiv ähnlichen Vermögenswertes bzw. einer vergleichbaren Verbindlichkeit (*Surrogatpreis*) als zuverlässige Bewertungsgrundlage vertretbar. In Betracht kommt auch die sekundäre Heranziehung vergangener Marktpreise des zu bewertenden oder eines vergleichbaren Vermögenswertes bzw. Schuldpostens. Die Aspekte der Vergleichbarkeit und die Aktualität der Werte sollten als Kriterien für eine interne Abstufung dieser Wertermittlungsverfahren herangezogen werden. Für die Bestimmung eines geeigneten Vergleichsobjekts sollten zur Reduzierung des damit verbundenen Ermessenspielraums verbindliche Determinanten festgelegt werden. Die Objektivität dieser mittelbaren Bewertung zum Marktpreis ließe sich zudem durch eine Delegation der Wertermittlung auf unabhängige Sachverständige erhöhen.[1077]

1072 Der Nutzungswert selbst ist der Barwert des geschätzten künftigen cashflow, die aus der fortgesetzten Nutzung des Vermögenswertes und seinem Abgang am Ende der Nutzungsdauer erwartet werden. Vgl. IAS 36.6. und *Baetge/Hollmann*, FS Günter Wöhe (2004), 347, 367; *Wagenhofer*, Internationale Rechnungslegungsstandards IAS/IFRS[5] (2005), 166.

1073 *Wagenhofer*, Internationale Rechnungslegungsstandards IAS/IFRS[5] (2005), 178.

1074 Vgl. *Ballwieser/Küting/Schildbach*, BFuP 2004, 529, 537f.; *Wagenhofer*, Internationale Rechnungslegungsstandards IAS/IFRS[5] (2005), 178; *Pellens/Fülbier/Gassen/Sellhorn*, Internationale Rechnungslegung[7] (2008), 320f.

1075 Dieses Stufenmodell prägt zugleich auch die fair value-Bewertung der IFRS (vgl. IAS 40.45–47) und die durch die Fair Value-Richtlinie überarbeitete Jahresabschlussrichtlinie (vgl. Art. 42b JAbRL). Vgl. u.a. auch *Baetge/Zülch*, BFuP 2001, 543, 547; *Ballwieser/Küting/Schildbach*, BFuP 2004, 529, 534. Näher zum Bewertungskonzept der endorsed IFRS unter § 11.II.2), S. 392ff.

1076 Das sich hier widerspiegelnde Primat des Marktpreises kennzeichnet die IFRS; vgl. u.a. IAS 39.AG71–AG79; IAS 40.45 und § 11.II.2), S. 392ff. sowie die fair value-Bewertung nach Art. 42b JAbRL.

1077 Als Vorbild könnte hier FRS 15 „Tangible fixed assets" der englischen Financial Reporting Standards dienen. FRS 15 sieht für die Neubewertung, die nicht durch die Inbezugnahme eines

Ist ein solches marktorientiertes Verfahren der Wertermittlung nicht in verlässlicher Weise möglich, könnte der fair value durch die Heranziehung angemessener und anerkannter Bewertungsmodelle und -methoden ermittelt werden.[1078] Eine zuverlässige Bewertung auf dieser Stufe ließe sich aber nur dann gewährleisten, wenn die Methoden bzw. Modelle der Bewertung auf verifizierbaren Annahmen beruhen, enumerativ vorgeben werden und die Bewertung zumindest in regelmäßigen Abständen durch einen sachverständigen Dritten überprüft wird. Ist dies nicht gesichert, wird die Zeitwertbewertung durch einen erheblichen subjektiven Gestaltungs- und Manipulationsspielraum in ihrer Entscheidungsnützlichkeit verwässert. *Kostenorientierte Wertansätze* sind hierbei eine adäquate und hinreichend objektive Grundlage für die Ermittlung des fair value. Die Inbezugnahme des Absatz- bzw. Beschaffungsmarktes zur Wertermittlung sollte sich am Zweck des Vermögenswertes (Umlauf- oder Sachanlagevermögen) ausrichten.

Ertragsorientierte Verfahren sind hingegen aufgrund ihrer subjektiven und prognostischen Prägung als Bewertungskonzept abzulehnen.

Ein fair value, der nach dem Stufenkonzept auf der Basis eines verlässlichen Marktwertes ermittelt werden kann oder sich aus dem Marktwert eines vergleichbaren Gutes oder der zugrunde liegenden Komponenten ableiten lässt, ist ein zuverlässiger und zugleich zeitnaher Bewertungsmaßstab. Ebenso achtet die Herleitung des fair value mittels enumerativ festgelegter, kostenorientierter Bewertungsmethoden das Objektivierungserfordernis.[1079]

Die Zweifel an der Entscheidungsnützlichkeit von Rechnungslegungsinformationen auf der Grundlage von Zeitwerten werden aber nicht nur auf das nunmehr widerlegte Argument der fehlenden Verlässlichkeit der fair value-Bewertung gestützt. Eine Bewertung zum beizulegenden Zeitwert würde zudem den Ausweis des Periodenerfolgs und seinen Informationsgehalt verzerren.[1080]

Die mit der Neubewertung verbundenen Wertänderungen sind grundsätzlich als Erträge und Aufwendungen zu qualifizieren und entfalten damit Erfolgswirkungen, obwohl sie rein wertmäßige und nicht tatsächliche Veränderungen der Ver-

---

Markpreises auf einem aktiven Markt erfolgt, die Pflicht vor, mindestens alle fünf Jahre eine vollständige Neubewertung (Full Valuation) entweder von einem entsprechend qualifizierten externen Gutachter oder einem qualifizierten internen Bewertungsexperten durchführen zu lassen, wobei im letzten Fall die Arbeit des internen Gutachters stichprobenartig durch einen Externen zu überprüfen ist (FRS 15.48). Vgl. hierzu *Blaufus*, Fair Value Accounting (2005), 111.

1078 Zu diesem Stufenmodell vgl. auch *Baetge/Zülch*, BFuP 2001, 543, 547.

1079 Eine daneben aus der Sicht der Entscheidungsrelevanz präferierte Bildung von so genannten zahlungsmittelgenerierten Einheiten zur Erleichterung der Zeitwertermittlung nicht separierbarer Vermögenswerte ist aus Sicht der Verlässlichkeit abzulehnen (vgl. *Streim/Bieker/Esser*, BFuP 2003, 457, 473). Eine generierte Bewertung eröffnet einen erheblichen Gestaltungs- und Bewertungsspielraum, der Verzerrungen der relevanten Informationen bedingen würde. Nicht separierbaren Vermögenswerten können folglich *keine* Zeitwerte zugeordnet werden. Sie sind mit ihren fortgeschriebenen historischen Werten anzusetzen.

1080 Vgl. zur grundlegenden Kritik an der fair value-Bewertung unter andern *Schildbach*, BFuP 1998, 580, 586–591; *ders.*, WPg 1999, 177–185; *King*, Financial Executive July/August 1999, 53–55; *Kley*, DB 2001, 2257–2262; *Kahle*, KoR 2002, 95–107; *Zeitler*, DB 2003, 1529, 1530.

mögensgegenstände bzw. Schuldposten darstellen. Über die erfolgswirksame Erfassung unrealisierter Wertänderungen fänden somit zufallsabhängige Komponenten Eingang in den Periodenerfolg, die zum einen der Indikatorfunktion der bestehenden Ertragslage nicht dienlich sind und zum anderen auch die Rückschlussmöglichkeit von vergangenen Gewinnen auf die Tüchtigkeit des Managements und damit die Eignung des ermittelten Unternehmenserfolgs als Grundlage der Entlohnung der Manager erschweren.[1081] Daneben bestünde auch die Gefahr eines front loadings, d.h. eines systematischen Vorziehens künftiger Erträge.[1082]

Versteht man den Periodenerfolg als Summe der Erhöhung bzw. Minderung der Vermögensgegenstände und Schuldposten einer Periode, ausgenommen vermögensändernde Transaktionen mit den Anteilseignern, so ist den Kritikern uneingeschränkt zuzustimmen. Eine erfolgswirksame Erfassung der unrealisierten Wertänderungen würde eine Verzerrung der Erfolgsgrößen bedingen. Die Kritiker verkennen in ihrer Argumentation aber, dass die erfolgswirksame Erfassung der Wertänderungen nicht zwingend erforderlich ist.

Bereits ein Blick in die angloamerikanische Rechnungslegung zeigt, dass es verschiedene buchungs- und darstellungstechnische Möglichkeiten gibt, eine Verzerrung des ausgewiesenen Periodenerfolgs zu verhindern. Eine Neubewertung von Sachanlagen wird etwa nach den IFRS zum Teil nicht erfolgswirksam über die Erfolgsrechnung (Gewinn- und Verlustrechnung) gebucht, sondern in einer Neubewertungsrücklage unter dem Eigenkapital erfasst.[1083] Welche Buchungs- und Darstellungsart der unrealisierten und realisierten Wertänderungen es vermag, den Prognosewert des Periodenerfolges am besten zu sichern, ist eine Frage der Erfolgsdarstellung und soll folglich auch in dem dazugehörigen Abschnitt näher erläutert werden. Festzuhalten ist aber, dass die Möglichkeit der grundsätzlichen Trennung des Periodenerfolgs von den Bewertungsgewinnen und -verlusten besteht und damit die fair value-Bewertung nicht zwingend eine Verzerrung der Erfolgsgrößen bedingt.[1084] Der Periodenerfolg kann somit grundsätzlich auch im Rahmen einer fair value-Bewertung als Indikator für die künftige Ertragslage und eine erfolgsabhängige Managementvergütung dienen.

Eine solche Separierung des Periodenerfolgs von den Bewertungsgewinnen und -verlusten würde nicht nur den angeführten Anreizen zum so genannten „front loading" Schranken setzen. Die fair value-Bewertung würde vielmehr zugleich

---

1081 Zur verzerrenden Wirkung der erfolgswirksam gebuchten Bewertungsgewinne und -verluste vgl. *Siegel, Th.*, BFuP 1998, 593, 593 f.; *Schildbach*, WPg 1999, 177, 179; *Kahle*, KoR 2002, 95, 100; *Ballwieser/Küting/Schildbach*, BFuP 2004, 529, 543.

1082 *Zeitler*, DB 2003, 1529, 1530; Zeitler verweist darauf, dass diese Versuchung, die Bilanz mit „Hoffnungsposten" zu füttern, vor allem in den Skandalfällen Enron und Worldcom unter Einschaltung von sog. special purpose entities als Marktpartner zum System entwickelt wurde.

1083 Vgl. etwa IAS 16.39 und IAS 38.85.

1084 Der Gedanke der Separierung von leistungsbezogenen „echten" Gewinnen und Verlusten und den Erfolgswirkungen bloßer Wertänderungen findet sich bereits in der organischen Bilanztheorie von *Schmidt, F.*, Die organische Tageswertbilanz[3] (1951), 71 ff., 83 f. Auch *Schmidt* präferiert eine zeitnahe Bewertung und kompensiert die Verzerrungen der Erfolgsermittlung durch eine Separierung der Erfolgswirkungen am ruhenden Vermögen. Hierzu vgl. im Einzelnen § 7.I.1), S. 183.

auch den Anreizen zum „gains trading", die dem historical cost accounting innewohnen, entgegenwirken.[1085] „Gains trading" bezeichnet die zielgerichtete Gestaltung des Periodenerfolges durch den gezielten Verkauf von Finanzinstrumenten, deren Marktwert den Buchwert übersteigt, während andere Instrumente, deren Marktwerte unter dem Buchwert verbleiben, weiterhin im Bestand gehalten werden.[1086]

Neben diesen positiven Anreizwirkungen einer fair value-Bewertung fördert ein zeitwertbasierendes Bewertungssystem auch die bessere Vergleichbarkeit der Jahresabschlüsse zwischen den Unternehmen.[1087] Das historical cost accounting eröffnet den Bilanzerstellern erhebliche bilanzpolitische Spielräume dahingehend, stille Reserven nach Belieben zu bilden, durch selektive Realisation aufzulösen oder durch Halten der Werte fortzuführen.[1088] Die dadurch bedingten Verzerrungen der Vermögens- und Ertragslage wären durch eine fair value-Bewertung eingeschränkt.

Zusammenfassend lässt sich festhalten, dass die Vermittlung entscheidungsnützlicher, zuverlässiger Informationen ein Bewertungssystem impliziert, das ausgehend von den Anschaffungs- und Herstellungskosten eine intersubjektiv nachprüfbare Neubewertung zulässt, die sowohl zu einer Bewertung unterhalb als gegebenenfalls auch oberhalb der historischen Werte führen kann. Die Folgebewertung sollte sich an der wirtschaftlichen Nutzenpotentialänderung der Vermögenswerte[1089] und der Schuldposten orientieren und objektiv durch verifizierbare Transaktionen, Ereignisse und Marktprozesse unterlegt sein. Bewertungsgewinne und -verluste sollten zur Vermeidung entsprechender Verzerrung vom Periodenerfolg separiert werden.

Lässt sich der aktuelle Zeitwert nicht verlässlich ermitteln, verbleibt es bei den fortgeschriebenen historischen Wertansätzen.

(b) Mixed model oder full fair value model[1090]

Wird die Vorteilhaftigkeit einer zeitnahen Bewertung grundsätzlich bejaht, stellt sich die Folgefrage, ob sich diese grundsätzlich auf alle Vermögensgegenstände und Schuldposten erstrecken (full fair value model) oder auf bestimmte Vermö-

---

1085 Vgl. *Wyatt*, Accounting Horizons Mar. 1991, Vol. 5, Iss. 1, 80.
1086 Vgl. auch *Wyatt*, Accounting Horizons Mar. 1991, Vol. 5, Iss. 1, 80.
1087 Zum Aspekt der besseren Vergleichbarkeit der Jahresabschlussinformationen bei der Zeitwertbilanzierung vgl. *Hennrichs*, ZGR 2000, 627, 636.
1088 *Hennrichs*, ZGR 2000, 627, 636.
1089 Sowohl Unter- als auch Überbewertungen, die von den wirtschaftlichen Nutzenänderungen des Vermögenswertes abweichen, führen zu einer Informationsverzerrung und sind unter Umständen mit erheblichen gläubigerschädigenden Anreizwirkungen verbunden. Vgl. zum letzten Aspekt § 8.II.4)a)bb), S. 326 ff.
1090 Zum Begriff des mixed and full value model vgl. Statement of Principles for Financial Reporting des englischen ASB (vgl. Fn. 107), par. 6.2. Ein mixed measurement system zeichnet sich demnach grundsätzlich durch die Verwendungen verschiedener Bewertungsmaßstäbe aus. Insoweit dürften zum jetzigen Zeitpunkt alle Rechnungslegungssysteme im Rahmen der externen Rechnungslegung hinsichtlich der Bewertung Mischsysteme enthalten. Dementsprechend ist ein full value model durch die Beschränkung auf ein spezifisches Bewertungssystem gekennzeichnet.

genswerte und Schuldposten beschränkt bleiben sollte (mixed model).[1091] Im Letzteren kommt sowohl eine Kategorisierung nach bestimmten Vermögenswerten und Schuldposten (Sachanlagegüter – Finanzinstrumente) oder nach dem Objektivitätserfordernis in Betracht.

Ein full fair value-Modell wird bereits aufgrund des Objektivitätserfordernisses der Wertansätze nicht umfänglich realisierbar sein.

Eine stringente Trennung der Wertansätze nach der Art des Vermögenswertes bzw. der Verbindlichkeit, wie etwa eine Differenzierung zwischen dem finanziellen und nichtfinanziellen Bereich, wäre ebenfalls bereits praktisch nur eingeschränkt möglich.[1092] Bei einem Hedging-Instrument etwa gehören das nicht-finanzielle Vermögen und das absichernde Finanzinstrument eng zusammen. Eine solche Kategorisierung würde auch verkennen, dass sowohl der finanzielle als auch der nichtfinanzielle Bereich prägend sind für den Unternehmenserfolg. Zudem würde ein mixed model dieser Gestalt aufgrund der erforderlichen Kategorisierung implizite Wahlrechte bedingen.[1093]

Die Anwendung der fair value-Bewertung sollte sich folglich nicht an bestimmten Kategorien orientieren, sondern vielmehr danach richten, ob sich ein Zeitwert verlässlich ermitteln lässt.[1094] Einzig der Einwand mangelnder Objektivierbarkeit ist geeignet, die Vorzugswürdigkeit einer fair value-Bewertung zu widerlegen.[1095]

Das Kriterium der Verlässlichkeit kann aber natürlich sekundär eine objektbezogene Differenzierung des fair value accounting bedingen. So kann die unterschiedliche Verfasstheit der Vermögenswerte die Anwendung unterschiedlicher Bewertungsmaßstäbe zur Konkretisierung des fair value erforderlich machen. Zugleich ist bei Vermögenswerten, die nur kurzfristig im Vermögen des Unternehmens gehalten werden (Umlaufvermögen), das Bedürfnis nach einer zeitnahen Folgebewertung nicht so stark wie bei langfristig im Vermögen verbleibenden Werten. Vorzugswürdig ist ein mixed concept, das eine gegenstandsbezogene Differenzierung entsprechend der Verlässlichkeit der Wertermittlung präferiert und zugleich bei der Konkretisierung des fair value die unterschiedliche Verfasstheit und Funktion der Vermögenswerte achtet.[1096]

1091 Ein mixed model unter Achtung einer strengen, nicht allein durch das Objektivierungserfordernis bedingten Kategorisierung liegt etwa der fair value-Bewertung der endorsed IFRS (vgl. im Einzelnen § 11.II.2), S. 392 ff.) und der Rechnungslegungsrichtlinien (vgl. Art. 41a ff. JAbRL) zugrunde.

1092 *Schildbach*, WPg 1999, 177, 184.

1093 *Hennrichs*, ZGR 2000, 627, 638.

1094 *Hennrichs*, ZGR 2000, 627, 638.

1095 *Hinz*, WPg 2005, 1013, 1017.

1096 Das sich daraus ergebende Nebeneinander von Zeitwertbewertung und historischen Wertansätzen wird als Beeinträchtigung der Vergleichbarkeit und Aussagefähigkeit der bereitgestellten Informationen über die Vermögens- und Ertragslage kritisiert; vgl. *Dawo*, Immaterielle Güter in der Rechnungslegung nach HGB, IAS/IFRS und US-GAAP (2003), 320 f. Hierbei wird aber verkannt, dass eine objektiv unterlegte fair value-Bewertung grundsätzlich den Informationswert der bilanziellen Informationen erhöht. Das Nebeneinander von historischen und zeitnahen Wertansätzen ist eben durch den Objektivierungsgrundsatz geprägt und kann durch entsprechende zusätzliche

(3) *Erfolgsausweis*

Neben der Darstellung der Vermögenslage kommt der Erfolgsrechnung als quantitativem Abschlusselement eine große Bedeutung für die Vermittlung entscheidungsnützlicher Informationen zu.

Ausgehend von der Definition der Vermögenswerte und Schulden sind die korrespondierenden Erträge als Zunahme und Aufwendungen als Abnahme wirtschaftlichen Nutzens in der Berichtsperiode zu qualifizieren. Die Veränderung des wirtschaftlichen Nutzens kann dabei in Form von Zu- und Abflüssen von Vermögenswerten und Schulden, aber auch durch Wertänderungen des vorhandenen Vermögens- oder Schuldenstandes zu beobachten sein.

Die Entscheidungsnützlichkeit der in einem Abschluss vermittelten Ertragslage hängt maßgeblich davon ab, wie die Erträge und Aufwendungen formal und inhaltlich ausgewiesen werden.[1097] Die konkreten Implikationen der erarbeiteten Informationsfunktion für den Ausweis des Erfolges, mithin für den Ausweis der Erträge und Aufwendungen des Unternehmens, lassen sich folglich grundsätzlich in inhaltliche und formale Anforderungen unterteilen.[1098]

Die inhaltliche Struktur der Erträge und Aufwendungen wird zum einen durch das Ausmaß der Verrechnung der einzelnen Erfolgskomponenten und zum anderen durch die sachliche Gliederung der Erträge und Aufwendungen bestimmt,[1099] wobei dem Realisationszeitpunkt und damit dem Realisationskonzept eine wichtige Differenzierungsfunktion zukommt.

Ausgehend von der Zielsetzung eines entscheidungsnützlichen Erfolgsausweises sind nachfolgend konkrete Anforderungen an den Verrechnungsgrad der Erfolgskomponenten und an die Gliederung der Erträge und Aufwendungen zu erarbeiten.

Es ist unbestritten und durch die Ergebnisse unterschiedlicher Untersuchungen belegt, dass die Rechnungslegungsadressaten aufgegliederten Erfolgskomponenten im Allgemeinen einen höheren Informationsgehalt zuweisen als aggregierten Erfolgsgrößen.[1100] Eine Verrechnung der Erfolgsgrößen, insbesondere wenn sich diese hinsichtlich ihrer Stabilität, Vorhersehbarkeit und Risiken unterscheiden und folglich einen unterschiedlichen Prognosewert aufweisen, ist immer mit ei-

---

Erläuterungen der Bewertungsansätze transparent gemacht werden. Entsprechende Verzerrungen im Rahmen der Erfolgsermittlung können darüber hinaus durch eine im folgenden Abschnitt näher zu erläuternde Erfolgsspaltung kompensiert werden. Der Kritik und der darauf beruhenden Schlussfolgerung eines Festhaltens am historical costs accounting (vgl. *Dawo*, Immaterielle Güter in der Rechnungslegung nach HGB, IAS/IFRS und US-GAAP (2003), 326f.) kann damit nicht gefolgt werden.

1097 Vgl. *Hollmann*, Reporting Performance (2003), 9; *Zülch*, Gewinn- und Verlustrechnung nach IFRS (2005), 70.

1098 Vgl. *Zülch*, Gewinn- und Verlustrechnung nach IFRS (2005), 70.

1099 *Hollmann*, Reporting Performance (2003), 90; *Zülch*, Gewinn- und Verlustrechnung nach IFRS (2005), 70.

1100 Vgl. *Cheng/Cheung/Gopalakrishnan*, Accounting and Business Research 1993, 195–203.

nem Informationsverlust verbunden.[1101] Komponenten, die materiell unterschiedlich sind, sollten auch konzeptionell unterschiedlich ausgewiesen werden. Nur durch den unsaldierten Ausweis von Erträgen und Aufwendungen, d. h. durch den Bruttoausweis der Erfolgskomponenten, kann den Abschlussadressaten die maximal verfügbare Informationsmenge zur Verfügung gestellt werden.[1102] Daher ist der Bruttoausweis der Erfolgskomponenten als ein oberstes Prinzip der inhaltlichen Gestaltung der Erfolgsrechung anzuerkennen.

Wird eine inhaltliche Aufspaltung der Erfolgskomponenten grundsätzlich befürwortet, stellt sich aber die Frage, welche Erfolgskomponenten als primäre Komponenten[1103] dargestellt werden sollten und nach welchen Kriterien die Erfolgsspaltung erfolgen sollte. Zugleich bedingt eine etwaige Erfolgsspaltung zugleich das Folgeproblem des Recycling.[1104] Als Recycling wird in diesem Zusammenhang die Problematik einer etwaigen periodenübergreifenden Doppelerfassung von Erträgen und Aufwendungen bezeichnet. Werden Erträge und Aufwendungen in einer Berichtsperiode nach spezifischen inhaltlichen Merkmalen einer bestimmten Erfolgskomponente zugeordnet, so stellt sich die Frage, wie in den folgenden Berichtsperioden mit einer Änderung dieser Kategorisierungsmerkmale zu verfahren ist, wenn diese Änderung die Zuordnung zu einer anderen Erfolgskomponente bedingt. Eine solche Doppelerfassung würde immer eine rein buchungstechnische Erhöhung des Unternehmenserfolges herbeiführen.

Neben diesen inhaltlichen Anforderungen an den Ausweis des Unternehmenserfolges sind auch formelle Anforderungen an den Ausweis des Erfolges im Hinblick auf eine zweckgerichtete Darstellung der Ertragslage herzuleiten. Die äußere Form des Erfolgsausweises wird insoweit vor allem durch dic Art und die Anzahl der erfolgsausweisenden Abschlussbestandteile und die Frage der Flexibilität des Gliederungsschemas bestimmt.[1105] Die formellen Anforderungen an den Ausweis des Unternehmenserfolges werden im gleichnamigen Gliederungspunkt zusammen mit den formellen Anforderungen an die Darstellung der Vermögens- und Finanzlage dargestellt.[1106]

1101 *Hollmann*, Reporting Performance (2003), 106. *Hollmann* verweist daneben auch darauf, dass eine funktionsgerechte erfolgswirtschaftliche Bilanzanalyse zur Ableitung der ihr zugrunde liegenden Kennzahlen einen unsaldierten Ausweis der Erträge und Aufwendungen bedarf (a. a. O., 107 f.).

1102 *Zülch*, Die Gewinn- und Verlustrechnung nach IFRS (2005), 72.

1103 Eine primäre Erfolgskomponente stellt eine wesentliche Kategorie der Erfolgsgröße dar, die sich in sekundäre Komponenten unterteilen lässt (*Gerbaulet*, Reporting Comprehensive Income (1999), 215).

1104 Vgl. zur Problematik des Recycling *Gerbaulet*, Reporting Comprehensive Income (1999), 221–224; *International Accounting Standards Committee (Hrsg.)*, G4+1 Position Paper: Reporting Financial Performance (2000), 37–43, Par. 4.1–4.16; *Hollmann*, Reporting Performance (2003), 136–144.

1105 Vgl. *Hollmann*, Reporting Performance (2003), 89; *Zülch*, Gewinn- und Verlustrechnung nach IFRS (2005), 70. Die Flexibilität bezieht sich dabei auf bestehende Wahl- und Abweichungsmöglichkeiten hinsichtlich des Gliederungsschemas.

1106 Vgl. § 8.I.3)a)bb), S. 274 ff.

(a) Kriterien für die Aufspaltung des Unternehmenserfolges

Wird dem Unternehmenserfolg eine Indikatorfunktion zugesprochen,[1107] dann sollte sich dementsprechend die Spaltung des Erfolges an dem relativen Prognosewert der Erfolgsgrößen orientieren. Die Entscheidungsnützlichkeit einer prognoseorientierten Erfolgsspaltung wird auch durch die Ergebnisse mehrerer Untersuchungen in den USA und Großbritannien seitens verschiedener Nutzergruppen der Rechnungslegungsinformationen gestützt.[1108] Nur durch eine konzeptionelle Ausrichtung an dem Prognosewert der unterschiedlichen Erfolgskomponenten kann sichergestellt werden, dass materiell gleiche Erfolgsgrößen auch gleichbe-

---

1107 Die Indikatorfunktion des Unternehmenserfolges für die Abschätzung der künftigen Ertragslage der Unternehmung lässt sich an dem Zusammenhang zwischen der Entwicklung des Aktienkurses der betreffenden Unternehmung und dem ausgewiesenen Erfolg verdeutlichen. Die wirtschaftlichen Entscheidungen der Jahresabschlussadressaten determinieren den Aktienkurs. Fungiert die Ertragslage als Entscheidungsgrundlage, so müsste sich eine Verbindung zwischen der Aktienkursentwicklung und der Entwicklung des Unternehmenserfolges nachweisen lassen. Dass eine Parallelität zwischen diesen beiden Wertentwicklungen besteht und damit die Ertragslage eine wichtige Prognosegrundlage ist, weisen mehrere wissenschaftliche Untersuchungen nach, vgl. u. a. *Beaver*, Financial Reporting^2 (1989), Chapter 4, 59–87.
Dieser Indikatorfunktion des Unternehmenserfolges widerspricht *Moxter*, FS Volker Röhricht (2005), 1007, 1012 f., mit Hinweis auf die Unbeständigkeiten der äußeren Faktoren. Zwar ist *Moxter* zuzustimmen, dass die Änderungen der äußeren Umwelt- und Geschäftsbedingungen einer uneingeschränkten Extrapolierbarkeit des ermittelten Gewinns entgegenstehen. Diese Erkenntnis ist jedoch allein Ausdruck der unvermeidlichen, naturgegebenen Ungewissheit prognostischer Aussagen und gestattet nicht, Prognosen an sich einen Informationswert abzusprechen.

1108 Die Vereinigung der US-amerikanischen Finanzanalysten (Association of Investment Management and Research – AIMR) erhebt in einem Bericht aus dem Jahre 1993 die Forderung nach einer grundlegenden Spaltung der Erfolgswirkungen in die Betriebsgewinne und -verluste einerseits und die Ergebnisse der betrieblichen Tätigkeit (net income) andererseits (*dies*, Financial Reporting in the 1990s and Beyond (1993), 63). Das „net income" umfasst dabei das in der Gewinn- und Verlustrechnung ausgewiesene Periodenergebnis. Darüber hinaus sollten nach den Vorschlägen des AIMR die außergewöhnlichen und damit grundsätzlich einmaligen Ergebniswirkungen von den durch die Vermutung der Wiederkehr gekennzeichneten Resultaten der betrieblichen Tätigkeit getrennt ausgewiesen werden (a. a. O., 64).
Das Special Committee on Financial Reporting des American Institute of Certified Public Accountants (AICPA) hat in seinem 1994 veröffentlichten Bericht, dem so genannten Jenkins Report, den Vorschlag unterbreitet, die Erfolgswirkungen primär nach dem Kriterium der Regelmäßigkeit in Ergebniswirkungen aus Kerntätigkeiten („core activities") einerseits und den Randtätigkeiten („non-core activities") andererseits zu unterteilen. Der Erfolg aus Kerntätigkeiten umfasst dabei die wiederkehrenden Erfolge aus betrieblichen und nicht-betrieblichen Tätigkeiten sowie den Finanzerfolg. Der getrennte Ausweis der Erfolgswirkungen der Kern- und Randtätigkeiten soll dem Abschlussleser grundsätzlich eine bessere Abschätzung der künftigen Ertragslage und damit der künftigen Zahlungsströme ermöglichen (*American Institute of Certified Public Accountants (Hrsg.)*, Improving Business Reporting – A Customer Focus (1994), Chapter 6 – Financial Statements and related disclosures, abrufbar unter http://www.aicpa.org/members; vgl. auch *Berndlmaier/Klein*, DB 1997, 1089, 1092 f.).
Obwohl die vorgenannten Vorschläge für eine Erfolgsgliederung in einzelnen Punkten voneinander abweichen, lässt sich jedoch eine wesentliche Gemeinsamkeit zwischen den Ansätzen erkennen. So besteht eine grundsätzliche Einigkeit darüber, dass sich die Erfolgsspaltung an dem Prognosewert der verschiedenen Erfolgsgrößen orientieren sollte. Uneinigkeit herrscht hingegen bei der Frage, nach welchen primären Kriterien die Unterscheidung im konkreten Fall vorzunehmen ist. Vgl. zur Beurteilung der verschiedenen Vorschläge *Gerbaulet*, Reporting Comprehensive Income (1999), 216–221; *Hollmann*, Reporting Performance (2003), 110–114.

handelt werden und unterschiedliche Komponenten nicht informationsverzerrend gleichgesetzt werden.

Prognose lässt sich allgemein als Vorhersage einer künftigen Entwicklung auf der Grundlage spezifischer Daten definieren. Die Prognoseeignung der Datenbasis wird durch eine grundsätzliche Wiederkehrvermutung geprägt. Erträge und Verluste können somit nur dann eine adäquate Basis für die Abschätzung der künftigen Nettozahlungsströme bilden, wenn ihnen die grundlegende Vermutung zugrunde liegt, dass sie sich unter Beachtung der künftigen Entwicklung der Umweltlage wiederholen.

Das Charakteristikum der Wiederholungsvermutung bedarf aber weiterer, auf die Separation des Unternehmenserfolges bezogener Kriterien. Nach den vielseitigen Stellungnahmen der professionellen Berufsgruppen lassen sich im Wesentlichen drei Kriterien für eine prognosefähige inhaltliche Strukturierung des Unternehmenserfolges identifizieren: die Leistungsbezogenheit, die Betriebsbezogenheit und die Regelmäßigkeit.[1109]

Kriterium der Leistungsbezogenheit

Unter Heranziehung des Kriteriums der Leistungsbezogenheit lassen sich die Erträge und Aufwendungen hinsichtlich ihrer Verknüpfung mit dem Leistungsprozess unterscheiden. Der Unternehmenserfolg unterteilt sich demnach in den Leistungserfolg (operating income) und den so genannten Erfolg am ruhenden Vermögen (holding income).[1110] Der Leistungserfolg oder operating income umfasst dabei alle Erträge und Verluste, die durch die Leistungserbringung und Leistungsinanspruchnahme des Unternehmens bedingt werden.[1111] Der Erfolg am ruhenden Vermögen bzw. die holding gains setzen sich im Gegensatz dazu aus sämtlichen Erträgen und Aufwendungen zusammen, die ohne Bezugnahme des Leistungsprozesses aus Wertänderungen am ruhenden Vermögen resultieren.[1112] Während der Leistungserfolg durch seine enge Verknüpfung mit der unternehmensspezifischen Geschäftstätigkeit durchaus eine Wiederkehrvermutung aufweist und damit mit hoher Wahrscheinlichkeit künftige Zahlungsströme abbildet,[1113] ist der Erfolg am ruhenden Vermögen von einer nicht regelmäßigen Natur. Der Erfolg am ruhenden Vermögen ist im Wesentlichen Folge der Wertänderungen an externen Märkten. Die in ihm erfassten Bewertungsgewinne und -verluste

---

1109 Vgl. *Hollmann*, Reporting Performance (2003), 118 f.; vgl. auch *Zülch*, Die Gewinn- und Verlustrechnung nach IFRS (2005), 72, der das Kriterium der Leistungsbezogenheit mit dem Begriff „Realisierungsgrad" umschreibt.

1110 *Hollmann*, Reporting Performance (2003), 122 f.; *Zülch*, Die Gewinn- und Verlustrechnung nach IFRS (2005), 73.

1111 Vgl. *Hollmann*, Reporting Performance (2003), 122 f.

1112 Die Bezeichnung „Erfolg am ruhenden Vermögen" geht auf eine vergleichbare Wortwahl von *Fritz Schmidt* zurück. *Schmidt* verwandte den Begriff der „Wertänderungen am ruhenden Vermögen" für alle Veränderungen der Marktwerte von im Umfang unverändert gebliebener Vermögensteile einer Unternehmung; vgl. *ders.*, Die organische Tageswertbilanz^{4} (1951), 83 f.

1113 Vgl. *Hollmann*, Reporting Performance (2003), 123 f.; *Zülch*, Die Gewinn- und Verlustrechnung nach IFRS (2005), 73.

haben folglich eher einen zufälligen, vorübergehenden Charakter. Rückschlüsse auf nachhaltig erzielbare Erfolge und künftige Zahlungsüberschüsse lassen sich aus marktwertabhängigen Erfolgsschwankungen demnach kaum ziehen.[1114] Der Erfolg am ruhenden Vermögen ist aber ein nicht zu missachtendes ergänzendes Berichts- und Prognoseelement. Zum einen indiziert er die Qualität der unternehmerischen Vermögensdispositionen in der Abrechnungsperiode.[1115] Zum anderen sind die Wertänderungen des Ressourcensets ebenfalls eine nicht zu unterschätzende Determinante der Entwicklung des Unternehmenswertes.

Bereits die Erfolgsspaltung nach der Leistungsbezogenheit induziert in gewissem Maße eine Separation von regelmäßigen und unregelmäßigen und zugleich von realisierten und unrealisierten Erfolgskomponenten. Der Leistungserfolg und die ihm zugrunde liegende Rekrutierung des unternehmensinternen Leistungs- und Umsatzprozesses können nicht verhindern, dass neben wiederkehrenden Erträgen und Aufwendungen auch außerordentliche Erfolgselemente erfasst werden. Der Erfolg am ruhenden Vermögen hingegen umfasst ausschließlich unregelmäßige Erträge und Aufwendungen. Zugleich separiert das Kriterium der Leistungsbezogenheit die Erträge und Aufwendungen, die im Wege eines Leistungsprozesses realisiert wurden, von den lediglich als realisierbar einzustufenden Wertänderungen.

Unter Heranziehung des Kriteriums der Leistungsbezogenheit lassen sich demnach die Erfolgskomponenten bereits grob nach ihrer Prognoseeignung unterscheiden. Eine solche Ausdifferenzierung gewährleistet zugleich eine grundlegende Isolierung der im vorherigen Abschnitt angesprochenen, aus der fair value-Bewertung resultierenden Bewertungsgewinne- und -verluste.[1116]

Kriterium der Regelmäßigkeit

Durch die Heranziehung des Kriteriums der Regelmäßigkeit lässt sich die Grobgliederung der Erfolgskomponenten, insbesondere der Leistungserfolg, weiter verfeinern. Entsprechend ihrer Regelmäßigkeit lassen sich wiederkehrende (recurring), anhaltende (persistent) oder dauerhafte (permanent) Erfolgskomponenten von nicht-wiederkehrenden (non-recurring) oder vorübergehenden (transitory) Erfolgsgrößen unterscheiden.[1117] Als regelmäßig können dabei solche Erträge und Aufwendungen bezeichnet werden, die mit einer hohen Wahrscheinlichkeit bei

---

1114 Vgl. *Kley*, DB 2001, 2257–2262; *Zülch*, Die Gewinn- und Verlustrechnung nach IFRS (2005), 73.

1115 *Hollmann*, Reporting Performance (2003), 125.

1116 Eine Separierung der Erträge und Verluste aus Wertänderungen von den leistungsbezogenen Erfolgswirkungen durch eine entsprechende Spaltung des Periodenerfolges wird auch von *Streim/Bieker/Esser*, BFuP 2003, 457, 477 als adäquate Lösung des trade-off zwischen der Relevanz und der drohenden Informationsverzerrung präferiert. Die grundsätzliche Neutralisierung der Wertänderungen für die Erfolgsermittlung wird auch von *Siegel, Th.*, BFuP 1998, 593–601 befürwortet.

1117 *Hollmann*, Reporting Performance (2003), 126; vgl. auch *Zülch*, Die Gewinn- und Verlustrechnung nach IFRS (2005), 74.

konstanten Umweltbedingungen und Unternehmensressourcen dem Grund und der Höhe nach auch künftig auftreten werden.[1118] Diesen Erfolgsgrößen kommt aufgrund ihres nachhaltigen Charakters eine besondere Prognoseeignung zu.[1119] Unregelmäßige Erträge und Aufwendungen sind hingegen sowohl ihrem Grund als auch ihrer Höhe nach nicht durch eine Wiederkehrvermutung geprägt. Sie eignen sich folglich nur eingeschränkt als Prognosebasis.[1120]

Kriterium der Betriebsbezogenheit

Als drittes Kriterium zur Aufgliederung des Unternehmenserfolgs dient das Merkmal der Betriebsbezogenheit. Mit diesem Gliederungskriterium lässt sich unmittelbar keine weitere Differenzierung zwischen regelmäßigen und unregelmäßigen Erfolgskomponenten vornehmen. Die Betriebsbezogenheit dient vielmehr der Separierung der mit dem Betriebszweck unmittelbar verbundenen Erfolgsgrößen von den Erträgen und Aufwendungen aus der finanzwirtschaftlichen Tätigkeit des Unternehmens. Die aus der Leistungsverwertung und Leistungsbeschaffung resultierenden Erträge und Aufwendungen (betrieblicher Erfolg) werden im Allgemeinen aufgrund ihrer Unternehmensspezifität im Vergleich zu den Erträgen und Verlusten aus der Kapitalbeschaffung und den Kapitalanlagen, also aus dem finanzwirtschaftlichen Bereich, als aussagekräftiger angesehen.[1121] Je mehr ein Unternehmen mit seinem eigenen Geschäft verdient, desto höher ist die Ertragskraft des Unternehmens. Analysten stufen das Kriterium der Betriebsbezogenheit daher als wichtige Entscheidungsdeterminante ein.[1122]

Aus den vorangestellten Erläuterungen lässt sich folgende grafische Untergliederung des Unternehmenserfolges ableiten:

1118 *Hollmann*, Reporting Performance (2003), 126.
1119 Vgl. *Zülch*, Die Gewinn- und Verlustrechnung nach IFRS (2005), 74.
1120 Den unregelmäßigen Erfolgswirkungen kann aber dann ebenfalls eine Indikatorfunktion zukommen, wenn ihr Auftreten selbst an einen spezifischen Umweltzustand gebunden ist.
1121 *Küting/Weber*, Die Bilanzanalyse[8] (2006), 238.
1122 *Küting/Weber*, Die Bilanzanalyse[8] (2006), 238.

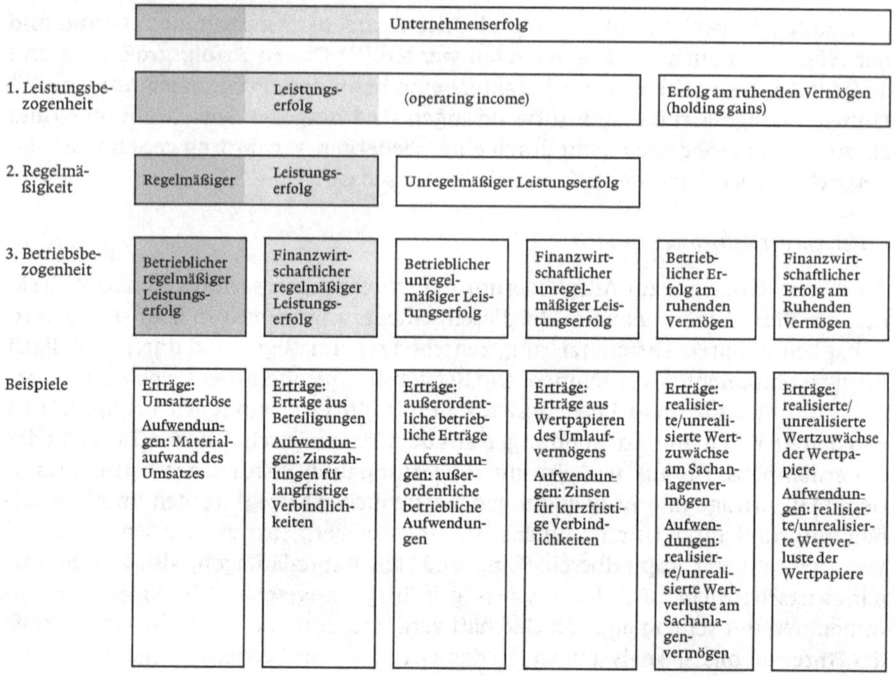

Abbildung 3. Untergliederung des Unternehmenserfolges[1123]

Die primäre Gliederung nach dem Leistungsprinzip ermöglicht es den Rechnungslegungsadressaten, innerhalb einer einzigen Erfolgskategorie – dem Leistungserfolg oder operating income – diejenigen Erfolgskomponenten zu erfassen, die, bei Achtung eines objektiv unterlegten Realisationsprinzips, mit einer hohen Wahrscheinlichkeit zu Zahlungsströmen führen werden und damit eine tatsächliche und nicht nur wertmäßige Änderung der Vermögenslage bedingen.[1124]

Der Erfolg am ruhenden Vermögen umfasst hingegen reine Bewertungsgewinne und -verluste. Diese Wertänderungen sind, auch wenn sie sich bereits realisiert haben, kein Bestandteil der eigentlichen unternehmerischen Leistung.[1125] Die Erträge und Aufwendungen dieser Erfolgsgröße werden vielmehr durch unternehmensexterne Einflüsse bestimmt und stehen damit außerhalb der Kontrolle des Managements.

Die primäre Gliederung der Erfolge nach *operating income* und den *holding gains* hat gegenüber einer primären Gliederung nach dem Kriterium der Regelmäßigkeit den entscheidenden Vorteil der besseren Operationalisierbarkeit und damit der

1123 Die Abbildung ist angelehnt an *Hollmann*, Reporting Performance (2003), Abbildung 3–5, S. 131.
1124 Vgl. *Zülch*, Die Gewinn- und Verlustrechnung nach IFRS (2005), 73.
1125 *Gerbaulet*, Reporting Comprehensive Income (1999), 191.

besseren Verifizierbarkeit.[1126] Eine Spaltung des Unternehmenserfolges nach regelmäßigen und unregelmäßigen Ergebniswirkungen ist stark unternehmensabhängig und wird damit in einem erheblichen Maße von den Einschätzungen des Managements des berichterstattenden Unternehmens bestimmt.[1127] Im Gegensatz hierzu eröffnet eine Erfolgsspaltung in das operating income und die holding gains dem Management durch die Anknüpfung an verifizierbare Leistungsprozesse keinen so großen Ermessensspielraum.

Durch die weitere Aufgliederung des Leistungserfolges nach dem Kriterium der Regelmäßigkeit lassen sich die gewöhnlichen und damit wiederkehrenden und die außergewöhnlichen und folglich eher einmaligen Erfolgswirkungen voneinander trennen. Mit dieser weiteren Ausdifferenzierung ließe sich gliederungstechnisch der gewöhnliche unternehmensbezogene Leistungserfolg identifizieren. Dieser in der Abbildung hervorgehobene Teil des operating income weist durch die ihn auszeichnende Vermutung der Regelmäßigkeit einen besonders hohen Prognosewert und damit auch eine hohe Entscheidungsrelevanz für die Beurteilung der Ertragsaussichten auf. Durch die weitere Unterteilung des regelmäßigen operating income in das regelmäßige Ergebnis der betrieblichen Tätigkeit und dasjenige der Finanzierungstätigkeit werden im Rahmen des regelmäßigen betrieblichen Ergebnisses genau diejenigen Erfolgskomponenten isoliert, die durch die gewöhnlichen Umsatzprozesse des Unternehmens erwirtschaftet werden. Diese in der Abbildung durch einen dunklen Hintergrund hervorgehobenen Erfolgsgrößen haben im Vergleich die höchste Prognosekraft und weisen damit auch die höchste Entscheidungsrelevanz auf.

Der besonderen Stellung der Finanzierungsinstrumente kann daneben durch die Zusammenfassung der verschiedenen finanzwirtschaftlichen Ergebnisse zu einem Ergebnis der Finanzierungstätigkeit Rechnung getragen werden.

Mit den benannten drei Kriterien zur sachlichen Strukturierung der Erfolgsrechnung wird lediglich eine grundlegende Struktur vorgegeben. Eine weitere Untergliederung der Erfolgskomponenten ist zur Förderung des Informationsgehalts zum Teil geboten.[1128] Das operating income ließe sich etwa nach der Art der erbrachten Leistung weiter aufgliedern.[1129]

(b) Recycling

Ein Folgeproblem der Aufspaltung des Unternehmenserfolges ist das so genannte Recycling.[1130] Werden Erträge und Aufwendungen in einer Berichtsperiode nach

1126 *Gerbaulet*, Reporting Comprehensive Income (1999), 219.
1127 *Gerbaulet*, Reporting Comprehensive Income (1999), 219.
1128 Vgl. *Zülch*, Die Gewinn- und Verlustrechnung nach IFRS (2005), 75.
1129 Vgl. *Zülch*, Die Gewinn- und Verlustrechnung nach IFRS (2005), 75.
1130 Zur Definition des Recycling vgl. § 8.I.3)a)aa)(3), S. 265. Vgl. auch *International Accounting Standards Committee* (Hrsg.), G4+1 Position Paper: Reporting Financial Performance, http://www.iasb.org/docs/g4rfp99/rfp99.pdf, Chapter 4, Par. 4.1.: „Recycling is generally defined as the reporting of an item of financial performance in more than one accounting period because the nature of the item is deemed to have changed in some way over time." Siehe zur Problematik des Recycling

spezifischen inhaltlichen Merkmalen einer bestimmten Erfolgskategorie zugeordnet, so stellt sich die Frage, wie in den folgenden Berichtsperioden mit einer Änderung dieser Ertrags- und Aufwandsposten zu verfahren ist, wenn diese Änderung die Zuordnung zu einer anderen Erfolgskategorie bedingt. Eine solche „Wiederverwendung" desselben Ertrages oder Aufwandes wird grundsätzlich erwogen, wenn ein Ertrag oder Aufwand realisiert worden ist.

Die im Wege des Recycling wiederholt erfassten Erträge und Aufwendungen sind nicht als Erträge und Aufwendungen im eigentlichen Sinne zu charakterisieren. Sie sind in keiner Weise mit einer Zunahme bzw. Abnahme von Vermögenswerten und Schulden verbunden, sondern allein die Folge einer bestimmten buchungstechnischen Vorgehensweise. Wird ein Vermögenswert aufgrund einer Erhöhung seines Marktwertes neu bewertet, so führt dies zu einer wertmäßigen Änderung des Vermögenswertes und ist folglich als Ertrag zu buchen. Nach der oben genannten Erfolgsspaltung wäre dieser Bewertungsertrag unter dem „betrieblichen Erfolg am ruhenden Vermögen" auszuweisen. Wird dieser Vermögenswert zu seinem Buchwert veräußert, realisiert sich mithin die Wertveränderung, so hat dies keine weiteren Erfolgswirkungen.[1131] Es findet lediglich ein Aktivtausch statt.[1132] Durch die Buchung dieser „Quasi"-Erträge und Aufwendungen würde folglich die Summe der Erträge und Aufwendungen im Abschluss über die Totalperiode künstlich erhöht.[1133]

Neben diesen konzeptionellen Gründen sprechen auch praktische Gründe gegen das Recycling.[1134] So haben vor allem die praktischen Erfahrungen in der US-amerikanischen Rechnungslegung mit dem recycling approach in den Statements of Financial Accounting Standards, SFAS No. 130, gezeigt, dass die erforderlichen Korrekturbuchungen zur Vermeidung der Doppelerfassung äußerst missverständlich und damit informationsverzerrend sein können.[1135]

Es ist somit abschließend festzuhalten, dass Recycling sowohl aus konzeptionellen als auch aus praktischen Erwägungen abzulehnen ist.[1136] Demnach sollten sämtliche Erträge und Aufwendungen nur ein einziges Mal als Bestandteil des Unter-

---

auch *Gerbaulet*, Reporting Comprehensive Income (1999), 221–224; *Hollmann*, Reporting Performance (2003), 136–144.

1131 Eine Ergebniswirkung würde ihm nur zukommen, wenn der Buchwert entsprechend dem Anschaffungskostenprinzip angesetzt würde. Diese Unterbewertung von Vermögensgegenständen induzierte wiederum die Problematik fremdkapitalfinanzierter Ausschüttungen, die ein nicht unerhebliches gläubigerschädigendes Potential aufweisen. Vgl. zu dieser Problematik § 8.II.4)a)bb), S. 326 ff.

1132 Der Vermögenswert zu seinem Buchwert wird gegen die Forderungen oder bei einer Barzahlung gegen die Kasse gebucht.

1133 *Hollmann*, Reporting Performance (2003), 142.

1134 Vgl. *Gerbaulet*, Reporting Comprehensive Income (1999), 222 f.

1135 Vgl. zur Problematik *Gerbaulet*, Reporting Comprehensive Income (1999), 176–178; *Hollmann*, Reporting Performance (2003), 143 f.

1136 Ebenso *Gerbaulet*, Reporting Comprehensive Income (1999), 223 und *Hollmann*, Reporting Performance (2003), 144.

nehmenserfolges erfasst werden und zwar in der Berichtperiode, in der sie entstanden sind.

(4) Darstellung der Finanzlage

Neben der Darstellung der Vermögens- und Ertragslage bedarf es zusätzlicher Informationen über die Finanzlage des Unternehmens und ihrer Veränderung im Zeitablauf. Die Finanzlage beinhaltet allgemein gesehen den gesamten Investitions- und Finanzierungsbereich eines Unternehmens.[1137]

Bereits der Ausweis der Finanzierungsmittel in der Vermögensdarstellung kann bei einer Gliederung der Vermögenswerte und Schulden nach der Fristigkeit und der Liquidierbarkeit Rückschlüsse auf die Finanzlage und bei der Heranziehung der Vorperioden auf die Änderungen der Finanzlage zulassen. Die Bilanz zeigt unter Achtung dieser Gliederungskriterien stichtagsbezogen die Statik der Unternehmensfinanzierung, also die Herkunft der Mittel (z.B. über Aktien, Anleihen, Kredite) und ihre Laufzeiten und Fälligkeiten und gegebenenfalls ihre (statische) Veränderung zwischen dem Stichtag und der/den Vorperiode(n). Der Ausweis der Finanzierungsmittel in der Bilanz ermöglicht aber nur eine bestandsbezogene aggregierte Informationsvermittlung. Die Transparenz der Zahlungsströme, mithin die dynamische Änderung der Finanzlage auf der Zeitschiene, und ihrer Auswirkungen auf die Finanzierungsstruktur lässt sich nur mit Hilfe einer zahlungsstromorientierten Finanzierungsrechnung nachvollziehen.

Es gibt vielfältige Formen der Finanzierungsrechnungen zur Darstellung der Finanzlage. Zunächst wird im Hinblick auf den betrachteten Zeitraum zwischen retrospektiven und prospektiven Finanzierungsrechnungen unterschieden.[1138] Während die retrospektive Finanzierungsrechnung mit den bereits getätigten Umsätzen rechnet, verwendet die prospektive Rechnung Planzahlen künftiger Perioden.[1139] Unter Achtung der erarbeiteten Grundvoraussetzungen für entscheidungsnützliche Informationen, insbesondere dem Grundsatz der Verlässlichkeit, ist die Verwendung prospektiver Rechnungen abzulehnen.

Die retrospektive Finanzierungsrechnung sollte inhaltlich die laufenden Geschäfts-, Investitions- und Finanzierungsvorgänge erfassen, die daraus resultierende Änderung der Finanzierungsstruktur darstellen und die sich daraus ergebende Beeinflussung der Liquidität dokumentieren. Die einzelnen erfassten Ein- und Auszahlungen der Berichtsperiode sollten zur Förderung der Transparenz nach den jeweils zugrunde liegenden unternehmerischen Aktivitäten (laufende Geschäftstätigkeit, Investitionstätigkeit und Finanzierungstätigkeit) gegliedert werden. Eine solche Untergliederung des cashflow ermöglicht eine transaktionsbezogene Anknüpfung der Zahlungen und fördert damit unter Achtung einer interessenge-

1137 Vgl. *Buchholz*, Internationale Rechnungslegung[6] (2007), 192.
1138 Siehe *Coenenberg*, Jahresabschluss und Jahresabschlussanalyse[20] (2005), 746.
1139 Vgl. *Coenenberg*, Jahresabschluss und Jahresabschlussanalyse[20] (2005), 746.

rechten Untergliederung der Erfolgskomponenten indirekt auch die Transparenz des Erfolgsausweises.

bb) Formelle Anforderungen der primären Berichterstattung

Die Entscheidungsnützlichkeit der bereitgestellten Informationen zur Beurteilung der Vermögens-, Finanz- und Ertragslage wird nicht nur durch den materiellen Gehalt der Informationen, sondern auch durch die Art der Darstellung, mithin durch ihre formelle Präsentation, bestimmt. Die formellen Anforderungen an die Darstellung der Vermögens-, Finanz und Ertragslage werden durch das Erfordernis der Verständlichkeit geprägt.[1140] Der Grundsatz der Verständlichkeit setzt, allgemein gefasst, eine für den fachkundigen Abschlussleser nachvollziehbare Darstellung der entscheidungsrelevanten Daten voraus.

In Abgrenzung zu den materiellen Anforderungen an den Ausweis der Vermögens-, Finanz- und Ertragslage werden die formellen Anforderungen vor allem durch die Art und die Anzahl der erfolgsausweisenden Abschlussbestandteile und die Frage der Flexibilität des Gliederungsschemas bestimmt.

Neben der Identifikation geeigneter Abschlusselemente wird eine nachvollziehbare und damit verständliche Aufbereitung der entscheidungsrelevanten Informationen durch die Gliederung dieser Rechnungslegungsinstrumente gewährleistet. Werden die Gliederungskriterien durch die materiellen Anforderungen geprägt, so ist die Frage nach der Flexibilität der sich daraus ergebenden Schemata eine Frage der äußeren, formellen Darstellung.

Der Problematik des formellen Ausweises der Vermögens-, Finanz- und Ertragslage und der Frage der Flexibilität der Gliederungsschemata soll im Folgenden nachgegangen werden.

(1) Abschlusselemente

Während für die Präsentation der Vermögens- und Finanzlage die Bilanz und die zusätzliche zahlungsstromorientierte Finanzierungsrechnung als geeignete Abschlusselemente angesehen werden, herrscht über die Präsentationsform der Erfolgswirkungen keine Einigkeit.

Hinsichtlich der formellen Darstellung der Erfolgskomponenten werden grundsätzlich drei verschiedene Darstellungsmöglichkeiten diskutiert:[1141]

- Ausweis der Erträge und Aufwendungen in einer Erfolgsrechnung und im Eigenkapitalspiegel (two-statement approach);
- Ausweis der Erträge und Aufwendungen in zwei Erfolgsrechnungen (two-statement approach);
- Ausweis der Erträge und Aufwendungen in einer einzigen Erfolgsrechnung (one-statement approach).

1140 Allgemein zum Erfordernis der Verständlichkeit oben § 8.I.2)a)cc)(2)(c), S. 238.
1141 *Hollmann*, Reporting Performance (2003), 92.

Der Ausweis eines Teils des Unternehmenserfolges im Eigenkapitalspiegel ist in der angloamerikanischen Rechnungslegung weit verbreitet.[1142] Der Eigenkapitalspiegel dient, wie die Bezeichnung bereits verdeutlicht, seiner eigentlichen Zwecksetzung nach der Erläuterung des Abschlusselementes Eigenkapital. Er stellt folglich primär die Entwicklung der einzelnen Eigenkapitalpositionen vom Eröffnungsbilanzsaldo bis zum Schlusssaldo dar. Die Anreicherung dieses bilanzorientierten Berichtselementes durch erfolgsorientierte Ertrags- und Aufwandposten vermag demnach durchaus zu überraschen. Die Entscheidung für diese Möglichkeit der gesplitteten Präsentation des Unternehmenserfolges ist nicht etwa Ausdruck einer konzeptionell geänderten Auffassung von der Funktion des Eigenkapitalspiegels. Sie spiegelt wohl eher den Prozess der Loslösung vom „net income"[1143] als Performance-Maßstab auf dem Weg zu einem weitergehenden Verständnis des Erfolgsausweises im Sinne eines umfassenden financial performance report wider.[1144]

Der Aufbereitung von Erfolgselementen im bilanzorientierten Eigenkapitalspiegel stehen grundlegende konzeptionelle Erwägungen entgegen. Durch die Erfassung bestimmter Erträge und Aufwendungen wird diesem Berichtselement eine systematisch fremde Funktion zugerechnet. Der bilanzorientierte Eigenkapitalspiegel wird zu einem (teil-)erfolgsausweisenden Abschlussbestandteil erweitert.[1145] Der Ausweis von erfolgsbezogenen Abschlusselementen in einem bilanzbezogenen Abschlusselement vermischt damit Elemente der Ermittlung der Vermögenslage des Unternehmens mit Erfolgsgrößen, die der Ermittlung der Ertragslage des Unternehmens dienen (Erträge und Aufwendungen). Eine solche Vermengung unterschiedlicher Abschlusselemente beeinträchtigt die Verständlichkeit der bereitgestellten Informationen erheblich.

Die Anreicherung dieses in seiner Konzeption auf die Darstellung der Vermögenslage ausgerichteten Berichtselements mit erfolgsbezogenen Erträgen und Aufwendungen führt zudem zu einem Glaubwürdigkeitsverlust und damit zu einem Relevanzverlust der bereitgestellten Informationen. Den erfolgsbezogenen Informationen im Eigenkapitalspiegel wird nicht die ihnen innewohnende Entscheidungsrelevanz zugesprochen, da sie schwieriger als Erfolgsgrößen erkennbar sind. Allein die äußere, konzeptionell abweichende Darstellung setzt die Entscheidungsnützlichkeit der materiell relevanten Informationen herab.[1146]

1142 So werden Wertänderungserträge im Rahmen der Neubewertung des Sachanlagevermögens und der immateriellen Vermögenswerte etwa direkt unter dem Eigenkapital in einer Neubewertungsrücklage gebucht (vgl. IAS 16.39, IAS 38.85). Der Ausweis dieser Erfolgselemente erfolgt demnach nur im Eigenkapitalspiegel.

1143 Mit dem „net income" wird dabei grundsätzlich in Abgrenzung vom comprehensive income der in der Gewinn- und Verlustrechnung ausgewiesene Periodenerfolg bezeichnet.

1144 *Gerbaulet*, Reporting Comprehensive Income (1999), 65.

1145 *Hollmann*, Reporting Performance (2003), 95; vgl. auch *Zülch*, Die Gewinn- und Verlustrechnung nach IFRS (2005), 54.

1146 *Hollmann*, Reporting Performance (2003), 94; *Bogajewskaja*, BB 2006, 1155, 1158. Diese Schlussfolgerung wird auch durch die Ergebnisse verschiedener Untersuchungen gestützt. Empirische Studien weisen nach, dass Informationen über Erträge und Aufwendungen in einem Eigenka-

Darüber hinaus hat der Ausweis bestimmter Erträge und Aufwendungen in einer Eigenkapitaländerungsrechnung zur Folge, dass die damit verbundenen Erfolgswirkungen nicht in der Erfolgsrechnung ausgewiesen werden, folglich nicht zwingend in den Unternehmenserfolg einfließen.[1147] Die zeitweilige oder dauerhafte Nichtberücksichtigung bestimmter Erfolgswirkungen bietet dem Management des Bericht erstattenden Unternehmens die Möglichkeit einer gezielten Gewinnglättung oder Ergebnismanipulation.[1148] Die dadurch bedingten Verzerrungen führen wiederum zu einem Verlust an Transparenz und Verständlichkeit und schränken damit die Entscheidungsnützlichkeit der bereitgestellten Informationen ein.

Vorzugswürdig ist stattdessen ein vollständiger Ausweis des Unternehmenserfolges in einer Erfolgsrechnung. Offen ist hingegen die Frage, ob die Erfolgswirkungen einer Berichtsperiode in einer einzigen Erfolgsrechnung (one-statement approach) oder über zwei Erfolgsrechnungen verteilt (two-statement approach) ausgewiesen werden sollten.[1149]

Als Vorteil eines two-statement approach wird vor allem die Möglichkeit angeführt, dass durch zwei getrennte Erfolgsrechnungen eine optische und damit klare Trennung verschiedener Teilerfolgsgrößen gewährleistet werden könne.[1150] Zugleich werde durch eine Aufsplittung der Erfolgsrechnung eine detaillierte Aufgliederung der Erfolgswirkungen ermöglicht, ohne dass eine solche Aufgliederung zu einem Verlust an Übersichtlichkeit und damit Verständlichkeit führen würde.[1151]

Ob eine formale Splittung der Erfolgsdarstellung wirklich die Verständlichkeit der bereitgestellten Informationen fördert, ist stark zu bezweifeln. Die inhaltlich erarbeitete grundsätzliche Aufgliederung der Erfolgswirkungen nach ihrer Leistungsbezogenheit, Regelmäßigkeit und Betriebsbezogenheit ließe eine solche Spaltung der Erfolgsrechnung zwar grundsätzlich zu.[1152] Der entscheidende Nachteil einer solchen Darstellungsweise bestünde aber darin, dass präsentationstechnisch dem

---

pitalspiegel wesentlich schlechter wahrgenommen und damit in den Entscheidungsprozess integriert werden als gleichartige Informationen, die in einer Erfolgsrechung bereitgestellt werden. Die schlechte Wahrnehmung und die darstellungsbedingte falsche Gewichtung führen somit über den Mangel an Verständlichkeit zur Herabsetzung der Entscheidungsnützlichkeit. Siehe im Hinblick auf institutionelle Investoren *Hirst/Hopkins*, Journal of Accounting Research Vol. 36 (1998), 47, 48–50 sowie bestätigend für nicht-professionelle Kapitalanleger *Maines/McDaniel*, Accounting Review Vol. 75 (2000), 179, 181, 200f.

1147 *Gerbaulet*, Reporting Comprehensive Income (1999), 211; *Hollmann*, Reporting Performance (2003), 96.

1148 *Gerbaulet*, Reporting Comprehensive Income (1999), 211; vgl. auch *Zülch*, Die Gewinn- und Verlustrechnung nach IFRS (2005), 55.

1149 Dem two-statement approach folgt bisher auch die IFRS-Bilanzierung; vgl. hierzu § 11.II. 4)b)aa), S. 424f. Ebenso bevorzugt auch der US-amerikanische Standardsetzer bisher den two-statement approach, vgl. Statements of Financial Accounting Standards, SFAS No. 130 Par. 23.

1150 Vgl. *Kuhlewind,* in: *Ballwieser* (Hrsg.), US-amerikanische Rechnungslegung[4] (2000), 283, 300.

1151 Vgl. *Johnson/Leonard*, Reporting Financial Performance (1998), 16, Par. 3.12.

1152 So könnten etwa auf der ersten Ebene die Leistungserfolge und der Erfolg am ruhenden Vermögen getrennt von einander über verschiedene Erfolgsrechnungen dargestellt werden.

Gesamtergebnis – d.h. dem Unternehmenserfolg – und gewichtigen Zwischen- und Teilerfolgsgrößen nicht die nötige Beachtung geschenkt würde. Dem Nutzer des Abschlusses wäre es eben gerade nicht möglich, sich in einem einzigen Abschlussbestandteil einen umfassenden Überblick über die Gesamtheit der Erträge und Aufwendungen zu verschaffen. Er müsste sich vielmehr die entscheidenden Teilgrößen aus unterschiedlichen Abschlusselementen zusammentragen.[1153]

Bei einer Splittung der Erfolgsrechnung besteht daneben grundsätzlich die Gefahr einer einseitigen Fokussierung der Rechnungslegungsnutzer auf eine der beiden Erfolgsrechnungen.[1154] Der two-statement approach kann mithin zur einer Missachtung oder falschen Gewichtung der unterschiedlichen Erfolgsgrößen führen, folglich in eine falsche Beurteilung der Ertragslage münden.[1155]

Hinzuweisen ist auf das grundsätzliche Problem, dass die Möglichkeiten der Gewinngestaltung zunehmen.[1156] Eine Aufteilung von Erfolgsgrößen auf unterschiedliche Abschlusselemente und die Gefahr einer einseitigen Fokussierung der Abschlussadressaten schaffen die Voraussetzungen und den Anreiz für informationsverzerrende Manipulationen.

Die für den two-statement approach angeführte Möglichkeit einer detaillierten und dennoch klaren und übersichtlichen Erfolgsdifferenzierung könnte ohne weiteres in einer einzigen Erfolgsrechnung realisiert werden. Durch den Ausweis von Zwischen- und Teilerfolgsgrößen ließe sich die erforderliche Übersichtlichkeit der aufgeführten Erfolgswirkungen gewährleisten. Die Erfassung aller Erfolgsgrößen in einer Erfolgsrechnung würde darüber hinaus durch die unmittelbare Transparenz der Zusammenhänge und Unterschiede den Aussagegehalt der einzelnen ausgewiesenen Erfolgsgrößen gegenüber einem getrennten Ausweis in unterschiedlichen Abschlusselementen sogar steigern.

Zusammenfassend sprechen folglich vor allem Verständlichkeits- und Transparenzgesichtspunkte für eine Darstellung der Erfolgswirkungen in einer einzigen Erfolgsrechnung.[1157] Dieses Ergebnis wird auch durch eine Studie der *Association for Investment Management and Research* (AIMR) gestützt. Die AIMR weist in ihrem Bericht aus dem Jahre 1993 ausdrücklich darauf hin, dass aus Sicht der Finanzanalysten grundsätzlich eine gebündelte Darstellung aller Informationen und damit der one-statement approach präferiert wird.[1158]

1153 *Hollmann*, Reporting Performance (2003), 98.
1154 *Gerbaulet*, Reporting Comprehensive Income (1999), 212.
1155 Vgl. *Hollmann*, Reporting Performance (2003), 98 f.
1156 Vgl. *Hollmann*, Reporting Performance (2003), 99.
1157 Ebenso *Johnson/Lennard*, Reporting Financial Performance (1998), 18, Par. 3.19.; *Gerbaulet*, Reporting Comprehensive Income (1999), 212 f.; *International Accounting Standards Committee)*, G4+1 Position Paper: Reporting Financial Performance (2000), chapter 2, Par. 2.5.; *Hollmann*, Reporting Performance (2003), 100.
1158 Vgl. *Association for Investment Management and Research (Hrsg.)*, Financial Reporting in the 1990s and Beyond (1993), 88: „Financial statement users need in one place all the data reporting an enterprise's activity, which they may sort out to suit their own purpose".

(2) *Der Grad der Flexibilität der Gliederung*

Entscheidend für die Verständlichkeit der aufbereiteten, entscheidungsrelevanten Informationen ist nicht nur durch die allgemeine äußere Form des Informationsträgers, sondern auch die Anordnung bzw. Gliederung der einzelnen Informationen innerhalb des jeweiligen Abschlusselementes.

Wird der Aufbau eines solchen Schemas naturgemäß durch den zu vermittelnden Inhalt, mithin durch die erarbeiteten materiellen Gliederungskriterien bestimmt,[1159] so ist die Frage der Flexibilität ein Aspekt der formellen Präsentation.

Anzustreben ist eine verständliche und vor allem auch vergleichbare Aufbereitung der objektiv verifizierbaren, entscheidungsrelevanten Informationen. Ein verbindliches Gliederungsschema ist nicht nur Grundvoraussetzung für eine zwischenbetriebliche und interperiodische Vergleichbarkeit,[1160] sondern auch die Grundlage für die Verifizierbarkeit der vermittelten Informationen. Flexible Gliederungsvorgaben würden der unternehmensübergreifenden Abschlussanalyse eine wichtige Grundlage entziehen, die nur durch einen erheblichen Mehraufwand bei der Analyse ausgeglichen werden könnte. Zugleich eröffnet ein unverbindliches Schema unweigerlich bilanzpolitische Spielräume und Manipulationsmöglichkeiten, welche die Verlässlichkeit und damit die Entscheidungsnützlichkeit der bereitgestellten Informationen erheblich herabsetzen würden.

Auf der anderen Seite begründet ein bilanzpolitischer Gestaltungsspielraum nicht nur Informationsverzerrungen, sondern kann in bestimmten Grenzen zugleich der Informationsvermittlung dienen. Durch die Wahl einer bestimmten Bilanzierungs- und Gliederungsmethode können dem Leser des Abschlusses zum Teil Informationen bereitgestellt werden, die auf anderem Wege nicht glaubhaft vermittelt werden könnten.[1161] Genannt werden kann hier etwa die Bereitstellung von Informationen über die nachhaltige Unternehmensentwicklung durch die Bildung von Rücklagen für in näherer Zukunft erfolgende Investitionen oder Umstrukturierungen.[1162] Einer direkten Bekanntgabe der Zielsetzung der nachhaltigen Unternehmensführung würde aufgrund der bekannten Eigennützigkeit des Handelns des Managements die für die Entscheidungsnützlichkeit notwendige Glaubwürdigkeit fehlen. Daneben ermöglicht ein gewisser bilanzpolitischer Gestaltungsspielraum auch eine situative Anpassung der Rechnungslegung an das spezifische Unternehmen.

1159 So lassen sich, wie bereits erörtert, aus dem Ansatzkriterium der Nutzenorientierung auch spezifische Gliederungskriterien ableiten. Zu nennen ist hier etwas das Liquidationsgliederungsprinzip und die Gliederung entsprechend der Fälligkeit bzw. Laufzeit. Vgl. hierzu die Ausführungen am Ende des Abschnitts § 8.I.3)a)aa)(1), S. 245 ff.

1160 *Hollmann*, Reporting Performance (2003), 102; *Lüdenbach/Prusaczyk*, BC 2004, 128. Auch das AIMR fordert aus Sicht der Finanzanalytiker eine grundsätzliche Fixierung des Gliederungsschemas der Erfolgsrechnung, vgl. *Association for Investment Management and Research (Hrsg.)*, Financial Reporting in 1990s and Beyond (1993), 64.

1161 *Wagenhofer/Ewert*, Externe Unternehmensrechnung^2 (2007), 279, 287–302.

1162 Vgl. *Scott*, Financial Accounting Theory^3 (2003), 386.

Es besteht folglich auf den ersten Blick ein trade-off zwischen den grundsätzlichen Fehlanreizen und Informationsverzerrungen durch den bilanzpolitischen Gestaltungsspielraum und der Informationsvermittlung mittels bilanzpolitischer Entscheidungen. Dieser vermeintliche Konflikt lässt sich aber auflösen, wenn man sich bewusst macht, dass die Vermittlung entscheidungsnützlicher Informationen durch die Bilanzgestaltung wiederum nur gesichert ist, wenn die Bilanzpolitik ihrerseits zuverlässig nachvollzogen werden kann und damit doch eine Mindestverbindlichkeit des Gliederungsschemas gewährleistet ist.

Als praktische Umsetzung einer solchen objektiv unterlegten Flexibilität ist folglich ein Basisgliederungsschema sowohl für die Darstellung der Vermögens- und Finanzlage, mithin für die Bilanz und die zahlungsstromorientierte Finanzierungsrechnung, als auch für die Erfolgsrechnung als Abschlusselement der Ertragslage zu fordern. Diese Schemata sollten zum einen eine Mindestanzahl der Gliederungsposten, deren Bezeichnung, Inhalt und Reihenfolge verbindlich festlegen, zum anderen aber dem bilanzierenden Unternehmen durch die Möglichkeit einer weiteren Untergliederung und der Hinzufügung unternehmensspezifisch relevanter weiterer Posten ein Mindestmaß an Anpassungsmöglichkeiten offerieren.[1163] Durchbrechungen des Gliederungsschemas sollten darüber hinaus nur in begrenzten und enumerativ erfassten Konstellationen aufgrund einer besonderen Unternehmensspezifität zugelassen werden.

Zusammenfassend lassen sich als formelle Implikationen für eine interessengerechte Unternehmensberichterstattung folgende Gesichtspunkte festhalten: Für die Präsentation der Vermögens- und Finanzlage sind die Bilanz und die zahlungsstromorientierte Finanzierungsrechnung unstreitig die geeigneten Abschlusselemente. Die Darstellung der Erfolgswirkungen sollte daneben aus Verständlichkeits- und Transparenzgesichtspunkten in einer einzigen Erfolgsrechnung erfolgen. Hinsichtlich der Gliederung der Bilanz, Finanz- und Erfolgsrechnung ist eine objektiv unterlegte Flexibilität anzustreben. Demnach sind die Schemata als verbindliche Mindestgliederungen auszugestalten, die den Unternehmen aber in einem gewissen Maße eine weitere Untergliederung und Hinzufügung unternehmensspezifisch relevanter weiterer Posten ermöglichen.

cc) Sekundäre Informationsträger

Bereits bei der Herleitung der allgemeinen Anforderungen an eine interessengerechte Unternehmensberichterstattung wurde herausgearbeitet, dass die primären entscheidungsnützlichen Informationen über die Vermögens-, Finanz- und Ertragslage der Berichtsperiode durch weitere Informationselemente ergänzt werden sollten.[1164]

Die bilanzielle Berichterstattung ist aus Sicht der bisher erörterten Informationsfunktion durch eine objektivierte Darstellung entscheidungsrelevanter Informa-

1163 Ebenso *Hollmann*, Reporting Performance (2003), 105.
1164 Vgl. hierzu § 8.I.2)a)dd), S. 240 f.

tionen geprägt. Eine zukunftsorientierte und dennoch zuverlässige Aufbereitung vergangenheitsorientierter Daten bildet den Ausgangspunkt der Vermittlung entscheidungsnützlicher Informationen.[1165] Die Zukunftsorientierung der Informationssätze wird grundsätzlich nicht als Aufbereitung direkt prognostischer Daten verstanden, sondern fungiert vielmehr als Auswahl-, Aufbereitungs- und Darstellungsparameter hinsichtlich der vergangenheitsorientierten Daten.[1166]

Eine zukunftsorientierte und dennoch zuverlässige Aufbereitung der Daten als abstrakte Zielsetzung der Informationsvermittlung bedingt *intersubjektiv nachprüfbare* Ansatzregeln, die sich an dem individuell zuordenbaren wirtschaftlichen Nutzenbeitragspotential orientieren, und eine objektivierte fair value-Bewertung der Vermögensgegenstände und Schuldposten.[1167]

Das Erfordernis der Zuverlässigkeit führt zu einer Nichtaktivierung bestimmter, vor allem immaterieller Vermögenswerte, denen entweder ein bestimmtes Nutzenpotential nicht eindeutig zugeordnet werden oder deren wertmäßiger Umfang nicht in einer verlässlichen Art und Weise ermittelt werden kann. Ausgaben für aktivierungsfähige selbst erstellte immaterielle Vermögenswerte können daneben aufgrund ihres besonderen Risikopotentials erst bei Fertigstellung des Vermögensgutes aktiviert werden. Immaterielle Vermögenswerte werden folglich in einem nicht zu missachtenden Umfang bilanziell erst zeitlich verzögert oder überhaupt nicht erfasst.

Das Wissenskapital eines Unternehmens generiert trotz der fehlenden verlässlichen, direkten Individualisierung des mit ihm einhergehenden Erfolgs in hohem Maße Potentiale künftiger Zahlungsströme.[1168] Der sich daraus ergebende hohe Stellenwert der immateriellen Wertkomponenten im Leistungsprozess des Unternehmens wird durch den strukturellen Bedeutungszuwachs des tertiären Sektors in den Industrieländern noch weiter erhöht.[1169] Immaterielle Vermögensgüter werden folglich auch in Zukunft weiter an Bedeutung gewinnen.[1170] Die fehlende und ver-

---

1165 Dazu detailliert § 8.I.2)a)cc)(2), S. 232 ff.

1166 Zur Bedeutung der Zukunftsorientierung als Auswahl- und Aufbereitungskriterium siehe § 8.I.2)a)cc)(2)(b), S. 236 f. und § 8.I.2)a)cc)(3), S. 239.

1167 Zur Herleitung der nutzenorientierten Ansatzregeln und Bewertungsregeln vgl. § 8.I.3) a)aa)(1), S. 245 und § 8.I.3)a)aa)(2), S. 254 ff.

1168 Zur Bedeutung der immateriellen Vermögensgegenstände vgl. *Maul/Menninger*, DB 2000, 529, 529–531; *Hornung*, in: *Küting/Weber* (Hrsg.), Vom Financial Accounting zum Business Reporting (2002), 13, 14; *Berndt*, Der Konzern 2003, 823, 829, 833; *Lev/Zambon*, European Accounting Review Vol. 12 (2003), 597, 597 f.; *Riegel/Steinmaurer*, in: *IWP* (Hrsg.), Wirtschaftsprüferjahrbuch 2004 (2004), 261, 283
Schätzungen aus dem Jahre 2001 gehen davon aus, dass der Anteil der immateriellen Werte am Gesamtwert des Unternehmens durchschnittlich bei 56% liegt und bei einigen Unternehmen sogar 89% beträgt, vgl. hierzu *Sattler/PwC Deutsche Revision*, Praxis von Markenbewertung und Markenmanagement in deutschen Unternehmen (2001), 11 f. *Edvinsson/Brünig*, Aktivposten Wissenskapital (2000), 14, kommen sogar zu dem Ergebnis, dass das Wissenskapital bereits mehr als 80% der Wertschöpfung des Unternehmens generiert.

1169 *Arbeitskreis „Immaterielles Werte im Rechnungswesen" der Schmalenbach-Gesellschaft für Betriebswirtschaft e. V.*, DB 2001, 989; *ders.*, DB 2003, 1233; vgl. auch *Fülbier/Honold/Klar*, RIW 2000, 833; *Hornung*, in: *Küting/Weber* (Hrsg.), Vom Financial Accounting zum Business Reporting – Kapitalmarktorientierte Rechnungslegung und integrierte Unternehmenssteuerung (2002), 13, 14.

1170 Vgl. u. a. *Küting/Ulrich*, DStR 2001, 953; *Powell*, European Accounting Review Vol. 12 (2003), 797.

zögerte Offenlegung dieser Potentiale führt dazu, dass wichtige Wertkomponenten des Unternehmens nicht in die Entscheidungsgrundlage miteinbezogen werden.

Die zunehmende Bedeutung des Intellectual Property, seine Relevanz für den Entscheidungsprozess einerseits und die notwendige Ausrichtung der bilanziellen Berichterstattung an dem Kriterium der Verlässlichkeit andererseits, stellen die externe Rechnungslegung vor neue Herausforderungen. Eine Verwässerung der Ansatzregeln zur Erfassung des immateriellen Vermögens ist hier aufgrund der dargestellten Interdependenzen zwischen der Relevanz und der Verlässlichkeit kein gangbarer Weg. Denkbar wäre aber die Schaffung ergänzender Berichtselemente.[1171]

Neben der ergänzenden Berichterstattung über die Entwicklung des immateriellen Vermögens haben die Aktionäre ein grundlegendes Interesse an der Bereitstellung plausibler direkter Prognosen und Projektionen für ihre Investmententscheidungen.[1172] Diese direkt prognostischen Informationen können ihre Entscheidungsnützlichkeit nur entfalten, wenn sie sich entsprechend dem Plausibilitätserfordernis auf Daten des historical financial reports zurückführen oder zumindest anhand der dort bereitgestellten Informationen überprüfen lassen. Das Erfordernis der Zuverlässigkeit bedingt die Notwendigkeit, historische und direkt prognostische Informationen zu separieren.

Der Informationsgehalt der primären und sekundären Informationsträger ließe sich des Weiteren durch ergänzende Erläuterungen und Beurteilungen als integrative Berichtselemente erweitern.

Es ist folglich festzuhalten, dass eine Ergänzung der bilanziellen Informationsvermittlung um eine adäquate Berichterstattung über das immaterielle Vermögen durch ergänzende, direkt prognostische und durch erläuternde, deskriptive Informationen grundsätzlich wünschenswert ist. Im Folgenden sollen die Anforderungen an diese sekundären Informationsträger näher untersucht werden.

(1) *Berichterstattung über das immaterielle Vermögen*

In den neunziger Jahren des 20. Jahrhunderts entwickelte sich eine intensive Diskussion über die Erweiterung der bestehenden Berichterstattung über das imma-

1171 Auch *Dawo* sieht in der Bereitstellung ergänzender Informationen unter Wahrung der Unterschiede zwischen zuverlässigen und unsicheren Informationen eine Möglichkeit, die Informationsvermittlungsfunktion der Unternehmensberichterstattung zu verbessern; *ders.*, Immaterielle Güter in der Rechnungslegung nach HGB, IAS/IFRS und US-GAAP (2003), 294. Vgl. auch *Hornung*, in: *Küting/Weber* (Hrsg.), Vom Financial Accounting zum Business Reporting – Kapitalmarktorientierte Rechnungslegung und integrierte Unternehmenssteuerung (2002), 13, 16; *Schmidbauer*, DStR 2004, 1142, 1147.

1172 *Mednick*, FS Claus-Peter Weber (1999), 45, 47; *Salvary*, Global Business & Economics Review, Vol. 5 (2003), 140, 152. Ausgehend von dem Grundsatz der „Kundenorientierung" der Unternehmensberichterstattung spricht sich auch das Special Committee on Financial Reporting des AICPA für eine Erweiterung der Informationsbasis der Unternehmensberichterstattung um nicht-finanzielle prospektive Informationen aus (*American Institute of Certified Public Accountants (Hrsg.)*, Improving Business Reporting – A Customer Focus (1994), Chapter 3 – The information needs of users, abrufbar unter http://www.aicpa.org/members; siehe auch *Berndlmaier/Klein*, DB 1997, 1089, 1091 f.; *Mednick*, FS Claus-Peter Weber (1999), 45, 48).

terielle Vermögen in quantitativer und qualitativer Hinsicht. Den bisher diskutierten konzeptionellen und praktischen Modellen liegt die Erkenntnis zugrunde, dass „nützliche" Entscheidungen nur in Kenntnis der die künftige Entwicklung eines Unternehmens wesentlich bestimmenden immateriellen Vermögenswerte getroffen werden können.[1173]

Die Auseinandersetzung mit einer entsprechenden Erweiterung der Unternehmensberichterstattung ist in den USA besonders ausgeprägt. Ausgangspunkt der sich durch die verschiedenen Berufstände und Institutionen ziehenden Diskussion[1174] war hier der so genannte Jenkins Report des Special Committee on Financial Reporting des American Institute of Certified Public Accountants (AICPA)[1175].

In Europa konzentrierte sich die Auseinandersetzung und Anwendung der erweiterten Berichterstattung zunächst auf den skandinavischen Rechtsraum. Zu nennen ist hier vor allem das Konzept von Skandia ASF – das Skandia Market Value Scheme[1176] – und der Intangible Assets Monitor von *Sveiby*[1177]. In den letzten Jah-

---

1173 *Berndt,* Der Konzern 2003, 823; vgl. auch *Maul/Menninger,* DB 2000, 529, 532; *Maul,* DStR 2000, 2009.

1174 Zu nennen sind hier unter anderen die Untersuchung des Brooking Institute (vgl. hierzu *Blair/Wallmann,* Unseen Wealth, Report of the Brooking Task Force on Intangibles (2001)) und der Bericht der SEC-Inspired Task Force (Strengthening Financial Markets: Do Investor have the information they need? – Report of an SEC-Inspired task Force, May 2001, http://www2.financial executives.org/download/SEC-Taskforce-Final-6-6–2k1.pdf).

1175 Der Bedarf nach einer Weiterentwicklung der externen Berichterstattung in Richtung der immateriellen Vermögenswerte wurde in der Studie „Improving Business Reporting" des Special Committee on Financial Reporting des AICPA, dem sog. Jenkins Committee, festgehalten (*American Institute of Certified Public Accountants (Hrsg.),* Improving Business Reporting – A Customer Focus (1994), Chapter 3 – The information needs of users, abrufbar unter http://www.aicpa.org/members, vgl. auch *Berndlmaier/Klein,* DB 1997, 1089, 1089–1093). Inzwischen gibt es vom AICPA ein Folgeprojekt. Das AICPA hat bereits im Dezember 2002 ein Special Committee on Enhanced Business Reporting gebildet zur Verbesserung und Weiterentwicklung des business reporting.
Auf dem Jenkins Report aufbauend forderte das FASB in seinem Bericht „Improving Business Reporting" aus dem Jahre 2001 ausdrücklich die Bereitstellung zusätzlicher Informationen über immaterielle Werte als Ergänzung zum Financial Reporting (*FASB (Hrsg.),* Improving Business Reporting (2001), S. vi; http://www.fasb.org/brrp/BRRP2.PDF). Das FASB arbeitet darüber hinaus zur Zeit an einem neuen Projekt „Disclosure about intangible assets" (http://www.fasb.org/project/intangibles.shtml) und auch das IASB stellt gegenwärtig Überlegungen zur Erweiterung der Berichterstattung über immaterielle Vermögenswerte an (http://www.iasb.org/current/iasb.asp unter „Other IASB Projects").

1176 Vgl. *Edvinsson/Malone,* Intellectual Capital (1997), 47–54. Bereits seit 1991 setzt sich Skandia ASF mit der Berichterstattung über das intellektuelle Kapital auseinander. Das immaterielle Vermögen unterteilt sich nach dem Skandia Market Value Scheme in das finanzielle und das intellektuelle Kapital. Letzteres unterteilt sich wiederum in das Human- und das Strukturkapital. Das Strukturkapital als organisatorisches Gerüst setzt sich aus dem Kunden- und dem Organisationskapital zusammen. Letzteres wird wiederum in das Innovations- und das Prozesskapital unterteilt; vgl. *Edvinsson/Malone,* Intellectual Capital (1997), 52; *Dawo,* Immaterielle Güter in der Rechnungslegung nach HGB, IAS/IFRS und US-GAAP (2003), 334–340. Die Berichterstattung über die Entwicklung dieser Kategorien des intellektuellen Vermögens erfolgt mithilfe ausgewählter Indikatoren.

1177 Vgl. *Sveiby,* The New Organizational Wealth (1997), 11–13; *Dawo,* Immaterielle Güter in der Rechnungslegung nach HGB, IAS/IFRS und US-GAAP (2003), 340–342; *Riegler/Steinmaurer,* in: *IWP* (Hrsg.), Wirtschaftsprüferjahrbuch 2004 (2004), 261, 279–282. Nach dem Konzept des Intangible Assets Monitor werden die immateriellen Vermögenswerte in die externe und interne Struktur und die Mitarbeiterkompetenz unterteilt. Die externe Struktur umfasst dabei die Kunden- und Lieferen ist auch in anderen Ländern Europas wie den Niederlanden, Großbritannien, aber auch Österreich, eine intensive Auseinandersetzung mit der Notwendigkeit und konkreten Ausgestaltung einer zusätzlichen Berichterstattung zu beobachten.[1178] Von Österreich aus fand die erweiterte Berichterstattung über das immaterielle Vermögen mit dem Wissensbilanz-Modell[1179] des Austrian Research Centers auch Eingang in den deutschsprachigen Rechtsraum. Hervorzuheben ist des Weiteren der Beitrag von *Maul/Menninger*[1180] und der Vorschlag des Arbeitskreises „Immaterielle Werte im Rechnungswesen" der Schmalenbach-Gesellschaft[1181].

---

rantenbeziehungen. Die interne Struktur hingegen setzt sich aus den Patenten, Konzepten, Modellen sowie dem Computer- und Verwaltungssystem zusammen. Zuletzt wird die Kompetenz der Mitarbeiter und deren Aus- und Weiterbildung, mithin das Humankapital, in der Mitarbeiterkompetenz zusammengefasst. Für jeden dieser drei Bereiche des immateriellen Vermögens werden Indikatoren für das Wachstum bzw. die Erneuerung, Effizienz und die Stabilität vorgegeben, die die Kategorien mit den nötigen Kennzahlen unterlegen.
Trotz anderer Begrifflichkeiten weist die Kategorisierung des Intangible Assets Monitors Parallelen zum Skandia-Modell auf. So lässt sich die interne Struktur mit dem unter dem Strukturkapital auszuweisenden Organisationskapital gleichsetzen. Die externe Struktur entspricht demnach dem Kundenkapital des Skandia Market Value Scheme. Eine vergleichende Darstellung der Ansätze findet sich bei *Dawo*, Immaterielle Güter in der Rechnungslegung nach HGB, IAS/IFRS und US-GAAP (2003), 355.

1178 So findet in Dänemark seit den frühen neunziger Jahren des 20. Jh. eine intensive Auseinandersetzung mit dem Erfordernis einer Berichterstattung über das immaterielle Vermögen statt, die im November 2000 schließlich zur Verabschiedung einer Richtlinie mit Empfehlungen zur Erstellung von intellectual capital statements durch die Danish Agency for Trade and Industry führte; vgl. *Danish Agency for Trade and Industry*, A Guideline for Intellectual Capital Statements, November 2000, http://www.euintangibles.net/library/localfiles/ICS-UKsprog.pdf. In den Niederlanden kommt vor allem dem Intangible Asset Pilot Project des Wirtschaftsministeriums eine herausragende Bedeutung zu. In Großbritannien sind neben dem Engagement der öffentlichen Institutionen vor allem die Aktivitäten des Institute of Chartered Accountants of England an Wales hervorzuheben.

1179 Vgl. *Austrian Research Center*, Wissensbilanz 2002, abrufbar unter http://www.arcs.ac.at; *Maul*, DStR 2000, 2009–2016; *Dawo*, Immaterielle Güter in der Rechnungslegung nach HGB, IAS/IFRS und US-GAAP (2003), 343–345. Die Wissensbilanz setzt sich strukturell ebenfalls primär aus dem Human- und Strukturkapital zusammen. Das Model des Austrian Research Centers beschränkt die Bezeichnung Strukturkapital auf das Organisationskapital. Das Beziehungskapital entspricht demnach dem Kundenkapital des Skandia Market Value Scheme. Eine aufschlussreiche vergleichende Darstellung findet sich bei *Dawo*, Immaterielle Güter in der Rechnungslegung nach HGB, IAS/IFRS und US-GAAP (2003), 355.

1180 *Maul/Menninger*, DB 2000, 529–533.

1181 *Arbeitskreis „Immaterielles Werte im Rechnungswesen" der Schmalenbach-Gesellschaft für Betriebswirtschaft e.V.*, DB 2001, 989–995; *ders.*, DB 2003, 1233–1237. Der Arbeitskreis empfiehlt eine Aufgliederung des immateriellen Vermögens in: Human Capital; Innovation Capital, Customer Capital, Supplier Capital, Investor Capital, Process Capital und Location Capital. Die Kategorien sind durch entsprechende vorgegebene Indikatoren auszufüllen. Zugleich wird eine allgemeine tabellarische Darstellungsform vorgegeben. Danach ist bei der Offenlegung der unterschiedlichen Kapital-Kategorien auf die zugrunde liegende Strategie, die Wertentwicklung der Indikatoren über die Berichtsperioden, die Definition der Indikatoren und entsprechende Wechselwirkungen mit anderen Kennzahlen und den Stand und die Entwicklung der Kategorie einzugehen. Hinsichtlich des Ortes der Berichterstattung präferiert der Arbeitskreis eine Offenlegung im Lagebericht.
Trotz der abweichenden Begrifflichkeiten weist auch dieser Ansatz erhebliche Parallelen zur Struktur des Skandia-Modells auf. Allein das Investor Capital lässt sich nicht unter eine der Kategorien des Skandia Market Value Scheme fassen. Eine aufschlussreiche vergleichende Darstellung findet

Durch die Nichtaktivierung bestimmter immaterieller Vermögenswerte (z.B. der Bestandteile des originären Geschäfts- und Firmenwertes) und die verzögerte Aktivierung anderer immaterieller Vermögenswerte fehlen in der Entscheidungsgrundlage wichtige Wertkomponenten des Unternehmens.[1182] Für interessenwahrende Entscheidungen der gegenwärtigen und potentiellen Anteilseigner sind Kenntnisse über die Kunden- und Lieferantenbeziehungen und sich in der Entwicklung befindende Produktionsinnovationen von hoher Relevanz.[1183] Dennoch wird die bilanzielle Aktivierung dieser immateriellen Vermögenswerte aufgrund der fehlenden verlässlichen Ermittlungs- und Bewertungsmöglichkeit und der entscheidungsökonomischen Interdependenzen zwischen der Relevanz und der Verlässlichkeit der Informationen abgelehnt oder erfolgt zumindest zeitlich verzögert.[1184] Durch die Bereitstellung von Informationen über die Entwicklung der immateriellen Vermögensgüter in separaten, zusätzlichen Berichtselementen könnte die bestehende Lücke in der Berichterstattung geschlossen werden.

Besteht somit grundsätzlich Einigkeit über die Nützlichkeit eines solchen zusätzlichen Berichterstattung über das immaterielle Vermögen, stellt sich die Frage nach ihrer inhaltlichen und äußeren Ausgestaltung.

Das immaterielle Vermögen lässt sich nach *Edvisson/Malon* als „possession of the knowledge, applied experience, organizational technology, customer relationships and professional skills“ definieren.[1185] Es umfasst demnach das „geistige Vermögen”, über das ein Unternehmen in direkter oder indirekter Form verfügt.[1186] Das Intellectual Property ist nach dieser Definition nicht auf die aktivierungspflichtigen immateriellen Vermögenswerte beschränkt, sondern erstreckt sich auch auf die nicht aktivierungsfähigen immateriellen Wertkomponenten. In dem Sinne wird etwa nicht nur das zumeist aktivierungsfähige Endergebnis von Forschungs- und Entwicklungstätigkeiten (z.B. ein neues Fertigungsverfahren) erfasst. Viel-

---

sich bei *Dawo*, Immaterielle Güter in der Rechnungslegung nach HGB, IAS/IFRS und US-GAAP (2003), 355.
Auch das Deutsche Rechnungslegungs Standards Committee (DRSC) empfiehlt im DRS 12 zur Behandlung immaterieller Vermögenswerte des Anlagevermögens, im Konzernlagebericht auf „Aufwendungen für nicht aktivierte immaterielle Vermögenswerte“ einzugehen. Darüber hinaus wird die Erstellung eines Berichts über das intellektuelle Kapital des Konzerns empfohlen. Vgl. hierzu auch die befürwortende Stellungnahme vom *Austrian Research Center*, Stellungnahme zum E-DRS 14 vom 11. Januar 2002 (http://www.standardsetter.de/drsc/docs/comments/014/austrian_research.html).

1182 Vgl. *Heyd/Lutz-Ingold*, Immaterielle Vermögenswerte und Goodwill nach IFRS (2005), 189.

1183 *Berndt*, Der Konzern 2003, 823, 832.

1184 Zu den Interdependenzen zwischen der Relevanz und der Verlässlichkeit der Informationen vgl. § 8.I.2)a)cc)(2)(a), S. 233ff. Das Zusammenspiel zwischen der Verlässlichkeit und Relevanz als Determinanten der Entscheidungsnützlichkeit der Informationen wird auch von *Berndt*, Der Konzern 2003, 823, 829, verkannt, der allein aus der Relevanz der zusätzlichen Informationen über die immateriellen Vermögenswerte auf die höhere Prognosetauglichkeit der Rechnungslegungsdaten schließen will.

1185 *Edvinsson/Malone*, Intellectual Capital (1997), 44. Der Begriff Intellectual Property wird dabei häufig synonym mit Intellectual Capital, Intellectual Assets and Knowledge Assets verwendet; vgl. *Maul/Menninger*, DB 2000, 529.

1186 *Berndt*, Der Konzern 2003, 823, 829.

mehr wird bereits die grundlegende Fähigkeit, überhaupt ein solches Know-how zu entwickeln, als Intellectual Property einer Unternehmung gekennzeichnet.[1187]

Ein Bericht über das immaterielle Vermögen sollte sich an dieser weiten Definition orientieren und folglich alle immateriellen Vermögensgüter unabhängig von ihrer Aktivierungsfähigkeit erfassen.

Die vollständige Erfassung sämtlicher immaterieller Wertkomponenten ist illusorisch und im Hinblick auf die Wahrung der Unternehmensintegrität auch nicht erstrebenswert. Die Informationsinteressen der Anteilseigner und anderer Rechnungslegungsadressaten müssen durch das von der grundrechtlich geschützten Unternehmensfreiheit umfasste Interesse des Unternehmens am Schutz der Unternehmensintegrität begrenzt werden. Die Rechnungslegung sollte nicht in ein Informationsinstrument für Konkurrenten umfunktioniert werden.[1188] Aber selbst bei einer unvollständigen Erfassung der immateriellen Vermögenswerte kann festgehalten werden, dass eine grobe Schätzung der immateriellen Werte allemal besser wäre, als überhaupt keine Informationen über diese zur Verfügung zu stellen.[1189]

Vor dem Hintergrund des Vorschlages, die Aufwendungen zur Schaffung immaterieller Vermögenselemente nachträglich erfolgswirksam zu aktivieren,[1190] erscheint ein zweigeteiltes Informationssystem, das sich aus einer finanziellen Ergänzungsrechnung (Innovationsrechnung und Immaterialgüterrechnung[1191]) und einem Gesamtbericht über das immaterielle Vermögen (Intellectual Property Statement) zusammensetzt, für die Ergänzung der bilanziellen Berichterstattung geeignet.

(a) Innovations- und Immaterialgüterrechnung

Nach dem Modell der erfolgswirksamen Nachaktivierung werden projektbezogene Aufwendungen zur Erstellung eines abgrenzbaren immateriellen Vermögenswertes im Zeitpunkt der Fertigstellung, in dem die allgemeinen Ansatzkriterien erfüllt sind, nachträglich aktiviert. Die Schaffung immaterieller Werte sollte durch eine zusätzliche Berichterstattung verdeutlicht werden.

Hierfür bietet sich eine finanzielle Nebenrechnung an.[1192] Mittels einer solchen ließen sich die getätigten Aufwendungen in einer dem Anlagespiegel des deutschen Bilanzrechts entsprechenden Projektrechnung transparent machen, um so den Erfolg der einzelnen Projekte über die Perioden des Produktionsprozesses

1187 *Berndt*, Der Konzern 2003, 823, 829.

1188 *Berndt*, Der Konzern 2003 823, 832; vgl. auch *Schildbach*, Der Schweizer Treuhänder 2004, 159, 162.

1189 *Kanodia/Sapra/Venugopalan*, Journal of Accounting Research Vol. 42 (2004), 89, 91.

1190 Vgl. § 8.I.3)a)aa)(1)(b), S. 247 ff.

1191 Die Bezeichnungen gehen zurück auf *Dawo*, Immaterielle Güter in der Rechnungslegung nach HGB, IAS/IFRS und US-GAAP (2003), 372 ff.

1192 *Dawo*, Immaterielle Güter in der Rechnungslegung nach HGB, IAS/IFRS und US-GAAP (2003), 367.

hinweg zu verdeutlichen und auch entsprechende Fehlmaßnahmen offen zu legen.[1193] Die Aufwendungen sollten vor allem nach den ihnen zugrunde liegenden Projekten, mithin den anvisierten immateriellen Vermögensgütern, geordnet werden.[1194] Eine solche projektbezogene Überleitungsrechnung muss berücksichtigen, dass die entsprechenden Aufwendungen nach dem Konzept der erfolgswirksamen nachträglichen Aktivierung auf drei Arten behandelt werden können.[1195] Es ist zum einen möglich, dass die Aufwendungen zu keinem abgrenzbaren Vermögenselement führen, demnach eine nachträgliche Aktivierung der Aufwendungen nicht erfolgt. Wird hingegen ein Vermögenswert geschaffen, müssen die hierauf entfallenden Aufwendungen als Herstellungskosten dieses Vermögenswertes aktiviert werden. Schließlich können die Ergebnisse eines Projektes einem anderem Projekt zugute kommen. Damit zum Zeitpunkt der Aktivierung jedem Vermögenswert die zugehörigen Aufwendungen zugerechnet werden können, muss dieser Informationsfluss zwischen den Projekten in der Überleitungsrechnung abgebildet werden.

Eine finanzielle Überleitungsrechnung, die die Vorgaben der dargelegten Konzeption achtet, könnte etwa folgende Gestalt haben:

Projekt	Start	Status	Kumulierte Jahresaufwendungen	Kumulierte Aktivierungen	Kumulierte Abgänge von Projekten	Kumulierte Zugänge von Projekten	Restbuchwert	Restbuchwert, Vorjahr	Differenz	Jahresaufwand	Abgang zu Projekten	Zugang von Projekten	Aktivierung als Vermögenswert
(1)	(2)	(3)	(4)	(5)	(6)	(7)	(8)=4–5–6+7	(9)	(10) =8–9	(11)	(12)	(13)	(14)
Vorzeichen			(+)	(–)	(–)	(+)	(+)	(+)	(+/–)	(+)	(–)	(+)	(–)
Projekt A													
Projekt B	7/03	aktiv	100.000	20.000	30.000	20.000	70.000	60.000	10.000	13.000	1.000	2.000	4.000
Projekt C													

Abbildung 4. Innovationsrechnung[1196]

Die ersten drei Spalten der Überleitungsrechnung bezeichnen das Projekt, geben Auskunft über den Starttermin und den Status desselben. Ausgangspunkt der Darlegung der wertmäßigen Entwicklung des angegebenen Projektes während des Geschäftsjahres sind dann die seit Bestehen des Projektes hierauf verrechneten

1193 *Dawo*, Immaterielle Güter in der Rechnungslegung nach HGB, IAS/IFRS und US-GAAP (2003), 367; vgl. auch *Ziesemer*, Rechnungslegungspolitik in IAS-Abschlüssen und Möglichkeiten ihrer Neutralisierung (2002), 114; *Baetge/Hollmann*, FS Günter Wöhe (2004), 357, 359.

1194 Zur Möglichkeit einer zusätzlichen Segmentierung der Informationen vgl. *Dawo*, Immaterielle Güter in der Rechnungslegung nach HGB, IAS/IFRS und US-GAAP (2003), 370f.

1195 *Dawo*, Immaterielle Güter in der Rechnungslegung nach HGB, IAS/IFRS und US-GAAP (2003), 373.

1196 Vgl. *Dawo*, Immaterielle Güter in der Rechnungslegung nach HGB, IAS/IFRS und US-GAAP (2003), 376.

Aufwendungen, mithin die kumulierten Jahresaufwendungen in Spalte 4. Diesem Betrag stehen die kumulierten Aktivierungen dieses Projektes in Spalte 5 gegenüber. Dieser Betrag bezeichnet den Gesamtwert der bereits durch das bezeichnete Projekt geschaffenen aktivierungsfähigen immateriellen Vermögensgüter. Die Spalte 6 und die Spalte 7 dienen der Darstellung des Informationsflusses zwischen den verschiedenen Projekten und weisen die kumulierten Abgaben von und Zugänge zu anderen Projekten aus. Die Addition der Spalten 4 bis 7 führt zum aktuellen Restbuchwert des Projektes in der Innovationsrechnung, der in Spalte 8 angegeben wird. Diesem Wert werden dann zum interperiodischen Vergleich der Restbuchwert des Vorjahres und die Differenz der beiden Werte in Spalte 9 und 10 gegenübergestellt. Die Spalten 11–14 unterlegen diesen Differenzwert, indem sie die zu den Spalten 4 bis 7 gehörenden Jahresbeträge des Geschäftsjahres angeben.

Eine Innovationsrechnung der beschriebenen Gestalt bietet nicht nur Gewähr für die erforderliche Transparenz der Aufwendungen für die Schaffung immaterieller Werte. Sie dient zugleich als Grundlage und Anknüpfungspunkt für Erläuterungen und Einschätzungen der Unternehmensleitung und für Prognosen der Adressaten der Berichterstattung über künftige Entwicklungen des immateriellen Vermögens und des Unternehmens in seiner Gesamtheit.[1197] Neben dieser Informationsfunktion wirkt eine solche Aufbereitung der Aufwendungen während des Zeitraumes der Projektrealisierung objektivierend auf die Aktivierung der Vermögensgüter ein.

Zur Verdeutlichung der Verbindung zwischen der Gewinn- und Erfolgsrechnung einerseits und der Innovationsrechnung als finanzielle Überleitungsrechnung andererseits sollten die aktivierten Forschungs- und Entwicklungsaufwendungen in der Erfolgsrechnung gesondert ausgewiesen werden.[1198]

Die Innovationsrechnung der vorliegenden Gestalt dient als finanzielle Überleitungsrechnung zwischen der Gewinn- und Verlustrechnung und der Bilanz. Dennoch bildet sie sozusagen nur den ersten Schritt der Überleitung zur bilanziellen Erfassung der aktivierungsfähigen immateriellen Vermögensgüter.

Der in der Innovationsrechnung aufgeführte aktivierungsfähige Jahresbetrag gibt als projektbezogener Betrag keinen Aufschluss über die einzelnen geschaffenen Vermögensgüter. Die Ergebnisse der Forschungs- und Entwicklungsleistungen können in unterschiedliche aktivierungsfähige Vermögensgüter wie Patente, Geschmacksmuster usw. münden. In Abhängigkeit zur Unternehmensstruktur und zum Umfang der Forschungs- und Entwicklungsleistungen ist folglich eine Ergänzung der Innovationsrechnung um eine Immaterialgüterrechnung erforderlich. Eine solche Immaterialgüterrechnung würde demnach an die Spalte 14 der Innovationsrechnung anknüpfen und offen legen, welche Projekte in welchem Umfang zur Schaffung der verschiedenen Kategorien immaterieller aktivierungs-

1197 Vgl. *Dawo*, Immaterielle Güter in der Rechnungslegung nach HGB, IAS/IFRS und US-GAAP (2003), 367.
1198 Vgl. *Dawo*, Immaterielle Güter in der Rechnungslegung nach HGB, IAS/IFRS und US-GAAP (2003), 377.

fähiger Werte beitragen. Die projektbezogene Darstellung des Innovationsprozesses würde so um eine vermögensgüter- und damit bilanzbezogene Aufgliederung des aktivierungsfähigen Betrages ergänzt.[1199]

(b) Intellectual Property Statement

Die finanzielle Innovationsrechnung und die Immaterialgüterrechnung sind ihrer Zwecksetzung nach auf die Darstellung der Aufwendungen für die Schaffung immaterieller aktivierungsfähiger Vermögensgüter beschränkt. Sie fungieren folglich als eine Art Überleitungsrechnung zwischen der Erfolgsrechnung und der Bilanz.

Aber auch immaterielle Güter, die nicht den Ansatzkriterien genügen und folglich selbst nachträglich nicht aktiviert werden, sondern als Aufwand verbleiben, haben eine enorme Bedeutung für die Entwicklung des Unternehmens. Informationen über das immaterielle Vermögen in seiner Gesamtheit und das von ihnen umfasste Erfolgspotential sollten folglich ebenfalls Eingang in die Entscheidungsgrundlage der Investoren finden. Ein zusätzlicher Bericht über das immaterielle Vermögen in seiner *Gesamtheit*, der über die Bilanz, die Erfolgsrechnung und die Innovations- und Immaterialgüterrechnung hinausgeht, könnte die Entscheidungsnützlichkeit der Unternehmensberichterstattung verbessern.[1200]

(2) Direkt prognostische Informationen

Neben den zukunftsorientiert aufbereiteten, relevanten und verlässlichen Informationen der Bilanz und Erfolgsrechnung kann die Bereitstellung direkt prognostischer Informationen zur Erweiterung und Ergänzung der Entscheidungsgrundlage beitragen.[1201]

Direkt prognostischen Informationssätze bzw. *soft information*[1202] beruhen im Gegensatz zu den quantitativen Informationen der Rechnungslegung in einem hohen Maße auf subjektiven Beurteilungen, Meinungen und Vorhersagen und können folglich nur sehr eingeschränkt auf eine intersubjektiv nachprüfbare Grundlage zurückgeführt werden. Typische Beispiele für soft information sind etwa Schätzungen

---

1199 Vgl. im Einzelnen *Dawo*, Immaterielle Güter in der Rechnungslegung nach HGB, IAS/IFRS und US-GAAP (2003), 378 f.

1200 Vgl. zu den verschiedenen Ansätzen zur Ausgestaltung eines Intellectual Property Statement u. a. *Maul/Menning*, DB 2000, 529–533; *Maul*, DStR 2000, 2009–2016; *Küting/Ulrich*, DStR 2001, 1000–1004; *Arbeitskreis „Immaterielles Werte im Rechnungswesen" der Schmalenbach-Gesellschaft für Betriebswirtschaft e. V.*, DB 2003, 1233–1237; *Berndt*, Der Konzern 2003, 823–834; *Dawo*, Immaterielle Güter in der Rechnungslegung nach HGB, IAS/IFRS und US-GAAP (2003), 329 ff.; *Grübel/North/Szogs*, Intellectual Capital Reporting – ein Vergleich von vier Ansätzen (http://www.zfo.de/Artikel/04010003.htm); *Riegel/Steinmaurer*, in: *IWP* (Hrsg.), Wirtschaftsprüferjahrbuch 2004 (2004), 261, 271–276.

1201 Zur Entscheidungsrelevanz direkt prognostischer Informationen siehe u. a. *Baetge/Noelle*, KoR 2001, 174, 178.

1202 Vgl. *Wüstemann*, Institutionenökonomie und internationale Rechnungslegungsordnungen (2002), 80.

und Pläne der Geschäftsführung und Verhandlungen über mögliche Unternehmenszusammenschlüsse.[1203]

Aus diesen Beispielen wird bereits ersichtlich, dass es sich um Informationen handelt, die für die Kapitalentscheidungen der Anleger von großer Bedeutung sind, auch wenn es ihnen an der erforderlichen Verlässlichkeit fehlt. Die Bereitstellung direkt prognostischer Daten ist folglich von hoher Entscheidungsrelevanz, die auch in eine eingeschränkte Entscheidungsnützlichkeit münden kann, soweit sich die Rechnungslegungsadressaten der eingeschränkten Objektivierung dieser Informationssätze bewusst sind und die Informationen von den verlässlichen Informationen des Unternehmensberichts separiert werden.[1204] Daneben ließe sich die Entscheidungsnützlichkeit der soft information durch die Inbezugnahme verlässlicher, indirekt prognostischer Informationssätze bei der Ableitung der Prognosen und Projektion weiter erhöhen.

Inhaltlich sollte sich die soft information zweckadäquat, das heißt an den aufgezeigten Informationsinteressen der Eigner ausrichten. Direkt prognoseorientierte Informationssätze sollten den Investoren demnach grob die Erwartungen der Geschäftsführung über den unternehmensbezogenen finanziellen Zielstrom (Zielstromprognose) darlegen. Darüber hinaus sind Auskünfte über beeinflussbare Determinanten der Wertentwicklung (Dispositionsprognose) und über Wahrscheinlichkeiten der von den unternehmerischen Dispositionen unabhängigen Zustandsentwicklungen (Umweltzustandsprognose) entscheidungsrelevant.[1205]

Entsprechend dem Umweltprognoseprinzip ist es eine Aufgabe der soft information, auf die Erwartungen der Unternehmensführung in Bezug auf möglicherweise eintretende oder erwartete Umweltzustände einzugehen, soweit diese Determinanten der künftigen Zahlungsströme sind.[1206] Entscheidungsrelevant dürften hier vor allem Informationen über die Entwicklung der Nachfrage- und Wettbewerbssituation und über die Entwicklung der Branchenstruktur sein. Dementsprechend wird das Hauptgewicht auf der prognoseorientierten Darstellung des Beschaffungs-, Produktions- und Absatzbereichs liegen.[1207]

Innerhalb der Dispositionsprognose werden die Eigner über die Handlungsabsichten der Geschäftsführung sowie über die hiermit verknüpften voraussichtlichen Handlungsfolge unterrichtet.[1208] Die Angaben sollten sich schwerpunktmäßig an der Bedeutung für die künftige Ertragslage ausrichten und folglich Informationen über die mittel- und langfristige Unternehmensstrategie, die Finanzplanung und

---

1203 Vgl. *Wüstemann*, a. a. O., 81 m. w. N.
1204 In dieser Separierung spiegelt sich wiederum das Prinzip der Differenzierung nach der relativen Prognosetauglichkeit wider.
1205 *Wüstemann*, a. a. O., 85.
1206 *Wüstemann*, a. a. O., 86.
1207 Vgl *Ellrott/Förschle/Hoyos/Winkeljohann (-Ellrott)*, Beck'scher Bilanz-Kommentar[6] (2006), § 289 HGB, Rn. 18–20.
1208 *Wüstemann*, a. a. O., 87.

Prognosen der Wettbewerbsposition enthalten und zugleich über die damit verknüpften Chancen und Risiken aufklären.[1209]

Die komprimierteste Form der direkten Prognose besteht in der Offenlegung der Erwartungen der relevanten Zielgrößen oder der ihnen zugrunde liegenden Teilgrößen.[1210] Prognosen über das zu erwartende Durchschnittsausschüttungsniveau sind von erheblicher Relevanz für die Anteilseigner. Zur Förderung der Entscheidungsnützlichkeit dieser Informationen sollte sich die Plausibilität dieser prognostischen Daten anhand historischer Werte überprüfen lassen.

Der Informationsgehalt und die Vergleichbarkeit dieser direkt prognostischen Daten würde durch einen Vergleich der gegenwärtigen wirtschaftlichen Leistungsfähigkeit mit den in früheren Unternehmensberichten ausgewiesenen prognostischen Daten erhöht werden.

In formeller Hinsicht ist die Herausbildung eines verbindlichen Systems von Grundsätzen und Mindestinhalten direkt prognostischer Informationssätze zur Erhöhung der Verlässlichkeit und der Gewährleistung der Vergleichbarkeit dieser zusätzlichen Informationen unerlässlich. Das Abschlusselement,[1211] das der Bereitstellung der soft information dient, sollte klar von der bilanziellen Berichterstattung separiert sein, um der unterschiedlichen Prognoserelevanz der Informationen Ausdruck zu verleihen.

(3) *Erläuterung und Segmentierung der quantitativen Informationen*

Der Informationsgehalt der primären und sekundären Informationsträger lässt sich des Weiteren durch ergänzende Erläuterungen und Beurteilungen erweitern. Durch zusätzliche Angaben zu den Posten der Bilanz und der Erfolgsrechnung hinsichtlich ihres Ausweises und ihres Wertumfanges, insbesondere zur zugrunde liegenden Bewertungsmethode, lässt sich nicht nur die Transparenz und damit die Objektivität der bereitgestellten bilanziellen Informationen erhöhen. Durch eine solche zusätzliche deskriptive Berichterstattung ließen sich zum einen die Zusammenhänge zwischen der finanziellen Berichterstattung einerseits und der Innovations-, Immaterialgüterrechnung und dem Intellectual Property Statement andererseits offen legen. Zum anderen können die Anknüpfungspunkte für direkte Prognosen des Managements über die Entwicklung einzelner Segmente und des

---

1209 Vgl. *Wüstemann*, a.a.O., 87f.
1210 *Wüstemann*, a.a.O., 88.
1211 Die Träger dieser so genannten „soft information" sind vielfältig. In der deutschen Rechnungslegung fungiert der Lagebericht als Prognosebericht, vgl. *Ellrott/Förschle/Hoyos/Winkeljohann (-Ellrott)*, Beck'scher Bilanz-Kommentar[6] (2006), § 289 HGB, Rn. 35f. Die IFRS kennen bisher kein dem Lagebericht vergleichbares Abschlusselement. Teilweise enthält der Anhang prognostische Informationen (vgl. etwa IAS 32.56ff.) Sonstige prognostische Informationen etwa in Form von Umweltprognosen und Werterschöpfungsrechnungen stehen außerhalb des IFRS-Abschlusses (vgl. IAS 1.9f.). Siehe im Einzelnen § 11.II.5), S. 435ff.
Neben Abschlusselementen fungieren andere Informationsquellen wie Analysen und Schätzungen von Finanzintermediären, Beurteilungen der Geschäftsführungen durch Analysten, Pläne und Schätzungen der Geschäftsführung usw. als direkte prognostische Informationsträger.

Unternehmens im Ganzen in der finanziellen Berichterstattung, der Innovations- und Immaterialgüterrechnung und dem Intellectual Property Statement verdeutlicht werden.

Vor allem aber dienen die verbalen Erläuterungen der Förderung der Transparenz und der Kompensation von „unvermeidlichen Ungenauigkeiten“[1212] des Zahlenwerkes der Bilanz und der Gewinn- und Verlustrechnung.[1213] Die Erläuterungen und Angabepflichten ergänzen mithin die quantitativen Informationen durch verbale Beschreibungen und fördern damit die Entscheidungsnützlichkeit des gesamten primären und sekundären Informationsspektrums der Unternehmensberichterstattung.

b) Implikationen der Anspruchsbemessungsfunktion

Die aktuellen Anteilseigner benötigen nach den erarbeiteten allgemeinen Anforderungen nicht nur ex-ante und ex-post entscheidungsrelevante Informationen. Das Interesse der Anteilseigner an entsprechenden Dividendenzahlungen bedingt neben den vertraglichen Regeln der Gewinnverteilung (Ausschüttungsparameter) zugleich das Bedürfnis nach verifizierbaren Regeln der Gewinnermittlung als notwendiger Variable der Ausschüttungsbemessung. Die quantitativen Elemente zur Erfolgsmessung des Unternehmensberichts können hierbei eine geeignete Bemessungsgrundlage darstellen.

Grundsätzlich ist trotz der unterschiedlichen Ausschüttungspräferenzen davon auszugehen, dass die Anteilseigner an einer näherungsweisen Erfassung des „tatsächlichen“ Gewinns als Grundlage der Dividendenzahlungen interessiert sind.[1214] Die Anspruchsbemessungsfunktion der Rechnungslegung impliziert aus Eignersicht ebenfalls nutzenorientierte, intersubjektiv nachprüfbare Ansatzregeln und eine objektiv unterlegte fair value-Bewertung als Grundlage einer verifizierbaren Gewinnermittlung. Aus Sicht der Anteilseigner gibt es somit im Ansatz keine Verwerfungen zwischen der Informations- und der Anspruchsbemessungsfunktion.

c) Zusammenfassung

Ausgehend von den bereits formulierten allgemeinen Anforderungen[1215] lassen sich zusammenfassend aus der Sicht der aktuellen und potentiellen Anteilseigner folgende konkrete Implikationen für die Formulierung eines normativen

---

1212 *Clemm*, FS Volker Röhricht (2005), 767, 771.
1213 Vgl. zu diesem Zusammenhang § 8.I.2)a)bb)(2), S. 229 ff.
1214 Trotz der unterschiedlichen Präferenzen hinsichtlich der Ausschüttungspolitik und des daraus abzuleitenden Kompromisscharakters der Gewinnverteilungsregeln ist eine realitätsnahe Erfassung des ausschüttungsfähigen Gewinnes sowohl aus Informations-, Ausschüttungsbemessungs- als auch aus Kontrollgesichtspunkten unerlässlich. Die Implikationen der Kontrollfunktion gehen dabei nicht über die Anforderungen der Informationsvermittlung und Ausschüttungsbemessung hinaus.
1215 Vgl. zusammenfassend zu den allgemeinen Anforderungen § 8.I.2)c), S. 241 f.

Grundmodells einer interessengerechten Unternehmensberichterstattung herleiten:

Die gegenwärtigen und potentiellen Anteilseigner benötigen nach den obigen Ausführungen ex-ante und ex-post Informationen über die Vermögens-, Finanz- und Ertragslage des Unternehmens, die den Anteilseignern die Beurteilung künftiger individueller Nettoeinnahmen, bestehend aus dem zur erwartenden Ausschüttungsstrom und den Wertsteigerungen der gehaltenen Aktien, ermöglichen. Entscheidungsnützliche Informationen über die Darstellung der Vermögenslage erfordern in materieller Hinsicht zunächst eine zuverlässige Erfassung des bestehenden Ressourcensets. Dies wiederum bedingt möglichst weit reichende Ansatzmerkmale, die der Bindegliedfunktion des Ressourcensets Ausdruck verleihen und zugleich zur Entfaltung der verkörperten Informationswerte objektiv unterlegt sind. Dementsprechend hat sich die Aktivierung und Passivierung der Vermögenswerte und Schuldposten an dem Kriterium des wirtschaftlichen Nutzenpotentials bzw. Nutzenentgangs auszurichten. Das sich daraus ergebende weite Aktivierungs- und Passivierungspotential erfordert unter Objektivierungsgesichtpunkten eine intersubjektive Grundlage, die sich durch die Anknüpfung an nachprüfbare Transaktionen, Ereignisse bzw. Marktprozesse sichern lässt.

Das Erfordernis intersubjektiv nachprüfbarer Ansatzkriterien bedingt eine Sonderregelung für selbst erstellte immaterielle Vermögenselemente. Vorzugswürdig ist das Modell der nachträglichen, erfolgswirksamen Aktivierung der Aufwendungen für die Schaffung dieser Vermögenswerte. Dieses Modell wird im Hinblick auf seine Transparenz und Objektivierung durch eine zusätzliche Innovations- und Immaterialgüterrechnung zur Erfassung der Aufwendungen in den Perioden vor der Fertigstellung des Vermögenselements ergänzt.

Die Interdependenzen zwischen der Entscheidungsrelevanz und dem Objektivierungserfordernis dominieren neben den Ansatzregeln auch die Anforderungen an das Bewertungssystem. Die Vermittlung entscheidungsnützlicher, zuverlässiger Informationen implementiert ein Bewertungssystem, das ausgehend von den Anschaffungs- und Herstellungskosten entsprechende intersubjektiv nachprüfbare Neubewertungen sowohl im Form von Bewertungen unterhalb als auch oberhalb der historischen Werte zulässt. Die Folgebewertung sollte sich an der wirtschaftlichen Nutzenpotentialänderung des Vermögenswertes orientieren und objektiv wiederum durch verifizierbare Transaktionen, Ereignisse und Marktprozesse unterlegt sein. Bewertungsgewinne und -verluste sind zur Vermeidung entsprechender Informationsverzerrung vom Periodenerfolg separat auszuweisen. Hinsichtlich des sachlichen Anwendungsbereichs dieser fair value-Bewertung ist ein mixed concept zu präferieren, das eine gegenstandsbezogene Differenzierung entsprechend der Verlässlichkeit der Wertermittlung gewährleistet und zugleich bei der Konkretisierung des fair value die unterschiedliche Verfasstheit und Funktion der Vermögenswerte achtet.

Der Darstellung der Finanzlage dient neben dem Ausweis der Finanzierungsmittel in der Vermögensdarstellung eine zusätzliche zahlungsorientierte Finanzierungsrechnung. Die einzelnen erfassten Ein- und Auszahlungen der Berichtsperiode sollten zur Förderung der Transparenz entsprechend den zugrunde liegenden unternehmerischen Aktivitäten (laufende Geschäftstätigkeit, Investitionstätigkeit und Finanzierungstätigkeit) gegliedert werden.

Die Interdependenzen zwischen der Entscheidungsrelevanz und dem Objektivierungserfordernis prägen ebenfalls die Darstellung der Ertragslage. Der notwendigen Separierung der Wertänderungen von den eigentlichen Erfolgsgrößen und einer prognosetauglichen Aufbereitung der Erfolgswirkungen trägt eine primäre Aufspaltung der Erträge und Aufwendungen nach der Leistungsbezogenheit am besten Rechnung. Durch eine weitere Ausdifferenzierung der sich so ergebenden Teilerfolgsgrößen nach dem Kriterium der Regelmäßigkeit und der Betriebsbezogenheit lassen sich gliederungstechnisch diejenigen Erfolgskomponenten isolieren, die durch den gewöhnlichen Umsatzprozess des Unternehmens erwirtschaftet werden und aufgrund der ihnen innewohnenden Wiederkehrvermutung die höchste Prognosekraft und damit auch die größte Entscheidungsrelevanz aufweisen. Hinsichtlich der sich aus der Erfolgsspaltung ergebenden Problematik des Recycling ist ein non-recycling approach zu verfolgen.

Neben diesen materiellen Implikationen der Darstellung der Vermögens-, Finanz- und Ertragslage lassen sich auch bestimmte formelle Anforderungen an die Präsentationsform im Allgemeinen und den Gliederungsaufbau im Speziellen formulieren. Für die Präsentation der Vermögens- und Finanzlage gelten unstreitig die Bilanz und die zahlungsstromorientierte Finanzrechnung als geeignete Abschlusselemente. Die Darstellungsform der Erfolgswirkungen ist hingegen umstritten. Zu präferieren ist hierbei aus Verständlichkeits- und Transparenzgesichtspunkten die Erfassung der Erträge und Aufwendungen in einer einzigen Erfolgsrechnung. Wird die Gliederung der Vermögensgegenstände und Schuldposten einerseits und der Erträge und Aufwendungen andererseits durch die erarbeiteten materiellen Gesichtspunkte determiniert, so ist die Frage der Flexibilität bzw. Verbindlichkeit der Gliederungsschemata eine Frage der formellen Präsentation. Anzustreben ist hierbei eine objektiv unterlegte Flexibilität. Demnach sind die Schemata als verbindliche Mindestgliederungen auszugestalten, die den Unternehmen aber in einem gewissen Maße eine weitere Untergliederung und Hinzufügung unternehmensspezifisch relevanter weiterer Posten ermöglicht.

Eine zusätzliche segmentierte Darstellung der Vermögens- und Ertragslage des Unternehmens könnte die Entscheidungsrelevanz und die Vergleichbarkeit der bereitgestellten Informationen noch weiter erhöhen.

Die Informationen über die Vermögens-, Finanz- und Ertragslage des Unternehmens als primäre Entscheidungs- und Kontrollgrundlage sollten zur Erweiterung der Entscheidungsbasis durch sekundäre Informationen in Form der bereits erwähnten Innovations- und Immaterialgüterrechnung, eines Intellectual Property Statements zur Erfassung der Gesamtheit des immateriellen Vermögens und direkte Prognosen über die Umwelt- und Unternehmensentwicklung ergänzt werden.

Die Innovationsrechnung, die Immaterialgüterrechnung, die Aufgliederung der unterschiedlichen Elemente des Wissenskapitals und die Darstellungsform der direkten Prognosen sollten in formeller Hinsicht zur Unterstützung der intertemporalen und überbetrieblichen Vergleichbarkeit nicht nur Empfehlungscharakter haben, sondern als verbindliche Mindestinhaltsbestimmungen und -gliederung ausgestaltet sein. Darüber hinaus sollten die sekundären Berichtselemente klar von der bilanziellen Berichterstattung als primärem Informationsträger getrennt werden.

Der Informationsgehalt der primären Informationen über die Vermögens-, Finanz- und Ertragslage einerseits und die Transparenz der Verknüpfungen zwischen den primären und sekundären Berichtselementen andererseits können durch zusätzliche deskriptive Erläuterungen weiter erhöht werden. Ein solches qualitatives, deskriptives Berichtselement würde als integrierendes Element die Entscheidungsnützlichkeit der einzelnen Berichtselemente und der Unternehmensberichterstattung in seiner Gesamtheit verbessern.

Der neben der Informationsfunktion bestehenden Anspruchsbemessungsfunktion lassen sich darüber hinaus aus Eignersicht keine weitergehenden Implikationen entnehmen.

Eine externe Rechnungslegung, welche die genannten allgemeinen Implikationen achtet, vollzieht den erforderlichen Wandel vom financial accounting zu einem umfassenden, entscheidungsnützlichen „business reporting“[1216].

II. Die Funktionen der externen Rechnungslegung aus Sicht der Gläubiger

Nach der funktionsanalytischen Betrachtung der Beziehung der Anteilseigner untereinander und des Verhältnisses der potentiellen Eigner zum Unternehmen wird im folgenden Abschnitt die Beziehung der Gläubiger zum Unternehmen im Hinblick auf spezifische Implikationen für eine interessengerechte Unternehmensberichterstattung untersucht.

1) Abgrenzung des Gläubigerbegriffes und grundlegende Prämissen

Der Gang der nachfolgenden Untersuchung wird entscheidend durch den zugrunde liegenden Gläubigerbegriff geprägt.

Im Allgemeinen ist zwischen den Gläubigern im weiteren Sinne und dem engen Gläubigerbegriff zu unterscheiden. Als Gläubiger i.w.S. werden Wirtschaftssubjekte bezeichnet, denen im Rahmen eines schuldrechtlichen Leistungsaustausches lediglich ein vertraglich fixierter Zahlungsanspruch gegen das Unternehmen zusteht und die aufgrund der fehlenden Unternehmensbeteiligung keine Möglich-

---

1216 Zum Begriff des business reporting siehe Fn. 271.

keit der direkten Einwirkung auf die Unternehmenspolitik haben.[1217] Gläubiger i.e.S. sind im Unterschied dazu ausschließlich Fremdkapitalgeber. Die Beschränkung auf die Gläubiger i.e.S., wie sie häufig in finanztheoretischen[1218], aber auch in bilanzrechtlichen Arbeiten[1219] erfolgt, ist für die vorliegende normative Analyse der Rechnungslegung nicht zweckmäßig. Vielmehr ist es für die Herleitung einer interessengerechten externen Rechnungslegung unerlässlich, die schutzwürdigen Gläubigerinteressen so umfänglich wie möglich in die Untersuchung des bilanziellen Gläubigerschutzes einzubeziehen.[1220]

Gruppen von Anspruchsinhabern, die mit dem Unternehmen nicht vertraglich verbunden sind, aber zivilrechtlich einklagbare Ansprüche gegen das Unternehmen haben, sind nach der weiten Definition der Gläubiger nicht als Gläubiger, sondern als Nichtvertragsgläubiger oder „unfreiwillige Gläubiger"[1221] zu charakterisieren. Die Nichtvertragsgläubiger haben im Gegensatz zu den Gläubigern keine Möglichkeit, das Entstehen ihrer Zahlungsansprüche zu verhindern, sondern werden in ihre Anspruchsposition etwa durch deliktische Schädigungshandlungen gedrängt.[1222] Trotz der fehlenden vertraglichen Beziehung weist die Interessenlage der Nichtvertragsgläubiger, wie noch zu zeigen sein wird, erhebliche Parallelen zu denen der Vertragsgläubiger auf. Aufgrund der Unfreiwilligkeit der Beziehung zum Unternehmen gewinnen die darzustellenden Risiken für die Nichtvertragsgläubiger aber noch an besonderer Schärfe, da ihnen nicht durch vertragliche Vereinbarungen entgegengewirkt werden kann. Das hohe Risikopotential der Nichtvertragsgläubiger und die daraus fließende große Bedeutung der Interessenlage dieser Akteure für eine funktionsgerechte Unternehmensberichterstattung machen eine Auseinandersetzung mit diesen Zielträgern in einem separaten Abschnitt erforderlich.[1223]

In Teilen der Literatur werden auch die Arbeitnehmer des Unternehmens unter den weiten Gläubigerbegriff gefasst.[1224] Den schutzwürdigen Interessen der Arbeitnehmer am Erhalt des Arbeitsplatzes und des Unternehmens wird indes be-

1217 *Fladung*, Das Vorsichts- und Objektivierungsprinzip im deutschen Bilanzrecht (2000), 29f. Dieser weite Gläubigerbegriff umfasst z.B. Lieferanten, Dienstleister, Vermieter, Leasinggeber und die klassischen Kreditgeber.

1218 Vgl. u.a. *Schmidt, R./Terberger*, Grundzüge der Investitions- und Finanzierungstheorie[4] (1997), 412f.

1219 Vgl. *Ewert*, Rechnungslegung, Gläubigerschutz und Agency-Probleme (1986); *Leuz*, Rechnungslegung und Kreditfinanzierung (1996); *Lange, Gloria*, Bilanzrecht und ökonomische Theorie des Rechts (1999); *Franken*, Gläubigerschutz durch Rechnungslegung nach US-GAAP (2001).

1220 Nach dem hier vertretenen weiten Gläubigerbegriff sind folglich sowohl Kreditgeber, Lieferanten als auch Kunden des Unternehmens als Gläubiger zu qualifizieren.

1221 Der Begriff der „unfreiwilligen Gläubiger" geht auf *Adams*, Eigentum, Kontrolle und beschränkte Haftung (1991), 57f. zurück.

1222 Die Unfreiwilligkeit der Anspruchstellung der Nichtgläubiger ist auch der Grund, warum diese „Gläubiger" in der bilanzrechtlichen Literatur eine große Rolle spielen. Die fehlenden vertraglichen Schutzmöglichkeiten lassen diese Akteure zum Gewährträger eines gesetzlichen Gläubigerschutzes durch die Rechnungslegung werden. Vgl. *Watrin*, Internationale Rechnungslegung und Regulierungstheorie (2001), 30f., 99f.

1223 Vgl. hierzu nachfolgend § 8.III, S. 334ff.

1224 So etwa *Budde/Steuber*, AG 1996, 542, 544.

reits durch spezifische gesetzliche Mitwirkungsrechte[1225] Rechnung getragen, die den Arbeitnehmern eine differenzierte Wahrnehmung ihrer Interessen ermöglichen. Die Interessen der Arbeitnehmer an dem Erhalt der Arbeitsplätze decken sich zudem nur beschränkt mit den Gläubigerinteressen.[1226] Aufgrund der beschränkten Interessenkongruenz und der bereits bestehenden Einflussmöglichkeiten seitens dieser Interessengruppe soll im Folgenden auf eine gesonderte Berücksichtigung der Arbeitnehmerinteressen verzichtet werden.[1227]

Die Beziehung zwischen dem Unternehmen und seinen Gläubigern wird durch das Kreditverhältnis geprägt. Der Begriff der Kreditgewährung bzw. des Kreditverhältnisses lässt sich parallel zur Gläubigerdefinition sowohl in einem engen als auch in einem weiten Sinne verstehen. Im engeren Sinne umschreibt er lediglich den Fremdfinanzierungsvorgang, im weiteren Sinne dagegen jegliche Form der Vorleistung im Rahmen der Finanz-, Sach- und Dienstleistungsbeziehungen.[1228]

Kreditverhältnisse i.w.S. begründen durch bilaterale, unvollständige Verträge in Form von Kredit- und Leistungsverträgen eine Finanzierungs- bzw. Leistungsbeziehung zwischen den Akteuren.[1229] Das Vertragsverhältnis ist dabei je nach seiner Laufzeit als klassischer, zeitpunktbezogener oder langfristig relationaler, unvollständiger Vertrag zu kennzeichnen.[1230] Es verpflichtet den Kreditgeber des Unternehmens dazu, einen bestimmten Geldbetrag für eine vorgesehene Zeit zur freien Verfügung zu stellen oder eine spezifische Leistung zu erbringen. Dem Unternehmen wird im Gegenzug die vertragliche Gegenleistungspflicht in Form von fristgerechten Zins- und Tilgungszahlungen oder Entgeltzahlungen auferlegt.[1231]

Die nachfolgende Analyse des Kreditverhältnisses i.w.S. geht zur Komplexitätsreduzierung von folgenden Prämissen aus:

(1) Zur isolierten Betrachtung der Beziehung zwischen dem Kreditgeber und dem Unternehmen als Kreditnehmer wird der bestehende Interessenkonflikt zwischen dem Management und den Eignern des Unternehmens ausgeblendet und eine vollständige Interessenkongruenz der Unternehmensleitung und der Anteilseigner unterstellt.

1225 Den Interessen der Arbeitnehmer wird etwa im deutschen Recht durch die größenabhängigen Mitwirkungsrechte des Betriebsrates in Kontroll- und Entscheidungsinstanzen nach dem Betriebsverfassungsgesetz (BetrVG v. 15. Januar 1972, BGBl. I 1972, 13) und dem Mitbestimmungsgesetz (MitbestG v. 4. Mai 1976, BGBl. I S. 1153) Rechnung getragen. Hinzu kommen die spezifischen Schutzinstrumente des Kündigungsschutzgesetzes (KSchG v. 25. August 1969 (BGBl. I S. 1317).

1226 *Fladung*, Das Vorsichts- und Objektivierungsprinzip im deutschen Bilanzrecht (2000), 32.

1227 Zur Berücksichtigung der Arbeitnehmerinteressen vgl. aber § 10.III, S. 360 f.

1228 *Fladung*, Das Vorsichts- und Objektivierungsprinzip im deutschen Bilanzrecht (2000), 67 Fn. 275.

1229 *Lange, Gloria*, Bilanzrecht und ökonomische Theorie des Rechts (1999), 27.

1230 Zur Abgrenzung des klassischen Vertrages vom relationalen und unvollständigen Vertrag vgl. § 7.II.2)b)dd)(2), S. 204 ff.

1231 Die Interessenlage der Gläubiger zeigt im vorvertraglichen Bereich deutliche Parallelen zur Interessenlage der potentiellen Anteilseigner. Beiden Vertragsbeziehungen ist die Charakterisierung als Kapitalüberlassungsverhältnis im externen Unternehmensbereich gemeinsam.

(2) Des Weiteren wird davon ausgegangen, dass die Rechte der Gläubiger ex-ante auf ihre im Rahmen der Teilungsregeln vereinbarten Tilgungs-, Zins- und Zahlungsansprüche beschränkt sind. Den Kreditgebern stehen in der Ausgangslage folglich keine weiteren Einwirkungs-, Beschränkungs- und Gestaltungsrechte zu. Ebenso wird die Möglichkeit der personellen Identität des Fremd- und Eigenkapitalgebers ausgeblendet.[1232]

(3) Daneben wird in der Ausgangslage unterstellt, dass der Unternehmenserfolg als Summe aller Erträge und Aufwendungen einer Berichtsperiode dem ausschüttungsfähigen Betrag entspricht.[1233]

2) Die Interessenlage der Gläubiger und Systematisierung der Gläubigerrisiken

Das Kapitalüberlassungsverhältnis zwischen dem Gläubiger und dem Unternehmen ist als principal-agent-Beziehung zu kennzeichnen.[1234] Der Kapitalgeber überlässt als Auftraggeber dem Unternehmen die Verfügungsmacht über Vermögenswerte unter der Maßgabe einer fristgerechten Rückzahlung und einer ordnungsgemäßen Verzinsung bzw. Entgeltzahlung. Der Kapitalnehmer als Agent gestaltet durch die gewählte Handlungsalternativen in Kombination mit der eintretenden Umweltlage den ex-post realisierten Nettoeinnahmestrom. Dieser Zahlungsstrom determiniert wiederum die Rückzahlungs-, Verzinsungs- und Entgeltansprüche der Gläubiger und die Residualansprüche der Eigenkapitalgeber.[1235]

Die bestehende principal-agent-Beziehung eröffnet auf der Basis der zugrunde liegenden Risiko- und Informationsverteilung eine Reihe von Schädigungsmöglichkeiten der Kapitalnehmer, mithin fremdfinanzierte agency-Probleme, die sich auf die im Folgenden näher zu betrachtenden Ursachen zurückführen lassen.[1236]

a) Ex-ante Informationsbedingte Gläubigerrisiken

Das primäre Interesse der Gläubiger in dieser principal-agent-Beziehung ist auf die zeitgerechte und betragsgenaue Befriedigung der Zahlungsverpflichtungen durch den Schuldner, mithin auf eine Minimierung des Ausfalls- und Verzugsrisi-

1232 Bei Identität der verschiedenen Kapitalgeber wäre das Risiko der Vermögensverlagerung zwischen Fremd- und Eigenkapitalgebern faktisch ausgeschlossen.

1233 Diese Prämisse ist erforderlich, um im Verlauf der folgenden Untersuchung der Gläubigerrisiken überhaupt erst das Erfordernis spezifischer Ausschüttungsrestriktionen aufzeigen zu können.

1234 Vgl. u.a. *Ewert*, Rechnungslegung, Gläubigerschutz und Agency-Probleme (1986), 2; *Leuz*, Rechnungslegung und Kreditfinanzierung (1996), 60–62; *Schmidt*, R./*Terberger*, Grundzüge der Investitions- und Finanzierungstheorie[4] (1997), 415; *Wagenhofer/Ewert*, Externe Unternehmensrechnung[2] (2007), 191 f.

1235 Hierzu *Leuz*, Rechnungslegung und Kreditfinanzierung (1996), 62.

1236 Vgl. hinsichtlich der Systematisierung der Gläubigerrisiken *Leuz*, Rechnungslegung und Kreditfinanzierung (1996), 56–60; *Franken*, Gläubigerschutz durch Rechnungslegung nach US-GAAP (2001), 40–58.

kos gerichtet.[1237] Durch die Bereitstellung des Kapitals und der Leistungen geht der Kreditgeber in Vorleistung und trägt demzufolge das Risiko der Gegenleistung. Zugleich ist der Rückzahlungsanspruch asymmetrisch ausgestaltet, denn im Fall der Insolvenz des Unternehmens werden die Ansprüche des Kreditnehmers entsprechend gekürzt, wohingegen er an einem besonderen Erfolg durch die Begrenzung der Ansprüche auf den Nominalbetrag nicht partizipiert.[1238]

Angesichts dieser Risiken wird der Kreditgeber nur dann bereit sein, dem Kreditnehmer Verfügungsmacht über den Geldbetrag bzw. die erbrachten Leistungen zu übertragen, wenn die vereinbarte Rückzahlung des Kreditbetrages bzw. die Entgeltzahlung sowie eine risikoadäquate Verzinsung des- bzw. derselben hinreichend gesichert sind.[1239] Besicherungsrisiko (eingeschränkte Verwertbarkeit), Liquidationsrisiko (Verzug der Zahlung) bzw. Verlustrisiko (Teil- bzw. Totalausfall der Forderung) der Gläubiger sind entscheidend von der Höhe des geschuldeten Betrages, der Marktmacht des Vertragspartners, der Kreditlaufzeit und den individuellen schuldnerspezifischen Risiken abhängig. Die Risikoadäquatheit der Verzinsung sowie die Zahlungs- und Schuldendeckungsfähigkeit des Unternehmens stehen mithin in Abhängigkeit zum Unternehmenswert und den spezifischen Unternehmensrisiken.

Zur Beurteilung der Angemessenheit der Verzinsung und der Schuldendeckungsfähigkeit des Unternehmens, d.h. für eine adäquate Risikoprognose, benötigt der Kreditgeber folglich wie der Anteilseigner Informationen über die Vermögens-, Finanz- und Ertragslage des Unternehmens.[1240]

Das Unternehmen als Vertragspartner des Kreditgebers ist dabei über die Markt- und Wettbewerbssituation des Unternehmens besser informiert als der außenstehende Kapitalgeber. Das sich daraus ergebende Informationsgefälle zwischen dem Ersteller der externen Rechnungslegung und dem externen Adressaten und die damit, unter der Annahme eigennützigen Verhaltens, verbundene Gefahr von Vermögensverlagerungen zu Lasten der Gläubiger nach Vertragsschluss ist dem Kreditgeber wohl bekannt.[1241] Die sich darin widerspiegelnden Opportunitätskosten wird ein beschränkt rational handelnder Gläubiger bei seiner Veranschlagung

---

1237 *Janschek*, FS Otmar Koren (1993), 91, 92; *Streim*, FS Dieter Schneider (1995), 703, 718; *Fladung*, Das Vorsichts- und Objektivierungsprinzip im deutschen Bilanzrecht (2000), 30; siehe auch *Schmidt, M.*, Das Konzept einer kapitalmarktorientierten Rechnungslegung (2000), 43. Vgl. auch IFRS-Framework, F.9 lit. c, lit. d, lit. e.

1238 *Wagenhofer/Ewert*, Externe Unternehmensrechnung^2 (2007), 8; vgl. auch *Schmidt, R./Terberger*, Grundzüge der Investitions- und Finanzierungstheorie^4 (1997), 413.

1239 Unter der Annahme beschränkter Rationalität wird der Gläubiger die vereinbarte Verzinsung bzw. Entgeltzahlung nur dann als angemessen akzeptieren, wenn diese die übliche Verzinsung für sichere vergleichbare Finanzanlagen und ähnliche Projekte um einen spezifischen Risikoaufschlag übersteigt. Vgl. *Fladung*, Das Vorsichts- und Objektivierungsprinzip im deutschen Bilanzrecht (2000), 67.

1240 Vor allem langfristige Fremdkapitalgeber sind wie auch die Anteilseigner als Investoren zu kennzeichnen. Vor diesem Hintergrund verliert die angebliche Dichotomie von Gläubigerschutz und Investororientierung ihre klaren Konturen (*Böcking*, in: *Ballwieser/Schildbach* (Hrsg.), Rechnungslegung und Steuern international, ZfbF-Sonderheft 40 (1998), 17, 21).

1241 *Watrin*, Internationale Rechnungslegung und Regulierungstheorie (2001), 38.

der Verzinsung bzw. Entgeltleistung durch einen entsprechenden Risikoaufschlag berücksichtigen.[1242]

Die Informationsasymmetrie im vorvertraglichen Bereich verhindert so eine interessengerechte Antizipation der Kreditrisiken durch den Kreditgeber und damit einen angemessene Risikoallokation zwischen den Vertragsparteien. Der Zins bzw. das Entgelt, als Preis für die knappe Ressource Kapital oder die erbrachte Leistung, kann damit seine Lenkungsaufgabe nicht mehr erfüllen.[1243] Bei einer Unterschätzung des Risikos läuft der Kreditgeber Gefahr, den Rückzahlungs- und Verzinsungsanspruch bzw. den Entgeltanspruch zu verlieren und auf eine entsprechende Insolvenzquote verwiesen zu werden. Überschätzt er hingegen das Risiko, führt der veranschlagte Risikoaufschlag zu einer Verteuerung der Kapital- bzw. Leistungsbereitstellung und somit ebenfalls zu einer Fehllenkung der vorhandenen Ressourcen. Vorteilhafte Investitionsobjekte werden folglich teilweise nicht realisiert. Im Extremfall kann es sogar zum Zusammenbruch des gesamten Kreditmarktes kommen. Dieses Informationsproblem wird in der Literatur als *ex-ante Informationsbedingtes Risiko* bezeichnet.[1244] Informationsökonomisch handelt es sich um das Problem der *adverse selection*.[1245]

Die Gefahr opportunistischen Verhaltens auf der Grundlage der bestehenden Informationsasymmetrien, Transaktionskosten und der daraus fließenden verhaltens- und umweltbedingten Unsicherheiten wird bei Kapitalgesellschaften noch durch die Externalisierung des Ausfallrisikos aufgrund der Haftungsbeschränkung verstärkt.[1246]

Eine möglichst umfassende und objektivierte[1247] Information des Kreditgebers über die retrospektive und prospektive Unternehmensentwicklung liegt folglich im Interesse der Kreditgeber, die durch die Überwindung des bestehenden Misstrauens und die Minimierung des Risikoaufschlags günstigere Konditionen erlangen können.[1248] Zugleich bestehen auch für den Kreditgeber Anreize, sich Informationen zur adäquaten Risikoprognose zu erschließen.

Es lässt sich somit bereits festhalten, dass zwischen den Parteien sowohl das Bedürfnis als auch der Anreiz für die Bereitstellung entscheidungsnützlicher Informationen über die Entwicklung des Unternehmens besteht. In den Kreditverträgen wird daher neben speziellen Klauseln über die Zahlungs-, Waren- und Dienstleis-

---

1242 Vgl. *Schmidt, R./Terberger*, Grundzüge der Investitions- und Finanzierungstheorie[4] (1997), 413.

1243 *Ewert*, Rechnungslegung, Gläubigerschutz und Agency-Probleme (1986), 22.

1244 *Leuz*, Rechnungslegung und Kreditfinanzierung (1996), 57; Franken, Gläubigerschutz durch Rechnungslegung nach US-GAAP (2001), 41.

1245 Zur Problematik der adverse selection vgl. § 7.II.2)b)bb), S. 195 ff.

1246 Vgl. *Wagenhofer*, FS Otmar Koren (1993), 239, 239, 248.

1247 Die Objektivierung bzw. Manipulationsfreiheit der bereitgestellten Informationen ist, wie ausführlich unter § 8.I.2)a)cc)(2)(a), S. 233 ff. erläutert, eine unerlässliche Voraussetzung für die Entscheidungsnützlichkeit der Informationen.

1248 Vgl. zum Aspekt der Kosteneinsparung auch *Watrin*, Internationale Rechnungslegung und Regulierungstheorie (2001), 38 f. Dies entspricht informationsökonomisch den signaling-Ansätzen; vgl. § 7.II.2)b)bb), S. 195 ff.

tungsströme auch der Informationsstrom zu regeln sein. Die externe Rechnungslegung in Form des Einzelabschlusses könnte in diesem Zusammenhang ein Mittel darstellen, das die Notwendigkeit spezifischer, Transaktionskosten verursachender Aktivitäten zur Informationsbereitstellung einschränkt. Sie könnte folglich durch standardisierte Informationen als institutionelle Grundlage für die Schließung informations- und transaktionskostenbedingter Lücken des Kreditüberlassungsverhältnisses dienen.

b) Ex-post Informationsbedingte Gläubigerrisiken

Neben die ex-ante bestehenden, informationsbedingten Risiken treten weitere expost auftretende Informationsprobleme der Gläubiger. Dem Kreditgeber wird es aufgrund der bestehenden Informationsasymmetrien ex-post nicht möglich sein, aus dem tatsächlich erzielten Nettoeinnahmestrom direkt oder indirekt die gewählte Handlungsalternative abzuleiten. Die exogenen Unsicherheiten hinsichtlich der Ergebnisse der gewählten Handlungsalternativen und der zukünftigen Umweltlage schließen eine direkte Überprüfung der Entscheidungen des Agenten und einen sicheren Rückschluss vom erzielten Ergebnis auf die gewählte Alternative aus.[1249]

Die asymmetrische Informationsverteilung zwischen den Vertragsparteien und die deshalb nur eingeschränkten Kontrollmöglichkeiten des Kreditgebers eröffnen dem Kreditnehmer einen nicht unerheblichen Handlungs- und Gestaltungsspielraum, welchen er zu seinem Vorteil nutzen kann. Dies kann aufgrund der Beschränkung der Eigner auf den Residualanspruch und der asymmetrischen Ausgestaltung des Rückzahlungsanspruchs[1250] zu einer suboptimalen Investitions- und Finanzierungspolitik, mithin zu gläubigerschädigenden Abweichungen von der ursprünglich vereinbarten oder in Aussicht gestellten Unternehmenspolitik führen.[1251] Das auf dieser Informationsasymmetrie beruhende Störungspotential wird nachfolgend als *ex-post informationsbedingtes Risiko*[1252] bezeichnet. Informationsökonomisch handelt es sich um ein *moral-hazard*-Problem.[1253]

Auch diesen informationsbedingten Risiken kann durch standardisierte Informationen etwa in Form der periodischen Rechnungslegung des Unternehmens entgegen gewirkt werden.

1249 *Leuz*, Rechnungslegung und Kreditfinanzierung (1996), 60 f.
1250 Vgl. § 8.II.1), S. 294.
1251 Vgl. *Leuz*, Rechnungslegung und Kreditfinanzierung (1996), 57, 63.
1252 *Franken*, Gläubigerschutz durch Rechnungslegung nach US-GAAP (2001), 41.
1253 Zur moral-hazard-Problematik siehe § 7.II.2)b)bb), S. 195 ff.

c) Hold-up Problematik

Selbst bei einer hypothetisch[1254] vollständigen Antizipation des ex-ante realisierbaren Zahlungsstroms und des tatsächlich erzielten Nettoeinnahmestroms bestehen für den Kreditgeber Anreize, Spielräume innerhalb der vereinbarten Teilungsregeln zwischen den Anteilseignern und Gläubigern zu Lasten der Kapitalgeber auszunutzen oder gar Vermögensverlagerungen unter Missachtung der vertraglichen Vereinbarungen zu veranlassen.[1255] Es besteht folglich die Gefahr eines ex-post opportunistischen Verhaltens der Kreditnehmer in Form der hold-up Problematik.[1256]

> „There is no easier way for a company to escape the burden of a debt than to pay out all of its assets in the form of dividends, and leave the creditors holding an empty shell"[1257]

Die unvollständige Antizipation des dem Unternehmen zur Verfügung stehenden Spektrums von Handlungsmöglichkeiten durch den Kreditgeber ermöglicht es dem Kreditnehmer zum einen, die Teilungsregeln durch eine gläubigerschädigende Unternehmenspolitik zu unterlaufen (*teilungsbedingtes Risiko*). Zum anderen setzt sie im Zusammenspiel mit den vereinbarten Teilungsregeln Anreize für eine unternehmensschädigende Investitionspolitik (*investitionsbedingte Gläubigerrisiken*).[1258]

aa) Teilungsbedingte Risiken

Die Rückzahlungs- und Zins- bzw. Entgeltansprüche der Gläubiger begründen in dem Kreditverhältnis Verbindlichkeiten des Unternehmens, die gegenüber den Ansprüchen der Anteilseigner als interne Unternehmensakteure vorrangig zu tilgen sind. Diese Teilungsregel im Verhältnis der Eigner und Gläubiger sichert den Kreditgebern lediglich einen vorrangigen Anspruch gegenüber den Eigenkapitalgebern. Die Ansprüche der Fremdkapitalgeber untereinander sind jedenfalls zunächst gleichrangig.

Diese Tatsache ermöglicht es den Kapitalnehmern, durch die Aufnahme weiterer Fremdkapitalmittel die individuellen Nettoeinnahmen zu Lasten der Alt-Gläubiger zu erhöhen. Die (alten) Kapitalgeber werden mithin mit einem höheren Aus-

---

1254 Die Annahme einer vollständigen Antizipation der ex-ante Risken im Wege eines ex-ante vollständigen Vertrages kann schon angesichts der exogenen Unsicherheiten und der Kostenlast der Informationsbereitstellung, mithin der Transaktionskosten, nur hypothetischer Natur sein. Anzumerken ist des Weiteren, dass eine solche, wenn auch nur hypothetische, vertragliche Beseitigung sämtlicher Handlungsspielräume gerade bei langfristigen Verträgen mit hohen Opportunitätskosten verbunden wäre (vgl. *Leuz*, Rechnungslegung und Kreditfinanzierung (1996), 57 Fn. 16).

1255 *Leuz*, Rechnungslegung und Kreditfinanzierung (1996), 57; *Schmidt, R./Terberger*, Grundzüge des Investitions- und Finanzierungstheorie[4] (1997), 415–421; *Franken*, Gläubigerschutz durch Rechnungslegung nach US-GAAP (2001), 41.

1256 Zur hold-up Problematik in principal-agent-Beziehungen vgl. § 7.II.2)b)dd)(2), S. 204.

1257 *Black*, Journal of Portfolio Management, Vol. 2 (1976), 5, 7.

1258 Vgl. zu einer teilweise abweichenden Systematisierung der teilungs- und investitionsbedingten Risiken *Wagenhofer*, FS Otmar Koren (1993), 239, 248 f.; *Franken*, Gläubigerschutz durch Rechnungslegung nach US-GAAP (2001), 45–56; *Wagenhofer/Ewert*, Externe Unternehmensrechnung[2] (2007), 191–198.

fallrisiko belastet, wenn der zu erwartende Zahlungsstrom nicht in allen Umweltlagen zur Befriedigung der Ansprüche der Alt- und Neu-Gläubiger ausreicht. Das sich darin widerspiegelnde *Risiko der Forderungsverwässerung*[1259] wird noch erhöht, wenn die zusätzlichen Fremdmittel keinen Investitionsprogrammen zugeführt werden, sondern der Finanzierung von Ausschüttungen an die Eigner dienen (*fremdfinanzierte Ausschüttungen*).[1260]

Das Ausfallrisiko der Gläubiger kann zudem durch eine *Voraus-Ausschüttung* an die Eigner erhöht werden.[1261] Vereinbaren der Kreditnehmer und das Unternehmen eine Rückzahlung der in t_0 bereitgestellten Kapitalwerte in t_2, so können die Zahlungsansprüche der Gläubiger durch Ausschüttungen in t_1 unterlaufen werden, wenn die in t_2 erwirtschafteten Nettoeinnahmen nicht zur Befriedigung der Ansprüche der Gläubiger genügen.

Neben den fremdfinanzierten Ausschüttungen bestehen des Weiteren aus Sicht der Eigner Anreize, den Gläubigern durch die Liquidation der vorhandenen liquiden Mittel in t_1 Zahlungsströme in t_2 zu entziehen und den Gegenwert durch Ausschüttung des Liquidationserlöses den Eignern in t_1 zuzuleiten.[1262] Diese *liquidationsfinanzierten Ausschüttungen* vermögen ebenfalls die Position der Gläubiger auszuhöhlen und können zugleich Anreize zu Deinvestitionen setzen, die wiederum in Unterinvestitionsprobleme münden können.

bb) Investitionsbedingte Gläubigerrisiken

Das principal-agent-Verhältnis ist aber nicht nur durch die dargestellten Anreize zur Missachtung der vereinbarten Teilungsregeln gekennzeichnet, vielmehr bedingen die Teilungsregeln selbst bestimmte Anreize für gläubigerschädigende Vermögensverlagerungen, die vorliegend als investitionsbedingte Gläubigerrisiken bezeichnet werden.[1263]

Die Ausrichtung der Unternehmensführung an der Maximierung des Residual-Zahlungsstroms kann aus Gläubigersicht zu *Unterinvestitionsproblemen* führen.[1264]

1259 Vgl. *Rudolph*, Kredit und Kapital 1982, 317, 327; *Franken*, Gläubigerschutz durch Rechnungslegung nach US-GAAP (2001), 46; *Wagenhofer/Ewert*, Externe Unternehmensrechnung² (2007), 194 f.

1260 Fremdfinanzierte Ausschüttungen können aber auch durch Überbewertungen bedingt werden. Eine Überbewertung des Restbuchwertes im Wege wirtschaftlich überzogener, erfolgswirksamer Neubewertungen wirkt bereits vor der Veräußerung gewinnerhöhend, ohne dass diese Erträge durch den Umsatzprozess gedeckt sind. Die Erhöhung des ausschüttungsfähigen Betrages durch reine Neubewertungen würde eine Freisetzung von nicht durch einen Umsatzprozess gedeckten liquiden Mitteln des Unternehmens ermöglichen. Einzahlungen aus der Kreditaufnahme könnten daher zur Finanzierung entsprechender Ausschüttungen herangezogen werden. Vgl. auch § 8.II.4.a)bb), S. 326 ff.

1261 Vgl. *Franken*, Gläubigerschutz durch Rechnungslegung nach US-GAAP (2001), 49.

1262 Vgl. *Wagenhofer/Ewert*, Externe Unternehmensrechnung² (2007), 193 f.

1263 Vgl. auch *Franken*, Gläubigerschutz durch Rechnungslegung nach US-GAAP (2001), 51, der diese Fallgruppe der Gläubigerrisiken aber als finanzierungsbedingte Gläubigerrisiken bezeichnet.

1264 Vgl. *Ewert*, Rechnungslegung, Gläubigerschutz und Agency-Probleme (1986), 159 ff.; *Hartmann-Wendels*, Rechnungslegung der Unternehmen und Kapitalmarkt aus informationsökonomischer Sicht (1991), 285–295; *Leuz*, Rechnungslegung und Kreditfinanzierung (1996), 69; *Schmidt, R./*

Das Unterinvestitionsproblem bezeichnet die Gefährdung von Gläubigeransprüchen durch den Anreiz für Eigenkapitalgeber, Zahlungsüberschüsse aus fremdfinanzierten Projekten nicht in unternehmensinterne Projekte mit, gemessen an der Gesamtrendite, positivem Kapitalwert zu reinvestieren, sondern unmittelbar auszuschütten[1265].[1266]

Bei einer bereits bestehenden umfangreichen Fremdfinanzierung lohnt es sich nicht in jedem Fall, Investitionsprojekte mit positivem Kapitalwert zu verwirklichen. In Umweltzuständen, in denen das Unternehmen nach seinem bisherigen Investitionsprogramm insolvent wäre, besichern die durch die neue Investition erwirtschafteten Zahlungsüberschüsse primär die Position der Gläubiger.[1267] Dies käme einer faktischen Nachbesicherung der risikobehafteten Gläubigerposition gleich, indem mit den Erträgen der neuen Investition Gläubiger befriedigt werden müssten, die ansonsten leer ausgehen würden.[1268] Erfolgt die Finanzierung der Investition durch Thesaurierung von Überschüssen der Vorperiode, tragen die Eigner die Finanzierungslast, erhalten aber nur einen Teil der Projektvorteile.[1269] Das Investitionsprojekt mit einem positiven Kapitalwert hat dann für die Eigner, durch die Beschränkung auf den Residualanspruch, einen negativen Kapitalwert. Die anfängliche Erwartung der Gläubiger, dass nach der Kreditgewährung Folgeinvestitionen mit zusätzlichen Überschüssen durchgeführt werden, kann sich folglich als trügerisch erweisen, da es den Eignern ex-post an Anreizen fehlen kann, positive Investitionsprogramme zu verwirklichen.[1270]

Die Teilungsregel, die eine primäre Befriedigung der Ansprüche der Gläubiger vorsieht und die Eigner auf residuale Nettoeinnahmen verweist, ist zugleich kausal für mögliche *Überinvestitionsprobleme*.[1271] Das Überinvestitionsproblem bezeichnet die gezielte und vom Gläubiger nicht antizipierte Steigerung des Investitionsrisikos nach Vertragsschluss, die meistens im Zuge einer Unternehmenskrise

---

Terberger, Grundzüge der Investitions- und Finanzierungstheorie⁴ (1997), 419; *Ewert*, Anlegerschutz, in: *Busse von Colbe/Pellens* (Hrsg.), Lexikon des Rechnungswesens4 (1998), 45 Sp. 1, 46 Sp. 1; *Franken*, Gläubigerschutz durch Rechnungslegung nach US-GAAP (2000), 53–56; *Watrin*, Internationale Rechnungslegung und Regulierungstheorie (2001), 221 f.; *Kahle*, WPg 2003, 262, 267; *Wagenhofer/Ewert*, BFuP 2003, 603, 607; *Kuhner*, ZGR 2005, 753, 766 f.; *Wagenhofer/Ewert*, Externe Unternehmensrechnung² (2007), 195 f.

1265 Dies bedingte wiederum fremdfinanzierte Ausschüttungen.

1266 *Kuhner*, ZGR 2005, 753, 766.

1267 *Watrin*, Internationale Rechnungslegung und Regulierungstheorie (2001), 221.

1268 *Kahle*, ZfB 2002, 695, 700; *ders.*, WPg 2003, 262, 267.

1269 *Wagenhofer/Ewert*, Externe Unternehmensrechnung² (2007), 195.

1270 Vgl. *Wagenhofer/Ewert*, Externe Unternehmensrechnung² (2007), 196.

1271 Das Überinvestitions- oder „risk-incentive"- Problem wird in der Literatur vielfach beschrieben, vgl. u. a. *Jensen/Meckling*, Journal of Financial Economics Vol. 3 (1976), 305, 334 ff.; *Ewert*, Rechnungslegung, Gläubigerschutz und Agency-Probleme (1986), 15 ff.; *Schmidt, R./Terberger*, Grundzüge der Investitions- und Finanzierungstheorie⁴ (1997), 418; *Ewert*, Anlegerschutz, in: *Busse von Colbe/Pellens* (Hrsg.), Lexikon des Rechnungswesens⁴ (1998), 45 Sp. 1, 46 Sp. 1; *Franken*, Gläubigerschutz durch Rechnungslegung nach US-GAAP (2000), 52 f.; *Kuhner*, ZGR 2005, 753, 768, 769 f., der die in der Literatur auch übliche Bezeichnung des „gambling for resurrection" verwendet; *Wagenhofer/Ewert*, Externe Unternehmensrechnung² (2007), 196 f.

auftritt.[1272] In der Situation einer Bestandsgefährdung des Unternehmens haben die Anteilseigner Anreize, Hochrisikopositionen einzugehen. Schlagen sich die eingegangenen Risiken in überproportionalen Gewinnen nieder, so profitieren davon auf Grund ihrer Beteiligung am Ertragsresiduum ausschließlich die Anteilseigner. Führt die risikobehaftete Investition hingegen zum endgültigen Zusammenbruch, dann haben die Anteilseigner gleichwohl wenig verloren.[1273]

Zusammenfassend lässt sich festhalten, dass die beschriebenen Anreize und Maßnahmen eine suboptimale und damit unternehmensschädigende Finanzierungs-, Investitions- und Ausschüttungspolitik bedingen können. Diesen, auf die bestehenden Interessendivergenzen der Akteure zurückzuführenden, Gläubigerrisiken kann nur sehr eingeschränkt durch die Bereitstellung von periodischen Unternehmensinformationen entgegengewirkt werden.[1274]

3) Darstellung und Analyse geeigneter Institutionen zur Milderung der agency-Probleme

Kapitalüberlassungsverträge kommen auf Grund der aufgezeigten Risiken nicht oder in einer ineffizienten Weise zustande. Es bedarf folglich geeigneter Schutzinstitutionen, um vermögensverlagernde Maßnahmen zu unterbinden oder nicht mehr vorteilhaft erscheinen zu lassen.

Unter dem Begriff Schutzinstitutionen werden im institutionsökonomischen Sinne alle denkbaren Arten von Regelsystemen oder Handlungssystemen zum Schutz von Gläubigern zusammengefasst.[1275] Entgegen der in Teilen der Literatur vorgenommenen Differenzierung zwischen dem informationellen und institutionellen Gläubigerschutz[1276] bildet nach der hier verwendeten Definition der informationelle Gläubigerschutz keinen Gegensatz, sondern vielmehr eine mögliche Ausprägung des institutionellen Gläubigerschutzes.[1277]

Informationsasymmetrie, beschränkte Rationalität der Akteure und Transaktionskosten bedingen Unsicherheiten und die Unvollständigkeit der vertraglichen Vereinbarungen.[1278] Interessendivergenzen zwischen den Akteuren und die aus der Informationsasymmetrie fließende fehlende (oder beschränkten) Beobachtbarkeit der Aktionen und der Handlungsergebnisse legen die Grundlage für eine opportunistische Ausfüllung dieser Vertragslücken. Der Kreditnehmer vermag folglich

---

1272 Vgl. *Kuhner*, ZGR 2005, 753, 768.
1273 *Kuhner*, ZGR 2005, 753, 766.
1274 *Lange, Gloria*, Bilanzrecht und ökonomische Theorie des Rechts (1999), 28.
1275 Zur näheren Betrachtung der Definitionselemente Regelsystem und Handlungssystem siehe *Schneider*, Betriebswirtschaftslehre, Bd. 1: Grundlagen^2 (1995), 20–23.
1276 Vgl. *Kübler*, FS Wolfgang Dieter Budde (1995), 361, 370; *ders.*, ZHR 1995, 550, 556, 558; *Niehues*, WPg 2001, 1209, 1214–1222; *Busse von Colbe*, in: *Dörner/Menolf/Pfitzer/Oser* (Hrsg.), Reform des Aktienrechts, der Rechnungslegung und Prüfung^2 (2003), 649, 673.
1277 *Franken*, Gläubigerschutz durch Rechnungslegung nach US-GAAP (2000), 58.
1278 Hierbei sind die Interdependenzen zwischen der Informationsasymmetrien und den Transaktionskosten zu beachten.

bestehende Handlungs- und Gestaltungsspielräume zu Gunsten der Interessen der Eigner zu nutzen.

Institutionen zum Schutz gegen diesen Opportunismus der Kreditnehmer können zum einen an den Ursachen der Handlungs- und Gestaltungsspielräume – der Informationsasymmetrie und der Interessendivergenz – anknüpfen. Zu nennen sind hier etwa Informationsinstrumente zur Reduzierung der ex-ante und ex-post bestehenden asymmetrischen Informationsverteilung oder entsprechende Anreizsysteme zur Sicherstellung der Interessenkongruenz. Zum anderen können sie aber auch Beschränkungen der Spielräume selbst vornehmen. Beschränkungen der Möglichkeiten der Vermögensverlagerungen zu Lasten der Gläubiger können entweder implizit über die Beschränkung der Veräußerung oder Belastung des Investitionsprogramms (Kreditsicherheiten) oder der Aufnahme gleich- oder bevorrechtigten Fremdkapitals in Form von passiven oder aktiven Schranken oder explizit über Ausschüttungsschranken erreicht werden. Das Liquidationsrisiko der Gläubiger ließe sich daneben auch durch die Einräumung ergänzender Vertragsansprüche gegen außerhalb der kapitalnehmenden Einheit stehende Privatpersonen oder Unternehmen kompensieren.

Die Gefahr des opportunistischen Verhaltens der Kreditnehmer lässt sich im Regelfall nicht durch eine einzige Schutzinstitution verringern. Hierfür bedarf es aufgrund der vielseitigen Gläubigerrisiken vielmehr einer Kombination verschiedener institutioneller Arrangements. Des Weiteren bestehen zwischen den verschiedenen Schutzinstitutionen Interdependenzen, die es zu beachten gilt.

a) Schutzinstitutionen zum Abbau der Informationsasymmetrie

Die ex-ante und ex-post bestehende asymmetrische Informationsverteilung zwischen den Vertragspartnern des Kapitalüberlassungsverhältnisses ist neben der bestehenden Interessendivergenz die Hauptursache der beschriebenen Gläubigerrisiken.

Es wurde bereits aufgezeigt, dass sowohl auf Seiten des Unternehmens als Kapitalnehmer als auch auf Seiten des Kapitalgebers Anreize zur Informationsbereitstellung und Informationsbeschaffung bestehen. Folglich werden sich die Vertragparteien auf eine Übermittlung prognosegeeigneter Informationen einigen. Die Prognoseeignung als Grundlage der nötigen Risikoantizipation setzt Informationen über die Breite, Verteilung und Unsicherheit der künftigen Nettoeinnahmen des Unternehmens voraus.[1279] Neben diesen Prognoseinformationen[1280] benötigt der Kapitalnehmer zur ex-post Kontrolle auch geeignete Informationen über die realisierten Zielbeträge (Kontrollinformationen bzw. monitoring).

1279 Vgl. *Streim/Bieker/Esser*, BFuP 2003, 457, 470.
1280 *Franken*, Gläubigerschutz durch Rechnungslegung nach US-GAAP (2000), 63; vgl. auch *Ewert/Wagenhofer*, BFuP 2003, 603, 608.

Die Informationsbereitstellung für Prognose- und Kontrollfunktionen (*monitoring*) weist erhebliche Interdependenzen mit weiteren Schutzinstrumenten zur Begrenzung der Handlungsspielräume auf.

Die Einhaltung der vereinbarten impliziten und expliziten Beschränkungen bedarf einerseits einer ex-post Kontrolle, die eine Bereitstellung geeigneter Informationen bedingt. Informationen können daneben auch als Indikator für einzelne Restriktionen fungieren. Die Bereitstellung von Informationen über die tatsächliche Vermögens-, Finanz- und Ertragslage entfaltet zugleich eine präventive Wirkung gegen die verhaltensbedingten Gläubigerrisiken. Umgekehrt reduzieren Beschränkungen des Handlungsspielraums und geeignete Anreizmechanismen zur Überwindung der Interessendivergenz den Bedarf an allgemeiner Kontrolle und vermögen den Informationsbedarf über eine Spezifizierung zu mindern. Der Wahl der kreditvertraglichen Restriktionen kann damit ein Signaleffekt zukommen, der den Gläubigern Rückschlussmöglichkeiten eröffnet, welche die Informationsasymmetrien verringern können.[1281] Ebenso ist die Wirksamkeit einer auf Informationsvermittlung beruhenden Schutzinstitution von Institutionen abhängig, die dem Kapitalgeber eine Anpassung der Entscheidungen erlauben.[1282]

Der ex-ante und ex-post bestehende allgemeine Informationsbedarf der Gläubiger entspricht im Wesentlichen dem der Anteilseigner.[1283] Der künftige individuelle Zielstrom der Gläubiger in Form der Rückzahlungs-, Zins- und Entgeltforderung wird, wie auch der individuelle Einnahmestrom der Anteilseigner, durch den Nettoeinnahmestrom des Unternehmens determiniert. Der Ertragsstrom des Unter-

---

1281 *Leuz*, Rechnungslegung und Kreditfinanzierung (1996), 58.

1282 *Franken*, Gläubigerschutz durch Rechnungslegung nach US-GAAP (2000), 37.

1283 Teilweise wird in der Literatur darauf verwiesen, die Gläubiger benötigten aufgrund ihrer Festbetragsansprüche keine Informationen über den gesamten Nettoeinnahmestrom der Unternehmung. Vielmehr sei es für sie ausreichend, darüber informiert zu werden, in welchen Umweltlagen ihre Ansprüche erfüllt werden und in welchen Umweltlagen sie mit entsprechenden Forderungsausfällen zu rechnen haben; vgl. *Leffson*, Grundsätze ordnungsmäßiger Buchführung[7] (1987), 72; *Schmidt, R./Terberger*, Grundzüge der Investitions- und Finanzierungstheorie[4] (1997), 413. Dieser Auffassung kann in dieser Generalität nicht gefolgt werden. Informationsökonomisch ist es richtig, darauf zu verweisen, dass Anteilseigner, deren Ansprüche residual ausgestaltet sind, vom Ansatz her mehr Informationen über die Unternehmensentwicklung benötigen. Der Ansatz verkennt aber das Risiko der (bewussten) Falschinformation über die zukünftigen Zahlungsströme. Wird dieses Risiko in die Überlegungen miteinbezogen, bedürfen die Gläubiger zur Prüfung der Zuverlässigkeit der bereitgestellten Information und zur adäquaten Beurteilung des Risikos etwaiger Vermögensverlagerungen Informationen über die gesamten Erfolgspotentiale des Unternehmens; vgl. *Ewert*, Rechnungslegung, Gläubigerschutz und Agency-Probleme (1986), 21; *Franken*, Gläubigerschutz durch Rechnungslegung nach US-GAAP (2001), 80.
Ebenso wenig ist verständlich, warum Informationen zur Antizipation des Kreditausfallrisikos im Gegensatz zu den chancen-orientierten Informationsinteressen der Eigenkapitalgeber vorsichtige Wertansätze, also tendenziell niedrig bewertete Vermögenswerte und hoch bewertete Schulden, implizieren sollen (so aber *Pellens/Fülbier/Gassen/Sellhorn*, Internationale Rechnungslegung[7] (2008), 22). Stellen Relevanz und Zuverlässigkeit gleichwertige Determinanten der Entscheidungsnützlichkeit dar, so erfordert eine adäquate Risikoprognose möglichst umfassende, realitätsnahe, intersubjektiv nachprüfbare, aber nicht explizit vorsichtige Informationen über die Ertrags- und Vermögenslage, mithin über die Entwicklungspotentiale des Unternehmens. Diese materiellen Erfordernisse gelten sowohl für entscheidungsrelevante Informationen aus Sicht der aktuellen und potentiellen Anteilseigner als auch für die Informationsinteressen der Gläubiger.

nehmens wird wiederum unmittelbar durch die bestehenden Ressourcen und Potentiale des Unternehmens und dessen Finanzierungsstruktur bestimmt. Daneben fungiert die bestehende Ertragslage als Indikator für die Abschätzung künftiger Erträge und Aufwendungen. Folglich benötigen die Gläubiger wie die Eigner Informationen über die Vermögens-, Finanz- und Ertragslage des Unternehmens, auf deren Grundlage mittelbar über die Entwicklung der Nettoeinnahmeströme Rückschlüsse auf die individuellen Zahlungsströme getätigt werden können.

Neben Informationen über die absolute Vermögens-, Finanz- und Ertragslage des Unternehmens ist die intertemporale und unternehmensübergreifende Vergleichbarkeit der Unternehmensdaten für die Beurteilung der Unternehmensrisiken entscheidungsrelevant. Darüber hinaus werden die Gläubiger eine periodisierte Darstellung der Unternehmensentwicklung zur Gewährleitung der Informationsbereitstellung ex-ante und vor allem ex-post ebenfalls präferieren.

Die Entscheidungsrelevanz der bereitgestellten Informationen wird auch hier durch die Zuverlässigkeit und Verständlichkeit der Daten determiniert.[1284] Die Manipulationsfreiheit der Informationen wirkt darüber hinaus der Problematik der *adverse selection* entgegen und dient damit der Sicherung der Funktionsfähigkeit des Kreditmarktes.[1285]

Zusammenfassend lässt sich festhalten, dass die Informationsbegehren der Anteilseigner und der Gläubiger im Grundsatz gleichgerichtet sind und folglich durch die gleichen Instrumentarien befriedigt werden können.[1286]

Festzuhalten ist, dass die Bereitstellung entscheidungsnützlicher Informationen im vorvertraglichen Bereich und während der Vertragsdurchführung zur Verringerung der ex-ante und ex-post informationsbedingten Gläubigerrisiken geeignet ist und auch eine präventive Wirkung in Bezug auf die verhaltensbedingten Risiken entfaltet.[1287] Dennoch ist eine vollständige Kontrolle sowie eine vollumfängliche Antizipation der Risiken durch den Prinzipal aufgrund der begrenzten Rationalität, unvollständigen Informationen und überdurchschnittlich hohen Kosten der Informationsbeschaffung ausgeschlossen. Die Informationsvermittlung vermag es daneben nicht, die bestehenden Interessendivergenzen und die daraus fließenden Anreizprobleme zu überwinden. Die Bereitstellung von Informationen über die Unternehmenslage sichert allenfalls die Transparenz der Folgen des (gläubigerschädigenden) Handelns. Unvollständige Kreditverträge, eine lückenhafte Kontrolle und bestehende Interessendivergenzen erfordern somit weitere Schutzinstrumente, die vor allem den bestehenden Handlungs- und Gestaltungsspielräumen entgegentreten.

1284 Vgl. zu den Interdependenzen zwischen der Entscheidungsnützlichkeit von Informationen und dem Aspekt der Zuverlässigkeit § 8.I.2)a)cc)(2)(a), S. 233 ff.

1285 Zum Aspekt des Institutionsschutzes vgl. auch § 9, S. 348 ff.

1286 Natürlich ist auch im Rahmen der Informationsinteressen, eine gewisse Typisierung der vielseitigen Interessen der unterschiedlichen Gläubiger vorzunehmen. Vgl. zum Erfordernis der Typisierung § 8.I.2)a)bb)(2), S. 229.

1287 *Franken*, Gläubigerschutz durch Rechnungslegung nach US-GAAP (2000), 63.

b) Anreizmechanismen

Interessendivergenzen zwischen den Akteuren sind neben der asymmetrischen Informationsverteilung die wichtigste Ursache der auftretenden Opportunismusprobleme in dem Kapitalüberlassungsverhältnis. Zur Sicherstellung der Interessenkongruenz und folglich zur Minimierung der Anreize für gläubigerschädigende Handlungen sind bestimmte Schutzinstrumente denkbar. Anreizmechanismen wie anreizkompatible Entlohnungsverträge und Optionsprogramme können zwar eine Minimierung der verhaltensbedingten Gläubigerrisiken durch die Beeinflussung der Handlungsauswahl herbeiführen.[1288] Sie führen aber zugleich zu einer elementaren Veränderung des Charakters des Kapitalüberlassungsverhältnisses. Ein Gläubiger, dessen Festbetragsanspruch durch eine anreizkompatible Teilungsregel ersetzt wird, ist nicht mehr als Fremdkapital-, sondern als Eigenkapitalgeber zu kennzeichnen.[1289] Anreizkompatible Vergütungsregeln fungieren somit als eine Modifikation der bestehenden Teilungsregeln. Sie sind somit aber auch den gleichen informations-, teilungs- und finanzierungsbedingten Risiken wie die Teilungsregeln in der Ausgangslage ausgesetzt.

c) Beschränkungen der Rechte der Kapitalnehmer (Bonding)

Schutzinstrumente zur Verhinderung von Vermögensverlagerungen zu Lasten der Gläubiger können aber nicht nur an den direkten Ursachen des opportunistischen Verhaltens des Kreditnehmers – Informationsasymmetrie und Interessendivergenz – anknüpfen, sondern auch Beschränkungen der auf der Grundlage dieser Determinanten geschaffenen Spielräume selbst vornehmen. Die Einschränkung der Rechte des Kapitalnehmers, das so genannte *bonding*, ist ein bekannter Mechanismus zu Überwindung von agency-Problemen.[1290] Das bonding kann dabei sowohl implizit als auch explizit ausgestaltet werden.[1291]

1288 Vgl. *Leuz*, Rechnungslegung und Kreditfinanzierung (1996), 63 f.

1289 *Franken*, Gläubigerschutz durch Rechnungslegung nach US-GAAP (2000), 60 f.

1290 Vgl. zur Einordnung der bonding-Mechanismen § 7.II.2)b)dd)(1), S. 201 ff.

1291 Begreift man die erfolgten Ausschüttungen A als Folge der Ausnutzung der Gestaltungs- und Handlungsspielräume bei den Finanzierungs- und Investitionsentscheidungen, so lässt sich der Unterschied zwischen den expliziten und impliziten Beschränkungen an der allgemeinen Ausschüttungsformel At = ZÜt+Ft+Et+Lt-It-Zt verdeutlichen. At entspricht hierbei den Ausschüttungen, It den Auszahlungen für Investitionen, Zt den Zins- und Tilgungszahlungen, ZÜt den Zahlungsüberschüssen aus dem Umsatzprozess, Ft den Einzahlungen aus der Aufnahme von Fremdkapital, Et den Einzahlungen aus der Aufnahme von Eigenkapital sowie Lt den Einzahlungen aus entsprechenden Liquidationen von Vermögensgegenständen. Der Unterschied zwischen den expliziten und impliziten Beschränkungen besteht folglich in der Anknüpfung der Restriktion: Explizite Ausschüttungsrestriktionen formulieren eine Obergrenze für A und setzen somit auf der linken Seite der Formel an, während die impliziten Restriktionen durch die Beschränkung der Veräußerung oder Belastung des Investitionsprogramms oder der Aufnahme gleich- oder bevorrechtigten Fremdkapitals eine Obergrenze für die Finanzierungsvariablen auf der rechten Seite der Formel festsetzen.

aa) Implizite Beschränkungen

Die implizite Einschränkung der Handlungsalternativen des Kapitalnehmers kann grundlegend auf zwei Wegen erfolgen.[1292] Zum einen sind „passive" Beschränkungen der Entscheidungsalternativen durch eine gesetzliche oder vertragliche Fixierung entsprechender Klauseln denkbar. Zu nennen sind hier etwa die Vereinbarung von Negativ- oder Positivklauseln und die Einräumung von Realsicherheiten.

Zum anderen können die Gläubiger ihre Interessen durch die Einräumung von „aktiven" Einwirkungs- und Gestaltungsrechten stärken. Zu unterscheiden sind hierbei grundsätzliche und situationsspezifische Rechte. Vor allem die situationsabhängigen Rechte sind wiederum untrennbar mit dem Erfordernis der Informationsvermittlung verbunden.

Die genannten impliziten Beschränkungen finden in den Kreditvertrag in Form von Vertragsnebenabreden („covenants") Eingang.[1293]

(1) Passive Beschränkungen des Handlungsspielraums

(a) Gläubigerschutz durch die Vereinbarung von Negativ- und Positivklauseln

Die Vereinbarung von Negativ- oder Positivklauseln setzt, wie bereits die oben angesprochenen Anreizmechanismen, an der Handlungswahl als Determinante der künftigen Nettoeinnahmen an. Im Gegensatz zu den Anreizmechanismen wird die Auswahl der Handlungsalternativen vorliegend aber direkt beeinflusst, indem einerseits bestimmte konkrete Handlungen untersagt oder von der Zustimmung des Kreditgebers abhängig gemacht werden (Negativklauseln) oder andererseits bestimmte Handlungen dem Kreditnehmer verbindlich vorgeschrieben werden (Positivklauseln).[1294]

Negativ- und Positivklauseln können sowohl den Bereich der Produktion, Investition und der Deinvestition als auch den Finanzierungsbereich betreffen.[1295] Im Produktions- und Investitionsbereich sind unter anderen prozentuale oder kategorisierte Einschränkung der Finanzinvestitionen, die Untersagung von Unternehmenszusammenschlüssen oder die Verpflichtung zum Abschluss adäquater Versicherungen zur Glättung des künftigen Zahlungsstroms denkbar.[1296] Der Gefahr von liquidationsbedingten Ausschüttungen und gläubigerschädigenden Vermögensumschichtungen im Allgemeinen kann daneben durch Beschränkungen spezifischer Deinvestitionen und Ausschüttungsbeschränkungen begegnet wer-

1292 Vgl. *Franken*, Gläubigerschutz durch Rechnungslegung nach US-GAAP (2000), 60 f.
1293 Eine ausführliche Darstellung der rechtlichen Probleme der Verwendung von covenants in Kreditverträgen findet sich bei *Kästle*, Rechtsfragen der Verwendung von Covenants in Kreditverträgen (2003).
1294 Vgl. *Franken*, Gläubigerschutz durch Rechnungslegung nach US-GAAP (2000), 66; *Kästle*, Rechtsfragen der Verwendung von Covenants in Kreditverträgen (2003), 28, 33, 53, 57 f.
1295 Vgl. *Kästle*, Rechtsfragen der Verwendung von Covenants in Kreditverträgen (2003), 35.
1296 Vgl. *Franken*, Gläubigerschutz durch Rechnungslegung nach US-GAAP (2000), 66; *Kästle*, Rechtsfragen der Verwendung von Covenants in Kreditverträgen (2003), 57 f.

den. Die Beschränkung der Aufnahme gleich- oder bevorrechtigten Fremdkapitals, die Untersagung bestimmter Vertragsgestaltungen[1297] und das Verbot spezifischer Sicherheitsgewährung können des Weiteren die geschilderten finanzierungsbedingten Risiken reduzieren.

Zusammenfassend lässt sich festhalten, dass die anhand der Beispiele verdeutlichten Negativ- und Positivklauseln einzelne teilungs- und finanzierungsbedingte Gläubigerrisiken kompensieren und damit das Ausfallrisiko mindern können.

Der Nachteil der passiven Handlungsbeschränkung durch Negativ- und Positivklauseln besteht auf Grund der fehlenden Feinsteuerung in der Gefahr hoher Opportunitätskosten aus entgangenen effizienten Handlungen, etwa aus vorteilhaften Investitionen oder Deinvestitionen.[1298] Des Weiteren ist zu beachten, dass die Effizienz dieser Schutzinstrumente selbst wiederum hohe Anforderungen an den ex-post Informationsstand der Fremdkapitalgeber setzt.[1299] Der Fremdkapitalgeber benötigt Informationen über die Unternehmensentwicklung[1300] und die getätigten Transaktionen, um die Einhaltung der getroffenen Vereinbarungen zu überprüfen und von seinen vertraglich vereinbarten Rechten Gebrauch machen zu können.[1301] Die Kosten der Informationsbeschaffung und -verarbeitung, mithin die monitoring costs, erhöhen wiederum die Transaktionskosten der Kapitalüberlassung. Darüber hinaus sind die vereinbarten Beschränkungen mit angemessenen Sanktionen wie etwa der Verpflichtung zur Bestellung weiterer Sicherheiten und dem Recht zu Kündigung des Kreditvertrages zu belegen. Die Aushandlung und Durchsetzung dieser Rechte erhöht wiederum die Kosten der Transaktion.

Passive Schutzklauseln stehen folglich nicht nur in einem untrennbaren Zusammenhang mit der Informationsvermittlung, sondern können aufgrund der hohen Transaktionskosten und der fehlenden Feinsteuerung einen wichtigen, wenn aber eben auch nur unvollständigen Schutz gewährleisten.

1297 Zu nennen sind hier etwa die sale-and-lease-back-Verträge, die eine Verwässerung der Forderungen der Altgläubiger in zweifacher Weise bewirken. Zum einen verringern sie den Bestand an unbesichertem Vermögen, zum anderen erhöhen sie zugleich die Zahlungsverpflichtungen des Unternehmens; vgl. *Franken*, Gläubigerschutz durch Rechnungslegung nach US-GAAP (2000), 68.

1298 Vgl. *Leuz*, Rechnungslegung und Kreditfinanzierung (1996), 65; vgl. auch *Wagenhofer/Ewert*, Externe Unternehmensrechnung[2] (2007), 202.

1299 *Franken*, Gläubigerschutz durch Rechnungslegung nach US-GAAP (2000), 69.

1300 Hier kommt betriebswirtschaftlichen Kennzahlen, die an Größen aus der Bilanz, Gewinn- und Verlustrechnung und der Kapitalflussrechnung anknüpfen, eine wichtige Indikatorfunktion zu. Vertragliche Abreden über die Einhaltung dieser Kennzahlen finden im Rahmen der so genannten financial covenants Eingang in den Kreditvertrag. Vgl. zu gängigen financial covenants *Kästle*, Rechtsfragen der Verwendung von Covenants in Kreditverträgen (2003), 62–69; *Jetter*, in: *Eilers/Rödding/Schmalenbach* (Hrsg.), Unternehmensfinanzierung (2008), Kapitel C. Rn. 48–54.

1301 Neben der sich darin widerspiegelnden Kontrollfunktion der Informationen können die Informationen auch als Indikator für einzelne Schutzinstrumente dienen, so etwa bei prozentualen Investitionssperren. Die Vereinbarung von Informationspflichten ist deshalb ein wichtiger Bestandteil der covenants des Kreditvertrages, vgl. *Kästle*, Rechtsfragen der Verwendung von Covenants in Kreditverträgen (2003), 34.

(b) *Gläubigerschutz durch Realsicherheiten*

Kreditsicherheiten in Form von Personal- und Realsicherheiten gehören zu den ältesten Institutionen zum Schutz der Gläubiger.[1302] Realsicherheiten bieten dem Gläubiger durch die Einräumung eines Anspruch auf Verwertung der besicherten Sache bzw. des Rechts und der Befriedigung aus dem Veräußerungserlös einen zusätzlichen individuellen Zahlungsstrom. Sie beschränken zugleich die Rechte der Kapitalnehmer an den besicherten Vermögenswerten. Aus ökonomischer Sicht reduziert die Vereinbarung einer solchen Sicherheit nicht nur das Ausfallrisiko des Sicherungsnehmers. Die Besicherung senkt zugleich auch die Informations- und Kontrollkosten und schützt den Gläubiger vor einem opportunistischen Verhalten des Schuldners durch die Erhöhung der Zahlungseinstellungskosten.[1303]

Die Ergänzung des Rückzahlungs-, Zins- und Entgeltanspruchs durch den Veräußerungserlös aus der Realsicherheit erscheint auf den ersten Blick überzeugend. Ein wirksamer Gläubigerschutz durch Realsicherheiten setzt aber voraus, dass der Gläubiger zum einen in der Lage ist, das Risiko der Kapitalüberlassung sowie die Höhe des Erlöses aus der Verwertung der Sicherheit zu antizipieren. Zum anderen ist der Zufluss des zusätzlichen Erlöses aus der Sicherheit nur gewährleistet, wenn Wertbeeinträchtigungen und Vorab-Veräußerungen der besicherten Sache oder des Rechts unterbunden sind.[1304] Beide Prämissen werden bereits durch die Ursachen der Gläubigerrisiken selbst – Informationsasymmetrie und Interessendivergenz – entwertet. Hinzu kommen konzeptionelle Schwächen der Realsicherheiten aufgrund ihres teilweise engen Anwendungsbereiches und des zu beobachtenden Bedeutungsverlusts der Sicherheiten in Folge der wachsenden Relevanz der immateriellen Vermögensgüter.

Zusammenfassend lässt sich somit festhalten, dass Kreditsicherheiten in Form von Realsicherheiten nur einen bedingten Gläubigerschutz gewährleisten. Es bedarf folglich weiterer Instrumente, die den Schuldner an einem opportunistischen Verhalten hindern.[1305]

Personalsicherheiten sichern im Gegensatz zu den Realsicherheiten den Gläubiger nicht durch die Beschränkung der Handlungsmöglichkeiten des Kapitalnehmers, sondern durch die Gewährung einer zusätzlichen Forderung gegen eine außerhalb der kapitalnehmenden Einheit stehende Person, mithin durch die Erweiterung des Schuldnerkreises. Aufgrund ihrer fehlenden Charakterisierung als passive Hand-

1302 Quellen aus dem sumerisch-babylonischen Gebiet weisen ihre Existenz bereits für das dritte bzw. zweite Jahrhundert v. Chr. nach; vgl. *Roser*, Zeitschrift für das gesamte Kreditwesen 1998, 72.
1303 Vgl. *Rudolph*, Kredit und Kapital 1982, 317, 337–339; *Watrin*, Internationale Rechnungslegung und Regulierungstheorie (2001), 200 f. m. w. N.
1304 *Franken*, Gläubigerschutz durch Rechnungslegung nach US-GAAP (2000), 69.
1305 Der Schlussfolgerung von *Watrin*, Internationale Rechnungslegung und Regulierungstheorie (2001), 201, dass Ausschüttungsrestriktionen und andere Rechtsinstrumente zur Eindämmung des opportunistischen Verhaltens des Schuldners für einen ausreichend besicherten Gläubiger ohne Relevanz sind, kann somit nicht gefolgt werden.

lungsbeschränkung sind die Personalsicherheiten in einem gesonderten Abschnitt zu erörtern.[1306]

(2) *Aktive Rechte der Gläubiger*

Neben den passiven Beschränkungen können die Gläubiger ihre Interessen aber auch durch die Einräumung von „aktiven" Einwirkungs- und Gestaltungsrechten stärken.

Einwirkungsrechte ermöglichen den Gläubigern eine gewisse Einflussnahme auf die Geschäftsführung des Unternehmens.[1307] Sie offerieren den Kapitalgebern folglich ein grundsätzliches, ex-ante ausgehandeltes oder situationsbedingtes aktives Mitgestaltungsrecht und bedingen damit einen Rückgang der verhaltensbedingten Gläubigerrisiken. Die Reduzierung der durch opportunistisches Verhalten bedingten Verluste wird aber durch einen Anstieg der Kontrollkosten (monitoring costs) kompensiert.[1308]

Die Effizienz der Einwirkungsrechte stellt hohe Anforderungen an den Informationsstand des Kapitalgebers.[1309] Der Kapitalnehmer bedarf nicht nur ex-ante Informationen zur funktionellen Ausgestaltung grundsätzlicher und situationsbedingter Einwirkungsrechte. Die effiziente Ausübung der Einwirkungsrechte ex-post ist ebenfalls auf eine zeitnahe Bereitstellung von Informationen über die Unternehmensentwicklung angewiesen, sei es zur Kontrolle der Konsequenzen der eigenen Entscheidungen oder als Indikator für situationsbedingte Einwirkungsrechte. Darüber hinaus würde die aktive Teilnahme der Fremdkapitalnehmer an der Unternehmensführung den weitgehenden Verlust der Effizienzvorteile aus der Beauftragung eines spezialisierten Managements bedingen.[1310]

Gestaltungsrechte, etwa in Form von Veräußerungs- und Kündigungsrechten, führen durch das ihnen innewohnende Drohpotential ebenfalls zu einer indirekten Einschränkung des Handlungsspielraums der Kapitalnehmer und damit zu einer Reduktion der Gläubigerrisiken. Ebenso wie die Einwirkungsrechte ist die Wirksamkeit dieses Schutzinstruments von einer zeitnahen Informationsbereitstellung als Kontroll- und Indikatorinstitution abhängig.

Einwirkungs- und Gestaltungsrechte weisen folglich nicht nur einen untrennbaren Zusammenhang mit der Informationsvermittlung auf. Ihre Schutzwirkung ist aufgrund hoher Transaktionskosten nur sehr eingeschränkt.

bb) Explizite Beschränkungen – Ausschüttungsbegrenzungen

Die Bereitstellung entscheidungsrelevanter Informationen ist, wie bereits erörtert, ein wichtiges Instrument zur Reduzierung der aufgezeigten Gläubigerrisiken. In-

1306 Vgl. § 8.II.3)c)cc), S. 320 ff.
1307 *Franke/Hax*, Finanzwirtschaft des Unternehmens und Kapitalmarkt^5 (2004), 48.
1308 *Franken*, Gläubigerschutz durch Rechnungslegung nach US-GAAP (2000), 69.
1309 Vgl. *Franke/Hax*, Finanzwirtschaft des Unternehmens und Kapitalmarkt^5 (2004), 51.
1310 *Franken*, Gläubigerschutz durch Rechnungslegung nach US-GAAP (2000), 72.

formationsinstrumente vermögen dennoch keine vollumfängliche Antizipation der Risiken und vollständige Kontrolle des Schuldners zu gewährleisten. Aufgrund des daraus resultierenden unvollständigen Schutzes durch Informationsbereitstellung und der auf die bestehenden Interessendivergenzen zurückzuführenden Anreizprobleme bedarf es weiterer Schutzinstrumente.[1311] Als solche institutionellen Arrangements zur Eindämmung der bestehenden Gläubigerrisiken wurden bisher die Anreizmechanismen und die impliziten Beschränkungen der Handlungsspielräume des Schuldners näher betrachtet.

Aber auch die Analyse dieser Schutzinstrumente führte zu einem relativ unbefriedigenden Ergebnis.

Aus diesen Überlegungen folgt, dass explizite Ausschüttungsrestriktionen, die einen differenzierten Schutz gegen gläubigerschädigende Vermögensverlagerungen gewährleisten würden, gegenüber den aktiven und passiven Beschränkungen der Handlungsspielräume durchaus eine zweckmäßige Alternative oder besser erforderliche Ergänzung darstellen.[1312]

(1) *Wirkungen der Ausschüttungsrestriktionen: Mindestinvestitions- und Mindesteigenfinanzierungsverpflichtung*

Besonders in der gesellschaftsrechtlichen Literatur werden Ausschüttungen als Vermögenstransfers aus der verselbstständigten Unternehmenssphäre in die Eignersphäre definiert.[1313] Restriktionen der Ausschüttungen setzen sich grundsätzlich aus einer Bemessungsgrundlage und einem Ausschüttungsparameter zusammen, wobei der Ausschüttungsparameter den funktionalen Zusammenhang zwischen der Bemessungsgrundlage und dem maximal ausschüttungsfähigen Betrag determiniert.[1314] Die Bemessung des ausschüttungsfähigen Betrages ist folglich nicht nur durch die Festsetzung der Ausschüttungsparameter auf die Ebene der Gewinnverwendung, beschränkt, sondern kann bereits auf der Ebene der Gewinnermittlung ansetzen.

Die Wirkung von Ausschüttungsrestriktionen besteht entgegen mancher einseitiger Betrachtung nicht nur in der Begrenzung von Zahlungen an die Eigner. Vielmehr fungieren die Beschränkungen zugleich als eine Mindestinvestitionsverpflichtung und als Finanzierungsimplikation.[1315] Diese Zusammenhänge lassen

1311 Zum Gläubigerschutz durch Informationsbereitstellung vgl. § 8.II.3)a), S. 305 ff.
1312 *Leuz*, Rechnungslegung und Kreditfinanzierung (1996), 65.
1313 *Schmidt, K.*, Gesellschaftsrecht[4] (2002), 890 und 1131–1137. Mit dieser Differenzierung ist unweigerlich das Erfordernis der Trennung der Unternehmens- und der Eignersphäre verbunden. Diese Trennung erweist sich in der Praxis durchaus als schwierig. Die damit verbundenen Abgrenzungsschwierigkeiten lassen sich aber auch bei Zugrundelegung anderer Abgrenzungsmerkmale, wie etwa der Haftungssphären (vgl. *Fladung*, Das Vorsichts- und Objektivierungsprinzip im deutschen Bilanzrecht (2000), 28), nicht umgehen.
1314 *Leuz*, Rechnungslegung und Kreditfinanzierung (1996), 102.
1315 Vgl. *Leuz*, Rechnungslegung und Kreditfinanzierung (1996), 73; *Wagenhofer/Ewert*, Externe Unternehmensrechnung[2] (2007), 211 f.

sich gut anhand einer Formel darstellen. Danach gilt zu einem beliebigen Zeitpunkt t:[1316]

$$A_t + I_t + Z_t = ZÜ_t + F_t + E_t + L_t$$

A_t entspricht den Ausschüttungen, I_t den Auszahlungen für Investitionen, Z_t den Zins- und Tilgungszahlungen, $ZÜ_t$ den Zahlungsüberschüssen aus dem Umsatzprozess, F_t den Einzahlungen aus der Aufnahme von Fremdkapital, E_t den Einzahlungen aus der Aufnahme von Eigenkapital sowie L_t den Einzahlungen aus entsprechenden Liquidationen von Vermögensgegenständen.

Gilt A_t=0 aufgrund einer vollständigen Ausschüttungssperre und ist eine Rückzahlung an die Gläubiger im Zeitpunkt t nicht möglich, d.h. $Z_t = 0$, muss bei einem positiven Umsatzüberschuss folglich das Investitionsvolumen I_t steigen, d.h. der Umsatzüberschuss muss investiert werden.[1317] Ausschüttungsrestriktionen implizieren mithin eine *Mindestinvestitionsverpflichtung*. Diese Verpflichtung zur Mindestinvestition hat zugleich Auswirkung auf die Finanzierungsart.[1318] Die Beschränkung der Ausschüttungen begrenzt in der Regel zugleich das mögliche Ausmaß der Fremd- und Liquidationsfinanzierung neuer Investitionen, d.h. die Ausschüttungsrestriktion fungiert als eine *Mindesteigenbeteiligungsverpflichtung*.[1319]

Diese den Ausschüttungsrestriktionen immanenten Wirkungen können in Abhängigkeit von den bestehenden Finanzierungs- und Investitionsmöglichkeiten und der bestehenden Unternehmenssituation in unterschiedlicher Weise auf die Anreizstruktur der Anteilseigner einwirken.

Die den Ausschüttungsrestriktionen immanente Mindestinvestitionsverpflichtung wirkt zunächst dem geschilderten Risiko einer Unterinvestition[1320] entgegen. In der Situation hoher Bestandsgefährdung des Unternehmens kann der Zwang, Zahlungsüberschüsse unternehmensintern zu reinvestieren, zugleich aber auch tendenziell den Anreiz der Eigner erhöhen, Investitionen mit einer relativ geringen Erfolgswahrscheinlichkeit und deshalb negativem Gesamtwert zu tätigen.[1321] Diese Anreize zur Überinvestition[1322] werden folglich durch die Ausschüttungssperren tendenziell verstärkt.[1323] Der grundsätzlich positiven Wirkung einer Ausschüttungsrestriktion auf die Problematik der Unterinvestition stehen somit in bestimmten Situationen negative Auswirkungen auf den Anreiz zur Überinvestition gegenüber.

1316 *Leuz*, Rechnungslegung und Kreditfinanzierung (1996), 65.
1317 *Hartmann-Wendels*, Rechnungslegung der Unternehmen und Kapitalmarkt aus informationsökonomischer Sicht (1991), 304; *Wagenhofer*, FS Otmar Koren (1993), 239, 252; *Leuz*, Rechnungslegung und Kreditfinanzierung (1996), 72; *Wagenhofer/Ewert*, Externe Unternehmensrechnung^2 (2007), 211.
1318 *Leuz*, Rechnungslegung und Kreditfinanzierung (1996), 73–76.
1319 Vgl. *Leuz*, Rechnungslegung und Kreditfinanzierung (1996), 73.
1320 Vgl. hierzu § 8.II.2)c)bb), S. 302 f.
1321 Vgl. *Leuz*, Rechnungslegung und Kreditfinanzierung (1996), 80; *Watrin*, Internationale Rechnungslegung und Regulierungstheorie (2001), 222; *Kuhner*, ZGR 2005, 753, 769.
1322 Vgl. auch § 8.II.2)c)bb), S. 303 f.
1323 Vgl. *Ewert/Wagenhofer*, BFuP 2003, 603, 608 f.; *Kuhner*, ZGR 2005, 753, 769.

Der sich scheinbar daraus ergebende trade-off zwischen den Implikationen der Ausschüttungssperren für die Investitionsanreize der Anteilseigner ist jedoch stark zu relativieren.[1324] Risikoprojekte mit negativem Kapitalwert werden aus Sicht der Anteilseigner erst attraktiv, wenn eine signifikante Bestandsgefährdung eintritt, also mit relativ hoher Wahrscheinlichkeit die Rechtsposition der Anteilseigner völlig untergeht.[1325] In diesen Situationen ist aber kaum anzunehmen, dass das Unternehmen erhebliche Zahlungsüberschüsse generiert. Die für die Risikoinvestitionen notwendigen Mittel werden in aller Regel wohl aus anderen Quellen fließen müssen. Dann ist aber auch nicht zu erwarten, dass die unternehmensintern generierten, nicht ausschüttbaren cash-flows die Tendenz zur Überinvestition wesentlich steigern. Zudem kann dem benannten Überinvestitionsanreiz durch flankierende gesetzliche oder vertragliche Präventionsmaßnahmen gegen die zugrunde liegenden Investitionstransaktionen entgegen gewirkt werden.[1326]

Aus dem Argument der gläubigerschädigenden Investitionsanreize folgt damit nicht zwingend eine Kontraproduktivität von Ausschüttungsrestriktionen.[1327] Vielmehr verdeutlichen die unterschiedlichen Anreizwirkungen die Notwendigkeit einer Feinsteuerung der Restriktionswirkung durch die Formulierung situationsabhängiger Ausschüttungsbeschränkungen und das Erfordernis flankierender gesetzlicher oder vertraglicher Präventionsmaßnahmen gegen gläubigerschädigende Transaktionen.

Situationsbezogene Ausschüttungsrestriktionen[1328], die an die den fremdfinanzierten und liquidationsfinanzierten Ausschüttungen zugrunde liegenden Transaktionen anknüpfen, vermögen es zugleich, die damit verbundenen teilungsbedingten Gläubigerrisiken einzuschränken. Dies sei kurz an einem Beispiel erläutert.

Fremdfinanzierte Ausschüttungen können unter anderem durch Überbewertungen bedingt werden. Eine Überbewertung des Restbuchwertes im Wege wirtschaftlich überzogener, erfolgswirksamer Neubewertungen wirkt bereits vor der Veräußerung gewinnerhöhend, ohne dass diese Erträge durch den Umsatzprozess gedeckt sind. Die Erhöhung des ausschüttungsfähigen Betrages durch reine Neubewertungen würde eine Freisetzung von nicht durch einen Umsatzprozess gedeckten liquiden Mitteln des Unternehmens ermöglichen. Einzahlungen aus der Kreditaufnahme könnten daher zur Finanzierung entsprechender Ausschüttun-

1324 Vgl. *Kuhner*, ZGR 2005, 753, 770.
1325 Vgl. *Kuhner*, ZGR 2005, 753, 770.
1326 Vgl. *Kuhner*, ZGR 2005, 753, 770 f. So kann den gläubigerschädigenden Transaktionen etwa durch eine entsprechende Haftung der Anteilseigner, mithin durch eine adäquate Negativklausel (vgl. hierzu § 8.II.3)c)aa)(1)(a), S. 309 f.), entgegengewirkt werden. Die potentielle Reichweite des in der Rechtsprechung des BGH entwickelten Konzepts der „Haftung für existenzvernichtende Eingriffe" dürfte sich auch auf die Überinvestitionsproblematik erstrecken, vgl. insbesondere BGH, Urt. v. 17. September 2001 – II ZR 178/99 – „Bremer Vulkan , BGHZ 149, 10, 16 f.= BB 2001, 2233, 2235. Vgl. hierzu auch *Lombardo/Wunderlich*, Über den ökonomischen Sinn und Unsinn eines Haftungsdurchgriffs im Recht der Kapitalgesellschaften, S. 25–33, abrufbar unter http://www.bepress.com/gwp/default/vol2004/iss1/art29/.
1327 Vgl. *Kuhner*, ZGR 2005, 753, 770 f.
1328 So zu Recht *Kahle*, WPg 2003, 262, 267.

gen herangezogen werden. Durch die Unterbindung der Ausschüttung der Neubewertungserträge ließe sich folglich das Risiko gläubigerschädigender, fremdfinanzierter Ausschüttungen mindern.

Zusammenfassend lässt sich festhalten, dass Ausschüttungsrestriktionen es grundsätzlich vermögen, die teilungs- und investitionsbedingten Gläubigerrisiken einzuschränken. Die Abhängigkeit der Anreizwirkung der Ausschüttungsrestriktionen von den bestehenden Finanzierungs- und Investitionsmöglichkeiten und der aktuellen Unternehmenslage impliziert aber zugleich die Notwendigkeit situationsabhängiger Ausschüttungsbeschränkungen, die an die zugrunde liegenden Transaktionen und Ereignisse anknüpfen.[1329] Nur durch solche situationsabhängigen Ausschüttungssperren lässt sich die notwendige Feinsteuerung der Handlungen der Anteilseigner sicherstellen. Welche konkrete Ausgestaltung diese situationsabhängigen Restriktionen aufweisen sollten, ist nachfolgend zu erörtern.

(2) Gewinnverwendungs- versus gewinnermittlungsbasierende Ausschüttungsrestriktionen

Ausschüttungsrestriktionen können ganz unterschiedlich ausgestaltet werden. Da sich Ausschüttungen grundsätzlich aus einer Bemessungsgrundlage und einem Ausschüttungsparameter zusammensetzen, kann die Höhe des ausschüttungsfähigen Betrages sowohl über den Ausschüttungsparameter als auch über die Ermittlung der Bemessungsgrundlage begrenzt werden.[1330] Entsprechend dem Anknüpfungspunkt der Restriktionen kann zwischen gewinnverwendungsbezogenen und gewinnermittlungsbezogenen Ausschüttungsrestriktionen unterschieden werden.[1331]

Bei den gewinnverwendungsbezogenen Ausschüttungsrestriktionen erfolgt die Steuerung des maximal ausschüttungsfähigen Betrages ausschließlich über den Ausschüttungsparameter.[1332] Als Bemessungsgrundlage fungiert eine Gewinngröße. Der Ausschüttungsparameter zur Steuerung des ausschüttungsfähigen Betrages kann von ganz unterschiedlicher Gestalt sein. Eine Beschränkung kann etwa nach dem Vorbild der Kapitalrichtlinie[1333] in Kapitalschutzregeln zum Erhalt einer

---

1329 Vgl. *Leuz*, Rechnungslegung und Kreditfinanzierung (1996), 98; *Kahle*, WPg 2003, 262, 267. Die vorstehenden Erkenntnisse lassen zugleich den Schluss zu, dass eine maximale Ausschüttungsbeschränkung nicht mit einem maximalen Gläubigerschutz gleichgesetzt werden kann. Die Vorstellung, Gläubigerschutz bedinge eine vorsichtige, auf tendenzielle Unterbewertung zielende Gewinnermittlung, vernachlässigt die geschilderten möglichen negativen Anreize einer Ausschüttungsbeschränkung auf die Investitionsentscheidung der Unternehmensleitung. Vgl. hierzu *Leuz*, Rechnungslegung und Kreditfinanzierung (1996), 223; *Watrin*, Internationale Rechnungslegung und Regulierungstheorie (2001), 223; *Ewert/Wagenhofer*, BFuP 2003, 603, 609.
1330 *Leuz*, Rechnungslegung und Kreditfinanzierung (1996), 102.
1331 Vgl. *Leuz*, Rechnungslegung und Kreditfinanzierung (1996), 103, der die gewinnverwendungsbezogenen Restriktionen als umsatzüberschussbasierende und die gewinnermittlungsbezogenen als gewinnbasierende Ausschüttungsbeschränkungen bezeichnet.
1332 *Leuz*, Rechnungslegung und Kreditfinanzierung (1996), 103.
1333 Vgl. § 3.II.2)a)aa)(2), S. 29 ff.

festen Nennkapitalziffer erfolgen. Denkbar ist auch die Festlegung einer liquidationsorientierten Solvenzprüfung nach US-amerikanischen Vorbild.[1334]

Die gewinnermittlungsbasierenden Ausschüttungsrestriktionen hingegen steuern den ausschüttungsfähigen Betrag nicht über den Ausschüttungsparameter, sondern über die zunächst nicht näher bestimmten Regeln zur Ermittlung der Bemessungsgrundlage.[1335]

Die Differenzierung zwischen gewinnverwendungsbezogenen und gewinnermittlungsbasierenden Ausschüttungsrestriktionen spiegelt zugleich die Diskussion über die Entkoppelung der Gewinnermittlung und der Ermittlung des ausschüttungsfähigen Betrages wider. Die Anknüpfung der Gewinnermittlung und der Ausschüttungsbemessung ist umstritten. Einige Ansichten in der Literatur plädieren für die Loslösung der Ausschüttungsbemessung von der Gewinnermittlung und eine Verlagerung der Ermittlung des ausschüttungsfähigen Betrages in die Gewinnverwendung.[1336] Hierdurch ließen sich etwaige Konflikte zwischen den verschiedenen Funktionen der Rechnungslegung angeblich vermeiden. Die Vorstellung einer Verlagerung der Ausschüttungsbegrenzung in die Gewinnverwendung kommt einer Korrektur des zuvor ermittelten Gewinnes mit einem entsprechenden Ausschüttungsparameter (etwa durch die Anordnung einer spezifischen Rücklagenbildung), mithin einer gewinnverwendungsbasierenden Ausschüttungsrestriktion gleich.

Lassen sich die Ausschüttungsrestriktionen somit nach ihrem Anknüpfungspunkt grundsätzlich in gewinnermittlungs- und gewinnbasierende Restriktionen unterteilen, ist es im Folgenden erforderlich, diese beiden Arten auf ihre Funktionsfähigkeit hin zu untersuchen.

1334 Zum Solvency-Test vgl. *Niehues*, WPg 2001, 1209, 1217f.; *Merkt*, ZGR 2004, 305, 314f.; *Rammert*, BFuP 2004, 578, 590f., *Pellens/Jödicke*, DB 2005, 1393, 1395–1401; *Kuhner/Sabiwalsky*, Der Konzern 2006, 504, 505. Zu den damit verbundenen rechtspraktischen Problemen ausführlich *Jungmann*, ZGR 2006, 638–682.
Der im anglo-amerikanischen Rechtskreis und im internationalen Kreditgeschäft weit verbreitet kreditbegleitende, privatrechtliche Gläubigerschutz in Form von so genannten *covenants* ist durch eine Mischung aus gewinnverwendungs- und gewinnermittlungsbasierenden Ausschüttungsrestriktionen und impliziten Beschränkungen geprägt. In den vertraglichen Vereinbarungen verspricht die Gesellschaft, ihre Dividenden zu begrenzen, ein gewisses Mindestkapital zu erhalten, ein bestimmtes Verhältnis zwischen Eigenkapital und Fremdkapital zu wahren und bestimmte Informations- und Rechnungslegungspflichten zu achten. Zu den covenants und ihren Inhalten vgl. *Alberth*, WPg 1997, 744–750; *ders.*, ZfB 1998, 803–823; *Fleischer*, ZIP 1998, 313, 313–314; *Kästle*, Rechtsfragen der Verwendung von Covenants in Kreditverträgen (2003), 53–72; *Merkt*, ZGR 2004, 305, 313f.; *Rammert*, BFuP 2004, 578, 590f.; *Jetter*, in: *Eilers/Rödding/Schmalenbach* (Hrsg.), Unternehmensfinanzierung (2008), Kapitel C. Rn. 45–56.

1335 *Leuz*, Rechnungslegung und Kreditfinanzierung (1996), 103.

1336 So wohl *Kronstein/Claussen*, Publizität und Gewinnverteilung im neuen Aktienrecht (1960), 140; vgl. auch *Stützel*, ZfB 1967, 314, 336–338; *Schneider*, Betriebswirtschaftslehre, Bd. 2: Rechnungswesen^2 (1997), 250–264, der dabei von der gewinnverwendungsneutralen Gewinnermittlung spricht. *Mujkanovic*, Fair Value im Financial Statement nach International Accounting Standards (2002), 19, plädiert daneben ebenfalls für eine „unverzerrte Erfolgsermittlung mit anschließender Ausschüttungsbegrenzung".

Die obigen Ausführungen haben bereits deutlich gemacht, wie sehr die Wirkungen einer Ausschüttungsrestriktion und damit ihre optimale Strenge von den konkreten Investitions- und Finanzierungsmöglichkeiten abhängen, die wiederum erst durch den eintretenden Umweltzustand konkretisiert werden.

Eine sinnvolle Ausschüttungsbegrenzung erfordert folglich eine präzise, situationsabhängige Steuerung des ausschüttungsfähigen Betrages.[1337] Das Erfordernis einer Anpassung der Restriktion an das betreffende situative Umfeld wird durch die Laufzeit des Kreditvertrages verstärkt. Zum einen nehmen die Opportunitätskosten einer starren Regelung mit der Laufzeit des Vertrages tendenziell zu.[1338] Zum anderen ist die Ausgestaltung starrer, ex-ante festgelegter Restriktionen mit zunehmender Vertragsdauer immer schwieriger, da sich die Antizipation der möglichen Umweltentwicklungen und Investitionsprojekte mit der Laufzeit immer aufwendiger gestaltet.[1339]

Neben den durch die Entwicklungen der Umweltzustände bedingten Anreizwirkungen können sich auch aus der zeitlichen Struktur der Zahlungsüberschüsse Fehlanreize für die Investitionsentscheidungen ergeben.[1340] Die Betrachtung mehrerer Perioden eröffnet den Eignern zusätzliche Handlungs- und Gestaltungsspielräume. Durch Entscheidungen der vorherigen Perioden können etwa Ausschüttungsrestriktionen gezielt umgangen und durch die zeitliche Strukturierung der Ausschüttungen Risiken auf Gläubiger abgewälzt werden. Solche intertemporalen Effekte müssen bei der Ausgestaltung der Ausschüttungsrestriktion beachtet werden. Es bedarf folglich kontraktfähiger Indikatoren, die durch die Anknüpfung an spezifische ökonomische Sachverhalte die intertemporalen Verknüpfungen in den Ausschüttungsrestriktionen erfassen und so die Investitionsentscheidungen im Mehrperiodenkontext beeinflussen.

Kontraktfähige Ausschüttungsrestriktionen setzen des Weiteren voraus, dass sowohl diese als auch das zugehörige Ermittlungssystem ex-ante beschreibbar und ex-post durch die Gläubiger und Dritter (z.B. das Gericht oder den Wirtschaftsprüfer) verifizierbar sind.[1341]

Entsprechend diesen Anforderungen an die Ausgestaltung der Ausschüttungsrestriktionen ist im Folgenden zu prüfen, ob sich aus den unterschiedlichen Anknüpfungspunkten der gewinnverwendungs- und gewinnermittlungsbasierenden Restriktionen Unterschiede in den Möglichkeiten der Steuerung ergeben.

Gewinnverwendungsbezogene Restriktionen sind durch die pauschale Steuerung des ausschüttungsfähigen Betrages über den Ausschüttungsparameter gekennzeichnet. Der Anknüpfung an Gewinngrößen wie etwa den Umsatzüberschuss

1337 *Leuz*, Rechnungslegung und Kreditfinanzierung (1996), 98.
1338 *Leuz*, a.a.O., 115.
1339 *Leuz*, a.a.O., 115.
1340 *Leuz*, a.a.O., 132.
1341 *Leuz*, a.a.O., 116.

oder den Leistungserfolg als Bemessungsparameter[1342] liegt eine aggregierte Steuerung des ausschüttungsfähigen Betrages zugrunde.[1343] Die Ausschüttung wird allein durch den Ausschüttungsparameter beeinflusst.

Die Anknüpfung an eine aggregierte Bemessungsgrundlage beschränkt die Möglichkeiten der Feinsteuerung, mithin der situativen Anpassung der Ausschüttungsrestriktionen.[1344] Die erforderliche situative Feinsteuerung kann durch gewinnverwendungsbasierende Restriktionen somit nur beschränkt gewährleistet werden.

Bei den gewinnermittlungsbasierenden Restriktionen erfolgt im Gegensatz zu den gewinnverwendungsbasierenden Restriktionen eine disaggregierte Steuerung des Ausschüttungsbetrages, indem der Zweck der Ausschüttungsbemessung bereits auf der Ebene der Gewinnermittlung beachtet wird. Der Zweck der Ausschüttung wird bereits bei der Abbildung der zugrunde liegenden Transaktionen und Ereignisse miteinbezogen. Dieses Konzept der transaktions- und ereignisorientierten Feinsteuerung[1345] setzt demnach bereits auf einem niedrigeren Aggregationsniveau an als die gewinnverwendungsbasierenden Restriktionen. Die aufgezeigten Anreizprobleme in den einzelnen Umweltzuständen lassen sich demnach gezielter beeinflussen. Die gewinnermittlungsbasierenden Restriktionen entsprechen folglich im Gegensatz zu den gewinnverwendungsbasierenden Ausschüttungsbegrenzungen dem in den vorhergehenden Überlegungen erarbeiteten Erfordernis der Feinsteuerung des ausschüttungsfähigen Betrages.

Die transaktions- und ereignisbezogene Feinsteuerung im Rahmen der gewinnermittlungsbasierenden Ausschüttungsrestriktionen vermag es des Weiteren auch, die intertemporalen Verknüpfungen der Zahlungen in die Ausschüttungsrestriktionen zu implementieren. Durch die Anknüpfung an die Transaktionen und Ereignisse wird explizit auf das Ressourcenset des Unternehmens abgestellt. Das Ressourcenset ist seinerseits auf bestimmte vergangene Transaktionen und Ereignisse zurückzuführen und repräsentiert zugleich den zukünftigen Aktionsrahmen der Unternehmensleitung.[1346] Es stellt folglich das Bindeglied zwischen vergangenen und zukünftigen Zahlungen dar.[1347] Diese Verbindung zwischen den vergan-

---

1342 Die Anknüpfung an den Leistungserfolg oder den Umsatzüberschuss setzt zum einen ein Rechensystem voraus, welches in der Lage ist, die verschiedenen Zahlungen entsprechend der Kategorisierung zu unterscheiden. Eine sachgerechte Klassifizierung der Zahlungen ist dabei nicht ohne Rückgriff auf die zugrunde liegenden realen Sachverhalte möglich. Die Abgrenzung der einzelnen Zahlungsüberschüsse kann anhand von verifizierbaren Transaktionen und Ereignissen erfolgen. Die dadurch bedingten Abgrenzungsschwierigkeiten führen schon zu einer Komplexitätszunahme des vermeintlich einfacheren Systems der umsatzüberschussbasierenden Restriktionen und erschweren damit deren Kontraktfähigkeit.

1343 *Leuz*, Rechnungslegung und Kreditfinanzierung (1996), 151.

1344 Vgl. *Leuz*, Rechnungslegung und Kreditfinanzierung (1996), 140, 143 und 150.

1345 *Leuz*, Rechnungslegung und Kreditfinanzierung (1996), 149.

1346 Vgl. *Ordelheide*, in: *Hax/Kern/Schröder* (Hrsg.), Zeitaspekte in betriebswirtschaftlicher Theorie und Praxis (1989), 21, 25–32, der insbesondere auf die Risikoindikatorenfunktion der nicht-monetären Güter eingeht; *Leuz*, Rechnungslegung und Kreditfinanzierung (1996), 152.

1347 *Leuz*, Rechnungslegung und Kreditfinanzierung (1996), 152. Diese Bindegliedfunktion besteht aber dann nicht, wenn die vergangenen Transaktionen und Ereignisse als Grundlage des begenen Transaktionen und dem zukünftigen Aktionsraum, in Form von zukünftigen Anreizwirkungen und Investitionsmöglichkeiten, kann bei der Steuerung des ausschüttungsfähigen Betrages genutzt werden.

Die transaktions- und ereignisorientierte Feinsteuerung im Rahmen der gewinnbasierenden Restriktionen erfüllt folglich grundsätzlich die erarbeiteten Voraussetzungen.

Festzuhalten ist, dass die gewinnermittlungs- den gewinnverwendungsbezogenen Restriktionen aufgrund ihrer besseren Eignung zur Feinsteuerung vorzuziehen sind. Es bedarf folglich bereits auf der Ebene der Gewinnermittlung Rechnungslegungsbestimmungen, welche die Ausschüttungsfähigkeit des ermittelten Gewinns gewährleisten. Transaktions- und ereignisbezogene Abbildungsregeln bieten die notwendige Grundlage für die gewinnbasierende Feinsteuerung der Ausschüttungen.

Nicht in Abrede gestellt wird damit aber, dass die gewinnermittlungsbasierenden Restriktionen um zusätzliche, etwa gesellschaftsrechtliche Restriktionen auf der Ebene der Gewinnverwendung ergänzt werden können. Ob hierbei eine feste Nennkapitalziffer nach dem Vorbild der Kapitalrichtlinie, eine Solvenzprüfung nach dem US-amerikanischen Vorbild oder einzelvertragliche financial covenants[1348] einen besseren Schutz vor einem gläubigerschädigenden Vermögenstransfer bieten, ist nicht Gegenstand der vorliegenden Untersuchung.[1349]

Auf der Grundlage der vorstehenden Erwägungen ist jedoch die von Teilen der Literatur angestrebte umfängliche Verlagerung der Ermittlung des ausschüttungsfähigen Betrages in die Gewinnverwendung, mithin eine Beschränkung auf gewinnverwendungsorientierte Restriktionen, als inadäquat abzulehnen.

cc) Ergänzende Vermögensansprüche gegen Dritte

Neben den genannten impliziten und expliziten Beschränkungen der Handlungsspielräume des Kapitalnehmers kommt die Erweiterung der Gläubigeransprüche als weiteres Schutzinstitut in Betracht. Durch die Ausweitung der Ansprüche des Gläubigers auf außerhalb der kapitalnehmenden Einheit stehende Privatpersonen oder Unternehmen ließe sich das Liquidationsrisiko kompensieren. Eine Ausweitung der Gläubigeransprüche könnte entweder durch die Einräumung zusätzlicher Haftungszusagen in Form von Personalsicherheiten oder durch die Aufhe-

---

stehenden Ressourcensets ohne Kosten rückgängig gemacht werden könnten, d. h. das Ressourcenset beliebig umstrukturiert werden könnte. Es ist aber davon auszugehen, dass eine Rückabwicklung der erfolgten Transaktionen und Ereignisse grundsätzlich nicht beliebig und kostenlos erfolgen kann. Vgl. *Leuz*, Rechnungslegung und Kreditfinanzierung (1996), 152.

1348 Vgl. hierzu Fn. 1334.

1349 Vgl. zu dieser aktuellen Diskussion *Bauer*, Gläubigerschutz durch eine formelle Nennkapitalziffer (1995); *Merkt*, ZGR 2004, 305, 314 f.; *Rammert*, BFuP 2004, 578, 590 f.; *Merschmeyer*, Die Kapitalschutzfunktion des Jahresabschlusses und Übernahme der IAS/IFRS für die Einzelbilanz (2005), insbes. S. 79–84; *Kuhner*, ZGR 2005, 753–787; *Pellens/Jödicke*, DB 2005, 1393, 1395–1401; *Raupach*, FS Volker Röhricht (2005), 1033, insbes. 1049–1051.

bung der Haftungsbeschränkung und der Ausgestaltung einer entsprechenden Durchgriffshaftung der Kapitaleigner realisiert werden.

Die Effizienz der bereits angesprochenen Personalsicherheiten in Form von Bürgschaften oder Garantien hängt entscheidend von der Kreditwürdigkeit des Dritten ab. Der Kapitalgeber benötigt folglich wiederum Informationen über die zukünftige Zahlungsfähigkeit des Dritten und ist hier ebenfalls mit den Problemen opportunistischen Verhaltens des Dritten konfrontiert.

Die generelle Durchbrechung des Prinzips der beschränkten Haftung, das zum Teil als Signum der Kapitalgesellschaft schlechthin gilt,[1350] und der Durchgriff auf das Privatvermögen der Unternehmenseigner[1351] scheinen auf den ersten Blick die geschilderten Anreizprobleme, mithin die teilungs- und finanzierungsbedingten Risiken, durch die vollumfängliche Partizipation der Kapitaleigner an den Verlusten der Unternehmung zu beheben.[1352]

Den positiven Anreizeffekten stehen aber erhebliche, vor allem strukturelle Nachteile entgegen. Nach ganz herrschender Meinung[1353] trägt die Haftungsbeschränkung aus verschiedenen Gründen[1354] zur gesamtwirtschaftlichen Wohlfahrtsmehrung bei. *Erstens* wird durch die aus der Haftungsbeschränkung fließende Trennung zwischen Anteilseigentum und Management die Grundvoraussetzung für Spezialisierungsvorteile gelegt. Die Trennung zwischen dem Privat- und dem Gesellschaftsvermögen führt *zweitens* über die Herabsetzung des Haftungsrisikos zur Senkung der Informations- und Kontrollkosten.[1355] *Drittens* dispensiert das Prinzip der beschränkten Haftung von dem Erfordernis der Analyse und Kontrolle der Vermögenslage der anderen Anteilseigner, da deren Liquidität für das eigene Haftungsrisiko ohne Belang ist. *Viertens* fördert die fehlende persönliche Einstandspflicht die freie Übertragbarkeit der Gesellschaftsanteile und damit auch die Ma-

---

1350 *Easterbrook/Fischel*, The Economic Structure of Corporate Law (1991), 40: „Limited liability is a distinguishing feature of corporate law – perhaps the distinguishing feature."

1351 Im deutschen Gesellschaftsrecht liegt den juristischen Personen das so genannte Trennungsprinzip zugrunde. Es bezeichnet die für Kapitalgesellschaften charakteristische Verselbstständigung der Sphäre des Verbandes gegenüber seinen Mitgliedern. Demnach haften einerseits Gesellschafter grundsätzlich nicht für Verbindlichkeiten ihrer Gesellschaft, andererseits ist auch ein umgekehrter Haftungsdurchgriff, also eine Haftung der Gesellschaft für Verbindlichkeiten ihrer Gesellschafter, im Grundsatz ausgeschlossen; vgl. *Schmidt, K.*, Gesellschaftsrecht[4] (2002), 218; *Hirte*, Kapitalgesellschaftsrecht[5] (2006), Rn. 1.7.

1352 Vgl. *Franken*, Gläubigerschutz durch Rechnungslegung nach US-GAAP (2000), 75.

1353 *Easterbrook/Fischel*, The Economic Structure of Corporate Law (1991), 41–44; *Adams*, Eigentum, Kontrolle und beschränkte Haftung (1991), 47–52 m.w.N.; *Fleischer*, ZGR 2001, 1, 16 f.; *Watrin*, Internationale Rechnungslegung und Regulierungstheorie (2001), 43–46.

1354 Vgl. näher *Fleischer*, ZGR 2001, 1, 17. Eine andere, aber im großen und ganzen ähnliche Aufschlüsselung, findet sich bei *Easterbrook/Fischel*, The Economic Structure of Corporate Law (1991), 41–44 und *Watrin*, Internationale Rechnungslegung und Regulierungstheorie (2001), 43–46.

1355 Die Herabsetzung der Informations- und Kontrollkosten durch die Haftungsbeschränkung ist wiederum eine Grundvoraussetzung der Funktionsfähigkeit des Kapitalmarktes. Denn nur die Haftungsbeschränkung und die daraus fließende fehlende Haftung für künftige bzw. vergangene Verbindlichkeiten machen den anonymen Handel der Gesellschaftsanteile möglich. Vgl. *Watrin*, Internationale Rechnungslegung und Regulierungstheorie, 41 f. m.w.N.

nagement- und Unternehmenskontrolle über den Kapitalmarkt.[1356] *Fünftens* erleichtert die Beschränkung der Haftung den Anlegern durch den Kauf von Anteilen verschiedener Gesellschaften die Diversifizierung des Portfolios, mithin die Herabsetzung des Anlegerrisikos, was wiederum die Bereitschaft zur Kapitalbereitstellung auch für risikoreichere Investitionen erhöht.[1357] *Sechstens* verbessert die Trennung der Haftungsmassen durch die Begrenzung der Investitionsrisiken die Kapitalsammelfunktion großer Aktiengesellschaften. *Siebtens* wirkt die Haftungsbeschränkung durch die Sozialisierung des Fortschrittsrisikos innovations- und damit wohlfahrtsfördernd.

Der Verzicht auf die Haftungsbeschränkung würde nicht nur einen strukturellen Wandel des Charakters der Kapitalgesellschaften bedingen, sondern die Kapitalsammelfunktion der Kapitalgesellschaft aufheben und dadurch zur Nichtrealisierung innovativer Investitionen und folglich zu Effizienzverlusten führen.[1358] Die Ausweitung des Schuldnerkreises durch Aufhebung der Haftungsbeschränkung hat folglich nur beschränkt gläubigerschützenden Charakter. Dies schließt jedoch nicht aus, dass im Einzelfall ein Haftungsdurchgriff, d.h. eine Durchbrechung des Trennungsprinzips zur Wahrung einer effizienten Kapitalallokation, notwendig ist.[1359]

d) Zwischenergebnis

Festzuhalten ist, dass den Gläubigern grundsätzlich vielseitige Schutzinstrumente gegen die aufgezeigten agency-Probleme zur Auswahl stehen. Ein rational agierender Gläubiger wird die agency-Probleme in seine Erwägungen mit einbeziehen und seine Mindestrendite entsprechend vertraglich sichern. Hierbei werden die Gläubiger vor allem auf die Bereitstellung entscheidungs- und kontrollnützlicher Unternehmensinformationen und auf die Vereinbarung bilanzieller, mithin gewinnermittlungsorientierter Ausschüttungsrestriktionen hinwirken. Hilfsweise ist auch die Vereinbarung impliziter Beschränkungen denkbar.

Zugleich wurde auch aufgezeigt, dass für die Unternehmen Anreize bestehen, von sich aus Maßnahmen zur Verringerung der agency-Probleme vertraglich zu integrieren. Innerhalb dieser institutionellen Arrangements können der Rechnungslegung bzw. Unternehmensberichterstattung unterschiedliche Funktionen zur Lückenschließung zukommen.

1356 Vgl. auch *Adams*, Eigentum, Kontrolle und beschränkte Haftung (1991), 50.

1357 Vgl. auch *Adams*, Eigentum, Kontrolle und beschränkte Haftung (1991), 51; *Easterbrook/Fischel*, The Economic Structure of Corporate Law (1991), 43; *Watrin*, Internationale Rechnungslegung und Regulierungstheorie (2001), 44.

1358 Vgl. *Franken*, Gläubigerschutz durch Rechnungslegung nach US-GAAP (2000), 75; *Watrin*, Internationale Rechnungslegung und Regulierungstheorie (2001), 42 f.

1359 Ein Überblick über die Fallgruppen der Durchgriffshaftung und eine Untersuchung ihrer institutionellen Notwendigkeit findet sich bei *Lombardo/Wunderlich*, Über den ökonomischen Sinn und Unsinn eines Haftungsdurchgriffs im Recht der Kapitalgesellschaften, insbesondere S. 7, S. 16–33, abrufbar unter http://www.bepress.com/gwp/default/vol2004/iss1/art29/.

aa) Einzelabschluss als Informationsinstrument

Entscheidendes Gläubigerschutzinstrument ist die Bereitstellung entscheidungsrelevanter, zuverlässiger Informationen seitens des Unternehmens. Das Informationsbedürfnis unterscheidet sich inhaltlich nicht von dem der Anteilseigner.[1360] Auch der Gläubiger benötigt zur adäquaten Risikoprognose entscheidungsnützliche Informationen sowohl über die absolute als auch über die relative Vermögens-, Finanz- und Ertragslage des Unternehmens. Die bereitgestellten Informationen haben neben der Prognosefunktion auch eine Funktion als Kontrollinstrument zur Prüfung der realisierten Zielbeträge. Die Rechnungslegung kann, wie bereits im Zusammenhang mit den Interessen der Anteilseigner erörtert, als Träger indirekter und teils direkter prognostischer und kontrollgeeigneter Daten fungieren.[1361] Zu beachten sind aber die spezifischen Interdependenzen mit den anderen Schutzinstrumenten.[1362]

bb) Einzelabschluss als Prognose-, Indikator- und Kontrollinstrument

Im Rahmen der erörterten impliziten Beschränkungen der Handlungs- und Gestaltungsspielräume der Schuldner kommt der externen Rechnungslegung als Informationsträger eine entscheidende Prognose-, Indikator- und Kontrollfunktion zu. Die effiziente Sicherung der Gläubigeransprüche durch die Vereinbarungen entsprechender Beschränkungen setzt zunächst eine adäquate Risikoprognose, mithin eine ex-ante Informationsbereitstellung voraus. Der Fremdkapitalgeber benötigt ferner Informationen über die Unternehmensentwicklung und getätigte Transaktionen, um die Einhaltung der getroffenen Vereinbarungen zu überprüfen bzw. die Konsequenzen der eigenen Entscheidungen zu revidieren. Im Rahmen der aktiven Gestaltungs- und Einwirkungsrechte können die Informationen auch als situationsbezogene Indikatoren dienen. Die Prognose-, Kontroll- und Indikatorfunktion der Informationen knüpft an die bereitgestellten Informationen an und stellt folglich neben der Informationsfunktion keine eigenständigen Anforderungen an die Rechnungslegung.

cc) Einzelabschluss als Instrument der transaktions- und ereignisorientierten Feinsteuerung

Es wurde bereits ausgeführt, dass die Bereitstellung entscheidungsrelevanter Informationen für sich genommen die bestehenden Anreizprobleme im dem vorliegenden principal-agent-Verhältnis nicht zu überwinden vermag. Es bedarf weiterer Schutzinstrumente. Die bestehende Lücke kann auch durch die Vereinbarung impliziter Beschränkungen nicht vollständig geschlossen werden, denn die zugrunde liegenden Steuerungsinstrumente sind zu grob. Es bedarf folglich zusätzlicher expliziter Restriktionen der Ausschüttungen. Die spezifische Feinsteuerung der Restriktionen lässt sich nach den obigen Ausführungen am besten durch eine

1360 Vgl. hierzu § 8.I.3), S. 243 ff.
1361 Vgl. § 8.I.2)a)cc), S. 231 ff.
1362 Vgl. hierzu § 8.II.3)a), S. 305 f.

gewinnermittlungsbasierende Ausschüttung gewährleisten. Hierzu sind bereits auf der Ebene der Gewinnermittlung Rechnungslegungsbestimmungen erforderlich, welche die Ausschüttungsfähigkeit des ermittelten Gewinns sicherstellen. Transaktions- und ereignisbezogene Abbildungsregeln bilden die notwendige Grundlage für die gewinnbasierende Feinsteuerung der Ausschüttungen. Welche spezifischen Implikationen sich daraus für die Ausgestaltung der Elemente der Unternehmensberichterstattung, speziell für das zugrunde liegende Ansatz- und Bewertungssystem und den Ausweis der Ertragslage, ergeben, ist Gegenstand des nächsten Abschnittes.

4) Implikationen für konkrete Rechnungslegungsregeln

Die Implikationen der Informationsfunktion der Rechnungslegung wurden bereits im Rahmen der Darstellungen der Interessenlage der Anteilseigner sowohl für die primären als auch für die sekundären Informationsinstrumente erläutert. Ebenso wurde bereits die Funktion der Rechnungslegung als Bemessungsgrundlage aus Sicht der Anteilseigner näher betrachtet. Dabei wurde herausgearbeitet, dass zwischen den Implikationen der Informationsfunktion einerseits und der Gewinnermittlungsfunktion andererseits in der Beziehung zwischen den Anteilseignern und dem Unternehmen keine Verwerfungen auftreten. Im Folgenden sollen nun grundlegende Implikationen einer transaktions- und ereignisorientierten, bilanziellen Gewinnermittlung als Grundlage einer gläubigerschützenden bzw. nicht gläubigerschädigenden Ausschüttungsbemessung näher betrachtet werden. Es wird nochmals darauf verwiesen, dass im Ausgangspunkt der Betrachtung ein Gleichlauf zwischen dem Unternehmenserfolg und dem ausschüttungsfähigen Betrag angenommen wird.[1363]

a) Materielle Anforderungen

Determinanten des ausschüttungsfähigen Betrages sind innerhalb eines bilanziell basierenden Ausschüttungssystems die Ansatzregeln, das Bewertungssystem und der daraus folgende Erfolgsausweis.

aa) Ansatzregeln

Eine transaktions- und ereignisorientierte Feinsteuerung des ausschüttungsfähigen Gewinns setzt, wie auch das Ziel der Vermittlung entscheidungsnützlicher Informationen, zunächst eine umfassende, aber objektive Erfassung des Ressourcensets als Grundlage für die umwelt- und intertemporalbedingten Anreizprobleme voraus. Entsprechend der darin zum Ausdruck kommenden Indikatorfunktion des Ressourcensets sollte die Aktivierung der Vermögensgüter in Abhängigkeit zu einem identifizierbaren und individuell zuordenbaren wirtschaftlichen Nutzenbeitragspotential erfolgen.

1363 Vgl. die Prämissen am Ende des § 8.II.1), S. 296 f.

Das sich daraus ergebende, weite Aktivierungspotential bedarf aber nach dem Objektivierungserfordernis einer intersubjektiv nachprüfbaren Grundlage. Die Objektivierung wird auch im Rahmen einer transaktions- und ereignisorientierten Ausschüttungsbemessung durch die Anknüpfung an verifizierbare tatsächliche Geschäftsvorfälle, mithin an Transaktionen und Ereignisse, gewährleistet.[1364] Das Nutzenbeitragspotential und das Objektivierungserfordernis sollten folglich auch im Rahmen einer Ausschüttungsbemessung aus Gläubigersicht grundsätzlich als Ansatzdeterminanten fungieren.

Das Objektivierungskriterium bedingt ferner eine Sonderbehandlung der selbst erstellten immateriellen Vermögensgüter. Vorzugswürdig ist hier eine nachträgliche, erfolgswirksame Aktivierung der getätigten Aufwendungen im Zeitpunkt der Fertigstellung des Vermögenselementes.

Eine zu weitgehende Nichtaktivierung, mithin die erfolgswirksame Buchung der Aufwendungen, die nicht aus Objektivierungsgesichtspunkten erforderlich ist, kann weit reichende Fehlanreize bedingen. Werden etwa die Ausgaben für die Herstellung und den Erwerb immaterieller Vermögensgegenstände nicht aktiviert, sondern erfolgswirksam als Aufwendungen gebucht, wird im Zeitpunkt der Anschaffung bzw. Herstellung der Unternehmenserfolg und damit auch der ausschüttungsfähige Betrag entsprechend gemindert. Im Zeitpunkt der Veräußerung der nicht aktivierten Vermögensgegenstände wird hingegen der gesamte Liquidationserlös als Ertrag gebucht und erhöht sich damit grundsätzlich auch das Ausschüttungsvolumen.

Durch diese erfolgswirksame Buchung der Investitionsauszahlungen werden nicht nur die Anreize der Eigner zur Investition in immaterielles Vermögen abgeschwächt und damit Fehlanreize für die Investitionsentscheidungen gesetzt.[1365] Es werden zugleich durch die Ausschüttung der Liquidationseinzahlungen im Zeitpunkt der Deinvestition Handlungsspielräume für gläubigerschädigende Vermögenstransfers eröffnet. Deinvestitionen im Bereich der immateriellen Vermögensgegenstände sind darüber hinaus zumeist aufgrund der nicht zu unterschätzenden Bedeutung des immateriellen Vermögens mit negativen Folgen für die wirtschaftliche Situation des Unternehmens und damit für die künftigen Ausschüttungserwartungen verbunden. Die Ermittlung des ausschüttungsfähigen Betrages zeigt diese Verschlechterung der wirtschaftlichen Situation der Unternehmung nicht an. Vielmehr beobachtet man einen Anstieg des ausgewiesenen Gewinns durch Rückgang der erforderlichen Ausgaben und die Liquidationseinzahlungen.[1366] Erst in der Folgezeit werden die Wirkungen der Deinvestitionen sich in der Gewinn- und Verlustrech-

1364 Das Erfordernis der Objektivierung wird im Rahmen der Ausschüttungsbemessung nicht durch die Entscheidungsnützlichkeit, sondern durch die mit Manipulationsspielräumen einhergehenden Anreizverzerrungen bedingt.

1365 *Leuz*, Rechnungslegung und Kreditfinanzierung (1996), 206.

1366 Vgl. *Moxter*, in: *Baetge* (Hrsg.), Der Jahresabschluss im Widerstreit der Interessen (1993), 11, 17f. *Moxter* führt die Folgen der Deinvestitionen dabei in einem anderen Kontext an. Er verdeutlicht an ihnen seine grundsätzliche These der Nichtvereinbarkeit des Objektivierungserfordernisses mit der Zielsetzung der Vermittlung „wirtschaftlich interessante[r] Aussage[n]".

nung widerspiegeln. Diese Verzerrungen in der Gewinnermittlung gehen nicht nur zu Lasten der Informationsvermittlung, sondern führen auch zu erheblichen Fehlanreizen in der Ausschüttungspolitik.

Zusammenfassend ist folglich eine umfassende Aktivierung unter Beachtung des Objektivierungserfordernisses zu präferieren.

Nach dem Investitionszeitpunkt kann sich hingegen eine Ungleichbehandlung der aktivierten immateriellen und materiellen Vermögensgegenstände im Hinblick auf den ausschüttungsfähigen Betrag zum Teil als sinnvoll erweisen.[1367] Aktivierte Investitionen in immaterielle Vermögensgegenstände, vor allem in selbst erstellte immaterielle Werte, können unter Umständen nach der Aktivierung mit erheblichen Risiken verbunden sein. So können die Investitionen vorwiegend versunkene Kosten[1368] darstellen oder zu einem späteren Zeitpunkt erhebliche Folgeinvestitionen bedingen. Dieses Risikopotential der Investitionen muss sich in adäquaten Abbildungsregeln im Hinblick auf die Ausschüttungsbemessung widerspiegeln.

Eine Ausschüttungsbegrenzung ließe sich etwa über ein strengeres und zügiges Abschreibungsverfahren erreichen,[1369] wobei die Risikokompensation über die Abschreibungen mit erheblichen Verzerrungen im Hinblick auf die Informationsfunktion verbunden wäre. Denkbar ist aber auch ein Ausgleich des trade-off zwischen der Aktivierung und dem immanenten Risikopotential spezifischer immaterieller Vermögensgegenstände durch eine entsprechende Ausgleichsrechnung im Rahmen der Ermittlung des ausschüttungsfähigen Gewinnes. Die aktivierten Investitionszahlungen müssten mithin für die Ausschüttungsbemessung als gewinnmindernde Aufwendungen angesehen werden.[1370] Zugleich wäre aber zur Unterbindung liquidationsfinanzierter Ausschüttungen und der damit einhergehenden Unterinvestitionsprobleme[1371] eine Nichtberücksichtigung der Deinvestitionszahlungen zu gewährleisten. Die erforderliche Korrektur des ermittelten Unternehmenserfolges bedingt damit eine Durchbrechung des Gleichlaufs zwischen der Ermittlung des Unternehmenserfolges und der Ausschüttungsbemessung.

bb) Bewertungssystem: historical cost accounting versus fair value-Bewertung

Bewerten bedeutet im Kontext der Ausschüttungsbemessungsfunktion, Geschäftsvorfälle mit spezifischen Ausschüttungskonsequenzen zu versehen.[1372] Die Bewertung im Rahmen der Informationsfunktion ist geprägt durch die Interdepen-

---

1367 *Leuz*, Rechnungslegung und Kreditfinanzierung (1996), 206.
1368 Zur Definition der versunkenen Kosten vgl. *Richter/Furubotn*, Neue Institutionenökonomik^3 (2003), 595.
1369 Vgl. *Leuz*, Rechnungslegung und Kreditfinanzierung (1996), 206.
1370 Als Vorbild für eine solche Regelung könnten hier die Bilanzierungshilfen der §§ 269, 274 HGB fungieren. Auch diese ermöglichen eine Aktivierung von risikobehafteten Vermögensgütern (Aufwendungen für die Ingangsetzung und Erweiterung des Geschäftsbetriebes), belegen sie aber mit einer Ausschüttungssperre.
1371 Vgl. zum Zusammenhang zwischen liquidationsfinanzierter Ausschüttung und Unterinvestitionsproblemen § 8.II.2)c)aa), S. 301.
1372 *Leuz*, Rechnungslegung und Kreditfinanzierung (1996), 202.

denzen zwischen der Zuverlässigkeit der Daten und einer möglichst zeitnahen Bewertung. Aus Sicht der Ausschüttungsbemessungsfunktion kommt es hingegen, wie sich im Nachfolgenden zeigen wird, entscheidend auf eine mögliche Annäherung des ausschüttungsfähigen Gewinns an den Leistungs- bzw. Umsatzüberschuss an.

Das zugrunde liegende Bewertungssystem bestimmt grundsätzlich, ob Ausschüttungen möglich sind oder ein entsprechendes Einbehaltungserfordernis besteht. Wie bereits im Rahmen der Implikationen aus Eignersicht erörtert, stehen sich grundsätzlich zwei Bewertungssysteme gegenüber: das historical cost accounting und die fair value-Bewertung. Das historical cost accounting ist durch das Anschaffungskosten- und das Realisationsprinzip geprägt. Das Anschaffungskostenprinzip determiniert, mit welchem Wert die Güter in der bilanziellen Gewinnermittlung erfasst und grundsätzlich beibehalten werden. Das Realisationsprinzip schließt daran an und legt fest, wann von diesem Grundsatz abgewichen werden darf.[1373] Es ergänzt folglich die grundsätzliche Bewertung zu den Anschaffungs- bzw. Herstellungskosten.[1374] Die fair value-Bewertung (Zeitwertbilanzierung bzw. „mark-to-market-Bewertung") präferiert hingegen eine zeitnahe Bewertung unter primärer Bezugnahme des Marktwertes. Hierbei handelt es sich im Gegensatz zu den Anschaffungs- bzw. Herstellungskosten lediglich um potentiell realisierbare Werte. Es kommt folglich abweichend vom Realisationsprinzip nur auf die Realisierbarkeit des angesetzten Wertes an.[1375]

Ausschüttungen sind, wie im Zusammenhang mit den Gläubigerrisiken herausgearbeitet wurde,[1376] je nachdem, aus welchen Zahlungen sie finanziert werden, unterschiedlich zu beurteilen und können unterschiedliche Anreizwirkungen bedingen.[1377] Zu nennen ist hier etwa die Problematik der fremd- und liquidationsfinanzierten Ausschüttungen und der damit verbundenen Investitionsanreize.[1378]

Ein sinnvolles, das heißt dem idealen System einer transaktions- und ereignisorientierten Feinsteuerung entsprechendes, bilanziell begründetes Ausschüttungsbemessungssystem sollte folglich einzahlungsorientiert sein und fremdfinanzierte und liquidationsfinanzierte Ausschüttungen nicht unbegrenzt ermöglichen. Zugleich bedingt ein System der Ausschüttungssteuerung die Beachtung des Objektivierungserfordernisses.

Im Falle der Veräußerung des Vermögenswertes, mithin der Überführung des gespeicherten wirtschaftlichen Vorteils in sein Nutzenpotential, fungiert der Rest-

1373 Das Realisationsprinzip fungiert nicht nur als Maßstab für die Folgebewertung, sondern, wenn man die Anschaffungskosten als Mindesteinzahlungserwartung versteht, als Zugangsbewertungs- und Ertrags- bzw. Aufwandsmaßstab.
1374 *Leuz,* Rechnungslegung und Kreditfinanzierung (1996), 203.
1375 Vgl. *Berndt,* Der Konzern 2003, 823, 828.
1376 Vgl. hierzu die Ausführungen zur Problematik der fremd- und liquidationsfinanzierten Ausschüttungen unter § 8.II.2)c)aa), S. 301 f.
1377 Vgl. *Leuz,* Rechnungslegung und Kreditfinanzierung (1996), 203.
1378 So sind liquidationsfinanzierte Ausschüttungen häufig mit dem Auftreten von Unterinvestitionsproblemen verbunden. Vgl. § 8.II.2)c)aa), S. 301 f.

buchwert als Ausschüttungssperre. In die Berechnung des Unternehmenserfolges und damit des ausschüttungsfähigen Gewinns fließt folglich allein die Differenz zwischen dem Veräußerungserlös und dem Restbuchwert.[1379]

Die Problematik der liquidationsfinanzierten Ausschüttungen bestünde demnach idealerweise dann nicht, wenn gewährleistet wäre, dass der Liquidationsvorgang für sich betrachtet keine Ausschüttungen bedingt und damit der Restbuchwert des aktivierten Vermögenswertes stets den Liquidationseinzahlungen entspricht.[1380] Dies würde zugleich einen Gleichlauf zwischen dem ausschüttungsfähigen Gewinn und dem Leistungs- bzw. Umsatzüberschuss gewährleisten und sicherstellen, dass nur ein tatsächlich im Wege des Leistungsprozesses erwirtschaftetes Nutzenpotential freigesetzt wird.

Sowohl eine Unterbewertung als auch eine Überbewertung des Restbuchwertes bilden hingegen die Grundlage für fremd- und liquidationsfinanzierte Ausschüttungen.

Eine *Unterbewertung* durch zu niedrige Wertansätze oder zu hohe Abschreibungen führt im Zeitpunkt der Bewertung oder der Abschreibung zu einem aus Gläubigerschutzgesichtpunkten nicht erforderlichen Einbehaltungserfordernis bezüglich des Umsatzüberschusses, dem im Zeitpunkt der Veräußerung liquidationsfinanzierte Ausschüttungen in Form der höheren Differenz zwischen dem Veräußerungserlös und dem Restbuchwert gegenüberstehen.[1381]

Eine *Überbewertung* des Restbuchwertes im Wege wirtschaftlich überzogener erfolgswirksamer Neubewertungen wirkt hingegen bereits vor der Veräußerung gewinnerhöhend, ohne dass diese Erträge durch den Umsatz- bzw. Leistungsprozess gedeckt sind.[1382] Die Erhöhung des ausschüttungsfähigen Betrages durch reine Neubewertungen würde eine Freisetzung von nicht durch den Leistungsprozess gedeckten liquiden Mitteln des Unternehmens ermöglichen. Einzahlungen aus der Kreditaufnahme könnten daher zur Finanzierung entsprechender Ausschüttungen herangezogen werden, mithin fremdfinanzierte Ausschüttungen bedingen.[1383]

Überbewertungsprobleme können aber auch in einem anderen Kontext auftreten. Wird eine Bewertung zum Veräußerungswert angestrebt, werden aber die Folgebewertungen *nicht* erfolgswirksam gebucht, dann kann zwar eine erfolgswirksame Neubewertung selbst nicht für fremd- und liquidationsfinanzierte Ausschüttungen genutzt werden. Im Zeitpunkt der Veräußerung kann sich aber eine negative

1379 Vgl. *Leuz*, Rechnungslegung und Kreditfinanzierung (1996), 204.
1380 *Leuz*, Rechnungslegung und Kreditfinanzierung (1996), 205.
1381 *Leuz*, Rechnungslegung und Kreditfinanzierung (1996), 205. Die liquidationsfinanzierten Ausschüttungen erfolgen dabei in Form der erhöhten Differenz zwischen dem unterbewerteten Restbuchwert und dem Veräußerungserlös gegenüber einem nicht unterbewerteten „tatsächlichen" Buchwert. Die Problematik der mit Unterbewertungen einhergehenden liquidations- und fremdfinanzierten Ausschüttungen ist auch ein entscheidender Gesichtspunkt, der gegen die asymmetrische Behandlung von Chancen und Risiken im Rahmen einer vorsichtigen Bilanzierung und Gewinnermittlung spricht; vgl. hierzu § 8.II.4)a)bb), S. 326 ff.
1382 *Leuz*, Rechnungslegung und Kreditfinanzierung (1996), 204.
1383 Vgl. *Leuz*, Rechnungslegung und Kreditfinanzierung (1996), 204.

Differenz zwischen dem Veräußerungserlös und dem Restbuchwert ergeben. Dies ist immer dann der Fall, wenn der Restbuchwert in Form des „angeblichen" Veräußerungswertes die Liquidationszahlungen überschreitet. Die negative Differenz ist als Aufwand zu buchen und reduziert folglich den ausschüttungsfähigen Gewinn. Dieser Verlust im Zeitpunkt der Veräußerung basiert nicht auf Aufwendungen des Umsatzprozesses und entkoppelt folglich ebenfalls den ausschüttbaren Gewinn vom Leistungserfolg bzw. Umsatzüberschuss. Die sich daraus ergebende Kürzung des ausschüttungsfähigen Gewinns um die Negativdifferenz bedingt zwar keine gläubigerschädigenden Wirkungen aus Ausschüttungssicht. Die Aufblähung der Bilanzwerte um nicht realitätsnahe Veräußerungswerte beschränkt aber den Informationsgehalt der Wertansätze.

Nach dem Aufzeigen der verschiedenen, durch Über- und Unterbewertungen bedingten Risiken fremd- und liquidationsfinanzierter Ausschüttungen ist im Folgenden nun das System des historical cost accounting und der fair value-Bewertung im Hinblick auf die Möglichkeiten zur Eindämmung dieser gläubigerschädigenden Ausschüttungspolitik zu untersuchen.

Im Rahmen des historical cost accounting erfolgt die Aktivierung der Vermögensgegenstände zu den Anschaffungs- bzw. Herstellungskosten. Die Anschaffungs- und Herstellungskosten sind nicht nur grundsätzlich intersubjektiv nachprüfbar. Sie entsprechen *zumeist* den Mindesteinzahlungserwartungen, folglich dem künftigen wirtschaftlichen Nutzenbeitragspotential des Vermögenswertes.[1384] Im Rahmen der Folgebewertung wird durch das Realisationsprinzip und durch angemessene Abschreibungsregeln theoretisch die Koppelung des ausschüttungsfähigen Gewinns an den Leistungsprozess gewährleistet und damit grundsätzlich das Auftreten von Über- und Unterbewertungen und dadurch bedingten gläubigerschädigenden Ausschüttungen unterbunden.

Das Anschaffungskosten- und das Realisationsprinzip fungieren zusammen als Bewertungsobergrenze. Sie verhindern im Zusammenspiel mit angemessenen Abschreibungsregeln zur Wertkorrektur nach unten Überbewertungsprobleme. Zugleich fungiert das erfolgsneutral passivierte Fremdkapital als Ausschüttungssperre für Einzahlungen aus der Kreditaufnahme und verhindert so das Auftreten fremdfinanzierter Ausschüttungen.[1385]

Unterbewertungsprobleme und damit einhergehende liquidationsfinanzierte Ausschüttungen, mithin die Ausschüttung von Beträgen, die allein durch eine Deinvestition und nicht durch den Leistungsprozess erwirtschaftet worden sind, können hingegen durch ein historical cost accounting nur beschränkt, aber nicht ausgeschlossen werden. Zu hohe Abschreibungen, die nicht durch eine wirtschaftliche Nutzenminimierung gedeckt sind, können eine Abweichung von dem tatsächlichen Veräußerungswert bedingen. Denkbar ist aber auch, dass die starre Be-

---

1384 *Ordelheide*, in: *Hax/Kern/Schröder* (Hrsg.), Zeitaspekte in betriebswirtschaftlicher Theorie und Praxis (1989), 21, 27.

1385 *Leuz*, Rechnungslegung und Kreditfinanzierung (1996), 204.

wertungsobergrenze aus Anschaffungskosten- und Realisationsprinzip zu einer Unterbewertung des Vermögenswertes führt, mithin die in den Anschaffungs- bzw. Herstellungskosten verkörperten Mindesteinzahlungserwartungen unter dem tatsächlichen Veräußerungserlös liegen.

Festzuhalten ist somit, dass das historical cost accounting weder fremd- noch liquidationsfinanzierte Ausschüttungen unbegrenzt ermöglicht, aber vor allem Unterbewertungen sowie damit einhergehende liquidationsfinanzierte Ausschüttungen nicht adäquat einschränken kann. Der konkrete Umfang dieser problematischen Ausschüttungen ist daneben von einer Vielzahl anderer Bewertungsregeln, wie z.B. den Regelungen zur Bildung von Rückstellungen und zum Abschreibungsverfahren sowie den Kriterien der Gewinnrealisierung, abhängig.

Die fair value-Bewertung gewährleistet auf den ersten Blick durch die Anknüpfung an den Marktwert eine bessere wertmäßige Annäherung an den Veräußerungswert.

Die Erhöhung des ausschüttungsfähigen Betrages durch erfolgswirksame Neubewertungen der Vermögensgegenstände kann aber Überbewertungsprobleme, die zu fremdfinanzierten Ausschüttungen führen können, bedingen. Es würden mithin bei einem Gleichlauf zwischen der Erfolgsermittlung und der Ermittlung des ausschüttungsfähigen Gewinns liquide Mittel des Unternehmens freigesetzt, die nicht durch einen Leistungsprozess gedeckt wären. Selbst wenn eine Bewertungsanpassung nicht zahlungswirksam sein sollte, können Folgebewertungen, die nicht objektiv unterlegt sind, den Bilanzwert künstlich aufblähen und damit ebenfalls zu einer Loslösung des ausschüttungsfähigen Gewinnes vom Leistungsprozess führen.

Demgegenüber lässt sich das Unterbewertungsproblem durch eine marktbezogene Zeitwertbilanzierung erheblich eindämmen.

Im Gegensatz zum historical cost accounting dominiert bei der fair value-Bewertung das Risiko der Überbewertung. Dennoch erscheint eine fair value-Bewertung unter Beachtung eines strengen Objektivierungsprinzips als vorzugswürdiges Bewertungssystem.

Eine Zeitwertbilanzierung vermag zum einen eine bessere Annäherung an den tatsächlichen Veräußerungswert und damit eine Eindämmung von Unterbewertungsproblemen und etwaiger liquidationsfinanzierter Ausschüttungen zu gewährleisten. Zum anderen kann dem mit einer fair value-Bewertung verbundenen Überbewertungsproblem infolge von Wertaufblähungen durch eine strenge Objektivierung der Folgebewertung zur Eindämmung etwaiger Fehlbewertungen entgegengewirkt werden.

Geht man, wie bereits betont, von einer verifizierbaren Zeitwertbilanzierung[1386] aus, so steht die fair value-Bewertung aus Sicht des Objektivierungserfordernisses dem historical cost accounting in nichts nach.

1386 Vgl. hierzu im Einzelnen § 8.I.3)a)aa)(2)(a), S. 257 f.

Es verbleibt folglich allein die Problematik der durch die Wertänderungen im Rahmen der Neubewertung induzierten, fremdfinanzierten Ausschüttungen. Die Gefahr gläubigerschädigender Ausschüttungen auf der Grundlage nicht durch den Leistungsprozess gedeckter Bewertungsgewinne ließe sich durch verschiedene Mechanismen auf der Ebene der Erfolgsrechung kompensieren. Zum einen bestünde die Möglichkeit, die Wertänderungen nicht erfolgswirksam zu erfassen. Dies könnte etwa durch die Bildung entsprechender Neubewertungsrücklagen unter dem Eigenkapital ermöglicht werden.[1387] Zum anderen könnte sich die Ausschüttungsbemessung von dem Unternehmenserfolg als Gesamterfolgsgröße lösen und sich – eine adäquate Erfolgsspaltung unterstellt – auf eine Teilerfolgsgröße beschränken, welche die Erfolgswirkungen der Wertänderungen nicht erfasst und idealerweise einen Gleichlauf zwischen der Ausschüttungsbemessung und dem Leistungsprozess gewährleistet.

Ein Ausweis der Wertänderungen unter dem Eigenkapital hätte zur Folge, dass die damit verbundenen Erfolgswirkungen nicht in der Erfolgsrechnung ausgewiesen werden und damit nicht zwingend in den Unternehmenserfolg einfließen. Die zeitweilige oder dauerhafte Nichtberücksichtigung bestimmter Erfolgswirkungen bietet dem Management des berichterstattenden Unternehmens damit die Möglichkeit einer gezielten Gewinnglättung oder Ergebnismanipulation.[1388] Die dadurch bedingten Verzerrungen führen wiederum zu einem Verlust an Transparenz, Verständlichkeit, mithin Entscheidungsnützlichkeit der bereitgestellten Informationen über die Ertragslage.

Die Möglichkeit, die Ausschüttungsbemessung vom Unternehmenserfolg als Bemessungsgrundlage zu lösen, ist hingegen untrennbar mit der Frage der Erfolgspaltung, also mit dem Ausweis der Erfolgswirkungen verbunden. Sie soll deshalb im nächsten Abschnitt näher erläutert werden.

Zusammenfassend lässt sich aber festhalten, dass aus Sicht einer transaktions- und ereignisorientierten Feinsteuerung des ausschüttungsfähigen Betrages eine fair value-Bewertung mit intersubjektiv verifizierbaren Bewertungsmaßstäben vorzugswürdig ist. Zur Vermeidung von fremd- und liquidationsfinanzierten Ausschüttungen im Wege der Überbewertung durch zahlungswirksame Neubewertungen ist aber sicherzustellen, dass die Erfolgswirkungen der Wertänderungen nicht in den ausschüttungsfähigen Betrag einfließen. Zugleich haben sich Abschreibungen an objektiven, nutzenorientierten Gesichtspunkten auszurichten, um eine Unterbewertung und damit einhergehende liquidationsfinanzierte Ausschüttungen einzudämmen.

1387 Dieser Weg wird etwa im Rahmen der Neubewertung des Sachanlagevermögens nach IAS 16.39 für die Wertänderungserträge beschritten. Vgl. auch § 11.II.2)a)bb)(1)(b), S. 398 ff.
1388 *Gerbaulet*, Reporting Comprehensive Income (1999), 211. Vgl. auch § 8.I.3)a)bb)(1), S. 274 ff.

cc) Erfolgsausweis

Die Anknüpfung einer gläubigerschützenden Ausschüttungsbemessung an die Erfolgsrechnung des Unternehmensberichts lässt sich nach den bisherigen Ausführungen nur aufrecht erhalten, wenn sicher gestellt werden kann, dass Erfolgswirkungen der Neubewertungen im Rahmen der fair value-Bewertung nicht in den ausschüttungsfähigen Betrag einfließen. Es bedarf folglich einer Erfolgsgröße als Bemessungsgrundlage, die sich auf die Erträge und Aufwendungen aus dem Leistungsprozess beschränkt.

Eine solche Erfolgsspaltung wird aber nicht nur aus Sicht einer gläubigerschützenden Ausschüttungsbemessung, sondern bereits durch die Zielsetzung einer entscheidungsnützlichen Informationsvermittlung impliziert.[1389]

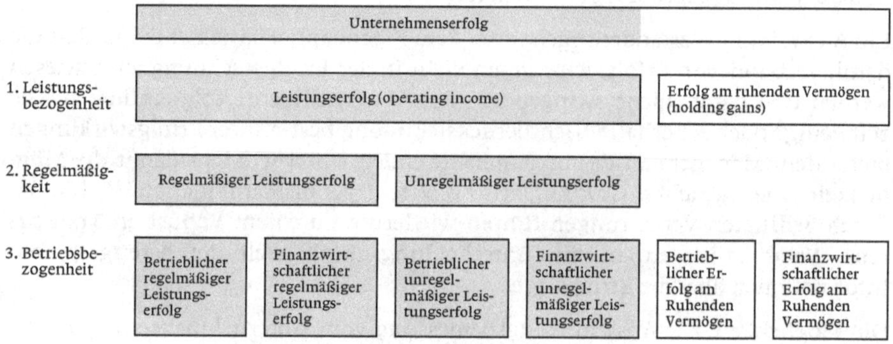

Abbildung 5. Untergliederung des Unternehmenserfolges für die Ausschüttungsbemessung[1390]

Zieht man die im Rahmen der Informationsfunktion erarbeitete Gliederung des Unternehmenserfolges heran,[1391] so wird deutlich, dass bereits auf der ersten Ebene der Erfolgsspaltung die Ergebniswirkungen des Leistungsprozesses von den Bewertungsgewinnen und -verlusten separiert werden. Eine solche Spaltung des Unternehmenserfolges würde es ermöglichen, dass die Ausschüttungsbemessung an der Erfolgsrechnung, speziell an den Leistungserfolg als Teilerfolgsgröße anknüpfen könnte. Das im Rahmen einer zweckgerichteten Informationsvermittlung erarbeite Gliederungsschema lässt sich folglich im Grundsatz auch im Rahmen einer nicht gläubigerschädigenden Ausschüttungsbemessung heranziehen. Eine weitere Gliederung nach den Kriterien der Regelmäßigkeit und Betriebsbezogenheit ist aus Sicht der Ausschüttungsbemessung nicht erforderlich, aber auch nicht schädlich. Im Bezug auf die Problematik des Recycling gibt es aus der

1389 Vgl. § 8.I.3)a)aa)(3)(a), S. 266 ff.

1390 Die Abbildung ist angelehnt an *Hollmann*, Reporting Performance (2003), Abbildung 3–5, S. 131.

1391 Eine nähere Erläuterung der Erfolgsspaltung und der einzelnen Gliederungskriterien findet sich unter § 8.I.3)a)aa)(3)(a), S. 266 ff.

Sicht einer gläubigerschützenden Ausschüttungsbemessung ebenfalls keine abweichenden Implikationen.[1392]

Die Anknüpfung der Ausschüttungsbemessung an den Leistungserfolg als Teilgröße des Periodenerfolges führt zur einer Aufhebung der in der Ausgangslage angenommen Identität von ermitteltem und ausschüttungsfähigem Gewinn. Dies erfordert zugleich die Einführung eines zusätzlichen Rücklagepostens. Die nicht ausschüttungsfähigen Posten der Gewinn- und Verlustrechnung sind im Eigenkapital-Ausweis in der Bilanz und in der Eigenkapitalveränderungsrechnung in einem von den eigentlichen Gewinnrücklagen separaten Rücklageposten kumuliert fortzuschreiben. Werden die Erfolgswirkungen der Wertänderungen – etwa durch den Verkauf des Vermögenswertes – realisiert, sind die in der speziellen Rücklage gebuchten Wertänderungen über die Gewinnrücklage aus der Rücklage auszubuchen.

Im Ergebnis ist folglich festzuhalten, dass sich die Implikationen der Ausschüttungsbemessung und der Informationsvermittlung im Hinblick auf den Erfolgsausweis im Grundsatz decken. Der Leistungserfolg als Teilerfolgsgröße stellt aus Sicht der Gläubiger einen adäquaten Ausgangspunkt für die Bemessung der Ausschüttungen dar. Die so ermittelten Ausschüttungen müssen jedoch um die im Rahmen der Ansatzregeln erörterten, aktivierten risikobehafteten immateriellen Vermögensgüter korrigiert werden.[1393] Die so ermittelte Teilgröße des Periodenerfolges kann an die Anteilseigner ausgeschüttet werden, ohne dass damit ein gläubigerschädigender Vermögenstransfer verbunden wäre.

Inwieweit der so ermittelte ausschüttungsfähige Gewinn zusätzlich etwa noch um die unter dem Erfolg am ruhenden Vermögen erfassten Verluste zu reduzieren ist oder gar weitere Ausschüttungsrestriktionen auf der Ebene der Gewinnverwendung etabliert werden sollten, ist eine Frage der Notwendigkeit und der zweckmäßigen Ausgestaltung weiterer gewinnverwendungsbezogener Restriktionen. Diese im engen Zusammenhang mit dem jeweiligen nationalen Gesellschaftsrecht stehende Frage ist nicht Gegenstand der vorliegenden Untersuchung. Eine den genannten Implikationen entsprechende bilanzielle Gewinnermittlung stellt jedoch adäquate Ausgangsgrößen für solche zusätzlichen rechtsformabhängigen Instrumente des gesellschaftsrechtlichen Gläubigerschutzes bereit.

b) Formelle Anforderungen

Auch aus Sicht einer nicht-gläubigerschädigenden Ausschüttungsbemessung besteht ein grundlegendes Bedürfnis nach einer verständlichen, verlässlichen und vergleichbaren Aufbereitung der Vermögens-, Finanz- und Ertragslage. Vor diesem Hintergrund sollte der Erfolgsausweis zum Zweck der Ausschüttungsbemessung ebenfalls gebündelt in einer Erfolgsrechnung unter Beachtung einer verbind-

---

1392 Zur Problematik des Recycling vgl. § 8.I.3)a)aa)(3)(b), S. 271 ff.
1393 Vgl. § 8.II.4)a)aa), S. 325 f.

lichen Mindestgliederung erfolgen.[1394] Das Erfordernis einer verbindlichen Mindestgliederung ist daneben auch auf die Darstellung der Vermögens- und Finanzlage in der Bilanz und der zahlungsstromorientierten Finanzierungsrechnung zu erstrecken.

III. Die Funktionen der externen Rechnungslegung aus Sicht der Nichtvertragsgläubiger

Den Nichtvertragsgläubigern stehen in Abgrenzung zu den Gläubigern keine vertraglichen Ansprüche gegen das Unternehmen zu.[1395] Die Anspruchsposition der Nichtvertragsgläubiger beruht folglich nicht auf einer freiwilligen Bindung, sondern zum Beispiel auf einer entsprechenden Schädigungshandlung seitens des Unternehmens.

Die Begründung der Anspruchsbeziehung zum Unternehmen lässt sich folglich nicht als Vertrag i.S.d. der ökonomischen Vertragstheorie charakterisieren. Dennoch weist das Verhältnis zwischen den Nichtvertragsgläubigern und dem Unternehmen nach der Anspruchsbegründung erhebliche Parallelen zur Interessenlage der Gläubiger auf.

Die Beziehung zwischen den Nichtvertragsgläubigern und dem Unternehmen ist wie auch die klassische Gläubiger-Schuldner-Beziehung als principal-agent-Beziehung zu kennzeichnen.[1396] Die Nichtvertragsgläubiger sind unfreiwillige Prinzipale des Unternehmens. Nach der Entstehung des Anspruchsverhältnisses sind sie den aufgezeigten Gläubigerrisiken wie Vertragsgläubiger ausgesetzt.

1) Die Interessenlage der Nichtvertragsgläubiger

Infolge der unfreiwilligen Anspruchsentstehung sind eine asymmetrische Informationsverteilung ex-ante und die daraus fließende Problematik der adverse selection keine spezifischen Risiken der unfreiwilligen Gläubiger.

Nach der Verwirklichung des haftungsauslösenden Tatbestandes, mithin nach der Begründung der spezifischen Beziehung zum Unternehmen (principal-agent-Beziehung), kann es aber zu einem moral hazard-Verhalten des Schuldnerunternehmens kommen.[1397] Eine asymmetrische Informationsverteilung ex-post eröffnet dem Unternehmen einen erheblichen Handlungs- und Gestaltungsspielraum. Suboptimale Investitions- und Finanzierungsentscheidungen und gläubigerschädigende Ausschüttungen können unter Ausnutzung dieses Spielraums zu ei-

---

1394 Zu den formalen Implikationen zur Sicherung der Vermittlung entscheidungsnützlicher Informationen über die Ertragslage vgl. § 8.I.3)a)bb), S. 274 ff.

1395 Zur Abgrenzung der Gläubiger und Nichtvertragsgläubiger siehe § 8.II.1), S. 294 f.

1396 *Schmidt, R./Terberger*, Grundzüge der Investitions- und Finanzierungstheorie[4] (1997), 415.

1397 *Watrin*, Internationale Rechnungslegung und Regulierungstheorie (2001), 99.

ner Gefährdung oder gar vollkommenen Entwertung der Ansprüche der Nichtvertragsgläubiger führen.

Eine dadurch bedingte Risikoverlagerung zu Lasten der Nichtvertragsgläubiger (negative externe Effekte) kann des weiteren noch durch teilungs- und finanzierungsbedingte Risiken in Form von liquidations- und fremdfinanzierten Ausschüttungen und Über- und Unterinvestitionsproblemen weiter verschärft werden.

2) Implikationen für die externe Rechnungslegung

Der nach der Begründung der Anspruchsbeziehung bestehende Gleichlauf der Risiken von Nichtvertragsgläubigern mit denen der Vertragsgläubiger impliziert auch entsprechende Parallelen bei den Schutzinstrumenten.

Eine Bereitstellung von entscheidungsrelevanten Informationen ex-post zur Aufdeckung gläubigerschädigender Handlungen des Unternehmens hilft den Nichtvertragsgläubigern, ihre Ansprüche durchzusetzen. Publizitätspflichten können mithin zu einer Internalisierung der negativen externen Effekte beitragen.[1398]

Neben der Informationsbereitstellung lassen sich die teilungs- und finanzierungsbedingten Risiken durch implizite und explizite Beschränkungen eindämmen. Auch bei den Risiken der Nichtvertragsgläubiger ermöglichen es explizite Beschränkungen in Form von bilanziellen Ausschüttungsrestriktionen, die für die Effizienz des Schutzinstruments erforderliche Feinsteuerung und Flexibilität am besten zu gewährleisten. Die Schutzinteressen der Nichtvertragsgläubiger implizieren folglich gleichgerichtete Anforderungen an die Rechnungslegung als Element einer transaktions- und ereignisorientierten Ausschüttungsrestriktion und als Informationsinstrument.

Trotz der aufgezeigten Parallelität besteht im Hinblick auf die grundsätzliche Geeignetheit der Schutzinstrumente ein wesentlicher Unterschied zu den klassischen Gläubigern. Die Nichtvertragsgläubiger sind aufgrund der Unfreiwilligkeit ihrer Anspruchsposition nicht in der Lage, durch vertragliche Vereinbarungen die verschiedenen Schutzinstrumente in die bestehende Beziehung zum Unternehmen zu integrieren. Die Eignung der Schutzinstrumente hängt folglich entscheidend von ihrer gesetzlichen Verankerung bzw. der Durchsetzbarkeit seitens der Vertragsgläubiger ab. Bilanzielle Ausschüttungsrestriktionen und Informationspflichten lassen sich demnach nur durch eine gesetzliche Fixierung oder von einem verhandlungsstarken Gläubiger durch entsprechende vertragliche Verankerung als Schutzinstrument sichern.

Die Unfreiwilligkeit der Anspruchposition und das daraus fließende besondere Schutzbedürfnis der Nichtvertragsgläubiger sind mithin nicht für die Herleitung konkreter Implikationen für eine funktionsgerechte Rechnungslegung, sondern

1398 *Watrin*, Internationale Rechnungslegung und Regulierungstheorie (2001), 99.

für die Frage nach dem Erfordernis einer rechtlichen Fixierung entsprechender institutioneller Regelungen entscheidend.

Für die Herleitung eines Modells eines interessengerechten Unternehmensberichts ist zunächst ausschlaggebend, dass die Interessenlage der Nichtvertragsgläubiger gleichlaufende Implikationen im Vergleich zu den Vertragsgläubigern bedingt. Der externen Rechnungslegung kommt auch in der Beziehung zwischen den Nichtvertragsgläubigern und dem Unternehmen eine Informations- und Ausschüttungsbemessungsfunktion zu.

IV. Die Funktionen der externen Rechnungslegung in der Beziehung zwischen den Anteilseignern und dem Management

Bei der Analyse der Interessenlage der aktuellen und potentiellen Anteilseigner und der Risiken der Gläubiger und Nichtvertragsgläubiger wurde zum Zwecke der Komplexitätsreduzierung eine Interessenkongruenz zwischen den Anteilseignern und dem handelnden Management unterstellt.[1399] Aufgrund von Informationsasymmetrien und Interessendivergenzen ist ein Gleichlauf der Zielsetzung der Akteure aber nicht gesichert. Bedient sich der Eigner eines Agenten, also Managers, kann es vielmehr zu einem opportunistischen Verhalten des Managements kommen. Es bedarf folglich zur funktionsanalytischen Betrachtung der externen Rechnungslegung einer Komplexitätserweiterung um die Risiken der principal-agent-Beziehung zwischen dem Management und den Anteilseignern.

1) Die Interessenlage der Anteilseigner im principal-agent-Verhältnis

Die Geschäftsführung eines Unternehmens kann grundsätzlich in Personalunion mit dem Kapitaleigentum erfolgen. Bei Publikumsgesellschaften in Form einer Aktiengesellschaft oder einer vergleichbaren Gesellschaftsform werden in der Regel die Kontroll- und Koordinationsrechte der Anteilseigner auf Agenten übertragen, die von den Kapitaleignern wegen der Vorteile der Spezialisierung eingesetzt und mit entsprechenden Handlungsspielräumen ausgestattet werden.[1400] Die Trennung von Eigentum und Management und damit eine principal-agent-Beziehung[1401] ist charakteristisch für Publikumsgesellschaften.

Bedient sich der Eigner eines Agenten, also Managers, so ist dieser entsprechend seiner Stellung über die durchzuführende Tätigkeit und die Handlungsalternativen grundsätzlich besser informiert als der Prinzipal bzw. Eigner. Diese asymmetrische Informationsverteilung ist gerade Ausdruck des Spezialisierungsvorteils, der durch die Delegation der Kontroll- und Koordinationsrechte ermöglicht

1399 Zu den grundlegenden Prämissen vgl. § 8.II, S. 294 f.
1400 *Jensen/Meckling*, Journal of Financial Economics Vol. 3 (1976), 305, 308.
1401 Vgl. zur principal-agent-Theorie § 7.II.2)b)dd)(1), S. 201 ff.

wird.[1402] Nicht die Informationsasymmetrie für sich, sondern erst das Hinzutreten der Vermutung, dass die Entscheidungsträger ihre Handlungen eher an eigennützigen Zielen als an den Zielvorstellungen der delegierenden Instanz ausrichten, erhöht die Wahrscheinlichkeit eines absichtlichen Fehlverhaltens oder opportunistischen Verhaltens des Beauftragten auf der Grundlage seines Informationsvorsprunges.[1403]

Informationsasymmetrie und bestehende Interessendivergenzen bedingen folglich informationsökonomisch eine moral hazard bzw. hidden action Problematik,[1404] der durch Institutionen zur Überwindung des Informationsgefälles und zur Sicherung der Interessenkongruenz begegnet werden muss.

2) Allgemeine Anforderungen an die externe Rechnungslegung

a) Informationen für ex-post Kontrolle (Rechenschaftsfunktion)

Vor dem Hintergrund dieses Opportunismusrisikos bedarf es einer ex-post Kontrolle der Entscheidungen des Managements. Die Eigner benötigen mithin Informationen über die Bereitschaft und Fähigkeit des Managements zur eignerzielkonformen Geschäftsführung, um auftretende Fehlentscheidungen aufzudecken, gegebenenfalls zu korrigieren oder gar über eine Abwahl des Managements zu entscheiden.[1405] Dieser weitere Informationsbedarf geht über die bereits erörterten Informationsbedürfnisse der Eigner zur Entscheidungsfindung und Kontrolle im Investitionsprozess hinaus. Informationen dienen im vorliegenden Zusammenhang der *Rechenschaft* und damit der Kontrolle des Managements und nicht als Grundlage für Investitionsentscheidungen.[1406]

Die Rechnungslegung kann hierbei in Form einer ex-post Rechnung über die erfolgten Entscheidungen des Managements als Kontrollrechnung fungieren. Als solche sollte sie nach *Laux* vor allem zwei Wirkungen erzielen: den Anpassungseffekt und den Verhütungseffekt.[1407]

1402 Vgl. zur Rationalität der Delegation § 8.I.1)a), S. 213 f.

1403 Das Konfliktpotential durch das Zusammenwirken von Informationsasymmetrie und Interessendivergenz wird noch dadurch erhöht, dass nicht der Agent bzw. das Management, sondern der Prinzipal, folglich die Eigner, die Konsequenzen der Entscheidung des Agenten tragen; vgl. u. a. *Baetge/Thiele/Matena*, BFuP 2004, 201, 203.

1404 Zur Problematik des moral hazard vgl. § 7.II.2)b)bb), S. 195 ff.

1405 Vgl. *Neus*, Einführung in die Betriebswirtschaftslehre^5 (2007), 365.

1406 Vgl. *Mujkanovic*, Fair Value im Financial Statement nach International Accounting Standards (2002), 5, 50 f. Die Informationsbereitstellung zur Rechenschaft und damit die Managementkontrolle wird im angelsächsischen Raum auch als „stewardship-function" bezeichnet (vgl. *Haller*, FS Adolf G. Coenenberg (1998), 561, 573). Vgl. auch *Watrin*, Internationale Rechnungslegung und Regulierungstheorie (2001), 32 f.
Die Rechenschaftspflicht über den Umgang mit fremden Vermögen ist ein allgemeines Rechtsprinzip, vgl. etwa § 666 BGB.

1407 *Laux*, Grundfragen der Organisation: Delegation, Anreiz und Kontrolle (1979), 270.

Durch die Bereitstellung von Informationen über die Entscheidungen des Managements sollte zum einen die Überprüfung des Grades der Zielerreichung relativ zur Planung ermöglicht werden. Dies bezeichnet man als Anpassungseffekt.[1408] Zugleich sollten den Agenten durch die Kenntnis der Kontrollmöglichkeit und der Abhängigkeit möglicher positiver oder negativer Sanktionen von den Kontrollergebnissen die nötigen Anreize zur Vermeidung von Fehlentwicklungen vermittelt werden (Verhütungseffekt).[1409]

Funktionale Rechenschaftsrechnungen müssen den Anforderungen der Entscheidungsnützlichkeit, mithin primär der Relevanz und Zuverlässigkeit, ebenfalls genügen.[1410] Erst die Zuverlässigkeit der bereitgestellten, kontrollrelevanten Informationen ermöglicht eine interessengerechte Entscheidung der Eigner. Insoweit besteht kein Unterschied zur erläuterten Entscheidungs- und Kontrollfunktion der Informationen für die Anteilseigner.[1411]

Das Management trifft in Ausführung ihrer cash-flow Planung gewisse Entscheidungen und Maßnahmen, deren Konsequenzen nominal in den quantitativen Elementen der externen Rechnungslegung erfasst werden. Die Kontrolle der operativen Maßnahmen setzt somit ebenfalls eine möglichst umfassende Erfassung der Entwicklung der Vermögens-, Finanz- und Ertragslage des Unternehmens voraus. Die bereitgestellten Informationen sollten des Weiteren in einer verständlichen Art und Weise aufbereitet werden. Eine Betrachtung der Totalperiode ist auch für die Rechenschaftsrechnung unzureichend.[1412] Zumindest für die Umsetzung des Anpassungseffektes bedarf es regelmäßiger Informationen über die Entwicklung des Unternehmens, mithin einer periodischen Rechnungslegung, um entsprechenden Fehlentwicklungen frühzeitig entgegenwirken zu können.[1413]

Zu beachten ist aber, dass die Informationsaktivitäten auf Seiten der Anteilseigner mit nicht zu unterschätzenden Kosten (monitoring costs)[1414] verbunden sind. Zudem sind die Einflussmöglichkeiten der Kleinaktionäre auf die Zusammensetzung des Managements aufgrund der gesetzlichen Regelung der Vorstandsbestellung gering.[1415] Die ungünstige Relation zwischen den monitoring costs und den geringen Einflussmöglichkeiten lässt zunächst eine Beschränkung auf die „control by exit" gegenüber einer „control by voice" aus Sicht eines rational handelnden Klein-

1408 Vgl. *Neus*, Einführung in die Betriebswirtschaftslehre^5 (2007), 365.
1409 *Neus*, Einführung in die Betriebswirtschaftslehre^5 (2007), 365.
1410 Vgl. *Schmidt, M.*, Das Konzept einer kapitalmarktorientierten Rechnungslegung (2000), 17 f.; *Neus*, Einführung in die Betriebswirtschaftslehre^5 (2007), 365 f.
1411 Im Hinblick auf Parallelen zur Entscheidungsfunktion der Informationen für die Anteilseigner vgl. § 8.I, S. 213 ff.
1412 *Neus*, Einführung in die Betriebswirtschaftslehre^5 (2007), 365.
1413 *Neus*, Einführung in die Betriebswirtschaftslehre^5 (2007), 365.
1414 Diese monitoring costs sind Teil der institutional costs. Vgl. hierzu § 7.II.2)b)dd)(1), S. 201 ff.
1415 Vgl. für das deutsche Recht § 84 Abs. 1 AktG, wonach der Vorstand durch den Aufsichtsrat bestellt wird.

aktionärs effizient erscheinen[1416] und weckt erhebliche Zweifel an einer realistischen, bedeutungsvollen Rechenschaftsfunktion der Rechnungslegung.[1417]

Eine derartige Sichtweise der Rechenschaftslegung des Managements greift aber zu kurz. Die Standardisierung der bereitgestellten Informationen vermag die monitoring costs im erheblichen Maße zu minimieren, zumal zwischen der Entscheidungsfunktion, der Kontrollfunktion und der Rechenschaftsfunktion keine nennenswerten Diskrepanzen bestehen.[1418] Zu beachten ist auch, dass die einflussreichen Mehrheitsaktionäre hinsichtlich der Kontrolle des Managements als eine Art Interessenvertreter der Anteilseigner fungieren können, solange durch die Gewährleistung der Transparenz etwaigen Vermögensverschiebungen oder anderweitigen Begünstigungen zu Lasten der Minderheitsaktionäre entgegengewirkt wird.[1419] Die ex-post Disziplinierung des Managements auf der Grundlage der Informationen der Rechnungslegung ist mithin ein durchaus funktionsgerechter Anspruch an den Jahresabschluss, wenn auch die Rechenschaftsfunktion im Vergleich zur Entscheidungsfunktion der Rechnungslegung von eher untergeordneter Bedeutung ist.

b) Anreize zur Ausschaltung opportunistischen Verhaltens (Anreizfunktion)

Bei der Publikumsgesellschaft fallen das wirtschaftliche Eigentum an den im Unternehmen gebundenen Ressourcen und die Entscheidungsgewalt über ihre Verwendung auseinander.[1420] Dies impliziert aufgrund bestehender Interessendivergenzen[1421] das Risiko eines nicht effizienten Ressourceneinsatzes. Nach Vertragsschluss resultiert die Diskrepanz zwischen Eigentum und Haftung einerseits und der Entscheidungsgewalt andererseits in Anreize für die Unternehmensführung, Entscheidungen zu treffen, die die Positionen der Kapitalgeber zugunsten ihrer eigenen oder einer anderen Partei schwächen. Die damit verbundene Gefahr opportunistischen Verhaltens ist Ausdruck charakteristischer agency-Probleme.

Das Auseinanderfallen von Eigentum und Entscheidungsgewalt bedingt bei der Eigenkapitalfinanzierung auf Seiten des Managements Anreize zur Überinvestition. Dies wird durch empirische Untersuchungen gestützt, die belegen, dass es in Großunternehmen häufig zur Realisierung von Investitionen mit negativem Kapitalwert kommt.[1422] Bedingt wird dies durch die Tatsache, dass die Vorteile aus der Unternehmensexpansion eher der Unternehmensführung zum Vorteil gereichen, die Kosten für diese Unternehmenspolitik allerdings die Eigentümer tragen.

1416 Die „control by exit“ unter Ausübung der Veräußerungsrechte der Anteilseigner stützt sich dabei auf die bereits erörterte Entscheidungsfunktion der Jahresabschlussinformationen.
1417 *Wagner*, ZfbF 1982, 749, 752 f.
1418 So wohl auch *Watrin*, Internationale Rechnungslegung und Regulierungstheorie (2001), 33.
1419 Vgl. zum Konfliktpotential zwischen den Interessen der Mehrheits- und Minderheitsaktionäre § 8.I.1)a)cc), S. 221.
1420 Vgl. *Watrin*, Internationale Rechnungslegung und Regulierungstheorie (2001), 35 f.; *Wöhe/Döring*, Einführung in die allgemeine Betriebswirtschaftlehre[22] (2005), 72 f.
1421 Vgl. hierzu *Wöhe/Döring*, Einführung in die allgemeine Betriebswirtschaftlehre[22] (2005), 82 f.
1422 *Drukarczyk*, Theorie und Politik der Finanzierung[2] (1993), 626 f.

Diesen negativen externen Effekten kann durch verschiedene institutionelle Vorkehrungen begegnet werden. Zu nennen sind hier vor allem die Vereinbarung eines anreizkompatiblen Entlohnungsvertrages, die Kontrolle der Unternehmensleitung durch Märkte[1423] und die Vereinbarung spezifischer Ausschüttungssperren. Die Disziplinierung über den Markt durch den Market for Corporate Control, den Kapitalmarkt und den Arbeitsmarkt setzt die Funktionsfähigkeit des jeweiligen Marktmechanismus voraus. Die sich daraus ergebenden Implikationen für eine funktionsfähige Unternehmensberichterstattung werden beispielhaft für den Kapitalmarkt im Rahmen der Institutionsschutzfunktion der Rechnungslegung erörtert. Die Disziplinierungsmöglichkeit über anreizkompatible Entlohnungsverträge und Ausschüttungen und die sich daraus ergebenden Implikationen für die externe Rechnungslegung sollen im Folgenden näher untersucht werden.

aa) Anreizkompatible Entlohnungsverträge

Eine Internalisierung der externen Effekte kann durch die Vereinbarung eines anreizkompatiblen Entlohnungsvertrages bewirkt werden. Die principal-agent-Theorie[1424] beschäftigt sich deshalb mit der Ausgestaltung eines entsprechenden Entlohnungsvertrages zur Reduktion der Interessengegensätze zwischen den Akteuren. Ausgangspunkt ist die Erkenntnis, dass durch eine ertragsabhängige Entlohnung der Agent den Nutzenzuwachs durch eine Maximierung des Unternehmensertrages in sein Entscheidungskalkül mit einbezieht und so die Konvergenz der Interessen der Akteure verbessert werden kann.[1425]

Begrenzte Rationalität, die zeitliche Erstreckung des Vertrages und die mit zunehmender Komplexität steigenden Kosten der Vertragsvereinbarung stehen einer vollständigen Erfassung aller Eventualitäten entgegen und bedingen denknotwendig den Abschluss eines unvollständigen Entlohnungsvertrages.[1426] Der variable Teil der Vergütung sollte dabei im Rahmen des unvollständigen Vertrages an einige wenige, eindeutige, beobachtbare Größen geknüpft werden, die im Hinblick auf die Optimierung der Risikoallokation mit dem Arbeitseinsatz des Agenten korrelieren.[1427] Als Anknüpfungspunkt können hier Daten der Rechnungslegung dienen.[1428] Hierbei sind die im Folgenden näher zu erläuternden Interdependenzen mit anderen Rechnungslegungsfunktionen zu beachten.

1423 Vgl. zur Kontrolle über den Markt *Watrin*, Internationale Rechnungslegung und Regulierungstheorie (2001), 87–93.
1424 Vgl. zur principal-agent-Theorie § 7.II.2)b)dd)(1), S. 201 ff.
1425 *Hartmann-Wendels*, Rechnungslegung der Unternehmen und Kapitalmarkt aus informationsökonomischer Sicht (1991), 148.
1426 *Watrin*, Internationale Rechnungslegung und Regulierungstheorie (2001), 77; zur Problematik der unvollständigen Verträge siehe § 7.II.2)b)dd)(2), S. 204 ff.
1427 *Hartmann-Wendels*, Rechnungslegung der Unternehmen und Kapitalmarkt aus informationsökonomischer Sicht (1991), 197, 351.
1428 *Beaver*, Financial Reporting^2 (1998), 31 f.; *Mujkanovic*, Fair Value im Financial Statement nach International Accounting Standards (2002), 51.

(1) *Entlohnungsverträge und Bilanzpolitik*

Knüpft der Entlohnungsvertrag an Daten der Rechnungslegung an, so setzt dies Anreize für das Management, durch eine opportunistische Bilanzpolitik[1429] (earnings management) den in Aussicht gestellten Bonus zu beeinflussen und folglich von einer wahrheitsgemäßen Berichterstattung abzusehen.[1430] Die Wirkungen der damit angesprochenen Anreizfunktion der Rechnungslegungsinformationen können zu Diskrepanzen mit der auf einer wahrheitsgemäßen Berichterstattung beruhenden Entscheidungs- und Kontrollfunktion führen.

Eine Anknüpfung der erfolgsabhängigen Vergütung an den ausschüttungsfähigen Gewinn kann daneben eignerschädigende Investitions- und Finanzierungsentscheidungen bedingen, die beachtliche Ähnlichkeiten mit den im vorherigen Abschnitt geschilderten finanzierungs- und investitionsbedingten Gläubigerrisiken aufweisen.[1431]

Die Ausrichtung der Bonuszahlungen am ausschüttungsfähigen Betrag könnte Anreize für Finanzierungsentscheidungen setzen, die allein der Erhöhung der Bemessungsgrundlage dienen. So könnte die Aufnahme von Fremdkapital zur gezielten Finanzierung der Bonuszahlungen erfolgen (fremdfinanzierte Ausschüttungsbeträge). Ebenso bestünden für das eigennützige Management Anreize für Überbewertungen oder Unterbewertungen der Vermögensgegenstände, die wiederum einen liquidations- und fremdfinanzierten Vermögenstransfer bedingen

---

1429 Unter Bilanzpolitik versteht man das gezielte Ergreifen von Maßnahmen mit der Zielsetzung, durch entsprechende Auswirkungen auf den Jahresabschluss Bilanzadressaten oder Rechtsfolgen zu beeinflussen. Die Maßnahmen können dabei zum einen in einer Sachverhaltsgestaltung (reale Bilanzpolitik) oder zum anderen in der Wahl der Abbildung der Geschäftsvorfälle im Jahresabschluss (buchmäßige Bilanzpolitik) bestehen, wobei im letzteren zwischen der Wahl der Bilanzierung und Bewertung (materielle Bilanzpolitik) und der Wahl des Bilanzausweises oder der formalen Darstellung (formale Bilanzpolitik) unterschieden werden muss (vgl. *Wagenhofer/Ewert*, Externe Unternehmensrechnung[2] (2007), 287–302).
Verschiedene empirische Untersuchungen zur Anreizwirkung von Entlohnungsverträgen auf die Bilanzpolitik des Managements kamen zu dem Ergebnis, dass vor allem die Bildung von Rückstellungen zur Beeinflussung des Netto-Gewinns und zur Maximierung ihrer Entlohnung verwendet wird; vgl. *Scott*, Financial Accounting Theory[3] (2003), 371–376, mit Verweisen auf die Arbeiten von *Healy*, Journal of Accounting and Economics Vol. 7 (1985) 85–107; *McNichols/Wilson/DeAngelo*, Journal of Accounting Research Vol. 26 Supplement (1988), 1–31 und *Holthausen/Larcker/Sloan*, Journal of Accounting and Economics Vol. 19 (1995), 29–74. Hingegen wird die allgemeine Bilanzerfassung von Geschäftsvorfällen und die Sachverhaltsgestaltung eher für eine langfristige Gestaltung der Netto-Gewinne benutzt. Als Grund werden hier vor allem die grundsätzliche Angabepflicht hinsichtlich der Wahlrechtsausübung im Anhang und die fehlende Flexibilität dieser Gestaltungsmittel angegeben (*Scott*, a.a.O., 374f.). Es ist aber zu betonen, dass gerade Ermessensspielräume, bei denen im Gegensatz zu den offenen Wahlrechten keine ausdrückliche Wahlmöglichkeit besteht, sondern die Bilanzierung auf einer Beurteilung des wirtschaftlichen Sachverhalts beruht, aufgrund der fehlenden Erkennbarkeit ein hohes Potential für Bilanzpolitik bieten.

1430 Neben der erfolgsvariablen Vergütung bestehen natürlich auch andere Anreize zur Bilanzpolitik, insbesondere vertragliche und steuerrechtliche Motivationen.

1431 Zu den Gläubigerrisiken vgl. § 8.II.2)c), S. 301ff. Die Parallelen zwischen den Eignerrisiken im Verhältnis zwischen den Anteilseignern und dem Management und den aufgezeigten Risiken der Gläubiger im Verhältnis zur Unternehmung beruhen vor allem auf ihrer ähnlichen Interessenlage gegenüber dem Management.

könnten. Der bilanzpolitische Spielraum könnte auch durch die Wahrnehmung für eine am Eigennutz orientierte Investitionspolitik missbraucht werden und im Einzelfall Über- bzw. Unterinvestitionsprobleme[1432] hervorrufen.

Zusammenfassend lässt sich festhalten, dass ein bilanzpolitischer Spielraum entsprechend dem Manipulationsgrad eine Reduktion der Zuverlässigkeit der Rechnungslegungsinformationen impliziert und zugleich finanzierungs- und investitionsbezogene Fehlanreize bedingen kann. Die Informationsverzerrungen und Anreizwirkungen der Bilanzpolitik sind natürlich in der konkreten Situation davon abhängig, inwieweit sie von den Bilanzadressaten als solche erkannt werden und gegebenenfalls durch eine entsprechende Interpretation der Informationen kompensiert werden können.

(2) Bilanzpolitik – Informationsverzerrung oder Informationsvermittlung

Bilanzpolitische Spielräume bedingen nicht nur Fehlanreize und Verzerrungen der bereitgestellten Informationen. Ein bilanzpolitischer Gestaltungsspielraum kann auch dazu benutzt werden, dem Bilanzadressaten mit der Wahl einer bestimmten Bilanzierungs- oder Bewertungsmethode Informationen zu vermitteln, die auf anderem Wege nicht glaubhaft vermittelt werden können.[1433] Genannt wird hier etwa die Bereitstellung von Informationen über die nachhaltige Unternehmensentwicklung durch die Bildung von Rücklagen für in näherer Zukunft erfolgende Investitionen oder Umstrukturierungen.[1434] Einer direkten Bekanntgabe der Zielsetzung der nachhaltigen Unternehmensführung würde aufgrund der bekannten Eigennützigkeit des Handelns des Managements die für die Entscheidungsnützlichkeit notwendige Glaubwürdigkeit fehlen. Daneben ermöglicht ein gewisser bilanzpolitischer Gestaltungsspielraum auch eine situative Anpassung der Rechnungslegung an die spezifische Unternehmensstruktur.

Der bestehende trade-off wurde bereits im Zusammenhang mit der Frage einer Flexibilität der Gliederungsschemata angesprochen.[1435] Es wurde dabei hervorgehoben, dass die Vermittlung entscheidungsnützlicher Informationen durch die Bilanzgestaltung wiederum nur gesichert ist, wenn die Bilanzpolitik ihrerseits in einer zuverlässigen Weise nachvollzogen werden kann.

Ließe sich der bilanzpolitische Spielraum auf eine verifizierbare Grundlage stützen, so würde folglich idealerweise keine Diskrepanz zwischen der Vermittlung entscheidungsnützlicher Informationen, mithin der Entscheidungs- und Kontrollfunktion, und der Anreizfunktion der Rechnungslegung bestehen.

1432 Überinvestitionsprobleme werden etwas durch risikobehaftete Investitionen, die allein mit der Maßgabe der möglichen Erhöhung des ausschüttungsfähigen Gewinnes getätigt werden, bedingt. Es bestehen daneben auch Anreize, Investitionen mit einem positiven Kapitalwert zu unterlassen, um über die Thesaurierung der Überschüsse den ausschüttungsfähigen Betrag als Bemessungsgrundlage für die Bonuszahlungen zu erhöhen (Unterinvestitionen).

1433 *Wagenhofer/Ewert*, Externe Unternehmensrechnung^2 (2007), 287 ff.

1434 Vgl. *Scott*, Financial Accounting Theory^3 (2003), 386.

1435 Vgl. § 8.I.3)a)bb)(2), S. 278 f.

bb) Ausschüttungen als Instrument der Managementkontrolle

Setzen die Informationsbereitstellung und die Anreizfunktion bei den Ursachen des principal-agent-Konflikts, der Informationsasymmetrie und Interessendivergenz, an, so dienen die Regelungen zur Ausschüttungsbemessung der Abgrenzung der Rechte und Pflichten des Agenten und des Prinzipals in dem aufgezeigten principal-agent-Konflikt.

Die Regelungen der Ausschüttungen spielen in dem aufgezeigten Konflikt insoweit eine Rolle, als dass sie bestimmen, über welche Mittel das Management verfügen kann. So gesehen schränken die Ausschüttungen den diskretionären Spielraum des Managements ein.[1436]

Bestünde eine Interessenhomogenität zwischen dem Management und den Eignern, wären letztere grundsätzlich indifferent gegenüber Ausschüttungen und Kurssteigerungen, die auf der Thesaurierung von Gewinnen beruhen. Erst durch die divergierenden Zielvorstellungen lässt sich das Bedürfnis der Eigner nach einem, in gewissen zeitlichen Abständen erfolgendem, Mitspracherecht über einen Teil des Vermögens erklären.[1437] Durch den Erwerb der Anteile bringen die Eigner mithin ihr Vertrauen in das Unternehmen und die Fähigkeiten des Managements zum Ausdruck. Das Interesse der Eigner an den Ausschüttungen kann neben ihren subjektiven Vermögendispositionsinteressen hingegen auch als Ausdruck ihrer Zweifel an den Fähigkeiten und der Vorteilhaftigkeit der Absichten der Manager gedeutet werden.[1438]

Ausschüttungen führen zugleich dazu, dass das Management zur Erschließung der notwendigen Investitionsmittel für neue Projekte an den Kapitalmarkt herantreten muss und sich so der Prüfung durch Banken, Broker, institutioneller Anleger und andere Kapitalmarktakteure unterwirft.[1439] Die Kontrolle der Geschäftstätigkeiten durch den Kapitalmarkt führt zu einer Herabsenkung der monitoring costs der Anteilseigner.[1440]

Aus betriebswirtschaftlicher Sicht führen Dividenden folglich als Kompetenzabgrenzungsregeln über die Minimierung des opportunistischen Spielraums und der verstärkten Kapitalmarktkontrolle des Managements zur Herabsetzung der Überwachungskosten der Eigner. Gesamtwirtschaftlich haben Ausschüttungen den Vorteil, dass sie die Kapitalmarktallokation des Aktienmarktes stärken.[1441]

1436 *Watrin*, Internationale Rechnungslegung und Regulierungstheorie (2001), 237.
1437 *Wagner*, ZfbF 1982, 749, 765.
1438 *Wagner*, a. a. O.
1439 *Watrin*, Internationale Rechnungslegung und Regulierungstheorie (2001), 237.
1440 *Easterbrook*, American Economic Review Vol. 74 (1984), 650, 654f.; *Watrin*, Internationale Rechnungslegung und Regulierungstheorie (2001), 237.
1441 *Watrin*, Internationale Rechnungslegung und Regulierungstheorie (2001), 236.

Die Rechnungslegung fungiert im Rahmen der Gewinnverwendungs- und Kompetenzabgrenzung als Berechnungsgrundlage des ausschüttungsfähigen Gewinns.[1442] Diese Funktion der Rechnungslegung kann jedoch nicht isoliert betrachtet werden. Sie ist vielmehr Bestandteil des gesamten Regelsatzes zur Corporate Governance einer Rechtsordnung.[1443] Sie ist eingebettet in die jeweiligen Kompetenzabgrenzungsregelungen hinsichtlich der Verteilung des und Verfügung über den erwirtschafteten Überschusses.[1444] Zugleich beeinflusst die Art der Rechnungslegung ihrerseits die Wirksamkeit dieser Kompetenzregelungen. Wird etwa den Eignern in einer Aktiengesellschaft oder einer ähnlichen Gesellschaftsstruktur in ihrer organschaftlichen Gesamtheit in der Hauptversammlung eine Verwendungskompetenz zugesprochen,[1445] so hängt der Wert der Verwendungskompetenz seinerseits davon ab, welche Bilanzierungs- und Bewertungsregeln Anwendung finden. Wäre es dem Management durch die Ausnutzung von Wahlrechten und Ermessenspielräumen oder durch weitgehende Unterbewertung von Vermögensgegenständen (begründet etwa mit dem Gebot der Vorsicht) möglich, Überschüsse fast beliebig zu gestalten, so hätte das Recht der Hauptversammlung faktisch keinen Wert.

Die aufgezeigten Verflechtungen lassen eine isolierte Diskussion über die Ausschüttungsfunktion der Rechnungslegung im Manager-Eigner-Konflikt unzweckmäßig erscheinen. Nichtsdestotrotz lassen sich aus dem Gesagten zwei grundlegende Schlussfolgerungen ziehen. Zum einen ist die Zuverlässigkeit der Rechnungslegungsinformationen eine wichtige Voraussetzung für die Einfügung der externen Rechnungslegung in das Spektrum des Corporate Governance Systems. Zum anderen besteht zwischen dem Bedürfnis nach Ausschüttung und der Qualität des Anlegerschutzes ein konträres Verhältnis. Investoren werden bei einem hohen Anlegerschutz eher dazu bereit sein, auf Ausschüttungen temporär zu verzichten, da sie ihre Interessen und die Sicherung zukünftiger Ausschüttungen ausreichend gewahrt sehen.[1446]

1442 In der deutschen Rechtsordnung knüpfen § 58 AktG, § 29 Abs. 1 GmbHG und § 120 Abs. 1 HGB im Rahmen der Gewinnverteilung an die Gewinnermittlung auf der Grundlage der Bilanz und Gewinn- und Verlustrechnung an.

1443 *Wagenhofer/Ewert*, Externe Unternehmensrechnung^2 (2007), 226.

1444 Die Entscheidungs- und Verfügungskompetenzen sind entsprechend der verschiedenen Rechtstraditionen ganz unterschiedlich ausgestaltet. Die Regelungen in Deutschland lösen den principal-agent-Konflikt durch eine Abgrenzung der Verteilungs- und Verfügungskompetenz zwischen dem Vorstand und der Hauptversammlung (§ 58 AktG). In den Ländern mit common law-Tradition (z.B. USA, Großbritannien, Australien) gibt es hingegen keine vergleichbaren Kompetenzabgrenzungen. Vielmehr obliegt die Festsetzung der Ausschüttung gänzlich der Verwaltung des Unternehmens. Den Interessen der Aktionären wird hier durch stärkere Einwirkungsrechte und Schutzbestimmungen (etwa bezüglich Abstimmungs- und Klagemöglichkeiten, Möglichkeiten der Anfechtung von Entscheidungen der Verwaltung, der zwingenden Gewährung von Bezugsrechten bei Kapitalerhöhungen) Rechnung getragen.

1445 So verfügt die Hauptversammlung einer Aktiengesellschaft im deutschen Gesellschaftsrecht nach § 58 Abs. 1 i.V.m. Abs. 3 AktG über die Verwendungskompetenz hinsichtlich der Hälfte des Jahresüberschusses.

1446 Diese Schlussfolgerung wird durch die empirische Studie von *La Portal/Lopez-de-Silanes/Shleifer/Vishny*, Journal of Financial Economics Vol. 58 (2000), 3–27, gestützt.

3) Implikationen für konkrete Rechnungslegungsbestimmungen

Aus den dargestellten Funktionen der externen Rechnungslegung im Auftragsverhältnis zwischen den Eignern und dem Management ergeben sich die im Folgenden dargestellten spezifischen Implikationen für die Ausgestaltung der externen Rechnungslegung in Form des Jahresabschlusses.

a) Implikationen der Rechenschaftsfunktion

Die Implikationen der *Rechenschaftsfunktion* für die externe Rechnungslegung unterscheiden sich im Grundsatz nicht von den bereits erörterten Anforderungen der Entscheidungs- und Kontrollfunktion.[1447]

Aus der Sicht einer ex-post Kontrolle des Managements bedarf es verständlicher, vergleichbarer und zuverlässiger Informationen über die Vermögens-, Finanz- und Ertragslage des Unternehmens. Dementsprechend sollte auch vor dem Hintergrund der Rechenschaftsfunktion die Aktivierung und Passivierung in Abhängigkeit zu einem identifizierbaren und individuell zuordenbaren, wirtschaftlichen Nutzenbeitragspotential erfolgen. Ebenso ist aus Sicht einer adäquaten ex-post Kontrolle eine zeitnahe Bewertung unter Heranziehung des fair value zu präferieren. Auch hier sind die durch eine Marktbewertung bedingten Verzerrungen der Erfolgswirkungen durch eine entsprechende Erfolgsspaltung zu kompensieren.

Eine Spaltung der qualitativ unterschiedlichen Erfolgsgrößen nach dem Kriterium der Leistungsbezogenheit, Regelmäßigkeit und Betriebsbezogenheit hat nicht nur den Vorteil einer Separierung der Erträge und Aufwendungen nach dem Prognosewert.[1448] Der individualisierte Leistungserfolg als Teilgröße des Unternehmenserfolges[1449] ermöglicht es zugleich, den Erfolg des Managements bei der Verwaltung der ihm anvertrauten Ressourcen ersichtlich zu machen.[1450] Eine Aufgliederung der Erfolgswirkungen nach der Leistungsbezogenheit separiert die Erfolgsgrößen, die unmittelbar durch die Leistungen des Managements in der Berichtperiode gestaltet werden. Der Leistungserfolg bietet demnach eine gute Grundlage für die Beurteilung der Rentabilität des Leistungsprozesses in der Berichtsperiode. Das Rentabilitätsurteil ist wiederum ein wesentlicher Maßstab, an dem sich das Management eines Unternehmens messen lassen muss.[1451] Dem Er-

---

1447 Vgl. zu den Implikationen der Entscheidungs- und Kontrollfunktion der bereitgestellten Informationen § 8.I.3)a), S. 244 ff.

1448 Vgl. hierzu § 8.I.3)a)aa)(3)(a), S. 266 ff.

1449 Vgl. hierzu die Abbildung 5 unter dem Gliederungspunkt § 8.II.4)a)cc), S. 332.

1450 Zu Recht wird darauf verwiesen, dass die Beurteilung des Managements durch die Eigner nur anhand der vom Management beeinflussbaren Faktoren erfolgen darf. (*Barrett/Beaver/Cooper/Milburn/Solomons/Tweedie*, Accounting Horizons Sep. 1991, Vol. 5, Iss. 3, 81, 90). Dies vermag eine Spaltung des Erfolgs nach der Leistungsbezogenheit grundsätzlich zu gewährleisten (vgl. *Hollmann*, Reporting Performance (2003), 123).

1451 Vgl. *Hollmann*, Reporting Performance (2003), 123.

folg am ruhenden Vermögen fehlt hingegen der direkte Bezug zu den in Anspruch genommenen Leistungen und damit auch zu der Managementleistung.[1452]

Durch eine weitere Untergliederung der Erfolgswirkungen nach dem Kriterium der Regelmäßigkeit ließen sich die Erfolge des Managements intertemporal leichter vergleichen und damit bessere Rückschlüsse hinsichtlich einer nachhaltigen Unternehmenspolitik des Managements ermöglichen. Eine weitere Differenzierung nach der Betriebsbezogenheit erhöht den Informationsgehalt der Erfolgswirkungen für die Rechenschaftsfunktion nicht weiter, sie schränkt deren Nützlichkeit aber auch nicht ein.

Es lässt sich folglich festhalten, dass sich die materiellen Anforderungen an die externe Rechnungslegung hinsichtlich der Ansatz- und Bewertungsregeln und des Erfolgsausweises mit denen der Entscheidungs- und Kontrollfunktion und der eignerbezogenen Gewinnermittlungs- und der gläubigerschützenden Ausschüttungsbemessungsfunktion decken.

Auch die grundlegenden formellen Anforderungen der verschiedenen Zwecksetzungen der Rechnungslegung aus Sicht der unterschiedlichen Akteure sind im Wesentlichen deckungsgleich. Der Informationsgehalt und die Vergleichbarkeit des gespaltenen Erfolgsausweises für die Kontrollfunktion lassen sich formell durch eine gebündelte Darstellung der Erfolgswirkungen in einer entsprechenden Erfolgsrechnung unter Heranziehung einer verbindlichen Mindestgliederung absichern, wenn nicht sogar erhöhen. Das Erfordernis einer verbindlichen Mindestgliederung sollte daneben zur Vermeidung informationsverzerrender Gestaltungsspielräume auch auf die Darstellung der Vermögens- und Finanzlage in der Bilanz und in der zahlungsorientierten Finanzierungsrechnung erstreckt werden.

b) Implikationen der Anreizfunktion

Neben der Rechenschaftsfunktion der Rechnungslegung sind aus der Sicht der Manager-Eigner-Beziehung die Anreizwirkungen der Rechnungslegungsgrößen im Hinblick auf die bestehenden Interessendivergenzen zu beachten. Die externe Rechnungslegung, insbesondere die Gewinnermittlung, kann dabei sowohl im Rahmen erfolgsabhängiger Entlohnungsverträge als auch durch die daran anknüpfenden Ausschüttungszahlungen als Anreizinstrument dienen.

Hinsichtlich vorhandener bilanzpolitischer Spielräume besteht aufgrund der Interessendivergenzen und der daraus fließenden finanzierungs- und investitionsorientierten Fehlanreize die Gefahr einer opportunistischen Bilanzpolitik des Managements, welche sich sowohl in Informationsverzerrung als auch in unternehmensschädigenden Investitions- und Finanzierungsentscheidungen niederschlagen kann. Diesen negativen Aspekten bilanzpolitischer Gestaltungsspielräume kann aber entgegengehalten werden, dass intersubjektiv verifizierbare, unternehmensspezifische Gestaltungen den Informationsgehalt der Rechnungsle-

1452 Siehe *Schildbach*, BFuP 1998, 580, 589; *ders.*, WPg 1999, 177, 183; *Hollmann*, Reporting Performance (2003), 125.

gungsinstrumente sogar erhöhen können. Das immanente Erfordernis der objektiven Nachvollziehbarkeit der bilanzpolitischen Gestaltungen verhindert zugleich ein Umschlagen der Informationsvermittlung mit Hilfe bilanzpolitischer Gestaltungen in eine Informationsverzerrung.

Allein die objektive Unterlegung der bestehenden Gestaltungsspielräume vermag aber die anreizbedingte Gefahr unternehmensschädigender Investitions- und Finanzierungsentscheidungen nicht einzudämmen. Es bedarf somit – parallel zu den erörterten gläubigerschutzbedingten Implikationen – bestimmter ausgleichender Ansatz- und Bewertungsregeln zur Beschränkung schädigender Investitions- und Finanzierungsentscheidungen. Risikobehaftete Investitionen sollten auch im Rahmen der Managementkontrolle nicht zur Aktivierung entsprechender Vermögensgegenstände führen, sondern den ausschüttungsfähigen Betrag durch eine erfolgswirksame Buchung reduzieren. Zugleich ist bewertungsbedingten fremd- und liquidationsfinanzierten Ausschüttungsbeträgen durch ein fair value basierendes Bewertungssystem unter gleichzeitiger Verhinderung der Ausschüttung nicht-leistungsbezogener Erträge entgegenzuwirken.[1453] Vor diesem Hintergrund ist auch aus der Sicht der Anreizfunktion der Rechnungslegung eine leistungsbezogene Erfolgsspaltung vorzugswürdig.

In formeller Hinsicht sind keine Abweichungen von den Anforderungen aus Sicht der Entscheidungsfunktion, der eignerbezogenen Anspruchs- und der gläubigerschützenden Ausschüttungsbemessung erkennbar.

Zusammenfassend zeigen die vorangestellten Ausführungen, dass die Implikationen für die Ausgestaltung der Rechnungslegung aus Sicht der Anreizfunktion nicht über die bereits erörterten materiellen und formellen Anforderungen aus Sicht der Entscheidungs- und Kontrollfunktion, der eignerbezogenen Gewinnermittlungs- und der gläubigerschützenden Ausschüttungsbemessung hinausgehen.

4) Interessenlage des Managements im principal-agent-Verhältnis

Nicht nur die Eigner, sondern auch das Management als kontrollierte Instanz hat ein grundlegendes Interesse daran, dass die Maßstäbe für die Informationsvermittlung, Entlohnung, Ausschüttung und etwaige Sanktionierung nicht der Willkür unterliegen[1454] und folglich durch eine Standardisierung die nötige individuelle und unternehmensspezifische Planungssicherheit gewährleistet wird. Aus der Interessenlage der Manager in dem principal-agent-Verhältnis lassen sich folglich keine weitergehenden Implikationen für eine funktionsfähige externe Rechnungslegung ableiten.

1453 Einzelheiten dieses Bewertungssystems werden unter § 8.II.4)a)bb), S. 326 ff. und § 10.II, S. 352 ff. erläutert.

1454 Vgl. *Neus*, Einführung in die Betriebswirtschaftslehre^{5} (2007), 366.

§ 9. Institutionsschutzfunktion der externen Rechnungslegung

Der Sinn der Rechnungslegung erschöpft sich nicht im erörterten Individualschutz der gegenwärtigen und potentiellen Kapitalanleger, der Gläubiger sowie der Nichtvertragsgläubiger.[1455] Den Publizitätsregelungen im Allgemeinen, zu denen auch die Rechnungslegung gehört, kommt neben dieser individuellen Komponente auch eine institutionelle Schutzfunktion zu.

Im Gegensatz zum Individualschutz orientiert sich der Funktionsschutz bereits in seinem Ausgangspunkt an überindividuellen Interessen. Geschützt werden soll die Leistungs- und Funktionsfähigkeit von Einrichtungen und Ablaufmechanismen, denen wichtige Aufgaben wirtschaftlicher und sozialer Steuerung übertragen sind.[1456] Zu nennen ist hier vor allem der Kapitalmarkt.[1457]

Der Kapitalmarkt allgemein lässt sich definieren als institutionelles Gebilde zum Ausgleich des Angebots und der Nachfrage nach Finanzkapital. Seine Aufgabe ist es demnach, optimale Bedingungen für den marktmäßigen Ausgleich zwischen der Kapitalnachfrage der Unternehmen und der Anlegebereitschaft der individuellen bzw. institutionellen Anleger zu gewährleisten.[1458] Die damit angesprochene Funktionsfähigkeit des Kapitalmarkes muss sowohl in institutioneller, operationeller und allokativer Hinsicht gewährleistet werden.[1459]

Die institutionelle Funktionsfähigkeit betrifft die Grundvoraussetzungen für einen wirksamen Markt für Finanzkapital.[1460] Ein funktionsfähiger Marktprozess, mithin die Bereitschaft der Anleger, Kapital zur Verfügung zu stellen, setzt ein Mindestmaß an institutioneller Stabilität und Sicherheit gegen anlegerschädigende Manipulationen und Zugangs- und Austrittsbeschränkungen, mithin ein gesichertes institutionelles Gefüge voraus.[1461] Gradmesser für die institutionelle Effizienz des Marktes sind die Breite des Marktes (Varianz der Anlageformen), seine Tiefe (Marktvolumen) und seine Stabilität.[1462]

Der Kapitalmarkt ist daneben operational funktionsfähig, wenn die Kosten der Anlagevermittlung und Kapitalbeschaffung (laufende Marktteilnahme), d.h. die

---

1455 Vgl. *Walz*, in: *Wagner* (Hrsg.), Ökonomische Analyse des Bilanzrechts, ZfbF-Sonderheft 32 (1993), 85, 100.
1456 *Merkt*, Unternehmenspublizität (2001), 300.
1457 Die Bereitstellung entscheidungsrelevanter, zuverlässiger Informationen dient daneben natürlich durch die Beschränkung der Problematik der adverse selection auch der Sicherung der Funktionsfähigkeit des Kreditmarktes.
1458 Vgl. *Kiel*, Internationales Kapitalanlegerschutzrecht (1994), 8.
1459 Vgl. *Kübler*, AG 1977, 85, 89; *Walz*, in: *Wagner* (Hrsg.), Ökonomische Analyse des Bilanzrechts, ZfbF-Sonderheft 32 (1993), 85, 100 f.; *Zimmer*, Internationale Gesellschaftsrecht (1996), 42 f.; *Merkt*, Unternehmenspublizität (2001), 300 f.
1460 *Kübler*, AG 1977, 85, 89; *Walz*, in: *Wagner* (Hrsg.), Ökonomische Analyse des Bilanzrechts, ZfbF-Sonderheft 32 (1993), 85, 100; *Merkt*, Unternehmenspublizität (2001), 300.
1461 Vgl. *Assmann*, Prospekthaftung (1985), 26.
1462 *Kübler*, AG 1977, 85, 89; *Assmann*, Prospekthaftung (1985), 26.

Transaktionskosten, möglichst gering gehalten werden.[1463] Je geringer diese die Rendite mindernden Kosten des Marktprozesses sind, desto größer wird die Bereitschaft der Anleger sein, entsprechende Kapitalanlagen zu tätigen.[1464]

Die wichtigste der drei Bedingungen ist die allokative Funktionsfähigkeit (Steuerungsfähigkeit) des Kapitalmarktes.[1465] Demnach muss die Ausgestaltung des Marktes gewährleisten, dass die verfügbaren Anlagemittel ungehindert dorthin fließen, wo sie am dringendsten benötigt werden und wo sie zugleich die höchste Rendite erwirtschaften.[1466] Diese Allokationsfunktion des Kapitalmarktes setzt die institutionelle und operative Funktionsfähigkeit des Marktes als Grundbedingungen voraus.[1467]

Alle drei Bedingungen zusammen gewährleisten die Funktionsfähigkeit des Kapitalmarktes und sind somit grundlegend dafür, dass Kurse und Zinssätze als Signale die Ertragserwartungen und Knappheitsrelationen korrekt zum Ausdruck bringen (Funktion der Kapitallenkung) und die Anleger bereit sind, ihr Kapital zu investieren (Funktion der Kapitalaufbringung).[1468]

Die allokative Funktionsfähigkeit des Kapitalmarktes ist darüber hinaus in einem hohen Maße von der Transparenz des Marktes abhängig.[1469] Anleger müssen über die Qualität der ihnen zur Verfügung stehenden Anlagemöglichkeiten informiert sein, um das Risiko des einzelnen Investitionsobjektes einschätzen und mit dem Risiko anderer Anlagen vergleichen zu können.[1470] Kann der Anleger etwa wegen zu hoher Kosten der Informationsbeschaffung die Informationsasymmetrie nicht ausgleichen, kommt es unter Hinzutreten von Interessendivergenzen zu Misstrauen, Marktabwanderungen, einem race to the bottom und letztlich zum Zusammenbruch des Marktes.[1471] Die Opportunitätskosten bedingen einen Risikoabschlag auf den Grenzpreis der Anleger, der sich aber nicht an dem tatsächlichen Risikopotential des Anlageobjektes, sondern an dem durchschnittlichen Investitionsrisiko orientiert. Der Marktpreis wird damit zum Durchschnittspreis und vermag es so nicht mehr, die unterschiedliche Qualität der Anlageobjekte widerzuspiegeln. Anbieter und Nachfrager hochwertiger Anlagen werden sich in dieser Situation vom Markt zurückziehen. Dies wiederum senkt das durchschnittliche

1463 Vgl. *Kohl/Kübler/Walz/Wüstrich*, ZHR 138 (1974), 1, 17.

1464 *Kübler*, AG 1977, 85, 89; Vgl. auch *Assmann*, Prospekthaftung (1985), 25.

1465 Vgl. *Kohl/Kübler/Walz/Wüstrich*, ZHR 138 (1974), 1, 16 f.; *Grundmann, Stefan/Selbherr*, WM 1996, 985, 992; *Zimmer*, Internationales Gesellschaftsrecht (1996), 42 f.

1466 *Assmann*, Prospekthaftung (1985), 25; *Zimmer*, Internationales Gesellschaftsrecht (1996), 43.

1467 *Assmann*, Prospekthaftung (1985), 26; *Zimmer*, Internationales Gesellschaftsrecht (1996), 43; *Merkt*, Unternehmenspublizität (2001), 301. Erst das Bestehen geeigneter institutioneller Rahmenbedingungen, die möglichst viele Anbieter und Nachfrager zum Gang an den Kapitalmarkt bewegen, macht eine allokative Lenkung des Kapitals möglich. Zugleich ist eine Minimierung der Transaktionskosten Voraussetzung dafür, dass Angebot und Nachfrage in ihrem Zusammenspiel ihre allokative Wirkung entfalten können.

1468 Vgl. *Merkt*, Unternehmenspublizität (2001), 301; *Kahle*, KoR 2002, 95, 96.

1469 *Kohl/Kübler/Walz/Wüstrich*, ZHR 138 (1974), 1, 17.

1470 *Zimmer*, Internationales Gesellschaftsrecht (1996), 43; Vgl. auch *Böcking*, in: *Ballwieser/Schildbach* (Hrsg.), Rechnungslegung und Steuern international, ZfbF-Sonderheft 40 (1998), 17, 23 ff.

1471 Vgl. *Merkt*, Unternehmenspublizität (2001), 306.

Investitionsrisiko weiter ab und ein allgemeiner *race to the bottom* setzt ein, der letztlich in den Zusammenbruch des Kapitalmarktes mündet.[1472]

Die Bereitstellung entscheidungsrelevanter Informationen über die Anlagen ist – unter Ablehnung der These von der Informationseffizienz des Kapitalmarktes[1473] – das entscheidende Instrumentarium zur Gewährleistung der Funktionsfähigkeit des Kapitalmarktes.[1474] Informationen zur adäquaten Risikoabschätzung müssen, ebenso wie zur Wahrung der Individualinteressen der Akteure, nicht nur entscheidungsrelevant, sondern auch vergleichbar, verständlich und vor allem zuverlässig sein. Die Zielsetzung und mit ihr die materiellen und formellen Anforderungen an den Träger der individual- und institutionsschützenden Informationen sind somit gleichgerichtet. Die externe Rechnungslegung fungiert folglich unter Beachtung der im Rahmen der Individualschutzfunktion erarbeiteten Implikationen nicht nur als Informationsträger zur Reduzierung der Informations- und Koordinationsrisiken der einzelnen Akteure, sondern trägt aus gesamtwirtschaftlicher Sicht zur Allokationseffizienz des Kapitalmarktes bei.[1475] Man spricht auch vom Funktionsschutz des Kapitalmarktes durch Rechnungslegung.[1476] Unternehmenspublizität und mit ihr die Rechnungslegung fungieren nach diesem dualistischen Konzept als individual- und zugleich institutionsschützendes Institut.[1477]

1472 Vgl. *Mülbert,* Aktiengesellschaft, Unternehmensgruppe und Kapitalmarkt (1995), 111.
1473 Vgl. hierzu § 8.I.2)a)aa), S. 227.
1474 Siehe *Mülbert,* Aktiengesellschaft, Unternehmensgruppe und Kapitalmarkt (1995), 111; *Zimmer,* Internationales Gesellschaftsrecht (1996), 43.
1475 *Kahle,* KoR 2002, 95, 96.
1476 *Merkt,* Unternehmenspublizität (2001), 300 f. Die Rechnungslegung und der Kapitalmarkt werden demzufolge auch als interdependente Institutionen bezeichnet. Vgl. u. a. *Hartmann-Wendels,* Rechnungslegung der Unternehmen und Kapitalmarkt aus informationsökonomischer Sicht (1991), 29.
1477 Vgl. *Hopt,* Der Kapitalanlegerschutz im Recht der Banken (1975), 336 f.; *ders.*, ZGR 1980, 225, 234–236; *Assmann,* Prospekthaftung (1985), 24; *Walz,* in: *Wagner* (Hrsg.), Ökonomische Analyse des Bilanzrechts (1993), 85, 100; *Baetge/Thiele,* FS Heinrich Beisse (1997), 11, 16; *Ekkenga,* Anlegerschutz, Rechnungslegung und Kapitalmarkt (1998), 30–36; *Kleindiek,* ZGR 1998, 466, 471 f.; *Merkt,* Unternehmenspublizität (2001), insbes. 296–306; *Kahle,* KoR 2002, 95, 96.
Neben der grundlegenden dualistischen Funktion der Bereitstellung entscheidungsnützlicher Unternehmensinformationen kommt der Rechnungslegung eine Disziplinierungsfunktion gegenüber sonstigen Informationsquellen zu (*Wagenhofer/Ewert,* Externe Unternehmensrechnung^2 (2007), 15; vgl. hierzu § 8.I.2)a)cc)(2)(a), S. 233 ff.). Durch die Objektivierung der Informationen fungiert der Unternehmensbericht als ex-post Kontroll- und Verifizierbarkeitsinstrument und gewährleistet damit den Entscheidungsnutzen weiterer Informationsquellen.

§ 10. Eckpfeiler des normativen Sollkonzepts

I. Das Konsensprinzip als Grundlage einer normativ fundierten Rechnungslegung

Ziel des folgenden Abschnittes ist es, auf der Grundlage der bisher gewonnen Erkenntnisse die grundlegenden Pfeiler eines Modells einer interessen- und damit funktionsgerechten externen Rechnungslegung in Gestalt des Jahresabschlusses zu erarbeiten.

Ausgangspunkt der vorliegenden normativen Analyse war die Erkenntnis, dass sich das abstrakte Ziel jeder institutionellen Regelung, die Maximierung der allgemeinen Wohlfahrt, am besten durch eine Anlehnung an die Interessenlage der Zielträger der Institution sichern lässt. Demzufolge bildet die individuelle Interessenlage der Adressaten der externen Rechnungslegung – nämlich der aktuellen und potentiellen Anteilseigner, der Gläubiger, Nichtvertragsgläubiger und der Unternehmensleitung – den Deduktionsrahmen für die Ableitung der Zielsetzungen der Rechnungslegung.

Unter Anwendung der Theorie des unvollständigen Vertrages konnte die periodische Rechnungslegung in den vorausgehenden Abschnitten dieser Arbeit als Bestandteil des Gesellschaftsvertrages, des relationalen Vertrages zwischen dem Unternehmen und den potentiellen Anteilseignern, des Kreditverhältnisses zwischen dem Unternehmen und den Gläubigern sowie als Element des Anspruchsverhältnisses zwischen den Nichtvertragsgläubigern und dem Unternehmen identifiziert werden.[1478] Daneben ist die externe Rechnungslegung zugleich ein wichtiges Funktionselement des principal-agent-Verhältnisses zwischen dem Management und den Anteilseignern.[1479]

Eine institutionsökonomische Analyse der verschiedenen Beziehungen der Akteure untereinander und zum bilanzierenden Unternehmen im Hinblick auf die externe Rechnungslegung führte über die Offenlegung etwaiger Friktionen und Verwerfungen zur Ableitung konkreter Implikationen für eine interessengerechte Rechnungslegung. Die individuellen Anforderungen aus Sicht der einzelnen Adressatengruppen der Rechnungslegung wurden noch durch den Aspekt der Institutionsschutzfunktion der Rechnungslegung erweitert.

Allein die Offenlegung der Verwerfungen in den einzelnen Beziehungen der identifizierten Zielträger und die Ableitung von geeigneten Instrumenten zur Überwindung derselben gewährleistet noch nicht die Herleitung eines funktionsgerechten, umfassenden institutionellen Arrangements Rechnungslegung. Es bedarf vielmehr eines weiteren integrativen Elementes, mit dessen Hilfe die Ergebnisse der Analyse

---

1478 Vgl. *Kirchner*, FS Heinrich Beisse (1997), 267, 277f. *Kirchner* greift in dem Verhältnis zwischen den Nichtvertragsgläubigern und der Unternehmung, abweichend von der vorliegenden Arbeit, auf das Konstrukt eines hypothetischen Vertrages zurück.

1479 *Kirchner*, FS Heinrich Beisse (1997), 267, 278.

der einzelnen Beziehungen in eine Institution Rechnungslegung einfließen können. Als ein solches integratives Element dient das Konsensprinzip.[1480]

Geht man zutreffend davon aus, dass Individuen die handelnden Akteure sind (methodologischer Individualismus) und unterstellt man eigennutzenorientiertes und eingeschränkt rationales Verhalten, so kann angenommen werden, dass Individuen die Wahl über die Schaffung und Veränderung der Institutionen aus freiem Willen treffen. Decken sich die Interessen und folglich auch die Implikationen der verschiedenen Akteure und führen die abgeleiteten Gestaltungsimplikationen der Rechnungslegung nicht zu negativen externen Effekten für andere Akteure, so kann von einem hypothetischen Konsens der Akteure über das institutionelle Arrangement ausgegangen werden.[1481]

Sind die Gestaltungsimplikationen hingegen mit negativen externen Effekten für andere Akteure verbunden, scheitert die Legitimation auf der Grundlage des hypothetischen Konsenses der beteiligten Adressatengruppen. Entscheidend wäre dann, ob die Konflikte durch einen hypothetischen Konsens aller Akteure – unter Einschluss der von den negativen Effekten Betroffenen – überwunden werden könnten.[1482]

Dementsprechend sind nachfolgend die Anforderungen an die Rechnungslegung aus der Sicht der verschiedenen Akteure auf ein etwaiges Konfliktpotential hin zu untersuchen. Bestehen keine Verwerfungen zwischen den Implikationen, so lassen sich diese zu einem normativen Sollkonzept der externen Rechnungslegung zusammenfügen, soweit sich aus diesen Gestaltungsimplikationen keine negativen Effekte für andere Betroffene ergeben. Erst die Abwesenheit negativer Effekte für bisher nicht einbezogene Akteure bietet die Grundlage für ein normatives Konzept einer interessen- und funktionsgerechten externen Rechnungslegung.

II. Die Funktionen der Rechnungslegung in den verschiedenen Beziehungen der Akteure und etwaige Konfliktpotentiale der daraus fließenden Implikationen

Die aus den unterschiedlichen Interessenlagen der beteiligten Akteure hergeleiteten Funktionen der Rechnungslegung sind vielseitig.

1) Die Informationsfunktion

Die Anteilseigner und potentiellen Anteilseigner benötigen vergleichbare Informationen über die Vermögens-, Finanz- und Ertragslage des Unternehmens, um ihre Entscheidungen über die Aufnahme oder Aufrechterhaltung der Geschäfts-

1480 Vgl. auch § 7.II.3), S. 209 f.
1481 *Kirchner*, FS Heinrich Beisse (1997), 267, 276.
1482 *Kirchner*, FS Heinrich Beisse (1997), 267, 276.

beziehungen, insbesondere die Bereitstellung oder den Abzug von Kapital und die Ausübung ihrer Stimmrechte, zu treffen (*Entscheidungsfunktion*).[1483] Zur vollen Entfaltung ihrer Entscheidungsnützlichkeit sollten die bereitgestellten Informationen nicht nur relevant, vergleichbar, periodisiert aufbereitet und verständlich sein, sondern sich auch auf verlässliche Grundlagen zurückführen lassen. Die Relevanz und die Verlässlichkeit der Informationen sind folglich keine polaren Folgen, sondern vielmehr kumulative Determinanten der Entscheidungsnützlichkeit.

Weiterer Informationsbedarf der Anteilseigner ergibt sich neben dem Prozess der Entscheidungsfindung aus dem bestehenden Konfliktpotential zwischen den Eignern. Die Bereitstellung von ex-post Informationen über die Vermögens-, Finanz- und Ertragslage und die erfolgten Vermögenstransfers fungiert hier als Kontrollrechnung. Die Anforderungen der *Kontrollfunktion* an die bereitgestellten Informationen decken sich mit denen der Entscheidungsfunktion.[1484]

Neben den Eignern und potentiellen Eignern haben die Gläubiger zum Zweck einer adäquaten Risikoprognose ebenfalls ein grundlegendes Interesse an entscheidungsnützlichen Informationen sowohl über die absolute als auch über die relative Vermögens-, Finanz- und Ertragslage des Unternehmens (*Entscheidungsfunktion*).[1485] Die bereitgestellten Informationen fungieren neben der Prognosefunktion ex-post auch als Kontrollinstrument zur Überprüfung der realisierten Zielbeträge (*Kontrollfunktion*).[1486]

Die Bereitstellung von entscheidungsrelevanten Informationen ex-post ist auch aus der Sicht der Nichtvertragsgläubiger zur Aufdeckung gläubigerschädigender Handlungen des Unternehmens und mithin zur Anspruchssicherung erforderlich (*Kontrollfunktion*). Die Publizitätspflichten können hier ebenfalls zu einer Internalisierung der negativen externen Effekte beitragen.

In der Beziehung des Unternehmens zu den Gläubigern und Nichtvertragsgläubigern können die Informationen des Jahresabschlusses des Weiteren als Prognose-, Indikator- und Kontrollinstrument für die impliziten Beschränkungen der Handlungs- und Gestaltungsspielräume der Schuldner fungieren.[1487]

Die aufgezeigte Entscheidungs- und Kontrollfunktion weist zugleich deutliche Parallelen zur Rechenschaftsfunktion der Rechnungslegung in dem Auftragsverhältnis zwischen den Anteilseignern und dem Management auf. Die Rechenschaftsfunktion ist aber in dem Bezugspunkt der Informationsbereitstellung enger.[1488] Die Informationen dienen im Rahmen der *Rechenschaftsfunktion* der Managementkontrolle und nicht als Grundlage bzw. Kontrolle der Investitionsentscheidungen. Es bedarf folglich innerhalb der Informationen über die Vermögens-, Finanz- und Er-

---

1483 Vgl. § 8.I.1)a)aa), S. 214 ff. und § 8.I.1)b)aa), S. 223 ff.
1484 Zur Kontrollfunktion der Rechnungslegung für die Anteilseigner vgl. § 8.I.1)a)cc), S. 221.
1485 Nähere Erläuterungen der Entscheidungsfunktion der Rechnungslegung für die Gläubiger finden sich unter § 8.II.2)a), S. 297 ff.
1486 Zur Kontrollfunktion aus Sicht der Gläubiger vgl. § 8.II.2)b), S. 300.
1487 Näher zur Kontrollfunktion aus der Sicht der Nichtvertragsgläubiger siehe § 8.III, S. 334 f.
1488 Zur Rechenschaftsfunktion vgl. § 8.IV.2)a), S. 337 ff. und § 8.IV.3)a), S. 345 ff.

tragslage des Unternehmens einer Individualisierung des Erfolges des Managements in der Verwaltung der ihm anvertrauten Ressourcen.

Funktionale Rechenschaftsrechnungen müssen den Anforderungen der Entscheidungsnützlichkeit ebenfalls genügen.[1489] Erst die Zuverlässigkeit der bereitgestellten kontrollrelevanten Informationen ermöglicht eine interessengerechte Entscheidung der Eigner. Insoweit besteht kein Unterschied zur erläuterten Entscheidungs- und Kontrollfunktion der Informationen. Die bereitgestellten Informationen sollten des Weiteren in einer verständlichen Art und Weise aufbereitet werden. Die Umsetzung des Anpassungseffekts setzt ferner eine Periodenerfolgsrechnung voraus, um diesbezüglichen Fehlentwicklungen frühzeitig entgegenwirken zu können.[1490]

Es lässt sich somit festhalten, dass die Entscheidungs-, Kontroll- und die Rechenschaftsfunktion die Bereitstellung relevanter, zuverlässiger, verständlicher, vergleichbarer und periodisierter Informationen über die Vermögens-, Finanz- und Ertragslage des Unternehmens gemein haben. Sie lassen sich folglich zur *Informationsfunktion* der Rechnungslegung zusammenfassen.

2) Die Anspruchs- und die Ausschüttungsbemessungsfunktion

Neben den Informationsinteressen haben die Anteilseigner ein grundlegendes Interesse an standardisierten Gewinnermittlungsregeln (*Anspruchsbemessungsfunktion*).[1491] Diese dienen sowohl zur Konfliktminimierung als auch zur Sicherung der Zweckmäßigkeit vertraglich vereinbarter Regelungen der Gewinnverteilung.

Die Regelungen der Gewinnermittlung spielen aber vor allem in den Beziehungen zu den Gläubigern und Nichtvertragsgläubigern eine entscheidende Rolle. Die quantitativen Elemente der Rechnungslegung, speziell die Erfolgsermittlung, fungieren hier als Instrument gläubigerschützender bzw. nicht gläubigerschädigender Ausschüttungsrestriktionen (*Ausschüttungsbemessungsfunktion*).[1492] Eine transaktions- und ereignisorientierte bilanzielle Gewinnermittlung als Grundlage einer gläubigerschützenden Ausschüttungsbemessung vermag, wie gezeigt wurde, die bestehenden teilungs- und finanzierungsbedingten Risiken der Vertragsgläubiger und Nichtvertragsgläubiger am besten zu beschränken.

Die Anspruchs- und Ausschüttungsbemessungsfunktion sind folglich weitere wichtige Funktionen der externen Rechnungslegung.

1489 Vgl. hierzu § 8.IV.3)a), S. 345 ff.
1490 *Neus*, Einführung in die Betriebswirtschaftslehre[5] (2007), 365.
1491 Zur Gewinnermittlungsfunktion der Rechnungslegung vgl. § 8.I.1)a)bb), S. 219 ff.; § 8.I.1)a)cc), S. 221; § 8.I.2)b), S. 241 ff. und § 8.I.3)b), S. 291.
1492 Detailliert dazu § 8.II.3)c)bb), S. 312 ff. und § 8.II.4), S. 324 ff.

3) Weitere Funktionen: Institutionsschutz- und Anreizfunktion

Neben der aufgezeigten primären Informations-, Anspruchsbemessungs- und Ausschüttungsbemessungsfunktion der externen Rechnungslegung kommt der Rechnungslegung im Innenverhältnis des Unternehmens, speziell in der Auftragsbeziehung zwischen den Anteilseignern und dem Management, eine Anreizfunktion zu. Der Jahresabschluss als Rechnungslegungselement, insbesondere die Gewinnermittlung, kann sowohl im Rahmen erfolgsabhängiger Entlohnungsverträge als auch durch die daran anknüpfenden Ausschüttungszahlungen als Anreizinstrument dienen (*Anreizfunktion*).[1493]

Durch die Anknüpfung der Anreizinstrumente an die Elemente der externen Rechnungslegung wird zugleich die Gefahr einer opportunistischen Bilanzpolitik des Managements impliziert. Die bilanzpolitischen Spielräume und bestehenden Interessendivergenzen einerseits und die daraus fließenden finanzierungs- und investitionsorientierten Fehlanreize andererseits können folglich sowohl erhebliche Informationsverzerrungen als auch unternehmensschädigende Investitions- und Finanzierungsentscheidungen bedingen.

Die objektive Unterlegung der bestehenden Gestaltungsspielräume verhindert zwar ein Umschlagen der Informationsvermittlung mit Hilfe bilanzpolitischer Gestaltungen in eine Informationsverzerrung. Diese Objektivierung der Rechnungslegungsdaten vermag es aber nicht, die anreizbedingte Gefahr unternehmensschädigender Investitions- und Finanzierungsentscheidungen einzudämmen. Es bedarf somit in Parallelität zu den erörterten gläubigerschutzbedingten Implikationen bestimmter ausgleichender Ansatz- und Bewertungsregeln zur Beschränkung schädlicher Investitions- und Finanzierungsentscheidungen. Aufgrund dieser Parallelitäten hinsichtlich der allgemeinen Anforderungen der Anreizfunktion und der Ausschüttungsbemessungsfunktion kann davon ausgegangen werden, dass die Implikationen für die Ausgestaltung der Rechnungslegung aus Sicht der Anreizfunktion nicht über die materiellen und formellen Anforderungen aus Sicht der Ausschüttungsbemessungsfunktion hinausgehen.

Die Rechnungslegung hat neben diesen individuellen Komponenten auch eine institutionelle Schutzfunktion, insbesondere hinsichtlich des Kapitalmarkts zu erfüllen (*Institutionsschutzfunktion*).[1494] Die Transparenz des Markts ist eine wichtige Vorraussetzung für die Funktionsfähigkeit, mithin für die Allokationswirkung des Kapitalmarkts. Ein entscheidendes Instrumentarium zur Gewährleistung der Funktionsfähigkeit des Kapitalmarktes ist die Bereitstellung entscheidungsrelevanter Informationen über die Anlagen. Der Jahresabschluss als Rechnungslegungselement fungiert folglich nicht nur als Informationsträger zur Reduzierung der Informations- und Koordinationsrisiken der einzelnen Akteure, sondern

1493 Vgl. § 8.IV.2)b), S. 339 ff. und § 8.IV.3)b), S. 346 f.
1494 Vgl. hierzu § 9, S. 348 ff.

trägt aus gesamtwirtschaftlicher Sicht zur Allokationseffizienz des Kapitalmarktes bei.[1495]

Zusammenfassend lässt sich festhalten, dass die externe Rechnungslegung in den verschiedenen Beziehungen der Akteure im Innen- und Außenverhältnis des Unternehmens eine vielseitige Informationsfunktion, eine Anspruchsbemessungs-, Ausschüttungsbemessungs- und Anreizfunktion einnimmt. Diese Individualschutzfunktionen der Rechnungslegung werden noch durch die Institutionsschutzfunktion ergänzt.

Da die Anforderungen der Anreizfunktion nicht über die der Ausschüttungsbemessungsfunktion hinausgehen und die Zielsetzungen der Institutionsschutzfunktion Parallelen mit denen der Informationsfunktion aufweisen, sind allein die Informations-, die Anspruchsbemessungs- und die Ausschüttungsbemessungsfunktion auf etwaige widersprüchliche Implikationen hin zu untersuchen.

4) Konflikte zwischen den Implikationen der Rechnungslegungsfunktionen

Bereits bei der Erörterung der verschiedenen Funktionen der Rechnungslegung in den unterschiedlichen Beziehungen der beteiligten Akteure und der Erörterung der Institutionsschutzfunktion wurde aufgezeigt, dass zwischen den Implikationen der vielseitigen Informationsfunktion einerseits und der Anspruchs- und der Ausschüttungsbemessungsfunktionen andererseits kein direktes Konfliktpotential besteht.

Sowohl die Informationsfunktion in ihrer Ausprägung als Entscheidungs-, Kontroll- und Rechenschaftsfunktion einerseits als auch die Anspruchs- und die Ausschüttungsbemessungsfunktion andererseits erfordern eine möglichst weit reichende Aktivierung und Passivierung der Vermögenswerte und Schuldposten. Die Aktivierung und Passivierung sollte sich entsprechend der Bindegliedfunktion des Ressourcensets[1496] an dem Kriterium des wirtschaftlichen Nutzenpotentials bzw. Nutzenentgangs ausrichten. Das sich daraus ergebende weite Aktivierungs- und Passivierungspotential erfordert unter Objektivierungsgesichtpunkten eine intersubjektive Grundlage, die sich durch die Anknüpfung an nachprüfbare Transaktionen, Ereignisse bzw. Marktprozesse sichern lässt. Das Objektivierungskriterium bedingt aus Sicht der Informations- und der Ausschüttungsbemessungsfunktion eine Sonderstellung der selbst erstellten immateriellen Vermögensgüter. Zu präferieren ist hier eine nachträgliche, erfolgswirksame Aktivierung der getätigten Aufwendungen im Zeitpunkt der Fertigstellung des Vermögenselementes.

Nach der Aktivierung impliziert eine gläubigerschützende Ausschüttungssteuerung eine Ungleichbehandlung immaterieller und materieller Vermögensgegenstände im Hinblick auf den ausschüttungsfähigen Betrag, soweit die immateriel-

1495 *Kahle*, KoR 2002, 95, 96.
1496 Zur Bindegliedfunktion der bestehenden Vermögenslage vgl. § 8.I.1)a)aa)(1), S. 215 f.

len Güter mit bestimmten Folgerisiken verbunden sind. Das Risikopotential dieser spezifischen Investitionen muss sich in adäquaten Abbildungsregeln im Hinblick auf die Ausschüttungsbemessung widerspiegeln. Dabei wäre unter Beachtung einer möglichst geringen Informationsverzerrung eine entsprechende Ausgleichsrechnung im Rahmen der Ermittlung des ausschüttungsfähigen Gewinns zu präferieren. Die aktivierten Investitionszahlungen müssten mithin für die Ausschüttungsbemessung als gewinnmindernde Aufwendungen angesehen werden. Zugleich wäre aber zur Unterbindung liquidationsfinanzierter Ausschüttungen und damit einhergehender Unterinvestitionsprobleme eine Nichtberücksichtigung der Deinvestitionszahlungen zu gewährleisten. Diese zusätzlichen Implikationen der Ausschüttungsbemessungsfunktion für die Ansatzbestimmungen ließen sich aber durch entsprechende Regelungen integrieren.[1497]

Auch in Bezug auf das zugrunde liegende Bewertungssystem decken sich die Implikationen der Ausschüttungs- und der Anspruchsbemessungsfunktion mit den Anforderungen der Informationsfunktion. Alle drei Zwecksetzungen der Rechnungslegung implizieren ein Bewertungssystem, das ausgehend von den Anschaffungs- und Herstellungskosten *intersubjektiv nachprüfbare* Neubewertungen sowohl im Form von Bewertungen unterhalb als auch oberhalb der historischen Werte im Grundsatz zulässt. Die durch eine solche fair value-Bewertung hervorgerufenen Erfolgswirkungen bedingen aber die Gefahr einer Verzerrung der Informationen über die Ertragslage und erhöhen das Risiko fremd- und liquidationsfinanzierter Ausschüttungen.

Sowohl zur Sicherung der Entscheidungs- und Kontrollnützlichkeit der Erfolgsgrößen als auch zur Vermeidung gläubigerschädigender Ausschüttungen ist eine Spaltung der Erfolgsgrößen erforderlich, die eine Separierung der Bewertungsgewinne und -verluste von den Erfolgswirkungen des Leistungsprozesses sicherstellt. Eine primäre Gliederung der Erfolgsgrößen nach dem Kriterium der Leistungsbezogenheit gewährleistet diese Differenzierung der Erträge und Aufwendungen.

Auch aus der Sicht der Rechenschaftsfunktion ist eine primäre Spaltung der qualitativ unterschiedlichen Erfolgsgrößen nach dem Kriterium der Leistungsbezogenheit zur Offenlegung der Erfolge des Managements in der Verwaltung der ihm anvertrauten Ressourcen anzustreben.

Durch eine weitere Ausdifferenzierung der sich so ergebenden Teilerfolgsgrößen – Leistungserfolg und Erfolg am ruhenden Vermögen – nach dem Kriterium der Regelmäßigkeit und der Betriebsbezogenheit lassen sich gliederungstechnisch

---

1497 Als Vorbild für eine solche Regelung könnten hier die Bilanzierungshilfen der §§ 269, 274 HGB fungieren. Auch sie ermöglichen eine Aktivierung von risikobehafteten Vermögensgütern (Aufwendungen für die Ingangsetzung und Erweiterung des Geschäftsbetriebes), belegen sie aber mit einer Ausschüttungssperre. Dieser Weg wird auch in dem Entwurf des Bilanzrechtsmodernisierungsgesetzes (BR-Drs. 344/08, siehe Fn. 52) beschritten, der die Implementierung einer Ausschüttungssperre für die aktivierten selbst erstellten immateriellen Vermögensgüter vorsieht (§ 268 Abs. 8 HGB-E).

diejenigen Erfolgskomponenten isolieren, die durch den gewöhnlichen Umsatzprozess der Unternehmung erwirtschaftet werden. Diese Erfolgsgrößen weisen aufgrund der ihnen innewohnenden Wiederkehrvermutung die höchste Prognosekraft und damit auch die größte Entscheidungsrelevanz auf. Zugleich ermöglicht die Untergliederung der Erfolgswirkungen nach dem Kriterium der Regelmäßigkeit eine bessere intertemporale Vergleichbarkeit der Erfolge des Managements im Rahmen der Rechenschaftsfunktion.

Hinsichtlich der sich aus der Erfolgsspaltung ergebenden Problematik des Recycling ist aus konzeptionellen und aus praktischen Erwägungen der non-recycling approach zu verfolgen.

Der Darstellung der Finanzlage zu Informationszwecken dient eine zusätzliche zahlungsorientierte Finanzierungsrechnung.

Neben diesen materiellen Anforderungen an die Darstellung der Vermögens-, Finanz- und Ertragslage lassen sich auch bestimmte formelle Erfordernisse an die Präsentationsform im Allgemeinen und den Gliederungsaufbau im Speziellen formulieren.

Sowohl die Informationsfunktion als auch die Anspruchsbemessungsfunktion und das Erfordernis nicht-gläubigerschädigender Ausschüttungen begründen ein Bedürfnis nach einer verständlichen, verlässlichen und vergleichbaren Aufbereitung der Vermögens-, Finanz- und Ertragslage. Vor diesem Hintergrund sollten nicht nur die Vermögens- und Finanzlage gebündelt in entsprechenden Abschlusselementen – der Bilanz und der Finanzierungsrechnung –, sondern auch die Erfolgswirkungen in einer einzigen Erfolgsrechnung ausgewiesen werden. Die Gliederung der Abschlusselemente hat sich dabei an den Kriterien der Fristigkeit und der Liquidierbarkeit auszurichten. In formeller Hinsicht ist für die Schemata eine verbindliche Mindestgliederung zu empfehlen, die den Unternehmen in einem gewissen Maße eine weitere Untergliederung und Hinzufügung unternehmensspezifisch relevanter weiterer Posten ermöglicht.

Eine zusätzliche Segmentierung der Informationen über die Vermögens- und Ertragslage würde die Relevanz sowie die Vergleichbarkeit der bereitgestellten Daten noch weiter erhöhen.

Aus der Sicht der Entscheidungs- und der Kontrollfunktion der Rechnungslegung sollten die aufgezeigten primären entscheidungsnützlichen Informationen über die Vermögens-, Finanz- und Ertragslage durch sekundäre Informationselemente ergänzt werden. Zum einen sollte die Transparenz der nachträglich aktivierten Ausgaben für die Schaffung selbst erstellter immaterieller Vermögenswerte durch eine Innovations- und Immaterialgüterrechnung sichergestellt werden. Daneben wird durch eine Anreicherung der primären entscheidungsnützlichen quantitativen Informationen um sekundäre Informationen in Form eines Intellectual Property Statement und direkter Prognosen über die Umwelt- und Unternehmensentwicklung die Entscheidungs- und Kontrollbasis um wichtige Wertkomponenten und Daten erweitert.

Der Gehalt der primären Informationen über die Vermögens-, Finanz- und Ertragslage einerseits und die Transparenz der Verknüpfungen zwischen den primären und sekundären Berichtselementen andererseits können durch zusätzliche deskriptive Erläuterungen weiter erhöht werden. Ein solches qualitatives, beschreibendes Berichtselement würde als integrierendes Element die Entscheidungsnützlichkeit der einzelnen Berichtselemente und der externen Rechnungslegung in ihrer Gesamtheit als business reporting[1498] verbessern.

Die obigen Ausführungen führen zu einer vor dem Hintergrund der vorherrschenden Stellungnahmen in der deutschsprachigen bilanzrechtlichen Literatur[1499] erstaunlichen Erkenntnis: Entgegen der behaupteten Unvereinbarkeit der Ausschüttungsbemessungs- und Informationsfunktion weisen die Implikationen der Informationsfunktion einerseits und der Ausschüttungs- und Anspruchsbemessungsfunktion andererseits kein direktes Konfliktpotential auf.[1500]

1498 Zum Begriff des business reporting vgl. Fn. 271.

1499 *Moxter*, in: *Baetge* (Hrsg.), Der Jahresabschluss im Widerstreit der Interessen (1993), 11, 17; *Beisse*, FS Adolf Moxter (1994), 3, 30; So wohl auch *Busse von Colbe*, BFuP 1995, 373, 390; *Hartmann*, WPg 1998, 259, 264 f., 268; *Schön*, ZGR 2000, 706, 713, der darauf verweist, dass Informations- und Ausschüttungsbemessungsfunktion der Rechnungslegung jeweils „eine grundsätzlich andere Ausgestaltung der Rechnungslegung“ bedingten; *Mock*, Finanzverfassung der Kapitalgesellschaften und internationale Rechnungslegung (2008), 22 f.

1500 Aufgrund des fehlenden direkten Konfliktpotentials zwischen der Informations- und Ausschüttungsfunktionen sind auch die in der Literatur diskutierten Wege der Entkoppelung der Gewinnermittlung von der Ausschüttungsbemessung für die vorliegende Arbeit nicht von Belang.
Als eine Möglichkeit der Loslösung der Ausschüttungsbemessung von der Gewinnermittlung wird zum einen die Auslagerung der Ausschüttungsbemessung in die Gewinnverwendung angeführt; vgl. *Kronstein/Claussen*, Publizität und Gewinnverteilung im neuen Aktienrecht (1960), 136; *Mujkanovic*, Fair Value im Financial Statement nach Internationals Accounting Standards (2002), 19, 21. Ein derartiges Modell würde, wie bereits ausgeführt, einer gewinnverwendungsbasierenden Ausschüttungsbeschränkung gleichkommen. Als solche wäre es folglich bereits dem entscheidenden Einwand der fehlenden Feinsteuerungseignung ausgesetzt. Vgl. hierzu § 8.II.3)c)bb)(2), S. 319 f.
Als weitere Möglichkeit der Loslösung der Ausschüttungsbemessung von der bilanziellen Gewinnermittlung wird die Bildung ausschüttungsgesperrter Rücklagen hinsichtlich einzelner Regeln der Gewinnermittlung diskutiert (vgl. *Stützel*, ZfB 1967, 314, 336 f.; *Kleindiek*, ZGR 1998, 466, 489 f.). Die Rücklagenbildung hinsichtlich einzelner Regeln der Gewinnermittlung ist international weit verbreitet (vgl. *Ordelheide/d' Arcy*, in: *Ordelheide/KPMG* (Hrsg.), Transnational Accounting: A Reference Matrix and Glossary² (2001), 10–16, aber auch Art. 33 Abs. 2 JAbRL und etwa IAS 16.39).
Zu nennen ist hier zuletzt auch die so genannte Abkoppelungsthese von *Moxter*, Bilanzlehre, Bd. I: Einführung in die Bilanztheorie³ (1984), 157–159; *ders.*, FS Dieter Budde (1995), 419, 424–428. Vgl. auch *Schildbach*, FS Adolf Moxter (1994), 699, 718 f.; *Beisse*, FS Hermann Clemm (1996), 27, 35; *Böcking*, in: *Ballwieser/Schildbach* (Hrsg.), Rechnungslegung und Steuern international, ZfbF-Sonderheft 40 (1998), 17, 29 f.); *Flury*, Gewinnerläuterungsprinzipien (1999), 51–54. Die (angebliche) Problematik der Zweckpluralität der Rechnungslegung ließe sich danach am besten durch eine Aufteilung der Einzelzwecke auf die verschiedenen Instrumente der Rechnungslegung sichern. Die Bilanz sowie die Erfolgsrechnung, mithin die quantitativen Abschlusselemente, würden demnach in den Dienst einer objektiven, vorsichtigen Gewinnermittlung gestellt („financial accounting“). Der Anhang und der Lagebericht sowie weitere Publizitätsinstrumente würden hingegen als Instrument der Informationsvermittlung fungieren. Diese eindimensionale Sichtweise setzt sich bereits in Widerspruch zu § 264 Abs. 1, S. 1 HGB, der die Abschlusselemente als Einheit versteht. Die Verbannung des true and fair view in den Anhang und den Lagebericht lässt sich aber vor allem schwerlich mit den europarechtlichen Vorgaben der Jahresabschlussrichtlinie in Einklang bringen. Vgl. zur Kritik an der Abkoppelungsthese *Kleindiek*, ZGR 1998, 466, 475–480.

III. Negative Effekte für weitere Akteure und Märkte

Ein durch den hypothetischen Konsens aller Beteiligten legitimiertes Sollkonzept der externen Rechnungslegung lässt sich nicht allein aus dem Umstand herleiten, dass die aus Anteilseigner-, Gläubiger-, Nichtvertragsgläubiger- und Managementsicht abgeleiteten Implikationen keine Konflikte aufweisen. Die aus den Interessen der Akteure abgeleiteten Anforderungen müssen vielmehr dahingehend untersucht werden, ob sich aus ihnen negative externe Effekte für weitere am Interessenpool Unternehmen Beteiligte ergeben. Erst die Abwesenheit solcher Effekte legitimiert ein auf dem hypothetischen Konsens aller betroffenen Akteure basierendes Sollkonzept der externen Rechnungslegung.

Als mögliche betroffene weitere Akteure lassen sich vorliegend die Arbeitnehmer, die Konkurrenzunternehmen und der Staat identifizieren. Neben diesen individuellen Interessen sind ferner Rückwirkungen des normativen Modells auf den Markt für Innovationen und für die allgemeine Öffentlichkeit in den Legitimierungsprozess mit einzubeziehen.

Negative Effekte der konsensfähigen Anforderungen an die Rechnungslegung für die Interessen der Arbeitnehmer sind nicht ersichtlich. Zwar werden durch Ausschüttungen seitens des Unternehmens nicht nur die Vermögenspositionen der Gläubiger und Nichtvertragsgläubiger, sondern auch diejenige der Arbeitnehmer beeinflusst. Der daraus zu schließende Gleichlauf der Interessen an der Unterbindung unternehmensgefährdender Ausschüttungen lässt aber zugleich auf einen hypothetischen Konsens hinsichtlich der bereits aus den Gläubigerinteressen abgeleiteten Anforderungen schließen.

Dem über diese gläubigerähnlichen Belange hinausgehenden langfristigen Interesse der Arbeitnehmer am Erhalt ihres Arbeitsplatzes lassen sich zudem keine spezifischen Implikationen für die Ausgestaltung der externen Rechnungslegung entnehmen. Den daraus fließenden Schutzinteressen wird vielmehr durch aktive, wenn auch im Interesse der Anteilseiger beschränkte Mitwirkungsrechte[1501] an der Unternehmensführung Rechnung getragen.

Die Bereitstellung von Unternehmensinformationen durch die externe Rechnungslegung dient, wie herausgearbeitet wurde, der Minimierung bestehender Informationsasymmetrien zwischen dem Unternehmen und seinen (potentiellen) Anteilseignern, Vertrags- und Nichtvertragsgläubigern. Sie hat aber zugleich auch Auswirkungen auf den Informationsstand der Konkurrenzunternehmen. Nun lassen sich aus den spezifischen Interessen der Konkurrenten an sensitiven Informationen über das Unternehmen direkt keine für die Legitimierung der externen Unternehmensrechnung bedeutsamen, schützenswerten Anforderungen herleiten. Die Rechnungslegungsinformationen sind jedoch mit Rückwirkungen auf die

---

1501 Den Interessen der Arbeitnehmer wird etwa im deutschen Recht durch die größenabhängigen Mitwirkungsrechte des Betriebsrates in Kontroll- und Entscheidungsinstanzen nach dem Betriebs- und Mitbestimmungsgesetz Rechnung getragen.

Marktstellung der Konkurrenten und den Markt für Innovationen verbunden, die es zu beachten gilt.

Geht man von oligopolistischen Marktstrukturen (die heute in einer Mehrzahl von Produktmärkten vorliegen) und der ihnen zugrunde liegenden Reaktionsverbundenheit aus, so steht der Anreiz zur Investition und Innovation in einem interdependenten Verhältnis zur Reaktionszeit der Konkurrenten.[1502] Der Unternehmenserfolg hängt maßgeblich davon ab, wie lange ein Informationsvorsprung genutzt und in entsprechend überdurchschnittliche Erträge umgewandelt werden kann. Ein Unternehmen, das in eine Innovation investiert, wird folglich abschätzen, wie lange die Reaktionszeit der Konkurrenten ist und damit ein Informationsgefälle besteht. Extensive Informationspflichten, die auch die Offenlegung sensitiver Unternehmensinformationen für den Innovationsmarkt umfassen, verkürzen diese Reaktionszeit und damit auch den Anreiz für Investitionen im Innovationsbereich.[1503] Das daraus zu folgernde schützenswerte Interesse des Unternehmens an der Herausnahme von innovationssensitiven Informationen – die vor allem die immateriellen Vermögensgüter betreffen – aus einer Publizitätspflicht steht damit in einem Spannungsverhältnis zu den Informationsinteressen der betrachteten Rechnungslegungsadressaten. Dieses Spannungsverhältnis lässt sich jedoch auflösen, wenn man beachtet, dass sich die Informationsinteressen primär auf den zu schaffenden Vermögenswert beziehen. Die Angaben in der vorgeschlagenen Innovations- und Immaterialgüterrechnung sind demzufolge zwar projekt- und sogar vermögensgüterbezogen aufbereitet. Den Informationsbedürfnissen genügt jedoch eine grobe Zuordnung zu den Gruppen der Vermögensgüter, die eine konkrete Benennung und damit die Offenlegung sensitiver Informationen vermeidet.

Durch die hier vorgeschlagene Ausgestaltung der externen Rechnungslegung lassen sich folglich negative externe Effekte auf den Markt für Innovationen begrenzen.

Aus der Sicht der Institutionenökonomik lässt sich aber nicht nur das Verhältnis des Unternehmens zu den Marktakteuren in verschiedene Vertragsverhältnisse aufgliedern. Vielmehr lässt sich institutionsökonomisch auch die Beziehung zwischen Staat und Unternehmen als unvollständiger Vertrag auffassen, der die Bereitstellung und die Finanzierung öffentlicher Güter zum Regelungsgegenstand hat.[1504] In der deutschen und in anderen Rechtsordnungen knüpft die Besteuerung des Unternehmens zur Einkommensermittlung an die Daten der externen Rechnungslegung an. Die externe Rechnungslegung wird demnach als Bemessungsgrundlage der Besteuerung zum Bestandteil dieses unvollständigen Vertrages erhoben.

1502 Vgl. *Kirchner*, in: *Schildbach/Wagenhofer* (Hrsg.), Wettbewerb und Unternehmensrechnung, ZfbF-Sonderheft 45 (2000), 41, 61.
1503 Vgl. *Kirchner*, a. a. O.
1504 Vgl. *Kirchner*, FS Heinrich Beisse (1997), 267, 277; *Schmidt, M.*, Das Konzept einer kapitalmarktorientierten Rechnungslegung (2000), 53.

In der Literatur wird die Unvereinbarkeit des diesem Vertrag zugrunde liegenden Zwecks mit den aus den Interessen der Akteure abgeleiteten Rechnungslegungsfunktionen betont.[1505] Eine auf *relevance* beruhende Rechnungslegung eigne sich demnach nicht als unmittelbarer Anknüpfungspunkt für eine auf *reliability* ausgerichtete steuerliche Gewinnermittlung.[1506]

Steuerrechtlich steht die Ermittlung der Bemessungsgrundlage für Steuerzahlungen, die den Zuwachs an Leistungsfähigkeit in der abgelaufenen Periode in *objektivierbarer* Form zum Ausdruck bringen soll, im Vordergrund.[1507] Erkennt man den Aspekt der intersubjektiven Nachprüfbarkeit als Wesenselement entscheidungs- und kontrollnützlicher Informationen an, so lässt sich der Gegensatz von Entscheidungsnützlichkeit und Objektivitätserfordernis nicht mehr aufrechterhalten. Parallel zur Diskussion über die Vereinbarkeit der Informations- und der Ausschüttungsbemessungsfunktion kann folglich an der Schlussfolgerung der Unvereinbarkeit der steuerlichen Gewinnermittlung mit den individuell und institutionell hergeleiteten Rechnungslegungsfunktionen in dieser Absolutheit nicht mehr festgehalten werden. Vielmehr ermöglicht die vorliegend vorgeschlagene Aufspaltung des Unternehmenserfolges nach Leistungsbezogenheit, Regelmäßigkeit und Betriebsbezogenheit eine Separierung des objektiven Zuwachses der Leistungsfähigkeit des Unternehmens als Bemessungsgrundlage der Steuerzahlungen.

Zu beachten sind jedoch die Anreize, die durch eine Anknüpfung der steuerrechtlichen Gewinnermittlung an die externe Rechnungslegung für die Bilanzersteller gesetzt werden. Die Berücksichtigung von steuerrechtlichen Aspekten bei der Anwendung und Auslegung der Rechnungslegungsnormen kann zu einer steuergünstigen Rechnungslegung führen, die sich in Widerspruch zu den erarbeiteten Rechnungslegungsfunktionen, insbesondere zur Informationsfunktion setzt.[1508]

Eine tief greifende Analyse der Kompatibilität von steuerrechtlicher Gewinnermittlung und den erarbeiteten Rechnungslegungsfunktionen kann in der vorliegenden Arbeit aufgrund der Komplexität des Themas nicht geleistet werden. Festgehalten werden kann aber, dass bei der hier vertretenen Aufspaltung des Unternehmenserfolges eine Anknüpfung der steuerlichen Gewinnermittlung aus Objektivitätsgesichtspunkten möglich erscheint.

Neben diesen individuellen Interessen verschiedener Akteure ist zuletzt die Interessenlage der allgemeinen Öffentlichkeit in den Legitimierungsprozess zu integrieren. Aus den primär auf Informationsbereitstellung gerichteten Interessen der allgemeinen Öffentlichkeit lassen sich jedoch keine neuen Aspekte gewinnen. Darüber hinaus gehende negative Effekte der vorgeschlagenen Rechnungslegungsanforderungen sind ebenfalls nicht ersichtlich, so dass zuletzt auch ein hypotheti-

---

1505 Vgl. stellvertretend für viele *Kirchner*, FS Heinrich Beisse (1997), 267, 283; *Schmidt, M.*, Das Konzept einer kapitalmarktorientierten Rechnungslegung (2000), 53.

1506 Vgl. *Herzig*, WPg 2005, 211, 214.

1507 Vgl. *Herzig/Bär*, DB 2003, 1, 4f.; *Herzig*, WPg 2005, 211, 214.

1508 Zu der Gefahr einer steuergünstigen Auslegung und Anwendung vgl. u.a. *Schildbach*, BB 1995, 2635, 2640; *Herzig/Bär*, DB 2003, 1, 5.

scher Konsens der allgemeinen Öffentlichkeit zu dem erarbeiteten normativen Modell angenommen werden kann.

IV. Zusammenfassung der normativen Anforderungen

Das aufgezeigte Fehlen direkter Konflikte zwischen den Anforderungen der verschiedenen Rechnungslegungsfunktionen und die Abwesenheit relevanter negativer Effekte ermöglichen es, die unterschiedlichen Implikationen zu dem folgenden Grundmodell eines interessen- und funktionsgerechten Jahresabschlusses zusammenzufassen:

Entsprechend den erläuterten Anforderungen der Akteure an die Rechnungslegung sollte sich die externe Rechnungslegung einerseits aus entscheidungsrelevanten, zuverlässigen, quantitativen Informationen über die Vermögens-, Finanz- und Ertragslage und andererseits aus sekundären Informationsträgern in Form einer Innovations-, Immaterialgüterrechnung, einem Intellectual Property Statement und direkten Prognosen über die Umwelt- und Unternehmensentwicklung zusammensetzen.

Diese primären und sekundären Elemente sind durch ein zusätzliches erläuterndes, deskriptives Element in die Unternehmensberichterstattung im Sinne eines umfassenden „business reporting" zu integrieren.

Der quantitativen Darstellung der Vermögens-, Finanz- und Ertragslage dienen hierbei die Bilanz, eine dynamische Finanzierungsrechnung und die Erfolgsrechnung als geeignete Abschlusselemente.

Die Aktivierung und Passivierung der Vermögensgegenstände und Schuldposten hat sich entsprechend der Bindegliedfunktion des Ressourcensets an dem Kriterium des wirtschaftlichen Nutzenpotentials bzw. Nutzenentgangs auszurichten. Das sich daraus ergebende weite Aktivierungs- bzw. Passivierungspotential bedarf zur Sicherung der Nützlichkeit der verkörperten Informationen und zur Gewährleistung einer adäquaten Abgrenzung zu den Erfolgswirkungen einer objektiven Grundlage. Dem Erfordernis der Objektivierung kann durch die Anknüpfung an nachprüfbare Transaktionen, Ereignisse bzw. Marktprozesse genügt werden.

Auf der Grundlage dieser allgemeinen Ansatzkriterien nehmen die selbst erstellten immateriellen Vermögensgüter sowohl bei der Aktivierung als auch bei der Bemessung des ausschüttungsfähigen Betrags eine Sonderstellung ein. Das ihnen innewohnende besondere Risikopotential impliziert das Modell einer nachträglichen erfolgswirksamen Aktivierung der abgrenzbaren Ausgaben. Zur Förderung der Transparenz und Objektivierung dieses Modells ist zusätzlich die Erstellung einer so genannten Innovations- und Immaterialgüterrechnung als Überleitungsrechnung anzustreben.

Auch nach der Aktivierung ist eine Sonderregelung für bestimmte risikobehaftete, vor allem selbst geschaffene immaterielle Vermögensgegenstände zur Vermeidung gläubigerschädigender Ausschüttungen erforderlich. Das Risikopotential dieser spezifischen Investitionen erfordert adäquate Transformationsregeln im Hinblick auf die Ausschüttungsbemessung. Im Rahmen einer entsprechenden Ausgleichsrechnung sind die aktivierten Investitionszahlungen für die Ausschüttungsbemessung als gewinnmindernde Aufwendungen anzusehen. Die Aktivierung und die damit einhergehende Erhöhung des Periodenerfolges sind folglich für die Ausschüttungsbemessung zu korrigieren. Zugleich wäre aber zur Unterbindung liquidationsfinanzierter Ausschüttungen und damit einhergehender Unterinvestitionsprobleme eine Nichtberücksichtigung der Deinvestitionszahlungen zu gewährleisten. Diese zusätzlichen Implikationen der Ausschüttungsbemessungsfunktion für die Ansatzbestimmungen ließen sich durch entsprechende Regelungen ohne große Verzerrungen in die externe Rechnungslegung integrieren.

Das Kriterium des Nutzenbeitragspotentials sollte sich daneben auch in der Gliederung der Aktiva und Passiva der Bilanz niederschlagen. Eine Gliederung der Vermögensgegenstände und der Schuldposten nach ihrer Liquidierbarkeit würde eine Differenzierung nach dem unterschiedlichen wirtschaftlichen Nutzenpotential sicherstellen und zugleich Rückschlüsse über die Finanzlage des Unternehmens ermöglichen. Das sich so ergebende Schema einer Bilanz sollte zur Sicherung der Verständlichkeit und Vergleichbarkeit der Informationen als verbindliche Mindestgliederung ausgestaltet werden, die es den Unternehmen in einem gewissen Maße erlaubt, weitere Untergliederungen und Hinzufügungen unternehmensspezifischer, relevanter Posten vorzunehmen.

Die Aktiva und Passiva der Bilanz sind des Weiteren nach ihrem fair value zu bewerten. Ausgehend von den Anschaffungs- und Herstellungskosten hat eine *intersubjektiv nachprüfbare* Neubewertung in Form einer Bewertung sowohl unterhalb als auch oberhalb der historischen Werte zu erfolgen.

Die durch eine solche fair value-Bewertung hervorgerufenen Erfolgswirkungen sind durch eine entsprechende Erfolgsspaltung von den leistungsbezogenen Erträgen und Aufwendungen zu separieren, um Informationsverzerrungen und fremd- und liquidationsfinanzierte Ausschüttungen zu vermeiden.

Eine Spaltung der Erfolgsgrößen wird daneben auch durch das Erfordernis nichtgläubigerschädigender Ausschüttungen impliziert. Die Erfolgsgrößen sind in der Erfolgsrechnung primär nach ihrer Leistungsbezogenheit zu gliedern. Der so separierte Leistungserfolg und der Erfolg am ruhenden Vermögen sind dann weiter nach ihrer Regelmäßigkeit und der Betriebsbezogenheit aufzugliedern.

Das sich so ergebende Gliederungsschema der Erfolgsrechnung ist wiederum als verbindliche Mindestgliederung auszugestalten.

Die durch die Anknüpfung der Ausschüttungsbemessung an den Leistungserfolg erfolgte Differenzierung zwischen dem ermittelten Periodenerfolg und den ausschüttungsfähigen Erfolgsgrößen erfordert zudem die Integration entsprechender Rücklagenposten in der Bilanz und in der Eigenkapitalveränderungsrechnung zum kumulierten Ausweis der nicht ausschüttungsfähigen Erfolgsgrößen.

Neben der Darstellung der Vermögens- und Ertragslage bedarf es zusätzlicher Informationen über die Finanzlage des Unternehmens und ihrer Veränderung im Zeitablauf. Bereits der Ausweis der Finanzierungsmittel in der Bilanz ermöglicht bei Achtung der genannten Gliederungskriterien Rückschlüsse auf die Finanzlage und bei Heranziehung der Vorperioden auf die Änderungen der Finanzlage. Diese bestandsbezogene aggregierte Informationsvermittlung über die Finanzlage ist zusätzlich durch eine zahlungsstromorientierte Finanzierungsrechnung zu ergänzen. Diese retrospektive Finanzierungsrechnung sollte inhaltlich die zahlungsauslösenden laufenden Geschäfts-, Investitions- und Finanzierungsvorgänge erfassen, die daraus resultierende Änderung der Finanzierungsstruktur darstellen und die sich ergebende Beeinflussung der Liquidität entsprechend dokumentieren.

Die primären Informationen über die Vermögens-, Finanz- und Ertragslage sind zudem durch sekundäre Informationen zu ergänzen. Die sekundären Informationsträger in Form der Innovations- und Immaterialgüterrechnung, des Intellectual Property Statement und der direkten Prognose über die Umwelt- und Unternehmensentwicklung sollten ebenfalls durch entsprechende Mindestinhaltsbestimmungen geprägt sein. Sie sind klar von der bilanziellen Berichterstattung zu trennen.

Entsprechend ihrer Funktion als Überleitungsrechung hat die Innovationsrechnung die Transparenz der getätigten Aufwendungen in einer dem Anlagespiegel des deutschen Bilanzrechts entsprechenden Projektrechnung zu gewährleisten. Die verschiedenen Aufwendungen sind primär den ihnen zugrunde liegenden Projekten, mithin den anvisierten immateriellen Vermögensgütern, zuzuordnen. Ein gesonderter Ausweis der Forschungs- und Entwicklungsaufwendungen in der Erfolgsrechnung würde die Transparenz und Objektivierungswirkung der Innovationsrechnung noch weiter erhöhen.

Die Innovationsrechnung als finanzielle Überleitungsrechnung zwischen der Gewinn- und Verlustrechnung und der Bilanz bildet jedoch nur den ersten Schritt der Überleitung zur bilanziellen Erfassung der aktivierungsfähigen immateriellen Vermögensgüter. Die Transparenz und Zuordnung der durch den aktivierungsfähigen Jahresbetrag geschaffenen verschiedenen Kategorien immaterieller aktivierungsfähiger Werte wird durch die hinzutretende Immatrialgüterrechnung gewährleistet. Die projektbezogene Darstellung des Innovationsprozesses wird so um eine vermögensgüter- und damit bilanzbezogene Aufgliederung des aktivierungsfähigen Betrages ergänzt. Diese Darstellung der aktivierungsfähigen immateriellen Vermögenswerte ist durch einen Gesamtbericht über das immaterielle Vermögen abzurunden.

Die neben diesen Informationsträgern des immateriellen Vermögens bereitzustellenden direkt prognostischen Informationen sollten sich entsprechend ihrer Zweckbestimmung an den Informationsinteressen der Eigner ausrichten. Die Investoren sind dabei grob über die Erwartungen der Geschäftsführung hinsichtlich des unternehmensbezogenen, finanziellen Zielstroms (Zielstromprognose), über beeinflussbare Determinanten der Wertentwicklung (Dispositionsprognose) und über die Wahrscheinlichkeiten bestimmter unternehmensunabhängiger Zustandsentwicklungen (Umweltzustandsprognose) aufzuklären.

Eine zusätzliche, nach den zugrunde liegenden Geschäftsbereichen segmentierte Aufbereitung der quantitativen Informationen über die Vermögens-, Finanz- und Ertragslage in einem entsprechenden Segmentbericht würde sowohl die Entscheidungsrelevanz als auch die Vergleichbarkeit der primären Informationen weiter erhöhen.

Die vorstehend skizzierten primären und sekundären Berichtselemente sind daneben um ein integrierendes deskriptives Element zu ergänzen. Durch zusätzliche Angaben zu den Posten der Bilanz und der Erfolgsrechnung hinsichtlich ihres Ausweises und ihres Wertumfanges, insbesondere zur zugrunde liegenden Bewertungsmethode, lässt sich nicht nur die Transparenz und damit die Objektivität der bereitgestellten bilanziellen Informationen erhöhen. Eine solche zusätzliche deskriptive Berichterstattung vermag zum einen die Zusammenhänge zwischen der finanziellen Berichterstattung einerseits und der Innovationsrechnung und dem Intellectual Property Statement andererseits offen zu legen. Zum anderen können die Anknüpfungspunkte für direkte Prognosen des Managements über die Entwicklung einzelner Segmente und der Unternehmung im Ganzen in der finanziellen Berichterstattung, der Innovationsrechnung und dem Intellectual Property Statement verdeutlicht werden. Dies fördert nicht nur Entscheidungsnützlichkeiten des gesamten primären und sekundären Informationsspektrums der Unternehmensberichterstattung, sondern integriert die verschiedenen Berichtselemente zugleich zu einer Unternehmensberichterstattung im Sinne eines umfassenden „business reporting".

Dieses Grundmodell einer funktionsgerechten Rechnungslegung skizziert eine externe Rechnungslegung, die die Diskrepanzen zwischen den verschiedenen Funktionen der Rechnungslegung zu überwinden vermag. Das Modell genügt sowohl den Implikationen der Informationsvermittlung als auch der Ausschüttungsbemessung und damit den primären, oft als konträr bezeichneten, Rechnungslegungsfunktionen. Dieses grob gefasste Modell eines interessengerechten Jahresabschlusses fügt sich demnach zugleich in die primären Rechnungsziele des Europäischen Bilanzrechts ein.[1509] Es gewährleistet eine Unternehmensrechnungslegung, die dem true and fair view und der sich darin widerspiegelnden Informations- und Rechenschaftsfunktion genügt und sich zugleich auch in das europäische Kapitalschutzsystem einfügt. Eine den benannten Implikationen entsprechende Erfolgsrechnung bietet eine geeignete Grundlage für die Ermittlung des ausschüttungsfähigen Gewinns, der als Anknüpfungspunkt der weiteren gesellschaftsrechtlichen Ausschüttungsrestriktionen und Kapitalschutzregeln der Kapitalrichtlinie[1510] fungieren kann.

1509 Vgl. zu den Rechnungslegungszielen des Europäischen Bilanzrechts § 3.II.2)a), S. 24ff.
1510 Zweite Richtlinie 77/91/EWG des Rates vom 13. Dezember 1976, ABl. 1977 L 26/1 (Fn. 124).

Das skizzierte, seine Legitimation aus dem hypothetischen Konsens der Zielträger beziehende Sollkonzept einer interessen- und funktionsgerechten Rechnungslegung bildet damit die geeignete Grundlage für die folgende Analyse der Rechnungslegungsanforderungen der endorsed IFRS.

2. Kapitel: Eignung der endorsed IFRS für das Sollkonzept

Das im vorangestellten Kapitel erarbeitete Sollkonzept einer interessen- und funktionsgerechten Rechnungslegung fungiert im nachfolgenden Kapitel als Maßstab für die Analyse der Rechnungslegungsanforderungen der endorsed IFRS. Diese Analyse kann sich bereits auf Grund der Regelungsdichte der IFRS nicht auf sämtliche IFRS-Einzelregelungen und Regelungsbereiche beziehen, sondern stellt vielmehr die grundlegenden Anforderungen der endorsed IFRS an die Rechnungslegung in den Vordergrund. Dementsprechend sollen nach einer näheren Betrachtung der Rechnungslegungsziele, der Rechnungslegungsgrundsätze und der Bestandteile eines Einzelabschlusses vor allem die Anforderungen der endorsed IFRS an den Ansatz, die Bewertung und an den Ausweis der Vermögenswerte und Schuldposten in den Vordergrund der normativen Analyse gestellt werden. Die Analyse ausgewählter Einzelstandards der endorsed IFRS ist zudem auf die grundsätzlichen Anforderungen an die Erfolgsrechnung und die ergänzenden deskriptiven und informativen Berichtselemente zu erstrecken (§ 11.II.).

Auf der Grundlage der im Wege dieser normativen Analyse erlangten Erkenntnisse lässt sich dann die Eignung der endorsed IFRS für die Gewährleistung einer interessen- und funktionsgerechten externen Rechnungslegung beurteilen (§ 11.III.) und können Schlussfolgerungen für das Europäische Bilanzrecht gezogen werden (§ 12).

§ 11. Analyse der endorsed IFRS

I. Grundlagen der endorsed IFRS

Die IFRS werden, wie bereits im Detail ausgeführt wurde,[1511] durch die Inkorporation in das normative Gerüst des Europäischen Bilanzrechts integriert. Die Zielsetzungen, Funktionen und auch die Grundsätze der Rechnungslegung unter Anwendung der endorsed IFRS erschließen sich demnach nicht aus dem IFRS-Framework als einstige primäre normative Grundlage der IFRS, sondern aus den verbindlichen normativen Vorgaben der IFRS-Anwendungsverordnung, der Rechnungslegungsrichtlinien und des Primärrechts. Das Framework fungiert zusammen mit den nicht integralen Bestandteilen der einzelnen Standards und den wei-

1511 Vgl. hierzu im Einzelnen § 4.II.2), 4), 5), S. 110 ff., S. 135 ff., S. 158 f.

teren unverbindlichen Verlautbarungen der Organe der Europäischen Union[1512] „nur" als Rechtsgewinnungs- und damit als Auslegungsquelle.[1513]

1) Rechnungslegungsziele und -funktionen

Die endorsed IFRS unterliegen nach den IFRS-Anwendungsverordnung (Art. 1 IFRS-VO, 4. Erwägungsgrund IFRS-VO) und den Rechnungslegungsrichtlinien (1. und 3. Erwägungsgrund JAbRL, Art. 44 Abs. 2 lit. g EG) dem Ziel, durch die Bereitstellung transparenter, entscheidungsnützlicher, vergleichbarer Unternehmensdaten den Rechnungslegungsadressaten zu schützen und die Funktionsweise eines einheitlichen Kapitalmarktes in der Gemeinschaft zu sichern.[1514]

Aus dieser abstrakten Zielsetzung lassen sich entsprechend den Ergebnissen des Ersten Teils dieser Arbeit unter Bezugnahme der IFRS-Anwendungsverordnung, der Rechnungslegungsrichtlinien und der Einzelstandards verschiedene Rechnungslegungsfunktionen ableiten.[1515]

Die endorsed IFRS haben gemäß dem erarbeiteten Sollkonzept[1516] primär der Informationsfunktion der Rechnungslegung zu genügen. Im Hinblick auf die Informationsfunktion kann nach der Heranziehung der Rechnungslegungsinformationen zu Entscheidungs-, Kontroll- und Rechenschaftszwecken[1517] differenziert werden.

Bereits in den Zielsetzungen der IFRS-Anwendungsverordnung und der Rechnungslegungsrichtlinien wird zugleich der institutionsschützende Charakter der Rechnungslegungsinformationen betont. Die materiellen und formellen Anforderungen der Individual- und der Institutionsschutzfunktion an den Informationsträger sind, wie im Rahmen des normativen Sollmodells herausgearbeitet wurde,[1518] im Grundsatz gleichgerichtet.

Der Einzelabschluss fungiert unter Beachtung der im Rahmen der Informationsfunktion erarbeiteten Implikationen folglich nicht nur als Informationsträger zur Reduzierung der Informations- und Koordinationsrisiken der einzelnen Akteure, sondern trägt zugleich zur Funktionsfähigkeit des Kapitalmarktes bei.

1512 Hier sind etwa der Kommentar der Kommission zur IFRS-Anwendungsverordnung, die Erwägungsgründe der IFRS-Anwendungsverordnung und der Vorschlag zur IFRS-Anwendungsverordnung zu nennen. Vgl. § 4.II.4)b)bb), S. 144 ff. und § 4.II.4)c)aa), S. 146 ff.

1513 Zur rechtsquellentheoretischen Qualifizierung dieser Verlautbarungen siehe § 4.II.4)b), S. 142 ff.

1514 Die IFRS-Anwendungsverordnung betont hierbei vor allem die individuelle Schutzfunktion der Rechnungslegungsinformationen für die Anleger, mithin für die aktuellen und potentiellen Anteilseigner der Unternehmung.

1515 Vgl. im Detail § 4.II.4)c)bb)(2), S. 152 f.

1516 Vgl. § 10.II, S. 352 ff.

1517 Diese Differenzierung findet sich auch in der IFRS-Anwendungsverordnung und den Einzelstandards wieder. Vgl. Art. 3 Abs. 2, Sp. 2. IFRS-VO und IAS 1.7.

1518 Vgl. § 10.II.3), S. 355 ff.

Neben der primären Informationsfunktion und der institutionsschützenden Funktion der Rechnungslegung hat ein zweckgerechter Einzelabschluss nach dem Sollkonzept zugleich den Anforderungen der Anspruchs- und der Ausschüttungsbemessungsfunktion zu genügen. Die Anteilseigner haben ein grundlegendes Interesse an standardisierten Gewinnermittlungsregeln.[1519] Diese dienen sowohl der Konfliktminimierung und damit dem Minderheitenschutz und der Gleichbehandlung der Anteilseigner als auch der Sicherung der Zweckmäßigkeit der vertraglich vereinbarten Regelungen der Gewinnverteilung.

Die Regelungen der Gewinnermittlung spielen aber vor allem in den Beziehungen zu den Gläubigern und Nichtvertragsgläubigern eine entscheidende Rolle. Die quantitativen Elemente der Rechnungslegung, speziell die Erfolgsermittlung, fungieren hier als Instrument zur Vermeidung gläubigerschädigender Ausschüttungsrestriktionen.[1520]

Den IFRS ist eine Ausrichtung auf die Anspruchs- und die Ausschüttungsbemessungsfunktion der Rechnungslegung fremd.[1521] Singuläre Zielsetzung der IFRS-Rechnungslegung ist es, Eigen- und Fremdkapitalgebern und anderen Rechnungslegungsadressaten Informationen über die Vermögens-, Finanz- und die Ertragslage des Unternehmens und die Managementleistungen im abgelaufenen Geschäftsjahr bereitzustellen (IAS 1.7). Der IFRS-Abschluss ist mithin ausschließlich als Informationsmedium konzipiert.

Trotz dieser singulären Funktionsausrichtung erwähnt das Vorwort des Framework den Gedanken gläubigerschützender Ausschüttungsrestriktionen und der Gewinnermittlung zur Anspruchsbemessung der Anteilseigner (Vorwort, Abs. 4). Demnach kann der informationell geprägte IFRS-Abschluss als Grundlage für die Bemessung der „ausschüttbaren Gewinne und Dividenden“ dienen. Damit wird jedoch allein zum Ausdruck gebracht, dass der „Informationsabschluss“[1522] nach den IFRS von den Adressaten zur Bemessung der Ansprüche der Anteilseigner und für selbstständige Ausschüttungsentscheidungen auf der Ebene der Gewinnverwendung herangezogen werden *kann*. Eine Ausrichtung der Standards auf die Anspruchs- und Ausschüttungsbemessungsfunktion erfolgt jedoch nicht. Nach dem Ansatz des IASB wird dem Unternehmensgläubiger mithin allein auf informationeller Grundlage Schutz gewährt (sog. informationeller Gläubigerschutz).[1523] Die Bereitstellung entscheidungs- und kontrollnützlicher Informationen soll den

1519 Zur Gewinnermittlungsfunktion der Rechnungslegung vgl. § 8.I.1)a)bb), S. 219 f.; § 8.I.1)a)cc), S. 221; § 8.I.2)b), S. 241 und § 8.I.3)b), S. 291.
1520 Detailliert dazu § 8.II.3)c)bb), S. 312 ff. und § 8.II.4), S. 324 ff.
1521 *Arbeitskreis Bilanzrecht der Hochschullehrer Rechtswissenschaft*, BB 2002, 2372, 2373; *Schulze-Osterloh*, ZIP 2004, 1128, 1129; *Merschmeyer*, Die Kapitalschutzfunktion des Jahresabschlusses und Übernahme der IAS/IFRS für die Einzelbilanz (2005), 154–156; *Wagenhofer*, Internationale Rechnungslegungsstandards IAS/IFRS[5] (2005), 117 f.; *Heuser/Theile*, IAS/IFRS-Handbuch[3] (2007), Rn. 6, 201.
1522 *Merschmeyer*, Die Kapitalschutzfunktion des Jahresabschlusses und Übernahme der IAS/IFRS für die Einzelbilanz (2005), 156.
1523 *Kübler*, ZHR 159 (1995), 550, 560 f.

Gläubiger befähigen, seine Kredit- bzw. Vertragsbeziehung zu dem Unternehmen entsprechend zu strukturieren und bestehende Risiken zu diversifizieren.[1524]

Die Beschränkung der IFRS auf die Informationsfunktion ändert sich jedoch durch die Inkorporation der privatrechtlichen Standards in die Europäische Rechtsordnung, namentlich in das europäische Kapitalschutzsystem.

Die Kapitalrichtlinie[1525] etabliert für Aktiengesellschaften zur Wahrung eines Mindestschutzes für Unternehmensgläubiger und Minderheitsgesellschafter gesellschaftsrechtliche Ausschüttungsbeschränkungen in Form von Kapitalerhaltungsregeln.[1526] Die Anknüpfung dieser gesellschaftsrechtlichen Ausschüttungsrestriktionen an Größen des Einzelabschlusses impliziert zugleich eine entsprechende Funktionsausrichtung der Rechnungslegung.[1527] Den endorsed IFRS wird folglich bei Anwendung auf den Einzelabschluss eine Anspruchs- und Ausschüttungsbemessungsfunktion zugeschrieben. Die Implikationen dieser Funktionszuschreibung auf die Ausgestaltung der Standards beschränken sich jedoch auf die Achtung eines Mindestvorsichtsprinzips und das Erfordernis konsistenter Regelungen und einer periodengerechten Vermögensermittlung.[1528]

Als Zwischenfazit lässt sich folglich festhalten, dass durch die Inkorporation der IFRS in die europäische Rechtsordnung die primäre Ausrichtung der Rechnungslegung auf die (individual- und institutionsschützende) Informationsvermittlung durch den Gedanken des Gläubiger- und des Minderheitenschutzes ergänzt wird. Die im Vorwort der IFRS aufgeführte, unverbindliche Möglichkeit einer Inbezugnahme des IFRS-Abschlusses für die Anspruchs- und Ausschüttungsbemessung auf der Ebene der Gewinn*verwendung* wandelt sich in eine Forderung nach Referenztauglichkeit der endorsed IFRS für die damit angesprochenen Rechnungslegungsfunktionen. Eine über die Achtung des Objektivitätsgrundsatzes hinausgehende Ausschüttungsbeschränkung auf der Ebene der Gewinn*ermittlung* wird hingegen auch durch die Kapitalrichtlinie nicht impliziert.[1529]

Die den endorsed IFRS zugrunde liegenden Rechnungslegungsfunktionen entsprechen damit nur beschränkt denen des Sollkonzepts[1530]. Im Rahmen des normativen Sollkonzepts wurde herausgearbeitet, dass gewinnermittlungsbasierende Ausschüttungsrestriktionen den gewinnverwendungsbasierenden Restriktionen aufgrund ihrer besseren Befähigung zur Feinsteuerung vorzuziehen sind.[1531] Die Gewinnermittlung nach den endorsed IFRS ist nicht auf eine bilanzielle Ausschüttungsbegrenzung ausgerichtet. Zugleich schreibt das erarbeitete Modell der Rech-

---

1524 Siehe *Kübler*, ZHR 159 (1995), 550, 561.
1525 Zweite Richtlinie 77/91/EWG des Rates vom 13. Dezember 1976, ABl. 1977 L 26/1 (Fn. 124).
1526 Zum Zusammenspiel zwischen der Kapitalrichtlinie und der Jahresabschlussrichtlinien und den endorsed IFRS vgl. § 3.II.2)a)aa)(2), S. 29ff. und in § 4.II.4)c)bb)(2), S. 152ff.
1527 Vgl. hierzu § 4.II.4)c)bb)(2), S. 152ff.
1528 Vgl. im Einzelnen mit Nachweisen § 3.II.2)a)aa)(2), S. 29ff.
1529 Zu den Implikationen der Kapitalrichtlinie für den Einzelabschluss vgl. § 3.II.2)a)aa)(2), S. 29ff.
1530 Zu den Funktionen der Rechnungslegung vgl. insbesondere § 10.II, S. 352ff.
1531 Vgl. § 8.II.3)c)bb)(2), S. 319f.

nungslegung eine, wenn auch nur sekundäre, Anreiz- und Lenkungsfunktion in Bezug auf das Verhalten des Management zu.[1532] Auch diese sekundäre Funktion der Rechnungslegung findet sich nicht in den normativen Grundlagen der endorsed IFRS wieder.

Zusammenfassend lässt sich folglich festhalten, dass bereits auf der Ebene der Rechnungslegungsfunktionen Differenzen zwischen den endorsed IFRS und dem erarbeiteten Sollkonzept bestehen. Aus der fehlenden Funktionsausrichtung der endorsed IFRS auf eine gewinnermittlungsbasierende Ausschüttungsbemessungsfunktion und eine Anreizfunktion der Rechnungslegung kann jedoch nicht bereits auf eine fehlende Eignung der endorsed IFRS für die Verwirklichung des Sollkonzepts geschlossen werden.

Nach dem Ergebnis der vorangestellten normativen Analyse am Beginn des Zweiten Teil dieser Arbeit implizieren die Informationsfunktion einerseits und die Anspruchsbemessungs- und die Ausschüttungsbemessungsfunktionen andererseits im Grundsatz parallel laufende Anforderungen an die Ansatz- und Bewertungsregeln und vor allem auch an die Darstellung und die Ermittlung des Unternehmenserfolges.[1533] Ein Gleichlauf der Implikationen der verschiedenen Funktionen der Rechnungslegung lässt es folglich als möglich erscheinen, dass die endorsed IFRS bei einer nachgewiesenen Kompatibilität mit den erarbeiteten Anforderungen der Informationsfunktion, zugleich auch als Instrument einer gewinnermittlungsbasierenden Ausschüttungsbemessung und als Grundlage für entsprechende Anreizinstrumente dienen können.

Ein Urteil über die Eignung der endorsed IFRS für die Verwirklichung des erarbeiteten Sollkonzeptes einer funktions- und interessengerechten Rechnungslegung setzt folglich eine nähere Analyse der Rechnungslegungsgrundsätze und der Einzelregelungen der inkorporierten Standards voraus.

2) Rechnungslegungsgrundsätze

Die endorsed IFRS unterliegen, wie auch die Rechnungslegung nach den Rechnungslegungsrichtlinien, der Zielnorm des true and fair view (IAS 1.13). Sie zielen mithin auf die Wahrung einer den tatsächlichen Verhältnissen entsprechenden Darstellung der Vermögens-, Finanz- und Ertragslage des Unternehmens.

Eine solche Unternehmensberichterstattung basiert nach den endorsed IFRS auf der grundlegenden Annahme einer Unternehmensfortführung und einer periodengerechten Aufwands- und Ertragsverrechnung (IFRS-Framework, F.22, 23; IAS 1.23, 1.25). Während die Annahme der Unternehmensfortführung die Zukunftsgerichtetheit der Unternehmensberichterstattung zum Ausdruck bringt, entspringt das Gebot einer Aufwands- und Ertragsperiodisierung dem Gebot einer

---

1532 Vgl. im Einzelnen § 8.IV.2)b), S. 339 ff. und § 10.II.3), S. 355 f.
1533 Vgl. hierzu § 10.II.4), S. 356 ff.

zeitnahen Berichterstattung.[1534] Die Geschäftstätigkeit eines Unternehmens orientiert sich nicht notwendigerweise an Periodengrenzen.[1535] Daher impliziert das Ziel einer zeitnahen und damit periodisierten Rechnungslegung entsprechende Grundsätze für die Abgrenzung periodenübergreifender Sachverhalte. Die Periodenabgrenzung hat zur Wahrung der Zielnorm des true and fair view die Auswirkungen der Geschäftsvorfälle und Ereignisse im Zeitpunkt ihres Auftretens anzusetzen und den Berichtsperioden zuzurechnen, auf die sie sich wirtschaftlich beziehen (IFRS-Framework, F.22; IAS 1.26).[1536] Nur eine solche Periodisierung bietet Gewähr für eine zukunftsorientierte Aufbereitung der vergangenheitsorientierten Informationen. Demnach sind Vermögenswerte dann anzusetzen, wenn sie in die Verfügungsgewalt des Unternehmens übergegangen sind und nicht erst, wenn die korrespondierende Verbindlichkeit durch eine Auszahlung getilgt wurde.[1537] Analog sind Aufwendungen und Erträge in den Perioden zu erfassen, in denen sie im betrieblichen Prozess anfallen und in den Perioden, in denen die korrespondierenden Zahlungen erfolgen. Eine Darstellung der wirtschaftlichen Gegebenheiten gebietet zugleich eine sachliche Zuordnung der Aufwendungen zu den zugehörigen Erträgen (*matching principle*).[1538]

Basierend auf der Grundannahme der Unternehmensfortführung und dem Erfordernis einer Periodenabgrenzung unterliegt eine funktionsgerechte Rechnungslegung grundsätzlichen qualitativen Anforderungen. Funktionsgerechte Rechnungslegungsregeln müssen zur Entfaltung ihrer Informationsfunktion nicht nur die Bereitstellung entscheidungsrelevanter und vergleichbarer Informationen sichern.[1539] Sie müssen zugleich die Verlässlichkeit und die Verständlichkeit der Informationen wahren.[1540] Nur entscheidungsrelevante Informationen, die zugleich intersubjektiv nachprüfbar und verständlich aufbereitet werden, gewähren dem

---

1534 Zum Gebot einer zeitnahen Rechnungslegung vgl. auch § 8.I.1)a)aa)(2), S. 218.
1535 *Pellens/Fülbier/Gassen*, Internationale Rechnungslegung[7] (2008), 114.
1536 Ausgenommen von dem Konzept dieser sachlichen Periodenabgrenzung ist die Kapitalflussrechnung. Hier erfolgt die Abgrenzung der Perioden naturgemäß zahlungsorientiert (vgl. *Pellens/Fülbier/Gassen/Sellhorn*, Internationale Rechnungslegung[7] (2008), 114).
1537 *Pellens/Fülbier/Gassen/Sellhorn*, Internationale Rechnungslegung[7] (2008), 114. Für eine Aktivierung müssen natürlich die Voraussetzungen eines *assets* vorliegen.
1538 Siehe *Wagenhofer*, Internationale Rechnungslegungsstandards IAS/IFRS[5] (2005), 118. Entscheidend für die Aufwanderfassung ist folglich jene Berichtsperiode, in der die zugeordneten Erträge realisiert werden. Anders ausgedrückt, definieren die Grundsätze der Ertragsrealisierung auch den Zeitpunkt für die Erfassung der zugehörigen Aufwendungen.
Aus dem Zusammenhang zwischen den Grundsätzen der Ertragsrealisierung und dem Konzept der Periodenabgrenzung erklärt sich auch die in der deutschen Literatur anzutreffende Kritik an der Bedeutung dieses Konzepts. Vgl. etwa *Merschmeyer*, Die Kapitalschutzfunktion des Jahresabschlusses und Übernahme der IAS/IFRS für die Einzelbilanz (2005), 156–159. Nicht das Konzept der Periodenabgrenzung und das damit einhergehende matching principle, sondern die Grundsätze der Ertragsrealisierung der IFRS bedingen den kritisierten „tendenziell früheren Ertragsausweis" und die damit verbundene Herabsetzung des Objektivierungserfordernisses. Vgl. zur den Grundsätzen der Ertragsrealisierung § 11.II.4)a), S. 417 ff.
1539 Zur Entscheidungsrelevanz und zum Kriterium der Vergleichbarkeit siehe u.a. § 8.I.1)a)aa), S. 214 ff.
1540 Zum Aspekt der Verlässlichkeit und der Verständlichkeit vgl. § 8.I.2)a)cc)(2)(a), S. 233 ff. und § 8.I.2)a)cc)(2)(c), S. 238 f.

Rechnungslegungsadressaten einen true and fair view, der sich als Grundlage der Entscheidungsfindung und der Kontrolle eignet. Relevanz und Verlässlichkeit sind folglich keine konträren Ziele, sondern Funktionsdeterminanten der Entscheidungsnützlichkeit der Rechnungslegungsinformationen.

In diesem Sinne erfordern auch die endorsed IFRS unter Bezugnahme auf die IFRS-Anwendungsverordnung (Art. 3 Abs. 2 Sp. 2 IFRS-VO), die Rechnungslegungsrichtlinien[1541], die Einzelstandards (IAS 1.15) und das IFRS-Framework (F.24) die Achtung der qualitativen Anforderungen der Relevanz, Verlässlichkeit, Verständlichkeit und der Vergleichbarkeit.[1542]

Die benannten Rechnungslegungsgrundsätze fungieren nicht nur als anerkannte Prinzipien der Informationstheorie[1543] und damit der Informationsfunktion. Sie sind nach den Ergebnissen des normativen Sollmodells zugleich auch Grundvoraussetzungen für die Anspruchsbemessungs-, Ausschüttungsbemessungs-, Anreiz- und die Institutionsschutzfunktion der Rechnungslegung.[1544] Die Zielnorm eines true and fair view ist demnach nicht nur die Grundlage für die Bereitstellung entscheidungsnützlicher Informationen. Nur eine Rechnungslegung, die diese Zielnorm und die daraus fließenden qualitativen Anforderungen der Relevanz, Verständlichkeit, Vergleichbarkeit und vor allem auch der Verlässlichkeit achtet, kann als Basis für eine Ausschüttungsbemessung fungieren, die sowohl die Gläubiger als auch die Minderheitsgesellschafter vor schädigenden Vermögenstransaktionen schützt und zugleich als Referenz für entsprechende Anreizinstrumente für das Management fungiert.

Im Hinblick auf die Rechnungslegungsgrundsätze weisen die normativen Vorgaben der endorsed IFRS und des Sollkonzepts somit erhebliche Parallelen auf. Obwohl die qualitativen Merkmale des IFRS-Abschlusses primär auf die Informationsvermittlung ausgerichtet sind, sind sie zugleich prägende Voraussetzungen für die weiteren benannten Funktionen einer interessen- und funktionsgerechten Rechnungslegung.

3) Bestandteile des Abschlusses

Das true and fair view-Gebot fungiert nicht nur als Zielnorm, sondern präzisiert zugleich die Mindestinhalte der Abschlüsse. Die inhaltliche Ausgestaltung der Rechnungslegungsinstrumente hat sich an dem Ziel auszurichten, ein zutreffendes Bild der Vermögens-, Finanz- und Ertragslage des Unternehmens zu gewähren.[1545]

1541 Vgl. hierzu § 3.II.2)a)bb)(3)(a), S. 41 f.

1542 Auch hier wird der Funktionszusammenhang zwischen der Relevanz und der Verlässlichkeit der Informationen betont, vgl. IFRS-Framework, F.32, IAS 8.10. Zu den Rechnungslegungsgrundsätzen der endorsed IFRS vgl. § 4.II.4)c)bb)(3), S. 154 ff.

1543 Dazu *Streim/Bieker/Leippe*, in: *Schmidt, H./Ketzel/Prigge* (Hrsg.), Wolfgang Stützel, Moderne Konzepte für Finanzmärkte, Beschäftigung und Wirtschaftsverfassung (2001), 177, 185 m. w. N.

1544 Vgl. hierzu § 8, S. 211 ff.

1545 Zur Bedeutung des sich darin widerspiegelnden true and fair view-Gebots für die endorsed IFRS vgl. § 4.II.4)c)bb), S. 150 ff.

Mit der Vermögenslage wird an erster Stelle auf die Bilanz Bezug genommen, aber auch die Rechte und Verpflichtungen unter dem Strich und die Erläuterungen im Anhang gehören zur allgemeinen Vermögensdarstellung.[1546] Die Erfassung der Finanzlage des bilanzierenden Unternehmens setzt Angaben über die Solvabilität und Liquidität voraus, die sich vor allem aus der Gliederung der Bilanz, den Anhangangaben, Angaben im Lagebericht und zusätzlichen Berichtselementen wie etwa einer allgemeinen Kapitalflussrechnung entnehmen lassen. Die Darstellung der Ertragslage erfolgt daneben durch die allgemeine Gewinn- und Verlustrechnung und durch die Eigenkapitalveränderungsrechnung. Diese vergangenheitsorientierten Unternehmensinformationen sind nach dem erarbeiteten Sollkonzept zur Verbesserung der Informationsfunktion der Rechnungslegung durch eine ergänzende Berichterstattung über die Entwicklung des immateriellen Vermögens und direkte prognostische Informationen zu ergänzen.[1547]

Entsprechend den benannten Mindestinhalten definiert IAS 1 Abschlüsse für allgemeine Zwecke als „eine strukturierte finanzielle Darstellung der Vermögens-, Finanz- und Ertragslage eines Unternehmens“ (IAS 1.7). Ein vollständiger Einzelabschluss umfasst nach IAS 1.8 die Bilanz, eine Gewinn- und Verlustrechnung, eine Aufstellung der Eigenkapitalveränderung, eine Kapitalflussrechnung und einen Anhang.[1548] Dieser so genannte „normale“ IFRS-Abschluss ist unter Achtung der Vorgaben des Europäischen Bilanzrechts um ein weiteres Abschlusselement – den Lagebericht – zu ergänzen.[1549]

Sieht man den Lagebericht als prognostisches Informationsinstrument des Abschlusses an,[1550] so weist ein Abschluss nach den endorsed IFRS unter Achtung der Vorgaben des Europäischen Bilanzrechts die wichtigsten aus dem Sollkonzept abgeleiteten Mindestinhalte eines Einzelabschlusses auf. Nicht aufgeführt wird lediglich die erforderliche Berichterstattung über die immateriellen Vermögensgegenstände. Die besondere Bedeutung dieser zusätzlichen Berichtselemente (Innovations- und Immaterialgüterrechnung, Intellectual Property Statement) legt bereits an dieser Stelle den Schluss nahe, dass die endorsed IFRS einer entsprechenden Ergänzung bedürften.

1546 Siehe *van Hulle*, FS Wolfgang Dieter Budde (1995), 313, 319.
1547 Vgl. § 8.I.3)a)cc), S. 279 ff.
1548 Das IASB hat im März 2006 einen Exposure Draft zur Änderung des IAS 1 veröffentlicht, abrufbar unter http://www.iasb.org. Neu im Vergleich zum IAS 1.8. ist die Anforderung, eine Bilanz zu Beginn der Periode zu erstellen. Die Terminologie der Abschlussbestandteile wird zudem den Begrifflichkeiten der US-GAAP angepasst, wobei jedoch ein Bezeichnungswahlrecht eingeräumt werden soll (ED IAS 1.31).
1549 Das Erfordernis der Erstellung eines Lageberichts ergibt sich aus der Interaktion zwischen der IFRS-Anwendungsverordnung und den Rechnungslegungsrichtlinien. Vgl. § 5.II, S. 170 ff.
1550 Zur Bedeutung des Lageberichts und seinen Mindestinhalten vgl. § 3.II.2)c)bb), S. 64 ff.

II. Analyse ausgewählter Einzelstandards

Eine normative Analyse eines Rechnungslegungssystems kann sich nicht auf die Rechnungslegungsziele, -grundsätze und die Abschlusselemente beschränken. Ein abschließendes Urteil über die Eignung eines Einzelabschlusses unter Anwendung der endorsed IFRS für die Wahrung einer interessen- und funktionsgerechten Rechnungslegung kann nur nach näherer Untersuchung der Einzelstandards getroffen werden.

Die Analyse der Rechnungslegungsregeln der endorsed IFRS kann in der vorliegenden Arbeit selbstverständlich nicht für alle Standards geleistet werden. Die nachfolgende Untersuchung des Rechnungslegungssystems der inkorporierten Standards beschränkt sich daher auf eine genauere Betrachtung der allgemeinen Aktivierungs-, Bewertungs- und Erfolgsermittlungsgrundsätze und der formellen Kriterien für die Darstellung der Bilanz und des Periodenerfolges. Zudem sollen auch die ergänzenden Berichtselemente eines IFRS-Abschlusses näher untersucht werden.

1) Ansatzregeln

Primärer Ansatzpunkt für die Analyse eines Rechnungslegungssystems ist dessen Aktivierungs- und Passivierungskonzeption. Die Vorschriften über den Ansatz von Vermögenswerten und Verbindlichkeiten definieren nicht nur den Bezugspunkt für die Darstellung der Vermögens- und Finanzlage, sondern steuern zugleich auch die Gewinnrealisierung und damit die Darstellung der Ertragslage des Unternehmens.[1551]

Die grundsätzlichen Voraussetzungen für die Bilanzierungsfähigkeit sind im Rahmenkonzept niedergelegt. Zur Vermeidung definitorischer Unschärfen nimmt IAS 1 „Darstellung des Abschlusses" die Ansatzvorschriften des Framework ausdrücklich in Bezug (IAS 1.13). Die allgemeinen Definitionskriterien des Framework werden zudem durch konkrete Ansatzregeln in einzelnen Standards ergänzt (vgl. IAS 37.23 Rückstellungen, IAS 38.57 Entwicklungskosten).

Es gibt aber auch zunehmend Bilanzpositionen, für welche die allgemeinen Ansatzkriterien nicht gelten sollen. Ein solcher Fall ist der Ansatz von Finanzinstrumenten.[1552] Finanzinstrumente sind nach IAS 39.14 genau dann anzusetzen, wenn das Unternehmen Partei eines Vertrages wird, der eines der benannten Finanzinstrumente (IAS 32.11) zum Gegenstand hat (IAS 39.14). Es kommt demnach für die Bilanzierungsfähigkeit ausschließlich auf den Vertrag an, die Wahrscheinlichkeit

---

1551 Zum letzten Aspekt vgl. *Merschmeyer*, Die Kapitalschutzfunktion des Jahresabschlusses und Übernahme der IAS/IFRS für die Einzelbilanz (2005), 164.

1552 Solche Abweichungen kennt auch das deutsche Recht. So offeriert § 269 HGB ein Aktivierungswahlrecht in Form einer Bilanzierungshilfe für Aufwendungen für die Ingangsetzung des Geschäftsbetriebs und der Erweiterung, obwohl diese nach deutschem Bilanzrechtsverständnis keinen Vermögensgegenstand darstellen.

eines Nutzenzuflusses ist für den Ansatz irrelevant.[1553] IFRS 3 „Unternehmenszusammenschlüsse“ enthält ebenfalls abweichende Bilanzansatzregeln für die in einem Unternehmenszusammenschluss erworbenen immateriellen Vermögenswerte und Eventualforderungen.[1554]

Trotz dieser zum Teil abweichenden und konkretisierenden Bestimmungen in den Einzelstandards verbleibt es bei der primären definitorischen Bedeutung der Ansatzkriterien des Framework. Die nachfolgenden Ausführungen sollen sich daher auch primär auf diese allgemeinen Bestimmungen zur Bilanzierungsfähigkeit beschränken. Die bereits im Rahmen der vorangestellten normativen Analyse hervorgehobene besondere Stellung der immateriellen Vermögenswerte bedingt auch im Folgenden eine gesonderte Auseinandersetzung mit den Aktivierungskriterien der endorsed IFRS für diese Vermögenswerte.

a) Allgemeine Grundsätze der Bilanzierungsfähigkeit

Die grundlegenden Regelungen zur Bilanzierungsfähigkeit folgen einem dreistufigen Beurteilungsverfahren.[1555] Für die abstrakte Bilanzierungsfähigkeit müssen zunächst die definitorischen Voraussetzungen eines Bilanzpostens vorliegen.[1556] Dies sind, solange in den Einzelstandards nichts Abweichendes geregelt ist, ausschließlich Vermögenswerte, Schulden und Eigenkapital. Um die konkrete Bilanzierungsfähigkeit und damit die Bilanzansatzpflicht zu bejahen, müssen die speziellen Ansatzkriterien des Framework und der einzelnen Standards erfüllt sein.[1557] Schließlich beschränken die allgemeinen Anforderungen der Relevanz und der Wesentlichkeit den so ermittelten Kreis der bilanzierungspflichtigen Geschäftsvorfälle und Ereignisse.

Im Folgenden werden die beiden erstgenannten Punkte genauer erläutert.

aa) Abstrakte Bilanzierungsfähigkeit

Die abstrakten bilanzierungsfähigen Posten sind nach dem Framework, F.49, Vermögenswerte, Schulden und das Eigenkapital.

Ein Vermögenswert ist nach dem Framework, F.49 lit. a, dann gegeben, wenn es sich hierbei um eine in der Verfügungsmacht des Unternehmens stehende Ressource handelt, die ein Ergebnis von Ereignissen der Vergangenheit darstellt und von der erwartet werden kann, dass dem Unternehmen aus ihr ein künftiger wirtschaftlicher Nutzen zufließt.

1553 Vgl. *Wagenhofer*, Internationale Rechnungslegungsstandards IAS/IFRS[5] (2005), 136; *Bohl/Riese/Schlüter (-Wawrzinek)*, Beck'sches IFRS-Handbuch[2] (2006), § 3 Rn. 46.
1554 Vgl. *Wagenhofer*, Internationale Rechnungslegungsstandards IAS/IFRS[5] (2005), 136, 400ff.
1555 Vgl. *Wagenhofer*, Internationale Rechnungslegungsgrundsätze IAS/IFRS[5] (2005), 134f.; *Heuser/Theile*, IAS/IFRS-Handbuch[3] (2007), Rn. 301–308.
1556 Siehe *Wagenhofer*, Internationale Rechnungslegungsgrundsätze IAS/IFRS[5] (2005), 134; *Heuser/Theile*, IAS/IFRS-Handbuch[3] (2007), Rn. 301; *Pellens/Fülbier/Gassen/Sellhorn*, Internationale Rechnungslegung[7] (2008), 124.
1557 Vgl. *Heuser/Theile*, IAS/IFRS-Handbuch[3] (2007), Rn. 308.

Durch das Kriterium der Verfügungsmacht werden solche Werte von der Bilanzierung beim Bilanzersteller ausgeschlossen, deren wirtschaftlicher Nutzen nicht dem betrachteten Unternehmen zugeschrieben werden kann. Lassen sich insbesondere Dritte nicht von der Nutzung ausschließen, ist eine individuelle Zuordnung der Nutzenquelle zum Vermögen des Bilanzerstellers nicht angezeigt.[1558] Die endorsed IFRS folgen bei der Beurteilung der Verfügungsmacht einer wirtschaftlichen Betrachtungsweise (IFRS-Framework, F.51, F.57). Im Vordergrund steht die Frage, wer in der Lage ist, den einem Vermögenswert innewohnenden wirtschaftlichen Nutzen zu vereinnahmen. Dem zivilrechtlichen Eigentum oder dem Bestehen anderer Verfügungsrechte kommt hierbei nur eine indizielle Bedeutung zu.[1559]

Die Vermögenswerte eines Unternehmens sind das Ergebnis vergangener Geschäftsvorfälle (IFRS-Framework, F.58). Das Abstellen auf Ereignisse der Vergangenheit verdeutlicht noch einmal den auch im Rahmen des Sollkonzeptes betonten grundlegenden Charakter der Rechnungslegung als Darstellung vergangener Geschäftsvorfälle[1560] und die objektivierende Wirkung der Anknüpfung an nachprüfbare Transaktionen und Ereignisse.[1561] Bloße Erwerbsabsichten oder Prognosen sollen keine Vermögenswerte erzeugen.

Die IFRS-Rechnungslegung beschränkt sich nicht auf eine strukturierte Aufbereitung vergangener Transaktionen und Ereignisse. Ein Abschluss nach den endorsed IFRS zielt vielmehr auf eine zukunftsorientierte und dennoch zuverlässige Aufbereitung vergangenheitsbezogener Daten.[1562] Entsprechend dieser Zielsetzung ist ein Wert nur dann als Vermögenswert anzusetzen, wenn von ihm erwartet werden kann, dass dem Unternehmen ein *künftiger* wirtschaftlicher Nutzen zufließt. Mit diesem zentralen Element der Definition der Vermögenswerte wird die Aktivierung einer Ressource in Abhängigkeit zu ihrem künftigen potentiellen Nutzenstrom gestellt und damit die Brücke von den vergangenen Transaktionen und Ereignissen zu der ihnen innewohnenden Entscheidungsrelevanz geschlagen.[1563] Das Kriterium des Nutzenbeitragspotentials ist für eine zukunftsorientierte Aufbereitung vergangener Unternehmensinformationen und damit für eine entscheidungsnützliche Rechnungslegung konstitutiv. Die insoweit unausweichliche perspektivische Betrachtung konfligiert zugleich mit dem Objektivierungserfordernis. Dieser Einschätzungsspielraum der Anwender ist einer entscheidungs-

1558 Siehe *Merschmeyer*, Die Kapitalschutzfunktion des Jahresabschlusses und Übernahme der IAS/IFRS für die Einzelbilanz (2005), 173.

1559 Vgl. *Merschmeyer*, Die Kapitalschutzfunktion des Jahresabschlusses und Übernahme der IAS/IFRS für die Einzelbilanz (2005), 173; *Heuser/Theile*, IAS/IFRS-Handbuch[3] (2007), Rn. 302.

1560 Vgl. auch § 8.I.2)a)cc)(2), S. 232ff.

1561 Vgl. u.a. § 8.I.3)a)aa)(1)(a), S. 245ff.

1562 Hierzu vgl. auch detailliert unter § 8.I.2)a)cc)(2), S. 232ff. Zum immanenten Zukunftscharakter der Ansatzkriterien vgl. *Merschmeyer*, Die Kapitalschutzfunktion des Jahresabschlusses und Übernahme der IAS/IFRS für die Einzelbilanz (2005), 166, 182; *Heuser/Theile*, IAS/IFRS-Handbuch[3] (2007), Rn. 304.

1563 Vgl. IFRS-Framework, F.53. Siehe auch *Großfeld/Luttermann*, Bilanzrecht[4] (2005), Rn. 894.

nützlichen Rechnungslegung systemimmanent.[1564] Er lässt sich allenfalls durch weitere konkretisierende Ansatzkriterien in seinem Umfang beschränken.

Spiegelbildlich zur Definition der Vermögenswerte werden die Schulden nach dem IFRS-Framework, F.49 lit. b als gegenwärtige Verpflichtungen des Unternehmens definiert, die aus Ereignissen der Vergangenheit folgen und deren Erfüllung erwartungsgemäß mit einen Abfluss von Ressourcen mit wirtschaftlichem Nutzen verbunden ist.[1565] Unterschiede ergeben sich durch ungleiche Höhen in der Unsicherheit der Vermögensbelastung, die einen differenzierten Bilanzausweis von Verbindlichkeiten und Rückstellungen bedingen.[1566]

Das Eigenkapital als dritte allgemeine Bilanzposition definiert sich als Residualgröße (IFRS-Framework, F.65). Eigenkapital ist demnach der nach Abzug aller Schulden verbleibende Restbetrag der Vermögenswerte des Unternehmens (IFRS-Framework, F.49 lit. c).

bb) Konkrete Bilanzierungsfähigkeit

Die Werthaltigkeit eines Sachverhalts ist in der IFRS-Rechnungslegung das grundlegende, die Einbeziehung in den periodischen Vermögensvergleich rechtfertigende Kriterium.[1567] Der daraus fließende weite Aktivierungs- und Passivierungskreis bedarf sowohl im Hinblick auf die Entscheidungsrelevanz als auch im Hinblick auf die erforderliche Wahrung der Objektivität einer weiteren Einschränkung.[1568] Bilanziell zu berücksichtigen sind nicht sämtliche Ressourcen und Schulden, die ein Nutzenzufluss- bzw. -abflusspotential repräsentieren, sondern nur solche, die mit *hinreichender Wahrscheinlichkeit* direkt oder indirekt einen Zufluss bzw. Abfluss wirtschaftlichen Nutzens (IFRS-Framework, F.83 lit. a) in Aussicht stellen und deren Wert sich *verlässlich* ermitteln lässt (IFRS-Framework, F.83 lit. b).

Das Kriterium der Wahrscheinlichkeit wird bei der Erfassung der Abschlussposten verwendet, um in Abhängigkeit von den bestehenden Unsicherheiten eine weitere Beschränkung des Ansatzes vorzunehmen. Eine Begrenzung der Aktivierung und Passivierung der Abschlussposten auf Ressourcen, denen ein hinreichend wahrscheinlicher Nutzenzufluss bzw. -abfluss immanent ist, trägt sowohl dem Krite-

---

1564 Siehe *Merschmeyer*, Die Kapitalschutzfunktion des Jahresabschlusses und Übernahme der IAS/IFRS für die Einzelbilanz (2005), 168.

1565 Damit umfassen der Schuldbegriff wie auch das entsprechende handelsrechtliche Begriffsverständnis ausschließlich Außenverpflichtungen des Unternehmens. Die HGB-Sonderregelungen zu den Aufwandsrückstellungen (§ 249 HGB) finden keine Entsprechung in den endorsed IFRS. Zudem werden Sachverhalte, die nach dem handelsrechtlichen Verständnis als passive Rechnungsabgrenzungsposten zu qualifizieren sind, nach den IFRS unter den Schuldbegriff subsumiert. Vgl. *Heuser/Theile*, IAS/IFRS-Handbuch[3] (2007), Rn. 328 f.

1566 Vgl. IFRS-Framework, F.64, IAS 37. Zur Passivierung der Rückstellungen im Einzelnen *Wagenhofer*, Internationale Rechnungslegungsstandards IAS/IFRS[5] (2005), 252–258.

1567 *Merschmeyer*, Die Kapitalschutzfunktion des Jahresabschlusses und Übernahme der IAS/IFRS für die Einzelbilanz (2005), 174.

1568 Vgl. *Buchholz*, Internationale Rechnungslegung[6] (2007), 58.

rium der Entscheidungsrelevanz als auch dem Objektivitätskriterium Rechnung. Die Wahrscheinlichkeitsbeurteilung als Erfassungskriterium beschränkt die Bilanzierungspflicht auf entscheidungsrelevante Posten. Der systemimmanente Einschätzungsspielraum bei der Beurteilung des Nutzenbeitragspotentials wird zugleich nach unten hin durch die Grenze der *hinreichenden Wahrscheinlichkeit* begrenzt.

Welcher Grad an Wahrscheinlichkeit indes zu einer bilanziellen Abbildung berechtigt, wird durch das Framework nicht näher spezifiziert. Der unvermeidliche einzelfallbezogene Entscheidungsprozess offeriert wiederum einen systemimmanenten Einschätzungsspielraum der Anwender.[1569] Als grobe Richtlinien für die notwendige Schätzung kann eine Wahrscheinlichkeit von sicherlich mehr als 50%, eventuell sogar bis 80% angenommen werden, wobei die tendenziell höhere Wahrscheinlichkeit besonders bei Posten, die das Eigenkapital ändern, verwendet werden kann.[1570] Für Gegenstände, deren Bestehen durch das Eintreten oder Nichteintreten exogener Ereignisse bedingt ist (Eventualforderungen), besteht nach IAS 37.33 eine Aktivierungspflicht erst bei einer an Sicherheit grenzenden Wahrscheinlichkeit. Für den Ansatz von Rückstellungen verlangt IAS 37.23 konkret eine Wahrscheinlichkeit von mehr als 50%.[1571]

Die zweite konkrete Bilanzierungsvoraussetzung, die *verlässliche Wertermittlung* des Abschlusspostens, erfordert zur Wahrung der Verlässlichkeit der Bilanzposten eine hinreichend genaue Zuordnung der Werte zu den betreffenden Abschlussposten.[1572] Verlässliche Ermittelbarkeit kann auch Schätzungen enthalten.[1573] Entscheidungsrelevante Posten, deren Werte auch nicht mit Hilfe von Schätzungen hinreichend verlässlich ermittelt werden können, sind von der Bilanzierung ausgeschlossen und im Anhang anzugeben.[1574] Die Beurteilung der verlässlichen Wertermittlung muss sich dabei an den allgemeinen Grundsätzen ausrichten und vor allem die aus der Verlässlichkeit fließenden Grundsätze der glaubwürdigen Darstellung, Neutralität und Vorsicht achten.[1575]

Liegen die erläuterten Voraussetzungen für die abstrakte und konkrete Bilanzierungsfähigkeit vor, ist von einer Aktivierung bzw. Passivierung dennoch im Ein-

---

1569 Diesem Einschätzungsspielraum wäre auch nicht durch konkrete Wahrscheinlichkeitsziffern abgeholfen. Die Festlegung genauer Ziffern suggeriert eine Scheingenauigkeit; vgl. *Merschmeyer*, Die Kapitalschutzfunktion des Jahresabschlusses und Übernahme der IAS/IFRS für die Einzelbilanz (2005), 175; *Wagenhofer*, Internationale Rechnungslegungsstandards IAS/IFRS[5] (2005), 135; Haufe IFRS-Kommentar(-*Lüdenbach/Hoffmann*)[5] (2007), § 1 Rn. 90. Die Beurteilung, ob ein Nutzenzufluss nun etwa mit der erforderlichen 75%-igen oder lediglich mit einer unzureichenden 74,9%-igen Wahrscheinlichkeit zu erwarten ist, obläge auch weiterhin dem Ermessen der Bilanzierenden.
1570 *Wagenhofer*, Internationale Rechnungslegungsstandards IAS/IFRS[5] (2005), 135; vgl. auch *Buchholz*, Internationale Rechnungslegung[6] (2007), 59; *Pellens/Fülbier/Gassen/Sellhorn*, Internationale Rechnungslegung[7] (2008), 124f.
1571 *Wagenhofer*, Internationale Rechnungslegungsstandards IAS/IFRS[5] (2005), 135.
1572 Siehe *Buchholz*, Internationale Rechnungslegung[6] (2007), 59f.
1573 Vgl. IFRS-Framework, F.86 S. 3, 4; *Wagenhofer*, Internationale Rechnungslegungsstandards IAS/IFRDS[5] (2005), 136.
1574 IFRS-Framework, F.86 S. 7.
1575 Vgl. *Buchholz*, Internationale Rechnungslegung[6] (2007), 60.

zelfall abzusehen, wenn die weiteren, in den Einzelstandards genannten Aktivierungsvoraussetzungen nicht erfüllt sind oder konkrete Bilanzierungsverbote vorliegen.[1576] So sind etwa bei den immateriellen Vermögenswerten des Anlagevermögens neben den erörterten Bilanzierungsanforderungen das Aktivierungsverbot für Forschungsausgaben (IAS 38.54) und die kumulativen speziellen Ansatzkriterien für die Entwicklungsausgaben zu beachten.[1577]

cc) Zusammenfassende Würdigung

Zusammenfassend ist festzustellen, dass die benannten abstrakten und konkreten Anforderungen der endorsed IFRS an die Bilanzierungsfähigkeit den im Sollkonzept erarbeiteten, allgemein gefassten Ansatzkriterien entsprechen. Sowohl das Framework als auch die Implikationen des Sollkonzepts betonen die herausragende Bedeutung des Kriteriums des Nutzenbeitragspotentials für die Aktivierung und Passivierung, ohne hierbei aber zugleich das Erfordernis der Verlässlichkeit und damit der Objektivität zu vernachlässigen.[1578]

Die vorstehenden Ausführungen stützen zugleich die Erkenntnis, dass die Ansatzkriterien denknotwendig durch eine systemimmanente Einschätzungsprärogative der Anwender gekennzeichnet sind.[1579] Aus dem Bestehen dieser Ermessenspielräume kann jedoch nicht auf die Ungeeignetheit der Aktivierungs- und Passivierungskriterien für den Zweck der Informationsvermittlung und der Anspruchs- und Ausschüttungsbemessung geschlossen werden.[1580]

b) Immaterielle Vermögenswerte

Bereits im Rahmen der Erarbeitung des Sollkonzepts wurde auf die Sonderstellung der immateriellen Vermögenswerte hingewiesen.[1581]

Das Spannungsverhältnis zwischen der zunehmenden Relevanz der immateriellen Werte einerseits und dem Postulat der Zuverlässigkeit und Objektivität der publizierten Daten andererseits versuchen die endorsed IFRS durch IAS 38 „Immaterielle Vermögenswerte“ aufzulösen.

1576 *Heuser/Theile*, IAS/IFRS-Handbuch[3] (2007), Rn. 308.
1577 Hierzu detailliert *Heuser/Theile*, IAS/IFRS-Handbuch[3] (2007), Rn. 1030–1040 sowie § 11.II. 1)b)aa), S. 382 ff.
1578 Vgl. § 8.I.3)a)aa)(1)(a), S. 245 ff. und § 8.II.4)a)aa), S. 324 ff. Anzumerken ist auch, dass sich das deutsche Handelsbilanzrecht und die IFRS-Rechnungslegung hinsichtlich der Objektivierungsqualität ihrer jeweiligen Aktivierungskonzeptionen nicht ins Gewicht fallend voneinander abheben; vgl. *Merschmeyer*, Die Kapitalschutzfunktion des Jahresabschlusses und Übernahme der IAS/IFRS für die Einzelbilanz (2005), 165–176; *Wagenhofer*, Internationale Rechnungslegungsstandards IAS/IFRS[5] (2005), 137 f. Zu bestehenden spezifischen Unterschieden vgl. *Wagenhofer*, Internationale Rechnungslegungsstandards IAS/IFRS[5] (2005), 138 f.; Haufe IFRS-Kommentar(-*Lüdenbach/Hoffmann*)[5] (2007), § 1 Rn. 96–101.
1579 Vgl. hierzu § 8.I.2)a)bb)(2), S. 229 ff.
1580 So auch *Merschmeyer*, Die Kapitalschutzfunktion des Jahresabschlusses und Übernahme der IAS/IFRS für die Einzelbilanz (2005), 176.
1581 Vgl. § 8.I.3)a)aa)(1)(b), S. 247 ff.

Immaterielle Vermögenswerte werden nach den endorsed IFRS allgemein als identifizierbare, nicht monetäre Vermögenswerte ohne physische Substanz definiert (IAS 38.8). Der sich aus dieser Definition ergebende, weite Kreis der unkörperlichen Vermögenswerte wird in IAS 38 allgemeinen Regelungen zu Ansatz, Bewertung bei erstmaliger Erfassung, planmäßiger Folgebewertung und Ausweis unterstellt. IAS 38 fungiert sozusagen als lex generalis, die in ihrem Anwendungsbereich durch Sonderregelungen in anderen Standards und ausdrückliche Ausnahmen beschränkt wird (vgl. IAS 38.2, 38.3).

aa) Ansatzkriterien

Kennzeichnend für die normierten Kriterien für die bilanzielle Erfassung der immateriellen Güter ist eine enge inhaltliche Anlehnung an die bereits erörterten allgemeinen Voraussetzungen für die Berücksichtigung von Vermögenswerten. Daraus resultiert ein weit reichender Gleichlauf bei der Erfassung materieller und immaterieller Vermögenskomponenten.[1582]

Die IFRS-Rechnungslegung unterscheidet im Grundsatz nicht zwischen selbst erstellten und fremdbezogenen immateriellen Vermögenswerten.[1583] IAS 38 postuliert vielmehr die grundsätzliche Aktivierungsfähigkeit und damit Aktivierungspflicht der immateriellen Vermögensgüter bei Vorliegen der normierten Ansatzkriterien. Die Ansatzrestriktionen und die zusätzlichen Ansatzkriterien des IAS 38 sind lediglich als Ausnahmetatbestände konzipiert.[1584]

(1) Allgemeine Ansatzkriterien

Die Definition des Vermögenswertes in IAS 38.8 als Voraussetzung der abstrakten Bilanzierungsfähigkeit der immateriellen Vermögenskomponenten unterscheidet sich nicht von jener des Frameworks. Es handelt sich um eine Ressource in der Verfügungsmacht des Unternehmens, von der ein künftiger Nutzenzufluss zu erwarten ist (IAS 38.8).[1585] Zur Spezifikation der Besonderheit der *Immaterialität* der Vermögenswerte wird diese Definition um weitere Kriterien ergänzt, die sowohl eine Abgrenzung von den Sachanlagegütern als auch dem Goodwill ermöglichen sollen.[1586] Hiernach ist ein immaterieller Vermögenswert ein identifizierbarer, nicht monetärer Vermögenswert ohne physische Substanz (IAS 38.8). Eine Aktivierung setzt des Weiteren voraus, dass der Nutzenzufluss aus dem Vermögensgut wahr-

---

1582 *Merschmeyer*, Die Kapitalschutzfunktion des Jahresabschlusses und Übernahme der IAS/IFRS für die Einzelbilanz (2005), 177; vgl. auch *Schellhorn*, DStR 2001, 865.

1583 Abweichend hiervon differenziert das deutsche Handelsbilanzrecht zwischen selbst erstellten immateriellen und fremdbezogenen Vermögenswerten. Nicht entgeltlich erworbene immaterielle Anlagegegenstände sind dabei insgesamt von der bilanziellen Berücksichtigung ausgenommen (§ 248 Abs. 2 HGB).

1584 Vgl. *Merschmeyer*, Die Kapitalschutzfunktion des Jahresabschlusses und Übernahme der IAS/IFRS für die Einzelbilanz (2005), 178.

1585 Siehe *Esser/Hackenberger*, DStR 2005, 708; *Heuser/Theile*, IAS/IFRS-Handbuch^{2} (2005), Rn. 506.

1586 Vgl. *Heuser/Theile*, IAS/IFRS-Handbuch^{2} (2005), Rn. 506; *Bohl/Riese/Schlüter* (*-Scheinpflug*), Beck'sches IFRS-Handbuch^{2} (2006), § 4 Rn. 1.

scheinlich ist, sich die Kosten für den Vermögenswert zuverlässig ermitteln lassen (IAS 38.21) und keines der normierten Aktivierungsverbote vorliegt.

Grundvoraussetzung für den Ansatz immaterieller Güter ist die Identifizierbarkeit des immateriellen Gutes. Der immaterielle Vermögenswert muss individuell bestimmbar und von anderen Vermögenswerten eindeutig abgrenzbar sein, d.h. der inhärente wirtschaftliche Vorteil darf sich nicht derart ins Allgemeine verflüchtigen, dass er sich lediglich in einer Wertsteigerung des Geschäfts- und Firmenwertes bzw. des Goodwill niederschlägt (IAS 38.11).[1587] Rührt der Vermögenswert aus einem vertraglichen oder gesetzlichen Recht her, wird die Identifizierbarkeit des immateriellen Gutes vermutet (IAS 38.12 lit. b). In Bezug auf die Aktivierungsfähigkeit rein wirtschaftlicher Werte, die keinen rechtlichen Schutz genießen, ist das Kriterium der Separierbarkeit von Bedeutung.[1588] Die Identifizierbarkeit ist demnach nur dann als erfüllt anzusehen, wenn das Nutzenpotential des Vermögensgegenstandes durch die selbstständige oder mit einem Vermögenswert oder einer Schuld verbundene Veräußerung, Vermietung, Lizenzierung oder sonstige Verwertung realisiert werden könnte (IAS 38.12 lit. a).[1589] Wirkt in der ersten Alternative die rechtliche Sicherung als Garant für die Greifbarkeit des immateriellen Wertes, ist es in der zweiten Alternative die Möglichkeit der Abtrennbarkeit vom Unternehmen, die eine solche Identifikation der Vermögenskomponente ermöglichen soll.[1590]

Neben der Abgrenzung der immateriellen Vermögenswerte vom allgemeinen Goodwill des Unternehmens werden die unkörperlichen Vermögenswerte durch das Kriterium der *fehlenden Monetarität* und das Kriterium *Unkörperlichkeit*[1591] von

---

1587 *Heyd/Lutz-Ingold*, Immaterielle Vermögenswerte und Goodwill nach IFRS (2005), 4, 34; vgl. auch *Streim/Bieker/Leippe*, in: *Schmidt, H./Ketzel/Prigge* (Hrsg.), Wolfgang Stützel, Moderne Konzepte für Finanzmärkte, Beschäftigung und Wirtschaftsverfassung (2001), 177, 188; *Bohl/Riese/Schlüter (-Scheinpflug)*, Beck'sches IFRS-Handbuch^2 (2006), § 4 Rn. 6; *Schmidbauer*, DStR 2004, 1142, 1443.

1588 *Dawo*, Immaterielle Güter in der Rechnungslegung nach HGB, IAS/IFRS und US-GAAP (2003), 195; vgl. auch *Hommel*, ZfbF 1997, 345. 354.

1589 Als mögliche Interpretationshilfe zur Beurteilung der Identifizierbarkeit enthalten die Erläuterungen (illustrative examples) zu IFRS 3 „Unternehmenszusammenschlüsse" einen Beispielkatalog identifizierbarer immaterieller Vermögenswerte, abgedruckt in *IASB*, Illustrative Examples, IFRS 3 Business Combinations (2004), S. 4 ff. Eine Übersicht findet sich auch bei *Esser/Hackenberger*, KoR 2004, 402, 404. Aufwendungen für die Ingangsetzung des Geschäftsbetriebes, die Mitarbeiterschulung und Werbung sind demnach genauso wie positive Synergieeffekte aus einem Unternehmenserwerb von vornherein keine immateriellen Vermögenswerte, die der oben genannten Definition genügen.

1590 „Sachen und Rechte gelten, da sie sich in ihrer Existenz formal jederzeit durch das sie flankierende Eigentums- beziehungsweise Inhaberrecht nachweisen lassen, als grundsätzlich vom Geschäfts- und Firmenwert isolierbar" (*Hommel*, ZfbF 1997, 345, 354). Die Identifikation ist hingegen bei rein wirtschaftlichen Gütern schwieriger, da diese nicht unmittelbar durch einen Rechtsanspruch konkretisiert werden. Die Identifikation bzw. Greifbarkeit setzt hier die Übertragbarkeit des Vermögenswertes voraus. Vgl. auch *Küting/Dawo*, BFuP 2003, 397, 401.

1591 Abgrenzungsprobleme zwischen materiellen und immateriellen Vermögenswerten ergeben sich dann, wenn Vermögenswerte sowohl physische als auch immaterielle Komponenten aufweisen. Zur Lösung der Zuordnungsfrage ist, wie auch nach HGB, eine Beurteilung der Wesentlichkeit erforderlich (IAS 38.4). Vgl. u.a. auch *Küting/Dawo*, BFuP 2003, 397, 401; *Esser/Hackenberger*, DStR 2005, 708 f.; *Bohl/Riese/Schlüter (-Scheinpflug)*, Beck'sches IFRS-Handbuch^2 (2006), § 4 Rn. 8 ff.

den Zahlungsmitteln, Forderungen und Ausleihungen und ähnlichen Instrumenten einerseits und den Sachanlagegütern andererseits abgegrenzt.

Das einem Vermögenswert immanente Definitionsmerkmal der Kontrolle bzw. *Beherrschbarkeit* geht nicht über den bereits erörterten Sinngehalt hinaus und wird in IAS 38.14 durch zahlreiche Beispiele illustriert.[1592] Auch das Kriterium des *künftigen wirtschaftlichen Nutzens* bildet keine Besonderheit gegenüber anderen Vermögenswerten.[1593]

Die Aktivierung eines immateriellen Vermögenswertes setzt neben dem Vorliegen der genannten Definitionsmerkmale das Bestehen einer hinreichenden Wahrscheinlichkeit des Nutzenzuflusses und eine verlässliche Wertermittlung[1594] voraus (IAS 38.21). Diese konkreten Ansatzkriterien gelten sowohl für extern erworbene Vermögenswerte, die im Wege der gesonderten Anschaffung oder im Zuge eines Unternehmenserwerbs zugehen, als auch für selbst erstellte immaterielle Güter. Wie immer, wenn es um die Auslegung von „Wahrscheinlichkeit" und „Zuverlässigkeit" geht, wird den Anwendern ein erheblicher, aber systemimmanenter Gestaltungsspielraum eröffnet.

Die Wahrscheinlichkeit eines künftigen wirtschaftlichen Nutzenzuflusses wird bei gesondert erworbenen immateriellen Vermögenswerten stets als gegeben angesehen (IAS 38.25) und auch die zuverlässige Bewertung wird durch die Preise auf dem Markt hinreichend objektiviert (IAS 38.26).[1595]

Die Beurteilung der Wahrscheinlichkeit eines wirtschaftlichen Nutzenpotentials und der zuverlässigen Bewertungsfähigkeit ist bei selbst erstellten immateriellen Werten aufgrund der eingeschränkten Verfügbarkeit von Marktpreisen und der fehlenden Marktobjektivierung durch den Anschaffungsvorgang mit einer besonderen Unsicherheit verbunden.[1596] Selbst geschaffene Vermögenswerte müssen daher die nachfolgend noch zu erläuternden weitergehenden Merkmale des IAS 38.57 erfüllen, die die Plausibilität der Wahrscheinlichkeit des Nutzenbeitragspotentials und die verlässliche Bewertung spezifizieren.

IAS 22.33 stellt weiterhin klar, dass auch die im Zuge eines Unternehmenserwerbs erlangten Vermögenswerte nur angesetzt werden können, wenn es wahrscheinlich

---

1592 Nicht rechtliche geschützte Markterkenntnisse und technische Erkenntnisse, eine bestimmte Management- oder fachliche Begabung, die Mitarbeiterfähigkeit, Marktanteile, Kundenbeziehungen und Marktanteile erfüllen mangels Beherrschbarkeit nicht die Definitionsmerkmale eines immateriellen Vermögenswertes (IAS 38.14–38.16). Vgl. *Streim/Bieker/Leippe*, in: *Schmidt/Ketzel/Prigge* (Hrsg.), Wolfgang Stützel, Moderne Konzepte für Finanzmärkte, Beschäftigung und Wirtschaftsverfassung (2001), 177, 189; Münchener Kommentar AktG (*-Hennrichs*), Bd. 5/1[2] (2003), § 246 Rn. 66; *Bohl/Riese/Schlüter* (*-Scheinpflug*), Beck'sches IFRS-Handbuch[2] (2006), § 4 Rn. 12.

1593 *Wagenhofer*, Internationale Rechnungslegungsstandards IAS/IFRS[5] (2005), 205.

1594 Das Kriterium der verlässlichen Wertermittlung ist bei einem direkten Erwerb des immateriellen Vermögenswertes in der Regel gegeben (vgl. IAS 38.24). Für im Zuge eines Unternehmenserwerbs erworbene immaterielle Vermögenswerte gelten Sonderbestimmungen. Vgl. die Ausführungen im nächsten Gliederungspunkt.

1595 Vgl. *Küting/Dawo*, BFuP 2003, 397, 404, 405.

1596 Siehe *Dawo*, Immaterielle Güter on der Rechnungslegung nach HGB, IAS/IFRS und US-GAAP (2003), 202; *Esser/Hackenberger*, DStR 2005, 708, 709.

ist, dass der erwartete wirtschaftliche Nutzen tatsächlich zufließt. Der objektivierende *Markttest*[1597] ist bei diesen Vermögenswerten insbesondere im Hinblick auf die erworbenen, ursprünglich selbst geschaffenen Werte nur beschränkt möglich. Die Besonderheit der Erfassung selbst erstellter und damit bisher nicht aktivierter immaterieller Werte verlangt demnach ebenfalls spezifische Ansatzkriterien, die es nachfolgend noch zu erläutern gilt.

Unabhängig von der Prüfung der genannten abstrakten und konkreten Ansatzkriterien benennt IAS 38 auch immaterielle Posten, die die Kriterien eines immateriellen Vermögenswertes grundsätzlich erfüllen könnten, aber dennoch einem Aktivierungsverbot unterliegen. Selbst geschaffene Markennamen, Verlagsrechte, Drucktitel, Kundenlisten und andere Sachverhalte (IAS 38.63) sowie Forschungskosten (IAS 38.54) werden demnach kategorisch von der bilanziellen Berücksichtigung ausgeschlossen.[1598]

(2) *Sonderfall: Erwerb im Rahmen von Unternehmenszusammenschlüssen*

Die Identifikation und die zuverlässige Bemessung der Anschaffungskosten eines immateriellen Vermögenswertes, der nicht Gegenstand eines gesonderten Beschaffungsvorgangs ist, sondern im Rahmen eines Unternehmenszusammenschlusses zugeht, bereiten, wie bereits angeklungen ist, besondere Objektivierungsschwierigkeiten.[1599]

Die bilanzielle Abbildung eines Unternehmenserwerbs ist immer mit der zentralen Frage verbunden, wie der in aller Regel über den Buchwert des erworbenen Unternehmens gezahlte Kaufpreis auf die erworbenen Einzelvermögenswerte aufzuteilen ist (Kapitalkonsolidierung).[1600] In einem ersten Schritt gilt es, die auf der Grundlage einer Neubewertungsbilanz aufgedeckten stillen Reserven und Lasten den erworbenen, aktivierten Sach- und immateriellen Werten zuzuordnen und zu erfassen.[1601] In einem zweiten Schritt geht es darum, bisher noch nicht bilanzierte, selbst erstellte immaterielle Vermögenswerte aufzuspüren, um schließlich einen etwa noch verbleibenden Restbetrag als derivativen Goodwill zu erfassen (IFRS 3.51).[1602]

Die Besonderheit der Erfassung selbst erstellter und damit bisher nicht aktivierter immaterieller Werte im Rahmen eines Unternehmenszusammenschlusses ver-

---

1597 Vgl. Münchener Kommentar AktG (-*Hennrichs*), Bd. 5/1² (2003), § 246 Rn. 69.
1598 Ein originärer Geschäfts- und Firmenwert erfüllt indes die Definitionsmerkmale nicht und ist bereits deshalb nicht aktivierungsfähig. Das ausdrückliche Aktivierungsverbot in IAS 38.48 hat demnach nur eine klarstellende Funktion.
1599 Vgl. *Merschmeyer*, Die Kapitalschutzfunktion des Jahresabschlusses und Übernahme der IAS/IFRS für die Einzelbilanz (2005), 181; *Heuser/Theile*, IAS/IFRS-Handbuch³ (2007), Rn. 3252.
1600 Haufe IFRS-Kommentar(-*Hoffmann*)⁵ (2007), § 13 Rn. 17. Zum Prozess der Kaufpreisallokation vgl. auch *Lopatta/Wiechen*, Der Konzern 2004, 534, 536f.; *Wagenhofer*, Internationale Rechnungslegungsstandards IAS/IFRS⁵ (2005), 402.
1601 Vgl. Haufe IFRS-Kommentar(-*Hoffmann*)⁵ (2007), § 13 Rn. 17.
1602 Siehe Haufe IFRS-Kommentar(-*Hoffmann*)⁵ (2005), § 13 Rn. 17.

langt spezifische Ansatzsatzkriterien. Gemäß IFRS 3.46 und IAS 38.33 f. ist ein solcher immaterieller Wert dann zu aktivieren,

- wenn er identifizierbar ist und
- der beizulegende Wert des Vermögenswertes zuverlässig ermittelt werden kann.

Die hinreichende Wahrscheinlichkeit der zukünftigen ökonomischen Vorteile wird bei einem Unternehmenserwerb letztlich durch den Erwerbsvorgang konkretisiert[1603] und als gegeben angesehen (IAS 38.33).

Für die Bemessung des beizulegenden Wertes und damit für die Beurteilung der Verlässlichkeit des Wertansatzes sind nach IAS 38.39 vorrangig die auf einem aktiven Markt (IAS 38.8) zu verzeichnenden Angebotspreise heranzuziehen. Da solche aktiven Märkte i. S. d. IAS 38.8 nur selten für immaterielle Vermögensgegenstände bestehen, sind subsidiär Hilfsmethoden vorgesehen, die auch indirekte Schätzverfahren umfassen.[1604] Das damit angedeutete Objektivierungsproblem ist ein allgemeines Problem der Zeitwertbewertung und wird im Rahmen der Analyse der Bewertungsgrundsätze näher betrachtet werden.[1605]

(3) *Spezielle Ansatzkriterien für selbst geschaffene immaterielle Vermögenswerte*

Die IFRS differenzieren im Grundsatz nicht zwischen den selbst geschaffenen und den fremdbezogenen immateriellen Vermögenswerten. Ein selbst erstelltes immaterielles Gut, das auf eigenem Gedankengut des bilanzierenden Unternehmens beruht, ist entsprechend den allgemeinen Ansatzleitlinien dann zu aktivieren, wenn es hinreichend wahrscheinlich einen identifizierbaren künftigen wirtschaftlichen Nutzen erzeugen wird und anhand der Herstellungskosten zuverlässig bewertbar ist.[1606]

Den erhöhten Unsicherheiten bei der Identifikation und der Wertermittlung nicht fremdbezogener immaterieller Güter soll durch spezifische Ansatzkriterien Rechnung getragen werden.[1607]

1603 Vgl. *Pellens/Fülbier/Gassen/Sellhorn*, Internationale Rechnungslegung[7] (2008), 287.

1604 Vgl. *Merschmeyer*, Die Kapitalschutzfunktion des Jahresabschlusses und Übernahme der IAS/IFRS für die Einzelbilanz (2005), 182. Problematisch erscheint in diesem Zusammenhang vor allem die unumgängliche Festlegung der Nutzungsdauer bestimmter immaterieller Vermögenswerte als Determinante der aufgeführten Verfahren. Vgl. dazu Münchener Kommentar AktG(-*Tiedchen*), Bd. 5/1[2] (2003), § 253 Rn. 34, 46.

1605 Vgl. § 11.II.2), S. 392 ff.

1606 Zusätzlich müssen natürlich die allgemeinen Definitionsmerkmale eines immateriellen Vermögenswertes vorliegen. Vgl. auch *Merschmeyer*, Die Kapitalschutzfunktion des Jahresabschlusses und Übernahme der IAS/IFRS für die Einzelbilanz (2005), 182.

1607 Nach Ansicht des IASB bewirken diese ergänzenden Kriterien jedoch keine Verschärfung der allgemeinen Ansatzkriterien oder gar eine restriktivere Behandlung derselben. Die ergänzenden Kriterien sollen lediglich der Konkretisierung und konsequenten Umsetzung der für alle immateriellen Güter geltenden Ansatzkriterien dienen. De facto führen die ergänzenden Ansatzkriterien für selbst geschaffene immaterielle Werte jedoch zu einer restriktiveren Behandlung dieser Güter. Vgl. *Heyd/Lutz-Ingold*, Immaterielle Vermögenswerte und Goodwill nach IFRS (2005), 39.

Die in den Paragraphen 54 ff. des IAS 38 verankerten Regelungen betreffen zunächst nur unfertige, im Entstehen begriffene immaterielle Vermögenswerte.[1608] Demnach unterliegen Ausgaben in der Forschungsphase des immateriellen Gutes einem umfassenden Aktivierungsverbot (IAS 38.54). Entwicklungstätigkeiten, mithin Ausgaben in der Entwicklungsphase, sind hingegen bei Vorliegen der spezifischen Ansatzvoraussetzungen des IAS 38.57 bilanziell zu erfassen.

Eine Aktivierung eines einsatzfähigen, selbst erstellten immateriellen Vermögenswertes setzt aber stets voraus, dass die benannten Phasen der Forschung und der Entwicklung zuvor durchlaufen wurden. Zugleich beschränken sich die aktivierungsfähigen Herstellungskosten auf die Entwicklungsausgaben, die ab dem Zeitpunkt, zu dem erstmalig die besonderen Aktivierungskriterien erfüllt waren, getätigt wurden.[1609] Vor diesem Zeitpunkt angefallene Ausgaben sind als Aufwand zu erfassen und können auch nicht nachträglich aktiviert werden (IAS 38.71).

Zwischen den spezifischen Regelungen zu den Forschungs- und den Entwicklungskosten und der Aktivierung des fertigen selbst geschaffenen immateriellen Gutes besteht demnach ein untrennbarer Regelungszusammenhang. Dieser Regelungszusammenhang und die Aktivierungsfähigkeit der Entwicklungstätigkeiten machen eine nähere Betrachtung der Differenzierung der Kostenarten und der benannten besonderen Ansatzkriterien für die Aktivierung der Entwicklungskosten erforderlich.

(a) Differenzierung zwischen Forschungs- und Entwicklungskosten

Zur erforderlichen Plausibilitätsprüfung der Wahrscheinlichkeit des wirtschaftlichen Nutzenzuflusses und der verlässlichen Bewertungsfähigkeit, mithin zur zeitlichen Konkretisierung eines identifizierbaren Vermögenswerts, differenziert IAS 38 bei der Erstellung von immateriellen Gegenständen ausdrücklich zwischen der Forschungs- und der Entwicklungsphase.[1610] Das IASB folgt damit dem bereits im Rahmen der normativen Analyse zur Herleitung des Sollkonzepts angesprochenen *prozessorientierten Ansatz* zur zeitlichen Vorverlagerung der Aktivierung selbst geschaffener immaterieller Vermögenswerte.[1611]

Forschung wird allgemein als eigenständige und planmäßige Suche mit der Aussicht auf Erlangung neuer wissenschaftlicher oder technischer Erkenntnisse definiert (IAS 38.8). Dazu gehört neben der Grundlagenforschung auch die Suche nach Produkt- und Prozessalternativen. Demgegenüber ist die Entwicklungsphase geprägt durch die Anwendung von Forschungsergebnissen oder von anderem Wis-

1608 *Merschmeyer*, Die Kapitalschutzfunktion des Jahresabschlusses und Übernahme der IAS/IFRS für die Einzelbilanz (2005), 182 f.

1609 Vgl. *Merschmeyer*, Die Kapitalschutzfunktion des Jahresabschlusses und Übernahme der IAS/IFRS für die Einzelbilanz (2005), 183; *Wagenhofer*, Internationale Rechnungslegungsstandards IAS/IFRS[5] (2005), 210.

1610 Demgegenüber verzichtet die Jahresabschlussrichtlinie in Artt. 9 Aktiva C.I.1; 10 C.I.1. JAbRL und Art. 37 JAbRL im Rahmen der bilanziellen Behandlung auf eine Differenzierung zwischen der Forschungs- und der Entwicklungsphase.

1611 Vgl. § 8.I.3)a)aa)(1)(b), S. 247 ff.

sen auf einen Plan oder Produktionsentwurf neuer oder beträchtlich verbesserter Materialien, Produkte, Verfahren usw. Die Entwicklung findet vor der Aufnahme der kommerziellen Produktion oder Nutzung statt (IAS 38.8). Der Entwurf und die Konstruktion von Prototypen und Modellen, Werkzeugen, Formen, das Testen neuer Materialien und Produkte sind demnach u.a. als Entwicklungstätigkeiten zu werten (IAS 38.59). Die Abgrenzung der Forschungs- und Entwicklungsphase ist oft fließend. Lassen sich die Ausgaben nicht eindeutig einer Phase zuordnen, müssen sie zur Gänze als Forschungsausgaben betrachtet werden (IAS 38.53).

Eine Qualifizierung der betrachteten Ausgaben als Entwicklungskosten bedingt eine Aktivierungspflicht, wenn zusätzlich zu den allgemeinen Aktivierungskriterien der immateriellen Vermögensgüter die in IAS 38.57 benannten Voraussetzungen kumulativ nachgewiesen werden. Demgegenüber sind die Kosten der Forschung nach IAS 38.54 sofort als Aufwand zu verbuchen; eine Aktivierung ist generell untersagt.

Die theoretische Grundlage für diese unterschiedliche bilanzielle Behandlung wird gemäß IAS 38.55 in der unwiderlegbaren Vermutung der Nichterweislichkeit eines künftigen wirtschaftlichen Nutzens der Forschungsausgaben gesehen. In der Entwicklungsphase hingegen bestehe die berechtigte Annahme, dass der entstehende immaterielle Wert bereits über einen höheren Reifegrad verfügt,[1612] so dass seiner Fertigstellung und Nutzung geringere Risiken entgegenstehen.[1613]

Diese theoretisch fundierte Abgrenzung wird jedoch nicht durch konkrete, praktikable Leitlinien für eine sachgerechte Abstufung der benannten Reifestadien unterlegt.[1614] Die Unterscheidung des Erstellungsprozesses in eine Forschungs- und eine Entwicklungsphase steht vielmehr im freien Ermessen des bilanzierenden Unternehmens (vgl. IAS 38.52) und eröffnet den Anwendern damit erhebliche Einschätzungsspielräume.[1615] Zudem ist in der Realität häufig eine interdependente Beziehung von Forschungs- und Entwicklungsaktivitäten zu beobachten, durch die selbst beim Bestehen solchen Leitlinien eine klare Prozessabgrenzung erschwert wird.[1616]

Auch die zusätzlichen Aktivierungsvoraussetzungen für die Entwicklungskosten vermögen es nicht, wie nachfolgend zu zeigen sein wird, dieses faktische Ansatzwahlrecht durch nachhaltige Objektivierungskriterien zu begrenzen.

1612 Münchener Kommentar AktG (*-Hennrichs*), Bd 5/1^2 (2003), § 246 Rn. 68; *Leibfried/Pfanzelt*, KoR 2004, 491, 492; *Bohl/Riese/Schlüter (-Scheinpflug)*, Beck'sches IFRS-Handbuch^2 (2006), § 4 Rn. 30.
1613 *Merschmeyer*, Die Kapitalschutzfunktion des Jahresabschlusses und Übernahme der IAS/IFRS für die Einzelbilanz (2005), 184; vgl. auch Münchener Kommentar AktG(*-Hennrichs*), Bd 5/1^2 (2003), § 246 Rn. 68.
1614 Vgl. *Merschmeyer*, Die Kapitalschutzfunktion des Jahresabschlusses und Übernahme der IAS/IFRS für die Einzelbilanz (2005), 184.
1615 *Hennrichs*, ZGR 2000, 627, 642; *Ziesemer*, Rechnungslegungspolitik in IAS-Abschlüssen und Möglichkeiten ihrer Neutralisierung (2002), 112; *Kahle*, WPg 2003, 262, 266; *Baetge/Hollmann*, FS Günter Wöhe (2004), 347, 355 f.; *Merschmeyer*, Die Kapitalschutzfunktion des Jahresabschlusses und Übernahme der IAS/IFRS für die Einzelbilanz (2005), 184; *Heuser/Theile*, IAS/IFRS-Handbuch^3 (2007), Rn. 1040.
1616 Vgl. *Leibfried/Pfanzelt*, KoR 2004, 491, 492.

(b) Aktivierungsvoraussetzungen für aus Entwicklungstätigkeiten erwachsener immaterieller Güter

Die Entwicklungsphase zeichnet sich durch eine fortgeschrittene Produkt- bzw. Marktnähe aus. Damit können in der Regel konkrete Aussagen über die Wahrscheinlichkeit eines künftigen wirtschaftlichen Nutzenzuflusses und die verlässliche Bewertungsfähigkeit getroffen werden.[1617] Zur Unterlegung der Plausibilität dieser konkreten Ansatzkriterien hat das IASB sechs spezifische weitere Kriterien bestimmt, deren kumulatives Vorliegen die konkrete Ansatzfähigkeit und damit ein Aktivierungsgebot begründet (IAS 38.57). In Entstehung befindliche immaterielle Vermögenswerte, die Ausfluss der Entwicklungstätigkeit sind, *müssen* demnach vom bilanzierenden Unternehmen aktiviert werden, wenn kumulativ die Nachweise über

- die technische Realisierbarkeit des immateriellen Gutes,
- die Absicht, den immateriellen Vermögenswert fertig zu stellen und ihn zu nutzen oder zu verkaufen,
- die Fähigkeit, das immaterielle Gut zu nutzen oder zu verkaufen,
- die Art, wie der immaterielle Vermögenswert einen voraussichtlichen künftigen wirtschaftlichen Nutzen erzielen wird; dazu gehört auch der Nachweis der Existenz eines Marktes für die Produkte des Vermögenswertes oder für den Vermögenswert selbst oder seines Nutzens bei interner Verwendung,
- die Verfügbarkeit ausreichender technischer, finanzieller und sonstiger Ressourcen zur Beendigung des Entwicklungsprozesses und zur Verwendung bzw. Veräußerung des immateriellen Wertes und
- die Fähigkeit des Unternehmens, die Ausgaben, die dem immateriellen Wert während seiner Entwicklung zurechenbar sind, verlässlich zu ermitteln,

erbracht werden können.

Die Formulierung der Aktivierungsvoraussetzungen in IAS 38.57 umfasst an sich kein explizites Wahlrecht, sondern die Pflicht zur Aktivierung. Augenfällig ist insofern aber, dass das Vorliegen der aufgeführten Aktivierungsvoraussetzungen expressis verbis durch Nachweise bekräftigt werden muss.[1618] Eine Verpflichtung zum aktiven Erheben der erforderlichen Nachweise lässt sich aus der Regelung aber nicht ableiten.[1619] Das in IAS 38.57 formulierte *müssen* ist folglich faktisch ein *können*.[1620] Es steht im Ermessen des bilanzierenden Unternehmens, den Nachweis tatsächlich zu erbringen und damit die Entwicklungsausgaben zu aktivieren. Die-

---

1617 Vgl. *Leibfried/Pfanzelt*, KoR 2004, 491, 492.
1618 Vgl. *Merschmeyer*, Die Kapitalschutzfunktion des Jahresabschlusses und Übernahme der IAS/IFRS für die Einzelbilanz (2005), 184; *Wagenhofer*, Internationale Rechnungslegungsstandards IAS/IFRS[5] (2005), 208.
1619 Vgl. *Wagenhofer*, Internationale Rechnungslegungsstandards IAS/IFRS[5] (2005), 210.
1620 Vgl. *Dawo*, Immaterielle Güter in der Rechnungslegung nach HGB, IAS/IFRS und US-GAAP (2003), 307; *Baetge/Hollmann*, FS Günter Wöhe (2004), 347, 355, 356–357; *Esser/Hackenberger*, DStR 2005, 708, 710; *Hennrichs*, FS Volker Röhricht (2005), 881, 884; *Esser/Hackenberger*, DStR 2005, 708, 710; *Heuser/Theile*, IAS-Handbuch[3] (2007), Rn. 1040.

ses implizite Wahlrecht wird allenfalls durch die Vorgehensweise bei anderen Entwicklungsprojekten (Grundsatz der Stetigkeit) eingeschränkt.[1621]

Hinzu kommt die Inhaltslosigkeit der genannten Ansatzkriterien.[1622] IAS 38.57 bedingt entsprechend der angesprochenen Konkretisierungsfunktion der zusätzlichen Ansatzkriterien nur eine „Auffächerung" der allgemeingültigen Nutzenzuflusskriterien.[1623] Namentlich kreisen die in IAS 38.57 lit. a–f abgefassten speziellen Aktivierungsvoraussetzungen lediglich diejenigen Faktoren ein, die einen wahrscheinlichen künftigen Nutzenzufluss und eine verlässliche Bewertungsfähigkeit bewirken und die das bilanzierende Unternehmen daher bei Achtung der allgemeinen Ansatzkriterien *ohnehin* schon beizubringen hätte.[1624] So sind die technische Realisierbarkeit der Fertigstellung, die zugrunde liegende Absicht der Fertigstellung, die Fähigkeit zur Eigennutzung oder zum Verkauf und die Verfügbarkeit adäquater Ressourcen nur Belege für die Annahme eines künftigen wirtschaftlichen Nutzenbeitragspotentials. Das verbleibende sechste Kriterium (lit. f) konkretisiert daneben nur das Kriterium der verlässlichen Messbarkeit.[1625] Die Nachweise über die benannten Kriterien sollen damit nur die ohnehin erforderliche Wahrscheinlichkeit und Bewertbarkeit des Nutzenzuflusses belegen. Die mit dieser prospektiven Perspektive verbundenen Unsicherheiten werden dadurch aber nicht nennenswert eingeschränkt, die Plausibilität der Wahrscheinlichkeit nicht wirklich unterlegt. Vielmehr wird durch die Inbezugnahme innerer Tatsachen, wie der Absicht, einen immateriellen Vermögenswert fertigzustellen und zu nutzen, und durch die Heranziehung prospektiver Planrechnungen zum Nachweis, die erforderliche *Objektivität* der Aktivierungsvoraussetzungen herabgesetzt.[1626]

bb) Zusammenfassende Würdigung

Als Resümee aus den vorstehenden Überlegungen bleibt festzuhalten, dass die endorsed IFRS die hinsichtlich der Werthaltigkeit immaterieller Vermögenswerte bestehenden Unsicherheiten einkreisen, ohne aber die eigentlichen Probleme einer adäquaten bilanziellen Lösung zuzuführen.[1627]

Die im Grundansatz angestrebte undifferenzierte bilanzielle Behandlung immaterieller und materieller Vermögenswerte ist zu befürworten. Nicht die Materialisierung, sondern das wirtschaftliche Nutzenbeitragspotential und die intersubjektive

1621 *Wagenhofer*, Internationale Rechnungslegungsstandards IAS/IFRS^5 (2005), 210.
1622 Vgl. Haufe IFRS-Kommentar(-*Hoffmann*)^5 (2007), § 13 Rn. 29.
1623 *Merschmeyer*, Die Kapitalschutzfunktion des Jahresabschlusses und Übernahme der IAS/IFRS für die Einzelbilanz (2005), 185.
1624 Vgl. *Baetge/Hollmann*, FS Günter Wöhe (2004), 347, 354; *Merschmeyer*, Die Kapitalschutzfunktion des Jahresabschlusses und Übernahme der IAS/IFRS für die Einzelbilanz (2005), 185.
1625 *Baetge/Hollmann*, FS Günter Wöhe (2004), 347, 354.
1626 Vgl. *Euler*, BB 2002, 875, 877; *Heyd/Lutz-Ingold*, Immaterielle Vermögenswerte und Goodwill nach IFRS (2005), 43–46; *Merschmeyer*, Die Kapitalschutzfunktion des Jahresabschlusses und Übernahme der IAS/IFRS für die Einzelbilanz (2005), 186f.
1627 Vgl. Münchener Kommentar AktG (-*Hennrichs*), Bd 5/1^2 (2003), § 246 Rn. 69.

Nachprüfbarkeit der Werthaltigkeit des Wirtschaftsgutes sollten seine Aktivierungsfähigkeit bedingen.[1628] Immaterielle Werte sollen demnach aktiviert werden, wenn sie den durch das Kriterium der *Relevanz* und der *Verlässlichkeit* geprägten allgemeinen Ansatzkriterien genügen.

Die erläuterten Ansatzkriterien für eine Aktivierung selbst geschaffener immaterieller Werte genügen diesen Kriterien nicht. Unzweifelhaft sind selbst geschaffene immaterielle Werte relevante Vermögensteile, die zur getreuen Darstellung der Vermögens- und Ertragslage des Unternehmens berücksichtigt werden müssen.[1629] Der im Rahmen des IAS 38 verfolgte Ansatz einer Aktivierung noch in Entstehung befindlicher selbst geschaffener immaterieller Werte genügt jedoch nicht dem Erfordernis einer an Relevanz und Verlässlichkeit orientierten Informationsvermittlung.[1630]

Die abstrakte Trennung zwischen den aktivierungsrelevanten Phasen des Reifeprozesses und die angeführten zusätzlichen Ansatzkriterien für die aktivierungsfähigen Entwicklungsausgaben eröffnen den Bilanzersteller erhebliche faktische Wahlrechte und Ermessensspielräume, die die Entscheidungsnützlichkeit der Rechnungslegungsinformationen herabsetzen und zugleich einen Freiraum für gläubigerschädigende Sachverhaltsgestaltungen eröffnen.[1631] Zudem bleibt der wohl überwiegende Teil der Ausgaben zur internen Schaffung immaterieller Güter von einer Aktivierung ausgeschlossen und begründet damit ein erhebliches Informationsdefizit.[1632]

Die bestehenden Unsicherheiten hinsichtlich der Werthaltigkeit selbst geschaffener immaterieller Werte können, wie bereits im vorangestellten Sollkonzept erläutert wurde, nur durch ein grundsätzliches Verbot der Aktivierung von noch in Entstehung befindlichen selbst erstellten immateriellen Gütern gebannt werden.[1633] Zu präferieren ist demnach eine erfolgswirksame nachträgliche Aktivierung der projektbezogenen, zuvor als Aufwand verbuchten Ausgaben im Zeitpunkt der Re-

---

1628 Hierzu auch § 8.I.3)a)aa)(1)(a), S. 245 ff.

1629 Münchener Kommentar AktG (*-Hennrichs*), Bd 5/1^2 (2003), § 246 Rn. 69.

1630 Vgl. hierzu neben den Erläuterungen unter dem vorangestellten Gliederungspunkten auch die kritischen Ausführungen im § 8.I.3)a)aa)(1)(b), S. 247 ff.

1631 Vgl. *Ziesemer*, Rechnungslegungspolitik in IAS-Abschlüssen und Möglichkeiten ihrer Neutralisierung (2002), 112. Siehe auch *von Keitz*, FS Baetge (2007), 321–357, die den bestehenden Ermessens- und Gestaltungsspielraum an einer Analyse der Anwendung des Standards in ausgewählten europäischen Staaten verdeutlicht.

1632 Vgl. *Küting/Dawo*, BFuP 2003, 397, 410; *Dawo*, Immaterielle Güter in der Rechnungslegung nach HGB, IAS/IFRS und US-GAAP (2003), 266; *Wagenhofer*, Internationale Rechnungslegungsstandards IAS/IFRS^5 (2005), 210. Bei der Anwendung eines entsprechenden Neubewertungsmodells (z.B. IAS 38.75) kann dieses Defizit nach der erstmaligen Aktivierung durch die Bewertung zum beizulegenden Zeitwert revidiert werden. Dies ändert aber nichts daran, dass erhebliche Teile der Herstellungskosten des immateriellen Gutes als Aufwand ausgewiesen werden. Die Möglichkeit einer erfolgswirksamen Erfassung einer Neubewertung führt vielmehr zu einer weiteren Verzerrung des Informationsgehalts des Erfolgsausweises.

1633 So im Ergebnis auch *Ziesemer*, Rechnungslegungspolitik in IAS-Abschlüssen und Möglichkeiten ihrer Neutralisierung (2002), 114; *Baetge/Hollmann*, FS Günter Wöhe (2004), 347, 358.

alisierung des Projektes.[1634] Die Nachvollziehbarkeit der bilanziellen Abbildung der selbst erstellten immateriellen Vermögensgüter ist durch zusätzliche Berichtselemente sicherzustellen. Eine projektbezogene Innovationsrechnung und eine vermögensgüterbezogene Immaterialgüterrechnung fungieren hier als Bindeglied zwischen der Bilanz und der Gewinn- und Verlustrechnung.[1635]

In der Zusammenschau lässt sich somit festhalten, dass die endorsed IFRS, speziell IAS 38, den im Rahmen des normativen Modells erarbeiteten Anforderungen an die Ansatzkriterien zwar im Hinblick auf fremdbezogene immaterielle Vermögenswerte genügen. Die Aktivierungsregeln für selbst geschaffene immaterielle Vermögensgüter achten hingegen nicht die auf dem Erfordernis der Relevanz und der Verlässlichkeit basierenden normativen Anforderungen und setzen sich auf Grund der eingeräumten Gestaltungsspielräume auch zu dem vom IASB selbst gesetzten Ziel einer getreuen Darstellung der Vermögens-, Finanz- und Ertragslage des Unternehmens in Widerspruch.

2) Bewertungsgrundsätze

Die Wahl der Bewertungsgrundlage ist neben den Ansatzkriterien die entscheidende Determinante der Darstellung der Vermögens-, Finanz- und der Ertragslage des Unternehmens. Der Analyse der Bewertungsgrundsätze der endorsed IFRS anhand der erarbeiteten normativen Determinanten ist folglich besondere Beachtung zu schenken.

Die Bewertungsgrundsätze der endorsed IFRS werden, abgesehen von den allgemeinen Anforderungen des Framework (IFRS-Framework, F.99–101), vor allem durch die Kasuistik der Einzelstandards geprägt.

a) Mixed-concept der endorsed IFRS

In den Einzelstandards werden verschiedene Wertmaßstäbe in unterschiedlichen Ausprägungen und unterschiedlichen Kombinationen eingesetzt. Definitionen dieser Wertmaßstäbe sind sowohl im Framework (vgl. IFRS-Framework, F.100) als auch in mehreren Standards wortgleich enthalten.[1636] Die benannten Wertmaßstäbe lassen sich zum einen dem *historical cost accounting* (fortgeführte Anschaffungs- und Herstellungskosten) und zum anderen dem *fair value accounting* (Marktpreis, Veräußerungswert, Barwert, erzielbarer Betrag) als konträre Bewertungskonzepte der Rechnungslegung zuordnen.[1637] Der fair value bzw. der beizulegende Zeitwert wird unabhängig von den zugrunde zu legenden konkreten Wertmaßstäben in den Einzelstandards allgemein als der Wert definiert, zu dem zwischen sachver-

---

1634 Vgl. § 8.I.3)a)aa)(1)(b), S. 247 ff.
1635 Zur Innovations- und Immaterialgüterrechnung vgl. § 8.I.3)a)cc)(1)(a), S. 285 ff.
1636 Eine Übersicht der unterschiedlichen Wertmaßstäbe der IFRS findet sich bei *Wagenhofer*, Internationale Rechnungslegungsstandards IAS/IFRS[5] (2005), 153–178. Anzumerken ist hier jedoch, dass das Framework den beizulegenden Wert nicht als Bewertungsgrundlage heranzieht.
1637 Zu den Unterschieden dieser beiden Bewertungskonzepte vgl. § 8.I.3)a)aa)(2)(a), S. 254 ff.

ständigen, vertragswilligen und voneinander unabhängigen Geschäftspartnern ein Vermögenswert getauscht werden würde.[1638]

Die IFRS folgen demnach nicht einem der benannten Bewertungskonzepte, sondern nähern sich zunehmend mit einem *mixed-concept* dem fair value accounting an.[1639]

Bereits im Rahmen des normativen Modells wurde ein Nebeneinander von historischen Wertansätzen und einer fair value-Bewertung präferiert, soweit sich diese Differenzierung am Aspekt der Objektivierbarkeit der Wertermittlung ausrichtet.[1640] Die unterschiedliche Verfasstheit der Vermögenswerte und der zeitlichen Einbindung in das Unternehmen bedingt eine differenzierte, auf objektiven Gesichtspunkten beruhende Anwendung der fair value-Bewertung und der einzelnen Bewertungsmaßstäbe.

Ist ein Nebeneinander von historical cost accounting und fair value-Bewertung im Grundsatz demnach nicht zu beanstanden, ist im Folgenden jedoch zu prüfen, ob die Kriterien zur Differenzierung der Bewertungsmethoden den benannten Anforderungen genügen.

aa) Bewertung bei Erstansatz

Die endorsed IFRS legen bei der Zugangsbewertung der Vermögenswerte und Schulden einheitlich die historischen Anschaffungs- oder Herstellungskosten bzw. die ursprünglich vereinbarten Rückzahlungsbeträge zugrunde.[1641] Die endorsed IFRS unterscheiden zumeist sprachlich nicht zwischen Anschaffungs- und Herstellungskosten. Beide Bewertungsansätze werden in der englischen Sprachfassung unter *cost* subsumiert[1642] und als „der zum Erwerb oder zur Herstellung eines Vermögenswertes entrichtete Betrag an Zahlungsmitteln oder Zahlungsmitteläquivalenten bzw. der beizulegende Zeitwert einer anderen Entgeltform zum Zeitpunkt des Erwerbes bzw. der Herstellung“ definiert (IAS 16.6).[1643] Geht man

---

1638 Zur fair value-Definition vgl. u. a. IAS 16.6; IAS 38.8, IAS 39.9 und IAS 40.5.

1639 Vgl. *Baetge/Zülch*, BFuP 2001, 543, 552; *Baetge/Matena/Zülch*, in: *Küting/Weber* (Hrsg.), Vom Financial Accounting zum Business Reporting (2002), 73, 81; *Streim/Bieker/Esser*, BFuP 2003, 457, 464; *Heintges*, DB 2006, 1569, 1571 f.

1640 Vgl. § 8.I.3)a)aa)(2)(b), S. 262 ff.

1641 Siehe *Baetge/Zülch*, BFuP 2001, 543, 551; *Baetge/Matena/Zülch*, in: *Küting/Weber* (Hrsg.), Vom Financial Accounting zum Business Reporting (2002), 73, 80.

1642 *Wagenhofer*, Internationale Rechnungslegungsgrundsätze IAS/IFRS[5] (2005), 156.

1643 Diese Definition stellt klar, dass sich die Anschaffungskosten primär auf der Grundlage des Anschaffungspreises berechnen. Im Kaufpreis enthalten sind Steuern, Gebühren und Zölle, nicht jedoch Anschaffungspreisminderungen, wie Rabatte und sonstige Abzüge; *Wagenhofer*, Internationale Rechnungslegungsgrundsätze IAS/IFRS[5] (2005), 153. Zu den Anschaffungskosten gehören des Weiteren die direkt zurechenbaren Anschaffungsnebenkosten. Die Herstellungskosten umfassen gemäß IAS 2.12 f. die Materialkosten, die Fertigungskosten und die Sonderkosten der Fertigung. Die IFRS folgen dabei im Vergleich zum deutschen HGB dem Vollkostenansatz. Die Gemeinkosten sind demnach zwingend als Teil der Anschaffungskosten anzusetzen; vgl. *Wagenhofer*, Internationale Rechnungslegungsgrundsätze IAS/IFRS[5] (2005), 160 f. Für die Hinzurechnung von Fremdkapitalkosten in die Anschaffungs- bzw. Herstellungskosten offeriert IAS 23.11 ein Aktivierungswahlrecht.

vom klassischen Erwerb bzw. der Herstellung eines Gutes aus, markieren die Anschaffungs- und Herstellungskosten bzw. die vereinbarten Rückzahlungsbeiträge zumeist den Marktpreis und damit den beizulegenden Zeitwert im Erwerbszeitpunkt. Bei der Zugangsbewertung bestehen demnach keine wesentlichen wertmäßigen Unterschiede zwischen dem beizulegenden Zeitwert und den historischen Kosten.[1644]

Eine Ausnahme von dem grundsätzlichen Erstansatz der Vermögenswerte zu Anschaffungs- bzw. Herstellungskosten bilden die Gegenstände des Umlaufvermögens.[1645]

Das Vorratsvermögen ist nach IAS 2 (Vorräte) bereits beim Erstansatz und zu jedem Bilanzstichtag mit dem niedrigeren Wert aus Anschaffungs- bzw. Herstellungskosten und Nettoveräußerungswert anzusetzen (vgl. IAS 2.9). Der Nettoveräußerungswert entspricht dem geschätzten Veräußerungserlös, abzüglich noch anfallender geschätzter Kosten der Fertigstellung und der geschätzten Vertriebskosten (vgl. IAS 2.28). Der Nettoveräußerungswert markiert demnach im Grundsatz den zu erwartenden Preis des Vermögenswertes am *Absatzmarkt* abzüglich der erforderlichen Transaktionskosten. Die Einbeziehung der Transaktionskosten für den Abgang der Vorräte wird mit dem Ziel einer verlustfreien Bewertung begründet.[1646] Der Verkauf der zu bewertenden Vorräte nach dem Bilanzstichtag soll keine Verluste mehr bedingen.

Der Erstansatz und auch die Folgebewertung der Vorräte sind folglich durch eine *imparitätische fair value-Bewertung*[1647] unter Achtung der Transaktionskosten (*fair value less cost to sell*) gekennzeichnet. Die Bewertung der Vorräte wird durch einen Vergleich der Preise am Beschaffungs- und am Absatzmarkt geprägt. In beiden Fällen findet demnach eine *kostenorientierte Wertermittlung*[1648] unter Berücksichtigung der Transaktionskosten statt. Der Wertansatz kann unter Heranziehung des Nettoveräußerungswertes gegebenenfalls auch unter den historischen Anschaffungs- bzw. Herstellungskosten liegen, jedoch diese als Wertobergrenze nicht überschreiten.

1644 Vgl. *Hinz*, WPg 2005, 1013, 1018.

1645 *Baetge/Zülch*, BFuP 2001, 543, 551 f. Daneben finden sich in den einzelnen Standards spezifische Ausnahmen vom Grundsatz der Erstbewertung zu Anschaffungs- und Herstellungskosten.

1646 Vgl. *Pellens/Fülbier/Gassen/Sellhorn*, Internationale Rechnungslegung[7] (2008), 378.

1647 Zum Begriff und der Abgrenzung zum full fair value-Konzept vgl. *Baetge/Zülch*, BFuP 2001, 543, 545–546; *Hinz*, WPg 2005, 1013, 1019, 1020.

1648 Die *kostenorientierten* Wertansätze, wie der Veräußerungspreis und der Wiederbeschaffungs- und Abwicklungswert, nehmen ebenfalls den Markt als Preismechanismus in Bezug. Jedoch ist nicht der *aktive Markt* des zu bewertenden Gegenstandes, sondern der Absatz- bzw. der Beschaffungsmarkt relevant. Diese Märkte sind dabei zumeist weniger aktiv. Ihre Preisbildung basiert folglich auf weniger objektiv geprägten Wertschätzungen. Vgl. auch § 8.I.3)a)aa)(2)(a), S. 258.

bb) Folgebewertung: Anschaffungskosten-, Neubewertungs- und Zeitwertmodell

Die durch die Inbezugnahme des Beschaffungsmarktes objektivierten Zugangswerte sind durch eine entsprechende Folgebewertung an die Wertentwicklung anzupassen. In der Grundstruktur finden sich in den IFRS drei Modelle für die Folgebewertung der Vermögenswerte: das *Anschaffungskostenmodell*, das *Neubewertungsmodell* und das *Zeitwertmodell*.[1649]

Die Feinsteuerung dieser Modelle erfolgt durch die jeweils einschlägigen Einzelstandards. Die einzelnen Bewertungsmodelle sollen demnach in Folgenden auch im Zusammenhang ausgewählter Einzelstandards näher erläutert werden. Dabei beschränkt sich die Darstellung zur Komplexitätsreduzierung auf die Folgebewertung des Sachanlagevermögens (IAS 16), der immateriellen Vermögenswerte (IAS 38) und der als Finanzinstrumente gehaltenen Immobilien (Anlageimmobilien, IAS 40). Insbesondere wird aus Komplexitätsgründen von einer Erläuterung und detaillierten Analyse der Folgebewertung der Finanzinstrumente nach IAS 39 „Finanzinstrumente: Ansatz und Bewertung" abgesehen. Die mit dem durch IAS 39 statuierten Zeitwertmodell verbundenen Probleme lassen sich bereits an der Folgebewertung der Anlageimmobilien verdeutlichen. Einzelne Spezifitäten der Bewertung der Finanzinstrumente werden zudem bei der abschließenden Würdigung des Bewertungskonzepts der endorsed IFRS Berücksichtigung finden.

(1) Sachanlagevermögen, IAS 16

Die Bilanzierung von Sachanlagen richtet sich im Grundsatz nach IAS 16 „Sachanlagen". Sachanlagen sind demnach materielle Vermögenswerte, die ein Unternehmen für Zwecke der Herstellung oder Lieferung von Gütern und Dienstleistungen, zur Vermietung an Dritte oder für Verwaltungszwecke besitzt und die erwartungsgemäß länger als eine Periode genutzt werden (IAS 16.6). Nach ihrem erstmaligen Ansatz zu ihren Anschaffungs- bzw. Herstellungskosten[1650] können die Sachanlagegüter entweder zu fortgeführten Anschaffungs- bzw. Herstellungskosten (Anschaffungskostenmodell) oder anhand der so genannten Neubewertungsmethode (Neubewertungsmodell) bewertet werden, die zu einem Ansatz oberhalb der historischen Werte führen kann (Aufdeckung stiller Reserven).[1651] Für die Folgebewertung offeriert IAS 16.28f. dem Bilanzersteller folglich ein *explizites Wahlrecht*, das ausschließlich durch das Stetigkeitsgebot beschränkt wird.[1652]

1649 Zur Begrifflichkeit der genannten Modelle vgl. auch *Wagenhofer*, Internationale Rechnungslegungsstandards IAS/IFRS[5] (2005), 187, 199.

1650 Die erstmalige Bewertung der Sachanlage hat hingegen unter den in IAS 16.24–16.27 benannten Voraussetzungen bereits zum beizulegenden Zeitwert zu erfolgen, wenn der Vermögenswert im Wege eines Tauschgeschäftes erworben wird.

1651 Zu den beiden Verfahren der Folgebewertung vgl. u. a. *Wagenhofer*, Internationale Rechnungslegungsstandards IAS/IFRS[5] (2005), 187; *Heuser/Theile*, IAS/IFRS-Handbuch[3] (2007), Rn. 1160.

1652 Das Wahlrecht kann dabei nach IAS 16.29 jeweils nur für die gesamten Werte einer in IAS 16.37 näher spezifizierten Gruppe von Sachanlagen ausgeübt werden. Zugleich können zur

(a) Anschaffungskostenmodell

Bei der Anwendung des Anschaffungskostenmodells sind die historischen Anschaffungs- bzw. Herstellungskosten des abnutzbaren Sachanlagevermögens durch *planmäßige* Abschreibungen in ihrer Werthaltigkeit an die Gegebenheiten anzupassen. Die planmäßigen Abschreibungen verteilen den Abschreibungsbetrag systematisch auf die gesamte Nutzungsdauer der Sachanlage (bzw. seiner Komponenten[1653]).[1654] Der zu erstellende Abschreibungsplan setzt sich demnach aus dem Abschreibungsbetrag, welcher sich aus den Anschaffungs- bzw. Herstellungskosten abzüglich des zu erwartenden Restwertes bestimmt, der voraussichtlichen unternehmensindividuellen Nutzungsdauer des Gegenstandes und dem gewählten Abschreibungsverfahren zusammen.[1655]

Die Abschreibungsmethode hat dem erwarteten Verlauf des Verbrauchs des Vermögenswertes zu entsprechen (IAS 16.60). Aufgrund der Spezifität des Nutzenverlaufs schlägt IAS 16.62 das lineare, degressive und das leistungsabhängige Verfahren vor, ohne dabei eine eindeutige Präferenz für eine Methode auszusprechen.

Die planmäßig fortgeschriebenen Anschaffungs- und Herstellungskosten sind am Ende eines jeden Geschäftsjahres zusätzlich auf die Notwendigkeit einer Wertminderung gemäß IAS 36 „Wertminderungen von Vermögenswerten" hin zu prüfen und gegebenenfalls *außerplanmäßig* abzuschreiben (IAS 16.63). Die Notwendigkeit einer Wertminderung und damit die Pflicht, den Vermögenswert einem Werthaltigkeitstest zu unterziehen, wird durch in IAS 36.12–14 aufgeführte, nicht abschließende interne und externe Indikatoren unterlegt.

Bei diesem Werthaltigkeitstest ist der Buchwert des betreffenden Vermögenswertes mit seinem erzielbaren Betrag zu vergleichen und gegebenenfalls auf diesen *erfolgswirksam* abzuschreiben.[1656] Der erzielbare Betrag ist gemäß IAS 36.6 definiert

---

Vermeidung eines „Rosinen-Pickens" nach IAS 16.36 nur Gruppen von Sachanlagen neubewertet werden (*Heuser/Theile*, IAS/IFRS-Handbuch[3] (2007), Rn. 1182).
Ein Methodenwechsel ist nach IAS 8.14 nur erlaubt, wenn ein anderer Standard oder eine Interpretation dies ausdrücklich verlangt oder mit dem Wechsel eine verbesserte Darstellung der Vermögens-, Finanz- oder Ertragslage sowie des cashflow erreicht werden kann.

1653 Die IFRS verfolgen mit IAS 16 den sogenannten Komponentenansatz (vgl. hierzu *Heuser/Theile*, IAS/IFRS-Handbuch[3] (2007), Rn. 1113; *Pellens/Fülbier/Gassen/Sellhorn*, Internationale Rechnungslegung[7] (2008), 312). Einzelne Komponenten einer Sachanlage sind nach IAS 16.43 gesondert abzuschreiben, sofern ihre Anschaffungs- bzw. Herstellungskosten im Verhältnis zu den Gesamtkosten der Sachanlage einen signifikanten Anteil darstellen.

1654 Die planmäßige Abschreibung beginnt, wenn die Sachanlage für ihre Verwendung verfügbar ist; sie endet spätestens an dem Tag, an dem der Vermögenswert ausgebucht wird (IAS 16.55).

1655 Vgl. *Wagenhofer*, Internationale Rechnungslegungsstandards IAS/IFRS[5] (2005), 187f. Der Restwert, die Nutzungsdauer und die Abschreibungsmethode sind zumindest jährlich zu überprüfen (vgl. IAS 16.51, 16.61). Weicht die Situation von den Annahmen der Vorperiode wesentlich ab, sind die Abschreibungen der laufenden und künftigen Periode entsprechend anzupassen (prospektive Anpassung). Die Änderungen unterliegen dabei den Restriktionen des IAS 8 „Bilanzierungs- und Bewertungsmethoden".

1656 Lässt sich für den einzelnen Vermögenswert kein erzielbarer Betrag separat ermitteln, weil dieser etwa nur im Verbund mit anderen Vermögenswerten cashflow generiert, ist der Werthaltigkeitstest nach IAS 36 auf die zahlungsmittelgenerierende Einheit (ZGE) zu beziehen, zu welcher als der höhere Betrag von Nettoveräußerungspreis und Nutzungswert. Beide Vergleichbeträge folgen unterschiedlichen Wertmaßstäben. Während sich der Nettoveräußerungspreis *kostenorientiert* aus dem beizulegender Zeitwert (Veräußerungserlös am Absatzmarkt) abzüglich der geschätzten Veräußerungskosten ergibt,[1657] folgt der Nutzungswert als Barwert aus einer Diskontierung des erwarteten cashflow aus Nutzung und Abgang. Die Bestimmung des Nutzungswerts erfordert demnach sowohl eine Schätzung der *künftigen* Zahlungsüberschüsse als auch eine Festlegung des Diskontierungszinssatzes.[1658] Beide Parameter eröffnen erhebliche Ermessensspielräume, die eine intersubjektive Nachprüfbarkeit der Wertansätze beschränken.[1659]

Entfallen die Umstände für die Wertminderung bzw. weisen externe und interne Quellen auf einen erhöhten erzielbaren Betrag hin, hat nach IAS 36.110ff. eine Wertaufholung zu erfolgen, die die historischen Anschaffungs- bzw. Herstellungskosten als Wertobergrenze nicht überschreiten darf.

In der Gesamtwürdigung lässt sich festhalten, dass das Anschaffungskostenmodell einem *imparitätischen fair value-Konzept* folgt. Die fair value-Bewertung wird wie bei der Bewertung des Vorratsvermögens nur asymmetrisch als Bewertungskonzept angewendet.[1660] In die Bilanz geht der fair value lediglich als niedriger beizulegender Wert für Vermögenswerte ein. Positive Wertänderungen dürfen hingegen beim Anschaffungskostenmodell gar nicht erfasst werden. Die historischen Anschaffungs- bzw. Herstellungskosten fungieren als Wertobergrenze. Der niedrigere beizulegende Wert bzw. fair value wird alternativ durch ein kostenorientiertes Bewertungsverfahren unter Berücksichtigung der Transaktionskosten oder durch eine

---

der zu bewertende Vermögenswert gehört (IAS 36.66). Die Abgrenzung der ZGE, als kleinste abgrenzbare erkennbare Gruppe von Vermögenswerten, die cashflow aus der laufenden Nutzung generiert (IAS 36.6.), eröffnet dem Management erhebliche Ermessensspielräume, die auch durch die in IAS 36 benannten Kriterien nicht nennenswert eingeschränkt werden (vgl. u.a *Streim/Bieker/Esser*, BFuP 2003, 457, 473; *Pellens/Fülbier/Gassen/Sellhorn*, Internationale Rechnungslegung[7] (2008), 266). Die Bildung von solchen zahlungsmittelgenerierenden Einheiten zur Erleichterung der Zeitwertermittlung nicht separierbarer Vermögensgegenstände wurde deshalb bereits im Rahmen des Anforderungsmodells aufgrund des damit einhergehenden Objektivitätsverlustes abgelehnt. Vgl. Fn. 1079.

1657 Für die Ermittlung des Nettoveräußerungspreises ist nach IAS 36.25–36.27 idealerweise ein Verkaufspreis aus einem zu Marktbedingungen bereits verbindlich geschlossenen Kaufvertrag heranzuziehen. Liegt ein solcher nicht vor, ist bei auf aktiven Märkten gehandelten Vermögenswerten ein möglichst aktueller Marktpreis zugrunde zu legen. Existiert auch kein aktiver Markt für den betreffenden Vermögenswert, so sollen anderweitig verfügbare Informationen in Form eines Vergleichswertverfahrens zu Schätzung des Nettoveräußerungspreises genutzt werden (z.B. vergangene Veräußerungen vergleichbarer Vermögenswerte). Der Nettoveräußerungswert konkretisiert den fair value. Er lässt sich folglich auch als *fair value less cost to sell* bezeichnen. Vgl. *Wagenhofer*, Internationale Rechnungslegungsstandards IAS/IFRS[5] (2005), 165.

1658 Vgl. *Wagenhofer*, Internationale Rechnungslegungsstandards IAS/IFRS[5] (2005), 178; *Pellens/Fülbier/Gassen/Sellhorn*, Internationale Rechnungslegung[7] (2008), 262–264.

1659 Siehe *Ballwieser/Küting/Schildbach*, BFuP 2004, 529, 537f.; *Wagenhofer*, Internationale Rechnungslegungsstandards IAS/IFRS[5] (2005), 178; *Pellens/Fülbier/Gassen/Sellhorn*, Internationale Rechnungslegung[7](2008), 263.

1660 Vgl. *Baetge/Zülch*, BFuP 2001, 543, 546.

ertragswertorientierte Wertermittlung konkretisiert.[1661] Die Differenz zwischen den historischen Werten und den so ermittelten fortgeführten Anschaffungs- und Herstellungskosten wird erfolgswirksam als Wertminderungsaufwand verbucht (IAS 36).

(b) Neubewertungsmodell

Bei der Anwendung der Neubewertungsmethode erfolgt der Wertansatz des Vermögenswertes nicht zu den fortgeführten Anschaffungs- bzw. Herstellungskosten, sondern mit seinem beizulegenden Zeitwert, der sowohl ober- als auch unterhalb der Wertgrenze der historischen Werte liegen kann.

Der beizulegende Zeitwert bzw. fair value für Sachanlagen wird durch den Marktwert oder, wenn sich einer marktbasierender Nachweis nicht führen lässt, durch den Ertragswert oder die fortgeführten Wiederbeschaffungskosten konkretisiert (IAS 16.32f.). Eine Stufung der konkretisierenden Bewertungsmaßstäbe ist nur bedingt erkennbar. Für das Sachanlagevermögen wird nach IAS 16.32 eindeutig eine *marktorientierte* Wertermittlung präferiert. Ist ein solcher Marktwert nicht verlässlich ermittelbar, so lässt der Standard nicht erkennen, ob der Ertragswertmethode[1662] oder den fortgeführten Wiederbeschaffungskosten mehr Vertrauen entgegenzubringen ist. *Ertragswertorientierte* und *kostenorientierte* Wertermittlungsverfahren werden folglich nach IAS 16.33 als gleichberechtigt angesehen.

Für die Neubewertungsmethode nach IAS 16 ist es nicht generell erforderlich, zu jedem Bilanzstichtag den fair value entsprechend der benannten Bewertungsmethoden neu zu ermitteln.[1663] Es ist vielmehr ausreichend, den bei der erstmaligen Anwendung der Methode ermittelten Wert bei abnutzbaren Sachanlagen durch erfolgswirksame *planmäßige* Abschreibungen fortzuschreiben.[1664] Ferner unterliegen auch die neubewerteten Sachanlagen wie bei einer Bewertung zu fortgeführten Anschaffungs- bzw. Herstellungskosten dem IAS 36 „Wertminderungen von Vermögenswerten". Die Wertansätze sind folglich bei eingetretenen Wertminderungen außerplanmäßig abzuschreiben und gegebenenfalls auch wieder einer Wertaufholung zu unterziehen.[1665] Die so ermittelten Buchwerte sind zudem zur Wahrung des Ziels einer Bilanzierung zum fair value hinreichend regelmäßig, aber eben nicht notwendigerweise jährlich, im Wege einer erneuten Wertüberprü-

---

1661 Zu diesen beiden Wertermittlungsarten vgl. § 8.I.3)a)aa)(2)(a), S. 254ff.

1662 Zur Ermittlung des Ertragswertes der zu bewertenden Sachanlage werden dabei zukünftig zu erwartende Erträge mit einem entsprechenden Kalkulationszins auf den Bilanzstichtag diskontiert.

1663 Vgl. *Heuser/Theile*, IAS/IFRS-Handbuch³ (2007), Rn. 1186.

1664 Die Behandlung der bisherigen, das heißt vor der Anwendung der Neubewertungsmethode kumulierten Abschreibungen wird in IAS 16.35 einer Sonderregelung zugeführt. Vgl. hierzu im Einzelnen *Heuser/Theile*, IAS/IFRS-Handbuch³ (2007), Rn. 1185.

1665 Wertminderungen nach IAS 36 sind grundsätzlich erfolgswirksam zu buchen. Bei einer Neubewertung sind die Wertminderungen jedoch zunächst erfolgsneutral gegen die entsprechende Neubewertungsrücklage zu buchen (IAS 36.60). Erst wenn diese aufgelöst ist, erfolgt eine erfolgswirksame Erfassung des Wertminderungsaufwandes.

fung bzw. Neubewertung auf ihre Werthaltigkeit zu überprüfen (IAS 16.31, 16.34).[1666]

Die sich im Verfahren der Neubewertung ergebenden Aufwertungen werden grundsätzlich erfolgsneutral direkt im Eigenkapital unter der Position Neubewertungsrücklage eingestellt (IAS 16.39). Die Gewinn- und Verlustrechnung wird nicht berührt. Eine erfolgswirksame Buchung der Werterhöhung erfolgt nur dann, wenn vormals vorgenommene erfolgswirksame Abwertungen (Neubewertungsverluste) rückgängig gemacht werden (IAS 16.39).

Liegt der beizulegende Zeitwert hingegen unter dem Buchwert, ist der Neubewertungsverlust grundsätzlich sofort erfolgswirksam zu buchen, es sei denn, er kann mit einem Neubewertungsgewinn der Vorperiode erfolgsneutral verrechnet werden. Enthält die Neubewertungsrücklage einen Neubewertungsgewinn aus der Vorperiode, so ist dieser zunächst durch den Neubewertungsverlust ergebnisneutral bis zu seiner Gesamthöhe aus der Neubewertungsrücklage aufzulösen.[1667] Der darüber hinausgehende Neubewertungsverlust wird dann wieder erfolgswirksam in der Gewinn- und Verlustrechnung verbucht.

Insgesamt lässt sich folglich konstatieren, dass Neubewertungsdifferenzen grundsätzlich nur unterhalb der fortgeführten historischen Kosten erfolgwirksam erfasst werden, während oberhalb dieser Schwelle im Grundsatz eine erfolgsneutrale Einbuchung in die dafür vorgesehene Neubewertungsrücklage erfolgt.[1668] Diese unterschiedliche Erfolgswirkung der erfolgswirksamen Wertminderungen und erfolgsneutralen Werterhöhungen setzt sich in Widerspruch zum Kongruenzprinzip und führt damit zu einer Durchbrechung der Identität von Zahlungsstrom und Erfolgsebene.[1669]

Die Neubewertungsrücklage wird nach Maßgabe der so verstandenen „Realisierung" der Wertdifferenz entweder pro rata temporis oder mit Abgang des Vermögenswertes erfolgsneutral gegen die Gewinnrücklage aufgelöst.[1670] Die Neubewertungsrücklage wird demnach nicht nur ergebnisneutral gebildet, sondern per

---

1666 Hinreichend regelmäßig sind Neubewertungen dann, wenn gewährleistet ist, dass der Buchwert des Vermögenswertes (fortgeführter Neubewertungsbetrag) nicht wesentlich vom fair value am Bilanzstichtag abweicht (vgl. *Heuser/Theile*, IAS/IFRS-Handbuch[3] (2007), Rn. 1186). Die Häufigkeit von Neubewertungen ist dabei von der Volatilität des fair value abhängig (IAS 16.34).

1667 Vgl. die Übersicht bei *Pellens/Fülbier/Gassen/Sellhorn*, Internationale Rechnungslegung[7] (2008), 322.

1668 Vgl. *Hinz*, WPg 2005, 1013, 1019.

1669 Zum Verstoß gegen das Kongruenzprinzip vgl. *Hinz*, WPg 2005, 1013, 1020; *Schmidt, M./Seiler*, BB 2006, 596, 599; *Pellens/Fülbier/Gassen/Sellhorn*, Internationale Rechnungslegung[7] (2008), 326, 488.

1670 Ein Teil der Neubewertungsrücklage kann bereits dann aufgelöst werden, wenn er durch die Nutzung des Gegenstandes sozusagen realisiert wird (IAS 16.41). Dieser realisierte Teil entspricht der Differenz der Abschreibung auf Basis des neubewerteten Buchwertes und der Abschreibungen auf Basis der historischen Anschaffungskosten; vgl. *Wagenhofer*, Internationale Rechnungslegungsstandards IAS/IFRS[5] (2005), 293; *Pellens/Fülbier/Gassen/Sellhorn*, Internationale Rechnungslegung[7] (2008), 323.

Verrechnung mit der Gewinnrücklage auch so aufgelöst. Der Bruch des Kongruenzprinzips wird folglich perpetuiert.[1671]

Zusammenfassend ist zu konstatieren, dass sich die Folgebewertung unter Anwendung des Neubewertungsmodells einem full fair value-Konzept annähert, aber dennoch als imparitätisch zu kennzeichnen ist. Der fair value als Wertmaßstab wird im Rahmen des Neubewertungsmodells in der bilanziellen Abbildung der Wertentwicklung symmetrisch zur Anwendung gebracht. Das Ertragswertverfahren und die Bewertung zu fortgeführten Wiederbeschaffungskosten werden als gleichberechtigte Wertermittlungsverfahren zur Konkretisierung des fair value angesehen. Die Neubewertung erfordert jedoch keine periodische Ermittlung des fair value zum Bilanzstichtag. Ausreichend ist vielmehr eine Fortschreibung des Neubewertungsbetrags bei regelmäßiger Überprüfung seiner Werthaltigkeit.

Die Wertänderungen im Zuge der Neubewertung werden im Hinblick auf ihre Erfolgswirkung jedoch asymmetrisch behandelt. Neubewertungsverluste sind grundsätzlich erfolgswirksam in der Gewinn- und Verlustrechnung zu erfassen. Dagegen dürfen positive Erfolgsbeiträge aus der Wertentwicklung im Grundsatz nicht in der Erfolgsrechnung erfasst werden. Insofern tritt der fair value wie auch im Anschaffungskostenmodell in der Erfolgsrechnung nur im Rahmen einer Verlustantizipation und damit *imparitätisch* in Erscheinung.[1672]

(2) Immaterielle Vermögenswerte, IAS 38

Immaterielle Vermögenswerte werden bei ihrer bilanziellen Einbeziehung grundsätzlich ebenfalls mit ihren Anschaffungs- und Herstellungskosten angesetzt.

Werden immaterielle Vermögenswerte im Rahmen eines Unternehmenserwerbs nach IFRS 3 „Unternehmenszusammenschlüsse“ erworben, so werden jedoch bereits die Anschaffungskosten durch den beizulegenden Zeitwert und damit den fair value der immateriellen Vermögenswerte zum Erwerbszeitpunkt bestimmt (IAS 38.33).[1673] Der fair value ist ebenfalls vorzugsweise durch den Marktpreis des immateriellen Vermögenswertes auf einem aktiven Markt zu ermitteln (IAS 38.39). Ebenso können vergangene Preise des Vermögenswertes oder die Marktwerte vergleichbarer Vermögenswerte (Vergleichswert, Surrogatpreis)[1674] als Grundlage der Wertermittlung herangezogen werden (IAS 38.39, 38.40). Unternehmen, die häufig gleichartige immaterielle Vermögenswerte akquirieren, können, wenn eine *marktwertorientierte* Ermittlung aufgrund der Einzigartigkeit des Vermögenswertes

---

1671 Siehe *Haller/Schloßgangl*, KoR 2003, 317, 318; *Hinz*, WPg 2005, 1013, 1020; *Pellens/Fülbier/Gassen/Sellhorn*, Internationale Rechnungslegung^{7} (2008), 488.

1672 Vgl. *Baetge/Zülch*, BFuP 2001, 543, 546.

1673 Eine erstmalige Bewertung zum fair value ist daneben auch beim Erwerb des immateriellen Vermögenswertes durch öffentliche Zuwendungen (IAS 38.44 i. V. m. IAS 20) oder im Wege des Tausches (IAS 38.45 ff.) möglich bzw. unter bestimmten Voraussetzungen zwingend.

1674 Dieses Verfahren wird in der Praxis als Vergleichswertverfahren bezeichnet. Vgl. hierzu *Beck*, in: *Richter/Timmreck* (Hrsg.), Unternehmensbewertung (2004), 343, 347–350.

nicht möglich ist, auch anerkannte Bewertungsansätze (z.B. Multiplikator- und Discounted-Cashflow-Verfahren[1675]) zur Wertermittlung heranziehen (IAS 38.41).

Eine Stufung der benannten marktwertorientierten und ertragswertorientierten Bewertungsverfahren ist im IAS 38 nicht ausdrücklich hervorgehoben, ergibt sich aber aus der systematischen Trennung der benannten Wertmaßstäbe und aus der Inbezugnahme der Einzigartigkeit als Voraussetzung der Anwendung der ertragswertorientierten Bewertungsverfahren (vgl. IAS 38.41). Einzigartige Vermögenswerte verschließen sich einer verlässlichen Wertermittlung auf einem aktiven Markt und im Rahmen eines Vergleichswertverfahrens.

Sonstige im Wege des Fremdbezuges oder des Schaffensprozesses erlangte, aktivierungsfähige immaterielle Vermögenswerte werden bei ihrer erstmaligen Bewertung mit ihren Anschaffungs- bzw. Herstellungskosten bilanziert. Die Folgebewertung entspricht im Wesentlichen den Bewertungsregeln für Sachanlagen nach IAS 16 „Sachanlagen". Auch hier steht es dem Bilanzersteller frei, die Vermögenswerte zu fortgeführten Anschaffungs- bzw. Herstellungskosten anzusetzen oder das Neubewertungsmodell zur Anwendung zu bringen. Die Möglichkeit der fair value-Bewertung besteht nach IAS 38.72, IAS 38.78 auf Grund der besonderen Risikobehaftung dieser Vermögenswerte jedoch nur, wenn sich der fair value durch den Preis des immateriellen Vermögenswertes an einem aktiven Markt ermitteln lässt. Liegt ein solcher Markt nicht vor, sind die fortgeführten Anschaffungs- bzw. Herstellungskosten anzusetzen. Da von der Existenz eines aktiven Marktes nur in seltenen Fällen auszugehen ist, verbleibt es bei den immateriellen Vermögenswerten, die nicht im Zuge eines Unternehmenserwerbs erworben werden, zumeist bei einem Wertansatz zur fortgeführten historischen Kosten.

1675 Die Discounted-Cashflow-Methode (DCF) ähnelt der Ertragswertmethode (vgl. zur Letzteren Fn. 1662). Anders als bei der Ertragswertmethode werden bei der DCF die zukünftigen Einzahlungsüberschüsse, die man als cashflow bezeichnet, einschließlich der Zinsen auf das Fremdkapital des Unternehmens mit dem gewogenen Kapitalkostensatz der im Unternehmen gebundenen finanziellen Mittel abgezinst. Wie bei der Ertragswertmethode wird ein Barwert von künftigen Zahlungsströmen (= Kapitalwert) berechnet.
Bei der Multiplikatormethode werden bestimmte Kennzahlen vergleichbarer Unternehmen (Multiplikatoren wie z.B. das Kurs-Gewinn-Verhältnis) für einen Rückschluß auf den Unternehmenswert des Bewertungsobjekts genutzt. Die in diesem Zusammenhang mittlerweile gebräuchlichste Größe ist der bereinigte Durchschnittsgewinn (vor Steuern und Zinsaufwand) der letzten drei bis fünf Jahre, wobei die letzten Jahre vor der Bewertung ein größeres Gewicht erhalten. Die Multiplikatoren für die Vergleichsunternehmen können auf zwei Arten ermittelt werden. Zum einen können entsprechend dem sog. comparable companies-Ansatz die Multiplikatoren auf Basis von börsennotierten Unternehmen ermittelt werden. Zum anderen können die Multiplikatoren auch auf Basis von tatsächlich stattgefundenen Transaktionen ermittelt werden (comparable transaction-Ansatz). Der angemessene Wert des Unternehmens ergibt sich dann durch die Multiplikation des bereinigten Durchschnittsgewinns des zu bewertenden Unternehmens mit dem entsprechenden Multiplikator. Beim Multiplikatorverfahren wird im Gegensatz zur Ertragswertmethode und der Discounted-Cashflow-Methode nicht mit Zukunftserfolgswerten, sondern Gewinngrößen der Vergangenheit gearbeitet.
Zu diesen Methoden der Unternehmensbewertung vgl. u.a. *Borowicz*, WiSt 2005, 368–373; *Matschke/Brösel*, Unternehmensbewertung (2005), 555–556.

(3) *Immobilien als Finanzinvestitionen, IAS 40 – Zeitwertmodell*

Die Folgebewertung nach IAS 16 „Sachanlagen" und IAS 38 „Immaterielle Vermögenswerte" ermöglicht eine *regelmäßige Neubewertung* zum fair value, der über den Bilanzstichtag hinaus fortgeschrieben wird (planmäßige Abschreibungen, Wertminderungen nach IAS 36) und regelmäßig auf seine Werthaltigkeit geprüft wird. Die benannten Standards statuieren demnach keine *Zeitwertbewertung* zum Bilanzstichtag.

Für Immobilien, die als Finanzinvestitionen gehalten werden (Anlageimmobilien), fordert IAS 40 „Als Finanzinvestitionen gehaltene Immobilien" hingegen eine Zeitwertbewertung. Mit IAS 40 bringt das IASB demnach seine Absicht zum Ausdruck, die erstmals für Finanzinstrumente (IAS 39) zugelassene erfolgswirksame Zeitwertbilanzierung auch auf andere Vermögenswerte zu erstrecken.[1676] Als Anlageimmobilien werden in IAS 40.4 Immobilien (Grundstücke, Gebäude oder Teile von Gebäuden) definiert, die zur Erzielung von Mieteinnahmen und/oder zum Zweck der Wertsteigerung gehalten werden.[1677]

Die Vorbehalte der Bilanzierungspraxis gegen diesen grundlegenden Paradigmenwechsel[1678] veranlassten das IASB dazu, es zunächst im Hinblick auf die Zeitwertbewertung bei einem entsprechenden Wahlrecht zu belassen.[1679] Die unter IAS 40 zu subsumierenden Immobilien dürfen demnach – wie auch die Sachanlagen bei ihrer Folgebewertung – entweder zum beizulegenden Zeitwert (fair value) oder zu fortgeführten Anschaffungs- oder Herstellungskosten bewertet werden (IAS 40.30). Das einmal gewählte Bewertungsmodell ist nach IAS 40.30f. für alle Anlageimmobilien *einheitlich* und stetig auszuüben.[1680]

Im Gegensatz zu den sonstigen Sachanlagen ist bei den Anlageimmobilien jedoch der fair value in jedem Fall *zwingend* zu ermitteln. Verbleibt es bei einer Folgebewertung zu fortgeführten Anschaffungs- bzw. Herstellungskosten, ist der fair value der Anlageimmobilien dennoch im Anhang anzugeben (IAS 40.79 lit. e). Damit obliegt es jedem Abschlussersteller, unabhängig von dem gewählten Bewertungsverfahren, den fair value der Immobilien zu ermitteln.

1676 *Heuser/Theile*, IAS/IFRS-Handbuch[3] (2007), Rn. 1402.

1677 Keine Anlagenimmobilien sind demnach Immobilien, die für die Herstellung oder Lieferung von Gütern bzw. für die Erbringung von Dienstleistungen oder für Verwaltungszwecke verwendet werden (eigentümergenutzte Immobilien) oder zum Verkauf im Rahmen der gewöhnlichen Geschäftstätigkeit bestimmte Güter. Diese Güter sind als Vorräte nach IAS 2 zu bewerten.

1678 Die Implementierung des fair value als Wertmaßstab für nicht-finanzielle Positionen wird als Ausdruck eines Paradigmenwechsels aufgefasst; vgl. *Gebhardt/Naumann*, DB 1999, 1461, 1465; *Küting/Dawo*, KoR 2003, 228, 241.

1679 Das IASB will die Frage der Abschaffung des Wahlrechts und damit wohl die Einführung der Pflicht einer erfolgswirksamen fair value-Bewertung zu einem späteren Zeitpunkt neu erörtern (IAS 40 Basis of Conclusion, BC 12, zitiert nach *Heuser/Theile*, IAS/IFRS-Handbuch[3] (2007), Rn. 1402).

1680 Die grundsätzlich nach IAS 8.14 eröffnete Möglichkeit der Änderungen der Bewertungsmethode wird durch IAS 40.31 weiter eingeschränkt. IAS 40.31 hält fest, dass es bei Anlageimmobilien unwahrscheinlich ist, dass durch eine Änderung des Bewertungsmodells eine sachgerechtere Darstellung der Vermögens-, Finanz- oder Ertragslage sowie des cashflow erreicht werden kann, und es somit grundsätzlich an einer Rechtfertigung für eine Änderung der Bewertungsmethode fehlt.

Der fair value bzw. beizulegende Zeitwert ist nach IAS 40.45 f. in einem *zweistufigen* Vorgehen zu ermitteln, wobei das IASB hierzu die Zuhilfenahme eines unabhängigen Gutachters empfiehlt (IAS 40.32).

Dem hypothetischen Marktpreis als Grundlage des fair value[1681] entspricht am ehesten der Preis der zu bewertenden Bilanzposition auf einem aktiven Markt[1682]. Dementsprechend legt etwa IAS 39.AG71 den notierten Preis an einem aktiven Markt, wie etwa der Börse, als vorrangigen Bewertungsmaßstab fest.

Immobilien sind aber im Gegensatz zu Finanzinstrumenten in den ihnen zugrunde liegenden spezifischen wertbeeinflussenden Faktoren, wie der Art der baulichen Nutzung, ihrer Lage, Größe und dem Zustand der Immobilie oder den verbundenen immobilienbezogenen Verträgen, einzigartig. Aufgrund dieser Einzigartigkeit besteht für die Immobilie in der Regel kein vergleichbarer aktiver Markt, wie etwa bei börsennotierten Wertpapieren. Der Ermittlung von Marktpreisen der spezifischen zu bewertenden Immobilie ist daher eher eine Idealvorstellung.[1683]

Dementsprechend sind nach IAS 40.45 auf der *ersten Stufe* des Bewertungskonzepts die aktuellen Preise auf einem aktiven Markt für vergleichbare Immobilien in Form eines Surrogatmarktpreises der bestmögliche substanzielle Hinweis auf den fair value der Anlageimmobilie.[1684] Bestehende Unterschiede zwischen der zu bewertenden Immobilie und der Vergleichsimmobilie sind durch entsprechende Wertanpassungen zu kompensieren. Erschwerend erweist sich auch hier die in der Regel bestehende Einzigartigkeit der Immobilien.

Eine Wertermittlung auf dieser ersten Bewertungsstufe wird in der Praxis oft daran scheitern, dass nicht genügend vergleichbare Immobilien ermittelt werden können, um aus ihnen direkt einen Wert bestimmen zu können.[1685] Die stark divergierenden Ausprägungen erschweren die Herausbildung eines aktiven Marktes und damit auch die Ableitung eines Marktwertes einer nahezu identischen Anlageimmobilie als fair value der zu bewertenden Immobilie.[1686]

Lässt sich der Marktwert einer solchen Vergleichsimmobilie demnach nicht feststellen, sind auf der *zweiten Stufe* des Bewertungskonzepts zusätzliche Informationsquellen zur Ermittlung des fair value heranzuziehen. Ausgangspunkt der

---

1681 Vgl. u. a. die Definition in IAS 16.6, IAS 36.6, IAS 38.8, IAS 39.9 und IAS 40.5.
1682 Zur Definition des aktiven Marktes vgl. IAS 36.6, IAS 38.8, IAS 41.8 und die Ausführungen zum Marktwert unter § 8.I.3)a)aa)(2)(a), S. 254 ff.
1683 Vgl. *Pellens/Fülbier/Gassen/Sellhorn*, Internationale Rechnungslegung[7] (2008), 345 f.
1684 In der Literatur wird zumeist der Immobilienmarktwert selbst der ersten Bewertungsstufe und folglich der Marktwert einer vergleichbaren Immobilie der zweiten Bewertungsstufe zugeordnet (vgl. u. a. *Baetge/Zülch*, BFuP 2001, 543, 555; *Baetge/Matena/Zülch*, in: *Küting/Weber* (Hrsg.), Vom Financial Accounting zum Business Reporting (2002), 73, 91; *Baetge/Hollmann*, FS Günter Wöhe (2004), 347, 362 f.). Dies ist darauf zurückzuführen, dass im alten IAS 40.29 (veröffentlicht 2000) das IASB den beizulegenden Zeitwert selbst noch als Marktwert einer Immobilie statuierte. Mit der Überarbeitung des Standards durch das Improvement Project (vgl. Fn. 652) wurde dieser Hinweis gestrichen und durch die allgemeine Definition des beizulegenden Wertes ersetzt.
1685 Vgl. *Vater*, BuW 2002, 535, 536.
1686 Siehe *Baetge/Matena/Zülch*, in: *Küting/Weber* (Hrsg.), Vom Financial Accounting zum Business Reporting (2002), 73, 92; *Baetge/Hollmann*, FS Günter Wöhe (2004), 347, 363.

Wertfindung können die aktuellen Preise in aktiven Märkten von Immobilien sein, die sich in ihren wertbildenden Faktoren von der zu bilanzierenden Immobilie unterscheiden (IAS 40.46 lit. a). Die Unterschiede sind, soweit ermittelbar, durch eine Wertanpassung auszugleichen. Auch kann auf vergangene Preise vergleichbarer Immobilien abgestellt werden (IAS 40.46 lit. b).[1687] Der so ermittelte Wert ist dann ebenfalls an die mittlerweile eingetretenen wirtschaftlichen Gegebenheiten entsprechend anzupassen. Neben diesem Vergleichswertverfahren kann der fair value zuletzt auch auf der Grundlage des Barwertes des künftigen cashflow, also durch die Anwendung der Discounted-Cashflow Methode[1688], konkretisiert werden (IAS 40.46 lit. c).

IAS 40 sieht für die benannten Bewertungsmethoden der zweiten Bewertungsstufe keine explizite Reihenfolge vor. Sofern unter Bezugnahme der zusätzlichen Informationsquellen mehrere beizulegende Zeitwerte bestimmt werden können, ist stets der Wert mit der zuverlässigsten Schätzung in der Bilanz anzusetzen.[1689]

Die angewandte Bewertungsmethode und die wesentlichen zugrunde liegenden Annahmen sind im Anhang entsprechend zu erläutern (IAS 40.75 lit. d., lit. e). Dabei ist insbesondere darauf einzugehen, ob die Wertbestimmung durch Marktdaten unterlegt wurde oder aufgrund der Art der Immobilie und in Ermangelung vergleichbarer Marktdaten auf einem entsprechenden Immobilienbewertungsverfahren beruht und in welchem Maße der fair value durch die Bewertung eines unabhängigen Gutachters gestützt wird.

Lässt sich der fair value der Anlageimmobilie auch mir Hilfe der benannten Immobilienbewertungsverfahren nicht hinreichend verlässlich ermitteln, ist die *einzelne* Immobilie mit ihren fortgeführten Anschaffungs- oder Herstellungskosten zu bewerten (IAS 40.53). Es bleibt dann sozusagen bei einem Festhalten an den historischen Marktwerten (*reliable exception*).[1690] Aus IAS 40.53 geht jedoch eindeutig hervor, dass ein solcher Fall als Ausnahme angesehen wird.[1691]

1687 Vor allem die von den jeweiligen Gutachterausschüssen veröffentlichten Bodenrichtwerte sind eine wichtige Grundlage für die Ermittlung des fair value.

1688 Vgl. Fn. 1675.

1689 *Pellens/Fülbier/Gassen/Sellhorn*, Internationale Rechnungslegung[7] (2008), 346.

1690 Ist eine verlässliche Bestimmung einer Immobilie nicht möglich, ist zwischen Neuzugängen und Altbeständen zu differenzieren.
Sofern für die Gesamtheit der Anlageimmobilien die fair value- Bewertung als Folgebewertungsverfahren gewählt wird, ist die einzelne Immobilie, deren fair value sich nicht verlässlich ermitteln lässt, bis zu ihrem Abgang zu fortgeführten Anschaffungs- bzw. Herstellungskosten anzusetzen. Somit kann es, entgegen dem in IAS 40.30 statuierten Grundsatz der einheitlichen Folgebewertung aller Anlageimmobilien, durchaus zu einer unterschiedlichen Bilanzierung einzelner Immobilien kommen (vgl. IAS 40.54).
Bei Altbeständen, die in der Vorperiode noch mit ihrem fair value angesetzt wurden, ist hingegen selbst bei einer nicht zuverlässigen Ermittlung des beizulegendes Zeitwertes bis zum Abgang oder der Umwidmung der betroffenen Immobilie an der fair value-Bewertung festzuhalten (IAS 40.55). Damit soll gesichert werden, dass die einmal ausgewählte Folgebewertung beibehalten wird und nicht unternehmensindividuell durch Sachverhaltsgestaltung als verdecktes Wahlrecht missbraucht wird (*Pellens/Fülbier/Gassen/Sellhorn*, Internationale Rechnungslegung[7] (2008), 349).

1691 *Baetge/Hollmann*, FS Günter Wöhe (2004), 347, 363.

Die betrachtete, einzelne Finanzinvestition muss folglich ausnahmsweise mit ihrem historischen, fortgeschriebenen Marktwert bewertet werden. Dies führt zu einer Durchbrechung des Grundsatzes der einheitlichen Bewertung aller Finanzinvestitionen in Immobilien.[1692] Allerdings ist in diesem Fall den erweiterten Offenlegungspflichten des costs-Modells nachzukommen, was letztlich zu einer Offenlegung der Schätzbandbreite für den nicht verlässlich ermittelbaren fair value in Anhang führt (IAS 40.79 lit. e).[1693]

Ist hingegen eine hinreichende verlässliche Ermittlung des fair value der zu bilanzierenden Anlageimmobilie möglich, hat der beizulegende Zeitwert stets der aktuellen Marktlage zu entsprechen (vgl. IAS 40.38) und ist folglich periodisch zum jeweiligen Bilanzstichtag zu ermitteln.[1694] Damit entfällt bei der Folgebewertung der Anlageimmobilien das Bedürfnis für planmäßige und außerplanmäßige Abschreibungen und das Erfordernis der Wertaufholung.

Nach der Ermittlung des fair value ist dieser in der Bilanz auszuweisen. Sofern der ermittelte beizulegende Zeitwert den Buchwert des vorherigen Geschäftsjahres über- steigt bzw. unterschreitet, ist der entsprechende Unterschiedsbetrag *erfolgswirksam* in die Gewinn- und Verlustrechnung zu buchen. Es kommt demnach zu einem erfolgswirksamen Ausweis noch nicht realisierter Gewinne oder Verluste.[1695]

Durch die erfolgswirksame Buchung der Wertänderungen unterscheidet sich das Zeitwertmodell wesentlich von dem Neubewertungsmodell gemäß IAS 16 „Sachanlagen“ und IAS 38 „Immaterielle Vermögenswerte“. Die erfolgswirksame Verrechnung der Wertminderungen und der Werterhöhungen im Rahmen der Zeitbewertung vermeidet den für das Neubewertungsmodell charakteristischen Verstoß gegen das Kongruenzprinzip und vollzieht den Übergang zum *full fair value-Konzept*, das durch eine einheitliche *bilanzielle und erfolgsbezogene* Behandlung der Wertänderungen gekennzeichnet ist.[1696]

b) Kritische Würdigung der Bewertungskonzeption der endorsed IFRS

Zusammenfassend lässt sich konstatieren, dass die Bewertung nach den endorsed IFRS durch heterogene Bewertungskonzepte geprägt ist. Im Rechnungslegungssystem der endorsed IFRS findet sich keine geschlossene Bewertungskonzeption.[1697]

1692 Vgl. *Baetge/Matena/Zülch*, in: *Küting/Weber* (Hrsg.), Vom Financial Accounting zum Business Reporting (2002), 73, 93; vgl. auch Fn. 1690.

1693 Neben der Angabe der Schätzbandbreite hat zudem einen Beschreibung der Anlageimmobilie und eine Erklärung im Anhang zu erfolgen, warum der beizulegende Wert nicht verlässlich ermittelt werden kann (IAS 40.9 lit. e).

1694 Vgl. *Pellens/Fülbier/Gassen/Sellhorn*, Internationale Rechnungslegung[7] (2008), 344.

1695 Vgl. *Pellens/Fülbier/Gassen/Sellhorn*, Internationale Rechnungslegung[7] (2008), 344.

1696 Zum full fair value-Konzept und seiner Abgrenzung zur imparitätischen Anwendung des fair value in der Bilanz und der Erfolgsrechnung vgl. *Baetge/Zülch*, BFuP 2001, 543, 546.

1697 *Zülch*, Die Gewinn- und Verlustrechnung nach IFRS (2005), 37; vgl. auch *Blaufus*, Fair Value Accounting (2005), 4; *Wagenhofer*, IRZ 2006, 31, 37; *Mock*, Finanzverfassung der Kapitalgesellschaften und internationale Rechnungslegung (2008), 157.

Die Bewertung zu fortgeführten historischen Werten (Anschaffungskostenmodell) und die fair value-Bewertung (Neubewertungsmodell und Zeitwertmodell) stehen als paradigmatisch konträre Bewertungskonzepte nebeneinander. Aber auch der fair value als Wertmaßstab wird in den Einzelstandards auf der Ermittlungsebene in Hinblick auf die Verbindlichkeit und den Anwendungsbereich des Konzepts, die konkretisierenden Bewertungsmaßstäbe und die Erfolgswirkung der Wertänderungen uneinheitlich umgesetzt.[1698]

aa) Explizite und implizite Bewertungswahlrechte

Bereits im Rahmen des normativen Modells wurde ein Nebeneinander von historischen Wertansätzen und einer fair value-Bewertung grundsätzlich präferiert, soweit sich diese Differenzierung in Form einer *reliable exception* am Aspekt der Objektivierung der Wertermittlung ausrichtet.[1699] Eine fair value-Bewertung, die bei fehlender Verlässlichkeit der Zeitwertermittlung den Ansatz fortgeführter Anschaffungs- bzw. Herstellungskosten, mithin fortgeführter historischer Zeitwerte, vorzieht, folgt einer einheitlichen Konzeption, solange die Ausübung der reliable exception durch zusätzliche Erläuterungs- und Offenlegungspflichten etwa nach dem Vorbild von IAS 40.79 lit. e objektiviert wird.

Die Differenzierung zwischen der fair value-Bewertung und dem historical cost accounting nach den endorsed IFRS richtet sich aber nicht primär am Kriterium der Verlässlichkeit der Wertermittlung aus, sondern steht vielmehr zur freien Disposition des Bilanzierenden.

Die betrachteten Einzelstandards (IAS 16, IAS 38, IAS 40) offerieren dem Bilanzierenden ein explizites Wahlrecht zwischen den beiden Bewertungskonzeptionen. Allein Finanzinstrumente sind zumindest formal im Grundsatz zwingend mit ihrem beizulegenden Zeitwert anzusetzen (IAS 39.43). Trotz des sich darin widerspiegelnden Bekenntnisses zum fair value accounting surrogiert IAS 39 nur eine partielle Zeitwertbilanzierung.[1700] Ausgehend vom Grundsatz der fair value-Bewertung ist die kostenbasierende Bewertung als Ausnahmeregelung für vom Unternehmen selbst geschaffene und nicht für Handelszwecke bestimmte Darlehen und Forderungen sowie für voraussichtlich bis zur Fälligkeit gehaltene Instrumente konzipiert.[1701] Die sich darin widerspiegelnde Kategorisierung der Finanzinstrumente in Abhängigkeit von der Verwendungsabsicht bzw. dem unternehmensspezifisch zu bestimmenden Einsatzbereich des jeweiligen Finanzinstrumentes eröffnet dem Bilanzierenden aber ein implizites Bewertungswahlrecht.

Erst nach Ausübung der expliziten und impliziten Bewertungswahlrechte zugunsten der fair value-Bewertung erfolgt dann eine Differenzierung des Bewer-

1698 Siehe *Hitz*, WPg 2005, 1013, 1020.
1699 Vgl. § 8.I.3)a)aa)(2)(b), S. 262 f.
1700 Siehe *Hitz*, WPg 2005, 1013, 1018.
1701 Vgl. hierzu IAS 39.46.

tungsmaßstabes nach dem Kriterium der Verlässlichkeit in Form einer *reliable exception.*[1702]

Nicht der Einwand der mangelnden Objektivierbarkeit, der im Einzelfall die Vorzugswürdigkeit der fair value-Bewertung widerlegen kann,[1703] dominiert damit das Bewertungskonzept der endorsed IFRS, sondern das durch Unschlüssigkeit geprägte willkürliche Nebeneinander unterschiedlicher Bewertungskonzeptionen. Eine objektbezogene, folglich kasuistische Abstufung der fair value-Bewertung zum cost-accounting, die sich entsprechend der reliable exception am Kriterium der Verlässlichkeit der Wertermittlung ausrichtet, ist im Grundsatz zu befürworten. Sachlich nicht begründete Bewertungswahlrechte, wie sie die endorsed IFRS dominieren, sind als Einschränkung der Entscheidungsnützlichkeit und der Vergleichbarkeit der Rechnungslegungsinformationen entschieden abzulehnen.

bb) Entobjektivierung und Verzerrung der Entscheidungsrelevanz

Selbst bei einer Aufhebung der benannten Bewertungswahlrechte bietet die fair value-Konzeption der IFRS keine Gewähr für entscheidungsrelevante und verlässliche, mithin entscheidungsnützliche Rechnungslegungsinformationen.

Die fehlende normative Verankerung der Definitions- und der Ermittlungsebene der fair value-Bewertung und vor allem die uneinheitliche und aktivlastige Anwendung des Bewertungskonzepts, die sekundäre Heranziehung intersubjektiv nicht nachprüfbarer Bewertungsmethoden und die heterogene Erfolgswirkung der Wertänderungen bewirken eine beachtliche Herabsetzung der Entscheidungsrelevanz und der Objektivität der Vermögens- und der Gewinngrößen.

(1) Fehlende normative Grundlage der fair value-Bewertung

Anders als in der US-amerikanischen Rechnungslegung ist für die endorsed IFRS der fair value als Bewertungskonzeption nicht auf der Ebene des Framework definiert.[1704] Trotz der großen Bedeutung des fair value in vielen Standards und einer aktuellen Tendenz zu einem fair value accounting kennt das Framework diesen

---

1702 Eine reliable exception findet sich u. a. in IAS 39.46 lit. c und IAS 40.53.
1703 Vgl. *Hitz*, WPg 2005, 1013, 1017.
1704 *Hitz*, WPg 2005, 1013, 1014. Die „Rückständigkeit“ des IFRS-Framework ist dabei wesentlich damit zu begründen, dass bisher keine dem SFAC No. 7 vergleichbare Weiterentwicklung des Framework existiert. Das Ziel des IASB, bis 2005 eine „stable platform“ von Standards zu schaffen, hat die Überarbeitung des Framework bisher zurückgedrängt. Eine entsprechende Weiterentwicklung und eine Kodifizierung der fair value-Bewertung auf der normativen Ebene wird aber im Rahmen der gegenwärtigen Bemühungen, mit dem FASB ein gemeinsames conceptual framework zu entwickeln, vorangetrieben. Im Oktober 2004 entschieden IASB and FASB, ein gemeinsames Projekt zur Formulierung eines einheitlichen Rahmenkonzeptes auf ihre Agenda zu setzen. Am 29. Mai 2008 haben das IASB und das FASB den Entwurf „An improved Conceptual Framework for Financial Reporting“ und ein entsprechendes Diskussionpapier „Preliminary Views on an improved Conceptual Framework for Financial Reporting: The Reporting Entiy“ veröffentlicht. Informationen zum aktuellen Stand des Projektes finden sich unter http://www.iasplus.com/agenda/framework.htm.

Begriff nicht; stattdessen wird dort lediglich auf den Tageswert, den Marktwert und den Veräußerungswert als den fair value konkretisierende Wertmaßstäbe Bezug genommen.[1705] Hieraus auf eine generelle normative Unverbindlichkeit der Konzeption zu schließen, würde zu weit gehen. Tatsächlich hat sich auf der Ebene der Einzelstandards bereits seit Beginn der 1980er Jahre die angeführte einheitliche Definition des fair value bzw. beizulegenden Zeitwertes etabliert.[1706]

Diese Konsistenz der Definitionsebene spiegelt sich jedoch nicht auf der Ermittlungsebene wider. Der Wertbegriff des fair value wird in den Einzelstandards durch unterschiedliche Wertmaßstäbe mit einer uneinheitlichen Gewichtung konkretisiert.

Das im Rahmen des normativen Sollkonzepts erarbeitete grundlegende Stufenkonzept von marktwertorientierter, kostenorientierter und ertragswertorientierter Wertermittlung bedarf unzweifelhaft einer objektbezogenen Konkretisierung. Für Vermögenswerte, für die sich im Allgemeinen kein aktiver Markt herausbildet, ist zum einen eine direkte und indirekte Inbezugnahme eines entsprechenden Marktpreises zur Ermittlung des fair value sinnlos. Demgegenüber ist bei immateriellen Vermögenswerten aufgrund der mit der Unkörperlichkeit verbundenen Unsicherheiten eine fair value-Bewertung nur auf der Grundlage von Marktwerten anzustreben. Im Rahmen der sekundären Heranziehung kostenorientierter Wertansätze sollte sich zudem die Inbezugnahme des Absatzmarktes (Veräußerungskosten) oder des Beschaffungsmarktes (Wiederbeschaffungskosten) an dem Zweck des zu bewertenden Vermögenswertes ausrichten.

Trotz dieses objektbezogenen Konkretisierungsbedarfs der Bewertungsstufen und des Ermittlungsverfahrens sollten die nach dem Kriterium der intersubjektiven Nachprüfbarkeit und der Relevanz abgestuften Bewertungsebenen als normative Grundlage im Framework konstituiert werden.

(2) *Aktivlastige und imparitätische fair value-Bewertung*

Kritikwürdig ist zudem die aktivlastige und imparitätische Dominanz der fair value-Bewertung in den endorsed IFRS.

Verbindlichkeiten werden grundsätzlich nicht zum fair value bewertet.[1707] Diese aktivlastige Anwendung der fair value-Bewertung verzerrt den Informationsgehalt des Vermögensausweises. Zudem werden Bewertungsansätze des fair value etwa in Form des Nettoveräußerungswertes vor allem imparitätisch zugrunde gelegt.[1708] Die Ermittlung von Zeitwerten ist demnach auch im Rahmen des histori-

1705 Vgl. IFRS-Framework, F.100, F.101.

1706 Vgl. *Hitz*, WPg 2005, 1013, 1014.

1707 Der fair value als Wertansatz wird nur bei der Bewertung der Rückstellungen und bei spezifischen Finanzinstrumenten zugrunde gelegt, vgl. IAS 37.36, IAS 39.47 lit. a.

1708 Das Gebot der Wertminderung im Anschaffungskostenmodell und das Neubewertungsmodell bedingen, wie bei den einzelnen Standards erläutert wurde, eine imparitätische fair value-Bewertung. Auch der deutschen Rechnungslegung ist der fair value als Wertansatz nicht fremd. So sind Passivposten wie Rentenverpflichtungen und Rückstellungen, die einen Zinsanteil enthalten, cal cost accounting zur Ermittlung der außerplanmäßigen Abschreibungen erforderlich. Es ist, abgesehen von der zunächst auszuklammernden Erfolgswirkung der Wertänderungen, nicht nachvollziehbar, warum Wertminderungen auf der Grundlage niedriger beizulegender Werte traditionell als unproblematisch angesehen, während Werterhöhungen zum fair value teilweise als nicht verlässliche Wertansätze abgelehnt werden.

Eine informationsorientierte Rechnungslegung, die zugleich auch die Gläubigerinteressen achtet, zielt auf eine zeitnahe Bewertung, die sowohl Wertminderungen als auch Werterhöhungen in die Vermögensdarstellungen einfließen lassen sollte.

Auch aus Objektivierungsgesichtspunkten lässt sich ein Festhalten an der imparitätischen Anwendung der fair value-Bewertung nicht begründen. Zum einen ist nicht verständlich, warum historische Marktpreise in Form der Anschaffungs- bzw. Herstellungskosten objektiver sind als gegenwärtige Marktpreise.[1709] Zum anderen eröffnen die für die planmäßigen Abschreibungen im Rahmen des Anschaffungskostenmodells notwendigen Schätzungen der Nutzungsdauer und des Restwertes sowie die Auswahl des Abschreibungsverfahrens den Bilanzierenden ebenfalls erhebliche Ermessensspielräume.[1710] Hinzu kommen die außerplanmäßigen Abschreibungen dieser Werte auf den niedrigen beizulegenden Zeitwert und die damit verbundenen Unsicherheiten. Fortgeführte Anschaffungs- bzw. Herstellungskosten sind folglich nur schwer als gegenüber dem fair value glaubwürdigere Werte anzusetzen, solange der fair value durch eine Hierarchie intersubjektiv nachprüfbarer Wertermittlungsverfahren unterlegt ist.

Es lässt sich folglich als Zwischenfazit festhalten, dass die fair value-Bewertung bereits zum heutigen Zeitpunkt in imparitätischer und disponibler Form die Rechnungslegung prägt. Sie konstituiert damit in ihrer jetzigen Ausprägung ein Bewertungskonzept, das in seiner Heterogenität nicht den Zielsetzungen einer und den Anforderungen an eine interessengerechte Rechnungslegung entspricht.

(3) *Fehlende Objektivität der Bewertungsmaßstäbe*

Der Informations- und Objektivitätsverlust durch die heterogene Anwendung des fair value-Konzepts wird noch durch die unscharfe Abgrenzung der einzelnen

---

zum Barwert zu bewerten (§ 253 Abs. 1 S. 2 HGB). Auf der Aktivseite darf der vorübergehend niedrigere fair value und muss der dauernd niedrigere fair value für das Anlagevermögen angesetzt werden (§ 253 Abs. 2 S. 3 HGB). Ebenso müssen Vermögenswerte des Umlaufvermögens mit ihrem niedrigen beizulegenden Wert bilanziert werden (§ 253 Abs. 3 HGB). Der fair value als Wertansatz wird demnach wie auch im Rahmen des Anschaffungskostenmodells nur zur Verlustantizipation und damit sowohl in der Bilanz als auch in der Gewinn- und Verlustrechnung imparitätisch zugrunde gelegt. Vgl. *Baetge/Zülch*, BFuP 2001, 543, 550; *Baetge/Matena/Zülch*, in: *Küting/Weber* (Hrsg.), Vom Financial Accounting zum Business Reporting (2002), 73, 78–79.

1709 So auch *Blaufus*, Fair Value Accounting (2005), 233.

1710 Vgl. *Blaufus*, Fair Value Accounting (2005), 233.

Ebenen der Ermittlungshierarchie und die sekundäre Heranziehung intersubjektiv nicht nachprüfbarer Bewertungsmethoden verstärkt.[1711]

Die Einzelstandards achten die im Rahmen des normativen Sollkonzepts erarbeitete Bewertungsstufung für die Ermittlung des fair value nicht konsequent. In den betrachteten Standards wird zwar grundsätzlich der Preis des Vermögenswertes auf einem aktiven Markt als zuverlässigste (direkte oder mittelbare) Wertgrundlage für den fair value angesehen und damit entsprechend dem erarbeiteten Anforderungsmodell eine marktwertorientierte Wertermittlung präferiert. Neben dem Marktwert werden in den benannten Standards jedoch weitere Wertmaßstäbe genannt, die nicht konsequent im Sinne einer Ermittlungshierarchie voneinander abgegrenzt werden. Diesen Wertfindungsmethoden ist gemein, dass sie in mehr oder weniger großem Umfang Schätzungen erforderlich machen.[1712] Die einzelnen Verfahren lassen sich im Hinblick auf ihren Marktwertbezug in angepasste Marktwerte, branchenübliche und finanzwirtschaftliche Bewertungsmodelle sowie kostenorientierte Wertansätze unterscheiden.[1713]

Bei der Bewertung zu angepassten Marktwerten werden bei Fehlen eines (aktuellen) aktiven Marktes für den zu bewertenden Vermögenswert aktuelle Marktwerte für ähnliche Objekte, Marktwerte der Vergangenheit für das zu bewertende Objekt, Marktwerte der Vergangenheit für vergleichbare Immobilien oder der Marktpreis für einen nicht vergleichbaren Vermögenswert herangezogen.[1714] Diese Ermittlungsverfahren sind aufgrund ihres Marktwertbezugs der marktwertorientierten Wertermittlung zuzurechnen. Sie können demnach als *sekundäre marktwertorientierte Wertfindungsmethoden* qualifiziert werden.

Neben den marktwertorientierten Vergleichswertverfahren werden in den meisten der angeführten Standards branchenübliche und finanzwissenschaftliche Bewertungsmodelle als Wertfindungsmethoden angeführt (vgl. IAS 40.; IAS 39.AG74). In diesem Zusammenhang werden in den einzelnen Standards insbesondere das Ertragswertverfahren und das Discounted-Cashflow-Verfahren genannt.[1715] Diesen Bewertungsmodellen ist gemein, dass sie den Wert des Vermögenswertes auf der Grundlage des Barwertes künftiger Erträge bzw. Zahlungsüberschüsse ermitteln.

Die benannten Wertermittlungsmethoden werden zum anderen in einzelnen Standards durch kostenorientierte Wertansätze ergänzt.[1716]

Die (primären und sekundären) markt-, kosten- und ertragswertorientierten Ermittlungsverfahren werden in den einzelnen Standards nicht konsequent im Sinne einer Ermittlungshierarchie abgestuft. So werden die kosten- und die ertrags-

1711 Vgl. *Küting/Dawo*, KoR 2003, 228, 241. Zur Entobjektivierung durch die unscharfe Abgrenzung der Bewertungsstufen siehe auch *Hitz*, WPg 2005, 1013, 1014.
1712 *Ruhnke/Schmidt*, WPg 2003, 1037, 1040.
1713 Siehe *Ruhnke/Schmidt*, WPg 2003, 1037, 1040.
1714 Vgl. hierzu u. a. IAS 40.46, IAS 38.39–40 aber auch IAS 36.26.
1715 Vgl. u. a. IAS 16.33, IAS 38.41 und IAS 40.46.
1716 Vgl. IAS 16.33 „abgeschriebene Wiederbeschaffungskosten".

wertorientierte Wertermittlung etwa in IAS 16.33 als gleichrangig angesehen. Für die Bewertung von Anlageimmobilien werden die ertragswertorientierten Bewertungsverfahren sogar mit den sekundären marktorientierten Wertermittlungsmethoden auf eine Bewertungsstufe gestellt (IAS 40.46).[1717]

Ähnlich unbestimmt ist der Übergang zwischen den primären und sekundären marktorientierten Ermittlungsmethoden. Es wird zumeist nicht näher spezifiziert, was die Vergleichbarkeit der Vermögenswerte ausmacht oder gar welche alternativen Marktpreise im Zweifel verwendet werden dürfen.[1718] Zudem wird bei der sekundären Heranziehung kostenorientierter Wertermittlungsverfahren das Prinzip der objektbezogenen Abgrenzung des relevanten Marktes (Absatzmarkt – Veräußerungskosten bzw. Beschaffungsmarkt – Wiederbeschaffungskosten) nicht stringent geachtet.[1719]

Der Objektivitätsverlust durch die unscharfe Abgrenzung der einzelnen Ebenen der Ermittlungshierarchie wird noch durch die sekundäre Heranziehung ertragswertorientierter Bewertungsverfahren verstärkt. Die Bewertungsmodelle sind aufgrund ihrer Zukunftsbezogenheit mit erheblichen Unsicherheiten verbunden.[1720] Bilanzpolitische Gestaltungsspielräume werden hier vor allem durch die erforderliche Prognose der künftigen Cash-Flows und Erträge und die Wahl eines angemessenen Diskontierungszinssatzes eröffnet.[1721] Die sich in den erforderlichen Prognosen niederschlagenden Wertvorstellungen sind schwer objektivierbar. Eine Heranziehung ertragswertorientierter Wertermittlungsverfahren setzt sich demnach in Widerspruch zum Ziel einer relevanten und intersubjektiv nachprüfbaren Bewertung. Dieser Bruch zwischen der Konzeption der fair value-Bewertung und deren pragmatischer Umsetzung in den Ermittlungsvorschriften kann nur durch eine grundlegende, bereits im Rahmen des Anforderungsmodells präferierte, Ablehnung dieser Wertermittlungsverfahren überwunden werden.

In formeller Hinsicht sollte zudem die Wertermittlung, die nicht unter Bezugnahme auf einen aktiven Markt erfolgt, durch einen unternehmensexternen Sachverständigen erfolgen. Die Wertermittlung durch einen sachverständigen Dritten sollte soweit wie möglich nicht nur empfehlenden Charakter haben, sondern ver-

1717 Das etwa in IAS 40.47 genannte Kriterium der Verlässlichkeit zur Unterscheidung der in IAS 40.46 aufgeführten marktwert- und ertragswertorientierten Wertermittlungsverfahren kann eine klare, ausdrückliche, grundsätzliche Ermittlungshierarchie nicht ersetzen.

1718 Vgl. *Hitz*, WPg 2005, 1013, 1025.

1719 Als Wertmaßstab für Wertminderungen nach IAS 36 des Sachanlagevermögens fungiert neben dem Nutzungswert der Nettoveräußerungspreis.

1720 Vgl. *Baetge/Hollmann*, FS Günter Wöhe (2004), 347, 364 f.; *Pottgießer/Velte/Weber*, DStR 2005, 1748, 1752; *Wesner/Schabel*, BB 2006, 875, 877.

1721 Siehe *Baetge/Matena/Zülch*, in: *Küting/Weber* (Hrsg.), Vom Financial Accounting zum Business Reporting (2002), 73, 95; *Ballwieser/Küting/Schildbach*, BFuP 2004, 529, 537; *Heyd/Lutz-Ingold*, Immaterielle Vermögenswerte und Goodwill nach IFRS (2005), 107.

bindlich sein.[1722] Dabei hat sich die konkrete Ausgestaltung natürlich am Aspekt der Wirtschaftlichkeit auszurichten.[1723]

(4) *Heterogenität der Erfolgswirkungen*

Die fair value-Bewertung hat in ihrer jetzigen Ausgestaltung, wie bereits gezeigt wurde, nicht nur erhebliche Rückwirkungen auf die Entscheidungsnützlichkeit und Vergleichbarkeit der bilanziellen Rechnungslegungsinformationen. Sie führt aufgrund der vorgeschriebenen Buchungen der Wertänderungen zugleich auch zu einer Verzerrung der Erfolgsrechnung.

Die Wertanpassungen der Werte der Vermögensgegenstände und Schulden an den jeweils aktuellen fair value sind grundsätzlich als Erträge und Aufwendungen zu kennzeichnen und entfalten damit Erfolgswirkungen, obwohl sie eine rein wertmäßige und nicht tatsächliche Änderung des Bestandes an Vermögensgegenständen bzw. Schuldposten und damit der Vermögenslage bedingen. Der Eingang dieser eher zufallsabhängigen Komponenten in die Erfolgsrechnung würde die Extrapolationsfähigkeit der Erfolgsgrößen und damit deren Entscheidungsnützlichkeit herabsetzen.[1724] Zugleich bestünde auch die Gefahr eines front loadings, d.h. eines systematischen Vorziehens künftiger Erträge.[1725] Die ausgewiesene Ertragslage würde demnach weder eine adäquate Informations- noch Rechenschafts- oder gar Bemessungsgrundlage für die Ausschüttungen darstellen.[1726] Bereits im Rahmen des Anforderungsmodells wurde daher eine Separierung des Periodenerfolges von den Bewertungsgewinnen und -verlusten auf der Ebene der Gewinn- und Verlustrechnung präferiert.[1727]

Die grundsätzliche Verzerrung der Erfolgsgrößen durch eine erfolgswirksame Buchung der Wertänderungen wird in den endorsed IFRS noch durch die bestehende Heterogenität der Erfolgswirkungen der Wertänderungen verstärkt. Wertminderungen durch planmäßige und außerplanmäßige Abschreibungen sind ebenso wie Neubewertungsverluste grundsätzlich erfolgswirksam zu erfassen. Neubewer-

---

1722 So auch *Baetge/Hollmann*, FS Günter Wöhe (2004), 347, 365; *Merschmeyer*, Die Kapitalschutzfunktion des Jahresabschlusses und die Übernahme der IAS/IFRS in die Einzelbilanz (2005), 213.

1723 Die Kosten für eine solche externe Wertermittlung übersteigen nicht generell den daraus resultierenden Nutzen. Zahlreiche Unternehmen sind vor allem zur Sicherung kostengünstiger Finanzierungsmöglichkeiten gegen Zahlung zu einem externen Unternehmensrating bereit. Zu den Kosten, die mit einem solchem Rating verbunden sind, vgl. *Grässlin*, Financial Times Deutschland v. 27. Dezember 2002, S. 21 (Fitch Ibca, einer der drei Marktführer der Rating-Agenturen, verlangt nach *Gässlin* etwa 40.000 Euro für ein Emittentenrating). Wie weit der Kreis von Unternehmen reicht, für die eine externe Wertermittlung noch wirtschaftlich ist, muss jedoch gesonderten Untersuchungen vorbehalten bleiben.

1724 Zur verzerrenden Wirkung der erfolgswirksamer Bewertungsgewinne und -verluste vgl. *Siegel, Th.*, BFuP 1998, 593, 593f.; *Schildbach*, WPg 1999, 177, 179; *Ballwieser/Küting/Schildbach*, BFuP 2004, 529, 543.

1725 *Zeitler*, DB 2003, 1529, 1530; *Zeitler* verweist darauf, dass diese Versuchung, die Bilanz mit „Hoffnungsposten" zu füttern, vor allem in den Skandalfällen Enron und Worldcom unter Einschaltung von sog. special purpose entities als Marktpartner zum System entwickelt wurde.

1726 Vgl. im Einzelnen § 8.I.3)a)aa)(2)(a), S. 260ff.

1727 Vgl. grundlegend § 8.I.3)a)aa)(3)(a), S. 266ff.

tungsdifferenzen, die die historischen Wertansätze überschreiten, sind hingegen im Rahmen des Neubewertungsmodells erfolgsneutral in die für sie designierte Neubewertungsrücklage zu buchen,[1728] wohingegen sie bei Anwendung des Zeitwertmodells ebenfalls erfolgswirksam erfasst werden. Diese Heterogenität der Erfolgswirkung lässt sich sachlich nicht rechtfertigen. Sie steht im Widerspruch zu den im Rahmen des normativen Modells erarbeiteten Anforderungen und zur informationsbezogenen Zielsetzung der endorsed IFRS.[1729]

Die geschilderte, mit der fair value-Bewertung einhergehende Verzerrung der Erfolgsgrößen und die bestehende uneinheitliche Erfolgswirkung der Wertänderungen ließen sich nur durch eine einheitliche Buchung der Bewertungserträge und -verluste und eine adäquate Separierung dieser Erfolgsbeiträge auf der Ebene der Gewinn- und Verlustrechnung aufheben.

cc) Zusammenfassung

Zusammenfassend lässt sich konstatieren, dass die Bewertungsgrundsätze aus den oben genannten Erwägungen keine Gewähr für eine interessengerechte Rechnungslegung bieten. Die Heterogenität der Bewertungskonzeption und der Erfolgswirkung verzerrt den Vermögens- und Erfolgsausweis in erheblichem Maße, so dass dieser weder als (absolutes bzw. relatives) Informations-, Kontroll- oder Rechenschaftsinstrument noch als Grundlage einer interessengerechten Anspruchs- bzw. Ausschüttungsbemessung fungieren kann.

Empfehlenswert ist demnach eine Neuausrichtung der Bewertungskonzeption der endorsed IFRS, welche die im Rahmen des Anforderungsmodells erarbeiteten Determinanten achtet.

3) Gliederung der Bilanz

a) Die Gliederung der Bilanz nach IAS 1 (rev. 2003)

Wird der Inhalt der Bilanz vor allem durch die erörterten Ansatz- und Bewertungsgrundsätze bestimmt, so sind die Gliederungsvorschriften für die Aufbereitung der Informationen maßgeblich.

Eine detaillierte Vorschrift zur Gliederung der Bilanz wie Art. 9 und Art. 10 JAbRL findet sich in den endorsed IFRS, insbesondere in dem einschlägigen IAS 1 „Darstellung des Abschlusses", nicht. Aus den normierten Vorgaben des IAS 1 lässt sich aber mittelbar ein Bilanzschema entwickeln, dem Verpflichtungscharakter zuzumessen ist.[1730]

1728 Eine Übersicht über die Wertänderungen, für welche die IFRS eine erfolgsneutrale Erfassung im Eigenkapital vorsehen, findet sich bei *Lachnit/Müller*, DB 2005, 1637, 1638.
1729 So auch *Schmidt, M./Seidel*, BB 2006, 596, 599.
1730 Vgl. *Heuser/Theile*, IAS/IFRS-Handbuch[3] (2007), Rn. 4105.

IAS 1 schreibt zunächst nicht vor, dass die Bilanz zwingend in eine Aktiv und eine Passivseite zu unterteilen ist. Denkbar ist damit eine Gliederung nach der Staffel- oder nach der Kontoform.

Die Vermögenswerte und Schulden sind nach IAS 1.51 grundsätzlich in kurz- und langfristige Posten zu gliedern. Nur dann, wenn eine Gliederung nach der Liquidität eine verlässlichere und zugleich relevantere Informationsaufbereitung ermöglicht, kann eine Gliederung nach der Liquidationsnähe erfolgen.[1731] Auch eine Mischung der beiden Gliederungsprinzipien ist grundsätzlich möglich.

Im Gegensatz zur Gliederung der Bilanz nach der Zweckbestimmung des Vermögensgegenstandes (Anlage- und Umlaufvermögen) und der Wahrscheinlichkeit des Nutzenabflusses (Verbindlichkeiten und Rückstellungen), wie sie in den Rechnungslegungsrichtlinien vorgeschrieben wird,[1732] betonen die endorsed IFRS die Fristigkeit als einheitliches Gliederungskriterium.[1733] Bei der Gliederung der Vermögenswerte können jedoch die in der europäischen Bilanzpraxis üblichen Bezeichnungen Anlagevermögen für langfristiges und Umlaufvermögen für die kurzfristigen Vermögenswerte gewählt werden (IAS 1.58).[1734] Wann Vermögenswerte und Schulden als kurzfristig zu klassifizieren sind, regeln IAS 1.57 und IAS 1.60.[1735] Alle anderen Vermögenswerte und Schulden sind im Umkehrschluss als langfristig zu qualifizieren.[1736]

1731 Für Banken schreibt IAS 30.19 eine Bilanzgliederung nach abnehmender Liquidität zwingend vor.

1732 Vgl. Art. 9 und Art. 10 JAbRL.

1733 Art. 15 JAbRL definiert das Anlagevermögen als diejenigen Vermögensgegenstände, die dazu bestimmt sind, dauernd dem Geschäftsbetrieb zu dienen. Die anderen Vermögensgegenstände werden dann im Umkehrschluss dem Umlaufvermögen zugeordnet. IAS 1 geht umgekehrt vor und definiert die kurzfristigen Vermögenswerte und Schulden; alle anderen Vermögenswerte und Schulden sind dann als langfristig zu klassifizieren.

1734 Die nach Art. 9 und Art. 10 JAbRL vorzunehmende grundsätzliche Gliederung der Vermögenswerte einerseits und der Schulden in Verbindlichkeiten und Schulden andererseits folgt keinem einheitlichen Gliederungsprinzip. Liegt auf der Aktivseite noch das Kriterium der Fristigkeit der Differenzierung zwischen dem Anlage- und dem Umlaufvermögen zugrunde, findet sich dieses Kriterium bei der Gliederung der Schulden nicht wieder. Die Schulden sind nicht nach der Fristigkeit, sondern entsprechend der Sicherheit der Inanspruchnahme in Verbindlichkeiten und Rückstellungen zu untergliedern. Erst in Form des Davon-Vermerks ist auszuweisen, welcher Anteil der Verbindlichkeiten und Rückstellungen eine Restlaufzeit von bis zu einem Jahr oder darüber hat. Diese Untergliederung mag relevante Informationen bereitstellen. Diese würden aber auch bei einer Gliederung nach der Fristigkeit nicht verloren gehen, da nach der Fristigkeits-Einteilung ebenfalls zwischen Verbindlichkeiten und Rückstellungen unterschieden wird. Sie passt aber systematisch nicht zur Gliederung der Aktivseite. Insoweit ist die Gliederung nach IAS 1 systematischer als die Gliederung nach Art. 9, Art. 10 JAbRL.

1735 Die Differenzierung nach der Fristigkeit hat bei dem erstmaligen Ansatz des betreffenden Postens zu erfolgen. Ändern sich die benannten Kriterien im Zeitablauf, ist eine entsprechende Umgliederung vorzunehmen. Vgl. *Wagenhofer*, Internationale Rechnungslegungsstandards IAS/IFRS[5] (2005), 436.

1736 Eine Ausnahme sind die latenten Steuern. Sie dürfen aufgrund ausdrücklicher Regelung nicht unter den kurzfristigen Posten ausgewiesen werden (IAS 1.70). Sie werden daher unter den langfristigen Posten oder unter einem eigenen Posten ausgewiesen.

Die sich aus der primären Aufgliederung der Vermögenswerte und Schulden nach der Fristigkeit ergebende Bilanzgliederung wird durch die Auflistung zwingender Mindestposten der Bilanz in IAS 1.68 und IAS 1.68A weiter konkretisiert.[1737]

Aus den benannten Gliederungsprinzipien und den aufgeführten Bilanzposten ergibt sich dann für den Jahresabschluss folgende Mindestgliederung in Kontoform.

Aktiva	**Passiva**
Langfristiges Vermögen Sachanlagevermögen Als Finanzanlagen gehaltene Immobilien Immaterielle Vermögenswerte Finanzielle Vermögenswerte (soweit nicht in anderen Positionen enthalten) Finanzanlagen, die nach Equity-Methode bewertet werden Biologische Vermögenswerte (wenn sie als kurzfristig zu qualifizieren sind) Latente Steuern	*Eigenkapital* Gezeichnetes Kapital Rücklagen (Gewinnrücklage, Kapitalrücklage) Minderheitsanteile *Langfristige Schulden* Finanzschulden Sonstige langfristige Verbindlichkeiten Pensionsschulden Übrige langfristige Rückstellungen Latente Steuern
Kurzfristiges Vermögen Vorräte Forderungen aus Lieferung und Leistung Andere Forderungen und sonstige Vermögenswerte Ertragssteuerforderungen Wertpapiere Zahlungsmittel und Zahlungsmitteläquivalente Langfristige Vermögenswerte zum Verkauf	*Kurzfristige Schulden* Verbindlichkeiten aus Lieferung und Leistung Sonstige kurzfristige Verbindlichkeiten Steuerrückstellungen Kurzfristige Rückstellungen Verbindlichkeiten i. Z. m. langfristigen Vermögenswerten zum Verkauf

Abbildung 6. Gliederung der Bilanz

Dem bilanzierenden Unternehmen wird weder eine explizite Reihenfolge der Posten noch die Bezeichnung der Posten zwingend vorgegeben.[1738] Es können auch

1737 In dieser Auflistung finden sich im Wesentlichen die (Haupt-)Bilanzposten wieder, die auch die Gliederung nach Art. 9 und Art. 10 JAbRL bestimmen.

1738 Vgl. IAS 1.71 lit. b. Danach können die verwendeten Postenbezeichnungen und die Reihenfolge der Posten geändert werden, wenn es für das Gesamtverständnis der Vermögens- und Finanzzusätzliche Posten, Überschriften und Zwischensummen hinzugefügt werden, wenn dies für das Gesamtverständnis der Vermögens- und Finanzlage des Unternehmens erforderlich ist (vgl. IAS 1.71 lit. a).

Die aufgeführten Posten der Bilanz sind nach IAS 1.74 in Abhängigkeit von der Unternehmenstätigkeit entweder in der Bilanz *oder* im Anhang durch weitere Unterposten zu untergliedern. Das Erfordernis der tieferen Gliederung ergibt sich häufig bereits aus anderen IFRS, wie etwa die Angabe von Klassen des Sachanlagevermögens (IAS 16) oder von Vorräten (IAS 2). In der Praxis werden solche Angaben in der Regel im Anhang gemacht.[1739]

Eine disaggregierte Darstellung der Vermögenswerte und Schulden, die dem Gliederungsschema der Art. 9 und Art. 10 JAbRL vergleichbar ist, wird demnach im Rahmen der endorsed IFRS zumeist nur durch eine Zusammenschau von Bilanz und den Wahlpflichtangaben im Anhang sichergestellt.

b) Kritische Würdigung

Die aufgezeigte Mindestgliederung der Bilanz folgt bei der Aufgliederung der ansatzfähigen und -pflichtigen Vermögenswerte und Schulden inhaltlich dem aus dem Ansatzkriterium des Nutzenpotentials abgeleiteten Fristigkeits- und Liquidationskriterium. Die grundsätzliche primäre und vor allem auf der Aktiv- und Passivseite gleichermaßen befolgte Untergliederung in kurz- und langfristige Posten sichert eine transparente und entscheidungsrelevante Aufbereitung der Informationen über die Vermögens- und Finanzlage des Unternehmens. Eine sekundäre Aufgliederung der kurz- und langfristigen Vermögenswerte nach ihrer Liquidierbarkeit ist grundsätzlich möglich.

Bereits die weitere Untergliederung der kurz- und langfristigen Posten entsprechend den in IAS 1 aufgelisteten Vermögenswerten ermöglicht grundsätzlich eine schnelle Differenzierung der Vermögenswerte nach ihrer Liquidität. Eine weitere konsequente Untergliederung der genannten Vermögenswerte nach dem Kriterium der Liquidität wird aber bereits durch die fehlende Verpflichtung zur disaggregierten Informationsdarstellung in der Bilanz erschwert.

Trotz der grundsätzlichen Achtung der inhaltlichen Gliederungskriterien bleibt das Mindestgliederungsschema in formeller Hinsicht hinter den erarbeiteten normativen Anforderungen zurück. Die Postenanzahl, die Postenbezeichnung und vor allem die Postenreihenfolge sind ausgesprochen flexibel ausgestaltet und eröffnen dem Unternehmen einen großen Gestaltungsspielraum.

Das Fehlen eines einheitlichen Schemas beeinträchtigt die Transparenz und vor allem die Vergleichbarkeit der Rechnungslegungsinformationen.

---

lage des Unternehmens erforderlich ist. Unter den gleichen Bedingungen kann zudem eine Zusammenfassung ähnlicher Posten geboten sein.

1739 *Wagenhofer*, Internationale Rechnungslegungsstandards IAS/IFRS[5] (2005), 433.

Die erforderliche disaggregierte Aufbereitung der Informationen wird durch die aus IAS 1.68 und IAS 1.68A unter Achtung der Gliederungskriterien herzuleitende Mindestgliederung nicht ermöglicht. Zu viele verschiedenartige Vermögenswerte können in der Bilanz unter Ausnutzung des Ausweiswahlrechts des IAS 1.74 zusammengefasst dargestellt werden. Die dadurch geförderte ermessensabhängige formale Ausgestaltung der Bilanz schränkt den Informationsgehalt und die Vergleichbarkeit erheblich ein. Die verzerrenden Einflüsse werden zudem durch die zahlreichen Ermessensspielräume des bilanzierenden Unternehmens hinsichtlich der Bezeichnung und Reihenfolge der Posten weiter verstärkt.

Zusammenfassend lässt sich konstatieren, dass die Gliederung der Bilanz nach den endorsed IFRS in formaler Hinsicht durch ein erhebliches Maß an Flexibilität gekennzeichnet ist, die keine Gewähr für eine entscheidungsrelevante und verlässliche Aufbereitung der Rechnungslegungsinformationen bietet.

4) Erfolgsrechnung

Die Bereitstellung von Informationen über die Leistungsfähigkeit (performance) eines Unternehmens ist das zentrale Ziel eines IFRS-Abschlusses (IFRS-Framework, F.12, F.17). Wichtiger Leistungsmaßstab ist der Erfolg des Unternehmens (IFRS-Framework, F.69). Der Unternehmenserfolg ist neben der Vermögensdarstellung die zentrale Größe der Unternehmensinformationen.[1740] Dient die Bilanz in erster Linie der Vermögens- und Schuldendokumentation, so fungiert die Erfolgsrechnung oder auch Gewinn- und Verlustrechnung als Offenlegungsinstrument der erfolgsbeeinflussenden Ertrags- und Aufwandsarten. Die Ertragslage des Unternehmens wird so dokumentiert und eine Analyse der Erfolgskomponente ermöglicht.[1741]

Der Unternehmenserfolg, definiert als Eigenkapitalveränderung zwischen zwei Bilanzstichtagen, ist eine vergangenheitsorientierte Größe. Durch eine bereits im Rahmen des Anforderungsmodells präferierte *prognoseorientierte Aufbereitung* der Erfolgskomponenten sollen die Abschlussadressaten in die Lage versetzt werden zu beurteilen, inwieweit das betrachtete Unternehmen künftig Zahlungsüberschüsse generieren kann (vgl. IFRS-Framework, F.15).

Der Informationsgehalt des ausgewiesenen Unternehmenserfolges und der einzelnen Erfolgskomponenten wird demnach sowohl durch das zugrunde liegende Erfolgsermittlungskonzept als auch durch die materiellen und formellen Anforderungen an die Ausgestaltung der Erfolgsrechnung geprägt.

a) Erfolgsermittlungskonzeption der endorsed IFRS

Die Erfolgsermittlungskonzeption der endorsed IFRS erschließt sich nicht allein aus dem Framework, sondern verlangt auch die Einbeziehung der Einzelstan-

1740 Vgl. *Zülch*, Die Gewinn- und Verlustrechnung nach IFRS (2005), 45.
1741 *Zülch*, Die Gewinn- und Verlustrechnung nach IFRS (2005), 45.

dards. Dem Framework lassen sich jedoch bereits die grundlegenden Definitionen und Ansatzkriterien der Gewinngrößen entnehmen.

Im Framework werden die Erträge (income) und die Aufwendungen (expenses) als asset and liability bezogene Posten qualifiziert.[1742] Erträge werden demnach abstrakt als Zunahme des wirtschaftlichen Nutzens in Form von Zuflüssen oder Erhöhungen der Vermögenswerte oder Abnahme der Schulden definiert, die zu einer Zunahme des Eigenkapitals führen, aber nicht auf einer Einlage der Anteilseigner beruhen (IFRS-Framework, F.70 lit. a). Analog kennzeichnen Aufwendungen die Abnahme des wirtschaftlichen Nutzens in Form von Abflüssen oder Verminderungen von Vermögenswerten oder einer Erhöhung der Schulden, die eine Abnahme des Eigenkapitals bedingt, welche aber nicht auf Ausschüttungen an die Anteilseigner zurückzuführen ist (IFRS-Framework, F.70 lit. b).

Die als Erträge und Aufwendungen qualifizierten Erfolgskomponenten haben zudem weiteren ansatzbezogenen Kriterien zu genügen, um erfasst zu werden. Zum einen muss der jeweilige Zufluss bzw. Abfluss des wirtschaftlichen Nutzens *wahrscheinlich* sein. Zum anderen muss sich der Wert des Ertrages bzw. der Aufwendung *zuverlässig* bestimmen lassen (IFRS-Framework, F.83 lit. a und lit. b).

Bereits ihrer Definition nach umfassen die Erträge und Aufwendungen sowohl realisierte als auch nur realisierbare Erfolgsbeiträge. Eine strenge Differenzierung der Erträge bzw. Aufwendungen nach dem Kriterium der Realisation findet sich im Framework jedoch nicht. Zwar werden im Framework jeweils zwei Arten von Erträgen und Aufwendungen unterschieden. Deren Differenzierung folgt jedoch keinem klaren, unzweifelhaften Kriterium.[1743] Unter dem Oberbegriff Erträge und Aufwendungen werden einerseits alle Erfolgsbeiträge zusammengefasst, die der gewöhnlichen Geschäftstätigkeit des bilanzierenden Unternehmens entstammen (*Erlöse/revenues* und *Aufwendungen der gewöhnlichen Geschäftstätigkeit/expenses*), und andererseits Erfolgskomponenten, die sowohl im Rahmen der gewöhnlichen Geschäftstätigkeit als auch außerhalb derselben angefallen sein können (*andere Erträge/gains* und *andere Aufwendungen/losses*).[1744] Weder das Kriterium der Realisation noch das Merkmal der gewöhnlichen Geschäftstätigkeit bilden demnach bisher die Grundlage für eine klare Differenzierung der Erfolgsbeiträge.

Es bleibt vielmehr den Einzelstandards überlassen, wann und in welcher Form unrealisierte und realisierte Erträge erfasst werden.[1745]

Der Zeitpunkt der Erfassung der Erlöse und der Aufwendungen, die aus der gewöhnlichen Geschäftstätigkeit resultieren, wird vor allem durch das Realisations-

1742 Zum Zusammenhang zwischen den Vermögenswerten und Schulden und den Erfolgskomponenten vgl. *Bender*, Umsatzerfassung nach US-GAAP und IFRS (2005), 160; *Zülch*, Die Gewinn- und Verlustrechnung nach IFRS (2005), 83.

1743 So auch *Heuser/Theile*, IAS/IFRS-Handbuch^2 (2005), Rn. 200; *Zülch*, Die Gewinn- und Verlustrechnung nach IFRS (2005), 63, 84.

1744 Vgl. IFRS-Framework, F.74–F.80. Siehe auch *Heuser/Theile*, IAS/IFRS-Handbuch^2 (2005), Rn. 200; *Zülch*, Die Gewinn- und Verlustrechnung nach IFRS (2005), 63, 83 f.

1745 *Ballwieser*, Der Konzern 2003, 337, 343.

prinzip bzw. das matching principle determiniert. Erlöse und Aufwendungen aus der gewöhnlichen Geschäftstätigkeit werden immer erfolgswirksam in der Gewinn- und Verlustrechnung gebucht. Die Erfassung anderer Erträge und anderer Aufwendungen wird hingegen sowohl inhaltlich als auch der Form nach (GuV oder Eigenkapitalspiegel) durch spezifische Einzelstandards geregelt.[1746] Nachfolgend sollen allein die Grundsätze der Erfolgsermittlung für die Erlöse und die Aufwendungen aus der gewöhnlichen Geschäftstätigkeit näher betrachtet werden.

aa) Realisation von Erlösen (revenues)

Der Realisationszeitpunkt der Erlöse und damit die zeitliche Konkretisierung ihrer Erfolgswirkung werden durch die in IAS 18 „Erträge" verankerten Kriterien spezifiziert. Erträge, die in den Anwendungsbereich des IAS 18 fallen, stammen aus dem Verkauf von Gütern, der Erbringung von Dienstleistungen, aus Nutzungsüberlassungen gegen Zinsen, Nutzungsentgelte, Dividenden und aus Tauschgeschäften, mithin aus der gewöhnlichen Geschäftstätigkeit (vgl. IAS 18.1).

Das Realisationsprinzip dient im Rahmen der revenues der Ermittlung des Realisationszeitpunktes, mithin des Zeitpunktes innerhalb des betrieblichen Leistungsprozesses (earning process), in dem der mit dem Sachverhalt verbundene wirtschaftliche Nutzen hinreichend wahrscheinlich und verlässlich ermittelbar ist.

IAS 18 folgt im Grundsatz einer *zeitpunkt*bezogenen Realisation. Die Identifizierung eines Ereignisses, mit dem ein gewisser Grad an Risikoabbau erreicht ist, der eine relevante und zugleich verlässliche Erfolgsermittlung sichert, steht im Mittelpunkt der Kriterien des IAS 18. Erlöse aus Verkaufsgeschäften sind demnach erst zu dem Zeitpunkt zu erfassen, zu dem die Verfügungsrechte an dem Gegenstand und damit typischerweise auch die Preisgefahr auf das erwerbende Unternehmen übergehen.[1747] Sind die Voraussetzungen der Realisierung der Erlöse

---

1746 Vgl. *Merschmeyer*, Die Kapitalschutzfunktion des Jahresabschlusses und Übernahme der IAS/IFRS für die Einzelbilanz (2005), 194. Einzelstandards, die die gains and losses konkretisieren, sind etwa IAS 39 (Änderungen des Zeitwertes finanzieller Vermögenswerte und Schuld), IAS 40 (Änderungen des Zeitwertes bei Anlageimmobilien) und IAS 17 (Leasinggeschäfte). Vgl. auch die Aufstellung bei *Pellens//Fülbier/Gassen*, Internationale Rechnungslegung[5] (2004), 214f.; *Zülch*, Die Gewinn- und Verlustrechnung nach IFRS (2005), 80–81.

1747 Die zentrale Realisationsvoraussetzung besteht nach IAS 18.14 im Übergang der mit dem Verkaufsgut verbundenen *wesentlichen Chancen und Risiken* (IAS 18.14 lit. a). Dem Verkäufer darf weiterhin kein fortdauerndes Verfügungs- bzw. Kontrollrecht an dem Gegenstand verbleiben, das gewöhnlich mit dem Eigentumsrecht verbunden ist (ebenda lit. b). Zudem müssen die Erlöshöhe sowie die im Zuge der Vertragserfüllung für den Verkäufer insgesamt anfallenden Kosten verlässlich bestimmbar und der wirtschaftliche Nutzenzufluss hinreichend wahrscheinlich sein (ebenda lit. c–lit. e). Die genannten Ansatzkriterien konkretisieren einerseits, wann die Leistung als erbracht gilt und andererseits, wann die Gegenleistung zuverlässig bewertet werden kann. Insgesamt bestimmen die genannten Kriterien typischerweise den Zeitpunkt des Übergangs der Preisgefahr. Eine weitere Konkretisierung der Kriterien erfolgt durch die exemplarischen Erläuterungen im Anhang des IAS 18. Zu den mit diesen Kriterien verbundenen Einzelfragen und Abgrenzungsproblemen vgl. u.a. *Heuser/Theile*, IAS/IFRS-Handbuch[2] (2005), Rn. 202–205; *Zülch*, Die Gewinn- und Verlustrechnung nach IFRS (2005), 90–94.

nicht erfüllt, darf ein Ertrag nicht realisiert werden, bereits erhaltene Gegenleistungen sind als Verbindlichkeiten zu behandeln (IAS 18.19).

Entgegen der beim Verkauf von Gütern zugrunde liegenden Annahme, dass der wirtschaftliche Nutzen einer Transaktion als „vermögenserhöhender Wertsprung“[1748] zum Zeitpunkt der Übertragung der maßgeblichen Risiken und Chancen zufließt, wird bei Dienstleistungsverträgen eine stetige Erfolgskumulation während des Leistungserbringungsprozesses unterstellt.[1749]

Sofern die Gesamthöhe der Kosten und der Erträge, der erreichte Fertigungsgrad sowie die bereits angefallenen Kosten verlässlich ermittelt werden können und keine Zweifel an der Erbringlichkeit der Erträge bestehen (IAS 18.20), sind an jedem Abschlussstichtag Erträge in Höhe des Fertigungsgrades zu vereinnahmen.[1750] Werden diese Voraussetzungen nicht kumulativ erfüllt, ist eine Ertragsrealisierung nur in Höhe bereits angefallener Aufwendungen vorzunehmen (IAS 18.26). In diesem Falle werden während der Produktionszeit demnach lediglich Umsatzerlöse in Höhe der Auftragskosten und damit ohne einen Gewinnanteil erfasst.

Für den Realisationszeitpunkt von Erlösen aus Nutzungsüberlassungen, namentlich Zinserträgen, Dividendenerträgen und Nutzungsentgelten (Lizenzerträge, Erträge aus Vermietung und Verpachtung), gelten die allgemeinen Ansatzkriterien, nämlich die hinreichende Wahrscheinlichkeit eines wirtschaftlichen Nutzenzuflusses und die verlässliche Bestimmtheit der Höhe des Ertrages.[1751] Die Abgrenzung auf die Perioden erfolgt nach den in IAS 18.30 spezifizierten Regeln. Demnach sind Zinserträge zeitproportional nach der Effektivzinssatzmethode abzugrenzen.[1752] Dividenden gelten dann als realisiert, wenn der Rechtsanspruch auf Zahlung der Gewinnausschüttung entstanden ist und Nutzungsentgelte im Einklang mit den Bestimmungen des zugrunde liegenden Vertrages periodengerecht zu verteilen sind.[1753]

1748 *Woerner*, BB 1988, 769, 773.
1749 *Wüstemann/Kierzek*, BB 2005, 427, 429.
1750 Diese Methode entspricht der Methode der Gewinnrealisierung nach dem Fertigungsgrad (percentage of completion-Methode), die in IAS 11 für langfristige Fertigungsaufträge vorgesehen ist.
1751 Vgl. IAS 18.29; *Wagenhofer*, Internationale Rechnungslegungsgrundsätze IAS/IFRS[5] (2005), 147; *Zülch*, Die Gewinn- und Verlustrechnung nach IFRS (2005), 102.
1752 Vgl. *Heuser/Theile*, IAS/IFRS-Handbuch[2] (2005), Rn. 207; *Wagenhofer*, Internationale Rechnungslegungsgrundsätze IAS/IFRS[5] (2005), 147; *Zülch*, Die Gewinn- und Verlustrechnung nach IFRS (2005), 102.
Nach der Effektivzinsmethode sind die Zinserträge zeitproportional unter Berücksichtigung des Effektivzinses des Vermögenswertes in der Gewinn- und Verlustrechnung anzusetzen. Unter dem Effektivzins eines Vermögenswertes versteht man dabei den Zins, welcher die über die Laufzeit der Nutzungsüberlassung erwarteten Einzahlungen auf den ursprünglichen Buchwert abzinst (vgl. *Zülch*, Die Gewinn- und Verlustrechnung nach IFRS (2005), 102).
1753 In der Regel wird dies den vereinbarten Zahlungen entsprechen.

bb) Realisation von Aufwendungen (expenses)

Bei der Erfassung der Aufwendungen werden die allgemeinen Definitions- und Ansatzkriterien des Framework durch den Grundsatz der sachlichen Abgrenzung (matching principle) ergänzt. Hiernach sind Aufwendungen in dem Geschäftsjahr in einem IFRS-Abschluss anzusetzen, in dem die ihnen sachlich zuzurechnenden Erträge erfasst werden (IFRS-Framework, F.95; IAS 1.26). Sind Ausgaben den Erträgen mehrerer Geschäftsjahre als Aufwendungen sachlich zuzuordnen, müssen die Aufwendungen auf der Grundlage eines systematischen und vernünftigen Verfahrens auf die Geschäftsjahre verteilt werden (IFRS-Framework, F.96). Die Aufwandserfassung folgt demnach grundsätzlich den Kriterien der Ertragserfassung.[1754]

cc) Würdigung des Erfolgsermittlungskonzepts

Spiegelt man die vorangestellten Grundsätze der Erfolgsermittlung der endorsed IFRS an dem normativen Anforderungsmodell, so entsprechen die Definition der Erträge und Aufwendungen und die im Framework verankerten allgemeinen Ansatzkriterien den erarbeiten Anforderungen.

Zu kritisieren ist jedoch das Fehlen klarer Abgrenzungskriterien der im Framework genannten und den Einzelstandards zugrunde liegenden unterschiedlichen Erfolgskomponenten, revenues und gains bzw. expenses und losses.[1755] Aufgrund der unterschiedlichen Informations- und Ausschüttungsbemessungseignung der verschiedenen Erfolgskomponenten bedarf es einer Separierung der Erträge und Aufwendungen. Die hier auf der Grundlage des Anforderungsmodells zu präferierenden Kriterien der Erfolgsspaltung werden im nachfolgenden Abschnitt zusammen mit dem Erfolgsausweis näher diskutiert.

Dem Realisationsprinzip und damit der grundsätzlichen Unterscheidung zwischen realisierten und realisierbaren Erträgen und Aufwendungen kommt auch nach den IFRS eine herausragende Stellung für die Erfolgswirkung der Erlöse und Aufwendungen zu. Die Kriterien zur Konkretisierung des Realisationszeitpunktes im Rahmen des IAS 18 entsprechen jedoch nicht uneingeschränkt den Anforderungen der Objektivität.

Die Regelungen für die Erfassung der Erlöse aus Verkaufsgeschäften und der Erlöse aus Nutzungsüberlassungen wahren durch die Anknüpfung des Realisationszeitpunktes an grundsätzlich verifizierbare Ereignisse und Transaktionen die An-

---

1754 Vgl. hierzu und zu den Ausnahmen *Zülch*, Die Gewinn- und Verlustrechnung nach IFRS (2005), 118.

1755 Nach dem aktuellen Diskussionsstand des Projekts „Liabilities and revenue recognition" ist eine inhaltliche Differenzierung zwischen den genannten Erfolgskomponenten zu erwarten. Vgl. *Zülch*, Die Gewinn- und Verlustrechnung nach IFRS (2005), 142. Das genannte Projekt wurde im Juni 2002 gemeinsam vom IASB und dem FASB ins Leben gerufen; sein Ziel ist die grundlegende Überarbeitung der Ertragsvereinnahmung. Vgl. im Einzelnen *Zülch/Wilms*, DB 2004, 2001–2006; *Wüstemann/Kierzek*, BB 2005, 427–434; *Zülch*, Die Gewinn- und Verlustrechnung nach IFRS (2005), 121–141; *Kühne*, WPg 2006, 1393–1399; *Hettich*, KoR 2007, 6, 12.

forderungen der Relevanz und der Verlässlichkeit der Gewinnermittlung. Eine Gewinnrealisierung erfolgt demnach erst, wenn der „vermögenserhöhende Wertsprung“[1756] objektiv unterlegt ist.

So dürfen Dividendenerträge nach IAS 18.30 lit. c erst erfasst werden, wenn sie durch einen objektiv verifizierbaren Zahlungsanspruch unterlegt sind. Wann ein Rechtsanspruch entsteht, ist in den Standards nicht geregelt, sondern lässt sich grundsätzlich nur anhand des maßgeblichen nationalen Rechts klären. Demnach wären etwa die Dividenden einer Aktiengesellschaft nach deutschem Recht erst am Tag der Beschlussfassung der Hauptversammlung über die Gewinnverwendung (§ 58 Abs. 4 AktG) bei den Gesellschaftern als Dividendenertrag zu erfassen.

Der auch für die endorsed IFRS prägende Grundsatz der wirtschaftlichen Betrachtungsweise (substance over form)[1757] verbietet jedoch eine streng formale Betrachtung. Es sind demnach auch unter Achtung des Objektivitätsgebots Sachverhaltsgestaltungen denkbar, in denen eine den tatsächlichen Verhältnissen entsprechende Darstellung der wirtschaftlichen Lage eine Erfassung der Dividenden bereits vor dem Gewinnverwendungsbeschluss gebietet. So bejaht der EuGH in seinem Urteil vom 27. Juni 1996 in der Sache *Tomberger*[1758] bei Vorliegen bestimmter restriktiver Voraussetzungen die Möglichkeit einer „phasengleichen Vereinnahmung“ von Dividendenerträgen auf Seiten der Konzernmuttergesellschaft in einem Konzern.[1759] Die Ausführungen des EuGH stehen nicht im Widerspruch zu IAS 18.30 lit. c.[1760] Sie lassen sich vielmehr als eine auf den Sachverhalt eines Konzernverbundes bezogene Konkretisierung desselben verstehen.

Achten die Regelungen für die Erfassung der Erlöse aus Verkaufsgeschäften und Nutzungsüberlassungsverträgen demnach grundsätzlich die Anforderungen der Relevanz und der Verlässlichkeit der Gewinnermittlung, so hat die Beurteilung der Kriterien für den Ansatz der Erträge aus der Erbringung von Dienstleitungen hingegen differenzierter zu erfolgen.

1756 *Woerner*, BB 1988, 769, 773.

1757 Dieser aus dem true and fair view-Gebot herzuleitende Grundsatz prägt sowohl die privatrechtlichen IFRS als auch die endorsed IFRS. Vgl. *Wagenhofer*, Internationale Rechnungslegungsstandards IAS/IFRS[5] (2005), 121.

1758 EuGH, Urt. v. 27.6.1996 – Rs. C-234/94 (*Tomberger*), Slg. 1996, I-3133.

1759 Eine dem Gewinnverwendungsbeschluss seitens der Tochtergesellschaft vorausgehende Erfassung der Dividendenerträge durch die Konzernmuttergesellschaft genügt nach den Ausführungen des EuGH aber nur dann dem true and fair view Gebot, wenn die Muttergesellschaft Alleingesellschafterin der Tochtergesellschaft ist und diese kontrolliert, der Jahresabschluss der Tochtergesellschaft für das fragliche Geschäftsjahr von ihrer Gesellschafterversammlung vor Abschluss der Prüfung des Jahresabschlusses der Muttergesellschaft festgestellt wurde, der Muttergesellschaft aus dem festgestellten Jahresabschluss ein Gewinn zugewiesen wird und der Jahresabschluss der Tochtergesellschaft für das fragliche Geschäftsjahr ein den tatsächlichen Verhältnissen entsprechendes Bild ihrer Vermögens-, Finanz- und Ertragslage vermittelt. Vgl. EuGH, Urt. v. 27. 6. 1996 – Rs. C-234/94 (*Tomberger*), Slg. 1996, I-3133, I-3155 Rn. 25.

1760 So aber *Berndt/Hommel*, BFuP 2005, 407, 414; *Heuser/Theile*, IAS/IFRS-Hanbuch[2] (2005), Rn. 210; *Wüstemann/Kierzek*, Accounting in Europe Vol. 2 (2005), 69, 72.

Dienstleistungen, die mittels eines einzigen Akts vollzogen werden (z. B. Beförderung, künstlerische Darbietung) oder sich aus mehreren *abgrenzbaren* Teilleistungen zusammensetzen (z. B. monatliche Wartungen), sind zum jeweiligen Zeitpunkt der Leistungserbringung zu realisieren. Der Vollzug der geschuldeten Leistung und die hinreichende Sicherheit über die Erbringlichkeit der Gegenleistung sind zu diesem Zeitpunkt gegeben. Die Realisation ist mithin objektiv verifizierbar.

Besteht die Leistung hingegen aus einer nicht spezifizierten Zahl von Teilleistungen über einen festgelegten Zeithorizont (z. B. Beratungsdienstleistungen), ermöglicht IAS 18 eine Umsatzrealisation auf der Basis von *Näherungsverfahren*, die nicht mehr durch intersubjektiv nachprüfbare Ereignisse unterlegt sind. Eine Realisierung entsprechend dem Fertigstellungsgrad setzt hier sowohl die Schätzung der zu erwartenden Auftragserlöse als auch eine Spezifikation des zum Bilanzstichtag bestehenden Auftragsfortschritts bzw. Fertigstellungsgrads der geschuldeten Leistung voraus.[1761] Beide prognostischen Elemente eröffnen dem Bilanzierenden erhebliche Gestaltungsspielräume.[1762] Die damit unweigerlich verbundenen Objektivierungsdefizite wirken gleichsam negativ auf die Informations- und die Anspruchs- und Ausschüttungsbemessungsfunktion der Rechnungslegung ein.

Die damit verbundene Vorverlagerung der Gewinnrealisierung steht damit in einem Widerspruch zu dem erarbeiteten Ziel eines objektiv verifizierbaren Realisationsprinzips.[1763]

Zusammenfassend lässt sich festhalten, dass die Konkretisierung der allgemeinen IFRS-Ansatzkriterien, des Wahrscheinlichkeits- und Messbarkeitskriteriums, im

---

1761 Vgl. *Bender*, Umsatzerfassung nach US-GAAP und IFRS (2005), 62.

1762 Vgl. im Einzelnen *Bender*, Umsatzerfassung nach US-GAAP und IFRS (2005), 64–67; *Schildbach*, BFuP 2002, 263, 266; *Merschmeyer*, Die Kapitalschutzfunktion des Jahresabschlusses und Übernahme der IAS/IFRS für die Einzelbilanz (2005), 241–247, deren Kritik sich aber auf die vergleichbare percentage of completion Methode zur Gewinnrealisierung bei langfristigen Fertigungsaufträgen nach IAS 11 „Fertigungsaufträge" bezieht; *Wüstemann/Kierzek*, BB 2005, 427, 429.

1763 Die daraus fließende erfolgswirksame Behandlung noch schwebender Geschäfte soll nach dem aktuellen Diskussionsstand des Projekts „Liabilities and revenue recognition" (vgl. Fn. 1755) mehr oder weniger zum Grundsatz erhoben werden. Das Kriterium der Wahrscheinlichkeit des Zuflusses soll künftig durch das Bestehen eines rechtlich durchsetzbaren Vertrages substituiert werden. Die Ertragsvereinnahmung wird faktisch vom Umsatzakt gelöst und auf den Zeitpunkt des Vertragsschlusses vorverlagert. Ohne hier auf die Einzelheiten der Vorschläge des IASB und FASB eingehen zu können, ist jedoch anzumerken, dass durch den damit zu vollziehenden Paradigmenwechsel eine Entobjektivierung der Erfolgsermittlung statuiert werden würde. Auch wenn der Vertragsschluss ein wichtiger Indikator für den künftigen Zahlungsmittelzufluss ist, so stellt der vereinnahmte Nettoertrag zu diesem Zeitpunkt doch lediglich eine Einzahlungshoffnung dar, die erst durch die Leistungserbringung und den Abbau der verbundenen Risiken bestätigt wird. Darüber hinaus ist sowohl die Entscheidungsrelevanz als auch die Verlässlichkeit von bei Vertragschluss erfassten Nettoerträgen aufgrund ihrer problematischen Ermittlung als Residualbetrag der zum beizulegenden Zeitwert bemessenen vertraglichen Ansprüche und Pflichten zweifelhaft. Vgl. *Wüstemann/Kierzek*, BB 2005, 427, 433 f., die zu Recht darauf hinweisen, dass sich ein solches Ertragsermittlungskonzept in Widerspruch zum europäischen, durch die Rechnungslegungsgrundsätze der Bilanzrichtlinien geprägten true and fair view-Grundsatz stellen würde. Zu den Einzelheiten der Vorschläge des IASB und FASB vgl. auch *Zülch/Wilms*, DB 2004, 2001–2006; *Zülch*, Die Gewinn- und Verlustrechnung nach IFRS (2005), 121–141.

Hinblick auf die Ertragsvereinnahmung auf keinem einheitlichen Ertragsrealisierungskonzept beruht.[1764] Die Möglichkeit der Ertragsvereinnahmung vor der wirtschaftlichen Erfüllung der vertraglichen Leistungsverpflichtungen und damit vor der Übertragung der maßgeblichen Chancen und Risiken bei der Erbringung von Dienstleistungen impliziert einen augenscheinlich geringeren Anspruch an den Wahrscheinlichkeitsgrad des wirtschaftlichen Nutzenzuflusses als beim Verkauf von Gütern.[1765] Diese unterschiedliche Konzeption der Ertragsrealisierung führt neben der Entobjektivierung durch die erfolgswirksame Behandlung schwebender Geschäfte zu einer weiteren Herabsetzung des Informationsgehalts der Erfolgsgrößen.

b) Erfolgsausweis auf der Basis von IAS 1 (rev. 2003)

Neben dem Erfolgsermittlungskonzept wird der Informationsgehalt des Unternehmenserfolges entscheidend durch die formellen und materiellen Anforderungen an den Ausweis des Erfolges und seiner Komponenten geprägt.

aa) Two-statement approach

In formaler Hinsicht ist zunächst anzumerken, dass die endorsed IFRS nicht dem one-statement approach, mithin dem Konzept einer einheitlichen Darstellung des Unternehmenserfolges, folgen. Mit der Gewinn- und Verlustrechnung als zentrale Erfolgsrechnung lassen sich nicht alle Erträge und Aufwendungen nachvollziehen, die nicht aus Kapitaltransaktionen mit den Anteileignern resultieren und demnach den Erfolg des Unternehmens substantiieren.

Zwar werden die Erträge und Aufwendungen in einem IFRS-Abschluss in der Regel erfolgswirksam und damit in der Gewinn- und Verlustrechnung gebucht. Von dieser grundsätzlich erfolgswirksamen Erfassung sind indes einige Erträge und Aufwendungen ausgenommen. Diese in den einzelnen Standards näher spezifizierten Erträge und Aufwendungen werden erfolgsneutral direkt, ohne den Umweg über die Gewinn- und Verlustrechnung, in das Eigenkapital des bilanzierenden Unternehmens gebucht. Eine Übersicht über die erfolgsneutral erfassten Erträge und Aufwendungen bietet die Eigenkapitalveränderungsrechnung.

Der Unternehmenserfolg (comprehensive income) als umfassende Ergebnisgröße[1766] ist demnach nicht mit dem Periodenergebnis der Gewinn- und Verlustrechnung gleichzusetzen, sondern setzt sich vielmehr aus dem genannten und den direkt mit dem Eigenkapital verrechneten Erfolgskomponenten, den so genannten other comprehensive income, zusammen.[1767]

1764 Vgl. *Wüstemann/Kierzek*, BB 2005, 427, 430.
1765 Siehe *Wüstemann/Kierzek*, BB 2005, 427, 430.
1766 *Zülch*, die Gewinn- und Verlustrechnung nach IFRS (2005), 59.
1767 Vgl. *Zülch*, die Gewinn- und Verlustrechnung nach IFRS (2005), 59.

Für die Differenzierung zwischen der erfolgswirksamen Erfassung der Erträge und Aufwendungen unter dem Periodenergebnis und ihrer Qualifizierung als other comprehensive income fehlen in den endorsed IFRS klare Kriterien.

In der IFRS-Rechnungslegung existieren bisher keine Anhaltspunkte dafür, welche qualitativen Merkmale erfolgswirksam erfasste Erfolgsbeiträge im Vergleich zu erfolgsneutral erfassten Komponenten aufweisen müssen.[1768] Weder die begrifflich unscharfe Differenzierung zwischen den revenues und expenses einerseits und den gains und losses andererseits noch das Kriterium der gewöhnlichen Geschäftstätigkeit oder das Realisationskriterium bilden eine konsistente Grundlage für die Erfolgsspaltung. Unrealisierte Wertänderungen aus der Bewertung von Finanzanlagen in Immobilien zu ihrem beizulegenden Zeitwert werden etwa erfolgswirksam in der Gewinn- und Verlustrechnung erfasst, obwohl sie als gains zu kennzeichnen sind und nicht aus der gewöhnlichen, betriebsbezogenen Geschäftstätigkeit resultieren.[1769] Hingegen sind Neubewertungserträge von Vermögenswerten des Sachanlagevermögens grundsätzlich erfolgsneutral unter das Eigenkapital zu buchen.[1770]

Die erfolgswirksam in der Gewinn- und Verlustrechnung erfassten (unrealisierten) Wertänderungen werden zudem nicht von den herkömmlichen Erträgen und Aufwendungen getrennt ausgewiesen, obwohl sie sich in ihrer Leistungsbezogenheit und ihrer Realisierbarkeit deutlich von den übrigen erfolgswirksam erfassten Erträgen und Aufwendungen abheben.[1771] Sie werden vielmehr zusammen mit den Umsatzerlösen (revenues) pauschal als Erträge und Aufwendungen der gewöhnlichen Geschäftstätigkeit gekennzeichnet, obwohl sie sich von den benannten leistungs- und betriebsbezogenen Erfolgskomponenten wesentlich unterscheiden.[1772]

1768 Siehe *Haller/Schloßgangl*, KoR 2003, 317, 319; *Zülch*, die Gewinn- und Verlustrechnung nach IFRS (2005), 63.

1769 Vgl. IAS 40.35. Ebenso werden nach IAS 39.55 lit. a auch Wertänderungen der Finanzinstrumente erfolgswirksam gebucht.

1770 Vgl. IAS 16.39. Daneben werden etwa auch Neubewertungen des immateriellen Vermögens nach IAS 38.85 grundsätzlich erfolgsneutral durchgeführt.

1771 Siehe *Zülch*, die Gewinn- und Verlustrechnung nach IFRS (2005), 64.

1772 Durch die Neufassung des IAS 1 im Zuge des Improvement Project (vgl. hierzu Fn. 652) wurde das bis dahin geltende Konzept der Erfolgsspaltung aufgehoben. Im IAS 1 (rev. 1997) waren ordentliche und außerordentliche Erträge und Aufwendungen und das Ergebnis der betrieblichen Tätigkeit getrennt voneinander in der Gewinn- und Verlustrechnung abzubilden. Die Abgrenzung zwischen den Posten des Ergebnisses der gewöhnlichen Geschäftstätigkeit und dem außerordentlichen Ergebnis wurde in IAS 8 (rev. 1993) geregelt. Demnach handelte es sich bei außerordentlichen Posten um Erträge und Aufwendungen, die aus Ereignissen oder Geschäftsfällen resultieren, welche sich eindeutig von der gewöhnlichen Geschäftstätigkeit des bilanzierenden Unternehmens unterscheiden und von denen daher nicht anzunehmen war, dass sie regelmäßig wiederkehren würden. Diese Erfolgsspaltung ist im Zuge des Improvement Projekt entfallen. Sämtliche Erträge und Aufwendungen, die in der Gewinn- und Verlustrechnung erfasst werden, werden nun als nachhaltig angesehen, was der Realität nicht gerecht wird und eine Erfolgsstruktur- und eine Unternehmensanalyse erschwert. Auch die nunmehr erforderlichen Anhangangaben zu den Posten der Gewinn- und Verlustrechnung können die dadurch eingebüßte Transparenz und den eingeschränkten Informationsgehalt der Gewinn- und Verlustrechnung nicht wieder vollkommen her-

Neben dieser Inkonsistenz im Erfolgsausweis fehlt es den endorsed IFRS zudem an einer konzeptionellen Grundlage bei der Überführung von zunächst erfolgsneutral in der Eigenkapitalveränderungsrechnung erfassten Wertänderungen in die Gewinn- und Verlustrechnung, dem so genannten Recycling.[1773] Die endorsed IFRS sind diesbezüglich nicht konsequent; in Abhängigkeit vom jeweiligen Sachverhalt und den anzuwendenden Standards wird entweder ein recycling approach oder ein non-recycling approach verfolgt.[1774]

bb) Gliederung der erfolgsausweisenden Abschlussbestandteile

Neben den bereits benannten formellen Anforderungen wird der Erfolgsausweis inhaltlich und formell vor allem durch das Bruttoprinzip und eine sachliche Mindestgliederung der erfolgswirksam erfassten Erträge und Aufwendungen geprägt.

Erträge und Aufwendungen dürfen gemäß IAS 1.32 grundsätzlich nicht miteinander saldiert werden. Eine Aggregation der Abschlussinformationen ist allerdings dann zulässig, wenn ein anderer Rechnungslegungsstandard oder eine Interpretation dies erlaubt oder es sich um unwesentliche Erträge und Aufwendungen handelt, die durch gleiche oder ähnliche Geschäftsvorfälle hervorgerufen werden (IAS 1.34).[1775]

(1) Gliederung der Gewinn- und Verlustrechnung

Hinsichtlich der Darstellungsform der Gewinn- und Verlustrechnung werden dem Unternehmen mit IAS 1 „Darstellung des Abschlusses" keine verbindlichen Vorgaben erteilt. Die Gewinn- und Verlustrechnung kann nach dem Gesamtkosten- oder dem Umsatzkostenverfahren aufgestellt werden (IAS 1.94). Es steht dem Unternehmen zudem frei, zwischen der Kontoform und der Staffelform zu wählen (IAS 1.90). Allerdings ist die Staffelform die international gängigere und von der Aussagekraft her zu präferierende Darstellungsform einer Gewinn- und Verlustrechnung.[1776]

Die Freiräume bei der Gestaltung der äußeren Form setzen sich bei der Gliederung der Gewinn- und Verlustrechnung fort.

Die sachliche Untergliederung der Erträge und Aufwendungen in der Gewinn- und Verlustrechnung wird in IAS 1.81–1.83 nur sehr grob verbindlich umrissen.

---

stellen. Zu den Änderungen des IAS 1 und deren Kritikwürdigkeit vgl. *Küting/Kessler/Gattung*, KoR 2005, 15, 18–20; *Zülch*, Die Gewinn- und Verlustrechnung (2005), 201–204.

1773 Zu dieser Problematik vgl. im Einzelnen § 8.I.3)a)aa)(3)(b), S. 271 ff.

1774 Vgl. *Gerbaulet*, Reporting Comprehensive Income (1999), 221; *Haller/Schloßgangl*, KoR 2003, 317, 320; *Wagenhofer*, Internationale Rechnungslegungsstandards IAS/IFRS[5] (2005), 451; *Hettich*, KoR 2007, 6, 9. Ein recycling-approach wird etwa bei der Bilanzierung von Wertänderungen von Finanzinstrumenten der „available for sale" Klasse gemäß IAS 39.55 lit. b vertreten. Die Neubewertung des Sachanlagevermögens folgt nach IAS 16 hingegen einem non-recycling-approach.

1775 Vgl. etwa IAS 2.34 für Vorräte, IAS 37.54 zur bilanziellen Behandlung von Rückstellungen und IAS 1.35, der etwa eine Saldierung der Erträge und Aufwendungen aus Währungsumrechnung gestattet.

1776 Siehe *Zülch*, Die Gewinn- und Verlustrechnung nach IFRS (2005), 147 f.

Nach IAS 1.81 muss eine Gewinn- und Verlustrechnung nach den endorsed IFRS im Einzelabschluss zumindest die folgenden Posten ausweisen:[1777]

- Umsatzerlöse (revenues),
- Finanzierungsaufwendungen,
- Gewinn- und Verlustanteile an assoziierten Unternehmen und Joint Ventures, die nach der Equity-Methode bilanziert werden,
- Steueraufwendungen,
- Gesamtergebnis aus eingestellten Geschäftsbereichen, bestehend aus
  - dem Nachsteuerergebnis aus eingestellten Geschäftsbereichen und
  - dem Nachsteuerergebnis aus der Neubewertung der langfristigen Vermögenswerte oder Gruppen von langfristigen Vermögenswerten und Schulden der eingestellten Geschäftsbereiche oder aus deren Veräußerung, und
- Periodenergebnis.

Die Reihenfolge und die Bezeichnung der genannten Mindestposten der Gewinn- und Verlustrechnung kann gemäß IAS 1.84 hin zu einer verständlicheren und damit für die Abschlussadressaten transparenteren Darstellung der Ertragslage geändert werden. Als Orientierungspunkte sind Wesentlichkeit, Art und Funktion der Erträge und Aufwendungen zu achten (IAS 1.84). Darüber hinaus sind nach IAS 1.83 weitere Posten, Überschriften und Zwischensummen auszuweisen, wenn dies notwendig ist, um eine angemessene Darstellung der Ertragslage (fair presentation) zu gewährleisten.

Für eine Reihe von in IAS 1.85–95 näher spezifizierten Pflichtangaben überlassen die endorsed IFRS dem Bilanzierenden sogar selbst die Entscheidung, ob die geforderten Informationen in der Gewinn- und Verlustrechnung oder im Anhang dargestellt werden. Als solche Wahlpflichtangaben werden hier vor allem die Analyse der betrieblichen Aufwendungen nach Art und nach Unternehmensfunktion (IAS 1.88)[1778], der gesonderte Ausweis der Art und des Betrages wesentlicher Ertrags- und Aufwandposten (IAS 1.86)[1779] und der Gesamtbetrag der vor dem Abschlussstichtag beschlossenen (und daher als Schuld auszuweisenden) Dividenden des Geschäftsjahres sowie die korrespondierende Dividende je Aktie genannt (IAS 1.95).[1780] Die letztgenannten Angaben können nicht nur wahlweise in der Gewinn- und Verlustrechnung oder im Anhang, sondern auch in der Eigenkapitalveränderungsrechnung erfolgen.

1777 Ergänzend zu dieser Mindestgliederung der Gewinn- und Verlustrechnung sind im Rahmen einer Gewinnverwendungsrechnung gemäß IAS 1.82 in einem Konzernabschluss im Anschluss an das Periodenergebnis die Minderheitsanteile und die Anteile der Eigenkapitalgeber des Mutterunternehmens am Periodenergebnis auszuweisen.

1778 Dem bilanzierenden Unternehmen wird in IAS 1.89 empfohlen, diese Analyse der betrieblichen Aufwendungen direkt in der Gewinn- und Verlustrechnung durchzuführen.

1779 Umstände, die typischerweise einen solchen gesonderten Ausweis der Ertrags- und Aufwendungen erforderlich machen, werden beispielhaft in IAS 1.87 aufgeführt.

1780 Weitere Wahlpflichtanhaben ergeben sich aus IAS 16.74 lit. d, IAS 33.68, IAS 41.53 i.V.m. IAS 1.86 und IFRS 5.33 lit. b. Überblick über Wahlpflichtangaben zur Gewinn- und Verlustrechnung bei *Zülch*, Die Gewinn- und Verlustrechnung nach IFRS (2005), 156.

Die formelle und inhaltliche Inkonsistenz der Gewinn- und Verlustrechnung hat zusammen mit den unvollständigen Definitionen der verschiedenen genannten Kategorien von Erträgen und Aufwendungen vermehrt dazu geführt, dass Unternehmen eigendefinierte Ergebnisgrößen (z.B. EBIT – earning before interest and taxes oder EBITA – earning before interest, taxes and amortisation) ausweisen.[1781] Dies setzt den Informationsgehalt und die Vergleichbarkeit der Inhalte der Gewinn- und Verlustrechnung noch weiter herab.

(2) *Gliederung des Eigenkapitalspiegels*

Die im Eigenkapitalspiegel abzubildenden Erfolgskomponenten werden ebenfalls einer, wenn auch sehr rudimentären, Mindestgliederung unterworfen. Der Eigenkapitalspiegel als Instrument der Darstellung der gesamten Veränderung des Eigenkapitals gliedert sich nach IAS 1.96 in die folgenden Posten:

- Periodenergebnis der Gewinn- und Verlustrechnung,
- Erfolgskomponenten, die nach anderen IFRS erfolgsneutral direkt im Eigenkapital erfasst werden,
- die Summe aus den zwei genannten Gesamterfolgskomponenten, wobei das Ergebnis, das auf die Minderheitsanteile und auf die Anteilseigner des Mutterunternehmens entfällt, getrennt auszuweisen ist, und
- Gesamtwirkungen von Änderungen der Bilanzierungs- und Bewertungsmethoden und der Berichtigung schwerwiegenden Fehler nach IAS 8.[1782]

Für den Ausweis der einzelnen erfolgsneutral erfassten Erfolgskomponenten fehlt es mithin ebenfalls an einer verbindlichen Untergliederung.

cc) Kritische Würdigung der formellen und inhaltlichen Anforderungen

(1) *Formelle Anforderungen*

Die vorangestellte Darstellung der Regelungen der endorsed IFRS zum Erfolgsausweis verdeutlicht die Inkonsistenz der formellen Anforderungen. Es fehlt zum einen an einer einheitlichen Darstellung des Unternehmenserfolges. Die Abgrenzung zwischen den beiden erfolgsausweisenden Abschlusselementen, der Gewinn- und Verlustrechnung und dem Eigenkapitalspiegel, ist sachlich nicht fundiert.

Diese Inkonsistenz setzt sich auf der Ebene der Gliederung der genannten Abschlussinstrumente fort. Ein verbindliches Mindestgliederungsschema für den Ausweis der Erträge und Aufwendungen ist weder bei der Gewinn- und Verlustrechnung noch für den Eigenkapitalspiegel vorhanden. Postenanzahl, Postenin-

1781 Vgl. *Ballwieser/Hettich*, in: *Weißenberger* (Hrsg.), IFRS and Controlling (2004), 79, 80; *Zülch*, Die Gewinn- und Verlustrechnung nach IFRS (2005), 61–63.

1782 Zur Gliederung des Eigenkapitalspiegel vgl. im Einzelnen u.a. *Wagenhofer*, Internationale Rechnungslegungsstandards IAS/IFRS[5] (2005), 450–452.

halt, Postenbezeichnung und Postenreihenfolge sind ausgesprochen flexibel ausgestaltet und eröffnen dem Unternehmen einen großen Gestaltungsspielraum.[1783]

Für die Gewinn- und Verlustrechnung wird in IAS 1.81 lediglich eine sehr rudimentäre Untergrenze der auszuweisenden Zahl an Posten vorgegeben. Eine informative disaggregierte Darstellung der Erfolgsstruktur wird dadurch nicht ermöglicht. Zu viele verschiedenartige Erfolgskomponenten werden zusammengefasst dargestellt. Die dadurch geförderte ermessenabhängige formelle Ausgestaltung der Gewinn- und Verlustrechnung schränkt den Informationsgehalt und die Vergleichbarkeit der Rechnungslegungsinformationen erheblich ein.

Die verzerrenden Einflüsse werden zudem durch die zahlreichen Ermessenspielräume des bilanzierenden Unternehmens bezüglich der Posteninhalte, der Postenbezeichnung und der Reihenfolge der Posten weiter verstärkt. Die einzelnen Posten werden zumeist nur durch ihre Postenbezeichnung näher spezifiziert; eine klare inhaltliche Konkretisierung einzelner Posten ist nur rudimentär vorhanden.[1784] Umfangreiche Gestaltungsspielräume verbleiben dem Bilanzierenden auch im Hinblick auf die Wahl der Postenbezeichnung und die Reihenfolge der Posten.[1785] Hinzu treten die zahlreichen Ausweiswahlrechte zwischen der Untergliederung in der Gewinn- und Verlustrechnung und der Untergliederung im Anhang.[1786]

Ähnliche Freiräume wie bei der formellen Gestaltung der Gewinn- und Verlustrechnung bestehen auch beim Erfolgsausweis im Eigenkapitalspiegel. Für die erfolgsneutral zu erfassenden Erfolgskomponenten wird weder eine verbindliche Mindestgliederung vorgeben noch existieren konkrete Regelungen zu den Posteninhalten, Postenbezeichnungen und der Postenreihenfolge.[1787]

(2) Inhaltliche Anforderungen

Die Inkonsistenz der formellen Anforderungen setzt sich bei den inhaltlichen Kriterien fort. Die Gewinn- und Verlustrechnung und der Eigenkapitalspiegel, mithin der Erfolgsausweis in seiner Gesamtheit, sind durch eine unzureichende und sachlich nicht fundierte Disaggregation der Informationen geprägt.[1788]

Das Mindestgliederungsschema des IAS 1.81 ist nicht ausdifferenziert genug, um eine wirkliche entscheidungsrelevante Disaggregation der Erfolgskomponenten sicher zu stellen.

1783 Vgl. *Haller/Schloßgangl*, KoR 2003, 317, 320; *Baetge/Hollmann*, FS Günter Wöhe (2004), 347, 370; *Küting/Kessler/Gattung*, KoR 2005, 15, 20; *Zülch*, Die Gewinn- und Verlustrechnung (2005), 201; *Hettich*, KoR 2007, 6, 10.

1784 *Baetge/Hollmann*, FS Günter Wöhe (2004), 347, 371.

1785 So wird in IAS 12.77 und IAS 12.80 der Posten „Steueraufwendungen“ inhaltlich konkretisiert. Der Posten „Umsatzerlöse“ wird zudem durch die Aussagen des IAS 18 spezifiziert. Vgl. zu Letzteren *Zülch*, Die Gewinn- und Verlustrechnung nach IFRS (2005), 162 f.

1786 Vgl. *Lüdenbach*, BC 2004, 128, 130.

1787 *Baetge/Hollmann*, FS Günter Wöhe (2004), 347, 371.

1788 Vgl. *Kerhoff/Diehm*, KoR 2005, 342.

Zugleich folgt die sachliche Gliederung der Gewinn- und Verlustrechnung und des Eigenkapitalspiegels in keiner erkennbaren Weise den im normativen Anforderungsmodell erarbeiteten Kriterien für die Aufspaltung der Erfolgskomponenten.[1789] Weder die Kriterien der Leistungsbezogenheit, der Betriebsbezogenheit noch der Regelmäßigkeit finden explizit ihren Widerhall in der sachlichen Gliederung der erfolgsausweisenden Abschlusselemente. Das Kriterium der Betriebsbezogenheit wird nur implizit berücksichtigt.[1790] Dem IAS 1 „Darstellung des Abschlusses" liegt die Annahme zugrunde, dass grundsätzlich alle erfolgswirksam erfassten Aufwendungen und Erträge dem normalen Geschäftsrisiko des berichtenden Unternehmens unterliegen und damit per se betrieblich veranlasst sind.[1791] Diesen betrieblich veranlassten Erfolgskomponenten werden das Finanzergebnis, das Steuerergebnis und das Ergebnis aus der Einstellung von Geschäftsbereichen gegenübergestellt. Insgesamt kann man folglich nur von einer sehr rudimentären, aber sachlich nicht konsequenten Erfolgsspaltung sprechen.[1792]

In der Zusammenschau ist festzuhalten, dass die sachlich nicht durch prognoseorientierte Kriterien unterlegte Spaltung der Erfolgskomponenten in erfolgswirksame Erträge und Aufwendungen einerseits und erfolgsneutral im Eigenkapitalspiegel erfasste Erfolgsbeträge andererseits die Analyse des Unternehmenserfolges durch den Abschlussadressaten in einem erheblichen Maße erschweren. Dies wird durch die fehlende prognoseorientierte Gliederung der beiden Abschlusselemente nochmals verstärkt. Zudem bieten weder die Gewinn- und Verlustrechnung mit ihren Teilerfolgsgrößen noch der Eigenkapitalspiegel einen Anknüpfungspunkt für eine interessengerechte Anspruchs- und Ausschüttungsbemessung. Die bestehenden Anforderungen der endorsed IFRS an den Erfolgsausweis bieten somit keine Gewähr für eine interessengerechte Darstellung des Unternehmenserfolges.[1793]

c) Erfolgsausweis nach den Vorschlägen des IASB Project: Performance Reporting

Die aufgezeigten Unzulänglichkeiten der geltenden Regelungen zum Ausweis des Periodenerfolges haben die Standardsetzer weltweit zum Umdenken angeregt. Die Notwendigkeit der Weiterentwicklung der Regelungen hin zu einem umfassenden Performance Reporting trifft international auf einen übergreifenden Konsens. Auch das IASB hat sich mit seinem aktuellen Projekt „Performance Reporting" der Erarbeitung interessengerechter Regelungen zur Darstellung des Unternehmens-

---

1789 Zu den Kriterien für eine adäquate Aufspaltung des Erfolges siehe § 8.I.3)a)aa)(3)(a), S. 266 ff.
1790 Finanzierungsaufwendungen sind gemäß dem Mindestgliederungsschema des IAS 1.81 gesondert auszuweisen.
1791 Vgl. *Küting/Keßler/Gattung*, KoR 2005, 15, 20.
1792 So auch *Küting/Keßler/Gattung*, KoR 2005, 15, 20.
1793 So im Ergebnis u.a. auch *Haller/Schloßgangl*, KoR 2003, 317, 320 f.; *Baetge/Hollmann*, FS Günter Wöhe (2004), 347, 370–373; *Zülch*, Die Gewinn- und Verlustrechnung nach IFRS (2005), 296–297. Die Unzulänglichkeiten der Erfolgsdarstellung lassen sich zudem auch empirisch bestätigen; vgl. dazu im Einzelnen *Haller/Schloßgangl*, KoR 2003, 317, 321–326.

erfolges zugewandt. Die Ziele und die nach dem bisherigen Diskussionsstand zu erwartenden Neuerungen für die externe Rechnungslegung sollen im Folgenden näher erläutert werden.[1794]

aa) Ziele und Inhalte des IASB Projekts Performance Reporting

Die Notwendigkeit konsistenter Regelungen für die Unternehmensperformance hat das IASB bereits im April 1997 zur Einrichtung eines Projekts zum Performance Reporting veranlasst. Der Ursprung der heutigen Diskussion über eine adäquate Darstellung der Ertragslage des Unternehmens kann schon viel früher in dem Diskussionspapier des American Institute of Certified Public Accountants aus dem Jahre 1994 sowie dem Positionspapier „Financial Reporting" der damaligen G4+1 Gruppe aus dem Jahre 1999[1795] gesehen werden. Trotz dieser zeitlich langen Wurzel dieses Projektes ist das Performance Reporting erst im Jahr 2001 vom IASB offiziell auf die Projekt-Agenda gesetzt worden. Im Jahr 2003 vereinigte man dann die transatlantischen Ressourcen und Bemühungen. Der amerikanische Standardsetzer FASB und das IASB entschieden sich in einer gemeinsamen Sitzung im Oktober 2003, ihre parallel laufenden Projekte nunmehr in einer Joint Working Group (JWG) gemeinsam weiter zu führen[1796].[1797]

Die Arbeitsgruppe hat im März 2004 nach der Herauskristallisierung der Sachbereiche der Annäherung wesentliche Oberziele für ihre weitere Konvergenzarbeit benannt.[1798] Demnach soll

- eine konsistente Gruppe an primären Jahresabschlussbestandteilen bestimmt und
- die Grundlage geschaffen werden, auf der die Effekte des so genannten „mixed-attribute"-Modells (Nebeneinander von fair value und historical cost accounting) gezeigt werden können.

Zudem soll das Recycling inhaltlich geprüft werden.[1799]

1794 Die nachfolgenden Ausführungen beruhen auf den Erkenntnissen aus den bisherigen öffentlich zugänglichen Beschlüssen und Diskussionen der Standardsetzer.

1795 Zu den genannten Diskussionspapieren vgl. Fn. 1108.

1796 Vgl. IASB (Hrsg.) IASB Update October 2003, abrufbar unter http://www.iasb.org/Updates/IASB+Updates/IASB+Updates.htm. An dieser Arbeitsgruppe ist neben dem FASB und dem IASB auch der englische Standardsetzer, das ASB (vgl. Fn. 107), beteiligt.

1797 Ein guter tabellarischer Überblick des Projektzeitraums bis Juni 2005 findet sich bei *Kerkhoff/Diehm*, KoR 2005, 342, 344. Die Angaben sind nur dahingehend zu korrigieren, dass die Entscheidung des IASB und des FASB zu gemeinsamen Fortführung des Projektes bereits im Oktober 2003 getroffen wurde. Vgl. IASB (Hrsg.), IASB Update October 2003 (Fn. 1796).

1798 Vgl. IASB (Hrsg.), IASB Update March 2004, abrufbar unter http://www.iasb.org/Updates/IASB+Updates/IASB+Updates.htm. Zu den Einzelheiten vgl. auch die Darstellung der Diskussion auf dem Treffen des IASB im März 2004 in der Übersicht über die Agenda des Projektes abrufbar unter http://www.iasplus.com/agenda/perform.htm. Vgl. zudem *Zülch*, Die Gewinn- und Verlustrechnung (2005), 217.

1799 Vgl. *Zülch*, Die Gewinn- und Verlustrechnung (2005), 217.

Zur Umsetzung der genannten Ziele wurde eine Segmentierung des Projektes in zwei Phasen beschlossen.[1800]

Zielsetzung des *Segment A* ist eine kurzfristige Konvergenzerzielung hinsichtlich der obligatorischen Bestandteile eines Jahresabschlusses, der Anzahl der veröffentlichten Vergleichsperioden und des Ausweises des Ergebnisses pro Aktie. Zudem ist die Diskussion darüber, ob künftig ein einziges so genanntes „Statement of recognised income and expenses“[1801] aufzustellen ist und ob diese Erfolgsrechnung Zwischensummen im Sinne eines Überschusses aus der fortgeführten Geschäftstätigkeit (net income from continuing operations) bzw. eines Gewinnes oder Verlustes (profit or loss) enthalten soll, einer Entscheidung zuzuführen.

Im zweiten Projektbereich, *Segment B*, sollen die Themen zusammengefasst werden, deren konzeptionelle Grundlage das aktuelle Modell der Gewinn- und Verlustrechnung weit reichend und wahrnehmbar ändern. Die Boards haben hier konsistente Regelungen für die Problemstellung des Recycling zu treffen. Zudem sollen konsistente Prinzipien zur Disaggregation in der Erfolgsrechnung formuliert und Summen und Untersummen der Erfolgsrechnung definiert werden.[1802]

Die erste Projektphase (Segment A) hat sich im März 2006 in einem vom IASB veröffentlichten Exposure Draft (ED) zur Änderung des IAS 1 „Darstellung des Abschlusses“ konkretisiert.[1803]

Entsprechend den benannten Zielen dieser Projektphase benennt der Entwurf unter anderem die obligatorischen Bestandteile des Jahresabschlusses. Nach ED IAS 1.31 setzt sich ein („full“) Jahresabschluss aus der Bilanz (statement of financial position at the end of the periode), einer Erfolgsrechnung (statement of recognised income and expenses), einer Eigenkapitalveränderungsrechnung (statement of changes in equity) und einer Kapitalflussrechnung (statement of cash-flow) zu-

---

1800 Vgl. IASB (Hrsg.), IASB Update April 2004, abrufbar unter http://www.iasb.org/Updates/IASB+Updates/IASB+Updates.htm.

1801 Im Oktober 2005 beschlossen die Standardsetzer, die Bezeichnung „recognised income and expenses“ für das „comprehensive income“ einzuführen (vgl. IASB Update Oktober 2005, S. 3, abrufbar unter http://www.iasb.org/Updates/IASB+Updates/IASB+Updates.htm. Dementsprechend soll die Erfolgsrechnung als „statement of recognised income and expenses“ und nicht mehr als „statement of earnings and comprehensive income“ bezeichnet werden.

1802 Zu den Inhalten der Segmente vgl. auch *Zülch*, Die Gewinn- und Verlustrechnung (2005), 217–219; *Hettich*, KoR 2007, 6, 12f.
Zur Unterstützung ihrer Arbeit wurde im November 2004 durch die Boards eine internationale Arbeitsgruppe (Joint International Group – JIG) als beratendes Gremium, bestehend insbesondere aus erfahrenen Finanz- und Bilanzexperten internationaler Konzerne und Vertretern der Wissenschaft, eingesetzt. Vgl. IASB (Hrsg.), IASB Update November 2004, abrufbar unter http://www.iasb.org/Updates/IASB+Updates/IASB+Updates.htm.

1803 Der Exposure Draft zum Segment A wurde im März 2006 allein vom IASB veröffentlicht, abrufbar unter http://www.standardsetter.de/drsc/docs/press_releases/ED_Amdmts_to_IAS1.pdf. Das FASB beschloss im Dezember 2005, von der Veröffentlichung eines Exposure Draft zum damaligen Zeitpunkt abzusehen. Die Segmente A und B sollen vielmehr einem einheitlichen Entwurf zugeführt werden. Zum Diskussionsstand vgl. u. a. *Bogajewskaja*, BB 2006, 1155–1159.

sammen.[1804] Unter Heranziehung des Anhangs (notes) ist ein solcher „full“ Jahresabschluss dann als „complete“ zu bezeichnen.[1805] Neu im Vergleich zur bisherigern Vorschrift des IAS 1.8. ist die Anforderung, eine („dritte“) Bilanz zu Beginn der Periode (statement of financial position at the beginning of the period) zu erstellen. Es verbleibt zusätzlich bei der obligatorischen Angabe der Vergleichswerte der Vorperiode. Demnach obliegt es den Unternehmen, drei Bilanzen darzustellen: die Bilanz zum Ende des Berichtsjahres, die Bilanz zum Ende des Vorjahres (welche identisch ist mit der Bilanz zum Beginn des Berichtsjahres) und die Bilanz zum Beginn des Vorjahres (ED IAS 1.39). Die Pflicht zur Angabe der Vergleichswerte des Vorjahres erstreckt sich auch auf die anderen Abschlusselemente. Dem bilanzierenden Unternehmen steht es jedoch frei, für die Abschlusselemente abweichende Bezeichnungen zu wählen.

Das Vorhaben, im Exposure Draft ein (single) „statement of recognised income and expenses“ für die Erfolgsdarstellung vorzuschreiben, und damit die voraussichtliche Entscheidung für eine einheitliche Erfolgsrechnung, wird das Kernstück des Entwurfs darstellen. Demnach soll künftig bei den Erfolgsbuchungen grundsätzlich nicht mehr zwischen erfolgswirksam und erfolgsunwirksam zu erfassenden Erträgen und Aufwendungen unterschieden werden. Vielmehr soll ein (single) „statement of recorgnised income“ künftig sämtliche Eigenkapitalveränderungen, mit Ausnahme der Transaktionen mit den Anteilseignern, in einem statement aufzeigen.

Angesichts der anhaltenden Kritik an der mit dem Übergang zum one-statement approach verbundenen Degradierung des „profit and loss“ zu einer obligatorischen Zwischensumme hat sich das Board bereits im November 2005 entschieden, den two-statement approach alternativ zuzulassen, und dieses auch im Entwurf umgesetzt. Nach dem Entwurf steht es den Unternehmen frei, entweder ein einheitliches „statement of recognised income and expenses“ oder zwei statements, ein „separate statement of profit and loss“ zum Ausweis des „profit and loss“ und ein „statement of recognised income and expenses“ mit dem Posten „profit and loss“ als Zwischensumme, auszuweisen (ED IAS 1.33, IAS 1.81). Die unverbindliche Basis of Conclusion zum Entwurf stellt jedoch die Präferenz des IASB für den one-statement approach klar heraus.

Ein „statement of recognised income and expenses“, das sowohl den „profit and loss“ als auch das „other comprehensive income“ als Zwischensummen ausweist,[1806] wäre nach den Vorschlägen des IASB vom bilanzierenden Unternehmen sowohl beim one-statement als auch beim two-statement approach aufzustellen.

1804 Zur entsprechenden Einigung des IASB und des FASB in ihrem Joint Board Meeting im April 2005 vgl. IASB Update April 2005, S. 4, abrufbar unter http://www.iasb.org/Updates/IASB+Updates/IASB+Updates.htm.
1805 Vgl. *Kerkhoff/Diehm*, KoR 2005, 342, 343 Fn. 11.
1806 Bereits im Oktober 2005 beschloss das IASB, die bisher für die Summe der Gewinn- und Verlustrechnung verwendete Postenbezeichnung „profit and loss“ auch in der künftigen einheitlichen Erfolgsrechnung als Pendant zum „other comprehensive income“ beizubehalten. Vgl. IASB Update

Eine dadurch implizierte duale Erfolgsrechnung mit den beiden Hauptelementen „profit and loss“ und dem „other comprehensive income“ erfordert klare Abgrenzungskriterien für die Erfolgsspaltung. Vom IASB und FASB wird dabei vor allem die Separierung nach dem Kriterium der Realisation und der Betriebsbezogenheit zur Diskussion gestellt.[1807]

Neben den Kriterien für die primäre Erfolgsspaltung bedarf es vor allem einer weiteren Kategorisierung des „profit and loss“. Ein separater Ausweis des Finanzergebnisses und des Betriebsergebnisses wird hier als wünschenswert angesehen.[1808] Aber auch für eine solche weitere Kategorisierung bedarf es möglichst klarer Abgrenzungskriterien.

bb) Kritische Würdigung

Die Pläne des IASB, eine einheitliche Erfolgsrechnung zum Ausweis aller Erträge und Aufwendungen, die nicht auf Transaktionen mit den Anteilseignern beruhen, in den IFRS-Abschluss zu integrieren, ist zu begrüßen.

Eine Degradierung der bisherigen zentralen Größe der Gewinn- und Verlustrechnung, dem „profit and loss“, zur Zwischensumme des „recognised income and expenses“ setzt bei Achtung möglichst klarer Abgrenzungskriterien nicht die Entscheidungsnützlichkeit dieser Erfolgsgröße herab. Die Eingliederung dieser Erfolgswirkungen in den Gesamtkontext der Erträge und Aufwendungen der Periode erhöht vielmehr die Transparenz und die Entscheidungsnützlichkeit der Informationen.

Entscheidend ist jedoch die Formulierung klarer Abgrenzungskriterien, die eine Spaltung der qualitativ unterschiedlichen Erfolgswirkungen ermöglicht. Im Bewusstsein der Schwächen einer jeder definitorischen Kategorisierung sollte sich die Spaltung des Periodenerfolgs primär an der Leistungsbezogenheit bzw. am Realisationskriterium ausrichten.[1809] Eine weitere Aufgliederung nach der Betriebsbezogenheit bzw. der Regelmäßigkeit wäre wünschenswert.[1810]

Zu begrüßen ist auch die Pflicht zur Angabe der Vorjahreszahlen und die Integration der „dritten Bilanz“, die vor allem die intertemporale Vergleichbarkeit der Informationen fördert.[1811] Kritikwürdig erscheint hingegen die fehlende konsequente Durchsetzung des one-statement approach.

Zusammenfassend lässt sich folglich konstatieren, dass die sich herauskristallisierenden Vorschläge des IASB grundsätzlich zu begrüßen sind. Eine abschließende Würdigung ist jedoch entscheidend davon abhängig, welche Kriterien für die er-

---

Oktober 2005, S. 3, abrufbar unter http://www.iasb.org/Updates/IASB+Updates/IASB+Updates.htm. Dies wurde im Entwurf im ED IAS 1.82 umgesetzt.

1807 Vgl. *Kerkhoff/Diehm*, KoR 2005, 342, 346f.; IASB Update June 2005, S. 2, abrufbar unter http://www.iasb.org/Updates/IASB+Updates/IASB+Updates.htm.

1808 Vgl. IASB Update June 2005, S. 2 (Fn. 1807).

1809 Vgl. zu den genannten Kriterien der Erfolgsspaltung § 8.I.3)a)aa)(3)(a), S. 266 ff.

1810 Vgl. hierzu auch § 8.I.3)a)aa)(3)(a), S. 266 ff.

1811 Vgl. *Bogajewskaja*, BB 2006, 1155, 1156, 1159.

forderliche Kategorisierung des Periodenerfolges letztendlich dem künftigen „statement of recognised income and expenses" zugrunde zu legen sind. Es bleibt abzuwarten, wie sich die Standardsetzer hier entscheiden werden.

5) Ergänzende Berichtselemente

Ein Jahresabschluss unter Anwendung der endorsed IFRS setzt sich bereits zum jetzigen Zeitpunkt nicht nur aus der Bilanz und der Gewinn- und Verlustrechnung zusammen. Neben den benannten Rechnungslegungsinstrumenten umfasst ein vollständiger Jahresabschluss nach IAS 1.8 zusätzlich den bereits angeführten *Eigenkapitalspiegel*, eine *Kapitalflussrechnung* und einen *Anhang*. Kapitalmarktorientierte Unternehmen haben ihren Abschluss zudem um einen *Segmentbericht* nach IFRS 8[1812] zu ergänzen.[1813] Bilanz, Gewinn- und Verlustrechnung, Eigenkapitalspiegel, Kapitalflussrechnung, Anhang (und Segmentbericht) bilden zusammen das „financial statement" der endorsed IFRS (IAS 1.8, IFRS 8).

Der Standardsetzer selbst hat bei der Formulierung der Ziele der endorsed IFRS eingeräumt, dass das financial statement für sich gesehen nicht den Informationsinteressen der Rechnungslegungsadressaten und damit den Zielen der Standards genügt. Es bedarf weiterer Rechnungslegungsinstrumente außerhalb des obligatorischen Abschlusses. Demnach verweisen IAS 1.9 und IAS 1.10 darauf, dass viele Unternehmen unter anderem Berichte zur Unternehmenslage, Finanzberichte der Geschäftsleitung, Umweltberichte und Wertschöpfungsberichte als ergänzende deskriptive Instrumente der Rechnungslegung veröffentlichen. Diese „sonstigen Rechnungslegungsinstrumente"[1814], die ihrem Berichtsinhalt nach mit einem Lagebericht i.S.d. Art. 46 JAbRL vergleichbar sind, stehen ausdrücklich außerhalb des Anwendungsbereichs der endorsed IFRS.[1815] Die endorsed IFRS selbst kennen demnach bisher keinen Standard und damit keine Pflicht für die Erstellung sowie Offenlegung eines dem Lagebericht der Jahresabschlussrichtlinie vergleichbaren Berichts.

1812 Zu den Neuerungen des IFRS 8 gegenüber dem vorher für die Segmentberichterstattung maßgeblichen IAS 14 vgl. *Fink/Ulbrich*, BB 2007, 981–985; *dies.*, KoR 2007, 1–6.

1813 Es ist dabei umstritten, ob es sich bei diesem Rechnungslegungsinstrument um einen Teil des Anhangs oder um ein eigenständiges Abschlusselement handelt. Erstere Auffassung wird u.a. von Haufe IFRS-Kommentar(-*Hütten*)[5] (2007), § 36 Rn. 199 und *Heuser/Theile*, IAS/IFRS-Handbuch[3] (2007), Rn. 4602 vertreten. Letzterer Auffassung folgt offenbar *Buchholz*, Internationale Rechnungslegung[6] (2007), 209 ff., der die Segmentberichterstattung als eigenständige Komponente behandelt.

1814 Vgl. zu dieser Abgrenzung gegenüber den Abschlusselementen IFRS-Vorwort, Par. 7; IFRS-Framework, F.7.

1815 Vgl. IAS 1.10 S. 2 und *Krawitz*, Anhang und Lagebericht nach IFRS (2005), 11.
Vor der Überarbeitung des IAS 1 „Darstellung des Abschlusses" im Rahmen des Improvement Projects (vgl. Fn. 652) beinhaltete IAS 1 noch eine *Empfehlung*, außerhalb des Abschlusses einen Bericht über die Unternehmenslage durch die Unternehmensleitung und zusätzliche Umwelt- und Wertschöpfungsberichte zu veröffentlichen. Die Neuregelung hat diese Empfehlung zurückgenommen und beschreibt nunmehr lediglich die Tatsache, dass einige Unternehmen solche Berichte außerhalb des Abschlusses anfertigen.

Diese Regelungslücke wird im Europäischen Bilanzrecht bisher durch das Zusammenwirken der endorsed IFRS mit den Rechnungslegungsrichtlinien geschlossen.[1816] Die grundsätzliche Dispenswirkung der inkorporierten IFRS in ihrem Pflichtanwendungsbereich und auf der Grundlage des Mitgliedstaatenwahlrechts[1817] (Art. 5 IFRS-VO) reicht nur soweit wie der Regelungsgehalt der Standards. Da die endorsed IFRS keinen eigenständigen Standard für die Lageberichterstattung enthalten, der mit den Regelungen der Rechnungslegungsrichtlinien korrespondiert, kommt Art. 46 JAbRL supplementär zur Anwendung. Der IFRS-Abschluss entsprechend den endorsed IFRS ist demnach zwingend um einen richtlinienkonformen Lagebericht zu ergänzen.[1818]

Die supplementäre Anwendung gemeinschaftsrechtlicher bzw. nationaler Regelungen neben den endorsed IFRS zur Schließung der bestehenden Regelungslücke und das grundsätzliche Bedürfnis der Rechnungslegungsadressaten an direkt prognostischen Informationen veranlassten das IASB bereits im Oktober 2002 dazu, den Bereich „Management's Discussion and Analysis" auf die Research Agenda des Boards zu setzen und ein entsprechendes Forschungsprojekt in Auftrag zu geben. Im November 2005 veröffentlichte die durch das IASB eingesetzte Arbeitsgruppe[1819] unter dem neuen Projektnamen „Management Commentary (MC)" ein entsprechendes Diskussionspapier[1820].[1821] Das Diskussionspapier analysiert die bestehenden Regelungen in Deutschland, Großbritannien, den USA und Kanada und entwickelt erste Vorschläge für einen Standard des IASB. Das veröffentlichte Diskussionspapier gibt allein die Auffassung der Arbeitsgruppe wieder, stellt mithin noch keine IASB-Position dar.[1822] Das IASB möchte mit der Veröffentlichung dieses Berichts seine Möglichkeiten zur internationalen Angleichung von Lageberichten und ähnlichen Berichtselementen zur Diskussion stellen. Erst nach der Auswertung der Stellungnahmen wird das IASB entscheiden, ob es das Thema auf die Active Agenda setzt. In diesem Fall könnte das Diskussionspapier als Vorlage für einen Standardentwurf dienen.[1823]

1816 Zum Zusammenwirken der endorsed IFRS und der Rechnungslegungsrichtlinien vgl. § 5, S. 166ff.

1817 Zur Qualifizierung der Option des Art. 5 IFRS-VO bezogen auf die Kapitalgesellschaften und Kapitalgesellschaften & Co. als Wahlrecht vgl. Fn. 431.

1818 Vgl. die Kommentare der Kommission zu bestimmten Artikeln der Verordnung (EG) Nr. 1606/2002 und zur Richtlinie 78/660/EWG und Richtlinie 83/349/EWG, 3.1. (Fn. 372).

1819 An diesem Forschungsprojekt unter neuseeländischer Leitung haben die Standardssetzer aus Kanada, Großbritannien und Deutschland mitgewirkt.

1820 Ein Diskussionspapier ist ein gängiges, aber kein zwingendes Element im due process der IFRS. Die Veröffentlichung eines Diskussionspapiers erfolgt zum Zweck der Beteiligung der Öffentlichkeit und dient der Vorbereitung des eigentlichen Standardentwurfs (Exposure Draft). Zum Prozess der Standardsetzung vgl. u.a. *Großfeld/Luttermann*, Bilanzrecht[4] (2005), Rn. 122–124; *Wagenhofer*, Internationale Rechnungslegungsstandards IAS/IFRS[5] (2005), 62–65; *Heuser/Theile*, IAS/IFRS-Handbuch[3] (2007), Rn. 40–45.

1821 Das Diskussionspapier ist abrufbar unter http://www.iasb.org/Current+Projects/IASB+Projects/IASB+Work+Plan.htm.

1822 *Beiersdorf/Buchheim*, BB 2006, 96, 97; *Buchheim/Knorr*, WPg 2006, 413, 424.

1823 Vgl. Presseerklärung des IASB v. 27. Oktober 2005, abrufbar unter http://www.iasb.org/News/International+Accounting+Standards+Board+-+News.htm.

Im Folgenden soll die ergänzende Berichterstattung, vor allem die Angaben des Anhangs und die durch den anvisierten Management Commentary bereitzustellenden Informationen, einer näheren Analyse unterzogen werden. Die Inhalte der Kapitalflussrechnung, des Eigenkapitalspiegels und die Segmentberichterstattung werden ebenfalls, wenn auch im Hinblick auf die im Anforderungsmodell aufgestellten allgemeinen Anforderungen nur in ihren Grundzügen, dargestellt.

a) Angaben im Anhang

Dem Anhang liegt die Erkenntnis zugrunde, dass das Zahlenwerk des Abschlusses, die Bilanz und die Gewinn- und Verlustrechnung, allein kein ausreichendes Bild von der Lage des Unternehmens vermitteln kann. Die quantitativen Informationen sind daher nach IAS 1.103 durch einen Wortbericht zu ergänzen. Der Inhalt des Anhangs wird nicht durch einen eigenen Standard ausgefüllt. Vielmehr ergeben sich die meisten Angabepflichten aus den einzelnen IFRS. Dennoch lassen sich aus den grundlegenden Regelungen in IAS 1.103 ff. und den zahlreichen Einzelverpflichtungen zu Anhanganhaben bestimmte Prinzipien und Funktionen des Anhangs ableiten.[1824]

Der Anhang nach den endorsed IFRS dient mit seinen zahlreichen Informationspflichten und -empfehlungen wie der Anhang nach den Rechnungslegungsrichtlinien primär der Vermittlung von Informationen zur Entscheidungsfindung, zur Kontrolle und zur Rechenschaftslegung.[1825] Die Informationen, die das bilanzierende Unternehmen nach IAS 1.103 im Anhang anzugeben hat, lassen sich in drei Kategorien unterteilen:[1826] (1) Angaben über die Grundlagen der Aufstellung des Abschlusses und die Darstellung der Bilanzierungs- und Bewertungsmethoden, (2) Angaben, die nach den einzelnen IFRS verlangt werden und nicht in anderen Bestandteilen des Abschlusses enthalten sind, und (3) Zusatzinformationen, die nicht in anderen Bestandteilen des Abschlusses enthalten, aber für deren Verständnis relevant sind.

Entsprechend seiner grundlegenden Informationsvermittlungsfunktion kommt dem Anhang nach den endorsed IFRS demnach die Aufgabe zu, die durch die anderen Jahresabschlusselemente vermittelten Informationen näher zu erläutern, zu ergänzen, zu korrigieren und konkretisieren bzw. die Bilanz oder die Gewinn- und Verlustrechnung von bestimmten Angaben zu entlasten.

Die sich darin widerspiegelnde Erläuterungs-, Ergänzungs-, Korrektur- und Entlastungsfunktion des Anhangs findet ihren Widerhall in der in IAS 1.104 als Regelfall normierten Gliederung.[1827] Der Anhang umfasst folgende Angaben in systematischer Reihenfolge:

1824 Vgl. *Krawitz*, Anhang und Lagebericht nach IFRS (2005), 15.

1825 Zu der parallelen Darstellung der Anhangangaben nach den Rechnungslegungsrichtlinien vgl. § 3.II.2)c)aa)(3), S. 61 ff.

1826 Vgl. *Wagenhofer*, Internationale Rechnungslegungsstandards IAS/IFRS[5] (2005), 466.

1827 Diese Funktionen des Anhangs spiegeln sich auch in den Rechnungslegungsrichtlinien wider (vgl. § 3.II.2)c)aa)(3), S. 61 ff.). Der vereinzelt in der Literatur vertretenen Auffassung, dem An-

- eine Erklärung über die Übereinstimmung des Abschlusses mit den IFRS (IAS 1.14),
- die Zusammenfassung der wesentlichen Bilanzierungs- und Bewertungsmethoden,
- ergänzende Informationen zu den Posten in den übrigen Bestandteilen des Abschlusses in der entsprechenden Reihenfolge und
- sonstige Angaben, wie Eventualverbindlichkeiten, nicht bilanzierte vertragliche Verpflichtungen und nichtfinanzielle Angaben. Zu den sonstigen Angaben sind wohl auch die Abweichungsangaben nach IAS 1.18 zu zählen.[1828]

Der Anhang nach den endorsed IFRS enthält zudem prognostische Elemente, die seinem eigentlichen Zweck zuwiderlaufen. IAS 32.56ff. und der im August 2005 neugefasste IFRS 7 „Financial Instruments: Disclosures“[1829] verlangen eine umfassende Risikoprognose und Darstellung der Risikopolitik und der Risikoziele durch das Management. Diese Angaben gehen über eine deskriptive Erläuterung bzw. Ergänzung der quantitativen Angaben der anderen Abschlusselemente hinaus. Sie heben sich als prognostische und analytische Informationen im Hinblick auf die Verlässlichkeit der Informationen deutlich von den anderen Anhangangaben ab.

Die Einbeziehung dieser eher prognostischen Informationen in den Anhang führt demnach zu einer Vermischung unterschiedlicher Informationsinstrumente (direkt prognostische und vergangenheitsorientierte Informationen). Die fehlende klare Trennung verschlechtert die Transparenz und erschwert die Identifikation entscheidungsnützlicher Informationen. Es ist zu hoffen, dass diese Inkonsistenz mit Schaffung eines eigenständigen Management Commentary beseitigt wird.

b) Management Commentary

Die vom IASB eingesetzte Arbeitsgruppe sieht im Management Commentary einen wichtigen Bestandteil der Rechnungslegung, mit dem der Abschluss ergänzt sowie die wesentlichen Einflussfaktoren und Entwicklungen aus Sicht der Unternehmensleitung erläutert werden. Dem Diskussionspapier „Management Commen-

---

hang nach IFRS komme keine Korrekturfunktion zu (vgl. *Coenenberg*, Jahresabschluss und Jahresabschlussanalyse[20] (2005), 877; *Krawitz*, Anhang und Lagebericht nach IFRS (2005), 15), ist zu widersprechen. Auch in den IFRS findet sich, wie auch in Art. 2 Abs. 4 JAbRL, die Möglichkeit der Korrektur des durch die Bilanz und die Gewinn- und Verlustrechnung vermittelten Bildes der wirtschaftlichen Lage zur Sicherung eines true and fair view durch ergänzende Informationen (vgl. IAS 1.15 lit. c). Lässt sich der true and fair nicht allein durch die Anwendung der Einzelstandards sicherstellen, bedarf es der Bereitstellung weiterer Angaben. Erst wenn auch durch diese zusätzlichen Angaben das Ziel eines true and fair view nicht gesichert werden kann, kann von den Standards abgewichen werden. Diese Abweichung ist dann durch entsprechende Erläuterungen im Anhang zu unterlegen (vgl. IAS 1.17 f.).

1828 Eine detailliert Erläuterung der Inhalte des Anhangs findet sich bei *Krawitz*, Anhang und Lagebericht nach IFRS (2005), 24–176; *Heuser/Theile*, IAS/IFRS-Handbuch[3] (2007), Rn. 4510–4544.

1829 IFRS 7 „Financial Instruments: Disclosure“ ist verbindlich anzuwenden auf alle Geschäftsjahre beginnend mit dem 1. Januar 2007; das IASB empfiehlt eine frühere freiwillige Anwendung. IFRS 7 ist durch die Kommission bereits in das europäische Recht endorsed worden; Verordnung (EG) Nr. 108/2006 vom 11. Januar 2006, ABl. 2006 L 24/1. Zum neuen IFRS 7 vgl. *Löw*, WPg 2005, 1337–1352; *Eckes/Sittmann-Haury*, Pg 2006, 425–436.

tary“[1830] lassen sich bereits einige grundlegende Aussagen über den Inhalt und die Form eines solchen Managementsberichts sowie den möglichen Regulierungsansatz entnehmen.

Der Management Commentary wird nach dem Diskussionspapier wie folgt definiert:

> „Management commentary (MC) is information that accompanies financial statements as part of an entity's financial reporting. It explains the main trends and factors underlying the development, performance and position of the entity's business during the period covered by the financial statements. It also explains the main trends and factors that are likely to affect the entity's future development, performance and position."[1831]

Ziel dieses Managementsberichts soll es sein, den Jahresabschluss im Kontext des Unternehmensumfelds zu interpretieren und zu beurteilen, die Sicht der Geschäftsleitung über die wichtigsten Unternehmensbelange und deren Bewältigung darzustellen und die durch das Unternehmen verfolgten Strategien und ihre Erfolgswahrscheinlichkeit zu erläutern und zu beurteilen.[1832] Zusammengefasst soll der Management Commentary eine zukunftsorientierte Analyse der gesamten Lage des Unternehmens aus der Sicht des Managements bereitstellen, die den Jahresabschluss ergänzt und zu einem business reporting[1833] vervollständigt. In qualitativer Hinsicht sollen die im Management Commentary bereitgestellten Informationen dem Erfordernis der Verständlichkeit und der Relevanz genügen und zugleich verlässlich, ausgewogen und intertemporal vergleichbar sein.[1834]

Entsprechend der benannten Zielsetzung und dem verfolgten prinzipienorientierten Ansatz der Ausgestaltung des Management Commentary soll der Managementbericht nach den bisherigen Erkenntnissen der Arbeitsgruppe zumindest Informationen über

- das Wesen des Unternehmens und das Umfeld, in dem das Unternehmen agiert,
- die Ziele und Strategien des Unternehmens,
- die Kernressourcen des Unternehmens und die bestehenden Risiken und Unternehmensbeziehungen, die nach Ansicht des Managements den Wert des Unternehmens langfristig beeinflussen werden,
- das Unternehmensergebnis und über dessen Indikatoreigenschaft für die künftig zu erwartenden Ergebnisse und die Beurteilung des Management der Geschäftsaussichten,
- den Leistungsprozess und

1830 Das Diskussionspapier ist abrufbar unter http://www.iasb.org/Current+Projects/IASB+Projects/IASB+Work+Plan.htm. Vgl. zum Disskussionspapier auch *Beiersdorf/Buchheim*, BB 2006, 96, 97; *Buchheim/Knorr*, WPg 2006, 413, 424; *Fink*, KoR 2006, 141–152; *Kirsch/Scheele*, WPg 2006, 89–91; *Riegler*, IRZ 2006, 113–121; *Kasperzak/Beiersdorf*, KoR 2007, 121–130.
1831 MC-D, S. 74.
1832 MC-D, S. 75; siehe auch *Beiersdorf/Buchheim*, BB 2006, 96, 98.
1833 Vgl. zum Begriff des business reporting Fn. 271.
1834 MC-D, S. 24–32.

- die wichtigsten Leistungsindikatoren und -maßstäbe, mit denen das Management die Entwicklung der Unternehmensleistung bemisst und beurteilt,

enthalten.[1835]

In formeller Hinsicht wird das IASB voraussichtlich auf verbindliche Gliederungsvorschriften verzichten. Hervorgehoben wird jedoch das Erfordernis einer klaren Trennung des Management Commentary von den Rechnungslegungsinstrumenten des Jahresabschlusses.

Im Hinblick auf die Umsetzung bzw. Regulierung der erläuterten prinzipienorientierten Anforderungen an den Management Commentary präferiert die Arbeitsgruppe bisher die Abfassung eines eigenen IFRS oder sogar einer außerhalb der IFRS normierten Standardserie, die dem Gesetzgeber oder den Unternehmen eine Anwendungsoption einräumt.[1836] Eine Integration des Management Commentary in den Kanon der verbindlichen Abschlusselemente des IAS 1 „Darstellung des Abschlusses“ ist daher bislang nicht vorgesehen.[1837]

c) Eigenkapitalspiegel, Kapitalflussrechnung und Segmentbericht

Die primäre Darstellung der Vermögens-, Finanz- und Ertragslage in der Bilanz und der Gewinn- und Verlustrechnung ist neben dem Anhang zwingend durch einen Eigenkapitalspiegel, eine Kapitalflussrechnung und bei kapitalmarktorientierten Unternehmen um einen Segmentbericht zu ergänzen. Diese Rechnungslegungsinstrumente gehören, wie auch der Anhang, zum Jahresabschluss (vgl. IAS 1.8), wobei im Hinblick auf den Segmentbericht nach IFRS 8 umstritten ist, ob es sich bei diesem Rechnungslegungsinstrument um einen Teil des Anhangs oder um ein eigenständiges Abschlusselement handelt.[1838] Zur Abgrenzung der segmentierten Informationen von den übrigen Inhalten des Anhangs wird der Segmentbericht vorliegend getrennt vom Anhang erläutert. Im Folgenden sollen die genannten Rechnungslegungsinstrumente überblicksartig dargestellt werden.

Der Eigenkapitalspiegel, plastischer auch als Eigenkapitalveränderungsrechnung bezeichnet, dient grundsätzlich der Darstellung der Entwicklung des Eigenkapitals während des Geschäftsjahres. Neben der Erfassung der erfolgsneutral gebuchten Erfolgskomponenten werden somit auch weitere Eigenkapitalveränderungen, wie Transaktionen mit den Anteilseignern und die Wertänderungen der Kapital-

---

1835 MC-D, S. 77–80.
1836 MC-D, S. 65–69.
1837 Der Deutsche Standardisierungsrat (DSR) hat sich wie die European Advisory Group (EFRAG) ebenfalls für die Entwicklung eines eigenständigen IASB-Standards auf der Basis des Diskussionspapiers ausgesprochen. Vgl. die draft comment letter des DSR und der EFRAG, abrufbar unter http://www.drsc.de bzw. http://www.efrag.org/.
1838 Der Auffassung, dass der Segmentbericht ein Bestandteil des Anhangs ist, folgen Haufe IFRS-Kommentar(-*Hütten*)[5] (2007), § 36 Rn. 199 und *Heuser/Theile*, IAS/IFRS-Handbuch[3] (2007), Rn. 4602. *Buchholz*, Internationale Rechnungslegung[6] (2007), 209 ff., vertritt offenbar die entgegengesetzte Auffassung, wenn er die Segmentberichterstattung als eigenständige Komponente behandelt.

rücklage, erfasst, um eine vollständige Aufstellung der Veränderung des Eigenkapitals zu ermöglichen.

Angesichts dieser Zecksetzung des Eigenkapitalspiegels erscheint es umso erstaunlicher, dass IAS 1.101 dem Bilanzierenden die Möglichkeit eröffnet, den Eigenkapitalspiegel auf seine erfolgsausweisende Funktion zu beschränken.[1839] Demnach können die in IAS 1.97 benannten weiteren Eigenkapitalveränderungen, wie etwa die Kapitaltransaktionen mit den Anteilseignern und die erfolgten Dividenden, entweder im Eigenkapitalspiegel oder im Anhang angegeben werden. In Ausübung des Wahlrechts kann der Eigenkapitalspiegel demnach seiner eigentlichen funktions- und begriffsbezogenen Bestimmung als Spiegel der gesamten Änderungen des Eigenkapital beraubt und auf die ihm fremde erfolgsdarstellende Funktion reduziert werden.[1840]

Dient der Eigenkapitalspiegel seiner eigentlichen Zwecksetzung nach der Darstellung der Änderungen des Postens Eigenkapital, so erfasst die Kapitalflussrechnung die Zahlungen, die den Bestand an Finanzmitteln ändern.

Die Kapitalflussrechnung soll den Adressaten nach IAS 1.102 eine Informationsgrundlage für die Beurteilung der Finanzlage des Unternehmens bieten. Sie erfasst nach IAS 7 „Kapitalflussrechnung" demnach die Ein- und Auszahlungen, die einen Zufluss bzw. Abfluss von liquiden Mittel bedingen. Zu den liquiden Mitteln zählen Zahlungsmittel und Zahlungsmitteläquivalente.[1841] Die erfassten Mittelzuflüsse und -abflüsse sind ursachenbezogen nach den zugrunde liegenden Transaktionen in den cash flow aus betrieblicher Tätigkeit[1842], den cash flow aus der Investitionstätigkeit und den cash flow aus der Finanzierungstätigkeit zu untergliedern. Eine solche Untergliederung des cash flow ermöglicht eine transaktionsbezogene Anknüpfung der Zahlungen und fördert damit unter Achtung einer interessengerechten Untergliederung der Erfolgskomponenten indirekt auch die Transparenz des Erfolgsausweises.[1843]

Bereits im Rahmen des Anforderungsmodells wurde betont, dass die Entscheidungsnützlichkeit der Informationen durch eine zusätzliche Segmentierung der

---

1839 Vgl. auch IAS 1.8 lit. c). Dieses Format des Eigenkapitalsspiegels nennt sich Darstellung der erfassten Erträge und Aufwendungen (statement of recognised income and expenses). Vgl. *Wagenhofer*, Internationale Rechnungslegungsstandards IAS/IFRS[5] (2005), 450.

1840 Vertiefend zum Eigenkapitalspiegel u.a. *Wagenhofer*, Internationale Rechnungslegungsstandards IAS/IFRS[5] (2005), 448–453; *Heuser/Theile*, IAS/IFRS-Handbuch[3] (2007), Rn. 4330–4336.

1841 Zahlungsmittel und Zahlungsmitteläquivalente werden in IAS 7.6 näher definiert und durch die Klärung von Abgrenzungsfragen näher spezifiziert (vgl. IAS 7.7 ff.). Hervorzuheben ist hier vor allem, dass die Fondsbestandteile im Gegensatz etwa zu DRS 2 als Pflichtbestandteile ausgestaltet sind. Vgl. zu einer Gegenüberstellung zwischen IAS 7 und DRS 2 *Wagenhofer*, Internationale Rechnungslegungsstandards IAS/IFRS[5] (2005), 461.

1842 Der cashflow aus der Geschäftstätigkeit kann entweder nach der direkten Methode unter Heranziehung der Einzahlungen und Auszahlungen oder nach der indirekten Methode ausgehend vom bereinigten Periodenergebnis gegliedert werden. Vgl. im Einzelnen *Wagenhofer*, Internationale Rechnungslegungsstandards IAS/IFRS[5] (2005), 455 f., 457, 459.

1843 Vertiefend zur Kapitalflussrechnung u.a. *Wagenhofer*, Internationale Rechnungslegungsstandards IAS/IFRS[5] (2005), 453–461; *Heuser/Theile*, IAS/IFRS-Handbuch[3] (2007), Rn. 4400–4473.

Informationen erhöht werden kann. Die endorsed IFRS sehen einen entsprechenden Segmentbericht für kapitalmarktorientierte Unternehmen als obligatorischen Abschlussbestandteil vor. Eine Segmentierung soll hierbei durch die Bereitstellung von Zusatzinformationen helfen, die Wesensart und die finanziellen Auswirkungen der Geschäftstätigkeiten, die bilanzierenden Unternehmens betreibt, sowie dessen wirtschaftliches Umfeld, in dem es tätig ist, bewerten zu können (IFRS 8 Grundprinzipien).

Die Segmentberichterstattung nach IFRS 8 folgt im Gegensatz zur Vorgängerregelung IAS 14[1844] dem sogenannten management approach. Dabei wird die Segmentabgrenzung in Übereinstimmung mit dem internen Berichtssystem vorgenommen und nicht wie in IAS 14 die Aufteilung in Geschäftssegmente und geographische Segmente. Durch diese Segmentierung soll dem Abschlussadressaten ermöglicht werden, die Finanz- und Ertragskraft des Unternehmens aus dem Blickwinkel der Unternehmensleitung zu beurteilen.

d) Kritische Würdigung der ergänzenden Berichtselemente

Die ergänzenden Berichtselemente der endorsed IFRS entsprechen nur begrenzt den erarbeiteten normativen Anforderungen. Hervorzuheben ist zunächst, dass die endorsed IFRS der Forderung nach einer zusätzlichen segmentbezogenen Disaggregation der Informationen über die Vermögens- und Ertragslage durch die Segmentberichterstattung folgen. Ebenso findet sich in Form der Kapitalflussrechnung die geforderte zahlungsorientierte, retrospektive Finanzierungsrechnung zur Darstellung der Finanzlage. Die Kapitalflussrechnung folgt innerhalb der Gliederung der geforderten transaktionsbezogenen Differenzierung. Nur so kann die Kapitalflussrechnung die Grundlage für die Nachvollziehbarkeit der Änderungen des Bestandes an liquiden Mittel bilden und zugleich durch die transaktionsbezogene Differenzierung die Transparenz der verschiedenen Erfolgskomponenten fördern.

Der zusätzliche Eigenkapitalspiegel findet zwar keinen ausdrücklichen Widerhall im Anforderungsmodell, ist jedoch seinem eigentlichen Zweck nach eine wichtiges Instrument zur Vermittlung entscheidungsnützlicher Informationen über die Änderung des Postens Eigenkapital. Insbesondere die so genannten weiteren Eigenkapitaländerungen, etwa die Änderungen der Kapitalrücklage oder die Transaktionen mit den Anteilseignern, werden so in einem transparenten Berichtselement gebündelt. Wurde bereits im Rahmen der Analyse der Missbrauch des Eigenkapitalspiegels als zweite Erfolgsrechnung als informationsverzerrend und zweckentfremdend kritisiert, so führt das bestehende Ausweiswahlrecht für die weiteren Eigenkapitaländerungen nunmehr zu einer endgültigen Disqualifikation des Eigenkapitalspiegels als Spiegel des Eigenkapitals. Das bestehende Ausweiswahl-

1844 IAS 14, der durch IFRS 8 mit Wirkung zum Geschäftsjahr 2009 ersetzt wird, folgte noch dem risks and rewards approach, wonach Segmente nach Risiko- und Ertragsgesichtspunkten abzugrenzen sind. Vgl. zum IAS 14 *Wagenhofer*, Internationale Rechnungslegungsstandards IAS/IFRS[5] (2005), 471.

recht ermöglicht eine Reduzierung des Eigenkapitalspiegels auf eine nicht einmal zweckgerechte, grobe Darstellung der Erfolgskomponenten. Eine transparente Aufbereitung der Veränderungen des Eigenkapitals durch die Integration des eigentlich in der Erfolgsrechnung spezifizierten Unternehmenserfolges und der weiteren Erfolgsänderungen wird so nicht mehr ermöglicht. Zusammenfassend lässt sich konstatieren, dass in den endorsed IFRS bisher eine konsistente Regelung für eine interessengerechte Darstellung der Veränderungen des Eigenkapitals fehlt.

Der Anhang als deskriptive Ergänzung der quantitativen Informationen der Bilanz und der Gewinn- und Verlustrechnung erfüllt im Grundsatz die allgemein formulierten Anforderungen des normativen Modells. Der Anhang dient in seiner Erläuterungs-, Ergänzungs-, Entlastungs- und Korrekturfunktion im Grundsatz der Förderung der Transparenz der vergangenheitsorientierten, quantitativen Informationen der anderen Berichtselemente. Kritikwürdig ist aber auch hier die bestehende Inkonsistenz bei der inhaltlichen Ausgestaltung dieses Berichtselements. Die Integration prognostischer Informationen, etwa in Form des durch IAS 32 „Finanzinstrumente: Angaben und Darstellung" und IFRS 7 „Financial Instruments: Disclosures"[1845] geforderten Risikoprognoseberichts des Managements, widerspricht dem Erfordernis einer klaren Trennung zwischen den vergangenheitsorientierten und den direkt prognostischen Informationen. Der Anhang sollte durch seine deskriptive Unterlegung der quantitativen Informationen Anknüpfungspunkte für prognostische Aussagen bereithalten, jedoch nicht selbst Prognosen und intersubjektiv nicht nachprüfbare Beurteilungen enthalten. Eine solche Vermischung qualitativ unterschiedlicher Informationen negiert das Erfordernis der Transparenz und widerspricht der eigentlichen Zwecksetzung des Anhangs.

Diese Inkonsistenz könnte durch die Abfassung eines eigenständigen Management Commentary als Element der prognostischen und subjektiv geprägten Berichterstattung beseitigt werden.

Die im Diskussionspapier angeführten Kriterien zur Abgrenzung zwischen dem Anhang und dem geplanten Management Commentary sind bei konsequenter Umsetzung und Spezifizierung eine gute Grundlage für die erforderliche Differenzierung zwischen den erforderlichen qualitativen Erläuterungen der Inhalte des Jahresabschlusses und den prognostischen, subjektiv geprägten Einschätzungen der Unternehmenslage.

Der Management Commentary entspräche, würde er denn nach den bereits im Diskussionspapier erkennbaren Grundstrukturen als Standard beschlossen, im Grundsatz den inhaltlichen Erfordernissen an eine direkt prognostische Berichterstattung. Sowohl Informationen über die Handlungsabsichten der Geschäftsleitung und deren voraussichtlichen Folgen als auch die erforderlichen Informationen über die wertbeeinflussenden Determinanten bzw. Kernressourcen und die

1845 Siehe oben Fn. 1829.

Erwartungen der Unternehmensführung hinsichtlich möglicher Umweltzustände und Risiken finden sich in den geplanten Mindestinhalten des Management Commentary wieder. Die Bereitstellung dieser prognostischen Informationen soll nach den formulierten Grundsätzen des künftigen Managementsberichts zugleich auch „consistent with [the] financial statement“ erfolgen.[1846] Dem Management Commentary liegt demnach ebenfalls die Erkenntnis zugrunde, dass Prognosen und subjektive Beurteilungen als verlässliche Grundlage vergangenheitsorientierte Informationen voraussetzen, um ihre Entscheidungsnützlichkeit zu entfalten.[1847]

Die allgemein gefassten Mindestinhalte des geplanten Management Commentary gehen jedoch auf Grund ihrer Prinzipienorientierung inhaltlich nicht tief genug, um eine adäquate Grundlage für die erforderliche unternehmensübergreifende und intertemporale Vergleichbarkeit der Informationen zu bieten. Zu unspezifisch sind die Inhalte und die sich daraus ergebende Mindestgliederung.

Die prinzipienorientierte Abfassung der Anforderungen an den Managementbericht und die von der Arbeitsgruppe bisher präferierte optionale Abfassung des Standards würde für das Europäische Bilanzrecht im Falle des Endorsement eines solchen Standards einen Rückschritt in der Lageberichterstattung mit sich bringen. Die in Art. 46 JAbRL und Art. 36 KAbRL normierten Anforderungen an den Lagebericht genügen den dargestellten Grundanforderungen eines Management Commentary, gehen aber in ihrer Spezifität über dessen Prinzipien hinaus.[1848] Im Falle eines Endorsement würden diese Regelungen der Jahresabschlussrichtlinie durch die Dispositionswirkung der endorsed IFRS grundsätzlich verdrängt.[1849]

Zuletzt bleibt noch kritisch anzumerken, dass es den endorsed IFRS, aber auch dem Europäischen Bilanzrecht im Ganzen bisher an einer konsistenten Berichterstattung über das immaterielle Vermögen nach dem Vorbild der Innovations-, Immaterialgüterrechnung und dem Intellectual Property Statement fehlt.

III. Ergebnis der normativen Analyse der endorsed IFRS

Die vorangestellte Analyse des Rechnungslegungssystems der endorsed IFRS hat ein beachtliches Konfliktpotential zwischen den aufgezeigten normativen Anforderungen an eine interessen- und funktionsgerechte Rechnungslegung und den Einzelregelungen des IFRS-Rechnungslegungssystems offen gelegt. Trotz der Parallelitäten in den primären Rechnungslegungszielen und -grundsätzen widersprechen die Einzelstandards ist erheblichem Maße den normativen Anforderungen

---

1846 MC-D, S. 75.
1847 Vgl. etwa MC-D, S. 76 Par. A 16. Dort heißt es „[The orientation to the future] also requires an explanation of past events, decisions, circumstances and performance in the context of whether they are reasonably likely to be indicative of, and have a material impact on, the future.“
1848 Vgl. etwa die in Art. 46 Abs. 2 JAbRL normierten spezifischen Lageberichtangaben.
1849 Denkbar wäre es auch, dass die entsprechenden Regelungen des Standards durch die Richtlinienbestimmungen ergänzt werden. Als Vorbild könnte hier die den Richtlinien zukommende Ergänzungsfunktion hinsichtlich der Anhangangaben dienen. Vgl. zum letzteren § 5.II, S. 170 f.

des Sollmodells und setzen sich zugleich auch in Widerspruch zu den eigenen normativen Grundlagen des IFRS-Rechnungslegungssystems.

1) Endorsed IFRS und die Informations- und Institutionsschutzfunktion

Die endorsed IFRS sind, eingebettet in das normative Gerüst des Europäischen Bilanzrechts, primär auf das Ziel gerichtet, durch die Bereitstellung transparenter, entscheidungsnützlicher und vergleichbarer Unternehmensdaten den Rechnungslegungsadressaten zu schützen und die Funktionsweise eines einheitlichen Kapitalmarktes in der Gemeinschaft zu sichern.[1850] Die sich darin widerspiegelnde Informations- und Institutionsschutzfunktion findet ihren Widerhall in den allgemeinen Rechnungslegungsgrundsätzen der Relevanz, Verlässlichkeit, Verständlichkeit und Vergleichbarkeit. Nur durch die Achtung dieser Grundsätze und der ihnen zugrunde liegenden Interdependenzen vermag ein Rechnungslegungssystem eine den tatsächlichen Verhältnissen entsprechende Darstellung der Vermögens-, Finanz- und Ertragslage des bilanzierenden Unternehmens zu gewährleisten.

Trotz der primären Ausrichtung der endorsed IFRS an der Vermittlung entscheidungsnützlicher Informationen und der Betonung des interdependenten Verhältnisses zwischen der Relevanz und der Verlässlichkeit der Informationen in den Rechnungslegungsgrundsätzen achten die Einzelregelungen das dadurch implizierte Erfordernis der intersubjektiven Nachprüfbarkeit nur ungenügend. Die endorsed IFRS sind in einem beachtlichen Maße durch einen normativen Bruch zwischen den Rechnungslegungszielen und -grundsätzen und ihrer konkreten Umsetzung auf der Ebene der Einzelstandards gekennzeichnet.

Die Entscheidungsnützlichkeit und Vergleichbarkeit der IFRS-Rechnungslegung wird vor allem durch die fehlende Achtung des Objektivierungserfordernisses und durch zahlreiche implizite Wahlrechte und Ermessenspielräume gemindert.

Die Aktivierungsmöglichkeit noch in der Entwicklung befindlicher, selbst geschaffener immaterieller Vermögenswerte, die fehlende Achtung objektiver Bewertungsgrundsätze und das Fehlen eines einheitlichen Ertragsrealisierungskonzepts laufen, wie im Einzelnen aufgezeigt wurde, dem Erfordernis verlässlicher und vergleichbarer Ansatz-, Bewertungs- und Erfolgsermittlungskriterien entgegen.

Der informatorische Nutzen der IFRS-Rechnungslegung wird zudem durch die Gewährung zahlreicher Wahlrechte und Ermessensspielräume weiter herabgesetzt. Die endorsed IFRS werden neben einigen expliziten Wahlrechten[1851] vor al-

1850 Die IFRS-Anwendungsverordnung betont vor allem die individuelle Schutzfunktion der Rechnungslegungsinformationen für die Anleger, mithin für die aktuellen und potentiellen Anteilseigner des Unternehmens.

1851 Die expliziten Wahlrechte sind durch eine offene Wahl zwischen verschiedenen Handlungsalternativen gekennzeichnet, deren Ausübung durch Anhangangaben zu unterlegen ist. In den IFRS finden sich in einzelnen Standards u. a. explizite Wahlrechte zur Bewertung von Vermölem durch eine Vielzahl von impliziten Wahlmöglichkeiten geprägt.[1852] Diese verdeckten Wahlrechte unterscheiden sich von den expliziten, offenen Wahlrechten[1853] dadurch, dass sie dem Rechnungslegenden nicht durch eine ausdrückliche Nennung unterschiedlicher Handlungsalternativen in der Norm gewährt werden.[1854] Vielmehr handelt es sich formell um ausdrückliche Gebote und Verbote. Das tatbestandliche Eingreifen dieser Gebote bzw. Verbote ist jedoch vom Vorliegen bestimmter Sachverhalte oder Voraussetzungen abhängig, deren Gestaltbarkeit dem Bilanzersteller implizit Wahlrechte eröffnet. Solche verdeckten Wahlrechte, wie sie sich etwa bei der erläuterten Aktivierung der selbst erstellten immateriellen Vermögensgüter[1855] oder der Wahl der Ausprägungsform des fair value[1856] finden, sind deshalb besonders bedenklich, weil ihr wahrer Charakter und die ihnen immanenten Gestaltungsmöglichkeiten für den Bilanzleser nur schwer nachvollziehbar sind.[1857]

Die Fülle an unbestimmten Rechtsbegriffen in den Standards und das zum Teil durch die IFRS präferierte Abstellen auf Sachgesamtheiten[1858] führen zudem zu erheblichen Ermessensspielräumen, die den bilanzpolitischen Gestaltungsspielraum weiter erhöhen.[1859]

Lassen sich die normativen Freiheiten des Rechnungslegenden bei der Auslegung unbestimmter Rechtsbegriffe als Ausfluss der Vielfalt und Komplexität der ökonomischen Sachverhalte nur beschränkt eingrenzen, so sind die impliziten Wahlrechte nicht zwingend als systemimmanente Gestaltungsspielräume anzusehen.

Die Vielzahl der verdeckten Wahlrechte in den endorsed IFRS stehen durch das ihnen immanente besondere Missbrauchsrisiko in klarem Widerspruch zum Erfordernis einer intersubjektiv nachprüfbaren und vergleichbaren Rechnungslegung.

---

gensgegenständen nach dem Anschaffungskosten- oder dem Neubewertungsmodell oder zum Zeitwert (vgl. dazu IAS 16.29, IAS 38.72, IAS 40.30). Auch die in den älteren Standards vorgenommene Unterscheidung zwischen „benchmark-" und „alternativ zulässiger Methode" stellt ein explizites Wahlrecht dar. Diese Begrifflichkeiten werden jedoch in aktuellen Standards seit dem 31. März 2004 nicht mehr verwendet. Zu den expliziten Wahlrechten vgl. *Küting/Reuter*, BB 2005, 706, 710f., *Schildbach*, BFuP 2002, 263, 265; *Meyer/Meisenbacher*, DStR 2004, 567, 569; *Tanski*, DStR 2004, 1843, 1844.

1852 Zu den impliziten Wahlrechten vgl. *Schildbach*, BFuP 2002, 263, 265; *Meyer/Meisenbacher*, DStR 2004, 567, 569; *Tanski*, DStR 2004, 1843, 1844; *Hennrichs*, FS Volker Röhricht (2005), 881, 883–885; *Küting/Reuter*, BB 2005, 706, 711.

1853 Zum Begriff der „offenen Wahlrechte" vgl. *Küting/Reuter*, BB 2005, 706, 710f.

1854 Siehe *Küting/Reuter*, BB 2005, 706, 711.

1855 Zum impliziten Wahlrecht bei der Aktivierung selbst erstellter immaterieller Vermögenswerte vgl. im Einzelnen § 11.II.1)b)aa)(3), S. 386ff.

1856 Die faktischen Wahlrechte im Zusammenhang mit der fair value-Bewertung wurden bereits im Abschnitt § 11.II.2)b), S. 405ff. näher erläutert.

1857 Vgl. *Küting/Reuter*, BB 2005, 706, 711; *Merschmeyer*, Die Kapitalschutzfunktion des Jahresabschlusses und Übernahme der IAS/IFRS für die Einzelbilanz (2005), 281.

1858 Zu den zahlungsmittelgenerierenden Einheiten als Grundlage der Bewertung der Vermögenswerte vgl. Fn. 1656.

1859 In diesem Sinne auch *Küting/Reuter*, BB 2005, 706, 711.

Die erforderliche intertemporale und überbetriebliche Vergleichbarkeit der Rechnungslegungsinformationen wird zudem durch die fehlende standardisierte Aufbereitung der Informationen weiter eingeschränkt. Das Fehlen verbindlicher Gliederungsschemata für die Abschlusselemente, die zugleich eine disaggregierte Darstellung der Vermögens-, Finanz- und Ertraglage ermöglichen, mindert die Entscheidungsnützlichkeit und die Vergleichbarkeit der bereitgestellten Unternehmensinformationen.

Die Relevanz der vermittelten Rechnungslegungsdaten wird zudem durch die unzureichende Ausgestaltung der deskriptiven und der sekundären, direkt prognostischen Informationsinstrumente herabgesetzt.

Die endorsed IFRS achten bei der Ausgestaltung des Anhangs zum einen das Erfordernis der klaren Trennung zwischen den deskriptiven, erläuternden und den direkt prognostischen, wertenden Informationen nicht umfassend.

Zum anderen fehlt es den Standards selbst bisher an einem Berichtselement zur Bereitstellung wertender und direkt prognostischer Informationen. Eine Einführung eines Management Commentary wäre hier ein wichtiger Schritt, wenn auch die bisher zur Diskussion gestellten Anforderungen an dieses Informationsinstrument hinter den Anforderungen des normativen Modells zurückbleiben. Die aufgezeigte Regelungslücke der endorsed IFRS im Bereich der ergänzenden, direkt prognostischen Informationsvermittlung wird in einem IFRS-Einzelabschluss aber durch die Regelungen der Jahresabschlussrichtlinie zum Lagebericht geschlossen. Die darin formulierten Bestimmungen für die Ausgestaltung dieses ergänzenden Abschlusselements genügen den grundlegenden Anforderungen des normativen Sollmodells.

Zuletzt fehlt es dem Einzelabschluss unter Anwendung der endorsed IFRS an einer zusätzlichen Berichterstattung über das immaterielle Vermögen nach dem Vorbild der Innovations-, Immaterialgüterrechnung und dem Intellectual Property Statement. Diese Regelungslücke wird auch nicht durch entsprechende Bestimmungen der Rechnungslegungsrichtlinien geschlossen.

Zusammenfassend lässt sich folglich konstatieren, dass ein Jahresabschluss unter Anwendung der endorsed IFRS auf Grund der fehlenden Achtung des Grundsatzes der Verlässlichkeit und der Vergleichbarkeit und des Fehlens sekundärer entscheidungsrelevanter Informationen keine Gewähr dafür bietet, dass den Rechnungslegungsadressaten und dem Kapitalmarkt die erforderlichen Informationen für die Entscheidungsfindung, die Rechenschaftslegung und die Kontrolle zur Verfügung gestellt werden.

Eine externe Rechnungslegung nach den endorsed IFRS genügt demnach nicht den Implikationen der Informations- und der Institutionsschutzfunktion einer interessen- und funktionsgerechten Rechnungslegung.[1860]

1860 Auf die eingeschränkte Eignung eines IFRS-Abschlusses für die Vermittlung entscheidungsnützlicher Informationen verweisen auch *Streim/Bieker/Leippe*, in: *Schmidt, H.Ketzel/Prigge* (Hrsg.),

Aus vorangestellten Erkenntnissen ist zu folgern, dass die IFRS entgegen einer verbreiteten Auffassung[1861] keinen interessengerechten Informationsabschluss gewährleisten.

Die vorangestellte Analyse ausgewählter IFRS-Einzelstandards verdeutlicht vielmehr, dass die konkreten Einzelstandards zur Darstellung der Vermögens-, Finanz- und Ertragslage in einem beachtlichen Umfang im Widerspruch zu den eigenen normativen Grundlagen der endorsed IFRS stehen.[1862] Zwar wird bei den endorsed IFRS das Informationsziel in den Mittelpunkt gestellt, dieses wird jedoch, wie gezeigt wurde, nicht konsequent in den Einzelstandards umgesetzt. Die endorsed IFRS gewähren den aktuellen und potentiellen Anteilseignern und den Gläubigern als primäre Rechnungslegungsadressaten nicht zwingend einen true and fair view der wirtschaftlichen Lage des bilanzierenden Unternehmens.

2) Endorsed IFRS und die Ausschüttungsbemessungs-, Anspruchsbemessungs- und Anreizfunktion

Das Fehlen einer objektiv unterlegten Vermögens- und Erfolgsermittlung spricht zugleich gegen die Tauglichkeit eines IFRS-Einzelabschlusses zur Erfüllung der Ausschüttungs- und Anspruchsbemessungfunktion.[1863]

Die endorsed IFRS haben, wie dargestellt wurde, durch die Einordnung der Standards in das europäische Kapitalschutzsystem neben der Informations- auch eine Ausschüttungs- und eine Anspruchsbemessungsfunktion auf der Ebene der Gewinnverwendung.[1864] Eine Etablierung gewinnermittlungsbasierender Ausschüttungsrestriktionen und damit die Ermittlung des entziehbaren Gewinns nach dem Vorbild des Sollmodells wird durch die Kapitalrichtlinie[1865], wie bereits mehrmals betont wurde,[1866] nicht gefordert. Die Implikationen der Kapitalrichtlinie für die

---

Wolfgang Stützel, Moderne Konzepte für Finanzmärkte, Beschäftigung und Wirtschaftsverfassung (2001), 177, 203 f.; *Euler*, BB 2002, 875, 879 f.; *Schildbach*, BFuP 2002, 263, 268; *Kahle*, WPg 2003, 262, 266; *Meyer/Meisenbacher*, DStR 2004, 567, 572; *Tanski*, DStR 2004, 1843, 1847; *Baetge/Hollmann*, FS Günter Wöhe (2004), 347, 374.

1861 Die Eignung des IFRS-Abschlusses für die Vermittlung entscheidungsnützlicher Informationen für Eigner und Gläubiger wird etwa hervorgehoben von *Buchholz*, DStR 2000, 1280, 1281; *Niehues*, WPg 2001, 1209, 1219 f.; *Busse von Colbe*, ZfbF 2002, 159, 170; *Böcking/Herold/Müßig*, Der Konzern 2004, 664, 670.

1862 Zu den normativen Zielen und Grundsätzen der endorsed IFRS vgl. insbesondere § 11.I, S. 368 ff.

1863 In dem Sinne auch *Arbeitskreis Bilanzrecht der Hochschullehrer Rechtswissenschaften*, BB 2002, 2372, 2373–2374; *Euler*, BB 2002, 875, 880; *Kahle*, WPg 2003, 262, 268 f.; *Kleindiek*, in: *Gesellschaftsrechtliche Vereinigung* (Hrsg.), Gesellschaftsrecht in der Diskussion 2002 (2003), 115, 131; *Schmiel*, in: *Gesellschaftsrechtliche Vereinigung* (Hrsg.), Gesellschaftsrecht in der Diskussion 2002 (2003), 143, 152–156; *Schulze-Osterloh*, ZIP 2003, 93, 99; *Ernst*, in: Baetge (Hrsg.), Übergang der Rechnungslegung vom HGB zu den IFRS (2004), 25, 33; *Merschmeyer*, Die Kapitalschutzfunktion des Jahresabschlusses und Übernahme der IAS/IFRS für die Einzelbilanz (2005), 269–272.

1864 Vgl. hierzu § 11.I.1), S. 369 ff.

1865 Zweite Richtlinie 77/91/EWG des Rates vom 13. Dezember 1976, ABl. 1977 L 26/1 (Fn. 124).

1866 Vgl. hierzu insbesondere § 3.II.2)a)aa)(2), S. 29 ff.

Ausgestaltung der Standards beschränken sich vielmehr auf die Achtung eines Mindestvorsichtsprinzips im Sinne eines Objektivitätserfordernisses und das Erfordernis konsistenter Regelungen sowie einer periodengerechten Vermögensermittlung.[1867] Sie entsprechen damit den Grundvoraussetzungen gewinnverwendungsbasierter Ausschüttungsrestriktionen im Allgemeinen, unabhängig von ihrer konkreten Ausgestaltung als Kapitalschutzsystem oder als zukunftsorientierter Solvenzschutz. Diesen allgemeinen Anforderungen genügen die endorsed IFRS nicht.

Bereits die Analyse ausgewählter Einzelstandards der endorsed IFRS hat verdeutlicht, dass die Erfolgsermittlung nach den endorsed IFRS keine Gewähr für eine objektiv unterlegte Ermittlung des Periodenerfolges bietet.

Das implizite Wahlrecht und die Ermessenspielräume bei der Aktivierung der selbst geschaffenen immateriellen Vermögenswerte versetzen das bilanzierende Unternehmen in die Lage, den Periodengewinn und damit das Ausschüttungspotential entsprechend den bilanzpolitischen Präferenzen zu steuern.[1868] Das aufgezeigte Objektivierungsdefizit wird noch durch das heterogene, durch Ermessenspielräume und implizite Wahlrechte geprägte Bewertungskonzept verstärkt. Die zum Teil erfolgende erfolgswirksame Erfassung der Wertänderungserträge aus der fair value-Bewertung und die Vorverlagerung der Gewinnrealisierung bei den Erträgen aus langfristigen Dienstleistungsverträgen ermöglichen den Ausweis und damit auch die Ausschüttung nicht realisierter, mithin nicht durch eine Transaktion oder ein Ereignis objektiv unterlegter Gewinne. Die fehlende Separierung dieser risikobehafteten Erfolgswirkungen von den leistungsbezogenen, realisierten Gewinnen kann eine gläubiger- und unternehmensschädigende Freisetzung liquider Mittel bedingen.

Im Hinblick auf die Verzahnung von Rechnungslegung und Gesellschaftsrecht könnten Ausschüttungspotentiale demnach aus unsicheren Gewinnbeiträgen gespeist werden, die dem Unternehmen nicht notwendigerweise dauerhaft zur Verfügung stehen.[1869] Solche sich im Zeitablauf möglicherweise verflüchtigenden Gewinne genügen nicht dem durch die Kapitalrichtlinie implizierten Erfordernis einer objektiven und konsistenten periodischen Gewinnermittlung.[1870]

Durch die Anknüpfung der durch die Kapitalrichtlinie implizierten Ausschüttungsregeln an die IFRS-Rechnungslegung würde folglich das europäische Kapital- und Gläubigerschutzsystem substanziell gestört werden.[1871] Die Regelungen

---

1867 Vgl. im Einzelnen mit Nachweisen § 3.II.2)a)aa)(2), S. 29 ff.

1868 So namentlich *Merschmeyer*, Die Kapitalschutzfunktion des Jahresabschlusses und Übernahme der IAS/IFRS für die Einzelbilanz (2005), 189 f.; vgl. auch *Kahle*, WPg 2003, 262, 268.

1869 Vgl. *Kahle*, WPg 2003, 262, 268 f.; *Zeitler*, DB 2003, 1529, 1530; *Merschmeyer*, Die Kapitalschutzfunktion des Jahresabschlusses und Übernahme der IAS/IFRS für die Einzelbilanz (2005), 271.

1870 Siehe *Merschmeyer*, Die Kapitalschutzfunktion des Jahresabschlusses und Übernahme der IAS/IFRS für die Einzelbilanz (2005), 271 f.

1871 Vgl. *Schön*, WPg-Sonderheft 2001, S74, S76; *Merschmeyer*, Die Kapitalschutzfunktion des Jahresabschlusses und Übernahme der IAS/IFRS für die Einzelbilanz (2005), 271.

zur Kapitalaufbringung und zur Kapitalerhaltung würden auf Grund der Umgehungsmöglichkeiten auf der Ebene der Gewinnermittlung rechtspraktisch leer laufen.[1872]

Die aufgezeigten Objektivierungsdefizite ließen sich auch nur begrenzt durch die vom IASB anvisierte einheitliche Erfolgsrechnung beseitigen. Eine einheitliche Erfolgsrechnung, die zugleich durch die Anwendung adäquater Kriterien eine entsprechende Separierung der realisierten Erfolgsbeiträge ermöglicht, würde zwar die Transparenz der Ertragslage erhöhen. Das Ziel, eine Spaltung der unterschiedlichen Erfolgswirkungen entsprechend der ihnen zugrunde liegenden Unsicherheiten, würde jedoch leer laufen, wenn die Kriterien der Erfolgsspaltung nicht zugleich durch ein einheitliches, am Objektivitätskriterium ausgerichtetes Realisationsprinzip und intersubjektiv nachprüfbare Ansatz- und Bewertungskriterien unterlegt würden.

Der vorangestellte Befund dokumentiert zugleich, dass die Erfolgsermittlung unter Anwendung der endorsed IFRS erst recht keine Grundlage für eine bilanzielle Ausschüttungsbegrenzung auf der Ebene der Gewinnermittlung bietet. Die im Rahmen des normativen Modells präferierte Ausschüttungsbegrenzung auf der Ebene der Gewinnermittlung geht über die Implikationen der Kapitalrichtlinie hinaus und erfordert Gewinnermittlungsregeln, die eine Separierung des *entziehbaren* Gewinns ermöglichen. Dies wird durch die endorsed IFRS angesichts des erheblichen bilanzpolitischen Gestaltungsspielraums beim Ansatz, der Bewertung und der Erfolgsermittlung und der sehr rudimentären Erfolgsspaltung nicht gewährleistet.

Zusammenfassend lässt sich damit konstatieren, dass die endorsed IFRS nicht den Anforderungen der Ausschüttungsbemessungsfunktion der Rechnungslegung genügen.

Das die Erfolgsermittlung unter Anwendung der endorsed IFRS prägende Objektivitätsdefizit spricht zugleich auch gegen eine Eignung des IFRS-Abschlusses für die Bemessung der Zahlungsansprüche der Anteilseigner. Zugleich eignet sich ein IFRS-Abschluss auf Grund der aufgezeigten Defizite nicht als Grundlage für die Anknüpfung entsprechender Anreizinstrumente zur Überwindung der Interessendivergenzen zwischen dem Management und den Unternehmenseignern. Die

---

1872 In diesem Sinne auch *Schön*, ZHR 166 (2002), 1, 3; *Merschmeyer*, Die Kapitalschutzfunktion des Jahresabschlusses und Übernahme der IAS/IFRS für die Einzelbilanz (2005), 272.
Die nachhaltige Störung des Ineinandergreifes von Rechnungslegung und gläubigerschützenden Kapitalerhaltungsvorschriften durch die Anknüpfung der Ausschüttungsbemessungsregeln an den IFRS-Einzelabschluss wurde vom deutschen Gesetzgeber auch als primärer Grund dafür angeführt, von einer Ausübung der Option des Art. 5 IFRS-VO im Hinblick auf den Jahresabschluss bisher abzusehen. Vgl. Entwurf eines Gesetzes zur Einführung internationaler Rechnungslegungsstandards und zur Sicherung der Qualität der Abschlussprüfung (Bilanzrechtsreformgesetz – BilReG) v. 24. Juni 2004, BT-Drs. 15/3419, S. 23.

endorsed IFRS genügen demnach nicht den Anforderungen der im Rahmen des normativen Modells erarbeiteten Anreizfunktion der Rechnungslegung.[1873]

§ 12. Konsequenzen für das Europäische Bilanzrecht

Die Erkenntnisse der vorangestellten normativen Analyse der endorsed IFRS können sich nicht auf die Aussage beschränken, dass die ausgewählten Einzelstandards nicht den erarbeiteten Anforderungen des normativen Sollmodells entsprechen. Nachfolgend ist vielmehr herauszuarbeiten, welche Konsequenzen sich aus diesem Befund für das Europäische Bilanzrecht ergeben.

I. Endorsed IFRS und das true and fair view-Gebot

Durch die Inkorporation werden die IFRS dem allgemeinen Harmonisierungsziel des Europäischen Bilanzrechts unterstellt. Die Standards haben sich demnach an dem Ziel auszurichten, durch die Bereitstellung transparenter, entscheidungsnützlicher, vergleichbarer Unternehmensdaten den Rechnungslegungsadressaten zu schützen und die Funktionsweise eines einheitlichen Kapitalmarktes in der Gemeinschaft zu sichern.[1874]

Die Ausrichtung auf die Vollendung des Binnenmarktes für Finanzdienstleistungen und der Schutz der Anleger durch die Sicherung von Transparenz und Vergleichbarkeit der Abschlüsse nehmen damit in Parallelität zu den Zielsetzungen der Rechnungslegungsrichtlinien[1875] eine zentrale Bedeutung ein. Die Wahrung des europäischen öffentlichen Interesses und das darin enthaltene Ziel eines international anerkannten Europäischen Kapitalmarktes gebieten aber nicht nur eine weitgehende Konvergenz und internationale Akzeptanz der Rechnungslegungsbestimmungen, sondern zugleich auch qualitativ hochwertige Standards.[1876] Die endorsed IFRS haben demnach dem true and fair view und den sich daraus ergebenden Grundsätzen der Relevanz, Verständlichkeit, Vergleichbarkeit und Verlässlichkeit zu genügen. Das Ziel einer den tatsächlichen Verhältnissen entsprechenden Darstellung der Vermögens-, Finanz- und Ertragslage und die sich daraus ergebenden Rechungslegungsgrundsätze bilden den normativen Rahmen des Europäischen Bilanzrechts, in den sich die endorsed IFRS einzufügen haben.

1873 Zur Anreizfunktion der Rechnungslegung und den sich daraus ergebenden Implikationen vgl. § 8.IV.2)b), S. 339 ff. und § 8.IV.3)b), S. 346 f.

1874 Vgl. hierzu Art. 1 IFRS-VO, 4. Erwägungsgrund IFRS-VO, 1. und 3. Erwägungsgrund JAbRL, Art. 44 Abs. 2 lit. g EG, vgl. auch § 4.II.4)c)bb)(1), S. 151 ff.

1875 Zur Zielkonzeption der Rechnungslegungsrichtlinien siehe § 3.I, S. 17 ff. und § 3.II.2)a)aa), S. 26 ff.

1876 *Scheffler*, FS Jürgen Krumnow (2004), 55, 61. Zu den Rechnungslegungszielen und -grundsätzen der endorsed IFRS vgl. im Einzelnen auch § 4.II.4)c)bb), S. 150 ff.

Durch das Endorsement eines einzelnen Standards bringt der europäische Gesetzgeber zum Ausdruck, dass dieser den Rechnungslegungszielen und -grundsätzen des Europäischen Bilanzrechts genügt.

Diese gesetzgeberische Wertung bestätigt sich allerdings im Rahmen der normativen Analyse der endorsed IFRS nicht. Das Ergebnis der normativen Analyse zeigt grundlegende Defizite ausgewählter endorsed IFRS auf. Demnach bieten die endorsed IFRS in ihrer Gesamtheit vor allem auf Grund der immanenten Objektivitätsdefizite und der erheblichen Gestaltungsspielräume keine Gewähr für die Bereitstellung entscheidungsnützlicher, vergleichbarer Informationen. Sie eignen sich nur eingeschränkt für die Befriedigung der Informationsansprüche der Rechnungslegungsadressaten und der Märkte. Einzelne Standards widersprechen folglich den qualitativen Grundsätzen des Europäischen Bilanzrechts.

Die Ziel- und Generalnorm des true and fair view und die daraus fließenden Grundsätze der Rechnungslegung bedürfen grundsätzlich einer weiteren Konkretisierung durch Einzelbestimmungen der Rechnungslegung. Zwischen der Generalnorm und den konkreten Rechnungslegungsbestimmungen besteht daher ein interdependentes Verhältnis. Die endorsed IFRS und die Einzelbestimmungen der modernisierten Rechnungslegungsrichtlinie fungieren demnach einerseits als inhaltliche Konkretisierungen der Generalnorm. Sie sind aber andererseits als Ausprägung des true and fair view-Gebots im Lichte dieser grundsätzlichen Inhaltsnorm auszulegen und haben die durch sie gesetzten normativen Grenzen zu achten.

Die in der Jahresabschlussrichtlinie und durch die endorsed IFRS vollzogene Hinwendung zu einer fair value-Bewertung führt somit zu Veränderungen des Sinngehalts des true and fair view-Gebots.[1877] Dennoch haben die normierten Bewertungsgrundsätze den durch den Grundsatz der Relevanz, Verständlichkeit, Vergleichbarkeit und Verlässlichkeit gesetzten qualitativen Anforderungen zu genügen. Dieser wechselseitige Wertungs- und Auslegungszusammenhang[1878] zwischen der Generalnorm und den Rechnungslegungsgrundsätzen des Europäischen Bilanzrechts einerseits und den endorsed IFRS andererseits wurde im Rahmen des Endorsement nicht durchweg beachtet. Die uneingeschränkte Inkorporation des IAS 38 „Immaterielle Vermögenswert“ und der Bewertungsgrundsätze (z.B. IAS 16, IAS 40), trotz der aufgezeigten Widersprüche zu den Rechnungslegungsgrundsätzen, lässt sich etwa nur schwer als eine Wertung der qualitativen Konformität der Standards mit dem europäischen true and fair view-Grundsatz verstehen. Die Entscheidung des Europäischen Gesetzgebers scheint eher durch das pragmatische Streben nach Konvergenz als durch die Zielsetzung qualitativ hochwertiger Standards geprägt zu sein.[1879]

1877 So auch *Wüstemann/Kierzek*, Accounting in Europe Vol. 2 (2005), 69, 73.
1878 *Heinrichs*, Die Wahlrechte im Bilanzrecht der Kapitalgesellschaften (1999), 143.
1879 Vgl. *Wüstemann/Kierzek*, Accounting in Europe Vol. 2 (2005), 69, 72f.

Das in den Zielsetzungen der IFRS-Anwendungsverordnung angelegte Spannungsverhältnis zwischen dem Ziel standardisierter, international anerkannter Rechnungslegungsstandards und qualitativ hochwertiger Rechnungslegungsbestimmungen wird zu Lasten der Qualität der Rechnungslegung aufgelöst.

Die Erkenntnisse unterstreichen die Mahnung an den Gemeinschaftsgesetzgeber, die ihm durch das Endorsement-Verfahren gegebenen Möglichkeiten zur Wahrung einer qualitativ hochwertigen Weiterentwicklung des Europäischen Bilanzrechts zu nutzen. Die bestehenden Widersprüche zwischen einzelnen endorsed IFRS und den normativen Grundsätzen des Europäischen Bilanzrechts sind zudem soweit wie möglich durch eine zielkonforme Auslegung der Standards durch den Rechnungslegenden, durch die nationalen Gerichte und in letzter Instanz durch den EuGH aufzulösen. So lassen sich die im Rahmen der IAS 16 „Sachanlagen“ und IAS 40 „Als Finanzinvestitionen gehaltene Immobilien“ offerierten Gestaltungsspielräume etwa durch eine Auslegung im Sinne des true and fair view-Gebots und des daraus fließenden Objektivitätserfordernis eingrenzen. Dennoch findet eine solche Auslegung ihre Grenzen im Wortlaut der Standards. Eine zielkonforme Auslegung vermag die aufgezeigten Defizite der endorsed IFRS demnach nur begrenzt auszugleichen. Es bleibt ein normativer Widerspruch.

Fraglich ist, welche Konsequenzen sich aus diesen Erkenntnissen für die Bewertung der durch die IFRS-Anwendungsverordnung erfolgten gesetzgeberischen Entscheidung und für die verbleibenden Handlungsalternativen des europäischen und des nationalen Gesetzgebers ergeben.

Den Informationsbedürfnissen der internationalen, dynamischen Kapitalmärkte kann nur durch international anerkannte, vergleichbare Rechnungslegungsbestimmungen genügt werden. Kapitalmarktorientierte Unternehmen und die europäischen Finanzmärkte benötigen demnach zur Stärkung ihrer Position im internationalen Wettbewerb international anerkannte Rechnungslegungsstandards. Die IFRS stellen hierbei gegenüber den US-GAAP, wie bereits erläutert wurde,[1880] die vorzugswürdige Alternative dar. Die Wahrung der europäischen Interessen bedingt folglich eine Integration internationaler Rechnungslegungsstandards.

Das Ziel standardisierter Rechnungslegungsregelungen als Legitimationskriterium zeigt zugleich aber die Grenzen der gesetzgeberischen Entscheidung für eine verbindliche Anwendung der endorsed IFRS auf. Die qualitativen Defizite der endorsed IFRS begründen berechtigte Zweifel an der Legitimität einer weiteren Ausweitung des Anwendungsbereichs der endorsed IFRS.

Welcher gesetzgeberische Spielraum dem europäischen und dem nationalen Gesetzgeber vor dem Hintergrund dieser Erkenntnis noch verbleibt und wie dieser vor allem im Hinblick auf den Einzelabschluss auszufüllen ist, soll im Folgenden näher untersucht werden.

1880 Vgl. § 4.I, S. 103 ff.

Als wichtige Determinante der gesetzgeberischen Entscheidung ist zu berücksichtigen, dass sowohl der europäische als auch der nationale Gesetzgeber gehalten sind, die bestehenden Spielräume so auszuüben, dass die Position und Interessen der Unternehmen bestmöglich gewahrt werden. Eine umfängliche Spaltung des Bilanzrechts durch die parallele Anwendung vollkommen unterschiedlicher Rechnungslegungssysteme ist sowohl aus rechtspraktischen als auch aus ökonomischen Gründen zu vermeiden.[1881]

II. Gestaltungsspielraum des europäischen Gesetzgebers

Der europäische Gesetzgeber verpflichtet bisher allein kapitalmarktorientierte Unternehmen zur Anwendung der endorsed IFRS für die Konzernrechnungslegung (Art. 4 IFRS-VO). Neben den endorsed IFRS finden sekundär die Bestimmungen der Rechnungslegungsrichtlinien Anwendung. Im Rahmen des verpflichtenden Regelungsgehalts der IFRS-Anwendungsverordnung verdrängen die inkorporierten IFRS als unmittelbar anwendbares Gemeinschaftsrecht das in Umsetzung der Rechnungslegungsrichtlinien geltende nationale Recht.[1882] Diese Dispenswirkung der inkorporierten IFRS kann durch die Mitgliedstaaten auf der Grundlage der Mitgliedstaatenoptionen des Art. 5 IFRS-VO erweitert werden.

Der Ist-Zustand des Europäischen Bilanzrechts ist folglich durch die Anwendung paralleler gesellschaftsrechtlicher und kapitalmarktrechtlicher Rechnungslegungssysteme gekennzeichnet. Das spezifische Zusammenwirken zwischen den Rechnungslegungsrichtlinien und den kapitalmarktbezogenen Sonderbestimmungen der endorsed IFRS und der Transparenzrichtlinie einerseits und die kontinuierliche Überarbeitung der Rechnungslegungsrichtlinien mit Blick auf die IFRS andererseits wirken einer Spaltung des Bilanzrechts entgegen.[1883]

1) Erweiterung des Anwendungsbereichs der endorsed IFRS?

Diese Parallelität gesellschaftsrechtlicher und kapitalmarktrechtlicher Rechnungslegungsanforderungen könnte durch eine Erweiterung des Pflichtanwendungsbereiches der IFRS-Anwendungsverordnung aufgehoben werden. Die endorsed IFRS könnten zum einen zum einheitlichen Rechnungslegungssystem der Jahres-

---

1881 So im Grundsatz auch *Sprissler*, in: *Institut der Wirtschaftsprüfer* (Hrsg.), Kapitalmarktorientierte Unternehmensüberwachung (2001), 85, 98.
1882 Zwischen den Richtlinien und der Verordnung selbst gibt es keine direkten Interaktionen, da nur letztere unmittelbar auf die Gesellschaften anwendbar ist. Es handelt sich vielmehr um eine Interaktion zwischen dem nationalen Recht und der IFRS-Anwendungsverordnung, die nach dem Grundsatz des Vorrangs des Gemeinschaftsrechts aufzulösen ist. Vgl. auch die Kommentare der Kommission zu bestimmten Artikeln der Verordnung (EG) Nr. 1606/2002 und zur Richtlinie 78/660/EWG und Richtlinie 83/349/EWG, 3.1. (Fn. 372).
1883 Vgl. hierzu § 5, S. 166 ff.

und Konzernbilanzierung aller Kapitalgesellschaften erhoben werden.[1884] Ebenso denkbar wäre die Integration der endorsed IFRS als einheitliche kapitalmarktorientierte Rechnungslegungsstandards für den Einzel- und Konzernabschluss der am Kapitalmarkt agierenden Unternehmen.

Beide Regelungsmöglichkeiten stellen zum gegenwärtigen Zeitpunkt keine adäquate Handlungsalternativen des Gemeinschaftsgesetzgebers dar.

Die eingeschränkte Eignung eines IFRS-Einzelabschlusses für die Vermittlung entscheidungsnützlicher, vergleichbarer Informationen und die fehlende Kapitalschutzadäquatheit der endorsed IFRS sprechen gegen eine verpflichtende Anwendung der endorsed IFRS auf den Einzelabschluss.[1885] Eine generell einheitliche Rechnungslegung im Einzel- und Konzernabschluss unter Anwendung der endorsed IFRS bzw. eine isolierte Erstreckung des Anwendungsbereichs der Standards auf den Einzelabschluss der kapitalmarktorientierten Unternehmen wären daher zum jetzigen Zeitpunkt nicht interessengerecht.

Die fehlende Eignung der endorsed IFRS zur Befriedigung der vielseitigen, durch das nationale Bilanzrecht der Mitgliedstaaten geprägten Rechnungslegungsfunktionen des Einzelabschlusses verbieten zum gegenwärtigen Zeitpunkt vor dem Hintergrund des Verhältnismäßigkeitsgrundsatzes eine Normierung einer verbindlichen IFRS-Bilanzierung für den Einzelabschluss auf der europäischen Regelungsebene.

Der Pflichtanwendungsbereich der endorsed IFRS sollte sich folglich auch künftig auf den Konzernabschluss der kapitalmarktorientierten Unternehmen beschränken.

2) Reformierung der Jahresabschlussrichtlinie

Trotz und wegen dieses Befunds sollte der Gemeinschaftsgesetzgeber die bestehende Dynamik im Bereich des Bilanzrechts auf nationaler und europäischer Ebene als Chance nutzen, auf der Grundlage der Jahresabschlussrichtlinie einen adäquaten Rahmen für eine interessengerechte Bilanzierung im Einzelabschluss zu schaffen.

Die anzustrebende Reformierung der Jahresabschlussrichtlinie sollte sich zur Vermeidung einer Spaltung des Bilanzrechtes und der damit verbundenen negativen Effekte stark an den endorsed IFRS ausrichten, ohne aber die Defizite dieses Rechnungslegungssystems zu ignorieren.

1884 Für eine umfassende Öffnung des Einzel- und Konzernabschlusses für die IFRS auf der Ebene des nationalen Bilanzrechts plädieren etwa *Böcking*, WPg 2001, 1433, 1438f.; *Niehues*, WPg 2001, 1209–1222.

1885 In dem Sinne, wenn auch bezogen auf das nationale Bilanzrecht, auch *Arbeitskreis Bilanzrecht der Hochschullehrer Rechtswissenschaft*, BB 2002, 2372, 2381; *Euler*, BB 2002, 875; 880; *Kirsch*, WPg 2003, 275, 276f.; *Kleindiek*, in: Gesellschaftsrechtliche Vereinigung (Hrsg.), Gesellschaftsrecht in der Diskussion 2002 (2003), 115; 131; *Schmiel*, in: Gesellschaftsrechtliche Vereinigung (Hrsg.), Gesellschaftsrecht in der Diskussion 2002 (2003), 143, 152–156.

Die normative Analyse der allgemeinen Ansatz-, Bewertungs- und Erfolgsermittlungskriterien und der formellen Darstellungsanforderungen der endorsed IFRS verdeutlicht, dass sich eine solche Reformierung der Jahresabschlussrichtlinie in vielen Bereichen direkt an den endorsed IFRS orientieren kann. Sie bietet aber auch Hinweise auf die Mängel der Standards und damit die Regelungsbereiche, in denen eine modernisierte Jahresabschlussrichtlinie von den IFRS abweichen bzw. über diese hinausgehen sollte.

Das Bestehen von abweichenden und weiterreichenden Regelungen in der Jahresabschlussrichtlinie würde sich auch nicht in Widerspruch zu den Endorsement-Kriterien der IFRS-Anwendungsverordnung setzen. Art. 3 IFRS-VO verlangt allein die Achtung des true and fair view-Gebots des Art. 2 Abs. 3 JAbRL und der daraus abzuleitenden Rechnungslegungsgrundsätze. Ein Gleichlauf der IFRS mit den Einzelbestimmungen der Richtlinien wird nicht verlangt.[1886]

Durch eine solche zukunftsgerichtete Überarbeitung der Jahresabschlussrichtlinie würde die Position des europäischen Rechtsraums im internationalen Regulierungswettbewerb und auf den internationalen Kapitalmärkten bedeutend gestärkt. Eine eigenständige europäische Weiterentwicklung der Rechnungslegung würde zudem auch den nötigen Innovationsdruck auf das IASB erhöhen.

3) Interessengerechte Weiterentwicklung der endorsed IFRS

Eine Reformierung der Jahresabschlussrichtlinie sollte natürlich Hand in Hand gehen mit einem politischen und regulativen Einwirken auf das IASB. Den Organen der Europäischen Gemeinschaft obliegt es, die ihnen durch das Endorsementverfahren und durch das politische Gewicht der Gemeinschaft verliehenen Einflussmöglichkeiten auf den Standardsetzer auszuüben, um eine interessengerechte Weiterentwicklung der endorsed IFRS sicher zu stellen. Das aktuelle IASB-Projekt zum Performance-Reporting ist nur ein Beispiel für die Gestaltbarkeit der IFRS durch ein abgestimmtes europäisches Vorgehen. Wichtig ist hier, dass die Wahrnehmung der Interessen der nationalen und europäischen Interessenverbände der verschiedenen Rechnungslegungsadressaten, Abschlussprüfer und Standardsetzer auf europäischer Ebene besser koordiniert wird, um den bestmöglichen, strukturierten Einfluss auf den Standardsetzungsprozess nehmen zu können.[1887]

Aber nicht nur auf der Ebene der Standardsetzung, sondern auch im Rahmen der Anwendung und der Auslegung sind die endorsed IFRS als europäische Standards

---

1886 Vgl. etwa den 9. Erwägungsgrund der IFRS-Anwendungsverordnung, Verordnung (EG) Nr. 1606/2002, ABl. 2002 L 243/1 (Fn. 5); *van Hulle*, in: *Baetge* (Hrsg.), Übergang der Rechnungslegung vom HGB zu den IFRS (2004), 131, 136f.

1887 Die von der EFRAG und den nationalen Standardsettern beschlossene engere Zusammenarbeit im Rahmen der „Proactive Accounting Activities in Europe" und die Initiative der EFRAG zur eigenen Umstrukturierung zur Stärkung des europäischen Einflusses auf die Standardsetzung des IASB vom July 2008 („EFRAG enhancement") sind ein wichtiger Schritt. Eine Übersicht über die Initiativen und Aktivitäten findet sich unter http://www.efrag.org.

weiterzuentwickeln. Dem Gerichtshof Erster Instanz und dem Europäischen Gerichtshof kommt hier eine verantwortungsvolle Aufgabe zu. Auf der Grundlage der dargestellten normativen Grundsätze des Europäischen Bilanzrechts sind die endorsed IFRS von einem einzelfallbezogenen Rechnungslegungssystem zu einem in sich geschlossenen, prinzipienorientierten System der externen Rechnungslegung fortzuentwickeln.

Zusammenfassend lässt sich folglich konstatieren, dass die Reformierung der Jahresabschlussrichtlinie in Verbindung mit einer regulativen und interpretativen Weiterentwicklung der endorsed IFRS eine gute Grundlage für einen modernen, interessengerechten und funktionsadäquaten Rechnungslegungsrahmen in Europa bilden würde.[1888] Ein solcher normativer Rahmen würde nicht allein die erforderliche Internationalität der Rechnungslegungsbestimmungen, sondern vor allem deren Funktionsadäquatheit als wichtige Determinanten eines zukunftsorientierten Rechnungslegungssystems achten.

III. Gestaltungsspielraum des nationalen Gesetzgebers

Wenn auch die Betrachtung der Implikationen der Internationalisierung der Rechnungslegung auf den europäischen Rechtsrahmen des Bilanzrechts im Vordergrund der vorliegenden Arbeit stehen,[1889] sollen im Folgenden kurz auch allgemeine Konsequenzen aus den vorstehenden Erkenntnissen für den nationalen Gesetzgeber formuliert werden.

Die IFRS-Anwendungsverordnung räumt den Mitgliedstaaten umfassende Gestaltungsmöglichkeiten ein. Den Mitgliedstaaten steht es nach Art. 5 IFRS-VO frei, den Pflichtanwendungsbereich auch auf den Einzelabschluss der nicht-kapitalmarktorientierten und/oder kapitalmarktorientierten Unternehmen in Form einer verbindlichen nationalen Regelung oder eines Unternehmenswahlrechts zu erstrecken. Zugleich können die Mitgliedstaaten die endorsed IFRS zum verbindlichen Rechnungslegungssystem für den Konzernabschluss nicht-kapitalmarktorientierter Unternehmen erklären oder den Unternehmen ein entsprechendes Wahlrecht einräumen.

Auf der Grundlage der optionalen Regeln der IFRS-Anwendungsverordnung und der „modernisierten" Rechnungslegungsrichtlinien haben die Mitgliedstaaten demnach mehrere Möglichkeiten einer Hinwendung bzw. Anpassung der nationalen Rechnungslegungsvorschriften an die IFRS:[1890] Ihnen steht es zum einen frei,

---

1888 Vorschlag für eine Richtlinie des Europäischen Parlamentes und des Rates zur Änderung der Richtlinien 78/660/EWG, 83/349/EWG- und 91/674/EWG über den Jahresabschluss und den konsolidierten Abschluss von Gesellschaften bestimmter Rechtsformen sowie Versicherungsunternehmen v. 28. Mai 2002, KOM (2002) 259.

1889 Zur Abgrenzung des Untersuchungsgegenstandes und Begriffsbestimmung des Europäischen Bilanzrechts siehe § 2, S. 7f.

1890 Vgl. *van Hulle*, in: *Baetge* (Hrsg.), Übergang der Rechnungslegung vom HGB zu den IFRS (2004), 131, 140.

den Anwendungsbereich der IFRS-Anwendungsverordnung durch die Ausübung der Mitgliedstaatenoptionen (Art. 5 IFRS-VO) im Wege einer autonomen Entscheidung auszudehnen. Zum anderen ermöglichen ihnen die geänderten Rechnungslegungsrichtlinien eine richtlinienkonforme indirekte Anpassung des nationalen Rechts an die IFRS. Das sich so ergebende Zusammenspiel der Rechnungslegungsrichtlinien und der IFRS-Anwendungsverordnung offeriert den Mitgliedstaaten damit ein Instrument zur zeitlich und funktionell flexiblen Transformation der nationalen Rechnungslegung hin zu den IFRS.[1891]

Zu den möglichen und wünschenswerten Handlungsalternativen des nationalen Gesetzgebers auf der Grundlage der europarechtlichen Rechnungslegungsbestimmungen existiert ein vielfältiges Meinungsbild in der Literatur. Die vorgeschlagenen Alternativen reichen von einer umfänglichen Öffnung des nationalen Bilanzrechts zugunsten der endorsed IFRS[1892] bis zu einer vehementen Verteidigung der nationalen Rechnungslegungsbestimmungen[1893]. Eine vermittelnde Auffassung schlägt eine Beschränkung der Dispenswirkung eines IFRS-Einzelabschlusses auf die kapitalmarktorientierten Unternehmen bzw. die Implementierung eines „Zwei Säulen-Modells“ für den Einzelabschluss der kapitalmarktorientierte Gesellschaften vor.[1894] Zur Kompensation der Defizite eines IFRS-Einzelabschlusses werden zudem die Integration einer Überleitungsrechnung bzw. die Implementierung von gesetzlichen Ausschüttungsrestriktionen auf der Ebene der Gewinnverwendung diskutiert.[1895]

Der nationale Gesetzgeber sollte sich bei der Ausübung der ihm durch die IFRS-Anwendungsverordnung und die Rechnungslegungsrichtlinien eingeräumten Gestaltungsoptionen primär durch die Erkenntnis leiten lassen, dass ein IFRS-Abschluss keine Gewähr für einen Einzelabschluss bietet, der den Anforderungen der Informations- und der Ausschüttungsbemessungsfunktion genügt.

Das im Rahmen der vorliegenden Arbeit entwickelte normative Modell hat dennoch gezeigt, dass eine informative Rechnungslegung nicht zwingend zu einer Auflösung des inneren Zusammenhangs zwischen Gesellschaftsrecht und Rechnungslegung im Bereich des Gläubigerschutzes führen muss.[1896] Die Abfassung von Rechnungslegungsbestimmungen, die zugleich den Informationsbedürfnis-

1891 Vgl. *Böcking*, in: *Baetge* (Hrsg.), Übergang der Rechnungslegung vom HGB zu den IFRS (2004), 103, 109.

1892 Siehe Nachweise Fn. 1884.

1893 Vgl. etwa *Schildbach*, BFuP 2002, 263, 276.

1894 Siehe *Deutsches Rechnungslegungs Standards Committee e. V.* (DSR), Stellungnahme an das BMJ zur EU-Verordnung und Anwendung der IAS vom 24. Oktober 2002, S. 3, abrufbar unter http://www.standardsetter.de/drsc/docs/comments/own/BMJ_2002-10-20.pdf.

1895 Eine Implementierung von gesetzlichen Ausschüttungsrestriktionen wird u.a. vorgeschlagen von *Ernst*, in: *Kleindiek/Oehler* (Hrsg), Die Zukunft des deutschen Bilanzrechts (2000), 41, 47; *Buchholz*, DStR 2002, 1280, 1284; *Busse von Colbe*, ZfbF 2002, 167, 170; *Kahle*, WPg 2003, 262, 270f.; *Hoffmann/Lüdenbach*, GmbHR 2004. 145, 146; diskutiert auch von *Strobl*, FS Hermann Clemm (1996), 389, 409f.; *Küffer/Hock*, BFuP 1998, 57, 61; *Pellens/Gassen*, KoR 2001, 137, 140.

1896 So aber etwa *Buck, Petra*, JZ 2004, 883, 886.

sen der Rechnungslegungsadressaten und einer nicht gläubigerschädigenden Ausschüttungsbemessung dienen, ist demnach ein durchaus erstrebenswertes Ziel.

Vor dem Hintergrund dieser Erkenntnisse stellt die befreiende Öffnung des Einzelabschlusses für die endorsed IFRS, sei es für alle Kapitalgesellschaften oder beschränkt auf die kapitalmarktorientierten Unternehmen, zum jetzigen Zeitpunkt keine interessengerechte Regelungsalternative dar.[1897] Die aufgezeigten Defizite eines IFRS-Abschlusses in Hinblick auf die Ausschüttungsbemessungsfunktion und Informationsfunktion ließen sich zudem auch nicht durch die Integration einer entsprechenden Überleitungsrechnung oder die Implementierung von Ausschüttungsrestriktionen auf der Ebene der Gewinnverwendung kompensieren. Der Anpassungsbedarf der endorsed IFRS würde den IFRS-Abschluss, wie die Einzelanalyse gezeigt hat, nach dem jetzigen Regelbestand fast in seiner Gesamtheit erfassen und demnach faktisch eine doppelte Buchführung und Bilanzierung bedingen.[1898]

Ebenso erscheint die Einführung eines verbindlichen „Zwei-Säulen-Modells“, bestehend aus einem IFRS-Einzelabschluss und einem Einzelabschluss unter Achtung der nationalen Rechnungslegungsbestimmungen, nicht wünschenswert.

Kapitalmarktorientierten Unternehmen die Verpflichtung zur Erstellung paralleler Einzelabschlüsse unter Anwendung der endorsed IFRS und eines adäquateren informations- und kapitalschutzbedachten Rechnungslegungssystems aufzuerlegen, bedarf bereits angesichts der damit verbundenen Kostenlast einer besonderen Rechtfertigung.

Die Erstreckung der endorsed IFRS auf den Einzelabschluss der kapitalmarktorientierten Unternehmen wird zumeist mit den damit verbundenen positiven Effekten für die Funktionsfähigkeit des nationalen Kapitalmarktes begründet.[1899] Standardisierte, international anerkannte Rechnungslegungsstandards entsprächen am ehesten den Informationsbedürfnissen der Investoren und der Märkte. Unge-

1897 In diesem Sinne auch *Arbeitskreis Bilanzrecht der Hochschullehrer Rechtswissenschaft*, BB 2002, 2372, 2381; *Euler*, BB 2002, 875; 880; *Schildbach*, BFuP 2002, 263, 276; *Kirsch*, WPg 2003, 275, 276 f.; *Kleindiek*, in: Gesellschaftsrechtliche Vereinigung (Hrsg.), Gesellschaftsrecht in der Diskussion 2002 (2003), 115; 131; *Schmiel*, in: Gesellschaftsrechtliche Vereinigung (Hrsg.), Gesellschaftsrecht in der Diskussion 2002 (2003), 143, 152–156; *Schulze-Osterloh*, ZIP 2003, 93, 101; *Zeitler*, DB 2003, 1529; 1534; *Merschmeyer*, Die Kapitalschutzfunktion des Jahresabschlusses und Übernahme der IAS/IFRS für die Einzelbilanz (2005), 298.

1898 Vgl. *Kleindiek*, in: Gesellschaftsrechtliche Vereinigung (Hrsg.), Gesellschaftsrecht in der Diskussion 2002 (2003), 115; 132; *Merschmeyer*, Die Kapitalschutzfunktion des Jahresabschlusses und Übernahme der IAS/IFRS für die Einzelbilanz (2005), 296. Ablehnend gegenüber diesem Kombinationsmodell von IFRS-Einzelabschluss und Überleitungsrechnung bzw. der Implementierung von Ausschüttungsrestriktionen auf der Ebene der Gewinnverwendung auch *Arbeitskreis Bilanzrecht der Hochschullehrer Rechtswissenschaft*, BB 2002, 2372, 2376; *Kleindiek*, in: Gesellschaftsrechtliche Vereinigung (Hrsg.), Gesellschaftsrecht in der Diskussion 2002 (2003), 115; 132 f.; *Schmiel*, in: Gesellschaftsrechtliche Vereinigung (Hrsg.), Gesellschaftsrecht in der Diskussion 2002 (2003), 143, 159–161.

1899 Vgl. *Merschmeyer*, Die Kapitalschutzfunktion des Jahresabschlusses und Übernahme der IAS/IFRS für die Einzelbilanz (2005), 310. Zu weiteren Vorteilen der Vereinheitlichung der Rechnungslegung vgl. auch *Böcking*, WPg 2001, 1433, 1438 f.; *Haller*, KoR 2003, 413, 414 f.

achtet der oben begründeten Kritik an grundlegenden Bestimmungen der endorsed IFRS sei die Anwendung internationaler Rechnungslegungsstandards auf Grund der damit verbundenen Standardisierung der Unternehmensberichterstattung mit positiven Netzwerkeffekten[1900] verbunden. Die Wirtschaftlichkeit der Vereinheitlichung durch Herabsetzung der Informationskosten und der Transaktionskosten im Allgemeinen sprächen für eine möglichst weit reichende Standardisierung der Rechnungslegungsregeln.[1901]

Diese auf die Herstellung von Einheitlichkeit gerichtete Argumentation verkennt jedoch zum einen die mit einer solchen Standardisierung verbundenen Kosten und zum anderen die negativen Effekte eines funktionsinadäquaten Rechnungslegungssystems. Der Einsparung von Transaktionskosten durch die Minimierung der Unterschiedlichkeit der Regelungen stehen vor allem erhebliche Petrifizierungskosten gegenüber.[1902] Versteht man Regulierungsprozesse richtigerweise als Lernprozesse, steht die Qualität der Lösungen in einem interdependenten Verhältnis zu den Quellen, aus denen dieser Prozess gespeist wird.[1903] Versiegen infolge von Vereinheitlichungsprozessen einige dieser Innovationsquellen, so beeinträchtigt dies die Qualität des Prozesses. Ein Innovationsfluss aus dem Wettbewerb unterschiedlicher Problemlösungen findet nicht mehr statt. Zugleich bedingt eine Standardisierung eine Versteinerung (lock-in-Effekt), die die Chancen und Anreize einer Regelungsanpassung verschlechtern.[1904]

Diese Kosten der Standardisierung würden zudem noch erhöht, wenn die Vereinheitlichung wie vorliegend auf ein Rechnungslegungssystem bezogen wäre, das nur ungenügende Problemlösungen bereitstellt. Hinzu kommt die erhebliche Kostenlast, die mit der Erstellung der beiden unterschiedlichen Einzelabschlüsse verbunden ist, da von der Pflicht zur Erstellung eines parallelen informations- und kapitalschutzadäquaten Jahresabschlusses auf Grund der aufgezeigten Defizite der endorsed IFRS nicht dispensiert werden kann.

Wägt man die positiven und negativen Nutzeneffekte eines verbindlichen IFRS-Einzelabschlusses für kapitalmarktorientierte Unternehmen ab, so sprechen nach dem jetzigen Regelungsstand der endorsed IFRS die überwiegenden Gründe gegen das kapitalmarktorientierte „Zwei-Säulen-Modell“. Den kapitalmarktorientierten Unternehmen sollte es wie auch den anderen Unternehmen frei stehen, einen zusätzlichen IFRS-konformen Jahresabschluss zu erstellen. Von der Normierung einer verbindlichen Rechnungslegungspflicht sollte aber abgesehen werden.

1900 Zu den Netzwerkeffekten vgl. *Ballwieser*, DBW 2001, 640, 645; *Pellens/Gassen*, KoR 2001, 137, 139.

1901 Vgl. *Maret/Wepler*, FS Claus-Peter Weber (1999), 37, 38–40f.

1902 Vgl. *Kirchner*, FS Adolf Moxter (1994), 601, 609f.; *ders.*, Jahrbuch für neue politische Ökonomie, Bd. 18 Globalisierung und Rechtsordnung (1999), 100, 110, 116f.

1903 Vgl. *Kirchner*, in: Jahrbuch für neue politische Ökonomie, Bd. 18 Globalisierung und Rechtsordnung (1999), 100, 110.

1904 Vgl. *Kirchner*, FS Adolf Moxter (1994), 601, 609f.; *Kampmann*, Between Standardisation and Systems Competition (2003), 1, 6f.

Der durch das Zusammenspiel einer (reformierten) Jahresabschlussrichtlinie und der IFRS-Anwendungsverordnung eröffnete Gestaltungsspielraum sollte durch die Mitgliedstaaten vielmehr für eine zeitlich und funktionell flexible Transformation der nationalen Rechnungslegung genutzt werden.

Der durch die IFRS-Anwendungsverordnung eingeleitete Diskussions- und Innovationsprozess auf nationaler Ebene bietet dem nationalen Gesetzgeber die Möglichkeit, die bestehende Verkrustung des nationalen Bilanzrechts aufzubrechen. Nationale Besonderheiten in der Rechnungslegung sind auf ihre institutionelle Legitimität hin zu überprüfen und zur Diskussion zu stellen. Die daraus zu erlangenden Erkenntnisse bilden eine gute Grundlage für eine funktionelle Weiterentwicklung der nationalen Rechnungslegungsbestimmungen und dienen zugleich der Belebung des Innovationswettbewerbs im europäischen Rechtsraum. Diese Weiterentwicklung sollte sich zur Vermeidung einer inneren Spaltung des Bilanzrechts an den endorsed IFRS orientieren, aber auch die Defizite dieses Rechnungslegungssystems in die Überlegungen mit einfließen lassen.[1905]

1905 Für eine solche Modernisierung des nationalen Bilanzrechts plädieren auch *Schulze-Osterloh*, ZIP 2003, 93, 100f.; vgl. auch *Zabel*, WPg 2002, 919, 923. Erste Anknüpfungspunkte für eine Fortentwicklung des deutschen Bilanzrechts finden sich bei *Jessen/Weller*, DStR 2005, 489–493; 532–536.

Schlussbetrachtung und Ausblick

Die einführende Feststellung, dass das Bilanzrecht in Europa einen grundlegenden Wandel erfährt, hat sich bestätigt.

Die Integration kapitalmarktorientierter Rechnungslegungsanforderungen insbesondere durch die IFRS-Anwendungsverordnung hat bereits zum jetzigen Zeitpunkt das Gesamtgefüge des Europäischen Bilanzrechts grundlegend verändert. Die IFRS-Anwendungsverordnung verpflichtet die kapitalmarkorientierten Unternehmen, ihren konsolidierten Abschluss nach den endorsed IFRS zu erstellen. Zugleich hat die Neuausrichtung der kapitalmarktorientierten Rechnungslegung eine Modernisierung der lange Zeit in ihrer Bedeutung diskreditierten Rechnungslegungsrichtlinie in Gang gesetzt. Die Reformierung der Richtlinie richtet sich in vielen Einzelfragen zwar stark an den endorsed IFRS aus, betont aber auch schon jetzt in Einzelfragen die Eigenständigkeit des Europäischen Bilanzrechts. Beispielhaft zeigt sich dies an der Fortentwicklung der Lageberichterstattung in der Jahresabschluss- und Konzernabschlussrichtlinie.

Das spezifische Zusammenwirken der (überarbeiteten) Rechnungslegungsrichtlinien und der endorsed IFRS hat nicht nur Rückwirkungen auf den Normbestand und die Auslegung der Richtlinien. Durch die Einbindung der endorsed IFRS in das normative Gerüst des Europäischen Bilanzrechts haben die Standards sowohl in ihrer Rechtsnatur als auch in ihrer normativen Ausrichtung einen Wandel zu europaspezifischen IFRS vollzogen. Es ist Aufgabe der Rechtspraxis und vor allem des EuGH, den dadurch vollzogenen normativen Wandel durch eine adäquate Rechtsfortbildung der IFRS hin zu prinzipienorientierten, standardisierten Rechnungslegungsbestimmungen weiterzuführen.

Die Erhebung der Standards zu sekundären, verbindlichen Gemeinschaftsrechtsnormen hat zugleich auch den Innovationsdruck auf das IASB als Standardsetzer erhöht. Die Überarbeitung des IAS 39 „Finanzinstrumente: Ansatz und Bewertung" nach der ablehnenden Haltung der europäischen Gremien ist nur ein Beispiel für den politischen Einfluss der Europäischen Gemeinschaft auf den Standardsetzungsprozess. Die IFRS in ihrer Gesamtheit werden durch die Integration in die europäische Rechtsordnung einem grundlegenden Praxistest unterzogen, der, wie die Einzelanalyse ausgewählter Standards gezeigt hat, nicht immer die Euphorie des erstens Anscheins stützt.

Das IASB sieht sich der Aufgabe gegenüber, die durch den eingeleiteten Innovationsprozess erlangten Erkenntnisse für eine funktionsgerechte Weiterentwicklung nutzbar zu machen. Der Standardsetzer sollte sich nicht allein an der Relevanz, sondern auch an dem Erfordernis der Verlässlichkeit der Abschlussinformationen ausrichten. Die Erkenntnisse der normativen Analyse sowie die Erfahrungen der Bilanzskandale der letzten Jahre haben deutlich gemacht, dass auch von einer kapitalmarktorientierten Rechnungslegung nicht nur relevante, sondern mindestens in gleichem Maße auch zuverlässige Abschlussinformationen erwartet werden.[1906]

Ein Rechnungslegungssystem, das die Interdependenzen von Relevanz und Zuverlässigkeit achtet, bietet, wie das normative Sollkonzept zeigt, nicht nur eine adäquate Grundlage für die Vermittlung entscheidungs- und kontrollnützlicher Informationen, sondern eignet sich auch für eine die Interessen der Gläubiger wahrende Bemessung der Zahlungsansprüche der Anteilseigner.

Ein solches Rechnungslegungssystem bietet bezogen auf den Gläubigerschutz demnach die Grundlage für die Verbindung des Informations- und des Kapitalschutzkonzepts. Informationeller und institutioneller Gläubigerschutz ließen sich so nicht mehr als konträre Lösungsansätze begreifen. Die überlegene Lösung bestünde vielmehr in der Verbindung der beiden Ansätze[1907] zu einem Rechnungslegungssystem, das entscheidungs- und kontrollnützliche Informationen für die Gläubiger bereit hält und zugleich auch der Ermittlung des entziehbaren Gewinns zu dienen vermag.

Lassen sich die Erkenntnisse der normativen Analyse demnach zum einen als Ansporn für eine interessen- und funktionsgerechte Weiterentwicklung der IFRS und auch der europäischen und nationalen Rechnungslegungsbestimmungen verstehen, so verdeutlichen sie zugleich aber auch die prekäre Lage des Gemeinschaftsgesetzgebers:

Das Ziel der Stärkung und Integration eines europäischen Kapitalmarktes verlangt nach international anerkannten, vergleichbaren Standards, die zugleich auch den Informationsbedürfnissen der Marktakteure genügen.

Die Ausrichtung an den IFRS als Standards eines internationalen Rechnungslegungsgremiums, das selbst die Entwicklung qualitativ hochwertiger Standards zum Ziel hat,[1908] ist grundsätzlich eine wichtige und richtige Entscheidung. Zugleich weist dieses Rechnungslegungssystem, bedingt auch durch seine bisher einzelfallbezogene Ausrichtung, erhebliche Defizite auf, welche die Standards sowohl in Widerspruch zu ihren eigenen ursprünglichen normativen Grundlagen als auch zu den Zielen und Grundsätzen des Europäischen Bilanzrechts setzen.

Aus diesen Erkenntnissen lässt sich zunächst der Schluss ziehen, dass die endorsed IFRS mit ihrem gegenwärtigen Regelbestand keine Grundlage für eine funktionsgerechte Ausrichtung des Europäischen Bilanzrechts in seiner Gesamtheit bieten. Dennoch ist eine Standardisierung und internationale Ausrichtung des Bilanzrechts unausweichlich.

1906 In dem Sinne auch *Baetge/Hollmann*, FS Günter Wöhe (2004), 347, 375.
1907 So bereits allgemein gefasst *Merkt*, RIW 2004, 1, 6.
1908 Vgl. IFRS-Vorwort, Par. 6. lit. a.

Die verbindliche Anwendung der endorsed IFRS sollte sich demnach zum jetzigen Zeitpunkt auf den Konzernabschluss kapitalmarktorientierter Unternehmen beschränken.

Diese auf den ersten Blick ernüchternde Schlussfolgerung eröffnet dem Europäischen Bilanzrecht zugleich aber auch eine große Chance: die Chance einer funktionsgerechten Weiterentwicklung des europäischen Rechtsrahmens des Bilanzrechts. Der Gemeinschaftsgesetzgeber sollte die bestehende Innovationsfreudigkeit und Dynamik im Bilanzrecht der Mitgliedstaaten dazu nutzen, die europäischen Rechnungslegungsbestimmungen der Rechnungslegungsrichtlinien neu auszurichten. Dabei sollte er sich von dem Ziel der Bereitstellung transparenter, entscheidungsnützlicher und vergleichbarer Unternehmensdaten leiten lassen und nicht das Bedürfnis nach Standardisierung und Konvergenz über die Funktionsadäquatheit der institutionellen Regeln stellen.

Eine umfassende Reformierung der Rechnungslegungsrichtlinien, die sich zur Vermeidung einer zu weit reichenden Spaltung des Bilanzrechts an den endorsed IFRS orientiert, aber nicht die Augen vor den bestehenden Defiziten dieses Rechnungslegungssystems verschließt, und eine integrative Auslegung der endorsed IFRS durch den EuGH würden einen wahren interessengerechten Paradigmenwechsel im Bilanzrecht herbeiführen. Dieser Umbruch würde den Wettbewerb um adäquate Problemlösungen auf internationaler und nationaler Ebene beleben und die Grundlage für eine interessengerechte Weiterentwicklung des Bilanzrechts in Europa legen.

Zusammenfassende Thesen

Die Ergebnisse der Arbeit lassen sich in den folgenden Thesen zusammenfassen:

1. Das Europäische Bilanzrecht bietet mit der Publizitätsrichtlinie, den modernisierten Rechnungslegungsrichtlinien, der IFRS-Anwendungsverordnung und der Transparenzrichtlinie einen in sich geschlossenen Rechtsrahmen, der den unterschiedlichen Informationsinteressen der verschiedenen Marktsegmente Rechnung trägt.
2. Das auf der europäischen Regelungsebene gesetzte Recht der periodischen Rechnungslegung wird in seiner heutigen Systematik durch allgemeine gesellschaftsrechtliche Publizitätsanforderungen und kapitalmarktorientierte Sonderregelungen der Rechnungslegung geprägt.
3. Dieses Nebeneinander allgemeiner gesellschaftsrechtlicher und kapitalmarktbezogener Rechnungslegungsregelungen hat entgegen vereinzelt vertretener Auffassung nicht zu einer Spaltung der Rechnungslegung nach dem Einzel- und Konzernabschluss einerseits und nach der Kapitalmarktorientierung andererseits geführt. Die kapitalmarktorientierten Regelungen der Rechnungslegung werden vielmehr in den durch die Rechnungslegungsrichtlinien geprägten normativen Rahmen eingebunden. Die allgemeinen gesellschaftsrechtlichen Anforderungen der Richtlinien fungieren somit als rechtliche Rahmenbestimmungen, die in einzelnen Regelungsbereichen durch kapitalmarktorientierte Sonderregelungen konkretisiert werden.
4. Die Analyse der Rechnungslegungsrichtlinien und der Publizitätsrichtlinie zeigt, dass diese grundsätzlich ein adäquates (Mindest-)Informationsmodell für die Rechnungslegungsadressaten – bestehend aus Informationsprimärpflichten und -sekundärpflichten – sicherstellen können. Ziel der Rechnungslegungsrichtlinien ist die Koordinierung und damit die Herstellung der Gleichwertigkeit und Vergleichbarkeit, nicht der Einheitlichkeit der nationalen Regelungen. Gemessen an dieser Zielsetzung ist die Harmonisierungswirkung der Rechnungslegungsrichtlinien nicht zu unterschätzen. Die Angleichung der Rechnungslegungsvorschriften wird durch die Vorgabe gleichwertiger Mindestbedingungen für den Umfang der zu erstellenden und der zu veröffentlichenden finanziellen Angaben, durch die Sicherung der Vergleichbarkeit und Gleichwertigkeit des materiellen Inhalts der Abschlüsse und durch einen Einblick in die tatsächlichen wirtschaftlichen Verhältnisse des Unternehmens und in die bestehenden Konzernstrukturen (*Informationsprimärpflichten*) verwirklicht. Die sich in diesen formellen und materiellen Erfordernissen widerspiegelnde Transparenz der Unternehmensinformationen wird zudem durch Rege-

lungen zur Offenlegung und durch ein Prüfungs-, Qualitätssicherungs- und Sanktionssystem als Garant für die Richtigkeit der bereitgestellten Informationen (*Informationssekundärpflichten*) ergänzt.

5. Die Rechnungslegungsrichtlinien werden durch die Zweite gesellschaftsrechtliche Richtlinie in das europäische Kapitalschutzsystem eingebunden. Die kapitalerhaltenden Ausschüttungsrestriktionen implizieren jedoch keinen bilanziellen Gläubigerschutz unter Achtung eines strengen Vorsichtsprinzips nach dem Vorbild des deutschen Bilanzrechts. Die Kapitalrichtlinie postuliert für die Jahresabschlussrichtlinie insofern lediglich ein *Mindestmaß an Vorsicht* bei der Gewinnermittlung für Zwecke der Ausschüttungsbemessung in Form eines Objektivierungsgebots.

6. Die Jahres- und die Konzernabschlussrichtlinie sind durch eine Vielzahl von Wahlrechten und Ermessenspielräumen geprägt, die als Ausdruck der Harmonisierungsstrategie der Richtlinien – einer Angleichung der externen Rechnungslegung unter Wahrung der nationalen Besonderheiten – zumeist juristischen und sozio-ökonomischen Unterschieden in den Mitgliedstaaten entsprechen. Das Bestehen dieser Gestaltungsspielräume steht jedoch nicht grundsätzlich im Widerspruch zum Ziel der Vergleichbarkeit und Gleichwertigkeit der nach dem nationalen Recht erstellten Rechnungslegungsinformationen. Nach dem Verständnis der Richtlinien sind etwaige Widersprüche zwischen den unterschiedlichen, national geprägten Bilanzfunktionen vielmehr durch eine zielkonforme Auslegung und entsprechende zusätzliche Angaben im Anhang (z.B. Art. 33 Abs. 4, Art. 43 Abs. 1 Nr. 14 und Art. 2 Abs. 4 JAbRL), gegebenenfalls auch unter Abweichung von den Einzelnormen (Art. 2 Abs. 5 JAbRL), aufzulösen. Konvergenz im Sinne von Vergleichbarkeit und Gleichwertigkeit lässt sich so trotz der Achtung nationaler Besonderheiten wahren.

7. Die erheblichen Abweichungen der Einzel- und Konzernabschlüsse in den einzelnen Mitgliedstaaten und die daraus folgende Beeinträchtigung der Vergleichbarkeit und Gleichwertigkeit der Rechnungslegungsinformationen lässt sich nicht vordergründig auf den Kompromisscharakter der Richtlinien zurückführen. Die eigentliche Ursache für die bestehenden Abweichungen liegt vielmehr in der unterschiedlichen, national geprägten Auslegung der Rechnungslegungsgrundsätze und der Einzelnormen der Richtlinien.

8. Das allgemeine (Mindest-)Informationsmodell auf der Grundlage der Rechnungslegungsrichtlinien wird durch die IFRS-Anwendungsverordnung, die Transparenzrichtlinie und die kapitalmarktbezogenen Regelungen der Prüfungsrichtlinie um kapitalmarktorientierte Sonderregelungen ergänzt.

9. Die Schaffung kapitalmarktbezogener, standardisierter Sonderregelungen der Rechnungslegung entspricht den besonderen Informationsbedürfnissen des integrierten europäischen Kapital- und Finanzdienstleistungsmarktes. Den Informationsbedürfnissen des einheitlichen Marktes kann nicht mehr mit einer bloßen indirekten Vergleichbarkeit und Gleichwertigkeit der Informatio-

nen genügt werden. Es bedarf vielmehr einheitlicher Rechnungslegungsstandards, um das erforderliche hohe Maß an direkter Vergleichbarkeit zu gewährleisten. Den aufgezeigten Bedürfnissen des Marktes entspricht die Vorgabe einheitlicher verbindlicher, internationaler Rechnungslegungsstandards für die Konzernabschlüsse der kapitalmarktorientierten Unternehmen zur Senkung der Transaktionskosten.

10. Der Gemeinschaftsgesetzgeber beschränkt sich zur Wahrung der demokratischen Legitimation und zur Stärkung der europäischen Position im internationalen Wettbewerb nicht auf einen dynamischen Verweis auf die Standards des IASB, mithin die IFRS im engeren Sinne, die IAS und die IFRIC. Die privaten Standards werden vielmehr in die prinzipienorientierten, allgemeinen gesellschaftsrechtlichen Rechnungslegungsanforderungen des Europäischen Bilanzrechts inkorporiert.

11. Durch die Inkorporation der Standards im Rahmen des Endorsement-Verfahrens nach der IFRS-Anwendungsverordnung erfahren die IFRS einen Wandel sowohl in ihrer Rechtsnatur als auch im Normbestand. Die ursprünglich von einem privaten Standardsetzer entwickelten Rechnungslegungsstandards erhalten nach erfolgreichem Durchlaufen des Endorsement als förmliches Rechtsetzungsverfahren Rechtsqualität im Rang von sekundärem Gemeinschaftsrecht. Als demokratisch legitimierte Rechtsnormen unterliegen die endorsed IFRS zugleich der vollen autonomen Kontrolle durch die zuständigen Gerichte. Die endorsed IFRS sind folglich justiziabel. Diese bereits dem Normcharakter nach bestehende Diskrepanz zu den privaten Standards wird durch den Verlauf des Anerkennungsverfahrens weiter verschärft. Eine vollumfängliche oder partielle Ablehnung eines Standards und der Schwebezustand während des Anerkennungsverfahrens führen zu einem EG-spezifischen IFRS-Normbestand.

12. Die endorsed IFRS sind trotz des definitionsgemäßen Gleichlaufs der IFRS im Sinne der Verordnung (Art. 2 IFRS-VO) und der IFRS nach IAS 1.1 ihrem normativen Gehalt nach von den privaten Standards des IASB zu unterscheiden. Durch die Inkorporation werden die Standards ihrem Regelungsumfeld entzogen und durch Art. 3 IFRS-VO in die Systematik des Europäischen Bilanzrechts integriert. Die Eingliederung in die bereits bestehenden Ziele und Grundsätze des Europäischen Bilanzrechts bewirkt einen normativen Wandel der Standards, der sich auf ihre konkrete Anwendung und Auslegung auswirkt. Bildlich gesprochen wird das oft zitierte House of IFRS durch die gemeinschaftsrechtliche Kodifizierung durch ein europäisches Fundament und – wenn sich der EuGH insoweit als starke einheitliche Auslegungsinstanz etabliert hat – einen neuen, tragenden Pfeiler ergänzt.

13. Durch die Inkorporation der IFRS in die europäische Rechtsordnung wird ihre primäre Ausrichtung auf die (individual- und institutionsschützende) Informationsvermittlung durch den Gedanken des Gläubiger- und des Minderheitenschutzes ergänzt. Die im Vorwort der IFRS genannte, unverbindliche Mög-

lichkeit einer Inbezugnahme des IFRS-Abschlusses für die Anspruchs- und Ausschüttungsbemessung auf der Ebene der Gewinn*verwendung* wandelt sich insoweit in die Forderung nach Referenztauglichkeit der endorsed IFRS für die damit angesprochene Rechnungslegungsfunktion. Die Implikationen dieser Funktionszuschreibung beschränken sich jedoch auf die Achtung eines Mindestvorsichtsprinzips sowie das Erfordernis konsistenter Regelungen und einer periodengerechten Vermögensermittlung.

14. In diesem neuen Gefüge des Europäischen Bilanzrechts, bestehend aus allgemeinen gesellschaftsrechtlichen Rechnungslegungsanforderungen und kapitalmarktorientierten Sonderregelungen, kommt den Rechnungslegungsrichtlinien sowohl im Hinblick auf den persönlichen und sachlichen Anwendungsbereich als auch hinsichtlich der normierten Rechnungslegungspflichten und einer prinzipienorientierten Weiterentwicklung des Europäischen Bilanzrechts eine Rahmenfunktion zu.

15. Die Rechnungslegungsrichtlinien normieren zum einen den grundlegenden Anwendungsbereich des Europäischen Bilanzrechts. Innerhalb dieses Anwendungsbereiches werden die Bestimmungen der Richtlinien durch die Verpflichtung der börsennotierten Unternehmen zur Anwendung der endorsed IFRS ergänzt. Die obligatorische Anwendung der endorsed IFRS kann nach Art. 5 IFRS-VO durch die Mitgliedstaaten erweitert werden. Die Verordnung entfaltet jedoch nur in dem Bereich einen gemeinschaftsrechtlichen Regelungsgehalt, in dem die Anwendung der inkorporierten internationalen Standards verbindlich vorgeschrieben ist (Art. 4 IFRS-VO) oder aber – unter Wahrnehmung des Mitgliedstaatenwahlrechts (Art. 5 IFRS-VO) – von der Einhaltung der Rechnungslegungsrichtlinien dispensiert wird. Darüber hinaus gestattet die Verordnung den Mitgliedstaaten, die Anwendung der endorsed IFRS auch auf Gesellschaftsformen zu erstrecken, die bisher nicht den gemeinschaftsrechtlichen Regelungen der Rechnungslegungspflichten unterliegen (Art. 5 IFRS-VO). Die Ausübung dieser Fakultativklausel ist eine autonome Entscheidung des nationalen Gesetzgebers und nicht Gegenstand des Europäischen Bilanzrechts nach dem hier zugrunde gelegten Begriffsverständnis.

16. Innerhalb des verpflichtenden bzw. durch die Mitgliedstaaten eröffneten Anwendungsbereichs verdrängen die inkorporierten IFRS als unmittelbar anwendbares Gemeinschaftsrecht das in Umsetzung der Rechnungslegungsrichtlinien geltende nationale Recht. Diese Dispenswirkung der inkorporierten IFRS reicht aber nur so weit wie der Regelungsgehalt der Verordnung und der Standards.

17. Die IFRS-Anwendungsverordnung beschränkt die Anwendung der endorsed IFRS auf die „Aufstellung der Abschlüsse“, mithin der Bilanz, der Gewinn- und Verlustrechnung und des Anhangs (vgl. Art. 4 und Art. 5). Die Verordnung selbst enthält damit keine Regelungen darüber, wann eine Pflicht zur Erstellung eines (konsolidierten) Abschlusses besteht. Diese Regelungslücke gilt es durch die Rechnungslegungsrichtlinien zu schließen. Demnach ist der persön-

liche und sachliche Anwendungsbereich der Konzernabschlussrichtlinie bzw. der Jahresabschlussrichtlinie (bei Wahrnehmung der Mitgliedstaatenoption) ausschlaggebend für die Rechnungslegungspflicht. Hingegen regeln die inkorporierten Standards verbindlich den Konsolidierungskreis und die inhaltliche Ausgestaltung des Konzern- bzw. des Einzelabschlusses.

18. Auf Grund der Beschränkung der endorsed IFRS auf die „Aufstellung des Abschlusses" gelten die Rechnungslegungsrichtlinien auch für die Erstellung des Lageberichts sowie die Prüfung und Offenlegung der Abschlüsse. Die kapitalbezogenen Anforderungen an eine Sanktionierung von Verstößen gegen Rechnungslegungspflichten nach der Transparenzrichtlinie werden durch Sanktionsnormen der Publizitätsrichtlinie und der Rechnungslegungsrichtlinien ergänzt. Der IFRS-Abschluss selbst ist in seinem Anhang um weitere, über die Anforderungen der endorsed IFRS hinausgehende Angaben zu ergänzen. Die kapitalmarktrechtliche Rechnungslegungspublizität ist folglich durch ihre Einfassung in die allgemeinen gesellschaftsrechtlichen Rechnungslegungspflichten Element eines umfassenden business reporting.

19. Die Rahmenfunktion der Rechnungslegungsrichtlinien zeigt sich zuletzt in ihrer Bedeutung für eine einheitliche prinzipienorientierte Weiterentwicklung der Rechnungslegung in Europa. Die Überarbeitung der Richtlinien dient der Sicherung gleichwertiger Wettbewerbsbedingungen zwischen Unternehmen einerseits, die zur Bilanzierung nach den inkorporierten IFRS verpflichtet sind (entweder auf Grundlage der IFRS-Anwendungsverordnung oder aber wegen einer optional erfolgten Erstreckung des Anwendungsbereiches der inkorporierten IFRS), und Unternehmen andererseits, für die weiterhin die Rechnungslegungsrichtlinien die Rechtsgrundlage der Rechnungslegung bilden. Die „modernisierten" Rechnungslegungsrichtlinien ermöglichen es den Mitgliedstaaten zudem, statt den Anwendungsbereich der endorsed IFRS kompromisslos auszuweiten, das nationale Bilanzrecht indirekt, zeitlich und funktionell flexibel hin zu den IFRS zu transformieren.

20. Über die dargestellte Rahmen- und Ergänzungsfunktion hinaus fungieren die Richtlinien mit ihren Rechnungslegungszielen und -grundsätzen als Endorsement- und als Auslegungskriterien. Im Anerkennungsverfahren sind die zu übernehmenden Standards nach Art. 3 IFRS-VO den Richtlinien gegenüberzustellen, um sicherzustellen, dass sie ein den tatsächlichen Verhältnissen entsprechendes Bild der Vermögens-, Finanz- und Ertragslage vermitteln. Das true and fair view-Gebot bildet folglich zusammen mit den sich aus der Verordnung ergebenden Zielsetzungen und Grundsätzen den normativen Rahmen für die Rechnungslegung nach den endorsed IFRS. Die endorsed IFRS als ursprünglich regelorientiertes Normsystem werden somit in ein prinzipienorientiertes Regelungssystem integriert. Die einzelfallorientierten Standards werden durch verbindliche, normative Prinzipien, die als Auslegungs- und als Zielnormen fungieren, unterlegt. Zugleich dienen umgekehrt die inkorporierten Standards als konkretisierende Einzelfallregelungen des true and fair view-

Gebots als Umsetzungs- und Auslegungskriterien bei der Umsetzung der Richtlinien in das nationale Recht.

21. Durch die Einbindung der endorsed IFRS in das Europäische Bilanzrecht und die herausgearbeiteten Rückwirkungen der Standards auf die Auslegung und Umsetzung der Rechnungslegungsrichtlinien beschränken sich die endorsed IFRS bereits heute nicht mehr auf ihren traditionellen Anwendungsbereich, sondern wirken als Auslegungshilfe der Einzelbestimmungen der Rechnungslegungsrichtlinien über die Rechnungslegung der kapitalmarktorientierten Unternehmen hinaus mittelbar auf die Rechnungslegung *aller* Kapitalgesellschaften ein. Die endorsed IFRS sind folglich zum Referenzobjekt der gesamten gesellschaftsrechtlichen Rechnungslegung in Europa geworden.

22. Nach der Entscheidung des europäischen Gesetzgebers bieten die IFRS in ihrer inkorporierten Form Gewähr für die Einhaltung der normativen Anforderungen des Europäischen Bilanzrechts. Diese gesetzgeberische Wertung wird durch die vorliegende normative Analyse der Rechnungslegungsziele, der Rechnungslegungsgrundsätze und ausgewählter Einzelstandards nicht in vollem Umfang bestätigt.

23. Im Rahmen eines normativen Sollkonzeptes einer interessen- und funktionsgerechten Rechnungslegung, das seine Legitimation aus dem hypothetischen Konsens der Zielträger bezieht, wurde aufgezeigt, dass der externen Rechnungslegung aufgrund der Interessen der Rechnungslegungsadressaten eine vielseitige Informationsfunktion (Entscheidungs-, Kontroll- und Rechenschaftsfunktion), eine Anspruchsbemessungs-, eine Ausschüttungsbemessungs- und eine Anreizfunktion zukommt. Diese Individualschutzfunktionen der Rechnungslegung werden durch eine institutionelle Schutzfunktion ergänzt. Da die Anforderungen der Anreizfunktion nicht über die der Ausschüttungsbemessungsfunktion hinausgehen und die Zielsetzungen der Institutionsschutzfunktion Parallelen zu denen der Informationsfunktion aufweisen, können sich etwaige widersprüchliche Implikationen allein aus der Informationsfunktion einerseits und der Anspruchsbemessungs- und der Ausschüttungsbemessungsfunktion andererseits ergeben.

24. Zwischen den Implikationen der vielseitigen Informationsfunktion einerseits und der Anspruchsbemessungs- und der Ausschüttungsbemessungsfunktion andererseits besteht kein direktes Konfliktpotential.

25. Die externe Rechnungslegung sollte sich einerseits aus entscheidungsrelevanten, zuverlässigen, quantitativen Informationen über die Vermögens-, Finanz- und Ertragslage und andererseits aus sekundären Informationsträgern in Form einer Innovations- und Immaterialgüterrechnung, einem Intellectual Property Statement und direkten Prognosen über die Umwelt- und Unternehmensentwicklung zusammensetzen. Diese primären und sekundären Elemente sind durch ein zusätzliches, erläuterndes und deskriptives Element der Unternehmensberichterstattung in ein umfassendes „business reporting“ zu

integrieren. Der quantitativen Darstellung der Vermögens-, Finanz- und Ertragslage dienen hierbei die Bilanz, eine dynamische Finanzierungsrechnung und die Erfolgsrechnung als geeignete Abschlusselemente.

26. Die Aktivierung und Passivierung der Vermögensgegenstände und Schuldposten hat sich entsprechend der Bindegliedfunktion des Ressourcensets an dem Kriterium des wirtschaftlichen Nutzenpotentials bzw. Nutzenentgangs auszurichten. Das sich daraus ergebende, weite Aktivierungs- bzw. Passivierungspotential bedarf zur Sicherung der Nützlichkeit der verkörperten Informationen und zur Gewährleistung einer adäquaten Abgrenzung zu den Erfolgswirkungen einer objektiven, d.h. intersubjektiv nachprüfbaren Grundlage. Dem Erfordernis der Objektivierung kann durch die Anknüpfung an nachprüfbare Transaktionen, Ereignisse bzw. Marktprozesse genügt werden.

    Auf der Grundlage dieser allgemeinen Ansatzkriterien nehmen die selbst erstellten immateriellen Vermögensgüter sowohl bei der Aktivierung als auch bei der Bemessung des ausschüttungsfähigen Betrags eine Sonderstellung ein. Das ihnen innewohnende besondere Risikopotential impliziert das Modell einer nachträglichen erfolgswirksamen Aktivierung der abgrenzbaren Ausgaben. Zur Förderung der Transparenz und Objektivierung dieses Modells ist zusätzlich die Erstellung einer so genannten Innovations- und Immaterialgüterrechnung als Überleitungsrechnung anzustreben.

    Auch nach der Aktivierung ist eine Sonderregelung für bestimmte risikobehaftete, vor allem selbst geschaffene immaterielle Vermögensgegenstände zur Vermeidung gläubigerschädigender Ausschüttungen erforderlich. Das Risikopotential dieser spezifischen Investitionen erfordert adäquate Transformationsregeln im Hinblick auf die Ausschüttungsbemessung. Im Rahmen einer entsprechenden Ausgleichsrechnung sind die aktivierten Investitionszahlungen für die Ausschüttungsbemessung als gewinnmindernde Aufwendungen anzusehen. Die Aktivierung und die damit einhergehende Erhöhung des Periodenerfolges sind folglich für die Ausschüttungsbemessung zu korrigieren. Zugleich wäre aber zur Unterbindung liquidationsfinanzierter Ausschüttungen und damit einhergehender Unterinvestitionsprobleme eine Nichtberücksichtigung der Deinvestitionszahlungen zu gewährleisten. Diese zusätzlichen Implikationen der Ausschüttungsbemessungsfunktion für die Ansatzbestimmungen ließen sich durch entsprechende Regelungen ohne große Verzerrungen in die externe Rechnungslegung integrieren.

27. Die Gliederung der Aktiva und Passiva der Bilanz sollte sich ebenfalls an dem Kriterium des Nutzenbeitragspotentials ausrichten. Eine Gliederung der Vermögensgegenstände und der Schuldposten nach ihrer Liquidierbarkeit würde eine Differenzierung nach dem unterschiedlichen wirtschaftlichen Nutzenpotential sicherstellen und zugleich Rückschlüsse über die Finanzlage des Unternehmens ermöglichen. Das sich so ergebende Gliederungsschema sollte zur Sicherung der Verständlichkeit und Vergleichbarkeit der Informationen als verbindliche Mindestgliederung ausgestaltet werden, die es den Unternehmen

in einem gewissen Maße erlaubt, weitere Untergliederungen und Hinzufügungen unternehmensspezifischer, relevanter Posten vorzunehmen.

28. Die Aktiv- und Passivposten sind in der Bilanz mit ihrem fair value auszuweisen. Ausgehend von den Anschaffungs- und Herstellungskosten hat eine intersubjektiv nachprüfbare Bewertung zum Zeitwert zu erfolgen, die sowohl zu einer Bewertung unterhalb als gegebenenfalls auch oberhalb der historischen Werte führen kann.

29. Die durch eine solche fair value-Bewertung hervorgerufenen Erfolgswirkungen sind durch eine entsprechende Erfolgsspaltung zur Vermeidung von Informationsverzerrungen und fremd- und liquidationsfinanzierter Ausschüttungen von den leistungsbezogenen Erträgen und Aufwendungen zu separieren. Eine Spaltung der Erfolgsgrößen wird daneben auch durch das Erfordernis nicht gläubigerschädigender Ausschüttungen impliziert. Die Erfolgsgrößen sind in der Erfolgsrechnung primär nach ihrer Leistungsbezogenheit zu gliedern. Der so separierte Leistungserfolg und der Erfolg am ruhenden Vermögen sind dann weiter nach ihrer Regelmäßigkeit und der Betriebsbezogenheit aufzugliedern. Das sich so ergebende Gliederungsschema der Erfolgsrechnung ist wiederum als verbindliche Mindestgliederung auszugestalten.

30. Der Leistungserfolg als Teilerfolgsgröße stellt aus Sicht der Gläubiger eine adäquate Ausgangsgröße für die Bemessung der Ausschüttungen dar, die um die im Rahmen der Ansatzregeln erörterten, aktivierten risikobehafteten immateriellen Vermögensgüter korrigiert werden muss. Die so ermittelte Teilgröße des Periodenerfolges kann an die Anteilseigner ausgeschüttet werden, ohne dass damit ein gläubigerschädigender Vermögenstransfer verbunden wäre. Diese gewinnermittlungsbezogenen Restriktionen ließen sich durch gewinnverwendungsbasierte Ausschüttungsrestriktionen, unabhängig von ihrer konkreten Ausgestaltung als Kapitalschutzsystem oder als zukunftsorientierter Solvenzschutz, ergänzen.

31. Die durch die Anknüpfung der Ausschüttungsbemessung an den Leistungserfolg erfolgte Differenzierung zwischen dem ermittelten Periodenerfolg und den ausschüttungsfähigen Erfolgsgrößen erfordert die Integration entsprechender Rücklagenposten in die Bilanz und in die Eigenkapitalveränderungsrechnung zum kumulierten Ausweis der nicht ausschüttungsfähigen Erfolgsgrößen.

32. Neben der Darstellung der Vermögens- und Ertragslage bedarf es zusätzlicher Informationen über die Finanzlage des Unternehmens und ihrer Veränderung im Zeitablauf. Die bestandsbezogene aggregierte Informationsvermittlung über die Finanzlage in der Bilanz ist durch eine zahlungsstromorientierte Finanzierungsrechnung zu ergänzen.

33. Die aufgezeigten primären entscheidungsnützlichen Informationen über die Vermögens-, Finanz- und Ertragslage sollten um sekundäre Informationselemente erweitert werden. Zum einen sollte die Transparenz der nachträglich

aktivierten Ausgaben für die Schaffung selbst erstellter immaterieller Vermögenswerte durch eine Innovations- und Immaterialgüterrechnung sichergestellt werden. Daneben wird durch eine Anreicherung der primär entscheidungsnützlichen, quantitativen Informationen um sekundäre Informationen in Form eines Intellectual Property Statement und direkter Prognosen über die Umwelt- und Unternehmensentwicklung die Entscheidungs- und Kontrollbasis um wichtige Wertkomponenten und Daten erweitert. Der Informationsgehalt der primären Informationen über die Vermögens-, Finanz- und Ertragslage einerseits und die Transparenz der Verknüpfungen zwischen den primären und sekundären Berichtselementen andererseits können durch zusätzliche deskriptive Erläuterungen weiter erhöht werden. Ein solches qualitatives, beschreibendes Berichtselement würde als integrierendes Element die Entscheidungsnützlichkeit der einzelnen Berichtselemente und der externen Rechnungslegung in ihrer Gesamtheit verbessern.

34. Gemessen an diesem normativen Sollkonzept hat die normative Analyse der endorsed IFRS ein beachtliches Konfliktpotential zwischen den aufgezeigten normativen Anforderungen an eine interessen- und funktionsgerechte Rechnungslegung und den Einzelregelungen des IFRS-Rechnungslegungssystems aufgezeigt.

35. Trotz der Parallelen in den primären Rechnungslegungszielen und -grundsätzen widersprechen bestimmte Einzelstandards in erheblichem Maße den normativen Anforderungen des Sollmodells und stehen zugleich auch in Widerspruch zu den normativen Grundlagen des Europäischen Bilanzrechts.

36. Die Aktivierungsregeln für selbst geschaffene immaterielle Vermögensgüter achten die auf dem Erfordernis der Relevanz und der Verlässlichkeit basierenden normativen Anforderungen nicht und widersprechen wegen der bestehenden Gestaltungsspielräume dem Ziel einer getreuen Darstellung der Vermögens-, Finanz- und Ertragslage des Unternehmens. Das implizite Wahlrecht und die Ermessenspielräume bei der Aktivierung der selbst geschaffenen immateriellen Vermögenswerte versetzen das bilanzierende Unternehmen zudem in die Lage, den Periodengewinn und damit das Ausschüttungspotential entsprechend bilanzpolitischen Präferenzen zu steuern.

37. Das Nebeneinander paradigmatisch konträrer Bewertungskonzepte und die uneinheitliche Umsetzung der fair value-Bewertung in den Einzelstandards im Hinblick auf ihre Verbindlichkeit, ihren Anwendungsbereich, die konkretisierenden Bewertungsmaßstäbe und die Erfolgswirkung der Wertänderungen eröffnen den Rechnungslegenden erhebliche explizite und implizite Wahlrechte und Gestaltungsspielräume. Dies hat nicht nur erhebliche Rückwirkungen auf die Entscheidungsnützlichkeit und Vergleichbarkeit der bilanziellen Rechnungslegungsinformationen. Die Heterogenität führt aufgrund der vorgeschriebenen Buchungen der Wertänderungen der fair-value Bewertung zugleich auch zu einer Verzerrung der Erfolgsrechnung.

38. Die erforderliche intertemporale und überbetriebliche Vergleichbarkeit und Entscheidungsnützlichkeit der Rechnungslegungsinformationen wird durch das Fehlen verbindlicher Gliederungsschemata für die Abschlusselemente, die zugleich einen disaggregierte Darstellung der Vermögens-, Finanz- und Ertraglage ermöglichen, gemindert.

39. Die Ansatzkriterien sowie das Wahrscheinlichkeits- und Messbarkeitskriterium beruhen im Hinblick auf die Ertragsvereinnahmung auf keinem einheitlichen Ertragsrealisierungskonzept. Die Vorverlagerung der Gewinnrealisierung bei den Erträgen aus langfristigen Dienstleistungsverträgen ermöglicht zudem den Ausweis und damit auch die Ausschüttung nicht realisierter, d.h. nicht durch eine Transaktion oder ein Ereignis objektiv unterlegter Gewinne. Die fehlende Separierung dieser risikobehafteten Erfolgswirkungen von den leistungsbezogenen, realisierten Gewinnen kann eine gläubiger- und unternehmensschädigende Freisetzung liquider Mittel bedingen. Diese unterschiedliche Konzeption der Ertragsrealisierung führt neben der Entobjektivierung zu einer weiteren Herabsetzung des Informationsgehalts der Erfolgsgrößen.

40. Die bestehenden Anforderungen der endorsed IFRS an den Erfolgsausweis bieten zudem keine Gewähr für eine interessengerechte Darstellung des Unternehmenserfolges. Die sachlich nicht durch prognoseorientierte Kriterien unterlegte Spaltung der Erfolgskomponenten in erfolgswirksame Erträge und Aufwendungen einerseits und erfolgsneutral im Eigenkapitalspiegel erfasste Erfolgsbeträge andererseits erschwert die Analyse des Unternehmenserfolges durch den Abschlussadressaten. Es fehlt zugleich an einer prognoseorientierten Gliederung. Weder die Gewinn- und Verlustrechnung mit ihren Teilerfolgsgrößen noch der Eigenkapitalspiegel bieten einen Anknüpfungspunkt für eine interessengerechte Anspruchs- und Ausschüttungsbemessung.

41. Die ergänzenden Berichtselemente der endorsed IFRS entsprechen ebenfalls nur begrenzt den erarbeiteten normativen Anforderungen. Den endorsed IFRS fehlt es zum einen bisher an einer konsistenten Regelung für eine interessengerechte Darstellung der Veränderungen des Eigenkapitals. Der Anhang als deskriptive Ergänzung der quantitativen Informationen der Bilanz und der Gewinn- und Verlustrechnung erfüllt im Grundsatz zwar die allgemein formulierten Anforderungen des normativen Modells. Es fehlt jedoch auch hier an einer konsistenten inhaltlichen Ausgestaltung. Die Integration prognostischer Informationen, etwa in Form des durch IAS 32 „Finanzinstrumente: Angaben und Darstellung" und IFRS 7 „Financial Instruments: Disclosures" geforderten Risikoprognoseberichts des Managements, widerspricht dem Erfordernis einer klaren Trennung zwischen den vergangenheitsorientierten und den direkt prognostischen Informationen. Eine Pflicht zur Erstellung sowie Offenlegung eines Lageberichts kennen die endorsed IFRS bisher nicht. Diese Regelungslücke wird im Europäischen Bilanzrecht bisher durch das Zusammenwirken der endorsed IFRS mit den Rechnungslegungsrichtlinien geschlossen. Mit der vom IASB zur Diskussion gestellten Integration eines „Ma-

nagement Commentary (MC)" in der bisher erkennbaren Gestalt dieses Berichtselements würde die Lageberichterstattung die Regelungslücke der IFRS nicht durch eine konsistente Regelung ausfüllen. Die allgemein gefassten Mindestinhalte des geplanten Management Commentary gehen auf Grund ihrer Prinzipienorientierung inhaltlich nicht tief genug, um eine adäquate Grundlage für die erforderliche unternehmensübergreifende und intertemporale Vergleichbarkeit der Informationen zu bieten. Zu unspezifisch sind die Inhalte und die sich daraus ergebende Mindestgliederung. Für das Europäische Bilanzrecht würde die Inkorporation eines solchen Standards aufgrund der damit einhergehenden Dispenswirkung einen Rückschritt in der Lageberichterstattung mit sich bringen. Die in Art. 46 JAbRL und Art. 36 KAbRL normierten Anforderungen an den Lagebericht genügen den dargestellten Grundanforderungen eines Management Commentary, gehen aber in ihrer Spezifität über dessen Prinzipien hinaus.

42. Der informatorische Nutzen der IFRS-Rechnungslegung wird allgemein durch die Gewährung zahlreicher Wahlrechte und Ermessensspielräume herabgesetzt. Die endorsed IFRS werden neben einigen expliziten Wahlrechten vor allem durch eine Vielzahl von impliziten Wahlmöglichkeiten geprägt. Die Fülle an unbestimmten Rechtsbegriffen in den Standards und das zum Teil durch die IFRS präferierte Abstellen auf Sachgesamtheiten führen zudem zu erheblichen Ermessensspielräumen, die den bilanzpolitischen Gestaltungsspielraum weiter erhöhen.

43. In Folge der Erkenntnisse der normativen Analyse und der aufgezeigten Defizite der endorsed IFRS sollte sich der Pflichtanwendungsbereich der endorsed IFRS auch künftig auf den Konzernabschluss der kapitalmarktorientierten Unternehmen beschränken. Die Informationsbedürfnisse der internationalen, dynamischen Kapitalmärkte und das Ziel der Integration eines einheitlichen Europäischen Kapitalmarktes erfordern einerseits standardisierte, international anerkannte Rechnungslegungsstandards. Die aufgezeigten qualitativen Defizite der endorsed IFRS begründen zugleich aber berechtigte Zweifel an der Legitimität einer weiteren Erstreckung des Anwendungsbereichs der endorsed IFRS. Dieses Spannungsverhältnis darf nicht zu einer Spaltung des Bilanzrechts führen, bedingt aber auch nicht eine Kapitulation des Europäischen Gesetzgebers vor dem Konvergenzstreben.

44. Der europäische Gesetzgeber sollte die bestehende Dynamik im Bereich des Bilanzrechts auf nationaler und europäischer Ebene vielmehr dazu nutzen, auf der Grundlage der Rechnungslegungsrichtlinien einen adäquaten Rahmen für eine interessengerechte Bilanzierung zu schaffen. Diese Reformierung der Richtlinien hat sich zur Vermeidung einer Spaltung des Bilanzrechts und der damit verbundenen negativen Effekte stark an den endorsed IFRS auszurichten, ohne aber die Defizite dieses Rechnungslegungssystems zu ignorieren.

45. Die Ergebnisse der normativen Analyse der allgemeinen Ansatz-, Bewertungs- und Erfolgsermittlungskriterien und der formellen Darstellungsanforderun-

gen der endorsed IFRS verdeutlichen, dass sich eine solche Reformierung der Richtlinien in vielen Bereichen direkt an den endorsed IFRS orientieren kann. Sie bieten aber auch Hinweise auf die Mängel der Standards und damit die Regelungsbereiche, in denen die Richtlinien von den IFRS abweichen bzw. über diese hinausgehen sollten. Eine solche zukunftsgerichtete Überarbeitung der Richtlinien würde die Position des europäischen Rechtsraums im internationalen Regulierungswettbewerb und auf den internationalen Kapitalmärkten bedeutend stärken und zugleich den nötigen Innovationsdruck auf das IASB erhöhen.

46. Die zukunftsorientierte Weiterentwicklung der Rechnungslegungsrichtlinien ist zugleich durch eine interessengerechte Weiterentwicklung der endorsed IFRS zu begleiten. Den Organen der Europäischen Gemeinschaft obliegt es, die ihnen durch das Endorsementverfahren und durch das politische Gewicht der Gemeinschaft verliehenen Einflussmöglichkeiten auf den Standardsetzer zu nutzen, um eine interessengerechte Entwicklung der IFRS sicher zu stellen. Die Aktivitäten der nationalen und europäischen Interessenverbände der verschiedenen Rechnungslegungsadressaten, Abschlussprüfer und Standardsetzer sollten auf europäischer Ebene besser koordiniert werden, um einen bestmöglichen, strukturierten Einfluss auf den Standardsetzungsprozess nehmen zu können. Aber nicht nur auf der Ebene der Standardsetzung, sondern auch im Rahmen der Anwendung und der Auslegung sind die endorsed IFRS als europäische Standards weiterzuentwickeln. Dem Gerichtshof Erster Instanz und dem Europäischen Gerichtshof kommt hier eine verantwortungsvolle Aufgabe zu. Auf der Grundlage der dargestellten normativen Grundsätze des Europäischen Bilanzrechts sind die endorsed IFRS von einem einzelfallbezogenen Rechnungslegungssystem zu einem in sich geschlossenen, prinzipienorientierten System der externen Rechnungslegung fortzuentwickeln.

47. Der nationale Gesetzgeber sollte sich bei der Ausübung der ihm durch die IFRS-Anwendungsverordnung und die Rechnungslegungsrichtlinien offerierten Gestaltungsoptionen von der Erkenntnis leiten lassen, dass ein IFRS-Abschluss keine Gewähr für einen Einzelabschluss bietet, der den Anforderungen der Informations- und der Ausschüttungsbemessungsfunktion genügt. Vor dem Hintergrund dieser Erkenntnis stellt die befreiende Öffnung des Einzelabschlusses für die endorsed IFRS, sei es für alle Kapitalgesellschaften oder beschränkt auf die kapitalmarktorientierten Unternehmen, zum jetzigen Zeitpunkt keine interessengerechte Regelungsalternative dar. Von der Einführung eines verbindlichen „Zwei-Säulen-Modells", bestehend aus einem IFRS-Einzelabschluss und einem Einzelabschluss nach den nationalen Rechnungslegungsbestimmungen, ist angesichts der damit verbundenen Kostenlast und der aufgezeigten Defizite der endorsed IFRS ebenfalls abzusehen. Der durch das Zusammenspiel der (reformierten) Richtlinien und der IFRS-Anwendungsverordnung eröffnete Gestaltungsspielraum sollte durch die Mitgliedstaaten vielmehr für eine zeitlich und funktionell flexible Transformation der nationalen Rechnungslegung genutzt werden.

Literaturverzeichnis

(Internetlinks Stand 1. August 2008)

Adams, Michael: Eigentum, Kontrolle und beschränkte Haftung, Baden-Baden 1991.

Adams, Michael: Eigentum, Kontrolle und beschränkte Haftung, in: Ott, Claus/Schäfer, Hans-Bernd (Hrsg.), Ökonomische Probleme des Zivilrechts, Beiträge zum 2. Travemünder Symposium zur ökonomischen Analyse des Rechts, 21–24. März 1990, Berlin, Heidelberg u. a. 1991, 193–225.

Adolphsen, Jens: Grenzen der internationalen Harmonisierung der Rechnungslegung durch Übernahme internationaler privater Standards, RabelsZ Bd. 68 (2004), 154–190.

Akerlof, George. A.: The Market of „Lemons": Qualitative Uncertainty and the Market Mechanism, Quarterly Journal of Economics Vol. 84 (1970), 488–500.

Albach, Horst: Neue Entwicklungen in der Teilwertlehre, in: Thoma, Gerhard/Zacharias, O.H./ Niemann, Ursula (Hrsg.) Steuerberater-Jahrbuch 1965/66, Köln 1966, 307–329.

Alberth, Markus R.: US-amerikanische Gläubigerbilanzen durch Covenants in Verträgen, der Versuch einer weltweiten Kategorisierung der Rechnungslegung und Folgen für die internationale Harmonisierungsdiskussion, ZfB 68. Jg. (1998), 803–823.

Alberth, Markus R.: USA: Vertraglicher Gläubigerschutz und Ausschüttungsbemessung durch Covenants als Vorbild zur Änderung des deutschen Bilanzrechts, WPg 50. Jg. (1997), 744–750.

Alchian, Armen A./Demsetz, Harold: Production, Informational Costs and Economic Organization, The American Economics Review Vol. 62 (1972), 777–795.

American Institute of Certified Public Accountants (Hrsg.),: Improving Business Reporting – A Customer Focus, Meeting the Information Needs of Investors and Creditors, Comprehensive Report of the Special Committee on Financial Reporting, New York 1994, abrufbar unter http://www.aicpa.org/members.

Anweiler, Jochen: Die Auslegungsmethoden des Gerichtshofs der Europäischen Gemeinschaften, Frankfurt a. M. 1997.

Arbeitskreis „Externe Unternehmensrechnung" der Schmalenbach-Gesellschaft für Betriebswirtschaft e.V.: International Financial Reporting Standards im Einzelabschluss und Konzernabschluss unter der Prämisse eines Einheitsabschlusses für unter Anderem steuerliche Zwecke, DB 56. Jg. (2003), 1585–1588.

Arbeitskreis „Immaterielle Werte im Rechnungswesen" der Schmalenbach-Gesellschaft für Betriebswirtschaft e.V.: Freiwillige externe Berichterstattung über immaterielle Werte, DB 56. Jg. (2003), 1233–1237.

Arbeitskreis „Immaterielle Werte im Rechnungswesen" der Schmalenbach-Gesellschaft für Betriebswirtschaft e. V.: Kategorisierung und bilanzielle Erfassung immaterieller Werte, DB 54. Jg. (2001), 989–995.

Arbeitskreis Bilanzrecht der Hochschullehrer Rechtswissenschaft: Zur Fortentwicklung des deutschen Bilanzrechts, BB 57. Jg. (2002), 2372–2381.

D'Arcy, Anne/Mexer, Andreas: Neue Anforderungen an die Zwischenberichterstattung durch die Transparenzrichtlinie, Der Konzern 3. Jg. (2005), 151–158.

Arnold, Arnd: Zur ökonomischen Theorie des Solventests, Der Konzern 5. Jg (2007), 118–127.

Assmann, Heinz-Dieter: Prospekthaftung als Haftung für die Verletzung kapitalmarktbezogener Informationsverkehrspflichten nach deutschem und US-amerikanischen Recht, Köln u. a. 1985.

Association of Investment Management and Research : Financial reporting in the 1990s and beyond: a position paper, Charlottesville 1993.

Literaturverzeichnis

Atkins, Paul S.: Der US-Sarbanes-Oxley Act, Zielsetzungen, Inhalt und Implementierungsstand, Der Konzern 1.Jg. (2003), 260–264.

Austrian Research Centers: Stellungnahme zum Entwurf des Deutschen Rechnungslegungs Standards Nr. 12 (E-DRS 14), Immaterielle Vermögenswerte vom 11. Januar 2002, http://www.standardsetter.de/drsc/docs/comments/014/austrian_research.html.

Baetge, Jörg/Hollmann, Sebastian: Zur Zuverlässigkeit der Rechnungslegung nach IFRS, in: Döring, Ulrich (Hrsg.), Spezialisierung und Internationalisierung, Entwicklungstendenzen der deutschen Betriebswirtschaftslehre, Festschrift für Prof. Dr. Dr. h.c. mult. Günter Wöhe zum 80. Geburtstag am 2. Mai 2004, München 2004, 357–378.

Baetge, Jörg/Kirsch, Hans-Jürgen/Thiele, Stefan: Bilanzen, 9. Auflage, Düsseldorf 2007.

Baetge, Jörg/Matena, Sonja/Zülch, Henning: Fair Value Accounting, Eine neue Ära der Rechnungslegung, in: Küting, Karlheinz/Weber, Claus-Peter (Hrsg.), Vom Financial Accounting zum Business Reporting, Kapitalmarktorientierte Rechnungslegung und integrierte Unternehmensbesteuerung, Stuttgart 2002, 73–100.

Baetge, Jörg/Noelle, Jennifer: Shareholder-Value-Reporting sowie Prognose- und Performancepublizität, KoR 1. Jg. (2001), 174–180.

Baetge, Jörg/Thiele, Stefan: Gesellschafterschutz versus Gläubigerschutz, Rechenschaft versus Kapitalerhaltung, Zu den Zwecken des deutschen Einzelabschlusses vor dem Hintergrund der internationalen Harmonisierung, in: Budde, Wolfgang/Moxter, Adolf/Offerhaus, Klaus (Hrsg.), Handelsbilanzen und Steuerbilanzen, Festschrift zum 70. Geburtstag von Prof. Dr. h.c. Heinrich Beisse, Düsseldorf 1997, 11–24.

Baetge, Jörg/Thiele, Stefan/Matena, Sonja: Mittelbare Sicherung der Prüfungsqualität durch Enforcement geprüfter Jahres- und Konzernabschlüsse, Überlegungen aus ökonomischer Sicht, BFuP 56. Jg. (2004), 201–218.

Baetge, Jörg/Zülch, Henning: Fair Value-Accounting, BFuP 53. Jg. (2001), 543–563.

Ball, Ray/Brown, Philip: An Empirical Evaluation of Accounting Income Numbers, Journal of Accounting Research Vol. 6 (1968), 159–178.

Ballwieser, Wolfgang: Die Konzeptionslosigkeit des International Accounting Standards Board (IASB), in: Crezelius, Georg/Hirte, Heribert/Vieweg, Klaus (Hrsg.), Festschrift für Volker Röhricht zum 65. Geburtstag, Gesellschaftsrecht, Rechnungslegung und Sportrecht, Köln 2005, 727–745.

Ballwieser, Wolfgang: Die Unabhängigkeit des Wirtschaftsprüfers, Eine Analyse vom Beratungsverbot und externer Rotation, in: Lutter, Marcus (Hrsg.), Der Wirtschaftsprüfer als Element der Corporate Governance, Düsseldorf 2001, 99–115.

Ballwieser, Wolfgang: Ergebnis der Informationsökonomie zur Informationsfunktion der Rechnungslegung, in: Stöppler, Siegmar (Hrsg.): Information und Produktion, Festschrift für Waldemar Wittmann, Stuttgart 1985, 21–40.

Ballwieser, Wolfgang: Konzernrechnungslegung und Wettbewerb, Kapitalkosten; Netzwerkeffekte; Rechnungslegung; Regulierung; Signaling; Wettbewerb, DBW 61. Jg. (2001), 640–657.

Ballwieser, Wolfgang: Rahmenkonzepte der Rechnungslegung, Funktion, Vergleich, Bedeutung, Der Konzern 1. Jg. (2003), 337–348.

Ballwieser, Wolfgang: Sind mit der neuen Generalklausel zur Rechnungslegung auch neue Prüfungspflichten verbunden?, BB 40. Jg. (1985), 1034–1043.

Ballwieser, Wolfgang: Zum Nutzen handelsrechtlicher Rechnungslegung, in: Ballwieser, Wolfgang/Moxter, Adolf/Nonnenmacher, Rolf, Rechnungslegung, Warum und wie, Festschrift für Hermann Clemm zum 70. Geburtstag, München 1996, 1–25.

Ballwieser, Wolfgang: Zur Begründbarkeit informationsorientierter Jahresabschlussverbesserung, ZfbF Jg. 34 (1982), 772–793.

Ballwieser, Wolfgang/Hettich, Silvia: Das IASB-Projekt Reporting Comprehensive Income: Bedeutung für das Controlling, in: Weißenberger, Barbara E. (Hrsg.), IFRS und Controlling, Controlling & Management Sonderheft 2 (2004), 79–88.

Ballwieser, Wolfgang/Küting, Karlheinz/Schildbach, Thomas: Fair Value, erstrebenswerter Wertansatz im Rahmen einer Reform der handelsrechtlichen Rechnungslegung?, BFuP 56. Jg. (2004), 529–549.

Barrett, Michael J./Beaver, William H./Cooper, William W./Milburn, J. Alex/Solomons, David/Tweedie, David P.: American Accounting Association Committee on Accounting and Auditing Measurement, 1989–90, Accounting Horizons Sep. 1991, Vol. 5, Iss. 3, 81–105.

Barth, Mary E.: Valuation-based accounting research: Implications for financial reporting and opportunities for future research, Accounting and Finance Vol. 40 (2000), 7–31.

Bauer, Markus: Gläubigerschutz durch eine formelle Nennkapitalziffer, kapitalmarktrechtliche Notwendigkeit oder überholtes Konzept?: Eine rechtsvergleichende Untersuchung der Gläubigerschutzkonzepte des amerikanischen und deutschen Kapitalgesellschaftsrechts, Frankfurt am Main, Univ., Diss., 1995, Frankfurt am Main, Berlin u. a. 1995.

Baumbach, Adolf/Hopt, Klaus J.: Handelsgesetzbuch, Kommentar, 33. Auflage, München 2008.

Bayer, Walter: Aktuelle Entwicklungen im Europäischen Gesellschaftsrecht, BB 59. Jg. (2004), 1–11.

Beaver, William H.: Financial Reporting: An Accounting Revolution, 3rd Edition, New Jersey 1998.

Beck, Martin: Wertermittlung bei Immobilien, in: Richter, Frank/Timmreck, Christian (Hrsg.), Unternehmensbewertung, Moderne Instrumente und Lösungsansätze, Stuttgart 2004, 343–364.

Becker, Patricia: Rechnungslegungsstandards, EU-Kommission übernimmt IAS 39, GmbHR 95. Jg. (2004), R 505–507.

Beine, Frank: Scheinkonflikt mit dem True an Fair View, WPg 48. Jg. (1995), 467–475.

Beisse, Heinrich: Die Generalnorm des neuen Bilanzrechts und ihre steuerrechtliche Bedeutung, in: Mellwig, Winfried/Moxter, Adolf/Ordelheide, Dieter (Hrsg.), Beiträge zum neuen Bilanzrecht, Bd. 2: Handels- und Steuerbilanz, Wiesbaden 1989, 15–31.

Beisse, Heinrich: Gläubigerschutz, Grundprinzip des deutschen Bilanzrechts, in: Beisse, Heinrich/Lutter, Marcus/Närger, Heribald (Hrsg.), Festschrift für Karl Beusch zum 68. Geburtstag am 31. Oktober 1993, Berlin, New York 1993, 77–97.

Beisse, Heinrich: Zehn Jahre „True and fair view", in: Ballwieser, Wolfgang/Moxter, Adolf/Nonnenmacher, Rolf, Rechnungslegung, Warum und wie, Festschrift für Hermann Clemm zum 70. Geburtstag, München 1996, 27–58.

Benston, Georg/Bromwich, Michael/Litan, Robert E./Wagenhofer, Alfred: Following the Money, The Enron Failure and the State of Corporate Disclosure, Washington D.C. 2003.

Beratendes Form zur Rechnungslegung: Vorsicht und Matching, 1997, abrufbar unter: http://ec.europa.eu/internal_market/accounting/otherdocs_de.htm.

Berndlmaier, Alexander/Klein, Georg A.: Kundenorientierung in der US-amerikanischen Rechnungslegung: Der Comprehensive Report des Special Committee on Financial Reporting des AICPA, DB 59. Jg. (1997), 1089–1095.

Berndt, Thomas: Informationelle Rechnungslegung – Zur Ausweitung des Informationsumfangs am Beispiel von Intellectual Property Statements, Der Konzern 1. Jg. (2003), 823–834.

Berndt, Thomas: Vorsichtsprinzip und Grundsatz der Bilanzwahrheit im Rahmen der Jahresabschlussrichtlinie, ZfbF 53. Jg. (2001), 366–390.

Berndt, Thomas/Hommel, Michael: Konzernrechnungslegung zwischen Konvergenz und Wettbewerb, US-GAAP, IFRS oder Euro-IFRS?, BFuP 57. Jg. (2005), 407–423.

Black, Fischer: The Dividend Puzzle, Journal of Portfolio Management Vol. 2 (1976), 5–8.

Blair, Margaret M./Wallman, Steven M. H.: Unseen wealth report of the Brookings Task Force in Intangibles, Washington D.C. 2001.

Blaufus, Kay: Fair Value Accounting, Zweckmäßigkeitsanalyse und konzeptioneller Rahmen, Berlin, Freie Univ., Diss., 2005, Wiesbaden 2005.

Böcking, Hans-Joachim: IAS für Konzern- und Einzelabschluss?, WPg 54. Jg. (2001), 1433–1440.

Böcking, Hans-Joachim: IAS/IFRS und Corporate Governance, in: Küting, Karlheinz/Weber, Claus-Peter (Hrsg.), Vom Financial Accounting zum Business Reporting, Kapitalmarktorientierte Rechnungslegung und integrierte Unternehmenssteuerung, Stuttgart 2002, 423–443.

Böcking, Hans-Joachim: Internationalisierung der Rechnungslegung und ihre Auswirkungen auf die Grundprinzipien des deutschen Rechts, Der Konzern 2. Jg. (2004), 177–183.

Böcking, Hans-Joachim: Modernisierung der 4. und 7. EU-Richtlinie, in: Baetge, Jörg (Hrsg.), Übergang der Rechnungslegung vom HGB zu den IFRS, Vorträge und Diskussionen zum 19. Münsterschen Tagesgespräch des Gesprächskreis Rechnungslegung und Prüfung e. V. am 22. Mai 2003, Düsseldorf 2004, 103–129.

Böcking, Hans-Joachim: Zum Verhältnis von neuem Lagebericht, Anhang und IFRS, Ein Beitrag zur Berichterstattung über die Finanzinstrumente und Finanzlage nach Bilanzrechtsreformgesetz, BB 60. Jg. (2005), 5–8.

Böcking, Hans-Joachim: Zum Verhältnis von Rechnungslegung und Kapitalmarkt: Vom „financial accounting" zum „business accounting", in: Ballwieser, Wolfgang/Schildbach, Thomas (Hrsg.), Rechnungslegung und Steuern international, ZfbF-Sonderheft 40 (1998), 17–53.

Böcking, Hans-Joachim/Dutzi, Andreas: Zur Notwendigkeit eines zusätzlichen Solvenztests, Der Konzern 5. Jg. (2007), 435–441.

Böcking, Hans-Joachim/Herold, Christian/Müßig, Anke: IFRS für nicht kapitalmarktorientierte Unternehmen, unter besonderer Berücksichtigung mittelständischer Belange, Der Konzern 2. Jg. (2004), 664–672.

Böcking, Hans-Joachim/Herold, Christian/Wiederhold, Philipp: Modernisierung des HGB in Richtung IAS/IFRS, Auswirkungen der Änderungen der 4. und 7. EU-Richtlinie vom 6. 5. 2003, Der Konzern 1. Jg. (2003), 394–409.

Böcking, Hans-Joachim/Wesner, Peter: Value Reporting und Corporate Governance, Anreizkompatible Vergütung, Performacemessung und Unternehmensüberwachung, WPg-Sonderheft 2004, S. 98–107.

Bogajewskaja, Janina: Exposure Draft des IASB zur Änderung des IAS 1 Presentation of Financial Statements, BB 61. Jg. (2006), 1155–1159.

Bohl, Werner/Riese, Joachim/Schlüter, Jörg: Beck'sches IFRS-Handbuch, Kommentierung der IAS/IFRS, 2. Auflage, München 2006.

Bolin, Manfred: Analyse der Transformationskonzeptionen der 4. EG-Richtlinie in der Bundesrepublik Deutschland, Frankreich und Großbritannien dargestellt am Beispiel der Aktivierungsbestimmungen, Marburg, Univ., Diss., 1990, Krefeld 1991.

Borowicz, Frank: Methoden der Unternehmensbewertung, Ertragswertmethode, Discounted Cash Flow und Economic Value Added, WiSt 34. Jg. (2005), 368–373.

Brandi, Ernst: Informationswirkungen der Jahresabschlussveröffentlichung auf Entscheidungen am Aktienmarkt, Augsburg, Univ. Diss., 1977.

Brandl, Rainer: Zur Begründbarkeit handelsrechtlicher Rechnungslegungsnormen, Regensburg, Univ., Diss., 1986, Frankfurt am Main 1987.

Buchheim, Regine: Im Lagebericht wird jetzt mehr nach vorne geschaut, Frankfurter Allgemeine Zeitung vom 7. 3. 2005, S. 22.

Buchheim, Regine/Gröner, Susanne: Anwendungsbereich der IAS-Verordnung an der Schnittstelle zu deutschem und zu EU-Bilanzrecht, BB 58. Jg. (2003), 953–955.

Buchheim, Regine/Gröner, Susanne/Kühne, Mareike: Übernahme von IAS/IFRS in Europa: Ablauf und Wirkung des Komitologieverfahrens auf die Rechnungslegung, BB 59. Jg. (2004), 1783–1788.

Buchheim, Regine/Knorr, Liesel: Der Lagebericht nach DRS 15 und internationale Entwicklungen, WPg 59. Jg. (2006), 413–425.

Buchheim, Regine/Ulbrich, Philipp: EU-Transparenz-Richtlinie: Neuregelungen der periodischen und laufenden Berichterstattung kapitalmarktnotierter Unternehmen, KoR 4. Jg. (2004), 273–287.

Buchholz, Rainer: IAS für mittelständische Unternehmen?, Vor- und Nachteile neuer Rechnungslegungsvorschriften in Deutschland, DStR 38. Jg. (2002), 1280–1284.

Buchholz, Rainer: Internationale Rechnungslegung, Die Vorschriften nach IFRS und HGB im Vergleich, 6. Auflage, Bamberg 2007.

Buck, Carsten: Über die Auslegungsmethoden des Gerichtshofs der Europäischen Gemeinschaft, Münster (Westfalen), Univ., Diss., 1997, Frankfurt am Main u. a. 1998.

Buck, Petra: Internationalisierung von Recht – Wandel in der deutschen Rechnungslegung, JZ 59. Jg. (2004), 883–888.

Budde, Wolfgang Dieter: Überlegungen zur Umsetzung des „True and Fair View" in das Deutsche Recht, in: Treuhand-Vereinigung (Hrsg.), Wirtschaftsprüfung und Wirtschaftsrecht, Beiträge zum 75jährigen Bestehen der Treuhand-Vereinigung Aktiengesellschaft, Stuttgart 1980, 109–135.

Budde, Wolfgang Dieter/Förschle, Gerhart: Das Verhältnis des „True and Fair View" zu den Grundsätzen ordnungsgemäßer Buchführung und zu den Einzelrechnungslegungsvorschriften, in: Mellwig, Winfried/Moxter, Adolf/Ordelheide, Dieter (Hrsg.), Beiträge zum neuen Bilanzrecht, Bd. 1: Einzelabschluss und Konzernabschluss, Wiesbaden 1988, 27–45.

Budde, Wolfgang Dieter/Steuber, Elgin: Rechnungslegung im Spannungsfeld zwischen Gläubigerschutz und Information der Gesellschafter, AG 41. Jg. (1996), 542–550.

Busse von Colbe, Walther: Der Konzernabschluss nach international anerkannten Rechnungslegungsgrundsätzen, in: Dörner, Dietrich/Menold, Dieter/Pfitzer, Norbert/Oser, Peter (Hrsg.), Reform des Aktienrechts, der Rechnungslegung und Prüfung, KonTraG, Corporate Governance, TransPuG, 2. Auflage, Stuttgart 2003, 649– 673.

Busse von Colbe, Walther: Die deutsche Rechnungslegung vor einem Paradigmawechsel, ZfbF 54. Jg. (2002), 159–172.

Busse von Colbe, Walther: Internationalisierung der Konzernrechnungslegung börsennotierter Mutterunternehmen durch das KapAEG und das KonTraG, in: Küting, Karlheinz/Langenbucher, Günther (Hrsg.), Internationale Rechnungslegung, Festschrift für Professor Dr. Claus-Peter Weber zum 60. Geburtstag, Stuttgart 1999, 463–479.

Busse von Colbe, Walther: Vorschlag der EG-Kommission zur Anpassung der Bilanzrichtlinien an die IAS, Abschied von der Harmonisierung?, BB 57. Jg. (2002), 1530–1536.

Busse von Colbe, Walther: Zur Anpassung der Rechnungslegung von Kapitalgesellschaften an internationale Normen, BFuP 47. Jg. (1995), 373–391.

Calliess, Christian/Ruffert, Matthias: EUV/EGV: Das Verfassungsrecht der Europäischen Union mit Europäischer Grundrechtecharta, 3. Auflage, München 2007.

Canaris, Claus-Wilhelm: Die Stellung der „UNIDROIT Principles" und der „Principles of European Contract Law" im System der Rechtsquellen, in: Basedow, Jürgen (Hrsg.), Europäische Vertragsrechtsvereinheitlichung und deutsches Recht, Tübingen 2000, 5–31.

Cheng, Agnes C.S./Cheung, Joseph/Gopalakrishnan, V.: On the Usefulness of Operation Income, Net Income and Comprehensive Income in Explaining Security Returns, Accounting and Business Research Vol. 23 (1993), 195–203.

Claßen, Ruth/Heegemann, Volker: Das Lamfalussy-Verfahren, Bestandsaufnahme, Bewertung und Ausblick, ZfK 56. Jg. (2003), 1200–1203.

Claussen, Carsten P.: Konzernabschluss versus Einzelabschluss der Muttergesellschaft, ZGR 29. Jg. (2000), 604–619.

Claussen, Carsten P.: Zum Stellenwert des § 263 Abs. 2 HGB, in: Havermann, Hans (Hrsg.), Bilanz- und Konzernrecht, Festschrift zum 65. Geburtstag von Dr. Dr. h.c. Reinhard Goerdeler, Düsseldorf 1987, 79–92.

Clemm, Hermann: Zur Problematik einer wahren Rechnungslegung, in: Crezelius, Georg/Hirte, Heribert/Vieweg, Klaus (Hrsg.), Festschrift für Volker Röhricht zum 65. Geburtstag, Gesellschaftsrecht, Rechnungslegung und Sportrecht, Köln 2005, 767–785.

Coase, Ronald H.: The firm, the market and the law, Chicago1998

Coase, Ronald H.: The Nature of the Firm, Economica Vol. 4 (1937), 386–405.

Coase, Ronald H.: The Problem of Social Cost, Journal of Law and Economics Vol. 3 (1960), 1–44.

Coenenberg, Adolf G.: Jahresabschluss und Jahresabschlussanalyse, 20. Auflage, Stuttgart 2005.

Coleman, Robert: The Aim of EEC Company Law Harmonisation, in: Gray, S.J./Coenenberg, A.G. (ed.), EEC Accounting Harmonisation: Implementation and Impact of the Fourth Directive, Amsterdam u.a. 1984, 3–8.

Cooter, Robert/Ulen, Thomas: Law and Economics, 4th Edition, Boston etc. 2004.

Danish Agency for Trade and Industry: A Guideline for Intellectual Capital Statements, November 2000, abrufbar unter http://www.euintangibles.net/library/localfiles/ICS-UKsprog.pdf.

Dawo, Sascha: Immaterielle Güter in der Rechnungslegung nach HGB, IAS/IFRS und US-GAAP: aktuelle Rechtslage und neue Wege der Bilanzierung und Berichterstattung, Saarbrücken, Univ., Diss., 2003, Herne, Berlin 2003.

Dederichs, Mariele: Die Methodik des EuGH, Häufigkeit und Bedeutung methodischer Argumente in den Begründungen des Gerichtshofes der Europäischen Gemeinschaft, Münster, Univ., Diss., 2003, Baden-Baden 2004.

Demsetz, Harold: The Exchange and Enforcement of Property Rights, Journal of Law and Economics Vol. 7 (1964), 11–26.

Demski, Joel S.: The General Impossibility of Normative Accounting Standards, The Accounting Review Vol. 48 (1973), 718–723.

Deutsches Rechnungslegungs Standards Committee e. V. : Stellungnahme des DSR an das BMJ zur EU-Verordnung und Anwendung der IAS vom 24. Oktober 2002, abrufbar unter http://www.standardsetter.de/drsc/drs.html.

Drexl, Josef: Die wirtschaftliche Selbstbestimmung des Verbrauchers: eine Studie zum Privat- und Wirtschaftsrecht unter Berücksichtigung Gemeinschaftsrechtlicher Bezüge, München, Univ., Habil.-Schr., 1996, Tübingen 1998.

Drukarczyk, Jochen: Theorie und Politik der Finanzierung, 2. Auflage, München 1993.

Drygala, Tim: Die Vorschläge der SLIM-Arbeitsgruppe zur Vereinfachung des Europäischen Gesellschaftsrechts, AG 46. Jg. (2001), 291–299.

Easterbrook, Frank H.: Two Agency-Cost Explanations of Dividends, American Economic Review Vol. 74 (1984), 650–659.

Eckes, Burkhard/Sittmann-Haury, Caroline: Die neuen Offenlegungsvorschriften zu Finanzinstrumenten nach IFRS 7 und zum Kapital IAS 1, Aussagekraft und Implikationen für die Praxis, WPg 59. Jg. (2006), 425–436.

Edvinsson, Leif/Malone Michael S. : Intellectual Capital, Realizing your Company's true value by finding its hidden brainpower, New York 1997.

Egner, Henning: Bilanzen, Ein Lehrbuch zur Bilanztheorie, München 1974.

Eidenmüller, Horst: Kapitalgesellschaften im Spiegel der ökonomischen Theorie, JZ 56. Jg. (2001), 1041–1051.

Eilers, Stephan/Rödding, Adalbert/Schmalenbach, Dirk (Hrsg.): Unternehmensfinanzierung, München 2008.

Eisolt, Dirk/Verdenhalven, Werner: Erläuterung des Kapitalgesellschaften und Co-Richtlinie-Gesetzes (KapCoRiLiG), NZG 2000, 130–134.

Ekkenga, Jens: Anlegerschutz, Rechnungslegung und Kapitalmarkt: eine vergleichende Studie zum europäischen, deutschen und britischen Bilanz-, Gesellschafts- und Kapitalmarktrecht, Frankfurt am Main, Univ., Habil.-Schr. 1994, Tübingen 1998.

Ellrott, Helmut/Förschle, Gerhardt/Hoyos, Martin/Winkeljohann, Norbert: Beck'scher Bilanz-Kommentar, Handels- und Steuerrecht, §§ 238 bis 339, 342 bis 342 e HGB, 6. Auflage, München 2006.

Elmendorff, Wilhelm: Harmonisierung der Rechnungslegungsvorschriften in der Europäischen Wirtschaftsgemeinschaft, WPg 20. Jg. (1967), 621–628.

Elschen, Rainer: Gegenstand und Anwendungsmöglichkeit der Agency-Theorie, ZfbF 43. Jg. (1991), 1002–1012.

Emmerich, Gerhard/Schaum, Wolfgang: Auswirkungen des Sarbanes-Oxley Act auf deutsche Abschlussprüfer, Berufsaufsicht, Registrierung, Unabhängigkeit, WPg 56. Jg. (2003), 677–691.

Engert, Andreas: Solvenzanforderungen als gesetzliche Ausschüttungssperre bei Kapitalgesellschaften, ZHR 170 (2006), 296–335.

Erchinger, Holger/Melcher, Winfried: Stand der Konvergenz zwischen US-GAAP und IFRS: Anerkennung der IFRS durch die SEC, KoR 7. Jg. (2007), 245–254.

Ernst, Christoph: Die neuen Regelungen zur Abschlussprüfung im nationalen und europäischen Umfeld, in: Baetge, Jörg/Kirsch, Hans-Jürgen (Hrsg.), Anpassung des deutschen Bilanzrechts an internationale Standards, Düsseldorf 2005, 135–148.

Ernst, Christoph: Die Wahlrechte der EU-Verordnung zur IAS-Anwendung und Umsetzungsmöglichkeiten in Deutschland, in: Baetge, Jörg (Hrsg.), Übergang der Rechnungslegung vom HGB zu den IFRS, Vorträge und Diskussionen zum 19. Münsterschen Tagesgespräch des Gesprächskreis Rechnungslegung und Prüfung e. V. am 22. Mai 2003, Düsseldorf 2004, 27–41.

Ernst, Christoph: Zum Stand der Reformüberlegungen im Bilanzrecht: Noch ist nichts entschieden, in: Kleindiek, Detlef/Oehler, Wolfgang (Hrsg), Die Zukunft des deutschen Bilanzrechts im Zeichen internationaler Rechnungslegung und privater Standardsetzung, Köln 2000, 41–48.

Ernst, Christoph/Seidler, Holger: Die Kernpunkte des Referentenentwurfes eines Gesetzes zur Modernisierung des Bilanzrechts im Überblick, Der Konzern 5. Jg. (2007), 822–831.

Ernstberger, Jürgen: Erfolgs- und Vermögensmessung nach International Financial Reporting Standards (IFRS), Regensburg, Univ., Diss., 2004, Frankfurt am Main 2004.

Esser, Maik/Hackenberger, Jens: Immaterielle Vermögenswerte des Anlagevermögens und Goodwill in der IFRS-Rechnungslegung, Ein Überblick über die Auswirkungen des Business Combinations-Projekts, DStR 43. Jg. (2005), 708–713.

Esser, Maik/Hackenberger, Jens: Bilanzierung immaterieller Vermögenswerte des Anlagevermögens nach IFRS und US-GAAP, KoR 4. Jg. (2004), 402–414.

Euler, Roland: Bilanztheorie und internationale Rechnungslegung, in: Budde, Wolfgang/Moxter, Adolf/Offerhaus, Klaus (Hrsg.), Handelsbilanzen und Steuerbilanzen, Festschrift zum 70. Geburtstag von Prof. Dr. h.c. Heinrich Beisse, Düsseldorf 1997, 177–188.

Euler, Roland: Immaterielle Vermögenswerte, Stellungnahme zum E DSR14, BB 56. Jg. (2001), 2631–2636.

Euler, Roland: Paradigmawechsel im handelsrechtlichen Einzelabschluss, BB 57. Jg. (2002), 875–880.

Evans, Lisa/Nobes, Christopher: Some mysteries relating to the prudence principle in the Fourth Directive and in German and British law, in: Nobes, Christopher W. (ed.), Developments in the International Harmonization of Accounting, Cheltenham (UK), Northhampton, MA (USA) 2004, 251–263.

Ewert, Ralf: Anlegerschutz, in: Busse v. Colbe, Walther/Pellens, Bernhard (Hrsg.), Lexikon des Rechnungswesens – Handbuch der Bilanzierung und Prüfung der Erlös-, Finanz-, Investitions- und Kostenrechnung, 4. Auflage, München, Wien 1998, 45 Sp. 1 – 48 Sp. 1.

Ewert, Ralf: Rechnungslegung, Gläubigerschutz und Agency-Probleme, Passau, Univ., Diss., 1985, Wiesbaden 1986.

Ewert, Ralf/Wagenhofer, Alfred: Aspekte ökonomischer Forschung in der Rechnungslegung und Anwendung auf Ausschüttungsbemessung und Unabhängigkeit des Prüfers, BFuP 55. Jg. (2003), 603–622.

Falke, Josef: Komitologie, Entwicklung, Rechtsgrundlagen und erste empirische Annäherung, in: Joerges, Christian/Falke, Josef (Hrsg.), Das Ausschusswesen der Europäischen Union, Praxis der Risikoregulierung im Binnenmarkt und ihre rechtliche Verfassung, Baden-Baden 2000, 43–159.

Fama, Eugene F./Jensen, Michael C.: Separation of Ownership and Control, Journal of Law and Economics Vol. 26 (1983), 301–325.

Feldmann, Horst: Eine institutionalistische Revolution? Zur dogmatischen Bedeutung der modernen Institutionenökonomik, Berlin 1995.

Fikentscher, Wolfgang: Methoden des Rechts in vergleichender Darstellung, Band I: Frühe und religiöse Rechte, Romanischer Rechtskreis, Tübingen 1975.

Financial Accounting Standards Board: Improving Business Reporting: Insight into Enhancing Voluntary Disclosures, January 29, 2001, http://www.fasb.org/brrp/BRRP2.PDF.

Fink, Christian: Management Commentary: Eine Diskussionsgrundlage zur internationalen Lageberichterstattung, KoR 6. Jg. (2006), 141–152.

Fladung, Hans-Dieter: Das Vorsichts- und Objektivierungsprinzip im deutschen Bilanzrecht, Dortmund, Univ., Diss., 2000, Wiesbaden 2000.

Fleischer, Holger: Covenants und Kapitalersatz, ZIP 19. Jg. (1998), 313–321.

Fink, Christian/Ulbrich, Philipp: Verabschiedung des IFRS 8 – Neuregelung der Segmentberichterstattung nach dem Vorbild der US-GAAP, KoR 7. Jg. (2007), 1–6.

Fink, Christian/Ulbrich, Philipp: IFRS 8: Paradigmawechsel in der Segmentberichterstattung, DB 60. Jg. (2007), 981–985.

Flint, David: A true and fair view: A U.K. Perspective, in: Gray, S.J./Coenenberg, A.G. (ed.), EEC Accounting Harmonisation Implementation and Impact of the Fourth Directive (1984), 99–111.

Flower, John: European Financial Reporting, Adapting to a Changing World, Basingstoke u. a. 2004.

Flury, Cornelia: Gewinnerläuterungsprinzipien, Frankfurt am Main, Univ., Diss., 1998, Frankfurt am Main u. a. 1999.

Forum Europaeum Konzernrecht: Konzernrecht für Europa, ZGR 27. Jg. (1997), 672–772.

Franke, Günter/Hax, Herbert: Finanzwirtschaft des Unternehmens und Kapitalmarkt, 5. Auflage, Berlin, Heidelberg u. a. 2005.

Franken, Lars: Gläubigerschutz durch Rechnungslegung und US-GAAP, Bochum, Univ., Diss., 2000, Frankfurt a. M. u. a. 2001.

Fresl, Karlo D.: Die Europäisierung des deutschen Bilanzrechts, Frankfurt am Main, Univ., Diss., 1999, Wiesbaden 2000.

Fritsch, Michael/Wein, Thomas/Ewers, Hans-Jürgen: Marktversagen und Wirtschaftspolitik: Mikroökonomische Grundlagen staatlichen Handelns, 7. Auflage, München 2007.

Fülbier, Rolf Uwe/Honold, Dirk/Klar, Alexander: Bilanzierung immaterieller Vermögenswerte, Möglichkeiten und Grenzen der Bilanzierung nach US-GAAP und IAS bei Biotechnologieunternehmen, RIW 46. Jg. (2000), 833–844.

Gail, Winfried/Greth, Michael/Schumann, Roland: Die Maßgeblichkeit der Handelsbilanz für die Steuerbilanz in den Mitgliedstaaten der Europäischen Gemeinschaft, DB 44. Jg. (1991), 1389–1399.

Gentz, Manfred: Internationale Rechnungslegung als Instrument der Marktkommunikation, in: Coenenberg, Adolf G./Pohle, Klaus (Hrsg.), Internationale Rechnungslegung, Konsequenzen für Unternehmensführung, Rechnungswesen, Standardsetting, Prüfung und Kapitalmarkt, Stuttgart 2001, 3–25.

Gerbaulet, Christian: Reporting Comprehensive Income, Oestrich-Winkel, European Business School, Diss., 1998, Wiesbaden 1999.

Gimpel-Kloos, Brigitte: Die Ausübung nationaler Wahlrechte im Hinblick auf die Zielsetzungen der 4. EG-Richtlinie, Hagen, Fernuniversität, Diss., 1990, Heidelberg 1991.

Gordon, Myron J.: Scope and Method of Theory and Research in the Measurement of Income and Wealth, The Accounting Review 1960, 603–618.

Göthel, Stephan: Europäisches Bilanzrecht im Umbruch, DB 54. Jg. (2001), 2057–2061.

Grabitz, Eberhard/Hilf, Meinhard (Hrsg.): Das Recht der Europäischen Union, Band II: EUV/EGV, München, Stand September 2004.

Grau, Andreas: Gewinnrealisierung nach International Accounting Standards, Mainz, Univ., Diss., 2002, Wiesbaden 2002.

von der Groeben, Hans/Schwarze, Jürgen: Kommentar zum Vertrag über die Europäische Union und zur Gründung der Europäischen Gemeinschaft, Band 4: Art. 1–53 EUV, Art. 1–80 EGV, 6. Auflage, Baden-Baden 2004.

Grohmann, Uwe: Das Informationsmodell im Europäischen Gesellschaftsrecht, EWS 18. Jg. (2007), 540–549.

Großfeld, Bernhard: Immer langsam voran, aber doch weiter: Bilanzrechtsreformgesetz, NZG 7. Jg. (2004), 393–396.

Großfeld, Bernhard/Luttermann, Claus: Bilanzrecht, Die Rechnungslegung in Jahresabschluß und Konzernabschluß nach Handelsrecht und Steuerrecht, Europarecht und IAS/IFRS, 4. Auflage, Heidelberg 2005.

Großfeld, Bernhard/Reemann, Jörg L.: Die neue Genossenschaftsbilanz, in: Havermann, Hans (Hrsg.), Bilanz- und Konzernrecht, Festschrift zum 65. Geburtstag von Dr. Dr. h.c. Reinhard Goerdeler, Düsseldorf 1987, 149–172.

Group of German Experts on Corporate Law: Zur Entwicklung des Europäischen Gesellschaftsrechts: Stellungsnahme der Group of German Experts on Corporate Law zum Konsultationsdokument der High Level Group of Experts on Corporate Law, ZIP 23. Jg. (2002), 1310–1324.

Grundmann, Stefan: Die Struktur des Europäischen Gesellschaftsrechts von der Krise zum Boom, ZIP 25. Jg. (2004), 2401–2412.

Grundmann, Stefan: EG-Richtlinie und nationales Recht, JZ 51. Jg. (1996), 274–287.

Grundmann, Stefan: Europäisches Gesellschaftsrecht, Eine systematische Darstellung unter Einbeziehung des Europäischen Kapitalmarktrechts, Heidelberg 2004.

Grundmann, Stefan: Information und ihre Grenzen im Europäischen und neuen englischen Gesellschaftsrecht, in: Schneider, Uwe H./Hommelhoff, Peter/Schmidt, Karsten/Timm, Wolfgang/ Grunewald, Barbara/Drygala, Tim, Festschrift für Marcus Lutter zum 70. Geburtstag, Deutsches und europäisches Gesellschafts-, Konzern- und Kapitalmarktrecht, Köln 2000, 61–82.

Grundmann, Stefan: Wettbewerb der Regelgeber im Europäischen Gesellschaftsrecht, jedes Marktsegment hat seine Struktur, ZGR 30. Jg. (2001), 783–832.

Grundmann, Stefan/Selbherr, Benedikt: Börsenprospekthaftung in der Reform, Rechtsvergleichung, Europarecht, Interessenbewertung mit ökonomischer Analyse, WM 50. Jg. (1996), 985–993.

Grundmann, Stephan M.: Die Auslegung des Gemeinschaftsrechts durch den Europäischen Gerichtshof, Zugleich eine rechtsvergleichende Studie zur Auslegung im Völkerrecht und im Gemeinschaftsrecht, Konstanz, Univ., Diss., 1997, Konstanz 1997.

Grünwald, Alfons: Europäisches Gesellschaftsrecht, Wien 1999.

Habersack, Mathias: Europäisches Gesellschaftsrecht, Einführung in Studium und Praxis, 3. Auflage, München 2006.

Hadfield, Gillian K.: Problematic Relations: Franchising and the Law of Incomplete Contracts, Stanford Law Review Vol. 42 (1990), 927–992.

Hahn, Klaus: Deutsche Rechnungslegung im Umbruch, Stand und Entwicklung der deutschen Rechnungslegung vor dem Hintergrund neuer EU-Vorgaben, DStR 39. Jg. (2001), 1267–1272.

Haller, Axel: Financial accounting developments in the European Accounting Union: past events and future prospects, The European Accounting Review Vol. 11. (2002), 153–190.

Haller, Axel: Grundlagen der externen Rechnungslegung in den USA, 4. Auflage, Stuttgart 1994.

Haller, Axel: IFRS für alle Unternehmen, ein realistisches Szenario in der Europäischen Union?, KoR 3. Jg. (2003), 413–424.

Haller, Axel: Immaterielle Vermögenswerte, Wesentliche Herausforderungen für die Zukunft der Unternehmensrechnung, in: Möller, Hans Peter/Schmidt, Franz (Hrsg.), Rechnungswesen als Instrument für Führungsentscheidungen, Festschrift für Prof. Dr. Dr. h.c. Adolf G. Coenenberg zum 60. Geburtstag, Stuttgart 1998, 561–596.

Haller, Axel/Schloßgangl, Maria: Notwendigkeit einer Neugestaltung des Performance Reporting nach International Accounting (Financial Reporting) Standards, Konzeptionelle und empirisch Evidenz, KoR 3. Jg. (2003), 317–327.

Hartmann-Wendels, Thomas: Rechnungslegung der Unternehmen und Kapitalmarkt aus informationsökonomischer Sicht, Heidelberg 1991.

Hasenburg, Christof/Rahe, Ingo,: Das Improvements Project des IASB, Der Konzern 3. Jg. (2005), 43–48

Hauck, Anton/Prinz, Ulrich: Zur Auslegung von (europarechtlich übernommenen) IAS/IFRS, Der Konzern 3. Jg. (2005), 635–641.

Hauck, Anton: Die Lehren des EuGH-Urteils Velvet & Steel zur 6. Mehrwertsteuerrichtlinie für die Auslegung von europäischen Rechnungslegungsnormen, BB 62. Jg. (2007), 2434–2435.

Hax, Herbert: Rechnungslegungsvorschriften, Notwendige Rahmenbedingungen für den Kapitalmarkt?, in: Domsch, Michel/Eisenführ, Granz/Ordelheide, Dieter/Perlitz, Manfred (Hrsg.), Unternehmenserfolg, Planung, Ermittlung, Kontrolle, Festschrift für Walther Busse von Colbe zum 60. Geburtstag, Wiesbaden 1988, 187–201.

Hayn, Sven: Entwicklungstendenzen im Rahmen der Anwendung von IFRS in der Konzernrechnungslegung, BFuP 57. Jg. (2005), 424–439.

Healy, Paul M.: The effect of bonus schemes on accounting decisions, Journal of Accounting and Economics Vol. 7 (1985), 85–107.

Heinrichs, Joachim: Wahlrechte im Bilanzrecht der Kapitalgesellschaften unter besonderer Berücksichtigung der EG-Bilanz-Richtlinie, Mainz, Univ., Habil.-Schr. 1998, Köln 1999.

Heintges, Sebastian: Entwicklung der Rechnungslegung nach internationalen Vorschriften – Konsequenzen für deutsche Unternehmen, DB 59. Jg. (2006), 1569–1576.

Heintzen, Markus: EU-Verordnungsentwurf zur Anwendung von IAS: Kein Verstoß gegen Unionsverfassungsrecht, BB 56. Jg. (2001), 825–829.

Helmschrott, Harald: Der Vorschlag der EU zur Anpassung der Bilanzrichtlinien an die IAS durch Einführung einer Fair-Value-Bewertung von Finanzinstrumenten, DStR 38. Jg. (2000), 941–948.

Hennrichs, Joachim: Ausbau der Konzernrechnungslegung im Lichte internationaler Entwicklung, ZGR 29. Jg. (2000), 627–650.

Hennrichs, Joachim: Die Bedeutung der EG-Bilanzrichtlinien für das deutsche Handelsbilanzrecht, ZGR 26. Jg. (1997), 66–88.

Hennrichs, Joachim: Wahrheit und Dichtung oder Aspekte zur Wiederherstellung des Vertrauens in die Bilanz, in: Crezelius, Georg/Hirte, Heribert/Vieweg, Klaus (Hrsg.), Festschrift für Volker Röhricht zum 65. Geburtstag, Gesellschaftsrecht, Rechnungslegung, Sportrecht, Köln 2005, 881–896.

Hennrichs, Joachim: Zur normativen Reichweite der IFRS, Zugleich Anmerkungen zu den Urteilen des EuGH und des FG Hamburg in der Rechtssache „BIOA", NZG 8. Jg. (2005), 783–787.

Hennrichs, Joachim/Schuber, Daniela: EG-Rechtswidrigkeit übermäßiger Angabepflichten nach IFRS, ZIP 28. Jg. (2007), 563–569.

Henssler, Martin: Der Einfluss des Sarbanes Oxley Acts auf die Fortentwicklung des deutschen Gesellschaftsrechts –Eine Einführung, Der Konzern 1. Jg. (2003), 255–264.

Herzig, Norbert: IAS/IFRS und steuerliche Gewinnermittlung, WPg 58. Jg. (2005), 211–235.

Herzig, Norbert/Bär, Michaela: Die Zukunft der steuerrechtlichen Gewinnermittlung im Licht des europäischen Bilanzrechts, DB 56. Jg. (2003), 1–8.

Hettich, Silvia: Mängel und Inkonsistenzen in den derzeitigen Rechnungslegungsregeln nach IFRS – Beseitigung durch Neuregelungen?, KoR 7. Jg. (2007), 6–14.

Heuser, Paul/Theile, Carsten: IAS/IFRS Handbuch, Einzel- und Konzernabschluss, 3. Auflage, Köln 2007.

Heusinger, Sabine: Europäisierung des deutschen Bilanzsteuerrechts, Einflüsse der Jahresabschlussrichtlinie auf die direkte Besteuerung, Mainz, Univ., Diss., 2001, Hamburg 2001.

Heyd, Reinhard/Lutz-Ingold, Martin: Immaterielle Vermögenswerte und Goodwill nach IFRS, Bewertung, Bilanzierung und Berichterstattung, München 2005.

Hirst, D. Eric/Hopkins, Patrick E.: Comprehensive Income Reporting and Analysts Valuation Judgments, Journal of Accounting Research Vol. 36 (1998), 47–75.

Hirte, Heribert: Kapitalgesellschaftsrecht, 5. Auflage, Köln 2006.

Hitz, Markus: Fair Value in der IFRS-Rechnungslegung, Konzeption, Inhalt und Zweckmäßigkeit, WPg 58. Jg. (2005), 1013–1027.

Hochrangige Gruppe von Experten auf dem Gebiet des Gesellschaftsrechst: Bericht der Hochrangigen Gruppe von Experten auf dem Gebiet des Gesellschaftsrecht über moderne gesellschaftsrechtliche Rahmenbedingungen in Europa, abrufbar unter http://www.ec.europa.eu/internal_market/company/docs/modern/report_de.pdf.

Høegh-Krohn, Nils. E. Joachim/Knivsflå, Kjell Henry: Accounting for Intangible Assets in Scandinavia, the UK, the US, and by the IASC: Challenges and a Solution, The International Journal of Accounting Vol. 35 (2000), 243–265.

Hoffmann, Jörg: Das DRSC und die Regulierung der Rechnungslegung, Eine ökonomische Betrachtung, München, Univ., Diss., 2002, Frankfurt am Main u.a. 2003.

Hoffmann, Wolf-Dieter/Lüdenbach, Norbert: Bilanzrechtsreformgesetz, Seine Bedeutung für den Einzel- und Konzernabschluß, GmbHR 95. Jg. (2004), 145–150.

Hollmann, Sebastian: Reporting Performance, Analyse des Ausweises der Erträge und Aufwendungen in einem Abschluss nach den Rechnungslegungsvorschriften des IASB, Münster, Univ., Diss., 2002, Düsseldorf 2003.

Holmstrom, Bengt : Moral Hazard and Observability, Bell Journal of Economics Vol. 10 (1979), 74–91.

Holthausen, Robert W./Larcker, David F./Sloan, Richard G.: Annual bonus schemes and the manipulation of earnings, Journal of Accounting and Economics Vol. 19 (1995), 29–74.

Homann, Karl/Kirchner, Christian: Ordnungsethik, Jahrbuch für neue politische Ökonomie Bd. 14. (1995), 189–211.

Hommel, Michael: Internationale Bilanzrechtskonzeptionen und immaterielle Vermögensgüter, ZfbF 49. Jg. (1997), 345–369.

Hommel, Michael/Berndt, Thomas: Neue Entwicklungen in der Jahresabschlussrichtlinie: Bewertung zum Fair Value, BB 55 Jg. (2000), 1184–1190.

Hommelhoff, Peter: Deutsches Enforcement im richtigen Fahrwasser?, in: Baetge, Jörg/Kirsch, Hans-Jürgen (Hrsg.), Anpassung des deutschen Bilanzrechts an internationale Standards, Düsseldorf 2005, 57–86.

Hopt, Klaus J. : Der Kapitalanlegerschutz im Recht der Banken: Gesellschafts-, bank- und börsenrechtliche Anforderungen an das Beratungs- und Verwaltungsverfahren der Kreditinstitute, München 1975.

Hopt, Klaus J.: Die Publizität von Kapitalgesellschaften, Grundsätzliche Überlegungen zum Stand nach der 4. EG-Richtlinie und zur Reformdiskussion in den USA, ZGR 9. Jg. (1980), 225–253.

Hopt, Klaus J.: Gemeinsame Grundsätze der Corporate Governance in Europa?, Überlegungen zum Einfluss der Wertpapiermärkte auf Unternehmen und ihre Regulierung und zum Zusammenwachsen von common law und civil law im Gesellschafts- und Kapitalmarktrecht, ZGR 29. Jg. (2000), 779–818.

Hopt, Klaus J./Wiedemann, Herbert (Hrsg.): Aktiengesetz Großkommentar, Erstes Band: Einleitung; §§ 1–53, 4. Auflage, Berlin 2004.

Hornung, Karlheinz: Immaterielle Vermögenswerte als Herausforderung der Zeit, in: Küting, Karlheinz/Weber, Claus-Peter (Hrsg.), Vom Financial Accounting zum Business Reporting, Kapitalmarktorientierte Rechnungslegung und integrierte Unternehmenssteuerung, Stuttgart 2002, 13–41.

Hüffer, Uwe: Aktiengesetz, 7. Auflage, München 2006.

van Hulle, Karel: Das Europäische Bilanzrecht, Entwicklungen und Herausforderungen, Bonn 1993.

van Hulle, Karel: Die Reform des europäischen Bilanzrechts: Stand, Ziele und Perspektiven, ZGR 29. Jg. (2000), 537–549.

van Hulle, Karel: Ergebnisse der Angleichung der Vorschriften der Rechnungslegung, in: Kommission der Europäischen Gemeinschaften (Hrsg.), Die Zukunft der Angleichung der Vorschriften der Rechnungslegung in den Europäischen Gemeinschaften, Brüssel 1990, 2–14.

van Hulle, Karel: Europäische Rechnungslegung auf neuen Wegen, in: Baetge, Jörg (Hrsg.), Übergang der Rechnungslegung vom HGB zu den IFRS, Vorträge und Diskussionen zum 19. Münsterschen Tagesgespräch des Gesprächskreis Rechnungslegung und Prüfung e.V. am 22. Mai 2003, Düsseldorf 2004, 131–163.

van Hulle, Karel: Fortentwicklung des Europäischen Bilanzrechts aus Sicht der EU, in: Schruff, Lothar (Hrsg.), Bilanzrecht unter dem Einfluss internationaler Reformzwänge, Bericht über die Göttinger Bilanztage „10 Jahre BilRiLiG: Bilanzrecht vor neuen Reformzwängen" am 7. und 8. Dezember 1995, Düsseldorf 1996, 7–25.

van Hulle, Karel: The True and Fair View override in the European Accounting Directives, in: Nobes, Christopher (ed.), Developments in the International Harmonization of Accounting, Cheltenham (UK), Northhampton, MA (USA) 2004, 264–273.

van Hulle, Karel: „True and Fair View", im Sinne der 4. Richtlinie, in: Förschle, Gerhardt/Kaiser, Klaus/Moxter, Adolf, Rechenschaftslegung im Wandel, Festschrift Wolfgang Dieter Budde, München 1995, 313–326.

Huthmann, Andreas/Hofele, Frank: Teilweise Umsetzung der Fair Value-Richtlinie in deutsches Recht und Folgen für die handelsrechtliche Bilanzierung, KoR 5. Jg. (2005), 181–188.

Institut der Wirtschaftsprüfer: IDW zum Entwurf der 8. EU-Richtlinie (Abschlussprüferrichtlinie), Presseinformation 2/2004 v. 16. März 2004, 1f., abrufbar unter: http://www.idw.de.

Institut der Wirtschaftsprüfer: Stellungnahme zur EU-Verordnung zur Anwendung internationaler Rechnungslegungsstandards; Vorschlag für die Änderung der EU-Bilanzrichtlinien; Empfehlung der EU-Kommission zur Unabhängigkeit des Abschlussprüfers, WPg 55. Jg. (2002), 983–990.

Inwinkl, Petra/Schüle, Bettina: Internationale Rechnungslegungsstandards im Wandel der EU-Rechtsetzungsverfahren, RIW 52 Jg. (2006), 807–812.

Jänig, Ronny: Die Company Law Reform Bill: Zur Reform des Gesellschaftsrechts im Vereinigten Königreich, RIW (2006), 270–277.

Janschek, Otto: Konzernabschluss und Gläubigerschutz, in: Seicht, Gerhard (Hrsg.), Gläubigerschutz, Betriebswirtschaftslehre und Recht, Festgabe für Otmar Koren zum 75. Geburtstag, Wien 1993, 91–106.

Jensen, Michael C./Meckling, William H.: Theory of the Firm: Managerial Behaviour, Agency Costs and Ownership Structure, Journal of Financial Economics Vol. 3 (1976), 305–360.

Jessen, Ulf/Weller, Heino: Fortentwicklung des deutschen Bilanzrechts, Die Möglichkeiten eines Bilanzrechtsmodernisierungsgesetzes für den Einzelabschlusses (Teil I), DStR 43. Jg. (2005), 489–493.

Johnson, Todd/Lennard, Andrew: Reporting Financial Performance: Current Developments and Future Directions, 1998.

Jones, Jefferson P./Stanwick, Sarah D.: Fair value accounting: A guide to understanding the current standards, The Journal of Corporate Accounting and Finance Vol. 11 (1999), 103–108.

Jungmann, Carsten: Solvenztest- versus Kapitalschutzregeln, Zwei Systeme im Spannungsfeld von Gläubigerschutz und Finanzierungsfreiheit der Kapitalgesellschaften, ZGR 36. Jg. (2006), 638–682.

Kahle, Holger: Bilanzieller Gläubigerschutz und internationale Rechnungslegungsstandards, ZfB 72. Jg. (2002), 695–711.

Kahle, Holger: Informationsversorgung des Kapitalmarkts über internationale Rechnungslegungsstandards, KoR 2. Jg. (2002), 95–107.

Kahle, Holger: Zur Zukunft der Rechnungslegung in Deutschland: IAS im Einzel- und Konzernabschluss, WPg 56. Jg. (2003), 262–275.

Kaiser, Karin: Auswirkungen des Bilanzrechtsreformgesetz auf die zukunftsorientierte Lageberichterstattung, WPg 58. Jg. (2005), 405–418.

Kajüter, Peter: Berichterstattung über Chancen und Risken im Lagebericht, Auswirkungen des Referentenentwurfs für das Bilanzrechtsreformgesetz, BB 59. Jg. (2004), 427–433.

Kämpfer, Georg: Enforcementverfahren und Abschlussprüfer, BB 60. Jg. (2005), 13–16.

Kampmann, Helga: Between Standardisation and System Competition: IFRS as a Common Reference Base, Discussion Papers in Business No. 31, Berlin, Humboldt-Univ., September 2003.

Kampmann, Helga/Schwedler, Kristina: Zum Entwurf eines gemeinsamen Rahmenkonzepts von FASB und IASB, Rechnungslegungsziele und qualitative Anforderungen, KoR 6. Jg. (2006), 521–530.

Kapps, Stephan: Die materiellrechtlichen und verfahrensrechtlichen Voraussetzungen der Bildung von Aufwandrückstellungen nach § 249 Abs. 2 HGB, Berlin, Freie Univ., Diss., 1998, Frankfurt am Main, Berlin u. a. 1998.

Kasperzak, Rainer/Beiersdorf, Kati: Diskussionspapier Management Commentary: eine erste Auswertung der Stellungnahmen an das IASB, KoR 7. Jg. (2007), 121–130.

Kästle, Martina: Rechtsfragen der Verwendung von Covenants in Kreditverträgen, Berlin 2003.

von Keitz, Isabel: Einheitliche oder länderspezifische Auslegung der IFRS?, in: Kirsch, Hans-Jürgen/Thiele, Stefan (Hrsg.), Rechnungslegung und Wirtschaftsprüfung, Festschrift zum 70. Geburtstag von Jörg Baetge, Düsseldorf 2007, 321–357.

Kerhoff, Guido/Diehm, Sven: Performance Reporting: Konzepte und Tendenzen im kommenden FASB-/IASB-Standard, KoR 5. Jg. (2005), 342–350.

Kiel, Peter: Internationales Kapitalanlegerschutzrecht, Zum Anwendungsbereich kapitalanlegerschützender Normen im deutschen, europäischen und US-amerikanischen Recht, Berlin, New York 1994.

Kind, Sandra: Die Grenzen des Verbraucherschutzes durch Information, aufgezeigt am Teilzeitwohnrechtegesetz, Berlin 1998.

King, Alfred M.: Why fair value accounting can't work, Financial Executive July/Aug; Vol. 15 (1999), 53–55.

Kirchner, Christian: Bilanzrecht und neue Institutionenökonomik, Interdisziplinäre Überlegungen, in: Budde, Wolfgang/Moxter, Adolf/Offerhaus, Klaus (Hrsg.), Handelsbilanzen und Steuerbilanzen, Festschrift zum 70. Geburtstag von Prof. Dr. h.c. Heinrich Beisse, Düsseldorf 1997, 267–283.

Kirchner, Christian: Der Wettbewerbsfaktor „Entscheidungsnützlichkeit von Rechnungslegungsinformationen" eine institutionenökonomische Analyse", in: Schildbach, Thomas/Wagenhof, Alfred (Hrsg.), Wettbewerb und Unternehmensrechnung, ZfbF-Sonderheft 45 (2000), 41–68.

Kirchner, Christian: Ökonomische Theorie des Rechts: Vortrag gehalten vor der Juristischen Gesellschaft zu Berlin am 16. Oktober 1996, Berlin, New York 1997.

Kirchner, Christian: Zur Funktion eines harmonisierten Konzernrechnungslegungsrechts für die Niederlassungsfreiheit in der Europäischen Gemeinschaft, Konsequenzen für die Interpretation von Konzernrechnungslegungsvorschriften, in: Ballwieser, Wolfgang/Böcking, Hans-Joachim/Drukarczyk, Jochen/Schmidt, Reinhard H., Bilanzrecht und Kapitalmarkt, Festschrift zum 65. Geburtstag von Prof. Dr. Dr. h.c. Dr. h.c. Adolf Moxter, Düsseldorf 1994, 601–622.

Kirchner, Christian: Zur Territorialität des Bilanzrechts, Jahrbuch für neue politische Ökonomie, Bd. 18 Globalisierung und Rechtsordnung: zur neuen Institutionsökonomik internationaler Transaktionen, Tübingen 1999, 100–125.

Kirchner, Christian/Schmidt, Matthias: Hybride Regelsetzung im Recht der Unternehmensrechnung – Fehlentwicklungen im europäischen Gemeinschaftsrecht, BFuP 58 Jg. (2006), 387–407.

Kirsch, Hans-Jürgen: Die Umsetzung der Fair Value-Richtlinie, in: Baetge, Jörg/Kirsch, Hans-Jürgen (Hrsg.), Die Anpassung des deutschen Bilanzrechts an internationale Standards, Düsseldorf 2005, 11–33.

Kirsch, Hans-Jürgen: Zur Frage der Umsetzung der Mitgliedstaatenwahlrechte der EU-Verordnung zur Anwendung der IAS/IFRS, WPg 56. Jg. (2003), 275–278.

Kirsch, Hans-Jürgen/Scheele, Alexander: Die Auswirkungen der Modernisierungsrichtlinie auf die (Konzern-)Lageberichterstattung, unter Berücksichtigung von E-DRS 20 und des Entwurfes eines Bilanzrechtsreformgesetzes vom 15.12.2003, WPg 57. Jg. (2004), 1–12.

Kirsch, Hans-Jürgen/Scheele, Alexander: Diskussionspapier des IASB zum „Management Commentary", WPg 59. Jg. (2006), 89–91.

Klein, Klaus-Günter/Tielmann, Sandra: Die Modernisierung der Abschlussprüferrichtlinie, Vorschlag der EU-Kommission zur Überarbeitung der 8. EU-Richtlinie, WPg 57. Jg. (2004), 501–510.

Kleindiek, Detlef: Die Zukunft der Rechnungslegung in kleinen und mittelständischen Unternehmen, in: Gesellschaftsrechtliche Vereinigung (Hrsg.), Gesellschaftsrecht in der Diskussion 2002, Köln 2003, 115–142.

Kleindiek, Detlef: Geschäftsleitertätigkeit und Geschäftsleitungskontrolle: Treuhänderische Vermögensverwaltung und Rechnungslegung, ZGR 27. Jg. (1998), 467–496.

Kley, Karl-Ludwig: Die Fair Value-Bilanzierung in der Rechnungslegung nach den International Accounting Standards (IAS), DB 54. Jg. (2001), 2257–2262.

Kloos, Gerhard: Die Transformation der 4. EG-Richtlinie (Bilanzrichtlinie) in den Mitgliedstaaten der Europäischen Gemeinschaft, Eine Analyse der verbliebenen Rechnungslegungsunterschiede aufgrund von nationalen Wahlechtsausnutzungen, Mannheim, Univ., Diss., 1992, Berlin 1993.

Knorr, Liesel: Rechnungslegung Aktuell: Neue Ära der Rechnungslegung, Der Konzern 1. Jg. (2003), S. 79–80.

Knorr, Liesel: Rechnungslegung Aktuell: Transparenz bei der Fortentwicklung von Regelungen zur Rechnungslegung?, Der Konzern 1. Jg. (2003), 311–312.

Knorr, Liesel/Buchheim, Regine/Schmidt, Martin,: Konzernrechnungslegungspflicht und Konsolidierungsreis, Wechselwirkungen und Folgen für die Verpflichtung zur Anwendung der IFRS, BB 60. Jg. (2005), 2399–2403.

Knutson, Peter H./Napolitano, Gabrielle U.: Criteria Employed by the AIMR Financial Accounting Policy Committee in Evaluating Financial Accounting Standards, Accounting Horizons Jun. 1998, Vol. 12, Iss. 2, 170–176.

Kohl, Helmut/Kübler, Friedrich/Walz, Wolfgang Rainer/Wüstrich, Wolfgang : Abschreibungsgesellschaften, Kapitalmarkteffizienz und Publizitätszwang, Plädoyer für ein Vermögensanlagegesetz, ZHR 138 Jg. (1974), 1–49.

Krawitz, Norbert: Anhang und Lagebericht nach IFRS, Prinzipien, Anforderungen, Strukturierung, München 2005.

Krawitz, Norbert/Hartmann, Christina: Internationalisierung der Lageberichterstattung, in: Wollmert, Peter/Schönbrunn, Norbert/Jung, Udo/Siebert, Hilmar/Henke, Michael (Hrsg.), Wirtschaftsprüfung und Unternehmensüberwachung, Festschrift für Prof. Dr. Dr. Dr. h. c. Wolfgang Lück, Düsseldorf 2003, 287–303.

Kronstein, Heinrich/Claussen, Carsten Peter: Publizität und Gewinnverteilung im neuen Aktienrecht, Frankfurt am Main 1960.

Kropff, Bruno: Der Konzernabschluss, eine Randerscheinung im Gesellschaftsrecht?, in: Martens, Klaus-Peter/Westermann, Harm Peter/Zöllner, Wolfgang (Hrsg.), Festschrift für Carsten Peter Claussen zum 70. Geburtstag, Köln u. a. 1997, 659–675.

Kropff, Bruno/Semler, Johannes (Hrsg.): Münchener Kommentar zum Aktiengesetz, Band 5/1: §§ 148–151, 161–178 AktG, §§ 238–264 c, 342, 342 a HGB, 2. Auflage, München 2003.

Krumnow, Jürgen: Die deutsche Rechnungslegung auf dem Weg ins Abseits? Ein Ausblick nach der vorläufig abgeschlossenen EG-Harmonisierung, in: Fischer, Thomas R./Hömberg, Reinhold (Hrsg.), Jahresabschluss und Jahresabschlussprüfung: Probleme und Perspektiven, internationale Einflüsse; Festschrift zum 60. Geburtstag von Jörg Baetge, 681–698.

Kubin, Konrad W.: Der Aktionär als Aktienkunde, Anmerkungen zum Shareholder Value, zur Wiedervereinigung der internen und externen Rechnungslegung und zur globalen Verbesserung der Berichterstattung, in: Möller, Hans Peter/Schmidt, Franz (Hrsg.), Rechnungswesen als Instrument für Führungsentscheidungen, Festschrift für Prof. Dr. Dr. h. c. Adolf G. Coenenberg zum 60. Geburtstag, Stuttgart 1998, 525–558.

Kübler, Friedrich: Institutioneller Gläubigerschutz oder Kapitalmarkteffizienz, Rechtsvergleichende Überlegungen zu den „stillen Reserven", ZHR 159. Jg. (1995), 550–566.

Kübler, Friedrich: Transparenz am Kapitalmarkt, Wirtschaftspolitische Grundfragen aktueller Regelungsprobleme, AG 22. Jg. (1977), 85–92.

Kübler, Friedrich: Vorsichtsprinzip versus Kapitalmarktinformation, Bilanzprobleme aus der Perspektive der Gesellschaftsrechtsvergleichung, in: Förschle, Gerhardt/Kaiser, Klaus/Moxter, Adolf (Hrsg.), Rechnungslegung im Wandel, Festschrift für Wolfgang Dieter Budde, München 1995, 361–375.

Küffer, Peter/Hock, Burkhard: Internationalisierung der Rechnungslegung aus der Sicht mittelständischer Unternehmen, BFuP 50. Jg. (1998), 57–76.

Kuhlewind, Andreas-M.: Die amerikanische Ergebnisrechnung: Ausweis des Unternehmenserfolges im Abschluss nach US-GAAP, in: Ballwieser, Wolfgang (Hrsg.), US-amerikanische Rechnungslegung, Grundlagen und Vergleiche mit dem deutschen Recht, 4. Auflage, Stuttgart 2000, 283–328.

Kühne, Erhard: Rechnungslegungsziele nach deutschem und US-amerikanischen Recht und Harmonisierung der Rechnungslegungsgrundsätze, WPK-Mitt. Sonderheft Juni 36. Jg. 1997, 37–43.

Kühne, Mareike: Ertragsvereinnahmung in der Diskussion des IASB: Hoffnung für das Realisationsprinzip?, Aktuelle Entwicklungen des IASB-Projekts „Revenue Recognition“, WPg 59. Jg. (2006), 1393–1399.

Kuhner, Christoph: Auf dem Weg zur Prinzipienbasierung der kapitalmarktorientierten Rechnungslegung, WPg 57. Jg. (2004), 261–271.

Kuhner, Christoph: Die Zukunft der Kapitalerhaltung durch bilanzielle Ausschüttungssperren im Gesellschaftsrecht der Staaten Europas, ZGR 34. Jg. (2005), 753–787.

Kuhner, Christoph: Spannungsverhältnis zwischen Einzelfallgerechtigkeit und Willkürfreiheit im Recht und in der Rechnungslegung, BFuP 53. Jg. (2001), 523–342.

Kuhner, Christoph, Sabiwalsky, Ralf: Instrumente zur Verhinderung gläubigerschädigender Ausschüttungen im US-amerikanischen Unternehmensrecht, Vorbild für Europa?, Der Konzern 4. Jg. (2006), 504–521.

Külp, Bernhard/Knappe, Eckhard: Wohlfahrtsökonomik I, Die Wohlfahrtkriterien, 2. Auflage, Düsseldorf 1984.

Kußmaul, Heinz/Tcherveniachki, Vassil: Entwicklung der Rechnungslegung mittelständischer Unternehmen im Kontext der Internationalisierung der Bilanzierungspraxis, DStR 43. Jg. (2005), 616–621.

Küting, Karlheinz/Dawo, Sascha: Anwendungsfälle der fair value-Bewertung bei nicht finanziellen Vermögenswerten im Rahmen der Internationalen Financial Reporting Standards (IFRS), KoR 3. Jg. (2003), 228–241.

Küting, Karlheinz/Dawo, Sascha: Die Bilanzierung immaterieller Vermögenswerte nach IAS 38, gegenwärtige Regelungen und geplante Änderungen: Ein Beispiel für die Polarität von Vollständigkeitsprinzip und Objektivierungsprinzip, BFuP 55. Jg. (2003), 397–416.

Küting, Karlheinz/Kessler, Marco/Gattung, Andreas: Die Gewinn- und Verlustrechnung nach HGB und IFRS, Auswirkungen der Überarbeitung des IAS 1 auf die GuV und insbesondere auf die Erfolgsspaltungskonzeption der IFRS, KoR 5. Jg. (2005), 15–22.

Küting, Karlheinz/Ranker, Daniel: Tendenzen zur Auslegung der endorsed IFRS als sekundäres Gemeinschaftsrecht, BB 59. Jg. (2004), 2510–2515.

Küting, Karlheinz/Reuter, Michael: Bilanzierung im Spannungsfeld unterschiedlicher Adressaten, Können internationale Rechnungslegungsnormen zum Abbau von adressatenbedingten Spannungsfeldern führen?, DSWR 33. Jg. (2004), 230–233.

Küting, Karlheinz/Reuter, Michael: Werden stille Reserven in Zukunft (noch) stiller?, Machen die IFRS die Bilanzanalyse überflüssige oder weitgehend unmöglich?, BB 60. Jg. (2005), 706–713.

Küting, Karlheinz/Ulrich, Andreas: Abbildung und Steuerung immaterieller Vermögensgegenstände (Teil I), Werttreiber im normativen Zwangskorsett, DStR 39. Jg. (2001), 953–960.

Küting, Karlheinz/Ulrich, Andreas: Abbildung und Steuerung immaterieller Vermögensgegenstände (Teil II), Werttreiber im normativen Zwangskorsett, DStR 39. Jg. (2001), 1000–1004.

Küting, Karlheinz/Weber, Claus-Peter: Die Bilanzanalyse, Lehrbuch zur Beurteilung von Einzel- und Konzernabschlüssen, 8. Auflage, Stuttgart 2006.

Lachnit, Laurenz/Müller, Stefan: Other comprehensive income nach HGB, IFRS und US-GAAP, Konzeptionen und Nutzung im Rahmen der Jahresabschlussanalyse, DB 58. Jg. (2005), 1637–1645.

Lafferty, Michael: Fourth directive – what's in it for us?, Accountancy July Vol. 85 (1974), 30.

Lamfalussy, Alexandre: Towards an Integrated European Financial Market, The World Economy, Vol. 24 (2001), 1287–1294.

Lanfermann, Georg: EU-Richtlinienvorschlag zur Änderung der Vierten und Siebenten Gesellschaftsrechtlichen Richtlinie zu Einzel- und Konzernabschluss, BB 59. Jg. (2004), 2–4.

Lanfermann, Georg: Modernisierte EU-Richtlinie zur gesetzlichen Abschlussprüfung, DB 58. Jg. (2005), 2645–2649.

Lanfermann, Georg: Vorschlag der EU-Kommission zur Modernisierung der EU-Prüferrrichtlinie, DB 57. Jg. (2004), 609–613.

Lanfermann, Georg/Maul, Silja: Änderung der EU-Rechnungslegungsrichtlinie, BB 61. Jg. (2006), 2011–2015.

Lange, Christoph: Jahresabschlussinformationen und Unternehmensbeurteilung, Dortmund, Univ., Habil.-Schr. 1989, Stuttgart 1989.

Lange, Gloria: Bilanzrecht und ökonomische Theorie des Rechts, Ansatzpunkte und Überlegungen zu § 249 HGB, Berlin, Univ. Diss., 1999.

Laux, Helmut: Grundfragen der Organisation: Delegation, Anreiz und Kontrolle, Berlin u.a. 1979.

Leffson, Ulrich: Die Grundsätze ordnungsmäßiger Buchführung, 7. Auflage, Düsseldorf 1987.

Lehmann, Matthias: Marktorientierte Betriebswirtschaftslehre, Planen und Handeln in der Entgeltwirtschaft, Berlin u.a. 1998.

Leibfried, Peter/Pfanzelt, Stefan: Praxis der Bilanzierung von Forschungs- und Entwicklungskosten gemäß IAS/IFRS, KoR 4. Jg. (2004), 491–497.

Leible, Stefan: Bilanzpublizität und Effektivität des Gemeinschaftsrechts, ZHR 162 (1998), 594–618.

Leinhos, Dieter: Die Transformation der 4. EG-Richtlinien in deutsches Recht aus der Sicht der GmbH & Co. KG unter besonderer Berücksichtigung der Publizität, Stuttgart, Univ., Diss., 1987.

Leoff, Alexander/Rengel-Frank, Lars/Mielert, Tomas: IFRS/IAS: Internationale Rechnungslegung, Einführung und Grundlagen, Bochum 2005.

Leuz, Christian: Rechnungslegung und Kreditfinanzierung: zum Zusammenhang von Ausschüttungsbemessung, bilanzieller Gewinnermittlung und vorsichtiger Rechnungslegung, Frankfurt am Main, Univ., Diss., 1995, Frankfurt am Main u.a. 1996.

Lev, Baruch/Zambon, Stefano: Intangibles and intellectual capital: an introduction to a special issue, The European Accounting Review Vol. 12 (2003), 597–603.

Lombardo, Stefano/Wunderlich, Nils Christian: Über den ökonomischen Sinn und Unsinn eines Haftungsdurchgriff im Recht der Kapitalgesellschaften, Vortrag zum IX. Symposium zur ökonomischen Analyse des Rechts „Sozialschutz oder Marktrationalität – Vor einem Paradigmawechsel im Zivilrecht?, Travemünde, 24.–27. März 2004, abrufbar unter http://www.bepress.com/gwp/default/vol2004/iss1/art29.

Lopatta, Kerstin/Wiechen, Lars: Darstellung und Würdigung der Bilanzierungsvorschriften nach IFRS 3 Business Combinations, Der Konzern 2. Jg. (2004), 534–544.

Löw, Edgar: IFRS 7 – Financial Instruments: Disclosure, WPg 58. Jg. (2005), 1337–1352.

Lüdenbach, Norbert: Internationale Rechnungslegung im Brennpunkt, Gliederungsvorschriften für die Bilanz und die Gewinn- und Verlustrechnung, BC 28. Jg. (2004), 128–131.

Lüdenbach, Norbert/Hoffmann, Wolf-Dieter: Enron und die Umkehrung der Kausalität bei der Rechnungslegung, DB 55. Jg. (2002), 1169–1175.

Lüdenbach, Norbert/Hoffmann, Wolf-Dieter: Haufe IFRS Kommentar, 5. Auflage, Freiburg u.a. 2007.

Lüdenbach, Norbert/Prusaczyk, Peter: Internationale Rechnungslegung im Brennpunkt, Gliederungsvorschriften für die Bilanz und Gewinn- und Verlustrechnung, BC 28. Jg. (2004), 128–131.

Lutter, Marcus: Europäisches Unternehmensrecht, Grundlagen, Stand und Entwicklung nebst Texten und Materialien zur Rechtsangleichung, 4. Auflage, Berlin, New York 1996.

Lutter, Marcus: Zum Umfang der Bindung durch Richtlinien, in: Due, Ole/Lutter, Marcus/Schwarze, Jürgen (Hrsg.), Festschrift für Ulrich Everling, Band I., Baden-Baden 1995, 765–782.

Luttermann, Claus: Das Kapitalgesellschaften und -Co.-Richtlinien-Gesetz, ZIP 21. Jg. (2000), 517–525.

Maines, Laureen A./McDaniel, Linda S.: Effects of comprehensive-income characteristics on nonprofessional investors' judgments: the role of financial-statement presentation form, The Accounting Review Vol. 75 (2000), 179–207.

Mandl, Gerwald/Rabel, Klaus: Unternehmensbewertung, Eine praxisorientierte Einführung, Wien 1997.

Maret, Johannes/Wepler, Lothar: Internationalisierung der Rechnungslegung, Die Kapitalmarkt- und Anlegerperspektive, in: Küting, Karlheinz/Langenbucher, Günther (Hrsg.), Internationale Rechnungslegung, Festschrift für Prof. Dr. Claus-Peter Weber zum 60. Geburtstag, Stuttgart 1999, 37–44.

Marten, Kai-Uwe/Paulitschek, Patrick : Aktuelle Entwicklungen in der öffentlichen Abschlussprüferaufsicht, in: Kirsch, Hans-Jürgen/Thiele, Stefan (Hrsg.), Rechnungslegung und Wirtschaftsprüfung, Festschrift zum 70. Geburtstag von Jörg Baetge, Düsseldorf 2007, 1033–1054.

Matschke, Manfred Jürgen/Brösel, Gerrit: Unternehmensbewertung, Funktionen, Methoden, Grundsätze, Wiesbaden 2005.

Maul, Karl-Heinz: Wissensbilanzen als Teil des handelsrechtlichen Jahresabschlusses, Wissensbilanzen dargestellt am Beispiel des Jahresabschlusses von Hochschulen, DStR 38. Jg. (2000), 2009–2016.

Maul, Karl-Heinz/Menninger, Jutta: Das „Intellectual Property Statement“, eine notwendige Ergänzung des Jahresabschlusses, DB 53. Jg. (2000), 529–533.

Mayer, Franz C.: Grundrechtsschutz gegen europäische Rechtsakte durch das BVerfG: Zur Verfassungsmäßigkeit der Bananenmarktverordnung, EuZW 11. Jg. (2000), 685–689.

McNichols, Maureen/Wilson, G. Peter/DeAngelo, Linda: Evidence of Earnings Management from the Provision for Bad Debts, Journal of Accounting Research Vol. 26 Supplement (1988), 1–31.

Mednick, Robert: Meeting the Changing Nedds and Challenges of the Information Age, in: Küting, Karlheinz/Langenbucher, Günther (Hrsg.), Internationale Rechnungslegung, Festschrift für Professor Dr. Claus-Peter Weber zum 60. Geburtstag, Stuttgart 1999, 45–52.

Merkt, Hanno: Das Europäische Gesellschaftsrecht und die Idee des Wettbewerbs der Gesetzgeber, RabelsZ Bd. 59 (1995), 545–568.

Merkt, Hanno: Der Kapitalschutz in Europa, ein roscher de bronze?, ZGR 33. Jg. (2004), 305–323.

Merkt, Hanno: Die Pluralisierung des europäischen Gesellschaftsrecht, RIW 50. Jg. (2004), 1–16.

Merkt, Hanno: Unternehmenspublizität, Offenlegung von Unternehmensdaten als Korrelat der Marktteilnahme, Tübingen 2001.

Merschmeyer, Marc: Die Kapitalschutzfunktion des Jahresabschlusses und Übernahme der IAS/IFRS für die Einzelbilanz, Köln, Univ., Diss., 2004, Frankfurt am Main 2005.

Meyer, Claus: Bilanzrechtsmodernisierungsgesetz (BilMoG) – die wesentlichen Änderungen nach dem Referentenentwurf, DStR 45. Jg. (2007), 2227–2231.

Meyer, Claus: Bilanzrechtsreformgesetz (BilReG) und Bilanzkontrollgesetz (BilKoG), Die Änderungen im Überblick, DStR 43. Jg. (2005), 41–44.

Meyer, Claus/Meisenbacher, Michaela: Bilanzpolitik auf der Basis von IAS/IFRS, insbesondere in Zeiten der Krise, DStR 42 Jg. (2004), 567–572.

Mock, Sebastian: Finanzverfassung der Kapitalgesellschaften und internationale Rechnungslegung, Köln, München 2008.

Moxter, Adolf: Bedeutung und Methodik betriebswirtschaftlicher Gewinnermittlung, DB 36. Jg. (1983), 133–134.

Moxter, Adolf: Betriebswirtschaftliche Gewinnermittlung, Tübingen 1982.

Moxter, Adolf: Bilanzlehre, Band I: Einführung in die Bilanztheorie, 3. Auflage, Wiesbaden 1984.

Moxter, Adolf: Bilanztheorie, statische, in: Kosiol, Erich u.a. (Hrsg.), Handwörterbuch des Rechnungswesens, 2. Auflage, Stuttgart 1981, Sp. 294–303.

Moxter, Adolf: Der Jahresabschluss im Widerstreit der Interessen, Ziele und Zielerreichung, in: Baetge, Jörg (Hrsg.), Der Jahresabschluss im Widerstreit der Interessen, Düsseldorf 1993, 11–20.

Moxter, Adolf: Die Jahresabschlußaufgaben nach der EG-Bilanzrichtlinie: Zur Auslegung von Art. 2 EG-Bilanzrichtlinie, AG 24. Jg. (1979), 141–146.

Moxter, Adolf: Entwicklung der Theorie der handels- und steuerrechtlichen Gewinnermittlung, in: Wagner, Franz (Hrsg.), Ökonomische Analyse des Bilanzrechts, ZfbF 45. Jg. (1993), Sonderheft 32, 61–84.

Moxter, Adolf: Grundsätze ordnungsmäßiger Unternehmensbewertung, 2. Auflage, Wiesbaden 1990.

Moxter, Adolf: Immaterielle Anlagewerte im neuen Bilanzrecht, BB 34. Jg. (1979), 1102–1109.

Moxter, Adolf: Sinn und Zweck des Jahresabschlusses, in: Havermann, Hans (Hrsg.), Bilanz- und Konzerrecht, Festschrift zum 65. Geburtstag von Dr. Dr. h.c. Reinhard Goerdeler, Düsseldorf 1987, 361–374.

Moxter, Adolf: Zum Verhältnis von handelsrechtlichen Grundsätzen ordnungsgemäßer Bilanzierung und True-and-fair-view-Gebot bei Kapitalgesellschaften, in: Förschle, Gerhardt/Kaiser, Klaus/ Moxter, Adolf (Hrsg.), Rechnungslegung im Wandel, Festschrift für Wolfgang Dieter Budde, München 1995, 419–429.

Moxter, Adolf: Zur Funktionsadäquanz von Bilanzen, in: Crezelius, Georg/Hirte, Heribert/Vieweg, Klaus (Hrsg.), Festschrift für Volker Röhricht zum 65. Geburtstag, Gesellschaftsrecht, Rechnungslegung und Sportrecht, Köln 2005, 1007–1014.

Moxter, Adolf: Zur Problematik der Ansatzvorschriften der Jahresabschlußrichtlinie, in: Bertl, Romuald/Mandl, Gerwald (Hrsg.), Rechnungswesen und Controlling, Festschrift für Anton Egger zum 65. Geburtstag, Wien 1997, 3–11.

Moxter, Adolf: Verletzt das Auskunftsverweigerungsrecht des § 131 Abs. 2 Nr. 3 AktG die Eigentumsgarantie des Grundgesetzes?, in: Meffert, Heribert/Krawitz, Norbert (Hrsg.), Unternehmensrechnung und -besteuerung – Grundfragen und Entwicklung, Festschrift zum 65. Geburtstag von Dietrich Börner, Wiesbaden 1998, 305–321.

Mujkanovic, Robin: Fair Value im Financial Statement nach International Accounting Standards, Stuttgart 2002.

Mujkanovic, Robin: Rechnungslegung und erstmalige Zwischenberichterstattung nach IFRS unter Berücksichtigung der Transparenzrichtlinie, KoR 5. Jg. (2005), 146–165.

Mülbert, Peter O.: Aktiengesellschaft, Unternehmensgruppe und Kapitalmarkt, Die Aktionärsrechte bei Bildung und Umbildung einer Unternehmensgruppe zwischen Verbands- und Anlegerschutz, München 1995.

Mülbert, Peter O.: Konzeption des europäischen Kapitalmarktrechts für Wertpapierdienstleistungen, WM 55. Jg. (2001), 2085–2102.

Müller, Fiedrich/Christensen, Ralph: Juristische Methodik, Band II Europarecht, Berlin 2003.

Münstermann, Hans: Bilanztheorien, dynamisch, in: Kosiol, Erich u. a. (Hrsg.), Handwörterbuch des Rechnungswesens, 2. Auflage, Stuttgart 1981, Sp. 270–285.

Neumann, Ulfrid: Positivistische Rechtsquellenlehre und naturrechtliche Methode. Zum Alltagsnaturrecht in der juristischen Argumentation, in: Dreier, Ralf (Hrsg.) Rechtspositivismus und Wertbezug des Rechts, ARSP Beiheft 37 (1990), 141–151.

Neuner, Jörg: Die Rechtsfindung contra legem, München, Univ., Diss., 1990, München 1992.

Neus, Werner: Einführung in die Betriebswirtschaftslehre aus institutionenökonomischer Sicht, 5. Auflage, Tübingen 2007.

Nicklisch, Heinrich: Die Betriebswirtschaft, 7. Auflage, Stuttgart 1932.

Niehues, Michael: EU-Rechnungslegungsstrategie und Gläubigerschutz, WPg 54 Jg. (2001), 1209–1222.

Niehus, Rudolf J.: Der EU-Vorschlag für eine „Modernisierung" der Bilanzrichtlinie, Überblick und erste Wertung, DB 55. Jg. (2002), 1385–1390.

Niehus, Rudolf J.: IAS 24: Related Party Disclosures, „Nahe Familienangehörige" als Gegenstand der Rechnungslegung und Abschlussprüfung, WPg. 56. Jg. (2003), 521–532.

Niehus, Rudolf J.: „True and Fair View" – in Zukunft auch ein Bestandteil der deutschen Rechnungslegung?, DB 32. Jg. (1979), 221–225.

Niehus, Rudolf J.: Zur Harmonisierung der Rechnungslegung in der EG, WPg 40. Jg. (1987), 248–252.

Niemeier, Wilhelm: Die Steigerung der Aussagekraft des handelsrechtlichen Jahresabschlusses durch die Änderungen der 4. und 7. Richtlinie, WPg 59. Jg. (2006), 173–185.

Nobes, Christopher: The true and fair view: Impact on and of the fourth directive, Working Paper 93–11, July 1993.

Oechsler, Jürgen: Die Änderung der Kapitalrichtlinie und der Erwerb eigner Aktien, ZHR 170 (2006), 72–89.

Ohler, Christoph: Die Finanzierung des IASB durch EG-Sonderabgaben, EuZW 17. Jg. (2006), 679–683.

Oppermann, Thomas: Europarecht, 3. Auflage, München 2005.

Ordelheide, Dieter: Kapital und Gewinn, Kaufmännische Konvention als kapitaltheoretische Konzeption, in: Hax, Herbert/Kern, Werner/Schröder, Hans-Horst (Hrsg.), Zeitaspekte in betriebswirtschaftlicher Theorie und Praxis, Stuttgart 1989, 21–41.

Ordelheide, Dieter: Institutionelle Theorie und Unternehmung, in: Wittmann, Waldemar (Hrsg.), Handwörterbuch der Betriebswirtschaft, Teilbd. 2 I-Q, 5. Auflage, Stuttgart 1993, Sp. 1838–1855.

Ordelheide, Dieter/d' Arcy, Anne: A Reference Matrix, in: Ordelheide, Dieter/KPMG, Transnational Accounting: A Reference Matrix and Glossary, 2. ed. 2001.

Osbahr, Wilhelm: Die Bilanz zum Standpunkt der Unternehmung: Die bisherige und zukünftige Gestaltung der Grundfragen des Bilanzproblems, 2. Auflage, Berlin 1919.

Oversberg, Thomas: Übernahme der IFRS in Europa: Der Endorsement-Prozess – Status quo und Aussicht, DB 60. Jg. (2007), 1597–1602.

Pellens, Bernhard/Fülbier, Rolf Uwe: Ansätze zur Erfassung immaterieller Werte in der kapitalmarktorientierten Rechnungslegung, in: Baetge, Jörg (Hrsg.), Zur Rechnungslegung nach International Accounting Standards (IAS), Düsseldorf 2000, 35–77.

Pellens, Bernhard/Fülbier, Rolf Uwe/Gassen, Joachim/Sellhorn, Thorsten: Internationale Rechnungslegung, IFRS 1 bis 8, IAS 1 bis 41, IFRIC-Interpretationen, Standardentwürfe mit Beispielen und Fallstudien, 7. Auflage, Stuttgart 2008.

Pellens, Bernhard/Gassen, Joachim: EU-Verordnungsentwurf zur IAS-Konzernrechnungslegung, Gestaltungsmöglichkeiten des deutschen Gesetzgebers, KoR 1. Jg. (2001), 137–142.

Pellens, Bernhard/Jödicke, Dirk: Solvenztests als Alternative zur bilanziellen Kapitalerhaltung?, DB 58. Jg. (2005), 1393–1401.

Pellens, Bernhard/Jödicke, Dirk/Jödicke, Ralf: Anwendbarkeit nicht freigegebener IFRS innerhalb der EU, BB 62. Jg. (2007), 2503–2507.

Pellens, Bernhard/Jödicke, Dirk/Schmidt, André: Reformbestrebungen zum Gläubigerschutz, Der Konzern 5. Jg. (2007), 427–435.

Pellens, Bernhard/Sellhorn, Thorsten: Zukunft des bilanziellen Kapitalschutzes, in: Lutter, Marcus (Hrsg.), Das Kapital der Aktiengesellschaft in Europa, Berlin 2006, 451–487.

Picot, Arnold: Transaktionskostenansatz, in: Wittmann, Waldemar (Hrsg.), Handbuch der Betriebswirtschaftslehre, Teilbd. 3 R-Z, 5. Auflage, Stuttgart 1993, 4194–4204.

Picot, Arnold/Dietl, Helmut: Neue Institutionenökonomie und Recht, in: Ott, Claus/Schäfer, Hans-Bernd (Hrsg.), Ökonomische Analyse des Unternehmensrechts, Beiträge zum 3. Travemünder Symposium zur ökonomischen Analyse des Rechts, Heidelberg 1993, 306–330.

Pooten, Holger: Der EU-Richtlinienvorschlag zur Änderung der bestehenden Rechnungslegungsrichtlinien, KoR 5. Jg. (2005), 58–62.

La Porta, Rafael/Lopez-de-Silanes, Florencio/Shleifer, Andrei/Vishny, Robert/Shleifer, Andrei/Vishny, Robert: Investor protection and corporate governance, Journal of Financial Economics Vol. 58 (2000), 3–27.

Pöschke, Moritz: Effektiver Rechtsschutz gegen fehlerhaft übernommene IFRS, KoR 8. Jg (2008), 325–333.

Pottgießer, Gaby/Velte, Patrick/Weber, Stefan C.: Ermessensspielräume im Rahmen des Impairment-Only-Approach, Eine kritische Analyse zur Folgebewertung des derivaten Geschäfts- und Firmenwerts (Goodwill) nach IFRS 3 und IAS 36 (rev. 2004), DStR 43. Jg. (2005), 1748–1752.

Powell, Stephen: Accounting for intangible assets: current requirements, key players and future directions, European Accounting Review Vol. 12 (2003), 797–811.

Rammert, Stefan: Lohnt die Erhaltung de Kapitalerhaltung?, BFuP 56. Jg. (2004), 578–595.

Raupach, Arndt: Das Verhältnis zwischen Gesellschaftsrecht und Bilanzrecht unter dem Einfluss international anerkannter Rechnungslegungsgrundsätze, in: Crezelius, Georg/Hirte, Heribert/Vieweg, Klaus (Hrsg.), Festschrift für Volker Röhricht zum 65. Geburtstag, Gesellschaftsrecht, Rechnungslegung und Sportrecht, Köln 2005, 1033–1054.

Regoort, Cor.: Untersuchungen von nach der 4. Richtlinie offengelegten Jahresabschlüssen, in: Kommission der Europäischen Gemeinschaften (Hrsg.), Die Zukunft der Angleichung der Vorschriften der Rechnungslegung in den Europäischen Gemeinschaften, Brüssel 1990, 20–25.

Richter, Rudolf: Zur Neuen Institutionenökonomik der Unternehmung, in: Döring, Ulrich/Kußmaul, Heinz (Hrsg.), Spezialisierung und Internationalisierung, Entwicklungstendenzen der deutschen Betriebswirtschaftslehre, Festschrift für Prof. Dr. Dr. h. v. mult. Günter Wöhe zum 80. Geburtstag am 2. Mai. 2004, München 2004, 9–28.

Richter, Rudolf/Furubotn, Eirik G.: Neue Institutionenökonomik, Eine Einführung und kritische Würdigung, 3. Auflage, Tübingen 2003.

Riegler, Christian: Immaterielle Werte in Management Commentary und Intellectual Capital Statement, Eine Gegenüberstellung von Berichtskonzepten, IRZ 1. Jg. (2006), 113–121.

Riese, Joachim: Die Bilanzierung des Anlagevermögens, in: Albach, Horst/Klein, Günter (Hrsg.), Harmonisierung der Rechnungslegung in Europa, Umsetzung der 4. EG-Richtlinie in das Recht der Mitgliedstaaten der EG, Ein Überblick, Wiesbaden 1988, 37–58.

Rosenberg, Nathan: Some Institutional Aspects of the Wealth of Nation, Journal of Political Economy, Vol. 68 (1960), 557–570.

Roser, Achim: Kredit und Kreditsicherheit im Altertum, ZfK 51. Jg. (1998), 72–78.

Rudolph, Bernd: Können die Banken ihre Kreditsicherheiten „vergessen"?, Kredit und Kapital 15. Jg. (1982), 317–340.

Rüthers, Bernd/Birk, Axel: Rechtstheorie, Begriff, Geltung und Anwendung des Rechts, 2. Auflage, München 2005.

Salvary, Stanley C. W.: Financial Accounting Information and The Relevance/Irrelevanz Issue, Global Business & Economics Review, Vol. 5 (2003), 140–175.

Samuelson, Paul A./Nordhaus, William D.: Economics, Volkswirtschaftslehre, 15. Auflage, Wien, Frankfurt 1999.

Sander, Marco: Moderne Kommunikationsformen im deutschen und europäischen Gesellschaftsrecht, Würzburg, Univ., Diss., 2003, Frankfurt am Main 2003.

Sattler, Henrik/PwC Deutsche Revision: Praxis von Markenbewertung und Markenmanagement in deutschen Unternehmen, Frankfurt a. M. 2001.

Schäfer, Hans-Bernd/Ott, Claus: Lehrbuch der ökonomischen Analyse des Zivilrechts, 4. Auflage, Berlin u. a. 2005.

Scheffler, Eberhard: Der europäische Endorsement Prozess, Europäischer Einfluss auf die Fortentwicklung der International Financial Reporting Standards, in: Lange, Thomas A./Löw, Edgar (Hrsg.), Rechnungslegung, Steuerung und Aufsicht von Banken, Kapitalmarktorientierung und Internationalisierung, Festschrift zum 60. Geburtstag von Jürgen Krumnow, Wiesbaden 2004, 55–72.

Scheffler, Eberhard: Enforcement der Rechnungslegung in Deutschland, Der Konzern 5. Jg. (2007), 589–597.

Scheffler, Eberhard: Neue Informationspflichten durch die Europäische Transparenzrichtlinie, AG 50. Jg. (2005), R 66– R 67.

Schellhorn, Mathias: Die Bildung von Rückstellungen für ungewisse Verbindlichkeiten nach dem Urteil des BFH vom 27. Juni 2001 im Kontext der Europäisierung und Internationalisierung der Rechnungslegung, BFuP 55. Jg. (2003), 306–328.

Schellhorn, Matthias/Weicher, Svent: Ansatz und Bewertung von Forschungs- und Entwicklungskosten nach IAS 38 im Vergleich zu IAS 9, DStR 39. Jg. (2001), 865–868.

Schildbach, Thomas: Der Richtlinienvorschlag der EU-Kommission vom 17. Februar 2004 zur Prüfung von Jahres- und Konzernabschluss, Weichenstellung für das Enforcement in Europa, BFuP 56. Jg. (2004), 252–267.

Schildbach, Thomas: Die Auswirkungen der Generalklausel des Artikel 2 der 4. EG-Richtlinie auf die Rechnungslegung der Aktiengesellschaften, Eine Analyse vor dem Hintergrund der Einzelvorschriften der 4. EG-Richtlinie, WPg 32. Jg. (1979), 277–286.

Schildbach, Thomas: IAS als Rechnungslegungsstandards für alle, BFuP 54. Jg. (2002), 263–278.

Schildbach, Thomas: Jahresabschluss und Markt, Berlin u. a. 1986

Schildbach, Thomas: Rechnungslegung im Spannungsfeld zweier Kulturen der Regulierung: Gute Gründe für die Kombination privater und obrigkeitlicher Regulierung, Der Schweizer Treuhänder 78. Jg. (2004), 159–172.

Schildbach, Thomas: Rechnungslegungsideale, Bilanzkulturen, Harmonisierung und internationaler Wettbewerb, BB 50. Jg. (1995), 2635–2644.

Schildbach, Thomas: Zeitbewertung, Gewinnkonzeption und Informationsgehalt, Stellungsnahme zu „Financial Assets und Liabilities, Fair Value or Historical Cost?“, WPg 52. Jg. (1999), 177–185.

Schildbach, Thomas: Zeitwertbilanzierung in USA und nach IAS, BFuP 50 Jg. (1998), 580–592.

Schmalenbach, Eugen: Dynamische Bilanz, 13. Auflage, Köln, Opladen 1962 (bearbeitet von Richard Bauer)

Schmalenbach, Eugen: Grundlagen der dynamischen Bilanzlehre, ZfhF 13. Jg. (1919), 1–50, 65–101.

Schmalenbach, Eugen: Mitteilung: Über den Zweck der Bilanz, ZfhF 5. Jg. (1911), 379–388.

Schmidbauer, Rainer: Immaterielle Vermögenswerte in der Unternehmensrechnung: Abbildung im Jahresabschluss und Ansätze zur Steuerung, DStR 42. Jg. (2004), 1142–1148.

Schmidt, Fritz: Die organische Tageswertbilanz, 4. Auflage, Wiesbaden 1951.

Schmidt, Karsten: Gesellschaftsrecht, 4. Auflage, Köln u. a. 2002.

Schmidt, Martin/Seidel, Thorsten: Planmäßige Abschreibungen im Rahmen der Neubewertung des Sachanlagevermögens gemäß IAS 16: fehlende Systematik und Verstoß gegen das Kongruenzprinzip, BB 61. Jg. (2006), 596–601.

Schmidt, Matthias: Das Konzept einer kapitalmarktorientierten Rechnungslegung, Legitimation, Ableitung einer Sollvorstellung und Brauchbarkeit nationaler sowie internationaler Regelungen, Berlin, Humboldt-Univ., Diss., 1999, Bielefeld 2000.

Schmidt, Reinhard H./Terberger, Eva: Grundzüge der Investitions- und Finanzierungstheorie, 4. Auflage, Wiesbaden 1997.

Schmiel, Ute: Die Öffnung des Einzelabschlusses für IAS: Das Ende des gesetzlichen vermögensabhängigen Gläubigerschutzes, in: Gesellschaftsrechtliche Vereinigung (Hrsg.), Gesellschaftsrecht in der Diskussion 2002, Köln 2003, 143–161.

Schmitz, Rudolf: Die Bilanzrichtlinie und ihr Beitrag zur Harmonisierung der Rechnungslegung in den EG-Staaten, in: Albach, Horst/Klein, Günter (Hrsg.), Harmonisierung der Rechnungslegung in Europa, Umsetzung der 4. EG-Richtlinie in das Recht der Mitgliedstaaten der EG, Ein Überblick, Wiesbaden 1988, 1–35.

Schmolke, Klaus Ulrich: Der Lamfallussy-Prozess im Europäischen Kapitalmarktrecht, eine Zwischenbilanz, NZG 8. Jg. (2005), 912–919.

Schmoller, Gustav: Grundrisse der Allgemeinen Volkswirtschaftslehre, Erster Teil: Begriffe, psychologische und sittliche Grundlage. Literatur und Methode. Land, Leute und Technik. Die gesellschaftliche Verfassung der Volkswirtschaft, Berlin 1978, unveränderter Nachdruck der Auflage von 1923.

Schneider, Dieter: Betriebswirtschaftlehre Band 1: Grundlagen, 2. Auflage, München, Wien 1995.

Schneider, Dieter: Betriebswirtschaftlehre Band 2: Rechnungswesen, 2. Auflage, München, Wien 1997.

Schneider, Dieter: Betriebswirtschaftlehre Band 3: Theorie der Unternehmung, München, Wien 1997.

Schneider, Dieter: Wozu eine Reform des Jahresabschlusses? Oder: Jahresabschlusszweck im Lichte der Temperaturmessung, in: Baetge, Jörg (Hrsg.), Der Jahresabschluss im Widerstreit der Interessen, Düsseldorf 1983, 131–155.

Schöllhorn, Thomas/Müller, Martin: Bedeutung und praktische Relevanz des Rahmenkonzeptes (framework) bei Erstellung von IFRS-Abschlüssen nach zukünftigem „deutschen Recht" (Teil I), Darstellung unter Berücksichtigung der IAS-VO und des BilReG, DStR 42. Jg. (2004), 1623–1628.

Schön, Wolfgang: Die Zukunft der Kapitalaufbringung/-erhaltung, Der Konzern 2. Jg. (2004), 162–170.

Schön, Wolfgang: Gesellschafter-, Gläubiger und Anlegerschutz im Europäischen Bilanzrecht, ZGR 29. Jg. (2000), 706–742.

Schön, Wolfgang: Internationalisierung der Rechnungslegung und Gläubigerschutz, WPg-Sonderheft 2001, S74–S79.

Schön, Wolfgang: Kompetenz der Gerichte zur Auslegung von IAS/IFRS, BB 59. Jg. (2004), 763–768.

Schön, Wolfgang: Mindestharmonisierung im Europäischen Gesellschaftsrecht, in: Zentrum für Europäisches Wirtschaftsrecht (Hrsg.), 7. Bonner Europa-Symposium, Mindestharmonisierung im Binnenmarkt, Teil 4: Mindestharmonisierung im Europäischen Gesellschaftsrecht, Bonn 1997, 1–61.

Schön, Wolfgang: Wer schützt den Kapitalschutz?, ZHR 166 (2002), 1–5.

Schreib, Hans-Peter: Der Jahresabschluss aus der Sicht der Streubesitzaktionäre, in: Baetge, Jörg (Hrsg.), Der Jahresabschluss im Widerstreit der Interessen, Düsseldorf 1983, 315–343.

Schroeder, Werner: Die Auslegung des EU-Rechts, JuS 44. Jg. (2004), 180–186.

Schruff, Lothar: Entwicklungen der 4. EG-Richtlinie (Bilanzrichtlinie): synoptische Darstellung der Bilanzrichtlinie unter Berücksichtigung der Vorfassungen mit amtlichen Begründungen und weiteren Materialien, Düsseldorf 1986.

Schübler-Pfister, Isabel: Sprache und Gemeinschaftsrecht, Die Auslegung der mehrsprachig verbindlichen Rechtstexte durch den Europäischen Gerichtshof, Bayreuth, Univ., Diss. 2003, Berlin 2004.

Schulze-Osterloh, Joachim: Fortentwicklung der Rechnungslegung auf Kosten gesellschaftsrechtlicher Kapitalschutzmechanismen, in: Institut der Wirtschaftsprüfer (Hrsg.), Neuausrichtung der Rechnungslegung, Bericht über die IDW-Fachtagung 1994, Düsseldorf 1995, 123–139.

Schulze-Osterloh, Joachim: Internationale Rechnungslegung für den Einzelabschluß und für Unternehmen, die den öffentlichen Kapitalmarkt nicht in Anspruch nehmen, ZIP 24. Jg. (2003), 93–101.

Schulze-Osterloh, Joachim: Internationalisierung der Rechnungslegung und ihre Auswirkungen auf die Grundprinzipien des deutschen Rechts, Der Konzern 2. Jg. (2004), 173–177.

Schulze-Osterloh, Joachim: Vorschläge für ein Bilanzrechtsmodernisierungsgesetz, ZIP 25. Jg. (2004), 1128–1137.

Schumann, Jochen: Grundzüge der mikroökonomischen Theorie, 6. Auflage, Berlin u.a. 1992.

Schwarz, Günter Christian: Europäisches Gesellschaftsrecht, Ein Handbuch für Wissenschaft und Praxis, Baden-Baden 2000.

Schwarze, Jürgen (Hrsg.): EU-Kommentar, Baden-Baden 2000.

Schweitzer, Marcell: Bilanztheorien, organisch, in: Kosiol, Erich u.a. (Hrsg.), Handwörterbuch des Rechnungswesens, 2. Auflage, Stuttgart 1981.

Schwintowski, Hans-Peter: Ökonomische Theorie des Rechts, JZ 53. Jg. (1998), 581–588.

Shavell, Steven: Risk Sharing and Incentives in the Principal Agent Relationship, Bell Journal of Economics, Vol. 10 (1979), 55–73.

Shim, Eunsup/Larkin, Joseph M.: Towards Relevancy in Financial Reporting: Mark-to-Market Accounting, Journal of Applied Business Research Vol. 12 (1998), 33–42.

Siegel, Stanley: The Coming Revolution in Accounting: The Emergence of Fair Value as Fundamental Principle of GAAP, WPK-Mitt. S/1997, Sonderheft Juni 1997, 81–90.

Siegel, Theodor: Zeitwertbilanzierung für das deutsche Bilanzrecht?, BFuP 50. Jg. (1998), 593–603.

Simon, Hermann Veit: Die Bilanzen der Aktiengesellschaft und der Kommanditgesellschaften auf Aktien, 4. Auflage, Berlin 1910.

Smith, Adam: Der Wohlstand der Nationen, Eine Untersuchung seiner Natur und seinen Ursachen, aus dem Englischen übertragen und mit einer umfassenden Würdigkeit des Gesamtwerkes herausgegeben von Horst Claus Recktenwald, 10. Auflage, München 2003.

Söffing, Günter: 4. EG-Richtlinie, mögliche steuerrechtliche Auswirkungen, Berlin 1979.

Spreemann, Klaus: Asymmetrische Information, ZfB 60 Jg. (1990), 561–586.

Sprissler, Wolfgang: Gläubigerschutz durch Kapitalerhaltung?, in: Institut der Wirtschaftsprüfer (Hrsg.), Kapitalmarktorientierte Unternehmensüberwachung, Chancen und Risiken, Bericht über die Fachtagung 2000, Düsseldorf 2001, 85–104.

Stachowiak, Herbert: Modell, in: Seiffert, Helmut/Radnitzky, Gerald (Hrsg.), Handlexikon zur Wissenschaftstheorie, München 1989, 219 Sp. 1–222 Sp. 2.

Steindorff, Ernst: Gesellschaftsrechtliche Richtlinien der EG und strengeres staatliches Recht, EuZW 1. Jg. (1990), 251–254.

Stiglitz, Joseph E.: Incentives and Risk Sharing in Sharecropping, Review of Economic Studies, Vol. 41 (1974), 219–255.

Streim, Hannes: Internationalisierung von Gewinnermittlungsregeln zum Zwecke der Informationsvermittlung, in: Meffert, Heribert/Krawitz, Norbert (Hrsg.), Unternehmensrechnung und -besteuerung, Festschrift zum 65. Geburtstag von Dietrich Börner (1998), 323–343.

Streim, Hannes: Vermittlung entscheidungsnützlicher Informationen durch Bilanz und GuV, Ein nicht einlösbares Versprechen der internationalen Standardsetter, BFuP 52. Jg. (2000), 111–131.

Streim, Hannes/Bieker, Marcus/Esser, Maik: Vermittlung entscheidungsnützlicher Informationen durch Fair Value, Sackgasse oder Licht am Horizont?, BFuP 55. Jg. (2003), 457–479.

Streim, Hannes/Bieker, Marcus/Leippe, Britta: Anmerkungen zur theoretischen Fundierung der Rechnungslegung nach International Accounting Standards, in: Schmidt, Hartmut/Ketzel, Erberhart/Prigge, Stefan (Hrsg.), Wolfgang Stützel, Moderne Konzepte für Finanzmärkte, Beschäftigung und Wirtschaftsverfassung, Tübingen 2001, 177–206.

Streinz, Rudolf: Die Auslegung des Gemeinschaftsrechts durch den EuGH, Eine kritische Betrachtung, ZEuS 7. Jg. (2004), 387–415.

Streinz, Rudolf: Europarecht, 7. Auflage, Heidelberg 2005.

Streit, Manfred E.: Systemwettbewerb im europäischen Integrationswettbewerb, in: Immenga, Ulrich/Möschl, Wernhard/Reuter, Dieter (Hrsg.), Festschrift für Ernst-Joachim Mestmäcker zum siebzigsten Geburtstag, Baden-Baden 1996, 521–535.

Strobl, Elisabeth: IASC-Rechnungslegung und Gläubigerschutzbestimmungen nach deutschem Recht, in: in: Ballwieser, Wolfgang/Moxter, Adolf/Nonnenmacher, Rolf, Rechnungslegung, Warum und wie, Festschrift für Hermann Clemm zum 70. Geburtstag, München 1996, 389–412.

Stützel, Wolfgang: Bemerkungen zur Bilanztheorie, ZfB 36. Jg. (1967), 314–340.

Stützel, Wolfgang: Entscheidungstheoretische Elementarkategorien als Grundlage einer Begegnung von Wirtschaftswissenschaft und Rechtswissenschaft, ZfB 36 Jg. (1966), 769–789.

Sveiby, Karl Erik: The New Organizational Wealth, San Francisco 1997.

Tanski, Joachim S.: Bilanzpolitische Spielräume in den IFRS, DStR 42. Jg. (2004), 1843–1847.

Tiedje, Jürgen: Die neue EU-Richtlinie zur Abschlussprüfung, WPg 59. Jg. (2006), 593–605.

Timmermans, Christian W.A.: Die europäische Rechtsangleichung im Gesellschaftsrecht, Eine integrations- und rechtspolitische Analyse, RabelsZ Bd. 48 (1984), 1–47.

Torwegge, Christoph: UK Company Law Reform Bill –Think Small First!, GmbHR 97. Jg. (2006), 919–923.

Tweedie, David: Regulating Change, The Role of the Conceptual Statement in Standard-Setting, in: Lapsley, Irvine/Mitchell, Falconer, Accounting and Performance Measurement, Issue in the private and public sectors, London 1996.

Vater, Hendrik: Bilanzierung von Immobilien nach IAS 40 „Immobilienanlagen“, BuW 56. Jg. (2002), 535–539.

Vater, Hendrik: Standards Advice Review Group, KoR 6. Jg. (2006), 695–698.

Veil, Rüdiger: Das System der Kapitalrichtlinie versus situative Ausschüttungssperren, in: Lutter, Marcus (Hrsg.), Das Kapital der Aktiengesellschaft in Europa, Berlin 2006, 91–113.

Vogel, Frank: Die Rechnungslegungsvorschriften des HGB für Kapitalgesellschaften und die 4. EG-Richtlinie (Bilanzrichtlinie), Berlin, Freie Univ., Diss., 1992, Berlin 1993.

Wagenhofer, Alfred: Agency Probleme bei Haftungsbeschränkungen, in: Seicht, Gerhard, Gläubigerschutz, Betriebswirtschaftslehre und Recht, Festgabe für Otmar Koren zum 75. Geburtstag, Wien 1993, 239–256.

Wagenhofer, Alfred: Fair-Value-Bewertung im IFRS-Abschluss und Bilanzanalyse, IRZ 1. Jg. (2006), 31–37.

Wagenhofer, Alfred: Internationale Rechnungslegungsstandards IAS/IFRS, 5. Auflage, Frankfurt am Main 2005.

Wagenhofer, Alfred/Ewert, Ralf: Externe Unternehmensrechnung, 2. Auflage Heidelberg 2007.

Wagner, Franz W.: Zur Informations- und Ausschüttungsbemessungsfunktion des Jahresabschlusses auf einem organisierten Kapitalmarkt, ZfbF 34 (1982), 749–771.

Walz, Wolfgang Rainer: Ökonomische Regulierungstheorien vor den Toren des Bilanzrechts, in: Wagner Franz W. (Hrsg.), Ökonomische Analyse des Bilanzrechts, ZfbF-Sonderheft 32 (1993), 85–106.

Watrin, Christoph: Internationale Rechnungslegung und Regulierungstheorie, Köln, Univ., Habil.-Schr., 2001/02, Wiesbaden 2001.

Weber, Dolf: Zur „Modernisierung" der EU-Abschlussprüferrichtlinie unter dem Gesichtspunkt der Rotation des Abschlussprüfers: Die verpasste Chance, AG 50. Jg. (2005), 877–881.

de Weerth, Jan: Bilanzsteuerrecht und Europarecht: Anmerkungen zum BIOA-Urteil des EUGH, RIW 49. Jg. (2003), 460–463.

Wesner, Peter/Schabel, Matthias: Eignung des Fair-Value-Ansatzes für die Verhaltenssteuerung im Unternehmen, BB 61. Jg. (2006), 875–878.

Wiedemann, Harald: Fair Value in der internationalen Rechnungslegung, in: Lanfermann, Josef (Hrsg.), Internationale Wirtschaftsprüfung, Festschrift zum 65. Geburtstag von Prof. Dr. Dr. Hans Havermann, Düsseldorf 1995, 780–811.

Williamson, Oliver E.: Die ökonomischen Institutionen des Kapitalismus: Unternehmen, Märkte, Kooperationen, Tübingen 1990.

Williamson, Oliver E.: Markets and Hierarchies: Analysis and Antitrust Implications, New York 1975.

Willis, Diana: Financial Assets and Liabilities, Fair Value or Historical Cost?, WPg 51. Jg. (1998), 854–860.

Winkens, Werner: Unternehmensfinanzierung und unvollständige Verträge, Köln 2002.

Wittmann, Waldemar: Unternehmung und unvollkommene Information, Köln 1959.

Wittmann, Waldemar/Kern, Werner/Köhler, Richard/Küpper, Hans-Ulrich/Wysocki, Klaus (Hrsg.),: Enzyklopädie der Betriebswirtschaftslehre, Bd. 3. Handwörterbuch der Betriebswirtschaft, Teilbd. 3. R–Z, 5. Auflage Stuttgart 1993.

Woerner, Lothar: Die Gewinnrealisierung bei schwebenden Geschäften, Vollständigkeitsgebot, Vorsichts- und Realisationsprinzip, BB 43. Jg. (1988), 769–777.

Wöhe, Günter/Döring, Ulrich: Einführung in die allgemeine Betriebswirtschaftslehre, 22. Auflage, München 2005.

Wüstemann, Jens: Generally Accepted Accounting Principles, Zur Bedeutung und Systembildung der Rechnungslegungsregeln der USA, Frankfurt am Main, Univ., Diss., 1997, Berlin 1999.

Wüstemann, Jens: Institutionenökonomie und internationale Rechnungslegungsordnungen, Frankfurt am Main, Univ., Habil.-Schr., 2000, Tübingen 2002.

Wüstemann, Jens/Kierzek, Sonja: Ertragsvereinnahmung im neuen Referenzrahmen von IASB und FASB, internationaler Abschied vom Realisationsprinzip, BB 60. Jg. (2005), 427–434.

Wüstemann, Jens/Kierzek, Sonja: Revenue Recognition under IFRS, Revised: Conceptual Models, Current Proposals and Practical Consequences, Accounting in Europe Vol. 2 (2005), 69–106.

Wyatt, Arthur : The SEC says: Mark to Market!, Accounting Horizons Mar. 1991, Vol. 5, Iss. 1, 80–84.

Zabel, Martin: IAS zwingend für Konzern- und Einzelabschluss?, Stellungnahme zu Böcking, WPg 2001, S. 1433 ff.; zugleich ein Plädoyer für eine intensive Diskussion der Vor- und Nachteile kapitalmarktorientierter Rechnungslegungs- und Publizitätsgrundsätze für nicht kapitalmarktorientierte Unternehmen, WPg 55. Jg. (2002), 919–924.

Zeitler, Franz-Christoph: Rechnungslegung und Rechtsstaat, Übernahme der IAS oder Reform des HGB?, DB 56. Jg. (2003), 1529–1534.

Ziesemer, Stefan: Rechnungslegungspolitik in IAS-Abschlüssen und Möglichkeiten ihrer Neutralisierung, Düsseldorf 2002.

Zimmer, Daniel: Internationales Gesellschaftsrecht, Das Kollisionsrecht der Gesellschaft und sein Verhältnis zum Internationalen Kapitalmarktrecht und Internationalen Unternehmensrecht, Heidelberg 1996.

Zöllner, Wolfgang (Hrsg.): Kölner Kommentar zum Aktiengesetz, Bd. 1.: §§ 1–75 AktG, 2. Auflage, Köln, Berlin u. a. 1998.

Zülch, Henning: Das IASB Improvement Project, Wesentliche Neuerungen und Würdigung, KoR 4. Jg. (2004), 153–167.

Zülch, Henning: Die Gewinn- und Verlustrechnung nach IFRS, Herne, Berlin 2005.

Stichwortverzeichnis

FSC
www.fsc.org
MIX
Papier | Fördert gute Waldnutzung
FSC® C083411

Kolibri 360 GmbH
Ferdinand-Jühlke-Straße 7
99095 Erfurt, Deutschland
produktsicherheit@kolibri360.de